あ

か

さ

た

な

は

ま

や

ら

わ

付録

SINMEIKAI

新明解語源辞典

小松寿雄
鈴木英夫……［編］

三省堂

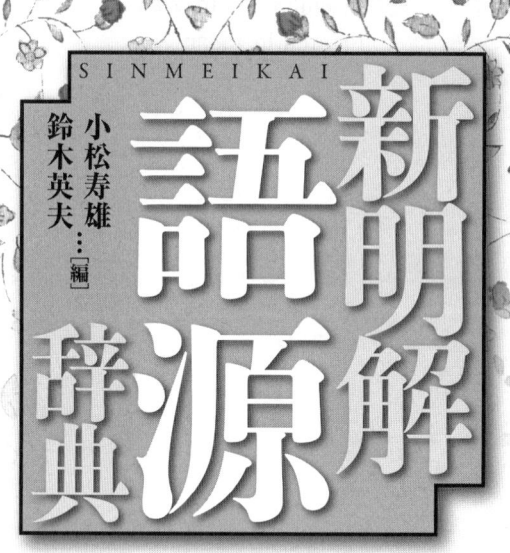

［装　丁］三省堂デザイン室

はじめに

「物語の出で来はじめの祖」といわれる『竹取物語』には、語源についての洒落があちこちにちりばめられている。たとえば、中納言いそのかみのまろたりの求婚譚の中にも、次のような語源に関する洒落が出て来る。かぐや姫から子安貝を持って来るよう注文された中納言は、苦労の末とうとう子安貝をつかみ取ったと思ったが、その手を広げて見ると、貝ではなく燕の糞であった。このことに気付いた中納言は、「あな、かひなのわざや」と嘆く。「かひ」には子安貝の「貝」と効果の意の「かい(甲斐)」が掛けられており、貝がなくて努力したが効(かい)がない、という意味になる。中納言がこのように嘆いたことから「思ふにたがふ事をば、かひなし」と言うようになった、という。すなわち、思いどおりにならなかったことを「かひなし」と言うのは、貝の入手に失敗した中納言が「かひなのわざや」と言ったからだと、「かひなし」の語源を説いている。『竹取物語』のこのような洒落から、平安時代の人々が語源について、あれこれ言ってけっこう楽しんでいたことがうかがえる。しかし、語源への関心は周知のようにもっと古く、八世紀編纂された『風土記』にも、地名の起源にまつわる記述が多く見られる。

語源の知識は、このような言葉遊びの面だけでなく、もっと日常的な生活にも必

要であった。「著しい」を仮名書きにすると、「いちぢるしい」ではなく、「いちじるしい」となる。「現代仮名遣い」の書き方に従って書いても、同様である。「現代仮名遣い」によれば、「鼻血」のように、「ち(血)」が二語の連接によってジとなったような場合、「ぢ」と書くと決められている。しかし「著しい」は大変という意味の「いち」と、はっきりしているという意味の「しるし(い)」の連合したものであって、もともと「ちるし(い)」ではなかった。そこでこの語は「いちじるしい」と仮名書きされる。以上のような分析や知識が、「著しい」という語を正しく仮名書きするためには、必要である。このような分析や知識は、まさに語源の世界に属する。「現代仮名遣い」では、挨拶のコンニチワやコンバンワは「今日は」や「今晩は」と書く。コンニチワやコンバンワの後には、ヨイ日デスやヨイ晩デスなどが省略されており、完全な言い方にすると、「今日は良い日です」や「今晩は良い晩です」などとなる。このような形に復元してみると、「今日は」や「今晩は」の「は」が終助詞の「わ」ではなく、係助詞の「は」であることが明らかになる。すなわち、語源的にみると、このワは係助詞なので、「は」と書く。「缶詰」「綴る」などを「かんづめ」「つづる」と書くのも、みなその語源に基づく。このように、現代生活においても、語源の知識は欠かせない。

それにもかかわらず、現代、普通の国語辞書は語源をあまり説いていない。本書はこうした現状にかんがみ、日常生活に使われる語彙の中で、語源が問題になる語を取り上げた。また近世後期以降増加した漢語も見出し語とした。これらの漢語は近代日本語の語彙体系を構成する重要な要素であるので、それらが和製か否かということを語源の問題として扱った。

日本における語源研究は、およそ中世に始まるといわれ、近世には『日本釈名』（貝原益軒著。元禄一三年刊）や『東雅』（新井白石著。享保四年成立）のような語源に関する専門書も出版、あるいは著述された。『言海』（大槻文彦著。明治二一〜二四年）の語源説はこのような近世の語源を集大成したものといわれている。以降、『大言海』（大槻文彦著。昭和七〜一二年刊）を除いて、先述したように普通の国語辞書は語源の記述を行っていない。近時、『日本国語大辞典』が「語源欄」を設け、語源研究の基礎を築いた。本書も先行の語源研究、特に『大言海』やこの「語源欄」に負うところが大きい。

本書では、語源の説明に当たって、いたずらに新奇な語源を求めることなく、出来るだけ先行の諸説を参看し、妥当な語源説を選択するように努めた。語源説については、必要な場合はそれを引用し、引用しない場合も、分かる限りその出典を明示した。これによって、先行の語源研究への橋渡しをしたいと考えたからである。また、語源のほか、その語がいつごろからどのように用いられて来たかを具体的に示すため、簡単な語誌や用例を記した。

本書によって語源の面白さを楽しみ、かつ、本書が語源研究の出発点となることを願っている。

平成二三年（二〇一一年）六月

小松寿雄
鈴木英夫

凡例

1、この辞典は、現代の言語生活で使われる言葉の中から、一般読者向けに、語源という点から関心のあると思われる語を選んで、その語源について解説したものである。語源だけでなく、広く語誌的な面からの解説にもつとめた。

2、収録語は、和語・漢語を中心に約四五〇〇を選定した。外来語は近世から日本語に定着しているもの、和製のものなどに限った。漢語は、故事来歴のあるもののほか、特に、幕末明治期の新しい漢語を選定した。この中には和製のものをはじめ借用語や翻訳語も含まれる。

3、解説に当たっては、先行の語源研究を参看して、できるだけ妥当な語源説を記述・紹介するようつとめた。そのため、できるだけ先行文献の紹介と、その語の具体例を示すようにつとめた。語源が不明な場合も諸説を紹介するようにした。また、解説の一助として末尾に 例 として使用例を示した。

【見出し】

1、見出しは現代仮名遣いによる仮名で示した。和語・漢語は平仮名、外来語は片仮名で示した。

2、見出し仮名の下に、歴史的仮名遣い、【 】の中に一般的な表記形、の順に示した。

3、見出しの配列は、見出し仮名の五十音順によった。同じ仮名の場合は、体言、用言の順、それぞれの中では、漢字表記の字数順・画数順によった。

4、歴史的仮名遣いは、見出しの仮名遣いと異なるものについて、見出し仮名の後に小字で示した。字数が多いものは、見出しと同じ部分を—で省略した。

5、動詞・形容詞で、文語形が見出し(口語形)と異なるものについては、文語 のあとに文語形を示した。

【解説】

1、解説の最初に、見出し語を特定するために、その語の現代における代表的な意味を簡潔に示した。その後に、語源・語誌について解説した。

2、解説文は、原則として「現代仮名遣い」「送り仮名の付け方」に則り、漢字は「常用漢字」および通行の漢字を使用した。ただし、語源の解説上、歴史的仮名遣いを用いて記した箇所も多い。

3、解説文で、必要と思われる漢字の読み（振り仮名）を漢字の後に（　）で囲って平仮名で示した。

4、解説文中に出現する書名は『　』で囲って示した。ただし、引用文の後の（　）内や、語源説紹介の後の（　）内の場合は、原則として『　』を省略した。

また、書名は、『和名類聚抄』→『和名抄』、『古今和歌集』→『古今集』など、簡略書名を用いたものもある。

なお、＊のついた書名は、巻末の『語源関係書目』（九九一ページ）に簡単な解説があるものである。

5、解説文中の暦年の表示は、原則として和暦年号によった。なお、巻末に「和暦・西暦対照表」を掲載した。

6、解説に当っては、古典・近代にわたる各種の文献・作品を引用した。引用に際しては、以下のようにした。

(ア)　古典は、『今昔物語集』などを含め、原則として、漢字平仮名交じり文で示した。万葉仮名やローマ字の場合、その読みを平仮名または片仮名で示した。

(イ)　古典の引用文は、『日本古典文学大系』（岩波書店）その他によったが、漢字に書き換えたり、送り仮名などを補ったりして示した場合もある。

日葡辞書の引用は、『邦訳日葡辞書』（岩波書店）によった。ただし、勉誠社版を使用した場合はその旨断った。

(ウ)　明治以降の文献の引用に際しては、原則として文語文は歴史的仮名遣い、口語文は現代仮名遣いで示した。引用文は『明治文学全集』（筑摩書房）その他によったが、片仮名書きのものは原則として平仮名書きに改めた。

(エ)　引用文の漢字に振り仮名が必要と思われる場合、その漢字の後に（　）で囲って読みを仮名で示した。また、特に原典の読みであることを断る必要がある場合は〈　〉で示した。

(オ)　漢文を引用した場合は、その読みを、漢文の後に〔　〕の中に示した。

(カ)　文献・作品の引用に際して、古典の歌集・物語などは、部立・章段・巻数などをできるだけ示すようにし、また、特に近世のものについては、歌舞伎・浮世草子・滑稽本・随筆など、ジャンル名を示すよう心がけた。

明治以降のものについては、原則として、その作者・作品名・発表年（または刊行年）を示した。

あ

あい《ゐあ》**【藍】**
タデ科の一年草。また、この草を染料として染めた青い色。インドシナ原産、中国を経由して渡来した。アヰ（藍）[awi]とアヲ（青）[awo]とは同源。アケ（朱）とアカ（赤）、クリ（栗・涅）とクロ（黒）などと同じように、末尾音節の母音を交替させて造語したものである。
例「紅草（くれのあゐ）、此の山に生ひき。故（かれ）、阿為山（あゐやま）と名づく」（播磨国風土記・揖保郡）

あいあいがさ《あひあひがさ》**【相合い傘】**
一本の傘を二人の男女が一緒にさすこと。「あいあい」は動詞「合う」の連用形「あい」を二つ重ねたもので、二人で一緒にすること、二つのものを二人で使うことの意味になる。江戸時代には、「傘」以外のものについても用い、「相合煙管（ぎせる）」「相合袴」「相合井戸」などと言った。
例「夫婦とおぼしき者、相合ひ傘で、しかも欣欣然として通る」（滑稽本・浮世風呂・四・上）

あいきょう《あいきやう》**【愛敬】・**《あいけう》**【愛嬌】**
にこやかでかわいらしいさま。語源について、『大言海』は仏教語「愛敬相（あいぎやうさう）」の転とする。「愛敬相」は仏・菩薩の慈愛に満ちた優しく温和な相貌をいう。『栄花物語』（玉のうてな）に、「丈六の弥陀如来、〈略〉愛敬の相は歯の光にあり」とある。ここから転じて、「ましておとがひ細う、あいぎゃうおくれたる人（＝愛ラシサノタリナイ女性）」（枕草子・四九・職の御曹司の西面の）のように、顔かたちのにこやかで愛らしいさまをいうようになり、さらに、広く、表情・言動・態度などについていうようになった。語形は、古くアイギャウ、室町時代にはアイギャウ・アイキャウの清濁両形、近世にはアイキョウが優勢となり、やがて濁音形は滅びる。漢字表記形は、語源意識が薄れ、転義が中心になってくるにつれ、「敬」に代わって「嬌」の字が当てられるようになった。
例「ちっと権（けん）があるよ。あれで愛敬がありゃあ鬼に金棒さ」（滑稽本・浮世風呂・三・上）

あいくち《あひくち》**【合口・匕首】**
つばのない短刀。つばがなくて、柄の口と鯉口（＝鞘の口）とが直接合うところから「あいくち」という（大言海）。先の方がさじの形に似ているので、「匕首」とも書かれる（「匕」はさじのこと）。
例「懐より九寸ばかりの匕首の氷のごとく見ゆるを抜き出し」（随筆・常山紀談）

あいくるしい【愛くるしい】 (文語) あいくるし

見るからにかわいらしいさま。文献上、「あいくるしい」に先立って、「あいくろし化粧も薄う派手ならず」(雑俳・享保中折句集)のように、「あいくろし(い)」という形が見え、これが古形だと思われる。「あいくろしい」の、「あい」は「愛敬」「愛想」等の意の「愛」、「くろしい」は名詞に付いて、そのような様子である意を表す接尾語で、全体として、にこやかで愛らしい様子の意となる。接尾語「くろしい」の他の例としては、「年配より大人くろしくすねこびて」(絵本番付・鬼一法眼三略巻・二)などがある。ただし、「くろし」の語源、連用形接続の接尾語「苦しい」との関係は不明である。

例「随分浄瑠璃も功者に語りますよ。第一誰にでもあいくるしうござりますから」(滑稽本・玉櫛笥)

あいこ《あひこ》【相子】

たがいに勝ち負けのないこと。「あいこ」の「あい」は「あい打ち」「相対(あいたい)」などの「あい」のように対等である意を表す。「こ」は「こと(事)」の略で、「にらめっこ」「くらべっこ」などの「こ」と同じ。

例「藤八で参るべい〈略〉はあ是はあいこ」(滑稽本・七偏人・二・中)

あいことば《あひことば》【合い言葉】

ある集団の共通目標、考え方などを表す言葉。もとは敵味方を識別するために、あらかじめ決めておく言葉。例えば、「山」と言ったら「川」と答えるようなもの。『日葡辞書』*に見出しがある。決めておいた言葉を互いに言い合わせることから「あいことば」と言う。大正時代以降、ある主張・目的の旗印としてかかげる言葉をさす用法も生じた。

例「臥薪嘗胆というような合い言葉が頻りと言論界には説かれていた」(有島武郎・或る女・明治四四〜大正八年)

あいさつ【挨拶】

人と会った時とりかわす儀礼的な言葉や行動。「挨」は押し合うこと、「拶」は迫ること。禅宗では「一挨一拶」と言い、門下の僧の悟りの深浅を試すための問答をいう。更に五山の禅林では「受け答え」の意味に使うようになった。この意味では今も「一言の挨拶もない」のように用いる。ここから現在のような儀礼的な言動を指すようになったものであろう。

例「御門には門番衆が居らるるに依て、挨拶をいうて通らずはなるまい」(虎寛本狂言・右近左近)

あいじん【愛人】

情事の相手。漢語本来の「人を愛すること」の意味では、中国の『礼記』などに早くから用例が見られ、日本でも明治期に「敬天愛人」のように用いた。「恋人」という意味は、幕末に翻訳に際して使われるようになった。『英和対訳袖珍辞書』*(文久二年)で、honey や sweetheart の訳語として使われている。第二次世界大戦後、新聞などでは、「情夫」「情

婦」という言い方を避けて、この語を使うようになった。

例「愛人も汝を棄つべし」(夏目漱石・吾輩は猫である・明治三八〜三九年)

あいず《あひづ》【合図・相図】

あらかじめ約束してある、知らせるための方法・信号。語源について『大言海』は、「相指図(あひさしづ)の略か」とする。「相指図」とは、互いに指示し合う意であると思われるが、実例は知られていない。「さしず」に指示・命令の意の現れるのは、「あいず」の用例が出現する鎌倉時代より後の室町時代になってからである。このように、用例の出現時期から見て、『大言海』の語源説には問題が残る。「あいず」は、「相図　アイヅ　約束之義也」(元和本下学集)とあるように、元来、事を起こすに先立って取り交わしておく約束の意であった。『平家物語』に見える、「残り六手(むて)は、各々が居たらむ条里小路より川原へ出でて、七条河原にて一つになれと、あひづを定めて出で立ちけり」(八・鼓判官)も、この用法である。なお、漢字表記形は、古辞書類ではいずれも「相図」となっている。

例「阿波・淡路の勢、千余騎は〈略〉相図の煙を上げたれば」(太平記・一七・義貞軍事)

アイスキャンデー

氷菓の一種。英語の ice と candy を合わせて昭和初年に作られた和製英語。アメリカでは、popsicle、イギリスでは ice lolly と言う。

例「店先には大きい青ペンキを塗ったアイスキャンデーの箱があり」(林芙美子・浮雲・昭和二四年)

あいそ【愛想】

人当たりのよいこと。『大言海』によれば、「愛敬相(あいぎやうさう)」から転じた「あいさう」が「あいそう」を経てアイソと短音化したもの。「愛敬相」については、「あいきょう(愛敬)」参照。このように、アイソウからアイソになったとするのが、一般的であるが、この語源説に対して、和語「あいそ」がもとであって、それが「あいそう」と長音化したものかもしれないという疑問が出されている(日本国語大辞典二版)。「あいそ」という語は中世からあり、*『日葡辞書』には、「Aisomonō yŭ(愛崇もなう言ふ)」という例文に「つっけんどんに冷淡に話す」という訳が付けられている。

あいつ【彼奴】

三人称代名詞。「あやつ」の転で、室町時代に成立した。「あやつ」は「主の殿、あやつ捕らへよと、御簾(みす)の内より言ひ出だし給ひたりければ」(十訓抄・一・四二)のように、鎌倉時代から用いられるようになった三人称代名詞。「あやつ」の語源は、*『塵袋』に、「あやつは、あのやつなり」とあるように、「あ(彼)のやつ(奴)」の約。ちなみに、「こいつ」「そいつ」も「こ

やつ」「そやつ」の転である。

例「あいつが事を思ひだせば気が悪うなったに」（虎明本狂言・武悪）

あいづち《あひづち》【相槌・相鎚】

相手の話に調子を合わせること。受け答えをしたりうなずいたりすること。「相づち」は、鍛冶（かじ）で、師匠が鎚を打つ合間に相手の弟子が鎚を打つことで、師匠が打ちやすいように合間合間にうまく鎚を入れなければならない。ここから相手が話しやすいように返事をしたり、うなずいたりすることを指すようになった。

例「鍛冶があひつちと云ふは、二人むかひてうつゆゑか」（塵袋・八）

あいにく【生憎】

何かをするのに都合の悪いさま。「あいにく」は「あやにく」の転。「あやにく」は形容詞「あやにくし」の語幹。「あやにくし」の語源について『大言海』は次のようにいう。「アヤは感動詞の嗟嘆（あや）なり。〈略〉嗟嘆（あや）憎しなり」。このように形容詞の語幹を副詞または形容動詞語幹として用いたもの。意味も、自分の思い通りにならない状況を憎いと感じる気持ちから、その状況そのものを表すように変わった。「あやにく」は「出でんとするに時雨といふばかりにもあらず、あやにくにあるになほ出でんとす」（蜻蛉日記・上・天徳元年）のように、平安時代から使われていた。

例「あいにくなまうしごとなれども」（抄物・玉塵抄・八）

あいのて《あひのて》【合の手・間の手】

話や物事の進行に応じて他人がさしはさむ言葉や物事。邦楽で、歌と歌との間に伴奏楽器だけで奏される部分をいう「あいのて」が語源。「あい」は「間」の意、「て」は邦楽用語「手」で、この場合、「ある旋律的単位ないし楽曲の構成部分」（日本音楽大事典）の称。すなわち、「あいのて」は、「間奏部」ということになる。ここから転じて、歌や踊りの調子に合わせて間にはさまれる手拍子や掛け声、さらには、広く、会話や物事の進行の間にさしはさまれる別の言葉や物事をもいうようになった。

例「陀羅尼（だらに）唱へて大路をさまよふ、そのあひのてに聞こゆるは」（滑稽本・大千世界楽屋探・中）

あいびき《あひびき》【逢い引き】

密会。近世から用いられた語だが、語源はよく分からない。「あいびき」の「あい」は動詞「あう（会・逢）」の連用形だと思われるが、「びき（ひき）」の意味は不明である。会って惹（ひ）き合うことだろうか。これに対して、「あいびき」は男女が互いに心を引き合うとする説（杉本つとむ・語源海）もあるが、これは「あいびき」の「あい」を「相」とみた説である。

例「惚れた男と会合（あいびき）をさせねえなんぞと、其様（そん

な）無理なことがあるものかネ」（人情本・英対暖語・三）

あいぼう《あひばう》【相棒】

仲間。「棒組み」をもとにしてできた語。「棒組み」は駕籠（かご）かきの相手の意味であるが、駕籠かきそのものをも指した。「相棒」は相方になる棒組みの意味で、これを略して「相棒」と言ったものだろう。

例「あひ棒がなくちゃあはじまらねえ」（滑稽本・続膝栗毛・二・下）

アイロン

衣服のしわを伸ばすのに用いる道具。英語 smoothing iron に由来する。衣服のしわを伸ばす道具は古くからあり、「のし」、炭火を入れて使ったものは「火熨斗（ひのし）」などと言われていた。なお、英語 iron は鉄や鉄製品を意味するが、この語が日本に入った幕末頃にはアイロンやアイレンと読まれていた（後にアイアンという読みになる。ゴルフ道具がその例）。

あうんのこきゅう《ーこきふ》【阿吽の呼吸】

一つの物事を一緒にやる時の、お互いの微妙な調子や気持ち。またそれがうまく合うこと。相撲の仕切りで、吐く息と吸う息をうまく合わせることからいう。元来「阿吽（あうん）」は梵語 a-hūṃ の音訳。「阿」は悉曇（しったん）字母の最初の音で開口音、「吽（うん）」は最後の音で閉口音。そこから密教で始めと終わりを表すようになった。後に「阿」は吐く息、「吽」は吸う息とも解釈され、「阿吽の呼吸」という言い方が生まれた。

例「阿吽の呼吸につれて、忽ち一人を左袈裟に斬りおとし」（読本・桜姫全伝曙草紙・二・七）

あえか

はかなげで美しいさま。「あえ」は、こぼれ落ちるという意味の動詞「あゆ」に由来する（大言海）。その連用形に「か」の付いたもの。「か」は接尾語で、「ゆたか」「のどか」などの「か」と同じ。「あえか」はもと、触れれば落ちそうにかよわいさまを表していた。

例「はなやかならぬ姿、いとらうたげにあえかなる心ちして」（源氏物語・夕顔）

あえない《あへない》【敢え無い】文語 あへなし

あっけない。動詞「敢ふ」の連用形が名詞化した「あへ」に形容詞「なし」がついてできた語。「敢ふ」は耐える意。その耐えることが無いという状態から、もろい、はかないといった現在の意味が生じた。

例「いきほひし滝口、あへなくまけしかば、しばらく相撲ぞなかりける」（曽我物語・一・おなじく相撲の事）

あえもの《あへもの》【和え物・韲え物】

魚介類や野菜などを酢、味噌、胡麻などで混ぜ合わせて味をつけた料理。「あえもの」の「あえ」は、合わせ混ぜるの意の

下一段動詞「あえる」（文語あふ）の連用形。文語「あふ」は下二段活用で、古くは「母刀自（あもとじ）も玉にもがもや頂きて角髪（みづら）の中にあへまかまくも」（万葉集・二〇・四三七七）のように、他のものの中に混ぜて一つにする意で用いられた。そこから「急ぎて手を以て其の突き懸けたる物を、鮨鮎にこそ韲（あへ）たりけれ」（今昔物語集・三一・三二）のように料理法を言うようになった。

例「韲〈略〉訓安不（あふ）一云阿倍毛乃（あへもの）」（十巻本和名抄）

あお《あを》**【青】**

色の名。現代では、晴れ渡った空の色がその例。同源の語として「あい（藍）」があるという（岩波古語辞典補訂版）。古代日本語では、基本的な色としては、赤・黒・青・白の四つがあった。「あお」の表す範囲は今より広く、主として青、緑、藍を表した。「青馬」は、毛の色が黒く、青みがかっている馬をいう。現在、緑色の若葉を「青葉」と言い、交通信号の「進め」の信号を「青」と言うのも、古くからの言い方を受け継いだものである。なお形容詞「青し」は名詞の「青」に形容詞語尾の「し」を付けて形容詞化したもの。「黒→黒し」「赤→赤し」の類。

例「白鳥はかなしからずや空の青海の青にも染まずただよふ」（若山牧水・別離・明治四三年）

あおい《あふひ》**【葵】**

アオイ科の植物。語源について、『東雅』*は『説文解字』の「黄葵常傾葉向日（黄葵は常に葉を傾けて日に向かふ）」を引いて、「日を仰ぐ意」とする。すなわち、「あふ」は「あふぐ（仰）」の語根、「ひ」は「日」である。「あふぐ」はハ行転呼音（＝語中・語尾のハ行音がワ行音に変わる現象）でアウグとなるが、アウは長音化せず例外的にアオグとなる。ヒ（日）はハ行転呼音でイとなるので、合してアオイとなる。『枕草子』（六六・草は）に「唐葵、日の影にしたがひて傾くこそ、草木といふべくもあらぬ心なれ」とあって、アオイが太陽を追うと信じられていたことを示す。

例「梨棗（なつめ）黍（きみ）に粟つぎ延（は）ふ葛（くず）の後もあはむと葵（あふひ）花咲く」（万葉集・一六・三八三四）

あおいきといき《あをいきー》**【青息吐息】**

困り果てたときにつくため息。「あおいき（青息）」は、困りきったときに出すため息。『大言海』は「顔青ざめてつく息の意か」という。一方、「といき（吐息）」は、ため息の意。その頭音トは、「吐」（＝口からはきだす意）の呉音・漢音で、「といき」はいわゆる重箱読み。

例「夫婦は門の戸ひっしゃりしめ、物も得いはず青息吐息、五色の息を一時（いっとき）に、ほっと吹き出すばかり也」（浄瑠璃・菅原伝授手習鑑・四）

あおくさい《あをくさい》【青臭い】 文語 あをくさし

未熟だ。「あお（青）」は本来、広く、ぼんやりした色調をさす語だったが、未成熟な状態も表すようになった。複合語の成分として未熟を表す用法は中古から見られる。類例として「青二才」「青侍」など。「くさい」は、体言およびそれに準ずる語に付いて、「いかにもそのように感じられる」などの意を表す。

例「新五左（しんござ）は青嗅（あおくさ）きなどとは、罪（ばち）の当たることぞや」（洒落本・禁現大福帳・一）

あおじゃしん《あをじやしん》【青写真】

設計図や工作図面などの複写に使う印画。青地に白く線や図面が出るので、この名がある。設計図に使われるところから、将来の設計という意味にも用いる。

例「青写真の上では遺漏のないはずのものが」（高橋和巳・わが心は石にあらず・昭和三九～四一年）

あおしんごう《あをしんがう》【青信号】

交通機関で進行・安全を示す緑色の信号。緑色に見えるのに、青信号というのには、いくつか事情がある。青は青葉というように昔から緑を含む広い範囲を指し、赤の反対色であったので、赤信号に対して青信号となった（類例は、赤鬼対青鬼、赤かび対青かび）。また緑は名詞を修飾する用法をまれにしか持たないので、「緑信号」とは言いにくいということもあった（小松英雄・日本語の歴史）。

あおせん《あをせん》【青線】

公認の売春をしていた「赤線区域（赤線地帯）」の周辺で、非公認の売春を行なっていた飲食店街のあった地区の俗称。毎日新聞記者の発案のもと警視庁記者クラブの申し合わせにより、「赤線」の対語として、もぐり売春街をさす「青線」の名称が生まれたという。→赤線

あおだいしょう《あをだいしやう》【青大将】

日本では一番大きな蛇。『大言海』などは「青大蛇（あおだいじゃ）」を延ばした語だという。「あおだいじゃ」という呼び方は確認されていないが、*『和漢三才図会』（四四）にある「青蛇　あをんじやう　俗云阿乎牟之也宇（あをんじやう）」のような呼び方をもとに、親しみを込めて、青い色の、蛇の大将という意味で「青大将」と言い出したのであろう。「大将」というのは、一番大きな蛇だからで、この称は子供達が言い出した可能性が大きいと言われている。

例「巨蛇（こじや）　和名　おほへび　東国にて　あをだいしやうと云ふを近江にて　あをそと云」（方言・物類称呼・二）

あおたがい《あをたがひ》【青田買い】

学生や生徒と、早くに就職の契約を結ぶこと。「青田」は稲が未だ熟さない青々とした田のこと。「青田買い」のもとの意味は、稲が未だ青いうちに収穫高を見込んで買い付ける

あ

ことであった。この意味では「めっそうに青田を買ふは一か六」(雑俳・軽口頓作)のように、近世から用例がある。「青田買い」の形で現在の意味で使われるようになったのは昭和になってからで、まだ卒業のめども立たないような時期に、卒業を見込んで契約をすることを、青田のうちに買い付けることにたとえたもの。

あおなにしお《あをなにしほ》【青菜に塩】
元気がなくなるさま。ほうれん草や小松菜などの青菜に塩を振ると、しおれてしまうところからできた慣用句。
例「いままでのげんきはたちまち青なにしほ」(仮名垣魯文・西洋道中膝栗毛・初・下・明治三年)

あおにさい《あをにさい》【青二才】
若くて経験の浅い男。「青」は未熟の意。「二才」は「新背(にひせ)」の意から(金田一京助・国語研究)、若い男をいうようになったという。また『俚言集覧』*には、「二才は小魚の称なり」とあり、稚魚を指したかとも思われる。

あおやぎ《あをやぎ》【青柳】
バカガイのむき身をいう。アオヤギというのは、貝の足が柳の葉に似ているからという説もあるが、千葉県市原市の青柳で多く獲れたことに由来するものと思われる。その証拠に、貝の名としての「あおやぎ」は、東京とその近辺でしか通用しない。なお、バカガイの語源については、水から揚げるとすぐ赤い足を出す様をばかが舌を出すのに見立てたものという説(大言海)がある。

あか【赤】
色の名。血のような色。明るい意の形容詞「明かし」の「あか」と同源、つまり明るいことに由来する名と見られる。奈良時代には、「あか」は「明星(あかほし)のあくる朝(あした)は」(万葉集・五・九〇四)のように明るいの意にも、「赤駒(あかごま)を厩(うまや)に立て」(万葉集・一三・三二七八)のように赤色の意にも用いられた。上代、単独で用いられるときには、「あけ(朱)」という形をとる。「赤」には「赤裸」「赤恥」のような接頭語的用法がある(「あかはだか」参照)。なお、形容詞「赤し」は「赤」に形容詞語尾の「し」を付けたもの。

あか【垢】
皮膚にたまったよごれ。語源は『和訓栞』*は「汗気(あせか)なるべし」とし、ほかにも種々の説があるが不明である。中世になると、体のよごれだけでなく、けがれをたとえていうようにもなり、また、「稽古の劫入りて、あか落ちぬれば」(八帖花伝書・三)のように、洗練されていないところ、泥臭さの意の例も見られるようになる。ここから、「垢が抜ける」で洗練される、野暮なところがなくなるの意にもなった。
例「我が旅は久しくあらしこの吾(あ)が着(け)る妹が衣の阿可(あか)づく見れば」(万葉集・一五・三六六七)

あかがい《あかがひ》【赤貝】

海に住む二枚貝。貝の肉が赤いことから「赤貝」という。

例「Acagai アカガイ（赤貝）　赤い鳥貝の一種」（日葡辞書）

あかがね【銅】

銅。「赤金の義」（大言海）、すなわち、色の赤い金属の意。中国の字書『説文解字』などに見える「銅　赤金也」という注の「赤金」を、そのまま直訳的に訓読した、いわゆる「字注訓」として成立した語ともいわれる。

例「始めて銅（あかかね）、繍（ぬひもの）の丈六の仏像（ほとけのみかた）、各一軀（はら）を造る」（日本書紀・推古一三年四月・北野本訓）

あかぎれ【皹】

寒さのため手足の皮膚が深く裂けること。「あかぎれ」は皮膚が赤く切れることから名付けられたもの。古くは「あかかり」と言った。「あ」は「足（あ）」、「かかり」は動詞「かかる」の連用形の名詞化。「かかる」は、あかぎれが切れること。「あかかり」の「かか（が）り」の意味が忘れられ、「あかがり」を「あか（赤）」＋「がり」と分析し、それをもとに意味不通の「がり」を「切れ」にかえて「赤切れ」という語ができた、と考えられる。

例「あかぎれがござりまする所で、そっとも水の中へはえはいりませぬ」（狂言記・皸）

あがく【足掻く】

もがく。「足（あ）＋掻く」の意で、もとは馬などが前足で地面を掻くようにするさまを言った。「武庫川の水尾を早みか赤駒の足何久（あがく）たぎちに濡れにけるかも」（万葉集・七・一一四一）。

例「虎、さかさまにふして倒れてあがくを」（宇治拾遺物語・一二・一九）

あかじ【赤字】

収支決算で、支出が収入より多いこと。欠損。簿記で、不足額を赤字で記入することから言う。→黒字

あかす【明かす】

夜が明けるまで眠らないで過ごす。また、はっきりしない点や隠していたことなどを明らかにする。「明かす」は、明るい意の形容詞「明かし」と同源で、もとは「明るくする」の意。古く「海原の沖辺にともし漁（いざ）る火は安可之（あかし）てともせ大和島見む」（万葉集・一四・三六四八）などの例がある。これが変化して、夜を明るくなるようにする、つまり夜が明けるのを待ち過ごすという意になった。また、事柄の不明な点や隠されている事を、明らかにする、ということにも用いられるようになった。

例「さなむありしなど、明かし給はむことはなほ口重き心地して」（源氏物語・手習）

あかせん【赤線】
公認の集団売春街「赤線区域（赤線地帯）」の略。もと警察用語。当局の地図に赤線で表示されていたところからの称。歴史的には明治九年、警視庁が風俗営業地区を各警察署の管轄地図に朱線で囲ませ、特に監視を厳しくさせたことに始まる。しかし一般にいう「赤線」は、特殊飲食店（＝GHQの指令による昭和二一年の公娼制度廃止後、昭和三三年の「売春防止法」罰則施行までの間、風俗取り締まり対策として地方長官により、風致上支障のない地域に限り指定された売春宿。略称「特飲店」）として営業を許可された飲食店街（特飲街）のあった地区をさす。東京には、吉原や玉の井など一三の赤線区域があった。→青線

あかつき【暁】
明け方。「あかとき」が古い形。「あかとき」は「明（あ）か時」で、平安時代ごろ「あかつき」になった。『万葉集』では、「五更」や「鶏鳴」を「あかとき」と訓んでいるように、今と違って未だ暗いうちを指している。したがって「あかとき」は明るくなる頃のまだ暗い時刻の意であった。それが単純に「明るくなる時刻」としだいに解されるようになったものだろう。
例「あかつきに船をいだして室津を追ふ」（土左日記・承平五年一月一一日）

あがったり【上がったり】
商売や仕事などがうまくいかず、どうしようもなくなったさま。動詞「上がる」の連用形に完了の助動詞「たり」の付いた「上がりたり」が促音化したもの。「あがる」は「雨があがる」のように、物事が終わることをいう。この「終わる」の意味から近世だめになるの意が生じ、これに「たり」を付したもの。
例「五日も三日もなまけだすと細工はあがったりだ」（滑稽本・浮世風呂・二・上）

あがなう あがなふ【贖う】
買い求める。古くはアカナウ。もとの意味は罪のつぐないをすること。動詞「あがふ」の語根「あが」に「なふ」の付いたもの。「あがふ」は古くはアカフと清音で、物を差し出して罪をつぐなう意であった。「なふ」は物事をなすという意味を添える接尾語で、「おこなふ」「うしなふ」の「なふ」と同じものである。代償として金を差し出して入手することから、買うという意に転じた。
例「親王刑（つみ）を贖ふ事」（太平記・一四・新田足利確執奏状事）

あかぬけ【垢抜け】
洗練されていること。野暮なところがなくすっきりしていること。垢がとれてさっぱりすることからできた語。「あかが抜ける」という言い方も行われた。→垢
例「垢抜けの仕た子に垢のぬけぬ沙汰」（雑俳・卯花衣）

あかね【茜】

アカネ科の多年草。名は「あか(赤)+ね(根)」の意で、赤黄色の根の色にちなむ。

例「茜草(あかね)さす紫野行き標野(しめの)行き野守は見ずや君が袖振る」(万葉集・一・二〇)

あかのたにん【赤の他人】

全くの他人。「赤」には明白という意味があり、「赤の他人」の「赤」はこの意味。↓赤裸

例「女房どもは叔母、甥なれど、此の五左衛門とはあかの他人」(浄瑠璃・心中天の網島・中)

あかはだか【赤裸】

まるはだか。『大言海』は「明裸(あかはだか)の義」とする。「明(あか)」は「赤」と同源で、明白なこと、何もないことなどを表す。この語の成立に関しては、「赤裸(せきら)」「赤貧(せきひん)」などの「赤」を訓読したものという説(松村明『江戸ことば・東京ことば』)がある。「赤裸」は中国で「鳥似鶏、五色冬無毛、赤裸昼夜鳴(鳥は鶏(にわとり)に似、五色なるも冬毛無く、赤裸にして昼夜鳴く)」(揚子方言・第八・鶡鴠(晋・郭璞注))のように、使われていた。

例「裸国は〈略〉衣服無し。男女咸(ことごと)く皆赤体(あかはだか)なり」(南海寄帰内法伝・平安後期点)

あかまんま【赤まんま】

タデ科の一年草。イヌタデ(犬蓼)の異名。原野や道端に多く見られ、夏から秋にかけて、一~五センチぐらいの密な穂状の花穂を出し、紅紫色の小形の花をつける。この花のつぼみの状態が赤飯(せきはん)に似ているため、この名がついた。主に東京地方で使われる呼び名。「まんま」は「まま(飯)」の転。

あがめる【崇める】 文語 あがむ

尊いものとして敬う。「あがめる」の「あが」は、「あがる(上)」の「あが」と同源とされている。これに、動詞を作る語尾「む」が付いたもの。相手を、下から上に高く上げ、自分と異なる高い位置にあるものとして、尊敬する意だという。現代では、主に神仏など神性を持つものを崇拝する意であるが、平安時代までは、このほかに、「高き親の家にあがめられかしづかれし人の娘」(源氏物語・若菜上)のように、寵愛する、大事にするという意でも用いられた。

例「この宮には仏法をさへあがめ給ひて、朝ごとの御念誦欠かせ給はず」(大鏡・三・師輔)

あからさま

ありのままで何も隠さないさま。もとの意味は突然であるさまやかりそめなさまを表した。*『俚言集覧』は「アカラメもアカラサマも同じ言にてしばらくのいとまといふ事也」という。「あからめ(傍目)」はちょっと目をそらすことで、「あから」は

分散する意の動詞「あか(散)る」と同根と言われる。「アカラはアカレ(散)の古形」(岩波古語辞典補訂版)。正常の状態から少し離れるということから、仮に、ちょっと、突然などの意味を生じたものだろう。かりそめというような古い意味から現代のような意味に転じた経緯についてはいろいろ説がある。『大言海』のように別々の語としてしまう見方もあるが、一般には「あからさま」を「明からさま」と解釈して、「白地」の表記を当て、何も隠さないという意味に用いるようになったという。

例「後世白地をあからさまとよめり。こはありのままに打ち出し明かす意なれば、明様の義なるべし」(辞書・和訓栞)

あからめる【赤らめる】 文語 **あからむ**

顔などを赤くする。「あか」は「赤」、「ら」は接尾語で、形容動詞などに付き、その状態であることを表す。これらに、動詞を作る語尾「む」(古くは「ぶ」)が付いたもの。「あから」は赤みを帯びて照り映えるさまを表し、古くは「赤ら柏」「赤ら橘」などの複合語が見られた。四段活用の赤みを帯びるの意の自動詞「赤らむ(赤らぶ)」は古くから見られるが、赤くするの意の他動詞「赤らめる」の用例が見られるのは、江戸時代末期からである。

例「嬉しくも、また恥づかしくも赤らめし、皃(かほ)におほひし懐紙の包み」(人情本・春色梅児誉美・初・六)

あかり【明かり】

ともしび。動詞「明かる」の連用形が名詞化したもの。「明かる」は、明るくなるの意の動詞。「あか」は「赤」と同源で、古くは「あかる」に赤くなるの意もあった。「明かり」は、もとは物を明らかに見せる光、光線の意で、ともしび、灯火の意にも用いられるようになった。

例「行灯がひっくりけえると〈略〉明かりをつけやあがれと」(滑稽本・浮世風呂・二・下)

あがり【上がり】

お茶。主に寿司屋で言う。「上がり花(ばな)」の下略形。「上がり花」の語源は不明。「(お)茶を挽く」(=芸娼妓に客がなくて暇である意)の「茶」を忌み、客が「あがる」(=登楼する)ようにと縁起をかついだ語という説がある。さらに、「花」については、「出端(でばな)」(=出花。入れ立ての茶)、または線香の意の「花」(=上方で芸娼妓を揚げた際、時間を計るのに線香を置屋の線香場に立て、一本を焚き終わって花一つとする)によるとする(上方語源辞典)説もある。以上のような「あがりばな」の略という説によらずに、現在の寿司屋の「あがり」は客が寿司を食べ終わったのを見て茶を出すので、「上がり」は終わりの意ではないかと考えられる。

あがりかまち【上がり框】

玄関など家の上がり口の縁に渡してある、化粧横木。「かま

ち」は外枠、枠木を言う。この「かまち（框）」は、頬骨から頤（おとがい）にかけての骨格をいう「かまち（䩉）」と同源とされるが、骨格の用例の方が古い。骨格に関する語から建具の枠木を指す語に転じ、家に上がる所に使うので「上がり」を付けたものである。

例「家に無うてならぬものは、上がり框と女房と、世話にも言ふぢゃないかいなう」（浄瑠璃・蘆屋道満大内鑑・三）

あかるい【明るい】 文語 **あかるし**

光が十分に射して、よく見えるさま。古くは、形容詞「あかし」には、赤い意と明るい意とが未分化のまま存した。これは、「あか（し）」が、本来「明」なる光の感覚を表す語だったのが、色の感覚を表す語として転用された（佐竹昭広・萬葉集抜書）という事情によるものだろう。光の感覚と色の感覚との分化が進むにしたがい、明るい意と赤い意とを語形上も区別して表現するようになった。その結果、室町時代に、「あかし」と同源で、明るくなる意の動詞「あかる」をもとにして形容詞「あかるい」が派生した。近世以降広く用いられるようになり、現代に至る。↓赤

例「雪のふりて窓のあかるくなるを」（抄物・四河入海・七・一）

あかん

物事がうまくいかない。だめである。動詞「明（あ）く」に打ち消しの助動詞「ぬ」の訛形「ん」の付いたもの。関西地方を中心に用いられる表現。*『浪花聞書』に「あかん　つまらぬ也。江戸で云ふいかん也。埒（らち）あかんなり」とあることから、「埒明かぬ」（＝物事がうまく運ばない）の上略形「あかぬ」の変化したものと考えられる。

例「扨（さて）あかんあかん、何ぼいふても次風呂はならぬとおっしゃる」（浄瑠璃・祇園祭礼信仰記・四）

あかんべい

下まぶたを指先で下の方に押して、まぶたの裏の赤い部分を相手に見せるしぐさ。「あかめ（赤目）」が転じて「あかんべ」となったといわれる。べーと長音化したのは口調を良くするためと思われる。近世から用例が見える。

例「後を振返って赤目（あかんべい）をして見せて居る男生徒もある」（田山花袋・田舎教師・明治四二年）

あかんぼう《あかん ぼう》**【赤ん坊】**

生まれて間もない子。体が赤みを帯びているのでいう。「ぼう」は、人を意味する接尾語。アカボーが口調の関係でアカンボーになったもの。近世後期から例がある。

例「赤ん坊のほうも大丈夫だね」（志賀直哉・暗夜行路・大正一〇～昭和一二年）

あき【秋】

夏の次の季節。語源説は多いが、納得のゆくものがない。*『和

句解』は「草木あかき時也」という。「赤」から「秋」に転じたことになる。*『東雅』は、「百穀既に成りて、飽満(あきみつ)るの義にもやあるらむ」という。更に『大言海』は「黄熟(あかり)の約と云ふ」とする。

例「安吉(あき)の夜は暁寒し白栲(しろたへ)の妹が衣手着む縁(よし)もがも」(万葉集・一七・三九四五)

あきあじ《あきあぢ》【秋味】

秋、産卵のために川を上って来る鮭の異名。東北地方や北海道でいう。『大言海』はアイヌ語で秋の魚の意の「アキアンチ」の転とする。秋にとれることから「秋味」と漢字を当てた。

例「Akiaji　アキアジ(an Aino word)　Salmon(鮭)」(和英語林集成・三版)

あきす【空き巣】

留守の家を狙って入る泥棒。「空き巣狙い」の略。「空き巣」は本来は使われなくなった鳥の巣のこと。そこから転じて、人のいない家をさすようになり、空き巣狙いという隠語が生まれた。「何、格別明き巣狙いに宗旨を変えた訣(わけ)でもないんです」(芥川龍之介・お富の貞操・大正一一年)。

あきつしま【秋津島・秋津洲】

日本国の古名。「秋津」(古くは「あきづ」)は奈良県御所(ごせ)市室(むろ)のあたりの地名であったと考えられている。ここに、孝安天皇の皇居「室の秋津島宮」があった。そこから「あきづしま」が大和の国の称となり、さらに広がって日本の国全体をもいうようになったとされる。この地名としての「秋津」の語源は不明であるが、上代からトンボの「あきづ」から説く説話があった。たとえば、『日本書紀』(神武三一年四月)には「内木綿(うつゆふ)の真迫(まさ)き国と雖も、蜻蛉(あきづ)の臀呫(となめ)の如くあるかな。〈略〉是に由りて、始めて秋津洲の号(な)有り」とある。これによれば、(大和は)狭いけれどもトンボが交尾しながら飛んでゆくようだと言ったことに因んで名付けられたことになる。これは地名伝説の一つでそのまま信じることはできない。その他の語源説としては、「秋津洲」は「千五百秋瑞穂(ちいほあきのみづほ)の国といへるに同じ」(和訓栞)、すなわち稲の稔る国とたたえた名称だという説がある。

例「そらみつ大和の国を阿岐豆志麻(あきづしま)とふ」(古事記・下)

あきない《あきなひ》【商い】

商売。「あきなひ」は動詞「あきなふ」の連用形から名詞に転じた語。「あき」は「秋」と同じ語源という説がある。「毎歳秋、布穀の類、既に成りし後に、商売之道通じたりけり。されば百貨をもて布帛に代ふるをアキモノスといひ」(東雅)。秋、収穫物を交換したので、商売を「あきものす」と言ったということで、「秋」と「商(あき)」が通じることを説いている。「な

ふ」は、物事をするの意の接尾語で、「あがなう」「おこなう」「うしなう」などの「なう」と同じ。

例「世にあるものならば、この国にもてまうで来なまし。いと難きあきなひなり」(竹取物語)

あきらか【明らか】

はっきりしていて疑う余地がないさま。明るくなるの意の動詞「明く」の派生語。「あきら」は明るくする意の動詞「明きらむ」の「あきら」と同じで、明るくなる意の動詞「明かる」とも同源。「か」は、形容動詞の語幹を構成する接尾語で、物の状態などを示す。『源氏物語』の例を見ると、「夜深き月の明らかにさし出でて」(椎本)などのように、光が明るいの意で用いられ、また、「仏神も聞き入れ給ふべき言の葉は明らかなり」(若菜下)のように明白だの意でも用いられた。→明るい

あきらめる【諦める】文語 あきらむ

断念する。「あきら」は、「明らか」の「あきら」と同じで、明るくなる意の動詞「あかる(明)」とも同源。「あきらむ」は、その「あきら」を動詞とした語。「む」は動詞化の接尾語である。「あきらか」が、曇りがなくはっきりとよく見える、暗い部分がないさまを表したように、「あきらめる」は、古くは、明るくする、目で見てはっきりさせる、などの意であった。「陸奥(みちのく)の　小田なる山に　金(くがね)ありと　申し給へれ　御心を　安吉良米(あきらめ)給ひ」(万葉集・一八・四〇九四)は、心を晴々となさる意。また、事情や理由をはっきりさせるという意にもなり、はっきり見定めた結果、断念するという意に転じていった。

例「是非なき事とあきらめ給へ」(浄瑠璃・蝉丸)

アキレスけん【アキレス腱】

かかとの骨の上についている腱。歩行の際に働く腱。踵骨(しょうこつ)腱。ギリシャの英雄アキレス(Achilles)の名に由来する。不死身であったアキレスの唯一の弱点が、この腱であったところから、比喩的に強い者の持つ弱点を意味するようになった。

あきんど【商人】

商業を営む人。アキヒト→アキウド→アキュウド→アキンドと転化してできた語。「あき」は「あきない(商い)」の「あき」、「ひと」は人である。*『日葡辞書』には「Aqibito(アキビト)」「Aqiŭdo(アキュウド)」の二つの見出しがあり、また、一七世紀初頭に出版されたロドリゲス『日本大文典』(一二)には「Aquindo(アキンド)」と「Aquiŭdo(アキュウド)」の両形が載せられている。なお、漢語としての「商人」は古くから中国で使われ、奈良時代に日本に伝来した。→商い

あく【灰汁】

食物などに含まれるえぐみ。この語には、灰を水に入れてで

きる上澄みの汁という意味があり、これがもとの意味だと思われる。そこから転じて植物などを水に漬けると浸出する液も「あく」といい、これが多くえぐみ、渋みなどを伴うことから、えぐみなどの雑味を指すようになったものだろう。なお、「あくが強い」「あくが抜ける」などの「あく」もこの「あく」である。「灰汁」は当て字。

例「そまりけり芋は牛房(ごばう)のあくに負け」(雑俳・田みの笠)

あくた【芥】

ごみ。くず。『和訓栞』*は「雨に腐(くた)す義成るべし」というが、「あ」は『大言海』の言うように接頭語で、「くた」は「腐(くた)る」の語根と考えられる。「くた」はごみの意味で、単独で使われることもあった。「こゆるぎの渚に風の吹きしからくたも残さず波もよせけり」(元真集)。

例「散りぬればのちはあくたになる花を思ひしらずもまどふ蝶かな」(古今集・物名)

あくたい【悪態】

悪口。憎まれ口。『大漢和辞典』は「悪態」を「あくたいもくたいの省略語の当字」だという。つまらぬもの、欠点などの意の「あくたいもくたい」は、「あくたもくず(芥藻屑)」の「もくず」が「あくた」に引かれて「もくた」になり(俚言集覧)、さらに口調の良いところから「あくたいもくたい」に転じたものと考えられる。

例「むかしは男達などの出端(では)には、つらねといふものが有って、悪態をなが〱と云ったものさ」(滑稽本・浮世風呂・四・下)

あくだま【悪玉】

悪人。「玉」は江戸の遊里で女を指していたが、広く人を指すようになった。「悪玉」「善玉」は同じ頃に使われ出したようで、天明八年(一七八八)の洒落本『青楼五雁金』に両方とも出て来る。

例「あんなやぼや、あく玉に気がねはしんせん」(洒落本・青楼五雁金・二)

あくたれ【悪たれ】

憎まれ口を言うこと。反抗したり無理を言ったりする意の動詞「悪たれる」の連用形の名詞化。『大言海』は「悪たれる」は「悪太」を活用させたものというが、「悪たれる」の名詞化であろう(江戸語大辞典)。

例「あくたれあまとはおめえの事だ」(滑稽本・浮世風呂・二・上)

あくどい 文語 **あくどし**

たちが悪い。「あくどい」の「あく」は「灰汁(あく)」であろう。江戸末期の熊本地方の方言集『菊池俗言考』*では「灰強(あくつよい)の略」とする。語末の「どい」は「きわどい」「すすど

い」などのように形容詞を作る接尾語である。「あく」にはえぐみという意味があり、えぐみが強いからくどいなどの意に転じ、さらに悪辣(あくらつ)の意味へと変化したもの。次の例はくどいの意味。「精進もののこんだてはまあ儘にしてちっと悪毒(あくどく)天麩羅か、黒漫魚(まぐろ)のさしみで油の乗ったあいさつが聞きてえの」(人情本・春色梅児誉美・初・五)。

↓灰汁

例「お人よしなだけにあくどい事もできず」(石坂洋次郎・石中先生行状記・昭和二五年)

あくび【欠伸】

疲れたり眠くなったりした時に自然に口をあけてする深呼吸。平安時代「あくぶ」という動詞があり、その連用形の名詞化したもの。「あくぶ」は「いとむつかしかめれば、長やかにうちあくびて」(枕草子・七四・懸想人にて)などと使われた。この「あくぶ」は「あく(飽・厭)」に由来するという説がある。『大言海』は「厭(あき)を活用」させた語かという。「あくび」は中古から使用例が見られる。漢語「欠伸」は、あくびと背伸びの意。

例「あくびおのれうちしてよりふしぬる」(枕草子・二五・すさまじきもの)

あくま【悪魔】

悪や不義を擬人化したもの。仏教語に由来する。大乗経典の一つであり、仏陀多羅(ぶっだたら)が唐代に漢訳したとされる『円覚経』に、「悪魔及諸外道、悩身心(悪魔及び諸外道、身心を悩ます)」という例が見られる。仏道修行を妨げる悪神のことを指した。後に、ユダヤ教やキリスト教で神の敵対者を意味するサタンの訳語ともなった。

例「不動明王恐ろしや、怒れる姿に剣を持ち、索を下げ、後に火焔燃え上がるとかやな、前には悪魔寄せじとて、降魔(がま)の相」(梁塵秘抄・二)

あくまで【飽く迄】

徹底的に。動詞「あく(飽)」+助詞「まで(迄)」に分かれ、「飽きるまで」が原義である。これが次第に、「飽きるまで」→「もう飽きていやになるほど十分に」→「どこまでも、徹底的に」という意味変化を起こして一語化した結果、平安時代、副詞として確立した。

例「女御のけはひはねびにたれど、あくまで用意あり、貴(あて)にらうたげなり」(源氏物語・花散里)「顔の色あくまで白く、鼻高く、頤(おとがい)細りて」(泉鏡花・外科室・明治二八年)

あぐむ【倦む】

いやになる。「厭き倦む」に基づくという(大言海)。現在は単独では使わず、「考えあぐむ」のように複合した形で使われる。

例「此大勢を見て敵もさすがにあぐんでや思ひけん」（太平記・八・持明院殿行幸六波羅事）

あぐら【胡坐・胡座】

足を組んで（楽に）座ること。語源について『*東雅』は「アといふは脚（ア）也。クラといふは坐（クラ）也」という。直訳すれば足の台ということになるが、もとは、古代貴族の座る高い台をいった。「やすみしし吾が大王（おほきみ）の獣（しし）待つと阿具良（あぐら）に座（いま）し」（古事記・下）。「あぐらをかく」という言い方は、中世末から使われるようになった。↓倉・鞍（くら）

例「百さじきあぐらをかいてにくまれる」（雑俳・柳多留・一六）

あけ【朱・赤・緋】

赤い色。明るくなる意の動詞「明く」と同源の語。奈良時代には、「あか」は単独で用いられた例が見られず、「あかがね」「あかだま」のように複合語として用いられているので、「あけ」はこれに対する単独で用いられる形であったかと言われている。

例「旅にしてもの恋しきに山下の赤（あけ）のそほ舟沖に漕ぐ見ゆ」（万葉集・三・二七〇）

あげあしをとる【揚げ足を取る】

人の言い損ないや言葉尻を捉えてなじったり皮肉を言ったりする。古くは馬の倒し方を言った。『*日葡辞書』に「Ague axiuo toru（挙げ足を取る）」という例文があって、その説明に、馬を倒したり静止させたりするために馬の前足を持ち上げることをいうという意味のことが述べられている。ここから、相撲や柔道などで浮き上がった足を取って相手を倒す意で使われるようになった。人の言葉尻を捉えて攻撃することを、この柔道などの技にたとえた言い方である。

例「さう揚げ足をとっちゃあ、いかねえ」（人情本・娘太平記操早引・三・中）

あげく【挙げ句・揚げ句】

結局。元来「挙げ句（揚げ句）」とは、連歌や連句の最後の七七の句のこと。そこから物事の終わりを意味するようになった。強調する意で「あげくの果て（に）」の形でも使われる。

例「やがてあげくに盲にないた」（咄本・昨日は今日の物語・下）

あげだし【揚げ出し】

豆腐に片栗粉などをまぶして、軽く揚げた料理。「揚げ出し豆腐」の略。「揚げ出し」は油で揚げて出す意。近世、豆腐にかぎらず、ナスなど野菜類も衣を付けずに揚げ、これを揚げ出しと称した。

例「白玉の揚出し」（滑稽本・浮世風呂・四・中）

あげつらう《あげつらふ》【論う】

物事の善悪・理非などについてあれこれ論ずる。「あげ」は「言挙（ことあげ）」の「あげ」で、「声をあげる」などの「あげる」に通じる。「つらふ」は「言ひづらふ」「引きこづらふ」などの「つらふ」と同じであるといわれる。その語源は「連れ合ふ」か。動作などが続くことを表す。

例「上和（やはら）ぎ、下睦（むつ）び、論（あげつらふ）に諧（かな）ふときは」（日本書紀・推古一二年四月・岩崎本訓）

あけび【通草】

アケビ科のつる性の落葉低木。語源は諸説あるが、いずれも実に注目する。アケビの実は熟すると割れ裂けて、赤い中身を見せる。*『東雅』は、「アケとは赤（あけ）也、ビとは実（み）也」という。『大言海』は「開肉（あけみ）の転」とする。また、柳田国男によれば、「秋むべ」の意味で名付けられたものであるという。アケビとムベとはよく似ているが、その実がムベより早く秋に熟するので「秋」を冠したもので、隠岐の国ではアケビをアキムベと呼んでいるという（国語史論）。

例「ますらをが爪木にあけびさしそへて暮るれば帰る大原の里」（山家集・下）

あけぼの【曙】

明け方。「あけ」は「明（あ）ける」の「明け」、「ほの」は「ほのか」「ほのぼの」の「ほの」と同じ。まだ暗い「あかつき」より朝に近い、ほのぼの明るくなる時をいう。

例「春はあけぼの、やうやう白くなりゆく、山ぎはすこしあかりて」（枕草子・一・春はあけぼの）

あご【顎・腭】

口を上下させ、物を噛んだり話したりするのに使う器官。古くは「あぎ」といい、それの変化したもの。「あぎ」は*『二十巻本和名抄』に「和名阿岐」と見える。「あぎ」の語源については、『大言海』に「上牙（うはぎ）の約」とあるが、はっきりしない。「あご」は近世から用例がある。

例「齶〈略〉俗云　阿吾（あご）」（和漢三才図会・一二）

あごあしつき【顎足付き】

出張依頼の仕事などにかかる宿泊費、食費、交通費を主催者側が負担すること。「あご（顎）」は食物を噛みくだく役割を担うことから食事の意。それが転じて江戸深川の岡場所などで食費やその他の雑費をさすようになり、さらに近世後期に芝居芸人の間で宿泊費の意味も派生した。「足」は足代の略で、交通費のこと。両者あわせて旅費全体をさすが、特に寄席芸人の隠語に由来するといわれる。

あこうだい《あかをだひ》【赤魚鯛】

フサカサゴ科の深海魚。冬に美味で鍋料理や煮つけにして食される。その体の色が赤いことから古くは「赤魚（あかを）」と呼ばれた。「あこう」は「あかを」が変化した形である。「鯛」

の名があってもタイ科には属さない。「鯛」の名が付いたのは、形が鯛に似ているところから「鯛」にあやかって「あこうだい」と称するようになったもの。

あこがれる【憧れる】 文語 **あこがる**

理想とするもの、目指すものに思い焦がれる。「あこがる」は古くは「あくがる」で、本来の居場所を離れてさまよう意であった。「あくがる」の「かる」は離れる意。「あく」については、所または事を意味するという説（岩波古語辞典補訂版）などがあるが、定説とはなっていない。「あく」が所または事を意味するという説によれば、「あくかる」は何かに引かれて魂があるべき場所を離れてさまようことを意味する。

例「仲国龍の御馬給はって、名月に鞭をあげ、そこともしらずあこがれ行く」（平家物語・六・小督）

あこぎ【阿漕】

欲張りであくどいさま。「阿漕」は阿漕が浦のことで、現在の三重県津市の海岸。この地名から、以下に記す古歌や言い伝えによって、一般語となったといわれるが、不明な点が多い。古歌としては平安時代中期の『古今和歌六帖』に「逢ふことをあこぎの島に曳く鯛のたびかさならば人知りぬべし」とある。また、この浦は、伊勢神宮に供える魚をとる所で禁猟となっていたが、謡曲の『阿漕』では、漁夫がたびたび密猟をして捕らえられ、浦に沈められた伝説が主題となっている。これらのことから、たび重なること、たび重なると人に知られることを意味するようになり、さらにしつこく繰り返すこと、あくどいことを指すようになった。

例「あこぎな申しごとなれど」（浄瑠璃・夕霧阿波鳴渡・中）

あさ【朝】

夜が明けてからしばらくの間。「あした」（古くは朝の意）、「あす（明日）」などと同源（時代別国語大辞典上代編）で、これらに共通する「あ」は「明く」の語根だという（大言海）。同じ朝の意でも、「あした」が単独で用いられるのに対して、「あさ」は他の語と複合して用いられることが多かった。↓あした

例「雨降らず日の重なれば植ゑし田も蒔きし畑も安佐（あさ）ごとにしぼみ枯れ行く」（万葉集・一八・四一二二）

あさ【麻】

クワ科の一年草。中央アジア原産。渡来時期は古く、上代から重要な繊維植物であった。上代ほぼ同義の語として、「そ」「を」がある。「そ」は複合語のみに現れ、「あさ」の古形かと言われる。『大言海』は「あさ」は「青麻（あをそ）の約転」と見る。「そ」は「真蘇木綿（まそゆふ）」（万葉集・二・一五七）などのように使われており、「そで（袖）」「すそ（裾）」などの「そ」と同源と思われる語である。また、「あさ」は朝鮮語 sam と同源か、ともいわれる（岩波古語辞典補訂版）。

例「麻ごろも着（け）ればなつかし紀の国の妹背の山に麻まく

吾妹(わぎも)」(万葉集・七・一二九五)

あざ【痣】

皮膚の一部が、赤・青・紫などに変色したもの。この語は、「あざあざ」(=はっきりしたさま)「あざわらふ」「あざける」「あざむく」「あざやか」などの「あざ」と同源といわれる。この語根「あざ」は、人の気持にかまわず、どぎつく現れるものの意とする説(岩波古語辞典補訂版)がある。

例「顔にあざのある男」(宇治拾遺物語・七・一)

あさい【浅い】文語 あさし

表面・外から底・奥までの距離が短い。「あさ」は、動詞「あす(浅・褪)」と同源。動詞の「あす」は、「神名火(かむなび)の淵は浅(あせ)にて瀬にかなるらむ」(万葉集・六・九六九)のように水深が浅くなる意があった。「あさし」は、古く空間的にも心理的にも用いられ、情が薄い、心が浅薄であるの意もあった。また、鎌倉時代までは形容詞「低し」がなく、「位あさく何となき身分の程」(源氏物語・梅枝)のように、社会的な位置が低い意でも「あさし」が用いられた。

例「安積香山陰さへ見ゆる山の井の浅(あさき)心を我が思はなくに」(万葉集・一六・三八〇七)

あさがお《あさがほ》【朝顔】

ヒルガオ科のつる性一年草。朝顔の花は朝開いて、昼にはしぼんでしまう。そこで「朝顔」なのだ、という説(東雅など)もあるが、『大言海』は「朝の容花(かほばな)」の意から草花の名となったという。「容花」は姿の美しい花のことで、「朝の容花」は朝に美しく咲く花の義となる。『大言海』のような説が出てくるのは、普通の名詞としての「朝顔」は字義どおり、「朝の寝起きの顔」という意味で、美しいという意味は持たないからである。現在の朝顔が渡来したのは平安時代で、それ以前は「桔梗(ききょう)」(古名「きちこう」)「木槿(むくげ)」が「朝顔」と呼ばれていた。

例「あさがほをなにはかなしと思ひけむ人をも花はさこそ見るらめ」(今昔物語集・二四・三八)

あさぎいろ【浅葱色・浅黄色】

緑がかった薄い藍(あい)色。「浅黄色」の「黄」は当て字。葱(ねぎ)の葉の、薄い色というのが本来の意味。「あさ」は「あさみどり」の「あさ」と同じ。「き(葱)」はネギの古名。

例「空を見上げたれば、ことにはれてあさき色なるに」(右京大夫集)

あさげ【朝餉・朝食】

朝の食事。朝食。「あさけ」ともいう。「け」は食べ物、食事の意。昼は「ひるげ」、夕は「ゆうげ」という。「け」が食事を意味するのは、食べ物を盛る器である「笥(け)」によるという説(大言海)がある。

例「朝気(あさげ)の煙絶えて」(太平記・三四・銀嵩軍事)

あざける【嘲る】
ばかにする。「あざける」の「あざ」は「あざわらう」の「あざ」と同根と考えられている。この「あざ」について、『*和訓栞』は「浅けるの義なるべし」という。しかし、「あざ」と「あさ(浅)」には清濁の違いがあり、これを簡単に無視することはできない。一方、「あざける」の「あざ」を「あざ(痣)」と見る説がある。しかし、どの説にも接尾の「ける」の説明はなく、不明である。→あざ
例「法華経品を読む人をあざけりて、現に口ゆがみて悪法を得る縁」(日本霊異記・上・一九)

あさつき【浅葱】
ユリ科の多年草。アサツキの「あさ」は「浅い」の語幹、「つ」は「の」の意味の助詞、「き」はネギの古称。語源は何を浅いと見るかで、説が分かれる。『*和漢三才図会』(九九)は、匂いが他のネギにくらべて薄いからという。『*物類称呼』によれば、「根深(ねぶか)」(=ネギ)は、「根ぶかく土に入るこころ」であって、アサツキは「根深に対したるの名なるべし」となる。『改訂増補牧野新日本植物図鑑』は「葉色がネギよりも浅い緑色であることから」という。アサツキの臭気が薄いというのは、どうであろうか。「あさつきのなます進ぜて猿轡(さるぐつわ)」(雑俳・柳多留拾遺・一)など、これをきわめて臭いといったものが多い。→ねぎ

あさって【明後日】
明日の次の日。「あさて」の転。「あす(明日)」から派生した語であるが、詳しくは分からない。『*名語記』には「あすさてといへる心也。明日の去れば明後日となる也」とあるが、これによれば、明日去りての意の「あすさて」の略ということになる。
例「あさってのぼる」(浮世草子・好色一代男・七・五)

あさっぱら【朝っぱら】
朝早く。早朝。「あさはら(朝腹)」が促音化したもの。「あさはら」は朝食前の空きっ腹をいう語で、中世から使われており、『天草本伊曽保物語』にも見られる。この「あさはら」が「あさっぱら」となり、朝食前ということから、朝早くという意味に用いるようになった。
例「朝っぱらからふさいだ事があって」(滑稽本・浮世風呂・三・上)

あさはか【浅はか】
考えが浅いさま。「あさ」は形容詞「浅い」の語幹。「はか」は「はかがゆく」「はかどる」「はかる」などの「はか」と同じで、目当て、進み具合などの意味を表す。『*和訓栞』は「はか」について「量りの義にや」という。「あさはか」は程度の深くないさまを表したもので、のち思慮など精神的なものについていう言葉となった。なお語源の異説として、「ハは端の意か」とし、

「浅く、はずれているさま」を表すとする説(岩波古語辞典補訂版)がある。

例「あさはかなる廂(ひさし)の軒は、程もなき心ちすれば」(源氏物語・夕霧)

あさぼらけ【朝ぼらけ】

夜明け。『大言海』は「アサビラキの転にて、アケボノと混じたる語」という。

例「あさぼらけ有明の月と見るまでに吉野の里に降れる白雪」(古今集・冬)

あさましい【浅ましい】 文語 **あさまし**

見苦しい。古語の動詞「あさむ」の形容詞化と言われる。「あさむ」の意味は意外なことに驚くことで、これは「あさましい」の古い意味と一致する。「あさむ」の語源について、『大言海』は「浅(あさ)」を活用させたものとする。この「あさむ」の原義は対象についての認識が浅いことだという(日本国語大辞典二版)。認識が浅ければ真実を知って驚くことになるわけで、ここから、この語の意外だという意味が生じたことになる。「あさまし」は、古くは良い悪いにかかわらず意外だという意味を表すが、そこから悪い方の意味に転じ、さらに見苦しい・みっともないの意味で用いられるようになった。

例「ひたすら世をむさぼる心のみふかく、もののあはれも知らずなりゆくなん、浅ましき」(徒然草・七)

あさまだき【朝まだき】

夜のまだ明けきらないころ。「まだき」は、「恋すてふ我が名はまだき立ちにけり人知れずこそ思ひそめしか」(拾遺集・恋一)のように、まだその時期になっていないうちを意味する語で、「朝まだき」はまだ完全には朝になっていない時の意である。「まだき」の語源については、まだその時期に至らぬ意の形容詞「まだし(未)」(=副詞「まだ(未)」の形容詞化した語)との関連を想定する説が多い。もし「まだき」が形容詞「まだし」の連体形から派生したものとすれば、「まだし」はク活用でなければならない(ク活用であれば連体形はマダキとなる)。しかし、「まだし」はシク活用でその連体形はマダシキであるため問題を残す。

例「朝まだき起きてぞ見つる梅の花夜の間の風の後めたさに」(拾遺集・春)

あざみ【薊】

キク科アザミ属の植物の総称。『大言海』は、アザミは驚く意の動詞「あざむ」の連用形から来たと考え、とげが多くて驚きあきれる意味でもあろうか、という。しかし「あざむ」は古く「あさむ」であり、*『日葡辞書』にも清音の形で載っている。また、アザミの「あざ」は「とげ」を意味する八重山方言で、アザミはとげの多いもののことだ、という説もある(宮良当壮・南島叢考)。また、アザミの「み」については、次のような説が

ある。すなわち、植物名に多い「み」は、果実だけでなく、広く、太く、中味の充実した実質のあるものを包括的に示す概念で、アザミの若い葉を食用に供したところから付いたものだ、という（前川文夫・植物の名前の話）。

例「葪　阿佐美（あざみ）」（天治本新撰字鏡）

あざむく【欺く】

だます。語源不明。「あざむく」は、「あざける」「あざわらう」の「あざ」と「向く」の複合語という説（時代別国語大辞典上代編）があるが、この「あざ」については諸説ある。*『俚言集覧』は「浅の義」というが、清濁の違いがあり、意味的にも「浅」からだますという意味は簡単には出て来ない。別の説として、語根の「あざ」は「あざ（痣）」「あざやか」「あざけり」「あざわらい」などの「あざ」と同源だという説がある（岩波古語辞典補訂版）。「あざ」は人の気持ちにかまわずどぎつく現れるものの意であり、「むく」は「ぶく（吹く）」の転で、自分の気持ちのままに、口から出まかせをいう意だとする。そうであれば、「あざむく」のもとの意味は人にかまわず自分の気分のままにあれこれ言うことに近いと思われる。ただし、この意味での古い用例は確認できない。↓あざわらう

例「布施置きて吾は乞ひ禱（の）む阿射無加（あざむか）ず直（ただ）に率（ゐ）行きて天路知らしめ」（万葉集・二・九〇六）

あさめしまえ　へ‾ま【朝飯前】

簡単なことのたとえ。朝飯前の短い時間でかたづけることのできる仕事ということから、仕事の簡単なことのたとえになったという説と、朝飯前の空腹時でもできるような簡単な仕事ということから出たとする説の二説がある。このたとえは、慣用的に「朝飯前にはできぬ（動かされぬ）」とか「朝飯前の茶受け」「朝飯前の茶漬け」とか用いられた。「朝飯前の茶受け（茶漬け）」は朝飯前の空腹時なら簡単に食べてしまえるということなので、空腹時ということが欠かせない要点になる。これから考えると、「朝飯前」というたとえは空腹時でもできる簡単なことということから出たものではないかと思われる。*『俚言集覧』などがこの解釈を採る。

例「たかが弥五郎ぐらゐの端役は、朝飯前（めえ）の仕事だ」（滑稽本・八笑人・四・追加上）

あざやか【鮮やか】

はっきり目立つさま。「あざやか」の「やか」は形容動詞を作る接尾語で、「にぎやか」「のびやか」「しのびやか」などと使われる。語根の「あざ」は「あざあざ」「あざやぐ」などの「あざ」とは、目立つという意味を共有しており、同源であろう。新鮮だという意味の「あざらけし」の「あざ」も同様に考えられる。更に広げて、「あざける」「あざわらう」の「あざ」となると、同源かどうかはっきりしなくなる。これらは、むしろ「痣」などの「あざ」と関係するのではないかと思われる（岩波古語辞

典補訂版)。「あざやか」の「あざ」と「痣」の「あざ」が関係するとすれば、際立つということを基本として、それが良い状態を示すのが「あざやか」で、悪いほうへ意味がずれていったのが、「痣」の類かと思われる。↓あざける・あざわらう

例「うへには濃き綾(あや)のいとあざやかなるを出だして」(枕草子・二三・清涼殿の丑寅のすみの)

あさり【浅蜊】

海に住む二枚貝。文明元年奥書の辞書『桑家漢語抄』に「蜊　阿佐利　字園云可書求⿰飠甘之字、海辺子女常求之為⿰飠甘故名(蜊　阿佐利(あさり)　字園、求⿰飠甘之字を書くべしと云ふ、海辺の子女常に之を求め、⿰飠甘となすが故の名なり)」とある。「⿰飠甘」は中国の韻書『集韻』に「⿰飠甘　餌也」とある。すなわち、海辺の子女が食べ物としてあさっていたから、「あさり」となった、という語源である。『大言海』もこの説による。

例「蜊　アサリ」(易林本節用集)

あざわらう《あざわらふ》【嘲笑う】

嘲笑する。「あざわらう」の「あざ」は、「あざける」の「あざ」と同源であろう。*『和訓栞』は「アサフ、アザミ、アザフと同言にて、アザワラフは、あさみわらふ也」としているが、「あさむ」「あざむ」との関係には疑問がある。「あさむ」が「あざむ」となるのは、ずっと後世のことで、*『日葡辞書』でもまだ清音である。このように考えると、「あざわらう」の「あざ」を、「あさむ」を介して「浅」と解釈するのはむずかしくなる。これに対して、語根の「あざ」を「痣(あざ)」と見て、「あざける」「あざむく」などの「あざ」と同根とする説(岩波古語辞典補訂版)がある。これらの語はアクセントが高く始まり、相手かまわず勝手に笑い、大声を出すという共通の意味を持つ。「痣(あざ)」は人の気持ちにかまわずどぎつく現れるものの意であるという。↓あざむく

例「うちあざわらひて語るを、尼君などは、かたはらいたしと思す」(源氏物語・手習)

あし【葦・蘆・芦】

イネ科の多年草。「悪(あ)し」に通ずるので、「よし」とも言う。語源については諸説あるが不明。『改訂増補牧野新日本植物図鑑』は、「桿(はし)」の変化したものであろうと言う。↓よし

例「安之(あし)の葉に夕霧立ちて鴨がねの寒きゆふべし汝(な)をば偲(しの)ばむ」(万葉集・一四・三五七〇)

あじ《あぢ》【鰺】

アジ科の海魚の総称。語源は、味がよいから「あじ」と呼んだという説が多い。歴史的仮名遣いでは、「味」も「鰺」も、「あぢ」と書く。「あぢ　下濁　味也、鰺也、又鴨の一種也。鰺も鴨も味の美なる物なれば、名に負へるなるべし」(俚言集覧)。

例「鯵〈略〉鮏　阿知〈あぢ〉」（天治本新撰字鏡）

あしか【葦鹿・海驢】

オットセイに似た哺乳動物。*『東雅』は語源を「其の形、鹿のごとく、海岸蘆葦の間にあるを云ひしなり」と説く。*『和訓栞』はこの説をしりぞけ、「海〈あま〉鹿の義なるべし」という。「海鹿」の表記は*『和漢三才図会』（三八）にも見えるが、いずれとも定めがたい。「葦鹿」は*『和名抄』などに見え、「和名阿之加〈あしか〉」（二十巻本和名抄）などと注されている。古来眠りを好む動物とされ、『和漢三才図会』によれば、「上島上鼾睡〔島の上に上がりていびきかく〕」と記されている。

あしげ【足蹴】

足で蹴ること。足で蹴るようなひどい仕打ち。「げ」は動詞「蹴る」が文語で下一段活用したときの連用形「け」の名詞化で、「足」に続いたことで連濁したもの。「蹴る」は現代語では五段活用をし、連用形は「けり」となるので、現代語で造語すれば「足蹴り」となる。「あしげ」は慣用句として古い形を保っている。「蹴〈け〉とばす」「蹴〈け〉たおす」なども同様。

例「伊豆守が我が夫〈つま〉をば、足蹴にかけたとは」（坪内逍遥・桐一葉・明治二七～二八年）

あしげ【葦毛】

馬の毛色の一つ。白い毛の中に黒や青などの毛がまじっているもの。葦の芽生える時の色合いに似ているのでいう。

例「大分青〈あしげ〉の馬のいばえ立てつる」（万葉集・一三・三二七）

あじけない あぢけない【味気ない】

おもしろくない。つまらない。古くは、「あづきなし」で、平安時代に「あぢきなし」に転じた。「あじけない」の形が現れるのは明治期以降のようである。「あづきなし」は、「ああ、つきなし」の変化したものといわれる（大言海）。「つきなし」は、ふさわしくない、似合わないという意味である。「あづきなく何の狂言〈たはごと〉今更に童言〈わらはごと〉する老人〈おいひと〉にして」（万葉集・一一・二五八二）。なお「あづきなし」の語源については、「わづきなし」の転という説（小学館古語大辞典）もある。「わづき」は意味不詳であるが、区別の意かといわれている。「味気」は当て字である。

例「良人が〈略〉愛す愛すとだけ云えば万事解決する、と思っているのが味気なかった」（宮本百合子・伸子・大正一三～一五年）

あじさい あぢさゐ【紫陽花】

ユキノシタ科の落葉低木。古くはアヅサヰとも言った。*『十巻本和名抄』に「紫陽花〈略〉和名阿豆佐為〈あづさゐ〉」とある。『大言海』は「集真藍〈あづさあゐ〉の約転」という。また「あぢ」は群集の意で「あつ（集）」の転とする。「さあゐ」は「真っ青」の意。青い花が集まって咲くところから命名されたものとな

あ

る。「紫陽花」は漢名。

例「安治佐為(あぢさゐ)の八重咲く如く弥(や)つ代にをいませわが背子見つつ偲はむ」(万葉集・二〇・四四八)

あした【明日】

翌日。もともとは古代の夜の区分、「ゆうべ→よい→よなか→あかつき→あした」の「あした」であって、夜の終わりとしての朝を意味した。語源について、『大言海』は「アは明クの語根、明時(あけした)の意」とする。この語の前半は、「あさ」「あさって」などと語根 as- を共有し、『大言海』のいうように「明(あ)く」とも関係すると考えられる。しかし、この語の後半の「した」が時の意ならば「しだ」となる。この「た」については、「あなた」「はた(端)」「した(下)」の「た」に通じるという説(小学館古語大辞典)もある。「あした」は夜の終わりの朝であったため、夜中何かあった、次の朝の意味となり、さらに転じて明くる朝、明日のことを指すようになった。

例「諸事は翌(あし)たと言ひ残し」(浄瑠璃・新版歌祭文・長町)

あしだ【足駄】

初め、下駄の総称として用いたが、近世以降は雨の時などに履く、高い歯の付いた下駄(=高下駄)をいうようになった。語源は「あしした(足下)」の転とする説(和訓栞)、「あしいた(足板)」の転とする説(賀茂百樹・日本語源)がある。→下駄

例「女のはけるあしだにて作れる笛には、秋の鹿、必ず寄るとぞ言ひつたへ侍る」(徒然草・九)

あしたば【明日葉・鹹草】

セリ科の多年草。関東南部、伊豆七島、紀伊半島の近海地に生える。若葉は食用。夕方に若芽を摘んでも、翌朝には再び若芽が出ることから、この名がついた。貝原益軒の『*大和本草』(宝永六年)には「鹹草(アシタ)　あしたと云草、八丈が島の民多く植ゑて、朝夕の糧に充つ」とあり、これから考えて、もともと「あした」と呼ばれていた草が、「朝(あした)」と区別するために、「葉」を加えて「あしたば」といわれるようになったものだろう。

あしび【馬酔木】

ツツジ科の大形低木で常緑。アセビともいう。アシビの語源は、「足廃(あしじひ)」の略などの説もあるが、不明。葉は有毒で、馬が食べると麻酔状態になる。「馬酔木」と書くのはこのためである。大陸渡来の馬は、日本の山野に自生するアシビを食べてしばしば中毒した。そのためにこの字を当てて特に注意を喚起した、という(前川文夫・植物の名前の話)。

例「磯のうへに生ふる馬酔木(あしび)をたをらめど見すべき君がありといはなくに」(万葉集・二・一六六)

あしらう《あしらふ》

人を扱う。「あへしらふ」の変化した語。「あへしらふ」は、平

安時代に使われた四段活用動詞で、もてなすの意。「あへ」は、下二段活用動詞「あふ(合・餐)」の連用形、「しらふ」は接尾語で、「互いに〜する」という意味を持っている。「心しらう」「恥しらう」の「しらう」と同じものである。

例「重ねて来たともあしらふな」(浄瑠璃・丹波与作)

あじろ【網代】
もと魚を取るために水中に木や竹を編んで立てた仕掛け。そこから竹や檜を薄く削って編んだ垣根や天井などもいうようになった。「あじろ」は「あみしろ」の変化したもので、「網(あみ)の代(しろ)」、つまり「網の代わり」の意である。
例「すさまじきもの　昼ほゆる犬、春のあじろ」(枕草子・二五・すさまじきもの)

あじわう《あぢはふ》**【味わう】**
飲食物の味や物事の意味・面白みを感じ取って楽しむ。「あぢ」は「味」。「はふ」は、「いはふ(斎・祝)」「にぎはふ(賑)」「さきはふ(幸)」などの「はふ」と同じで、上の語を動詞にする語尾。この「はふ」は『大言海』によれば延の義であって、広がる意を添える。
例「この歌はあるがなかに面白ければ、心とどめてよまず、腹に味はひて」(伊勢物語・四四)

あしをあらう《—あらふ》**【足を洗う】**
悪事を働く世界から堅気にもどる。汚れた足を洗い清めるということから転じたもの。中国古典に用いられた「洗足」や「濯足」の訓読「足を洗(濯)ふ」に由来する慣用句。中国古典の「洗足」には、実際に足を洗うことのほか、俗界を脱するという転義も生じていた。
例「田中より立つと云ふは、ここらに足洗ひと云ふことぞ。下衆(げす)がさぶらいに足を洗うて上らうまじりをするぞ」(抄物・玉塵抄・一六)

あしをだす【足を出す】
赤字を出す。相場用語から出た慣用句。相場用語でいう「足」とは、特に売買代金の不足を意味し、「足を出す」全体では、相場で損失し、規定の証拠金・預け金・身元保証金などを支払いに当てても、なお不足で完済できないことを言った。
例「うんと足を出されちまうのがおちさ」(里見弴・今年竹・大正八〜一五年)

あす【明日】
今日の次の日。「あさ(朝)」、「あした」の「あし」、「あさて(明後日)」の「あさ」などと同源で、明るくなる、夜が明けるの意の動詞「あく(明)」とも関係があると言われている。↓あした
例「み空行く雲にもがもな今日行きて妹に言問(ことど)ひ安須(あす)帰り来む」(万葉集・一四・三五一〇)

あずさ《あづさ》【梓】
現在のアズサはカバノキ科の落葉低木、ヨグソミネバリ（夜糞峰榛）の別名。昔のアズサは、キササゲのこととも、アカメガシワのこととも言われ、一定しない。*『和訓栞後編』は、これをキササゲと見て、「厚房（あつふさ）」の義だという。ササゲに似た実が幾つか房状に垂れ下がるので、「厚房」と呼んだもの。現在のアズサも「雄花の尾状花穂が重なり合って小枝の端から垂れさがるさまを厚房つまりアズサと呼んだもの」（前川文夫・植物の名前の話）という。「梓弓」はアズサから作った弓で、枕詞にもなった。中国の「梓（し）」は、別の木（牧野富太郎によれば、トウキササゲ）であって、これを出版の版木に用いた。そこから、「上梓」「梓にのぼす」などの語句が生まれた。
例「梓〈略〉阿都佐（あづさ）」（二十巻本和名抄）

あすなろ【翌檜】
ヒノキ科の常緑高木。アスナロは、「あすなろう」であって、「あすはひのき」を「明日はヒノキ（になろう）」と解して生じたものであるという。『枕草子』に「あすはひの木、〈略〉なにの心ありて、あすはひのきとつけけむ。あぢきなきかねごとなりや」（四〇・花の木ならぬは）と見える。更にさかのぼって、この木を何故「あすはひの木」と言ったか。これについては、「アツハ（厚葉）＋ヒノキ（檜の木）」がもとだ、という説がある（前川文夫『植物の名前の話』に紹介されている）。→ひのき
例「阿須檜　アスヒ〈略〉又名阿須奈呂（あすなろ）」（和漢三才図会・八二）

あずまや《あづまや》【東屋・四阿】
庭園などに設ける簡素な休憩所。語源については諸説あるが、『大言海』が「あづまや（辺鄙屋）」の義とするように、あづま風（＝東国風・田舎風）のひなびた家の意から名付けられたものだろう。元々は、「寄棟造り」の建物を意味した。現在一般に「あずまや」と言えば、「亭（ちん）」のことをさすが、この用法は中世になって発生したものである。
例「さしとむる葎（むぐら）やしげきあづまやのあまり程ふる雨そそきかな」（源氏物語・東屋）

あぜくら【校倉】
倉の形式の一種。柱を用いず、木材を井桁（いげた）状に積み重ねて壁を作るもの。奈良の東大寺正倉院が、その代表例。「あぜくら」の「あぜ」は、「あぜなは（絡縄）」（＝より合わせた縄）の「あぜ」と同根で、「あざふ（糾）」（＝組み合わせる・より合わせる意。「あざなふ」はその派生形）とは同源である。つまり、「あぜくら」とは、木材を組み合わせた倉の意ということになる。なお、「校倉」という漢字表記について、「校は、交木の合字」（大言海）だという。
例「その家の内に大きなるあぜ倉有りけり」（今昔物語集・

二七・七）

あせも【汗疹・汗疣】

汗のために皮膚にできる、赤い小さな吹き出物。「あせもの（汗物）」の略とする説（大言海）、「あせもがさ（汗疱瘡）」の略と考える説（言元梯）などがある。「もがさ」は天然痘のことで、「あせも」が疱瘡にかかった時にできる吹き出物に似ていることから「あせもがさ」と言ったということになる。

例「熱沸瘡〈略〉和名阿世毛（あせも）」（二十巻本和名抄）

あそこ【彼処】

遠称の指示代名詞。「あしこ」の転。「あしこ」は平安時代から用いられた。「あしこにある子の母、いと心よくありがたき人なり」（宇津保物語・蔵開・下）。この「あしこ」の語源は不明。「あ」は遠称を表す「あの」「あれ」などに共通し、「こ」も場所などを表す「ここ」「そこ」「かしこ」などの末尾の「こ」と共通する。指示代名詞ではカ系の方がア系より古く、「かしこ」には平安時代の用例がある。中世以降「かしこ」は「あそこ」にとって代わられる。

例「仍って二百余騎、三百余騎、あそこここに押し寄せからめとる」（平家物語・二・西光被斬）

あたい【私】

一人称代名詞。ワタシ→（ワの頭子音脱落）アタシ→（シの頭子音脱落）アタイと転じてできた語。「あたし」よりくだけた言い方として、東京下町や花柳界の婦女子が多く用いた。

例「約束してよ。あたいの家（うち）へお出でよ。よくッて」（永井荷風・すみだ川・明治四二年）

あたかも【恰も】

まるで。まさしく。*『日本釈名』は「あたかは、あたる意」とするが、「あたか」ではなく、「あた」とすべきで、現在は「あたる（当）」の語幹と考えられている。「似る」という意味の語を修飾するこの語の用法から見て、「当たる」との関係は認められる。「か」は「静か」「ほのか」などの「か」と同類で、「も」は助詞と考えられる。なお、「あだかも」という形は江戸時代になって現れる。

例「わが背子が捧げて持てる厚朴（ほほがしは）安多可毛（あたかも）似るか青き蓋（きぬがさ）」（万葉集・一九・四二〇四）

あたじけない 文語 **あたじけなし**

けちで厚かましい。『大言海』は「アタは憎み云ふ語なり〈略〉。シケナイは吝気甚（しわけな）しの約ならむか」という。中世にはつまらないという意味を表す「しげない」という形容詞があり、これに「あた」を冠した際、連濁の結果「し」が「じ」となり、一語内に二つの濁音のあることを嫌って、一語化の過程で「げ」が清音化したものと思われる。「しげない」は「しげないたはむれ」（虎明本狂言・若菜）などと用いた。

例「年中あたじけなくして、食ふ物も食はずに金をためて」

（滑稽本・浮世床・初・下）

あだな【渾名・綽名】
ニックネーム。『*俚言集覧』増補の部分に「あざなの転にて人の別名なり」とあるが、これによれば、意味も通称からニックネームへ変化したことになる。ザ行とダ行は交替しやすい行であるが、その際、浮き名、虚名などの意の、昔からあった「あだな（徒名）」との混交が考えられる。現在の意味での「あだな」は近世になってから用いられた。
例「頭に毛のなきを、年寄のきんかつぶり、はへすべり、などとあだ名を言ひて、若き人達笑ふ」（随筆・慶長見聞集・四）

あだばな【徒花】
うわべは華やかでも実質・内容が伴わないこと。「あだ」は、表面だけで実（じつ）のない、むなしいさまを意味する形容動詞「あだなり」の語幹。「あだばな」は、咲いても実を結ばない「むだ花」ということで、「ならぬあだ花、まっ白に見えて、うき中垣の夕顔や」（閑吟集）のように用いた。そこから比喩的用法として、見かけだけで実（じつ）を伴わない物事を言う意味が生じた。
例「余暇論議もレジャーブームも、多くのサラリーマンにとってはまだまだあだ花でしかない」（朝日新聞・昭和四八年七月二七日）

あたふた
あわてふためくさま。語源については、「あはてふためくの省語」（志不可起）と言われている。
例「向ふよりあたふた戻る以前の男」（浄瑠璃・義経千本桜・三）

あたぼう
当たり前。「当たり前」を「あた」と略して「ぼう」を付けたもの。「ぼう」は「べらぼう」や「のっぺらぼう」と同じく、「坊」と解される。近世には状態や性質を表す語に「坊」を付けて擬人化する言い方がはやった。「けちんぼう」「あわてんぼう」など。
例「とぼけた婆さんから寝ぼけたか、先生のはやる時分を思へば昔だといったら、そりゃああたよ、あたぼうといふだらうが」（洒落本・四十八手後の巻・内花街）

あたま【頭】
（胴と区別して）首から上の部分。原義は頭頂部中央の骨と骨のすき間、乳児のとき「ひよめき」などと言うところであった。これが灸点に当たるところなので、『大言海』は「灸穴の名、当間（あてま）の転」という。「あたま」は灸点から頭頂を意味するようになり、中世末以降「かしら」に代わって首より上全体を指すようになった。
例「己れは秘蔵の娘の頭をなぜに叩いたぞ」（天理本狂言・首引き）

あたまごなし【頭ごなし】

高圧的。高飛車。「こなし」は、動詞「こなす」の連用形が名詞化したもの。「こなす」は、形あるものを細分し粉状にすることを原義とし(今でも「食物をこなす」と言う)、そこから、他を思いのままに扱うという意味を派生した。「あたま」は強意で、「こなし」が主たる意味を担う。頭から、すなわち、はなっから思い通りに扱うというようなことから、高圧的の意味を生じたものだろう。

例「者ども、彼奴には構はず品照姫を引立ていと頭ごなしに罵るにぞ」(浄瑠璃・須磨都源平躑躅・四)

あたら【可惜】

もったいなくも。「あたら」は、惜しいという意の形容詞「あたらし」の語幹。「あたら」は、動詞「あたる(当)」と同根といわれる(岩波古語辞典補訂版)。そのものに相当する、値するという意味から、価値がある、またそれが失われたり、認められなかったりすることを惜しむ気持ちへと変化したものと考えられている。↓新しい

例「秋の野に露負へる萩を手折らずて安多良(あたら)盛りを過ぐしてむとか」(万葉集・二〇・四三一八)

あたらしい【新しい】 文語 **あたらし**

今までになかったさまである。本来「あらたし」という形であったが、「ら」と「た」との音節転倒の結果、平安時代以後「あたらし」となった。この「あらたし」の形は今でも「あらたに」などの形で使われている。新しい意の「あたらし」成立以前から、惜しい意の「あたらし」という形容詞が用いられていたが、平安時代末期の京都アクセントは両者で異なっており、当時、別語と意識されていた。

例「あたらしき年の始めにかくしこそ千歳を重(か)ねて楽しきを積め」(古今集・大歌所)

あたりまえ《あたりまへ》【当たり前】

当然。『大言海』は「事事物物、其の分に当たる意ならむ」という。これはその分に当たるのは然るべきことだから当然の意になったということだろう。これに対して、自分の「当たり前」(=分け前)を受け取ることは「当然」の権利であるところから出たとする説(日本国語大辞典二版)や、「当然」の当て字「当前」の訓読から生じたとする説もある。漢字表記形の訓読から和語が生じることは、他にも類例がある。「石灰→いしばい」「雨脚→あまあし」「就中→なかんずく」など多くあり、この説の方が自然かと思われる。

例「わしも又、中へ這入って挨拶をするからは、こなさんの膝を抱(だく)はあたりまへだわな」(歌舞伎・お染久松色読販・序)

あたりめ【当たりめ】

「するめ(鰑)」の忌み詞。「する」と言うのを忌避して用いら

れる。「する」という語形は、身代を「する（擦）」に通ずるとして、特に商家などでは縁起をかつぎ、「当たる」と言い換えることがあった。「すりばち」を「あたりばち」と言い換えるのも同様である。

例「あたりめ〈鯣〉　するめを云ふ。鯣（するめ）の（する）の語を忌みて也」（小峰大羽・東京語辞典・大正六年）

あちら【彼方】

遠称の指示代名詞。「あち」に接尾語「ら」の付いた語。「あち」は「あちこち」などの形で今でも使う。「あ」は、「あれ」「あの」などの「あ」と同じで、遠くにあるものを指す。この「あ」は「か」の転とも言われ、中古以降に現れる。「ち」は、「こちら」「そちら」「どちら」などの「ち」と同じで、方向などを表す。「ら」も「こちら」などの「ら」と同じで、代名詞に接尾する。

例「となりはあちらなり」（抄物・玉塵抄・二四）

あつかう《あつかふ》【扱う】

操作する。古く「あつかう」には熱に苦しむという意味があった。「暍〈略〉偏熱也、阿豆加布」（天治本新撰字鏡）。『大言海』はこの「悶熱（あつか）ふ」から出たとする。「悶熱ふ」は「熱（あつ）」を活用した語で、火熱に苦しむ意から焦慮する意に転じ、更に他動詞となったものが「扱う」だという。すなわち心を痛めるという意味から、配慮する、更にもてなすの意に転じたというのである。

例「笙の笛は月のあかきに、車などにて聞きえたる、いとをかし。所せくもてあつかひにくくぞ見ゆる」（枕草子・二一八・笛は）

あつかましい【厚かましい】 文語 あつかまし

恥知らずで図々しい。語源不明。『大言海』は「厚皮（あつかは）しの転」とする。「厚皮」で鉄面皮を意味する用法は近世にあるが、「あつかまし」よりは少し新しいようである。「かまし」は、「せせかましい」「やかましい」など形容詞を作る語尾であるが、語源がはっきりしない。語頭の「あつ」は「厚い」の語幹かと見られるが、「厚い」が単独で図々しいの意味を持つのは、用例の出方から見ると、「あつかまし」より新しい。

例「我子には孝行させてかからうとは、あんまりあつかましいわい」（心学・松翁道話・二）

あっかん《あつくわん》【圧巻】

（書物・催し物などの、一連のものの中で）最も優れている部分。昔、中国の科挙（＝官吏登用試験）で、最優等の「巻」（＝答案）を一番上に載せ、他の答案を「圧」する形にして、天子の上覧を仰いだという故事から出た語といわれ、本来は、（詩文集などの最初に置かれる）最も優れた作品のことを言った。

例「古より云はく、総じて詩を編むに圧巻が大事ぞ。其の人がさる人に賞玩せられ、或いは名人と酬作するを第一に載る

ぞ」(抄物・古文真宝前集抄・三)

あっけない【呆気ない】 文語 あっけなし

(期待に反して)物足りない。*『名言通』(下)に「アクケナシ(飽気無)也」とあるように、「あくけなし」の促音化したものといわれる。「あくけなし」は『大言海』によれば不十分の意である。この語源に従えば、「なし」は「無し」であるが、一方形容詞を作る接尾語「なし」だと見る説(日本国語大辞典二版)もある。この説の場合、「あっけ」はそれだけで物足りないという意味を表すことになり、その正体は分からなくなる。

例「あっけない右大臣だと政子泣」(雑俳・柳多留・九)

あっけにとられる【呆気にとられる】

驚きあきれて、ぼうっとなる。「あっけ」については諸説あるが、「あんけ」の姉妹語という説(楳垣実・猫も杓子も)がある。「あんけ」は、「魚のごみに酔うて、口を開きて、あんけとしてをるなりぞ」(史記抄・一七)のように、室町時代用いられていた。意味はぽかんとしているさまである。この「あんけ」をめぐって、「あんけら」「あんげり」「あんけらかん」「あっけらかん」などの関連する語群があり、「あんけ」は口を大きく開いた形の擬態・擬声語であるという(因みにアと発音するには大きく口を開かねばならない)。また、「とられる」はとりつかれるというような意味であるという。

例「二人唯肝ばかり潰して、権(しばら)く呆(あっけ)にとられてゐたが」(滑稽本・浮世床・二・下)

あっけらかん

平然としているさま。「あけらかん」に促音を挿入したもの。室町時代の文献には「あんけ」「あんけら」などの形が見え、語頭に共有されている「あ」は口を大きく開く様子の擬声擬態語であると思われる(楳垣実・猫も杓子も)。「あ」以外の部分の素姓は不明であるが、語調を整えて擬声擬態語を作る要素となっている。「あけらかん」は近世から見られ、ぽかんとしているさまを表す。「あっけらかん」にも同じ、ぽかんとしているさまを表す用法は残っており、平然としているという意味の用法は新しい。

例「黄色に染められた芝草の上に、あっけらかんと立っている婦人を後にして、うんうん車を押した」(夏目漱石・明暗・大正五年)

あっぱれ【天晴れ】

感心なこと。見事なこと。「あはれ」に促音を挿入した強調形で、「天晴」は当て字。「あわれ」はきわめて多義にわたる語であったが、中古末期から鎌倉初期頃に「あっぱれ」が成立して以後、次第に両者の意味の限定化が進行し、「あっぱれ」は賞賛、「あわれ」は悲哀の意義を担うようになった。「あっぱれ」も初めの頃はさまざまな感動を表す語であった。*『日葡辞書』には「Appare〈略〉感歎、または驚愕の感動詞」とある。

例「あつぱれ剛の者かな。是をこそ一人当千の兵ともいふべけれ」(平家物語・九・二度之懸)

あつもの【羹】

野菜や魚などを煮て熱くした吸い物、または汁物。形容詞「熱い」の語幹「あつ」に「もの」が付いてできた語で、熱い食べ物であるところから。『当流料理献立抄』(宝暦年間(一七五一～六三)か?)に掲げられている「料理用字尽」には「羹(あつもの)汁(しる)煮物(にもの)吸(すひ)もの類(るい)　いづれもあつもの也」とあるように、古くはすべてを「あつもの」と言った。「あつものに懲りて、なます(膾)を吹く」という諺は、熱い吸い物に懲りて、冷たい膾も吹いて食べる(過度の用心を笑う諺)という意で、この諺から「あつもの」は懲りるほど熱い物であったことがわかる。

あつもりそう《あつもりさう》**【敦盛草】**

ラン科の多年草で、日本の特産種。「敦盛草」の名は、一ノ谷の合戦で熊谷直実に討ち取られた平敦盛に由来する。この敦盛草と花の形がよく似た草に熊谷草(くまがいそう)があるが、これは、袋状の唇弁が熊谷直実の背負っていた母衣(ほろ)(＝鎧(よろい)の上から掛けて流れ矢を防いだ布製の大きな袋)に似ていることから名付けられたものである。『平家物語』の平敦盛が討ち取られたくだり(巻九・敦盛最期)は庶民の間に浸透しており、熊谷直実といえば平敦盛の名がすぐに連想された。それ故、花の形が熊谷草によく似たこの草が、敦盛草と呼ばれるようになったのである。

あてうま【当て馬】

相手を牽制したり、探ったりすることを目的として、仮に立てられる対抗者。本来、牝(めす)馬の発情の有無を調べたり、発情を促したりするだけの目的で、仮にあてがわれる牡(おす)馬(＝試情馬)のことを言ったが、そこから比喩的用法として、現行の意味が生じた。

あてがいぶち《あてがひぶち》**【宛てがい扶持・宛行扶持】**

雇い主の一方的な判断で雇い人に与える手当て。「扶持」は「扶持米(ふちまい)」の略。近世下級家臣に与えられた給与の形態で、一人扶持は一日五合であった。「あてがい扶持」とは江戸時代、雇い主が雇い人に一方的に宛てがう扶持米のことを言い、更に比喩的用法として、現行の意味を生じた。一方的に与えられるものなので、多く、お恵み、お定まり、最低限などマイナスのニュアンスが含まれる。

例「初会にはあてがひぶちをくってゐる」(雑俳・柳多留・一五)

あてがう《あてがふ》**【宛てがう】**

割り当てる。ぴったりとつける。語源については「当(あ)つ」と支えるの意の「かふ」の複合とする説(角川古語大辞典)がある。これによれば、対象を支え保つために何かをそれに押し

あ

当てるのがもとの意味である。今でも「つっかい棒をかう」など支えるという意味が「かう」には残っている。

例「枇杷殿には、内の御有様のおぼつかなさをさへ苦しうおぼさる。宮の御装束、女房の事など繁うおぼしあてがふ」（栄花物語・玉の飾）

あてこする【当て擦る】

遠回しに悪口・皮肉を言う。「あてこする」は「当（あ）つ」と「こする」の複合語。室町時代には、すでに「あてる」（文語あつ）に皮肉を言うの意味が生じていた。たとえば*『日葡辞書』に「Atete, I, atetçuqeteyŭ（当てて、または、当てつけて言ふ）人を咎めて言う、または、ひどく人の気にさわるようなことを言う」とある。したがって、「こする」は強調とも見られるが、「あてこする」とほぼ同頃「こする」にいやみを言うの意味が派生しているので、同意の語を重ねて強めたものと思われる。

例「死ぬものがそんとは後家へあてこすり」（雑俳・柳多留・八）

あてど【当て所・宛て所】

目当て。「あてど」の「ど」は、「と」が連濁で濁音化したもの。この「と」は、他の語に付いて、所・場所の意を表す語構成要素であり、例えば、「くまと（隈所）」、「こもりど（隠所）」、「せと（瀬戸）」、「ふしど（臥所）」のように用いられた。「あてど」は、「相伝の主の頸を斬（き）らん事心うくて、涙にくれて太刀のあてども覚えねば」（保元物語・上・為義最後の事）のように、「当てる（べき）所」であった。そこから、目当て・目的の意が派生した。

例「当所（あてど）のかならず違ふものは世の中」（浮世草子・日本永代蔵・二・二）

あでやか【艶やか】

（女性が）華やかで上品ななまめかしさを持っているさま。「あてやか（貴）」の転で、近世に成立した。意味的には、「あてやか」が上品な美しさを表すのに対し、「あでやか」はなまめかしさ・色気なども含む点で異なる。なお、「あてやか」の「あて」は高貴であることを表し、「やか」は「あざやか」「にぎやか」などに現れる語構成要素である。

例「何も初め卵（かひこ）の中より出でたる女にもまさりてあでやかなるに」（談義本・風流志道軒伝・一）

あとがま【後釜・跡釜】

後任（者）。まだ残り火があるうちに、次の釜を火にかけることという意味がある（江戸語大辞典）と言われ、そこから「次のもの」という意味を派生したものと考えられる。

例「夏の趣向の跡がまをかけてそばから焚（た）きつけられ」（滑稽本・八笑人・三・追加下）

あどけない 文語 **あどけなし**

無邪気で可愛らしいさま。中世以降用例が見える形容詞「あどなし」が基になって、近世成立した語。「あど」は、調子よく相手に合わせる「相づち」の意の「あど」と、何らかの関係があるか（柴田武・知ってるようで知らない日本語）とも考えられるが、不明である。「〜ない」は「〜の状態にある」などの意の形容詞を作る接尾語。近世になって幼いという意味を共有する「いわけなし」「いとけなし」などと混交を起こした結果、「あどない」から「あどけない」が成立した（松村明・ことば紳士録）と推測される。

例「あのくれえそらったばけて、あどけねえまねをしたがる者も又あるめえ」（滑稽本・浮世床・二・上）

あとずさり【後退り】

前方を向いたまま、後ろへ下がること。「ずさり」は、動詞「すさる」（=退く）の連用形「すさり」の名詞化したものが、名詞「あと（後）」と複合して濁音化（連濁）した形。「すさる」の語源については、これより古くにあった語「しさる」（=退く）との関係が考えられる。「しさる」の語源について、『大言海』は「後去（しりさ）るの転か」という。なお、「しさる」には「しぞく」「しりぞく」など類似の語形があり、それらの前部は「しり（後）」を含むと見なされる。

例「嬉しいのと怖いのとで、物さへ云へず跡ずさり」（歌舞伎・幔雑石尊贐・二）

あとのまつり【後の祭】

ておくれ。この成句の由来は不明。『大言海』は「祭日後の山車（まつり）の意」とする。この説は、祭の後で山車（だし）を引き出しても役に立たないということから、ておくれの意味になったという説である。しかし「後の祭」がどうして祭日後の山車のことになるのか、説明されていない。

例「コリャ宗岸が一生の仕損ひとサ悔やんでも跡の祭」（浄瑠璃・艶容女舞衣・下）

あなかしこ

手紙の終わりに置く挨拶の言葉。恐れ多いという慎みの気持ちを表す。もともと「あなかしこ」は、手紙に限らず、恐れ多いという意味を表す慣用句であった。「あな」は感動詞、「かしこ」は恐れ多い、もったいないの意の形容詞「かしこし」の語幹。書簡用語として古くは男女とも使ったが、現在では女性に限る。「穴賢」と書くのは当て字。↓かしこ

例「よろづは候ひてなむ、あなかしこ、とすくよかに白き色紙のこはごはしきにてあり」（源氏物語・宿木）

あながち【強ち】

無理に。語源については諸説あるが、「己（あな）勝（がち）」を語源とする説がある（時代別国語大辞典上代編）。この説に立てば、自分を優先させることから無理にの意が生じたことになる。この「己（あな）」は「大己貴（於褒婀娜武智（おほあなむ

ち〉命」〈古事記・上〉のように固有名詞の訓注に現れるもので、「あな」は「己〈おの〉」の母音を交替してできた形であるという。

例「これは前〈さき〉の斎宮〈いつきのみや〉と聞こえさすれば、あながちに恐ろしかるべき事にもあらねど」〈栄花物語・玉の村菊〉

あなご【穴子】

ウナギ目アナゴ科の海魚の総称。語源については諸説あるが、『大言海』に「沙質の海底の穴に棲息す」とあるように、夜行性で、昼は海湾の泥中や岩穴にひそんでいるところからの称であろう。「あなご」の「ご(こ)」については、その義は不明だが、魚名には語末に「こ」を持つものがいくつかある。たとえば、スズキは成長段階によってセイゴ、フッコと言い分けられるし、アイゴ、カサゴ、タナゴ、モロコなどがある。

例「あな御やき参る」〈御湯殿上日記・天文九年八月一四日〉

あなた【彼方・貴方】

二人称代名詞。本来は遠称の指示代名詞。「あなた」の「あ」は遠称を表し、「あの」「あれ」「あちら」などの遠称代名詞に共有されている。また、「こなた」「そなた」「どなた」と比べると、「〜なた」を共有し、「なた」がこの種の代名詞を構成する要素であることが示される。この「な」は「まなこ」「たなごころ」などの「な」と同じで、助詞「の」のような働きを持つものだろう。語尾の「た」は「した(下)」「はた(端)」などの「た」と同じものだという説がある。遠称の指示代名詞としては「かなた」の方が古く、「あなた」は中古以降用いられた。中古すでに三人称としての用法があったが、これは方向を指示することで、婉曲に人を表したものである。更に近世中期以降、この語は二人称に転じた。

例「あられもない所はお免なされ升う、殿さま、どうぞあなた〈=二人称代名詞〉のお取りなしで」〈歌舞伎・傾城天の羽衣・序〉

あなば【穴場】

面白い観光地や娯楽場、または、安くて旨い飲食店などで、まだ人にあまり知られていない所を言う。元来は、他の人に知られていない、良い釣り場を指した。動物がひっそりと隠れすむ場所を「穴」と言ったことに由来すると考えられている。現在でも釣りでは穴場と言う。

あに【兄】

同じ親を持つ、年長の男子。「あに」と「あね(姉)」は、ani ane とローマ字で書けば明らかなように、an を共有して、i と e で区別されており、一つの単語家族を形成している。しかし、an や i や e の、それぞれの意味は、これ以上追究できない。

例「兄の中納言行平の娘の腹なり」〈伊勢物語・七九〉

あにき【兄貴】

兄（として付き合う人）に対する敬称・親称。「あにき」の「き」は、「あね（姉）き」、「おじ（伯父・叔父）き」などの「き」と同じ。＊『片言』によれば、「兄（あに）をあにきといふは兄君（あにぎみ）といふ略」である。「あにき」の「き」に「貴」を書くのは当て字で、「貴」を当てる習慣が確立したのは比較的新しいことのようである。

例「扨（さて）は兄きと治兵衛は身動きもせず猶忍ぶ」（浄瑠璃・心中天の網島・下）

あね【姉】

同じ親を持つ、年長の女子。→兄（あに）

例「姉　古記云、阿禰（あね）」（令集解・喪葬）

あねご【姉御・姐御】

親分・兄貴分の妻や女親分の敬称。「あねご」の「ご（御）」は、人物を表す名詞に付いて、尊敬の意を添える接尾語。「おやご（親御）」・「おいご（甥御）」・「めいご（姪御）」などの「ご」も同様。この「ご」は、「おまえ」（＝本来、貴人・神仏などの前を表す尊敬語）の漢字表記形「御前」の音読語ゴゼンの接尾語的用法から出たもので、ゴゼン→ゴゼ→ゴと略され、中世成立した。従って、「あねご」はもとは姉の敬称であった。それが、近世後期になって、俠者などの世界で、姉分として立てられている女性に対する敬意を表す用法が生まれる。以後、この派生義の方が優勢となり、原義ではほとんど使用されなくなり、漢字表記形も「姐御」が用いられるようになった。

例「ここの姉御は女達（をんなだて）でいろいろ人の世話をしなさるが、ひょっと此節おたづね者の丹次郎をかくまってあるかもしれねえ」（人情本・春色梅児誉美・後・九）

あばずれ【阿婆擦れ】

世間ずれしていて、悪賢く図々しいこと。また、特にそのような女性。「あばずれ」の「ずれ」は動詞「すれる（擦）」の連用形の名詞化。「あば」の語源は不明。「阿婆」は中国で老婦人を尊んでいう語であった。その「あば」に「すれっからし」の「摺れ」を付けたものが「あばずれ」だという説がある（暉峻康隆・すらんぐ）。しかし、「あばずれ」は近世には男女ともについて使われているし、「あば」の中国の意味と「あばずれ」とは意味がずれている。このほか、「あば」は「悪場」の略とみるなどの説がある。

例「江戸ででんぼふ、上方でまうろくなどといふあばずれがあれど」（滑稽本・浮世風呂・四・上）

あばよ

別れの挨拶の言葉。語源は諸説あって一定しがたい。＊『俗語考』は「あはばや」から変化したとするが、これはアワバヤ→アーバヤ→アバヨと変化したと考えられる。「あはばや」はまた会いたいという意味で、別れの挨拶の発想としてはごく自

然である。新しい説としては、「あんばい（塩梅・按配）」から出たとする説がある（小林多計士・ごきげんよう）。「あんばい」には体の調子という意味があり、別れの言葉に「あんばいよう」を使い、それが省略されて「あばよ」になったという。ただ、両説とも「あはばや」「あんばいよう」と別れに実際に使った例が不明であり、また「あはばや」の「ばや」は近世では話し言葉に使われていないので、「あはばや」が「あばよ」を派生するまで、どのように命脈を保ってきたかが問題になる。

例「藤（とう）さんお大事になさいましヨ。ハイあばよ」（滑稽本・浮世床・初・上）

あばらぼね【肋骨】

ろっこつ。「あばら」はすき間の多いことで、「あばら骨」は骨と骨のすき間の大きい肋骨のさまを表したもの。「あばら」は「荒廃（あばれ）の転」（大言海）といわれ、「暴る」などと同根の語で、「あばらや」などとも使われる。

例「右の脇のあばら骨二三枚懸けて掻き破り其刀を抜いて宮の御前に差し置きて」（太平記・一八・金崎城落事）

あばれる【暴れる】文語 あばる

荒々しくふるまう。「あばれる」は「あばら（粗）」と同根といわれる。『大言海』は「荒廃（あば）るの口語。頽廃（くづ）るの意より移りたる語なるべし」と説く。すなわち中古の「あばる」は荒れはてるの意味で、そこから乱暴するの意に転じたという。「さびしく荒（あ）ばれたらむ葎（むぐら）の門に」（源氏物語・帚木）。『*日葡辞書』では動詞「Abare（アバレ）」の項に「家が荒れはてて自然にこわれる。この意味ではあまり用いられない」という説明があり、また同項の中に「鼠が暴るる」「猪（しし）が暴るる」などの用例を載せている。

あばれんぼう【暴れん坊《あばれんぼう》】

乱暴者。「あばれ坊」に語調を整える「ん」を挿入したもの。あるいは「暴れる坊」の変化したもの。類例に、「甘えん坊」「忘れん坊」などがある。「坊」は接尾語で、人の属性を表す語に付いて、そのような性質の勝った人を意味する。「坊」は本来、僧の居所（＝僧坊）の意の名詞であったが、僧、僧の名に付ける接尾語、人名に付ける接尾語などを経て、擬人名の構成要素となった。

あひる【家鴨・鶩】

マガモを改良した家禽。「あひる」は「あひろ」の転じた語（大言海など）。「あひろ」は「あしひろ（足広）」の略。「あひる」を「あしひろ」というわけを『大言海』は、「足の蹼（みづかき）、大きくして広きを云ふ」と説明している。「あひろ」は「鶩　安比呂（あひろ）」（多識編・四）などと見える。

例「後ろすがたをつくづくと見てゐましたれば、あひるのありくやうにえたえたえたと」（雲形本狂言・縄綯）

あぶくぜに【泡銭】

苦労せずに、あるいは不正な方法によって得た金。不当に得た金を泡のように消えやすいとおとしめて言ったもの。「あぶく」は「あわ（泡）」の俗語で、語源については、「俗にあぶくといふはあわぶくの略也」（随筆・松屋筆記・一〇五）とある。「ぜに」は、「銭」の字音センの変化したもの。

例「とても蒔き散らすあぶく銭なら、所を替へ北廓（なか）へでも押込んで」（歌舞伎・四千両小判梅葉・序）

あぶはちとらず【虻蜂取らず】

欲張って同時に複数のものを得ようとすれば、結局、何も得られないことのたとえ。この諺の解釈はいろいろあるが一説によれば、「虻蜂」が人を襲って来たとき、両方を取ろうとすればいかに無力な小虫であっても逃がしてしまうと、いましめたものだという（岩波ことわざ辞典）。この解釈は、「虻も不取（とらず）蜂に螫（ささ）れたる顔付き」（譬喩尽）という類句を援用し、虻と蜂が人を襲って来た場面を想定している。

例「悪くすると虻蜂取らずに、ならうも知れねえやす」（人情本・花の志満台・四・一九）

あぶらがのる【脂がのる】

調子が出てきてはかどる。もとの意味は、鳥・魚などが、旬になると脂肪が増して美味となることであった。そこから、比喩的用法として、調子に乗ってどんどん行うという意味を派生した。

例「段々侯爵、伯爵の談話に油が乗って来てから」（若松賤子訳・小公子・明治二三〜二五年）

あぶらむし【油虫】

ゴキブリの別名。『和漢三才図会』*（五三）に「其気也色也如油。故俗名油虫（其の気（かざ）や、色や、油の如し。故に俗に油虫と名づく）」とあるように、褐色で油を塗ったような光沢があり、また油のような特有の臭気を持つところからの称。→ごきぶり

例「また麹（かうじ）屋から蟬の大きさしたる油虫ども、数千疋（すせんびき）わたりきて」（浮世草子・西鶴織留・四・一）

あぶらをうる【油を売る】

用事の途中で、話しこむなどして怠ける。語源説としては、油売りが柄杓で油を他の器に移す時に、液が長く筋を引くところから長引くという意となったとする説（大言海）、江戸時代、髪油を売る者が、世間話などをしながら気長に商ったところから出たとする説（鈴木棠三・新編故事ことわざ辞典）、行灯用の油売りが桝（ます）ではかり売りする際、たらたらと雫（しずく）が落ちるのをのんびりと世間話などしながら待っているので、商いはしているのだが、むだ話をしてサボっているように見えるところから出たとする説（暉峻康隆・すらんぐ）、役者が化粧油を売る商いをする意から専業以外のことをするに転じ、怠ける意に更に転じたという説（中村幸

彦・語義考証）など諸説あり、定まらない。
例「油うり油はうれず油うる」（雑俳・苔翁評万句合・明和二年）

あぶらをしぼる【油を絞る】
過失や失敗について責め立てる。菜種や胡麻から油を取る時、絞め木にかけて押し潰すように、比喩的に人間を絞り上げることをいう。そこから、金や利益を絞り取るという意味と、厳しく叱るという意味とが生まれた。江戸時代は、「予（かね）て荘夫（ひやくしやう）の油をしぼり貯（たくは）へ置きし金銀にて」（人情本・貞操婦女八賢誌）のように、金などを搾り取る意味で使われることが多かった。明治以降は、もっぱら相手の過ちを責め立てる意味で使われている。
例「それで、娘は母親からしたたか油を絞られて居るのである」（田山花袋・生・明治四一年）

あぶれる【溢れる】文語 あぶる
仕事にありつけなくなる。語源は不明。『大言海』は古形を「あふる」と見て、「はふる」と通ずとするが、語形としては、アブルの方が古い。同根の語に「あぶす」があり、他動と自動の関係にある。「あぶれる」のもとの意味は中に入りきれないではみ出すことである。正規の所からこぼれ出てしまって、そのため仕事につけないと意味変化したものと考えられる。中世、「あふる」という清音形を派生して以後、容器いっぱいになってこぼれる意の場合は「あふれる」、余り者となる、仕事などにありつけないの意の場合は「あぶれる」と分化した。
例「イヤ大層に稼ぐな。それに引きかへ、おらア今日はあぶれてしまった」（歌舞伎・東海道四谷怪談・四）

あべかわもち《あべかはもち》【安倍川餅】
焼き餅を湯に浸して、砂糖入りの黄粉をまぶした食べ物。静岡県安倍川の名物であったことからこの名がある。東海道を往来する旅人に供したもので、天明年間（一七八一〜八九）から有名になった、という。俗説によれば、徳川家康が巡検の折、この餅を食べて気に入り、「安倍川餅」の名を与えた、という。十返舎一九の『東海道中膝栗毛』二編下には、次のような宿場の情景が描かれている。「ここは名に負ふあべ川もちの名物にて、両側の茶屋、いづれも綺麗に花やかなり。茶屋女『名物餅をあがりやあし。五文どりをあがりやあし、〱』」。

あべこべ
順序・位置・関係などがさかさまなこと。語源については諸説あるが、決定的なものはない。*『和訓栞後編』は「あべこべは彼辺此辺なるべし。俗語也」という。これは、あちら側にあるべきものがこちら側にあって順序が逆になっているという心だろうか。指示代名詞を構成する「あ」（遠称）と「こ」（近称）とを対立させる発想は「あちらこちら」「あっちこっち」な

あ

ど近世に多く、「あべこべ」もこれと同様であろう。「べ」は「水辺」「海辺」などの「べ」と同じかと思われるが、「あべ」「こべ」には独立した用法がないので、「あべ」、「こべ」がどのような語なのか、それらがどのようにして結び付いたのかなど分からないことが多い。

例「あの人も若い内苦労したから老（としよっ）て楽をする。今の若者（わけえもの）は老てから苦労する。身持が大きにあべこべだ」（滑稽本・浮世風呂・前・下）

あほう《あはう》【阿呆・阿房】

愚かなさま。語源不明。秦の始皇帝が巨大な宮殿「阿房宮（あぼうきゅう・あほうきゅう）」を造って遊びふけっていたため、ついに国を亡ぼした故事から出たとする説（物類称呼ほか）、「あはう」は元来「あわう」であって、「あわ」はあわてるの意の動詞「狼狽（あわ）つ」の語根「あわ」で、これに、接尾語「坊」が付いて擬人化された「あわ坊」の約だとする説（大言海）など諸説あるが、確実な説は無い。このほか、中国の蘇州方言「阿呆（アータイ）」に基づくという説（松本修『全国アホ・バカ分布考』）が出されているが、それによれば「あほう」は「阿呆」を日本で漢字の日本読みに従って、アホーと読んだものであるという。なお、アホウの例は鎌倉時代以降現れる。

例「臨終にさまざま罪ふかき相どもあらはれて『彼のあはうの』と云ひてぞ終りにける」（発心集・九九・聖梵永朝離山住南都事）

あほうどり《あはうどり》【信天翁】

ミズナギドリ目アホウドリ科の海鳥の総称。海鳥としては最大。『大言海』に「性極めて愚鈍なり〈略〉陸上に群居する時は、遅鈍にして捕へ易し」とあるように、大形で地上での動作が鈍く、また人を恐れないので、容易に捕獲されるところからの命名とされる。なお、「信天翁」という漢字表記形は、漢名に由来する。

あま【尼】

仏門に入った女性。この「あま」は、本来、母の意の梵語 ambā またはパーリ語 ammā の漢字音訳語「阿摩」として、仏典とともに日本に取り入れられた語である。その「阿摩」が、僧侶間の一種の隠語として尼僧を意味するようになった。「尼」は、尼僧を意味する梵語 bhikṣuṇī などの漢字音訳語「比丘尼・苾芻尼・備芻尼・比呼尼（びくに）」などの上略形として「尼」だけで女の僧を意味するようになり、「あま」の漢字表記に用いられるようになった。中古以降、尼僧の髪型（＝髪を肩の辺で削ぐ）、そういう髪型の少女を指すようになり、近世特に関東では女性をおとしめていう語となり、「阿魔」という恐ろしげな表記が好まれた。

例「そこなる尼に『春まで命あらば必ず来む。花盛りはまづ告げよ』などいひて帰りにしを」（更級日記）

あま【海女】
海に潜って、魚貝や海藻類を採ることを業とする女性。『大言海』は「海人(あまびと)と云ふが成語なるべし」という。すなわち「海人(あまびと)」の略であって、古くは漁業をする人一般を指した。それが次第に潜水して漁をする者に限定されたが、『*日葡辞書』の「Ama(アマ)」の説明に「水中に潜り、貝類を取って生活する男や女の漁師」とあるように、中世末にはまだ男女を問わず「あま」と言っていた。
例「まいてあまのかづきしに入るは憂きわざなり。腰に着(つ)きたる緒の絶えもしなば、いかにせんとならん」(枕草子・三〇六・日のいとうららかなるに)

あまあし【雨足・雨脚】
雨の通り過ぎていくさま。漢籍に見える熟語「雨脚(うきゃく)」や「雨足(うそく)」を訓読した「あめのあし」が縮約されてできた語。意味的には、漢籍では、雨の滴が糸筋のように長く引くさまを表したが、日本では、それに加えて、さっと降り過ぎていく雨を、人が足早に通り過ぎるさまに見立てた表現としても用いられるようになった。

あまえる【甘える】 (文語) あまゆ
相手の好意を期待して、慣れ親しんだ行為をする。「甘(あま)」に動詞活用語尾「ゆ」を付けて動詞化したもので、形容詞「甘い」とは同源。「甘い味や香りを感じさせる」が原義。「いとあまえたる、たきものの香」(源氏物語・常夏)はこの意味で用いられている。ここから慣れ親しむという現在の意味が派生し、原義は忘れられていく。『*日葡辞書』には現在の意味しかなく、例文に「犬が主人にamayuru(甘ゆる)」を挙げている。
例「各契れる方にもあまえて、えゆきわかれ給はず」(源氏物語・末摘花)

あまえんぼう《あまえんばう》【甘えん坊】
甘ったれる人。「甘える」の連用形の名詞化「甘え」と擬人化の接尾語「坊」を撥音「ん」を介して結びつけたもの。ただしこの語の場合、「甘える坊」の撥音化と見る可能性もある。「赤ん坊」のような「〜ん坊」による擬人化名詞造語法は近世から見られるが、明治以降のものが多いようである。↓暴れん坊

あまがえる《あまがへる》【雨蛙】
アマガエル科の小形の蛙。青蛙に似ているが、より小さく体長約三〜四センチで樹上で生活する。皮膚が湿度に敏感で、夕立など雨の降る前に高い声で鳴くことからこの名が付いた。
例「蛙　阿万加戸留(あまがへる)」(享和本新撰字鏡)

あまくだり【天下り・天降り】
高級官僚が退職後、その官庁と関連する民間の団体・会社

などの高い地位に就くこと。天人が天から地上界へ下りる意の動詞「天降る」の名詞化したもの。天を官、地を民にたとえて、官庁から民間への転職を意味するようになった。「天降り」の例は明治後半から見られる。

あまた【数多・許多】

数が多いさま。『*俚言集覧』は「余復の義か」とする。「あま」が動詞「あまる」の語幹と同じであることは認められるが、語末の「た」が「復(また)」の略かどうかは問題である。これについては「うたた」「はなはだ」などの「た・だ」と同じで、状態的な意味を添える接尾語とする説(小学館古語大辞典)がある。

例「鷹はしも安麻多(あまた)あれども」(万葉集・一七・四〇一一)

あまつさえ《あまつさへ》【剰え】

その上。アマリサエ→アマッサエ→アマツサエと語形変化してできた語。「あまりさへ」という形は、もともと名詞「余り」+副助詞「さへ」から成ったもので、本来は数量的にある基準を越えることを強めた表現であった。アマッサエは、「あまりさへ」の「り」が促音便化したもの。この語形は促音無表記の時代を経て、促音を「つ」で表記するようになるが、当時促音「つ」を小書きする習慣はなかったので、「あまつさへ」と書いた。この仮名を一字一字拾い読みして生じたのが現在の語形である。アマッサエという促音形は「Amassaye」(日葡辞書)だけでなく、明治一九年の『*和英語林集成』(三版)でも確認できる(ちなみに和英語林集成には、「あまつさえ」という見出しは無い)。「Amassae　アマッサヘ　剰〈略〉Syn. sonoue ni」(和英語林集成・三版)。

あまったれ【甘ったれ】

ひどく甘える人。動詞「甘ったれる」の連用形「あまったれ」が名詞化したもので、近代に入って成立した。「あまったれる」は「あまえたれる」から転じたもの。「あまえたれる」は近世、「自分免許に自からあまえ垂れたる端書は」(人情本・花の志満台・四・序)のように用いられていた。「垂(た)れる」は、接尾語的に用いられたもので、ここでは、「甘える」の意味を強める働きをしている。

例「あまったれで、何処までもつけ上る」(武者小路実篤・世間知らず・大正元年)

あみだくじ【阿弥陀籤】

くじの一種。室町時代から江戸時代にかけて行われた「阿弥陀の光」というくじに由来する。このくじは紙に放射状に線を引いて作るので、阿弥陀如来の光背になぞらえて命名された。この変種として現れた、紙に人数分の縦線を引いてくじを作るものが現行の「あみだくじ」である。放射線型から縦線型へと移行していくにつれて、「阿弥陀の光」という光の意味が分からなくなって、「光」が切り捨てられ、仏名と区別

あ

するため、「くじ」を付けるようになった。

あみだにかぶる【阿弥陀に被る】

帽子などを、後ろ下がりにかぶる。「あみだかぶり（阿弥陀被）」から出た表現。「あみだかぶり」は本来、後頭部の方を引き下げて笠をかぶることだが、その恰好が、あたかも阿弥陀仏が光背（＝後光）を背負った姿を思わせる（笠の内側の骨が、放射状の光背によく似る）ところからの命名である。「あみだかぶり」は四方赤良（大田南畝）の狂文集『四方のあか』（上）に「浦ちかく水くむ乳母（うば）の竹の笠、あみだかぶりし」といった例がある。また、「帽子が額をすべって、やけに阿弥陀となる」（夏目漱石・草枕・明治三九年）といった表現もある。

あめ【飴】

なめて楽しむ甘い菓子。「あまい」の語幹「あま」の転とする説が多い。*『箋注倭名抄』は「按阿女与甘同語（按ずるに阿女（あめ）は甘（あま）と同語なり）」という。「あめ」は、『正倉院文書』（天平九年・但馬国正税帳）で「饘（せん）」に別筆で「阿米」とあるように、古代から作られていた。ただし、「饘」の意味はかゆである。*『天治本新撰字鏡』には「餔、餳」に「阿女（あめ）」とあり、「餔」は養うの意だが、「餳」は飴の義である。「饘」や「餔」は「あめ」の形状や用途を示しているのであろう。

あめんぼ【水黽・水馬】

アメンボ科の昆虫。あめんぼの「あめ」は「飴」のことで、捕らえると水飴（みずあめ）のようなにおいがするところからいう。「ぼ」は「坊（ぼう）」のつまったものであろう。「朝寝坊」「食いしん坊」などの「坊」の同類である。すなわち、「あめんぼ」は「飴坊（あめぼう）」がもとで、発音の便宜で「ん」を挿入し、「ぼう」を「ぼ」とちぢめたものである（大言海）。ただし「飴の坊」の変化と見る可能性もある。「水馬」「水黽（すいぼう）」は漢名。

例「あめんぼ　伊予吉田讃岐丸亀にてみづすましをいふ。備後にてはあめんぼうといふ」（辞書・俚言集覧）

あやかる【肖る】

感化されて似る。「あやかる」は、平安時代以降用例が見えるが、古くは動揺し変化するという意味であった。そこから、大略、「好ましい対象にひかれて心が揺れ動く」→「好ましい対象に感化されて似る」という意味変化をたどっていったものと推測される。このように考えれば、「似る」は派生義であって、この語と同源とされる動詞「あゆ（肖）」とは直接の関係はなくなる。むしろ、動揺する意の動詞「あよく（揺）」「あゆく（揺）」と同系であった。ただし、「あやかる」の意味変化の過程で、「あゆ（肖）」の干渉があったのではないかと思われる。

例「此年になりまらすれ共、名がござない程に、お年にも、御果報にもあやかるやうに、三人の者共に、名を付けて下され

い」（虎明本狂言・財宝）

あやつる【操る】

（離れた所から）思いのままに動かす。「あや（文）」は線が交錯して作り出す模様のことで、『大言海』によれば「あやつる」は「文吊（あやつ）るの義」である。ここから「糸を幾筋も仕掛けて、引きつる」の意となり、更に操作する意を派生したという。一方、「糸を操作して美しい文（あや）をなすことを原義」とする説（角川古語大辞典）もある。この説によれば「あやなす」とほとんど同義であったことになる。

例「水の音に流泉の曲をあやつる」（方丈記）

あやまる【謝る】

わびる。「誤る」から派生した語。誤りに気づけばわびる気持ちになるところから生じた語で、室町時代末期頃に成立したものと思われる。『日葡辞書』*の動詞「Ayamari（アヤマリ）」の項の語釈は、単に「間違う、過失を犯す、または、罪過に陥る」であって、未だ謝罪の意は記されていない。一方、「Ayamari（アヤマリ）」の項の例文「Ayamariuo cô（誤を請ふ）」の意味として、「罪過あるいは間違いを赦してもらうように願う」とあり、謝罪の意が含まれるようになっていたことが窺われる。なお、謝罪の意の「あやまる」に「謝」の漢字を当てるのが一般化するのは、近代以降である。

例「鬼の責むる勢ひで御座るに依って、ちと強う当った事も御ざらう。其所でまっぴらあやまったと申しまする」（虎寛本狂言・鬮罪人）

あやめ【菖蒲】

アヤメ科の多年草。初夏、紫色の花を開く。古名、ハナアヤメ。昔、今のショウブをアヤメと呼んでいた。アヤメは「あやめ草」の略（大言海）。あやめ草は上代から例がある。「あやめ」は「文目（あやめ）」、すなわち織物などの織り目や模様の意味。アヤメの縦に平行する葉脈を指していると思われるが、『改訂増補牧野新日本植物図鑑』は「その葉が並列して立っているところから美しいあやがあると考えての名」とする。ただし、「文目」の「め」は乙類であるのに対し、「あやめ草」などの「め」は甲類で、奈良時代発音が違ったと考えられる。そこで、「漢女（あやめ）」（このメは甲類）のようにたおやかな草の意だとする説がある（岩波古語辞典補訂版）。↓しょうぶ

あやめもわかず【文目も分かず】

暗くて物の模様や形がはっきりしない。「あやめ」とは「文目」で、綾織物の色目・模様の意であった。そこから（視覚的な物の筋目や物の区別等の意を派生した。したがって、「文目も分かず」は、綾織物の色目や模様も分からない、ということから、暗くて物の形の区別もつかない、思慮分別がないなどの意を表すようになった。現代では、ほとんど、暗くて物の形の区別がつかないという意味で用いられている。

例「みけんにふったるたうがらし。オオから、オオから唐錦(からにしき)。あやめもわかずひっかへす」(浄瑠璃・傾城反魂香・上)

あゆ【鮎・年魚】

アユ科の淡水魚。語源不明。『*日本釈名』に「あゆる也。あゆるとは、おつる也。〈略〉春はのぼり、秋は川上より下へおつるもの也」とある。この説は、アユが秋、川を下ることに注目した語源で、秋のアユは、「落ち鮎」として今でも珍重される。なお、『大言海』は、この説とともに「あゆる」は「零(あ)ゆる」であって、脆く死ぬる意か、という別説も載せている。「あゆる」は下二段活用動詞「あゆ」の連体形である。「鮎」の字を当てるのは日本の習慣で、「鮎」は中国ではナマズの意味である。また、「鮎」を当てるのは神功皇后が年魚(あゆ)をもって占いをしたからだと言われる(和訓栞など)。「年魚」と書くのは、寿命が一年であることによる。

例「松浦川川の瀬光り阿由(あゆ)釣ると」(万葉集・五・八五五)

あら【粗】

魚などをさばいた後の、まだ食べられる身の付いている骨。「あら」は「あらい(荒・粗)」の語根と同じ。古くは米の糠(ぬか)を指していたが、良い部分を取り去った残りということから、魚の「あら」の意が生じた。欠点の意味の「あら」も同源の語である。ともに良い部分を取り除いた残りという意味を共有している。

例「あらを煮て杓子果報にしろと出し」(雑俳・柳多留・三)

あらい《あらひ》【洗い】

刺身の一種。生きている魚を手早くおろして、薄く作り、冷水で洗う。「あらい」は動詞「あらう」の連用形の名詞化で、魚肉を冷水で洗うところから。また、「あらいなます」の「なます」が略された語ともいう。

例「又、三都ともに、洗ひと云ふあり。〈略〉作り身、刺身の類を冷水にて洗ひ食す」(随筆・守貞漫稿)

あらいぐま《あらひぐま》【洗熊】

アライグマ科の哺乳類。タヌキに似ているが尾に黒い輪模様が並ぶ。果実などを、前足を使って洗って食べる習性があるように見えることから、この名がある。

あらし【嵐】

暴風雨。語源については諸説あるが、『大言海』に「荒風(あらし)」とあるように、「あら(荒)」+「し(風)」と分析するのが一般的である。従って、「荒い風」が「あらし」の原義ということになる。この「し」は風の古語とされるもので、「つむじ(旋風)」「しまき(風巻)」(=はげしい風)「しなと(科戸)」(=風の起こる所)など、文献上、他の語と複合する形で現れる。

例「ぬば玉の夜さり来れば巻向(まきむく)の川音高しも荒足(あらし)かも疾(と)き」(万葉集・七・一一〇一)

あらまき【荒巻・新巻】
現在では、内臓を除いて甘塩をした鮭、いわゆる塩鮭。荒巻鮭。もともとは、塩をした魚などを藁や竹皮で巻いて保存したり貯蔵したりしたもので、荒縄で巻いたところから「荒巻」と言う。『*和訓栞』は「荒纒の義也」とする。なお、一説には「藁巻き」が変化したとも言われている。『*色葉字類抄』には「苞苴」とともに「荒巻」の字が見られて「俗用之」とある。中古末から中世にかけては、「荒巻」の字が広く使われるようになっていたと思われる。現在多く使われる「新巻」が一般的になったのは、近代以降のことであろう。「あらまき」に用いる魚は、室町時代以前は鮭に限定されてはいなかった。
例「苞苴〈略〉俗云阿良万岐（あらまき）」（十巻本和名抄）

あらまし【荒まし】
概要。荒筋。語源については諸説あり定まらないが、「あらましごと」の「こと」が省略されてできた語か。「あらまし」は「あら」（動詞「あり」の未然形）＋「まし」（助動詞。終止形・連体形）と分析するか、「あらむ」の形容詞化と考えるか、いずれかになる（『日本国語大辞典二版』は後の説を採る）。「あらましごと」は、平安時代中期以降用例が見え、「将来そうなるであろうと予想されること、将来そうなってほしいと願うこと」などの意を表した。一方、「あらまし」は、平安時代末期以降用例が見え、当初は、「将来の計画、予想」等の意味で用いられた。予定には未定の部分があり計画の骨子を示すに過ぎぬことが多いため、そこから、室町時代、「概要・概略・荒筋」等の転義を生ずることとなった。
例「ちかぢか尋ねて、無事のあらましをもきかせ申すべし」（浮世草子・好色一代男・一・五）

あらめ【荒布】
褐藻類コンブ目の海藻。『大言海』によれば、「荒布」は「和布（にぎめ）」に対する称で、皺の粗いものをいう。アラメの「め」は食べられる海藻類の総称で、「わかめ（若布）」「みるめ（海松布）」などと用いる。これらの名称の「め」に「布」を当てるのは、『大言海』によれば、「昆布」から移ったものである。↓わかめ
例「いもじも、あらめ、はがためもなし」（土左日記・承平五年一月元日）

あらもの【荒物】
家庭生活に必要な、大きめの雑貨類。『*日葡辞書』の「Aramono（アラモノ）」の項の語釈に、「船荷、あるいは、商品について Aramono（荒物）といえば、蘇芳の木や鉛などのように、嵩ばって重量はありながら、値段は安いもの」とある。このことから、室町時代末期には、大きめ・重めで安価な商品を、「荒い」ものと捉えて、広く「荒物」と称したものと思われる。それが江戸時代に入ると、ほうき・ちりとり・鍋・

釜・おけ・ざるなどの日用雑貨類を、さすようになった。なお、化粧品・装飾品、裁縫用品などこまごました品物や、楊枝・歯磨きなどの小型日用雑貨類などは、「荒物」に対して「小間物(こまもの)」と呼ばれる。

例「此間の入船に酒・荒物を買ひ込んで」(談義本・八景聞取法問・五)

あらゆる【所有】

すべての。動詞「あり(有)」の未然形「あら」に上代語助動詞「ゆ」の連体形「ゆる」が付いて一語化したもの。助動詞「ゆ」はこの場合、自発または可能の意で、「あり得る限りの、おのずから存在する限りの」が、もともとの意味である。↓いわゆる

例「衆生の宿の悪業と刀兵と病と饑饉とを、所在〈あらゆる〉悩害に随ひて、皆能く解脱せしむ」(地蔵十輪経・元慶七年点・一)

あられ【霰】

水蒸気が氷の粒になって降ってくるもの。「あられ」の「あら」は粗、散の意の「あら」と同源のもので、細やかでないことを意味する。『東雅』*は「アラレとは散(アラレ)也。迸散(ホトバシリチル)の義なるべし」と説く。これはあられが降り散って密でないさまに語源を求めたものである。古くは「雹(ひょう)」を「あられ」と訓んでおり、「霰」は雹を含んでいたらしいが、後には夏降るものを「雹(ひょう)」、冬降るものを「霰」と呼びならわした。

例「霜の上に安良礼(あられ)たばしりいや増しに我(あれ)は参(ま)ゐ来む年の緒長く」(万葉集・二〇・四二九八)

あられもない

だらしなく乱れている。あってはならない。古くからこの意味の連語として「あらぬ」「あられぬ」があったが、後者の「あられぬ」から出たもの。「あられぬ」は、動詞「あり(有)」の未然形に可能の助動詞「る」の未然形、更にその下に打ち消しの助動詞「ず」の連体形「ぬ」が付いてできたものである。「あられもない」の「も」は強調の助詞、「ない」は形容詞「無い」と分析される。「あられぬ」を強めて、助詞「も」を「あられ」の下に付けたため、助動詞「ぬ」が形容詞「ない」に変えられたもの。

例「何ぼう夜の事とは言ながら、女子の身のあられもない。うら裾をぐっとからげてな」(歌舞伎・鳴神)

あり【蟻】

アリ科の昆虫。語源説は種々あるが、不明。たとえば『日本釈名』*は、「あつまり也。おほくあつまる虫也。中の二字を略す」という。また、『東雅』*は一応「義不詳」とした後、「古語に小をアといふ、リとは詞助、其の小虫なるをやいふらむ」という。『大言海』は「穴入りの約といふ説あり、むづかし」という。

以上のように、信頼できる語源説はない。

例「蟻は、いとにくけれど、かろびいといみじうて、水の上などを、ただあゆみにあゆみありくこそをかしけれ」（枕草子・四三・虫は）

ありあけ【有明】

夜明け方。『和訓栞』*に「有明の義。十六夜（いざよい）以下は、夜はすでに明くるに、月はなほ入らで有る故にいふなり」と説かれるように、月がまだ空に有りながら夜が明けることを意味していた。そのような状態になるのは、陰暦十六夜以後のため、その頃のことをいい、また、その頃の月のことをもいった。近世には、単に夜明け方をいう用法が生じ、それが現在にまで及んでいる。

例「碁いさかひ二人しらける有明に」（俳諧・ひさご）

ありあり【有り有り・在り在り】

はっきりとあらわれる様子。「行く行く」のように、動詞「有り」の終止形「あり」を繰り返してできた語。中世に成立した。「あり」を重ねてあることを強め、はっきりあるという様子を表したもの。

例「覚え悟らぬ事をも、さる事ありありと云ひて」（古事談・六・保胤被号有々主事）

ありがたい【有難い】 文語 **ありがたし**

かたじけない。この上なく尊い。用例は上代から見えるが、「有る」ことが「難しい」という意味であった。「めったにない」ことには稀少価値があるので、プラスの価値評価が加わり、「めったにないほど優れている」意にもなったが、平安時代末期以降は、特に仏教的なニュアンスを帯び、「めったにないほど尊い」意でも用いられた。さらに、室町時代、そのような状態に接したことを感謝する気持ちを表すようになった。それが、近世に入ると、「忝（かたじけな）い」に代わって、感謝を表す最も普通の言葉となった。例は、めったにない意の例。

例「ありがたきもの、舅にほめらるる婿。また、姑に思はるる嫁の君」（枕草子・七五・ありがたきもの）

ありがとう《ありがたう》【有難う】

相手に対する感謝の気持ちを表す、挨拶の言葉。「有難うござります」「有難う存じます」などの下略されたもの。「ありがとう」は形容詞「有難し」の連用形「有難く」のウ音便形。↓ありがたい

例「『ホンニ私どもへも些（ちっ）とおよこし申しなさいまし。お釜と丁度能（よい）お友達だ』『ハイ、有がたう』」（滑稽本・浮世風呂・二・上）

ありきたり【在り来たり】

月並み。室町時代頃発生したと思われる、同じ事態が以前から存在し続ける意の動詞「在り来（きた）る」の連用形「ありきたり」が、江戸時代になって名詞化したもの。もとは、従来

からあるさまの意味で、そこから陳腐なさまなどの転義を生じた。

例「日にまして罪人の数かぎりもあらざれば、前々より有来(ありきたり)の地獄にては、中々地面不足なりとて」(談義本・根無草・前・一)

ありじごく《ありぢごく》【蟻地獄】

ウスバカゲロウの幼虫で、体長約一センチ。はさみのような一対の牙(きば)を有する。乾いた土や砂にすり鉢状の穴を掘り、その底に潜んでいて、穴に落ち込んでくる蟻や小さな虫などを捕食する。その穴が蟻にとっては地獄のようだということから、虫の名となった。比喩的に、いったん陥ったら抜け出そうにも抜け出せない悲惨な状況についてもいう。

例「蟻地獄に落ちた蟻のような、いら立たしい心」(芥川龍之介・忠義・大正六年)

アルバイト

(学生の)内職。ドイツ語 Arbeit に由来する。本来は研究のための作業や研究業績を意味した。学生の生活費や学資稼ぎの意味で盛んに使うようになったのは、第二次世界大戦後のことである。前の部分を略して「バイト」ともいうが、これは外来語の略語の形としては珍しい。普通は「アポ(イントメント)」「プロ(フェッショナル)」のように、後の部分を略す。

例「真面目な学生でも街頭のアルバイトをする必要にせまられていた」(大仏次郎・帰郷・昭和二三年)

あるへいぼう《あるへいばう》【有平棒】

理髪店の看板に用いる、赤・白・青三色の螺旋(らせん)模様の棒。砂糖菓子「有平糖(あるへいとう)」に似た棒というところからの命名で、略して、単に「有平」とも呼ばれた。「有平糖」は、白砂糖と水飴を煮詰めたものを練り上げて彩色した、棒状南蛮菓子。中には、「有平細工」と称して、花・野菜・鳥獣・虫魚など種々の形に作ったものもあった。室町時代末期に、ヨーロッパから渡来した。「有平」とは、ポルトガル語の alfeloa(砂糖菓子の意)に由来する当て字である。なお、理髪店のトレード・マークである三色の看板は、明治初年頃、東京日本橋常盤橋門外に開店した西洋式理髪店の用いたものが、その初めとされる。

あれ【彼】

遠称の指示代名詞。指示代名詞「あ」に接尾語「れ」の付いた語。この「れ」は、「これ」「それ」「どれ」などの「れ」と同じもの。以上のように分析できるが、中古以降にできた語なので、「かれ」の転といわれる。「かれ」は上代から用いられた。

↓かれ

例「親の来たるに所得て、『あれ見せよ、やや、母』など引きゆるがすに」(枕草子・一五二・人ばへするもの)

あわせ《あはせ》【袷】

春・秋に着用する、裏地付きの和服。「ひとえ(単衣)」は布一枚だから、「ひとえ(一重)」といい、これに裏を合わせたものを「あわせ」という。「あわせ」は「合わす」の連用形の名詞化したもの。

例「橡(つるばみ)の袷(あはせ)の衣裏にせば我強(し)ひめやも君が来まさぬ」(万葉集・一二・二九六五)

あわただしい【慌ただしい】(文語)あわただし

せわしなくて落ち着かない。「泡(あわ)立つ」を形容詞化した語といわれる。「腹立つ」から「はらだたしい」ができたのと同じ造語法。ただし、古くは「あわたたし」と第四音節は清音であった。「あわただしい」「あわてる」などの「あわ」を「泡(あわ)」と解釈したものに*『和訓栞』などがある。「(あわてるは)文選に周章をよみ、あわたたしともいへば沫立つの意を転用せる成べし」(和訓栞)。「泡立つ」という状態は次々に泡が立って目まぐるしい状態になるが、その様子を形容詞で表したものがこの語と考えられる。なお、第四音節が濁音化するのは江戸時代以降である。

例「午時(うまどき)許に、おはしますおはしますとののしる、いとあはたたしき心ちするに」(蜻蛉日記・下・天禄三年)「Awatadashi,-ki,-shi, アハタダシイ」(和英語林集成・初版)

あわだちそう あわだちさう【泡立草】

キク科の多年草。秋に、黄色い花が円錐状の穂となって咲く様子が、泡を立てたようなのでこの名がある。夏に黄色く咲くキリンソウ(麒麟草)(ベンケイソウ科)に花の様子が似ているため、秋に咲くキリンソウの意で、アキノキリンソウ(秋の麒麟草)とも言われる。

あわてふためく【慌てふためく】

うろたえて、ばたばたする。動詞「あわつ」に「ふためく」の付いた複合動詞。「ふためく」は「はためく」の転。「はためく」の「はた」は「はたはた」のような擬音、「めく」は動詞化する接尾語。「ふためく」には単独の用法もある。「鳥ふたふたとふためく」(今昔物語集・一九・六)。バタバタ騒ぐという意味である。なお、*『日葡辞書』に、「Auate fatameqi(アワテハタメキ)」という項目も立てられている。

例「あるは舟引き返されて、あわてふためく者もあり」(平家物語・一〇・藤戸)

あわてる【慌てる・周章てる】(文語)あわつ

うろたえる。驚いて急ぐ。「泡立(あわた)つ」の略か。泡立っているさまは、ぶつぶつと騒々しく落ち着かないということから転じたものだろう。*『和訓栞』に「沫立つの意を転用せる成るべし」とある。「あわただしい」(古くはアワタタシ)はこの「泡立つ」を形容詞化したもの。ここからも「あわたつ」(後世アワダツとなる)の存在がうかがえる。

例「をさなき心地は、そこはかとなくあわてたる心地して」（源氏物語・夢浮橋）

あわび《あはび》【鮑・鰒】

ミミガイ科の大形巻き貝の総称。付会の説が多く、語源は不詳。文明元年奥書の辞書『桑家漢語抄』は、「常片甲而維岸岩不逢佗之義也〔常に片甲にして岸岩に維（かか）る、逢はずして佗（わび）しの義なり〕」と説く。すなわち「逢はずしてわびし」がアワビの意味だという説である。『大言海』は、「合はぬ肉介（みかひ）の略転なるべし」という。その他、いずれも無理な説で、賛成しがたい。鮑は一枚貝に見えるところから、片思いの比喩として、上代から「あわびの貝の片思い」などと使われてきた。

例「伊勢のあまの朝な夕なに潜（かづ）くとふ鰒（あはび）の貝の片思（かたも）ひにして」（万葉集・一一・二七九八）

あわもり【泡盛】

沖縄で作られる焼酎。砕いた米に黒麹と水を加えて仕込んで発酵させてから蒸留した酒。もともとは粟（あわ）を原料とした。名称については、粟を原料としたことに由来するという説、水を加えて混合する時に盛り上がる泡の量でアルコールの強さを計ったという説、瓶から注ぐ時に泡だって盛り上がることからという説がある。

あわよくば《あはよくば》

うまくいけば。『和訓栞*』に「俗語也。あはひよくばの義成るべし」とあるように、「あわ」は「あわい」の「い」の脱落したものである。「あわい」は間の意味。「よく」は形容詞「良し」の未然形、「ば」は接続助詞。語尾の音節を今ではバと発音するが、初めは清音だったかもしれない。古く形容詞を仮定条件的に用いるときには連用形に係助詞「は（ワ）」を付けて表した。後にこれをバと濁って読むようになった。この語の成立した近世は、「は」「ば」の両方が用いられていた。

例「義貞の目の前、此具足着て働き、あはよくは義貞をしてやらうと思ふ気はないか」（浄瑠璃・吉野都女楠・二）

あわをくう《―くふ》【泡を食う】

ひどくあわてる。「泡を食らう」とも。「あわ」は、動詞「慌（あわ）てる」の語幹で、これを同音の「泡」に引っ掛けた、掛け詞である。「食う」はこうむるの意。あわてるという状態を身に受けるということから周章狼狽することを表すようになったものだろう。

例「斯ういふときに泡を喰っちゃあいけねえ」（人情本・花筐・四・二二）

あんか《あんくわ》【行火】

炭火などを入れて手足を温める、小型暖房器具。漢籍に見える「行火」は、「こうか〈かうくゎ〉」と読み、火を使用する意である。「行火（あんか）」の「行」は「持ち歩く」の意であろう。

「行灯(あんどん・あんどう)」「行厨(こうちゅう)(=弁当の意)」などの「行」にも携帯用の意味がある。器具(の原型)は、中世、中国から将来されたものと推測される。「行火」の「行」をアンと読むのは、いわゆる唐音読みで、「行脚(あんぎゃ)」「行宮(あんぐう)」などの例がある。

例「寝入に舟宿のあんくわに昼寝をしてもからだがだるく」(洒落本・部屋三味線)

あんこう《あんかう》【鮟鱇】

アンコウ科の海魚。アンゴウともいった。語源不詳。鮟鱇が口を開けて餌を待つさまを、当時愚か者の意味であった「暗向(あんこう・あんごう)」で表したという俗説がある。しかし、これは逆であって、愚か者の方を鮟鱇にたとえたものと考えられている。*『日葡辞書』は「Ancŏno tçumi muxeta yŏna fito(鮟鱇の唾に噎せたやうな人)」の説明で、「川に居る鮟鱇のように、口をあけてぽかんとしている、愚かで鈍い人」と記している。これによっても魚名の方が先であったことが分かる。中世、山椒魚のような川の生物を指していたが、後、海魚の名に転じた。

例「鮟鱇　アンガウ　有足魚也。心気良薬。　暗向　同」(弘治二年本節用集)

あんこがた【鮟鱇形】

太っていて腹の出ている相撲力士の体形。丸く太った体形を、深海魚「鮟鱇(あんこう)」になぞらえて表現した「鮟鱇形(あんこうがた)」の短呼形。ちなみに、やせた力士や筋肉質の力士の体形は「ソップ形」と言う。ソップとは、オランダ語 sop(=スープの意)に由来する借用語だが、やせ形の力士は、スープに使う「鶏がら」を連想させるところからの命名である。

あんころもち【餡ころ餅】

外側に餡をつけた餅。「餡転ばし餅」の略。小豆の餡の中に転がして餅のまわりに餡をつけることからの名。「あんころばし」とも呼ばれた。「饅頭賦。あんころばしは痞(つか)へ持ちに嫌はれ、汁粉もちは上戸に叱られ」(随筆・洞房語園)。江戸時代から食された。

例「景物　あんころ餅」(咄本・万の宝・隠里の大道)

あんず【杏子・杏】

バラ科の落葉高木。古くカラモモといった。中国名は「杏」。「子」は果実を指す。アンズは「杏子」の唐音読み。「杏仁(あんにん・きょうにん)豆腐」はアンズの種の中の肉を粉にして寒天で固めたデザート。

あんちゃん【兄ちゃん】

自分の兄や若い男に対する親称。「あにさん」が、アニサン→アンサン→アンチャンと変化してできた語。「あんちゃん風の男」のように、不良じみた若い男をさして言う用法もある。

例「多分彼は軍隊にあっても街のあんちゃんの生活を延長

していただけであった」（大岡昇平・俘虜記・昭和二三年）

あんちょこ

教科書に解説を加え、練習問題の解答などを載せた手軽な自習用参考書。「一々考えたり辞書を引いたりするのを面倒がる。この弱点につけ入って、本屋が教科書の解説をした小冊子を発行している。これをアンチョコと呼ぶ。安直に下調べが出来るからであろう」（佐々木邦・全権先生・昭和五年）とあるように、「安直（あんちょく）」の転である。

あんてん【暗転】

事態が悪くなること。演劇用語から出た語。明治後期、英語 dark change の訳語として使われた。「ダークチェンジ」は、舞台を暗くして場面を転回することである。「暗転」という漢語は古く中国古典に用例があり、人の知らない間に地位が進むことを表した。西洋演劇導入に際して訳語として用いられ、舞台を暗くすることや「暗く転ずる」という字義のために現在の意味が生じた。

例「踊子達は舞台の袖で、乳房を出して衣装替えする程、あわただしい暗転だ」（川端康成・浅草紅団・昭和四～五年）

あんどん【行灯】

枠に紙を張り、中に油皿を置いて火を灯す、室町・江戸時代の室内用照明器具。「行」の字義には「持ち歩く」の意があり、持ち運べる照明器具の意。類例としては、「行火（あんか）」「行厨（こうちゅう）」（＝弁当の意）などがある。日本へは、室町時代に禅僧が将来したが、次第に、屋外用の「挑灯・提灯（ちょうちん）」と、室内用の行灯とに分化することとなった。「行灯」をアンドンと読むのは、いわゆる唐音読みである。アンドウという語形も見られるが、これは、「灯」の呉音・漢音トウに引かれてトウになり、更に連濁してドウとなったもの。↓あんか

例「あんどんを押板にても又は床にても置く事、ともし火を面に置くなり。後へなして置く事有る可からず」（武家故実・京極大草紙）

あんない【案内】

道筋や物事の内容を知らせること。「案内」は語としては中国に見られず、和製漢語と思われる。「案」は公文書（の草案・副本）の意、「内」は内容の意で、公文書の内容が、その字義である。上代では、原義のまま用いられたが、中古に入ると、物事の内容・事情を表す用法を生じた。そこから、物事の詳細や事情を尋ねたり知らせたりすること、あるいは、取り次ぎ等の意味を派生していった。

例「この者、『年比（ごろ）さだかならぬ名どころを考へ置き侍れば』とて、一日（ひとひ）案内す」（俳諧・奥の細道・仙台）

あんばい【塩梅・按排・按配】

物事の具合・調子・加減。「えんばい（塩梅）」と「あんばい（按排）」とが混交してできた語。「塩梅」は料理に使う塩と梅酢

のことで、塩味と酸味の多少で料理の味が変わることから、味加減の意味となった。「按排」は適切に並べたり処置したりする意である。室町時代、両者が混交し、料理に「あんばい」が使われ、「あんばい」の表記に「塩梅」が当てられるようになった。意味も料理の味だけでなく、広く物事のほどあい、具合を表すようになった。*『日葡辞書』には「Ambai. l, yembai. i, Reôrino caguen　アンバイ。又は、エンバイ。即ち、料理の加減」とあって、「あんばい」が料理の言葉となっている様子がうかがわれる。

例「頭痛が致しまして、あんばいがわるさに隣のお医者様に見てもらひましたれば」（浮世草子・世間侍婢気質・一・三）

あんぽんたん【安本丹】

愚か者。語源説は種々あって確かではないが、「あほたら」を基にした語と考えられる。「あほたら」は「あほ」を擬人化した「あほう太郎」の転で、『大言海』はこの「あほたら」の「音便にはねたる語」が「あんぽんたん」だとする。その際、『日本国語大辞典二版』の指摘するように当時流行の薬の名「万金丹」「反魂丹」などが意識されていたと思われる。

例「扨（さて）もきついうっそりめ、汝（おのれ）がほんのあんぽん丹、付けう薬のない」（浄瑠璃・奥州安達原・四）

あんよ

歩くことや足を言う幼児語。『俚言集覧（増補）』に「あゆみの転訛にて小児の歩行するをいひ又転じて足のことにもいへり」とあり、『大言海』は「あよびの音便下略」とする。「あゆむ」「あよぶ」は同系の語で「歩く」より一歩一歩の動作に関心がある。幼児のたどたどしい足の運びに注目した幼児語といえよう。

例「真中にあんよは上手ぶら下り」（雑俳・柳多留・四三）

い

いあい《ゐあひ》【居合】

武芸の一つ。中腰や片膝をついたまま、瞬時に刀を抜き相手をきり倒す技。「居合」とは、立合に対する語で、座った状態からの抜刀を基本とすることによる命名。「居（い）る」には、「立ち居（い）振る舞い」の「居」のように、座る意がある。

例「行く行くは渡り奉公、歩（かち）若党にもなさばやと思ひ、居合ひ・柔・兵法なんど幼きより手馴れさせ」（仮名草子・浮世物語・一）

いい【良い】

形容詞「よい」から変化した語。「よい」の終止・連体形ヨイが、近世、ヨイ→エイ（エー）→イイ（イー）と音変化を起こした結果、成立した。したがって、終止・連体形しかない。この

変化は江戸語に見られる連接母音長音化の一環で、類例としてオモシロイ→オモシレー、フトイ（太）→フテー、オトトイ（一昨日）→オトテーなどがある。「いい」の例は、近世後期になって見えはじめる。

例「坊はおとっさんにおんぶだから能（いい）の」（滑稽本・浮世風呂・前・上）

いいがかり《いひがかり》【言い掛かり】

なんくせ。動詞「言い掛かる」の連用形が名詞化してできた語。「いひかかる」には中古以降、言い寄るという意味があった。「うるさきたはぶれことといひかかり給ふを」（源氏物語・玉鬘）。このように言い寄ることからなんくせの意味を派生したものだろう。古くはイイカカルと清音であったが、近世イイガカルと濁音形も生じ、言いはじめるという意味の「いいかかる」と語形上分化した。

例「伝法らしいやつが二人、門口で突き当たったといふがいひがかりで喧嘩よ」（滑稽本・八笑人・初・一）

いいずし《いひずし》【飯鮨】

一種の押しずし。酢で酸味をつけた飯の上に酢じめにした魚などの具をのせ、押しをかけてねかせる。「いい〈いひ〉」は「めし（飯）」の古い言い方。すなわち、「いいずし」はめしのすし、という意味である。古代のすしは、魚に塩をして貯蔵し、発酵させて酸味を出した食品であった。一六世紀、あるいは一七世紀の初め頃には、塩をした魚に、飯を加えるようになったが、飯は発酵作用を早めるためのものであって、やはり食べるためのものではなかった。一七世紀の末頃になって、酢で味付けした飯も食べるようになって、「いいずし」と呼ばれるようになった。

例「飯鮓は、いづれの時よりかもてはやしけむ。此六条の銘物にはいへりけり」（俳諧・風俗文選・飯鮓の銘）

いいだこ《いひだこ》【飯蛸】

マダコ科のタコ。体長は三〇センチくらいであるが、一〇センチほどのものが市場に出る。体色は黄褐色または黒褐色。日本や中国の浅海に産する。名称は、産卵期の冬から春にかけて、雌の胴の中に、卵がまるで飯粒のようにびっしりと詰まっていることによる。

いいなずけ《いひなづけ》【許嫁・許婚】

婚約者。親や後見人があらかじめ子供の結婚の取り決めをする意の動詞「言い名付ける」（文語いひなづく）の連用形が名詞化してできた語。「言い名付ける」の語源は諸説ある。『大言海』は「結納附（ゆひなふづけ）の約転と云ふ」とする。また、「忌み名付け」の訛ったものという説もある（楳垣実・江戸のかたきを長崎で）。婦人は結婚するまで「仮り名」で呼ばれ、結婚にあたって本名（忌み名）を付けるからだという。しかしこのような習俗が実際にあったかどうか分からない。「許

嫁」「許婚」という漢字表記形は、当て字である。

例「なんぼ子どもだっても、おまはんのいひなづけと言ふものだから、子ども心にも女房気どりでいなさいますは」（人情本・春色恵の花・二・九）

いえ《いへ》【家】
人が住む建物。また、家庭。語源について『大言海』は「寝戸（いへ）の義にて宿所の意かと云ふ」とする。「戸（へ）」は民家、戸籍などを意味する上代語だが、乙類のへである。しかし「家〈イヘ〉」のへは甲類のへであって、上代では発音が違っていた。そこで「家」のへと「戸（へ）」との直接の関係は否定されており、また、他の語源説も信じられない。なお「庵〈イホ〉」はイを共有する同根の語と考えられる（岩波古語辞典補訂版）。
例「かぎろひの　燃ゆる家むら　妻が家のあたり」（古事記・下）

いおう《いわう》【硫黄】
青白い炎をあげて燃える、黄色のもろい結晶体。『大言海』は「いおう」は「ゆわう」に同じとして、「ゆわう」は「ユノアワ（温泉泡）の約転、黄の音に紛れ誤る」とする。硫黄を「湯の泡」と言ったことは*『和名抄』に見える。「流黄〈略〉和名由乃阿和（ゆのあわ）、俗云由王（ゆわう）」（二十巻本和名抄）。これに対して漢語の「硫黄」から転じたとする説がある。古代日本語では語頭にラ行音が立たなかったのでリウ、またはルの音がユとして受け入れられたと考える説である。これによれば前説のユノアワがユオウに転じたという音変化を仮定しないですむ。
例「火が消えたるとて、やがてひうち袋よりいわう、つけだけ取りいだし、もとのごとくに火をとぼし」（御伽草子・あきみち）

いおり《いほり》【庵】
隠者などの住む、粗末な小屋。「いほ」（=草などで葺いた仮小屋）を動詞化した「いほる」（=仮小屋に宿る）の連用形「いほり」の名詞化。「いほ」と「いへ（家）」は同根といわれるが、『大言海』は、「い」は「寝（い）ぬ」の「い」だという。中世には現在のような意味も生じていた。*『日葡辞書』には、「Iuori（イヲリ）」は「An」参照とあり、「An（アン）」の項で、「現世を捨てた人とか隠遁者とかが住む藁屋や茅屋」と説明されている。
例「秋田刈る仮廬をつくり五百入（いほり）してあるらむ君を見むよしもがも」（万葉集・一〇・二二四八）

いか【烏賊】
頭足綱十腕目の軟体動物の総称。語源説は多いが、定めがたい。『大言海』は語源不明としながら、*『和訓栞』を引用する。「形もいかめしく、骨もことやうなれば、名づくるなるべし」（和訓栞）。この説は、イカという名称の由来を、「いかめしい」（古語には「厳（いか）し」という形容詞もあった）などの

語根「いか」に関係付けるものであろう。イカの形は角張り、力を秘めていていかめしい。漢字表記「烏賊」は、『*十巻本和名抄』に「南越志云〈略〉常自浮水上烏見以為死啄之、乃巻取之、故以名之〔南越志に云ふ〈略〉常に自ら水上に浮かぶ、烏見て以て死せりとなし、之を啄む、すなはち之を巻き取る、故に以て之を名とす〕」と説明されている。

例「烏賊〈略〉伊賀（いか）」（十巻本和名抄）

いかがわしい《いかがはしい》【如何わしい】 文語 いかがはし

本当かどうか疑わしい。「いかが」を形容詞化した語。「いかが」はイカニカ→イカンガ→イカガと変化した語。「いかに」は形容動詞「いかなり」の連用形。「か」は疑問などを表す係助詞。「いかが」は、疑問、質問、反語などを表していた。それが中世になって、むしろよくないだろうと思われる状態を表すようになった。この意味を表す形容詞として、室町時代になると「いかがし」を生じ、さらにここから現在の「いかがはしい」が近世派生したかと思われる。なぜ「は」が挿入されたかは、不明である。一説によれば、「疑はし」などの語形に引かれたものだという（暮らしのことば語源辞典）。あるいは、「いかがはせむ」などの「いかがは」を「いかが」の強調形と考えて、「いかがはし」となったものか。「いかがわしい」には「いかがわしい写真」など、猥褻（わいせつ）な意を表す用法もあるが、これは新しいものである。

例「斯（か）やうな儀を御諫言申し上げられぬは、如何はしう存じまする」（歌舞伎・濃紅葉小倉色紙・発端）

いかさま

にせもの。「いかさま」の「いか（如何）」は「いかに」「いかなる」などの語幹で、疑問・推量などを表す。「さま（様）」は様子の意。「いかさま」は、「いかなるさま」と同じで、どんな様子、といった意味を表していた。それが「いかさまにも」のような形を経て、「いかさま」だけで、「確かに、どうみても」のような叙述の確からしさを強調する用法を生じ、「いかさまこれは祇といふ文字を名について、かくはめでたきやらむ」（平家物語・一・祇王）などと用いられた。このような強調の「いかさま」を連発する話し方はおおげさで、かえって疑わしく感じられる。見せかけだけで内容がないと受け取られ、このあたりから、「いかさま」がにせものを表す語となったものと思われる。一五世紀の辞書『和玉篇』に「謬」の訓みとして、「イカサマ」が付けられているので、この頃からにせものの意味が生じていたことになる。

例「御妾の兄はといへばいかさまし」（雑俳・川柳評万句合・明和五年）

いかずち《いかづち》【雷】

「かみなり」の意の雅語的表現。語源は「いか（厳）＋つ（＝の）＋ち（霊）」。「いか」は、「鋭く強い、激しい」意を表す形容詞

「厳(いか)し」の語幹。「つ」は、上代に用いられた連体助詞で、現代語の「の」と同じ意味である。「天(あま)つ神」(=天の神)、「まつげ」などの「つ」と同じ。「ち」は「大蛇(をろち)」「蛟(みづち)」などの「ち」と同じく激しい勢いのある霊的なものを表す。「いかずち」は元は鋭く激しい霊的なもの(鬼や蛇)のことを指したが、のちに、「かみなり」の意に固定した。

例「伊加豆知(いかづち)の光の如きこれの身は死(しに)の大王(おほきみ)常に偶(たぐ)へり畏(お)づべからずや」(仏足石歌)

いかつい【厳つい】 文語 **いかつし**

ごつい。「いかつ」を形容詞に活用させた語。「いか」については「いかめしい」参照。「つ」の正体は不明。

例「伯母御のいかつい返礼に、痴話文読んで聞かさんと」(浄瑠璃・心中二つ腹帯)

いかのぼり【紙鳶・凧】

凧(たこ)。「烏賊幟(いかのぼり)」の意。もと、竹の骨組に紙を張って糸を付け、烏賊(いか)の形に作ったことから、「いか」という。「のぼり」は空高く上がる標識のことである。単に「いか」とも略称された。*『物類称呼』(四)に「畿内にて　いかと云。関東にて　たこといふ」とある。凧は、平安時代、中国から入ってきた。「紙鳶」という表記は、漢語「紙鳶(しえん)」の用字を踏襲したもの。「凧」の字は国字である。

例「童部共のもてあそび烏賊旗(いかのぼり)とやらん云ふ物をこしらへ」(破提宇子・七)

いがみあう いがみあふ **【啀み合う】**

互いに敵対して、激しく争う。動詞「いがむ」の連用形「いがみ」に「合う」が付いたもの。「いがむ」は、獣が牙をむき出して噛みつこうとしたり、荒々しく吠えついたりする意を表したが、転じて、けんか腰で言い立てる比喩的用法を生じた。なお、「いがむ」の語源については、「厳(いか)を活用す」(大言海)をはじめ諸説あるが、確実なものはまだ無い。

例「何だかべらぼうと舌戦(いがみ)あって居るのヲ」(滑稽本・七偏人・三・上)

いかめしい【厳めしい】 文語 **いかめし**

近寄り難いほど立派で威厳がある。語頭の「いか」は「いかし(厳)」「いかずち(雷)」「いかる(怒)」などの「いか」と同じものといわれている。これらの「いか」は人を恐れさせる強い力のみなぎっているさまを表す。『大言海』は「いかめ」は「いか見え」の転とする。「いかつい」もこの語と同根であるが「つ」については不明である。

例「さて仕うまつる百官の人々、あるじいかめしう仕うまつる」(竹取物語)

いかものぐい いかものぐひ **【如何物食い】**

げてもの食い。「いかもの」の語源は諸説あるが、確定できない。いかめしいものという意味の「いかもの」は室町時代から

例があり、その語をもととして「嗔(いか)めしき物くひの義」(俚言集覧)という説がある。しかし畏怖感を与えるような物を食うことと悪食との間には意味のずれがある。「いかものぐい」は室町時代に用例があり、当初から悪食の意味であった。戦後、「いかもの」は「いかさまもの」の中略だという説(暉峻康隆・すらんぐ)が出た。また、「いかもの」は「いかなる」「いかに」などの「いか(如何)」に「もの」が付いたという説(上方語源辞典)も出されている。「いかもの」とは訳の分からないものの意で、そういう物を食うというところから悪食の意味が生じた、と考えるのである。しかし、げて物という意味の「いかもの」は、今のところ明治以降の例しか知られておらず、室町から例の見える「いかものぐい」の語源説明には採りにくい。

例「Icamonoguy　イカモノグイ(如何物食ひ)　有る物なら何でも食う人。たとえば、汚くて、吐き気を催すような物をも食う人」(日葡辞書)

いかり【碇・錨】

舟を留めておくため水底に沈めておくもの。諸説あるが、確かではない。*『日本釈名』に「石かり也。万葉には重石と書けり。古は石をいかりとす。かりは船のとまるを云ふ。又水底の物にかかりて、うごかざるをいへるか」とある。この説では、「かり」の説明が十分ではない。『大言海』は「いかり」の「い」を石とする点は同じだが、「かり」を碇泊の意の「かかり」の約と見て、「石碇泊(いしかかり)の約略なるべし」という。

例「大船のたゆたふ海に重石(いかり)おろし」(万葉集・一一・二七三八)「名おそろしきもの〈略〉いかり、名よりも見るはおそろし」(枕草子・一五三・名おそろしきもの)

いかりそう《いかりさう》【碇草】

メギ科の多年草。丘陵や山すそなどの木の下に生える。花の様子が船のいかり(碇)に似ているためこの名がある。*『大和本草』に「淫羊藿　碇草(イカリソウ)と云ふ。畿内処々に多し」とある。

いき【粋】

野暮でなく、色気があってしゃれているさま。もと漢語「意気(いき)」から出た。「人生感意気、功名誰復論〈人生意気に感じ、功名誰かまた論ぜん〉」(魏徴・述懐詩)。このような気概の意味から、近世遊里に処する心意気、洗練された様子などを表すようになった。

例「よくよく聞いたら、宅(うち)に意気(いき)な美しいお内室(かみさん)が居ると言ひましたから」(人情本・春色梅児誉美・初・一)

いきがけのだちん【行き掛けの駄賃】

事のついでに他の事をすること。「いきがけ(行き掛け)」は、「きがけ(来掛け)」「かえりがけ(帰り掛け)」の対義語で、行

く途中、行くついでの意、「だちん(駄賃)」は、本来、駄馬による運賃、すなわち、運び賃の意を表した。「行きがけの駄賃」は馬子(まご)が、駄馬を引いて問屋へ荷物を取りに行くついでに、よその荷物を運び、余分に運び賃を稼いだことから出た表現。

例「いきがけのだちんに娵(よめ)をいびり出し」(雑俳・柳多留拾遺・六)

いきしな【行きしな】
行く時のついで。「ゆきしな」とも言う。「しな」は、動詞の連用形に付いて、ちょうど～する時、～するついで等の意を表す接尾語。近世初期以降用例が見える。「帰りしな」「寝しな」などと使う。この「しな」を、上代東国語に見られる、時の意の「しだ」の転とする説(大島正健『国語の語根とその分類』ほか)があるが、不明。

例「行(い)きしなにつぼうだ花がきしなにはゑじかったりや桶とぢの花」(咄本・内閣文庫本醒睡笑・五)

いきじびき【生き字引】
知識が広く何事もよく知っている人。博覧強記のさまを字引にたとえた表現で、「生きている字引」の意。文献に実例が見えはじめるのは、昭和初期ごろから。この表現の成立にあたっては、辞書のようによく言葉を知っている人のことをいう比喩的表現「walking dictionary」の影響が考えられる。

例「生字引　非常な物識りで、辞書に頼らなくとも、その人に聞けば何でも知れるという様な人」(新時代用語辞典・昭和五年)

いぎたない【寝汚い・寝穢い】 (文語) **いぎたなし**
寝坊であるさま。「い」は、古語で、寝ること、眠りの意。「ぎたない」は、「きたない」が複合語を形成する際、濁音化(連濁)したもの。「いぎたない」は、直訳すれば、眠りが汚いということだが、古い用法では、眠りをむさぼるさまを表していた。現在では多く寝坊の意味に使われる。

例「いといぎたなかりける夜かな」(源氏物語・帚木)

いきなり
突然。「行きなり」の「なり」は動詞の連用形に付いて、「～するまま(すぐに)」などの意を添える接尾語。この「なり」は「言いなり」などと使う。その語源は動詞「成る」で、連用形「なり」に由来する。「行きなり」は行ってすぐに突然ということから、だしぬけの意味を生じ、一語化したもの。

例「是は大変何様(どう)した事と往(いき)なりまづ青くなり」(滑稽本・七偏人・五・下)

イギリス【英吉利】
英国。「イギリス」はポルトガル語 Inglez(イングレーズ)に由来する。なお、英国はいろいろな形で呼ばれた。「エゲレス」はオランダ語 Engelsch から、「アンゲリア」はラテン語

Anglia からきたものである。イギリスという形は古くから使われたが、オランダとの貿易が盛んになるとエゲレスという形が多く使われた。現在の英国という表記の元になった「英吉利」という漢字表記は、中国語から借用したもの。西川如見『増補華夷通商考』（宝永五年）に、「ヱゲレス　諳厄利亜（あんげりあ）、インキリヤとも云ふ。イギリスとも云ふ」とある。

例「英吉利（イギリス）のシドニー、スミスとかいう人が」（夏目漱石・吾輩は猫である・明治三八〜三九年）

いくじ《いくぢ》【意気地】

気力。意地。『大言海』は「イクヂは意気地（いきぢ）の転か」とし、「意気地」の「意気」は「意気衝天の意気」、「地」については「意地と云ふ語は古くあり〈略〉、此の語の地も、それなるべきか」という。すなわち「意気」と「意地」、イキ＋イジがイキジになったと説く。

例「愚太さんは男のお子でも次男だからいくぢはねえ」（滑稽本・浮世風呂・二・下）

いくばくもない【幾許も無い】

（数量が）いくらもない。「いくばく」の「いく」は「幾つ」の「いく」であるが、「ばく」については、『*俚言集覧』に「イクバク（愚按）許はバカリなれば」とあって、「ばく」を「ばかり」の略転としている。しかし、「ば」も「く」も接尾語だという考え（小学館古語大辞典）もあり、定まらない。「も」は助詞、「ない」は形容詞である。

例「いくばくもなくて持て来ぬ」（伊勢物語・七八）

イクラ

サケやマスの成熟卵の卵膜を除いて一つずつばらして味をつけた食品。ロシア語 ikra に由来する。ロシア語 ikra は「魚の卵」という一般的な意味。日本では、卵膜を取り除いていないものは「筋子（すじこ）」と言って区別し、また、チョウザメのものはキャビアと言っている。

いけすかない【いけ好かない】

非常に気に食わず、まったく好きになれない。「いけ」は卑しめる気持ちをこめた接頭語で、「いけぞんざい」「いけしゃあしゃあと」などと使う。「いけ」の語源は「生（いき）」の訛か」（江戸語大辞典）などの説がある。

例「えいかと思ふて、いけすかないごてれつ（＝ブツブツ言ッテウルサイ奴）め」（談義本・根無草・前・三）

いけにえ《いけにへ》【生け贄】

犠牲。語源は、「いけ（生）＋にえ（贄）」。「いけ」は、動詞「生ける」の連用形で、「いけす（生簀）」「いけどり（生捕）」と同じく、生かしたままという意味。「にえ」は神に捧げるもので、穀物や魚のことを言う。「いけにえ」とは生かしたままの神への捧げ物、つまり、捧げられる生きた動物や人間のことを指し、

穀物などの「にえ」と区別して用いられるようになった。

例「三河の国に風祭といふことをしけるに、いけにへといふことに、猪を生けながらおろしけるを見て」(宇治拾遺物語・四・七)

いけばな【生け花・活け花】

草木の花枝を切り取り、形を整えて花器に挿して飾ること。「生け」は「生かす・生存させる」意の動詞「生ける」の連用形。『大言海』は、「水気にて、生(い)けておく(活(いか)しおく)意とも解せられ、又、水中に埋(い)けておく(埋(うづ)めおく)意とも解せらる」と二つの語源説を掲げるが、前者が普通である。

例「生花は毎日かはりたる事ぞと申しき」(浮世草子・男色大鑑・七・一)

いこう《いこふ》【憩う】

休む。『大言海』は「息養(いきか)ふの略転」とする。しかし、この語源によれば歴史的仮名遣いは「いかふ」になるはずだが、この語は古くから「いこふ」と書かれて来た。『日本霊異記』の本文「无憩」(上・二〇)の訓釈(興福寺本)にも「伊己不己止(いこふこと)」と注されている。「いこふ」が「息」をもとにしてできた語であることはまちがいないとしても、そこからどのようにして「いこふ」という語ができたかは不明である。

例「夏草も夜の間は露にいこふらむつねにこがるるわれぞ悲しき」(寛平御時后宮歌合)

いざかまくら【いざ鎌倉】

さあ、一大事!。「いざ」は、人を誘い促す時や、事を始めようとして意気込む時などに発する感動詞で、現代語の「さあ!」に当たる。「鎌倉」は、源頼朝が幕府を開いた地。鎌倉時代、鎌倉幕府に一大事が起こると、招集を受けた諸国の御家人が「いざ鎌倉へ!」と馳せ参じたところから、「いざ鎌倉」で大事出来を意味するようになった。佐野源左衛門常世(とこよ)が、回国の僧(実は北条時頼)に向かって、「これは唯今にてもあれ鎌倉に御大事あらば、ちぎれたりともこの具足取って投げかけ、錆びたりとも長刀を持ち、痩せたりともあの馬に乗り、一番に馳せ参じ著到につき」(謡曲・鉢木)と、その覚悟のほどを表明したことに由来すると言われる。「すわ鎌倉」とも言う。

例「是でもいざ鎌倉といふ時じたばたと跂(はね)まはる役に立たうか」(滑稽本・七偏人・二・中)

いざかや《ゐざかや》【居酒屋】

大衆酒場。もと、小売酒屋で、味見のために酒を飲ませたのが一杯売りとなり、店先で気楽に酒を飲ませるようになった。そのように、酒屋の店先に「居」ながらにして安直に「酒」を飲むことや、その「酒」のことを「いざけ(居酒)」と言い、「居酒」を飲ませる酒屋のことを「いざけや(居酒屋)」と呼んだ。

この「いざけや」は、「居酒」という語が忘れられ、「居酒＋屋」ではなく、「居＋酒屋」と意識されるようになって、「いざかや」と変わったものである。

例「居酒屋に人がら捨てて呑んでゐる」（雑俳・雲鼓評万句合・宝暦元年）

いさぎよい【潔い】 文語 **いさぎよし**

未練がましくないさま。語源は諸説あるが、「いさぎよし」の後半が「清（きよ）し」であることについては、ほぼ一致している。「いさ」については、「勇清（いさぎよ）の意か」（菊池俗言考）のように「勇」としたり、「甚清（いたきよ）しの音転」（大言海）のように「甚」としたり、説が定まらない。もともと、「きよらか」の意味で、『日本書紀』の古訓などに例を見るが、平安女流文学には使われない語であった。現在の意味で使われるのは、中世以降のようである。

例「死を軽くして、少しもなづまざるかたのいさぎよく覚えて、人の語りしままに書き付け侍る也」（徒然草・一一五）

いざこざ

もめごと。ごたごた。語源不明。近世「いざこざ」とほとんど同義の「いさくさ」という語があって、『大言海』はこの語の語源を「『行くさ来（く）さ』の約ならむか」とする。あるいは「いざこざ」もこの辺と関係があるかもしれない。ただし、用例の出方を見ると、「いざこざ」の方がやや古いようである。「いざこざ」には明和（一七六四～七一年）頃から例があり、「いざ」という略語まで生じているが、「いさくさ」の例は天明（一七八〇年代）のものしか知られていない。「君子の徳至れば、いさくさのなき御代となり」（黄表紙・孔子縞于時藍染・上）。また「いくさくるさ」ではなく、「いくさくさ」という言い方も確認されていない。

例「先座の委細巨細（いざこざ）、新造の人身御供、させども貰ひもめれども来る」（談義本・根無草・後・三）

いざしらず【いざ知らず】

どうだか分からないが。「いざ」は分からないという意の古語「いさ」（副詞）に由来する語。この「いさ」が忘れられて、感動詞「いざ」と混同して生じた形。「どうだか分からない」という意から、次に述べることを強調するのに用いるようになった。

例「内証話はいざしらず福々敷ぞ見えし」（滑稽本・古朽木・二）

いさな【鯨・勇魚】

鯨（くじら）の異名。『壱岐国風土記（逸文）』に「俗（くにひと）、鯨を云ひて伊佐（いさ）と為（な）す」とあることから、「いさ＋な（魚）」と考えられている。「いさ」の語源は勇（いさ）であるという（東雅など）。「いさ」の『万葉集』の「勇魚取（いさなとり）海路に出でてあへきつつ我が漕ぎ行けば」（万葉集・三・三六六）

という表記も傍証になる。「な」は「菜」と同源で、副食になる葉ものや魚を指し、「いわな」など魚名を構成することもある。なお、古くは「いさな」単独での使用例はなく、海・浜・灘などの枕詞「いさなとり」として見える。「いさな」単独の使用例は室町時代以降で、擬古的用法と考えられている。

例「とこしへに君も逢へやも異舎儺等利（いさなとり）海の浜藻の寄る時々を」（日本書紀・允恭一一年三月・歌謡）

いざなう《いざなふ》【誘う】
さそう。*『和訓栞』に、「去来（いざ）をはたらかしたる詞なり」とあるように、誘う気持ちを表す感動詞「いざ」に接尾語「なう〈なふ〉」が付いた語である。「なう」は「あきなう」、「ともなう」などのように使われ、行うの意味を持つ動詞を作る。

例「野も多（さは）に鳥すだけりとますらをの伴（とも）伊射奈比（いざなひ）て」（万葉集・一七・四〇一一）

いさましい【勇ましい】（文語）いさまし
勇敢だ。動詞「勇む」を形容詞化した語。「勇む」の語源説については、「気進（いきすさむ）の約略なるべし」（大言海）のような説があるが、不詳。この語は、古くは、「なにの興ありてか、朝夕君に仕へ、家を顧みる営みのいさましからん」（徒然草・五八）のように、気乗りのするさまを表した。そこから、勢いよく物事に立ち向かっていくさまを表すようになった。

例「あたり眩き出立ちは、爽かなりし其骨柄、オオ適（あっぱ）れ武者振り勇ましし」（浄瑠璃・絵本太功記・一〇日）

いさみあし【勇み足】
調子に乗りすぎて、うっかりやりすぎること。「勇む」の連用形「いさみ」に「足」が付いたもの。相撲から出た語で、相手を土俵際まで追い詰めた力士が、勢い余って、土俵の外に足を踏み越して負けることを言う。

いさみはだ【勇み肌】
男だての気風。「勇み」は、動詞「勇む」の連用形。「肌」は、肌合いの意。「学者肌」の「肌」と同様、性質・気質・気性などの意を表す。「勇み肌」で「俠気に富んだ気質」の意となる。特に、江戸下町で行われた気風として知られる。

例「三人づれの旅人、是も江戸者と見えて、すこしいさみ肌のまき舌にて」（滑稽本・東海道中膝栗毛・四・下）

いざよい《いざよひ》【十六夜】
陰暦一六日の月。「いざよい」は、満月よりやや遅く、ためらうかの如く出てくる陰暦一六日の月のことを「いざよいの月」と形容し、さらにそれを省略したもの。「いざよい」は漂うなどの意の動詞「いざよう（古くは「いさよふ」）」の連用形が名詞化してできた語。「いざよう」の語源について、『大言海』は、「不知（イサ）の活用にて、否（いな）の義に移り、否みて進まぬ意にてもあらむか、ヨフは、揺（うご）きて定まらぬ意の、助動詞の如きもの、ただよふ（漂蕩）もろよふ（蜿蜒）の類」とい

う。

例「かのいさよひのさやかならざりし秋の事など」（源氏物語・葵）

いさりび【漁り火】

古くは、「いざりひ」と言った。「いざり」とは漁をするという意の動詞「いざる」の連用形の名詞化。「いざりひ」とは、「漁をするときの火」、つまり、夜、漁をするときに魚を船の方へ誘うために焚く篝火（かがりび）のことである。*『日葡辞書』には「Isaribi（イサリビ）」とあり、室町時代には、現代語と同じ「いさりび」になったと考えられる。

例「能登の海に釣する海人（あま）の射去火（いざりひ）の光にいませ月待ちがてり」（万葉集・一二・三六九）

いしずえ《いしずゑ》**【礎】**

土台石。礎石。「石据え」、すなわち、石を据えつけることがもとの意味。スエがズエとなるのは、イシと複合する際に濁音化（連濁）を起こしたためであるが、平安時代は、スと清音だったと言われる。また、「そなたの命は出羽奥州五十四郡の一家中、所存のほぞを堅めさす誠に国の礎ぞや」（浄瑠璃・伽羅先代萩・六）のように、物事の基礎となる大事なものを言う比喩的用法は、中世以降発生したものである。

例「『これは本いしずゑのままか』『しか侍り』」（宇津保物語・楼上・上）

いしべきんきち【石部金吉】

大変な堅物（かたぶつ）。「石」「金」という堅い物を並べ、人名めかして近世作られた擬人名。江戸語では、男女を問わず用いられた。ちなみに、「石部金吉金兜（かなかぶと）」という言い方もあって、「石部金吉鉄（かな）かぶとと言ふかたい内へ、花街（はなまち）からもらったものが出されるものかな」（人情本・仮名文章娘節用・後・四）のように使った。これは、「石部金吉」が、金兜をかぶっているの意で、極端な堅物のたとえとして用いられる。

例「旦那様は石部金吉。女護が島へやって置いても気遣ひの気の字もない」（浄瑠璃・神霊矢口渡・三）

いじましい《いぢましい》

けちくさい。こせこせしている。語源説には、「いじきたない」と「あさましい」とが混交してできたとするもの（上方語源辞典）などがある。

例「上方の湯は、上り湯は夕方ならでは無くいぢましく思はる」（随筆・皇都午睡・三・中）

いじめる《いぢめる》**【苛める・虐める】**

（弱者を）責めさいなむ。語源については諸説ある。『大言海』は「弄（いじ）る」の語根に、別に口語動詞の活用を生じたるもの、すなわち語根「いじ」に口語動詞の活用語尾「める」のついたものとした。更に「いじる」の「い」は「綺（いろ）ふ」を下略

い

したもので、「いじめる」「いじる」「いろふ」の「い」は同根だということになる。これに対して「意地」の活用という説もある。「いぢめるといふ詞あり。これは意地の音を活用(はたらか)していへるなり。さればいぢるとも、いぢめるともいへり」(世事百談・一・俗語)。これによれば、「意地」に動詞化語尾の「める」が付いたことになるが、意味上「意地」と「いじめる」はかなり違う。

例「わたしが初めての座敷の時、がうぎといぢめたはな。反吐(へど)鯨舎(げいしゃ)だ、なんのかのとひどい事を云て、癪にさはることだらけさ」(滑稽本・浮世風呂・三・上)

いしもち【石持・石首魚】

スズキ目ニベ科の海魚。*『十巻本和名抄』の「伊之毛知(いしもち)」の条に「其頭中有石故亦名石首魚也(其の頭中に石有り、故にまた石首魚と名づくる也)」とあるように、頭骨内の内耳に当たる部分に、平衡を保ったり音を感じたりするための、白くて硬く大きな「耳石(じせき)」が一対あるところからの称。

例「石持ちといへども軽い肴(さかな)なり」(雑俳・柳多留・四九)

いじらしい《いぢらしい》 文語 **いぢらし**

いたわしく可憐だ。語源不詳。『大言海』は「イヂはイヂケル(萎縮)の語根なるべし」という。こわがってちぢこまっている様子から、かわいそうだ、可憐だとなったということだろう。また『角川古語大辞典』は「意地」と関係づけ、「意地」は「思い入っていること」で、一生懸命思い込んでいるさまがけなげでかわいさを誘う。そこから可憐だの意が出たと見る。しかし、「意地」に「思い入っていること」を表す意味があるか、どうか、疑問が残る。

例「わっと泣き出す娘より、見る母親はたまりかね、おお道理ぢゃ、可愛やいぢらしやと、我を忘れて抱きつき」(浄瑠璃・傾城阿波の鳴門・八)

いじわる《いぢわる》【意地悪】

他人に対して悪意のある行動をすること。「意地(いじ)」は、もと仏教語で、意識の意であったが、一般語となって、気立て・気性・心根などの意を表すようになった。これに「悪い」が複合して、形容詞「意地悪い」が成立し、その語幹が独立して名詞「意地悪」ができた。江戸時代には、「おらがおっかさんは意地が能(いい)よ」(滑稽本・客者評判記・中)のように、「意地が良い」などという表現も行われた。

例「いいきびいいきび、意(いぢ)わるを言ったから、直(ぢき)にばちがあたったのだ」(人情本・春色辰巳園・三・五)

いす【椅子】

腰掛け。中国伝来の座具で、禅宗到来以前は「倚子(いし)」と言った。中国語で、「倚」は「寄り掛かる、もたれる」の意。「子」

は、「菓子」「冊子」「帽子」などの「子」と同様、一字（一音節）の名詞に付加して名詞を二字化（二音節化）して語形の安定性を高める接尾語で、実質的な意味はない。古代日本において「倚子（いし）」とは、貴人が用いる木製の腰掛けを意味した。「子」を、呉音や漢音のシではなく唐音でスと言うようになり、漢字表記形も、「倚」の字を多く「椅」（＝本来、寄り掛かれる家具類を造る木の意）の字で書くようになった。

例「むかふに生死事大の額掛けて四十斗（ばかり）の男椅子に寄りかかりて、遊ぶにて有りし」（浮世草子・近代艶隠者・二・五）

いすかのはし【鶍の嘴】

物事が食い違って思うとおりにならないこと。イスカは、スズメ目アトリ科の小鳥。松かさをこじ開けて実を食べるのに適するよう、くちばしがねじれて上下に交差している。イスカの語源について、『大言海』は、そのくちばしの形から、性質がねじけている意の形容詞「いすかし」の語根「いすか」で呼ぶようになったという。「はし（嘴・觜）」は、「はし（端）」と同源で、「くちばし」の意。「鶍」という漢字は、国字である。

例「かほど迄する事なす事、いすかの嘴程違ふといふも」（浄瑠璃・仮名手本忠臣蔵・六）

いずみ《いづみ》【泉】

地中から湧き出てくる水。「いづみ」の「み」は水の意で、「みなと（水＋な＋門）」「垂水（たるみ）」など複合語で用いられている。『大言海』では、「出湯（いでゆ）」と対になる語「出水（いでみ）」がイヅミに変化したとするが、『*東雅』は「出水（いづみ）也」、すなわち終止形「出づ」に「水」の付いたものとする。終止形が複合語を作ることは、「向こう岸」「すもう絵」などと例があり、「いづみ」もこの一つと考えられる。

例「手をひでて寒さも知らぬいづみにぞくむとはなしに日ごろへにける」（土左日記・承平五年二月四日）

いずれ《いづれ》

どれ。どこ。「いづ」には「いづ方」「いづち」などのような不定称としての用法があり、これに「これ」「それ」「かれ」などの代名詞の語尾に使われる「れ」が付いたものである。「どれ」はこの語から変化した語という。「そのうち、どのみち」などの副詞用法は中世末から見られる。

例「百鳥（ももとり）の　来居て鳴く声　春されば　聞きのかなしも　伊豆礼（いづれ）をか　わきてしのはむ」（万葉集・一八・四〇八九）

いそうろう《ゐさうらふ》【居候】

他人の家に世話になっていること。「いそうろう」は、動詞「居（い）る」の連用形「い」に、丁寧語補助動詞「候（そうろ）う」が下接した「いそうろう〈ゐさうらふ〉」が、名詞化したもの。「すもう」「向こう」のように終止形が名詞化した類。「居候ふ」

は直訳すれば、居りますの意。近世の公文書では、同居人を「右仁右衛門方に居候ふ　善次郎」（徳川禁令考・享保二〇年四月）のように表した。この文言中の「居候ふ」が同居人を表す代名詞のようなものになったのが、この語である。

例「女の知恵を借りて、その上に、いけまじまじとお軽が親里へ行って、居候ふになってゐるはサ」（滑稽本・浮世風呂・二・下）

いそがしい【忙しい】 文語 **いそがし**

用事が多くて暇がない。動詞「急ぐ」を形容詞化した語で、「急がれるような状態」が、もとの意味。動詞の形容詞化には、「騒ぐ」→「さわがしい」、「慕う」→「したわしい」などの例がある。

例「宮仕へいそがしく心もまめならざりけるほどの家刀自（いへとうじ）」（伊勢物語・六〇）

いそぎんちゃく【磯巾着】

六放珊瑚類の総称。「磯に棲む巾着のような生物」という意。「巾着」と言うのは、獲物が触手に触れると体内に包み込み、巾着の口を締めたような形になることによる。

いそぐ【急ぐ】

何かを早くする。「いそぐ」の「いそ」は、勤勉だという意の形容詞「いそし」の語幹と同源。「いそ」は物事に精出す状態を表す。この意味は現代語にも「いそいそ」の形で残っている。「いそぐ」の原義もその辺りにあったと思われる。平安時代、「いそぐ」に準備するという意味が派生するが、これは目的をとげるため怠けず、せっせと仕事をすることから生じたものであろう。この点からみても、「いそぐ」の原義に精勤することを想定してもよい、と思われる。

例「からくいそぎて、いづみのなだといふところにいたりぬ」（土左日記・承平五年一月三〇日）

いたい【痛い】 文語 **いたし**

苦痛を感じるさま。「痛む」とは語根「いた」を共有し、さらに「甚（いた）」とも同源とする説（時代別国語大辞典上代編など）がある。この説によれば、「いた」は極限を意味し、痛覚を極限にある状態として表したことになる。程度の甚だしいことを表す副詞「いたく」はこの「痛い」の連用形に由来する。

例「痛伎（いたき）瘡（きず）には鹹塩（からしほ）を注く」（万葉集・五・八九七）

いたいけ【幼気】

幼くていじらしいさま。語源については、『嬉遊笑覧』*（六下）に「いたいけは痛気（いたいけ）なるべし、いと愛（をし）む意の深きをいふなり」とある。すなわち、「心が痛むくらいにいとおしく感じられる様子」というのがもとの意味だろう。現在は「いたいけ」を形容動詞風に用いた「いたいけな」や、形容詞化した「いたいけない」（ナイは、形容詞を作る接尾語）という形

で使う。
例「さすがに下臈（げらふ）の子どもにも似ず、かたちいたいけに見えたり」（御伽草子・三人法師・下）

いたいたしい【痛々しい・傷々しい】 文語 **いたいたし**
気の毒で見ていられないありさまだ。「傷（いた）しを重ぬ」とする『大言海』ほかの説くように、形容詞「いたし（痛・傷）」の語幹「いた」を重ねて、意味を強調した形容詞である。
例「惨酷爰（ここ）に始まる。いたいたしき事どもができたぞ」（抄物・史記抄・一五）

いたけだか《ゐたけだか》**【居丈高・威丈高】**
人を威圧するような態度でいきり立つさま。「い（居）」は座っていること、「たけ」は背の高さ、「いたけ」で座高の意となる。「いたけだか」は座高の高いことの意から、反り身になって座高を高く見せる威圧的態度を表すようになった。なお中世イダケダカと発音されたらしく、「Idaqedacani」（日葡辞書）という綴りが見られる。
例「武家の安泰万世に及ぶべしとこそ存じ候らへと、居丈高に成て申しける間」（太平記・二・長崎新左衛門尉意見事）

いただきます
食事を始める際の挨拶の言葉。食事を頂戴したものだと感謝する気持ちを込めていう。もらうや飲食する意の謙譲語動詞「いただく（頂・戴）」の連用形「いただき」に、丁寧語助動詞「ます」が下接し、挨拶言葉として固定化したもの。ちなみに、飲食する意の謙譲語動詞「いただく」は、飲食物を目上からもらうという意識からその用法が発生し、江戸時代以降用例が見える。一般的になるのは、江戸時代後期になってからである。

いたたまれない《ゐたたまれない》**【居た堪れない】**
それ以上、その場にとどまっていられない。「いたたまらない」とも言う。「いたたまらない」は「居（い）たまらない」の変化したもの。しかし、なぜ余分な「た」が繰り返されるのかは分からない。「たまらない」が「たまれない」となったのは、「たまらない」では不可能を表せないと考えて、その可能動詞形「〜たまれない」に変えたものかと思われる。もちろん、「たまらない」は「これはたまらない」などと可能を表すことができるので、この際余計な変形を行なったことになる。
例「自己（おいら）ア此処にゃア居たたまれねえ」（滑稽本・七偏人・二・下）

いたち【鼬】
イタチ科の哺乳動物。『大言海』が「語源、解せられず」というとおり、信じられる説はない。たとえば、『*和訓栞』によれば、イタチは「息絶（いきたえ）の義」か「気立（いきたち）の義」かである。「息絶」とは、イタチが獲物を捕るとき息を絶って、近づき捕るからだ、という。また「気立（いきたち）」とは、俗に

言う「鼬の火柱」のことで、これはイタチが幾匹も重なって、気を吹くと火のように見えるのをいう、という。

例「鼬鼠〈略〉以太知(いたち)」(十巻本和名抄)

いたちごっこ【鼬ごっこ】

両者が同じようなことを繰り返して、らちがあかないこと。「鼬(いたち)ごっこ」とは、もともと近世の子供の遊戯。『大言海』はこの遊びを説明して「二人相対し、一人、己が右手の指にて、他の手の甲を抓(つ)みて、我が左手を其上に載すれば、他は、下の手をはづして、我が甲を抓み、斯くして代る代るに、イタチゴッコ、ネズミゴッコと唱へて、互に抓み合ひて果なし」という。「ごっこ」と名付けたのは、イタチが噛み付いたり逃げ回ったりするためだという。「ごっこ」は「事(こと)」の転。このように、この遊びは、同じ動作を何回も繰り返していくところから、今のような意味を比喩的に生じた。

例「自分より下に向かって威張れば上に向かっては威張られる。鼬ごっこ鼠ごっこ、実に馬鹿らしくて面白くない」(福沢諭吉・福翁自伝・明治三一～三二年)

いたって【至って】

極めて。「至りて」の促音化した語。「至りて」は動詞「至る」の連用形に接続助詞「て」の付いた連語が一語化して副詞となったもの。「いたりて」は漢文の「至」を訓読したもので、漢文訓読に用いられ、和文系の「いと」とは文体を相違していた。「いたって」はほぼ南北朝以降に多く用いられた。

例「又親子(しんし)恩愛のいたって切なる事、人の申しならはすをも、我が身の上かと思はれ候」(曽我物語・一二・虎いであひ呼び入し事)

いたどり【虎杖】

タデ科の多年草。根を薬に用いる。語源は、痛み取りに使うので「疼(いた)取り」だという説がある(和訓栞後編)。この説を否定して、「い」は接頭語、「たど」は蓼(たで)類を表し、「り」は接尾語だという説(暮らしのことば語源辞典)がある。漢字表記の「虎杖」は中国から伝わった表記。この表記に付いては『枕草子』(一五四・見るにことなることなきものの文字に書きてことごとしきもの)で、「いたどりは、まいて虎の杖と書きたるとか。杖なくともありぬべき顔つきを」と取り上げている。

例「虎杖〈略〉和名以多止利(いたどり)」(本草和名・一一)

いたにつく【板に付く】

職業・態度・服装などがしっくりとしてふさわしい状態となる。「板」は舞台のこと。「板付き」(=幕が開くと役者がすでに舞台に出ていること)、「板返し」(=舞台に設けられた仕掛けの一種)、「板にかける」(=舞台にかける。上演する)など、「板」は舞台の意味で用いられている。「つく」は「緒につく」などの「つく」で、ある状態になることを表す。舞台に登場す

る状態になるということから、場馴れしてそれらしく振舞うことを表すようになったもの。

例「馴れると追い追い板に付くようになりますけれど」（谷崎潤一郎・痴人の愛・大正一三～一四年）

いたまえ《いたまへ》【板前】

（日本料理の）料理人。「魚板前（まないたまへ）の上略」と『大言海』の説くように、ここに言う「いた（板）」とは、まな板のことである。まな板の前にいる人のことで、料理人を表すようになった。

例「ソレかういっちゃア板まへでもはたらいたやうだが、どこの茶屋ぢゃア」（洒落本・遊僊窟烟之花・一）

いたみわけ【傷み分け・痛み分け】

喧嘩や議論などで双方に損傷があって勝負が持ち越されること。「いたみわけ」の「いたみ」は動詞「いたむ（痛・傷）」の連用形で、苦痛の意。「わけ」は「分け」で、引き分けの意。『大言海』が「相撲に、負傷（けが）したるに因る引分（ひきわけ）」というように、もともと相撲用語。負傷したために引き分けとなることを「いたみわけ」と称する。

いためる【炒める・煠める】文語 **いたむ**

食材を、油でいりつける。『大言海』は「いため革」「いため塩」などの「いため」と同じとし、その「いため」は「傷（いた）める」に由来するという。「炒める」と「いため革」「いため塩」の「いため」は、いずれも火を用いて素材を加工し変化させるという点で、素材を傷つけることになる。そこで「傷める」が原義となる。

例「鳥鱠　何れもつくり、鳥ばかり酢にていため候ひて」（料理物語）

いたわさ【板わさ】

薄く切った板かまぼこにワサビを添えた料理。「板わさび」の略。「板」は板付き蒲鉾（かまぼこ）、古く女房詞で板付き蒲鉾を「お板」といったが、のち「いた」だけで板付き蒲鉾を指した。「わさ」はワサビの略。

いたわる《いたはる》【労る】

労をねぎらう。大事にする。「いたわる」は、*『和訓栞』が「人の労を労としねぎらふをもて痛むをはたらかしいふ辞なるべし」というように「いた（傷・痛）」を語根とする語であろう。「痛し」「痛む」と同根である。しかし、「いた」から「いたはる」になる語形変化の過程は不明である。

例「常（つね）の使ひよりは、この人よくいたはれと言ひやれりければ」（伊勢物語・六九）

いちいたいすい【一衣帯水】

川や海峡を間にして間近に相対していること。「衣帯」とは、着物の帯の意で、「一衣帯」は、一本の帯のこと。一筋の帯を引いたような狭い水の流れや海峡というのが、「一衣帯水」の

字義である。現在、本来の語構成が忘れられ、イチイ・タイスイと読まれることも多い。中国の正史の一つ『南史』陳後主紀が、この四字熟語の出典とされる。

いちおう【一往《いちわう》】・【一応《いちおう》】

ひとまず。とりあえず。一度。「一往〈いちわう〉」と「一応〈いちおう〉」は本来別語。「一往」は古くから漢籍に見える語で、「一度往くこと」が原義で後に「その場の」「とりあえず」という意を生じた。「一往」は同じ意味で日本でも使われていた。一方、「一応」は近世中国語で「すべての」「いっさい」の意を表す語。日本では、両語は発音の違う別語として扱われていたが、室町末期頃からワウもオウも同じようなオ列長音になったため両者の区別が失われた。漢字表記も「一往」の意味で「一応」と書くことが多くなった。

例「前の重々の訴陳は一往さもときこゆ」〈貞享版沙石集・三・一〉「辞令を受け取って一応拝見して〈略〉返却した」〈夏目漱石・坊っちゃん・明治三九年〉

いちかばちか【一か八か】

伸(の)るか反(そ)るか。乾坤一擲(けんこんいってき)。語源については、『*嬉遊笑覧』〈九下〉に「博徒の詞。常語に猶多くありとなむ、一か八(ばち)か四の五のいはずなどの数目の詞は大かたそれなるべし」とあるように、賭博から出た語だろう。「一か八か」に先立って、「一か六か」という慣用句があった。「一」も「六」もさいころの目で、最小と最大の目に当たる。この最小と最大を対比することでオール・オア・ナッシングの賭であることを表した。「一か八か」は、新しさを求めて、「六」を「八」に変え、バチと強調したものだろう。

例「ナニあの時、一か八か、片をつけたもよかったらう」〈歌舞伎・与話情浮名横櫛・四〉

いちげん【一見】

その店（旅館や料亭など）で、馴染みでなく初めての客。「一見客〈いちげんきゃく〉」の下略語。「げん」は「見参〈げんざん〉」〈＝面会・対面〉の下略で、一回目の対面、すなわち初対面のことである。特に、上方の遊里では、「初会〈しょかい〉」の意で用いられた。この語は、一八世紀初頭より遊里で用いられ始め、近世後半期入って一般商家へも広がった、という。

例「古郷の人のしみじみの涙にほだされそばにより、一げんになれなれ敷ことながら、同国のよしみと申し」〈浄瑠璃・心中万年草・上〉

いちご【苺・莓】

バラ科の多年草、または小低木。「いちびこ」の転。「いちびこ」の語源は不明。「こ」は「おおばこ」などの「子」か〈大言海〉。これに対して「びこ」は「ひこ（彦）」の転、すなわち「彦」を付けて擬人化したものと見る説〈暮らしのことば語源辞典〉もある。また、「いち」について『*東雅』は「或人の説に」として、

「イは発語之詞、チとは血也」という説を引いている。血というのはイチゴが赤いからである。「いちびこ」の例は『日本書紀』に「蓬蘽」を「伊致寐姑（いちびこ）」と訓んだ例がある。

例「あてなるもの　いみじう美しきちごの、いちごなどくひたる」（枕草子・四二・あてなるもの）

いちごいちえ《いちごいちゑ》【一期一会】

一生に一度だけの機会。「いちご（一期）」は、もと仏教語で、一生涯の意を表した。「いちえ（一会）」も、仏教語で、読経や説法など一座の法会を意味したが、「一期一会」は茶道の世界でも使われた。安土桃山時代の茶人・山上宗二の著『山上宗二記』に「常の茶の湯なりとも路地へ入るより出づるまで、一期に一度の会のやうに、亭主を敬畏すべし」とあるが、この「一期に一度の会」のような考え方から「一期一会」は生まれた、という。のち、「会」を機会、あるいは、会うことの意ととり、広く、一生に一度だけの機会、一生に一度だけの出会いを、言うようになった。なお、「期」「会」を、それぞれゴ・エと言うのは、呉音読みによる。

例「抑（そもそも）茶の湯の交会は、一期一会といひて、たとへば、幾度おなじ主客交会するとも、今日の会にふたたびかへらざる事を思へば、実に我が一世一度の会なり」（茶湯一会集）

いちじく【無花果】

クワ科の落葉小高木。日本には近世に渡来した。小アジア原産。中国に渡ったとき、ペルシア語のanjirを「映日果」と音訳した（新村出・外来語の話）。イチジクは、「映日果」の近世音（インヂクヮ、イェンジェイクォなどに近い音だという）にもとづく、という。「無花果」と書かれるのは、花嚢の中にたくさんつまっている小さな白い花が見えないからである。「不花而実出枝間者（花なくして、実枝間に出づるもの）」（書言字考節用集）と考えられたのである。

例「無菓花や広葉に向かふ夕涼み」（俳諧・続猿蓑・夏）

いちじるしい【著しい】文語 **いちじるし**

顕著だ。「いちじるし」は「いち」と「しるし」に分析される。上代、「いちしろし」の方が多く用いられており、これが古形かとも言われている。「いち」は勢いの強いことを表す接頭語で、「いちはやし」などの「いち」と同じ。「いち」は「痛し」の「いた」と同根、あるいは、神などの威力をいう「稜威（いつ）」の転だとも言う。「しるし」ははっきりしているの意で、四段動詞「しるす」の「しる」、あるいは「白し」の「しろ」と同根かなどの説がある。なお、第三音節は古く清音で、一七世紀初頭の『*日葡辞書』でも、「Ichixirŭ（イチシルゥ）」と清音で書かれている。↓いちはやく

例「掲焉　イチジルシ」（易林本節用集）

いちじん《いちぢん》【一陣】

風や雨などが、ひとしきり吹いたり降ったりすること。「一陣」は漢語だが、ここに言う「陣」とは、中国白話に見える用法で、ひとしきりの短い時間を示す助数詞として用いられている。これが、中世、日本語にも取り入れられて、定着したもの。

例「将首当白刃　截断一陣風（首をもって白刃に当つ、一陣の風を裁断す）」（太平記・二・長崎新左衛門尉意見事）

いちば【市場】

多くの人、または店が集まって物品を交易する所。「いち（市）」の開かれる場所の意。「いち（市）」とは、本来、人々が集まる神聖な場所で、小高い土地や大木のある所が選ばれたが、しだいに物品交易の場としての性格を強めた。そのような「市」の開かれる場所という意味で「市場」という表現が生まれた。なお、「しじょう（市場）」は、近世以前に実例を見出しがたいことから、近代になって、「市場」を音読することにより成立した語である可能性が考えられる。

例「参るほどに市場ぢゃ。さてもさてもおびただしいことかな」（虎寛本狂言・鍋八撥）

いちはやく【逸早く】

真っ先に。形容詞「いちはやし」の連用形が副詞化したもの。「いち」は形容詞や名詞・動詞に冠して、程度のはなはだしい、すぐれているなどの意を添える接頭語で、「いた（甚）」「いと（甚）」と同源、あるいは「厳（いっ）」の変化などといわれる。更にさかのぼって、it-という語根を推定し、後接する母音の交替によって「いつ」「いち」「いた」が生じたと説かれている。「いちじるしい（著）」「いちもつ（逸物）」の「いち」も、この例である。「はやし」は、激しい・険しい・鋭いなどの意で、「いちはやし」は、非常に激しいという意味であった。のち、「はやし」を早・速の意ととり、非常に早い（速い）の意が発生した。

例「弾薬を逸疾（いちはや）く小舟に積入れ」（染崎延房・近世紀聞・一二・明治一四年）

いちばんのり【一番乗り】

最初に乗り込むこと。もと、戦陣用語で、敵陣や敵城に第一番に馬を乗り入れたり攻め込んだりすることを言った。一番乗りは、武功第一として、武士の最高の名誉とされた。この一番乗りをみごと果たしたときは、すぐさま敵味方にわかるように、大声で名乗ることが心得とされたという。

いちひめにたろう ―にたらう **【一姫二太郎】**

子供を持つなら、長子は女で次子は男という順がよい、という意のことわざ。男児に比べて女児の方が育てやすいとされることから出た表現。また、後継者として男子誕生を願っている人に、最初に女児が生まれて失望するのを慰めるときにも用いた。

例「一女（いちひめ）二太郎と世話にいふ通りと悦ぶ間もなく」

（幸田露伴・椀久物語・明治三二年）

いちぶしじゅう【一部始終】

物事の始めから終わりまで。「一部始終」とは本来、「霊峰即ち妙法蓮華経の一部始終なり」（私聚百因縁集・八）のように、一部の書物の始めから終わりまでのことを言い、そこから転じて、一般に、物事の始めから終わりまでのこと、事の顛末を言うようになった。この語は漢籍に見出しがたく、和製語である可能性が高い。

例「お袋の言はるる一部始終もっともぢゃが」（浄瑠璃・伽羅先代萩・四）

いちまいかむ【一枚嚙む】

ある役割を担う一員として参画している。役者の看板は一人一枚に書く習慣があったため、「一枚」には、「彼が一枚加わっている」のように、ある役割を演ずるための一人、一役の意が生じたとされる。ただし、木戸番が、木戸札の枚数によって人数を表現した、「エー、イチマイ、通り」というような掛け声から出たものとする説もある（上方語源辞典）。また、「嚙む」は、歯車がかみ合って機械を動かすように、仕事や事件などに関係を持つ、という意味である。

いちまいかんばん【一枚看板】

一団の中で他に誇りうる人物。歌舞伎から出た言葉。歌舞伎劇場の前に掲げた大きな飾り看板のことで、一枚の板に勘亭流で外題（げだい）を大きく書き、その上部に立役者の出る主要場面を絵組で示した。そこから「一枚看板」に絵姿が出るほどの、一座の中心役者を言うようになった。のち、「一枚」ということが、たった一つだけしかないと捉えられるようにもなり、「纔（わずか）に実直という点を一枚看板にして」（里見弴・今年竹・大正八〜一五年）のような用法も現れた。

例「松の位の太夫職、ここのうちの一枚看板」（人情本・毬唄三人娘・二・上）

いちまつもよう《いちまつもやう》【市松模様】

色の違う二種類の方形を、互い違いに並べた模様。チェック。本来は、白・黒の正方形を交互に配置した図案を言う。江戸中期の歌舞伎役者で美男の若衆方・佐野川市松が、この柄に染めた衣装で舞台に上がったのがきっかけとなって流行したことから、「市松」の名がある。もとは、その形状から「石畳」と呼ばれていた。

例「アラビアじみた市松模様の床」（芥川龍之介・河童・昭和二年）

いちもくおく【一目置く】

一歩譲る。「一目」は、囲碁用語。一個の碁石や碁盤上の一つの目のこと。碁を強い人と打つ場合、ハンディとして盤面のきまった位置に二目から井目（九目）をあらかじめ置いておくことがある。これにならって一目だけ先に石を置いておく

という言い方で、相手に敬意を表した表現。

例「此方(こっち)も旅泊(たび)を掛けて居ると思ふから、手前の様な者にも、一目も二目も置いて居らァ」(人情本・妹背鳥・後・一)

いちもくさん【一目散】

脇目もふらず急ぎ走っていくさま。語源不明。『大言海』は「脇目もふらず一途にめざして参る意」とし、「一目参」と見る。『大言海』は「いっさん(一散)」を「いちもくさん」の中略とするが、「いっさん」の例は中世に見られ、この方が古い。そこで「一目散」の「散」は「一散」の「散」かという説(新明解国語辞典六版)も出てくる。

例「はだかになり、いちもくさんに、すいふろへかたあしつっこみ」(滑稽本・東海道中膝栗毛・初)

いちゃつく

男女が親しげに戯れ合う。語源については、「いちゃいちゃ」の動詞化であるという(上方語源辞典)。「いちゃいちゃ」は、擬声・擬態語。グズグズ→グズツク、ゴロゴロ→ゴロツク、ブラブラ→ブラツクなど、畳語形擬態語の省略形に「つく」語尾を付して動詞化する例は多い。同辞典によれば、「いちゃいちゃ」は一八世紀末期から現れ始めるが、もとは苦情を言うさまを表した。それが、男女がたがいに口舌(くぜつ)を言い合うさま、さらに、狎れ戯れるさまを表すようになった、という。

例「こっそりと逢ひしめやかに語る。いやみなくいちゃつかず、意気地あり」(談義本・根無草・後・四)

いちょう《いちやう》【銀杏・公孫樹】

イチョウ科の落葉高木。中国原産。『大言海』によれば、イチョウは「鴨脚」の宋音で、現在(昭和初期)の広東語では、これをイチャオと発音する、という。鎌倉時代、入宋した日本人僧や商人が「鴨脚(ヤーチャウ)」をイーチャウとおぼえて、伝えたものであろう(新村出・東亜語源志)という説もある。「鴨脚」の名はイチョウの葉が鴨の足の水掻きに似ているから付けられたもの。「銀杏」の字は、その実が白く杏(あんず)のようであるから、という。また、「公孫樹(こうそんじゅ)」(=イチョウの木)は、孫の代に実ることから名付けられたもの。↓ぎんなん

例「銀杏　イチヤウ・ギンキヤウ　異名は鴨脚(あふきゃく)、葉の形鴨の脚の如し」(元和本下学集)

いちようらいふく《いちやうらいふく》【一陽来復】

冬が去り春が来ること。不幸が終わり幸いが来ること。『易経』「復・本義」の「至此七爻、而一陽来復、乃天運之自然(此に至り七爻(しちこう)して、一陽来り復(かへ)る、乃ち天運の自然なり)」が出典で、陰が極まって陽が来たり復する、がその原義。易学では、一年を易の十二卦(け)に配当し、陰暦

四月を陽気が極まる月、陰暦一〇月を陰気が極まる月とする。翌一一月の冬至には陽気が一つかえってくるとされるところから、陰暦一一月、あるいは冬至の異称として「一陽来復」を用いるようになった。転じて、冬を陰、春を陽ととり、寒い冬が去り温かい春が来ること、特に新年になることを言い、さらには、悪いことが長く続いたあとでようやく良い方向に向かうことを意味する比喩的用法が生ずるに至った。

なお、比喩的意味に引かれて「一陽来福」と書くのは誤用。

いつか【五日】

月の第五番目の日。五個の日。通説によれば、数詞「いつつ」の語幹「いつ」に日にちを数える助数詞「か」の付いたものであるが、日の数詞の語構成は数詞の語幹に「うか」の付いたものと考える方が合理的である。ローマ字で書けば、itu(語幹)に uka が接し、語幹の u が脱落して、ituka(イツカ)となった。→ふつか～とおか

例「さて船に乗りし日より今日までに、はつかあまりいつか(=二十五日)になりにけり」(土左日記・承平五年一月一六日)

いっかい【一介】

つまらないもの。普通、「一介の」の形で用いる。この場合の「介(かい)」は「个(こ)」の誤写によって生じたもの。「个」は「箇」の略字で、これには数をかぞえる助数詞の用法があった。すなわち「一个」は一つの意味で、そこから取るに足らないものという意味が生じたという。古い例に「一介之士」(文明本節用集)がある。

例「彼方は屈指の財産家、僕は固(もと)より一介の書生だ」(尾崎紅葉・金色夜叉・明治三〇～三五年)

いっかんのおわり《いつくわんのをはり》【一巻の終わり】

物事のすべてが終わること。先の望みが全くないこと。「一巻」は書物やフィルムなど巻いてあるもの一つのこと。活動写真の弁士が上映の終わりに「一巻の終わり」と決まって言ったことから転じて、すべてが終わるという意となった。

例「儂が死んでもたら一巻の終りやのし」(有吉佐和子・助左衛門四代記・昭和三七～三八年)

いっきうち【一騎打ち・一騎討ち】

敵味方が一騎ずつで勝負すること。「一騎うち」という語は鎌倉時代からあるが、一騎ずつ進むという意味であった。この場合の「うつ」は馬をむちで打つの「うつ」であろう。一騎ずつで勝負するという意味で用いられるようになるのは近世になってからのようである。この場合の「うつ」は攻撃するという「討つ」になる。中世には「一騎合ひ」という言い方があり、これが今の「一騎打ち」に当たる語であった。「三河守是を見て、一騎合ひの勝負は叶はじとや思はれけん」(太平記・二五・住吉合戦事)。

例「この松原へひそかに立ち合ひ〈略〉互ひに一騎打ちと、その宮に立ち寄り」(浮世草子・武道伝来記・八)

いっきとうせん《いっきたうせん》【一騎当千】

一人で千人の敵を相手にできるほど強いこと。広く、抜群の能力を持つ者の形容として用いる。「一騎」は、馬に乗った一人の将兵のことで、「一騎当千」は、一騎だけで、千人もの敵に相当するほどの力を持っていることを言った。「一騎当千」は、『太平記』以後に認められる語のようで、それ以前は「一人当千」の方が一般に用いられていた、といわれる。おそらく、「一人当千」がもととなって、「一騎当千」が出たものと思われる。*『日葡辞書』には「Icqi tŏjen(イッキタゥゼン)」という語形で載せられている。

例「其の勢僅か三十二人、是皆一騎当千の兵とはいへ共」(太平記・五・大塔宮熊野落事)

いつくしむ【慈しむ・愛しむ】

かわいがって大切にする。「うつくしむ」の転。「いつくしむ」は、平安時代末期以降出現する。「いつくしむ」出現以前に、「うつくしむ」は「よるひるうつくしみて、なほ児(ちご)のやうにのみもてなし聞え給へれば」(源氏物語・乙女)のように、見える。「うつくしむ」は、形容詞「うつくし」に接尾語「む」が下接してできた動詞である。形容詞「うつくし」は、かわいいの意味だったが平安時代中期には美麗の意も生じる。美麗の意が次第に広がりつつあった平安時代末期以降、「うつくし」の派生語である「うつくしむ」を、「いつくしむ」と変えることで、意味上の相違を明示していったことになる。

例「継母も、後にはへだてなくいつくしみ、もとの母と同じくなれり」(御伽草子・二十四孝)

いっこ【一個・一箇・一ケ】

一つ。「こ」は助数詞で、漢語の数詞に付け、広く物を数えるときに用いる接尾語。助数詞「こ」は、漢語「箇(漢音呉音カ・唐音コ)」「個(漢音呉音カ・慣用音コ)」の字音「コ」に由来する(「個」は「箇」の通用字)。次に語が来る場合には「か」となるが、これも「箇」「個」の字音「カ」によるものである。「箇」は形声文字で、その意符(冠)が「竹」であるところから、本来は、竹を数えるときの助数詞であり、転じて、物を数えるときの助数詞として用いられるようになったと考えられる。「ケ」は「个」の略体。「个」は「箇」の竹冠の半分を採ったもの。「ケ」も「个」も「箇(こ)」の意味である。

例「富貴貧賤に、心なければ、天下を保つ人も、一ケにて、学問する人と同じ心ぞ」(抄物・中華若木詩抄・上)

いっこくもの【一刻者・一国者】

頑固で一本気な人。語源は「一刻」や「一国」に由来するなどの説があるが、決定しがたい。『大言海』は一刻(=今の約三〇分)から短い時間、急(せ)くさま、せっかちと転じ、「直ちに怒

る性質」を表すようになったという。「一刻」に性急の意のあることは「一刻攻め」などの成句からも知られる。しかし、性急からがんこへの意味変化には飛躍が感じられる。「一国」の方は『*俚言集覧』に見える説で、「我まゝなるをいふ、人にかまはず我侭をいふを一国をいふなぞと云ふ」とし、更に増補の部分で「いつこくもの　一国一城を閉鎖して人と和同せざる義なり」と敷衍する。この説では、「いっこく」に「一国一城」あるいはその閉鎖などまで意味させることになる。

例「今まで他(ひと)には上手もつかはず、いつこく者でとほしたのだが」(人情本・春色辰巳園・初・三)

いっしょうけんめい《いつしやうけんめい》【一生懸命】

全力を尽くして事に当たること。「一所懸命(いっしょけんめい)」の転。「一所懸命」は「一つ所に命を懸(か)ける」ことで、中世の武士が命をかけて守るべき領地を「一所懸命の地」と称した。ここから命を懸けるような事態、せとぎわ、あるいは命をかけて努めるさまなどを意味するようになり、語形もイッショウケンメイとなっていった。この第二音節の長音化に伴って、表記も「所」から「生」へ変わった。この長音化は城下町集住体制の整備など知行形態の変化によって武家の「一所」に対する固執が減り、その意味が忘れられ、「いっしょ」を「けんめい」の修飾語と解して強調の意の「一生」を当てたのではないかと思われる。「一所懸命」は「差したる罪科とも覚えぬ事に一所懸命の地を没収せらる」(太平記・三三・新田左兵衛佐義興自害事)などと用いられた。

例「両人はいっしやうけんめいはたけのなかをとびいだし、くもをかすみとにげだすに」(仮名垣魯文・西洋道中膝栗毛・四・上・明治四年)

いっすいのゆめ【一炊の夢】

人生の富貴栄華のはかないことのたとえ。中国・唐代の伝奇小説、『枕中記(ちんちゅうき)』にもとづく故事成語。貧乏青年・盧生(ろせい)が、邯鄲(かんたん)への道中、仮寝をして夢の中で栄達の一生を経験する。目覚めてみれば、宿屋の主人が黄粱(こうりょう)を炊き上げる間にも満たぬ、わずかな時間の出来事にすぎず、盧生は立身出世のむなしさを悟った。「一炊の夢」は、黄粱をひと炊きする間にも満たぬ、栄華の夢ということから、富貴のはかなさのたとえとなった。この故事に関しては、他に「邯鄲の枕」「邯鄲の夢」「盧生の夢」など、さまざまな成語がある。

例「げにや盧生が見し栄花(えいが)の夢は五十年、その邯鄲の仮枕、一炊の夢の覚めしも、粟(あわ)飯炊く程ぞかし」(大観本謡曲・鉢木)

いっせいいちだい【一世一代】

一生のうち、たった一度きりであること。「一世」も「一代」も人の一生の意。したがって、「一世一代」は、同意の表現を重

ねた重言（じゅうごん）であって、ここには、一度きりの意がないことから、『大言海』は、「一世一度」の訛かとする。この説は、次のように近世に見られた。『浮世床』（初・上）に、「コレコレ、足下の一世一代といふは誤りだ。それでは重言になるて。あれは一世一度といふものだ」とある。しかし、近世には「一世の」という形で、一生に一度きりの、大事なという意味を表す用法があった。「一世の思ひ出也」（浮世草子・好色一代男・八・三）。現代語でも「一生の願い」といえば、一生に一度の願いということになる。これは「一」をつけて強めることによって、一度の意味を生じさせたものと考えられる。ただ、「一世一度」という言い方との関連も全く否定されるものではなく、その影響下に作られたものだろう。

いっせきにちょう《いっせきにてう》【一石二鳥】

一つの行動によって、二つの目的を果たすこと。英語の慣用句「To kill two birds with one stone（一つの石で二羽の鳥をうち殺す）」を四字熟語の形に翻訳したもの。「一石二鳥」と翻訳するに際しては、すでに存した同じ意味の四字熟語「一箭双雕（いっせんそうちょう）」が参考にされたかも知れない。「箭」は矢、「雕」は鷲（わし）の意。

いっそ

思い切って。この語の語源は「一層」の転かとするものが多い（大言海など）。しかし、「一層」の歴史的仮名遣いは「いつそう」であるが、室町時代「いっそう」と仮名表記される語はなく、「いつさう」と書かれている。したがって「一双」と考えるべきであるという（時代別国語大辞典室町時代編）。「一双」はどちらを選ぶか迷うより両方とも処置してしまおうとするさまやどちらも思わしくない場合あえて意表をつく選択をするさまを表したりする語である。この「いっさう」がイッソウ、イッソと変化したことになる。「いっさう」は「ごんご道断、にくい事をいひをる。身共がままにならずは、いっさうにふたりながら食はう」（虎明本狂言・鬼の継子）などのように用いられた。

例「気の毒がらすはどうぢゃいやい、いっそ殺せと抱き付けば」（浄瑠璃・冥途の飛脚・上）

いっちょうら《いっちやうら》【一張羅】

一着きりの（上等な）衣服。一張のうすものというのが字義。*『俚言集覧』に「ちやうら　只一つある衣服などを云ふ詞也。一挺蠟といふ事にて〈略〉それを訛りてかくいふといへり」とある。「一挺蠟」とは一本しかない蠟燭の意である。佐渡などで最上等の晴れ着のことを「一丁蠟燭（いっちょうろうそく）」と呼ぶのは前記の語源の傍証になるだろう。近世、すでに最上の晴れ着という意味と一枚しかない着物という二義が行われていた。*『嬉遊笑覧』（一上）に、「今部屋がた者の一ちゃうらといふことは、衣服持たぬものの只一つある様の事いふは

後に転りたるなり〈略〉多き衣の中によきを然いへるなり」とある。

例「殊に三月三日は鉱（あらかね）の槌打つ二蔵までも天王寺、清水、汐干などいひて遊ぶ日なり。ましてその上つかた一てうらを取出して思ひ思ひに立ち出で」（浮世草子・男色大鑑・六・五）

いつつ【五つ】

数詞の五。語源について定説はない。「い」は、「五十（いそ）」「五百（いほ）」「五十日（いか）」「五十鈴（いすず）」などと使われるところから、これを語根と見て、最初の「つ」は数詞に付く接尾語、二つ目の「つ」は「ひとつ」「ふたつ」など他の数詞の音節数に合わせるため添えられるようになったものと考えられる。なお、白鳥庫吉は、指を使って数を数えるとき、五は数の極限であるから、「いつつ」は最もを意味する「いと」、あるいは「至る」などと同義である、と言う。

例「四つの蛇伊都々（いつつ）の鬼（もの）の集まれるきたなき身をばいとひ捨つべし離れ捨つべし」（仏足石歌）

いってんばり【一点張り】

他を顧みないで、ただ一つのことだけを押し通すこと。もと、さいころ賭博で、一点（＝一つの目）にばかり続けて張る（＝金銭を賭ける）ことを、「一点張り」と言った。

例「ハア、二を張れとの御神託、思ひ切ッて一ッ点張り」（浄瑠璃・嫩容葉相生源氏・五）

いっぱいちにまみれる【一敗地に塗れる】

二度と立ち上がれなくなるほど徹底的に打ち負かされる。『史記』「高祖本紀」の一節「今置将不善、壱敗塗地（今将置くこと善からずんば、一敗地に塗れん）」に由来する。「地に塗れる」は泥によごれることで、敗戦の惨状を比喩的に言ったもの。

例「故（ことさ）らに危険なる野戦を試み一敗地に塗（まみる）るの不幸あらば国則ち覆亡せん」（矢野龍渓・経国美談・明治一六〜一七年）

いっぱし【一端】

ひとかど。人並み。語源不明。近世以降の「いっぱし」は、「一端」を一つの端を占める独立した存在ととらえてできたものか。*『日葡辞書』に「Ippaxi イッパシ〈略〉一度」とあるように、「いっぱし」は古くは、一度・一旦の意であったことから、「一旦」を「一端」と書き、それを重箱読みすることにより「いっぱし」が成立したか（上方語源辞典）といわれる。室町時代には「一旦」と「一端」の混用が指摘されており（時代別国語大辞典室町時代編）、一度の意味の「いっぱし」はそのようにしてできたとしても、そこからどのようにしてひとかどの意に転じたのかなど不明な点が多い。

例「いつぱしいはんと思ふきなれば」（咄本・正直咄大鑑・

白・五）

いっぺんとう《いっぺんたう》【一辺倒】

一方にばかり傾斜・集中して、他を顧みないこと。昭和二四年（一九四九）七月に、毛沢東が発表した論文中に「要向社会主義一辺倒」とあったことから、北村徳太郎（芦田均内閣の蔵相）が、国会で「共産党は向ソ一辺倒、政府は向米一辺倒である。中立こそ大事なのではないか」と質問演説。それが契機となって、「一辺倒」が昭和二五年の流行語となった。なお、「一辺倒」は一二世紀中国の『近思録』の文をもとにしているといわれる。

例「そこが母性愛一辺倒といいますか、もう、思慮を失っておるので」（獅子文六・自由学校・昭和二五年）

いっぽんとられる【一本取られる】

相手にやりこめられる。「一本（いっぽん）」とは、剣道や柔道などで技が一回決まることをいい、決まり技を一つ決めることを「一本取る」という。転じて、議論やかけひきなどで相手をやりこめることも「一本取る」と言うようになった。

例「負けましたよ、課長。みごとに一本とられました」（開高健・パニック・昭和三二年）

いっぽんやり【一本槍】

ただ一つのことを押し通すこと。近世、「一本鑓之衆」などと用いたように、槍一筋にかける武士のあり方から、それだけで押し通す、という意味になったもの。

例「お前さんと、一本鎗で参ったものを、是非おたのみ申します」（人情本・毬唄三人娘・初・下）

いど《ゐど》【井戸】

地面を深く掘ったり、管を地中に打ち込んだりして、地下水をくみ上げるようにしたもの。本来「井」だけで、「井戸」の意を表した。「ゐ（井）」の語源については、水が集まっている所とか、とどまっている所とか諸説あるが決定しがたい。＊『東雅』は次のように言う。「万葉集抄に井とは、あつまるといふ詞也といふ。地を鑿ちて水を集（ゐ）さしむるの義なるべし」。『大言海』も「ゐ」は「集（ゐ）るの語根」という。「ゐる」には動かずにいるという意があり、「ゐ」はその語根であって、水がとどまっているという意味と解する説（柳田国男）もある。「ど」は、「立処（たちど）」「寝処（ねど）」「臥処（ふしど）」などの「ど」と同じく「処・所」の意で、語形の安定のために添えられたもの。「戸」は当て字である。

例「田中の井戸に、光れる田水葱（たなぎ）」（催馬楽・田中）

いときりば【糸切り歯】

人間の犬歯。尖っているため、縫物の際、縫糸をこの歯でかみ切ったところからいう。

例「もちぐされ也姫君の糸切歯」（雑俳・柳多留・一五四）

いとけない【幼けない】文語 **いとけなし**

幼い。「いときなし」という形もある。語源は「いと」は幼い、「け」は気、「なし」は甚だしいの意を添えて形容詞を作る接尾語(岩波古語辞典補訂版など)といわれる。「いと」は、「いと宮」(紫式部日記・寛弘七年正月二日)、「いと姫君」(栄花物語・初花)など、幼いという意味の接頭語と同源だとされる。

例「おのらがいとけなきを見捨てて天上へ帰り給ひにしかば」(宇津保物語・俊蔭)

いとこ【従兄弟・従姉妹】

父母の兄弟の子。「いとこ」は、「いとほし」「いとし」「いとけなし」などの語幹「いと」に「子(こ)」が付いたもの。上代、愛(いと)しい人の意味で、「伊刀古(いとこ)やの、妹(いも)の命」(古事記・上)のように用いられた。この「いとしい人」の意味から親族名称へ転じたものと言われる。八世紀の『令集解』に「伊止古波良加良(いとこはらから)」という語をとどめているが、普通の名詞から親族呼称への途中の形を示すものであろう。

例「従父　父方乃伊止古(ちちかたのいとこ)」(天治本新撰字鏡)

いとこに【従兄弟煮】

小豆または豆と野菜を煮て味噌で味を付けた料理。江戸時代の料理書『料理物語』(寛永二〇年)に「いとこに　あづき、牛房(ごぼう)、いも、大こん、とうふ、やきぐり、くわいなど入れ中みそにてよし。かやうにおひおひに申すによりいとこに歟」にあるように、火の通りにくいものから追い追いに材料を加えるので、「追い追い」と「甥甥(おいおい)」をかけ、甥と甥はいとこであるというところからという説、材料が野菜ばかりなので、近親関係のいとこ同士にかけた、という説などがある。

いとさん【幼様】

お嬢さん。主に関西地方で用いる。小児をいう敬称「いとさま」の転。この「いと」は、形容詞「いとけなし」の「いと」と同源だと思われる(俚言集覧)。「いとさま」は、本来、良家の男女児どちらにも用いたが、後には女児専用の敬称となった。「いとはん」は明治時代以降成立した新しい形である。

例「お家(え)さんの傍(ねき)〔=ワキ〕に立って居なます嬰児(いと)さんを見いな」(滑稽本・浮世風呂・二・上)

いとしい【愛しい】 文語 **いとし**

かわいい。「いとほし」から「いとをし」や「いとうし」などを経て、中世末「いとし」となった。「いとほし」は「いたはし(労・痛)」の第三音節の母音を変えて造語されたものと考えられている。両語の関係は「いとほし　労(いた)はしと通ず」(和訓栞)など近世から指摘されていた。「いとほし」の古い意味は、困った、いやだで、苦しいという意味を表す「いたはし」に

似ていた。語義の変遷をたどれば、他人の困った状態からそれへの同情を表す用法を生じ、その同情から弱者への愛情、あるいは慕わしい気持ちを表すようになった。ただし、「いとほし」を「厭（いと）ふ」と同根とし、さらに「いた（痛）」と関連させる説（岩波古語辞典補訂版）もある。↓いたわる

例「いとしうもないもの、いとほしいといへどなう、ああ勝事」（閑吟集）

いとぞこ【糸底】

陶磁器の底の部分。ろくろの上で陶土を器の形にしたあと、糸を使って底の部分をろくろからくくり取るところからの名。「糸尻」「糸切り」とも言う。

いとなむ【営む】

生きていくため日々の仕事をする。形容詞「いとなし」（＝いとま（暇）なしの意）の語幹を動詞化したもの（日本国語大辞典二版、岩波古語辞典補訂版）。これによれば、「いとなむ」の原義は、暇がないほど忙しくするという意味である。現在のような意味も、古くから次のように認められる。『日本霊異記』（下・一〇）の訓釈（真福寺本）で、「俗に即（つ）きて家を収め、産業（なりはひ）を営造る」の「営」を「意東那三（いとなみ）」と訓んでいる。

例「営〈略〉豆久利以止奈牟（つくりいとなむ）」（天治本新撰字鏡）「営　エイ　イトナム」（色葉字類抄）

いとめをつけない【糸目を付けない】

金品を惜しげもなく使う。「糸目」とは、凧（たこ）を揚げ、制御するため凧に付ける数本の糸のこと。「糸目を付けない」とは制御しないということで、「金に糸目を付けない」は金遣いを制御しない、いくらでも金を出すという意味になる。

例「又是れが巧（うま）く行きゃア、謝物（しゃもつ）に糸目は附けねえ」（人情本・縁結娯色の糸・二一・九）

いとをひく【糸を引く】

裏面にいて人をあやつること。操り人形は、見物人から見えないように、陰で糸を引っぱって操作する。「糸を引く」とは、このように陰で人形を操ること。そこから、気づかれないように人を操ることのたとえとなった。

例「防門の清忠と心を合はせ、新田足利威を争ひ、合戦に及ぶ様に糸を引かせ」（浄瑠璃・神霊矢口渡・一）

いなか《ゐなか》【田舎】

都会から離れた所。語源は『和訓栞』*に「田居の中といふにや」とあるように、「田居中（たゐなか）」の略とするものが多い。「田居中」は「かく人離れたる田居中なれば」（今昔物語集・二七・三六）のように、田んぼの中、いなかの意味で用いられていた。

例「昔こそ難波居中（ゐなか）といはれけめ今は京引き都びにけり」（万葉集・三・三二）

いなかっぺ《ゐなかつぺ》【田舎っぺ】

田舎者。田舎者のことをさげすむ表現として作られた擬人名の「田舎兵衛」に由来する。これが強調されて促音化し、「いなかっぺえ」となり、更にそれを短呼した形。「かっぺ」は「いなかっぺ」を更にちぢめたもの。「～兵衛」は擬人名を作る接尾語の一つで、「小言幸兵衛」「助兵衛」「飲ん兵衛」などと使われる。いずれも対象を揶揄するニュアンスがある。

いなご【蝗】

バッタ科の昆虫。「稲の子」の意味。イナゴは稲の葉を食べるので、稲田に多く住む。そのため「稲の子」と名付けられたもの。「蝗」という漢字は、日本の文献では、古く『続日本紀』（大宝二年三月壬申）に見えるが、「いなご」という和名は、文献では「いなごまろ」という形で現れる。「蚱蜢〈略〉和名以奈古末呂（いなごまろ）」（本草和名・一六）。これは、親しみをこめてイナゴを擬人化した呼び名である。

例「又稲葉をばいなごと云ふ虫に思ひよせられたり」（十訓抄・八・五）

いなす

相手を軽くあしらう。相撲用語から出た語。行く・去る意の文語動詞「いぬ（往・去）」の使役形「いなす」から出た語で、「行かせる・去らせる」というのが、元の普通の語としての意味である。自分の所を通りすぎさせてしまうというところから、相撲で前に出て来る相手の力をそらして相手の態勢を崩すことを言い、転じて、相手の追求・攻撃をはぐらかすことにもいうようになった。

いなずま《いなづま》【稲妻】

稲光（いなびかり）。語源は、「いな（稲）＋つま（夫）」。「いな」は「いね（稲）」が複合語を作るときの語形で、「稲穂（いなほ）」「稲葉（いなば）」のように用いられる。「つま」は夫婦や恋人が互いに相手を呼ぶ語で、男女ともに使われた。「いなづま」は「稲の連れ合い」という意味になる。古く、稲光が稲の穂と交わり穂を実らせると信じられていたことから、稲光を稲の連れ合いと表したもの。「稲妻」よりも古く「いなつるび」という言い方があったが、「つるび」は交合の意味であって、より直接的に先の俗信を表していた。

例「秋の田のほのうへをてらすいなづまの光のまにも我やわするる」（古今集・恋一）

いなせ

いさみ肌で意気（いき）。語源は不明。一説を『大言海』、三田村鳶魚（えんぎょ）などによって紹介すれば、安政の頃、吉原に来る新内の流しに因るという。その流しは、美声で「いなせともなき、その心から、帰らしゃんせと惚れた情」という唄を歌ったので「いなせ」というあだ名をつけられ、それが侠風を表す語となった。また、一説によれば「勇み肌の漁夫や魚売

りが鯔（いな）の背のように髷を結んだことから」出たという（三好一光・江戸東京風俗語事典）。イナは、ボラの若魚で二〇センチぐらいであるといわれるが、イナの背のような髷（まげ）とはどのようなものか説明がない。以上のような状況で、あえて語源を穿鑿すれば「異な兄（せ）」か。地廻りや神田の気俠（きゃん）らを異風の若い衆ととらえ、それが風俗の称となったとも考えられる。

例「道理（どうれ）で生粋（いなせ）だと思ったよ」（夏目漱石・草枕・明治三九年）

いななく【嘶く】

馬が声高く鳴く。「いななく」の「い」は馬の鳴き声の擬声語。「な」は助詞「の」と同じような働きをする語、「なく」は鳴くだといわれている。すなわち、「いななく」は「いのように鳴く」ということである。上代には「いなく」、「いばゆ」などとも言い、これらの「い」は馬声を表す。万葉仮名では「馬声」を「い」と読ませた例もある。上代のハ行子音は［ɸ］ではなく、現代のヒのような音は上代にはなく、またンに当たる音もなかったので、馬声は「い」で表されたのである。なお、上代には「いなく」も「いななく」もその確例がないが、「いなく」の方が古いようであり、もしそうであれば、「いなく」から「いななく」が出たとも考えられる。

例「渚（なぎさ）に、鞍（くら）おきたるあをき馬いできて、をどりありきていななく」（宇津保物語・俊蔭）

いなびかり【稲光】

雷光。稲は雷光によって穂が実るという俗信をもとにして、「稲を実らせる光」ということで生じた語。「稲妻」が和歌に多く用いられたのに対して、「稲光」は散文に多く用いられてきた。→いなずま

例「玉篇云、雷〈略〉和名以奈比加利（いなびかり）、一云以奈豆流比（いなつるび）、又云以奈豆末（いなづま）」（十巻本和名抄）

いなむ【否む】

断る。古形「いなぶ」が、バ行音とマ行音の交替の結果、「いなむ」に変化したもの。「いなぶ」の「いな」は、否定や拒否を表す「いな（否）」。「ぶ」は、「哀れぶ」「大人ぶ」「尊ぶ」などの「ぶ」で「そのようにふるまう、そういう状態にある」等の意の動詞を作る接尾語である。バ行音とマ行音は発音のしかたに類似点があるため、「さびしい」→「さみしい」、「けぶり」→「けむり」など、交替現象の実例が多く存する。

例「勅定ありければ、いなみ申すべき事なくて」（古今著聞集・九・三四八）

いなり【稲荷】

五穀の神、倉稲魂神（うかのみたまのかみ）を祀った「稲荷（いなり）神社」の略。「いなり」は「「稲生」の義」（和訓栞）。「うかのみたま」は稲の神さま。「いなり」に漢字を当てるとき、「稲荷」

のように「荷」を用いる理由は分からない。『大言海』は「神像、稲を荷(にな)へり。因りて稲荷の字を用いる」と説く。「いなり」はキツネの異名としても用いられるが、それは、キツネを稲荷神の使わしめとする民間信仰と結びつけられたり、平安時代に真言密教との関係が生じ、本体が狐精である荼枳尼天(だきにてん)に習合されたりしたところから出たものである。さらに、油揚げがキツネの好物として、稲荷の供物にする風習が起こったことから、油揚げのことをも「いなり」といい、これを使ったすしを「いなりずし(稲荷鮨)」と呼ぶようになった。

例「神は〈略〉みこもりの神、またをかし。賀茂、さらなり。稲荷」(枕草子・二八七・神は)

いなりずし【稲荷鮨】

煮染めて甘辛く味付けした油揚げを半分に切って袋のように開き、その中にすし飯をつめた食品。「いなり」は油揚げの別名。油揚げを使った鮨という意味。もともとは名古屋で作り出されたというが、江戸では天保の飢饉の頃、油揚げの中におからをつめたものが歓迎されたことから始まったという。「信田(しのだ)鮨」とも言う。↓いなり

いにしえ《いにしへ》【古・往古】

大昔。語の構成は、「いに(往)＋し＋へ(方)」。「いに」は過ぎ去る意を表す動詞「往ぬ」の連用形、「し」は過去の助動詞「き」の連体形。「へ」は方向を表す名詞だが、「夕べ」「春べ」のように時間に転じて「その頃」の意味を表すこともあった。つまり、「いにしへ」は「過ぎ去った時」のことで、過去、昔の意味になる。奈良・平安時代には、直接知らない遥か以前のことについて用いられることが多く、直接体験した過去を意味する「むかし」との間には捉え方の差があった。鎌倉時代以降、「むかし」が「いにしへ」の意味領域に進出していった。

例「剣太刀いよよ研ぐべし伊尓之敝(いにしへ)ゆさやけく負ひて来にしその名そ」(万葉集・二〇・四四六七)

いね【稲】

イネ科の一年草。東南アジア原産で、古く渡来。語源は諸説あるが、不明。「いひね(飯根)」の略(大言海)など、和語から説く語源説もあるが、渡来植物として南方系の借用語と見る説もある。その際、イネの南方系の言葉(たとえば、山中襄太『国語語源辞典』によれば、タガログ語 binhi、スンダ語 binih(種籾))や、朝鮮語で n 音を共有していることが注意される。「いね」は複合語では、「いな」の形になる。「いなづま(稲妻)」「いなほ(稲穂)」「いなば(稲葉)」などで、「いな」の方が古い形とも言われる。

例「伊祢(いね)つけばかかるあが手をこよひもか殿の若子(わくご)が取りてなげかむ」(万葉集・一四・三四五九)

いのいちばん【いの一番】

一番最初。「い」は、いろは歌の最初の文字であるところから、いろは順などの順番の最初を表し、それに「一番」を付けて意味を確定したもの。

例「喃(なん)だっていの一番に縹致(きりやう)が剛気で年若で」(団団珍聞・五五七号・明治一九年)

いのしし《ゐのしし》【猪】

イノシシ科の哺乳類。「いのしし」は、古くは単に「い(猪)」と言った。「いのしし」の「の」は格助詞、「しし」は「けもの(獣)」の意味である。そこで、「いのしし」を直訳すれば、「猪というけもの」の意味になる。「しし」は、けものの中でも、イノシシとシカを表すことが多かったが、両者を区別して、特に「猪」だけを表すために「いのしし」、「鹿」だけを表すために「かのしし」という言い方ができた。古く「ゐ(猪)」は単独で「山口大菅原を、牛は踏む、猪(ゐ)は踏むともよ、民な踏みそね」(琴歌譜・山口振)などと用いられた。

例「山猪(ゐのしし)を献ることあり」(日本書紀・崇峻五年一〇月・図書寮本訓)

いのち【命】

生命。「いのち」の「い」は「いく(生)」「いき(息)」と通じる「い」、「ち」は「いかづち(雷)」「おろち(蛇)」などの「ち」で霊力の意ではないかと考えられている。

例「伊能知(いのち)の、全けむ人は」(古事記・中)

いのちからがら【命辛々】

なんとか命だけは失わずに。「命」と「からがら」が一つになった慣用句。「からがら」は「箱王はただ母の文ばかりにからがら装束添へて送りける」(曽我物語・四・箱王箱根の山へのぼる事)などと、やっとのことでというような意味で中世から使われた。この語は形容詞「からし(辛)」の語幹「から」の繰り返しが連濁したもの。形容詞の語幹は「青あお」「寒ざむ」のように繰り返されることにより、その意味を強める表現となる。

例「飛ぶ鳥やいのちからから鷹の鈴」(俳諧・桜川・冬二)

いのる【祈る・禱る】

神仏に願う。「いのる」の「い」は神聖なものを意味する「い(斎)」で、「いはふ(祝)」「いむ(忌)」「いぐし(斎串)」などと使われていた。「のる(宣)」は「のりと(祝詞)」の「のり」に今も形をとどめているが、もともと呪力を持つ言葉を発する意味だと言われている。古くは「〜を祈る」という形で使われたように、神の名や呪詞を口にして願うことであった。

例「天地の神を伊乃里(いのり)てさつ矢ぬき筑紫の島をさして行くわれは」(万葉集・二〇・四三七四)

いはつをつぐ【衣鉢を継ぐ】

先人の業を受け継ぐ。「衣鉢」は袈裟(けさ)と、托鉢(たくはつ)を受ける鉢のこと。仏教では法を継ぐ者に師僧が袈裟と鉢

を授けることから、「衣鉢をつぐ」という慣用句が生まれた。もとは仏教で、師から学問や技芸などの奥義を受け継ぐことであった。

いばり【尿】

小便。古形「ゆまり」が、ユマリ→ユバリ→イバリ、と音転して成立した語。「ゆまり」は、「湯放（ゆまり）の義」（大言海）。「放（ま）り」は、排泄する意の動詞「放（ま）る」の連用形「まり」が名詞化したもの。ちなみに、携帯用の便器「おまる」も、この「放（ま）る」が語源である。

例「蚊の子の尿（ゆはり）は此の大地を潤ひ洽はしむること能はずといふがごとし」（石山寺本大般涅槃経・治承四年点）「尿　バリ　イバリ」（文明本節用集）

いばる《ゐばる》【威張る】

偉そうに振る舞う。「い」は漢語「威」で、人を恐れさせ屈伏させる力を意味し、「威力」「威光」「権威」などと使う。「はる」は、動詞「張る」が接尾語化したもので、「四角ばる」「格式ばる」「欲ばる」「気ばる」などのように使い、普通の状態より顕著なさまである、あるいは、その事を押し広げようとする様子をする、などの意を表す。「いばる」は近世から見られ、享保年間（一七一六～三六）成立の雑俳『芥子かのこ』中に、「馬士が乗りゃ馬もゐばると合点して」と見える。

いびき【鼾】

睡眠中、鼻・口から出る雑音。語源は以下のように諸説ある。『*名語記』は「いびきといへるは、いきひき也。息引也」とする。この「いきひき」という語は「Iqifiqi　イキヒキ（息引き）　喘息」のように『*日葡辞書』に出てくる。「いきびき」という形もあったという（時代別国語大辞典室町時代編）。これに対して『大言海』は「息響く」から出たと説く。その連用形の名詞化したものという。いびきの音を息が響くととらえたものである。語頭の「い」を寝る意の「い」ととって、「いびき」は「睡響（いひびき）の義」（林甕臣・日本語原学）だという説もある。

例「あながちなる所に隠しふせたる人のいびきしたる」（枕草子・二八・にくきもの）

いびつ【歪】

ものの形がゆがんでいるさま。『*和訓栞』に「飯櫃（いいびつ）の形より出たる詞なるべし」とある。「飯櫃」は「飯（いい）」を入れる木製の容器。古くは小判形（楕円形）であったことから転じてできた語である。「いびつ」という語形は中世から見える。『*日葡辞書』には「Ibitçu. l, iybitçu　イビツ。または、イイビツ（飯櫃）　飯を入れる楕円形の或る箱、あるいは、小箱」とあり、その意味はまだ歪ではない。次の近世の例はゆがんだ形を表す。「横町はいびつにならぶ踊かな」（雑俳・替狂言）。この意味の変化は、正円に対して楕円をゆがんだもの

と捉えていたことによる。

例「顔をいびつにそむけて、下目をつかひ」（滑稽本・浮世風呂・三・上）

いびる

陰険なやり方でいじめる。語源不明。「いびる」は古く、熱するというような意味でお灸のことをいうこともあった。*『文明本節用集』に「灸　ヤイトイヒル」とある。ここからいじめるという意味が生じたものと思われる。語形上、ib- を共有する「いぶす」「いぶる」とは同根かといわれる。

例「いびられに行くが女の盛り也」（雑俳・川傍柳・一）

いぶき【息吹】

（活動を行う前の）気配。きざし。「いぶき」は古く清音「いふき」で、動詞「いふく」の連用形の名詞化したもの。*『和訓栞』に「息吹の義なり」とあるように、「いふき」の「い」は「息」「生（いき）」と同源であると言われる。「いふく」の「ふく」は「吹く」である。この語の古い意味は呼吸することであったが、『日本書紀』に「いふきのさ霧」（例参照）の中に生まれた神の名が記されているように、単なる呼気ではなく、新たな生命を生み出す神秘的な力を持つものであった。「いぶき」を感じることとは生命を生み出す力を感じることで、そこから「春のいぶき」のような予兆、しるしの意味も生じてきたと考えられる。

例「浮枳于都屢伊浮岐能佐擬理（ふきうつるいふきのさぎり）」（日本書紀・神代上）

いぼ【疣・肬】

角質が肥厚してできる皮膚表面の小突起。『大言海』は「いひぼの約」という。「いひぼ」は飯の粒のこと。いぼの形を飯粒に見立てて名付けたものだろう。「いぼ」を古く「いいぼ」といったことは*『天治本新撰字鏡』に見える。「疣〈略〉平腫也。伊比保（いひぼ）」。飯粒の意の「いいぼ」は、「皇后針を曲げて鉤（ち）を作りて、粒（いひほ）を取りて餌（ゑ）にして」（日本書紀・神功摂政前・北野本訓）などと用いられた。「いぼ」という語形は中世末に見られる。*『日葡辞書』に「Ibo イボ（疣）身体にできるあざ」とある。

いまいましい【忌ま忌ましい】 文語 **いまいまし**

しゃくだ。『大言海』が「斎（い）むの未然形の、イマを活用す」と説くように、動詞「いむ（斎・忌）」の未然形の畳語を形容詞化した語。動詞「いむ」は、「触れてはならないものから遠ざかり身を清める」ことである。「いまいましい」はこの「いむ」の派生語として、はばかるべきだ、不吉だなどの意味を表していたが、しだいに小憎らしい、しゃくだなどという気持ちを表すようになった。

例「ゆゆしきまで、かく、人に違（たが）へる身をいまいましく思ひながら」（源氏物語・松風）

いまがわやき《いまがはやき》**【今川焼】**

水で溶いて練った小麦粉を銅板で作った焼き型に流し入れ、中に餡を入れて焼いた菓子。安永・天明の頃に、江戸の神田今川橋あたりの店で売り出されたことから、この名称になったという。

いましめる【戒める】 文語 **いましむ**

教えさとす。「忌ましむの義にて、忌(ゐ)み遠ざからしむる意」とする『大言海』の説くように、宗教的禁忌を表す動詞「忌む」の未然形「いま」に、使役の助動詞「しむ」が付いたもの。触れさせないようにするということから、してはいけないことを教えさとすなどの意味を派生した。この語には縛(しば)るという意味があるが、これは過ちをさせないよう動けなくしてしまう、というところから生じたものであろう。

例「『もし、かかること世に聞こえば、汝(きんぢ)らをさへ罪に当てむ』といましめ給ひて」(宇津保物語・俊蔭)

いまだ【未だ】

まだ。『大言海』は「今だにの略」とする。「だに」は、さえもなどの意味を表す助詞。この「今だに」は、せめて今だけでもという意味になるが、そういう状態になっていないという意味の「まだ」とは意味上へだたりがあり、用例の実態から見ても語源とはしがたいという批判(小学館古語大辞典)がある。「いまだ」から派生した語に「まだ」「いまだし」がある。↓まだ

例「太刀が緒も伊麻陀(いまだ)解かずて襲(おすひ)をも伊麻陀(いまだ)解かねば」(古事記・上)

いまわ いまは **【今際】**

最期。名詞「いま(今)」に係助詞「は」の付いた連語が名詞化したもの。『大言海』は「今は限りぞ、など云ふべき意の語」と説く。「いかにぞ、今はと見果てつや」(源氏物語・夕顔)のように、人の死に際や別れに際して用いられることが多かった。現代仮名遣いでは、「こんにちは」などと違って語源意識が残っていないものとして「いまわ」と書く。現代では多く「いまわの際(きわ)」という形で使われる。

例「いまはの事どもするに、御髪をかきやるに、さとうちにほひたる、ただ有りしながらのにほひに」(源氏物語・総角)

いみじくも

非常に巧みにも。まことに適切にも。形容詞「いみじ」の連用形「いみじく」に係助詞「も」のついた連語が、一語の副詞となったもの。「いみじ」の語源については、『大言海』は「斎(いみ)、忌(いみ)を活用す」と説く。この語は上代に例がなく、中古に善悪両様にわたって程度の甚だしいさまを表したが、平安時代末期頃から、主として、良い方の意味で用いられるようになった。「いみじくも」は良い方を表す用法の中から派生した。

例「われいみじくも仁皇五十五代文徳天皇の、第一の皇子と

生まれながら」（歌舞伎・名歌徳三舛玉垣・三立）

いも【芋】

植物の根が栄養を蓄えて肥大したもの。「うも」の転。「うも」は「うも（埋）」の意だという（大言海）。ウ→イの類例として、ウヲ→イヲ（魚）がある。「うも」の例は、「蓮葉はかくこそあるもの意吉麿（おきまろ）が家にあるものは宇毛（うも）の葉にあらし」（万葉集・一六・三八二六）など。

例「蕷芋　二字伊母（いも）」（天治本新撰字鏡）

いもうと【妹】

同じ親を持つ年下の女子。「いも（妹）ひと（人）」の変化した語。「いも」は、上代、同腹の姉妹、妻、恋人などを指す語であった。「いもうと」も、平安時代成立した頃は姉妹のどちらでも指すことができた。「妹」だけを指すようになって、現代語風に兄と弟、姉と妹という対語関係がはっきりするのは、鎌倉時代以降と言われる。

例「昔、男、妹（いもうと）のいとをかしげなりけるを見をりて」（伊勢物語・四九）

いもづるしき【芋蔓式】

一つの事に連なって次から次へと、物事が運び進むこと。「いもづる（芋蔓）」とは、サツマイモやヤマノイモのつるのこと。細長く伸びた一本の芋蔓をたぐっていくと、次々に土中の芋がつながって出てくる。ある一つの物事から、それに関連する多くの人や物が次々に現れ出てくる様子を、芋蔓のさまになぞらえたもの。「芋蔓式」の「式」は、名詞の下に付いて方法・形式・流儀などの意を表す接尾語。「五月雨（さみだれ）式」「心太（ところてん）式」などがある。

例「捜査は意外な方向に伸び、業者と役人との間の贈収賄の事実が芋蔓式に明るみに出された」（毎日新聞・昭和五一年八月三日）

いもり《ゐもり》【井守・蠑螈】

イモリ科の両生類。井戸にすむところから、「井を守るもの」として命名された。この黒焼きは媚薬として、近世珍重された。ヤモリと形・音が似ているため、しばしば混同された。

例「蛕〈略〉井毛利（ゐもり）」（享和本新撰字鏡）

いや

拒否・否定を表す応答詞。形容動詞語幹「いや（嫌・厭）」と同源。『*和訓栞』に「否を俗にいやともいへり。「や」と「な」と通ぜり」とあり、『大言海』も「いな（否）」の転とする。「いな」との関係は否定できないが、『和訓栞』の言うような、ナ→ヤの音転は考えにくい。なお、「いな」は、「見むと言はば伊奈（いな）と言はめや梅の花散り過ぐるまで君が来まさぬ」（万葉集・二〇・四四九七）のように、上代から使用され、中古末期頃まで口頭語として用いられた。中世に入ると、新しく出現した「いや」にその席を譲ることとなった。

例「神主うちうなづきて『〈略〉いかならん世までも、件（くだん）の田は相違あるまじ』などいへば、権守とりもあへず『いや、田におきては、はやくとられぬ』と言ひたりけるをかしさこそ」（古今著聞集・一六・五二九）

いやがうえにも　―う　へ―【弥が上にも】

いよいよますます。「いや」は、「いやさか（弥栄）」の「いや」と同じく、程度が次第に強まるさまを表す程度副詞「いや（弥）」（程度副詞「いよよ・いよいよ」と同源）。「が」は、「君が代」「梅が枝（え）」などの「が」と同じく「の」の意の連体助詞。「うえ」は名詞「上」。「に」は格助詞。「も」は係助詞である。「いやがうえ」で、「程度が強まっている状態の上」すなわち、ますますのという意味になる。この表現は中世から用例を見るが、古くは、「坂東武者の習ひ、大将軍の前にては、親死に子撃たるれども顧みず、いやが上に死に重なって戦ふとぞ聞く」（保元物語・中・白河殿攻め落す事）のように、「も」を伴わずに用いられた。「も」を伴う形が固定化したのは、近代以降である。→いよいよ

例「菓子の控え目なしおらしい様子がいやが上にも人の噂を引く種となって」（有島武郎・或る女・明治四四～大正八年）

いやはや

驚きあきれた時に発する感動詞。「いや」は「いや（嫌・厭）」（形容動詞語幹）、「いや（否）」（感動詞）と同源だろう。「はや」は語調を整えるために添えられたもので、びっくりしたという気持ちを強める。

例「いやはや、是（これ）もよっぽどの系図でおぢゃる。さりながら、推古（すいく）天王も、からく天王も、位は同じ事」（狂言記・酢薑）

いやみ【嫌味・厭味】

いやがらせ。きざ。語源については、動詞「いやむ（否）」の連用形の名詞化とする説（日本国語大辞典二版）と、「イヤミのイヤは文字どおり、相手をきらうイヤだと思うこと。ミは〈気味・甘味〉の味と同じ」（杉本つとむ・語源海）とする説がある。前者のもととなる「いやむ」は、「国司むつかりて、『国司も国司にこそよれ、我らに会ひて、かうは言ふぞ』とて、いやみ思ひて」（宇治拾遺物語・三・一四）のように中世まで用いられた語であるが、近世前半使われなくなる。「いやみ」が流行するのは近世後半のことで、「いやむ」は忘れられた語になっていただろう。このように見ると、「いやみ」の語源は「嫌味」と考えるべきだろう。ただし幕末に至って「おつう否（いや）んだことを言ふけれど」（滑稽本・七偏人・二・上）のような例があり、これを「いやむ」の連用形の撥音便形とする見方もあるが、これは「いやみ」を洒落て活用させた（「いやみ」を連用形と見立てた）ものだろう（江戸語大辞典）。

例「我が衆にふかくきらふことは悪振〈いやみ〉己惚(うぬぼれ)利口張(きいたふう)趣向過(いきすぎ)の四ツ也」(洒落本・大通禅師法語)

いよいよ

ますます。「いよいよ」の「いよ」は「いや(弥)」の転で、それを重ねた語。「いや」の「い」は接頭語で、「や」はそれだけで「ますます」の意味を表していた。「去年(こぞ)の秋相見しままに今日見れば面(おも)夜(や)めづらし都方人(みやこかたひと)」(万葉集・一八・四一一七)などのように、単独でも用いられていた。この「や」は「八(や)」と同源だと考えられている。「八」は、数だけでなく、数の多いことや物事の重なるさまも表していた。ちなみに、「いや」の例は「悩ましけ人妻かもよ漕ぐ船の忘れはせなな伊夜(いや)思(も)ひますに」(万葉集・一四・三五五七)のように使われていた。

例「老いぬればさらぬ別れもありといへばいよいよ見まくほしき君かも」(古今集・雑上)

いらいら

気がいらだつさま。「いら」は「いら草」の「いら」のようにとげのことで、『*十巻本和名抄』に「苛〈略〉伊良(いら)　小草生刺也〔小草刺(とげ)を生ずるなり〕」とある。とげの意の「いら」を重ねることは、現代の「とげとげしい」と同じ語構成である。「えびはいらいらとして、つのありて」(名語記)のように、初めはとげが多く出ているさまをいったが、とげにさされたときの感覚、さらにそれに似た心理状態も表すようになった。なお、この「いら」は、形容詞「いらいらし」「いらなし」、動詞「いらだつ」「いらつ」「いらつく」「いららぐ」など、さまざまな語を派生する語構成要素となった。

例「酒を飲んでいらいらとは酔はず、ゆるゆるとして歓有り」(抄物・四河入海・二一・四)

いらくさ【刺草】

イラクサ科の多年草。葉や茎にとげがあり、触れると痛い。「いら」は草木のとげのこと。『*天治本新撰字鏡』の「莿」に「草木芒人刺也〔草木の芒にして人を刺すなり〕。伊良(いら)」とある。この草のとげに刺されると痛いところからの命名であるという説(改訂増補牧野新日本植物図鑑)があるが、とげがあるから「いらくさ」と言ったものだろう。イラグサとも。

例「Ira, I, iragusaga sasu(苛、または、苛草が刺す)」(日葡辞書)

いらっしゃい

来訪した人を迎える挨拶の言葉。「いらっしゃる」の命令形、あるいは「いらっしゃいませ」の略。「いらっしゃる」は「いらせらる」の転。「いらっしゃい」の例は明和八年(一七七一)に見える。「ごぞんじの南きんのあやつりいらつしやい〳〵」(洒落本・両国栞・明和八年)。これは見世物の呼び込みの言葉

で、眼前を通る人に来い、来いと呼びかけている。このような客寄せの言葉が一般化して、来訪を歓迎する言葉となったものと考えられる。

いる【要る】

必要である。語源不明。『大言海』は「入(い)る」の転とし、「用ゐに入る」と説明する。あるいは「欠くべからざるものの範囲に入る意」などと「入る」と同源とする説もある(角川古語大辞典)。「入る」から「要る」がどのように派生したかを説明することはむずかしく、この関係を認めない立場もある。それならばどのような語源を立てるべきか不明である。なお「要る」は中古から和文系に用いられ、訓読系資料には用いられないという。

例「祓(はら)へすとも、打撒(うちま)きに米(よね)いるべし」(宇津保物語・藤原の君)

いろ【情人・色】

情人。情事を意味する「いろ」から転じたもの。「色」という漢字は、その成り立ち上、ひざまずいた人の背中に別の人がおおいかぶさる形にかたどった象形文字で、男女の性行為を表した。転じて、漢籍では、「少之時、血気未定、戒之在色(少(わか)き時は、血気未だ定まらず、これを戒むること色に在り)」(論語・季氏)のように、男女間の情欲の意が生じた。日本でも中古以降、「色好み」ということがいわれるようになり、「いろ(色)」という語で、広く男女の情愛に関する物事を表すようになり、「情事」「情人」「遊女」「遊里」などの意味を派生していった。

例「いろで逢ひしははや昔、けふはしんみの女夫(めをと)合ひ」(浄瑠璃・冥途の飛脚・下)

いろごとし【色事師】

「女たらし」の意。歌舞伎から生じた語。「いろごと」は歌舞伎でラブシーンをいい、それが得意な役者のことを「色事師」と言った。「し」はサ変動詞「す」の連用形の名詞化で、「師」は当て字。「ペテン師」「詐欺師」の「師」も同様。

例「色事師も骨の折れるものだ」(滑稽本・浮世床・二・下)

いろもの【色物】

演芸用語。寄席演芸のうち、中心にならない物。寄席での上演上、変化をつけるために行われる芸を、中心芸に彩りを添える物との意から、「ヱーお堅い講談の間へ御色取りに御若輩のお笑いを一席弁じ上げます」(三代目三遊亭円遊・素人洋食・明治二四年)のように、「色取り」あるいは「色物」というようになった。なお古くは寄席で、講談・義太夫などに対して、落語・漫才・音曲・声色・曲芸・奇術などの称であったが、現在の東京の寄席では、落語以外の漫才・音曲・声色・曲芸・奇術などをいい、大阪では、漫才以外の落語などをいう。

い

いろり ゐろり【囲炉裏】

室内の床の一部を四角に切り抜いて設けた炉。語源不明。柳田国男は「ゐるゐ」から転じたとする（木綿以前の事）。これによれば「ゐるゐ」の「ヰルは坐（すわ）ることであり、ヰは座席のことである」とする。古辞書類には、イロリのほか、「炉　イルリ」（運歩色葉集）、「囲炉裡　ヰルリ」（伊京集）、「倚炉〈略〉ユルリ」（温故知新書）などの語形も見えており、これら諸語形間の系譜をたどればユルリ→イルリ→イロリ、という音変化が想定されるという（角川古語大辞典）。これによれば、「いろり」の古形は「ゆるり」だと推定される。

いわう いはふ【祝う】

祝福する。「いはふ」の「い」は、「いむ（忌）」「いのる（祈）」などの「い（斎）」で、神聖なものを意味する。「はふ」は、「あぢはふ」「さき（幸）はふ」「にぎはふ」などの「はふ」で、動詞を作る接尾語。上の動作・状態の実現、進展を表す。この語は、もともと吉事を求めて、潔斎したり、まじないをしたりすることで、祝福の意味は平安時代以降生じたもの、という。「ま幸（さき）くて妹が伊波伴（いはは）ば沖つ波千重に立つともさはりあらめやも」（万葉集・一五・三五八三）。この例は、潔斎してくれれば無事に着くだろうという古い意味を表す。

例「よろづ世をまつにぞ君をいはひつる千歳のかげに住まんと思へば」（古今集・賀）

いわく いはく【曰く】

込み入った事情。動詞「言ふ」の未然形に接尾語「く」が付いて名詞（体言）化されたもの。「言うこと」がもとの意味である。語源的には「言ふ」の連体形に形式名詞の「あく」が付いて、「言ふ＋あく」から「言はく」となったもの。「いわく」には引用文や説明の文を導く用法があり、「いわく」のあとにはそういう文句が続くので、「いわく」があれば何か言うべきことがあるということになり、そこから言っておかなければならない事情の意味が生まれた。↓おもわく

なお、ここに述べた語源の説明はいわゆるク語法に関するもので、ク語法とは「いはく」「見らく」など、活用語が接尾語「く」「らく」を伴って名詞化する語法をいう。「く」「らく」の語源については、諸説あるが、最も有力なのは、名詞「あく」に由来するという説である。「いはく」は「いふあく」、「みらく」は「みるあく」の縮約形で、これをローマ字で書けば、ifuaku → ifaku、miruaku → miraku となり、連接した前の母音が脱落してできた語形である。この「あく」は「あくがる」などの「あく」で、所などの意味である（萩原広道・源氏物語評釈）。因みに、「あくがる」（「あこがれる」の古形）の「がる」は「離（か）る」の連濁形で、「あくがる」とは魂があるべきところを離れて浮遊することである。この所を意味する「あく」は広く漠然とした意味内容を持つ語であるため形式名

詞化して、現代語の「こと(事)」と同様、活用語の連体形に付いて、その動詞の名詞化に用いられる。ただ、助動詞「き」の連体形「し」に「あく」が付けば、連接母音が融合して「せく」となるはずであるが、実際には「しく」となる。以上のような語源が正しいとしても、中古以降この語源を忘れ、語尾の「く」「らく」が独立して、「惜しむらく」「望むらく」などの形が生じた。→老いらく・願わくば

例「お道理お道理、いはくを御ぞんじないゆゑ、御不審の立つはず」(浄瑠璃・心中天の網島・上)

いわし【鰯】

ニシン科の海魚。『日本釈名』*は「いやし也。魚の賤しきもの也。或いは曰ふ、弱し也。取りて早く死ぬる故也」と二説挙げているが、『大言海』など、「弱(よわ)し」の転とする説が多い。イワシは水を離れると死にやすいから、弱いというのである。「鰯」という国字も、弱い魚という意味で作られた。この字は、平安時代の辞書『十巻本和名抄』*に「鰯〈略〉伊和之(いわし)」と見える。近世、庶民的で、安価なところから、イワシは「賤(いや)し」の意味だなどとも考えられた。「鰯の頭も信心から」「鰯で精進落とす」など、この魚が下魚であったことを表すものである。

例「伊和志(いわし)」(平城宮趾出土木簡)

いわずもがな《いはずー》【言わずもがな】

言わない方がいいと思われること、また、分かりきっていて今さら言うまでもないこと。動詞「言う」に打ち消しの助動詞「ず」が接続した「言わず」に願望の終助詞「もがな」が付いてできた語。類例の「なくもがな」は「なくてもいいこと」の意。

例「問はず語りの聞きぐるしく、言はずもがなと思さんが一樹の蔭の宿(やどり)さへ、他生の縁と聞き侍れば、ゆるして聞き解けたまへかし」(人情本・春色梅美婦禰・初・五)

いわたおび《いはたおび》【岩田帯】

妊婦がつける腹帯(はらおび)。イワダオビ・ユワタオビとも言う。『大言海』は「斎肌帯(いはだおび)の義ならむ。岩田の字は堅固ならむを祝して書くなり」という。語頭の「い」は「神聖な・清浄な」の意を添える接頭語「い(斎・忌)」である。「肌帯」は下帯のことであるが、ここでは肌に直接つける帯の意味だろう。

いわな《いはな》【岩魚】

川にすむサケ科の魚。近世の『重訂本草綱目啓蒙』(弘化四年)に「巖穴(いわあな)に居る故にいはなと名づく」と言う。しかし、「さかな」の「な」は、野菜、鳥獣魚肉など副食物の総称で、次の例のように魚を指すこともある。「帯日売(たらしひめ)神の命の奈(な)釣らすと」(万葉集・五・八六九)。既に『名言通』*(上)に「嘉魚(いはな)　岩魚なり」とあるように、「いわな」は、

「いわ(岩)＋な(魚)」と分析できる。岩の多い渓流にすむ魚の意である。

いわば《いはば》【言わば】

たとえて言うならば。動詞「言ふ」の未然形に接続助詞「ば」が付いた「言はば」(＝もし言うならば)が、一語化して副詞となった。比喩的表現をする前に、もし言うならば、と断りを入れる言い方が、比喩表現を導く慣用句となったもの。

例「大伴黒主はそのさまいやし。いはば、たきぎ負へる山人の、花の陰にやすめるがごとし」(古今集・仮名序)

いわゆる《いはゆる》【所謂】

よく言われている。動詞「言ふ」の未然形「言は」に上代の助動詞「ゆ」の連体形「ゆる」の付いた形。「ゆ」は受け身、自発、可能などの意味を渾然と表すが、この場合比較的受け身の意味が強い。

例「いはゆるあて宮ぞかし」(宇津保物語・藤原の君)

いわれ《いはれ》【謂れ】

理由。来歴。動詞「言ふ」の未然形に受け身の助動詞「る」が付いた「言はる」の連用形が一語化して名詞となった語。したがって、「言われること」が、その原義である。「そのように言われること」ということから、平安時代末期以降、「そう言われる事情」などを意味する名詞としての用法が生じた。「いわれ因縁」、「いわれ因縁故事来歴」などという言い方もある。

例「花見ればそのいはれとはなけれども心のうちぞ苦しかりける」(山家集・上)

いんかん【印鑑】

はんこ。和製漢語。「印」は、はんこ、「鑑」は、鏡だが、ここでは手本・見本の意。すなわち、「印」影の「見本」の意で、「印鑑」と称した。庶民の間にも印章が普及した江戸時代に、照合用として、あらかじめ関所や番所などに届け出ておく特定の印影の見本のことを、もともと「印鑑」と言った。「竹三郎は里子の母しなの印鑑を盗用して」(川端康成・田舎芝居・昭和一〇年)のように、印そのものをも「印鑑」と言うようになった。

いんげんまめ【隠元豆】

マメ科の一年草。略して「いんげん」ともいう。この豆は中国明の僧隠元(いんげん)が承応三年(一六五四)日本にもたらした。そういう因縁のある「まめ」ということで、付けられた名。ただし、隠元が持ってきたその豆が、現在のインゲンマメであったかは不明である。一説によれば、隠元が伝えたのは、フジマメであった、ともいう。

いんこ【鸚哥】

オウム目の鳥のうち、小形のもの、あるいは羽の色彩が鮮やかで尾が長いものの総称。熱帯の森林にすむ。荻生徂徠の考証随筆*『南留別志』に「いんこといふは、鸚哥の唐音なり」と

あるように、漢名「鸚哥」の唐音読みがインコである（漢音読みではオウカ〈あうか〉）。中国明代の本草書『本草綱目』に「大者為鸚鵡、小者為鸚哥（大なる者を鸚鵡〈あうむ〉と為し、小なる者を鸚哥と為す）」とあるように、一般に、大形のものを「おうむ」、小形のものを「いんこ」と呼ぶことが多い。しかし厳密な区別はむずかしい。なお、セキセイインコは「背黄青いんこ」の意で、その羽根の色からの称。

例「音呼　インコ　鳥名也」（文明本節用集）

いんご【隠語】

特定の仲間だけに通じる語。古く中国に見られるが、漢籍では「密事を謀ること」や「謎」の意味で用いられている。特定の仲間だけに通じる語、といった日本での意味は、足利時代の日記『臥雲日件録』に「盗賊の中に隠語あり」とあるのが古い例である。

例「我が手に入りし密書の一通、隠語を以て記せし故」（読本・双蝶記・六）

いんぜい【印税】

著者などが出版者から著作物の売り上げに応じて受け取る一定歩合の金銭。明治期に造られた和製漢語。初めは書籍一冊ごとに著者が押印した「印紙」を貼って発行部数を確認し、それに応じて発行元が著者に金銭を支払った。その支払い方法が政府の印紙税に似ているところから「印税」と言うようになった。

例「その日受けとった許りの印税をそっくり持って行って」（長与善郎・竹沢先生と云ふ人・大正一三〜一四年）

いんちき

ごまかし。語源不明。「いかさま」の「い」に隠語を作る語尾「んちき」が付いたものという説（楳垣実・猫も杓子も）がある。この説によれば、「とんちき」も「とんま」にこの「んちき」の付いた語となる。ただし、隠語を作る語尾、または広く言葉遊びとして「んちき」を付けて遊ぶ言語遊戯の流行に関する記録はない。これから考えると、むしろ囃し言葉の「こんちき」「やんちき」「ちゃんちき」などをまねて作った語の可能性がある。大正四年刊の『隠語輯覧』には「いんちき　数人共謀して犯す詐欺的賭博」とある。

例「松茸飯インチキの先き寄せて有」（雑俳・千代見ぐさ）

インテリ

知識人。ロシア語由来の「インテリゲンチャ（intelligentsiya）」を略した語。インテリゲンチャは、一九世紀の帝政ロシアで自由主義的な知識人を言った語で、知識階級・知識人などと訳された。インテリという省略形は昭和期に日本で造られ一般化した。

例「でなくともインテリの立場は誤解され易いものだから」（野上弥生子・真知子・昭和三〜五年）

いんねん《いんえん》【因縁】

定められた運命。由来。「いんえん」の転。「観音（かんおん）」が「かんのん」になるのと同じ変化。本来、仏教語。「因」は結果を生む基本的な条件、「縁」は間接的な条件。すべての現象の諸原因を指す。そこから、定められた運命という意味になり、さらに物事の由来といった意味が生まれた。『*日葡辞書』には「Inyen（インエン）」と「Innen（インネン）」の両方の形が記されている。なお「いんねんをつける」というのは、何の関係もないのに無理に関係をつける、言いがかりをつける、という意味で使われる。

例「日本衆生この因縁に、生々世々に仏にあひ奉り、法を聞くべし」（宇津保物語・俊蔭）

う

ういういしい《うひうひしい》【初々しい】文語 うひうひし

まだすれていなくて、若々しいさま。「うひ（初）」を重ねて、形容詞化した語。「うひ（初）」は、「はじめて」の意味。「われはけさうひにぞ見つる花の色をあだなるものといふべかりけり」（古今集・物名）など、独立の用法もあるが、普通は「初孫（ういまご）」「初産（ういざん）」「初陣（ういじん）」など、名詞に冠して使った。現在では一種の誉め言葉的に使われるが、かなり後世までぎこちないというマイナスの語感があった。

例「まだうひうひしきほどなる今参りなどはつつましげなるに」（枕草子・二七八・関白殿、二月廿一日に）

ういろう《ういらう》【外郎】

米の粉に黒砂糖などで味つけした蒸し菓子。名古屋・山口などの名産。「外郎餅」の略。「外」をウイとよむのは唐音。「外郎」とは、応安年間（一三六八〜七五）に、陳宗敬のもたらした、痰切り・口臭消しの丸薬「透頂香（とうちんこう）」の別名で、陳宗敬がもと元の礼部員外郎（いんがいろう）であったことに由来する。「員外郎」は各部署（司）の次官。「外郎餅」と言うのは薬の外郎と色や形が似ていることから名付けられたという。なお、「外郎餅」の名称は、この菓子が、苦い薬の外郎の口直しに用いられたから、との説もある。

例「ういろうを餅かとうまくだまされてこは薬じゃと苦いかほする」（滑稽本・東海道中膝栗毛・初）

うおごころ《うをごころ》【魚心】

相手側を思う気持ち。「魚心あれば水心」（＝魚に水に親しもうという気持ちがあれば、水にもそれに応じる気持ちがある、すなわちあちらに好意があればこちらもそれに応ずる気持ちがあるということ）という慣用句から出た語。この慣用句は本来、「魚、心あれば、水、心あり」であったが、「魚心（う

おごころ)あれば水心(みずごころ)あり」と読まれ、「魚心」という語を派生した。

例「こなたさへ水心あれば、こつちは魚心、そのうへにては御親父郡領殿へ申し入れたらよろしうござらふ」(歌舞伎・隅田川花御所染・二)

うおのめ うをのめ【魚の目】

足の裏などの皮膚の角質が、圧迫などのため円形に厚く硬くなったもの。医学用語では「鶏眼」という。江戸時代には、魚の目を食べるとできるという俗信があり、硬化した角質の形状と相まって「うおのめ」と呼ばれた。

うがい うがひ【含嗽】

口中や喉(のど)などを洗浄するため、水・薬水などを口に含み、はきだすこと。一〇世紀ころから見られる語。古語の動詞「うがふ」の連用形から出た語だというが、「うがふ」の語源は未詳。「うがい」の語源について*『和訓栞』などは鵜飼(うかい)に求める。たしかに「うがい」の一連の動作は鵜飼漁を連想させる。平安時代のアクセントが同一であるなどの根拠もあり、現代の国語辞典でも『新潮国語辞典』はこの説を採用する。「含嗽」は漢語で、「嗽」の字はうがいをするという意味である。

例「中納言は御うがひ取りて参りておりぬ」(宇津保物語・楼上・下)

うかがう うかがふ【窺う】

ひそかに探る。古くは*『天治本新撰字鏡』に「闚　宇加々不(うかかふ)、又乃曽久(のぞく)」と記載されているように、「うかかふ」であった。「うか」は「うかねらふ」(=相手の様子を探って、チャンスを待つ)、「うかみる」(=相手の様子を探る)などの「うか」と同源である。この「うか」には単独の用法はないが、内部というような意味を共有しているかもしれない。語末の「かふ」は「あらがふ」「うけがふ」などの「がふ」と同じとする説もあるが、その正体は不明である。

例「Xirono yôjnno yŏuo vcagŏ(城の用心の様を窺ふ)」(日葡辞書)

うがつ【穿つ】

人情の機微や隠れた本質を言い当てる。もとの意味は、穴をほる、穴をあける。古く、「穴があく」の意味の動詞「うぐ」(奈良時代では「うく」)があり、「うがつ」はこの他動詞形である。「うがつ」は奈良時代「うかつ」と第二音節清音で、平安時代から「うがつ」の形が現れ、「穴をほる・あける・貫く」の意味で使われてきた。一八世紀ごろ、今のような意味を表すようになった。これは、見逃しがちな事実を「穴」といい、それを指摘することを「穴をうがつ」と言ったためという。

例「とかく思ひつきの悪いが、此里の名物ぢゃとうがちうがち通りしも、いやな肌といふべし」(洒落本・秘事真告)

うきあし【浮き足】

そわそわと落ちつかないさま。本来、「浮き足」は踵(かかと)が地についていない、爪先立ちの状態を言ったもので、室町時代以降に用例が見られる。この状態は不安定なので、「浮き足になる」は逃げ出しそうになることを表す。一七世紀の『播州佐用軍記』に「小田垣等が兵色めき浮き足になるを見て」という例がある。現在は「浮き足立つ」の形で使うのが普通だが、この形は近代以降のようである。

うきよ【憂き世・浮き世】

つらいこの世。もともと、漢字では「憂き世」と書かれ、つらく苦しい世の中の意味で用いられていた。この「うきよ」の語源は、形容詞「憂(う)し」の連体形「憂き」に「世」の付いたものであった。その後、仏教の影響もあって「うきよ」は厭い離れるべきこの世を指し、近世には、俗世間という意味にも使われるようになった。「浮き世」という書き方は、転変きわまりないこの世なら、いっそ享楽的に生きた方がよいという、この世の捉え方の変化や、漢語の「浮世(ふせい)」(=定めない世の中)の影響もあって、近世には普通の書き方になった。この「浮き世」の「うき」は、動詞「浮く」の連用形である。近世、唯今のこの世を強調して、現世、当世風などの意味も生じた。「浮世絵」の「浮世」も、この意味で冠されており、「浮世絵」とは、当世の芝居や遊里、当世の風俗、人物、風景などを描いた絵のことである。

例「浮世のことを外になして、色道二つに寝ても覚めても夢介とかえ名呼ばれて」(浮世草子・好色一代男・一・一)

うきよえ《うきよゑ》【浮世絵】 ⇩うきよ

うぐいす《うぐひす》【鶯】

スズメ目ウグイス科の小鳥。うぐいすの鳴き声はホーホケキョに決まっているようだが、それは近世以降のことである。それ以前の人は「うぐひ(す)」に近い音に聞きなしており、「うぐひす」という名は、この鳴き声から出たと考えられる。「いかなれば春来るからにうぐひすのおのれが名をば人に告ぐらむ」(承暦二年内裏歌合・美作守匡房)という平安時代の歌がある。この歌から考えると、当時、この鳥のことは「うぐいす」と言っていたから、その名を告げるとすると「うぐいす」と鳴いたことになる。つまり、日本人はこの鳥の鳴き声をウグイ(ス)と聞きなし、それを鳥の名前にしたわけである。また、「心から花のしづくにそぼちつつうくひずとのみ鳥の鳴くらん」(古今集・物名)(歌の大意は、自分から花のしずくに濡れながら、なぜ『うくひず(=つらいことに羽がかわかない)』とばかり鳴くのだろう)という歌でも、「うくひず(憂く干ず)」のところに「うぐひす」という鳴き声が掛けてある。ただし、語末の「す」は、ほととぎす、からすなど鳥の名前に多く見られる接尾語といわれる。なお、鳴き声が現在のようなな

ホーホケキョウの類で表されるようになるのは江戸時代からで、「法華経」に掛けて聞きなされることが多かった。「鶯も声はるの日の長数珠にほうほけ経をくり返し鳴く」（狂歌・万載狂歌集・紀定丸）。

うけたまわる《うけたまはる》【承る】

お受けする。謹んで聞く。動詞「受く」の連用形「うけ」と「たまはる」の複合語。「たまはる」は「たまふ」に助動詞「る」の付いたもので、いただくの意味。「うけたまはる」のもとの意味も、次に示すように、いただくの意であったろう。「幣帛（みてぐら）を神主、祝部（はふり）ら受賜（うけたまは）りて、事過たず捧げ持ちて奉れ」（延喜式・祝詞・祈年祭）。

例「御琴の音もうけたまはらまほしがる人なむはべる」（源氏物語・蓬生）

うけながす【受け流す】

まともに受けとめずに軽くあしらう。本来は、刀などによる攻撃を軽く受けてそらす意。剣術では「うけながす」を一つの技としているといわれるが、これは一般の語を技の名としたものである。『太平記』の「うけ太刀に成りて請流（うけなが）す」（二九・将軍上洛事）は、特定の剣技を指していたわけではないだろう。

うけにいる【有卦に入る】

することなすことすべてが良い結果になる、良い運気の期間に入る。転じて、幸運にめぐりあうことをいう。陰陽道の十二運で、よい運気の「有卦」の七年間、悪い運気の「無卦」の五年間が交互にくるという考え方にもとづく。

例「梅『〈略〉お清さんのお酌をして見たいからサ』 きよ『おやどういたしませうね。私しやぁまだ今年は有卦に入りはいたしませんはづでございますが』」（人情本・春告鳥・二）

うごうのしゅう《うがふ—》【烏合の衆】

あまり役に立たないたくさんの人が無秩序に群れ集まっている様子をさす。まとまりなくばらばらに集まっている様子をカラスの群れにたとえたもの。五世紀の初頭に成立したといわれる中国の歴史書『後漢書』の「耿弇（こうえん）伝」の一節に「発突騎躪烏合之衆〔突騎を発して烏合の衆を躪（しだ）けば〕」と見える。日本では平安時代の菅原道真の散文に「至于烏合之衆、不知其物之用、操刀則削損几案、弄筆忽汚穢書籍〔烏合の衆に至りては其の物の用ふるところを知らず。刀を操りては則ち几案を削り損なひ、筆を弄びて忽ち書籍を汚し穢す〕」（菅家文草・七・書斎記）とある。

うごく【動く】

静止していない。「うごく」の「うご」は、「うごめく」「うごなはる」（＝集まる）、「うごもつ」（＝土が盛り上がる）などの「うご」と同源といわれる。『大言海』は「蠢（うご）の活用なるべし」という。この「うご」は虫などの動作を形容した擬態語だと

思われる。以上のような説は、すでに『*和句解』に見える。「うごくは蠢（うごめく）より出づるか。〈略〉小虫の多く生じて、むごく〳〵としそむる也」。

例「例のしふねき御もののけ一つ、さらにうごかず」（源氏物語・葵）

うごのたけのこ【雨後の筍】

同じような新しいものが続々と出現することをいう。新事物の続発を、春の雨上がりに筍が地面からつぎつぎと顔を出し伸びていく様子にたとえたものである。明治以降、用例が見られる。

例「俗語文典の声一たび唱へられてより雨後の筍の如く数多の語典は出でたり」（松下大三郎・校訂日本俗語文典（三版）・明治三四年）

うさぎ【兎・兔】

ウサギ科の哺乳動物の総称。古くは、単に「う」といった。「さぎ」については、諸説あるが、よく分からない。『大言海』は「本名」を「う」とし、「さぎ」は梵語「舎舎迦（ささか）（＝兎）」で、この二つを合わせて、省略転化したものだという。また、「鷺のように白いからだ」という説もある（暮らしのことば語源辞典）。また、朝鮮語の「t'o-kki（兎）」と同源だともいわれている（岩波古語辞典補訂版）。上代、「うさぎ」を「う」と言ったことは、『日本書紀』で「菟」を「う」と訓ませていることや、十二支の「卯」に「う（兎）」を当てていることなどから分かる。また、「兎（う）の毛で突いたほどのすきもない」のような形で、現代まで残っている。

例「兎〈略〉宇佐岐（うさぎ）」（十巻本和名抄）

うさんくさい【胡散臭い】

どことなく怪しい。「うさん」の正体はよく分からない。「くさい」は、上の語の表す状態が強く現れていることを示す接尾語。「うさん」に相当する語は中国古典にも見当たらないようで、和製だと思われる。「うさん」には単独の用法もあり、怪しいというような意味であった。「さだめてうさんにおぼしめさうほどに」（虎明本狂言・八幡の前）。この「うさん」の成立には、同じような意味の「胡乱（うろん）」の影響があったのではないかと思われる。→うろん

例「それが親仁の鼻へ入り、烏散臭（うさんくさい）と嗅ぎつけて」（談義本・艶道通鑑・五・七）

うし【牛】

ウシ科反芻類の動物。語源不明。『大言海』によれば、「うし」の「う」は、「おほ（大）」のつづまった接頭語、「し」は「しし（獣）」のちぢまったもの、つまり「うし」は、「大獣（おほしし）」の約と説く。その他、諸説あるが、いずれも採りがたい。

例「牛を放ち、馬を息（いこ）へ」（古事記・上）

うしお《うしほ》【潮・汐】

満ち引きする海水。『大言海』は、「海塩（うみしほ）の略にて〈略〉食塩に対して云へる語と云ふ」とする。「うしほ」の「う」は、「うなばら（海原）」「うなさか（海界）」などの「う」と同じで、「海」の意、「しほ」は塩。つまり、「うみしほ」の略で、単に「しほ」と言っては、食塩と紛れるので、それと区別するためにできた語だという。

例「水門（みなと）の于之裒（うしほ）のくだり海（うな）くだり後ろも暗（くれ）に置きてか行かむ」（日本書紀・斉明四年一〇月・歌謡）

うしなう《うしなふ》【失う】

なくす。「うしなう」の「うし」は、「失（う）せる」の「うせ」などとともに、「うす（薄）」を語根とし、これに「なふ」の付いた語とする説（岩波古語辞典補訂版）がある。「なふ」は「おこなふ」「あきなふ」などの語尾の「なふ」と同じもので、主として名詞に付いて、上の名詞の行為・動作をする意味の動詞を作る接尾語である。

例「しろたへの吾が下衣宇思奈波（うしなは）ず持てれわが背子直にあふまでに」（万葉集・一五・三七五一）

うしろ【後ろ】

後部。語源について、『大言海』は「身後（むしり）の通音」とする。「む」は「むくろ」「むかわり」などの「む」で、「身」の複合語を作るときの形。「しろ」は「しり（尻）」の転である。「む」と「う」の通じ合うことは、「うべ（宜）」→「むべ」、「むなぎ」→「うなぎ」などの類例がある。この他の近世語源説としては、「うはうら也。しろはしりへなり」（日本釈名）のような説がある。語頭の「う」の解釈で『大言海』と異なるが、「うら（裏・心）」と解するよりは、意味の上からも略音を考えなくてすむことからも、「む（身）」の転とする大言海説の方がまさっている。

例「水門（みなと）の潮（うしほ）のくだり海（うな）くだり于之盧（うしろ）も暗（くれ）に置きてか行かむ」（日本書紀・斉明四年一〇月・歌謡）

うしろだて【後ろ盾】

陰で後押しをし援助すること。もとは「背後からの敵の攻撃を防ぐため後（うし）ろに立てる楯（たて）」という意味であった。後ろから助けるので、後見の意となったもの。

例「うしろだてにはなり申すべし。頼しく思ひ給へ」（曽我物語・九・和田の屋形へ行し事）

うしろめたい【後ろめたい】文語 うしろめたし

やましいところがあって良心がとがめる。『大言海』は「後方痛（うしろべいたし）」の転約とする。「うしろべ」の「べ」は「へ（辺）」で、あたりの意味。この「べ」が「め」に転じたという。べとメは現在でも「つめたい」を「つべたい」ということがあるように通い合う。「いたし」は甚だしいの意味。後方から見て気がかりだ、または、将来が不安だというのが原義だといわ

れる。なお、*『名言通』(下)は「ウシロメイタシ(後目痛)也」と解し、これを受けて、「うしろめ」の「め」を「目」と見る説もある。

例「をみなへしうしろめたくも見ゆるかな荒れたる宿にひとり立てれば」(古今集・秋上)

うずら《うづら》**【鶉】**

キジ目キジ科の小鳥。語源については、諸説あるが不明。『大言海』は「鳴き声を名とするか。朝鮮語にも、モヅラ、又、モッチウラァキと云ふ」という。ちなみに現代日本人の耳には、ウズラの鳴き声は「グワッグルルル」(繁殖期の雄)、「ピッピッピ」(雌)などと聞きなされているという。

例「ももしきの大宮人は宇豆良(うづら)鳥、領巾(ひれ)取り掛けて」(古事記・下)

うそ【嘘】

偽り。語源は諸説あり、確定しない。『大言海』は「ウソブクのウソなるべし」という。「うそぶく」は口をすぼめて息を強く出すことであったが、口笛の意味にもなり、得意になって相手を無視する意味にもなった。ここらあたりから偽りの意味が生じたものだろうか。もし、そうだとすれば、「うそぶく」から「うそ」が出たとするには相当遠まわりな説明を加えなければならないことになり、簡単には納得できない。これに対して、「いつわり」の意の中国語「胡説」の唐音ウソから出たとする説がある(岡崎正継・「ウソ」の語源(国語研究六四))。中世、中国浙江省の杭州・天目山及びその周辺の地に渡った禅僧たちによって移入された語であるという。「胡(う)」には「胡乱(うろん)」のような例があるが、「説」をソとして移入した語は知られていないようである。→うそぶく

例「今はちとようござるなどと色々うそをついて申した所で、あまりはらもおたちやらぬ」(虎明本狂言・武悪)

うそ【鷽】

アトリ科の小鳥。「うそ」には、古く口笛という意味があった。*『日葡辞書』には、「Vso ウソ(嘯) 口笛」とある。この鳥の鳴き声が口笛のようであるから、「うそ」と言うようになったものである。この説は、すでに*『名語記』に「口にてふくうそに、かの鳥のなく音のあひにたれば」と見える。この鳥の鳴き声が口笛に似ていることについて、中西悟堂は「ヒ、ヒ、フ、と人間が口笛でも吹くような鳴き方をする」(定本野鳥記)と述べている。

うぞうむぞう《うざうむざう》**【有象無象】**

たくさんのつまらない人間たち。仏教語である「有相無相(うそうむそう)」がもとになっている。「有相」「無相」はそれぞれ形をもつものともたないものの意で、「有相無相」としては存在すべてをいった。ウゾウムゾウともいわれ、「有象無象」とも書かれた。あらゆるものという意味から、雑多なものという

あまり良い意味ではない、現在のような使われ方が生じたと思われる。

例「やせ世帯うぞうむぞうにうんざりし」（雑俳・川柳評万句合・宝暦一三年）

うそさむい【うそ寒い】 文語 **うそさむし**

なんとなく寒い。「うそ」は、形容詞「薄い」の語幹「うす」から転じたもので、なんとなくの意を添える。今は使われていないが、「うそ甘い」「うそ恥ずかしい」など接頭語「うそ」は近世までよく使われていた。「うそさむくなりたれば」（抄物・四河入海・一八・二）。

例「冬はうそさむさうな香久山」（俳諧・紅梅千句）

うそぶく【嘯く】

平然と言いたいことを言う。「うそふく」とも言った。「うそ」は口をすぼめて息を吐くこと。これに「吹く」という動詞が付いたもの。「うそを吹く」で、口をすぼめ音を立てて息を吐き出す、口笛を吹く、口ずさむなどの意味になった。また、歌をうたったり、口笛を吹いたりして人を無視することも意味するようになった。『更級日記』のかじ取りが人々を待たせて「とみに舟も寄せず、うそふいて見まはし」は、無視するという意味である。こうした用法を経て、相手かまわず好きなことを言うという意味が生じた。

例「弟（おとのみこと）浜（うみべた）にましまして嘯〈うそふき〉たまふ。時に迅風（はやち）忽に起る」（日本書紀・神代下・水戸本訓）

うたげ【宴】

宴会。酒宴のときにする動作で手を打ち鳴らす意の「打ち上げ」（=動詞「うちあぐ」の連用形）から転じたものといわれる。『日本書紀』に「手掌（たなそこ）も摎亮（やらら）に〈略〉拍上（うちあけ）賜（たま）ひ」（顕宗即位前・図書寮本訓）とある「打ち上げ」には、古く酒盛りのとき手を打ち鳴らして騒ぐ意があり、そこから酒宴を意味するようになった。

例「七月の冬十二月の壬戌の朔に新室（にひみや）に讌（うたげ）す」（日本書紀・允恭七年一二月・図書寮本訓）

うたた【転】

いよいよ。ますます。「うたた」は「転」の傍訓に見られることが多く、「転」はまた「うたうた」とも訓まれるので、「うたた」は「うたうた」の略と考えられるという（小学館古語大辞典）。「転」を「うたうた」と訓じた例は『大乗広百論釈論』（承和八年点）や『大慈恩寺三蔵法師伝』（承徳三年点）にあるという。この「うた」はいよいよ・ますますの意の「うたて」の「うた」と同じと考えられる。『大言海』は更にさかのぼって、「転（うつ）る」と関連するとしている。ただし、「うた（歌）」「疑い」の「うた」と同根とする説（岩波古語辞典補訂版）もあり、この説では「うた」は自分の気持ちをまっすぐに表現する意

だという。

例「転々（うたた）軽微なり」（大智度論・平安初期点）

うたたね【転寝】

仮寝。語源未詳。『大言海』は「うつつね（現寝）」の転とする。「うたた寝」という語ができた頃の「うつつ」の意味は現実ということであったから、「うつつ」と眠りは結びつきにくいものであった。無理に解すれば、「うつつ寝」は、正気を失わない程度の浅い眠りということになるだろう。

例「うたたねに恋しき人をみてしよりゆめてふ物はたのみそめてき」（古今集・恋二）

うだつがあがらない【梲（卯建）が上がらない】

なかなか出世できない。「うだつ」は「うだち（卯建）」の変化した語。「卯建」は切妻屋根の妻側に隣家との境に立つ卯の字形の防火壁で、これを立てるのは立派な建物なので立身出世のシンボルとなった。これが上がらないとは出世しない意である。

例「苦界に彷徨（さまよ）ふ憂き中に、宇立（うだつ）の揚がる瀬はあるまじ」（人情本・珍説豹の巻・後・上）

うだる

暑さのために体がぐったりしてだるくなる。「ゆだる（茹）」の転。「ゆだる」は「ゆでる」の自動詞で、ゆであがるの意。「うだる」は、現在「うだるような暑さ」のように体感的な暑さを表すのに使うが、以前は物が煮えて柔らかくなる意や、酔っ払ってふらふらになる意も表した。「五人連で大酔にうだって」（滑稽本・八笑人・五・上）。

例「こんな利目のある薬湯へ煮（う）だる程這入っても少しも功能のない男は」（夏目漱石・吾輩は猫である・明治三八～三九年）

うちあわせ《うちあはせ》【打ち合わせ】

物事が順調に進むように前もって相談しておくこと。楽器などを合奏するという意であった複合動詞「打ち合はす」の連用形「打ち合はせ」に由来する。「うちあわせ」の「うち」は接頭語。語源については、雅楽の演奏において、管楽器や弦楽器が打楽器と呼吸を合わせることを「打ち合わせ」と言ったことからとする説（金田一春彦・続日本古典語典）がある。現代語的な意味を持つ用例はそう古くはさかのぼれない。

例「是れも聊（いささ）か面当（つらあて）だと互いに笑て朋友と内々の打合（うちあわ）せは出来た」（福沢諭吉・福翁自伝・明治三一～三二年）

うちゲバ【内ゲバ】

暴力的な内部闘争のこと。内は内部の意、ゲバは暴力・権力の意のドイツ語ゲバルト（Gewalt）の略。第二次大戦後、特に学生運動の諸派間での対立から生じた暴力事件をいった。

例「たとえば大学問題に例をとれば、内ゲバというものがあるでしょ」（高橋和巳・白く塗りたる墓・昭和四五年）

うちべんけい【内弁慶】
家の中では威張っているが、外では意気地がないこと。弁慶は、平安末・鎌倉初期に源義経に仕えたという武蔵坊弁慶のことで、豪傑として伝説化され、強い者や強がる者のたとえによく使われる。文献には「陰弁慶」「炬燵（こたつ）弁慶」という言い方が江戸時代から現れている。談義本の『銭湯新話』（四）に「世間の人は陰弁慶（かげべんけい）で、目の前でいふ事ならぬが多し」、俳諧の『遅八刻』に「巨燵弁慶のあら事、ちと比興ならん」と見える。

うちまく【内幕】
内情。内実。もともとは「内側の幕」の意。むかし陣営を作る際、周囲に二重に幕を張り、外側の大きな幕を外幕（とまく）、内側の小さな幕を内幕（うちまく）といった。「小幕とは内幕也」（今川大双紙・陣具に付て式法之事）。内幕の中で大将や重臣が軍議をし、指揮をとる。外側からは決して見えないところである。こんなところから「内幕」の意味が転じていった。
例「富裕に見えながら、其内幕は火の車」（坪内逍遥・当世書生気質・明治一八～一九年）

うちまたごうやく《—がうやく》【内股膏薬】
節操がなく、あちらに付いたりこちらに付いたりして、主義主張や態度が決まらないこと。「うちまたこうやく」とも。内股は内腿（うちもも）、すなわち、ももの内側を指す。膏薬は、薬品を動物のあぶらで練り固めた外用薬で紙片や布片に塗り患部に貼るものである。ちなみに、昔の膏薬は両面ともべたべたしていたという。内股膏薬は、内腿（うちもも）に貼った膏薬のことで、右腿に貼っても左腿に付き、左腿に貼っても右腿に付くという。これによって生じた語。『*日葡辞書』に「Vchimata gŏyacu（内股膏薬）」と見える。

うちょうてん《うちやうてん》【有頂天】
喜んで夢中になっている様子。梵語 bhavāgra の漢訳語「有頂」がもとになってできた語。存在（有）の頂点（頂）である天上界（天）を表す。この最上の「天」に上り詰めたような心持ちということから、近世になって現在の意味が派生した。
例「有頂天までのぼりつめて、親に苦労をかけるはばかよ」（人情本・仮名文章娘節用・後・四）

うちわ《うちは》【団扇】
あおいで風を起こす道具。円形のものが多い。動詞「打つ」の連用形「打ち」に、羽の意の「は」が続いたもの。「打ち」というのは、あおぐ動作がたたく動作に似ているためである。
例「団扇　唐令云団扇方扇〈団扇宇知波（うちは）〉」（十巻本

和名抄）

うっかり

不注意に。『大言海』は「ウカの音便」という。「うか」は「うかと」のような形で中世から、不注意の意味で用いられている。この「うか」は動詞「浮（う）く」と関連すると思われる。語末の「り」は「ぴったり」「すっかり」などの「り」と同じく、状態性を表す語を作る成分。

例「Vccarito xita mono（うつかりとした者）」（日葡辞書）「妻子にも離別する思ひに堪えかねてうつかりとしたるなり」（抄物・三体詩幻雲抄）

うつぎ【空木】

ユキノシタ科の落葉低木。「卯（う）の花」ともいう。「うつ」は「うつろ」で、「空（から）」の意味。ウツギは幹が中空だから、この名がある。卯の花は「ウツギの花」の意とも、「卯月」（陰暦四月）に咲く花の意ともいう。*『本草和名』（一四）に「溲疏」の和名として「宇都岐（うつぎ）」が見える。『万葉集』にはウツギがなく、ウノハナの方が出てくる。

うづき【卯月】

陰暦四月の別称。語源は諸説あるが、卯の花（＝ウツギ）の咲く月というのが有力である。一二世紀中頃の歌学書*『奥義抄』は「波流花（うのはな）　さかりにひらくる故に、卯のはな月といふをあやまれり」という。これに対して、月名はすべて稲作に関するという立場をとる『大言海』は、「植ゑ月」の義とする。

例「うづきに咲ける桜を見てよめる」（古今集・夏・詞書）

うつくしい【美しい】（文語）うつくし

きれいだ。語源不明。『大言海』は「逸奇（いちく）しの転音。稜威霊（いつくしび）の義」とする。しかし、「いちくし」は大変霊妙だという意味で、「うつくしい」とは結びつきにくく、これが語源だとは考えられない。古く「うつくし」は、かわいい、いとしいといった肉親に対する気持ちを表し、のち、きれいだという意味になった。「妻子（めこ）見ればめぐし宇都久志（うつくし）」（万葉集・五・八〇〇）の例は肉親に対する愛情を表しており、また、「うつくしきもの、瓜にかきたる児（ちご）の顔」（枕草子・一五一・うつくしきもの）などではかわいらしいさまを表している。

例「娃〈略〉美女。皃（かほ）宇豆久志支乎美奈（うつくしきをみな）」（天治本新撰字鏡）

うつけもの【空け者】

おろか者。「うつけ」は、動詞「うつける」（文語うつく）の連用形の名詞化。動詞「うつける」は、『大言海』に「空（うつ）を活用す」とあるように、空虚、からっぽの意の名詞「うつ（空）」（「うつせみ」「うつろ」などの「うつ」）を動詞化した語である。「うつける」は、「中がからになる、うつろになる」意が原義。

例「とかく女房に叩かるるは、日本一のうつけ者ぢゃ」（咄本・醒睡笑・二）

うつせみ【空蟬】

この世。また、蟬の脱け殻。「うつしおみ」が「うつそみ」となり「うつせみ」に転じたという。「うつし（顕）」（形容詞）は、姿が見える、この世に生きているという意味。「おみ（臣）」は君に仕える人のことを指すが、この場合目に見えない神に対して現に見える人の意になるという。「うつしおみ」は現に目に見える人のことを表す。『万葉集』ではこの語を「空蟬」「虚蟬」などと表記したことから、「蟬の脱け殻」「からっぽ」「むなしい」などの意味が派生した。なお、この語は「現身（うつしみ）」の転（大言海など）と解されていたが、「身」のミ（乙類）と「うつせみ」のミ（甲類）とは上代において発音が違うので、この語源説は退けられた。

例「宇都世美（うつせみ）は恋を繁みと春まけて思ひ繁けば」（万葉集・一九・四一八五）

うったえる《うったへる》【訴える】 文語 うったふ

正邪の判断を乞う。「うったふ」は「うるたふ」の変化した語。「うるたふ」は*『天治本新撰字鏡』に「訴、宇留太不（うるたふ）」のように見える。しかし、「うるたふ」の語源は分からない。「うったふ」という語形は、*『図書寮本名義抄』に「訴・愬、ウタフ」とあり、その「ウ」の右下に促音を示す朱点があることなどから、確認できる。

例「おのおの訴へ申されければ、上皇大きに驚きおぼしめし」（平家物語・一・殿上闇討）

うっちゃる

放り出す。「うちやる」の転。「行かせる」などの意の動詞「遣（や）る」に接頭語「打ち」が付いたもの。「うちやる」は近世になってから「うっちゃる」に変化した。「放り出す」ところから相撲の決まり手「うっちゃり」（「うっちゃる」の連用形の名詞化）の語源ともなった。「うっちゃる」に逆転するという意味があるのは、相撲の「うっちゃり」の影響である。

例「置あへず露のつんもる草の戸に　世をうっちゃりし袖の哀れさ」（俳諧・やつこはいかい）

うつつ【現】

現実。『大言海』などがいうように、語源は「うつ」で、これを重ねた「うつうつ」の約。「うつ」は形容詞「うつし（顕）」、「うつそみ」などの「うつ」で、現に存在することを表す。現在、「夢うつつ」は、もうろうとした状態を指すが、もともとは「夢と現実」の意味であった。「かきくらす心の闇にまどひにき夢うつつとは今宵さだめよ」（伊勢物語・六九）はその例。それが誤用されて、夢か現実か分からない状態を表すようになった。

例「夢（いめ）には見れど宇都追（うつつ）にし直（ただ）にあらねば

恋しけく」（万葉集・一七・三九七八）

うってつけ【打って付け】

おあつらえむき。動詞「打つ」の連用形「打っ」、接続助詞「て」、および、動詞「付ける」の連用形「付け」に分けることができる。打って付ければぴったり合って離れなくなるので、それを条件にあっていることのたとえとしたもの。

例「羽衣のくせは野がけに打ってつけ」（雑俳・柳多留・七）「庭は〈略〉夏の住居にうってつけと見えて」（樋口一葉・うつせみ・明治二八年）

うっとうしい《うったうしい》**【鬱陶しい】** 文語 **うったうし**

心が晴れないさま。漢語「鬱陶」を形容詞として用いた語。「鬱陶」は、中国由来の漢語であるが、日本でも心がふさいだ状態などの意で「鬱陶をおさへ光陰を送るあひだ」（平家物語・四・南都牒状）のように用いられていた。

例「酒は胸にうつたうしい物のあるを押しうしなはうためぞ」（抄物・両足院本山谷抄・一）

うつむく【俯く】

顔を下向きにする。「うつむく」の「うつ」は「うち（内）」の複合語を作るときの形で、「うつぶす」「うつばり（内梁）」「うつもも（内股）」などと使われた。「うつむく」は「あおむく〈あふむく〉」の対で、「内向く」、すなわち内側の方を向くということからきた語。

例「家、山下に有るを、山上よりうつむいて見たぞ」（抄物・古文真宝後集抄・一）

うつらうつら

半分眠っているようなさま。「うつら」を繰り返した語。「うつ」は「現」の意味で、「うつつ」の「うつ」と同じである。「ら」は接尾語。中古以前のこの語は、現に、目の前にというような意味であった。それが中世にぼんやりしている状態を指すようになったのは、「うつつ」の意味変化に並行して変わっていったものと思われる。これに対して、上代から続く「うつらうつら」と中世以降の「うつらうつら」を別語と見て、後者の「うつ」を「うつろ」の「うつ」と同じで、空虚を表すとする説もある。→うつつ

例「身を売りて菩提をとはんとおぼしめし、うつらうつらと母御のもとを立ち出でて」（御伽草子・さよひめ・上）

うつろ【虚ろ・空ろ】

からっぽ。「うつ」は「うつぎ（卯木）」「うつほ（空穂）」「うつけ（虚）」などのように接頭語として使うことが多く、何もないという意を添える。「うつろ」の場合は、「うつ」が語の中心をなしているので、「うつせ貝」（＝貝がら）、動詞「うつく」（口語うつける）などの「うつ」の類である。この「うつ」の語源は内（うつ）の義から転じたとする説などがあるが、内から空・虚へという意味の変化には無理がある。「ろ」は接尾語。接尾語と

しての「ろ」は「子ろ」のように名詞に付くことが多いが、「うつろ」の場合、語素的なものに付いており、「すずろ」などに近い。

例「あなをうつろといへる如何」(名語記)

うでっこき【腕っ扱き】

腕前や様々な能力が優れていること。「扱(こ)き」は、動詞「扱く」の連用形の名詞化。「扱く」はしごくという意味であるが、「腕をこく」という形で、力や技をふるうという意を表した。「腕を扱く」は『*文明本節用集』に見える。ここから「腕扱(こ)き」ができ、促音が添加され「腕っ扱き」となった。もともとは腕力や武芸についていうことが主だったが、次第にいろいろな方面で能力が優れていること(あるいは人)にも用いられるようになった。「うでこき」は「出陣のときは、治兵とて、うでこき若物をさきへやるぞ」(抄物・毛詩抄・一〇)のような例がある。

例「なめさせろ丸太のやうな腕っこき」(雑俳・俳諧觿)

うどのたいぼく【独活の大木】

体ばかり大きくて、役に立たない者のことをいう。ウド(独活)はウコギ科の多年草。生長すると二メートル程の高さにもなる。まるで大木のようだが、茎は柔らかくて木のようには使えないところから、このたとえができた。近世以降人口に膾炙するようになった。なお、「独活」はウドの漢名。

例「赤面して畳の端(へり)をむしり、人なかに赤恥をかきて笑はるるなり。まことに独活の大木、藕木刀(はすぼくたう)とかや」(仮名草子・浮世物語・三・五)

うとましい【疎ましい】文語 うとまし

かかわりたくない、嫌な状態だ。動詞「うとむ」を形容詞にした語。「うとむ」の語幹「うと」は、「うとし」とも使われているが、その正体は不明。「空遠(うつとほ)」の約かという説(大言海)、「身(む)外(と)」の転かという説(岩波古語辞典補訂版)などが出されている。

例「(蠅トイウ名ヲ)人の名につきたる、いとうとまし」(枕草子・四三・虫は)

うどん【饂飩】

小麦粉から作った麺の一種。「うんどん」の略といわれる。「うんどん(饂飩)」の語源は不明。中国に「餛飩(こんとん)」というギョーザのような食べ物があって、これが奈良時代日本に渡来し、「うんどん」になったという説があるが確かではない。「うどん」という語は室町時代からあるが、細く切った麺のことは「きりむぎ」と言っていた。「饂」は国字である。

例「午刻に罷(まか)り向ひ了(をは)んぬ。先づウドン之れ有り、次いで夕飯之れ有り」(言経卿記・天正四年三月二〇日)

うどんげ【優曇華】

クワ科の常緑高木。「優曇」は、梵語 udumbara の漢字音訳語「優曇婆羅(うどんばら)」の略。この「優曇婆羅」は、古来インドで神聖視された木で、イチジクの近縁種。ケは「華」の呉音、花の意。つまり、「優曇華」とは、ウドゥンバラの花の意であるが、ウドゥンバラそのものをも「優曇華」と呼ぶようになった。仏教ではその花は三千年に一度開花するとされ開花時には、転輪聖王(てんりんじょうおう)が出現するとも、如来が世に現れるともいわれた。三千年に一度花が咲くとされていることから、巡りあうことが極めて稀な、ありがたいことのたとえとして用いられるようになった。この意味で現在は「うどんげの花」という言い方をする。

例「くらもちの御子は優曇華の花もちて上り給へり」(竹取物語)

うながす【促す】

せかす。語源は明らかではない。「うな」は「首筋」の意味で、「うなじ」「うなずく」「うなだれる」などの語を派生している。「うながす」も「うな」から派生したものと考えられるが、「がす」についての十分な説明はできない。『大言海』は「項(うな)ぐと云ふ動詞ありて、項突(うなづ)く意ありて、その他動なるべし」という。しかし、「うなぐ」の意味は普通うなずくではなく、首に掛けるということである。

例「供の人は、日も暮れぬべしとて、御車うながしてむといふに」(大和物語・一四八)

うなぎ【鰻】

ウナギ科の魚。古く「むなぎ」と言った。語源は諸説あるが、決定的なものはない。「むなぎ」という語は、「石麿(いはまろ)にわれ物申す夏痩せによしといふ物そ武奈伎(むなぎ)取り召せ」(万葉集・一六・三八五三)など、上代から使われていた。この歌は、大伴家持が痩身の吉田連老(歌の中の石麿)をからかって、詠んだ歌である。古名「むなぎ」の語源について、『*日本釈名』は「棟(むなぎ)也。其の形まるく長くして、家の棟に似たり」という。また、『大言海』は、「胸腮(むなあぎ)の義と云ふ、或いは云ふ、胸黄の義と、腹赤の類」という。そのほか、「む」を身とし「なぎ」を長と解する説(宮良当壮・南島叢考)などもある。

例「鴂 ウナキ」(観智院本名義抄)

うなぎのぼり【鰻上り・鰻登り】

どんどんと上昇するさま。語源は諸説ある。一つは、「鰻を摑むに粘りありて昇る、両手代る代るに摑むに益々昇りて降ることなし」(大言海)とあるように、鰻を摑もうとするとどんどん上へ逃げてしまうことによるというものである。また、「(ウナギが)海底で生まれ、やがて二年ほどたつと川をどんどん上りはじめることから」とする説もある。あるいは、「(ウナギは)サケなどのように直接滝を登るのではなく、滝のそ

ばの湿った岩の上をはい登る。つまりこれがいわゆる「ウナギのぼり」なのである」という説明（末広恭雄・魚の博物事典）もある。用例が現れるのは江戸時代後期からである。

例「抓むべいとしても指の股さぬるぬるぬるぬるかん出て、にょろをりにょろをり鰻のぼりいするだア」（滑稽本・浮世風呂・前・上）

うなずく《うなづく》**【頷く】**

承知のしるしに首を縦に振る。「うな」は「うなじ（項）」、「つく」は「突く」と考えられている。この「つく」は、「つまづく」「ぬかづく」「ひざまづく」などの「つく」と同じもので、首を縦に動かす動作を「突く」としてとらえたものと思われる。

例「点頭　宇奈豆久（うなづく）」（天治本新撰字鏡）

うなだれる【項垂れる】 文語 **うなだる**

気持ちが沈み込み、首を前に垂らす。「うな」は「うなじ（項）」の「うな」で、首のこと。これに「たる（垂）」（口語たれる）という動詞が続き、「うなたる」という語ができた。首を垂れて下向きになるという意である。後に「うなだる」「うなだれる」と濁音化し今に至る。

例「仏、頭（かしら）をうな垂（た）れて立ち給へり」（今昔物語集・四・一七）「Unadare, -ru, -ta. ウナダレル、項垂、（unaji uo tareru）」（和英語林集成・初版）

うなる【唸る】

ながながと低く太い声を出す。『和訓栞』*は、「獣の声にいふ。ウは其の声、ナルは鳴の義なるべし」という。これによれば、「う」は擬声語で、「なる」は「どなる」などの「鳴る」ということになる。「うめく」の「う」も、この「う」であるが、「うめく」は中古から用いられ、「うなる」は中世以降の語である。→うめく

例「諺にうなるほど金を持つといふ。五代の袁正辞に、積銭盈室室中常有声如牛〔銭を積み室に満つ。室中常に声あり、牛の如し〕と見えたり」（辞書・和訓栞）

うぬぼれ【自惚れ】

実際以上に自分のことを優れていると思って得意になること。自分自身のことを表す「うぬ」に動詞「惚れる」の連用形「惚れ」が続き、連濁したもので、自分に惚れるということ。「うぬぼれる」という動詞があるので、その連用形の名詞化という可能性もあるが、「うぬぼれ」の方が早く現れる。「うぬぼれる」の用例は一九世紀前半くらいであるのに、「うぬぼれ」は一八世紀に例がある。この用例の出方に即して考えれば、「うぬぼれ」を活用させたものが「うぬぼれる」だということになる。「〜惚れ」には「おかぼれ」「ひとめぼれ」など動詞形を持たないものがあるのも、動詞後出の考えを裏付ける。

例「吉野やのきゃつめは、うぬぼれでいまいまし」（洒落本・遊子方言・発端）

うねる

ゆるく曲がりくねる。作物栽培のため田畑に溝を切ったものを「うね(畝)」というが、その「うね」を動詞化した語。

例「うねり来る芒の闇の及腰」(俳諧・発句題叢)

うのはな【卯の花】

豆腐を作る時に出るしぼりかす。おから。きらず。色の白いところや形状が、植物のウツギ(空木)の別名の「卯の花」が咲いたところに似ていることからの称。また、『大言海』は、豆腐の「空(から)」と言うのを嫌って「得(う)」の花とした、という。このような縁起をかつぐ気持ちが、おからの別称「切らず」や「うのはな」には働いていたと考えられる。

例「豆腐を収むるに塩の胆水(にがり)を用ゆ。〈略〉搾りたる滓を、きらずと云ふ。一名うのはな」(重訂本草綱目啓蒙)

うのみ【鵜呑み】

食物をかまずに丸呑みにすること。十分に理解しないでそのまま受け入れてしまうこと。『大言海』の「鵜は、魚を嚙まずして、呑む」が語源説として有名であるが、異説もある。中世末の上方では「うんのみ」という形が用いられ、*『日葡辞書』には「Vnnomi(ウンノミ)」も「Vnomi(ウノミ)」も両方出てくる。そこでこの「うんのみ」をもととするという説も出されている(暮らしのことば語源辞典)。この説によれば「うんのみ」の「うん」は「うんうん」と肯定する応答詞だそうだが、むしろこれは力むさまであろう。天文三年(一五三四)成立の『四河入海』に「なまがみにして、うむのうで、くれうず」(二一・一)とあり、用例出現の時期も「うんのむ」の方が早い。「うん」と力んで丸呑みする「うんのむ」の連用形の名詞化としてできた「うんのみ」から、鵜飼いなどで有名な鵜の丸呑みに付会して「鵜呑み」を生じたものではないかと考えられる。

例「Vnomiuo suru(鵜呑みをする)嚙み砕かないで丸呑みにする。上(Cami)ではVnnomini suru(うん呑みにする)と言う」(日葡辞書)

うのめたかのめ【鵜の目鷹の目】

鋭い目つきでものを捜し出そうとすること。鵜飼いで知られるウが魚を探し、タカが獲物を求めるときの目が、際だって鋭く見えるところからという。

例「うの目鷹の目とことわざに云ふぞ。はやう物をみつくることなり」(抄物・玉塵抄・一五)

うば【乳母】

母親に代わって子供に乳を与え世話をする女性。めのと。『大言海』によれば「オホバの約なるオバの転」。祖母を意味する「おほはは(大母)」が「おほば」となり、「おば」「うば」と変化した。「おほば」については、八世紀の『令集解』の「祖父母」の項に、俗に言うとして「於保知(おほぢ)於保波(おほば)」(喪葬)と見える。「おば」「うば」には祖母という意のほかに

年老いた女性という意もあり、ある程度年配の女性が乳母として適していることから、「うば」が乳母の意で用いられるようになっていった。

例「をさなき心にあさましくなげきて、うばにともすればうれへ怠状(たいじやう)しけれども、猶ゆるさず」(古今著聞集・一五・四九七)

うばざくら【姥桜】

女盛りを過ぎてもなまめかしい人。「うば桜」は、葉より先に花の咲く桜の俗称。これを女性に使って、葉(は)と歯(は)を掛け、葉(歯)のない老年期なのに美しい花を咲かせるという洒落。年を取っても色気の失せぬ女性をうば桜にたとえたもの。

例「小町桜もおいぬれば、身はもとせのうば桜」(浄瑠璃・賀古教信七墓廻・桜祭文)

うぶゆ【産湯】

出産直後に新生児を入浴させて洗うこと。「うぶ(産)」は、「うぶ声」「うぶ毛」などのように「生まれた時」などの意を表す。「うぶ湯」で、生まれたときに使う湯という意味になる。

例「寅時降誕女子、巳時以鴨河水用産湯、酉時始沐(寅の時女子降誕し、巳の時鴨河の水を以って産湯に用ゐ、酉の時始めて沐す)」(小右記・寛和元年四月二八日)

うま【馬】

ウマ科の哺乳動物。縄文・弥生時代の遺跡からは確実な馬骨の出土が少なく、四世紀以降飼育技術とともに本格的に移入されたと言われる。「うま」という言葉も漢字の音「馬(ま)」に由来するという説が有力である。朝鮮語 mar、満州語 morin と関係づける説(岩波古語辞典補訂版)もある。上代の仮名書きの例を見ると、「宇麻」「宇万」「宇馬」などで、これから見ると、当時の発音はウマであっただろう。上代の駅制の「はゆま(駅)」は「はやうま(早馬)」の転で、ここにもウマの形がうかがわれる。しかし、平安時代になると、「むま」と書かれることが多く、[mma] と発音されていたと思われる。

例「片思ひを宇万(うま)にふつまにおほせもて越辺(こしべ)にやらば人かたはむかも」(万葉集・一八・四〇八一)

うまがあう《ふ》【馬が合う】

気が合う。馬と乗り手の呼吸がぴったり合うの意からの語といわれる。

例「京・大坂の色咄し、いづくの者も馬があうて、今迄欠伸(あくび)したる人々、一所へ挙(こぞ)り寄りて」(浮世草子・傾城禁短気・二・四)

うみせんやません【海千山千】

世の中の裏面に通じた、悪賢いしたたかな人間。海に千年、山に千年住んだ蛇は竜になるという言い伝えからできた語。

使われ出したのは大正の頃から。

例「人の噂には一筋縄でも二筋縄でもいかない、謂うところの海千山千で」(里見弴・多情仏心・大正一一～一二年)

うみねこ【海猫】

カモメ科の海鳥の一種。その鳴き声が猫に似ていることからの称。カモメ類には猫に似た鳴き声のものが多く、古くはウミネコだけでなく、カモメ、セグロカモメなどを含めたカモメ類全般の俗称でもあった。

例「かもめ〈略〉上総及武の品川にてうみねこ、本牧にて浜ねことも呼ぶ」(方言・物類称呼・二)

うめ【梅】

バラ科の落葉高木。中国原産で日本には古く渡来した。ウメという名称は「梅」の漢字の音に基づく。当時の中国音(ムエイに近い音)によるものと言われる。上代、ウメは万葉仮名で「有米(うめ)」などと書かれたが、平安時代の辞書には「无女(むめ)」(十巻本和名抄)という表記も見え、これはムメ[mme]と訓まれる。

例「雪の色を奪ひて咲ける有米(うめ)の花今盛りなり見む人もがも」(万葉集・五・八五〇)

うめく【呻く】

苦痛のため低い声を出す。ウというような音を出すというのが原義であろう。「うめく」の「う」は、「うなる」の「う」と同種で擬声語。『雅語音声考』*は、擬声・擬態語を集めた「人の声をうつせる言」の項に「ウメクのウ」を挙げている。「めく」は、擬声・擬態語に付いて、そのような音を立てるという意の動詞を作る。たとえば、「よろめく」「どよめく」など。↓うなる

例「人にも語り伝へさせんとうめき誦(ずん)じつる歌も、あさましうかひなくなりぬ」(枕草子・八七・職の御曹司におはします頃、西の廂にて)

うめくさ【埋め草】

新聞や雑誌などで余白を埋めるために入れる短い文章や記事。「うめくさ」の「うめ」は動詞「埋める」の連用形。「くさ」は材料の意で、古くから「語らひ具佐(ぐさ)」(万葉集・一七・四〇〇〇)などと用いられてきた。「うめくさ」は古くは城攻めの際、堀を埋めるためのものを意味した。「Vmecusa　ウメクサ(埋草)〈略〉すなわち、堀を埋め塞ぐのに使う物」(日葡辞書)。また、近世うめ合わせの意味にも用いられた。新聞、雑誌などの記事について用いられるようになるのは、明治以降のことである。

例「『締切は少し位延ばしてもいい、全く原稿がなくて困って了うんだから』『それで僕の原稿を埋め草にしようと云うのかい』」(久米正雄・学生時代・大正七年)

うやうやしい【恭しい】 文語 うやうやし

敬意をもって振る舞うさま。「うやうやしい」の「うや」は「敬(うやま)ふ」の「うや」と同じで、「ゐや(礼)」とも通じる。「うや」は、『*色葉字類抄』(黒川本)に「拝　ウヤ」と見える。この「うや」を重ねて、形容詞語尾の「し(い)」を付けたものが、「うやうやし(い)」であり、一方動詞化したものが、「敬う」である。↓うやまう

例「宇夜宇也自久(うやうやしく)相従ふ事は無くして」(続日本紀・天平宝字六年六月三日・宣命)

うやまう《うやまふ》**【敬う】**

尊敬する。「うやまう」の「うや」は、「うやうやしい」の「うや」と同源で、「うや」は「ゐや」ともいい、礼の意味である。「まふ」は、「ふるまふ」の「まふ」と同じく、「舞ふ」だ、と考えられる。「舞ふ」のもとの意味は旋回することであるが、他の語に付いて、その動作を抜かりなく行うという意を添えることもある。「うやまう」の「まう」もこの意味で、「礼にかなった動きをする」ということから、尊敬する意の動詞になったと考えられる。↓うやうやしい

例「釈迦(さか)の御足跡(みあと)石(いは)に写し置き宇夜麻比(うやまひ)て後の仏に譲りまつらむ捧げまうさむ」(仏足石歌)

うやむや【有耶無耶】

そうであるのかそうでないのかはっきりしないこと。中国に出典が見いだせないので、日本において「ありやなしや」を「有耶無耶」と表記し、それをウヤムヤと音読してできた語ではないかと思われる。その意味は「あるかないか」ということであるが、そこからあいまいという意味が生じたと思われる。ウは「有」の呉音である。

例「有や無やにさへする事なら、身請の金は幾干(いくら)でも」(人情本・恩愛二葉草・二・五)

うゆうにきす【烏有に帰す】

すっかりなくなる。特に火災などですべてがなくなることをいう。ウは「有」の呉音。「烏有」とは「烏(いずくん)ぞ有らんや」と反語形で訓じられ、なにもない、皆無であるという意を表す。「帰す」とは帰着する意である。「烏有」の例は「件(くだん)の秘録、〈略〉応仁の火に係りて、忽(たちまち)烏有となれる」(読本・椿説弓張月・残・六八)などがある。

うよく【右翼】

保守的、国粋的な思想傾向を持つ団体。フランス革命時の国民会議で、議長席から見て右側の座席に穏健派の人々が、左側の座席に急進派の人々が席を占めたことから、保守的、国粋的な思想傾向の人々をaile droite(直訳すれば、右の翼)と呼んだことに由来する。日本でもそうした傾向の人を「右翼」と言うようになった。↓左翼

例「どうせ、右翼は、あの議案の日程を変更されては、他の議案なんか審議しますまい」(徳永直・太陽のない街・昭和

四年）

うら【裏】
表からは見えない部分。「おもて」と対になる語。「裏」が内側にあって人からは見えないように人の心も同様であるので、心のことも「うら」といった。心の意味の「うら」は、単独の用法がまれにしかなく、多く形容詞に冠して使われた。形容詞に付いた「うらがなしい」「うらさびしい」などの「うら」は、心の中といった意味を失って、ただなんとなくという意味を表すようになった。なお、裏・心の意の「うら」と「浦」も同源だとする考えがある。「浦」は陸地に入り込んで、陸地にこもっているように見える。そこで「うら」と呼んだものであろう。
例「針袋取り上げ前に置き反（かへ）さへばおのともおのや宇良（うら）もつぎたり」（万葉集・一八・四一二九）「直衣（なほし）のうらうへひとしう、こまやかなる」（源氏物語・末摘花）

うらかた【裏方】
表立たないで、支援するような仕事をする人。劇場用語で、「表方（おもてかた）」に対する語。「表方」は、舞台を境として、観客席側で働く人（支配人・宣伝係・会計係・案内係・切符係など）をさすといわれる。「裏方」は、楽屋で働く人々（俳優を除いた、演出スタッフ・大道具係・小道具係・衣装係・照明係など）をさす。古く「裏方」は高貴な人の奥方をさしたが、近世になって芝居関係の語となり、それが一般語となった。

うらがなしい【うら悲しい】 文語 うらがなし
なんとなく悲しい。「うら」は心のこと。「うら」に「かなし」が続き、連濁して「うらがなし」となった。心の中で悲しく思う気持ちから、なんとなく悲しいという意で用いられる。↓うら（裏）
例「春の日の宇良我奈之伎（うらがなしき）に後れゐて君に恋ひつつ現（うつ）しけめやも」（万葉集・一五・三七五二）

うらぎり【裏切り】
味方に背いて敵方につくこと。「うらぎり」は、内側・後ろ側という意を表す名詞「裏」に動詞「切る」の連用形「切り」が続き、連濁したもの。はじめは「うらきり」と連濁しない形を使ったようである。『大言海』は「軍に、味方の、窃（ひそか）に敵に内応して、後（うら）より切り出づること」という。味方の内側（＝後ろ側）から切って出る行為から出て、背信行為一般を表すようになったという。初めに「裏切り」という名詞ができ、「裏切りをなす」「裏切りをする」と用いたが、明治以降「裏切る」という動詞も用いられるようになった。『*和英語林集成』（二版）に「uragiru（ウラギル）」が見える。
例「馬場民部助、同心を付け、人を待ちかけ、道にて、うばひとり、信玄公へ、御目に懸け候へば、うらきりの事、あらはれて」（軍記・甲陽軍鑑・品三二）

うらさびしい【うら寂しい】 (文語) うらさびし

なんとなくさびしい。「うらさびしい」の「うら」は、心の意。この「うら」は、形容詞や動詞に冠して用いられるものであった。本来は「心の中で」「心からしみじみと」などの意味を添えた。和歌では、「君まさで煙り絶えにし塩釜のうらさびしくも見えわたるかな」（古今集・哀傷）のように、「うら」と「浦」を掛けて詠まれることが多い。

うらづけ【裏付け】

物事を他の面から確実にしたり証明したりするもの。「うらづけ（裏付）」は、古くは「うらつけ」ともいい、「則借書に裏付沙汰之〔則（すなは）ち借書に裏付け、之を沙汰（さた）す〕」（多聞院日記・天正一〇年二月五日）のように、文書・記録などの裏面に、その表に記載された事柄に対する説明・補充・証明等を書き入れたものを意味した。このように証拠となるような文言を書類の裏に書き付けたことから生じた語である。現在では 例 のように、形だけでなく、それを支えている実力という意味にも使われる。

例 「世間に横行するチンピラ暴力などを『モラルの裏づけ』のある腕力で懲らしめるというのであった」（高田保・ブラリひょうたん・モラルの裏づけ・昭和二五年）

うらなう《うらなふ》【占う】

吉凶などを前兆によって予想する。上代、「うら」には占卜の意味があった。「なふ」は、動詞を作る接尾語で、「うべなふ」「ともなふ」などと使われ、上の語の動作・作用を行う意を添える。「うら」について、「うら」（=心の意）と同じとする説がある。たとえば、「古言に心をウラと云ふ。ウラヤミ心病也。〈略〉占卜をうらと訓み、うらなひと訓むも同じ意也と云へり」（俚言集覧）。『大言海』も「うら（占卜）」を「事の心（うら）の意」とする。とすれば、「占（うら）」は「心（うら）」から転じたことになる。また、この「心（うら）」は裏（うら）にも通じる。→うら（裏）

例 「いとおそろしううらなひたる物いみにより、京のうちをさへさりてつつしむなり」（源氏物語・浮舟）

うらなり【末生り】

瓜などでつるの末の方になった実。色つやが悪く、味もよくない。転じて、顔色が青白く、元気のない人のことをいう。「うら（末）」は枝先、こずえのことを表す語で上代より使われている。「末（うら）枯れ」（=草木の先端部分が枯れること）、「末（うら）葉」（=こずえの葉）など「末（うら）」のつく語は多い。「なり（生り）」は実ができるという意の動詞「なる（生）」の連用形で、これも上代より用いられている。「うらなり」は「先の方に実ったもの」という意味になる。

例 「本なり、又は末なりのたねを用ふれば、必ずたねがはりする物なれば、中なりの味よく、形よきをもちふべし」（農業全書・三・八）

うらはら【裏腹】

正反対であること。「腹」は人体の表側だから、その裏側の意で「うらはら」として、正反対の意味とした。古くは、「うらうへ」（「うへ」は表の意）、また「うらおもて」と言った。『栄花物語』（殿上の花見）に「祭の日はうらうへの色なり」という例が見られる。このような古くからある言い方のほかに、「うらはら」ができたのは、「あべこべ」などに倣って作られた一種の言葉遊び、すなわち韻を踏んだ言い方ではないかと思われる。

例「今よりエウロパのお気質（かたぎ）には vrafara（ウラハラ）違うた事ばかりを御覧ぜられうず」（ロドリゲス日本大文典・二）

うらぶれる 文語 **うらぶる**

みすぼらしい様子になる。語源について、*『和訓栞』に「『うら』は心をいひ、『ふれ』はあふれるの略、溢の義なるべし」とある。「あふれる」は「あぶれる」（文語あぶる）とも言うので、「心（うら）あふれ」は「心（うら）あぶれ」と同じで、これが略されて「うらぶれ」となった。「あぶる」はおちぶれてさまよう意味で、「うらぶる」は心がそういう状態になることであった。これに対して、『和訓栞』の増補部「増補語林」には別の語源が記されている。すなわち、「うら（心）＋ふ（触）る」という説で、心がものに触れてやつれたのをいうのだと説く。

例「人もねの宇良夫礼（うらぶれ）をるに竜田山」（万葉集・五・八七七）「瓢零（うらぶ）れし今日の我を責めず」（与謝野鉄幹・紫・明治三四年）

うらむ【恨む】

他人の仕打ちがひどいと思う。語源は『大言海』の「「心（うら）見る」の転」とする説が有力だが、疑問も残る。「うらむ」は中古以降上二段に活用するが、「見る」は上一段活用である。また、「心（うら）見る」から、どのようにして「恨む」の意味が生じたか、なお多くの曲折がある。次に挙げるのは、中古の上二段活用の例。「うらむれどなげく数にもゐぬ塵や深き愛宕のみねとなるらん」（宇津保物語・藤原の君）。活用が四段化するのは、近世以降である（例は四段活用）。

例「恨まば恨め、いとしいといふこの病ひ」（浄瑠璃・冥途の飛脚・中）

うらめにでる【裏目に出る】

物事が期待や希望とは反対の結果になる。「うらめ」の「め」はさいころの目（め）や差し金・曲尺（かねじゃく）の目盛の目か、と思われる。「裏目」は表の様子とは全く違うありさまをいう。さいころで言えば、六が表ならば裏目は一、大工の曲尺の裏の目盛りは表の一寸の$\sqrt{2}$倍（約一・四倍）を一寸とする。このように裏の目盛りが表の目盛りと全く違っているものがあり、当然同じだと思っていた予想が裏切られるところ

から、現在の用法を生じた。

うらやむ【羨む】

ねたむ。『和訓栞*』は「裏病(うらや)むの義也。うらは心の裏をいふ」とする。『大言海』も「心病(うらや)むの義にて、他を見て心悩む意なるべし」という。『天治本新撰字鏡*』に仮名書きの例「宇良也牟(うらやむ)」が見える。なお、「うらやましい」は「うらやむ」を形容詞化した語。

例「花をめで、とりをうらやみ、かすみをあはれび」(古今集・仮名序)

うららか【麗らか】

美しく、おだやかに晴れているさま。『東雅*』によれば、「ウラ、といひしも、ウラウラといふことば」であって、これは「はらはら」「きらきら」が「はらら」「きらら」になるのと同じであるという。すなわち、「うらら」は「うらうら」の略だということである。「か」は「静か」「はるか」など形容動詞に多く現れる造語成分。「うらうら」は『万葉集』に「宇良宇良(うらうら)に照れる春日にひばりあがりこころ悲しも独りし思へば」(万葉集・一九・四二九二)という例がある。「うらうら」の「うら」の語源ははっきりしないが、一種の擬態語ではないかと思われる。

例「正月一日、三月三日は、いとうららかなる」(枕草子・一〇・正月一日、三月三日は)

うらわかい【うら若い】 文語 うらわかし

若くういういしい。多く女性について用いる。「うら」については、「心」とする説と、「末」の意とする説がある。近世、「末」による語源説(東雅、和訓栞など)が多かったが、現在では「心」による説が多い。↓うら(裏)

例「八月近き心ちするに、見る人はなほいとうらわかくて」(蜻蛉日記・下・天延二年)

うり【瓜】

ウリ科の植物の総称。語源不詳。「潤(うる)」に通じるか(大言海)などの説もある。古い朝鮮語の ori と同源とも言われる(岩波古語辞典補訂版など)。

例「宇利(うり)食(は)めば子ども思ほゆ」(万葉集・五・八〇二)

うりざねがお《うりざねがほ》【瓜実顔】

色白・中高で、やや面長(おもなが)な顔。美人の顔の一典型。「さね(実)」は種(たね)のことで、「瓜実(うりざね)」(連濁によりザネとなっている)はウリの種のことである。「うりざねがほ」はウリの種のような顔という意。種の形がふっくらと細長いことから、顔の形容として使われるようになった。

例「姫瓜や瓜さね皃(がほ)につくり眉」(俳諧・毛吹草追加・上)

うりふたつ【瓜二つ】

顔かたちがよく似ているさま。二つに割った瓜がどちらも似ていて同じような形をしていることから。俳諧の『毛吹草*』

（二）に「うりをふたつにわりたるごとし」と見える。これが後に「瓜を二つ」という表現に短縮され、更に「瓜二つ」となった。なお、「瓜を二つ」は「見れば見るほど瓜を二つ、親子の血脈（ちすぢ）は諍はれず」（浄瑠璃・源頼家源実朝鎌倉三代記・一）などと用いられている。

例「彼の眉目がわが親愛なる好男子水島寒月君に瓜二つである」（夏目漱石・吾輩は猫である・明治三八～三九年）

うる【売る】

代金を受け取って物を渡す。「買う」の反対の意味の語。『*和句解』は「えるなり。〈略〉得の字の心なり」とする。このような売って利を得るから「うる」という説は『*東雅』にも見えるが、疑問である。「得（う）」は下二段活用で、「え・え・う・うる・うれ・えよ」と活用するが、「売る」は四段活用である。下二段活用の「う」がどのようにして四段に転じたのか説明が必要である。

例「家をうりてよめる」（古今集・雑下・詞書）

うるうどし《うるふどし》【閏年】

「うるう月」のある年。暦と季節とを調節するために、余分の月または日を設けることを、「うるう」という。「閏（ジュン）」は余分の月日の意。「閏年（ジュンネン）」は漢籍に例がある。「閏」をウルウと読むのは、同じくジュンと訓む「潤」の訓を当てたものといわれる。

うるさい【煩い・五月蠅い】 文語 うるさし

わずらわしい。『大言海』は「ウルセシの転」とするが、現在では「うるさし」「うるせし」を同根とする説が多い。語根「うる」は「うら（心）」の転。「さし」は狭いの意である。すなわち、心を狭く閉じた状態にすることで、そこから心をそのような状態にする外界への嫌悪感を表す語となった。漢字表記「五月蠅」はもと「さばえ」と読み、陰暦五月（さつき）の群がり騒ぐハエの称で、このさばえのようにうるさいということから「うるさい」の当て字となった。明治以降多くなった当て字。

例「南のひさしに二人ふしぬる、後にいみじう呼ぶ人のあるを、うるさしなどいひあはせて、寝たるやうにてあれば」（枕草子・二九二・成信の中将は、入道兵部卿の宮の）

うるし【漆】

ウルシ科の落葉高木。語源不詳。『*和句解』に「うるほふ渋る也」とあるように、「潤（うる）ほふ」の「うる」に関係づける説が多いが、古代のアクセントからみて難点がある。すなわち、ウルシは高音で始まるが、ウルホフは低音で始まる語である、という（暮らしのことば語源辞典）。『大言海』は「潤液（うるしる）」、「塗液（ぬるしる）」両説をあげている。「塗る」は高音で始まる語なので、アクセント上では「塗る」から来たと見て支障はない。

例「漆〈略〉音七、宇流之（うるし）」（十巻本和名抄）

うるち【粳】

「もち（ごめ）」に対して、普通、炊いて食べる米。『大言海』は「うるしね」の略転とする。「しね」はイネと同義で、「にぎしね（和稲）」「おかしね（陸稲）」など他の語の下に付けて使われる。「うるしね」は『本草和名*』（一九）に「粳米」の訓「宇留之祢」として見える。ウルシネの「うる」は、「潤う」などの「うる」で、糯米（もちごめ）は乾燥すると不透明な乳白色になるのに対し、透明感を保っているので「うる」と言ったという。

例「うるち　粳、うるしねの俗称也」（辞書・俚言集覧）

うるめいわし【潤目鰯】

ニシン科の海魚。マイワシに似ているが、体は細長く丸みを帯び、体側に黒い斑点がない。体長は三〇センチほどに達し、干物にすると美味。語源は、丸く大きな目をしており、その目の表面が脂肪の膜で覆われていて、いかにもうるんでいるように見えることによる（英語名は big-eye sardine という）。

うるわしい《うるはしい》【麗しい】 文語 **うるはし**

美しい。『日本釈名*』に「美（うるはし）」は「潤（うるほふ）なり。うるほへる色は、うつくし」とある。すなわち、「うるはし」は、「潤（うる）ふ」を形容詞化した語で、濡れて光沢のある、冷たい美を表すのがもとの意味だといわれる。

例「言（こと）問はぬ木にはありとも宇流波之吉（うるはしき）君が手馴れの琴にしあるべし」（万葉集・五・八一〇）

うれい《うれひ》【憂い】

心配。ハ行上二段活用動詞「うれふ」の連用形「うれひ」の名詞化。または、ハ行下二段活用動詞「うれふ」の連用形「うれへ」の音転（エ→イ）によって生じた語。おそらく、後者であろう。「うれふ」の、未然・連用形語尾の古い仮名書きの例には、「へ」が多い。これは下二段の語尾である。そこで、「うれひ〈ウレイ〉」は下二段系の「うれへ〈ウレエ〉」から転じたものと考えられる。名詞化した「うれへ」の例は、中古に見える。「彼（か）のうれへせし匠（たくみ）をばかぐや姫、呼びすゑて」（古活字版十行本竹取物語）。なお、「うれふ」の語源は不明であるが、「うれ（心）」を語根とする語ではないかと思われる。

例「Vreiuo moyouosu（愁を催す）」（日葡辞書）

うれしい【嬉しい】 文語 **うれし**

よろこばしい。語源は「うら（心）＋いし（良）」で、その約（岩波古語辞典補訂版）。このように「うら」の「ら」の母音アが後接の母音イの影響でエとなっているが、これと同じ変化は「うれいたし」から形容詞「うれたし」が生じた時にも見られる。ただ、形容詞「いし」の仮名書き例は、一三世紀に下る。その例として「其をいしき事と思ふべからず」（栂尾明恵上人遺訓）がある。

例「天地と相栄えむと大宮を仕へまつれば貴く宇礼之伎（うれしき）」（万葉集・一九・四二七三）

うろこ【鱗】

魚などの表面を覆う小片。*『和訓栞』に「うろこはいろこの転ぜる也」とあるが、「いろこ」の語源は不明。イとウの交替にはイヲ（魚）→ウヲなどがある。「いろこ」は*『天治本新撰字鏡』に「伊呂己（いろこ）」とあるように、古くから用いられていた。「うろこ」は中世以降使われるようになった語である。例「Vrocouo toru, l. cosogu（鱗を取る、または、刮ぐ）」（日葡辞書）

うろのたたかい《—たたかひ》【烏鷺の戦い】

囲碁を打って勝負を争うこと。「う」は「烏」（＝カラス）の呉音、「ろ」は「鷺」（＝サギ）の漢音。碁石の黒・白をカラス（黒色）とサギ（白色）に見立てて、「烏鷺」が囲碁の異名となり、囲碁の勝負のことを「烏鷺の戦い」（「烏鷺の争い」「烏鷺を争う」とも）と言うようになった。例「泡吹く蟹（かに）と、烏鷺を争うは策の尤（もっと）も拙なきものである」（夏目漱石・虞美人草・明治四〇年）。

うろん【胡乱】

怪しげなさま。「胡乱」は「ウ（胡）」も「ロン（乱）」も唐音で、鎌倉・室町時代に禅宗と共に日本に伝わった語。「胡」はでたらめ、「乱」は乱れていることで、中国では、文字通り乱雑、勝手気ままの意味で使われ、日本でも「字が胡乱で」（史記抄・六）のような例が見られる。「乱れたさま」を指すところから、怪しげなさまを表すようになった。例「胡乱な事を云ふとて、とらようとしたれば」（抄物・史記抄・六）

うわごと《うはごと》【譫言・囈言】

熱に浮かされるなどして無意識に口走る言葉。「うわ」は「上（うえ）」が複合語を作るときの形で、「うわ気」「うわつく」などの「うわ」と同じ。落ち着きなく変わりやすいことを表す。幕末・明治期の和英辞書や和仏辞書などを見ると、「Uwa-koto」（和英語林集成・初版）のように、清音で表記してある。「うわごと」が一般化したのは明治後期と思われる。例「大ねつがさしまして〈略〉上言（うはこと）を申しまして」（浮世草子・西鶴織留・四・二）

うわっちょうし《うはつてうし》【上っ調子】

言動が軽々しい様子。「上調子（うわぢょうし）」の変化。上調子とは、三味線音楽の用語で、本手（原旋律）の三味線に対して、演奏上の情趣を添えるために補助的に高い音を弾く三味線やその奏者をいう。ここから声の上ずった様子や言動が浮ついているさまとして、比喩的に使われるようになった。例「比田の云うことも矢っ張り好い加減の範囲を脱し得ない上っ調子のものには相違なかった」（夏目漱石・道草・大

正四年）

うわて《うはて》【上手】

技能や能力が人より優れていること。「うわ」は「上（うえ）」が複合語を作るときの形。「て」は「やりて」「使いて」などのように人を表す。なお、「うわて」は、上の方、特に風上、川上の意でも用いられた。その場合の「て」は方向を表す。『平家物語』（四・橋合戦）の「つよき馬をばうは手にたてよ、弱き馬をばした手になせ」の「うは手」は、ここでは川上の意である。

例「さきざきなに事も、長能はうはてをうちけるに」（古本説話集・二六八）

うわのそら《うは―》【上の空】

他のことに心が奪われていて、注意が向いていないさま。「うわ」は「上（うえ）」が複合語を作るときの形。「うわ気」「うわつく」などのように根拠がなくしっかりしていないことを表す。「そら（空）」という語にはぼんやりしているという意味が上代からあった。「たもとほり往箕（ゆきみ）の里に妹を置きてこころ空（そら）なり土は踏めども」（万葉集・一一・二五四二）はその例。「うわ」は強調で、「うわ（上）のそら」で、心がからっぽでしっかりしていないことを表した。

例「Vuano sorani monouo qiqu（上の空に物を聞く）」（日葡辞書）

うわばみ《うはばみ》【蟒蛇】

大蛇。語源は諸説あるが不明。一説によれば、「うわ」は「上（うえ）」が複合語を作るときの形で、同種の他のものよりも程度、価値、大きさなどが甚だしいことを表し、「ばみ」は食べるという意の動詞「はむ」の連用形が名詞化し連濁したものという。この説は、大蛇が何でも呑んでしまうという俗信に基づく。また、蛇の意の「へみ」あるいは、蝮（まむし）の異名である「はみ」と関わらせる説もある。「うはばみ」はたくさん物を呑み込むということから、大酒飲みの意でも用いられるようになった。なお、大蛇のことは古く「おろち」といい、「うわばみ」という語が出てくるのは中世末ごろである。

例「両角振々として連鱗歴々たり。疑ひ無く山蟒（うははみ）と云ふ者なりと思ひ」（三国伝記・六・一八）

うわまえをはねる《うはまへ―》【上前をはねる】

ピンはねする。「うわまえ」は、『大言海』によれば「上米（うわまい）の訛」。「上米」は寺社が年貢米の一部を初穂として調進させることや一種の通行税のことをいう。これを取ることを「上米を取る」「上米をはねる」といった。「はねる」と言うのは利益をかすめ取るというニュアンスを込めたもの。「うはまへ（上前）」の形は近世から見える。

例「宇都宮、和田の義盛なんどにかはしては、あげ屋入の上まへをはね」（浮世草子・御前義経記・凡例）

うんえい【運営】

組織や制度などを働かせること。江戸時代末期の和蘭医学で造られた和製漢語。宇田川玄随訳『西説内科撰要』(一)には、「吾人の性命を養ひ、運営に資給することを為すなり」とある。このように本来は「からだの機能を働かすこと」を意味した。『医語類聚』(明治六年)にも「cerebration 脳の運営」とある。「運営」は、『和蘭医事問答』(下)に「蘭人中風の説に、此病神経に因すと御座候。其運動営為を専ら主(つかさど)り候ふ神経の病ゆへ」とあり、この「運動営為」をもとにできたとも考えられる(日本国語大辞典二版)。のちに身体以外の組織や制度についても用いるようになった。

うんこ

(幼児語で)大便。「うん」は息張る声から。「こ」は名詞に付いて幼児語や俗語を作る接尾辞で、「ちんこ」などの類例がある。

例「ちんころがうんこを踏んだやうな面で通さアな」(滑稽本・浮世風呂・前・下)

うんすい【雲水】

修行のため諸国をめぐり歩く禅僧。「雲水」という語自体は雲と水の意味で古くからある。禅宗で、雲や水のように一カ所にとどまらず諸方を遍歴して修行することから行脚僧をたとえて言った語。

例「しかあれば参学の雲水、かならず勤学なるべし」(正法眼蔵・心不可得)

うんせい【運勢】

将来の運。英語 fortune の訳語として、幕末頃に造られた和製漢語。*『和英語林集成』の初版(慶応三年)に見られる。めぐりあわせの意味の「運」と、「なりゆき」などという意味の「勢」を結びつけて造ったものだろう。

例「まぐれ当りに自分に廻り合せると云う運勢を」(夏目漱石・坑夫・明治四一年)

うんでいのさ【雲泥の差】

非常に大きな違い。「うんでい(雲泥)」は、天にある雲と地にある泥。その間にある天地の隔たりを相違の大きさのたとえとしたもの。この語は、白居易の詩「傷友」に「今日長安道、対面隔雲泥(今日長安の道、対面雲泥を隔つ)」とあるように、漢籍に用例を持つ漢語。ただし、「雲泥の差」という表現は、日本独自のもののようである。

例「先生と呼ぶのと、呼ばれるのは雲泥の差だ」(夏目漱石・坊っちゃん・明治三九年)

うんどう【運動】

健康などのため体を動かすこと。ある目的のために人々に働きかけること。「運動」は天体がめぐる、時間とともに変わる、といった意味で中国古典に見える語で、日本でも用いられて来た。日本では明治になると天体については「運行」という

語が用いられるようになる。「運動」は*『哲学字彙』（二版・明治一七年）には motion の訳語として記載され、物理学の用語であるという注がある。体操の意味で用いるようになったのは学校教育が始まってからで、『小学入門（甲号）』（文部省・明治七年）の「連語図第二」の「運動」の例文には、「運動を為すは気を散じ体を養ふが為」とある。

例「鬼ごっこでもはじめようか。〈略〉運動になっていいぜ」（坪内逍遥・当世書生気質・明治一八〜一九年）

うんともすんとも

「うんともすんとも言わない」のように打ち消しの表現を伴って、一言も返事がないことをいう。語源について、ウンスンガルタが天正ガルタに圧倒されてすたれたため、「うんともすんとも云わぬ」という表現が生まれたという説がある（楳垣実・猫も杓子も）。同書ではこの説を紹介するが典拠は示されていない。近世、苦しい時のうなり声に「うんすん」というのがあった。これをもとに作られたものとする説（暮らしのことば語源辞典）もあるが、これによれば「うんともすんとも言わない」は苦痛のうなり声も出ないという意味になる。しかし、一方、この語句が使われるのは何か返答しなければならない場面だから、この「うん」は肯定の応答詞と考えられる。肯定とも否定とも何とも言わないということを、「うん」に語呂合わせして、「すんとも」と続けたものと考えられるだろう。

例「うん共すん共いふ事なるまい」（浮世草子・色茶屋頻卑顔）

うんぬん【云々】

引用文や後の文を省略するときに用いる言葉。「吾欲云云（吾しかじかと欲す）」（漢書・汲黯伝）など、中国古典に用いられていた「云々」を音読したもの。*『色葉字類抄』（黒川本）に「云云　ウン〳〵」とあり、初め、「うんうん」といわれていたものが、連声により「うんぬん」となったと考えられる。現在では、「あれこれ言う」の意味でも使われる。これは後を省略して言わないという用法から生じたもので、具体的にどう言ったかは言わずにすませようとするものである。

例「善人は悪人を嫌ひ、悪人は又善人を嫌ふと vnnun（ウンヌン）」（サントス・御作業・二）

え

えいが《えいぐわ》【映画】

撮影した画像を連続して映し出し、動いているように見せる仕組み。和製漢語。「映」は「（形を）うつす」、「画」は「えがく」意である。初めて「映画」という語を使ったのは柳河春三で、『写真鏡図説』（慶応三年）に「写真映画の術は人の真像を、

地の真景を描くの良法にして」とある（広田栄太郎・近代訳語考）。初め「映画」は写真の意味であったが、その後、動くように見える画像をいうようになった。谷崎潤一郎の『人面疽』（大正七年）には「活動写真の映画」という言い方も出てくる。関東大震災以後は「活動写真」より「映画」の方が優勢になる。

えいきょう《えいきやう》**【影響】**

他方に変化や反応を起こさせること。古くからの漢語として、「かげとひびき」の意や「形と影、音と響きのように、相応ずること」の意で使われていたが、明治になって influence や consequence の訳語として、「他に働きを及ぼすこと」という新しい意味で用いるようになった語。『西国立志編』（中村正直訳・明治三〜四年）では「夫れ感化の速やかなる事、影響の如し」と、まだ古い意味で使われているが、『当世書生気質』（坪内逍遥・明治一八〜一九年）では「君の精神上に、たいした影響を及ぼさない事であれば」のように、新しい意味で使われている。

例「Influence　感化　風動　権威　影響」（哲学字彙・明治一四年）

えいせい《ゑいせい》**【衛星】**

惑星の周囲を回る天体。「衛」は、まもる意。「衛星」は惑星（遊星）を護衛する星という意味。オランダ語 wachter（見守るものの意）の訳語として造られた和製漢語。

例「地球に一箇の衛星あり。所謂太陰是也」（天文・暦象新書・上）

えがく《ゑがく》**【描く】**

描写する。「ヱ（絵）＋カク（書く）」で構成される。つまり、絵をかくこと。古くはヱカクと濁らない形を用いた。清音「えかく」は現在、「えかき」という語に残っている。*『書言字考節用集』のような近世中期の辞書にも、濁点なしの形で出てくる。

例「Yegaki, -ku, -ita, ヱガク、畫」（和英語林集成・初版）

えきでん【駅伝】

リレーによる長距離競走。「駅伝競走」の略。「駅伝」の語は、中国で「宿駅におかれた馬」の意で用いられ、日本でも律令制に取り入れられた。この「駅伝」を長距離リレー競走の意に用いた最初は、読売新聞大正六年四月一五日号で、同新聞社主催「奠都記念東海道五十三次駅伝競走」（四月二七日実施）を報じたものである。当時の読売新聞社、社会部部長土岐善麿の命名によると言われる。

えくぼ《ゑくぼ》**【靨】**

笑ったとき、頬にできるくぼみのこと。語源は「ゑ（笑）＋くぼ（窪）」。「ゑ」は「ゑがほ（笑顔）」、「ゑみ（笑）」の「ゑ」と同じく、笑うという意。「くぼ」は「窪（くぼ）む」の「くぼ」で、へこみの

意。つまり、「えくぼ」は「笑窪」の意。

例「靨〈略〉恵久保(ゑくぼ)」(天治本新撰字鏡)

えげつない

露骨で下品だ。語源は不明。「いげちない」から転じた語(上方語源辞典)と思われるが、それ以上は不明である。「いげちない」はむごいというような意味で、近世用いられた。「情けなきといふ詞のかはりに、大坂及び播磨辺にて、いげちないと云ふ。〈略〉江戸にてむごらしいと云ふ」(物類称呼・五)。この語から転じた「いげつない」という形も存在した。「いげつない　不二不道徳の利欲家をいふ」(両京俚言考)。一方、味覚を表す「えぐい」にも、近世気が強いとか、冷酷だとかいう意味が派生していたので、これと何らかの関係があるのではないかという説もある。

例「なんで、こない、えげつなうなんなはってん」(里見弴・父親・大正一二年)

えこじ《えこぢ》【依怙地】

つまらないことに頑固にこだわること。『大言海』によれば、「依怙意地の略」。「依怙(えこ)」は漢語で、頼ることの意だが、日本の中世に、ある一方をかたよって支持するという意味を生じた。それと「意地」とが複合し、こうと思ったことに固執する意味で「依怙地」という語が使われるようになったと思われる。

例「男坂えこじに道はつけぬなり」(雑俳・柳多留・二一)

えこひいき【依怙贔屓】

気に入った者に不当に肩入れすること。「えこ」も「ひいき」も中国の漢語に由来するが、日本で「えこひいき」と一語化して使うようになった。「依怙(えこ)」は、頼ることの意だったが、「依怙」だけで一方的な肩入れを表すようになっていた。「ひいき」は「ひき(贔屓)」の転じた語で、力を用いるさまを表したが、中世にはそれだけで「依怙贔屓」と同じ意味に使われていた。このように、「依怙贔屓」は同じ意味の語を重ねて使ったものであるが、その用法は、近世以降のようである。

例「御心に依怙贔屓おはしまさず」(信長記・一上)

えじき《ゑじき》【餌食】

よこしまな欲望のいけにえ。漢語「衣食」から変化した語。「衣食」は、もともとは衣服と食物の意味で、「衣食　エジキ」(易林本節用集)と読まれていた。衣と食という元の意味から、室町時代には、天狗や鬼あるいは動物に食べられるものへと意味変化し、語頭の「え」が動物の食べ物の意の和語「餌(ゑ)」に混同されるようになった。「衣(え)」と「餌(ゑ)」の発音は、中世同音になっていたので、このような混同も可能であった。『*日葡辞書』には「Yejiqi エジキ(餌食)　鳥や獣の食物」とある。さらに、好餌という現代風の意味を生じたのは、動物の餌が「えさ」と言われるようになった近世からのこ

と思われる。

例「たやすく娼妓の餌食ともなり」(坪内逍遥・当世書生気質・明治一八～一九年)

えしゃく《ゑしやく》**【会釈】**

軽く頭を下げる礼。もと仏教語で、「和会通釈(わえつうしゃく)」の略語。矛盾した教説を突き合わせ、両立を可能とする深い理解を導き出すことをいう。そこからの転義の経緯は明らかではないが、統一的解釈のためにさまざまの事情を考え合わせなければならないことから、相手方の事情の理解、斟酌の意となり、対応、挨拶の意ともなったかと思われる。(エは「会」の呉音)。

例「入り来る上使は石堂右馬之丞・師直が昵近(じっきん)薬師寺次郎左衛門、役目なれば罷り通ると会釈もなく上座に着けば」(浄瑠璃・仮名手本忠臣蔵・四)

エスオーエス【SOS】

救助を求める信号。危機的状況であること。本来は船舶や飛行機が救助を求める時の無線通信による遭難信号。一九〇六年、国際無線通信会議でモールス信号「・・・－－－・・・」が遭難信号と定められた。「・・・－－－・・・」はローマ字のSOS(エス・オー・エス)に当たるところから、SOSが援助を求める信号の名称となり、それを発するような状況、すなわち危機的状況をも意味するようになった。日本では、モールス信号によるSOS信号は平成一一年(一九九九)一月三一日で廃止となった。

えせ【似非・似而非】

見かけは似ているが、そうではないという意を添える接頭語。語源について、「『えせ』は蓋し『えせぬ』の略語なるべく、もとは正しきものになりえぬことをいひたり」(山田孝雄・平安朝文法史)といわれている。「え」は副詞で、打ち消しを伴って「～できない」の意味を表す。「せ」はサ変動詞の未然形、「ぬ」は打ち消しの助動詞「ず」の連体形で、直訳すれば、「えせぬ」はすることができないの意。この「え」のあとには必ず否定が来るから、「ぬ」は言わなくても分かるので省略されたという。漢字表記の「似非」「似而非」は「似て非なるもの」(＝似ているようで違っている)という意の漢語「似而非」「似是而非」に由来する。

例「右衛門の尉なりける者の、えせなる男親を持たりて」(枕草子・三〇七・右衛門の尉なりける者の)

えそらごと《ゑそらごと》**【絵空事】**

ありえないうそ。語源は「ゑ(絵)＋そらごと(空事)」。「そらごと(空事)」とは嘘のことで、「絵空事」は絵に描いたようなうそということになる。「そらごと」は『竹取物語』に「まことに蓬莱の木かとこそ思ひつれ。かくあさましきそらごとにありければはやとく返し給へ」のように現れている。なお、「そら

ごと」の「そら（空）」は嘘という意。

例「ありのままの寸法にかきて候はば、見所なき物に候ふ故に、絵そらこととは申す事にて候ふ」（古今著聞集・一一・三九六）

えたい【得体】

正体。本質。主として「得体が知れない」「得体が分からない」という固定された表現で用いられる。近世後期から用例があるが、語源は未詳。『大言海』は、イテイ（為体）→エテイ→エタイと転じたものとし、イテイは「為体（ていたらく）の字を音読したる語」という。

例「革色やら紺桔梗やら染込て、えたいも分らぬやたら縞」（人情本・春色梅美婦禰・五・叙）

エックスせん【X線】

電磁波の一種。透過力が強く医療診断などに使われる。一八九五年ドイツ人レントゲン（Röntgen）によって発見され、未知の線ということで、数学で未知の数を表すXを使ってX線（X-Strahlen・ドイツ語）と呼ばれた。発見者の名をとってレントゲン線ともいう。日本では、初めはドイツ語を訳した「X光線」が使われたが、「X線」が一般的となった。X光線は昭和初期まで使われていた。「X〈エッキス〉光線や無線電信の行われる二〇世紀には」（内田魯庵・社会百面相・明治三五年）。

例「まるでX線写真でもみるように」（倉橋由美子・暗い旅・昭和三六年）

エッチ

性的にいやらしいことをいったりしたりすること。エッチ（H）は、初め女学生の間で、「オヤあの方はHじゃあないの」（三宅花圃・藪の鶯・明治二一年）のように、英語 husband（ハズバンド）の頭文字として「夫」を意味する隠語として用いられてきた。それが「変態」のローマ字表記 hentai の頭文字を表すとみなされるようになったのは、昭和二〇年代の終わり頃で、東京の女学生の間で使われ出したようである（週刊朝日・昭和二七年四月一三日号）。その後、エッチは「変態」の意味が薄れ、セックスとほぼ同じ意味に使われるようになってきた。

例「Hは変態の頭文字」（舟橋聖一・白い魔魚・昭和三〇年）

えてかって【得手勝手】

思うままにすること。「えて（得手）」の「え」は動詞「得（う）」の連用形、「手」は技の意で、「得手」は獲得された技の意である。そこから、得意技の意となり、得意技だから何でも自由にできることを表し、更に、自分の好きなようにするという意味を生じた。「かって」も我が儘なさまを表す語である。「得手勝手」はこのように、ほぼ同じ意味の語を重ねて、調子よく用いたものである。→勝手

例「寒菊や寒さを花の得手勝手」（俳諧・毛吹草追加・中）

えてこう【得手公・猿公】

猿。「えて」は、はじめ芸人や職人の間で使われた忌み詞であったらしい。「さる」の音は死や別離、喪失、手放すなどの意になる「去る」に通じ、縁起が悪い。このため、反対の意味の「えて（得手）」（＝得たもの、得意なわざ）という言葉で、「さる」を言い表すようになったもの。「こう（公）」は親しみや軽蔑の気持ちを表すときに添えられる。

例「猿公《えてこう》だよ」（野村胡堂・銭形平次捕物控・死相の女・昭和六〜八年）

えてして【得てして】

ややもすると。「え」は動詞「得《う》」の連用形「え」、これに接続助詞「て」が付いて、「えて」となった。「えて」だけで、すでに「ともすると」の意になっていた。たとえば、「えて君のこれをにくまんの御心いできなば」（愚管抄・七）のように用いられていた。「得《う》」は可能を表すが、できるということから、できるにまかせて、ややもすると転じていったもの。「得てして」の「して」はサ変動詞「す」の連用形「し」に接続助詞「て」の付いたものであるが、一語の接続助詞としても使われる。ここでは語調を整え、強めるために添えられた。

例「座頭といふものは勘の深いものかな。えてしてはめあきもはまる溝を、盲人の身として、よくも越えたり」（咄本・軽口福徳利・勘の聞違）

えと【干支】

十干十二支を組み合わせたもの。「えと」の「え」は「兄《え》」のことで、陰陽道の陽を表す。「と」は「弟《おと》」で陰の気を表す。なお、漢字表記の「干支《かんし》」は幹と枝のこと。中国、魏の『広雅』に「甲乙為幹、幹者、日之神也、寅卯為枝、枝者、月之霊也」とあるように、古く中国では甲乙丙丁…をみき（幹）、子丑寅卯…をえだ（枝）と考え、幹枝《かんし》と捉えた。これが後に干支と表記されるようになった。

例「Yetoxican　エトシカン（干支支干）　日本人の用いる日や年の数え方」（日葡辞書）

えどのかたきをながさきでうつ【江戸の敵を長崎で討つ】

意外な場所で、あるいは筋違いなことで仕返しをする意。江戸で受けた恨みを遠く離れた長崎で返したという意外性から、とんでもない場所で強引に恨みを晴らすという意味を生じたものであろう。楳垣実『江戸のかたきを長崎で』によると、もともとのことわざは、「江戸の敵を長崎が討つ」であったという。文政年間（一八一七〜三〇）大坂の籠職人が江戸で見世物を興行し大成功をおさめたとき、負けん気の強い江戸の花籠職人がこれに対抗したが敵《かな》わなかった。同じ頃、長崎の細工人の手になる紅毛伝来の見世物が大坂を

凌ぐ大流行となったため、江戸の花籠細工が大坂の籠細工に敗れた仇を長崎のビイドロ細工が返してくれた、という気持ちを表したことわざだったという。この由来が忘れられ、「長崎が討つ」から「長崎で討つ」に変わったのだという。話としては面白いが、肝心の「江戸の敵を長崎が討つ」ということわざの使用例がない。なお、このことわざは江戸時代それほど流行したものではない。近世の例としては「江戸敵（えどのかたき）長さき」という形で、文政五年に大坂で出版された咄本『春興噺万歳』の、五の巻所載の小咄の題名として出てくることが知られている。

えどまえ えどまへ【江戸前】

東京の近海でとれた鮮魚。江戸前でとれた生きのいい魚というのが、もとの意味である。「江戸前」は江戸城の前の意で、考証家・三田村鳶魚（えんぎょ）は、隅田川より西、江戸城から東に当たる地域を指すという（天婦羅と鰻の話）。海域としては『江戸学事典』（西山松之助他編）は『日本橋魚市場沿革紀要』を引いて、西は品川洲崎一番杭、東は武洲深川洲崎松棒杭の内側とする。現在、「江戸前」と言えば海の魚のことだが、近世後期の江戸では鰻を指すことが多かった。鳶魚は、先の書で宝暦四年（一七五四）の前句付け「江戸前を鵜は呑みかねてぎつくぎく」を挙げている。また、この語は、「江戸前の奉公人は食へぬなり」（雑俳・柳多留・四八）のように「江戸風」の意味にも拡大して用いられた。

例「江戸前でなければまづいさくら鯛」（雑俳・柳多留・八七）

えにかいたもち ―ゑ【絵に描いた餅】

（絵に描いた餅は食べられないことから）役に立たないもののたとえ。「画餅（がべい）」を和風にしたもの。仮名草子の『為愚痴物語』（六・二）に「されば木仏絵像を古人もゑにかける餅、飢をいやさずといへり」という例が見られる。『本朝文粋』に「猶如画餅不可食（なお、画餅の如く食ふべからず）」とあるように、古くから「画餅」という漢語が用いられていた。「画餅」は中国起源の語である。

えにし【縁】

ゆかり。えん。語源は「えに（縁）＋し」である。「えに」は「縁」の字音「えん」の韻尾「n」を「に」で記したもの。銭（せん）の「ぜに」という表記から「ぜに」が生まれたように、「えに」という表記から「えに」ができた。「し」は強意の助詞。なお、「えに」は「みをつくし恋ふるしるしにここまでもめぐりあひけるえには深しな」（源氏物語・澪標）のように単独でも用いられた。

例「またこの川は所から、名に流れたる海人小舟、初瀬の山と詠み置ける、その川のべの縁（えに）しあるに、不審はなさせ

給ひそとよ」（謡曲・玉葛）

エニシダ【金雀児・金雀枝】

マメ科の落葉低木。延宝年間（一六七三〜八一）に渡来したといわれる。オランダ語 genst に由来する。蘭学書にはエニスタが多く、エニスダと濁った形も見える。エニスタ↓エニシダの変化について新村出は、「縁（えにし）」と「羊歯（しだ）」との連想の影響などを指摘している（国語学叢録）。初夏、黄色の蝶形の花が多数咲く。漢名は「金雀枝」。

えのき【榎】

ニレ科の落葉高木。語源不明。エノキの「え」は「枝」の意で、枝が多いからエノキという説があるが、疑問である。平安初期までエノキの「え」と「枝」の「え」とは発音が違っていた。すなわち、「榎」はア行のエ［e］で、「枝」はヤ行のエ［je］であった。一〇世紀に作られた手習い詞「あめつち」に「生ほせよ　榎（え）の枝（え）」とあって、二つの「え」が当時違う音節と意識されていたことが分かる。エノキは怪異と関係のある巨木であったが、これに因んで、祟りの意のタタイまたはタタエの木の、語頭部分タタが省略されたもの、と説く説がある（前川文夫・植物の名前の話）。「榎」という漢字は日本で当てたもので、夏にはこの木の樹陰を好んだから、「木」に「夏」を配したという。漢名は「朴樹」である。古くは、単に「え」と言った。「わが門の榎（え）の実もりはむ百千鳥」（万葉集・一六・三八七二）。

例「榎〈略〉衣乃木（えのき）」（天治本新撰字鏡）

えのころぐさ《ゑのころぐさ》【狗尾草・狗児草】

イネ科の一年草。空地や道端に生える雑草。夏、茎の先に、多数の花が密集する長さ六〜九センチの緑色をした円柱形の花穂をつける。「ゑのころ」の「ゑ」は、古く犬を「ゑぬ」とも言ったので、その「ゑ」と関係があるだろう。「ろ」は親愛の情を加える接尾語である。この草の花穂のむくむくとした様子が子犬の尾に似ているためにつけられた名で（改訂増補牧野新日本植物図鑑）、既に室町時代から用いられていた。一方、この植物の別名であるネコジャラシは、明治以降に現れた新しい語形である。

例「狗尾草　ヱノコロクサ」（辞書・撮壌集）

えびす《ゑびす》【恵比須・恵比寿】・《えびす》【戎・夷】

七福神の一つ。この神は事代主（ことしろぬし）神か蛭子（ひるこ）のことであるという。これを何故「えびす」と言ったかは不明である。「えびす」は「えみし（蝦夷）」の転で、異民族をさす。「えみし」は人を意味するアイヌの古語エンヂュ・エンチウから出たという説（金田一京助・アイヌの研究）がある。歴史的仮名遣いは、「えみし」の転であれば「えびす」が正しい。「ゑびす」は、後世、「え」の部分に「恵（ゑ）」という漢字を当てることが一般化した影響である。

例「世を救ふ夷《えびす》の神の誓ひには洩《も》らさじものを数《かず》ならぬ身も」（承安二年広田社歌合）「恵比酒　ヱビス」（文明本節用集）

えびでたいをつる ―た ひ― **【海老（蝦）で鯛を釣る】**

わずかな労力で多くの利益を得ること。わずかな贈り物で多大なお返しをもらうこと。この表現の発想は平安時代の「飯粒《いひぼ》して鮍《もつ》釣る」という諺に遡る。江戸時代になると『*譬喩尽』（天明六年）に「疣《いぼ》で鯛釣る思ひ」と変化する。これは「いいぼ」が分からなくなって、「いぼ」になったものだろう。この諺で餌になるものにいろいろなバリエーションがあって、「えび」もその一つである。タイは近世後期立派な魚の代表として、エビに組み合わされたものだが、実際にエビでタイを釣ることもあるので、自然なとり合わせとして普及したものだろう。この表現から、明治時代にかけて「えびでたい」「えびたい」という言い方が生まれた。「海老」の表記は平安末から見られる。

例「蝦《えび》で鯛を釣る積《つもり》にや、出かけて行きしが〈略〉丸裸体となりて、壺でも振って居るならん」（合巻・教草女房形気・二五・上）

えびね【海老根・蝦根】

ラン科の多年草。地下茎は節が多く、多数の髭根《ひげね》が出ている。その形がエビに似ているためこの名が付けられた。「エビのような形をした根を持つ植物」という捉え方である。『大言海』も、根に節が多くエビの背に似ているからとする。『*文明本節用集』に「䓊　エビネ」のように載っている。

えぼし【烏帽子】

昔の成人のかぶり物。「えぼうし」の略。「烏」は黒塗りであることを表し、「烏帽子」は黒塗りのかぶり物である。なお、歴史的仮名遣いについては、語頭が「え」か「ゑ」か論争があった。

例「烏帽子は鼻にたれかけたる翁の、こしによきといふ木きる物さして」（宇治拾遺物語・一・三）

えらい【偉い・豪い】 文語 **えらし**

身分が高い。語源は不明。『大言海』は「いらいら（苛々）し」の略転とする。近世以降用いられるようになった語で、最初は程度が甚だしいという意味で使われた。「正直者ぢやさかい、えらう腹立て召さる」（浄瑠璃・新版歌祭文・油屋）。身分が高いとか立派だとかいう意味で、よく用いられるようになるのは、近世末期だといわれる。

例「えらい奴鑓立てさして馬に乗る」（雑俳・笠付類題集）

えり【襟・衿】

衣服で首を取り囲む部分。語源不明。『大言海』は「衣輪《えりん》の略」というが、「衣輪」という語の存在は知られていない。古くは「ころものくび」「きぬのくび」などと言われていた。「えり」の用例は中世から見られる。

例「此のごろみやこにはやるもの、肩当腰当烏帽子とどめ、えりの堅(た)つかた、さび烏帽子」(梁塵秘抄・二)

えんえき【演繹】

前提から正しい推論によって結論を引き出す方法。「演繹」は漢籍に見られる語で、「演」は述べる、「繹」は糸口を引き出す意。「演繹」は糸をたぐっていくように、一つの事から他の事へと述べ進み、明らかにしていくという意味であった。同じ意味で日本でも使われていたが、西周が論理学の用語 deduction を「演繹の法」と訳して用いた(百学連環・明治三年)。その後『*哲学字彙』(明治一四年)で deduction は「演繹法」と訳され、「演繹」はこの分野の語として定着した。

例「帰納法にて推理せん歟。将(は)た演繹の法に因(よ)らんか」(坪内逍遥・当世書生気質・明治一八〜一九年)

えんがわ えんがは【縁側】

部屋の外側に設けた細長い板敷きの部分。「えん(縁)」は漢字「縁」の字音で、ふち・へりを意味する漢語である。これが古来の和風建築で「家のへりの部分」を表す名称となった。既に『竹取物語』に「この皇子(みこ)〈略〉えんにはひ上(のぼ)り給ひぬ」のように現れている。意味の上では「縁」だけで十分であるが、「縁」だけではいろいろな意味があるので「かわ(がわ)」を添えて、この意味だけを表す語にしたものであろう。「かわ(がわ)」の意味は、この場合「外側」ということである。「えんがわ」は重箱読みの語で、近世になって誕生した。

例「寝みだれすがたの娘、えんがはにこしかけ、あさがほの花をながめて居る」(咄本・鹿の子餅・犇)

えんぎ【演技】

俳優や芸人が見物人に芸をして見せること。「技(わざ)」を演ずる」という意味の和製漢語。江戸時代末期に、漢文訓読体の文章において使われ出した語。明治時代前期における演劇改良運動において多用された。「技」は「伎」とも書かれた。

例「要するに、平生痴情、好んで演伎を観、徒らに倡優を愛す」(地誌・江戸繁昌記・五)

えんぎ【縁起】

物事の吉凶の前兆。元来仏教語で、梵語 pratītya-samutpāda、または、パーリ語 paṭicca-samuppāda の漢訳語として成立した。「縁起」は、「因縁生起(いんねんしょうき)」の意で、因縁によって生起することが原義。そこから物事、特に社寺・仏像などの起源・由来(を記した文書類)の意にも用いられ、近世以降は、「縁起が良い(悪い)」のような、幸・不幸の前兆をいう用法が派生した。

例「いつでもお茶を挽かんすから、えんぎが悪うおざんす」(洒落本・青楼中之世界錦之裏)

えんぎをかつぐ【縁起を担ぐ】

吉凶の迷信にとらわれる。なぜ「縁起」を「担(かつ)ぐ」という

表現が生まれたかについては、「御幣（ごへい）を担ぐ」への類推によるものという説（日本国語大辞典二版ほか）がある。「かつぐ」には「おみこしを担ぐ」のように神聖なものを肩にかけるという用法があり、御幣や縁起を神聖なものとして担ぎまわって、それにこだわることを言うようになったものだろう。

えんげい【園芸】
草花・果樹を育てること。英語 horticulture の訳語として明治時代に造られた和製漢語。「園」は野菜などを栽培する場所の意。*『附音挿図英和字彙』（明治六年）に、訳語として見える。

えんげい【演芸】
大衆的な演劇や芸能。明治時代の和製漢語。山田美妙*『日本大辞書』（明治二六年）には、「落語、講談、演戯、踊り」などをいうとしている。江戸時代には「遊芸」という言葉があったが、「遊芸」は、茶の湯、生け花、琴、三味線、謡なども含んでいた。「演芸」は、演劇を中心に公衆の前で演ずる芸能を言う点でも、遊芸とは異なる。
例「演芸中の太夫は不図外方（とのかた）に眼を遣りたりしに」（泉鏡花・義血侠血・明治二七年）

えんしゅつ【演出】
脚本、シナリオに基づいて俳優の演技、舞台装置などを指導し舞台に上演したり、映画を作ったりすること。和製漢語。大正七年の『劇場作法』で小山内薫が使ったのが最初といわれる（加茂正一・新語の考察）が、その前からプログラムなどに見られたという指摘もある（赤坂治績・ことばの花道）。初めは脚本を舞台で演じることの意味であったが、演技、装置、照明など一切の指導を行うことを指すようになり、舞台だけでなく映画でも使うようになった。さらに、「言葉や身振り、服装などである効果を出すようにすること」「事件を仕組むこと」などを表すようにもなった。
例「極めて平和な暗闘が度胸比べと技巧比べで演出されなければならなかった」（夏目漱石・明暗・大正五年）

えんぜつ【演説】
多くの人の前で自分の意見や主張を述べること。英語 speech の訳語として明治時代初期から使われるようになった。「演説」という語は漢籍に典拠があり、主に仏の教えを説くというときに用いられたようである。日本では、江戸時代に桂川甫周が*『和蘭字彙』でオランダ語 redevoering の訳に使ったのが訳語としての初めである（斉藤毅・明治のことば）。明治になると、公衆の面前で自己の意見や考えを述べるのに英語 speech の訳語として「演説」が用いられた。特に福沢諭吉は演説を慫慂（しょうよう）し、『会議弁』（明治六年）で演説の重要性を説いたり、演説館をつくったりして、その普及に努めた。

例「演説とは英語にて「スピイチ」と云ひ、大勢の人を会して説を述べ、席上にて我思ふ所を人に伝ふるの法なり」(福沢諭吉・学問のすゝめ・明治五～九年)

えんそく《ゑんそく》【遠足】

主として歩行によって遠く出かける学校行事。近世、遠くまで歩くことを表す語として作られた和製漢語。明治になると、学校行事として定着。現代中国語にも見られるが、これは日本からの移入によるものである。

例「今日遠足どもいたして」(滑稽本・続膝栗毛・二・下)

えんにち【縁日】

寺や神社で、供養や祭りをする一定の日。「有縁(うえん)の日」「結縁(けちえん)の日」の略。その日に参詣して神仏と縁を結べば御利益があると言われる。五日は水天宮、一六日は阿弥陀、一八日は観音、二八日は不動尊というように決まっている。

例「今日は十八日、観音の御縁日也」(今昔物語集・一四・七)

えんぴつ【鉛筆】

筆記具の一種。古く中国で使われた語で「鉛粉を用いて書く毛筆」を指した。現在日本でふつうに使っているものは、木の軸に黒鉛と粘土を交ぜたものを芯として詰めたものであるが、黒鉛を用いるところから、はじめは「黒石筆」「石筆」など言われていたが、明治になって古い漢語を使って「鉛筆」と言うようになった。日本ではオランダ人が徳川家康に献上したのが初めと言われるが、普及したのは明治になってからである。オランダ語では potlood(ホットロート、ポットロウ)と言い、『*和訓栞』の「ほつとろうと」の項に「石筆の蕃名也」とある。明治時代には「西洋筆」とも言われた。

例「鉛筆を耳に挿(はさ)んでいる者も有れば」(二葉亭四迷・浮雲・明治二〇～二二年)

えんま【閻魔・琰魔】

人の生前の罪をあばいて判決を下すという地獄の王。仏教語。抑制・禁止などの意の梵語 yama を中国語において音訳したもの。古代インド神話の神が仏教に取り入れられたもので、中国に入ってからは道教の影響を受けて、赤い衣や冠をつけた姿で憤怒の形相で表される。

例「火君(ひのきみ)の氏、忽然(たちまち)に死して琰魔の国に至る」(日本霊異記・下・三五)

えんまこおろぎ《えんまこほろぎ》【閻魔蟋蟀】

コオロギの一種。黒褐色で体長二・五センチになる大型のコオロギ。頭部の形が閻魔大王のようにいかめしいので名付けられた。

えんまちょう《えんまちやう》【閻魔帳】

教師が生徒の成績や行状などを書き留めておく帳面。大正

の頃から使われ出した学生用語。本来は、仏教の伝説で閻魔大王が死者の生前の行いについて書き留めておく帳面のことであったが、教師を閻魔に見立てて、生徒の成績や品行について書き留めておく帳面を指すようになった。
例「小脇に教科書や閻魔帳を挟み」（石坂洋次郎・若い人・昭和八～一二年）

えんりょ《ゑんりよ》【遠慮】
相手に配慮して、言動をひかえること。中国の『史記』に「深謀遠慮」という語があるが、「遠慮」はもともと目先のことにとらわれず将来を見越して深く考えることであった。日本でも、たとえば『*日葡辞書』には、「Yenrio　エンリョ〈略〉Touoqi vomonbacari（遠き慮り）」とある。この意味から日本では、状況を考えて行動を猶予する意味を生じ、更に、先方の事情を汲んで、言動を慎むことを表すようになった。
例「夫（それ）は一段と能（よ）からう。遠慮なしにいうてみよ」（虎寛本狂言・鬮罪人）

お

おあし【御足】
金銭。金銭を「足」にたとえるのは「無翼而飛、無足而走（翼無くして飛び、足無くして走る）」（晋書・隠逸伝。魯褒（ろほう）の銭神論）に由来する。日本では金銭の意の「あし」は、「多くのあしを賜ひて」（徒然草・五一）などと見える。それに丁寧化の接頭語「お」の付いた「おあし」は、『*日葡辞書』によれば、女性の言葉である。
例「やない箱の御あし三十疋いだされ候ふ」（実隆公記・大永七年五月三〇日・紙背）

おいえげい《おいへげい》【御家芸】
ある人が最も得意とする事柄。歌舞伎で、それぞれの歌舞伎役者の家で、代々得意としてきた演目、役柄、演技、芸風を指した。それが一般用語としても使われるようになった。「お家の芸」から「お家芸」と短縮されたものと思われるが、近世の用例は知られていない。なお、近世にはお家の芸の意味で「お家」と使った例がある。「たぬきお家の腹鼓をうつ」（黄表紙・親敵討腹鼓）。これは「お家のもの」の略と考えられる。

おいしい【美味しい】
味が良い。「いしい」（文語いし）に接頭語「お」の付いた語。もともとの「いし」という語は、物事の出来栄えを褒める形容詞で、「汝いしくまゐりたり」（平治物語・上・信西出家の由来並びに南都落ちの事）のように用いられた。室町時代の女房詞では美味であるの意味で、「いしい」の形で用いられていた。『*日葡辞書』には「Ixij　イシイ　うまい、あるいは味のよ

い(もの)」で、この意味では婦人が用いるのが普通、と説明されている。江戸時代になってから丁寧化の接頭語「お」がついて、「おいしい」の形が一般化した。

例「おいしい物があるよ」(洒落本・後編風俗通・属恭風四相)

おいそれと

すぐに。よく考えずにすぐに応じるさま。「おい」という返事をした直後に「それ」と物事に取り掛かる様子から、すぐにの意味になった。「オイソレの間にパラリだ」(滑稽本・浮世風呂・四・中)のように用いた。

例「おいそれと柳川亭の母公(おっかア)の方へ引き渡しては」(人情本・春色梅美婦禰・五・二八)

オイチョカブ

カブ賭博のこと。カルタ賭博の一種で、四〇枚の札を用いる。最初に一枚ずつ配ったあと、各々一枚ずつ、あるいは二枚ずつめくりその合計の末尾の数字が九、あるいは九に最も近いものを勝ちとする。江戸時代の随筆『独寝』(下)に「八つあるをヲイテウといひ、九つあるをカブとする由也」とあり「オイチョ」は「八」を意味する。「追丁」の字を当てることもあるが、スペイン語で「八」を意味するochoを語源とする説が有力。「カブ」は「九」を意味するというが、その語源は不明。オイチョ、オイチョーとも言われた。

おいてけぼり【置いて行け堀】

置き去りにすること。見捨てること。「おいてけ」は「置いて行け」の略。「おいてけぼり」は江戸の本所(墨田区石原四丁目)にあった堀池の名。ここで釣りをすると、水の中から「置いてけ、置いてけ」と声がして、魚を全部放すまでやまなかったので、この名が付いたという。この本所七不思議の一つにちなんでできた語。後に、「置いてき堀」の形でも言われる。

例「友達のうんつく奴等が、己を置いてけぼりにし居ったが」(黄表紙・亀山人家妖)

おいど《おゐど》【御居処】

尻(しり)をいう女性語。「お」は丁寧化の接頭語。「い」は動詞「居る」の連用形の「い」で、すわるの意、「ど」は「かまど」などと同様、「場所」を表す。すなわち直訳すれば、「いど」はすわるところの意。すわる時には、尻が下につくので、「尻」を「すわるところ」と表したもの。なお、「いど」だけで尻を指す例は文献に見えないが、各地の方言にはある。

例「軟障(ぜじやう)だつ物のやれよりのぞきて笑止がれど、おいどの辺に目をぞつくる」(御伽草子・福富長者物語)

おいぼれる【老い耄れる】 文語 **おいぼる**

年をとってぼける。古くは「おいほる(老耄)」と言った。「老い」は動詞「老ゆ」の連用形。「ほる」は、惚(ぼ)けるという意味で、ぼんやりした状態になることを言う。*『日葡辞書』には

「Voibore（ヲイボレ）」の見出しがあり、「老年になってすっかりぼけていること」と説明されている。

例「まかり歩きもせず、ものうくなりにたるは〈略〉おいほれたるとだに思ひさだめぬ」（宇津保物語・蔵開・中）

おいらく【老いらく】

老年。「老ゆ」に名詞を作る接尾語「らく」の付いた語。語源的には動詞「老ゆ」の連体形「老ゆる」に形式名詞の「あく」が付いた「老ゆるあく」から「老ゆらく」「老いらく」と変化した語といわれる。ローマ字で書けば、oyuru ＋ aku → oyuraku となる。「おそらく」も同様。接尾語「く」を付けたといわれる「おもわく」なども語源的に分析すれば、やはり「あく」による名詞化となる。この「あく」は「あくがる」の「あく」だとする説がある。→おもわく

例「桜花ちりかひくもれおいらくの来むといふなる道まがふがに」（古今集・賀）

おいらん【花魁】

女郎。もと江戸吉原の遊郭で格の高い遊女。語源について、近世の随筆『洞房語園異本考異』に「おいらん、姉女郎のこと也。我が身の姉といふべきを、里語にて斯くいふ」とある。「おいらん」の「おいら」は一人称の代名詞、「ん」は準体助詞「の」の略、すなわち、妹女郎などが「わたしの姉女郎」の意味で「おいらん」と言ったことに由来するという説である。これに対して、一人称の代名詞には所有を表す助詞には「が」をとるのが普通だったので、「おいらが」「おいらがん」（末尾の「ん」は準体助詞「の」の転）の転と見るべきだという説もある。実際「おいらが」「おいらがん」で姉女郎を指した例がある。「なみさんにおいらがでいひなんす」（洒落本・南江駅話）。「禿やうやく合点して、おいらがんのかへ。丁山と申しんすといふ」（洒落本・百安楚飛）。このように一人称には「が」が多いこと、中間形のあることから見て、後者の説が優っている。漢字表記の「花魁（かかい）」は花の先駆けの意で、梅（または蘭）を指す中国語。これを当て字として用いたもの。

例「おかさんに、おいらんでおつしやりんす」（洒落本・遊子方言・発端）

おいわけ《おひわけ》【追分】

道の分かれる分岐点。『大言海』によれば、「駄馬、駄牛を、左右に追ひ分くる意か」という。現在、旧街道の分岐点の地名として、東京都文京区、長野県軽井沢町（＝追分節発祥の地）、滋賀県大津市、三重県四日市市等に残っている。なお、馬方などに歌われた「追分節」を略してこう呼ぶこともある。

例「矢倉といふ所は〈略〉勢田矢橋の追分なり」（浮世草子・西鶴織留・一・四）

おうぎ《あふぎ》【扇】

扇子。あおぐものの意。古語では「あふぎ」で、動詞「あふぐ」

の連用形を名詞として用いた語。「おうぎ」の第一音節と第二音節のオーはアフが変化したもので、変化を片仮名で示せば、アフ→アウ→オーとなる。地名「逢坂」のアフ→アウ→オーなど類例が多い。

例「一夜の戸口に寄りて扇を鳴らし給へば」(源氏物語・総角)

おうじょう《わうじやう》**【往生】**

死ぬこと。もともとは、仏教語で、現世を去って浄土に生まれ変わること、すなわち浄土に往(い)って、生まれ変わることを「往生」といったもの。近世になって単に「死ぬ」という意味で用いられるようになった。なお困り切ることを、「おうじょうする」と言うが、この意味の「おうじょう」は、「立ち往生」から来たものであろう。「立ち往生」は立ったまま死ぬことから、立ったまま動けなくなること、ゆきづまりの状態になることを意味した。この意味の「おうじょう」の語源については「圧状(おうじょう)」(=おどしてむりやり書かせる証文)から来た別語だという説(鈴木棠三・日常語語源辞典)もある。

例「それで思ひおく事なし、迷はず往生いたします」(歌舞伎・三人吉三廓初買・六)

おうちゃく《わうちやく》**【横着】**

ずうずうしいさま。「横」は勝手気儘な様子、「着」はくっついて離れない、固定した状態を表す。中世から見られる語で、和製漢語と思われるが、語源は明らかでない。中世の仮名書きでは「わうちやく」「おおちやく」などと書かれていた。

例「横着な人だぞ」(謡曲・夜討曽我)

おうどう《わうだう》**【王道】**

物事を行う際の正統な方法。本来は、孟子(もうし)が唱えた中国古代の聖王とされる尭(ぎょう)や舜(しゅん)などの行なった仁による政治の仕方をいい、「覇道(はどう)」に対する語。日本でも中古からこの意味での用法が見られる。「天下の珍事、王道の滅亡、この時に有るべし」(平治物語・上・光頼卿参内の事)。政治についてだけでなく、一般に物事を行う正統な方法という意味で使われるようになったのは昭和に入ってからのことと思われる。また最近では、「学問に王道なし」というように打ち消しの言い方を伴って「王道」を近道の意味で使う場合があるが、これは王だけが通れる近道という意味の英語 royal road を「王道」と訳したことによるもので、漢籍に由来する「王道」とは成立を異にする。

おうな【嫗】

老女。『大言海』は「おみな」の音便とする。「おみな」は「おきな」と対をなす語で、その相違を「み」と「き」で表している。「み」が女性、「き」が男性という対立は、神々の名の「いざなみ」(女性)、「いざなき」(男性)にも見られる。上代、「おみな」

に対して若い女を表す「をみな」という語があったが、ここから「お」(老)、「を」(若)という対立が取り出される。これは「お」が「大」「多」の「おほ」に関係し、「を」が「小暗(をぐら)し」「小川(をがは)」の「小(を)」と関係することから考えて、「おみな」の「お」を大、すなわち老、「をみな」の「を」を小、すなわち若に対応させたものと思われる(古事記伝)。「おうな」の「な」は人の意。

例「おうなども、いざ給へ」(大和物語・一五六)

おうばんぶるまい《わうばんぶるまひ》【椀飯振る舞い】⇩おおばんぶるまい

おうへい《わうへい》【横柄】

偉そうな態度。『大言海』は「横行権柄」の略という。しかし、「おしから(押柄)」という和語があり、この音読という説もある(日本国語大辞典二版)。「おしから」は「他を威圧するような力、性質」で、「肝太くして、押柄(おしがら)になむありける」(今昔物語集・二八・二三)などと用いられていた。「押柄」の音読だとすれば、歴史的仮名遣いは「あふへい」になる。

例「此の当たりであの様に某(それがし)に横柄に申す者はござらぬ」(虎寛本狂言・入間川)

おうむ《あうむ》【鸚鵡】

オウム目に属する鳥で、比較的大形の鳥のこと。漢語「鸚鵡」に由来。古くから日本に伝わり、人語をまねる鳥として知られた。↓いんこ

おうむがえし《あうむがへし》【鸚鵡返し】

人の言ったことをそのまま繰り返すこと。もともとは、和歌で、人から言いかけられた歌の文句を一部言い換えただけでそのまま使ってその場で返歌をすることを言った。一二世紀の歌学書『俊頼髄脳』に、「鸚鵡返しといへる心は、本の歌の、心ことばを変へずして、同じ詞をいへるなり」とある。オウムが人の口まねをすることは、『枕草子』にも「あうむ、いとあはれなり。人のいふらんことをまねぶらんよ」(四一・鳥は)とあり、古くから知られていた。

例「頼母が言葉を其の侭に鸚鵡返しの申し訳」(人情本・珍説豹の巻・前・上)

おうよう《おうやう》【鷹揚】

ゆったりとしていること。「鷹揚」は、中国古典では、鷹が高く空に揚がって舞うように力強く勇ましい意味で用いられた。日本では、ゆったりと威厳に満ちた様子を表す語として使われた。別に、「重盛卿はゆゆしく大様なる者かな」(平家物語・一・清水寺炎上)のように、ゆったりとした、おおらかな、などの意の「大様(おおよう)」という語が使われていたが、近世以降両者が混同して用いられるようになった。「鞠(まり)楊弓に日をくらし大やうに見せかけばかり」(浮世草子・世

間娘容気・二)。

例「君上若(も)し能く、おうやうなれば、衆共帰して衆を得るなり」(抄物・足利本論語抄・堯曰)

おおかみ《おほかみ》**【狼】**

イヌ科の哺乳動物。「おおかみ」は「大神(おおかみ)」の意味。オオカミは、古く「真神(まかみ)」と異称されていた。『万葉集』(八・一六三六)には「大口の真神(まかみ)の原」と歌われている。江戸時代まで、日本の山野に多く生息し、身近な野獣として、敬い恐れられていた。

例「入り方の月いと明かきに、いとどなまめかしう清らにて、ものおぼいたるさま、虎、狼だになきぬべし」(源氏物語・須磨)

おおきに《おほきに》**【大きに】**

関西で「どうもありがとう」の意。「大きにありがとう」の略かといわれる。「大きに」だけで感謝の辞とした例は近世には見られない。「おおきに」はもと形容動詞「大きなり」の連用形。室町時代以降、連体詞「大きな」と副詞「大きに」に分かれて、「おおきに」は関西地方で「たいそう・大いに」の意で使われる。

例「頭を撫でて『大きに』と礼を述べました」(夏目漱石・彼岸過迄・明治四五年)

おおぎょう《おほぎやう》**【大仰】**

大げさ。語源不明。「ぎょうな」「ぎょうぎょうしい」「ぎょうさん」の「ぎょう」と関係あるものと思われるが、「ぎょう」がはっきりしない。「ぎょう」の表記を見ると、仮名の場合もローマ字の場合も合音系(ギョウ、ゲウ、ゲフ)が比較的古く、開音系(ギャウ)は後から出てくる。したがって、漢字を考えると、開音の「迎(ギャウ)」ではなく、合音の「業(ゲフ)」となる。見出しの歴史的仮名遣いは通例によったもので、もし「業」に由来する語であれば、歴史的仮名遣いは「おほげふ」となる。「業」に「大」を付けて、大わざ、大げさという意味の語を作ったものだろうか。

例「その位の大仰は云ひさうなものだ」(歌舞伎・桜姫東文章・大詰)

おおぎり《おほぎり》**【大切】**

出し物の最後。「切り」は動詞「切る」の連用形の名詞化。「切り」は限度、終わりの意で古くから使われていた。芸能でも最後に上演されるものを「切り」と言っていた。歌舞伎では一日に上演される一番目の時代物の終幕を「大詰」と言い、二番目に演ぜられる世話物の終幕を「大切(おおぎり)」と言った。なお、「大喜利」と書くのは縁起をかついで当てた表記。

オーケー【ＯＫ】

よろしい。承知した。オッケーとも。アメリカ英語に由来するが、主な語源として以下の二説がある。all correct(全く

正しいの意)の訛り oll korrect から来たとする説と、民主党の議員 Martin Van Burten を支持する一派が彼の生地 KinderHook にちなんで O.K.(Old KinderHook の略) Club と名づけた(一八四〇年)ことに由来するとする説である。昭和初期の流行語で、それまでは、オーライ(オールライト(all right)の略)が使われていた。

例「もうそれで万事オーケーの積もりでいるのよ」(高見順・故旧忘れ得べき・昭和一〇〜一一年)

おおげさ《おほげさ》【大袈裟】

実質以上に誇張すること。語源不明。『大言海』は「大気さ」の義で、「おほけなしと同根の語にてもあるか」という。しかし、漢字表記は当て字でなく、「大袈裟」という語から出た可能性が考えられる。この語は近世初期、大きな動作で袈裟掛けに斬るという意味に用いられた。その斬り方が大ぎょうなので、誇張の形容に用いられるようになったと考えられる。「大袈裟に討ちとどめ」(浮世草子・武道伝来記・六・三)は袈裟斬りの意味で使われている例。

例「大袈裟な無心小指はかすり疵」(雑俳・柳多留・五二)

おおごしょ《おほごしょ》【大御所】

隠然と勢力を持っている人。もと、親王の隠居所を言った。近世、徳川家康や家斉は、「大御所」と呼ばれ、隠居しても権力を保持していた。そこから、表に出ず陰で勢力を持つ人を言い、更に転じて、その世界で勢力を持つ人を言う。現代では「文壇の大御所」「興行界の大御所」などと用いられる。

おおじだい《おほじだい》【大時代】

ひどく古びた時代遅れのさま。歌舞伎で、源平時代以前の史実に取材した芝居を「大時代狂言」と言ったことから、時代が古いことを言うようになった。

例「次郎さんが、また大時代をいってるじゃあありませんか」(泉鏡花・玄武朱雀・明治三一年)

おおせ《おほせ》【仰せ】

おっしゃること。ご命令。動詞「おほす(仰)」の連用形の名詞化。「おほす」は、もともとは「負ふ」の他動詞で負わせるの意味をもつ「おほす」から来ており、目上の人が目下の者に言葉を負わせる、すなわち、命令するの意であった。それが、更に目上の「言う」という行動一般へと意味が広まった。すなわち、おっしゃるという意味でも用いられるようになった。

例「仰せの事のかしこさに」(竹取物語)

おおぜき《おほぜき》【大関】

相撲で、横綱に次ぐ力士の地位。大いなる関取の意。現在では横綱が最高位だが、江戸時代には大関が最高位だった。

↓横綱

おおだてもの《おほだてもの》【大立者】

中心になって活躍する人物。歌舞伎から一般化した語。「立

者(たてもの)」は歌舞伎俳優の中で最上位。「大立者」は、この「立者」の中でも特に大物のこと。「立(たて)」は歌舞伎や邦楽で「席次が一番の者」を意味する。↓立役者

例「一座の大立者が聞きずてにせず指南せば」(談義本・当世下手談義・二)

おおつごもり《おほつごもり》【大晦】

一年の最後の日。おおみそか。「つごもり」とは「月こもり」、すなわち月が隠れて見えなくなること。暦が太陰暦であったため、月末には月が隠れ、月の初め(=ついたち〔月立ち〕)には出始める。「大(おお)」を付けたのは月の終わりだけでなく一年の終わりだということを強調するため。

例「Vôtçugomori　ヲゥツゴモリ(大晦日)　年の最後の日」(日葡辞書)

おおっぴら《おほっぴら》【大っぴら】

公然。大開きの意の「おおびら」の転。「おおびら」は「彼の大通(だいつう)の大びらに銭金つかふを」(洒落本・大通どらの巻)のように、人目もかまわず派手に、といった意味でも使われていた。

例「吉田は何よりも、自分の病気がそんなにも大っぴらに話されるほど人々に知られているのかと思うと」(梶井基次郎・のんきな患者・昭和七年)

おおづめ《おほづめ》【大詰め】

物事の最終段階。「大詰」は、江戸の歌舞伎で、一番目狂言(時代物)の最後の幕を指して言ったが、後に様々な物事の最終段階を言うようになった。

例「大詰めは是と心で小間物屋」(雑俳・川柳評万句合・宝暦一〇年)

おおて《おほて》【大手】

城の正面。表門。『大言海』は、敵の前面を攻める軍勢の意の「追手(おうて)」の転とし、「大手」とも書くという。前面というところから城の正門を指すことになった。「大手生田の森にも源氏五万余騎でかためたりけるが」(平家物語・九・二度之懸)はその例。城の裏門は搦手(からめて)という。なお、現代では、ある業界での大規模企業のことを「大手」というが、これは「大手筋」の略である。「大手筋」は城の正門に通じる本通りのことで、ここに店を構えるような大きな店というところから転じて用いられるようになったものである。

おおばこ《おほばこ》【大葉子・車前草】

オオバコ科の多年草。「大葉子の義」(大言海)といわれる。すなわち「大葉」はその幅広い葉に因み、「子(こ)」は一種の愛称の接尾語。「車前(草)」と書くこともあるが、これは中国名による。

例「車前子　於保波古乃美(おほばこのみ)也」(天治本新撰字鏡)

おおばんぶるまい《おほばんぶるまひ》【大盤振る舞い】

気前よく御馳走したり、金品を配ったりすること。『大言海』などがいうように「大盤」は「椀飯(わんばん)」から転じたものだろう。「椀飯」は椀に盛った飯や食膳の意味。これに、動作すること、御馳走することの意味の「ふるまい」が付いて、近世に生じた語である。「椀飯(わんばん)」の転じた「椀飯(おうばん)」の歴史的仮名遣いは「わうばん」であるが、近世発音がオーバンとなったため、「大盤」のような字が当てられるようになった。

例「オイ、オイ、お麦さん、玉子と豆の大盤振舞が始まったから、お白湯さんを誘(つ)れてちっと下司張りに来ねえな」(滑稽本・七偏人・三・中)

おおぶたい《おほぶたい》【大舞台】

晴れの場所。江戸時代の芝居は幕府などが恒常的な興行を認めたもの以外、常設の劇場を建築することはできなかった。その他は仮設の小屋で芝居を打っていた。前者を大芝居、後者を小(こ)芝居という。「大舞台」は大芝居の舞台の称である。転じて、晴れの立派な舞台・場所を言う。

おおぶろしき《おほぶろしき》【大風呂敷】

実現性の少ない大きな計画や話。大きな風呂敷には、どんな形の物でも、またたくさん包みこめることから、この意味が生じたものだろう。ちなみに「風呂敷」は、入浴の際、脱いだ衣類を包んだ布のことであるが、浴後包みを開いてこれを敷いて座したことから出た名称である。

例「いや酷い大風呂敷だが、そんな事は是迄ねえよ」(歌舞伎・因幡小僧雨夜噺・五)

おおまか《おほまか》【大まか】

細かいことにこだわらない様子。緻密でない様子。『俚言集覧』*に、「コマカに対して大マカといふ」とあるように、「こまか」を「小まか」と俗解し、これに対して「大」といったもの(大言海)。

例「大まかに旦那の刻む干大根」(雑俳・俳諧觿)

おおみえをきる《おほみえ—》【大見得を切る】

大げさな言動で自分を誇示する。「見ゆ」の連用形の名詞化「見え」が歌舞伎用語の「見得(みえ)」になり、それに「大(おお)」の付いた歌舞伎用語から、再び一般語になったもの。「見得」は、歌舞伎の演技・演出の一つで、俳優が劇の進行中、役の感情または動作の高揚する場面で、一時動きを停止して、睨むようにして、ポーズをつくること。特に大ぎょうな見得を「大見得」という。「切る」は「しらを切る」「たんかを切る」などと同類で、目立つような、思い切った言動をすることである。「(大)見得を切る」が使われ出したのは比較的新しく、用例は昭和以降に見られる。

おおみそか《おほみそか》【大晦日】

一年の最後の日。「みそか」は「み(三)そ(十)か(日)」、すなわち三〇日で、月の最後の日をさす。それに「大(おお)」が付いて一年の最後のみそかを言う。因みに旧暦では三一日はなかったので、一二月三〇日が年の最後の日となった。「大みそか」は近世から用いられ、それ以前には「大つごもり」などと言っていた。

例「大晦日首でも取って来る気なり」(雑俳・柳多留・三)

おおむこう《おほむかふ》【大向こう】

劇場で、舞台から見て正面に当たる観客席後方の立見席。「大向こう」の「向こう」は舞台正面の観客席(=向こう桟敷)のことで、「大」はその後ろにあることを示すものであろう。それがその席で見物する観客をも指すようになった。この立見席は料金が安かったが、芝居好きの目の肥えた客が多かったことから、芝居通の人を指すこともある。現在、歌舞伎座などでは、四階席から「〇〇屋！」と掛け声をかける常連を「大向こうさん」と呼んでいる。「大向こうをうならせる」という成句は、通の見物人を感心させる、一般大衆の人気を博するという意味である。

おおや《おほや》【大家】

貸し家の持ち主。「おおや(大家)」はもとは大きな家の意で、そこから本家とか母屋とかいう意味を生じた。貸し家の持ち主の意味はこの本家・母屋から近世に生じたもの。ただし、近世「おおや」というと、持ち主より持ち主に依頼された管理人を指した。例に挙げた「大家」は管理人(=差配)である。

例「店中(たなじゅう)の尻で大家は餅をつき」(雑俳・柳多留・四五)

おおやけ《おほやけ》【公】

国家。公共。「おほ(大)＋やけ」で、宮殿などの「大きな家」が原義。「やけ」は「三宅(みやけ)」などの姓に今も残っているように大邸宅・宮殿の意であった。そこから転じて、「おほやけのかためとなりて、天の下助くる方にて見れば」(源氏物語・桐壺)のように、朝廷や政府を指すようになった。「私」に対する公共の意も、「おほやけわたくしおぼつかならず、聞きよきほどにかたりたる」(枕草子・三一・こころゆくもの)のように、すでに平安時代に用例があった。

おおよう《おほやう》【大様】⇩おうよう(鷹揚)

おおわらわ《おほわらは》【大童】

一生懸命な様子。髪を振り乱して奮闘する様子。「大童」はもと、大人が子供のように髪を結わずにいること。『大言海』によれば、「戦場にて云ふ語」で、兜をかぶるときは髪を結わないので、兜を脱いで髪を乱して奮闘するさまを言ったという。

例「冑も落ちて大わらはになり給ふ」(平治物語・中・待賢

門の軍の事）

おかあさん【お母さん】

母。「おかあさん」の「さん」は敬意を添える接尾語「さま」の転、「おかあ」は「おかか」の転で、「お」は接頭語。「かか」の語源は諸説あって確定しない。母を意味する「かか」は一六世紀に例がある。一七世紀半ばの地理誌『懐橘談』（上・加賀）は、舌のまわらぬ幼児が「母を上（かみ）といへばかかと云う」ことから生じた、すなわち、「かか」は「上（かみ）」から出たという。しかし、「かみ」が妻や母を意味する例は一七世紀初頭に見えるが、妻や母の意味の「かもじ」は一五世紀、「かか」は一六世紀後半から用いられている。現在分かっている用例の出現時期でいえば、「かみ」よりも「かもじ」「かか」の方が早い。用例出現時期の点でいえば、むしろ「おかた」の方がまさる（綜合日本民俗語彙）。妻の意の「おかた」は「御方」という形ではあるが、『吾妻鏡』（延応元年（一二三九）八月八日）に既に見えているからである。「お母さん」の初出例は例に示すように江戸の方が上方より早い。しかし、江戸の用例は少なく（活字本による人情本の例が知られているが、版本に当たったかぎりでは、それらは「おっかさん」である）、近世末期には上方が比較的広く用いていた。しかし、この語の本格的普及は明治以降東京語においてであった。

例「御かあさんなどと禄山貴妃にいひ」（雑俳・川柳評万句合・安永六年）

おかか

鰹節（かつおぶし）。「かつお（鰹）」の頭音「か」を重ねて、それに丁寧語の「お」を付けたもの。「かか」は、*『日葡辞書』に「Caca カカ　Catçuuo（鰹）に同じ。〈略〉これは婦人語である」とあるように、室町時代、鰹の女性語として用いられていた。近世に入ると、「かかとは、かつほ節」（元禄五年本女中詞）のように、「かか」は鰹節の女性語として用いられるようになった。

例「御汁（おつけ）もおかかを沢山（たんと）入れて拵へて置きました」（人情本・恩愛二葉草・初・一）

おかき

せんべいの一種。「お」は丁寧の接頭語、「かき」は「かきもち」の下略。「かきもち」は「欠き餅」の意で、正月の鏡餅を刃物で切るのを忌んで、手や槌（つち）で欠き割ったもの。もとは公家の女性語であった。

おがくず《おがくづ》【大鋸屑】

のこぎりで材木を切る時に出る屑。「おが」とは「おおが（大鋸）」（＝大きなのこぎり）の略。

例「鋸のこのめも春の山風に花の香ながらおがくづぞ散る」（三十二番職人歌合・四番）

おかげ【御陰・御蔭】

神仏の加護や人から受けた恩恵。「かげ」は多義的であるが、

中古から庇護の意味を持ち、「さるべき人に立ちおくれ、頼むかげどもに別れぬる後」（源氏物語・若菜上）のように用いられた。「かげ」は物の陰にいれば被害をこうむらずにすむので、庇護、恩恵の意味となったもの。「お」はもとは加護・恩恵の与え手を尊敬する接頭語。

例「我がこの寺に平安に住すことは、この殿の御影（おかげ）なり」（今昔物語集・一四・三五）

おかしい《をかしい》 文語 **をかし**

笑いたくなる感じだ。変だ。古語「をかし」には大きく分けて二義あった。一つは趣のあるさまを表し、もう一つは現在と同じく滑稽だという意味である。前者の語源としては動詞「をく（招）」の形容詞化が有力で、もとの意味は手元に招きよせて愛賞したい趣を表していた。一方、滑稽の語源には「をこ（痴愚・烏滸）」（＝ばかの意）と結びつける説があった。この二義のどちらがもとの意味であるかについては説が分かれ、また別々の語だとする見方もある。「をかし」の例は中古から見られるが、平安初期の辞書『*享和本新撰字鏡』に「可咲　見醜皃阿奈乎加之〔醜き皃を見て、あなをかし〕」とあり、これは滑稽の意になる。以後滑稽の意は現在まで通して用いられてきた。なお「招（お）く」を語源とする説は、この連用形「招き」に「あし」が付いたと考えるもので、「行き→ゆかし」「なげき→なげかし」などの類例がある。

例「をかしき事にもあるかな。もっともえ知らざりけり。興あること申したり」（竹取物語）

おかじょうき《をかじょうき》**【陸蒸気】**

汽車。汽船を「蒸気船」と言ったのに対して、陸を走る汽車を指した俗称。当時の汽車は蒸気で走った。明治初期に使われた語。

例「もしや二人が陸蒸汽で横浜へでもはしりはせぬか」（河竹黙阿弥・繰返開花婦見月・明治七年）

おかしらつき《をかしらつき》**【尾頭付き】**

尾と頭のついた、一匹まるのままの魚。「おかしら」は、「お（尾）」と「かしら（頭）」の意。

例「尾頭つきの大焼き物、味は昔に変はらめや」（浄瑠璃・賀古教信七墓廻・三）

おかず【お数】

食事の際の副食物。「今我等かずの仏を見奉りつ」（栄花物語・鳥の舞）、「かずの宝を賜りて」（御伽草子・唐糸草子）のような、「多数・色々」の意の名詞「かず」に接頭語「お」を付けた女房詞。副食として数々とりそろえるものの意で、副食物を指すようになった。副食物を表す語として、上代には「な（菜・魚）」という語があり、中古以降は「さい（菜）」「さかな」が広く用いられた。『*日葡辞書』には「Vocazu ヲカズ（お数）　Sai（菜）に同じ。料理。これは婦人語である」とある。

おかっぱ【御河童】

前髪を眉の上、他は肩の上の長さに切りそろえた女の子の髪型。「お」は丁寧化の接頭語。河に住むと言われる想像上の生き物「かっぱ」の頭髪と似ているところから「かっぱ頭」「おかっぱ」と言う。

例「貞世の髪は又思い切って短くおかっぱに切りつめて、横の方に真紅のリボンが結んであった」（有島武郎・或る女・明治四四～大正八年）

おかっぴき《をかっぴき》【岡引】

近世、町奉行所同心に私的に使われていた探索・捕り方助手。別名、目明かし。語源はよく分からないが、次のような説がある。「おか」は傍らの意で、そばに居て手引きする者、または「おか」は仮の意で、同心の犯人逮捕を「本引き」というのに対して仮に逮捕する者の意である（日本国語大辞典二版）という。

例「江戸にて此の徒を岡引と云ふ。おかっぴきと訓ず」（随筆・守貞漫稿）

おかぶ【御株】

その人の得意とすること。その人の癖。近世、官許の特権や地位などが「株」として売買・譲渡されていたことから、その人の得意の技や癖などを「株」というようになった。それに丁寧化の接頭語「お」が付いたもの。なお、「お株を奪う」とは、ある人の得意とすることを他の人がやってしまうことをいう。

例「自分は母に『じゃその金でこの夏みんなを連て旅行なさい』と勧めて、『また二郎さんのお株が始まった』と笑われた事がある」（夏目漱石・行人・大正元～二年）

おかぼ《をかぼ》【陸稲】

畑に栽培するイネ。水田ではなく、陸地に作るイネの意。「おか」は水田に対するもの。「おかに上がる」なども陸地の意。オカボのボは「陸穂」とも書くように、「穂」の濁音化したもの。元禄一〇年刊の『本朝食鑑』（一）に「稲〈略〉種圃者曰岡穂（圃に種まくものを岡穂（おかほ）といふ）」とある。

おかぼれ《をかぼれ》【岡惚れ】

親しい交際のない相手をひそかに恋い慕うこと。「おか」は傍（ほか）の意で、直接でないこと。↓おかめ

例「菊千代はとうから内々乃公（おれ）に岡惚れしていやがったに違ひない」（永井荷風・腕くらべ・大正五～六年）

おかま【御釜】

男娼。江戸時代後半期、「禿頭を薬罐（やくわん）とはいかに、尻をおかまといふがごとし」（新板当世むりもんだふ）のように、「（お）釜」には、尻（しり）の異名としての用法があった。尻を「釜」と言うようになったのは、その形状からの見立てによる命名と考えられるが、「一説に」として、「釜」は、梵語で愛

欲の意を表すカーマ(kāma)の当て字で、僧侶が「色」の隠語としたのが始まりだというとする(角川古語大辞典)説がある。

例「お釜のばくばくを後家は買ひに来る」(雑俳・末摘花・四)

おかみ【女将】

料理屋などの女主人。「おかみ」は、もともと「御上(おかみ)」で、天皇などを指していたが、武家の奥方も表すようになり、明治以降は料亭などの女主人を言うようになった。多く漢語「女将」を当てて書かれる。

例「此家の女将(おかみ)であらう、不断着らしい節糸の小袖にお召の前掛を締め」(永井荷風・夢の女・明治三六年)

おかみさん【お内儀さん】

他家の主婦を呼ぶ呼称。「御上様(おかみさま)」の転。江戸では中流家庭の主婦を指した。近世、京では「お内儀(ないぎ)様」と言った。

例「おかみさんどうしなすった。おめへの内じゃア皆お達者か」(滑稽本・浮世風呂・二・下)

おかめ《をかめ》【岡目・傍目】

他人の行為などを脇から見ていること。傍観。近世に生じた「岡っ引き」「岡惚れ」「岡場所」(=官許の吉原以外の私娼街)「岡目」「傍焼(おかやき)」「岡湯」(=湯ぶねの外の湯)などを通して見ると、「おか」には、傍(ほか)、仮、正式ではない、という共通の意味が認められる。「おか」にこのような意味がある理由はよく分からないが、類書の『古今要覧稿』や『両京俚言考』は「岡目」を「ほかめ(外目)」の転としている。「おか」が「ほか(外)」の転であれば、「傍」「仮」などの意味になるのは不思議ではない。ただし、語頭の「ほ」が「お」に転じるというのは普通ではない。

例「とにかく女親のなき人とは、袴の裾から推測した、作者が傍観(おかめ)の独断なり」(坪内逍遥・当世書生気質・明治一八～一九年)

おかめ【阿亀】

不美人。「おかめ」は「おたふく」と同じで、そのお面は瓶(かめ)のように頬がふくらんで鼻の低い面相をしていた。それに似た顔ということで、不美人をあざけって言う。例の「おかめ」は表面は人名であるが、二女あるうち美人のおよしは嫁に出し、醜女のお亀には婿(むこ)をとったという意味。なお、「阿亀」の「阿」は、漢籍で兄または目上を「阿兄(あけい)」というように、人を親しんで呼ぶときの「阿」で、これを「おふく」「お玉」などの「お」に当てたもの。

例「およしをかたづけお亀にむこをとり」(雑俳・柳多留・四)

おかめそば【阿亀蕎麦】

湯葉・蒲鉾(かまぼこ)・麩(ふ)・海苔(のり)・青菜・松茸(椎茸)

などの具を上にのせた汁そば。「おかめ(阿亀)」とは、おかめ・ひょっとこの「おかめ」(=おたふく)のことで、具を「おかめ」の面のように並べるところからの称。

例「また玉子とじ、おかめ蕎麦に茶そば、出るは出るは」(三代目三遊亭円遊・夢の後家・百花園・六巻六二号・明治二四年)

おかめはちもく《をかめはちもく》【岡目八目】

当事者より、第三者の立場にいる者のほうが状況がよく分かるという意。囲碁から出た言葉で、対局している二人よりも、「おか」(=かたわら・ほか)で見ている者の方が八目先を見通せるということ。以上のように「八目」を八目先ととるのが普通だが、八目先が何を指すか、よく分からない。八目得をすると見る説もあり、この方が分かりやすい。なお、「八」は多いことも意味するが、この語でも多いの意だろう。↓岡目

例「成程(なるほど)岡目八目とはいふが、自分の事は自分では知れねえもの」(人情本・恋の若竹・初・四)

おかもち《をかもち》【岡持ち】

料理などを運ぶ際に用いるもので、平たい桶(おけ)のようなものに持ち運ぶ手と蓋があるもの。語源不明。「おか」には「岡惚れ」や「岡目八目」などのように、部外者、局外といった意味があるが、「岡持ち」もこの類であろう。料理屋などが「おか」である店外への料理の出前に使用したことに由来するか。

例「おかもちへおしゃかを入れて持ちあるき」(雑俳・柳多留・一八)

おかやき《をかやき》【傍焼き】

「傍焼き餅」の略。「おか」は「傍(はた)」の意で、傍(はた)で嫉妬すること。他人の仲が良いのを局外者が妬むこと。↓岡目

例「色だ、なに夫婦さ、と法界悋気の岡焼連が目引袖引取々に評判するを」(二葉亭四迷・浮雲・明治二〇～二二年)

おから【御殻】

豆腐を作る際、豆乳を搾り取った残りかす。「お」は丁寧意の接頭語。「から」は、『大言海』に「豆腐殻(とうふがら)の略」とあるように、「とうふがら」ないしは「とうふのから(殻)」の上略形。この場合「から(殻)」とは、主要なものを取り去ったあとの滓(かす)の意。「豆腐の殻」の例を以下に挙げておく。「雪花菜　キラズ　トウフノカラ」(書言字考節用集)。「参らざる物は〈略〉豆腐がら」(後水尾院当時年中行事・下)。

例「アイ、そのかはりに、おからを給(たべ)る時のずつなさ」(咄本・楽牽頭・ろくろ首)

おき【沖】

陸地から遠く離れた所。『日本釈名』*に「おきはおく也」とあ

るように、「沖」と「奥」は同源とされる。「奥」は入り口から遠く離れた所。「沖」も陸地から入って行くので、入り口から隔たった所である。

例「海原の意吉（おき）行く船を帰れとか領布（ひれ）振らしけむ松浦佐用比売」（万葉集・五・八七四）

おき【熾】

赤々とおこった炭火。「おき火」の略。「おき」は動詞「起きる」の連用形。この場合の「起きる」（文語おく）は火が付くの意。「おき火」の例は古くからあり、たとえば平安時代の*『天治本新撰字鏡』には、「於支火（おきひ）」と見える。一五世紀末頃の武家故実書『雑事覚悟事』に「冬はすみを下に、おきを上におく也。春はおきを下に、すみを上におく也」とある。

おぎ《をぎ》【荻】

イネ科の多年草。『改訂増補牧野新日本植物図鑑』は語源不明とするが、折口信夫は、霊魂を招く草とする（花の話）。招く意の動詞「をぐ（招）」（古くはヲク）があり、「をぎ」はその連用形の名詞化したもの。風になびくさまを手招きするようだと見立てたものである。

例「葦べなる荻の葉さやぎ秋風の吹き来る苗に雁鳴き渡る」（万葉集・一〇・二一三四）

おきあがりこぼし【起き上がり小法師】

倒れてもひとりでに起き上がるだるま形のおもちゃ。「こぼし」は「小法師（こぼうし）」が変化した形。中国の禅宗の開祖である達磨（だるま）大師の座像をまねて作った縁起物の張り子を「だるま」といい、そのだるまの形をしたおもちゃであることから「法師」といったものだろう。接頭語「小」を冠したのは、だるま大師の「大」と対をなし、かつ親愛の情をこめたものか。

おきて【掟】

定め。予定する、定めるなどの意の動詞「おきつ（掟）」の連用形が名詞化した語。動詞「おきつ」の語源は、『大言海』は「置当（おきあ）つの略にもあらむか」とする。この説によれば、「て」は連用形語尾に由来するが、これに対して「おきて」の「おき」を「置き」と同根とし、「て」は「方向を表すと見る」説（岩波古語辞典補訂版）もある。

例「詔して、賞罰（まつりごと）、支度（おきて）、事に巨（おほきなる）と細（ちひさき）と無く、並びに皇太子に付（ゆだ）ねたまふ」（日本書紀・雄略二三年七月・前田本訓）

おきな【翁】

年取った男性。同性の中では「をぐな」（＝少年）と対立し、異性では「おみな（嫗）」と対立する。すなわち、「おきな」の「お」は老、「をぐな」の「を」は若を表す。また、「おきな」の「き」は男性、「おみな」の「み」は女性を表す。「な」については諸説あって定まらないが、人を表すと見る説もある。↓おうな

例「草枕旅の於伎奈(おきな)と思ほして針そたまへる縫はむものもが」(万葉集・一八・四一二八)

おきなぐさ【翁草】

キンポウゲ科の多年草。『大言海』は、漢名「白頭公(はくとうこう)」の意訳の語だろうという。『改訂増補牧野新日本植物図鑑』によれば、中国名(漢名)は「朝鮮白頭翁」で、「果時に長花柱が集まっている状態がちょうど老人の白髪のようであるから」「翁草」といわれるとする。昔は菊の異名でもあったが、これは『千載集』の「今朝見ればさながら霜を戴きて翁さびゆく白菊の花」に基づくという(大言海)。

例「白頭公〈略〉和名於岐奈久佐(おきなぐさ)」(本草和名・一一)

おきゃん【御侠】

おてんば。「きゃん」は「侠」の唐音。「きゃん」は、江戸で主として男だての流れを汲む「きおい」や「勇み肌」の連中を指していたが、明治以降丁寧化の接頭語「お」を冠して娘について用いられるようになった。勇み肌の男のように威勢のいい娘をからかって言ったもの。「きゃん」は「犬猫のいがみやうやうにナ。わつきやわつきやとさわぐもんだから。そこでわえらの事をばナ。世間できやんと名をつけたも尤だ」(洒落本・侠者方言)などと用いられ、ここで「わえら」で指されている人たちは神田辺に住む土方人足の類である。

例「マドンナも余っ程気の知れないおきゃんだ」(夏目漱石・坊っちゃん・明治三九年)

おくがた【奥方】

貴人の妻の敬称。家の奥の方にある部屋に住む人の意から、身分のある人の妻を敬っていう。現代では、少しからかった言い方として使われることが多い。

例「おくがたへ申して、おはしたの女房を一人申しうけて」(天理本狂言・人を馬)

おくさま【奥様】

上流の家の妻の敬称。現在では広く一般に他家の妻に対する敬称となっている。上流の婦人は家の奥にいて、表に出て人に会うことはなかったことから、「奥」に住む人の意でこう呼んだ。公家や大名の正妻に対する敬称だったものが、浮世草子『好色床談義』(一)に、「おくさまとは、是もむかしは千石の内そとをいひけれども、今は世の中いたりけるにや、町人なれども身躰(しんだい)有徳なるはおしなめておくさまといふ」とあるように、段々と範囲が広がった。

例「丸髷に結った方は、あれは夫人(おくさま)ですか」(二葉亭四迷・浮雲・明治二〇～二二年)

おくて【奥手・晩稲】

成熟が遅いこと。年齢のわりに色恋にうといことを言うことが多い。「奥」は時間的には今より後(未来)のことを指す

ので、遅いという意味になったものである。もとは稲などの植物で、比較的成長が遅い種類のものを言った。稲では特に、成長の早いものを「早稲(わせ)」、中位のものを「中手(なかて)」、遅いものを「晩稲(おくて)」と呼ぶ。この「手」は、「種類」の意。植物の「奥手」の例は古くからある。「咲く花もをそろはいとはし奥手なる長き心になほしかずけり」(万葉集・八・一五四八)。人について言うようになるのは明治以降のようである。

例「おくての少年が、初めて性を知って眼醒(めざ)めたように」(石原慎太郎・化石の森・昭和四五年)

おくのて【奥の手】

とっておきの手段。秘訣。もともとは、左の手のことを言った。古く日本では右より左を重んじたので、左手を「奥の手」と言った。現在の意味は、「手」を手段と解し、「奥」を大事にしまってあることととって生じたものと思われる。『*俚言集覧』には、「俗言は剣術の奥の手などいふ。それより転じて秘策を奥の手といふ」とある。

例「親を出しに使ふは物取の奥の手」(浄瑠璃・艶狩剣本地・三)

おくびにもださない【曖にも出さない】

少しもそのような様子を見せないことをいう。「おくび」はげっぷのことをいうが、語源不明。「息吹(おきぶき)」の略転という説(大言海)、「小欠(をあくび)の義にや」という説(和訓栞)(この説によれば歴史的仮名遣いは「をくび」となる)などがある。「無理にこらへてゐると、おくびに出るものぢゃ」(咄本・聞上手・二編・おならの伝)などの例がある。また、近世には「おくびに出るほど」という表現もあり、いやになるくらい十分にという意で使われた。「今夜はこれからおくびに出るほど、夜通しお祭りをするがいい」(歌舞伎・小袖曽我薊色縫・大詰)はその例。

おくみ【衽・袵】

和服の幅を広くするために前身頃(みごろ)に足して、半幅の布を前襟(えり)から裾まで縫いつけたもの。もともとの形は「おほくび(大領)」で、それが縮まった「おくび」が変化した語。「おおくび〈おほくび〉」は、狩衣(かりぎぬ)などの前襟をさす。「袵〈略〉於保久比　衣前襟也」(十巻本和名抄)。

おくゆかしい【奥床しい】 文語 **おくゆかし**

上品で深みがあり、心が引かれる感じだ。「ゆかし」に「奥」のついた語で、「奥が知りたくなるような様子」が原義。↓ゆかしい

例「ざれくつがへる今やうのよしばみよりは、こよなうおくゆかしうとおぼさるるに」(源氏物語・末摘花)

おぐらあん をぐらあん **【小倉餡】**

小豆(あずき)の漉(こ)し餡に、蜜煮にした小豆を粒のまま混ぜ

お

たもの。文化年間(一八〇四〜一八)に、江戸の船橋屋織江が創作したと伝える。語源については、「小倉山峰のもみぢ葉心あらば今ひとたびのみゆき待たなむ〈藤原忠平〉」にちなむという説が流布している。すなわち、小豆の粒餡を紅葉に縁のある鹿(か)の子斑(まだら)に見立てて命名したもので、そこには、「今ひとたびのみゆき待たなむ」という心が隠されているという。

おくらになる【御蔵になる】
計画がとりやめになる。「おくらにする」という言い方もあるが、これはもと芝居関係の語で、興行が中止になる、あるいは中止するなどの意味であった。『上方語源辞典』には、「打ち上げをラク(楽)というのに対し、興行不成立ないし中止を倒語にてクラといい、平静ならざる気持ちを表すため「お」を冠した語。〈略〉能狂言から始まるか」とある。天保ごろの演劇書『伝奇作書』に「狂言を書きても遣はざる時は是はお蔵になりしと云ふ」と見えるという。

おくりおおかみ —おほかみ【送り狼】
人についていって、害を加えようとする人間。現代語では、若い女性を送っていって、襲おうとする男について言うことが多い。狼は人の前後について歩き、人を守ってくれるという。ところが、別の俗信では、人がころぶと襲って食べてしまうともいわれた。現在の「送り狼」の意味は後者から出たものである。送り狼について『和漢三才図会*』(三八)は「夜有行人、跳越其首上数回、人如恐怖転倒則噬食、称之送狼〈夜行人あらば、其の首上を跳越すること数回、人如(も)し恐怖転倒すれば、則ち噬(か)み食ふ。之を送り狼と称す〉」と記す。

おくればせ【遅れ馳せ】
時期に遅れること。人より遅れて駆けつけること。「ばせ」は走る・馬を走らせるという意味の動詞「はせる(馳)」の連用形の名詞化。現代では「遅ればせながら」の形で使うことが多い。
例「入善が郎党三騎、おくればせに来(きたっ)ておちあふたり」(平家物語・七・篠原合戦)

おくんち【御九日】
九月九日に行われる氏神の祭り。「おくにち(御九日)」の転。陰暦九月九日は「重陽(ちょうよう)の節句」で平安時代には宮中の年中行事となって観菊の宴が催された。この節日を、民間(特に農村部)において、収穫祭に転用したのが、民間行事「御九日」の起こりである。のち、(九月九日とは関係なく)単に祭りの意にも用いられ、「御供日」「御宮日」などの字が当てられるようにもなった。

おけ けを【桶】
木製の円筒形の器。『東雅*』に「ヲは麻なり、ケは笥なり」と

あるように、「麻笥(をけ)」が語源。「を」は麻の古名、「け」は器の古名で、「麻笥」は、紡いだ麻糸をもつれないように入れておく円筒形の器をさし、ヒノキの薄板を曲げて作った。後、広く、木製の円筒形の器をさすようになった。

例「下野や桶のふたら(=「蓋(フタ)」ト地名「二荒(フタラ)」トノ懸詞)をあぢきなく影も浮かばぬ鏡とぞ見る」(蜻蛉日記・下・天禄三年)

おけら

所持金が全くない状態。「おけら」は、土中の虫の名ケラ、またはキク科植物の名。語源は諸説ある。暉峻康隆『すらんぐ』に以下の三説が挙げられている。お手挙げの状態を、虫のケラが両手をひろげている姿になぞらえたという説。身ぐるみはがれたさまを裸虫というが、それをケラに擬したという説。植物のオケラはその根の皮をはいで薬にするが、身ぐるみはがれたさまを皮をはがれたオケラにたとえたという説。

おこがましい《をこがましい》【烏滸がましい】 文語 **をこがまし**

さしでがましい。「をこ(痴・烏滸)」という古語は「愚か」を意味し、「をこがまし」は「ばかげている・みっともない」の意で用いられた。「をこ」が不届きなことを意味するようになって、この語も近世、「さしでがましい」の意味で使われるようになった。なお、「がまし」は「あたかも～のようだ」の意味を添えて名詞・動詞連用形・副詞などを形容詞化する接尾語で、「晴れがまし」「押し付けがまし」など現代でも使う形容詞を作った。

例「天に替って窮民を救ふといふもおこがましいが」(歌舞伎・青砥稿花紅彩画)

おこし【粔籹】

糯米(もちごめ)などを蒸した後、乾かして炒(い)ったものに水飴(みずあめ)などを加えて固めた菓子。「粔籹　於古之古女(おこしこめ)　以蜜和米煎作也〔蜜を以て米を和し煎りて作るなり〕」(十巻本和名抄)のように、古くは「おこしごめ」といった。その下略された形が「おこし」。「おこし」の用例が現れるのは、室町時代以降である。「おこしごめ」の語源については、「米を蒸し窖(あなぐら)に入れ麴となすを、俗に寝かすといふ。是はそれにかはりて、米を熬(い)りてふくらますによりて、おこし米といふか」(嬉遊笑覧・一〇上)という。すなわち、米を炒って膨らませることを、比喩的に米を起こすと表現したものとする。「粔籹」は漢語。

おこそずきん《おこそづきん》【御高祖頭巾】

目の部分だけ残して頭・顔をくるむ頭巾。防寒頭巾。「おこそ」は「おこうそ(御高祖)」のつづまった形。「お高祖」は日蓮上人のこと。*『嬉遊笑覧』(二上)に、「その着たるさま日蓮上人の像に似たれば、お高祖頭巾ともいひしなり」とある。初

めは男女ともに用いたが、後に女性専用となった。

例「おこそ頭巾を手に持ちて、みだれし鬢の嶋田髷」（人情本・春色梅児誉美・初・一）

おこたる【怠る】

なまける。語源には諸説あるが、「おこ」は「おこなふ」の「おこ」と同根で、「たる」は「垂る」かと思われる（岩波古語辞典補訂版）。これによれば「おこ」は同じ形式・調子で進行する行為で、「垂る」は低下する意である。すなわち、進み具合が低下することで、なまけるとなる。

例「なほ、朝まつりごとはおこたらせ給ひぬべかめり」（源氏物語・桐壺）

おこる【怒る】

腹をたてる。「おこる（起）」にこの意味が生じるのは近世になってからである。「起こる」には中世、火が盛んになるという派生義が生じ、この「熾（おこ）る」から「怒る」が出たと『*俚言集覧』はいう。すなわち、「俗に人の腹を立つるをオコルといふ。火の熾（おこ）るよりの言なるべし」。立腹のさまを火の熾ることにたとえて言うことは、「火のように怒る」「熱くなる」など今でも多い。

例「そら、弁慶が怒（おこっ）たぞ」（滑稽本・浮世風呂・前・下）

おごる【奢る・驕る】

増長する。贅沢を尽くす。語源不明。「大（おほ）凝（ご）る」の意かとする説（大言海など）、「誇る」との関係を説く説（俚言集覧など）、「上がる」と関連させる説（岩波古語辞典補訂版）など、いろいろな説がある。『*観智院本名義抄』で「奢、傲、修、誇、矜」などの漢字に「オゴル」「ホコル」の両訓が記されていることなどから、「誇る」との関連を強くみる考えもある（日本国語大辞典二版）。近世以降、「おごる」は人に御馳走するという意味にも使われるが、これは贅沢するとか、自分の思うとおりにするとかいう意味を経て、ふるまうの意になったもの。

例「おごれる人も久しからず、只春の夜の夢の如し」（平家物語・一・祇園精舎）

おこわ《おこは》

赤飯。もと女房詞で、「こわいい（強飯）」の下略形「こわ」に接頭語「お」が冠されてできた語。「こわ〈こは〉」は、かたいの意の形容詞「こはし（強）」の語幹である。「いい」は米を蒸したもの。「強飯（こわいい）」は、古くは、糯米（もちごめ）に限らず、粳（うるち）米や麦・雑穀など穀類を蒸して作った、粘りけの無いかたい飯をいう。釜で水炊きした飯を意味する「姫飯（ひめいい）・堅粥（かたがゆ）」（これが、現在普通にいう飯）に対する語であった。『*文明本節用集』に「強飯　コワイ、　或云赤飯〔或いは赤飯を云ふ〕」とあるように、室町時代には、赤

飯のことをもいうようになった。

例「今日、産所あく。御こは・干鯛《ひだい》持ち候ひて」（山科家礼記・文明一二年六月一四日）

おさおさ《をさをさ》

（後に否定表現を伴って）決して。少しも。「をさをさ」は形容詞「をさをさし」の語幹が副詞に用いられたもの。「をさをさし」は「をさ（長）」を重ねて、大人びている、しっかりしている様子を表した語。「されど若ければ文もをさをさしからず」（伊勢物語・一〇七）。「をさをさ」も古くは、「よろづの人の、『壻《むこ》になり給へ』と、をさをさ聞こえ給へども」（宇津保物語・藤原の君）のように、後に否定表現が続かないで、きちんと、しっかりなどの意味を表した。→おさない

例「等夜《とや》の野に兎《をさぎ》狙はり乎佐乎左《をさをさ》も寝なへ〔＝寝ナイ〕子故に母に嘖《ころ》はえ〔＝叱ラレテ〕」（万葉集・一四・三五二九）

おさきぼう《おさきばう》**【御先棒】**

人の手先となって働くことや、その人。「お先棒を担ぐ」という形で用いられることが多い。「さきぼう（先棒）」とは元来、駕籠《かご》や荷物などを二人で担ぐ際、棒の前の方を担ぐ者をいう。そこから先んじて物事を行う人を意味し、更に「お先棒」の形で手先の意に転じた。「お」は、「お笑いぐさ」などの「お」と同趣で皮肉の意味が込められている。

例「君こそ御先棒に使役《つか》われるんじゃ無いか」（島崎藤村・破戒・明治三九年）

おさない《をさない》**【幼い】** 文語 をさなし

子どもっぽい。「長《おさ》無《な》し」の義と言われている。「おさ（長）」は人を統率する頭《かしら》の意味。「おさ」の持つ性質を打ち消して形容詞化したのが、この語である。

例「心をさなく竜をころさむと思ひけり」（竹取物語）

おざなり【御座なり】

誠意がなくいい加減なこと。「おざなり」の「お」はもとは敬意を添える接頭語、「ざ」は「座」、「なり」は「いいなり」「道なり」などの「なり」で、そのままなどの意を表す。「お座」はこの場合、座敷の雰囲気。その雰囲気の流れのままというのが、「お座なり」のもとの意味だろう。そのままで努力しないというところから、現在の意味になったものと考えられる。

例「お座なりに芸子調子を合はせてる」（雑俳・柳多留・五八）

おさらい《おさらひ》**【御浚い・御復習】**

復習。「お」は丁寧化の接頭語で、「さらい」は動詞「さらう（浚）」の連用形の名詞化したもの。「さらう」は川や池の底の土砂などをすっかり取り除くの意。泥やごみを取り去って水の流れをよくする意から転じて、教えられたことを繰り返して、すんなりできるようにすることを意味するようになった。

例「『知っています、何も角(か)も知っています』の復習(おさらい)はもう可笑しくなったという事も、能く承知していたが」(二葉亭四迷・めぐりあひ・明治二一〜二二年)

おさんどん

台所での仕事。近世の女中の通り名「おさん」に「殿(どの)」が訛った「どん」がついたもの。「去年まで居たお三どんは」(滑稽本・浮世風呂・三・上)のように、台所で働く下女のことだったが、その女中のする仕事ということで台所仕事そのものを指すようになった。「おさん」が女中の通り名になった事情としては、貴族の邸で下婢のいた「三の間」からきたという説(大言海)がある。

例「おさんどんといふ仕事が女にあるといふ事を」(有島武郎・或る女・明治四四〜大正八年)

おじ《ぢを》【伯父・叔父】

父母の兄弟、および父母の姉妹の夫。『日本釈名』*に「小父(をぢち)也」と見える。「小(を)」は父に準ずるというような意味か。なお、「をぢ」は、親族以外の人を指す場合、上代では老人という意味であった。また、「をぢさま、をぢさん」などと年輩の男性を指して、「アレ、他所(よそ)のをぢさんがお誉めだよ」(滑稽本・浮世風呂・前・上)のように使われるのは、近世以降である。仮名の「おじ」には長幼の区別がないが、漢字表記では「伯」「叔」をもって区別する。中国で兄弟の序列を上から順に「伯、仲、叔、季」で表したが、この区分けの一部を借りて、父より年長のおじを「伯父」と書き、年少のおじを「叔父」と書いた。

例「阿叔　父之弟也。乙乎知(おとをぢ)」(天治本新撰字鏡)

おじいさん《おぢいさん》【お祖父さん】

祖父の敬称。もとの形「ぢぢ」が「ぢい」になり、接頭語「お」や接尾語「さん」を伴うようになったもの。「じじ」は近世以降見られる。「じじ〈ぢぢ〉」の語源について、『大言海』は「おほちち(大父)」の約「おほぢ」を略して重ねたもので小児の語に起こる、という。『大言海』によれば、「ばば」も小児の語に由来し、「おほば(大母)」を略し重ねたものとなる。「ちち」「はは」など親族名称には同音反復が多い。

例「おめえの祖父(おぢい)さんと私の祖父(ぢい)さまと誠に中がよくって」(人情本・婦女今川・三・五)

おしいれ【押入れ】

日本間で、蒲団(ふとん)などをしまっておく物入れ。蒲団などを押して入れるからか。『日葡辞書』*に「Voxiire　ヲシイレ〈略〉家の壁の外側へ突き出た所の内側にある空所」とあり、『羅葡日辞書』の「Aruma-rium」の訳語にも「Voxiire, tana(ヲシイレ、タナ)」とあるように、中世末には用いられていた。

おじぎ【御辞儀】

頭を下げて礼をすること。「お」は尊敬を表す接頭語。「じぎ」は和製漢語。現在の頭を下げて敬意を表すという用法は、「挨拶」という意味から生じたと考えられる。中世末の「じぎ」の表記は「辞儀」ではなく「時宜」などであった。「時宜」の「宜」はよろしいという意味で、「じぎ」は頃合いの意味であった。そこから、時に応じた対応、挨拶の意を生じたものであろう。次の例では「時宜」が挨拶の意味で用いられている。「人の時宜するに此方より時宜せざるは大非儀にて候」(軍記・甲陽軍鑑・品四〇)。

おしきせ【御仕着せ】

型通りであること。「おしきせ」は、もともと従業員などに与える制服を言い、その意味から転じたもの。「お」は丁寧化の接頭語。「しきせ」は、動詞「しきせる」の連用形の名詞化。「しきせる」はサ変動詞「する」の連用形「し」と「着せる」の複合語で、「総じて此の津の奉公人は、仕着せる小女童(こめろ)、丁稚まで、私銀(わたくしがね)の少しづつあること余国と違ひ」(浮世草子・風流曲三味線・四・三)のように制服を与えるの意味に用いられていた。

例「お仕著(しきせ)の浅葱とかはり、二三度はもっさう飯も喰って来たが」(歌舞伎・三人吉三廓初買・二)

おじぎそう《おじぎさう》【御辞儀草・含羞草】

マメ科の多年草。ブラジル原産で、天保一二年オランダより渡来した。葉に触れると、葉がしおれるようにして垂れ下がるところから、「お辞儀」の名が付いた。「含羞草」と書くのも、この動作を恥ずかしがる風情に見立てたものである。夜になると葉を閉じることからネムリグサとも言われる。

例「御辞儀草　近世和蘭陀(おらんだ)より舶来せるゴロイチルールと云ふもの」(辞書・俚言集覧)

おじけづく《おぢけづく》【怖じ気づく】

こわいと思う気分になる。「おじけづく」は「おじけが付く」ことで、「おじけ」は「おぢ＋け」と分析される。「おぢ」は恐れるという意味の動詞「おづ(怖)」の連用形。「おづ」は「脅(おど)す」(他動詞)の自動詞形なので、この二語は同源と見なされる。「け」は気で、そういう様子の意を表す。この「け」は、「寒け」「色け」などと使われる。「おじけづく」の「づく」は、「つく」が連濁した形で、そういうふうになるという意味を添えて、動詞を作る働きをしている。

例「師匠の詞におぢ気づきしお筆は不図立ちどまり」(斎藤緑雨・門三味線・明治二八年)

おしっこ

小便の幼児語。幼児に小便をさせる時の掛け声「しし」から出た語。「お」は丁寧語。「こ」は、「しし」が小便をする音を模したものなので、「ごっつんこ」「ぴったんこ」など擬声擬態語に付いて名詞(体言)を作る接尾語かと思われるが、あるいは

「こと」の省略とも考えられる。小便を指す「しし」は室町時代から見える。*『日葡辞書』には「Xixi（シシ）」について「子どもの小便。婦人語」とある。

おしどり《をしどり》【鴛鴦】

ガンカモ科の水鳥。古来、夫婦の仲むつまじいことのたとえに使われたが、語源もこれにちなむ。*『日本釈名』では「此の鳥雌雄相思ひて、いとをしみ深き故、名づく。上下を略せり」という。『大言海』もこれを受けて、「雌雄、相愛（をし）」の義とする。おしどりの雌雄仲むつまじいことは、すでに古代歌謡に「山川に烏志（をし）二つ居てたぐひよくたぐへる妹をたれか率（ゐ）にけむ」（日本書紀・大化五年三月・歌謡）と詠われている。「鴛鴦」は漢名。

例「妹に恋ひ寝（い）ねぬ朝明（あさけ）に男為鳥（をしどり）のここゆ渡るは妹が使か」（万葉集・一一・二四九一）

おしめ【襁褓】

おむつ。「おしめ」は動詞「湿（しめ）す」の連用形「しめし」の名詞化したものに丁寧化の接頭語「お」を冠して、語末の「し」を略したもの。赤ん坊の尿でしめらすことから、中古おむつの意味となった。平安時代末から「しめし」の形で使われていたが、「おしめ」の形は明治以降のようで、婦人語として使われ出したという（大言海）。↓おむつ

例「庭には樹から樹へ紐を渡して襁褓（おしめ）が幕のように列（なら）べて乾してあって」（二葉亭四迷・平凡・明治四〇年）

おじや

雑炊（ぞうすい）。*『物類称呼』（四）に「雑炊〈略〉婦人の詞に　おぢやといふ」とあるように、もと近世女性語。東国では「雑炊」、京阪では「おじや」と言った。「お」は接頭語。「じや」の語源は擬声・擬態語かと思われ、煮える音のジヤジヤだとする説（大言海）や、ジヤジヤと時間を長くかけて煮るさまかとする説（上方語源辞典）がある。

例「かんじきを履いておじやをそそってる」（雑俳・柳多留・一四一）

おしゃか【お釈迦】

出来損ないの製品。語源には諸説あるが不明。一説に、溶接の火が強すぎて失敗した時、「火が強かった」をヒをシと訛る東京下町で「四月八日（シがつょか）った」と洒落で言い、四月八日はお釈迦様の誕生日であり、その日に行われる灌仏会（かんぶつえ）を「お釈迦」と呼ぶことから、「四月八日」を更に「お釈迦」と言い換えたものとする（楳垣実・猫も杓子も）。また、地蔵の像を鋳ようとして誤って釈迦の像を鋳てしまったことからという説（暉峻康隆『すらんぐ』など）、博打に負けて無一文になることを裸といい、灌仏会の釈迦像が裸であることから洒落で「お釈迦」と言ったのが、出来損ないの製品を指すのに転用されたという説（新明解国語辞典六版）など

もある。いずれも付会の域を出ない。

おしゃま

おませ。「おしゃます」(=おっしゃいます)の略。「おしゃます」は「おしゃります」の転。「おしゃり」は「仰せある」または「仰せらる」の転じた「おしゃる」の連用形。近世の流行歌「猫ぢゃ猫ぢゃとおしゃますが、猫が下駄はいて傘さして、しぼり浴衣で来るものか、オッチョコチョイノチョイ」が明治五年頃再流行したことがきっかけになって、「おしゃま」は猫の異称となったが、芸者のことを猫と称したところから、芸者を「おしゃま」と言うようになったという(日本国語大辞典二版)。さらにそこから、おませな女の子を指すようになったもの。

例「最近の一夏で滅切おしゃまさんになった静子の様子も」(徳田秋声・爛・大正二年)

おしゃれ【お洒落】

垢抜けした様子。「しゃれ」は「しゃれる」の連用形の名詞化。「しゃれる」には身なりなどを気の利いた風にととのえる意があるが、「おしゃれ」はその意味の名詞化。「お」は丁寧語であるが、多義的な「しゃれ」の意味を特定する役目も果たしている。↓しゃれ

例「お初どんがあんなにお洒落だよ」(滑稽本・浮世風呂・三・下)

おじゃん

物事がだめになること。近世、火事の際には半鐘を連打して知らせ、鎮火の際にはジャンジャンと二回鳴らした。このことから、物事が終わりになることを「おジャンになる」と言うようになり、物事が不首尾・不成功に終わることを指すように転じた(上方語源辞典)という説がある。これに対して「じゃみる」から転じたとする説(日本国語大辞典二版)もある。「じゃみる」はしくじるの意味で一七世紀から例があり、この語の連用形から名詞の「じゃみ」が生じ「じゃん」に変化したとする。

例「七十両のあの金を中間の市助が失うたと云ひ出して、ざっと相談、おぢゃんとなられた」(歌舞伎・伊勢平氏梅英幣・序)

おしょう《をしやう》**【和尚】**

修行を積んだ高徳の僧を敬って言う語。また、一般に寺の住職や僧侶についても言う。「師」の意味の梵語 upādhyāya の中央アジアでの俗語 khosha を中国語で音訳したもの。「和尚」の読み方は宗派や日本に導入された時期によってさまざまで、禅宗・浄土宗ではオショウ(オは唐音、ショウは漢音)、天台宗ではカショウ(カ・ショウともに漢音)、浄土真宗ではワショウ(ワは呉音)、真言宗・法相宗・律宗ではワジョウ(ワ・ジョウともに呉音)などあるが、その中で鎌倉期に入っ

た新しい読みであるオショウが一般に広く使われている。日本での使用は八世紀に来日した中国の僧鑑真に「大和尚（だいわじょう）」の位を贈ったときの官名が最初だとされる。一般の住職や僧侶を指すようになったのは近世に入ってから。

例「唐僧を召されければ、御前へ参りて、『和尚、和尚』礼す」（平治物語・上・唐僧来朝の事）

おじょうさん《おぢゃうさん》【お嬢さん】

他人の娘の敬称。「おじょうさま」の変化した語。「嬢」に「お」と「さん」がついたもので、「嬢」は「娘」と同じ、両字とも漢音で「ヂャウ」と読む。明和八年（一七七一）の鈴木嘉蔵『撈海一得』に「東都にて貴家の処女（むすめ）を称して、おぢやうさまと云ふ」とある。武家から出て町家の娘にも対象が広がった。近世では主として武家か上層町人の娘に用いられていた。

例「おいらア是でも八百屋のお嬢さんだよ」（滑稽本・浮世風呂・四・上）

おしろい【白粉】

化粧用に顔に付ける白い粉。日本では持統天皇六年（六九二）に観成という僧が製法を唐に習って鉛から作ったという。『枕草子』（三・正月一日は）では「白きもの」として出てくる。女房詞で、丁寧化の接頭語「お」が付き後半部分が略されて、「お白い」となった。*『嬉遊笑覧』（一下）は語源について、「しろきものといふべきを、おしろいといふは女のもてあつかふ故に、おもじをそへて下を略するなり」という。

例「白粉　ヲシロイ　或作白物」（文明本節用集）

おしろいばな【白粉花】

オシロイバナ科の多年草。種子の中にあって栄養を蓄える胚乳の質が白粉（おしろい）のようであるから、この名がある（改訂増補牧野新日本植物図鑑）。

例「白粉花〈略〉実黒く大きさ胡椒の如し。内に白粉あり」（大和本草・七）

おしんこ【お新香】

野菜の漬物。「お」は接頭語、「しんこ」は「しんこう（新香）」の約。「新香」とは新しい香（こう）の物、すなわち新しい漬け物の意であるが、次第に「香の物を『しんこ』という」（平出鏗二郎・東京風俗志・明治三二〜三五年）ようになった。

おす

若者が出会ったときに用いる挨拶の言葉。特に学生の応援団員などが用いる。「おはようございます」が、「おはようっす」を経て「おす」と縮まったものか。『日本俗語大辞典』によれば、旧海軍の言葉で、次のような例が引かれている。「軍艦ではね、〝お早うございます〟ということを、〝オス〟という」（岩田豊雄・海軍・昭和一七年）。

おずおず《おづおづ》【怖ず怖ず】

こわくてためらっている様子。遠慮がちな態度。おそれる、こわがるという意味の動詞「おづ（怖）」を重ねたもの。

例「『参りこまほしけれど、つつましうてなん、たしかにことあらば、おづおづも』とあり」（蜻蛉日記・上・天暦一一年）

おすそわけ【お裾分け】

もらいものや利益の一部を知り合いに分けてやること。『日*葡辞書』の「Susouaqe（スソワケ）」の項に「裾分けをする、または、致す」とあり、この「すそわけ」に、丁寧化の接頭語「お」が付いたもの。前田勇『上方語源辞典』には「スソとは衣服の下方、末端をいう。〈略〉転じて僅少の意」とある。これによれば僅少のものを分けることを言ったことになる。

例「それもおすそわけはどうだの」（滑稽本・浮世風呂・前・下）

おすみつき【御墨付き】

権威者から与えられる保証。もとは、室町・江戸時代に、将軍や大名などが臣下に与えた文書を言う。文書の末尾に下付者の花押（かおう）と呼ばれる墨で書かれた書き判（＝サインにあたるもの）があったことから、将軍・大名などが直接墨をつけた（サインをした）ものという意味で、「お墨つき」と呼んだ。近世、何かを保証するための文書の意に用いられ、現在に至った。

例「小判何ほど下さるべきと御墨付を頂戴仕たい」（浮世草子・傾城色三味線・江戸）

おせいぼ【御歳暮】

年末の挨拶として贈る品物。「歳暮」に丁寧化の接頭語「お」が付いたもの。「歳暮」は中国に出典のある漢語で、年の暮れの意。日本では、贈り物を持って年末の挨拶に訪問する習慣から、贈り物も「歳暮」と呼ぶようになった。戦国時代の中御門宣胤（のぶたね）の『宣胤卿記』に「毎年歳暮三種」（長享三年正月七日）とあるのは、年末の贈り物の意。

おせち【御節】

正月用の料理。「お」は接頭語、「せち」は「節」の呉音である。「せち（節）」は、時節・季節の意であるが、季節の変わり目の祝日、すなわち、正月や五節供（せっく）などの「節日（せちにち）」をさすようになった。さらに、節日、特に正月の御馳走や饗応を表すようになったが、次第に、もっぱら正月用の料理に限定して用いられるようになった。

例「正月のことなりしがある見世（みせ）さきへ乞食（こつじき）来たり、おせちのお余り下されませと」（咄本・軽口若夷・一）

おせっかい【御節介】

余計な世話を焼いたりすること。語源不明。「お」は接頭語。「せっかい」が「節介」だとすれば、節操を守って俗に従わないことの意である。また、「切匙」であればすり鉢の内側にくっついたものをかき落とす道具の意味である。「節介」や「切匙」

からは「おせっかい」の意味がどのように生じたか説明できない。なお『大言海』は「ちょっかい」の転と考えているらしい。
例「兎(と)も角もおせっかいな話だが、行って様子を見てやろう」(徳富蘆花・思出の記・明治三三〜三四年)

おぜんだて【御膳立て】
準備。「お膳立て」は、もともとは膳を立てる、すなわち食事の用意をととのえること。「膳」は食膳のこと。「だて」は動詞「立てる」の連用形の名詞化で、「陣立て」などと同じように配置の意味。転じて、準備の意で使われる。
例「それを迷惑だと云うなら、怒らせない様に、反抗させない様に、御膳立をするが至当じゃないか」(夏目漱石・坑夫・明治四一年)

おそまきながら【遅蒔きながら】
始める時期におくれたが。「おそまき」は普通の時期に遅れて種をまくこと。現在では「遅蒔きながら〜する」のように言う。「おそまき」は古くは手遅れの意味でも使われた。江戸時代に「近比それはおそまき也」(浮世草子・傾城色三味線・鄙)という例がある。

おぞましい【悍ましい】文語 **おぞまし**
恐ろしい。いやな感じだ。「おぞ」は形容詞「おぞし」の語幹で、「おぞし」は気が強いとか、恐ろしいとかの意味を持つ。語末の「まし」は不明。「おぞし」は「おずし」の変化した語かと言われる。「かくおぞましくは、いみじき契り深くともたえてまた見じ」(源氏物語・帚木)の「おぞまし」は、我が強いの意。
例「一人ひとりが、それぞれ暗くおぞましい経験をしたことだろう」(山本周五郎・さぶ・昭和三八年)

おそらく【恐らく】
たぶん。「恐るらく」から「る」の脱落したもの。「恐るらく」は、動詞「恐る」の連体形「恐るる」に「あく」が付き、「る」と「あ」が連続して前の母音が脱落し「ら」となったもの。古い形の「恐るらくは」は「なほ恐るらくは児孫の使君を忘れむことを」(白氏文集・天永四年点)等のように漢文訓読語で用いられた。→おいらく
例「Vosoracuua vagate daiichide arŏzu(恐らくは我が手第一であらうず)」(日葡辞書)

おだいもく【御題目】
ありがたそうに唱えているばかりで、内容・実質のない主張。「御題目」とは、日蓮宗の用語。信心の基本とする「妙法蓮華経」の五字、またはこれに、帰依する意の梵語「南無(なむ)」を冠した「南無妙法蓮華経」の七字を称して「題目」と呼ぶ。「お」は敬称。この題目を唱えれば、誰でもその功徳を得て成仏できるとされた。口先で唱えることはやさしいが、実効を伴わないことが多いところから、「お題目を唱えている」といった言い方などで、俗用を生じた。

おたく【御宅】
他人の家を敬って言う言葉。そこから転じて、「お宅のご主人は」のように二人称にも使われる。「おたく」の「お」は尊敬の接頭語。「たく」は家の意味。昭和末年頃から、漢字を使わずに「おたく」「オタク」などと表記して、人間の類型、属性、ある種の文化を表す用法が現れた。一九八〇年代初め、漫画専門店などにたむろする若者達が好んで二人称に「おたく」を使ったことから、これらの常連客を「おたく」と蔑称した。「おたく」はアニメ、映画、ゲーム、アイドルなどに熱中し、自宅に籠りがちな暗い人間類型を表す語となった。昭和六三年（一九八八）に起きた幼女誘拐殺人事件の犯人像をこの「おたく」で捉えたことから社会的にも一般化し、否定的な意味で使用された。しかし、現在では、アニメを中心とする日本の文化を表す語として、「オタク文化」などと使われるようになった。

おだてる【煽てる】(文語) **おだつ**
ほめて得意にならせる。『大言海』は「押し起(た)てるの約ならむ」という。近世には、騒ぎ立てるとか、からかうとか、いろいろ意味があったが、あおり立てるの意味だけが残った。
(例)「『それでこそ君だ』『そんなに煽動(おだて)ちゃあいやだ』」（坪内逍遥・当世書生気質・明治一八～一九年）

おたふく【お多福】
額が出、鼻が低く、頬がふくれている、女の顔。語源は以下のように諸説ある。*『嬉遊笑覧』（六下）は多福の義かとする。『大言海』は「おた」は乙御前(おとごぜ)の「おと」の転、「ふく」は頤(おとがい)の脹れたるより言うのだろうとする。また、上方ではこのような顔立ちを「乙御前」、あるいは「おふく」と言っていたが、両語を合わせて「おとふく」とし、それが訛って「おたふく」となったものだろう（上方語源辞典）という。
(例)「あのおたふく。腕は松の木、腰は臼、泣き声猪(ぶた)に似たりけり」（浄瑠璃・神霊矢口渡・三）

おたふくかぜ【阿多福風邪】
流行性耳下腺炎の俗称。ウイルスによって耳下腺がはれて、お多福のお面のように頬がふくれることから言う。子どもがかかることが多い。

おだぶつ【御陀仏】
死ぬこと。「阿弥陀仏」を略した「陀仏」に、尊敬の接頭語「お」が付いたもの。ただし、この場合の「お」には、からかいなどの気持ちが込められている。「南無阿弥陀仏」と唱えて往生するところからいう。「是にて将棊はおだ仏かい」（滑稽本・浮世風呂・前・下）のように、終わりになることの意にも用いられる。
(例)「あれが頭に当たりゃあ直に阿陀仏(おだぶつ)だ」（三遊亭円朝・真景累ケ淵・明治二年頃）

おだまき《をだまき》【苧環】
キンポウゲ科の多年草。古くから観賞用に栽培されている。つむいだ麻糸を巻いて中空の玉にしたものを、古来「おだまき(苧環)」と言った。この「おだまき」に花の形が似ているので名付けられた。植物としてのオダマキの例が現れるのは近世になってからである。*『和漢三才図会』(九四)に「糸繰草　いとくりさう　おだまき　緒手巻　共此俗称、本名未詳〔共に此の俗称にて、本名未だ詳らかならず〕」とある。

おたまじゃくし【御玉杓子】
カエルの幼生。お玉杓子は、汁などをすくう道具で、浅いお椀に柄を付けたような形をしている。カエルの幼生、つまりカエルの子がこの杓子に形が似ているので、このように呼ばれるようになったもの。それ以前は、単に「蛙子(かえるこ)」と呼ばれていた。
例「蝌斗〈略〉ヲタマジャクシ」(重訂本草綱目啓蒙)

おためごかし【御為ごかし】
相手の利益をはかるように見せかけて、実は自分の利益になるようにはかること。「お為」とは利益という意味の「ため」に丁寧化の接頭語「お」が付いたもので、目上の人に対しその利益をはかること。「ごかし」は、転がす、だます、ごまかして自分のものにするという意味の動詞「こかす」の連用形「こかし」が濁音化したもの。「～ごかし」は近世、種々の名詞や動詞の連用形に付いたが、「おためごかし」のほか「親切ごかし」などは今でも使われる。
例「『必ず油断なされな』と、お為ごかしに云ひ廻せば」(浄瑠璃・祇園女御九重錦・二)

おだわらひょうじょう《をだはらひやうぢやう》【小田原評定】
なかなか結論が出ない話し合い。天正一八年(一五九〇)豊臣秀吉が小田原城の北条氏直を攻めた時、小田原城内で和戦について評定が行われたが、意見が割れていつまでも結論が出ず、ついに落城に至ったという言い伝えに由来する。類句として「小田原談合(だんごう)」が比較的古く、享保一一年(一七二六)の『関八州古戦録』に見える。*『諺苑』に「小田原評定」のほか「小田原相談」の形もある。

おだをあげる【おだを上げる】
気炎をあげる。「おだ」は「お題目」の略といわれる。お題目は日蓮宗で唱える「南無妙法蓮華経」のこと。「あげる」は「声を上げる」と同じで、「おだをあげる」はお題目を唱えること。相手かまわずお題目を唱えることから、勝手な熱を吹くと言う意味になったものか。昭和初期の頃から使われ出した語のようである(米川明彦・日本俗語大辞典)。
例「君、君イ、お化けが煙草を吹かしておだをあげてちゃ困るよ」(石坂洋次郎・石中先生行状記・昭和二五年)

おち【落ち】

落語で、洒落などを使って、話をうまく終わらせる部分。動詞「落ちる」の連用形「落ち」の名詞化。「落ちる」は、「腑(腹、胸など)に落ちる」のような形で、納得するという意味を表す。この「落ちる」は、腑、腹、胸などの中に話がうまく納まったということを表すが、腑や腹などが頭より下にあるものなので、「落ちる」と比喩的に言ったものだと考えられる。

例「間が抜けて咄の落ちの知れかねて」(雑俳・ふでりきし)

おちど【落ち度】・をちど【越度】

過失。「越度(おつど)」から変化した語。「越度」は中国古典に用例があり、漢籍を読むときは漢音でエッドと読まれていた。その意味は、法をこえることや関所を破ることであった。日本では普通オツドと呉音読みされ、令制で関所を破ることであった。ヲチドという形は中世から見られ、*『日葡辞書』には「Votdo. l, vochido」という見出しが立てられている。これは「ヲッド。または、ヲチド」に近く発音されていたと推定される。漢字表記の「落度」は近世から現れ、これに従って、オチドという形が一般化した。なお、歴史的仮名遣いは、「越度」は「をちど」、「落度」は「おちど」であるが、中世以降、オとヲの発音の区別は失われていた。

例「為朝、鎮西には居住して、今まで各を見知らざりけるこそ越度なれ」(金刀比羅本保元物語・中・白河殿攻め落す事)「証拠のない事だから言うと此方の落度になる」(夏目漱石・坊っちゃん・明治三九年)

おちぶれる【落ちぶれる】 文語 **おちぶる**

身分・生活が悪くなる。零落する。*『俚言集覧』に「源氏におちあふるといへる略語成るべし」とある。「いかでさる田舎人の住むあたりにかかる人おちあぶれけん」(源氏物語・手習)のような「おちあぶる」(=零落する)の「あ」が落ちたとする説で、『大言海』もこの説を採る。

例「此の姫君の母北の方のはらから、世におちぶれて受領の北の方になり給へるあり」(源氏物語・蓬生)

おちゃっぴい

おしゃべりでませた女の子。でしゃばりの女の子。娼妓が客の来ない間茶を挽いていたことを「おちゃひき(お茶引き)」といい、それが転じて「おちゃっぴい」になったという。ここからどのようにして多弁な少女の意味に転じたか不明。江戸時代の辞書*『諺苑』(寛政九年)には「おちゃっぴい　婦女子の小慧多弁なるを云ふ」とある。

例「おちゃっぴいのおてんば娘」(滑稽本・浮世床・二・上)

おちゃのこ【御茶の子】

簡単だという意味で用いる語。「茶の子」に丁寧化の「お」が付いたもの。「茶の子」「お茶の子」ともに、もとは、茶を飲むときにいっしょに食べる菓子などのお茶請けを指した。*『俚言集覧』に「点心をおちゃの子と云ふ。又易きをいふの詞也」

とある。お茶菓子は軽い食べ物であることから、簡単、たやすいの意に転じたものだろう。同じ意味の「お茶の子さいさい」は、俗謡の囃子（はやし）ことば「のんこさいさい」の「さいさい」を付けて、口調をよくしたものと言われる。

例「此うへにまだ壱升や弐升はおちゃのこさ」（洒落本・卯地臭意）

おちゃめ【御茶目】

子どもっぽくふざけるさま。語源不明。「ちゃめ（茶目）」に丁寧化の接頭語「お」の付いたもののようであるが、「ちゃめ」の語源は不明。あるいは近世に、ふざける・おどけるという意味の動詞「ちゃる」と言う語があったが、その連用形の名詞化「ちゃり」と関係があるかもしれない。「茶目」は当て字と思われる。

おちゃをにごす【御茶を濁す】

いいかげんな処置をしてその場をごまかしたり、とりつくろったりする。『大言海』は「抹茶を立つる作法を深く知らぬ者の、程よくつくろひてする意に起れる語にてもあるか」という。これによれば、白湯に適当に色をつけてごまかすことから出たことになる。

例「誠はせめをのがれむための御茶にごらすといふ物か」（俳諧・鶉衣・続）

おちゃをひく【御茶を挽く】

水商売で、客が来なくて暇（ひま）なこと。もともとは娼妓に客がなく暇な状態を言った。語源は諸説あるが、『大言海』は「湯女（ゆな）の客なきもの、客に供すべき散茶（ちらし）を碾（ひ）きしに起こるとおぼしく、湯女の新吉原に入りて遊女になりしより〈略〉遍く行はるるやうになれるなるべし」という。抹茶は挽いて飲んだので、暇なとき挽いておいた。客がなく暇な遊女に茶を挽かせたことから、客のないことをこういうようになったという。

例「下駄はいて臼をいただき、お茶をひかしゃれぬまじないといふ」（浮世草子・好色二代男・二・三）

おちゅうげん【御中元】

七月初めから一五日くらいまでに親戚や知人に贈答する品。「中元」はもと中国の道教の用語で、陰暦の七月一五日のこと。上元（一月一五日）、下元（一〇月一五日）とともに三元といわれる。この日は父母の無事を祝って孝養をつくし贈り物をするのが本来の習俗であった。のち、盂蘭盆会とも混同され、この時期に親戚知人に贈答する風習が生まれ、その品をも言うようになった。

おちょくる

からかう。ふざけるという意味の動詞「ちょくる」に丁寧化の接頭語「お」の付いたもの。「ちょくる」の語源は不明だが、「ちょうくる（嘲繰）」の短呼という説がある（上方語源辞

典〉。近世後期の上方語には「ちょうける」という動詞があり、ここから「おちょける」という語が生じている。これらと「おちょくる」は関係があると思われる。「ちょくる」には近世から用例が見られるが、「おちょくる」の例は現代のものしか知られていない。

おちょぼぐち【おちょぼ口】

小さくかわいい口。「お」は丁寧の接頭語。「ちょぼ」は、小さいとか点とかを意味する語。「ちょぼ」は「樗蒲(ちょぼ)」(＝さいころの遊び)の采(さい)の目の付け方に似ていることから〈日本国語大辞典二版〉というが、「ちょっと」「ちょぼちょぼ」などの「ちょ」と同源だと思われる。

例「太政官は大きな顔におちょぼ口を作って言った」(上司小剣・太政官・大正四年)

おつ【乙】

一風変わっていて、しゃれている。十干で甲の次が乙であるが、様々な物事で第一の甲に対置されるものを乙と呼ぶ。その一つに音楽で、甲(かん)より一段低い音を乙という。この乙が、低音で渋いことから、しゃれて味のあることをいうようになったという説〈広辞苑六版〉、また、「お通(つう)」から来たという説〈大言海〉など、語源説はいくつかあるが不明。

例「おつに洒落るの」(滑稽本・浮世床・初・下)

おっかさん

母親のことを親しみをこめて呼ぶ呼称。母親の呼称「おかかさま」の変化した語。近世、中・上層を主に最も広く用いられた呼称。↓おかあさん

例「八才ばかりの女の子〈略〉障子を明けて『おっかさんおっかさん』とよぶ」(滑稽本・浮世風呂・二・上)

おっかない

恐ろしい。関西の「こわい」に対して、関東・東北で使う。語源は諸説あるが不明。『名言通』*に「オフケナシの転語」とあり、『大言海』も「奥処(おくか)なしの音便と云ふ説あれど、余りに古し。オホケナシ、オッケナシ、オッカナシ〈略〉と転じ、オソレオホシの意の移りたるなるべし」という。「おほけなし」は厚かましいというような意味で、恐ろしいとは意味的にあまり近くない。このほか、「おおこれは」という語が形容詞語尾の「ない」を伴って形容詞化したという説〈柳田国男〉などもある。

例「我おっかなくおぼしめさずばあふてたまはれ」(浮世草子・好色二代男・五・三)

おっくう《おくくふ》【億劫】

面倒くさい。「おくこう(億劫)」が促音化した「おっこう」の転。「劫(こう)」は仏教語で、きわめて長い時間を意味する。それが億であるから、計り知れないほどの長い時間を意味する。仏教語の意味から転じて、時間がかかってやりきれない、

面倒だという意味になった。

例「なんの、おつくふな事計りいふからはじまらねえ」(滑稽本・八笑人・初・二)

おつけ【御汁・御付け】

味噌汁。「お」は丁寧の意の接頭語、「つけ」は動詞「付ける」の連用形の名詞化したもの。*『俚言集覧』に「飯に付けて用ゐるによりて、おつけといふことなり」と見える。*『日葡辞書』に「Votçuqe　ヲツケ(御付)　飯にそえて食べる汁(Xiru)、すなわち、スープ。婦人語」とあるように、「おつけ」はもと、副食物の汁類の総称で、中世女性語であった。それが、*『守貞漫稿』には「今、江戸にて〈略〉味噌汁を『おみおつけ』と云ふなり。また京坂にては『おつけ』とのみは云ふことあり」とあって、「おつけ」を特に味噌汁に限定していうようになった。

例「鎌を借ってきて、皮をはいで、皮は引っ敷きにせうず、身はおつけにして食はう」(狂言六義・狐塚)

おっこちる

関東方言で、「落ちる」の意。成り立ちについて、『大言海』は「おっことす」の「おっこと」が「おっこち」に転じ、活用は「落ちる」によったもの、すなわち、「落ちる」との混交を考えている。なお、他動詞「おっことす」の「おっこと」は、オトコト(落事)→オツコト→オッコトと変化してできたという。

例「居つづけの迎ひおっこちさうな腹」(雑俳・柳多留・七)

おっしゃる【仰しゃる】

「言う」の尊敬語。動詞「おほせある」、または「おほせらる」の変化した語。近世前期に成立したといわれ、四(五)段にも下二(一)段にも活用した。「おほせらる」は「おほす」(=命令する・言う)に助動詞「らる」の付いたもの。

例「怖がってござれば仰(おっしゃ)られまい」(歌舞伎・一心二河白道・一)「そのやうな事はおっしゃれぬがよい」(歌舞伎・傾城壬生大念仏・中)

おっちょこちょい

物事を軽々しく行う様子。『大言海』は「チョコチョコして深慮なき意」とし、語源を「ちょこちょこ」に置くようである。これに対して、「おっ」は間投詞、「ちょい」は手軽にできるという意味の語だとする説(楳垣実・猫も杓子も)もある。しかし、この説でも「ちょこ」は「ちょこちょこ」の「ちょこ」になるのではないかと思われる。近世には小、または少を表す語に「ちょっと」「ちょこっと」「ちょびっと」「ちょいと」など「ちょ〜」系の擬態語があり、「ちょこちょこ」もこの系列に入る。「おっちょこちょい」は、「ちょこちょこ」を基として、感動詞「おっ」に始まる即興的な言い方が固定して用いられたものだろう。

例「うちのお父さんには、一種妙におっちょこちょいの所があるじゃないか」(夏目漱石・行人・大正元〜二年)

おっつけ【押っ付け】
すぐに。「押し付け」の変化したものか（日本国語大辞典二版）といわれる。「押し付け」は「押し付ける」の連用形で、それを副詞に転用したもの。「おっつけて」という形もあるので、接続助詞「て」の脱落の可能性もあるが、両形とも同じ頃から用いられているので、その先後関係は分からない。「押し付ける」が語源だとすると、力を加えてぴったりさせるという空間的な意味から、時間的に間を置かないというように意味が転じたことになる。「追っ付け」が語源として考えられないのは、「追っ付く」が四段活用なので、「追っ付け」は仮定形（已然形）または命令形となって接続助詞「て」は付かないし、副詞的な用法も派生しないことからである。
例「Vottçuqe. l, vottçuqete（ヲッツケ。または、ヲッツケテ）〈略〉すぐさま、あるいは、遅滞なく」（日葡辞書）

おっと《をっと》【夫】
結婚している男女の男の方を言う。「をひと（男人）」の変化したもの。「をひと」の例は『*観智院本名義抄』の「聟」の訓として見られる。
例「親に別れ、子をたづね、夫に捨てられ、妻におくるる」（風姿花伝・二）

おっとせい【膃肭臍】
アシカ科の哺乳動物。アイヌ語の「onnep（オンネプ）」（意味はオットセイ）」を中国で「膃肭」と音訳し、その陰茎、睾丸、臍（へそ）の部分を「膃肭臍」と称して薬とした。これが日本に持ち込まれ、「臍」だけでなく、動物そのものをも指すようになった。オットセイは一匹の牡が多数の牝を引き連れて種付けするところから、精力絶倫と目され、強精剤や媚薬として用いられた。
例「おっとせいころばぬための薬の名」（雑俳・柳多留拾遺・八）

おっとりがたな【押っ取り刀】
「押っ取り刀で駆けつける」の形で急いで駆けつけること。もと「押っ取り刀」は、危急の場合に腰に差すひまもなく急いで手に取った刀を言う。そこから緊急の場に駆けつけることの比喩的表現となった。「おっ」は強意の接頭語で、近世には「おっ取り囲む」「おっ飛ばす」など類例が多い。
例「北か西かとおっとり刀、我劣らじとぞ走りける」（浄瑠璃・堀川波鼓・下）

おつむ
幼児語で頭のこと。女房詞「おつむり」の略。「つむり」は頭・頭髪をさす語で、「つぶら（円）」から来た語と思われる。ブとムはケブリ・ケムリなどのように交替しやすい形。「つぶら」の「つぶ」は「粒」に通じる。
例「『ちっとあたまへ吹き出がしたやうだつけが〈略〉』『はいお

頭（つむ）のでござりますかえ』」（人情本・仮名文章娘節用・後・五）

おつもり【お積もり】

酒宴などで飲酒をそこで止めること。「もうお積もりにしよう」などと言う。「お」は丁寧化の接頭語。成り立ちについて、『大言海』には「ツモルは盃の数重なる意でツモリツモリテ終る意か」とあるが、『上方語源辞典』は、これで飲酒十分なりと見積もり定める意だとする。

例「時にこのおさかづきは、もうきこうでおつもり」（洒落本・恵比良濃梅・一）

おつり【御釣り】

「つり」「つり銭」を丁寧に言ったもの。「お」は丁寧化の接頭語。「つり」は動詞「釣る」の連用形の名詞化で、釣り合いの意味で、支払った金額の方が大きい時に品物の値段と釣り合せることを言う。

例「これはしたりもし若旦那。先刻のこれがおつりでございます」（洒落本・花街鑑・上・二）

おてもり【御手盛り】

自分の都合のいいように、物事を取り計らうこと。「手盛り」は、自分で好きなように飯をよそうこと。人にお給仕をしてもらうと、御飯のおかわりを遠慮しなければならない、自分で飯をよそえば何杯でも食べられるということから生じた語。「お」は丁寧化の接頭語だが、この場合は皮肉をこめた用法。戦後に使われるようになった語。

例「選挙と云いましてもお手盛りの互選ですが」（堀田善衛・記念碑・昭和三〇年）

おでん【御田】

大根・里芋・はんぺんなどを醤油で煮込んだ料理や、豆腐を串に刺して味噌をつけ、火であぶったものをいう。本来は、後者で、豆腐に串を刺した形が田楽（でんがく）を舞う姿に似ているところから、これを「田楽焼き」と称したという。「おでん」は「田楽焼き」の略の「でん」に、丁寧化の接頭語「お」を付けた女房詞。「田楽」は田植え祭りの舞楽から起こった民俗芸能。化政期（一八〇四〜三〇年）頃江戸で、串刺しのこんにゃくを煮込むようになり、やがて「煮込みおでん」となった。関西では現在でも焼き田楽を「おでん」という。

例「ゆで鶏卵。お芋のお田」（滑稽本・浮世風呂・三・上）

おてんとうさま【御天道様】

太陽を親しみと敬いの気持ちをこめて呼ぶ語。「天道（てんどう）」は中国古典にある語で、天体の運行を意味し、また、天の理、天帝、天上界などを表す語として日本でも用いられていた。中世末頃から、太陽を崇める気持ちから太陽を「てんとう（天道）」と言うようになり、それを「お〜さま」の間に挿入して尊敬語を作った。

例「此のおれは親代々楫柄(かぢづか)を取って、其の日暮らしの身なれども、お天道様が正直」(浄瑠璃・平仮名盛衰記・三)

おてんば【御転婆】

はしたないくらい活発な若い女性。「てんば」に接頭語「お」の付いた語。「てんば」の語源は分からない。「てんば」は江戸中期から用例があり、男女いずれについても用いられた。女性について、「あの廊下を来る人は傍輩のおしゅんぢゃ、こいつはしゃべりのてんばめ、見付けられては大事ぞと」(浄瑠璃・薩摩歌・上)と使われている。なお、「おてんば」の語源として、オランダ語 ontembaar から来たとする説(大言海)があるが、江戸中期に「てんば」の例があるので、その説は認めがたい。「転婆」は当て字。

例「御てんばにかまひなんなとてんばいひ」(雑俳・柳多留・七)

おとうさん【お父さん】

父親を言う。近世以降、呼びかけに使う父の称は、「ちち」の変化した「とと」を基にいろいろ作られた。「おとうさん」の語源もさかのぼれば、この「とと」に行きつくが、近世父称の一代表「おとっつぁん」に含まれる訛音ツァを矯正する意識のもとに「おとうさん」が作られたのではないかと思われる。「お〜さん」は尊敬語を作る形式の一つ。近世の用例は少なく、明治三六年施行の第一期国定教科書『尋常小学読本』に「おとうさん」が採用されてから一般に用いられるようになった。

例「既(もう)三十近くなって、追付(おっつけ)お父さんじゃ」(幸田露伴・いさなとり・明治二四〜二五年)

おとうと【弟】

同じ親を持つ年少の男子。「おとひと(弟人)」の変化した語。「おと(弟・乙)」は、「劣る」の語幹「おと」と同じで、「え(兄)」に対して年下を表す。平安時代までは、男女に限らず、同じ親を持つ年少者の称で、妹の意味でも用いられた。「めのおとうとをもて侍りける人に」(古今集・雑上・詞書)は、妻の妹を妻としている人に、の意。「兄」と「弟」という対語関係がはっきりするのは鎌倉時代以降と言われるが、平安中期には、例出したように「弟」を『爾雅』の「男子後生為弟」を引いて説明していることから見て、「弟」を「兄」の対語と見なす意識が芽生えていたかもしれない。

例「爾雅云、男子後生為弟〈男子、後に生まれたるを弟となす〉、〈略〉和名、於止宇度(おとうと)」(十巻本和名抄)

おとぎばなし【御伽話・御伽噺】

昔話や童話などの子供に聞かせる話。「おとぎ」は、貴人などの相手をしてそのつれづれ(=退屈)を慰めることを言った。「とぎ」は動詞「とぐ」の連用形の名詞化といわれ、動詞「と

ぐ」の存在は『*観智院本名義抄』の「対」に「トグ」という訓があることから推定される語である。「おとぎばなし」は子供に限らず、大人も対象にした話であったが、明治時代になって巖谷小波(さざなみ)が『日本お伽話』『世界お伽話』として、神話・伝説・昔話などを子供向けにやさしく書き直して出すなど、専ら子供向きの話を指す語として用いたことから、現在のような用いられ方が主となった。

おとこ《をとこ》【男】
男性。現在では「おんな(女)」の対語。もともとは「をとめ(乙女)」と対をなす語で、「をと」を共有し、「こ」と「め」で男女の性が区別されていた。「こ」と「め」による両性の区別は、「ひこ(彦)」と「ひめ(姫)」の対立にも見られる。「をと」は、若返るという意味の「をつ」と関係があり、若々しい男性を表していたと考えられている。「をとこ」が若い男性を指していたことは、『日本書紀』(神代上)で「をとこ」を「少男」と書いていることなども傍証になる。「をとこ」と「をとめ」の対立は、上代すでに乱れ始め、「をとこ」が男性一般を指す使い方も見られる。→おんな・おきな
例「秋野には今こそ行かめもののふの乎等古(をとこ)の花にほひ見に」(万葉集・二〇・四三一七)

おとしだま【御年玉】
新年、子供などに与える金品。「お」は丁寧化の接頭語。「としだま」は新年を祝って贈る物。「としだま」の「年」は新年のこと、「だま」は「たま」の連濁した形で、「賜物(たまもの)」の意。「賜物」はたまわったもののことである。年始に贈り物をする習慣は古くからあったが、室町以降流行した。『*日葡辞書』に「Toxidama(トシダマ)」は正月の訪問の際の贈り物、とある。子供や使用人への贈り物に限定されるようになるのは、明治以降だと言われる。
例「その節は別して otoshidama(お年玉)をありがたうございました」(サトウ会話編・明治六年)

おとしまえ《おとしまへ》【落とし前】
あと始末をつけること。動詞「おとす」には、「おとし所」などのように、物事をある所に行き着かせる、折り合いをつけるという意味がある。この意味の「おとす」に分量などを表す「まえ」が付いたものだろう。すなわち、「おとしまえ」は話をつける適当な分量のものの意味である。『ポケット隠語辞典』(昭和五年)に「おとしまえ」があり、「不良少年仲間で、無銭飲食をして、後のはなしをうまくつける者」と解説している。隠語辞典『チョーフグレ』(昭和五年)の「おとしまへ」には、的屋語として「解決をつけること」とある。

おとずれる《おとづれる》【訪れる】文語 **おとづる**
訪問する。「おとづる」の「おと」は「おとなふ」の「おと」と同じく「音」で、「おとなふ」が音を立てることであるように、「お

とづる」も音を立てることであった。「ゆふされば門田の稲葉おとづれてあしのまろやに秋風ぞ吹く」（金葉集・秋）。「おとづる」の「つる」について、『大言海』は「連ルルなるべし」と言う。これは音を立て続けることで、戸口を連続して叩いて音を立てることから訪問の意味となったとも言われる。

例「あまびこのおとづれじとぞ今は思ふ我か人かと身をたどる世に」（古今集・雑下）

おとっつぁん

父親を呼ぶ語。「おととさま」が変化した語。江戸東京語にはサ行音が破擦音化する（サ→ツァ、シ→チ、ス→ツ）現象があり、トッツァン、オトッツァンなどとなった。このツァは[tsa]と発音された。「おとっつぁん」は江戸の中層以上に用いられた。

例「『〈略〉兄さん早く這入りな』『おとっざん、まだ熱いものを』」（滑稽本・浮世風呂・前・上）

おととい《をととひ》【一昨日】

昨日の前の日。「をとつひ」の転。「をと」は「をち」の転で、「をち」は、上代から「をちこち（遠近）」のように用いられていた。「をとつひ」の「つ」は「の」の意味の古語、「ひ」は「日」で、「をとつひ」は遠い日の意味。「をとつひ」には、「乎登都日」（万葉集・一七・三九二四）などと書かれた例がある。

例「をととひなん帰りまうでこしかど」（後撰集・恋四・詞書）

おとな【大人】

成人。また、成熟して分別のあるさま。古くは、長老やかしらなど、集団の中の主だった者を指すこともあった。語源不明。「おと」は勇ましく猛々しい意の「おととけし」の「おと（偉）」と同根で、「な」は「おきな」「おみな」の「な」と同じかとする説（岩波古語辞典補訂版）や、静かに落ち着いた意から「音無（おとな）」から来た可能性を示唆するもの（小学館古語大辞典）などがある。

例「生まれたるちごのおとなになる程」（枕草子・一〇七・ゆくすゑはるかなるもの）

おとなしい【大人しい】 文語 おとなし

従順である。名詞「おとな（大人）」の形容詞化したもの。名詞に「し」を付けて形容詞化するのは、「赤し」「青し」など例が多い。古くは、年長者らしい、思慮分別がある、成人している、などの意味もあった。『紫式部日記』（寛弘五年七月中旬）の「年のほどよりはいとおとなしく心にくきさまして」は、大人びているさまをいう。

例「そなたが何共いひだされぬが、おとなしいほどに、花見につれていて」（虎清本狂言・猿座頭）

おとひめ【乙姫】

（浦島伝説に登場する）竜宮城に住むという美しい姫。普通

の名詞としては「若く美しい姫」という意味になる。『肥前国風土記』の「篠原のおとひめの子をさ一夜（ひとゆ）も率寝てむ時（しだ）や家にくださむ」では、年若く美しい姫を指している。「おと」は、「落とす」「劣る」と同根で、下に位置することを表す語であるが、接頭語として用いられると、「若い」「かわいらしい」という意味を添えるものとなる。「おと」はまた、下に位置するということから「兄（え）」に対する「弟（おと）」の意味にもなり、「兄姫（えひめ）」「弟姫（おとひめ）」とも用いられた。

おとめ《をとめ》【乙女・少女】

若い未婚女性。もと、「をとこ（男）」と対をなす語で、共通の「をと」は、若返る意の「をつ」と同根。「をつ」は『万葉集』（三・三三一）に「わが盛りまたをちめやも」と詠まれているが、これは若い時は再び戻ってこないだろう、という嘆きを歌ったものである。「め」は女で、「をとめ」は若々しい結婚適齢期の女性を意味していた。→おとこ

例「袁登売（をとめ）の床のべに我が置きしつるぎの大刀（たち）その大刀はや」（古事記・中）

おとり《をとり》【囮】

目当てのものを誘い寄せるために利用するもの。もと、ある鳥を誘い寄せるための同類の鳥。古く、鳥を誘い寄せる目的で用いる鳥を「をきとり（招鳥）」と呼んだが、それが縮まって「をとり」となった。「をきとり」の「をき」は招く意の動詞「をく」の連用形の名詞化。「囮（か）」は、同じ意味の漢字。例「これらを生けてをとりにてとらば、多くの鳥いできぬべし」（宇津保物語・藤原の君）

おどりこそう《をどりこさう》【踊子草】

シソ科の多年草。四～六月ごろ淡紅紫色または白色の唇形の花を咲かせる。その花が笠をかぶって踊る人に似ているので、オドリコソウという（改訂増補牧野新日本植物図鑑）。

おどろおどろしい 文語 **おどろおどろし**

無気味で恐ろしい様子。「おどろく」と同源。『続日本紀』に「驚呂驚呂之岐（おどろおどろしき）」（宝亀七年四月一五日・宣命）とあり、『*和訓栞』は「驚く意」とする。『*名言通』（下）が「オドロキオドロシキ（驚々如）也」とするように、動詞「驚く」の語幹を重ねたものだろう。

例「雷（かみ）いと騒しくひらめきて、地震（なゐ）のやうに土動く、いとうたて、おどろおどろしかりければ」（宇津保物語・楼上・下）

おどろく【驚く】

びっくりする。『大言海』は「オドはおぢ（怖）の転なるべく、〈略〉ロクは、動揺する意」とする。「ろく」が動揺する意だということについては「かびろく」「そぞろく」などの例証を挙げている。これに対して音に関係させた語源説もある。「オド

ロは、刺激的な物音を感じる意が原義」(岩波古語辞典補訂版)で、「おどろおどろし」の「おどろ」と同根だという。「おどろく」は「おどろ」に「く」を付けて動詞化した語となる。「おどろ」は人をびっくりさせたり、目覚めさせたりするような音の擬態語の可能性がある。

例「水鳥の羽音におどろいて、矢ひとつだにも射ずして」(平家物語・七・実盛)

おなか【お腹・御中】

腹。「お」は丁寧化の接頭語。もと女房詞。「おなかが痛い」「おなかが悪い」「おなかに子がある」という用法から見るに、体の内部という意味で「なか」と言ったと思われる。*『日葡辞書』に「Vonacaga varui(御中が悪い)〈略〉下痢をする。これは婦人語である」とある。

おなご《をなご》【女子・女】

女。「をんなご(女子)」の変化した語で、もとは女の子供の意。

例「第一をなごのたしなみは殿御(とのご)もってが大事ぞや」(浄瑠璃・堀川波鼓・中)

おなら

屁(へ)。ガスが出る時に音がすることから、屁を「鳴らす」の名詞形「鳴らし」の前半部分に「お」をつけて婉曲に表現したもの。

例「昨夜のおならは香あり音あり」(咄本・醒睡笑・六)

おに【鬼】

想像上の怪物。語源については諸説あるが、*『十巻本和名抄』に「和名於邇(おに)、或説云、於邇者隠音之訛也。鬼物隠而不欲顕形、故以称也〔於邇は隠音の訛りなり。鬼は物に隠れて形を顕すを欲せず、故に以て称するなり〕」と説かれるように、「隠」の字音オンの転とする説が、現在有力である。「ボニ(盆)」「ラニ(蘭)」「エニ(縁)」など、その類例がある。元来、「おに」は目に見えぬ悪霊や物の怪(け)をいい、死者を意味する中国の「鬼(き)」とも現在の「鬼」とも異なるものであった。

例「ある時には、風につけて知らぬ国に吹き寄せられて、鬼のやうなる物、出(い)で来て殺さんとしき」(竹取物語)

おにごっこ【鬼ごっこ】

一人が鬼の役になって他の者を追いかけ、つかまった者が代わって鬼になり、これを繰り返して走りまわる遊び。「鬼ごっこ」の「ごっこ」は何かのまねをして遊ぶことで、人を追いかける鬼をまねて遊ぶこと。「ごっこ」の「ごっ」は「こと(事)」の促音化したもの。「鬼事(おにごと)」については、『新編常陸国誌』(一九世紀前半か)に「おにごと　鬼事なり、江戸にてとろとろと云ふ」等の記述が見える。末尾の「こ」は「隅っこ」「根っこ」「端っこ」などの「こ」と同じで、意味はなく、調子で

付けられたものだろう。

例「こいつらあ〈略〉湯の中へ糞（ばば）をたれて、鬼渡（おにごっこ）や捉迷蔵（めかくし）も仕兼ねめえ」（滑稽本・浮世風呂・三・上）

おににかなぼう ―かなばう【鬼に金棒】

ただでさえ強いものが強力な武器を手にして一層強くなり、怖いものがなくなること。怪力を持つ鬼が、破壊力のある金棒を手にすると、より一層強くなることから。また、鬼には金棒が似合わしいことから、ふさわしいものを得て引き立つという意味にも用いる。「鬼にかなさい棒」（「かなさい棒」はいぼのついた太い金棒）、「鬼にかなてこ」、などの形で中世から用いられていた。

例「あれで愛敬がありゃ鬼に鉄棒さ」（滑稽本・浮世風呂・三・上）

おにのかくらん ―くわくらん【鬼の霍乱】

丈夫な人が珍しく病気にかかることのたとえ。「霍乱」は、手を激しく振り回してもがく意の「揮霍撩乱（きくわくりょうらん）」の略。今は、日射病など暑気あたりを指すことが多いが、昔は急性腸炎など下痢、嘔吐を伴う病気を称した。体が丈夫な人を鬼にたとえ、そのような人が病気にかかるのは鬼が霍乱になるくらい珍しい、と言ったもの。

例「鎧の儘で鬼の霍乱」（雑俳・俳諧觿）

おにゆり【鬼百合】

ユリ科の多年草。『改訂増補牧野新日本植物図鑑』は「鬼百合は粗大なユリという意味で、姫百合に対しての名であろう」という。ヒメユリは花の様子が小さくかれんである。「鬼」は接頭語で、同類の中で特に大きいの意を表し、「鬼あざみ」「鬼やんま」などと用いられる。

例「鬼ゆりにくひつかれてやはかたゆり」（俳諧・鷹筑波・一）

おぬし【御主】

二人称代名詞。現代では古風な表現の中にしか見られない。対等もしくはそれ以下の相手に対して用いる語で、室町時代以後、男女ともに用いた。「お」は尊敬の接頭語。「ぬし」は主人を意味し、二人称としても用いられた。次の『大鏡』の文は、「ぬし」が二人称に用いられた例。「ぬしの御年はおのれには、こよなくまさり給へらむかし」（大鏡・一・序）。

例「其のすゑひろがりをおぬしはみた事があるか」（虎明本狂言・末広がり）

おのこ をのこ【男の子・男】

おとこ。「男（を）の子」という意味で、「女（め）の子」の対。元来は男の子を意味したが、平安時代には、単に男をさすようになった。

例「供なるをのこ、童などとかくさしのぞきけしき見るに」（枕草子・七四・懸想人にて）

おば をば【伯母・叔母】

父母の姉妹、および父母の兄弟の妻。*『日本釈名』に「小母（をばば）也」と見え、『大言海』は「小母（をはは）の略転」とする。なお、姻戚関係のない、年輩女性を「おばさま、おばさん」と呼ぶのは、近世以降の用法である。↓おじ

例「姨母　乎波（をば）」（天治本新撰字鏡）

おばあさん【お祖母さん】

祖母。「おばばさま」の変化したもの。「お〜さん（さま）」は名詞の尊敬語を作る形式。「ばば」は『大言海』によれば、「オホバを略して重」ねたもの。↓おじいさん

例「おばあさんのは秋の田がよめぬ也」（雑俳・柳多留・二九）

おはぎ【お萩】

ぼたもち。「萩（はぎ）の花」「萩の餅」の「はぎ」に丁寧の接頭語「お」を冠したもの。近世の女性礼法書『女重宝記』（一）に「ぼたもちは（略）おはぎ」とあるように、「おはぎ」は、もともと女性語であった。「ぼたもち」を何故「萩の花」と言うかについては、諸説あって定まらない。たとえば、「その制、煮たる小豆を粒のまま散らしかけたるものなれば、萩の花の咲き乱れたるが如しとなり、よって名とす」（物類称呼・四）や、「これは萩の花に似たればなり」（随筆・世事百談・四）、あるいは「牡丹餅をば、おはぎといふは、黄紫相まじはる故なり」（随筆・肝大小心録）のような説もある。

例「『オヤオヤおめづらしい、お牡丹餅（はぎ）でございますかエ』『アイ富貴牡丹（ふきぼたん）といふ道明寺のおはぎサ』」（人情本・仮名文章娘節用・三・七）

おはこ【十八番】

得意の芸。「お」は丁寧ないし尊敬の接頭語。「はこ」の語源ははっきりしないが、「箱書き付き」の下略ではないか、という説が紹介されている（赤坂治績・ことばの花道）。「箱書き付き」は折り紙付きと同じで、美術品などに鑑定書が付いていることである。「おはこ」は鑑定書の付いているほど、確かな得意芸という意味になる。なお、「おはこ」に「十八番」を当てるのは、七代目団十郎が市川流の得意とする芸、十八番を選んだことによる。歌舞伎「十八番」がいわば得意芸の代名詞のようになって、それ以降「おはこ」に「十八番」を当てるようになった。

例「ぐっと一番おはこを出して、わっといはせてかへりました」（滑稽本・玉櫛笥）

おはちがまわる —まはる【お鉢が回る】

順番がまわってくる。「お鉢」は飯櫃（めしびつ）のこと。飯櫃が回ってくることで飯をよそう順番が来たことを表し、そこから順番がくることを意味するようになった。

例「おれが番か、ありがたい。やっとの事でお鉢が廻って来

た」(滑稽本・浮世床・初・下)

おばな《をばな》【尾花】
ススキの花穂。花の形が動物の尾に似ているのでいう。
例「萩の花乎花(をばな)葛花なでしこの花女郎花また藤袴朝顔の花」(万葉集・八・一五三八)

おはよう《おはやう》【お早う】
朝人に会った時の挨拶の言葉。「お」は尊敬の接頭語、「早う」は「早い」の連用形のウ音便形。近世、朝早く出て来た人に「早いですね」という気持ちをこめて挨拶していたものが、形式化して単なる朝の挨拶となったもの。「いづれもこれはお早ふと物静かにぞ伺候有り」(浄瑠璃・最明寺殿百人上臈・女勢揃へ)では、まだ本当に早いという気持ちがこめられている。

おはらいばこ《おはらひばこ》【御払い箱】
不用になった物を捨てること。解雇すること。もともとは「お祓(はら)い箱」で、伊勢の御師(おし)により毎年諸国の信者に配られるお祓いのお札(ふだ)や暦などを入れておく箱が原義。この意味では、室町時代から用例が見られる。江戸後期になり、毎年の暮れに新しいお札を入れた箱が来ると古い箱が不要となるところから、「お祓い」を、処分する意の同音の「お払い」にかけて、使用人を解雇することを言うようになった。
例「寝御座一枚にておはらひばこの身となりしが」(黄表紙・啌多雁取帳)

おび【帯】
着衣の上から腰のあたりで巻いて締めるもの。身につける意味の動詞「おぶ(帯)」の連用形の名詞化した語。動詞「おぶ」は、「針ぶくろ応婢(おび)続けながら里ごとにてらさひ歩けど人もとがめず」(万葉集・一八・四一三〇)などと用いられた。
例「わが背なを筑紫へやりて愛(うつく)しみ於妣(おび)は解かななあやにかも寝も」(万葉集・二〇・四四二二)

おびきだす【誘き出す】
だまして誘い出す。だまして誘う意の動詞「おびく」に「出す」が付いた語。「おびく」は「招(を)き引く」の義(大言海)または「人を帯びて引く」の義(和訓栞)と言われる。「招き引く」によるとすれば、歴史的仮名遣いは「をびき出す」となる。
例「母の籠舎と世に知らせ、おびき出さんと謀れども」(浄瑠璃・持統天皇歌軍法・三)

おびただしい【夥しい】 文語 おびただし
数量が非常に多い。近世中頃までオビタタシと第四音節は清音であった。語源不明。『大言海』には「おび(怯)ゆるまでにたたは(湛)しの意にもあらむか」とあり、『和訓栞』*には「大満(おほたたふ)の義なるべし」等とある。『大言海』の「たたはし」は水が満ちる意の動詞「たたふ」の形容詞化で、これら

の語源説では水を満々とたくわえている状態から「おびただし」という語が出たと見ている。

例「乱声(らんじやう)・鼓・物のね一度(ひとたび)にうち吹き、弾き合はせたり。おびたたしくめでたし」(宇津保物語・吹上・下)

おひや【お冷や】

水。女房詞で水のことを、水の冷たいという性質に目をつけて、「お冷やし」と言った。それが縮まって「おひや」となった。*『日葡辞書』には「お冷やし」(Vofiyaxi)はあるが、「お冷や」の形はまだない。しかし、室町末の『女房躾書』には「おひや」という省略形が見える。江戸時代、普通の男女が使う言葉となった。

おひらき【御開き】

宴会などが終わること。「終わる」という語の使用を避けた忌み詞。古くは、戦場で逃げること、退却することの忌み詞であった。『太平記』に「ただ先づ筑紫へ御開き候へかし」(一五・大樹摂津国豊嶋河原合戦事)という例がある。

例「知ったぶり下女おひらきをやたらいい」(雑俳・川傍柳・一)

おひれがつく《をひれ—》【尾鰭が付く】

事実以外のことがいろいろ付け加わる。話が誇張される。「尾ひれ」を本体に加えられた装飾と見て作られた成句。「尾ひれを付ける」という形が古い。「宰我(さいが)は物いひなれば、〈略〉尾ひれを付けて云へる也」(応永本論語抄・八佾)。

例「事が延びればをひれがつく」(浄瑠璃・薩摩歌・中)

おふくろ【御袋】

母親。語源は諸説あるが、不明。懐妊のさまを「子がふところ(懐)にある」として母親を「ふところ」と言い、「ふところ」を略した「ふころ」を経て「ふくろ」となったという説(貞丈雑記)や、胎内に胞衣(えな)に包まれているさまを「袋に入っている」と見て母親を「ふくろ」と言うという説(後宮名目抄)、また、主婦として財布のひもを握り、金銭等を袋から出し入れするところからという説(*『俗語考』ほか)などがある。

例「てて親はしんぶといひ、はは親をばおふくろ」(虎明本狂言・舎弟)

おべっか

追従。語源不明だが、『大言海』は「或書」で見たという「楽屋詞に、御別火を云ふとて、諂(へつら)ふ意とせしに起こる」という説を紹介している。これによれば、顔見世狂言の初め、皆別火で斎戒して勤めたが、常にへつらう者が座元に御別火にて勤めますとしきりに言ったことから出たという。

例「此の追従をおべつかと云ひしが近世胡麻すると流行詞に変名をしけり」(随筆・皇都午睡・三・中)

おぼえる【覚える】 文語 **おぼゆ**

記憶する。「おぼゆ」は「おもほゆ」の変化した語。「おもほゆ」は「おもはゆ」の転。「おもはゆ」は「思ふ」の未然形に自発の助動詞「ゆ」の付いたもので、おのずからそう思われるというような意味である。未然形語尾の母音アがオに変わる変化には、オモハス→オボス（思す）、キカス→キコス（聞こす）のような類例がある。

例「つねにおぼえたる事も、また人の問ふに、きよう忘れてやみぬるをりぞ多かる」（枕草子・二七六・うれしきもの）

おぼこ

うぶな娘。近世では、男女ともに使った。語源は「産子（うぶこ）」（=うまれたての子）の転といわれる（大言海など）。この説によれば、「おぼこ」は生まれたばかりの赤子のように何も知らないということから出た語である。「うぶ子」の例は「Vbuco　ウブコ（産児）　今生まれた赤子」（日葡辞書）のように見える。「おぼこ」の例は『*運歩色葉集』に「小児　ヲボコ　若子」とあるが、意味はまだ現在のようにはなっていないようである。

例「旦那の機に入り、よろづおぼ子にまだ男がからきやらあまき物やら、知らぬとばかり」（浮世草子・色道大皷・二・二）

おぼつかない【覚束ない】 文語 **おぼつかなし**

こころもとない。『大言海』は「オボは朦朧（おぼおぼ）しのオボなり。ツカは、あはつか、ふつつかなどのツカにて、形容詞の接尾語、ナシは甚（な）しの義。おぼおぼしさ、甚（はなはだ）しの意」とする。ここで『大言海』がいう「甚（な）し」は「せわしなし」など、形容詞を作る接尾語と普通いわれるもの。

例「水鳥の鴨の羽の色の春山の於保束無（おほつかなく）も思ほゆるかも」（万葉集・八・一四五一）

おぼろ【朧】

ぼうっとしているさま。「おぼろ」の「おぼ」は「おぼおぼし」（=あたりがぼうっとしている）、「おぼめく」（=はっきりしない状態になる）、「おぼつかなし」などの「おぼ」と同じで、これらの語の語根と考えられる。「ろ」は状態を示す接尾語であろう。この語は、形容動詞の語幹として使われるほか、「おぼろげ」「おぼろか」「おぼろ夜」などの派生語を生んだ。

例「外（と）のかたを見出してふせるに、月のおぼろなるに、小さき童を先に立てて、人立てり」（伊勢物語・六九）

おまえ《おまへ》【御前】

二人称代名詞。現在では、主に男性が目下の者に対して用いる。本来は神仏や貴人の前を敬って言う語であった。「くら人どもわらひて、かめをおまへにもていでて」（古今集・雑上・詞書）は、女蔵人たちが瓶を后の宮の御前に持って行ったところである。貴人をその人ではなく、その前をもって指すという用法から、尊敬の二人称代名詞に転じた。中古から

その例がある。近世前期には最高の敬意を担う二人称代名詞だったが、後期には軽い敬語となり、明治以降、同輩ないし目下に使う語となった。

例「御まへにもいとせきあへぬまでなん、おぼしためるを見たてまつるも、ただおしはかり給へ」（蜻蛉日記・中・天禄二年）

おまけ

商品を値引きしたり、付録を付けたりすること。また付録の品物。「お」は尊敬の接頭語。「まけ」は動詞「負ける」の連用形の名詞化。客や買い手に有利なようにすることを商人の側が「負ける」と言ったことから。

例「金を添へしは阿饒（おまけ）なり」（読本・近世説美少年録・三・二九）

おまる【虎子】

持ち運びのできる便器。排泄することを古く「まる（放）」と言ったが、この「まる」に丁寧語の「お」を付けたもの。この説は荻生徂徠の随筆『*南留別志』に「子児の糞器をまるといふ事は、日本紀に、いばりする事を、いばりまる、大便することを、くそまるといふより出でたるなるべし」と見える。「おかわ（御厠）」とも言った。「虎子」は同義の漢語による。

例「サアおめへ此頃は立居もしとりで出来ねへから、尿屎（しばば）もおまるでとる」（滑稽本・浮世風呂・二・下）

おみあし【御御足】

足の尊敬語。元禄五年の『女重宝記』（一・五）に「足を、おみあし」とあるように女性の言葉であった。語頭の「おみ」については二説ある。一つは、古代の接頭語「おほみ（大御）」の略とするものである。この「おほみ」は、主として「おほむ（ん）」、「おん」、「お」と変化していった。「おみ」が「おほみ」から出たとすると、「おみ〜」の例が古代からなければならない。しかし、「おみ〜」の例はほぼ近世以降で、「おほみ」が「おん」「お」に変化してしまった時代になる。「おみあし」「おみおび（帯）」「おみき（酒）」「おみくじ（籤）」「おみこし（輿）」など、だいたい近世以降の語である。もう一つの説は、「み〜」に重ねて接頭語の「お」を付けたというもので、たとえば「みあし」「みき」「みこし」に「お」が付いたと見る。すなわち「お」と「み」という二つの接頭語が重なっていると考える。このように「おみ〜」として使っているうちに、「おみ」が一つの接頭語のように意識され、「み帯」というなさそうな語でも「おみ」を付けるようになったのではないかと思われる。

例「折悪しう湯も沸かず、水でなりと御み足を」（浄瑠璃・伊賀越道中双六・六）

おみおつけ【御味御汁・御御御付】

味噌汁の丁寧な言い方。「おつけ」に「おみ」が付いたもの。「おみ」については解釈が分かれる。『大言海』は「みこし」「みくじ」から「おみこし」「おみくじ」ができたように「お」も「み」

も敬意の接頭語とするが、「みおつけ」という形がないので、この立場をとるなら「おみ」が「おつけ」に付いたと見るべきである。近世、「おみ」は一つの接頭語と意識されていた可能性がある。「おみ帯」も「帯」に「おみ」が付いたものだろう。しかし、「おみ」にはお味噌という意味があるので「おみおつけ」はお味噌のおつけと解すべきだという説(日本国語大辞典二版)もある。この説によれば、尊敬の接頭語の重複が避けられる。ただし、「おつけ」に味噌汁の意味が生じてから、さらに「味噌」の意味の語を加えたという問題が残る。↓おつけ・おみあし

例「今夜は御汁(おみおつけ)を拵(こしら)へて上げようと存じて」(人情本・処女七種・四・二一)

おみき【御神酒】

神に備える酒。または単に酒を指す。「お」も「み」も尊敬の接頭語。「き」は酒。『万葉集』(一九・四二六四)に「相飲まむ酒(き)そこの豊御酒(とよみき)は」とあり、「き」とともに接頭語「み」を伴って用いられている。『源氏物語』(行幸)では「六条院より御みき御くだ物などたてまつらせ給へり」のように、「みき」が更に「御」を伴って用いられている(ただし、ここでの「御」は「おほん」と読む。「御」が「お」になるのは中世以後である)。神に対して捧げる酒ということから、「御神酒」の字が当てられた。↓おみあし

例「おみきをまゐりまらせう」(虎明本狂言・鈍根草)

おみくじ【御御籤】

神仏に参拝し、吉凶を占ってひく籤。「お」「み」は接頭語で、神仏の籤に対する敬意を表すもの。「くじ」の語源は、「くし(串)」または、引き抜くという意味の動詞「くじる」から来た語などと言われるが、不明。

例『どうしたえ、お神占(みくじ)は』『ハイ、誠に宜いお神占で御座います』(人情本・糸柳・二・一一)

おみなえし《をみなへし》【女郎花】

オミナエシ科の多年草。オミナエシは花も姿もオトコエシに比べて優しい。「をみな」は美女、または女性一般を指す。『大言海』は「花の色、美女をも圧(へ)す意かと云ふ、いかが」とあって断定は控えている。問題は「をみなへし」の「へし」が押し倒す、圧倒する意の「圧(へ)す」の連用形であるかどうかである。『万葉集』(七・一三四六)に「姫押生ふる沢辺の真葛原」という歌があるが、この「姫押」は「をみなへし」と訓まれている。とすれば、「へす」に「押」が当てられているわけで、「美女をも圧倒するほど美しい」という『大言海』の説を裏付けるものとなる。オミナエシは秋の七草の一で、美女に見立てられることが多かった。

例「萩の花尾花葛花なでしこの花姫部志(をみなへし)また藤袴朝顔の花」(万葉集・八・一五三八)

おむつ【お襁褓】
おしめ。古く、赤ん坊の産着（うぶぎ）を「むつき（襁褓）」と言った。「御むつきなどぞことごとしからず」（源氏物語・宿木）。それに丁寧化の接頭語の「お」が付いて後半が略されて、「おむつ」と言われるようになったもの。漢字表記の「襁」は幼児の背負い帯、「褓」はかい巻きの意。漢語「襁褓（きょうほう）」は、産着・幼少を意味するが、日本では多く「むつき」に当てる。
例「物干竿の尖（さき）へおむつを引っ掛けて持ったようである」（森鷗外・雁・明治四四～大正二年）

おめおめ
意気地がない様子。恥知らずなさま。恐れて気おくれするという意味の動詞「おむ（怖）」の連用形「おめ」を重ねたもので、本来はおどおどした様子を言ったが、それがほめられない様子であることから転じて、恥知らずな様子をも言うようになった。なお、「おむ」という動詞は現在でも「おめず臆せず」という形で残っている。
例「おめおめと女の行くに随ひて行くに」（古今著聞集・一〇・三七七）

おめかし
おしゃれをすること。「お」は丁寧の接頭語。「めかし」は動詞「めかす」の連用形の名詞化したもの。動詞「めかす（粧）」は「春めく」などの「めく」から出たもので、それらしく見せるというような意味。そこから化粧する、おしゃれするなどの意味を生じ、「あれもめかしたやつだ。すがぬひの紋所で、黒八の羽織にお太刀をきめて、大きな面だ」（滑稽本・素人狂言紋切形）のように用いた。
例「朝ぱらからお艶飾（めかし）だな」（尾崎紅葉・多情多恨・明治二九年）

おめがねにかなう《ーかなふ》【御眼鏡に適う】
目上の人の気に入られる。「お」は尊敬の接頭語。「めがね」には鑑識力という意味が古くからあった。たとえば、*『日葡辞書』には「眼がね（Megane）のある人」という見出しがあり、「見る物すべてを非常によく記憶する人」と説明されている。「かなう」は基準や条件を満たすことを表す。
例「予この冊子（とぢぶみ）を見（あらは）してより、僥倖（さいはひ）にして看官（ごけんぶつ）の御眼鏡に協（かな）ひてや、まだ此次編は出ぬかとの催促」（人情本・閑情末摘花・四・叙）

おめし【御召】
「お召縮緬（めしちりめん）」の略。縦糸・横糸ともに練り染め糸で織り、皺（しぼ）を出した絹織物。上等な品で貴人が着たので、「お召しちりめん」というといわれる。「お召し」は動詞「召す」の連用形の名詞化に尊敬の接頭語「お」の付いたもの。「召す」には着るの尊敬語としての用法がある。

おめでとう《おめでたう》【御目出度う】

慶事や新年などを祝う挨拶の言葉。「おめでとう存じます」「おめでとうございます」などの下略。「おめでたう」は慶賀すべき意の形容詞「めでたし」に接頭語「お」の付いた「おめでたし」の連用形「おめでたく」のウ音便形。↓めでたい

例「『次の隠居は七十の賀』『それはおめでたう』」（滑稽本・浮世風呂・二・下）

おめもじ【御目文字】

お目にかかること。お目にかかるという意味のことば「お目見え」または「お目通り」の「お目」を残して後半を略し、「もじ」という言葉を添えて婦人語としたもの。いわゆる文字詞である。↓しゃもじ

例「かねても御めもじのふしに、申しまゐらせ候ふとほり」（人情本・春色辰巳園・四・七）

おもうつぼ《おもふ—》【思う壺】

期待・予期した状態。「壺」は博打でさいころを入れて振る物。「思う壺」は、思うとおりの采（さい）の目を出してくれる壺のことで、「思ったとおり」ということをしゃれて言ったもの。

例「某（それがし）がおもふつぼにあたるところ」（浄瑠璃・津国女夫池・二）

おもかげ【面影・俤】

実際に目の前にあるように心の中に浮かぶ顔や姿。「おも（面）」は、顔・容貌の意。「影」は水や鏡に映った映像のように実体のない姿や形をいう。なお「俤」は国字である。

例「夕さればもの思（も）ひまさる見し人の言（こと）問ふ姿面影にして」（万葉集・四・六〇二）

おもしろい【面白い】 文語 **おもしろし**

興味をそそる。こっけいだ。語構成は「おも（面）＋白し」で、目の前がぱっと明るくなる感じを表す。『万葉集』（七・一二四〇）の「たまくしげ見諸戸山（みもろとやま）を行きしかば面白くしていにしへ思ほゆ」は「爽快な景色に晴れ晴れする」の意で、原義に近い用例。中古の文学作品では、「月、面白し」（土左日記・承平五年一月一三日）のように、自然の景物に興じる場合に使われることが多い。転じて「節会どもの面白く興あるを」（源氏物語・絵合）のように、気持ちが開放されて楽しいの意になった。「こっけいだ」の意が加わるのは中世末・近世になってからのようである。

例「からすのまねをする、あどわらふて『此やうな面白い事はない、色々になぶらふ』」（虎明本狂言・柿山伏）

おもだか【沢瀉】

オモダカ科の多年草。語源について、『大言海』は「面高の義、葉面の紋脈、隆起す」という。『改訂増補牧野新日本植物図鑑』は「葉身が高く葉柄上にある所からいう」とする。『枕草

子』(六六・草は)に、「おもだかは、名のをかしきなり」とあるのは、「おもだか」を「面高」(=鼻の高い顔付き)と解して興じたものという。オモダカの葉や花を組み合わせて、家紋にデザインされたので、「おもだか」は紋所の名ともなっている。漢字「沢瀉」はサジオモダカの漢名。

おもちゃ【玩具】

子供の遊び道具。「もちあそび」という語が変化した「もちゃそび」に丁寧化の接頭語「お」が付いて、下略されたもの。「もちゃそび」という形は、「弄具(もちゃそび)の壱文笛で」(浄瑠璃・小栗判官車街道・五)のように近世使われていた。なお、『天治本新撰字鏡』*には、「毛知阿曽比物(もちあそびもの)」という形が見られる。漢字表記の「玩具」は、近世中国語から借用したもの。

例「鶴(つう)さんはお持遊(もちゃ)を落すまいぞ」(滑稽本・浮世風呂・前・上)

おもて【表】

よく見える側。裏(または奥)と対になる語。「おも(面)」は顔や表面の意味で、「吾が面(おも)の忘れむしだは国はふり嶺(ね)に立つ雲を見つつしのはせ」(万葉集・一四・三五一五)のように、古くは独立して用いられた。現在では「面ざし」「面かげ」などと使われる。「て」は方向の意味を表す。

例「月のいと明きおもてにうすき雲あはれなり」(枕草子・二五五・雲は)

おもと【万年青】

ユリ科の常緑多年草。豊前の宇佐神宮の東方にある御許山(おもとやま)に、この草の良品が産する故に、この名がある(大言海)などの説もあるが、『改訂増補牧野新日本植物図鑑』は「大本(おおもと)」説を支持して、「がさつで大きい株を表現したものであろう」という。「万年青」という漢字表記は漢名による。

おもねる【阿る】

おべっかを使う。『和訓栞』*に「面練の義」とあるが、「面(おも)」は顔、「練(ね)る」は柔らかにすることで、顔の表情をやわらげて人に取り入ることを言ったかと思われる。「練る」には布や糸などを灰汁で煮て柔らかにする意味がある。

例「然れども此の神、大己貴神(おほあなむちのかみ)に佞(おもねり)媚びて」(日本書紀・神代下・卜部兼夏本訓)

おもはゆい【面映い】 文語 **おもはゆし**

照れ臭い。「おも(面)」は顔、「はゆし」はまばゆいさま。相手の顔が輝くようで、まぶしくて見られないことから、顔が向けにくいさまを表すようになった。

例「いとおもはゆければ、いかにせましと思しみだるれど」(有明の別・一)

おもむき【趣】

風情・味わい。趣旨。動詞「おもむく」の連用形「おもむき」の名詞化。「おもむく」は「おも（面）＋向く」で、顔がそちらへ向く、心が動くというところから、こころざすところ、意味するところ、更に情趣・味わいなどの意味を派生していった。

例「仏の教へ給ふおもむきは、事にふれて執心なかれとなり」（方丈記）「水のおもむき、山のおきてをあらためて」（源氏物語・乙女）

おもむろ【徐ろ】

ゆったりした動きであるさま。『大言海』は「オモブル、オモムル、オモムロと転じたる語」とする。「おもぶる」（「おもふる」ともいう）は、「おもむろ」と同じ意味の語。その語源について、『大言海』は「重々しき風（ふり）をする意」とする。これによれば「おもぶる」の「おも」は重々しいの「おも」となるが、「ぶる」は「すこぶる」「ひたぶる」などの「ぶる」と同じで、形容動詞の語幹の類を作る接尾語かと思われる。第三音節の「ぶ」が「む」に変わるのは、「ケブリ・ケムリ（煙）」の類。末尾の「る」が「ろ」に変るのも、よく見られるウ列音とオ列音の交替（たとえば「ますかがみ・まそかがみ」）である。

例「舒　オモフル　オモムロ　徐同」（色葉字類抄・黒川本）

おもや【母屋・母家・主屋】

家屋の主要な住居部分をいう。もとは寝殿造りの建物の中心部分を言った。上代、母を意味する「おも」という言葉があって、「韓衣（からころむ）裾に取りつき泣く子らを置きてそ来ぬや意母（おも）なしにして」（万葉集・二〇・四四〇一）などと用いられた。「おもや」の「おも」は上代からある母の意の「おも」で、母の居る所を住居の中心部分としてとらえていたわけである。「おも」に「主」の意味が生ずるのは近世以降である。

例「おもやの内には女ども番におりて守らす」（竹取物語）

おもゆ【重湯】

水分を多くして炊いた粥（かゆ）の上澄み液。語源については諸説あるが、『大言海』は「飯湯（おものゆ）の略」という。「おもの（御物）」には、「白米十石（こく）をおものにして」（宇治拾遺物語・三・一）のように、「ご飯」の意がある。

例「日に添へて、つゆ・おもゆなどやうの物をだに見も入れ給はず」（夜の寝覚・五）

おもり【御守り】

子守り。面倒をみること。「まもる」という意味の古語の動詞「もる（守）」の連用形の名詞化した「もり」に接頭語「お」が付いたもの。「もり」は、古くから「島守り」などと用いたが、子の世話をするという意味で用いた例も鎌倉時代からある。

例「粗暴といやみで持ち切りたる、客のお幇間（もり）にもてあませど」（坪内逍遥・当世書生気質・明治一八〜一九年）

おもわく《おもはく》【思惑】

意図。動詞「思ふ」の未然形に名詞を作る接尾語「く」の付いたもの。「思惑」は当て字。語源的には、形式名詞の「あく」が「おもふ」の連体形に接続して、「おもはく」になったといわれる。ローマ字で書けば、omofu + aku → omofaku(moは乙類)となる。この「あく」は「あくがる」の「あく」で、所や事の意味だという。そこで「おもはく」は思うことの意味となり、そこから考えや意図などの意味を派生した。(しかし、「あく」が「あくがる」の「あく」だとすることには、異論もある。)接尾語「く」の付いた語で現在使われているのは、この語の他では「言わく」「願わく」など少数になっているが、古くは上代を中心に広く用いられた。↓おいらく

例「目こそ暗けれども、人の思はく、一言の内に知るものを」(謡曲・景清)

おやかた【親方】

職人、芸事、相撲取りなどの世界において、保護者・指導者の立場にある者。平安時代には親の代わりというような意味であったので、「方」は、漠然とある側に所属する人を指す意味だったと思われる。『源氏物語』(総角)に「(薫ハ)心苦しかるべけれなど、親方になりて(匂宮ニ)聞こえ給ふ」という例がある。中世の『*日葡辞書』の「Voyacata(ヲヤカタ)」には、さまざまな意味が出て来る。兄に同じとした後で、「ある人が頼みとしている相手の人、または、奉公している相手の人、または、何かの職を習っている相手の人」という意味も付加している。

例「親方の子を我が子として守り立てし甲斐ありて」(浄瑠璃・女殺油地獄・中)

おやこどんぶり【親子丼】

鶏肉を煮て鶏卵でとじ、丼に盛った飯にのせた料理。『大言海』が「鶏と鶏卵とにて、親子なり」と説くように、鶏肉と鶏卵を使うので、鶏の親と子の意で「親子」という。明治二〇年代半ば、東京日本橋人形町のシャモ鍋店「玉秀」(現在名「玉ひで」)の五代目秀吉(ひできち)の妻山田とくが、シャモ鍋の残りの割り下を鶏卵でとじるのにヒントを得て創案、「親子丼」と命名し売り始めたのが全国に広まったという(たべもの起源事典ほか)。なお、鶏肉以外の肉を用いたものは「他人丼」と呼ばれる。

例「晩　親子丼(飯の上に鶏肉と卵と海苔とをかけたり)　焼茄子」(正岡子規・仰臥漫録・明治三四年)

おやじ《おやぢ》【親父・親爺】

父親、または年取った男性の称。「おやちち」の変化したもの(大言海)という説があるが、「おやちち」という語は見つかっていない。

例「おらが親父はおめへ達の知って居る通り泪もろい性だから」(滑稽本・浮世床・初・下)

おやつ【御八つ】
（午後の）間食のこと。近世、「八つ」は午後二時から四時に当たる。京、大阪では「八つの時」を本願寺の太鼓が告げたので、その時刻のことを言うのに尊敬の接頭語「お」を付けて「おやつ」と呼んだ（近世上方語辞典）。それが、その時間帯にとる間食を指すようになったもの。明治以降、時の表示法が変わって、これを「（お）三時」とも言うようになった。
例「今頃お八つ？お皿を見ると思い出すのね」（夏目漱石・明暗・大正五年）

おやのななひかり【親の七光】
親の社会的地位や名声の高さが子供の出世や評価に大きく貢献すること。「七」は「七変化」「七つ道具」などのように、数の多いことを示す。「光」はここでは威光や威力のこと。「親の光は七光」という慣用句もある。
例「千年もおきたや親の七ひかり」（雑俳・住吉おどり）

おやぶん【親分】
徒党を組む者のかしら。「親分」の「分」は、「兄弟分」「五人分」などの「分」と同じく、名詞に下接し「～に相当するもの」の意を表す用法である。したがって「親分」とは、親に相当する人、すなわち、親代わり、仮親の意であった。「私が親分になり、孫太郎を請人（うけにん）〔=保証人〕にして埒（らち）明けました」（歌舞伎・夕霧七年忌）は、その例である。
例「親分の五右衛門様、どのやうな誤りしたぞ」（浄瑠璃・伊賀越道中双六・五）

おやま【女形】
歌舞伎で、女の役をする男の役者。おんながた。語源は不明だが、次のような説がある。江戸に小山次郎三郎という女の人形をよく使う人がいて、その人形を「小山人形」といい、その後女の人形を使う人を「おやま～」というようになり、それが歌舞伎に移って女形のことになった、という（日本国語大辞典二版に紹介された説）。この説に従えば、歴史的仮名遣いは「をやま」となる。
例「おやまの元祖大吉彌」（浮世草子・男色大鑑・六・四）

おやまのたいしょう《―たいしやう》**【お山の大将】**
小さな集団の中でいばっている人をからかって言う。盛り土などを山に見立てて競争して登り、一番によじ登った者があとから来るものを突き落とす遊びを、「お山の大将」という。そこから、せいぜい子供の遊びで低い山を制したに過ぎないものをさも偉いかのようにいばっている人を揶揄して言うようになった。近世末の歌舞伎に「日吉丸〈略〉つかつかと上り、お山の大将おれ一人」（歌舞伎・網模様燈籠菊桐・二）という例がある。現代では、西条八十の童謡『お山の大将』に、「お山の大将俺一人、あとから来るものつきおとせ」が知られる。

およびごし【及び腰】

へっぴり腰。比喩的に、確信のない不安定な態度を言う。「及ぶ」とは手が届くという意で、「及び腰」とは、手を届かせようと爪先立った時の不安定な状態を言う。この不安定な姿勢から、比喩的用法が生じた。

例「来る春は及びごしなり去年今年」（俳諧・毛吹草・五）

オランダ【和蘭陀・阿蘭陀・和蘭】

ヨーロッパ北西部にある立憲君主国。正式名称は Koninkrijk der Nederlanden。「オランダ」という呼称はポルトガル語 Olanda によるという。オランダ語のホーラント(Holland)は政治経済文化の中心である南北ホーラント州の通称で、hol は凹んでいる・低いという意、land は国・土地の意である。オランダの漢字表記はこのホーラントの音訳で、中国で「和蘭陀」「阿蘭陀」「法蘭」などと表記され、それが日本でも使われた。

おりがみつき《をりがみつき》【折り紙付き】

保証付きであること。「折り紙」は、奉書、鳥の子紙、檀紙などの和紙を二つ折りにしたもので、進物の目録や通達状、鑑定保証書などとして使われた。書画、刀剣などで由来や製作者が確かであるものには鑑定保証書として折り紙が付けられ、また、武芸などの習得に対する免許の証として折り紙が出されることもあった。このことから、「折り紙付き」は、その物や人の価値や力量が保証付きであることを表すようになった。

例「『出所がしっかりして居ますから、折紙つきですから』と父親は頻りに弁解した」（田山花袋・田舎教師・明治四二年）

オルゴール

ゼンマイ仕掛けなどで自動的に音楽を奏する器械。オランダ語 orgel に由来する。江戸時代に伝来した。「風楽」、「風琴」とも訳された（薩摩辞書）。『舎密開宗』*に「自鳴箏（オルゴール）」とある。

おれ【俺】

男性が使う一人称代名詞。「己（おのれ）」の略といわれる。「おのれ」の「おの」は、自分という意味で、「意能（おの）が緒を」（古事記・中）などと用いられていた。「れ」は接尾語である。「おれ」という語形は上代に見られるが、一人称ではなく、二人称であった。「意礼（おれ）熊曽建（くまそたける）」（古事記・中）は「お前、熊曽建」と呼びかけているところである。一人称の「おれ」は、例に示すように中世になってからの用法である。上代の「おれ」と中世の「おれ」が連続するかどうかについて、中世の辞書『塵袋』*では両者が連続するものとして、次のように言う。「下輩のものが、我がなのりをおれがと云ふは、人にいはるべきことばを、みづからなのるなり」。しかし、二人称から一人称に転じた例は珍しく（逆は多い）、語感にもな

お問題が残る。現在この語は男性が使うが、近世まで男女ともに使用した。

例「おれが母にて候ふものこそ、姉よりもよく候へ」（古今著聞集・一六・五五四）

おれきれき【御歴々】

身分、社会的地位、格式などが高い人。「歴」は、はっきりしていることを言う。「歴々」は中国古典に用いられた語で、整然とならぶ様子、はっきりした様子を表し、日本でも用いられた。「その証拠は reqireqi（レキレキ）ぢゃ」（天草本伊曽保物語・犬と羊の事）。身分・格式のある人を表すのは、日本での用法。「お」は尊敬の接頭語。「れっきとした」の「れっき」は「歴」を強めたもの。

例「お暦々のあなたがそんな事何のいの」（浄瑠璃・平仮名盛衰記・四）

おろおろ

どうしてよいかわからず、右往左往して取り乱す様子。「おろか・おろそか（疎）」の「おろ」を重ねたものと言われる。*『和訓栞』は「おろそかなるにや」と言い、『大言海』は「疎（おろ）かの語根を重ねて云ふなり」とする。古くは不十分の意味で使われていた。不十分なので、うろたえるというように意味が変化したと思われる。

例「旦那の気に入る事ばかり心にかけて、客のいふやうにおろおろと廻りては」（浮世草子・傾城禁短気・五・一）

おろし【颪】

山地など高いところから吹き下ろす風。動詞「おろす（下）」の連用形の名詞化で、上から下に吹き下ろすことからいう。「颪」は国字で、吹き下ろす風を字形としたもの。現代では「比叡おろし」「赤城おろし」などと使われる。

例「恋しくはみてもしのばんもみぢばを吹きなちらしそ山おろしのかぜ」（古今集・秋下）

おろち《をろち》【大蛇】

大きな蛇をいう古語。*『箋注倭名抄』には「按乎呂謂尾、呂助語耳、〈略〉虵有尾可畏之者也〔按ずるに乎呂（をろ）は尾のいひなり、呂は助語なるのみ、〈略〉虵（をろち）は尾のある畏るべきの者なり〕」とあり、『大言海』もこれを受ける。

例「八俣（やまた）の遠呂智（をろち）、年毎に来て」（古事記・上）

おわす《おはす》【御座す】

「ある」「いる」の尊敬語。また、尊敬の補助動詞としても用いる。中古の仮名文に多く用いられた語で、訓点語では「まします」が多かった。語源はオホマシマス→オハシマス→オハスと変化したか、オホマシマス→オホマス（推定形）→オハスとなったか、二つの変化が考えられている。なお、オホマシマスは、オホ＋マシ＋マスと分析される。

例「我朝ごと夕ごとに見る竹の中におはするにて知りぬ」（竹

取物語）

おんぞうし《おんざうし》**【御曹司・御曹子】**

名門の子弟。もと、公家や上流武家の、まだ独立していない子息を敬っていう語。武家の間では、平家の子息を公達（きんだち）と言うのに対して、源氏嫡流の部屋住みの子息を言い、特に、源義経を指したこともある。「曹司」は中国古典に見られる語で、役所、役人の意であったが、日本では部屋の意となり、また邸内に部屋をもらって住む者のことを指した。その家の子息には尊敬の接頭語「おん」を付けて「御曹司」と呼んだ。

例「御曹司の弓手の草摺をぬいざまにぞ射切たる」（保元物語・中・白河殿へ義朝夜討ちに寄せらるる事）

おんど《をんど》**【温度】**

冷たさ、暖かさの度合い。幕末に造られた和製漢語。蘭学では初めオランダ語 tem*peratuur を「温度」とも「熱度」とも訳した。宇田川榕庵の『舎密開宗』（内）には「熱度各異なる物を同じく気温六十度の室に置けば漸く皆同一の温度と為るなり」とある。いずれも「温かさの度合い」「熱の度合い」という意味で人体に限らず広く用いたが、明治後期になって「温度」は気温に、「熱度」は体温とか熱心の度合いに用いられるようになった。

例「人体の温度を保護して、身を健康ならしむるの目的に達するが如し」（福沢諭吉・文明論之概略・明治八年）

おんどをとる【音頭をとる】

他の人の先頭に立って物事をする。音楽用語が一般化したもの。「音頭（おんどう・おんど）」は和製漢語で、中古から用いられ、雅楽では管楽器の首席奏者、合唱では、その先導者を指した。「音頭をとる」は合唱の整調のために歌い出すことであった。音曲だけでなく、物事一般をリードするという用法は近世に始まった。

例「さうしたら親分も音頭を取って呉れようから」（滑稽本・浮世床・初・上）

おんな《をんな》**【女】**

女性。ヲミナ→ヲムナ→ヲンナ→オンナと変化した語。もともと「をみな」は、「をぐな」と対をなし、年少の男女を表していた。ヲミナとヲグナは、ミとグの対立で、男女を区別した。この区別はイザナミ（女神）のミとイザナギ（男神）のギの区別にも、[m] [g] の対立として現れている。一方、ヲミナは、年輩のオミナ（嫗）とは、ヲとオで区別されていた。この「を」は、「をがわ（小川）」「をぶね（小舟）」など小さいこと、さらに若いことを表しているといわれる（「おうな」参照）。しかし、その後「をとこ」が男性一般を表すようになるに連れて、この語も女性全体を指すようになった。↓おとこ・おきな・おうな

例「ましてをんなは船底にかしらをつきあてて、ねをのみぞ

泣く」（土左日記・承平五年一月九日）

おんなざか《をんなざか》【女坂】

神社仏閣などに通じる二筋の坂のうち、勾配のゆるやかな方の坂を言う。急勾配の坂の方は『古事記』（上）に「八俣（やまた）の遠呂智（をろち）」とある。「男坂」と呼ぶ。急坂を男に、ゆるやかな坂を女にたとえたもの。『柳多留拾遺』（四）の「御はしたのまたには足らぬ女坂」は、御はした（＝下女）の足腰は丈夫で女坂ではものたりないということを言ったもの。

おんなだてら《をんなだてら》【女だてら】

女のくせに女らしくないことをするさま。「だてら」は体言に添えて、その身にふさわしくないことを表す接尾語。「だてら」の語源について、『大言海』は「たてだてし」の「だて」、「ら」は助辞とする。「たてだてし」は心を立て通す意。『大言海』によれば、「男だて」の「だて」や、いわゆる「伊達」とも同源となる。しかし、この説によれば女を押し通すことにはなっても、女のくせにという意味はなかなか出にくいのではないかと思われる。「だてら」は、「法師だてらかくあながちなるわざをし給へば」（狭衣物語）のように、古くは「男」「法師」「年寄り」「親」などの語にも付いた。

例「お進の故とはいひながら、女だてらに鯰とは、どうしたひやうしの瓢箪を、打ちかたげたる伊達姿」（歌舞伎・暫）

おんのじ【御の字】

結構なこと。ありがたい。江戸初期の遊里語から来た言葉で、「御」の字を付けたいほどの結構なものという意味。

例「割に合はうが合ふめえが、二十両なら御の字だ」（歌舞伎・天衣紛上野初花・五）

おんばひがさ【乳母日傘】

大切に育てられること。常に乳母がつきそい、日傘をさしかけて外出するなど、大切に過保護に育てられる様子を言う。「おんば」は「おうば（乳母）」の転で、乳母（うば）のこと。「おんばひからかさ」とも言う。

例「お乳母日傘でそやされた、お坊育ちのわんぱくが異名になった此の吉三」（歌舞伎・三人吉三廓初買・二）

おんぶ

子供を背負うこと。動詞「おぶう（負）」の幼児語。「おぶう〈おぶふ〉」は、「おぶ」の変化した語であるという。「おぶ」は東日本を中心に使われた語で、人を背負う（＝負う）意味の動詞。

例「坊は、おとっさんにおんぶだから、能（いい）の」（滑稽本・浮世風呂・前・上）

か

か【日】

日数を表す語。ふつか(二日)・みっか(三日)、などと言うときの「か」のこと。奈良時代には「迦賀(かが)並(な)べて(=日数ヲ重ネテ)」(古事記・中)のように単独で用いられた例もあるが、普通は助数詞として「二」以上の和語の数詞に付いた。また、「君が行き気(け)長くなりぬ」(古事記・下)のように、日を表す「け」という語もあり、「か」と「け」は母音の交替をしたもので、語源を共通にすると考えられる。「こよみ(暦)」の「こ」もこれらと同源であろう。「か」は「よ(夜)」と対比的に用いられた例もあり、もとは昼の数を表したと見られる。

例「夜には九夜、日にはとを加(か)を」(古事記・中)

か【香】

かおり。におい。『大言海』は「気(け)の転」とするが、「気(け)」にはにおいの意味がなく、気配からにおいの意味に転ずる説明が困難である。「か」は古くはよいにおいにも悪臭についても用いられており、においに関するもっとも根源的な語であった。この「か(香)」をもとに、「かぐ(嗅)」ができた。この両語の「か」は、平安末期のアクセントが上声で一致するので、語源的連関があるのは確実であろう。平安以降は本来たなびくにおいを意味する「かをり」と、視覚を表す意味から転じて嗅覚一般を意味するようになった「にほひ(匂)」が多く用いられるようになり、現在では、「か」は「磯の香」「梅が香」「移り香」「わきが(腋臭)」などの固定化した表現の中に残っている程度である。

例「橘のにほへる香(か)かもほととぎす鳴く夜の雨に移ろひぬらむ」(万葉集・一七・三九一六)「このか失せなん時に、立ち寄り給へ」(源氏物語・帚木)

か【蚊】

双翅目カ科の昆虫。語源説は種々あるが、不明。『枕草子』に「ねぶたしと思ひてふしたるに、蚊のほそ声にわびしげに名乗りて顔のほどに飛びありく。羽風さへその身のほどにあるこそいとにくけれ」(二八・にくきもの)とあるのを証として、*『雅語音声考』は「蚊　鳴き声なり」と断定する。『枕草子』によれば蚊は「か」と名乗って飛び回っているということになるが、これは清少納言が蚊の羽音をカと聞きなしたということを示すもので、蚊の名の起源を説くとは言い切れない。普通、ブーンと聞く羽音をむしろ蚊の名にちなんでカ(ア)と聞きなしたとも解釈できる。

例「蚊〈略〉音文、和名加(か)」(二十巻本和名抄)

ガーゼ

柔らかい、粗く織った綿布。ドイツ語 Gaze に由来する。Gaze はパレスチナの町、ガザ(Gaza)に由来するという。

例「ガーゼ即ちガザと云う町で初めて発明せられたものである」(八木静一郎・服装史・昭和四年)

かい《かひ》**【貝】**

石灰質の殻を持った軟体動物。また、その殻も言う。古くは卵やその殻も「かひ」と言ったが、それらと同源で、殻(から)のあるものを言う。語源について『*十巻本和名抄』は「加比(かひ)者、以其有殻也〔それ殻あるを以て也〕」という。一方、『*名言通』(上)には「貝　アヒ(合)也」とある。これは古くは貝が二枚貝の称であったことから、二枚の貝の合わされることに注目した説で、このような「合ひ」を古く「交(か)ひ」と言った。すなわち「貝(かひ)」は「交ひ」の義ということになる。この説の方が「かひ」の意味をよく説明している。

例「波立てばなごの浦みに寄る可比(かひ)の間なき恋ひにそ年は経にける」(万葉集・一八・四〇三三)

かい《かひ》**【峡】**

山と山が迫りあった所。「はすかひ(斜交)」「まなかひ(眼交)」「はがひ(羽交)」などの「かひ」とともに動詞「交(か)ふ」の連用形の名詞化である。山と山が交差するように迫った所の意であろう。

例「山の可比(かひ)そことも見えずをとつひも昨日も今日も雪の降れれば」(万葉集・一七・三九二四)

かい【櫂】

舟を人力で進めるための道具。舟は水を掻いて進めるところから、四段動詞「掻(か)く」の連用形「かき」のイ音便形を名詞化して、舟を進める道具の意味に用いた。

例「この夕べふりくる雨は彦星の早こぐ舟の賀伊(かい)のちりかも」(万葉集・一〇・二〇五二)

かい《かひ》**【甲斐】**

効果。四段動詞「かふ(代・替)」の連用形「かひ」が名詞化した語。代わりとなることのできる物事の意から、同じ効果のある物事、効果のある物事の意へと転じたものであろう。

例「うまいひを水にかみなし我待ちし代(かひ)はかつてなしただにしあらねば」(万葉集・一六・三八一〇)

かいあく【改悪】

改めることによって以前より悪くすること。明治後期に「改善」という漢語が一般化してから、それを基に造られた和製漢語。中国にも古くから「改悪」という語があるが、悪いことを改めるという意味で使われていた。ロブシャイド『*英華字典』でも、reform の訳の一つとして「改悪遷善」とあり、日本語の「改良」の意味で捉えられている。

例「それこそ生活の改善どころか改悪になるかも知れたものじゃない」(佐藤春夫・都会の憂鬱・大正一一年)

かいいん《くわいゐん》**【会員】**
会の成員。明治時代に英語 member の訳語として造られた和製漢語。明治時代には「―員」という語構成の二字漢語が多く造られた。たとえば「議員」「社員」「行員」「工員」「海員」など。
例「Member 肢体、会員(政)」(哲学字彙・明治一四年)

かいがいしい《かひがひしい》**【甲斐甲斐しい】** 文語 **かひがひし**
てきぱきと立ち働く様子。効果という意味の「かい(甲斐)」を重ねて形容詞化した語。「かひがひし」は見ていて張り合いの出る様子を表し、そこからそのような状態をもたらすきびきびした動作を表すようになったものだろう。平安時代末期成立の『今鏡』には、「二人の姫宮たち、二代の帝の后におはします。いとかひがひしき御ありさまなり」とあり、「希望の持てるすばらしい」という意味で使われている。↓甲斐
例「みやづかふに、かひがひしくまめにして」(古今著聞集・一六・五五二)

かいげん【開眼】
物事の真理や本質を悟ったり、こつをつかんだりすること。本来仏教語で、仏像や仏画像を新しく作り、最後に眼を入れて仏の霊を迎えることをいうのが原義。ゲンは「眼」の呉音。仏の目を刻み、画くことを「開眼」と言ったもの。「盧舎那(るしゃな)大仏の像成りて、始めて開眼す」(続日本紀・天平勝宝四年四月乙酉)は、東大寺の本尊・毘盧遮那仏(びるしゃなぶつ)、いわゆる奈良の大仏の開眼に関する記事である。転じて、空海『秘蔵宝鑰(ほうやく)』に「仏法存する故に、人皆開眼す」とあるように、人間の仏性を開き真理を達観すること、さらに、広く物事の真髄・精髄をつかむことを意味するようになった。(なお現在、同じ意味でカイガンといっているのは、誤読に基づく。)

かいこ《かひこ》**【蚕】**
絹をとるために飼育する虫。野生に対して、人間が飼育する「飼ひ子」の意。古くは「こ」だけで「蚕」を意味したが、「かいこ」と言うことで、「子」の多義性を脱して、「蚕」の意味に特化した。「たらちねの母が養(か)ふ蠶(こ)の繭隠(まよごも)りいぶせくもあるか妹にあはずして」(万葉集・一二・二九九一)の「蠶」は現在の「蚕」の意味である。なお、「蚕」(もとの音はテン)の字はミミズの意味で本来別字であったが、「蠶」(音はサン。意味はかいこ)の略字として使用されて、カイコの意味をもつようになった。
例「きぬとて人々の著るも、蠶(かひこ)のまだ羽つかぬにし出し、蝶になりぬれば、いともそでにて、あだになりぬるをや」(堤中納言物語・虫めづる姫君)

かいしゃ《くわいしや》**【会社】**
営利事業を目的として設立した法人。江戸時代後期に蘭

学書を翻訳した際に作られた和製漢語。「会」にはあつまる、「社」には団体という意味がある。最初は同じ志を持つ仲間という意味で使用され、英語の society や club に相当する意味であった。*『附音挿図英和字彙』(明治六年)には club の訳語として「会社〈ナカマ〉」とある。現代のような営利事業の会社の場合には、「商人会社」「通商会社」のように複合語での使用が一般的であった。*『和英語林集成』二版の「会社」の項には「A company, association, — mostly used for a mercantile company(会社、仲間、—ほとんど商事会社に使われる)」と記述されているように、商業的な会社での使用が多くなった。明治七、八年頃になると、society の訳語としては「社会」が、company の訳語としては「会社」が定着し始め、次第に両者の意味の違いが明確になり、「会社」は営利追求の団体の意味に限定されるようになった。
例「南海諸島に大利益の与すべき者ありと称し政府に請て南海会社を立て信紙を以て金に換へ千万を得たり」(杉亨二・空商の事を記す・明六雑誌・八号・明治七年)

かいしゃ《くわいしや》【膾炙】
世間の人々に言いはやされ、広く知られること。中国古典に見える語。「膾」は「なます」(=細切りの肉)、「炙」は「あぶり肉」の意。ともに美味で味が良い。「膾炙人口」という熟語で、詩や名文が人々にほめたたえられ広く知れ渡ることを言った。日本でも、多く「人口に膾炙する」という形で使われる。
例「世に膾炙せるはいづれも安らかにして聞こゆる句なり」(俳諧・新花摘)

かいせき《くわいせき》【懐石】
茶の湯で茶の前に出す簡素な料理。懐石の「石」は「温石(おんじゃく)」のこと。「温石」は軽石(かるいし)・滑石(かっせき)などを火で温め布で包み、体を温めるのに使うものをいう。その温石で懐中を温める程度に、腹の中におさめて腹を温める軽い食事の意。また、禅院では温石で懐中を温めて空腹しのぎをしたことから、ごく軽い料理の意となったともされる。茶道書『南方録』には「懐石は禅林にて菜石と云ふに同じ、温石を懐にして懐中をあたたむる迄の事なり」とある。

かいせきりょうり《くわいせきれうり》【会席料理】
宴会などで供される料理。「会席」は宴会などの集まりの席の意。*『嬉遊笑覧』(一〇)に「会席料理といふは予が覚えで薬研堀の川口忠七竹嶋始めなり」とある。同音の「懐石料理」に通じて用いられることもある。「懐石(料理)」は本来は茶会で供される料理のこと。

かいぞくばん【海賊版】
著作権を無視して無断で複製した出版物。英語 pirated edition を直訳(pirate は海賊行為をする意)した語。他国の著作権を侵して出版することを、海賊行為になぞらえた

もの。今では国内の著作に関しても使う。レコードやCDやDVDなど、円盤状のものについては、「海賊盤」と表記することもある。

かいつぶり【鸊鷉】

カイツブリ目カイツブリ科の小鳥の総称。語源については、諸説あるが不確実。『大言海』は「通音に、カイツムリとも云ふ。掻（カ）キツ潜（ムグ）リツの音便約略ならむか、或は、ツブリは、水に没する音か」という。他の説も含めて、潜水する習性に着眼したものが多い。カイツムリという語形は、「鸊〈略〉カイツムリ」（色葉字類抄）のように、院政期から用例が見え、カイツブリの例は室町時代に出現する。『*日葡辞書』に「Caitçuburi（カイツブリ）」とある。「鸊鷉」は漢名。

例「かいつぶり伏すや氷のはり枕」（俳諧・鷹筑波・一）

かいてい【改訂】

文章を改めること。明治期の和製漢語。「訂」は文字などの誤りを改めて正しくすること。明治時代、改良論が盛んに唱えられ、他にも「改進」「改業」など「改—」という二字漢語が造られた。→改良

例「今聊か改訂を試みて之を刊行す」（木下尚江・良人の自白・明治三七～三九年）

かいどう《かいだう》【街道・海道】

主要な道路。室町末期から、「街道」と「海道」の二つの表記が見られる。「海道」は古くから使われている語で、漢籍に例がある。もと海路の意味で、海沿いの道の意味でも使われた。それが更に山中の道も言うようになると、「今俗に陸路を海道と云ふはあしし。街道といはんが然らん」（諺草）というような批判が出て来て、「街道」が用いられるようになった。近世以降は「街道」が主となる。因みにカイは「街」の慣用音である。「街道」も、近世中国語で使われた例がある（明代の『五雑組』に「金陵街道」の語が見える）。

例「古道（ふるみち）とて、昔の街道をおん通り候ひしなり」（謡曲・遊行柳）

かいな《かひな》【腕】

「うで」の意のやや古い言い方。現在では相撲界で「かいな力が強い」などと使う。古くは、「かいな」は肩から肘までの間を言い、肘から手首までの間を言う「うで」とは区別されていたが、次第に混同されるようになった。語源説には、「抱（かか）への根（骨）の約転か」（大言海）など諸説あるが、未詳。

例「ひはぼそ撓（たわ）や賀比那（かひな）を枕（ま）かむとは」（古事記・中）

がいねん【概念】

多くの具象的な事物から共通のものを抽象して得られた観念。「概」は「大体のところ、あらまし」の意。ドイツ語 Begriff の訳語として造られた和製漢語。西周の『*致知啓

蒙』（明治七年）に見られ、彼の手になる訳語かと思われる。
例「小説という概念の中に入れられているようだ」（森鷗外・追儺・明治四二年）

かいほう《かいはう》【介抱】
病人などの世話をすること。「介」はたすける、「抱」はだきかかえること。室町末期から使われている和製漢語。「介護」「介助」も和製漢語。
例「むかさは遠州牢人なれば、志村、むかさをかいはうして、宿をかし」（軍記・甲陽軍鑑・品四七）

かいまみる【垣間見る】
ちょっと見る。「かきま（垣間）見る」の音便形、すなわち垣の隙間（すきま）からのぞき見するのが原義（大言海）。
例「へだてたりつる御屏風もおしあけつれば、かいまみの人、隠れ蓑とられたる心地して」（枕草子・一〇四・淑景舎、東宮に）

かいみょう《かいみやう》【戒名】
仏式で、僧侶が死者に付ける名前。受戒によって与えられる名の意で「戒名」という。受戒によって与えられる、仏教徒としての名前のことをいうのが、もとの意味である。「平家の大将清盛殿は、出家し給ひて戒名を浄海とこそ申しける」（御伽草子・長良の草子）はその例。転じて、僧が死者に付ける名前のことを指すようになった。この意味での戒名は、室町時代後期ごろから見られ、近世の檀家（だんか）制度のもとで一般的となった。
例「兄甚六良義、先月廿九日相果て候ふ。すなはち改名（かいみゃう）春雪道泉と申し候ふ」（浮世草子・万の文反故・三・二）

かいもく【皆目】
全く。ぜんぜん。*『日葡辞書』には、「Caimucu（カイムク）」とあり、その説明には「Chittomo（ちつとも）に同じ」とある。「かいもく」はこの「かいむく」が転じたものか。「かいむく」の語源は「皆無垢」と言われる。両者は同じ意味である。用例は「かいむく」の方が古いと言う。「さうあってもかいむくしらぬことが俄にならうか」（天理本狂言・八幡前）。なお、「皆目」は漢籍には見られない。
例「皆目のやぼ太郎」（浮世草子・好色二代男・一・二）

かいりょう《かいりやう》【改良】
悪いところを改めてよくすること。英語 reform、improve などの訳語として明治期に造られた和製漢語。*『附音挿図英和字彙』（明治六年）には rectification の訳語として「改良」が見える。二葉亭四迷『浮雲』（明治二〇～二二年）のはしがきに「文明の風、改良の熱一度に寄せ来るどさくさ紛れ」とあるように、明治二〇年前後には流行語となった。→改訂
例「其制度の弊習を改良せんと企つるも之を口に発するを

得ず」（田口卯吉・日本開化小史・明治一〇～一五年）

かいろ《くわいろ》【懐炉】

懐中用の暖房具。「懐に入れる炉」ということから造られた和製漢語。江戸時代に考え出された物。

例「銅細工（あかがねざいく）する人をかたらひ、はじめて懐炉といふ物を仕出し」（浮世草子・西鶴織留・一・二）

かいろうどうけつ《かいらうどうけつ》【偕老同穴】

夫婦が仲むつまじく、死ぬまで生活をともにすること。「偕老」は「ともに老いること」、「同穴」は「一つの墓に葬られること」で、ともに夫婦仲むつまじいことのたとえとして用いられた。いずれも『詩経』に出典がある。『詩経』の「邶（はい）風・撃鼓」に「与子偕老〔子とともに老いむ〕」、「王風・大車」に「死則同穴〔死すれば、すなはち穴を同じうす〕」とある。

例「偕老同穴の御契り浅からざりし法皇も」（古活字本保元物語・上・法皇崩御の事）

かう《かふ》【買う】

代金を払って自分のものにする。「売る」の反対の意味の語。「買ふ」は「交（か）ふ」「替（か）ふ」などと同源。『大言海』は「交フの他動の意のものか」とする。自動詞の「交ふ」（四段活用）は「行き交ふ」「飛び交ふ」などの「交ふ」で、「入り違う」の意味。これを他動詞的にすれば、「二つのものを入れ違わせる」ことになる。「買ふ」とは、代金と物を入れ違わせることであるから、「買ふ」を「交ふ」によって説明することができる。「買ふ」が「交ふ」の一形態だという意識は『万葉集』の次のような表記にもうかがえる。「馬替者（かはば）妹徒（かち）ならむよしゑやし石はふむとも吾（あ）は二人行かむ」（万葉集・一三・三三一七）の初句は「馬を買えば」の意だが、「替者」と「替」の字で書かれている。

かう《かふ》【飼う】

動物を飼育する。もとの意味は、「さ檜の隈檜の隈川に馬とどめ馬に水令飲（かへ）我よそに見む」（万葉集・一二・三〇九七）のように、動物に食物や水を与えることであった。「飼ふ」は「交（か）ふ」「代（か）ふ」などと同源かといわれる。『大言海』は「支（カ）フと通ずるか。口に支フ意、宛てガフ、土（つち）カフ、同じ」という。

例「我が柯賦（かふ）駒を人見つらむか」（日本書紀・白雉四年七月・歌謡）「虫の籠どもに露かはせ給ふなりけり」（源氏物語・野分）

かえで《かへで》【楓】

カエデ科カエデ属の植物の総称。*『和句解』に「蛙の手也」とあるように「かへるで（蛙手）」の略。その葉がカエルの手に似ているところからいう。*『十巻本和名抄』などでは、「鶏冠木」の項で、「鶏冠木」を「加倍天乃岐（かへでのき）」と訓み、「鶏頭樹」を「加比流提乃岐（かひるでのき）」と訓んで、一木の名だと

している。先の語源説を裏付けるものである。一方、「楓」という字は『和名抄』*などでは「乎加豆良（をかつら）」（十巻本和名抄）と訓まれ、中国でもマンサク科の、カエデとは違う木を指す。なお、中国ではカエデ科の木は「槭（しゅく）」という。

例「鶏冠樹　加戸天（かへで）」（天治本新撰字鏡）

かえる《かへる》【蛙】

無尾目両生類の総称。語源は諸説あるが、確かではない。『大言海』は、「かへる（蛙）」を、延暦八年（七八九）成立かと言われる『高橋氏文』で「かへら」と言ったり、また俗に「かいろ」と言ったりするところから、語末の「ら、る、ろ」を接尾語とし、前半部を蛙の鳴き声と見た。つまり、「かへ（＝鳴キ声）＋る（接尾語）」と考えたわけである。『高橋氏文』の「かへら」は「たにくくのさわたるきはみ、加敝良（かへら）のかよふきはみ」と使われている。ちなみに「たにくく」はカエルの異称である。『万葉集』には「かはづ」は出てくるが、「かへる」という語は出てこない。ただ、楓（かえで）のことを「かへるて（加敝流弖）」と言っており、このことから「かへる」という語の存在が推定される。「かはづ」が歌語であったのに対して、「かえる」は一般語だったと言われる。↓かえで

例「力なき可戸留（かへる）」（催馬楽・力なき蝦）

かえる《かへる》【返る】

この語には大きく分けて、①と②の意味があるが、どちらが原義かについて説が分かれる。①上下・裏表が入れ替わるなど、位置・状態がそれ以前と逆になる意。②もとの位置・状態に戻る意。『大言海』は②の意味から、①の意味へ転じたとする。『小学館古語大辞典』は、①の位置が転倒する意がむしろ原義で、②の往復する意は①の動作概念に位置の移動の概念が付加したものとみられるとする。このように①にない概念が加えられて②ができたとすれば、①がもとということになる。また、この②の意味をさらに細かく状態に応じて「返る」「帰る」「還る」などと書き分けるようになったが、語源的には同源の語である。「変える」とは多少意味の類似したところがあるが、古代にはアクセントが異なり同源とは言いがたい。

例「大船を漕ぎのまにまに磐（いは）に触れ覆（かへら）ば覆（かへれ）妹によりては」（万葉集・四・五五七）

がえんずる《がへんずる》【肯んずる】文語 がへんず

承諾する。「がえんじない」のように打ち消しを伴って使う。「かへにす（不肯）」の転。「かへ」は承諾する意の下二段動詞「肯（か）ふ」の未然形、「に」は打ち消しの助動詞「ず」の古い連用形、「す」はサ変動詞。このように本来否定の意味を含み、「我が所説の法を信受し不肯（かへにせ）む」（地蔵十輪経・元慶七年点・四）のように用いられた。これが「がへんず」となって、否定の意味が忘れられ、「なほ宣（の）りがへんぜず」

（日本書紀・継体二三年四月・寛文版訓）のように否定辞とともに使われるようになった。

かお《かほ》**【顔】**
頭部の前面で、目・鼻・口などがある所。『和訓栞＊』は「形秀の義なるべし」という。これは「かほ」を「か」は形の「か」、「ほ」は秀の「ほ」と考えたものと思われる。また、『大言海』は「気表（けほ）の転」という。『大言海』は「かほ」を人間の内部の表に現れる所としてとらえている。しかし、これらが語源として正しいかどうか、判定することはむずかしい。
例「多胡の嶺に寄せ綱延へて寄すれどもあにくやしづしその可抱（かほ）よきに」（万葉集・一四・三四一一）「女のかほの下簾よりほのかに見えければ」（伊勢物語・九九）

かおまけ《かほまけ》**【顔負け】**
相手の方が一段上で、圧倒されること。また、相手のずうずうしいのにあきれること。顔は人の最も表立つところで、その人の貫禄の表れるところなので、それを見ただけでおじけづいてしまい、本当の勝負以前に負けてしまうことから出た語だろう。
例「お前さんに口を利かれるとどんな事でも顔負けで、わっちがうんと言はにゃあならねえ」（歌舞伎・梅雨小袖昔八丈・二）

かおみせ《かほみせ》**【顔見せ・顔見世】**
大勢の人に初めて顔を見せること。「みせ」は「見せる」の連用形の名詞化で、見せることの意。「かおみせ」は近世初期「借屋之儀、借主より町へかほ見せとして弐十疋可被出之事（いださるべきのこと）」（京三条衣棚南町文書・慶長一〇年）と用いられており、ここでは初見の挨拶の意味のようである。近世この語は「顔見世狂言（芝居）」の略語としても用いられ、現在の用法はこれを受けるものである。歌舞伎の「顔見世」はその年その座で芝居する役者を観客に紹介するというきまりがあり、この大勢に紹介するという点が今の用法に受け継がれている。
例「与次兵衛が皃（かほ）みせの初日に、ひだりかたの二軒目の桟敷に」（浮世草子・世間胸算用・三・一）

かおやく《かほやく》**【顔役】**
ある土地や仲間の中で有名で勢力のある人。顔のきく人。もと芝居の楽屋通言。顔をきかせる役の意で、無理なことでも聞き入れられる、頭立つ人を言ったという（上方語源辞典）。
例「歌舞伎楽屋通言〈略〉顔やく。頭立つ人」（南水漫遊拾遺・四）

かおる《かをる》**【香る】**
よいにおいがする。もと、煙や霧などがただよう意で、「その烟気遠く薫る」（日本書紀・推古三年四月・岩崎本訓）のように使った。「かをる」の「か」は「気」の意。「をる」は『大言海』

によれば、「折る」で「たたなはる」の意。煙霧などがたなびく意から、香気が空気中に漂うさまを表すようになったものだろう。

例「橘の香りし袖に」（源氏物語・胡蝶）

かかあ【嬶・嚊】

自分の妻の謙称、また他人の妻の俗称。「かか」の転。「かか」の語源は不明。一七世紀半ばの地理誌『懐橘談』（上・加賀）は「凡（およ）そ小児は言語不明ゆゑに上の一字はいひ侍れども下の文字にうつる弁舌ならざるゆゑに下のかなをとりて云ふ類多し。母を上（かみ）といへばかかと云ひ、父を殿（との）と云ひ亭と云ふをとゝと云ひてゝと云ふがごとし」と言う。すなわち「かか」は「上（かみ）」の第一音節を繰り返したものとする。同音反復は幼児語親族呼称の特徴なのでその点はうなずける。しかし、母や妻を「かみ」と呼ぶ例は少なく、一七世紀に入らないと見出しにくいのに対し、「かか」の例は一六世紀後半に見える。用例の出方から見るかぎり、「上」を語源とするのはむずかしい。また、江戸時代後期の伊勢貞丈の*『安斎随筆』（一）は「カ、と云ふは則ハ、といふの訛なり。カとハと音横の相通なり」、すなわち「かか」は「母」の転であるとする。当時の「母」はファワに近く発音されていたので、この変化は貞丈の言うほど「音韻の自然」だとは思われない。そのほか、「お方（かた）」の幼児語とする説（綜合日本民俗語彙）もある。「お方」を妻の意味で用いた例は『吾妻鏡』の延応元年（一二三九）の条に既にある。用例の先後から見るかぎり、この説は一応成り立つ。この説によれば、「かか」は「おかた」の第二音節を繰り返してできた幼児語となる。

例「コレ〳〵嚊（かかあ）。蚊帳はまけてしまう。どうせうな」（咄本・聞上手・戸棚）

かがく《くゎがく》【化学】

物質や物質相互の反応を研究する科学。中国では清末の孫詒譲『周礼政要』に「化学」という語が見られる。日本では、中国語を借用して、幕末から英語 chemistry の訳語として使うようになった。「物質の変化を研究する学問」という意味である。川本幸民が初めて使ったと言われる。「化学」と訳す前は、オランダ語の chemie を音訳して「セーミ」とし、「舎密」の漢字を当てた。宇田川榕庵の*『舎密開宗』の刊行（弘化四年）によって一般化した。幕末から明治にかけては、「舎密」と「化学」の両方が使われていたが、次第に「化学」が優勢になっていった。蕃書取調所の「精錬方」が「化学方」に改められたのは、慶応元年（一八六五）である。

例「星学、地学、数学、化学等の学科を教導す」（村田文夫・西洋聞見録・明治二年）

かがく《くゎがく》【科学】

真理や法則を発見するために、一定の方法で体系的に研究

する学問。「科」は「区分されたもの」の意で、「科学」は「一定の領域について研究する学問」を意味する。英語 science の訳語で西周の造語とされる。『明六雑誌』二二号（明治七年）に掲載された「知説―四」で、「如此（かくのごとく）学と術とはその旨趣（ししゅ）を異にすと雖ども然ども所謂科学に至りては両相混じて判然区別すべからざる者あり」と述べている。「学」は基礎的な学問であり、「術」は応用科学である。「科学」が両者を含むものと説いているわけである。

例「Science　理学、科学」（哲学字彙・明治一四年）

かかげる【掲げる】 文語 かかぐ

高く上げる。文語「かかぐ」は「かき＋あぐ」（＝掻き上ぐ）の転かという。「挑　カ、グ。掻挙（かきあげ）なり。きあ反かなれば、かかぐといふ」（契沖・円珠庵雑記）。また、「少女らが織る機の上（へ）を真櫛（まくし）もち掻上（かかげ）栲島（たくしま）波の間ゆ見ゆ」（万葉集・七・一二三三）では、櫛で掻き上げるという意味で使われている。

かかし【案山子】

鳥や獣の害を防ぐため田畑に置かれた人形。古く獣肉を焼いて串に刺し、その臭いをかがせて、鳥獣が近づかないようにした。「かかし」は古く「かがし」「かがせ」とも言ったが、これはこの臭いをかがせることであった。*『日葡辞書』に「Cagaxi（カガシ）」とあり、『続狂言記』に「此の所にて地唄ひの方にかがせあり」（瓜盗人）と見える。漢字表記「案山子」の「案山」は、机のように平らな低山で、山田のある所を言う。

例「かかし　わら人形なり。〈略〉関西より北越辺かがしといふ。関東にてかかしとすみていふ」（方言・物類称呼・四）

かかと【踵】

足の裏の後部。語源は「あかと（足掻所）」「あがきと（足掻処）」などいろいろあるが、決めがたい。「かかと」は近世になってからの語で、古くは、また上方では「きびす」を使う。*『十巻本和名抄』に「踵　〈略〉俗云岐比須（きびす）」とある。

例「踵　カ、ト」（書言字考節用集）

かがみ【鏡】

人の姿や物の形を映して見る道具。「かがみ」の「かが」は「かげ（影）」が複合語を作るときの形で、「かがみ」は「影見」のこと。「影」は「姿」の意味で、「さ夜ふけて暁（あかとき）月に影見えて鳴くほととぎす聞けばなつかし」（万葉集・一九・四一八一）のように使われていた。

例「斎杙（いくひ）には加賀美（かがみ）をかけ」（古事記・下）

かがみびらき【鏡開き】

正月の飾りの鏡餅を一一日ごろに下げて割り、汁粉などに入れて食べる行事。武家の習慣で、男子は具足、女子は鏡台に供えた鏡餅を、正月二〇日に割って食べたのが始まり。ま

た、祝い事に際して、酒樽の蓋を槌などで割って開くことも言う。「鏡開き」の「鏡」は、鏡餅、または酒樽の蓋を指す。どちらも形が鏡（円鏡）に似ているところから。「開き」は動詞「開く」の名詞形であるが、「割る」という言葉の縁起の悪さを避けた、いわゆる忌み詞の一つ。

例「其外、名におふ銘の物、けふは御鏡開きにて奥の座敷に飾られたり」（浄瑠璃・雪女五枚羽子板・中）

かがみもち【鏡餅】

丸く平たく作り、大小二つをひと重ねにした餅。おかがみ。おそなえ。その形が昔の扁平な鏡（円鏡）に似ていることから言われる。正月に床の間に飾ったり、祭礼の際に神仏に供えたりする。古くは「餅鏡（もちひかがみ）をさへ取りよせて」（源氏物語・初音）や、「Cagamino mochi（カガミノモチ）」（日葡辞書）、「Yenqiŏ（エンキャウ）」（日葡辞書）とも言った。

かがやく【輝く】

まぶしい光を放つ。*『日葡辞書』に「Cacayaqi, u, aita（カカヤキ、ク、イタ）」とあって、第二音節清音。*『図書寮本名義抄』などにも第二音節が濁音の例はなく、近世初期まで「かかやく」という語形であった。上代から「かぎろひ」「かがよふ」「かげ」、あるいは「かぐや姫」の「かぐ」など、光を発する意の語はいくつかあるが、いずれも第二音節は濁音であり、意味の類似性は感じられるにしても、これらは同源とは断定できない。「かかやく」がこれら kag- という語根をもつグループから離れるとすると、ほかに比定できる語はなく、語源は未詳である。

例「晟〈略〉光暉也　弖留（てる）又加々也久（かかやく）」（天治本新撰字鏡）「山は鏡をかけたるやうにきらきらと夕日にかかやきたるに」（源氏物語・浮舟）

かがりび【篝火】

松材などを燃やす照明。「かがりび」の「び」は火であるが、「かがり」については二説ある。『大言海』は「赫（カガ）を、カガルと活用させたる動詞ありて、其名詞形の語ならむ」と言う。この説に立てば、「かが」は「かぎろひ」「かがよふ」「かげ」などの、光を発する意味の語根 kag- を共有することになる。しかし、竹などを編む意の動詞「かがる」の連用形の名詞化と言う説もある（小学館古語大辞典）。この「かがり」は火を燃やす鉄製の籠の意味で、『万葉集』にも例があり、「かがり火」はそこで燃やす火ということになる。この説の方を採るべきだろう。

例「かがり火にあらぬわが身のなぞもかく涙の河に浮きて燃ゆらむ」（古今集・恋一）

かき【柿】

カキノキ科の落葉高木。*『和句解』は「赤木（あかき）と云ふ義か」とする。また『大言海』の語源もこれに類し、「実の色につ

きての名か」としている。

例「庵の上に柿の落ちかかりたるを、人々拾ひなどす」（更級日記）

かき【牡蠣】

イタボガキ科に属する二枚貝で、食用に供される。「掻き」、あるいは「欠き」から来たものだろう。*『和訓栞』は「石に着きたるをかきおとして取るものなれば名付くるなるべし」という。『大言海』は、もう一つの説として「又は、殻を欠き砕く意なるべし」という。漢名「牡蠣（ぼれい）」。

例「北の海に捕るところのくさぐさの物は〈略〉蠣子（かき）〈略〉凝海菜（こるもは）どものたぐひ」（出雲国風土記・島根郡）

がき【餓鬼】

子供。梵語 preta の漢訳語。preta は、死んだ人や死後まだ祖霊に加わっていない霊魂の意という。仏教では地獄の六道の一つである餓鬼道に住む、飢えて食を待つ死者を指す。「餓」は飢える、「鬼」は死人の魂の意。「餓鬼」はせっかく食物を手に入れても食べようとする瞬間炎と化して、飢えに苦しめられるという。「相思はぬ人を思ふは大寺の餓鬼の後に額づくがごと」（万葉集・四・六〇八）。中世から、飢えてやせている人、異様な姿の人などをいい、人をののしる言葉としても用いられた。「此島の餓鬼も手を摺る月と花」（俳諧・炭俵）は俊寛を詠んだもの。近世、子供を指して言うようになったのは、子供は食べ物をむさぼり食うからだという。

例「子（がき）が出来ちゃアみじめだぜ」（滑稽本・浮世風呂・前・上）

かきいれどき【書き入れ時】

利益がどんどん上がる時。もうけを次々に帳簿に書き入れる時の意から。近世、「書き入れ」の形で同じ意味に用いられていた。「旅迎へこれ書き入れの一つなり」（雑俳・柳多留拾遺・七）。「書き入れ時」で用いられた例は明治以降のようである。

例「清水屋もその頃が書き入れ時になるわけだった」（田宮虎彦・足摺岬・昭和二四年）

かきつばた【杜若・燕子花】

アヤメ科の多年草。語源不明。「かきつばた」は「掻き付け花」の意で、「掻き付ける」はつけて染めることで、昔この花の汁を染料としたと言う説がある（大言海）。しかし、「かきつけばな」から「かきつばた」（古くは「かきつはた」）への音変化には無理が多すぎると否定する意見がある。漢字で「杜若」「燕子花」と書くが、中国では別の植物を指す。「杜若」はアオノクマタケラン、「燕子花」はオオヒエンソウのことになる（改訂増補牧野新日本植物図鑑）。

例「加吉都播多（かきつはた）きぬにすり付けますらをの競ひ狩りする月は来にけり」（万葉集・一七・三九二一）

かきね【垣根】
家と家、また土地などの仕切り。「かきね」は「かき(垣)」とも言う。「かき」は『大言海』によれば、「構(かく)」の名詞形である。「構く」は「懸く」などと同語源。「懸く」はもともと一方から他の一方へ物をつなぎ渡すことを意味した(「橋をかける」など)のだが、ある材料を用いてその「かく」動作を繰返すと、特定の構築物ができるようになる。現在では「蜘蛛が巣をかける」と言うときの「かける」がそれに当たる。その「かく」動作・行為の結果できた構築物のことを「垣」と称したのであろう。「かきね」の「ね」について、『大言海』は「意なし。島ネ、羽ネ、杵(き)ネなどと同じ」と言うが、この「ね」は「岩ね」「木ね」「草ね」などの「ね」と同類で、大地に直接接して立っているという意を添えると考えられる。
例「うぐひすの通ふ垣根の卯の花のうきことあれや君が来まさぬ」(万葉集・一〇・一九八八)

かぎる【限る】
範囲を定める。語源については、「垣より出でたる語なり。活用していふ也」(俚言集覧)があるが、第二音節の清濁が異なるため、そのまま承認するのは難しい。『岩波古語辞典補訂版』には「日限を切るのが原義。伸展して行く時間の先端を、そこまでと定めて切る意。後には空間についてもいう」とあって、「ひ(日)」の複数形「か」(=二日(ふつか)、三日(みっか)と言うときの「か」)を切るという「日切る」という説を出している。上代には確かに名詞「かぎり」など時間に関して用いられることが多く、注目すべき説といえる。しかし、「か」の確実な用例としては助数詞的に他の語に下接するものばかりであり、疑問も残る。
例「あらたまの来経(きへ)ゆく年の可伎利(かぎり)知らずて」(万葉集・五・八八一)

かく【書く・描く】
絵、図、文字、文章などを記す。「掻く」と同語源。物の表面を強くこすったり、削ったりして跡をつけることから言うか。英語のscribeなど印欧語でも、表記行為は引っ掻き傷をつけるという動作に因むと言う。
例「水の上に数書(かく)ごとき我が命妹にあはむと祈誓(うけ)ひつるかも」(万葉集・一一・二四三三)

かく【掻く】
爪などを立てて強くこする。「書く」はこれと同語源で、後に生じたもの。語源は不明だが、「かく」の「か」は擬音語カリカリという音より来たとする説がある(大矢透・国語溯源)。
例「月立ちてただ三日月の眉根(まよね)掻(かき)日(け)長く恋ひし君に逢へるかも」(万葉集・六・九九三)

かぐ【嗅ぐ】
鼻でにおいを感じ取る。「香(か)」を活用させたもの(大言海)。

語尾「ぐ」によって動詞化した例には「肩《かた》ぐ」などがある。→香《か》

例「五月まつ花橘の香をかげば昔の人の袖の香ぞする」(古今集・夏)

かくご【覚悟】

あらかじめ心構えをしておくこと。もと仏教語で、悟りを開くこと。「それより生死の眠り覚め、かくごの月をぞもてあそぶ」(梁塵秘抄・二)の「覚悟の月」は、悟りを開いた心境を澄み渡る月にたとえたもの。ここから前もって用意するとか、あきらめるとかの意味になった。『日葡辞書』*には「用意、準備」という訳語が当てられている。

例「御意で打ちに来た。覚悟せい」(虎寛本狂言・武悪)

がくせい【学生】

学校で勉強している者。特に、大学生を言う。「学生」は漢籍に典拠があり、日本でも唐の制度に倣って大学を設けた時、そこに学ぶ者を「学生」(呉音でガクショウ)と呼んだ。やがて「士大夫朝親《ともちか》といふもの有けり。学生なりければ、爰かしこに文《ふみ》の師にてありきけり」(十訓抄・一・四四)のように、学者の意味で使うようになる。近世になると、学者ではなく、勉強している者を言うようになり、漢音でガクセイと読んだ。しかし、「書生」の方が一般的だった。『書言字考節用集』*には、「学生」という見出しはなく、「書生」の項に「学生ニ義同」とある。ヘボンの『和英語林集成』*の初版の見出しにも、「Sho-sei ショセイ 書生」はあるが、「学生」はない。英和の部の「Student」の訳も、deshi(デシ)とshosei(ショセイ)だけである。明治六年の『附音挿図英和字彙』*になって、ようやく student の訳語として、「学者、学生、書生、読書家」と出てくる。

例「将来大に為すあらんとする学生之身には」(坪内逍遥・当世書生気質・明治一八～一九年)

かくべえじし《かくべゑじし》【角兵衛獅子】

獅子頭をかぶった子供が、笛や太鼓の音に合わせて踊ったり逆立ちしたりする見世物。別名、越後獅子。名称の由来は、獅子頭の彫師の名(俚言集覧)とか、最初の引率者の名(大言海)とか、諸説あるが不明。『俚言集覧』*の説というのは、その増補の部分に、伴信友の言として「角兵衛が作れる獅子頭を賞せるより出でたる名なるべし」とある。山崎美成の随筆『三養雑記』(天保一一年)に「越後国よりいづる獅子舞あり。世に越後獅子といひ、また角兵衛獅子ともいへり。角兵衛の名、その故をしらざりしに、或は云ふ、武蔵国氷川神社に、古き獅子頭あり。〈略〉その獅子頭の角に、菊の御紋ありて、御免天下一角兵衛作之と彫てありと云へり。かかれば、角兵衛は古代の獅子頭の名工と見えたり」とある。

かくほ【確保】

しっかり持っていること。明治期の和製漢語。「確―」という和製の二字漢語には、「確言」「確認」「確率」などがある。

例「平和を確保せむことを期せり」（韓国併合の詔書・明治四三年八月二九日）

かくめい【革命】

被支配階級が、支配階級から国家権力を奪い、新しい社会体制を立てること。本来は、中国で王朝が変わることを言う。天子は天命を受けて人々を治めるのであり、天子が変わるのは天の命が革（あらた）まるからだという、中国古来の政治思想に基づく（易経）。この意味で、日本でも用いたが、幕末期以降英語 revolution の訳語として使用されるようになった。福沢諭吉は『西洋事情』（外編〈慶応三年〉）において「兵乱に由て俄に政府の革（あらた）まるを革命と云ひ」というように「革命」の意味を規定している。なお明治一四年（一八八一）の*『哲学字彙』には revolution の訳語として「革命」と「顚覆」とが挙げられている。因みにロブシャイドの*『英華字典』には「変、反、叛逆、作乱、国之乱」などとある。

例「侍臣答へて曰ふ『否とよ謀反には候はず、革命にて候ふぞ』と」（徳富蘇峰・官民調和論・明治一六年）

がくや【楽屋】

芝居や音楽などの出演者の準備などのため、舞台の後ろに用意してある部屋・控え室。古く雅楽を演奏したり、楽人が準備したりする所を「楽屋」と言った。「楽屋」での様子は表の舞台には現れないところから、現代では、比喩的に物事の内情をも言うようになった。

例「奈何（どう）だい、商人（あきんど）の楽屋は驚いたもんだろう」（内田魯庵・社会百面相・明治三五年）

がくやおち【楽屋落ち】

一部の関係者だけに分かって、普通の人には通じないこと。もと芝居や寄席などで楽屋仲間だけに分かって、客には通じないことを言った。「この膝栗毛の世話事は〈略〉楽屋落を載せず」（滑稽本・東海道中膝栗毛・四編序）はその例。「楽屋おち」の「おち」は「おちを取る」「おちが来る」などの「おち」と同じで、見物人の拍手喝采とか評判とかの意味だろう。

かぐら【神楽】

神をまつるために神前で奏でる音楽。「かみくら・かむくら（神座）」の略転。「くら」は神降ろしをするところ。神降ろしの舞楽に使う榊や篠に神が降りるところから、榊や篠や杖や弓などを「かみくら」と称していたが、のち舞楽そのものを指すようになったという（岩波古語辞典補訂版）。『大言海』は「神くら遊び」の略である「かみくら」の転とする。

例「猿女君氏、神楽のことをたてまつる」（古語拾遺）

かくりつ【確率】

ある事柄が起こる確からしさの度合。英語 probability の

訳語として造られた和製漢語。「確率」は「確からしさの率（＝度合）」という意味。初めは外来語として「プロバビリティー」を使っていたが、大正期に「確率」という訳語が成立したと思われる。

例「結局ＡＢ両国語彙一般の比較によって得られるべき純偶然的一致の確率は」（寺田寅彦・比較言語学に於ける統計的研究法の可能性に就て・昭和三年）

かくれみの【隠れ蓑】

真実の姿を知られないための方便。もとは、着ると姿が見えなくなるという想像上の蓑で、天狗の宝物とされた。転じて、真の姿を隠すのに用いる手段を言うようになった。

例「へだてたりつる御屏風もおしあけつれば、かいまみの人、隠れ蓑とられたる心地して」（枕草子・一〇四・淑景舎、東宮に）

かくれる【隠れる】 文語 **かくる**

物の陰になって見えなくなる。視界から消える。語源不明。語源説としては、「かげ（陰）」やその動詞形「かげる」と結び付けるものがあるが、第二音節の清濁が異なり、成立するのは困難である。また、『類聚名物考』や*『和訓栞』が「かくる（日暮る）」という説を出している。この場合、「日（か）」を太陽の意味に当てて解釈しているようであるが、「か」は日数の複数を表すもので、外界にある事物を指し示すことはなく、「暮る」と結びつくことはない。

例「筑波山可久礼（かくれ）ぬほどに袖は振りてな」（万葉集・一四・三三八九）

かげ【影】

光が物などにさえぎられてできる黒い形。「かげ」という言葉は、もともとは「渡る日の加気（かげ）に競（きほ）ひて」（万葉集・二〇・四四六九）のように、日・月・灯火などから発する光を意味したと考えられる。現代語でも「月影」という言い方に残っている。さらにその光を受けて映し出される姿、水面や鏡に映る像も言うようになった。そればかりでなく光を受けた物の背後にできる黒い形のものも包含して意味するようになった。このように光に関係する「かげ」という語は、「かぎろひ」「かがよふ」などと kag- という語根を共有すると見ることも可能である。

例「世にかげをいとふ者あり。晴れに出でて、離れんと走る時、かげ離るる事なし」（宇治拾遺物語・六・八）

がけ【崖】

山や岸などの険しく切り立っている所。古くは「かけ」と言った。*『日葡辞書』には「Caqe（カケ）」があって、「がけ」はない。*『和訓栞』には「かけ　崖をいふ。懸崖ともいへば懸の義なるべし」とあるように、下二段動詞「懸く」の連用形「かけ」の義とする。「かけ」がどのようにして「がけ」になったかは不明

である。

例「うしろはしたたかながけぢゃ」（虎寛本狂言・文山立）

かけおち【駆け落ち・欠け落ち】

相愛の男女が二人でよそへ逃げていなくなること。古くは、行方をくらますこと。「欠け落ち」とも書いた。*『書言字考節用集』に「欠落　カケヲチ　本朝俗語　出奔之義」とある。『大言海』は「事欠けて落ちゆく義か」と言う。これは「欠け落ち」という表記に即した説である。

例「夜そばうり欠落ちものに二つうり」（雑俳・柳多留・四）

かけがえ《かけがへ》のない【掛け替えのない】

二つとない。「かけがえ」は「掛け替える」の連用形「かけかえ」が名詞化し、さらに第三音節が濁音化して生じた語。「かけかえる」のもとの意味は掛けてあったものを取り替えることであるが、名詞形「かけがえ」にはその代わりのものという意味が生じた。「掛け替えのない」は取り替えるべきものがないということで、二つとないという意味になる。

例「そっちもひとり子、此方もひとり娘、両方ともにかけがへなし」（浄瑠璃・山崎与次兵衛寿の門松・中）

かけす【懸巣】

スズメ目カラス科の鳥。語源不明だが、「巣を樹の枝に懸ケて垂ると云ふ」（大言海）、「鳴き声から出た名」（中西悟堂・定本野鳥記）などの説がある。この『大言海』の説に対しては、「実際に巣を樹上につくるが、懸かって垂れ下がっていることはない」（図説日本鳥名由来辞典）などの批判がある。現行の辞書類では、「樹上に枯れ枝などで杯形に巣をかけるのでカケスの名がある」（日本国語大辞典二版）のように説くものが多い。しかし、このような巣はあまりにも普通すぎて、この鳥だけの名となるいわれがない。なお、現代人の耳には、カケスの鳴き声は、ギャーやジェーなどと聞かれる。カケスを英語で jay と言うが、これは明らかに鳴き声に由来する命名である。

かげぜん【陰膳】

旅などに出た人の無事を祈って、留守宅で、その人の分として用意する食膳。「陰の膳」とも言う。「陰」は、*『日葡辞書』に「物を陰で申す」と例文があるように、人目につかない隠れた場所の意。そこから転じて、その当人のいない場所を言う。「陰口」と言えば、その人のいないところで悪口を言うことである。「膳」は、食事を乗せる台であるが、用意された食事そのものも指した。

例「品川に居るにかげぜん三日すゑ」（雑俳・柳多留・九）

かけだし【駆け出し】

その仕事を始めたばかりであること。動詞「かけだす」の連用形「かけだし」の名詞化。山伏が修行のため峰入りし、修行を終えて山を出ることを「かけいで」「かけで」「かけだし」

と言う。山から出たばかりということから、世なれぬだろうと考えて現在の意味になったという。

例「うぬらが様に駈け出しのすり同様な小野郎とは又悪党の質(たち)が違ふ」(歌舞伎・三人吉三廓初買・四)

かけつけさんばい【駆けつけ三杯】

酒席などに遅れて来た客に、酒を三杯続けざまに飲ませること。「駆けつけ」は動詞「駆けつける」から来ているが、助太刀・援助のために駆けつけるということから、助太刀や援助という意味も持つ。俗習に、ある人が飲めずに困っている盃を代理で(助太刀で)引き受ける者は三杯飲まなければならない、ということがあった。これが転じて、遅れて酒席に駆けつけた者は罰として酒を三杯飲まなければならないということになったもの。

かげでいとをひく【陰で糸を引く】

陰で指図して、物事を支配したり、他人を動かしたりすること。糸繰り人形の人形遣いが、観客の目に見えないところで人形に付けた何本もの糸を操作して、人形を動かすところから言う。

かけひ【筧・懸樋】

水を引くために地上に設けた樋(とい)。「掛け樋(ひ)」の義。語頭以外のハ行音がワ行音になってからも、この語は「掛け＋樋(ひ)」と意識され、発音もカケイにならなかった。

例「Caqefi カケヒ(懸樋・筧)」(日葡辞書)

かけひき【駆け引き】

戦いや交渉などで相手の出方に応じて有利になるように事を運ぶこと。「かけひき」の「かけ(駆)」は兵や馬を進めること、「ひき」は退くことで、戦における兵の進退、用兵を意味した。

例「何ともなき取り集め勢に交はって軍(いくさ)をせば、なまじひに足まといになって懸引きも自在なるまじ」(太平記・八・持明院殿行幸六波羅事)

かげむしゃ【影武者】

身替りの者。「影」には中世、よく似たものや肖像の意味があった。「影武者」の「影」はこの意味だろう。すなわち、本体の武将によく似た、身替りの武士の意味。同時に「影武者」は表面に出ないので、「陰」の意味もこめられていたと思われる。

例「さりながらこの佐々木、古への将門に習ひ、一人ならず二人三人の影武者あって、何れをこれと見分けがたし」(浄瑠璃・近江源氏先陣館・八)

かけら【欠片】

こわれたり取れたりした物の一部。破片。古くは「かけ」と言った。「かけ」は下二段動詞「欠く」の連用形の名詞化。「ら」は接尾語で、いろいろな意味があるが、「清(きよ)ら」「野ら」

など同じで、漠然とそのものを指すのに用いられたかと思われる。「かけら」は明治以降、「かけ」よりも優勢になった。

例「煉瓦や瓦の欠《かけら》などが幾つも散らかっているだけだった」(芥川龍之介・或阿呆の一生・昭和二年)

かげろう《かげろふ》**【陽炎】**

春や夏の晴れた日に地面からたちのぼる水蒸気が光を複雑に屈折させてゆらめいて見える現象。「かぎろひ」の転。「かぎろひ」の「ひ」は乙類なので「日」ではなく、「火」であるとされる。「かぎろひ」の語源については、ちらちら光る意の「かぎる」を推定し、「かぎる火」の転とする説(時代別国語大辞典上代編)がある。この「かぎる」は、「かがよひ」「かぐつち」「かげ(影)」などと共通の語根 kag- をもっている。なお、トンボやカゲロウ(蜉蝣)は、その飛ぶさまが日に光るところから「かげろう」とも言われた。

例「なほ、ものはかなきを思へば、あるかなきかの心ちする、かげろふの日記といふべし」(蜻蛉日記・上・安和元年)

かげろう《かげろふ》**【蜉蝣】**⇩かげろう(陽炎)

かげん【加減】

物事の情況や具合。漢語「加減」の本来の意味は、加えたり減らしたりすること。そこから、日本で、そのようにしてちょうどよい具合に調節することの意味でも使われ、さらに物事の状態や調子を言うようになった。

例「うどん　その塩水にてかげんよきほどにこね」(料理物語)

かごぬけさぎ【籠抜け詐欺】

詐欺の一種。無関係な会社などの一室を利用し、あたかも自分がそこの関係者であるかのように振る舞って客から金品を預かり、裏口などから逃げてしまうもの。「籠抜け」は江戸時代の軽業の一種で、細い竹籠の中をくぐり抜ける芸。『仮名手本忠臣蔵』(七・中)では、大星力弥が持ってきた書簡を怪しんで、帰るふりをしながら縁の下に潜りこんだ斧九太夫の行動について、「九太夫がかごぬけの計略は」と表現した例が見られる。これは籠や建物などの中に入って中にいると見せかけて別の出入口からこっそり出る意に用いられたものである。このように近世「かご抜け」は芸だけではなく、他人の目をあざむく場合にも用いられるようになっていた。それに「詐欺」が付いて定着するのは、大正以降のようである。

かざかみにもおけない【風上にも置けない】

卑劣な人間をののしって言う語。その卑劣さは風上に置くと臭くてがまんできない程だということから生じた言い方。

例「商人のすあひを取るとは、武士の風上にも置かぬ奴」(浮世草子・諸道聴耳世間猿)

かささぎ【鵲】

スズメ目カラス科の鳥。語源について諸説あるが、語頭「か

さ」については、朝鮮語説をとるものが多い。「カササギとは、新羅の方言とこの国の方言とを併はせ呼びしと見えたり。即ち今も朝鮮の方言に、鵲を呼びてカシといふなり。カサといひ、カシといふは転語なり。サギは即ち噪（さわぎ）なり」（東雅）、「朝鮮より渡り来る山鳥なり。カサは、朝鮮の古名カス、又はカシの転と云ふ、（今はカアチ）。サギは、鵲（さく）の字の音。韓、漢、双挙の語なり」（大言海）などといわれている。また「さぎ」については、「サギは「鵲」の朝鮮漢字音を日本語の「鷺（さぎ）」に連想して写したものらしい」（時代別国語大辞典上代編）とするものもある。カササギの鳴き声は、現代人の耳には、カシャカシャと聞かれる。カササギのカサは、鳴き声に由来する可能性も考えられよう。

例「難波吉士磐金（なにはのきしいはかね）、新羅より至（まゐ）りて、鵲（かささき）二隻（ふたつ）を献（たてまつ）る」（日本書紀・推古六年四月・岩崎本訓）

がさつ

言動に、品がなくて荒っぽい様子。粗暴。「がさ」はものがぶつかったり擦れ合ったりする際の擬音語。「がさと」「がさがさ」「がさつく」などと用いられた。「がさつ」の「つ」は「いかつい（厳）」の「つ」と同じという説もあるが、その素性は不明である。

例「此大将の様子は、大略がさつなるをもって、奢り安うして」（軍記・甲陽軍鑑・品一二）

かさにかかる【嵩に懸かる】

優勢に乗じて威圧的になる。「かさ」は物の体積や容積の意味で、「かさねる」「かさなる」などの語根。「かさ」には重みや貫禄というような意味もあり、「かさにかかる」の「かさ」はこの意味である。「〜（に）かかる」は『大鏡』（六・道長下）の「杖にかかりても（=杖ヲ頼リニシテモ）」などの用法と同じであろう。

例「『あますな、もらすな、かひつかんでひっ付け、頸ねぢ切り、八割（やつざき）にさいてすてん』と、かさにかかりて攻めければ」（金刀比羅本保元物語・中・白河殿攻め落す事）

かさにきる【笠に着る】

権勢のあるものをたのんで威張ったり勝手なことをしたりする様子。「笠に着る」は、前に多く「〜を」があるので「（〜の権威などを）笠のように着る（=身に付ける）」意。「天子の御威光をかさに衣（き）て」（中華若木詩抄・上）のように用い、まるで天子の御威光を笠のようにかぶって、好き勝手に振る舞うさまを表す。

かし【樫】

ブナ科コナラ属の常緑高木の総称。形容詞「かたし（堅）」の略という説が多い。*『和訓栞』には「堅の義也」とある。「樫」という字は「木」と「堅」を合わせて作った国字。

例「御諸（みもろ）の厳（いつ）加斯（かし）がもと加斯（かし）がもと」（古事記・下）

かし【河岸】

（河の岸にある）魚市場。東京では特に大正一二年までは日本橋にあった魚市場を、現在では築地にある中央卸売市場を言う。『大言海』は「戕牁（かし）」の転という。「戕牁」は水中に立てる杭のことで、「河岸（かし）」は「戕牁」を立てる所の義である。その杭に舟をつなぎ、荷物の積みおろしをする所の意から、更に市場の意に転じたことになる。しかし、江戸では「かし」に川の岸という意味があり、大阪の「はま」に対する語であった。この「かし」は「川岸（かわぎし）」の略と考えられるだろう。舟運に頼っていた江戸では川岸は荷物を上げ下ろしする所であり、そこから市場も意味するようになった。「戕牁」の転と考えると、大阪の「はま」、京の「川ばた」と同じとする*『物類称呼』などの記述に合わないことになる。

例「河岸　かし　江戸にてかしといふ〈略〉大坂にて、はまといふ〈略〉京にて、川はたといふ」（方言・物類称呼・一）

かし《くゎし》【菓子】

おやつなどに食べる嗜好品。「菓」「菓子」は本来「木の実」のことであり、中国に用例がある。ただし、「木の実」一般を言うのではなく、食事や酒席に供される果物を指した。その食物が果実から、現在のお茶菓子・嗜好品の類に変化した。その結果、従来の果物を「水菓子」と言うこともあった。*『日葡辞書』には「Quaxi クヮシ（菓子）　果実。特に食後の果物を言う」とある。

例「食後（じきご）の菓子まで、至極せめくひて」（沙石集・三・八）

かし《くゎし》【華氏】

温度の計り方の一種。「華氏温度」の略。「華」は、考案者であるドイツ人 Fahrenheit の中国語音訳名「華倫海」の、最初の一字をとったもの。「氏」は敬称。日本では宇田川榕庵の*『舎密開宗』に用いられたのが最初。他に「摂氏」「列氏」などもあった。記号のFは、ドイツ語の綴りの、最初のアルファベットを用いたもの。↓摂氏

例「列氏十度は華氏五十四度半許（ばかり）」（化学・舎密開宗・外）

かじ《かぢ》【梶・楫・舵】

舟や飛行機の進む方向をきめる装置。古くは櫓（ろ）や櫂（かい）の総称。語源不明。「かぢ」の「か」は櫂（かい）の「か」、「ち」は方向の意（大島正健・国語の語根とその分類）とか、漕ぐときの擬音である（大言海）とか、諸説あるが定めがたい。

例「我のみや夜船は漕ぐと思へれば沖へのかたに可治（かぢ）の音すなり」（万葉集・一五・三六二四）

かじ《くゎじ》【火事】

火災。従来、「火事」は和語「火（ひ）の事（こと）」または「火事（ひごと）」に由来するというのが通説であったが、中国における「火事」の方が早いのではないかとも思われる。*『漢語大詞典』には『太平御覧』の例が載せられているが、『太平御覧』は宋の太平興国二年（九七七）頃のものであるから、日本での初出と考えられる藤原忠実の日記『殿暦』承徳元年（一〇九七）の例より早いことになる。しかも、『殿暦』の「火事」は「ひのこと」と読まれていたという可能性もある。ただ、中国の「火事」とは没交渉に、日本において「火の事」「火事（ひごと）」を音読したかもしれないという可能性はある。

例「Quaji クヮジ（火事） Figoto（火事）。家の焼けること。『火事ガ起ッタ、または、デキタ』」（日葡辞書）

かじか【河鹿】

カジカガエル。*『物類称呼』は鳴く声が鹿に似ているからとする。「但馬国に一種　河鹿（かじか）とよぶ有り。〈略〉其の声鹿に似たり。故に河鹿と呼ぶ」（物類称呼・二）。

例「［山海名産図会四］曰はく、諸国にかじかとさすもの品類少なからず、或いは魚、或いは蛙なりともいひし」（辞書・俚言集覧（増補））

かしこ【畏・賢】

女性が手紙の結びに用いる言葉。「あらあらかしこ」「かしく」などとも使う。形容詞「かしこし（畏）」の語幹で、おそれおおいの意。古くは男性も使用した。『実隆公記』明応五年正月の書状に「可有御免候由〔御免あるべく候ふ由〕申させたまへ、かしこ」とある。

かしこい【賢い・畏い】 文語 かしこし

利口だ。もともとはさまざまな霊異に対するおそれの気持ちを表す語であったが、そのような力や優れた知恵を持っている状態を形容する語になった。さらにさかのぼって「畏し」の語源そのものになると、説得力のある説がない。「かしこい」を「おそれおおい」の意味で使うことは、現在でも、女性が手紙の結びに添える「かしこ」、宮中の「賢所（かしこどころ）」、結婚式でよく聞く祝詞の「かけまくもかしこき」、「かしこまる」などにまだ残っている。現在の東京語（話し言葉）では「賢明だ」の意味では普通、この語を使わない。ただし、「ずるがしこい」「悪がしこい」「かしこそう」などと複合すれば、今でも使う。

例「弁もいと才かしこき博士にて」（源氏物語・桐壺）

かしこまる【畏まる】

慎んで姿勢を正す。マ行四段動詞「かしこむ」の未然形「かしこま」に由来する。『大言海』は「カシコマを活用す」と説く。おそれ敬う気持ちから身をちぢこまらせる、というのがもとの意味。そこから「恐縮する」、「お詫びを言う」などの意味を派生した。また「かしこまって候ふ」「かしこまってござる」「か

しこまりました」などの形で「承知しました」の意味になるのも、おそれ敬う人の命令を慎んで聞くというところから来たものである。

例「やむごとなき人の、よろづの人にかしこまられ、かしづかれ給ふ、見るもいとうらやまし」（枕草子・一五八・うらやましげなるもの）

かしましい【姦しい】 文語 **かしまし**

やかましい。『大言海』によれば、語源は「かまし」で、「かま」は騒がしい音。この「かまし」を重ねたカマシカマシからカマカマシ、カシカマシを経て、カシマシになったという。しかし、この変化は認められない。「かしまし」は上代から用いられていたと推定されている。『万葉集』（一六・三八八〇）では、地名「香島嶺（かしまね）」の「かしま」を「所聞多」で表している。やかましいの意味の「かしまし」がこの頃から存在したから、「所聞多（聞くところ多し）」で「かしま」と読めたのだ、と言われている。中古以降に見える「かしかまし」はむしろ「かしまし」の派生語である。語源は不明。

例「あなかしまし。今は取り返すべき事にもあらず」（落窪物語・三）

かしまだち【鹿島立ち】

旅に出かけること。語源に二説ある。『*和訓栞』に「首途（かどで）をかくいふは、鹿島、香取の明神は天孫降臨の時に、まづ往きて葦原の中つ国を平らげたまふ故事による詞なるべし」とある。これによれば、「鹿島立ち」はこの吉例にあやかって旅の安全を祈る気持ちを込めて旅立ちそのものを指す言葉になったことになる。また、『本朝世事談綺』には「鹿島立」の項に、「旅立つ前の日、阿須波（あすは）明神を祭る。此の神鹿島に鎮座あるゆゑなり」とある。いずれにしても鹿島神宮（茨城県鹿嶋市）に因む語である。

例「けふの渡りの舟のかぢとり　これぞこの旅のはじめの鹿島立」（菟玖波集）

かじや《かぢや》【鍛冶屋】

金属を熱し、打ってきたえ、加工して器物を作ることを職業とする人。「鍛冶」は、「金打（かなう）ち」が「かぬち」と転じ、その撥音便形「かんぢ」がさらに「かぢ」と変化したもの。『*天治本新撰字鏡』に「鈲　加奴知（かぬち）」と見える。「鍛冶」と書くのは、同意の漢語「鍛冶（たんや）」を当てたもの。

例「ここは鍛冶屋。銀（しろかね）・黄金（こがね）の鍛冶二十人ばかりゐてよろづのもの〈略〉作る」（宇津保物語・吹上・上）

がじょう《がじやう》【牙城】

敵の根拠地。「牙城」は、城の中で牙旗を立てている所の意。「牙旗」は大将の旗のことで、象牙で飾られている。大将のいる所、本丸というのが本来の意味。城の本丸というところから、一般に根拠地、ねじろ、を指すようになった。漢籍に典拠

がある語だが、日本では明治以後に使われるようになった。

例「此響きばかりでも明治政府の牙城は動揺するであろう」（徳富蘆花・思出の記・明治三三～三四年）

かしわ《かしは》【柏】

ブナ科の落葉高木。大形の葉がたくさん付く。この葉を今でも柏餅に利用する。古代ではこれに食物を盛った。食べ物を盛るだけでなく、穀類を蒸したり煮たりするのにも用いた。そこで、「かしは」の「かし」は動詞「かしぐ（炊）」（古くは「かしく」）に由来すると思われる。「は」は「葉」であろう。『東雅』*は「カシハとは、炊屋（かしきや）にて炊ける飯を盛りもし、裏（つつ）みもしつる葉なればかくいふ」とする。

例「柏原の里、柏さはに生ふるによりて、名付けて柏原となす」（播磨国風土記・讃容郡）

かしわ《かしは》【黄鶏】

鶏肉の総称。もと、羽毛が茶褐色をした和鶏、および、その肉を指した。羽毛の色が茶褐色で柏餅の葉の色に似ていることから命名された。鶏肉と野菜などの鍋物を「かしわ鍋」と言う。

例「腎の虚冷故のは鶏を煎じて食するが吉し。殊にかしはめんどりが吉也」（医学・医方大成論釈談）

かしわで《かしはで》【柏手・拍手】

神を拝む時、左右の掌（てのひら）を打ち合わせて鳴らすこと。『貞丈雑記』*によれば、字形の類似から「拍手（はくしゅ）」の手扁を木扁と間違えて「柏手」ができた、という。手を打つ時の掌の形が柏の葉に似ているからという説もあるが、「柏手」を訓読して「かしわで」となったという説の方が、字の崩し方から見て説得力に富む。

例「かしはで響くや、山の雲霧」（下村本謡曲・逆矛）

カステラ

洋菓子の一種。「カステイラ」とも言った（太閤記、和漢三才図会など）。ポルトガル語 pão de Castella（カステーリャ王国のパンの意）に由来するという説が最も有力。なお、大槻玄沢の『蘭説弁惑（らんせつべんわく）』には、「『かすていら』は本名『かすている、ぶろふど』なり、『かすている』は城の事、『ぶろふど』は右にいふ『ぱん』の事、よく久しきに耐へるもの故もとは軍陣長旅などの時用ゐるものといふ」とある。

例「落雁、かすてら、ようかんより」（浄瑠璃・傾城反魂香・上）

かすとり【糟取】

米または芋から製造した粗悪な密造酒。本来「糟取」は「糟取焼酎（しょうちゅう）」の略で、酒糟を蒸留してとった優良な焼酎のことだった。しかし、第二次世界大戦直後、密造された粗悪な酒が「カストリ」の名で広く出回ったために本来の糟取焼酎の意味は消え、下等な密造酒を指すようになった。

粗悪な「カストリ」は三合飲んだら酔いつぶれることから、低俗な記事ばかりを載せて三号ですぐ廃刊になる（つぶれる）ような雑誌を指す「カストリ雑誌」という語も生まれた。

かずのこ【数の子】

ニシンの卵を乾燥させたり塩漬けにしたりした食品。ニシンは別名「かど」とも言い、その子であるから、当初「かどのこ」と言った。*『天正一八年本節用集』に「鰊鯑　カドノコ」とある。後に、数の多いという意味をかけて、「かずのこ」と転訛し、子孫繁栄の縁起物として、正月の祝いの肴に用いられるようになった。近世末の『増補俳諧歳時記栞草』に「鯡（にしん）の子也。臘月歳始及び婚家、以て規祝の肴とす。多子の義に取るなり」とある。

かすみそう《かすみさう》【霞草】

ナデシコ科の一、二年草。小さな白い花がたくさん咲き、その様子が霞がかかっているように見えるところから言う。

かすむ【霞む】

春、細かい水滴が空中に低い雲のように立ちこめる。ものがはっきり見えなくなる。「かすむ」の「かす」は「かすか」「かする（掠・擦）」「かそけし」などの「かす・かそ」と同根かという。語末の「む」は動詞化するための語尾で「咎（とが）む」「側（そば）む」などの「む」である。「かすみ（霞）」は四段動詞「かすむ」の連用形が名詞化したもの。

例「うちなびく春を近みかぬばたまのこよひの月夜（つくよ）可須美（かすみ）たるらむ」（万葉集・二〇・四四八九）

かすり【絣・飛白】

かすれたような模様や、その模様を織り出した織物。「かすり」は四段動詞「擦（かす）る」の連用形の名詞化。かすれたような模様を付けるので、「かすり」と名付けたもの。*『日葡辞書』に「Casuri　カスリ〈略〉日本の着物に施す彩色法の一種で、雲のような模様の描き方をするもの」とある。漢字は当て字である。

かぜ【風】

空気の流れ。語源はよく分からない。『大言海』によれば、「気風（かじ）の転か」と言う。この「気（か）」は「気（き）」の転で、大気のことであろう。「じ」は「し」が連濁で「じ」となったもの。「し」は風を表す。「風」を表す「し」は「大和へに西風（にし）吹き上げて」（古事記・下）の「にし」、「荒風（あらし）」（万葉集・一三・三二八〇）などの複合語に残っている。「西」「東」なども風位に因む語であって、風を意味する「し」を含んでいる。また、「かぜ」が病気の名（感冒）になったのは、その病が風にさらされて発病すると考えられたからであるが、これには中国語の「風」の影響があるという。『竹取物語』の「風いと重き人にて、腹いとふくれ」は病気をさしている。なお、漢語「風邪（ふうじゃ）」が感冒を指すようになったのは近世からで、表記と

して「風邪」を当てるのが一般化したのは明治以降である。

例「畝傍山昼は雲とゐ夕されば加是(かぜ)吹かむとぞ木の葉さやげる」(古事記・中)

かせぐ【稼ぐ】

精出して働く。『俚言集覧*』に「カセを活用してカセギ、カセグ、カセゲなど云ふ也」とある。「かせ」はつむいだ糸をかけて巻き取る道具、これが休まず働くことから出たという。

例「かせぐに追ひ付くびんぼうなし」(俳諧・毛吹草・二)

かせつ【仮説】

説明のための理論的な仮定。「仮説」という語は中国に典拠があるが日本では使われずに、明治になって、英語 assumption の訳語として、「説明のために仮にたてた論」の意味で使うようになった。『哲学字彙*』(明治一四年)には assumption の訳語として「仮設」が載せられている。「仮設」という語も古くから中国にある語で「仮説」と似たような意味で使われていた。明治期には、「仮設」を使うことが多かったが、次第に「仮説」が一般化した。『哲学字彙』第三版(明治四五年)では「仮説」が訳語となっている。一方「仮設」は仮に物を設ける意味だけで使われるようになる。

例「広い意味に於ける仮説なしには科学は成立し得ない」(寺田寅彦・科学者と芸術家・大正五年)

がせねた

でたらめな情報。ネタは「たね(種)」を逆さまにした隠語から来ており、江戸時代後期から用例がある。ガセは偽物という意だが語源は不明。「がせねた」という用例の初出は『香具師奥義書』(昭和四年)に「みかけ倒しの品」と説明されているものが古い。ガセが付く隠語には「がせばい(偽物売)」「がせな(偽名)」などあるが、「がせ」だけでも用いられた。「がせ」は『隠語輯覧』(大正四年)に「偽造の通貨其他偽画偽墨等を犯罪の手段に供する詐欺」と説明されている。

かたいなか【片田舎《かたゐなか》】

「いなか」を強めた語。「かた」は「傍ら」で、都のかたわらを意味するという。「かたすみ」「かたほとり」などの「かた」と同じ。

例「むかし、をとこ片田舎にすみけり」(伊勢物語・二四)

かたいれ【肩入れ】

味方すること。「肩を入れる」からできた語。「肩を入れる」にはかつぐという意味がある。「一人は太刀のつかへかたを入れ、今一人はこじりへかたを入れて、かの山ぶしをになひすまして、ほり川へ捨てける」(咄本・百物語・下・五)のように、一人は太刀のつか(柄)の下に肩をあてがい、もう一人は太刀の鞘(さや)の端のほうに肩をあてがい、二人して山伏をかついでいる。ここから加勢するの意味が生じ、それが短縮し名詞化したものが、「肩入れ」である。なお、「肩を入れる」の早い例は一四世紀に、「肩入れ」の早い例は一六世紀に見えると

いう。
例「源氏肩入れの大悪僧文覚法師」（浄瑠璃・平家女護島・一）

かたがき【肩書き】
社会的な地位・身分・称号など。近世、「片書き」という表記も見られる。「座を分かつもくだなるゆゑ、目録の片書（かたがき）に座本を記す」（評判記・野郎立役舞台大鏡・凡例）と振り仮名付きで見える。この評判記では、役者名の右肩に座本の略号が小書きされており、「かたがき」の「かた」は「肩」にも通じる。ただし、この場合はその所属を示すものであった。近世、この語は今よりも広い意味で、「お坊吉三と肩書の武家お構ひのごろつきだ」（歌舞伎・三人吉三廓初買・二）、「勾引（かどはか）しだと肩書をつけられたら二朱も貸せねえ」（歌舞伎・鼠小紋東君新形）などのようにも使われた。現在のようになるのは、名刺の普及と関係があるだろう。
例「学校を卒業して官途に就き、正何位と云ふ肩書きが付いたら」（末広鉄腸・花間鶯・明治二〇～二一年）

かたかな【片仮名】
仮名の一種で、「いろは」に対して「イロハ」のような字。「かた」は「片」で、整っていない、不完全などの意で、「片言（かたこと）」などの「かた」と同じ。片仮名は漢字を省略したものが多く、「真字（まな）」（＝漢字）に対して、その一部、不完全なものと考えられていた。↓かな
例「同じ文字をさまざまにかへて書けり。〈略〉つぎにかたかな」（宇津保物語・国譲・上）

かたがわり《かたがはり》【肩代わり】
負債や面倒な仕事などを他の者に代わって引き受けること。本来は、駕籠かきなどが他の者に代わって担ぐことを言い、「四人の駕籠かきが肩替りをするので」（島崎藤村・夜明け前）のように用いた。今の用法は、それを比喩的に使うようになったもの。
例「廃藩置県以来、諸国の多額の藩債も政府に於いてそれを肩替りする以上」（島崎藤村・夜明け前・昭和四～一〇年）

かたき【敵】
しかえしをしなければならない相手。競争相手。古くは単に「相手」の意味で、『大言海』は「方分（かたわき）の約」とする。『岩波古語辞典補訂版』は「カタはカタ（片）に同じ。〈略〉キは人の意。オキナ（翁）、イザナキ（神名）のキに同じ、もと男性をいう語」とする。「よし、御かたきをば知り奉らじ」（宇津保物語・俊蔭）では結婚相手を指すが、のち「敵（てき）」や恨みのある相手を意味するようになった。「敵討ち」は主君や近親の仇を討つことであるが、現在では負けをかえす、雪辱することにも使われる。「恋敵（こいがたき）」「碁敵（ごがたき）」の

「敵」はライバルの意味で、古い用法に通い合う。

かたぎ【気質】

年代、境遇、身分、職業などを同じくする人たちに共通して見られる性質。「気質」と書くのは新しく、古辞書では、「楷」や「模」を「かたき」と読む。*『十巻本和名抄』では「模」に「俗語加太岐（かたき）〈略〉形木之義」とあって、布を染める時の基となる型と注記している。「形木」は「種々の模様を彫った木材」（新村出・東亜語源志）であろう。しかしこの原義は失われて、一定の形のものを次々に作り出すところから、「習慣」の意となった。*『日葡辞書』には「Catagui　カタギ（形儀）　慣習」とある。ここからさらに類型的な性質の意味に転じたものである。

例「その進退（しんだい）、行儀、クリスチャンのよい　catăgui（カタギ）なんど」（コリャード懺悔録）

かたくな【頑な】

偏屈。『大言海』は「かたは、偏（かた）、くなは、拗（くね）るの転」とする。この「かた」と「くな」で、一方に偏し、ねじけているという意味を表したものだろう。この語は、古く「片輪」の意味にも使われたが、「かた」には不完全という意味もあるからである。*『日葡辞書』の「Catacunana（カタクナナ）」の説明に、「不具な（者）〈略〉また、性格が幾分そっけなくて、愛想に欠けていたり、あるいは、乏しかったりする（人）」とある。

例「いとど人わろうかたくなになり侍るも、さきの世ゆかしうなん」（源氏物語・桐壺）

かたくり【片栗】

ユリ科の多年草。「かたくり」は『万葉集』では「かたかご」という形で出てくる。「もののふの八十（やそ）をとめらが汲みまがふ寺井の上の堅香子（かたかご）の花」（万葉集・一九・四一四三）。この「かたかご」、または「かたかこ」の省略された「かたこ」に「百合（ゆり）」の付いた「かたこゆり」がもとで、「かたくり」ができた（大言海）。「かたこ」や「かたこゆり」という形は方言にも残っている。

例「堅香子　かたかご。古名也。今かたくりと云ふ」（方言・物類称呼・三）

かたぐるま【肩車】

子供などを、足で首を挟むようにさせて肩に乗せること。肩に乗せることから、肩を車に見立てた命名。古くは片方の肩に乗せて担ぐことも「肩車」と言った。

例「今度は肩車に乗せてすかしませう」（虎寛本狂言・子盗人）

かたこと【片言】

幼児や外国人の不完全な言葉。「かたこと」の「かた」は不完全、整っていないなどの意で、「片仮名」などの「かた」と同じ。「片言」は方言、訛語、俗語、舌足らずな言い方などを広く指

したが、これらを非標準的な言い方として、不完全なもの言いと捉えていたのである。安原貞室の『片言』*(慶安三年)は、当時京都の一般人に行われていた非標準的な言い方を正した書である。

例「ここなる人かたことなどするほどになりてぞある」(蜻蛉日記・上・天徳三年)

かたじけない【忝ない・辱ない】文語 **かたじけなし**

おそれ多い。もったいない。もと「容貌が醜い意から、人前でみっともない、恥ずかしい意」であったとする説(岩波古語辞典補訂版)があるが、一方、高貴なものに接しておそれ多いという気持ちから出たと考える説もあり、定説はない。「かたじけない」は「ありがとう」*が一般化する前に、お礼の言葉として広く用いられていた。『日葡辞書』*には「Catajiqenai カタジケナイ〈略〉お礼の言葉、あるいは、ある事に対して謝意を表する言葉」とある。

例「かたじけなく、きたなげなる所に、年月をへて物し給ふ事、きはまりたるかしこまり」(竹取物語)

かたず《かたづ》【固唾】

「かたずをのむ」の形で、事の成り行きを極度に緊張して見守るの意。「かたづ」の「づ」は「つ」の連濁した形で、「つ」は「唾(つば)」の古語。「かた」は形容詞「堅し」の語幹で、少量の唾が口中にたまった状態。普通ならばつばは飲み込むのでたまらない。「かたずをのむ」は、緊張したため飲み込むのを忘れてたまってしまったつばを飲み込むこと。このような普通にはしない動作をもって、緊張のさまを表したものだろう。『日*葡辞書』には「Catatçu(カタツ)」と「Catazzu(カタヅ)」の清濁両形が見られ、「少しの唾」と説明されている。

例「敵御方諸共に難唾(かたづ)を呑で汗を流し、是を見物してぞ、扣(ひか)へたる」(太平記・一〇・稲村崎成干潟事)

かたすかし【肩透かし】

相手の勢いをうまくそらすこと。もとは相撲の四十八手の一つで、組み合った相手が押して来るところを、体を開いてかわしながら引き倒す技の名。相手の勢いをまともに受け止めないで身をかわすところから、相撲以外のことでも、相手の勢いをまともにぶつけられないように立ち回ることを言う。

例「投げられた晩は寝るにも肩すかし」(雑俳・柳多留・六五)

かたつむり【蝸牛】

軟体動物腹足綱のうち、陸上にすむ貝類。「かたつぶり」の転。柳田国男『蝸牛考』によれば、「かたつぶり」は「かさつぶり」の変化で、「笠に似た貝」である。「蝸牛」を表す語としては、方言の分布から見て、「つぶり」の方が古く、「つぶり」は丸いもの、渦巻き状の丸いものを意味し、それだけで、カタツムリを指していた。それにさらにその特徴を捉えて、「笠」を

加えたことになる。しかし、「笠」のようにはっきりした意味のある語形が何故「かた」に変わったかは、柳田も説明できていない。以上の説に対して、「かたつむり」の「かた」は形容詞「堅し」の語幹だとする説があるが、この説は『*観智院本名義抄』に記されたアクセントには相反しない（小松英雄・徒然草抜書）。「かたつむり」の古いアクセントは、「高高低高低」で、これは、この語が「高高・低高低」のような語構成を持つことを示している。この「高高」の部分が「堅し」の語幹であって、「かたつむり」は「堅い頭」の意になる。子供たちが「舞へ舞へかたつぶり舞はぬものならば馬の子や牛の子に蹴（くゑ）させてん踏み割らせてん」（梁塵秘抄・二）と唄ったのも、この虫の堅い殻を意識していたからだろう。「蝸牛（かぎゅう）」は漢名。

例「あの煩ひにはかたつむりを用ゐれば、其のままよいと申す程に」（狂言六義・蝸牛）

かたな【刀】

片刃に作った太刀。「かた」は「片」、「な」は「刃」の古形で「薙（な）ぐ」の語幹と同根かという。なお、「な」については朝鮮語の nal と同源と見る説（岩波古語辞典補訂版）もある。『*十巻本和名抄』に「刀子〈略〉賀太奈（かたな）」と見える。↓太刀

かたばみ【酢漿草・酸漿草】

カタバミ科の多年草。葉の一部が欠けているように見えるところから、「傍食（かたばみ）」の義だという（大言海）。『枕草子』に「かたばみ、綾の紋にてあるも、ことよりはをかし」（六六・草は）と見えるように、紋様や紋所として、さまざまにデザインされた。茎・葉に酸味がある。漢名は「酢漿草」。

かたはらいたい【片腹痛い】 文語 **かたはらいたし**

失笑を禁じえない。もと「傍（かたは）ら痛し」、すなわち、そばで見ていても心が痛むの義で、たとえば、「すのこはかたはらいたければ、南のひさしに入れ奉る」（源氏物語・朝顔）のように用いられた。このようなもとの意味からそばで見ていても苦々しい、笑止だの意味が生じた。『枕草子』（九六）では「よくも音（ね）ひきとどめぬ琴を、よくも調べで、心のかぎりひきたてたる」を「かたはらいたきもの」の一例として挙げている。「かたはらいたし」の第三音節はもともとハ行音であった。これがハ行転呼（＝語中語尾のハ行音がワ行音に変わる現象）に伴って「ワ」と変わり、「カタワライタシ」と発音されるようになった。しかし、その後「片腹」と混交しながら、仮名文字を拾い読みした「カタハライタイ」に再び転じたものと、考えられる。『*日葡辞書』は「Catafara（カタハラ）」の例に「Catafara itai（カタハライタイ）」を載せるのみである。

かたぼう《かたばう》【片棒】

悪事などに加担して一端を担う人。もと二人でかつぐ駕籠かきの先棒（＝かごの前で棒をかつぐ人）、または後棒のどち

らかを「片棒」と言った。「片棒をかつぐ」は、かごの先棒か後棒かのどちらかをかつぐことで、いっしょに何かをすることを言う。悪い企てに参加する場合によく使われる。

例「片棒をかつぐゆふべの鰒（ふぐ）仲間」（雑俳・柳多留・一）

かたみ【形見】

故人や別れた人を偲ぶよすがとなるもの。『大言海』は故人や別れた人の形として見るものと考えており、これが自然かと思われる。しかし、他にも説がある。折口信夫は、「身の形（かた）〈略〉身形（みかた）の逆語序（＝「み」と「かた」の順序の入れ替え）」とする。本体の身代わりが「形見」であって、それを身に着けることで、その霊魂を保持できると考えるのである（日琉語族論）。また身体の一部を意味する「片身」からきたとする説もある（鈴木棠三・日常語語源辞典）。形見は、以前はほとんど故人の身に着けていた衣類で着衣はその人の分身ともいえる。形身のことを「袖分け」「垢付（あかつ）き」などと言うのも衣類が多かったためだという。

例「あはむ日の可多美（かたみ）にせよと手弱女（たわやめ）の思ひ乱れて縫へる衣そ」（万葉集・一五・三七五三）

かたむく【傾く】

斜めになる。「かたむく」は「片（偏）＋向く」であって、原義は真っ直ぐの安定した状態から一方向へ倒れかける意。そこから太陽や月が沈むこと、人の勢力の衰えることなどにも用いられた。古く「かたぶく」が多いが、ブとムはケブリ・ケムリのように交替しやすい音節である。

例「唐葵、日の影に従ひてかたぶくこそ草木といふべくもあらぬ心なれ」（枕草子・六六・草は）

かたる【語る】

出来事や気持ちなどを順序立てて話して聞かせる。『大言海』は「宿る」のように「形（かた）を活用せしめ〈略〉事象（かた）を言ふ意」とする。さらに詳しく「カタはカタドリ（象）のカタ、型のカタと同根。出来事を模して相手に一部始終を聞かせるのが原義」だという説（岩波古語辞典補訂版）もある。このような原義から見て、この語は「かた（形・象）」と動詞を作る語尾「る」に分析することができる。「物語」とか「語り物」という言い方には、この原義が生きている。「言ふ」は一般的な発言、「宣（の）る」は神聖な言葉を発すること、「告ぐ」は「知らせる」ことで伝達に重きを置く。「話す」は中世以降の語である。なお、だます意の「騙（かた）る」は、この「語る」の説得的に話すという一面から派生したものである。

例「聞けば音（ね）のみし泣かゆ語（かたれ）ば心そ痛き」（万葉集・二・二三〇）

かち【価値】

ねうち。中国では古く「ねだん・ねうち」の意味で「価直（かちょく）」という語が使われていた。「価直」は日本でも使われ、

『続日本紀』（天平元年一月）に例がある。明治になると近世中国語の影響で「価値」という形の語が使われるようになる。ロブシャイドの*『英華字典』には、value の訳として「価値」を当ててある。「価値」が value の訳語として定着するのは明治後期で、*『哲学字彙』でも三版になってから「価値」が当てられるようになる。

例「研究する価値があると見えますな」（夏目漱石・吾輩は猫である・明治三八～三九年）

かちあう《かちあふ》【搗ち合う】

偶然同じ時・場所で重なる。「かちあう」の「かち」は動詞「かつ（搗）」の連用形で、「かつ」は*『観智院本名義抄』に「搗　カツ　ツク」とあり、臼（うす）でつく意である。「あう（合）」は、複数のものが同じ動作をする意の補助動詞。したがって、「かちあう」は「臼でつき合う」という意味であった。一つの臼で餅などをつき合えば、杵（きね）が互いにぶつかり合うところから、物と物とがぶつかり合う、衝突する意となり、さらに転じて、物事が偶然同じ時・場所で重なる、出くわす意を表すようになった。

例「大勢で天窓（あたま）かち合ふ責念仏」（雑俳・田みの笠）

かちぐり【搗ち栗・勝ち栗】

栗の実を乾燥させ、臼（うす）で軽く搗（つ）いて殻と渋皮を取り除いたもの。「かち」は、臼でつく意の四段動詞「搗（か）つ」の連用形の名詞化。臼で搗くところから「搗ち栗」という。「搗（かち）」は「勝（かち）」と音が通ずることから、縁起物として出陣や勝利の祝い、正月の料理などに用いた。

例「Cachiguri　カチグリ（搗栗）　臼で搗いて殻を取り去った栗、または、日に干して干からびた栗」（日葡辞書）

かちどき【勝ち鬨】

戦いや競技に勝ったときにあげる歓声。勝ったときにあげる鬨（とき）の声の意。「鬨の声」は、単に「鬨」ともいい、戦場で軍勢が同時に発する叫び声を言う。通例、大将が「えいえい」と二声発すると、全軍が「おう」と応じ、これを三度くり返した。「鬨の声」の語源については、*『和訓栞』に「禁中にて時をまうす声よりいひて、時の声の義なり」とあるが、はっきりしたことはわかっていない。

例「互ひに勝時（かちどき）をあげ、四、五町がほど両方へ引き分かれ」（太平記・二五・住吉合戦事）

がちんこ

（相撲界で）真剣勝負。力士の頭と頭とがガチンとぶつかり合うところから言う。

かつお《かつを》【鰹】

スズキ目の海魚。上代、『万葉集』や『正倉院文書』などに「堅魚」と書かれたとおり、語源は「堅魚（かたうを）」である。「かたうを」から「かつを」、「かつお」と変化した。「堅」（形容詞

「堅し」の語幹）というのは、当時、都ではこの魚を干し固めて、鰹節のような形で食したからであろう。「鰹」という字は、「魚」と「堅」を合体させた国字である。江戸後期、一時「初鰹」をきわめて珍重し、天明頃には一尾に二両三分を投じたという。「身代を軽ろしめて行く初鰹」（雑俳・川柳評万句合・明和二年）は其の高値を笑う川柳である。

例「煮堅魚（かつを）参伯弐拾斤」（正倉院文書・天平一〇年・駿河国正税帳）

かつおぎ《かつをぎ》【鰹木】

神社などの建物で、棟木（むなぎ）の上に、これと直角に間隔を置いて並べる装飾の短材。『和訓栞*』に「堅魚節（かつをぶし）の形したれば名とせる也」と説かれている。その形は中ぶくれの円筒形で鰹節に似ている。

例「内宮（ないくう）〈略〉かつを木も九つあり。胎蔵の九尊にかたどる」（米沢本沙石集・一・一）

かつおぶし《かつをぶし》【鰹節】

鰹の身をゆで、何回もいぶし、乾かす作業を繰り返したのち、黴（かび）付けをして日に干したもの。『大言海』に「四つに割（さ）きたる一つを、節（ふし）と云ふ〈略〉。先（ま）づ、全身を竪（たて）に四条に割く」と説かれるように、魚の身を縦に四つ割りにしたものを「節」という。鰹の身を「節」におろしたものであるところから「鰹節」と称する。なお、「かつぶし」は「かつおぶし」の略で、「鰹節（かつふし）一本」（洒落本・傾城買二筋道）のように、江戸時代中期ごろから文献に見える。

かつぐ【担ぐ】

肩にかけてになう。『大言海』は「肩（かた）ぐの転」とし、「かたぐ」には「肩を活用せしむ（＝動詞化スル）」とある。すなわち、「肩」に動詞化の接尾語「ぐ」が接した「肩ぐ」の転となる。「かつぐ」には迷信を気にするという意味があるが、これは「御幣を担ぐ」から来たという。「御幣」は幣束の敬称で、神官がこれを振って神を祭ることから、縁起を気にする意味になった。「かつぎ屋」は極端に迷信を信じる人のことだったが、戦後食料品などを都会に（闇で）運んでくる人も意味するようになった。また、「かつぐ」はものを肩に乗せることから、人を乗せてだますという意味も生じた。「かつぐ　だますことなり」（洒落本・胡蝶の夢・通言）。

例「青空を見つけて太鼓かつぎ出し」（雑俳・柳多留・一六）

かっけ《かくけ》【脚気】

ビタミンB1の欠乏による足の病気。「あしのけ」を「脚気」と漢字表記してそれを音読してできた和製漢語。カクは「脚」の呉音。「け」は、病気、あるいはその兆候の意味であるが、「気」の呉音とも訓とも言われる。現在でも「リューマチの気（け）がある」などと使う。『日葡辞書*』に「Cacqe（カッケ）」とある。享保（一七一六〜三六年）の頃、江戸で脚気が大流行

か

し「江戸わづらい」とも呼ばれた。

例「復患脚気〔また脚気を患ふ〕」(日本後紀・大同三年)

かっこう【恰好《かっかう》】・【格好《かくかう》】

姿や形。みなり。本来は「恰好(こうこう)」(歴史的仮名遣いはカフカウ)という漢語であるが、日本で「かっこう」と変化したもの。「恰好」は漢籍にある語で、物事にふさわしい、標準的なものに合っている、といった意味で、日本でも使われていた。*『日葡辞書』では「Caccŏ　カッカゥ(恰好)」の見出しで「似合うたこと」と説明している。その後、近世中国語で、形がぴったりであるという意味に変化したことから、日本でも人の姿や物の形が望んでいるとおりであるという意味で使うようになり、さらには、姿や形そのものを指すようになった。現代では音の影響で「格好」という表記も見られるが、当て字である。

例「地蔵のかっこうをかなぼうしがくらいに申した」(虎明本狂言・金津地蔵)

かっこう【郭公《くわくこう》】

カッコウ目カッコウ科の鳥。「鳴く声を名とする」(大言海ほか)と説くように、カッコーカッコーという鳴き声からの称。「郭公」という漢字表記は、カッコウの漢名「郭公」に由来する。ただし、日本では「郭公」は「ほととぎす」と訓まれてきた。*『天治本新撰字鏡』に「郭公鳥　保止々支須(ほととぎす)」とある。「郭公」をカッコウの意で用いることが固定化するのは、ようやく近代になってからのようである。

がっしゅうこく【合衆国】

アメリカ合衆国。the United States の訳語。中国で宣教師が中国語に訳して用いていたものを、日本で借用したもの。「合衆」とは「協力、共同、和親」の意味であると言われる(斉藤毅・明治のことば)。

例「日本と合衆国とは其人民」(日米和親条約・第一ケ条・嘉永七年)

かって【勝手】

台所。便利さ。我がまま。暮らし向き。この語のさまざまな意味のうち、台所の意の「勝手」について『大言海』は「粮所(かってどころ)」の略とする。この「粮(かって)」は「乾飯代(かれひて)」の約の「糧(かりて)」の音便だと言う。『大言海』によれば、便利さなどの「かって」と台所の「勝手」は別な語となる。これに対して、これらすべての意味は弓道の「かって」からきたとする説がある。*『日葡辞書』によれば、「かって」は「弓の弦を引っ張る方の手、すなわち、右手」である。右手は自在に使えるということから、上記のさまざまな意味を生じた。台所も自由に動いて調理する所という気持ちで「勝手」と言ったという(岩淵悦太郎・語源散策)。しかし、中世末には、「勝手」に便利の意味や茶の用意をする所の意味がすでに生じ

ており、右手の意が先行したとは思われない。*『貞丈雑記』には「古はかってと云ふ詞聞こえず。引き手と云ひし也」とあり、右手を意味する「勝手」は古い言葉ではなかったようだ。「私は〈略〉此の方の狭い屋敷が勝手でござる」（虎寛本狂言・武悪）は、都合がよいの意。

例「勝手は煙立ちつづき、亭主は置炉達を仕掛け」（浮世草子・西鶴織留・一・一）

かってでる【買って出る】

進んで引き受ける。花カルタから出たという説もあるというが、「買う」の転義に、「喧嘩を買う」とか「一役買う」とか、引き受けるの意味があり、その「買う」を強めるため、さらに「出る」を加えた語であろう。

例「『さあ来い』と云いながら喧嘩を買って出たのである」（谷崎潤一郎・蓼喰ふ虫・昭和三～四年）

がってん【合点】

承知。納得。もと和歌、連歌、俳諧などを選ぶ時、良いものにしるしをつけることやそのしるしを意味した。文書でも同意を表すためにしるしをつけることを、「合点」と言った。ここから転じて、承知、納得の意味となった。古く一三世紀の歌論書『無名抄』などに「点合ふ」という形があり、これが漢文風に「合点」と表記され、音読によって「がってん」が生じたという（講座日本語の語彙・九）。

例「定家朝臣のもとへ点をこひにやりたりければ、合点して、褒美の詞など書き付け侍るとて」（古今著聞集・五・二一七）

かつどうしゃしん《くわつどうしやしん》【活動写真】

映画の古い呼び方。活動する、すなわち生き生き動く写真、という意味で名付けられたもの。明治二九年一一月、キネトスコープ（kinetoscope）が神戸に輸入、公開された時、「神戸新日報」の記事（一一月一九日）の中で使われたのが最初と言われる（広田栄太郎・近代訳語考）。初めは、「写真活動」「自動幻画」などという語も使われた。

例「宮戸座の立ち見や活動写真の見物」（谷崎潤一郎・秘密・明治四四年）

かっぱ【河童】

主として水の中に住むと考えられている架空の動物。「河童（かはわらは）」が「かはわっぱ」を経て変化した語。各地にさまざまな呼び名があるが、関西の「がたろ」は「川太郎」の変化である。寿司屋でキュウリを「かっぱ」と言うが、これは江戸時代からで、川柳に「河童を皿へ居酒屋の三杯酢」（柳多留・一六〇）とある。これは、キュウリはかっぱの好物という俗信による。

例「酔ひ覚めに河童は皿の水をのみ」（雑俳・柳多留・四六）

カッパ【合羽】

雨よけに使う衣類。ポルトガル語 capa に由来する。ポルト

ガル語では、袖なしのマントを意味する。新井白石の『西洋紀聞』(下)には、「其法衣、ポルトガルの語にはカッパといふ。昔我俗、其製に倣ひ、雨衣を作れり」とある。「合羽」は当て字。

例「和蘭詞にてはマントルと云ふ。ポルトガルの詞にてはカッパと云ふ也」(安斎随筆・三二)「おいらが合羽(カッパ)をかしてやろう」(滑稽本・東海道中膝栗毛・六・下)

かっぱのへ【河童の屁】

取るに足りないことのたとえ。語源について確実な説はない。*『俚言集覧』に「ある人いへらく、木(こ)っ端(ぱ)の火といふ事の訛りなりといへり」とある。「木っ端の火」とは、たわいのないことのたとえで、木っ端はすぐ燃え尽きてしまうところからいう。他に、河童は屁を水中でするので勢いがないところからとする説(日本国語大辞典二版ほか)もある。後者の説は音転を考えなくてもすむ。なお、「屁の河童」という言い方は、「河童の屁」の倒語形である。

例「『こやつ何事をかいふ』と、首(かうべ)をかたぶけ手をこまぬき、やをら左右の耳をすまして、『聞いたところが、かっぱの屁だらう』」(滑稽本・八笑人・初・一)

かつら【桂】

カツラ科の落葉大高木。『大言海』は、古くは「かづら」とも言ったので、「かつら」の「かつ(かづ)」は、「香出(かづ)」だろう、と言う。「ら」は接尾語。この語源によれば、カツラに香気がなければならない。『大言海』は樹皮に香気ありと言うが、『改訂増補牧野新日本植物図鑑』は、そういう人もいるがどうであろうか、と疑っている。

例「楓〈略〉香樹　加豆良(かつら)」(天治本新撰字鏡)

かつら【鬘】

髪の形を変えたり少ない頭髪を補うために、頭にかぶる、毛髪などで作ったかぶりもの。「髪(かみ)蔓(つら)」の転と言う。奈良時代はカヅラと第二音節が濁音で、蔓草で作った髪飾りの意。「あやめぐさ花橘を玉に貫(ぬ)きかづらにせむと」(万葉集・三・四二三)のような用例がある。「わが御髪の落ちたりけるをとりあつめてかづらにし給へるが」(源氏物語・蓬生)は、少ない頭髪を補うための鬘の意。もっぱら「かつら」と清音になるのは近現代になってのことかと思われる。*『和英語林集成』三版(明治一九年)では「Kazura　カヅラ　鬘」と、まだ濁音が示されている。

かつをいれる《くゎつ》【活を入れる】

衰えているものに刺激を与えて活気づける。柔道の用語に由来する。柔道では、気絶した人の胸腹部を強く刺激して息を吹きかえさせることを言う。

例「田川夫妻の見送り人たちはこの声で活を入れられたようになって」(夏目漱石・坑夫・明治四一年)

かて【糧・粮】

精神や生活のためになる必要なもの。『*和訓栞』は「かりての略なり」とする。「かりて」は携行食の意の上代語。『万葉集』(五・八八八)に「常知らぬ道の長手をくれくれといかにか行かむ可利弖(かりて)は無しに」とある。この「かりて」は「かれいひて」が「かれひて」を経て転じたものといわれる。「かれいひ」は「乾飯」、すなわち乾燥させた飯のことである。語末の「て」は料の意とされるが、はっきりしない。中古に入り、「かりて」の縮約形カテが現れるが、意味も変化して、食料一般をさすようになる。「くひものをかてとなづく如何。答かては粮也」(名語記)。さらに転じて、現代のような比喩的用法を生じた。

例「すでに財産も黄泉(よみ)の旅の糧にならず」(浮世草子・懐硯・二・一)

かてい【仮定】

仮にそうであると考えること。明治期に英語 supposition、assumption などの訳語として造られた和製漢語。なお、別に、同表記であるが仮に平定するという意味の「仮定」という語も、明治初期に一時使用された。

例「政党の真面目(しんめんもく)は此の如きものと仮定しますと」(末広鉄腸・花間鶯・明治二〇～二一年)

がてん【合点】

納得。「がってん(合点)」が変化した語。現代では「合点がゆく」「ひとり合点」などと使われる。↓がってん

例「是ほどにいふにがてんがゆかぬ」(虎明本狂言・箕被)

かどで【門出・首途】

新しい生活に向けて出発すること。「門(かど)を出でる」の意から。したがって「かどいで」から「かどで」になったと思われるが、文献的には「かどで」の方が古く「可度弖(かどで)」(万葉集・一四・三五三四)などと用いられていた。家の門を出るということで旅やいくさに出ることを表し、更に現在のような比喩的表現を生じたもの。漢字表記形「首途」は、旅や出陣のために家を出発する意の漢語「首途(しゅと)」による。

例「新生活のかどでにあるような」(島崎藤村・夜明け前・昭和四～一〇年)

かどばん【角番】

碁・将棋・相撲などで、あと一敗すると、何番勝負かの負けが決まったり、タイトルや地位を失ったりするような対戦。「角」は鋭い曲がり目であるから、そこで状況が一変してしまうような対戦を意味した。なお、「角番大関」はあと一場所負け越せばその地位を失う大関のこと。「角番に立たされる」「角番をしのぐ」などとも使う。

かどわかす《かどはかす》【拐かす】

誘拐する。四段動詞「かどふ」の未然形「かどは」に接尾語

「かす」が付いた語。「かどふ」は誘うという意味で、『天治本新撰字鏡』*には「誸　加止不（かどふ）」とある。ただし、「かどふ」の語源は『大言海』に「姦（かた）むと通ずるか」とあるが、不明。「かす」は四段活用動詞の未然形などに付いて、他動詞化したり、他動の意味を強めたりする。現代語にも、「散らかす」「冷やかす」などと残っている。

例「かどはかし参らせて、御供して秀衡の見参に入れ」（義経記・一・吉次が奥州物語の事）

かな【仮名・仮字】

音節文字の一種で、平仮名と片仮名がある。「かな」は「真字（まな）」に対する「仮名（かりな）」、すなわち「漢字」に対する「仮の字」の意。「な」が「字」を表すのは、古代において「字」と物の名が区別しがたかったからであろう。「かりな」は「かんな」から、その撥音無表記形を経て、「かな」となった。

例「かなはまだ書きたまはざりければ、片かんなに」（堤中納言物語・虫めづる姫君）

かなえ《かなへ》【鼎】

食べ物を煮るための金属器で、多く三本足。「鼎（てい）」は古代中国の祭器であった。語源は「金瓮（かなへ）」で、古く「へ（瓮）」は「瓶（かめ）」の意。『東雅』*は語源について「カナとは金也。銅銕の総名也。へとは上古の俗、凡そ器を呼びし総名也」という。

例「鑊〈略〉加奈戸（かなへ）」（天治本新撰字鏡）

かなくぎりゅう《かなくぎりう》【金釘流】

下手くそな字の書きよう、またその字をからかって言う語。「かなくぎ（金釘・鉄釘）」は金属製の釘のこと、筆でなく金釘で書いたような字のことか。『大言海』は「楷書の痩せて、曲折したる」字を指すと言う。江戸時代には、「金釘」「金釘の折れ」の形で使われることが多い。「鉄釘（かなくぎ）のいろはで大工家を建て」（雑俳・柳多留・一二一）。「鉄釘（かなくぎ）の折れで打付文をやり」（雑俳・柳多留・一〇五）。

例「女学生あがりなどは兎角金釘流に無茶苦茶な字を書くが」（菊池幽芳・乳姉妹・明治三六年）

かなしい【悲しい・哀しい】 文語 かなし

心が痛んで泣きたくなるような気持ちだ。語源については下二段動詞の「かぬ」と同根とする説がある（岩波古語辞典補訂版）。「かぬ」はしかねるの意で、これを形容詞化して、自分の力ではとても及ばないと感じる切なさを表す語としたと言う。この語は、悲しい意にも愛（いと）しい意にも、また、深い感興を感ずるの意でも用いられた。「何そこの児（こ）のここだ可奈之伎（かなしき）」（万葉集・一四・三三七三）は、身にしみていとしいの意、「みちのくはいづくはあれど塩釜の浦こぐ舟の綱手かなしも」（古今集・東歌）は、心にしみるような趣だの意である。

例「世の中はむなしきものと知る時しいよよますます可奈之可利(かなしかり)けり」(万葉集・五・七九三)

かなしばり【金縛り】

厳重に縛りつけること。『大言海』は「カナは堅くきびしき意」とするが、修験者の「不動金縛法」に基づく語であろう。これは、不動明王の羂索(けんさく)によって、身動きできないように縛る法である。

例「走り人、ぬす人、いごかせぬは不動の金縛り」(浄瑠璃・女殺油地獄・中)

かなた【彼方】⇩どなた

かなぼうひき かなばうひき【鉄棒引き】

隣近所の噂をして歩く人。「かなぼう」は、鉄棒の頭部に数個の鉄輪をつけたもので、夜回りの際に地に突いて鳴らして歩くのに用いた。そのことから、「鉄棒引き」とはまず夜回りをする人のことを言った。転じて、火の用心と声をかけて歩いたり、ちゃらちゃらと鉄輪を鳴らして歩いたりする様子を、噂を触れ回ることにたとえて、そこら中に噂話をまいて歩く人を指すようになったもの。昭和一〇年の『東京方言集』に、「カナボーヒキ　つまらない事柄をも、さわがしくふれ廻る人。いわば裏長屋級の不良有閑マダム」とある。

例「長屋中、鉄棒引(かなぼうびき)とはなんの事(こっ)た」(滑稽本・浮世風呂・二・下)

かなめ【要】

物事を成立させている、肝心なもの。扇の骨をまとめているくさび。後者の意味から前者の意味が派生した。後者の意味は「蟹(かに)の目」の略転とする説が多い。*『日本釈名』は古形を「かのめ」とし「上に出で蟹の目によく似たり。略してかのめと云ふ」とする。扇の「要」を「かにのめ」にたとえた例は、一二世紀の『行宗集』に「大夫のすけの、扇のかのめ固めてとて遣はしたりし、固めてつかはすとて。蟹のめの離るるたびにいとどしく君が心のうしろめたさよ」のように見られる。

例「えりいだされむ人の、八座、弁官、職事ばかりになる人候ふらんところこそ要なれば、それは解官せられなんず」(愚管抄・七)

かならず【必ず】

まちがいなく。きっと。『大言海』は「仮(かり)ナラズ、カンナラズ、カナラズと転じたる語ならむ」と言う。これによれば、仮のものではなく確かに、のように意味変化したことになる。このほか他動詞「兼ぬ」から派生した自動詞「兼なる」の打ち消しという説なども出されている。

例「む月にはかならずまうでけり」(伊勢物語・八五)「必といふ字心に釘をさし」(雑俳・柳多留・一一八)

カナリヤ【金糸雀】

小鳥の名。雀ほどの大きさで、ふつうは黄色。カナリアとも。

オランダ語 Kanarie に由来する。『*俚言集覧』によれば、カナリヤは天明（一七八一～八八）の頃オランダ人によって日本にもたらされたと言う。この鳥をカナリヤというのはスペイン領カナリヤ諸島原産であることから。「金糸雀」は漢名。

がなる

どなる。『大言海』は「囂鳴（かな）る義が憎みて濁る」と説く。「かなる」は「可奈流（かなる）間（ま）しづみ」（万葉集・一四・三三六二）という形で上代に用いられ、東国語かといわれる。この上代東国語と近世後期の「がなる」を結び付けるのはかなり無理がある。これに対して、鈴木棠三『日常語語源辞典』は、「が」は擬音語の「ガーガー」に結びつけるべきではないかといい、類例として静岡地方の「ひなる」（＝ヒーヒー泣く）、八丈島の「おなる」（＝オンオン泣く）などをあげる。

例「朝帰り下女が事までがなり出し」（雑俳・柳多留・一〇）

かに【蟹】

節足動物の一つ。一対のはさみと四対の歩脚、堅い甲を持ち、多くの種類が横に歩く。語源不明。『*日本釈名』は「かはから也。には丹（に）也。あかき也。かには煮れば、からあかくなる」という。蟹の殻は煮れば赤くなるからという説で、信じられない。

例「この迦邇（かに）やいづくの迦邇（かに）」（古事記・中）

がにまた【蟹股】

両脚がO字型に曲がっていること。『上方語源辞典』は「蟹の脚に似るのでいう」とし、また「がに」と濁るのは「かわがに」のような連濁が単独の場合まで持ち越されたものかと言う。しかし、カニ→ガニは、「かには喰うともがに喰うな」という諺などから見て、濁音化によって軽蔑の意味を強調したものと見るべきだろう。

かね【金】

金属の総称。通貨。語源は、叩くとカンカンと鳴るところからという説が多い。江戸後期の『*雅語音声考』は「万物の声をうつせる言」の一つとして「カネのカ」を挙げ、「今カチ〳〵、又カンコンなどといふ」とする。異説を挙げれば、柳田国男は『雪国の春』で形容詞「かなし」と同語源で、英語の dear と同じ意味だとした。

例「いま、金五十両給はるべし」（竹取物語）

かねがね

前々から。かねて。下二段動詞「兼ぬ」の連用形「かね」が重なってできた語。「兼ぬ」は、二つ以上のことを同時に併せ持つという意味の他に、予想するという意味でも使われた。「かねがね」は後者の意味を重ねたもので、元々はあらかじめ未来のことを考えておく意であったと考えられる。しかし、文献に現れる中世以降の用例ではすでに現在と同じ意味で使われている。

例「山賊、海賊、強盗なんど申すやつばらは、或は公達の入らせ給ふぞ、或は宣旨の御使なんどなのり候と、かねがね承って候へば」(平家物語・四・信連)

かねじゃく【曲尺・矩尺】

大工や建具師など木工職人が使う、直角に折れた形のL字型の金属製物差し。「かね」は金属の意で、「しゃく(尺)」は物差しの意。この物差しは真っ直ぐな物差しを曲げたような形であることから「まがりじゃく」「まがりざし」とも呼ばれた。表記に「曲」の字を用いるのはこのためである。

例「かね尺のすえにこぼるる昼の月」(俳諧・力すまふ・上)

かねにいとめをつけない【金に糸目をつけない】

惜しげもなく費用をかけるさまをいう。「糸目」は凧(たこ)のバランスを制御するために付けられた数本の揚げ糸のこと。糸目をつけるのは凧が飛んでいってしまわないように制限することで、金に糸目をつけなければいくら費用がかかってもよいということになる。

例「そりやもう二十が三十でも、金に糸目は附(つ)けませぬ」(歌舞伎・梅雨小袖昔八丈・二)

かのう【可能】

実現できること。英語 possibility の訳語として、「あたふべきこと」を「可能」と表記し、それを音読して明治期に造られた和製漢語。漢文訓読では、「可能」という文字は「あたふべけんや」「よく～すべけんや」などと読まれていたが、音読することはなかった。明治六年の*『附音挿図英和字彙』では、possibility の訳を「可能〈アタフベキ〉コト」としている。音読の例としては*『哲学字彙』(明治一四年)で英語 virtual を「可能」と訳しているのが早い。また、小説では二葉亭四迷『平凡』(明治四〇年)の「当分まず恋の可能を持っている若い男女を観察して満足して居なければならん」(「可能」にポッシビリテイと振り仮名がある)が早い例ではなかろうか。なお、『哲学字彙』は possibility の訳語として「可能性」を載せている。

例「事実の解釈を異にする場合は可能ではあるまいか」(寺田寅彦・物理学と感覚・大正六年)

かのこ【鹿の子】

江戸の宝暦年間(一七五一～六四)から有名になった餅菓子の一種。「鹿の子餅」の略。『明和誌』(文政五年序)に拠れば、歌舞伎役者の嵐音八(あらしおとはち)が考案したと言う。「鹿の子」はシカの子(子鹿)の意だが鹿をもいう。鹿の毛のところどころに白い斑点のある斑(まだら)模様があるが、それに似ているところから命名された。餅のほかに求肥(ぎゅうひ)や羊羹(ようかん)を芯にして餡で包み、そのまわりに蜜漬けした小豆や隠元(いんげん)をまだらにつける。

かのじょ《かのぢょ》【彼女】

女性を指す三人称代名詞。男性を指す「かれ」と並んで、西欧語の代名詞に当てるため工夫された語。人称代名詞としての「彼女」という漢字連接は、『道訳波留麻（ヅーフハルマ）』（天保四年）などに見られる。これらは、初め「かのおんな」「あのおんな」と読まれていた。たとえば、福沢諭吉の『増訂華英通語』（万延元年）に「she or her　佢　アノヲンナ」などと出てくる。このような「彼女」は明治一〇年代になると、「かのじょ」と読まれるようになる。この変化には、明治初期の女性を指す代名詞「女（じょ）」の影響が考えられる。丹羽（織田）純一郎訳『寄想春史』（明治一二～一三年）には「娘君（じょうくん）も亦希臘の人に非ざるを得んや。女〈ヂョ〉半ば顔を掩うて曰く」とある。このような「女（じょ）」の代名詞としての指示性を強化するため、「かの」を付けて「かのじょ」が成立し、一方また、代名詞「じょ」の影響によって、「彼女（かのおんな）」の「女」がジョと読まれ、「かのじょ」となったものであろう。なお、語構成を分析すれば、「か」は遠称の代名詞、「の」は連体修飾語を作る助詞で、「かの」の形で連体詞的に用いられて来た。→かれ

例「彼女　かのじょ　むかうにゐるむすめ」（改正画引小学読本・明治九年）

かば【樺】

白樺、ダケカンバなどカバノキ科の樹木の総称。古く「かには」という語があった。『正倉院文書』に「二人木を求め、一人賀爾葉（かには）を採る」（天平宝字六年三月二五日・山作所告朔解）とある。この「かには」が「かんば」を経て、「かば」となった（大言海）。「樺」は、もともとは樹皮の意味であったらしい。*『二十巻本和名抄』は「樺」に和名として「加波（かば）」、「加仁波（かには）」の二つを挙げた後、「木皮名」と注している。「白樺」はこの樹皮の白いカバという意味。

かばやき【蒲焼き】

ウナギなどを開いて、たれをつけて焼いた料理。昔ウナギを丸のまま開かず縦に串刺しして焼いた形が蒲（がま）の穂に似ていたからとも、また、焼き上がった色が樺（かば）の樹皮に似ているからとも言われる。関東では背開きとし、軟らかく蒸して焼くので、さっぱりした味であり、関西では腹開きにしてそのまま焼くので、こってりした味となる。古くは、鱧（はも）・鰌（どじょう）・穴子（あなご）なども蒲焼きにした。

例「カバヤキウナギ」（松屋会記・久好茶会記・慶長二年）

かばん【鞄】

革やズックなどで作った、書類などの入れ物。中国語の「夾板」（日本語読みで、キャバン。書類を入れるはさみ板）か、「夾幔」（キャマン、またはキャバン。書類などを入れる箱）から「かばん」という語が生まれたものと思われる。「鞄」（＝なめし皮の意）という字は以前から中国にあったが、それとは

無関係に、この入れ物が革製であるところから、「革＋包」という国字を銀座の皮革店の主人が考え出したのだという説（藤堂明保・漢字の過去と未来）もある。末広鉄腸の『雪中梅』（明治一九年）では、「かばん」には「革手提」という漢字表記が用いられているが、尾崎紅葉『金色夜叉』（明治三〇～三五年）になると「手鞄（てカバン）」と表記されている。明治二〇年代に「鞄」という表記が定着したものと思われる。

かぶ【株】

（切り倒した）植物の根もと。『俚言集覧*』は、植物の根もとの意味の「かぶ」と、「かぶ（頭）」とは同じ言葉だという。「かぶら（蕪）」「かぶづち（＝刀剣のこぶ状の柄頭のこと）」の「かぶ」も同源といわれる。いずれも固まりのような形をしている。

例「Cabu カブ（株） 木・竹などを伐採したあとに残る根や幹」（日葡辞書）

かぶ【蕪】

根を食用とするアブラナ科の植物。「かぶら」の略。「かぶ」は「頭（かぶ）」で、その丸い形から名付けられたものだろう。「株（かぶ）」と同源の語。「ら」は接尾辞だが「株」との区別に役立った。「かぶら」から女房詞の「おかぶ」を経て「かぶ」となったと言われる。『十巻本和名抄*』に「加布良（かぶら）」の訓が見えるる。なお、七草粥に入れる春の七草のスズナはカブのことである。

例「Cabu カブ（蕪） かぶらの根。または、かぶら。これは婦人語である。Cabura（カブラ）と言う方がまさる」（日葡辞書）

かぶき【歌舞伎】

日本の伝統演劇の一種。歌舞伎芝居。四段動詞「かぶく（傾）」の連用形「かぶき」の名詞化したもので、「歌舞伎」は当て字。「かぶく」は「かぶ（頭）が傾くこと」の意から、「正常ではない、勝手気ままなふるまい、はでで異様な身なり、また好色めいたふるまいをすること」を意味した。当時このような言動をする人のことを「Cabuita fito（傾いた人）」とか「Cabuqimono（傾き者）」とか言った（日葡辞書）。「歌舞伎」とは、こうした新しい人々の風俗を舞台化した芝居ということであっただろう。折口信夫は、『古代研究』の「ごろつきの話」において、「いざやかぶかん、いざやかぶかん」と歌いながら踊る踊りから、これらの芸を称して「かぶき」と言うようになったとする。

かぶと【兜・冑】

頭部を保護する武具。『大言海』は「かぶと」の「かぶ」は「かぶ（頭）」で、「頭蓋（かぶぶた）」の約転とする。だが、「かぶと」の「と」が「ぶた」の約転とすることには問題があるだろう。朝鮮語kapot（kap〈よろい〉＋ot〈衣〉）から来たという説（岩波

古語辞典補訂版）もある。なお、例の平家物語にあるように、「かぶと」に「甲」の字を当てるのは、「甲」は「よろい」の意味であるから誤りであるが、古来例がある。

例「馬・鞍・鎧・甲（かぶと）・弓矢・太刀・刀にいたるまで」（平家物語・五・富士川合戦）

かぶとのおをしめる ―をを しめる【兜の緒を締める】

油断しないで用心する。気持ちを引き締める。「緒」は、あごで結んで兜を固定する紐のこと。兜がずれないように兜の紐を強く結び直すことから、気持ちを引き締めるの意が生じた。

かぶとむし【兜虫・甲虫】

コガネムシ科の昆虫。この虫の一対の角が兜の正面の飾り（前立て）に似ているところから、この名がある。

例「江戸にて　かぶとむしと云ふ」（方言・物類称呼・二）

かぶとをぬぐ【兜を脱ぐ】

相手に降参する意。中世日本では、兜を脱いだり、弓の弦をはずしたりすることは降伏を表す象徴的動作であった。「甲（かぶと）をぬぎ弓の弦をはづいて、郎等にもたす」（平家物語・一一・志度合戦）とあるように、実際に兜を脱いで降伏の意を表していた。やがて、兜を脱ぐ動作なしで使われるようになり、さらに相手の優位を認める言葉ともなった。なお、中国に「免冑（めんちゅう）」「脱冑」という語があり、古辞書には「免冑」を「カブトヲヌイデ」（文明本節用集）と訓んだ例もあるが、このような漢字連接が直に降参を意味したわけではなさそうである。

かぶりつき【噛り付き】

劇場で、舞台に最も近い、最前列の客席。動詞「かぶりつく」の連用形が名詞化したもの。歌舞伎劇場で、最前列の客が、かぶりつくように舞台を見ていたことからきた語という。また、次のような説もある。舞台で本水（ほんみず）、本泥を使うとき、水などがかかる前の方の席の客に被り物を配った。この「被り物付き」の略という。上方の歌舞伎劇場の用語が、江戸に入ったもの。

かぶれる 文語 かぶる

うるしや薬などに負けて皮膚が発疹する。*『和訓栞』は「気触（かふれ）の義也。又東鑒に蚊触と見えたれば、もと蚊に触れて瘡疥を生ずるより名づけ初めたるにやともいへり」と二説を挙げている。『大言海』も「気触（けぶ）るの転」とする。このように「気触れ」が語源説としては穏当であるが、江戸時代までは「蚊触れ」と意識されることも多かったようである。古辞書には「蚊触　カブル」（易林本節用集）と書いたものもあり、藤原定家の『明月記』にも「聊蚊触（いささかかぶれ）」（嘉禎元年一〇月二六日）とある。近世以降、例のように、あまり好ましくない影響を強く受ける意でも使われる。

例「それは真に心を動かしていたではなく、只ほんの一時感染(かぶ)れていたので有ったろう」(二葉亭四迷・浮雲・明治二〇〜二二年)

かべ【壁】

建物と外部、また建物の中の二つの部分などを隔てる、動かない仕切り。『大言海』は「構隔(かきへ)の意か」とする。この「構(か)き」は、構え作る意の四段動詞「構(か)く」の連用形。このほか、『岩波古語辞典補訂版』は「カはアリカ・スミカのカ。へは隔てとなるもの」だと言う。

例「火ほのかにかべにそむけ」(源氏物語・帚木)

かほう《くわほう》【果報】

しあわせ。梵語 vipāka、phala の漢訳。「因果応報」を略して「果報」として訳語に当てたものか。仏教語としては、過去や現世における善悪さまざまの行為が原因となって受けるさまざまな報いの意であったが、中世末より「因果」に対してよい意味に用いられるように変わった。「果報者」「果報は寝て待て」など、幸運を意味している。

例「五戒十善の御果報尽きさせ給ふによって」(平家物語・灌頂巻・大原御幸)

カボチャ【南瓜】

ウリ科のつる性一年草。天正年間(一五七三〜九二)渡来したが、カンボジアの産物と考えられたか、その国名に因んでカボチャと呼ばれた。カンボジアは当時、「南京の小歌、寒浦塞(かぼちゃ)の踊り」(浮世草子・好色万金丹・四)のように、「かぼちゃ」と称されていた。別名「唐茄子(とうなす)」は舶来のナスの意(カボチャの実の形が茄子に似たものがあった)。同じく別名「ぼうぶら」はポルトガル語 abóbora(瓜)に基づく。漢字表記「南瓜」は中国名による。→唐茄子

かま【釜】

飯などを炊く道具。語源はよく分からないが、『大言海』は、「気間(けま)の転にて、烟気の意か」という。もと、「かま」のもとの意味は火を燃やす所の意で、煙が生じる。『大言海』はそこに語源を求めたことになる。一方、「かま」は朝鮮の kama と同源だとする説(岩波古語辞典補訂版)がある。「かまど(竈)」は「かま」のある所のことで、「ど」は所の意の「と」の連濁した形。また、「しおがま」は塩を焼いて作る所で、この「かま」には「竈」の字を当てることが多い。現在の「かま」と呼ぶ「釜」、「窯」(＝陶器などを焼く装置)、「罐」(＝火で水などを熱する装置)は同源の語である。炊事道具の意味の用例は、中古あたりから見られる。

例「釜　フ　カナヘ　カマ」(色葉字類抄・前田本)

かまいたち【鎌鼬】

突然皮膚が裂けて、鎌で切ったような切り傷ができる現象。かつては、イタチのような獣のしわざとされ、切り傷が鎌で

切ったようであるところから、「かまいたち」の名がある。小さな旋風の中心に真空が生じ、それに人体が触れて起こると言われている。近世から用例がみえる。*『譬喩尽』に「鎌鼬〈略〉日本にも東国辺に多し。故なくしておぼえず身に爪掻疵（つめかききず）出来、不痛。経日治す」とある。

かまきり【蟷螂】

カマキリ科の昆虫。前足が鎌状になっており、この前足をふるって他の虫を捕食する。「かまきり」の名は、これに由来する。*『東雅』は、中国の辞書『爾雅』の注「有臂若斧奮之（臂（まへあし）あり、斧のごとしく、之を奮ふ）」を引いて、臂を斧のように振るうからだとする。「かまきり」の「きり（切）」については、「髪切り」との混交によるという説（柳田国男・蟷螂考）がある。古くは「いぼむしり」とも言った。漢字表記「蟷螂」は、トウロウと音読の形で用いられることも多く、「蟷螂が斧」などの成句を生んだ。

例「蟷螂　かまきり。一名いほじり。えどにて、かまぎってう」（方言・物類称呼・二）

がまぐち【蝦蟇口】

口がねが付き、口が大きく開く巾着型の財布。『大言海』は「開きたる形、蝦蟇の、口を開きたるに似たり」と説く。これを語源と見てよいだろう。石井研堂*『明治事物起原』には、もと「兵士の雑具入れ」で肩に掛けたが、「後年、専ら巾着用の小形なるを言へり」とある。

例「覆袖衣（とんび）の躲（かくし）より、蝦蟇口を採り出しながら」（萩原乙彦・東京開化繁昌誌・明治七年）

かまける 文語 かまく

こだわる。語源について、山田孝雄は「感」を活用させたものとする。すなわち、『日本書紀』で「感」を「かまく」と訓んでいることなどを挙げて、「感は音尾『m』なれば『カム』なるをその音尾の『ム』をばア韻にしてカ行下二段活用に活用」させたものだと言う（国語の中に於ける漢語の研究）。この語の古い意味には「中臣鎌子連、すなはち遇（めぐ）まるるに感（かま）けて」（日本書紀・皇極三年一月）のように、心が動くというような意味があるので、山田説に結び付きやすい。

例「此の間は二人共に渡世にかまけまして、御無沙汰を致いて御座る」（虎寛本狂言・財宝）

かまど【竈】⇨かま（釜）

かまとと

だれでも知っていることを、わざと知らないふりをして、無邪気そうに見せること。近世後期、上方の遊里に始まった語。「かま」は「蒲鉾（かまぼこ）」の略。「かまぼこもとと（魚）か」と聞いたことから、あるいは「かまぼこはととからできているのか」と尋ねたことから生じた語だという。咄本*『諺臍の宿替』の「釜魚（かまとと）」に「此魚は市中（まちなか）にては稀に聞く

ことあれど、多くは色町嶋々に用ひて、〈略〉年増芸子は格別好まざれど、舞子、振袖(しんぞう)は好んで是を好く」と説明がある。

例「年に似合はずかまととばかり云ふ妾さん」(滑稽本・穴さがし心の内そと・三)

かまびすしい【喧しい・囂しい】 文語 **かまびすし**

やかましい。『大言海』は「かまびすかし」の略とする。「かま」は、「あな、かま」「あな、かまし」(＝ああ、やかましいの意)の「かま」で、「御女(おんむすめ)、あなかま、あなかまとのたまふ」(落窪物語・二)などと用いられていた。ただし、「かま」の語源は分からない。「かまびすかし」の「びすかし」は、『*観智院本名義抄』に見える語で、「ひずむ」と関係のある、ねじまがるというような意味の語である。

例「波の音、常にかまびすしく、潮風ことにはげし」(方丈記)「かまびすくすだきし虫も声やみていまは嵐の音ぞはげしき」(為相本曽丹集)

かまぼこ【蒲鉾】

白身の魚を主材料に練り上げた食品。現在は板に練り付けたものが多いが、もとは竹輪のようにすり身を竹に塗り付けて焼いた。その形や色は「蒲(がま)」(古くはカマと清音)の穂に似ていた。この蒲の穂の形はほこ(鉾)に似ており、蒲の穂を「がまほこ」とか「かまぼこ」とか言った。食品の「かまぼこ」はこの蒲の穂の「かまぼこ」に由来する。

かまをかける【鎌をかける】

知りたいことを聞き出すために、相手がつい答えてしまいそうな、巧みな言い方で問い掛ける。語源不明だが、『大言海』は「カマキリのカマより云ふ語なるべし」と言う。かまきりの「かま」とは、この虫の前の二足のことで、これで虫を捕食する。カマキリがかまを掛けて虫を捕えるように、言葉を掛けて人を誘い、情報を引き出そうとすることを言ったものか。近世から用例が見える。

がまん【我慢】

堪え忍ぶこと。もと仏教語。みずからをたのむ煩悩「七慢(しちまん)」の一つで、「思い上がり」。『成唯識論』(四)に「我慢とは、謂はく、倨傲(きょごう)にして所執の我を恃(たの)みて心をして高挙ならしむる故に我慢と名づく」と説く。ここから「我をはること、強情なこと」の意が生じ、大正の頃でも「我慢な彼は内心に無事を祈りながら、外部(うわべ)では強いて勝手にしろという風を」(夏目漱石・道草・大正四年)などと用いていた。さらに、『大言海』によれば「我意を張るに耐へがたきを、怺へて張る意より転じて、耐へ忍ぶこと」になったと言う。

例「今日まぢゃあ我慢して居たけれど」(人情本・春色梅児誉美・初・一)

かみ【紙】
植物の繊維で作った、字や絵を書いたり、ものを包んだりする薄いもの。「簡」の字音 kan から転じたと言われる。「簡」は竹のふだで、古代中国ではこれに文字を書いた。
例「人にかみを持たせて苦しき心ちにからうして書き給ふ」（竹取物語）

かみ【神】
信仰の対象となる、人間を超えた霊的存在。語源は諸説あって、定めがたい。神は上（かみ）にあって尊ぶからという説が多いが（東雅ほか）、これには奈良時代、「神」の「み」は乙類であるのに、「上」の「み」は甲類で発音が違うという反対がある。しかし、この反対論に対して「神」と「上」は語源的には通じ合うものがあるとする説もある。「神」と「上」が通じ合う証として、たとえば、『風土記』の上岡の里の語源説を挙げる（時代別国語大辞典上代編）。すなわち、出雲の阿菩の大神は畝傍・香具・耳梨三山の争いを仲裁するためやってきたが、上岡の里まで来て争いの止んだのを聞き、乗ってきた船をくつがえして、そこに座った。「故（かれ）、神阜（かみおか）と号（なづ）く」（播磨国風土記・揖保郡）。このように「上岡」という地名の起源が「神岡」によって説かれている。その他語源としては、「隠身（かくりみ）の意」（大言海）などがある。

かみがた【上方】
京都・大阪を中心とする近畿地方。「上（かみ）」は御所のあるところを敬って称したもの。古くは「上（かみ）」だけで御所の所在地すなわち「都」を意味した。「Cami（カミ）より西国へ下向致す」（ロドリゲス日本大文典・二）。近世までは京都が「上」であった名残りで、今も「上方」というと京都方面をさす。
例「かみがたのしつけなどならふて参らうと存じ」（虎明本狂言・秀句傘）

かみきりむし【髪切虫・天牛】
カミキリムシ科の甲虫の総称。『重訂本草綱目啓蒙』に「口に利（と）き歯左右にありて〈略〉髪を能（よ）く齧（か）みきる。〈略〉故にかみきりむしと云ふ」と説かれるように、「髪切り虫」の意。「かみきりむし」の用例は平安時代から見えるが、当時の辞書『*十巻本和名抄』に「齧髪虫〈略〉加美岐利无之（かみきりむし）」とあり、当てられている漢字「齧髪虫」から、やはり髪を齧み切る虫と考えられていたことが知られる。漢字表記「天牛」は、髪切り虫の漢名「天牛（てんぎゅう）」に基づく。

かみしも【裃】
上下揃いの衣服を言うが、特に江戸時代の武士の礼装で、揃いの肩衣と袴を指す。『大言海』によれば、「正しくは、上下（かみしも）の衣服（きもの）と云ふべき語」。それを略して「上下（かみしも）」だけで上下揃った礼服を意味するようになった

もの。「裃」は国字。儀礼用の衣服であることから、「裃を着ける」で、儀式ばること、逆に「裃を脱ぐ」で、気楽に振る舞うことを言う。

例「長（たけ）三尺許（ばかり）なる小翁の、浅黄上下（かみしも）着たるが」（今昔物語集・二七・五）

かみそり【剃刀】

頭髪や髭などを剃るのに用いる刃物。「髪（かみ）を剃るもの」の意。

例「剃刀　加美曽利（かみそり）」（十巻本和名抄）

かみなり【雷】

雷鳴。雷神。「神鳴り」の意。昔は「かみなり」を雷神という神のしわざと考え、雷鳴を神の立てる音とした。

例「神なりの、二度（ふたたび）ばかり、いと高く鳴りて」（狭衣物語・三）

がむしゃら【我武者羅】

向こう見ずで乱暴なさま。「がむしゃら」は「がむしゃ」に接尾語「ら」の付いたもの。「がむしゃ」の語源を、『大言海』は「我を張る武者の義」とするが、「武者」は当て字であろう。他の説としては、「我むさぼり」の転かとする説（日本国語大辞典二版）、「我（が）」に「むしゃくしゃ」の「むしゃ」の付いたものとする説、「我無性（がむしょう）」の約転と見る説（松村明『江戸ことば・東京ことば』）などがある。「がむしゃ」の形で使われた例。「非人の面を見返りながら、雪を早速の目つぶしも、ひるまぬ我武者（がむしゃ）」（人情本・貞操婦女八賢誌・一・一）。

例「我無洒落（がむしゃら）に向かってくるのは」（夏目漱石・吾輩は猫である・明治三八～三九年）

かめ【亀】

硬い甲羅を持った爬虫類の一種。語源不明。『大言海』は「殻体（からみ）」の略転か、と言う。また、『和訓栞』*は「神と義通へり」と言う。たしかに亀については、古代「神亀」（十巻本和名抄）とか「図（ふみ）負へる神亀（あやしきかめ）も」（万葉集・一・五〇）、あるいは年号の「霊亀」とか、亀に神性を認めていた。「亀卜（きぼく）」と言うように、亀の甲羅を焼いて吉凶を占った。

例「亀〈略〉加米（かめ）」（十巻本和名抄）

がめつい

欲が深くて抜け目がない。昭和三四年から三五年にかけて公演された菊田一夫作『がめつい奴』をきっかけに流行語となって定着した。菊田はこの語を自分の造語とし、「がめる」と「がみつい」から合成したと言う。しかし、戦前から大阪の芸能人の間で使われていたとも言われる。「がめる」は麻雀で広く使われたが、その意味は一定しない。「がめる」が麻雀で「無理に高い役を作る」というような意味であるとすれば、近

世の方言書『浜荻補遺』(仙台)の「がめる」に対する説明「むさぼり取る」に通じる。「がみつい」は大阪や兵庫で用いられている語で、「でしゃばりで強引なさま」を表すという(楳垣実・江戸のかたきを長崎で)。

かも【鴨】

ガンカモ科の、ガンより小型の鳥。「鴨鳥(かもとり)」の下略。「鴨鳥」は『万葉集』(四・七二)に「鴨鳥(かもとり)の遊ぶこの池に木の葉落ちて浮かべる心わが思(も)はなくに」とある。「鴨鳥」の語源は不明。『大言海』は「浮かぶ鳥、浮かむ鳥の略転」と言う。カモは日中あまり飛び回らず、水面に浮かんでいることが多いので、「浮かぶ鳥」と見なされたか。しかしこのような変化は自然ではない。「鴨」という字は、中国ではアヒルを意味する。また、「かも」にはだましたり利用したりしやすい人という意味があるが、これはノガモが狩の好標的だったことから生じた転義だろう。

例「沖つ鳥加毛(かも)著(ど)く島に我が率寝し妹は忘れじ世のことごとに」(古事記・上)

かもい《かもゐ》【鴨居】

引き戸、障子、ふすまなどを通すために、開口部の上部に取り付けられた溝のある横木を言う。*『十巻本和名抄』に「鴨柄〈略〉賀毛江(かもえ)」という語が見られるので、「かもゐ」はこの転と考えられる。「かもえ」の語源は不明。『大言海』は「かもえ」について、「上枝(かみえ)の転にて〈略〉下の閾(しきみ)に対する語にもあらむか」とする。「閾(しきみ)」は敷居(しきい)のことである。

例「鴨居に鋒(きつさき)打立て、ぬかんぬかんとする処に」(源平盛衰記・二〇・八牧夜討事)

かもじ【髢】

日本髪を結う時に使う、髪に添える毛。また、髪のこと。「かづら(髢)」や髪の女房詞。「かづら」「かみ」の第一音節「か」に「文字」を添えたもの。このような省略と「もじ」の後添は女房詞特有の造語法で「もじことば(文字詞)」ともいう。

例「Camoji カモジ(か文字)　婦人の入れ髪」(日葡辞書)

かもしか【羚羊】

ウシ科カモシカ属の哺乳動物。毛織りの敷物である「かも(氈)」を織る毛をとる鹿、の意味だと言われる。「羚羊」は漢名。

例「羚羊(カマシヽ)　氈鹿(カモシヽ)也。皮を用いて蓐とするを云ふ。カモシカとも云ふ」(名言通・上)

かもす【醸す】

発酵させて酒などを作る。醸造することを古くは「醸(か)む」とも言った。この「醸む」から派生した語と考えられるが、詳細は不明。『大言海』は「醸む」を四段に活用させたものとする。上代、米などを噛んで吐き出し発酵させたので、「噛(か)

む」から「醸む」の意味が出た。

かもなんばん【鴨南蛮】

うどんやそばに鴨又は鶏の肉と葱を載せた食べ物。「南蛮」は戦国時代以降、東南アジア、更にはポルトガル・スペインを指す。この「南蛮」は「なんば」とも音変化し、異国風で変わった物事について使われた。葱を入れたうどんを「なんばうどん」（洒落本・遊客年々考）、また葱を入れたうどんやそばを単に「なんばん」（洒落本・船頭深話）と言った例が見られる。『*俚言集覧』に「なんば　大坂にてねぎのこと」とある。

例「又葱を入るるを南蛮と云ひ、鴨を加へてかもなんばんと呼ぶ。昔より異風なるものを南蛮と云ふによれり。これ又、しっぽくの変じたるなり。鴨なんばんは馬喰町橋づめの笹屋など始めなり」（随筆・嬉遊笑覧・一〇上）

かもめ【鷗】

カモメ科の鳥。「かもめ」の「かも」は「鴨」の意とするものが多い。『*東雅』は義不詳としながらも、「鴨妻(かもめ)」の義であって、「鴨のごとくにして小(ちひさ)しきなるをいひしなるべし」と推量する。『大言海』は「鴨群(かもむれ)」の約で「小さき鴨の意にてもあるか」と言う。『万葉集』には、「かまめ」という形も見える。「海原は加万目(かまめ)立ち立つ」（万葉集・一・二）。

例「いまし、かもめ群居て遊ぶところあり」（土左日記・承平五年二月五日）

かや【茅・萱】

ススキ・ヨシ・チガヤなど屋根をふく草の総称。特に、ススキを指すこともある。『大言海』は「刈り屋」の義とし、刈って屋根をふくものの意だろうか、と言う。ススキの異名となったのは、ススキが屋根をふくのに最も適していたからである。なお、カヤに「萱」の字を当てるのは、字形の類似からきた誤用で、『*二十巻本和名抄』では、「萱〈略〉和名加夜(かや)」と「萱」の字を使っている。「萱」はユリ科のカンゾウ、一名ワスレナグサをさす。

例「岡に寄せ我が刈る加夜(かや)のさね加夜(かや)のまこと柔(なご)やは寝ろとへなかも」（万葉集・一四・三四九九）

かや【蚊帳・蚊屋】

寝る時に蚊を防ぐため、寝ているところをおおうように吊るすもの。「か(蚊)」を防ぐための「や(屋)」の意。「蚊屋」という表記は『播磨国風土記』（餝磨郡）や『日本書紀』（応神四一年二月）に出てくる。

例「どの蚊屋へいっても時平つき出され」（雑俳・柳多留・一六七）

かやく【加薬】

ご飯、麺類などに入れる具。もと、漢方で補助的に加える薬のことを言った。『*日葡辞書』は、「Cayacu(カヤク)」に当て

る漢字を「薬を加ゆる」と説明している。飯などに補助的に加えるものということから、現在の用法になったもの。なお、「加薬飯（めし）」は関西風の五目飯をいう。

かゆ【粥】

米などを普通より水を多くして煮た食べ物。語源は諸説あるが、決めがたい。『大言海』は「食湯（けゆ）の転か、〈略〉濃湯（こゆ）の転か」とする。なお、「食（け）」は食物の意。古くは、粥に二種あった。固く炊いたものを「固粥（かたがゆ）」（＝現在の普通の御飯に相当）と言い、水分を多くして、ゆるく炊いたものを「汁粥（しるがゆ）」（＝現在の粥に相当）と言っていた。米は、上代こしき（甑）で蒸すのが普通で、これを「いひ（飯）」と称した。蒸した飯は粥に比べて固いので、これを「強飯（こはいひ）」、粥を「姫飯（ひめいひ）」と言い分けていた。

例「『なにか、今は粥など参りて』とあるほどに、昼になりぬ」（蜻蛉日記・上・康保三年）

かゆい【痒い】 文語 かゆし

皮膚を掻きたいような感覚を言う。「かゆし」が動詞「掻く」となんらかの関係を持つということまでは分かるが、「ゆ」の由来が分からない。*『和訓栞』は「掻きゆするの義なるべし」と言う。この語は、古くから用いられた語で、『万葉集』にも語幹「かゆ」の例がある。「今日なれば鼻ひ鼻ひし眉可由見（かゆみ）思ひしことは君にしありけり」（万葉集・一一・二六〇九）。

例「疹〈略〉加由之（かゆし）」（天治本新撰字鏡）

かよう《かよふ》【通う】

ある場所に行き来する。『大言海』は「か」は「交（か）ひ」の意とし、「よふ」は「もごよふ、いざよふ、ただよふ」の「よふ」と同じで、「動く意」である、と言う。これらから考えると、「かよふ」は「交ひよふ」であって、入れ違うように動くことである。そこから、二地点の往復を意味することとなった。

例「青旗の木幡の上を賀欲布（かよふ）とは目には見れども直（ただ）に逢はぬかも」（万葉集・二・一四八）

から【空】

中に何もないこと。「殻（から）」「涸（から）」と同語源と言われる。また「かれ（涸・枯・乾）」などとも関係のある語である。水分や命を失ったものが「殻」で、またこのように中身のない状態が「空」であろう。「からっぽ」はこの語に接尾語「ぽ」の付いたもので、近世から用例がある。

例「彼方（かなた）には空虚（から）になった菰被樽（こもかぶり）の記念碑あり」（坪内逍遥・当世書生気質・明治一八～一九年）

から【唐・韓】

中国や朝鮮。もと、「加羅」などと書き、朝鮮半島東南部、洛東江沿岸の小国群を総称した。のち、半島全部、さらには中国をも指した。この「から」を「族（から）」と同語源として、満

州語、蒙古語の ka-la、xala（ハラ）に結びつける説がある（岩波古語辞典補訂版など）。「唐（から）」は接頭語のようにも用いられ、中国や朝鮮から渡来したこと、また、広く舶来であることを示す。

例「あはれなるふる事ども、からのも大和のも書きけがしつつ」（源氏物語・葵）

がら【柄】

布などの模様。体の大きさ。人の性質や品格。また、名詞の後に付けて、上の語の性質、状態などを表す。これらの中では最後の意味が元であった。これは「よしのの宮は山可良（から）し貴（たふと）くあらし川可良（から）し清（さや）けくあらし」（万葉集・三・三一五）のように清音でも使われた。この「から」は上代、独立の用法はないが、「うから・やから・はらから」などの形で、「血縁・素性」の意味を表していた。ここからそのものの性質、状態の意味を派生させていった。「から」が「がら」と濁音化したのは、この語が他の語の後に付けて用いられたため連濁をおこし、その連濁した形が独立して使われるようになったため。

例「がらを好みて巾広の巻帯」（樋口一葉・たけくらべ・明治二八～二九年）

からあげ【空揚げ・唐揚げ】

肉や魚などを、何も衣（ころも）をつけずに、または、小麦粉や片栗粉を軽くまぶして油で揚げたもの。「から（空）」は「何も持っていない、何も伴っていない」意を添える接頭語。「唐」の字は中華風のものに当てて使われる。

からい【辛い】 文語 **からし**

唐辛子や塩分などが舌を強く刺激する味覚を表す。語源はよく分からない。『大言海』は「気苛（けいら）しの略転」とする。「気（け）」が「か」となるのは、「かおる」の「か」などでも見られる。香辛料の「辛子（からし）」は文語の終止形がそのまま名詞化したもの。

例「須磨人の海辺常去らず焼く塩の可良吉（からき）恋をも我（あれ）はするかも」（万葉集・一七・三九三二）

からかう《からかふ》

揶揄（やゆ）する。もとの意味は「争う」で、「千たび心はすすめども、心に心をからかひて、高野の御山にまゐられけり」（平家物語・一〇・横笛）のように使った。『大言海』によれば、「からかふ」の「から」は「絡（から）む」の語根「から」と同じであり、「かふ」は「する」意を表し「あらがふ・あてがふ・うけがふ」などの「がふ」と同じものであるという。これによれば「からかう」はからむという行為をすることで、そこから争うの意味になるのは自然である。しかしここから揶揄するの意味がどのようにして出て来たか、不明な点が多い。*『日葡辞書』には、争うの意味しか載っていないが、鎌倉時代の歌人源家長

の日記に、揶揄するの意の例が見られる。
例「御えぼうしもこよひはじめさせ給へば、とかくからかはせ給へど、さらにたまるべし共おぼえずなどわらはせ給ふ」（源家長日記・建久九年）

からかさ【傘・唐傘】
竹の骨に油紙を張った雨傘。「唐風の傘」の意とするものが多いが、笠に柄（え）が付いているので、「柄笠（からかさ）」だという説（大言海など）もある。
例「Caracasa カラカサ〈略〉大きな日傘」（日葡辞書）

からかみ【唐紙】
襖（ふすま）。「唐紙障子（からかみしょうじ）」の下略形。「唐紙」は唐風の紙の意である。*『日葡辞書』には、「Caracami xŏji カラカミシャウジ（唐紙障子）　上述の紙（＝唐紙）を張った戸、あるいは、格子戸」とある。

からきし
まったく。形の似た同意語に「からっきし」「からっきり」「からきり」がある。この中で「からっきり」が一番古い。「からっ切り座入りもせずに松が岡」（雑俳・柳多留・二二）は天明六年。これから「からっきし」「からきし」などが派生したものだろう。「から」は「からっぺた」のように下の語を強める。「きり」は「それきり」などのように限度を表す。語尾の「り」が「し」に変わることはカタキリ→カタッキシ、ヤッパリ→ヤッパシなど、江戸時代に見られる変化である。
例「昨夕の宿酔（もちこし）でからきし頭が上がらねえから」（人情本・藪の鶯・中）

からくさ【唐草】
蔓草の絡み具合を図案化した模様。「唐草」は当て字で、「絡み草」が原義。*『和訓栞』は「緘草の義成べし」とし、*『安斎随筆』は「からくさとて物の文に書くは草の蔓のからみたる体にてからみ草と云ふ事なり」という。
例「柳の織物に、よしあるからくさを乱り織りたる」（源氏物語・玉鬘）

がらくた【我楽多】
つまらない、雑多な物。語源不詳。『大言海』は「がらがらと相触るる音、くたは朽（くち）なり」と言う。しかし「くた」は『大言海』の言うとおりだとしても、「がら」は「がらが悪い」「がらが大きい」などの「柄（がら）」とも考えられるのではないか。すなわち「柄」（＝様子・性質など）がくさっていることから、役に立たないものとなった。「我楽多」は当て字。
例「がらくたをつんで隣へおとづれる」（雑俳・柳多留・一二三）

からくり【絡繰・機関】
仕掛け。四段動詞「からくる（絡繰）」の連用形「からくり」の名詞化。「から」は「から（絡）む」の「から」と同源。「くる」は「糸を繰る」などの「くる」である。「からくる」は糸を縦横に

動かすことであるが、糸だけでなく器具類をあやつることや装置などを仕組むこと、また計略をめぐらす意味にも使われた。「考　カラクル」（黒本本節用集）は仕組む意味だろう。「機関」は機械の意の漢語を当てたもの。

例「ことのほかよいからくりぢゃ」（虎寛本狂言・瓜盗人）「されば浮世の機関（からくり）は」（人情本・英対暖語・初）

からし【芥子・辛子】

芥子菜（からしな）の種子をすって粉にし、水で練った香辛料。形容詞「からし」の終止形を名詞化したもの。同様の例に、「酸（す）し」を名詞化した「すし（鮨）」がある。古くは、「芥子菜（からしな）」も「からし」と言った。一〇世紀の『*本草和名』（四）の「芥」の項に「和名加良之（からし）」と見えるのは、芥子菜のことである。『*和名抄』には、「芥」（巻四）と「辛菜」（巻九）の両方があって、ともに和名として「からし」を示しているが、巻四は飲食部塩梅類なので、この巻にある「賀良之（からし）」（十巻本和名抄）は香辛料のからしのことである。↓からしな

例「芥はこゝらにはからしと云ぞ」（抄物・玉塵抄・三二）

からじし【唐獅子】

美術、工芸に描かれる装飾的な獅子。「唐（から）」は外国（特に中国）渡来であることを表す。「獅子（しし）」は獣の意。すなわち、「からじし」は外国の獣（しし）の意で、日本在来の「い（猪）のしし（＝イノシシ）」「か（鹿）のしし（＝シカ）」などと区別したもの。

例「その様すさましや、すぐれてせい高く、かしらは唐獅子〈からしし〉のごとく縮みあがりて」（浮世草子・好色五人女・三・四）

からしな【芥子菜】

アブラナ科の越年草。古くは、「辛菜　カラシ」（観智院本名義抄）のように、単にカラシと言った。茎・葉・種子に辛みがあるためこの名がある。香草科の「からし」と区別するため、後世カラシ菜というようになったと思われる。「からしな」の名は近世から文献に見える。

例「芥子　カラシ　辛菜　同」（書言字考節用集）

からす【烏】

カラス科の黒い鳥。「からす」という名称は、鳴き声から来たという説が有力である。しかし、その説にも二通りある。一つは『大言海』のように、「か」は鳴く声、「ら」は「添へたる語」、「す」は「鳥に添ふる一種の語」などと言うものであるが、この説よりも現在では、『万葉集』の歌に詠まれたカラスの鳴き声「ころく」に由来すると言う鈴木朖（あきら）などの説（雅語音声考）の方が有力である。『万葉集』（一四・三五二一）の「可良須（からす）とふ大軽率鳥（おほをそどり）のまさでにも来まさぬ君を許呂久（ころく）とそ鳴く」（歌の大意＝鳥という大あわて者

が本当にはいらっしゃらない我が君を「児（こ）ろ来（く）」（＝ワガ君ガオイデニナッタ）と鳴くことよ）という歌の「ころく」の「ころ」は、烏の鳴き声を写したものである。つまり万葉時代の人々はカラスの鳴き声を「ころ」と聞きなしていたわけで、この「ころ」が母音交替で「から」となり、さらに接尾語の「す」が付いて「からす」となった。

例「秋は夕暮れ。〈略〉からすのねどころへ行くとて、三つ四つ、二つ三つなど飛びいそぐさへあはれなり」（枕草子・一・春はあけぼの）

ガラス【硝子】

窓などに用いる透明な物質。オランダ語 glas に由来する。物そのものは既に奈良時代に日本に入っていて、「瑠璃」とか「玻璃」とか呼ばれていた。のちキリシタンとともに再び伝来し、ポルトガル語由来の「ビードロ」と呼ばれたが、江戸時代になるとオランダ語由来の「ギヤマン」も使われるようになった。「ビードロ」がガラス器具を表すのに対し、「ガラス」は専ら板ガラスを表した。「硝子」という漢字は、初めは「ビードロ」に当てた漢字であったが、後に「ガラス」の漢字として用いるようになった。

からすうり【烏瓜】

ウリ科の蔓性多年草。果実はいわゆるウリの形で、赤く熟する。これをカラスが好んで食べるので、「からすうり」と言う（大言海）。あるいは、樹上永く残る赤い実をカラスが食べ残したものと見立てて、こう名付けたとも言う（改訂増補牧野新日本植物図鑑）。

例「Carasuvri カラスウリ（烏瓜）　野生の胡瓜の一種で、小さくて赤い色をしたもの」（日葡辞書）

からすみ【唐墨・鱲子】

ボラなどの魚の卵巣を塩漬けにして、干し固めた食品。形が「唐（から）墨」（＝中国製の墨）に似ていることから名付けられた。長崎産のものが有名で、江戸時代には越前のウニ、三河のコノワタと併せて三名珍と言われた。『日葡辞書』*は「Carasumi（カラスミ）」について「ある種の魚の卵巣を乾燥したもの」と説明する。

からすむぎ【烏麦】

イネ科の一年草。カラスが食べる麦ということから「烏麦」と名付けられたといわれる。人の食料としてはほとんど使われていなかった。平安時代の医書『医心方』（九八四年）に「雀麦　和名加良須牟支（からすむぎ）」と見える。

からだ【体・軀】

肉体。「からだ」の「から」は「殻」「軀」の意と言われる。『和訓栞』*は「殻立（からだち）の義なるべし」、『大言海』も「軀立（からだち）の略。枝も枝立（えだち）の略」とする。「からだ」の「だ」についてはこのほか、接尾語とする説もあって、不明である。

「から」の「殻・軀」は水分の失われた状態を指す「涸・枯・空」などと同源といわれる。「殻」は水分など中身の失われた外殻を表したものだが、外殻の意味が強くなり、命や中身が失われている場合は、「なきがら」とか「ぬけがら」というようになった。古く「からだ」は漢文訓読系の文章に用いられ、今のような生きている人や動物の身体という意味に用いられるのは、次の『*日葡辞書』の記述を見ると中世以降のことのようである。「Carada カラダ（体） 死体。時としては生きた身体の意味にも取られる。卑語」（日葡辞書）。

例「そなたのからだをたてにしてよかんべい」（雑兵物語・下）

からたち【枳殻】

ミカン科の落葉低木。中国原産。「唐橘（からたちばな）」の略で、「唐」は舶来であることを示す。「枳殻（きこく）」はカラタチおよびカラタチの実をいう。↓たちばな

例「枳実〈略〉一名枳殻〈略〉和名加良多知（からたち）」（本草和名・一三）

からめて【搦め手】

城の裏門、または敵の背後のことを言う。また、転じて相手の予期していない、手薄な方面や弱点のことも言う。もとは城の裏門という意味で、城の裏門は大手（表門）より守りが薄いだろうということから派生した意味である。「搦め手」の「て」は方面、辺りの意味。「搦め手」には裏門のほかに、捕り手という意味もある。この場合、「からめ」は動詞「からめる」の連用形で、「て」は人の意味になる。この捕り手の意味の方が先にあって、そこから城の裏門の意味が出たとする説があるが、裏門と捕り手の意味の隔たりは大きい。このほか城の裏門を意味する「搦め手」の語源としては、「根搦（ねがらみ）へ下りて行くから即ち搦め手と云ふ」という柳田国男の説がある。「ねがらみ」は「岡の麓に在る民家の地」で、裏門はこの「根搦み」へ下りて行く門だから、「搦め手」というのだという（柳田国男・地名の研究）。

例「搦め手（からめで）にむかふ老僧ども」（平家物語・四・大衆揃）

がらん【伽藍】

寺の建物。仏教語で、梵語 saṃgha-ārāma の音写「僧伽藍摩（そうがらんま）」から来た語。「祇園精舎（ぎおんしょうじゃ）」の「精舎」はこの梵語の漢訳。

例「奈良七重七堂伽藍八重桜」（俳諧・泊船集）

がらんどう

大きな建物などの中ががらっぽであるさま。語源不明。『大言海』は「がらん」を「空（から）の音便転」とし、「がらんと」から「がらんどう」が出たと次のように説明する。「（「がらんと」を）伽藍堂と移して、寺堂の広きに寄せて云ふ語にもあらむか」。しかし「がらん」が「空」の音便転というのはわかりにく

い。むしろ、「がらん」は擬態語で、「どう」はそれを強めた語ではないかと思われる。

例「がらん　関東田舎にすべて物の内に何もなく成りたるをがらんになりたる、又はがらんどうなどと云ふ」（辞書・志不可起）

かり【狩り】

野生の鳥獣をとること。四段動詞「狩る」の連用形「かり」の名詞化。「狩る」は、『大言海』によれば「駆（か）り捕る意」であり、追い立てる意の「駆る」とは同源であろう。「矢形尾の鷹を手に据ゑ三島野に猟（か）らぬ日まねく月そ経にける」（万葉集・一七・四〇一二）は動詞「かる（狩・猟）」の例。

例「陽（いつは）りて校猟（かり）せむと期（ちき）りて」（日本書紀・雄略即位前・前田本訓）

かり【雁】⇩がん

がり

薄く切った生姜を湯に通し、水にさらした後に甘酢に漬けた食品。寿司屋の用語。魚の生臭みを取るための口直しとして食される。食べるとガリガリと音がすることによる命名と言われる。

かりそめ【仮初め】

その場かぎり。「かりそめ」は、『大言海』などによれば「仮りさまの転」である。「かりさま」は『日本霊異記』（下）の序文の訓釈（真福寺本）に「加利佐万奈留（かりさまなる）」と見える。この語は序文において、「かりさまなる命」と使われ、一時的なというような意味である。

例「かりそめの行きかひ路（ぢ）とぞ思ひこし今はかぎりのかどでなりけり」（古今集・哀傷）

かりゅうかい《くわりうかい》【花柳界】

遊女や芸者が働き生活する社会。「花柳」は中国古典に例があるが、「花柳界」は和製語。「花柳」は赤い花や緑の柳のことで、美しいもののたとえであったが、すでに中国で遊里の意味になっていた。これは「花街柳巷」の略といわれる。「花柳界」という言い方は明治以降用いられるようになった。

例「我が東京の学生は〈略〉或は花柳界にあくがれあるきて、学生の本分を誤るものなり」（坪内逍遥・当世書生気質・明治一八～一九年）

かりる【借りる】

一時的に自分のものとする。四段動詞「借る」の上一段化によって、近世東国に生じた語。ただし、「借る」の語源は不明。同様の変化として、「飽く」→「飽きる」、「足る」→「足りる」がある。タ行・ハ（ワ）行・ラ行の四段動詞が接続助詞「て」や助動詞「たり（た）」に連なるとき、普通東国では促音便を起こした。「借る」ならば、「かって（た）」となった。しかし、「かって（た）」となると、「買う」の促音便形も「かって（た）」となる

から、不都合な同音語を生じることになる。これを回避するため、「借る」は促音便化せず、「かりて（た）」のまま用いられ、これが機縁となって、上一段化していった、と言われる。

例「これはしょ国一見の地ざう房と名のって宿かりる」（天正本狂言・地ざう坊）

かりん《くゎりん》【花梨】

バラ科の落葉高木。中国原産。語源は漢語の「花櫚（くゎりょ）」に由来すると言われる。マメ科の植物であるこの「花櫚」に木目が似ているため、現在のカリン（バラ科）を「くゎりょ」と言い、さらには「くゎりん」と呼んだ。その後、この植物の実が梨の実に似ていることから「花梨」と表記されるようになった。室町時代初期の『庭訓往来』に「花梨」という表記が見られる。

例「Quarin　クヮリン（果李）　やや赤い色をした、シナの或る木」（日葡辞書）

かりんとう《くゎりんたう》【花林糖】

小麦粉に砂糖を加えて練り、棒状にして油で揚げて黒砂糖をまぶした菓子。歯で噛んだ時のカリッという音からその名が生まれたという説がある。天保年間（一八三〇～四四）に江戸深川で山口屋吉兵衛が作り、「花りんとう」と書いた提灯を持って売り歩いた。明治の頃には「雨が降ってもカアリカリ、カリカリカリ」と呼びつつ売り歩いたことが記されている。当時、江戸市中には花林糖売りが流行し、行商人が二〇〇人余りもいたという。

かるい【軽い】文語 **かるし**

重くない状態。古く「かろし」とも言った。語幹の「かる・かろ」は、「枯れ・涸れ」「空（から）」などと同源であろうと言われる。たとえば、『*和訓栞』は「日本紀に枯を軽と通はせし事見えたり。枯るれば軽し。義もかよへり」と説く。上代、語幹の形で地名など固有名詞に「天飛（あまだ）む加留（かる）のをとめ」（古事記・下）などと用いられた。平安、鎌倉時代には「かるし」「かろし」のうち、「かろし」の方が多く使われ、近代以降は「かるし」が普通になった。

例「軽　カルシ　カロシ」（色葉字類抄）

カルタ【歌留多・骨牌】

ゲームの一種、またその遊びに使う札。ポルトガル語 carta に由来する。一六世紀日本に伝来。のちのカード（英語 card）、カルテ（ドイツ語 Karte）などとともに、ラテン語 charta（紙の意）から出た語。漢字表記に使われる「骨牌（こっぱい）」は、中国で勝負事用の骨製の札のこと。

例「かるたなど並べてけちな道具店」（雑俳・柳多留・七）

かれ【彼】

男を指示する三人称代名詞。「か」は、話し手から遠いものを指す指示代名詞。「れ」は接尾語で、「これ」「それ」「あれ」

「どれ」などの「れ」である。「かれ」は、古くは「あれ」の意味で、人や、事物を指す代名詞であった。後、「あれ」に代わられ、文語に用いられて来たが、幕末以降西欧語の三人称の訳語として、口語も含めて用いられ出した。その際、初めは男女ともに指したが、「かのじょ」の普及につれて、男性のみを指すようになった。昭和初期には、恋人を意味する「彼氏」「彼女」も使われ出した。→彼女

例「誰(た)そ彼(かれ)と問はば答へむすべを無み君が使ひを帰しつるかも」(万葉集・一一・二五四五)

かれい《かれひ》**【鰈】**

カレイ科の魚の総称。古名は「からえひ」。『*十巻本和名抄』に「加良衣比(からえひ)。俗に云ふ、加礼比(かれひ)」と見える。「からえひ」について、『*和字正濫鈔』は「韓鱏の義なるべし。からえを切(かへ)せば「れ」となる故」と言う。しかし、なぜ「韓(から)」を冠するのか不明である。これに対して『大言海』は、「槁鱏(からえひ)の義、痩せかれたる意ならむ〈略〉鱏(えひ)に似て、甚だ小さし」と言う。また、「かれ」は枯れで、その体色によるという説(暮らしのことば語源辞典)もある。

例「江戸にては大なる物を　ひらめ　小なるものを　かれいと呼ぶ」(方言・物類称呼・二)

かれる【枯れる・涸れる・嗄れる】 (文語) **かる**

水分がなくなる。漢字では、「枯・涸・嗄」と書き分けるが、水分がなくなるという共通の意味を持ち、本来同語である。「殻(から)」「幹(から)」「涸(から)」とも同源であろう。この語の文語形は「かる」で、動詞「離(か)る」と関係があると思われる。「離る」は結び付いていたものが分かれていくことで、「かれる」も本来あるべき所から水分が離れていくという意味である。

例「燥〈略〉保須(ほす)、又可和久(かわく)、又加留(かる)」(享和本新撰字鏡)

かろうじて《からうじて》**【辛うじて】**

やっと。「からくして」の転。形容詞「からし」の連用形「からく」がウ音便で「からう」となり、その影響で第四音節「し」が「じ」に変わった。この「し」はサ変動詞「す」の連用形。「て」は接続助詞である。古くは「からうして」と清音であったことは、『*日葡辞書』に「Carŏxite(カラウシテ)」とあることで知られる。「からし」は味覚だけでなく、きびしい状況をも指したが、さらに「からき命」「からくも」「かろうじて」などでは、だめになりそうなところを、ようよう切り抜けるという様子を表すようになった。

例「からうして息出給へるに、又かなへの上より手とり足取りして下げおろしたてまつる」(竹取物語)

かろうと《からうと》**【屍櫃】**

遺骨を納める墓の石室。「からひつ」の転。「から」は「亡骸(な

きがら)」「抜け殻」の「から」と同じで、中身の抜け去った後に残ったもの、つまり遺体の意である。本来は遺体を収める棺を表した。「石のからひつに入るるぞかし」(宇津保物語・蔵開・中)。

例「石のからうとの中よりも水晶の玉をとりいだし」(幸若舞・大織冠)

かわいい《かはいい》【可愛い】

愛らしい様子だ。大切に守ってやりたい。「かはゆし」の変化した語。「かはゆし」は「かほはゆし(顔映)」が「かははゆし」を経てできた語。「かほはゆし」は見るに耐えぬ意で、「年老い袈裟かけたる法師の、小わらはの肩をおさへて聞こえぬ事どもいひつつよろめきたる、いとかはゆし」(徒然草・一七五)は、法師のさまが見るに堪えないというのである。ここから、まともに見ていられない、いたいたしい、大事にしてやりたいというような意味に変化していった。「此の児(ちご)に刀を突き立て、箭(や)を射立て殺さむは、なほかはゆし」(今昔物語集・二六・五)では「いたいたしい」の意。中世末以降、いとしい、愛すべきようすだ、の意味で使われるようになる。

例「可愛い子をたたいてにくい蚊を殺し」(雑俳・柳多留・九二)

かわいそう《かはいさう》【可哀相】

ふびんだ。語幹の「かわい〈かはい〉」は「かわいい」と共通。「かわい」は「かほはゆし(顔映)」に由来する「かはゆし」から変化した語(大言海など)。「かわいそう」は語幹「かわい」に、状態を表す接尾語「そう」が付いて中世末に成立したもの。形容詞「かはゆし」には愛らしいの意味も、ふびんだの意味も両方あったが、中世末以降、愛らしいの意味は「かはいい」が受け持ち、ふびんだの意味は、「かはいさう」が受け持つように、意味分化していった。

例「金剛杖で甲を打ちみしゃいでのけうと云ふ。かはいさうに、おけと云ふ」(天理本狂言・蟹山伏)

かわうそ《かはうそ》【川獺・獺】

イタチ科の哺乳動物。『大言海』によれば、「かはうそ」は「かはをそ」の転で、古くは単に「をそ」と言ったが、「海をそ(=アシカ)」に対して、川に住む「をそ」として命名されたと言う。また、『大言海』は、「をそ」は「魚食(うををす)」の略転だ、とも言う。「をそ」は、『二十巻本和名抄』*に「獺〈略〉音脱、和名乎曽(をそ)」と見える。「かはをそ」は「川をそがくらうた」(天理本狂言・鱸包丁)などと使われていた。

例「獺　カワウソ　老而成河童〈ガワラウト〉者(老いて河童となる者)」(元和本下学集)

かわきり《かはきり》【皮切り】

手始め。もと、最初に据える灸のことを言った。「皮切り」は正常な皮膚を灸で切る意だと言う(角川古語大辞典)。中世

の*『日葡辞書』には「Cauaqiri　カワキリ（皮切）　日本人が、治療のために灸を据える際の第一回目の灸。または、針を立てる際の最初の針立て」とある。最初の灸は「かわきりの一灸（ひとひ）」と言うくらいで、大変熱く感じ、特に印象深いところから、「かわきり」をもって、物事の始めの意味に使うようになったのだろう。

例「Cauaqiriga daijigia（皮切が大事ぢや）比喩。最初が大切である」（日葡辞書）

かわく【乾く・渇く】

水分がなくなる。水が飲みたくなる。語源は諸説ある。*『和訓栞』には「香沸（かわ）くの義にや」とあり、『大言海』は「気沸（けわ）くの転」とする。なお、意味も形もよく似た「かわらぐ」という語があるが、この語は新しく、用例は室町期の抄物などに見える。「かわく」の方は上代から用いられており、「水が飲みたくなる（渇）」という意味の例も一三世紀前半に見られる。

例「燥〈略〉保須（ほす）、又可和久（かわく）」（天治本新撰字鏡）「濡れにし衣（ころも）干せど乾（かわ）かず」（万葉集・七・一一八六）

かわざんよう《かはざんよう》【皮算用】

物事が実現する前に好結果を予想していろいろ計算し、計画すること。「とらぬ狸の皮算用」の略。この諺は明治以降のもののようで、「皮算用」の用例も昭和以降のものしか知られていない。なお、同じ意味の諺として近世用いられたものには、「穴の中（うち）の貉（むじな）を直打（ねうち）する」（譬喩尽・六）などがある。

かわせ《かはせ》【為替】

手形、小切手、証書などで送金すること。またその手形、小切手など。古くは「かはし」といい、四段動詞「交（か）はす」の連用形の名詞化したもの。金と手形などを交換する意である。*『日葡辞書』には「Cauaxi（カワシ）」に「交換、または為替」とある。近世までは「かわし〈かはし〉」と「かわせ」の両方が使われた。「かはし銀につまりて難義」（浮世草子・日本永代蔵・一・四）。

例「八十両の為換（かはせ）を取りに来た」（三遊亭円朝・塩原多助一代記・明治一八年）

かわせみ《かはせみ》【翡翠】

カワセミ科のヒバリ大の鳥。カワセミの古名には、「そに」「そび（そひ）」がある。*『東雅』や『大言海』は、古名「そび」から「せみ」に転じた、と説く。「カハとは川也〈略〉セミとはソビの転ぜし也」（東雅）。「かは」が付いたのは、「深山（みやま）せみ」「山せみ」などに対して、「川に住むせみ」の意味であるという。カワセミの最も古いと思われる和名は「そに」で、「蘇邇杼理（そにどり）の青き御衣（みけし）を」（古事記・上）のように用いられていた。「翡翠（ひすい）」は漢名（翡は雄、翠は雌）。

例「翡翠　カハセミ」(易林本節用集)

かわたれ《かはたれ》

まだ薄暗い朝方、または夕方。「かはたれとき」の略。「かはたれとき」は「彼(か)は誰(たれ)時」で、薄暗がりで誰か分からず、あれはだれと問うような時分の意。「たそがれ」に対して明け方に言うことが多い。「あかときの加波多例等枳(かはたれとき)に島蔭(しまかぎ)を漕ぎにし船のたづき知らずも」(万葉集・二〇・四三八四)。→たそがれ

例「黄昏(かはたれ)ぎはの風寒み」(坪内逍遥・当世書生気質・明治一八〜一九年)

かわはぎ《かははぎ》【皮剝】

フグ目の海魚。皮は固くて厚く、まず皮をはいでから調理するところからこの名がある。皮は簡単に剝くことができる。夏が旬で、特に肝臓が美味、釣りの対象魚である。*『和漢三才図会』(五一)に「皮剝魚(かははぎ)」とある。

かわや《かはや》【厠】

便所。「川屋(かわや)」説、「側屋(かわや)」説などがある。*『日本釈名』は「川の上に作りて不浄を流す故にいへり」と川屋説であるが、*『和訓栞』は「側舎(かはや)の義といへり。又川屋の義也」と二説を引いている。『大言海』は「川に架し作れば云ふとの説あれど、川なき地には、いかがすべき」として「側屋(かはや)の義、家の傍に設くる意」とする。

例「厠、音四、賀波夜(かはや)」(十巻本和名抄)

かわら《かはら》【瓦】

主に屋根を葺くために粘土を焼いたもの。梵語 kapāla からか。

例「雀ども、かはらのしたをいでいりさへづる」(蜻蛉日記・下・天禄三年)

かわらけ《かはらけ》【土器】

素焼きの陶器で、食用に用いたり、行灯の油皿として用いられたりしたものを言う。「瓦(かわら)のような食器」の意。「け」は「笥(け)」で、食器の意。

例「あやしきもののかたなど、かはらけに盛りてまゐらす」(枕草子・一三二・二月、宮の司に)

かわらばん《かはらばん》【瓦版】

江戸時代、事件などの速報記事を一枚刷りにしたもの。語源未詳。『大言海』には「土を固めて文字を刻り、それを焼きて版として印行するもの」とある。しかし、現存するものはすべて粗刻の木版であることなどから、上記の説は疑問視されている。これに対して「かわらばん」は「河原版」だという説(三田村鳶魚・瓦版の話)もある。京の四条河原の興行に関する情報を伝えるものだったという。しかし、これは近世の瓦版といわれる刷り物の内容に合わない。それらは、火事や地震など雑多な記事を含んでいた。また、「瓦版」という呼称

が文久三年に初めて現れるというのも「河原版」説には不利である。それまでは「絵草紙・絵双紙（えぞうし）」や「読売（よみうり）」と称していた。ちなみに、現存最古のものは、慶長二〇年（一六一五）、大坂夏の陣の際発行された「大坂安部之合戦之図」と「大坂卯年図」だといわれる。

例「とにもかくにも瓦板の中興、イヨおやだまア」（評判記・鳴久者評判記）

がん【雁】

ガンカモ科の中の大形の鳥の総称。「がん」の語源について、中西悟堂は「各種の雁のうちで最も各地で数多く見られた大型のヒシクイのガガン、ガンという鳴き声」が鳥の名として定着したという（定本野鳥記）。中世の辞書類、たとえば『伊京集』*に「雁　ガン」が見える。この頃、この鳥の呼び名として、「がん」のほか「かり」「かりがね」があった。この中で最も古いのは「かり」である。「かり」という名もガンカモ科の一種であるカリガネのカリカリと鳴く声から出た。「ぬばたまの夜わたる雁（かり）はおぼしく幾夜を経てかおのが名を告（の）る」（万葉集・一〇・二一三九）という歌によって、この鳥が自分の名を名乗るように鳴いていたことが分かり、またその鳴き声が、平安時代の歌「行きかへりここもかしこも旅なれやくる秋ごとにかりかりと鳴く」（後撰集・秋下）などから、カリカリであったことが判明する。なお、「かりがね」も「雁が音（ね）」であって、もとはその鳴き声を意味していた。呼称が「かり」から「がん」へ移行したのは、近世のことで、その背後には渡来するガンカモ科の種類の変化が関係していると言う（山口仲美・ちんちん千鳥の鳴く声は）。近世になると、古来多かったカリガネの渡来が減り、その結果その鳴き声に基づく名称「かり」が衰退し、依然として多く聞かれるガンという鳴き声に基づく「がん」が一般化した。もちろん、この移行には漢字表記「雁」の音が「がん」であることも影響したであろう。「雁」を「がん」と読むことは、その漢字の音であり、「雁行」「雁書」などの熟語もあって受け入れやすかった。

例「仰せ出ださるるは、同じ鳥をもって参って、一人はがん、一人はかりがねと申し上げた、定めて子細のないことはあるまい」（虎明本狂言・鴈かりがね）

かんかく【感覚】

視覚、味覚、触覚など刺激によって生じる意識。「感じ覚（さと）る」意。蘭学者によって造られた和製漢語。蘭日辞書『訳鍵』*（文化七年）にオランダ語 versand の訳語として記載されている。明治以後は、英語 sense や sensation の訳語として使われた。

例「感覚はその一根より伝送す」（中村正直訳・西国立志編・明治三〜四年）

かんがみる【鑑みる】

先例や実例などに照らして考える。「鏡（かがみ）」を動詞化した「かがみる」に撥音の添加されたもの。「かがみる」の例は「鑒　カガミル」（易林本節用集）とある。

例「臣が忠義を鑒（かんが）みて潮（うしほ）を万里の外に退け、道を三軍の陣に開かしめ給へ」（太平記・一〇・稲村崎成干潟事）

かんきょう《くわんきやう》【環境】

人間をとりまく周囲の状態。「環境」は漢籍にある語で、周辺・まわりが原義。日本では大正時代に英語 environment の訳語として使われ一般化した。『*哲学字彙』（明治一四年）では environment は「環象」と訳されていた。

がんくび【雁首】

キセルの吸い口の反対側の端、タバコを詰める金属部分を指す。また人間の頭や首をばかにして言う言葉ともなった。キセルのタバコを詰める部分の名称となったのは、その形が雁の首に似ているところから。人間の首や頭を意味するのは、「雁首」の「首」から出たものであろう。

例「雁首を三たびかんだり下手将棋」（雑俳・柳多留・一二一）

かんぐる【勘繰る】

邪推する。もと「かんくる」で、のち連濁によって、「かんぐる」となった。「かん」は「勘がいい」などの「勘」、「くる」は「手繰（たぐ）る」や「からくり」「やりくり」などの「繰（く）る」である。勘を働かせることから、いろいろと気を回して考える意味になったのだろう。この語は近世の天保頃（一八三〇年代）からはやりだしたらしく、「何をいふにもおまへはんのことを少（ちっと）はかんくって居る〈略〉ものだから実にしにくうございまさあな」（人情本・春色梅児誉美・初・二）という台詞の〈略〉の部分に「このかんくるとは、すいりやうしてゐるといふぞくごなり」という注が加えられている。

かんげん《くわんげん》【還元】

もとに戻すこと。本来は化学用語で、『*舎密開宗』（内）に「酸化の金属、復た其酸素を脱して元の金形に還るを還元と謂ふ」とある。中国（元代）で、本来の姿、元の状態にもどるという意味で使われていた語を、日本でオランダ語 reductie または reducering の訳語として使うようになったもの。のちに、化学用語としてだけでなく、広く物事の状態や性質を元に戻すことも言うようになった。

例「それを自己という人間にまで還元することなく」（有島武郎・星座・大正一〇～一一年）

かんご【看護】

けが人や病人の手当や世話をすること。古くからの「看病」に対して新しく作られた、「み（看）まもる（護）」という意味の和製漢語。頼山陽の『日本外史』（文政一〇年）に見えるの

で、近世後期頃から使用されたようである。「秀頼患痘、福島正則自安芸馳至。日夜看護〔秀頼痘を患ふ、福島正則安芸より馳せ至る。日夜看護す〕」（日本外史・一五・徳川氏前記）。明治になって英語 nurse の訳語として「看護人」が定着し、医学関係に限定され、「看護婦」「看護卒」「看護学校」など多くの語を構成するようになった。

かんこどりがなく【閑古鳥が鳴く】
商売がはやらないさまをいう。「閑古鳥」はカッコウの異名。*『俚言集覧』は「カンコ鳥の声はさびしきものなれば喩へ言ふなり」と言い、「うき我をさびしがらせよかんこどり」（俳諧・嵯峨日記）と詠まれているように、その鳴き声は寂寥感を誘ったものらしい。その寂寥感から商売不振のたとえとなった。

かんざし【簪】
女性の髪に挿す装飾品。「髪挿（かみさ）し」の変化した語。「かみさし」は*『天治本新撰字鏡』に「簪」について「加美佐志（かみさし）」とある。
例「かんざしのたまのおちたりけるをみて」（古今集・雑上・詞書）

がんじがらめ【雁字搦め】
縄などをぐるぐると巻きつけること。「がんじ」は固く締めるさまを表す。室町時代「と」を伴って使われた副詞。おそらく擬態語であって、「雁字」は当て字である。「黄金の轡（くつわ）がんじとかませ、錦の手綱彫（ゑ）って掛け」（幸若舞・大織冠）のように使われた。「がらめ」は「からむ」の連用形の名詞化したものだが、古い形は「がんじがらみ」であった。古く「からむ」は自動詞にも他動詞にも使われ、しかも四段に活用していた。「がんじがらみ」の「からみ」は他動四段（五段）の連用形である。しかし、次第に他動の意味は「からめる」（下二段または下一段活用）にまかされ、「〜がらみ」では他動の意味が表せなくなり、「〜がらめ」となった。近世以前の用例は次のように「がんじがらみ」である。「両足引き上げ、鞍（くら）底にがんじ搦（がら）みにしばり付け」（浄瑠璃・融大臣・四）。

かんしゃく【癇癪】
怒りの発作。和製漢語。漢字表記は「肝癪」（洒落本・月花余情）、「肝積」（和英語林集成〈初版・二版〉）、「疳癪」（和英語林集成・三版）、「癇積」（言海）、「癇癪」（大言海）などとさまざまである。今日比較的多い表記の「癇癪」の「癇」は引き付けやてんかんの意味、「癪」は国字でさしこみなどの意味である。この表記が正しいとすれば、突然怒り出すさまを引き付けやさしこみにたとえた表現、ということになる。
例「かう図太い仕打ちをされては、もうかんしゃくに障る」（洒落本・傾城買二筋道・冬の床）

かんじょう《かんぢやう》**【勘定】**

数量や金銭を数えること。「勘定」は中国に典拠があり、本来「考え合わせて判断を下すこと」の意。日本でも古くから使われていたが、後に、物の数量を数えるという意味になり、さらに代金を支払うこと、金銭の出納をすること、といった意味になった。代金の支払いとか決算という意味は日本だけの用法。

例「そんならあすの朝、一所に勘定しよう」（洒落本・道中粋語録）

がんじょう《ぐわんぢやう》**【頑丈】**

人や物が、がっしりとしてじょうぶなさま。語源不明。『大言海』は「がんじょう〈がんでう〉」を「五調」の字音「ごちょう〈ごてう〉」の音便転とする。「五調」とは、名馬の備えるべき五つの条件のことであり、「がんじょう（剛健）」は「五調（がんでう）揃ひたる馬より移る」と説く。*『文明本節用集』には「五調　ガンデウ」と載っている。この他、「強情」のもとの形である「強盛〈がうじやう〉」が「がんじやう」に転じたという説もある。「巌丈〈がんぢやう〉」「頑畳〈ぐわんでふ〉」「岩畳〈がんでふ〉」「岩乗〈がんじよう〉」など様々な当て字が使われたが、現在では当て字の一つである「頑丈〈ぐわんぢやう〉」という表記が定着している。

例「なあに、頑丈なもので御座りやす」（三遊亭円朝・塩原多助一代記・明治一八年）

かんじんかなめ【肝心要・肝腎要】

一番重要なところ。「肝心」は「肝臓」と「心臓」。「肝腎」は「肝臓」と「腎臓」。いずれもなくてはならぬ臓器。そこから、「肝心（腎）」で不可欠、最も重要、の意味が生じた。→かなめ

例「かんじんかなめ証拠人の首を討って、何を証拠に詮義有べきしるべもなし」（浄瑠璃・大経師昔暦・下）

かんせい【感性】

外界の刺激や印象を受け入れる力。「感じることのできる性質」の意。和製漢語。英語 sensibility の訳語として、西周が造ったものと思われる。*『哲学字彙』以降、定着して一般化した。

例「高級な感性的なものにもなれず」（横光利一・旅愁・昭和一二〜一三年）

かんせつ【間接】

じかに接していないこと。間にものを介して接すること。英語 mediate、indirection の訳語として明治に造られた和製漢語。*『哲学字彙』（明治一四年）には mediate の訳語として「間接」が記載されている。→直接

例「間接の災害を恐るの智なし」（田口卯吉・日本開化小史・明治一〇〜一五年）

かんそく《くわんそく》**【観測】**

天文・気象・海流などの自然現象を観察して測定すること。

明治時代に造られた和製漢語。英語 observation の訳語。observation の訳語としてはすでに「観察」が定着していたが、天体や気象など特に数値を重視する場合の語として、「観察」と区別するために造られたと思われる。「観(み)て測(はか)る」を音読したか、「観察測量」を略したか、のいずれかであろう。『物理学術語和英仏独対訳字書』(明治二一年)には「観察」と「観測」とに同じ observation を対応させている。このあとに「観察」と「観測」とが分化していったものと思われる。大正時代からは、自然現象に限らず、物事の状況を推測したり、また将来を予測する意も生じてきた。

例「気色の見物をかねて、久能山の頂で日蝕の観測をしようとする催しで」(泉鏡花・婦系図・明治四〇年)

かんだかい【甲高い】 文語 かんだかし

声や音の調子が高く鋭い。日本の伝統音楽で、音声や楽器の音が高い調子、高い音程のものを「甲(かん)」、低い調子、低い音程のものを「乙」と言ったことから言う。「甲」をカンと訓むのは慣用音と言われる。

例「打騒ぐ幼児の甲高くやさしき叫び」(永井荷風訳・珊瑚集・大正二年)

かんてん【寒天】

テングサを原料としたところてんを凍らせ、さらに乾燥させた食品。水で煮て冷ますとふたたび固まり、ゼリー・羊羹(ようかん)・寄せ物などに広く用いられる。「寒晒心太(かんざらしところてん)の中略」と言われる(大言海)。「寒ざらし」は、寒中、外にほしておくことを言う。

例「石花菜　カンテン」(書言字考節用集)

かんどう【勘当《かんだう》】

親が子の所業を懲らしめるために親子の縁を切ること。中国では「罪を考えて法に当てる」「罪科を調査する」という意で用いられていた。日本でもこの意味で『続日本紀』(天平宝字七年一〇月)に見える「勘当下獄(勘当し獄へ下す)」のように古くから見られる。しかし、日本では中古以降、「玉の取りがたかりし事を知り給へればなん、勘当あらじとて参りつる」(竹取物語)のように、「お叱りを受けること」の意が独自に生じ、それが近世の「親子関係を絶つこと」という意味につながってきた。

例「世之介勘当の身と成りて、よるべもなき浪の声」(浮世草子・好色一代男・三・一)

かんどころ【勘所】

はずしてはならない大事な所。三味線などで、ある決まった高さの音を出すために、左手の指先で弦を押さえる場所を「勘所(甲所)」と言ったことから言う。↓甲高い

例「見切りが肝心、かん所」(常磐津節・三世相錦繡文章・序)

かんな【鉋】

木材の表面を削ってきれいになめらかにする工具。古い語形は「かな」だと言われている。*『天治本新撰字鏡』には「鏟」を「加奈(かな)」と読んだ例がある。『大言海』は「かんな」は「かな」の音便だとするが、「かな」の語源には不明な点がある。すなわち、「な」は「かたな(刀)」の「な(刃)」であるが、「か」の正体は分からない。これに対して、「かんな」は「刈りな(刃)」あるいは「掻きな(刃)」から出たとする説がある。この説では撥音を含まない「かな」の説明がむずかしい。なお、「かな」が「かんな」の撥音無表記形ではなく、実際にカナと発音されていたことは*『日葡辞書』によって分かる。『日葡辞書』記載のSauogana(サヲガナ〔棹鉋〕)、Sobagana(ソバガナ〔稜鉋〕)の「がな」は実際にガナと発音されていたのであって、表記だけの問題ではない。

かんなづき【神無月】

陰暦十月の称。「かみなづき」の転。「かみなづき」の「な」は連体修飾格を示す助詞「の」と同じような意味の語で、「かみなづき」は「神の月」の意。新井白石の*『東雅』などはこの語源説を採る。これを「神無し月」からとするのは古くから行われてきた通俗語源説。すでに平安時代の*『奥義抄』は、「十月　カミナツキ　天の下のもろもろの神、出雲国に行きて、この国に神なき故に、かみなし月といふをあやまれり」と記して、「神無し月」を正しいとしている。助詞「な」の意味が忘れられ、これを「無し」の語幹と考えたため生じた説である。これに対して、『大言海』は、「醸成月(かみなしづき)の義」とする。「醸成月」とは「新しい穀物で酒を作る月」の意味で、この月、神に供えるため酒をかもした、と言う。

例「神無月のつごもりがた」(伊勢物語・八一)

かんぬき くわんぬき【閂】

門の扉を開かなくするための横木。「関(かん)の木」の転。「関」はとざす意、すなわち「とざすための木」の意。

例「門のころよりひらく御一門」(雑俳・柳多留・九七)

かんぬし【神主】

神社に仕えて神をまつる人。古形「かむぬし」。「皇后(きさいのみや)、吉日(よきひ)を選(えらむ)で斎宮(いはひのみや)に入(い)りて、親(みづか)ら神主(かむぬし)と為(な)りたまふ」(日本書紀・神功皇后摂政前紀・北野本訓)のように、古くは、神事を主宰する人をさした。「神(かみ)」を祭る「主(ぬし)」の意で、「かむぬし」と言った。「かむ」は「かみ(神)」の複合語を作るときの形で、「かむかぜ(神風)」「かむがかり(神懸)」のように、現れる。「かむぬし」は、転じて、神社に奉仕する神官の長、さらには、広く神職一般をさす語となり、語形も、中世以降、「Cannuxi(カンヌシ)」(日葡辞書)となった。

例「宮司、神主よりはじめて、多くの人ども驚きをなして、み

な社(やしろ)の内に入り立ちて」(宇治拾遺物語・一〇・六)

カンパ
大衆に呼びかけて行う資金活動。カンパはカンパニア(ロシア語 kampaniya)の略で、もとは政治的、組織的な、大衆闘争活動を意味した。主に昭和時代になって使われ始めた。

かんぱく《くわんぱく》**【関白】**
成人後の天皇を助けて政務をとり行なった重職。「関」はかかわるの意、「白」は申すの意。『漢書』(霍光伝)の記事にもあるように、もとは天子に奏上する前に政治に関する意見を重臣に申し上げることを言った。また、それを聞く重臣のことも指していたため、日本では天皇の側にいて政治に関わる意見を聞き政務に携わる役職を言うようになった。平安中期の光孝天皇の時の藤原基経に始まり、以降、藤原氏がその地位を独占した。例外は豊臣秀吉・秀次の二人のみであり、そのため「関白」が豊臣秀吉その人を指すようになった。関白は非常に強い権力を持っていたため、転じて威力や権力が強く威張っている意も生じ、「亭主関白」などの語も派生した。
例「今の関白殿、三位の中将ときこえける時」(枕草子・二三・清涼殿の丑寅のすみの)

かんばせ【顔】
顔つき。容貌。体面。名誉。「顔(かほ)ばせ」の転。「ばせ」は体言に付いて、その様子といった意味を添える接尾語で、「心ばせ」などとも使われた。「ばせ」はもと清音「はせ」で、下二段動詞「馳(は)す」の連用形の名詞化と言われる。古くは「かほはせ」とも言った。
例「花のかんばせたをやかに」(謡曲・松山)

かんぱち【間八】
アジ科の海魚。前額部に、「八」の字形の斑紋のあるところから言うとされる。「かんぱち」の異名「あかばな」の方が古く、*『日葡辞書』に「Acabana　アカバナ(赤花)　味のよい海産魚の一種」と見える。

かんはつをいれず【間髪を入れず】
すかさず。「間不容髪〔間に髪を容れず〕」(説苑・正諫)から来た成句で、間に髪一本はいるほどのすき間もないというところから、すかさず、即座に、という意味で使われるようになったものである。もとは、前漢の枚乗(ばいじょう)が呉王濞(ひ)の謀反を諫めたときの言葉に由来する。「かんぱつをいれず」と読むのは誤り。
例「間不容髪と申す事の候〈略〉間とは物を二つにかさね合ふたる間へは、髪筋も入らぬと申す義にて候」(不動智神妙録)

がんばる《ぐわんばる》**【頑張る】**
困難に耐えて努力する。語源について、「『がんばる』は眼張(がんば)るで、眼をつけて見張る意である」とする説(頴原退

蔵・江戸時代語の研究)があるが、「眼張る」の見張るという意味から現義に至る意味上のつながりが弱い。これに対して「我に張る」の転とする説(角川古語大辞典)がある。「我に張る」は「消えやらぬがにはり物や厚氷」(毛吹草・五)のように用いられており、これが基だとすると意味上問題がない。すなわち、「我に張り者」は我を通す者のことだから、「がんばる」の意味とほぼ通じあう。「頑」は当て字。

例「此間から大分弱らして居るんだが、矢っ張り頑張って居るんだ。どうも剛情な奴だ」(夏目漱石・吾輩は猫である・明治三八〜三九年)

かんばん【看板】

社名や店名・商品名などを書いて、宣伝や案内のために掲げて人の目につくようにした板。「みるいた(看る板)」の漢字表記の音読による和製漢語。室町末期・戦国時代ごろになって、板に職業や商品名を書くことが一般的になった。『*文明本節用集』には「看板　カンバン」と登載されている。「看板に偽りなし」という成句も既に近世前期に見られる。転じて、「ヒューマニズムを看板にする」「看板娘」のように、人の目をひくための物事を表す用法も生じた。

例「さて小き町に宿を借り、看板をこそ出しけれ。『天下一の藪医師の竹斎』」(仮名草子・竹斎・下)

かんばんだおれ《かんばんだふれ》【看板倒れ】

見かけだけ立派で実際はそうではないこと。「看板倒し」とも。江戸時代から使われている「見掛け倒し」の影響によって、「看板倒し」という語がまずできたと思われる。『改修言泉』(大正四年)に「看板倒し」という見出しがある。「看板倒れ」は昭和初期頃から辞書類に見られるようになる。昭和四年の『かくし言葉の字引』には「看かけたをしと同じ」とある。また『大辞典』(昭和一一年)では「看板倒し」とともに登載されている。昭和一八年の『明解国語辞典』では「看板倒れ」だけが登載されている。「看板倒し」が「看板倒れ」になったのは、「倒し」という他動詞的表現よりも、「倒れ」という自動詞表現が意味にあうという意識によるものであろう。

かんぺき《くゎんぺき》【完璧】

欠点や不足がなく、非常に立派なさま。この語は本来、中国・戦国時代の趙(ちょう)の政治家・藺相如(りんしょうじょ)が、古代中国の有名な宝玉「和氏之璧(かしのへき)」を秦(しん)から無事に持ち帰ったという、『史記』「藺相如伝」にもとづく故事成語で、品物を無傷でもとの持ち主に返すことを表した。原文は「完璧帰趙(璧を完(まっと)うして趙に帰らん)」とある。日本では、「完璧」が、瑕(きず)のない完全無欠の壁の意と解され、完全で欠けたところのないさまを言う用法を生じた。「璧」は美しい玉器のこと。

例「万事完璧を得ること能(あた)はず」(織田純一郎訳・花柳

春話・明治一一〜一二年）

かんべん【勘弁】
他人の過失や罪を許すこと。漢語「勘弁」の本来の意味は、考え定める、よく考えるという意味であった。日本ではさらに、「所務の勘弁上手の人なれば」（甲陽軍鑑・品三二）のように、やりくりするという意味でも使った。後には、よく考えて、怒らずに相手を許すという意味でももっぱら使うようになった。
例「おめへにゃあいふことが沢山（どんと）あるが、此方ゃあ勘弁して居てやるのだ」（人情本・春色辰巳園・初・一）

かんむり【冠】
地位・階級などを表すため頭にかぶるもの。「かうぶり」の転。「かうぶり」は、頭からかぶる意の動詞「かがふる（被）」の連用形の名詞化した「かがふり」の転と考えられる。すなわち、カガフリ（上代・中古初期）→カウブリ（中古中期以降）→カンムリ（室町時代以降）と変化した語である。
例「冠　カンムリ」（温故知新書）

がんもどき【雁擬】
豆腐を圧搾して、水分を搾り出したものに、とろろ・煮野菜・昆布・胡麻・麻の実などを加えて練り、油で揚げた食品。「もどき」は真似るという意の四段動詞「もどく」の連用形の名詞化で、「梅もどき」などに残るが、近世は「ふぐもどき」「納豆もどき」などとも広く使った。味が「雁（がん）の肉に似て」美味であることから命名され、精進料理で魚肉の代用とされた。

かんれき《くわんれき》【還暦】
数え年六一歳の異称。干支（えと）には「十干（じっかん）」と「十二支」の組み合わせで、都合六〇通りの組み合わせの型があり、六〇年が一サイクルとなっている。そのため、六一年目には、再び自分の生年の干支に還（かえ）って来るところから、数え年六一歳のことを「還暦」と称する。還暦の祝いに、本人が赤い頭巾をかぶり、赤いちゃんちゃんこを着る風習があるのは、嬰児に還ったことを表している。なお、「還暦」は和製漢語で、漢籍では「花甲（かこう）」（現代中国語では「華甲」）という。「甲」は十干の一番目であるところから、干支のサイクルが再び始まることを象徴させたものである。また、「華」の字は分解すると六個の「十」と「一」とになって、六一の意を表しているともいわれる。
例「還暦後長く天命を保つべし」（四徳配当抄）

かんろく《くわんろく》【貫禄】
身に備わった威厳。和製漢語。「貫」は銭の単位であるが、中世においては、土地や領地の規模を「貫高五万貫」と言うように、銭何貫に相当するかということで表した。「禄」は武士の受ける給与のこと。「貫禄」は武士の領地の大きさや給与

の高を意味することから、高い禄をはむ者の身に備わった威厳を指すようになった。その人の身に備わる威厳を言うようになるのは明治以降であり、俗語的な色彩の強い語であったと思われる。明治時代の国語辞書には登載されていない。「貫禄が付く」という言い方も新しいものである。

例「まだ貫禄もないものに決してそんな依怙の沙汰はしなかった」（久保田万太郎・春泥・昭和三年）

き

き【黄】

色の名。語源については、「黄色は木色より来たりたるものと見るべし。あるいはまた、黄色は生色にて、そのままなる、飾り無き色の義なるか」（大島正健・国語の語根とその分類）や、「『葱（き）』（ワケギ、ネギなどのキ）の、日光に曝（さら）されていない、食べる部分の色という可能性」（小松英雄・日本語の歴史）などをはじめ諸説提出されているが、確かなことは不明である。ただ、古代日本語の色名は、四種の基本色（赤・黒・白・青）以外は、摺（すり）染め法という原始的な染色の際に用いられる顔料の名称を転用したものと言われており（佐竹昭広・萬葉集抜書）、「き」も、元来は染料として用いられるものの名であったことが推測される。

例「邑（むら）の中に亀（かはかめ）を獲（え）たり。背に申（しん）の字（な）を書（しる）せり。上（うへ）黄（き）に下（した）玄（くろ）し」（日本書紀・天智九年六月・寛文版訓）「八月十六日、黄染（きそめ）表紙五枚」（正倉院文書・天平勝宝二年）

きあつ【気圧】

大気の圧力。オランダ語 luchtdruk あるいは atmospheriche druk を訳した和製漢語。lucht は「空気」、Atmospheriche は形容詞で「空気の」、druk は「圧力」の意。直訳して「大気の圧力」とか「気圧」とかと訳した。青地林宗の物理学書『*気海観瀾』（文政一〇年）では「気之圧」と訳されているが、宇田川榕菴の『*舎密開宗』（内）では「然れども炊気も瓦斯も大気の圧力に抵抗す。気圧弱きは為り易く盛なるときは為り難し」とあり、「気圧」の語が用いられている。

きいっぽん【生一本】

まじりけなく、純粋なこと。「き」は「きむすめ」「きまじめ」「きじょうゆ」などの「き」で、まじりけのないことを表す接頭語。「一本」は「一本槍」の略で、「それひとすじ、それだけ」の意。

例「ハイ私は生一本で通します」（二葉亭四迷・浮雲・明治二〇〜二二年）

きいろ【黄色】

色名の一つ。「き」に「いろ（色）」の付いた語。「き」が色名と

して確立するのは平安時代といわれる。語源は「木より起こる」（和句解）、「木なるべし」（南留別志）など木に由来するという説が有力である。「黄（き）」は「赤い」のような形容詞を派生せず、「黄なり」のような形容動詞として用いられた。「きなる生絹（すずし）の単袴（ひとへばかま）」（源氏物語・夕顔）。「黄色」は形容詞としては「黄色い」となる。

例「今日のかづけ物は、きいろのこうちぎかさねたる女のよそひとて」（宇津保物語・吹上・上）

きか【幾何】

空間の形式的なありかたを研究する、数学の一部門。「幾何学」の略。英語 geometry の訳語。geo は「土地、地理」、metry は「測定法」の意。geo の音が「いくばく」の意味を持つ「幾何」の中国音と似ているところから、中国でイタリア人宣教師マテオ・リッチが訳したと言われる。日本では、西周が『*百学連環』（明治三年）で「幾何学」を用いている。『*和英語林集成』（三版）は、geometry の訳語として「幾何」を記載する。

ぎが《ぎぐわ》【戯画】

こっけいな絵。「戯（ざ）れ画（え）」の意。英語 caricature の訳語として明治期に造られた和製漢語。滑稽画と訳したものもある。

例「ドストエフスキイの小説はあらゆる戯画に充ち満ちている」（芥川龍之介・侏儒の言葉・大正一二〜昭和二年）

ぎかい《ぎくわい》【議会】

国会など、選挙で選ばれた議員からなる合議制の機関。明治時代に造られた和製漢語。「議会」という語が造られたことによって「議案」「議員」「議長」など関連のある漢語が造られた。なお中国では「議会」ではなく「会」や「公会」が使われる。

例「議会は此憲法に依り之を議決するの外」（大阪朝日新聞・明治二二年二月一二日）

きがおけない【気が置けない】

気兼ねのいらない、気が許せるという意味。「気がかり」「気にする」「気くばり」などと同種の「気」（＝心配・配慮）を相手に置くという意味から「気が置かれる」「気が置ける」となり、「御手かけも相馬の家は気がおかれ」（雑俳・川柳評万句合・宝暦一一年）などのように用いられた。さらに、それを否定する「気が置けない」という表現が多く現れてくるのは、明治以降である。現在では本来とは逆の、気が許せないという意味で誤用されることが増えている。「信頼が置けない」などの言い方に影響されたものだろうか。

例「貴方の方でもお使ひなさるのに気が置けなくて却って可からうッてね」（尾崎紅葉・多情多恨・明治二九年）

きかん《きくわん》【機関】

機械を動かすための装置。また、ある目的のために作られた組織。「機関」は古くから中国にある語で、活動のしかけ、からくりの意味で使われていた。禅宗では、教え導くための方法手段を指し、「いまの生はこの機関にあり、この機関はいまの生にあり」(正法眼蔵)のように用いた。明治時代には英語 engine、organ の訳語として使われるようになった(その後 organ の訳語としては「器官」が定着)。機械を動かす装置という意味から、「金融機関」というような、いろいろな活動をするための組織をも指すようになった。

例「政事上のことは言うまでもなく、何事を為すにも、機関がなければならぬものだ」(末広鉄腸・雪中梅・明治一九年)

ききゅう《ききう》【気球】袋にヘリウムなどの軽い気体をつめて空を飛ぶ装置。英語 balloon の訳語。ヘボンの*『和英語林集成』(初版)に見られる。ロブシャイド*『英華字典』には「軽気球」の訳語が見られるから、ヘボンはそれを参考にしたのかも知れない。明治一九年刊の須藤南翠『新粧之佳人』には、「気球」「風船」「空船」のほか、「軽気球」「軽気球(バルーン)」という語形が見られる。

例「気球の上部は台より突出せし木の枝に突破られ」(須藤南翠・新粧之佳人・明治一九年)

きぎょう《きげふ》【企業】経済活動を行う組織。明治期に造られた和製漢語。英語 enterprise の訳語。最初は「事業を企てること」の意で使われた。「資治通鑑の予約出版を企業せしに」(東京日日新聞・明治一五年九月一三日)。別に、「ある事業を起こすこと」の意で、明治後期に「起業」という漢語も造られた。「国民も個人と等しく大胆に起業せば失敗する事なかるべし」(永井荷風・野心・明治三五年)。その後使い分けられて、「企業」は組織の意味で使われるようになった。

例「桑港の領事が在留日本人の企業に対して全然冷淡で盲目であるという事」(有島武郎・或る女・明治四四〜大正八年)

きくらげ【木耳】キクラゲ科のきのこ。*『十巻本和名抄』は「萸」を「岐乃美々(きのみみ)」と訓み、俗称としての「岐久良下(きくらげ)」をあげ、その語源を「その味海月(くらげ)に似、木の上にあるを以て、この名を得」と説く。『大言海』もこれを支持しているが、『改訂増補牧野新日本植物図鑑』は「質が水母に似ている」からという。漢字表記「木耳」は漢名で、キクラゲの形状による。

きげき【喜劇】冗談・風刺などを駆使して観客を笑わせようとする演劇。明治時代に造られた和製漢語。英語 comedy の訳語。*『附音挿図英和字彙』では comedy を「滑稽戯(だうけしばい)」と

訳している。「喜劇」と訳したのは坪内逍遥で、明治二〇年代である。「喜劇」は「悲劇」より受け入れにくかったらしく、一般化するのに時間がかかった。山田美妙の『新編漢語辞林』（明治三七年）に「しばいのおかしくおもしろいもの。悲劇の対。英語 comedy の訳」とある。なおロブシャイド『*英華字典』では comedy を「劇戯」と訳している。

例「悲劇は喜劇より偉大である」（夏目漱石・虞美人草・明治四〇年）

きこう【貴公】

男が相手に呼びかける言葉。君。「公」は敬称で、相手に対して敬意を表す。それに同様に敬意を表す「貴」をつけて造った語で、「尊公」と同じ構成である。『*日葡辞書』にも「Qicô（キコゥ）」の説明に「Tattoqi qimi（貴き公）〈略〉文書語」とあるように、初めは書簡で用いられたが、のち口頭語として武士が用いるようになり、高い敬意を表した。

例「皆是貴公の御かげ、門弟中も忝く、悦び存じ候ふ」（浄瑠璃・傾城反魂香・中）

きこえよがし【聞こえよがし】

当人がいるのに気づかないふりをして、わざと聞こえるように悪口をいうこと。「聞こゆ」の命令形「きこえよ」に接尾語「がし」が付いたもの。「出ていけがし」「これみよがし」なども同様に、命令形に「がし」の付いたもの。「がし」は平安時代の散文に用いられた念を押す意の終助詞「かし」（係助詞「か」＋副助詞「し」）に基づく。近世にいたって濁音化し、命令文に付き、願望を表すようになった。「梅が咲けがし、いよ八重梅が」（歌謡・松の葉・二）。さらに、この形を「そうなることを望むよう（に）」、「〜といわんばかり（に）」の意味に用いたもの。

例「どうも藤さんも諸方へ金がいりなさるから、つい無理なこともしなさるはずだと聞こえよがしの壁訴訟」（人情本・春色梅児誉美・三・一七）

ぎごく【疑獄】

政治にからむ大規模な贈収賄事件。ここでの「獄」は裁判の意。「疑獄」は古く中国で、罪の有無が疑わしく判決が難しい裁判事件を意味した。日本でもこの意味での例が奈良時代から見えるが、現在の意味で用いるようになるのは明治に入ってからである。政治問題になるような大規模な贈収賄事件は権力のある人物が絡むため手を下しにくく、有罪か無罪かの判断が難しくなるので、「疑獄」と呼ばれるようになった。

きこしめす【聞こし召す】

酒を飲む。「聞こす」（＝「聞く」の尊敬語）の連用形「聞こし」に、他の動詞について尊敬の意を添える補助動詞「召す」の付いた語。「聞こす」は「聞く」に尊敬の助動詞「す」の付いた

「聞かす」の転。「聞こし召す」は、もとは聞くの尊敬語。「かぢ取りの御神きこしめせ」(竹取物語)。ここから、聞き入れる、統治する、思う、食べるなどの尊敬語となった。

例「奥には酒肴とり調え、九献をひとつきこし召せとて」(虎寛本狂言・花子)

ぎこちない

不慣れで、ぎくしゃくしている。「ぎこちない」は「ぎこつない」から変化した語で、近代から見られる。「ぎこつない」の「ぎこつ」の語源は不明。「ぎこつ」は「粗野、無骨」の意味で「ぎごつに仰しやりましては叶ふ物では御座りませぬ」(歌舞伎・好色伝受・中)のように使われた。「こつ」は「骨」であろう(コツは漢音、コチは呉音)。*『日葡辞書』には「Qigotnai(キゴッナイ)」の形も見える。「ない」は形容詞を作る接尾語。

例「哲也らしい佶屈(ぎこちな)い串戯(じょうだん)」(二葉亭四迷・其面影・明治三九年)

きこのいきおい《―いきほひ》【騎虎の勢い】

物事の勢いが盛んで、あとには引けなくなることのたとえ。中国の『隋書』にある「大事已然、騎虎之勢、不得下、勉之(大事已に然り、騎虎の勢ひ、下りるを得ず、之を勉めよ)」(独狐皇后伝)からの語。虎の背に乗って走る者は途中で降りたくても降りられないように、途中で止められなくなることのたとえになった。

例「世界はかたづりになりて、騎虎の勢になるゆへ、仕とげずして叶はぬなり」(政治・太平策)

きこり【樵】

山の木を切ること、また切る人。「きこり」は動詞「きこる」の連用形の名詞化したもの。「きこる」は「木切る」の意。「こる」は「かる(刈)」の母音交替形。アとオの交替によって、「草を刈る」と「木を切る」とに意味を分化させたものである。「こる」は「たきぎ許流(こる)鎌倉山の」(万葉集・一四・三四三三)などの例がある。「こる」だけで木を切るという意味があるのに、さらに「木」を冠したのは「こる」のもとの意味が分かりにくかったためだろう。

なお、母音交替というのは、上代日本語の造語法で、母音を交替させて、派生語を作る現象である。たとえば、斑(まだら)の意味の「はだら」と「ほどろ」、ざわめくさまを表す「さや」と「そよ」などの派生関係において、母音が交替して、派生語が作られている。

例「炭焼・きこりなどいふ者ども」(宇津保物語・吹上・上)

きざ【気障】

気取っていて嫌みであること。「きざ」は「気障り」の略とするのが、一般的。ただし、柳田国男は「きだ」の転と説く(国語史論)。柳田によれば、「きざ」は「極まりを付ける」という意味で、もとは「きざが悪い」などと使った。しかし、この説では

もとの意味と現在の意味とがうまくつながらない。通説どおり、天保七年ころの洒落本『つゞれの錦』の「きざとは気ざわりの歇後語（しりきり）」という説に従うべきであろう。「気障り」は「気がかり」の意味で、「きざ」のもとの意味もこのあたりにある。「きざとは心がかりなることなり」（洒落本・魂胆惣勘定・上）。江戸語では不快であることやその原因を広く指した。

例「凡そ何が気障だって、思わせ振りの、涙や、煩悶や、真面目や、熱誠ほど気障なものはないと自覚している」（夏目漱石・それから・明治四二年）

きさき【后・妃】

天皇の妻。諸説ある中で、「きさき」の「き」を「君（きみ）」に、「さき」を「幸（さき）」に結びつける説が、比較的信頼できる。*『日本釈名』は「『き』は君也。『さき』はさいはひ也。〈略〉后は君の幸（さいはひ）する所也」という。『大言海』は、「吾君（あぎみ）→あぎ、稲君→稲置（いなぎ）」などの類例を挙げて、語頭の「き」は「きみ（君）」の「き」であるという。后は「君幸君（きみさきさきみ）の略なるべし、〈略〉君の召すは幸（さき）なる意」という。

例「妃〈略〉妃也。支佐支（きさき）」（天治本新撰字鏡）

きさく【気さく】

気の置けない人柄である。『大言海』によれば、「気さくい」の略。江戸時代には、「気のさくい」という用例もある。「不猛（ふもう）風、きやんでないふう、猛からずと訓んで、けんたいぶらず気のさくい人」（洒落本・後編風俗通）。この「気のさくい」は現代の「きさく」と同じ意味である。中世の「さくい」は「もろい」に近い意味でここから粘りがない、さっぱりしていると転じたものである。ただし、*『日葡辞書』の「Sacui（サクイ）」の項の「さくい人」の説明には、「敏活できぱきした人」とあって、今とは違う意味もあった。

例「おめえはいつも気さくでいいよ」（滑稽本・浮世風呂・二・上）

きざし【兆し・萌し】

前兆。兆候。動詞「きざす」の連用形の名詞化。「きざす」の「き」は「気」（大言海）、または「牙」（岩波古語辞典補訂版）。「牙（き）」は、角のようにとがって生える芽に通じ、「さす」は何かが表に現れることである、という。すなわち、「きざす」の古義は「芽生える」ことであった。『御巫本日本紀私記』（神代上）では、「含牙」を「きさしふくめり」と訓む。これは「芽生え」のことを指している。「芽生え」から「兆候」の意味へと広がっていったことになるだろう。

例「これ既にそのあやぶみのきざしなり」（徒然草・一四六）

きざはし【階】

階段。「きざ（刻）はし（階）」、すなわち「刻んだ階段」の意であろう（大言海など）。「階（はし）」は庭と屋内をつなぐ階段。「段

(きざ)み階(はし)」「きだはし」ともいった。

例「御前のきざはしをなからばかり降りさせたまへるところに」(平家物語・四・鵼)

きさま【貴様】

二人称代名詞。「貴」は、相手や相手に属する事物を表す名詞に冠して尊敬の意を添える接頭語。元来書簡用語として多く用いられた。「貴」を冠した二人称代名詞の例としては「貴所」「貴殿」などがある。「様」は人の姿や形の状態で間接的に人を表したもの。「貴様」の例は、室町時代から見えるが、近世初期ごろまでは、武家の書簡でかなりの敬意をもって用いられていた。しかし、その後口頭語化して、一般庶民にも用いられるようになるに従い、しだいに敬意を失い、明和・安永期(一八世紀後半)には軽い敬意を表すにすぎなくなり、文化・文政期(一九世紀初頭)には対等の者に対する語となった。天保期(一九世紀前半)になると、目下の者に対して用いられるようになり、ののしりにも使われるようになる。

例「下輩へ貴様と言へるなど、なかなか敬に過ぎて諛(へつらひ)がましけれど、耳慣れたる故、さのみ尊卑の乱れたる様にも思はず」(随筆・東牖子・五)

きざむ【刻む】

細かに切る。『大言海』は「段段(きざきざ)を活用せしむ。軋軋(きしきし)をきしむと活用せしむると同じ」とする。『時代別国語大辞典上代編』は「きざむ」の「きざ」は、「きざはし」の「きざ」、「腸寸断(きざきざ)に愁ふ」(遊仙窟)の「きざきざ」、助数詞「きだ」、「きだきだ」の「きだ」と共通し、細かに切ることなどを意味する、という。

例「優婆塞(うばそく)が朝菜にきざむ松の葉は」(曽丹集)

きさらぎ【如月】

陰暦二月。諸説あって定説はないが、比較的有力なのは「衣(きぬ)更(さら)着(ぎ)」、または「衣(き)さらぎ」説である。この頃余寒なお寒く、さらにころもを重ね着する、の意という。一二世紀中頃の藤原清輔の『*奥義抄』には「さむくてさらにきぬをきればきぬさらきといふをあやまれり」とある。一方、草木更新の意とする説(松岡静雄・日本古語大辞典)もあり、これを受けて「『生更ぎ』の意。草木の更生することをいう」とするもの(広辞苑六版)もある。

例「さおととしのきさらぎの十日ころに」(竹取物語)

きし【岸】

水際。『大言海』は「断石(きりいし)の、キリシ、キシと約略したる語ならむ」という。「岸」には、現在の方言(徳島県、熊本県の一部など)にみられるように、「がけ」の意味があった。水際は大なり小なり切り立ったところが多いから、「切り石」といったものであろうか。次の例は「がけ」の意である。「子らが

き

名に関(かけ)のよろしき朝妻の片山木之(きし)に霞たなびく」(万葉集・一〇・一八一八)。

例「涯岸〈略〉和名岐止(きし)」(十巻本和名抄)

きじ【雉・雉子】

キジ科の鳥。古く「きぎし」「きぎす」とも言った。「きぎし」には、「岐芸斯」(古事記・上)のように万葉仮名で書かれた確実な例もある。この第二音節が省略され、第三音節が濁音化して、「きじ」となった。「きぎし」の「きぎ」は、雉の鳴き声に由来する、という。鈴木朖の*『雅語音声考』は「キギシのキギ　今ケンケンと云ふを、古(いにしへ)キイ〱と聞きたる也」(鳥獣虫ノ声ヲウツセル言)と記す。これによれば、昔は雉の鳴き声をキイキイと聞いており、キギはその声を写したものだというのである。「きぎし」の「し」については、『大言海』はスと通ずという。スは「うぐいす」「からす」など鳥の名に多く見られる接尾語である。

例「なが月ばかりに梅のつくり枝にきじをつけて奉るとて」(伊勢物語・九八)

ぎし【技師】

技術関係の事を専門に行う人。「技術に携わる専門家」の意。明治期に、科学的な意味での「技術」という語が定着してから生まれた和製漢語。明治後期から使われ出した。

例「技師の鑑定で、此処には鉱脈あるとなると」(夏目漱石・坑夫・明治四一年)

きしめん【棊子麺・碁子麺】

名古屋特産のうどん。もとは、小麦粉を水でこね、竹筒で碁石の形に抜いたもので、その形が棊子(きし)(＝碁石)に似ているところから命名されたという。現在では平打ちうどんであり、関東のひもかわうどんに当たる。

例「棊子麺　キシメン」(天正一八年本節用集)

きしゃ【汽車】

蒸気機関車で客車や貨車を引っ張って線路を走る列車。「蒸気車」の略語。明治初期から使用された和製漢語。中国洋学書や英華辞典にも「汽車」が見られるが、中国では「火輪車」の使用が多い。現在中国で「汽車」は自動車を指す。「汽車」は中国語からの借用とは考えがたく、「蒸気車」の略語と考えられる。「蒸気船」がほぼ同時期(明治一〇年頃)に「汽船」になっている。なお三字漢語から二字漢語に略されるにあたって、水蒸気によるものであることを示すために「気」が「汽」に変更された。「汽」の字は、塩水の池あるいは塩を作る意であって、蒸気の意味はない。

例「若し我自ら汽車電信を発明するを待ち然る後汽車を用ひ電線を架するを得べしと」(西周・駁旧相公議一題・明六雑誌・三号・明治七年)

きしゃ【記者】

き

新聞や雑誌などの記事を書く人。「文書を作る者」の意で、日本で中世から使われ出した和製漢語。「記者がかけることば也」(応永本論語抄・八佾)という例がある。明治になって、文筆家の意味から、「新聞や雑誌の書き手」を言うようになった。

例「諸新聞此に基き各記者筆を採つて」(仮名垣魯文・高橋阿伝夜刃譚・明治一二年)

きじやき【雉焼き】

鶏肉を醤油に漬けて焼いた料理。美味なキジ(雉)にあやかって付けられた名称と言われる。近世「きじ焼き」といえば、豆腐料理が多いが、他にもカツオのきじ焼きなどいろいろなものがこの名で供された。

きじゅ【喜寿】

七七歳。七七歳の祝い。「喜の字」「喜字」とも言われる。「喜」という漢字の草体「㐂」が「七十七」と読める所から「喜」を七七とし、これに長寿を祝って「寿」の字を添えた。「傘寿」(=八十歳)「米寿」(=八十八歳)「卒寿」(=九十歳)「白寿」(=九十九歳)などみな漢字の字体に基づいて、日本で作られたもの。

例「けふは南溟(なんめい)老人が喜寿の莚(えん)といひ」(仮名垣魯文・安愚楽鍋・初・明治四年)

きしょくわるい【気色悪い】

気味が悪い。「気色」は中国古典に用例があり、外に現れた様子、自然界の様子といった意味であったが、日本では次第に、心の中が外に現れた様子の意味で使われるようになった。そこから気持ちに近い意味となり、「気色悪い」で気味が悪いの意になったものであろう。なお、「気色悪い」は、「おぬし一人見えぬは気色でも悪いか」(浄瑠璃・女殺油地獄・中)と身体の不調を言う場合と、「エ、気色が悪い。酒を出しねえ」(三遊亭円朝・真景累ケ淵)と現在と同じく不愉快だの意味で用いられる場合とがあった。「きしょく」は「気色」の漢音読みである。↓けしき

きずく《きづく》【築く】

積み固めて作る。『大言海』などが説くように、「杵(き)築(つ)く」がもとの形であろう。この「き」は杵(きね)の古名、「つく」は「突く」と同源で、棒などで突き固めること、つまり杵のようなもので突き固めることである。この語と城などを造る意味の「城(き)築(つ)く」とは、本来別の語であったらしいが(「杵」のキは甲類。「城」のキは乙類)、混同されて今日に至っている。

例「纏向(まきむく)の日代の宮は〈略〉八百土(やほに)よし岐豆岐(きづき)の宮」(古事記・下)

きずな《きづな》【絆】

断ち切りがたい人と人との結びつき。『大言海』によれば、「頸

綱（くびづな）の約」。類例として「くびす（踵）」が「きびひす」「きびす」になった例をあげる。「くびづな」は『*十巻本和名抄』の「犬枷」の項に「久比都奈（くびつな）」とある。「きずな」も古くは動物をつなぎとめる綱であったから、このような「くびづな」と意味的には通じる。しかし、「くびづな」から「きづな」への変化は自然とはいえない。そこで「き」は「引きのきか」（和句解）のような考えも出されているが、なお不明である。

例「妻子といふものが、無始曠劫よりこのかた生死に流転するきづななるがゆゑに」（平家物語・一〇・維盛入水）

きせい【期成】

ある事柄を成し遂げようと強く願い、誓い合うこと。明治期に造られた和製漢語。「成し遂げることを期すること」の意味。「国会期成同盟」（明治一三年）など、組織名に用いられる。山田美妙『*日本大辞書』（明治二六年）には「専ら哲学の語として英語 efficient の対訳として用いる」とある。

きせき【鬼籍】

過去帳。「死者の戸籍」の意。和製漢語。「鬼（き）」は中国では死者の魂の意で、中国古典では「鬼録」という。日本でも近世以前の例は見られない。多く「鬼籍に入る」の形で用い、死ぬことをいう。

例「回復の志願を達せず、空しく鬼籍に入りたることを深く哀惜して止まざりけり」（矢野龍渓・経国美談・明治一六〜一七年）

キセル【煙管】

刻みタバコを吸う道具。「管」の意のカンボジア語 khsier から来たといわれる。キセルは、乗車駅近くの切符と降車駅近くの切符を買って、中間の料金をごまかす不正乗車の一種の称ともなっているが、これは「キセル乗り」の略である。キセルが吸い口とタバコを詰める部分に金（かね）を使い、中間を竹でつないでいることから、先のような不正乗車法の名称となった。漢字表記の「煙管」は煙の管の意。

例「米八が膝を喜世留（きせる）でつつく」（人情本・春色梅児誉美・初・五）

きた【北】

「みなみ」の反対の方角。語源は諸説あるが、不明。「きた」と同根と考えられる語は幾つかある。「キタはキタナシ（汚）・キタシ（堅塩）のキタと同根。黒く、くらい意」（岩波古語辞典補訂版）。南の明に対し、北は暗黒を意味するという捉え方は、『*日本釈名』にも「北方は其の色黒し」と見える。また、『大言海』も「北は暗黒（きたなし）の意ならむ」という。『大言海』は、『*和名抄』の次の記述を「きた」に黒の意味ある証拠とする。「黒鹽〈略〉今案俗呼黒鹽為堅鹽、日本紀私記云堅鹽木多師、是也〈今案ずるに俗に黒鹽を呼びて堅鹽となす、日本紀私記堅鹽をきたしと云ふ、是なり〉」（二十巻本和名抄）。

例「かぢとりらの『きたかぜあし』といへば、ふねいださず」(土左日記・承平五年一月二五日)

きたない【汚い・穢い】(文語) きたなし

よごれている。「きたない」の「きた」は「きだ」から出た、という説がある。「きだ」は「きざむ」から転じたもので、「段」の意である。「直指抄に無段の義といへり。分明ならぬ意なり」(和訓栞)。柳田国男も「きざ」と通じる「きだ」の転と説く。「きざ」は「極まりを付ける」という意味で、「きたない」はもと「だらしがない」の意味であった、という(国語史論)。一方、『岩波古語辞典補訂版』は「きたなし」の「きた」は「北」「きたし(=焼いた黒い堅い塩)」の「きた」と同源だという。↓北

例「きたなき所の物きこしめしたれば、御心地悪しからむものぞ」(竹取物語)

きたる【来たる】

やってくる。「き(来)」+「いたる(至)」の略転した語。

例「ももくさに迫(せ)めより来る」(万葉集・五・八〇四)

きちょうめん きちやうめん【几帳面】

細かなところまで型どおりにしようとすること。もと「きちょうめん」とは几帳の柱の角を削って撫で角にしたところを言う。この細工は入念に行われなければならなかったので、現在のような意味を生じた、という(楳垣実・江戸のかたきを長崎で)。

例「此様な活業(しゃうばい)をさせながらきちゃうめんなことが出来るものかな」(人情本・春色辰巳園・初・五)

きちんやど【木賃宿】

江戸時代の安宿。客は食料を持参して自分で煮炊きをし、宿はそのときの薪代(木銭・木賃)と称する料金だけを受け取ったため、食事付きの旅籠(はたご)に対し木賃宿と言う。明治以降、安宿のことを「木賃宿」と称した。

例「娘はおしゅん、嫁の名も三人連れのき賃宿」(浄瑠璃・五十年忌歌念仏・上)

きつえん【喫煙】

タバコを吸うこと。英語 smoking の訳語として、明治期に造られた和製漢語。「吸煙」という漢語も造られたが、「喫茶」の影響もあってか、「喫煙」の方が生き残った。

例「婦人と同座する時は〈略〉其許可を得ざれば喫烟せざる等」(加藤弘之・夫婦同権の流弊論・明六雑誌・三一号・明治八年)

きっかけ【切っ掛け】

物事を始めるための手がかりや機会。「切り掛け」の促音便化した形で、(材料を)切り始めることが、その原義である。転じて、その切り始めた部分、つまり、物の先端の意となり、さらに転じて、広く、物事の取っかかりをいうようになった。

例「藤八はいづくにあるとおっしゃるをきっかけに、この藤八

が出て」（歌舞伎・与話情浮名横櫛・四）

ぎっちょ

左きき。「ひだりぎっちょう」の約。『大言海』は、「不器用」が「ぶきっちょう」に転じたと同じように、「左器用（ひだりきよう）」が「ひだりぎっちょう」に転じたとする。「ひだりぎっちょう」の例は*『日葡辞書』に「Fidariguicchō（ヒダリギッチャウ）」とあり、「卑語」と注記してある。

例「つと出のお竹人の見ぬときゃぎっちょなり」（雑俳・太箸集・四）

きつつき【啄木鳥】

キツツキ目キツツキ科の鳥のうち、アリスイ類以外のものの総称。「木突（きつつき）の義」とする『大言海』などの説くように、鋭いくちばしで木の幹をつついて中の虫を取り出して食うところからの称。中古にはテラツツキと呼ばれ、中世ケラツツキの称を生じて両形が行われた。近世になってキツツキが現れ、これらの語形が併用された。幕末・明治初期には、*『和英語林集成』（初版〜三版）英和の部「woodpecker」の項の和訳として「kitsztszki（kitsutsuki）」のみが掲出してあることから、キツツキが標準語形と認識されるようになったことがうかがえる。漢字表記形「啄木（鳥）」は、キツツキの漢名「啄木（たくぼく）」による。

例「木啄も庵は破らず夏木立」（俳諧・奥の細道・雲岸寺）

きって【切手】

「郵便切手」の略。明治三年郵便制度の発足に際し、前島密がpostage stampの訳語として「切手」を当てた。「切手」は中世から用いられていた語で、受取証や預り証などの意味であった。郵便を出す際に料金を前払いした受取証の意味で、「切手」という古い語を利用したものである。古い「切手」の意味と区別するために、当初「郵便切手」という言い方が採用された。→切符

きっと

必ず。きびしく。「きと」に促音を挿入したもの。『大言海』は「きと」の「き」は「きは（際）」の「き」だとする。しかし擬声語の可能性が強いだろう。「きと」は、「烏帽子の緒きと強げに結ひ入れて」（枕草子・六三・あかつきに帰らん人は）などと使われている。*『日葡辞書』は「Qitto（キット）」だけを挙げる。

例「志保見きつと見て矢にちがはむと首をうちふりたれども」（金刀比羅本保元物語・中・白河殿攻め落す事）

きつね【狐】

イヌ科の哺乳動物。語源は不明。『大言海』は、キツネの本名は「きつ」または「くつ」で、これらはともに鳴き声を名にしたものだという。しかし、キツネを「きつ」「くつ」と言った例は「きつね」の例よりもずっと新しい。ただ、キツネの前半「きつ」は、鳴き声に基づく可能性が大きい。

例「狐〈略〉歧豆祢（きつね）」（十巻本和名抄）

きつねうどん【狐饂飩】

甘味をつけて煮た油揚げをのせた、かけうどん。油揚げがキツネの好物だという俗信から出た称。明治二六年、大阪・船場のうどん屋「松葉屋」の初代主人・宇佐美要太郎の考案になるという（宇佐美辰一・きつねうどん口伝）。ちなみに、きつねそばは、きつねうどんをまねて、その後に生まれたものである。

きっぷ【切符】

乗車乗船券。入場券。「切り符」の変化した語。「符」は、文書などを二分して、一方を相手に渡し、後日の証とするものをいう。「割符（わりふ・わっぷ・さいふ）」「切符」などの「割」「切」は、このように「符」を二分することを表す。中、近世「切符」は支払い済みの証書の働きをし、乗車券、入場券の意味もここから生じた。キップという語形は『*永禄二年本下学集』『*伊京集』などに見られる。

きっぷ【気っ風】

気性。「気風（きふう）」の転。「きふう」は近世から見えるが「きっぷ」は明治以降にしか例が見えない。現代では多く「きっぷがいい」「きっぷのいい」で使われる。

例「すずしいきっぷの人」（石川淳・おとしばなし尭舜・昭和二四年）

きではなをくくる【木で鼻をくくる】

無愛想な扱いのたとえ。「木で鼻をこくる」が、誤って「～くくる」と使われ、それが定着したものといわれる。「こくる」は、『*日葡辞書』に「Cocuri コクリ〈略〉強く摩擦する」とあり、近世までは用いられた語。木で鼻をこすられれば痛い、というところから、無愛想の譬えとなったもの。ただし、『*諺苑』に「木で鼻をこくったやう　さっぱりしたということ」とあって、近世には別の意味もあったことが知られる。「木で鼻をこくる」は、「こくる」が使われなくなるに連れて忘れられ、明治以降「～くくる」だけになっていった。

例「さう木で鼻をくくったやうに言はずとも、〈略〉色気を付けて返事をしなせえな」（歌舞伎・金看板侠客本店・二）

きなくさい【きな臭い】

何か物騒なことが起こりそうな気配のあるさま。本来は「きな臭い烟草をふかしながら」（夏目漱石・坊っちゃん・明治三九年）のように、布・紙などが焦げるにおいを指したが、後に人間の様子があやしいさまや、事が起こりそうな気配についても言うようになった。『*物類称呼』（五）には「焦臭（こがれくさき）」をいう言い方として「京にて。かんこくさしと云ふ。紙臭なり。東武にて。きなくさいと云ふ。木にてはないにほひと云ふこころ」とあるが、やや解しにくい。『*俚言集覧』は『物類称呼』を引きながら、「木の臭ひなるべし」という。『*嬉遊笑

覧』（或問附録）は「もし衣焦（きぬこ）がる臭気と云へるを其の焦がると云ふことを略（はぶ）きて云たるもの歟」という。「紙子（かんこ）くさし」という類例があることを見れば、同じく衣類である「きぬくさし」説が受け入れやすい。

例「時疫源七といっては、ちときなくさい男だから」（談義本・当世下手談義・三）

きなこ【黄な粉】

大豆を炒って粉末にした食品。色が黄色であることから、「黄なる粉」が転じた語。最近では、緑色大豆を原料とした青色のもの（青黄な粉）もある。

例「大和言葉〈略〉豆の粉（こ）は、きなこ」（女重宝記・一・五）

きぬ【衣】

衣服。『*名言通』（上）は「衣（きぬ）　キヌノ（着布）也」とし、『大言海』などもこれにならう。『岩波古語辞典補訂版』は「絹」の意とする。これらの「き」は「着る」の「き」も含めて、上代特殊仮名遣いで甲類のキで、発音は等しかった。従って、これらの「き」は同源の可能性がある。↓絹

例「一つ松人にありせば太刀はけましを岐奴（きぬ）着せましを」（古事記・中）

きぬ【絹】

繭からとった糸やそれで織った布。『大言海』などは「衣（きぬ）」から来たとする。「衣（きぬ）に作るべきものの意なるべし」（大言海）。これに対して外国からの借用語とする説は近世からあった。『*東雅』は新羅貢献の物の中に絹のあることなどから、「絹をキヌといひしは、韓地の方言に出でて、絹の音転じ訛れるやうにぞ聞こえぬる」とする。また、『*和訓栞』は「絹をよめり、音をもて訓ずるなり」という。これは「絹」の字音ケンからキヌが出たと解してよい説で、現在でもこれに従う説もある（岩波古語辞典補訂版）。絹が外来のものだとすれば、語も借用の可能性が高い。『大言海』によれば「衣」から「絹」が生じたことになるが、このように「絹」が借用語であれば、「絹」がもとで「衣」が生じたことになる。

例「西の市にただ独り出でて眼並べず買ひてし絹のあきじこりかも」（万葉集・七・一二六四）

きぬかつぎ【衣被】

里芋料理の一つ。小粒の里芋の胴回りに切目を入れて蒸すか茹でるかした後に、皮をむき塩または醤油をつけて温かいうちに食べるもの。平安〜室町時代、身分のある女性が外出時に衣を頭に被ることを「きぬかづき」と呼んだ。里芋をその姿に見立て「きぬかづき」といい、さらに「きぬかつぎ」と転じたもの。もと女房詞。

例「いよ殿よりきぬかつき、山の御いもまいる」（御湯殿上日記・天文一〇年三月一三日）

きぬぎぬ【衣々・後朝】

男女が共に過ごした翌朝。または、その朝の別れ。平安時代、男女が一夜を共に過ごすときに、二人の衣を重ねて寝て、翌朝別れのとき、それぞれの衣をとって身につけた。「衣(きぬ)」とはその衣(ころも)のことを言う。「きぬぎぬ」は、二人の衣の意で「きぬ」を重ねた語。共寝のときにはいっしょに掛けていた衣を翌朝には別々に分けて着ることから、衣二つの意味の「きぬぎぬ」で翌朝、またはその別れを指すようになった。

例「しののめのほがらほがらと明けゆけばおのがきぬぎぬなるぞかなしき」(古今集・恋三)

きぬごしどうふ【絹漉し豆腐】

豆乳ににがりを加えて型に流し入れそのまま固めて作る豆腐。「絹漉し」と名にあるが、その製造過程で絹の布を用いて漉すことはしない。絹で漉したように口あたりがなめらかできめ細かいことからの名。木綿(もめん)の布を敷いた型に入れて水分を抜きながら押し固めたものは「木綿豆腐」と言う。

きぬた【砧】

布を打って、柔らかくし、艶を出すための道具。諸書、「きぬ(衣)いた(板)」の略とする。百人一首中の「み吉野の山の秋風さ夜ふけて古里寒く衣打つなり」(新古今集・秋下)の「衣打つ」はきぬたを打つことで、きぬたを打つ音は晩秋のさびしさを表すものとして、古来しばしば文芸に取りあげられた。

例「白妙の衣打つきぬたの音も、かすかに」(源氏物語・夕顔)

きね【杵】

餅をついたりする木製の道具。「き(杵)」に接尾語「ね」が付いたもの。*『和訓栞』は「多くはきとばかりよめれば、ねはつけ字成べし」という。この「き(杵)」について、「杵也。又築も同じ。木の義なるべし」(俚言集覧)という説や「朝鮮語ko(杵)と関係があろう」(岩波古語辞典補訂版)という説もある。「き」は多く複合語として使われるが、「杵(き)と云ふ物を提(ひさ)げて」(今昔物語集・二六・二三)のような単独使用もある。「ね」は「羽ね」「岩ね」「島ね」「垣ね」などの「ね」。これを付けることによって、一音節語を二音節化し、「木」とも区別するようになった。

例「杵〈略〉訓岐禰(きね)」(新訳華厳経音義私記)「しめのうちにきねの音こそ聞こゆなれ」(金葉集・雑下)

きのう《きのふ》【昨日】

今日の前の日。この語の語源については、いまだ不明の点もあるが、*『東雅』は次のように説く。「ケフといひ、キノフといふ。フといふことばは、日(ひ)といふ語の転ぜし也。また昨日をキノフといふことばは、古語にはキソといひし也。去

年をコゾといひしに同じくして、古をコシカタといふがごとし」。すなわち、「きのふ」の「き」は「来（く）」に由来し、「ふ」は「日」の転だとする。『大言海』は「きのう」を「昨日（きす）の日」の略転とするが「き」と「ふ」については『東雅』とほぼ一致するのではないかと思われる。

例「伎能布（きのふ）今日君に逢はずてするすべのたどきを知らにねのみしそ泣く」（万葉集・一五・三七七七）

きのう《きなふ》**【帰納】**

具体的な事実から一般的な命題や法則を導き出すこと。「帰納」は、中国では「かえりおさめる」ということから「帰還」の意味で用いたが、日本では初め、反切（はんせつ）によって漢字音を示すことを意味した（「反切」とは、音の分かっている二字の漢字を用いて、音の分からない漢字の読みを示す方法）。明治になって西周が論理学用語英語 induction の訳語として「帰納」を用いた。西周の『*百学連環』（明治三年）に「induction 即ち帰納の法は」とある。また、『*哲学字彙』（明治一四年）では、induction を「帰納法」と訳している。のち、一般語としても用いられるようになった。

例「吾々の精神的感覚を土台にして〈略〉帰納して行きつつあった」（長与善郎・竹沢先生と云ふ人・大正一三〜一四年）

きのう【機能】

物事の働き。明治時代、英語 function の訳語として造られた和製漢語。『明治のことば辞典』によれば、明治三年の緒方儀一『泰西農学』に「動物の食物を胃腸に資りて血に化するまでの機能」とあるという。このように、初めは生理的な働きについて使われた。機械や機構について言うようになったのは、比較的新しい。

例「進化の法則で吾等（われら）猫輩の機能が」（夏目漱石・吾輩は猫である・明治三八〜三九年）

きのこ【茸】

マツタケやシイタケなど大形の菌植物の総称。「木の子」の意。木や木の根もとから生ずるものが多いので、こう言われる。

例「中馗（ちうき）は菌なり。木の子、くさびらなり」（抄物・玉塵抄・九）「菌　キノコ」（饅頭屋本節用集）

きのどく【気の毒】

他人の置かれた状況に対して同情の気持ちをもつこと。もともとは、自分の気持ちに毒になる状態を表現したもので、自分にとって、辛い、苦しい、困難な状態であることを意味するものであった。「大客のあらんよしを舅聞き付け、俄かに造作をする故、材木をえらばず。節穴多しとて、気の毒に思へり」（咄本・醒睡笑・一）のように自分が困っているのである。江戸時代の後期には、他人の不幸のために自分が辛く思うことから、他者に対する同情の意味で用いられることが多く

なった。人情本『春色梅児誉美』にも「お長が身の上を、先刻聞き置きたるとほりくはしくはなせば、さすが米八も気の毒におもひ」（後・七）という例が見える。

例「扨々夫は気のどくな事を致いて御ざる」（虎寛本狂言・船渡聟）

きば【牙】

象、ライオンなどの、ほかよりも特に大きく鋭い歯。『大言海』などは「切り歯」の変化と説く。しかし、『時代別国語大辞典上代編』などのように「牙（き）」と「歯（は）」の複合語と見るほうが自然だろう。「き」は『*観智院本名義抄』に「牙　キバ、キ」とあり、「きざす（兆）」の「き」などと同源である。

例「牙あるものの、牙をかみいだすたぐひなり」（徒然草・一六七）

きび【黍】

イネ科の一年草。「黄実也」（日本釈名）とあるように、食用にする実は黄色で、語源はこの「黄実（きみ）」の転。マ行音とバ行音は、「さみしい―さびしい」などのように通じ合う。「きみ（黍）」は『正倉院文書』や『万葉集』に用例が見られる。「梨なつめ寸三（きみ）に粟つぎはふ葛の後もあはむと葵花咲く」（万葉集・一六・三八三四）。

例「黍　キヒ」（観智院本名義抄）

きびだんご【黍団子・吉備団子】

岡山県名物の求肥餅（ぎゅうひもち）。すりつぶした餅米に砂糖・水飴・キビの粉を加え、火にかけ練って丸めたもの。元来は黍（きび）の粉で作った団子であったので「きびだんご」という。吉備（＝岡山地方の古称）と黍をかけて、岡山の名産となった。『*日葡辞書』に「Qibidango キビダンゴ（黍団子）　黍で作った団子」と見える。

きびなご【黍魚子】

ニシン目の海魚。全長約一〇センチ。体側に銀白色の縦帯がある。本州中部以南に棲息。キビナゴの本場は鹿児島といわれるが、「古来、鹿児島では、帯のことをキビということから、体側の幅広い銀白色の縦縞を帯と見立て、帯のあるナゴ（＝小魚）という名前がついた」（図説魚と貝の事典）という説がある。ちなみに、『日本方言大辞典』によれば、帯のことをキビという地域は、鹿児島県奄美大島・徳之島となっている。また、ナゴは「〜の子」の意であると思われる。

きびにふす【驥尾に付す】

優れた人の後ろにつき従う。「驥」は一日に千里を走る名馬。この成句と同意の成句「驥尾に託す」のいわれについて『後漢書』「隗囂（かいごう）伝」に「蒼蠅之飛、不過数歩、即託驥尾、得以絶羣（蒼蠅の飛ぶは数歩にすぎず。即ち驥尾に託せば、以て羣を絶すを得）」とある。「驥尾に付す」という形は、『史記』「伯夷伝」に見える。「顔淵雖篤学、附驥尾而行益顕

〔顔淵篤学といへども、驥尾に附して行益々顕たり〕」。

例「今諸国の大小名を見るに、頼朝・義経の驥尾について、匹夫よりして家を起こすもの少からず」（談義本・風流志道軒伝・一）

ぎぼうし【擬宝珠】

橋などの欄干（らんかん）に付ける、ネギの花の形をした飾り。ギボシともいう。「ぎぼうしゅ」の転。語源については諸説あるが、『大言海』は、「宝珠に擬（なぞら）へ造れる意か」とする。「宝珠（ほうしゅ・ほうじゅ）」は、仏教語。梵語 maṇi の漢訳語で、病苦や災いを除き、あらゆる願いを叶える力を持つ不思議な珠のことをいった。日本では、上のとがった球形に表されることが多い。なお、「ぎ」はネギで「ねぎぼうし」（＝ネギの花）に由来するという説もある。

例「此に高欄を金襖にて裹（つつ）みて、ぎぼうしに金薄を押し」（太平記・三九・諸大名讒道朝事）

きまりがわるい【極まりが悪い】

恥ずかしい。「きまり」は動詞「きまる（決・極）」の連用形の名詞化。「きまりが悪い」は、かたづかない、始末ができない、だらしがないということで、そこから他に対して恥ずかしいという意味を生じた。次の例はもともとの意味。「鼠にかかっては、猫めが居らぬと、第一きまりがわるい」（歌舞伎・お染久松色読販・中）。

例「何だかきまりが悪いから」（坪内逍遥・当世書生気質・明治一八〜一九年）

きみ【君】

君主。二人称代名詞。『大言海』は、「きみ」は「上（かみ）と通ずるか」という。ただし、「城持（きもち）」の約という別の説も併記している。その他、色々な説があるが、信じられない。「首長」の意味がもとであるが、人称としても、また二人称としても奈良時代から用いられている。奈良時代、二人称としては、主として女性から男性へ用いられた。二人称の用法は一時衰えるが、江戸時代末期男性語として復活し、幕末・明治初期にはキミ・ボクをセットにして使う用法が見られ、一般化していった。

例「言問はぬ樹にはありともうるはしき伎美（きみ）が手馴（たな）れの琴にしあるべし」（万葉集・五・八一二）

ぎむ【義務】

なさねばならぬこと。明治期に duty、obligation の訳語として使われるようになった語。この語の成立は『万国公法』を中国語に訳した宣教師丁韙良（米国人 W.Martin）によるとされる（明治のことば辞典）。ただし日本でもほとんど同じ頃津田真道と西周が duty を「義務」と訳している。*『哲学字彙』（明治一四年）では、obligation の訳語として「義務」があげられている。*『和英語林集成』に載るのは、第三版（明

治一九年)からで、「義務」に当たる語として、obligation と duty が記されている。

例「義務のかからぬ事を知るや主人は急に気軽になる」(夏目漱石・吾輩は猫である・明治三八〜三九年)

きめ【木目・肌理】

肌の滑らかさ。木の目、すなわち木目(もくめ)の意味から転じた。木の切り口に見られる筋目から、人の肌について使われるようになり、「きめが細かい(荒い)」などその滑らかさを言うようになった。また、物事の処理のしかたの精密さについて言うこともある。ちなみに、「肌理」という漢字表記形は、漢語「肌理(きり)」(=肌のきめ、表面の紋様の意)による。

例「寅(とら)の時(=午前四時頃)は、夜明けの手のきめの見ゆる時ぞ」(抄物・玉塵抄・二四)

きもいり【肝煎り】

世話をやくこと。世話人。「肝を煎る」が一語の名詞となったもの。「肝を煎る」は「いらいらする」の意から「心遣いをする」を経て、「世話をやく」の意味になった。

例「Qimoiri　キモイリ(肝煎)　熱心でよく世話をする人」(日葡辞書)

きもの【着物】

身に着けるもの。特に洋服に対して和服を言う。「きもの」の「き」は「着る」の連用形。古くは「着る」の連体形「きる」が名詞に付いた「着る物」という形も一語化して併用されていた。「一人隠れ居るばかりの屏風・几帳、着る物ばかりは」(宇津保物語・俊蔭)。江戸時代中頃以降、江戸では「きもの」が優勢になった。

例「まだこの寒いのに、着類(きもの)もたった一ツ着(め)してからに」(人情本・春色恵の花・二・一二)

きゃくしょく【脚色】

小説や事件をもとに脚本を書くこと。本来は古く中国で、出仕する時に出した履歴書のことを指した。元・明の頃から、芝居における役者の役どころや人物像などを指すようになった。日本では、江戸時代から芝居の仕組みや脚本の意味で使われるようになった。また、劇化するということから、事実を誇張して面白おかしく話すという意味でも使うようになった。なお、「やや『ポエトリイ』に似たるものから其の脚色〈キャクシキ〉も淡々しくして」(坪内逍遥・小説神髄・明治一八年)のように、初めはキャクシキと呉音読みで言われたが、次第にキャクショクと漢音読みに移った。

例「脚色は壇浦没落の後日です」(山田美妙・蝴蝶・明治二一年)

ぎゃくせつ【逆説】

反対の考え。また、反対の考えのように見えて、よく考えると、同じことを表しているもの。明治になって、英語

paradox の訳語として用いるようになった和製漢語。『哲学字彙』*（明治一四年）に「Paradox　逆説」とある。なお、『日本外史』にある「直義聞之、使人逆説之曰（直義之を聞き、人をして之に逆説せしめて曰く）」の例は、ゲキゼイ（ゲキは漢音、ゼイは慣用音）と読まれ、意味も「出迎えて説く」というもので別語である。

きゃくほん【脚本】

芝居の仕組み、舞台装置、役者の台詞（せりふ）や動作を記した書。「脚色」をもとにして造られた和製漢語で、「脚色の本」の略（日本国語大辞典二版）と考えられる。江戸時代には、歌舞伎や浄瑠璃の脚本のことを「正本」「根本」などと言い、明治前期までは「脚色」が脚本の意を兼ねていた。「脚本」は明治後期に、「脚色」が演劇の仕組みや小説を芝居の形に改める意に限定されるようになってから用いられるようになった。→脚色

例「アーサー・ジョーンスと云う人のかいた脚本のなかにしきりに自殺を主張する哲学者があって」（夏目漱石・吾輩は猫である・明治三八〜三九年）

きゃたつ【脚立・脚榻】

高い所に手を伸ばすときに使う踏み台。『大言海』*は、「脚榻子（きゃくとうし）の宋音。〈略〉禅家の語」という。『日葡辞書』*には Qiatat と Qiatatçu の二つの語形があって、前の方、すなわち末尾が子音で終わる形の方がまさるとしている。

例「いで計らひ申さんと脚達を踏んで伸びあがれば」（浄瑠璃・平家女護島・一）

きゃっかん《きやくくわん》【客観】

主体の認識の対象。中国では、古く「外観」「容貌」の意味で使われていた。明治になって、『哲学字彙』*（明治一四年）に見られるように、英語 object の訳語として日本で用いるようになった。明治期には、漢音カクを用い、カッカンと読むのが普通であった。なお、現在中国で使われている「客観」は日本からの移入による。→主観

例「もう客観の問題じゃなくて、主観の問題、つまり心の深さの問題になるんだ」（長与善郎・竹沢先生と云ふ人・大正一三〜一四年）

きゃっこう《きやくくわう》【脚光】

舞台の前の床から俳優を照らし出す照明。英語 footlight の訳として造られた和製漢語。foot を「脚（あし）」、light を「光」と訳し、その二つを結びつけたもの。明治末期から使われるようになった。「脚光を浴びる」というと、「舞台に立つ」ことを表し、さらに「社会の注目を受ける」、華やかな存在となる」という意味でも使われるようになった。

ギヤマン

ガラス。オランダ語 diamant に由来する。diamant は英語

の diamond と同じで、ダイヤモンドの意。『増補華夷通商考』(宝永五年)に「ギヤマンテ　デヤマンテとも云、其色紫赤多し、鉄槌にて打ちても砕けず、金剛石菩薩石の類なり」とある。「ギヤマン」は屑のダイヤをガラス製品の加工に使うところから、ガラスやガラス製品を指すようになった。江戸時代には、ガラスを表すのにポルトガル語から入った「ビードロ」が使われていたが、一八世紀からギヤマンが使われ出し、ビードロに代わって使われるようになった。明治になると、次第にガラスに取って代わられ、使われなくなっていく。
→ガラス

[例]「彼処(あそこ)にある硝子〈ギヤマン〉の簪を、買うて下さりませ」(歌舞伎・謎帯一寸徳兵衛・序)

きゃらぶき【伽羅蕗】
蕗(ふき)を醤油・酒などで濃い茶色に煮しめた料理。「伽羅」(キヤは「伽」の漢音読み)は、黒い沈香(じんこう)を意味する梵語 kālaguru の漢字音訳「伽羅阿伽嚧」の下略形である。「伽羅蕗」という料理名は、「色、黒ければ云ふか」(大言海)と説かれるように、その色による。その際、「昔は何によらず良きものを賞めて伽羅といへり」(嬉遊笑覧・九下)というような気持ちも加わったであろう。

きゆう きいう**【杞憂】**
無用の心配。古代中国、周の時代、杞の国の人が天が崩れ落ちてきたら、身を寄せる所がないと心配して、寝ることも食べることもできなくなった、という故事「杞国有人憂天地崩墜、身亡無所寄、廃寝食者〈杞国に人、天地崩墜すれば、身亡びて寄する所無きを憂へ、寝食を廃する者有り〉」(列子・天瑞)から出た語。

[例]「かくの如き杞憂を抱く方々」(田口卯吉・条約改正論・明治二二年)

きゅうかんちょう きうくわんてう**【九官鳥】**
スズメ目ムクドリ科の鳥。語源について、近世後期の養禽書、佐藤成裕『飼籠鳥』は次のようにいう。「唐船はじめて載せ来る。其の人の名を九官と云ふ。此の名を誤りて此の鳥の名とす。此の人、久しく飼ひて常に九官と言はしむ。始めて長崎に持ち来りて、此の人、訳詞に云ひて曰く、此の鳥、常に吾が名を鳴くと云ひしと。吾とは此の鳥の事と解して、自ら鳥の名の事なりとする故に、逆に其の誤りを世に伝ふる事、是の故なり」(図説日本鳥名由来辞典)。すなわち、この鳥をはじめて日本にもたらした中国人の名「九官」に由来するという。

きゅうこん きうこん**【球根】**
植物の根や地下茎が養分を蓄えて球状や塊状になったもの。蘭学者によってオランダ語 bolwortel の訳として造られた和製漢語。bol は球、wortel は根の意である。翻訳百科

事典『厚生新編』（文化八～天宝一〇年頃）には「和蘭ボル又はボルウヲルテル　球根〈たまね〉」と訓読みのふりがなが見られる。『植学啓原』（天保四年）にも「タマネ」というルビがある。明治時代以降は音読みの「きゅうこん」になった。

例「球根とは水仙或は蕃紅花（サフラン）等の如く根に球（まり）の生ずる種類の総名なり」（安倍為任・博物図教授法・明治九～一〇年）

きゅうしにいっしょうをえる きうしにいつしやう—【九死に一生を得る】

奇跡的に助かる。「九死一生」から出た慣用句。「九死一生」は一〇のうち九分までは死、生は一分だけという危険な状態を表す。出自は中国にある。『楚辞』「離騒」の「雖九死其猶未悔（九死すと雖（いへど）も其れ猶ほ未だ悔いず）」に対する注「雖九死無一生、未足悔恨（九死に一生無しと雖も、未だ悔恨するに足らず）」に見える「九死無一生」がそのもとだといわれる。日本では平安中期の『左経記』に「従去月廿八日受重病、日来辛苦、已九死一生也（去月廿八日従（よ）り重病を受け、日来辛苦し、已（すで）に九死一生なり）」と見える。

きゅうしょ きふしよ【急所】

大事な箇所。和製漢語で、本来は身体の中、そこをやられると急速に生命が危険に陥る大切な箇所を意味した。そこから物事の最も大切な所をいうようになった。この語は「灸所」とも書かれ、灸をすえる所の意から転じたとも考えられる。ただ、「急所」の方が「灸所」より古く現れるので、「灸所」を意味によって「急所」に変えたとは、今のところ考えにくい。

例「滝口は急所を射られつるぞ」（古活字本平治物語・中・義朝六波羅に寄せらるる事）

ぎゅうじる ぎうじる【牛耳る】

団体・党派を支配する。「牛耳を執（と）る」の「牛耳」に、動詞を作る接尾語「る」の付いたもの。「る」は「さぼる」「野次る」などの「る」と同類。「牛耳を執る」は同盟・団体などの盟主となる意。「牛耳る」の成立は比較的新しく、大正期頃から使われはじめたものと思われる。一説に、旧制の高等学校生徒のスラングから出たものともいう（渡辺紳一郎・東洋語源物語）。「牛耳を執る」という成句は、『春秋左氏伝』による。中国の春秋時代、諸侯が盟約を結ぶ儀式において、盟主となる者が、いけにえの牛の左耳を執って割き、その生き血を諸侯が順にすすって同盟を誓い合ったことから出たものとされる。『春秋左氏伝』「定公八年」には次のようにある。「衛人請執牛耳（衛人（えいひと）牛耳を執らんことを請ふ）」。

例「あの男、近来、関西の野球界で牛耳って居る」（下中芳岳・改訂増補 や、此は便利だ・大正七年）

ぎゅうひ ぎうひ【求肥・牛皮】

白玉粉を水でこねて蒸し、砂糖・水飴などを加えて練り上

げた、餅状の和菓子。「ぎゅうひあめ」の略。唐代の中国から伝来したものであるが、当時は黒砂糖を多く用い、その色・感触が牛のなめし革に似ていたことから、牛皮と書かれた。後に「牛皮」を忌避して「求肥」の文字を用いるようになった。求肥饅頭・求肥団子・練り切り・羽二重餅など各種の菓子がある。

きゅうり《きうり》**【胡瓜・黄瓜】**

ウリ科のつる性一年草。普通その実を指す。『大言海』など、「黄瓜」の義とするものが多い。発音も『*日葡辞書』に Qiuri とあるように、拗音化せず、キ・ウリと割って発音された。キュウリとなるのは明治以降であろう。慶応三年（一八六七）の『*和英語林集成』でも Ki-uri である。「黄」の字を当てるのは黄色くなるまで完熟させて食べたからである。清水桂一編『たべもの語源辞典』はルイス・フロイスの『日欧文化比較』（天正一三年）から次のような引用をしている。「日本人は〈略〉胡瓜だけはすっかり黄色になった熟したものを食べる」。「胡瓜」は漢名で、「胡」の字を当てるのは、漢の張騫が西域から持ち帰ったからだという。

例「胡瓜〈略〉曽波宇利、俗に岐宇利（きうり）と云ふ」（十巻本和名抄）

きょう《けふ》**【今日】**

本日。語源については諸説あるが、不明である。『大言海』によれば、「けふ」は「今朝（けさ）のケ、昨日（きのふ）のフ」からなる、という。「けふ」と「けさ」の「け」は何らかの関係を持っていそうに見えるが、その正体は分からない。『大言海』によれば「今朝（けさ）」は「此朝（こあさ）」の略転であるという。ケはコ＋アの転じたもので、「け」だけでは意味が備わらない。一方、『岩波古語辞典補訂版』は「けふ」は「此（こ）」の転の「き」と「あふ（合）」からできた、という。同じく「けさ（今朝）」はキ＋アサの転である、という。

例「三島野に霞たなびきしかすがにきのふも家布（けふ）も雪は降りつつ」（万葉集・一八・四〇七九）

きょうかい《けうくわい》**【教会】**

ある宗教（特にキリスト教）の信者が集まって礼拝や説教などを行う建物、またはその組織。英語 church の訳語。中国のキリスト宣教師による『六合叢談』（一八五七〜五八年）などの漢訳洋学書に使用例が見られる。ロブシャイド『*英華字典』にも church の訳語として「耶蘇教会」が見られる。日本では明治初期頃から使用されるようになった。ヘボンの『*和英語林集成』では二版（明治五年）の英和部において church の訳語として「教会堂」と共に見られる。なお、明治初期の和訳聖書には「会堂」という形も見られる。

例「諸教会より没入の財産を学費に供し、学政を拡張し」（久米邦武・米欧回覧実記・明治一一年）

き

きょうかしょ《けうくわしょ》【教科書】

学校教育で、それぞれの教科の主な教材として用いる図書。text-book の訳語として造られた和製漢語。明治初期から使われ、国語辞書では落合直文『ことばの泉』(明治三一〜三二年)に見られる。それ以前は近い意味の語として、「読本(とくほん)」があった。

きょうぎ《きやうぎ》【経木】

食品を包むために用いる、薄く削った木片。本来は経を書き記すための木片で、追善供養などで用いられた。「今日召寄経木、令始写経〔今日経木を召し寄せ、写経を始めしむ〕」(実隆公記・永正八年二月四日)。江戸末期に、それまで用いられていた竹の皮の不足をきっかけに食品の包装に使われるようになった。包装用のものは、初め「枇木(ひぎ)」と名づけられたが、「へぎ」「かんながら」「けいぎ」など各地でさまざまな名で呼ばれるようになった。戦時中の物資統制の際にこれらを「きょうぎ」と統一した。

ぎょうぎょうしい《ぎやうぎやうしい》【仰々しい】 (文語) ぎやうぎやうし

おおげさだ。語源不明。歴史的仮名遣いにも疑問がある。中世、「ぎょう」という語があり、*『日葡辞書』にも「Guiôna(ギョゥナ)」という形で載せられている。その項目中に「Guiôna fito(ぎような人)」という例文があり、「物事を大げさに誇張して言う人」と説明されている。この語から「ぎょうさん」や「ぎょうぎょうしい」が派生したものと思われる(日本国語大辞典二版)。しかし、もととなった「ぎょう」の素性は仮名表記形も一定せず、不明である。

[例]「ぎやうぎやうしい白むく着たは、討ちはたしてのなんといふ」(浄瑠璃・傾城反魂香・中)

きょうげん《きやうげん》【狂言】

人をあざむくための芝居。「狂言」は、演劇として「能狂言」を指すことが多いが、近世「芝居」の意味にも用いられ、そこから「狂言強盗」などのような現代の用法を生じた。言葉としては中国古典に例があり、たわごとの意味で日本でも中古以降用いられた。能狂言の「狂言」の名は、この「たわごと、ざれごと」の意味に由来するものである。

[例]「実は、ばんしんとのなれ合で、ゑん二郎を色じかけで呼ぶきゃうげん、此ごろはやる手也と、さとっていれば」(洒落本・通言総籬・二)

きょうげんまわし《きやうげんまはし》【狂言回し】

「狂言を回す」ことを名詞化した語で、「狂言を回す」は芝居を進行させる意。もと歌舞伎用語で、演目の筋を運んだり主題の解説をしたりするための役柄のことを言った。現代では、大勢で物事を進める場合の進行を担当する人物のことを、古めかしく洒落れて言ったりする。

きょうこう《きようくわう》**【恐慌】**
経済の大不安。英語 panic の訳語。*『哲学字彙』(明治一四年)では「驚慌、商業必迫(財)」と訳されている。「驚慌」という表記はそれまで日本では見られず、ロブシャイド*『英華字典』によるものと思われる。初めは「驚慌」が使われ、「恐慌」という表記が使われるようになったのは明治の後半になってからで、『哲学字彙』(三版・明治四五年)には、「驚慌」と「恐慌」が併記されている。また、「恐慌」は恐れあわてる意でも使われた。「是に於いて誰か恐慌し、狼狽し、悩乱し、号泣し」(尾崎紅葉・金色夜叉・明治三〇～三五年)。
例「欧州大戦後に生じた財界の恐慌のさい」(横光利一・家族会議・昭和一〇年)

ぎょうざ【餃子】⇩ギョーザ

ぎょうさん《ぎやうさん》**【仰山】**
おおげさ。はなはだしいさま。『大言海』は「けう(希有)さ」の転で、驚きの気持ちを言うため濁音化した、と言うが、語末の「ん」の説明はない。中世、「ぎょう」(歴史的仮名遣いは不明)という語があって、形容動詞として用いられていた。これをもとにして「ぎょうぎょうしい」や「ぎょうさん」が作られたものと思われる(日本国語大辞典二版)。→ぎょうぎょうしい
例「ぎやうさんな高声して」(虎明本狂言・鍋八撥)

ぎょうじ《ぎやうじ》**【行司】**
相撲で、勝負の判定をする人。本来は「行事」で、広く「事を執り行うこと」の意で使われた。「各職掌ありと雖も、行事に至りては必ず共に知るべし」(続日本紀・天平二年四月)。古く、朝廷の「相撲(すまい)の節(せち)」では「立ち合わせ」と言った。専門の行司役が生まれたのは室町時代であり、「行司」と表記するようになったのは江戸時代になってからである。
例「入道いでてぎやうじに立たんといふ」(曽我物語・一・おなじく相撲の事)

きょうじや《きやうじや》**【経師屋】**
ふすまや屏風などの表具を作る人。「経師」は中国では四書五経などの経書を教える人をいう。日本では「経」は仏教の経典のことで、「経師」は初めは経文を書写する事を業とする人を指した。「其の経師を其の堂に請け、法花経を写し奉らしむ」(日本霊異記・下・一八)。次いで経巻の表装を業とする人を意味し、さらに書画の幅や屏風、ふすまなどを表装する人を言うようになった。室町末期頃からは「経師屋」の形で用いられるようになった。*『日葡辞書』には「Qiŏjiya(キャウジヤ)」の形だけが見られる。

ぎょうずい《ぎやうずい》**【行水】**
たらいに湯や水を入れて、汗を流すこと。「行水」は流れる水という意味では中国に例があるが、日本ではこれをコウスイ

と漢音で読んだ。ギョウズイ〈ぎやうずい〉と呉音で読んだ語は、神事や仏事の前に体を水で清めることを言った（例の平家物語の文はその例）。後に、日常生活で湯や水で簡単に汗などを流すことを言うようになった。

例「御行水を召さばやとおぼしめすはいかがせんずる」（平家物語・三・法皇被流）「おとらは行水をつかいながら」（徳田秋声・あらくれ・大正四年）

きょうちくとう けふちくたう【夾竹桃】

キョウチクトウ科の常緑低木。インド原産。日本には中国を経て江戸時代に渡来した。語源は漢名「夾竹桃」の字音による。花は淡紅色で観賞用。中国明代の書『羣芳譜』は「夾竹桃、花五弁、弁微尖、淡紅嬌豔、類桃花、葉狭長類竹、故名夾竹桃〔夾竹桃、花五弁、弁微尖にして淡紅嬌豔、桃花に類（たぐ）ひ、葉狭長にして、竹に類ふ。故に夾竹桃と名づく〕」と語源説を載せる。葉は竹に似て花は桃に似ることからという。「夾」は兼ねるの意。竹と桃を兼ねることを表す。

ぎょうてん ぎやうてん【仰天】

ひどく驚くこと。『大言海』は「驚顛（きやうてん）」が「甚しく驚くに因りて濁るなるべし」と説く。「驚顛」は卒倒するほど驚くことで、「足ることを知らぬ肉食人（ぜいたくにん）に見せたらば、驚顛（ギャウテン）して眼をまわさん」（辻弘想・開化のはなし・明治一二年）のように使われている。

例「上皇は東西を失うて御仰天あれば」（古活字本保元物語・中・新院左大臣殿落ち給ふ事）

きょうよう けうやう【教養】

文化に関する広い知識やそれによって養われた品位。漢籍では教え養う意で用いた。この意味のほかに日本では、「孝養（きょうよう）」すなわち亡き人をとむらうという意味でも使われた。*『伊京集』に「教養　仏事」とみえる。現在に近い意味での「教養」は明治初期に中国で education、educate の訳語に当てられ、それが日本に伝わったようである。ちなみにロブシャイド*『英華字典』には「educate　養育　教養　教育」とある。高橋五郎の*『漢英対照いろは辞典』（明治二一年）には「教養」の説明として「をしへしたてる（生徒を）、しつける　to educate; to train.」とある。英語 education、educate の訳語として「教育」が定着してから「教養」はその意味では使用されなくなった。現代の意味での使用は大正以降にみられる。阿部次郎の『三太郎の日記』（大正三〜七年）には「特殊な民族的教養（注、文化的知識）」といったように、「教養」が使用され、新しい意味での使用を意図した注記が施されている。

例「何かの職業に従事している教養のある者たちは、自身の教養を示す必要のある機会毎に忘れず言葉を出すものだが」（横光利一・旅愁・昭和一一〜一二年）

き

きょうわ【共和】
合議によって政治を行うこと。幕末に造られた訳語。オランダ語 republiek（レピュブリーク）はそれまでに「王なくして支配さるる国」「合衆議定の国」「会政治」などと訳されていた。箕作省吾もその訳に悩んでいたが、大槻磐渓に、「共和」という語が『十八史略』にあると教えられ、それを訳語として採用したと言われる。「共和」という語は『史記』に見え、西周の厲（れい）王が出奔したために、召公と周公とが二人で協議して政治を見たことを「共和」と言っている。
例「政府の体裁は立君にても共和にても」（福沢諭吉・文明論之概略・明治八年）

ギョーザ【餃子】
中国料理の軽い食事（点心）の一種。中国語「餃子」に由来する。「餃子」は北京での発音はチャオツであるが、「餃子」発祥の地である山東地方での発音はギョーザである。蒸したもの（蒸し餃子）、ゆでたもの（水餃子）、焼いたものとがある。日本では第二次世界大戦後に食されるようになり、急速に広まった。

ぎょくさい【玉砕】
玉が美しく砕け散るように、潔く死ぬこと。『北斉書』「元景安伝」の「大丈夫寧可玉砕、不能瓦全（大丈夫はむしろ玉砕すべし、瓦全することあたはず）」による。第二次世界大戦中、大本営発表の中で「全滅」に代わって使われた。

きよみずのぶたいからとびおりる《きよみ》《づー》【清水の舞台から飛び下りる】
思いきって物事を実行する。「清水の舞台」とは、京都、清水寺本堂（観音堂）前面の断崖上に張り出した板敷の部分（高さ一三メートル余）をいう。その「清水の舞台」から飛び下りるのには非常な決意がいることから、この慣用句ができた。近世には願掛けして本当に飛び下りる風習があり、絵の題材にもなった。

きらう《ふ》《きら》【嫌う】
好きでない。「嫌う」には、古く「切り捨てる」という意味があって、「切る」の派生語かと思われる。この説は、『名語記』*などに見られ、現在も支持がある（岩波古語辞典補訂版）。嫌なものを切り、しりぞけるというところから、派生した語であろう。「切る」から派生したとすれば、「切る」の未然形に継続を表す上代の助動詞「ふ」が付いたものと考えられる。「切り捨てる」の意味で用いられた例を次に挙げる。「穢き奴等（ども）を伎良比（きらひ）賜ひすて賜ふ」（続日本紀・天平宝字元年七月一二日・宣命）。
例「今陛下（きみ）其の醜きことを嫌（きらひ）たまはずして」（日本書紀・安康元年二月・図書寮本訓）

きらず【雪花菜】

豆腐の絞り滓（かす）、おからのこと。「きらず」は「おから」の忌み言葉。『大言海』は『屠竜工随筆』（安永七年）の説を引いて、「おから」は「空（から）」と通じるのを嫌い、切らずにつくれるところから「切らず」と言いかえたものだ、という。

例「とうふあきなふ商人の、切らず切らずと声高に」（浄瑠璃・堀川波鼓・下）「雪花菜（きらず）は、おかべのから」（女重宝記・一・五）

きらぼし【綺羅星】

「綺羅星の如く」の形で立派な人物がずらりと並んでいることのたとえ。「きら、ほしのごとく」の区切りを無視して「きらぼしのごとく」と使ったため、生じた語。「きら」の「き（綺）」は「あやぎぬ」、「ら（羅）」は「うすぎぬ」で、美しい衣服を意味する。「綺羅」が「星」と結び付くのは、和語の「きらきら」「きらめく」などの「きら」と同一視されたためと思われる。中世来、「きらぼし」単独の用法も生じた。「きらぼしをかがやかす御威勢」（浄瑠璃・文武五人男・五）では、きらきら輝く星々の意味である。

例「上り集まる兵（つはもの）、煌星〈きらほし〉のごとくなみ居たり」（謡曲・鉢の木）

きらめく【煌めく】

きらきら光る。「きら」は光を反射して光るさまで、擬態語。「きらきら」はこれを重ねた語。「めく」は「春めく」などと同じで、動詞を作る接尾語、「ある状態になる」というような意味を添える。

例「眼を見れば、かなまりのごとくきらめきて」（宇津保物語・俊蔭）

きり【桐】

ゴマノハグサ科の落葉高木。『*和訓栞』に「桐はしばしば伐りて、却て栄えるものなれば、名とす」とある。すなわち、「きり」は動詞「伐る」の連用形の名詞化。

例「梧桐〈略〉和名皆木利（きり）」（二十巻本和名抄）

きり【錐】

小さな穴をあける道具。『大言海』は「鑽（き）る」の連用形の名詞化とする。「鑽る」は『大言海』によれば「桧より火を出させる」という意味で、「きしる」と通ずる。「きしる」は木と木などをこすった際に出るキシキシいう音の擬音語を動詞化した語。「切り火を切る」の「きる」もこの「鑽る」である。

例「錐〈略〉岐利（きり）」（十巻本和名抄）

きり【霧】

大気中の水蒸気が地面近く漂う現象。動詞「霧（き）る」の連用形の名詞化。「霧る」は「秋の田の穂の上に霧らふ朝霞」（万葉集・二・八八）などのように用いられた。「霧る」の語源について、新村出は「断（き）る」に当たるという（言葉の今昔）。この説は近世から見られるもので、『*箋注倭名抄』は次のように

言う。「按岐利、遮隔之義、其原与切同語〔按ずるに、岐利（きり）は遮隔の義、其の原は切（きり）と同語〕」。霧を、日光や眺望を遮断するものと捉えた命名ということになるだろう。

例「わが故に妹嘆くらし風早の浦の沖辺に奇里（きり）たなびけり」（万葉集・一五・三六二五）

きりがない【切りが無い】

際限がない。はてしがない。「きり」は、動詞「切る」の連用形の名詞化したもので、限界の意。「きりもなし」「きりなし」の形で、中世から用例がある。「殊更（ことさら）きりもなき剛の者」（源平盛衰記・二〇・八牧夜討事）などと用いられていた。

例「欲にはきりがない」（咄本・軽口御前男・五・一）

きりぎりす【螽蟖】

キリギリス科の昆虫。古くはコオロギを指した。『大言海』には、「キリキリは、鳴く声の聞きなしなりと云ふ。スは虫につく語」とある。キリギリスの鳴き声は、現代「きりきりきりきり　きりぎりす」（文部省唱歌・虫のこゑ）と歌われるように、キリキリ、あるいはギースチョンなどと聞きなされている。キリギリスという名称はこの聞きなしに基づくものである。しかし、平安時代「きりぎりす」はコオロギを指していたといわれるので、エンマコオロギを例にすれば、その鳴き声は現在コロコロなどと聞きなされるのが普通である。この鳴き声を、平安時代の人はキリキリのように聞きなしたのか、あるいは別の種のコオロギの鳴き声をそう聞きなしたのか、これらは謎のままである。因みに平安時代キリキリと鳴くと聞きなされていた虫は「はたおりめ（機織女）」で、「はたおりめ」は「雁がねは風を寒みやはたおりめ管まく音のきりきりとする」（新撰万葉集）と歌われている。この「はたおりめ」はキリギリスのことだといわれている。「螽蟖」は漢名。→こおろぎ

例「秋風にほころびぬらしふぢばかまつづりさせてふきりぎりすなく」（古今集・雑体）

きりきりまい《きりきりまひ》【きりきり舞い】

てんてこまい。「きりきり」はいろいろな音や状態を表す擬声擬態語であるが、この語の場合、後に来るのが、「舞い」であるから、くるくると渦巻き状に廻るさまを表す擬態語である。この用法は、「橋の下にまだらなる蛇（くちなは）のきりきりとしてゐたれば」（宇治拾遺物語・四・五）のように、すでに中世に見られる。「舞い」は実効のない動作を舞の所作にたとえたもの。一般には、忙しく立ち働く様子をたとえて言うが、「帽子のやつ〈略〉きりきり舞いをして桶のむこうに落ちたと思うと」（有島武郎・僕の帽子のお話・大正一一年）では、帽子が実際にぐるぐる舞っていることを表している。

きりこうじょう《きりこうじやう》【切り口上】

堅苦しい言い方。口上は口のききかた。切り口上は一語一語

切っていう言い方をいい、そこから改まった形式張った言い方を指すようになった。中世、「切り声」という語があって、「随身きり声にさき追ひける」（続古事談・二）のように用いられた。「切り声」は一語一語区切ってものを言うことで、「切り声の口上」という意味から「切り口上」ができたものと思われる。これが歌舞伎では、芝居の終わりや打ち切りの口上の名称となり、「切り」の意味が芝居の終わりと意識されるようになった。

例「子細に巻舌切口上必ず憎まるる基にて候」（談義本・教訓続下手談義・二）

キリシタン【吉利支丹・切支丹】

フランシスコ・ザビエルらがもたらした、キリスト教やその信者をいう。ポルトガル語 Christão に由来する。漢字表記は種々ある。五代将軍綱吉以降は「吉」を避けて「切支丹」などと書かれた。

例「耶蘇（やそ）今云ふ、切死丹（きりしたん）」（書言字考節用集）

きりたんぽ【切たんぽ】

秋田県の郷土料理の一。固めに炊いた新米の米粒の形がやや残る程度にすりつぶしたものを、細竹に円筒形に塗りつけ、炉端などで焼き上げたもの。野菜などの汁で煮て食べる。槍（やり）の先に付ける「たんぽ（短穂）」に形が似ていることから命名された。語頭の「きり」は「切り」で、長いたんぽ槍の先端、すなわち「たんぽ」だけを切り取った形ということか。あるいは適当な長さに切って食べたからともいわれる。

きりづま【切妻】

切妻屋根、またはその両端の部分。「つま」は「端（はし）」の意。「屋のつま」（能因本枕草子・六七・草は）は屋根の端をさす。「切妻」はこの「屋根のつま（＝先端）」を切ることで、屋根の山形の断面を表す。

きりふだ【切り札】

勝負の決め手となる有力な手段。もとトランプ用語で、特別強い力を持つ札の意味から転じた。「きりふだ」の「きり」は「きりをつける」などの「きり」で、「切る」の連用形に由来し、最後の意味である。最後の札ということから、今まで温存してきた最後の札、勝負を決する札、最強の札と転じたものではないかと思われる。

例「旅館の主人は追いつめられて、最後の切札を突き出すように言った」（武田泰淳・森と湖のまつり・昭和三〇～三三年）

きりもり【切り盛り】

やりくり。現代では「家計の切り盛り」などというが、「切り盛り」とは、本来、料理で適当に食物を切って盛り分けることをいった。「俎は、まないたぞ。鶏鶩をきりもりする器ぞ」

(四河入海・二一・一)はその例である。

例「無理いうても腹立てても、言ひわけ一つ口説(くぜつ)の切りもり、出来ぬおぼこがこぼさす涙」(浮世草子・諸道聴耳世間猿)

きりょう《きりやう》【器量】

才能。また顔かたち。漢籍に典拠があり、本来は「うつわに入る一定の量」の意味であるが、心の広さ、度量の意味でも使われた。「文才世にしられ〈略〉朝家の重臣・摂禄の器量也」(古活字本保元物語・上・新院御謀叛思し召し立たるる事)。日本では、才能や容貌の意味で使われるが、容貌・容姿の意味は才能の表れる外面ということから転じたものだろうか。*『日葡辞書』には「器量な人」という例があり、「容姿と風采のよい人」と説明されている。

例「娘は年わかく、しかも町でも沙汰する程の器量よし」(浮世草子・西鶴織留・二・三)

きりん【麒麟】

頭頂まで五、六メートルに達する、首と足の長い動物。古く、「麒麟」は中国の想像上の動物であった。体は鹿、尾は牛、蹄は馬に似て、角がある。王道が行われれば、現れるという聖なる獣であった。この意での「麒麟」の例は、既に『日本書紀』に見える。「鳳凰・麒麟・白雉・白烏〈略〉休祥嘉瑞なり」(日本書紀・白雉元年二月)。動物のキリン(英語 giraffe)に、なぜ「麒麟」を当ててその名称としたか、経緯は不明である。

きれい【奇麗・綺麗】

美しい。汚れがなくさっぱりしている。漢語「奇(綺)麗」に由来する。「奇麗」は『後漢書』「祢衡伝」に「必有奇麗之観〔必ず奇麗の観有り〕」とあるように、「すぐれてうるわしい」という意である。日本でも古く*『伊呂波字類抄』に「奇麗」という漢字表記が見える。「清浄」「いさぎよい」などの意味は日本で派生し、「然らばきれいに御前にて、打ち明けて申されよ」(浄瑠璃・鎌田兵衛名所盃・上)などと用いられた。

例「鈴木君は頭を美麗(きれい)に分けて」(夏目漱石・吾輩は猫である・明治三八〜三九年)

ギロチン

罪人の首を切り落すときに使う、首切り台。断頭台。もとフランス語の guillotin から。パリ大学の解剖学教授で、フランスの憲法制定国民議会議員となった Guillotin(ギヨタン)が死刑執行の装置として使用を提案したのでこの名がある。

きわ《きは》【際】

ぎりぎりのところ。語源について、『大言海』は「限端(きりは)か、限間(きりま)か」というが、前者の方の説が多い。この「きは」を動詞化した語が「きはむ(下二段)〈口語きわめる〉」。また、「きはとし〈口語きわどい〉」は「きは」に形容詞「とし(利・疾・敏)」を付けた形容詞。

例「船競ふ堀江の川の水伎波(みなきわ)に来居つつ鳴くは都鳥かも」(万葉集・二〇・四四六二)

きわめつき《きはめつき》【極め付き】

程度が非常に甚だしいこと。本来は、書画・骨董などに、作者やそれが由緒のある物だということなどを記した「極め札」が付いていることを言った。従って由緒のある良いものを指したが、今では悪いものや悪い状態にも使う。「きわめ」は動詞「きわむ」の連用形。「極め札」は「折り紙」よりは簡単で、短冊形の札に鑑定結果を記したもの。↓折り紙付き

例「これでお互いが極め付きのマヌケだということが、はっきり判っただろ」(梅崎春生・ボロ屋の春秋・昭和二九年)

きわめる《きはめる》【極める・究める】㊫文語 きはむ

つきつめる。『大言海』などのいうように、「きわ(際)」に「む」を付けて、動詞化したもの。「きわ〈きは〉」は極限の意で、「きはむ」は「極限に至らせる」こと、「きはまる」は「自ずから極限に至る」ことである。「きはむ」は下二段動詞だが、名詞の「きはみ」が上代から使われているので、古くこの語は四段に活用していたか、とも考えられる(ただ、「きわみ」は「きわ」に接尾語「み」の付いたものともいわれている)。

例「我がかく悲しびをきはめ、命尽きなんとしつるを」(源氏物語・明石)

きわもの《きはもの》【際物】

流行を当て込んで作った商品。近世から見える語で、門松、雛人形、熊手など、ある季節に限って売り出される商品を言った。「きわ」は「限り」の意で、「際物」は売れる時期に限りのある品ということである。現代では、一時的な流行を当て込んで作った作品や商品などをいうようになった。

例「際物の熊手を仕込む落ち葉時」(雑俳・歌羅衣・四)

きんがく【金額】

金銭の値。「金額」は、漢籍では黄金で飾ったひたい(額)、とか、金製の額、という意味で使われていた。日本では、「金」を金銭の意、「額」を数量の意味で明治期になってから使うようになった。江戸時代には同じ意味を表すのに、「金高(かねだか・きんだか)」が使われていた。

例「支度に費(つか)った金額の総計から内訳まで」(二葉亭四迷・浮雲・明治二〇〜二二年)

きんかんばん【金看板】

世間にほこらしげに知らせる主義・主張、またはそれぞれの世界で筆頭に挙げられる人物・物事。金看板は金文字を彫り込んだ看板のことで、「玄関構に金看板出して、声の立つ薬と書いてある門口へ行きて」(咄本・聞上手・声の薬)などと用いられていた。金看板は目立つように作られたものであったから、現在のような意味を生じた。宝暦(一七五一〜六四年)ごろ実在し、歌舞伎のモデルにもなった「金看板の

甚九郎」などは、俠客中のピカ一を自負して付けた名前である。

例「品行方正の金看板を押し通しているのだ」（細田民樹・真理の春・昭和五年）

きんぎょ【金魚】

フナから交配改良を重ねて作られたという、コイ科の観賞用淡水魚。「Qinguio キンギョ（金魚） Coganeno vuo（金の魚）魚の一種」（日葡辞書）、「赤鱗金色にて見事なる魚」（俚言集覧）などと説かれるように、そのメタリックな光沢が黄金の輝きを思わせるところからの呼称。

ぎんこう《ぎんかう》【銀行】

金銭を預かったり貸し付けたりする金融機関。英語 bank の訳語。初め、「両替屋」「為替座」などと訳されていたが、明治時代に中国で造られた「銀行」が借用されて一般化した。中国語で「行」は店の意。

例「未だ銀行の新紙幣〈略〉を見ざる乎」（服部誠一・東京新繁昌記・明治七～九年）

ぎんざ【銀座】

東京都中央区にある地名。「銀座」とは江戸幕府の銀貨の鋳造・発行所をいった。この銀座があったので、それが地名となった。銀は当時の主要貨幣の一つだったので、貨幣そのものも意味した。「座」は「台座」など何かを据え置く所の意。すなわち「銀座」は貨幣を造る設備を置く所の意。江戸の銀座は慶長一七年に設置され、明治元年廃止された。場所としての「銀座」は、明治以降東京随一の繁華街として発展した。

きんじとう《きんじたふ》【金字塔】

後世に誇る業績。本来は、ピラミッドの異称。ピラミッドが「金」という漢字の形に似ているところから生まれた和製漢語。「海苔巻きずしを金字塔の形に盛り上げた鉢や」（上司小剣・父の婚礼・大正四年）の「金字塔」はピラミッドの意味で使われている。

ぎんしゃり【銀舎利】

白米だけの飯。「舎利」は仏の遺骨のことであるが、形が米粒に似ていることから、近世、米飯の意に用いられた。「銀舎利」は第二次世界大戦後の欠乏時代、まぜもののない純白な米飯を強調して「銀」を冠したもの。→舎利

例「この水で、米をとぎ〈略〉空缶を飯盒（はんごう）がわりに、飯を炊くと、素敵滅法界な銀しゃりが炊ける」（田村泰次郎・肉体の門・昭和二二年）

きんせんか《きんせんくわ》【金盞花】

キク科の二年草。南ヨーロッパ原産。観賞用として広く栽培されている。漢名を「金盞草」「金盞花」といい、キンセンカはこれに由来する。セン（盞）は呉音で、「盞」は「小さなさかず

き」の意。貝原益軒『花譜』（元禄一一年）に「金盞花　和俗きんせん花と称す。春の初より花さく。色黄金のごとく、かたちさかづきのごとくなる故に、名づく」とある。花が長く咲いていることから長春花（ちょうしゅんか）とも言われ、「金盞花」という名が広まるまではこの名で呼ばれていた。『*文明本節用集』には「長春花」が見える。

きんだち【公達】

上流貴族の子弟。「きみたち」の転じた語。「きみたち」は「きみ（君）」の複数形。「御はらからの殿ばらきみたち、心をまどはし給」（栄花物語・月の宴）。

例「この左大臣殿は公達の御中にては」（金刀比羅本保元物語・上・新院御謀叛思し召し立たるる事）

きんつば【金鍔】

「金鍔焼き」の略で、焼き菓子の一種。小麦粉を固くこねて広げ、餡を包み、鉄板にのせて焼いたもの。刀剣の鍔に似た形であったため、この名となった。当初は米粉で焼いたものを白いので「銀鍔」と言ったが、後に江戸に広がり「金鍔」と言うようになった。「鍋にて焼きたる、その形をもて、銀鍔とも言ふと有り。今のどら焼は又金鍔やきともいふ」（随筆・嬉遊笑覧・一〇上）。

きんてき【金的】

目当て。また、何とか手に入れたいと憧れているもの。もと、射的（しゃてき）の金色の的（まと）のことで、小さくて射当てにくいところから、前記の意味を生じた。「金的を射落とす」といった言い方に的の意味が残る。

例「金的と見込まれて矢文やたらくる」（雑俳・柳多留・五六）

きんとん【金団】

栗・隠元豆・芋類などを甘く煮て、その一部を裏漉しして、それぞれに絡ませたもの。古く「きんとん」は栗で作って丸めたので、色と形にちなんで「金団」といわれた。「とん」は「団」の唐音。

例「果子の金団（とん）は、団は唐音なれども澄むぞ」（抄物・玉塵抄・三三）

ぎんなん【銀杏】

イチョウの実。中の仁（じん）、すなわち、胚乳を食用とする。「銀杏（ぎんきょう）」は中国古典に典拠があり、イチョウやその実のことを指した。その実を「銀杏」ということについて、中国、明代の『本草綱目』は「因其形似小杏、而核色白也（その形小杏に似て、核色白なるに因ればなり）」という。「ぎんなん」は「銀杏（ぎんあん）」の連声で、古くはギンアンともいった（アンは「杏」の唐音）。『*日葡辞書』に「Guinan　ギンアン（銀杏）　Ichŏnomi（鴨脚の実）」と見える。

きんぴらごぼう【金平牛蒡《きんぴらごぼう》】

細く刻んだゴボウを油でいためて、砂糖・醤油などでいりつけ、さらに唐辛子で辛味を利かした料理。「金平(きんぴら)」とは坂田金時(きんとき)の子で、怪力無双であった。この「金平」は強いことや丈夫なことの代名詞となり、「金平足袋」「金平糊」「金平骨(=扇の骨)」などと用いられた。「金平牛蒡」もその一つで、この料理のゴボウの固さや辛さを金平の強さにたとえて表したと言われる。

きんぼし【金星】

殊勲。大手柄。「金星」は本来、相撲用語で、平幕力士が横綱を倒したときの勝ち星のことをいう。白星の中でも特に輝かしいものなので「金星」と言ったもの。転じて、スポーツで優勝候補と目されているような強豪を負かすことや、一般に大きな手柄のことを「金星」というようになった。

きんめだい《きんめだひ》【金目鯛】

体長六〇センチ前後で体色が鮮紅色の海魚。食用となる。語源は「キンメの名のとおり紅彩が金色で大きい」ことによる(末広恭雄・魚の博物事典)。

きんゆう【金融】

金銭の借り手と貸し手の間に行われる信用取引。「金銭の融通」を略して明治の初期に造られた和製漢語。

例「金融に金融会社あり」(東京曙新聞・明治一一年一〇月一日)

く

ぐあい《ぐあひ》【具合・工合】

いいとか悪いとかという点から見た物事の状態。*『日葡辞書』には「具」を道具の意とし、「具に合はぬ道具」という例文を載せる。その意味は「同じ種類の道具のうち、他の物と適合しない一部のもの」である。この例文から、この当時「具に合ふ」という言い方があっただろうと推測され、道具が揃っていることを表していたと思われる。この「具に合ふ」から「具合」ができ、道具の揃い方の状態・程度から、今の意に転じたものではないかと考えられる。

例「けど、此方にはちと工合(ぐあひ)が悪い」(滑稽本・浮世風呂・四・中)

くい《くひ》【杭・杙】

目印などのため地面に打ち込む棒。「くひぜ」の略。「くひぜ」は切り株の意で、*『十巻本和名抄』に「根株〈略〉久比世(くひぜ)」のように見える。『古事記』(中)の「小竹刈杙(しののかりくひ)に足跰(き)り破れども」の「くひ」は切り株、すなわち「くひぜ」の意である。

例「上つ瀬に斎(い)杭を打ち」(万葉集・一三・三二六三)

くいな《くひな》【水鶏・秧鶏】ツル目クイナ科の鳥の総称。語源不明。「能食蛙、故以名之〔能(よ)く蛙を食ふ、故に以て之(これ)に名づく〕」(本草和名・一五)のように、「食ひ蛙(あ)」の意とする説、「鳴きはじめはクヒクヒと聞こゆと云ふ。ナは鳴(なき)の語根」(大言海)のように、クヒクヒと鳴く意とする説をはじめ諸説あるが、確説と言えるものはない。なお、その鳴き声が戸をたたく音に似るとして、古来詩歌では「くひなたたく」と表現されてきた。これは、夏鳥のヒクイナが繁殖期の夜間、キョッキョッキョキョと高い声で鳴くさまが印象的であることから出たものである(図説日本鳥名由来辞典ほか)。

例「くひなだにたたけば明くる夏の夜を心みじかき人や帰りし」(古今六帖・六・鳥)

くいる【悔いる】文語 くゆ
後悔する。『大言海』は「懲(こ)ると通ずるか」というが、疑問である。「くいる」「くやしい」(文語くやし)、「くやむ」などは同源の語であるが、「くゆ」「くやし」の例は上代からあるのに対し、「くやむ」の例は中世以降になる。

例「鎌倉のみごしの崎の石崩(いはくえ)の君が久由(くゆ)べき心は持たじ」(万葉集・一四・三三六五)

くう《くふ》【食う】
たべる。原義は、歯や唇ではさんで持つ。「はむ」も歯でくわえることから、「たべる」の意に転じた。「くう」の語源は明らかではないが、「くち(口)」との関係を考える説もある(杉本つとむ・現代語語源小辞典)。「青柳の枝喙(くひ)持ちてうぐひす鳴くも」(万葉集・一〇・一八二一)の「くひ」は「くわえる(咥・銜)」の意味。ちなみに動詞「咥(くわ)える」(文語くはふ)は、「くひ+あふ」から生じた語で、「くう〈くふ〉」の派生語。

例「鬼はや一口にくひてけり」(伊勢物語・六)

ぐうたら
ぐずでいくじないさま。「ぐうたら兵衛(べえ)」が略されて「ぐうたら」となったもの。「ぐうたらべゑ」について、『大言海』は「愚を擬人化して、愚太郎兵衛の訛なるべし」という。『浮世風呂』(二・上)に「ぐうたらべゑお秋」とある。夏目漱石『坊っちゃん』には「愚迂多良童子(ぐうたらどうじ)を極め込んでいれば」という言い方が見える。

例「張りも意気地もない愚うたらの奴(やつ)」(樋口一葉・十三夜・明治二八年)

ぐうのね【ぐうの音】
「ぐうの音もでない」の形で、一言も言い返すことができない。「ぐう」は呼吸が詰まった時に発する声で、苦しい時に出す声も意味した。そのせっぱ詰まった声すら出せない、というのである。

例「犇々(びしびし)言いまくられて、ぐうの音も出なかった」

（尾崎紅葉・多情多恨・明治二九年）

くくる【括る】
束ねる。ひとまとめにする。語源不明。『大言海』は「転転（くるくる）を約め活用させた語か」という。『大言海』にはこれ以上の説明がなく、回ることを表す「くるくる」と「くくる」との意味上の関連がつかめない。
例「緒の絶えぬれば八十一里（くくり）つつ」（万葉集・一三・三三三〇）

くける【絎ける】 文語 くく
縫い目が表から見えないように縫う。「くける」の文語形「くく」は、「くぐる（潜）」と同根で、くぐり抜ける意であるという（角川古語大辞典）。動詞「くく」には自動四段の用法と他動下二段の用法があり、自動四段はくぐる意、他動下二段の場合はくぐらせる意味となり、針目が見えないように縫うの意味になった。
例「手枕（たまくら）をくけてしくれば恐ろしみはや這ひましねみつのかどより」（散木奇歌集・恋下）

くさい【臭い】 文語 くさし
いやなにおいがするさま。『日本釈名』*は「腐（くさる）より出でたる言也。くさりたるものはくさし」という。この語と語源的に関連するのは、「くさる」だけでなく「くそ（糞）」も同根だといわれる（岩波古語辞典補訂版）。
例「屎（くそ）つきにたり、いとくさくて往きたらば中々うとまれなん」（落窪物語・一）

くさす【腐す】
けなす。『大言海』によれば、「くさる」と「くたる」、「くさす」と「くたす」は通じあう語で、これらの語根「く」は更に動詞「朽（く）つ」の「く」に通ずる、という。『日葡辞書』*には「気をくさす」という例文があって、それに「誰かの気持ちをじらしていらいらさせる、または、悩ます」という訳がついている。中世、「くさす」は「人の気を腐らせる」というところから、「いらいらさせる」「悩ませる」となり、さらに「けなす」の意に転じていったのだろう。
例「おかんさんの、くさすもひさしいもんだ」（洒落本・辰巳之園）

くさってもたい ひ―た **【腐っても鯛】**
本来価値のあるものは、落ちぶれても素性のよさは争われないこと。タイは味のバランスがよく、高度不飽和脂肪酸が少ないので変質しにくい（末広恭雄・魚の博物事典）ところから、多少古くなっても美味であるため、立派なものは悪くなったようでも価値を失わないことのたとえに使われたもの。近世「腐りても鯛、千（ち）切れても錦」（俳諧・毛吹草・二）のような言い方もあった。
例「布子（ぬのこ）〔=木綿ノ綿入レ〕着せても美人には人が目

を付ける。くさっても鯛とはよういうたものぢゃ」（浮世草子・浮世親仁形気・四・二）

くさやきゅう《くさやきう》【草野球】

素人が集まってする野球。農村などで行われる小規模の競馬を言う「草競馬」や、素人の相撲を指す「草相撲」など、接頭語としての「草」には、本格的でない、素人のという意味がある。

くさり【鎖】

金属の小さな輪を幾つもつないで、ひものようにしたもの。「つなぐ」意の動詞「くさる」の連用形の名詞化。「くさる」には次のような例がある。「論を以て上の経文の七の句に配してくさりあひ起こることは理のごとし」（法華経玄賛・平安初期点）。

例「鏈〈略〉久佐利（くさり）」（十巻本和名抄）

くさる【腐る】

悪臭を放つようになる。『大言海』は「くさる」の語根「く」は「くた（朽）」、「朽（く）つ」「朽（く）ちる」の「く」に通じる、という。『岩波古語辞典補訂版』は「くさし」「くそ」と同根と見る。

例「人の死屍の、つしみ脹（は）れただれくされる」（地蔵十輪経・元慶七年点）

くされえん【腐れ縁】

切りたくとも切れない悪縁。「鎖」のもととなった動詞「くさる」（＝つなぐ意）から来た、と見る説（大言海など）と、下二段活用の「腐る」の連用形「くされ」に由来するという説（日本国語大辞典二版）とがある。前説の「くさる」は四段活用なので、「くされ縁」は「くさり縁」の転となる。一方、「腐る」は中世下二段にも活用するようになり、名詞に冠しても「くされ餌」「くされ餅米」などと用いられた。「腐れ縁」は「腐れる」に由来すると考えた方が無理がない。

例「俗にいはゆる腐れ縁」（人情本・春色辰巳園・初・二）

くさわけ【草分け】

村をひらいたり事業を起こしたりすること。また、その人。草を分けて原野に入り、村や町をひらいたことから、「草わけ」という。

例「（江戸ノ名主二百八十四ノ内）三十人草創の者今に相続す。草創、江戸にて「クサワケ」と云ふ」（随筆・守貞漫稿）

くし【串】

食べ物を刺し通す細い棒。「串」と「櫛（くし）」は同源。朝鮮語kos（串）と同源とする説もある（岩波古語辞典補訂版）。上代、「串」は食物だけでなく、大地に刺して占有の目印にした。「串」にも「櫛」にも呪術的な意味があった。「斎串」（＝神聖な串）という語にも、上代の「串」の呪術的性格が現れている。→櫛

例「斎（い）串立て神酒（みわ）すゑまつる神主部のうずの玉か

げ見ればともしも」(万葉集・一三・三三九)

くし【櫛】
髪を梳いたり、髪に挿したりするもの。「櫛」と「串」は同源。ものにさすという点、共通している。ともに呪術的性格を持つ。「くし」は神霊を招き寄せるものであり、神による占有のしるしである、という。男が女の髪に「櫛」を挿すことは所有を意味し、「櫛」を挿すことは既婚を意味した。↓串
例「梳(くし)も見じ屋中(やぬち)も掃かじ草枕旅行く君を斎(いは)ふと思(も)ひて」(万葉集・一九・四二六三)

くしくも【奇しくも】
不思議にも。不可思議である、霊妙である意の形容詞「くし(奇)」の連用形「くしく」に係助詞「も」が付いて副詞化した語。形容詞「くし」は、「神(かむ)ながら神さびいます久志(くし)御魂(みたま)今の現(をつつ)に尊きろかむ」(万葉集・五・八一三)のように用いられた。
例「隆弘と環(たまき)との間に奇しくも縁の糸の結ばれて」(菊池幽芳・己が罪・明治三一〜三八年)

くしゃみ【嚔】
ハクションと息を急激に吐き出すこと。「くさめ」の変化した語。サとシャの混同は「猛者」をモサと読んだり、鮭をシャケと言ったりすることにも現れている。「くさめ」はくしゃみをした時、唱える呪文から来た、とする説が多い。『徒然草』四七段の次の話は有名である。年老いた尼が「くさめ、くさめ」と言いながら歩いてゆくので、訳を問うと次のように答えた。くしゃみをした時、こうまじなわないと死ぬと言うので、比叡山にいる養い君が今もくしゃみをするかもしれないと思って唱えるのだ、と。この「くさめ」は、「久息(万)命(くそく(まん)みょう)」(箋注倭名抄、大言海など)、「糞(くそ)はめ」(柳田国男・少年と国語)などを急いで唱えたためつづまったもの、という。
例「Cuxami(クシャミ)」(日葡辞書)

くしょう《くせう》【苦笑】
にがわらい。「にがわらい」は、近世、漢字では「苦笑」と表記されていたが、明治になって、漢語の流行とともに音読されるようになり、「くしょう(苦笑)」という漢語が成立した。古く「おほね」が「大根」と表記され、音読によって「だいこん」ができたのと同じ経路で成立したもの。明治期に使われるようになった「微笑(びしょう)」なども、音読への傾向を強めたと思われる。なお、「にがわらふ」は中世から用いられていた。
例「呵呵然として苦笑し、険悪の相忽ち面に現はる」(織田純一郎訳・花柳春話・明治一一〜一二年)

くじら《くぢら》【鯨】
クジラ目の哺乳動物。語源不明。『大言海』は、クチビロ(口広)の約転という。古くは「いさな」とも。

例「鳴は障（さや）らずいすくはし久治良（くぢら）障る」（古事記・中）

くじらじゃく【鯨尺《くぢらじやく》】

物差しの一種で和裁に用いるもの。『大言海』に「初めは、鯨の鬚〈をさ〉にて作りしかば、名とす」と説かれるように、もと、鯨のひげ（＝ヒゲクジラ類の上あごから櫛（くし）の歯のように垂れ下がった角質板）で作ったところからの称とされる。この物差しは室町時代に現れ、主に布地の長さを測るのに使われる。曲尺（かねじゃく）の一尺二寸五分を鯨尺の一尺とする。約三七・八七九センチメートル。昭和三三年（一九五八）、尺貫法廃止にともない法定単位ではなくなった。

例「くじら尺、呉服尺といふを大尺といふ。かね尺を小尺といふ」（随筆・卯花園漫録・一）

くず【屑《くづ》】

価値のないもの。『大言海』は「頽（くづ）るの語根、クヅレの意」と説く。「人間のくず」のような言い方は、ここからの転義。

例「鋸（のこぎり）のくづを車に積みて」（徒然草・一七七）

くず【葛】

マメ科のつる性多年草。根からくず粉をとる。語源は諸説あるが、地名に基づくものか。『*和訓栞』は、くず粉は吉野の「国樔（くず）」に産するものが良品であるので、その地名に因んで「くず」という、という。

例「大崎の荒磯（ありそ）の渡りはふ久受（くず）のゆくへもなくや恋ひわたりなむ」（万葉集・一二・三〇七二）

ぐずぐず【愚図愚図《ぐづぐづ》】

のろのろ。語源は擬態語ではないかと考えられる。「ぐず」「ぐずぐず」「ぐずつく」「ぐずる」と並べてみると、「ぐず〈ぐづ〉」を語根として派生した語群のようであるが、用例の出方から見ると、一七世紀前半に用例のある「ぐづぐづ」から一八世紀になって「ぐづ」「ぐづる」「ぐづつく」などが派生したと考えられる。ただし、『大言海』は「ぐづ」について「崩（くづ）るの語根。貶めて、濁る」としている。「愚図」は当て字。

例「一生涯ぐづぐづとして不遇ですぐるぞ」（抄物・四河入海・一・三）

くすぐる【擽る】

むずむずするような感覚を与える。『大言海』は、「コソグルの転」で、「こそぐる」の「コソは刮（こそ）グの語根」、「クルは、繰ル（回転〈めぐ〉らす）」か、という。「こそぐ」は「そぎ、へずる」の意。へずるようにこすりまわすというのが、もとの意味となる。『*日葡辞書』には「Cosoguru（コソグル）」はあるが、「くすぐる」はない。「こそぐる」の方が古い形と考えられる。なお、「くすぐったい」は、「くすぐる」に「ねむったい」「くちはばっ

たい」などの接尾語「たい」を付けたもの。
例「こんなに言っても物を言はねえなら擽るぜ」（人情本・春色梅美婦禰・五・二六）

くすだま【薬玉】
造花などを球状に束ね、飾り糸を垂らしたもの。糸を引くと割れて中から紙吹雪などが降るようになっている。現在では祝いの時に用いるが、平安時代には邪気を払う縁起物として、五月五日の端午の節句に、柱やすだれに付けた。本来は、麝香・沈香・丁子などの香料を錦の袋に入れ、造花や五色の糸を飾り付けて作ったものが「薬玉（くすりだま）」であり、つづまって「くすだま」になった。端午の節句に薬玉を飾る習慣は中国から伝来したものであり、日本では「五月五日に薬玉を佩きて酒飲む人は命長く福在りとなも聞食（きこしを）す」（続日本後紀・嘉祥二年五月五日）と、平安時代初期から見られる。

くすのき【楠・樟】
クスノキ科の常緑高木。『和訓栞』*は「奇（くすしき）の義也と云へり。よく石に化し、樟脳を出だすものなれば名づくるなるべし」という。『大言海』も「奇（くす）しき木の意」とし、なぜ奇しきというかについて、『和訓栞』のいわれのほか、香りが高いからだという説も引いている。
例「昔、この村に大き樟（くす）の樹ありき。よりて球珠（くす）の郡といふ」（豊後国風土記・球珠郡）

くすぶる【燻る】
炎を出さずぶすぶす燃える。『大言海』は「ふすぶる」（四段活用）の転という。「ふすぶる」と同根の語に「ふすべる」（文語ふすぶ・下二段活用）があり、語根の「ふす」について、『大言海』は「燃ゆる音か」という。「夏なれば宿にふすぶる蚊遣り火のいつまで我が身したもえをせん」（古今集・恋一）。
例「薫　クンス　クスブル」（黒川本色葉字類抄）

くすり【薬】
病気や傷などを治すために飲んだり塗ったりするもの。形容詞「奇（くす）し」と同源とみる説が多い。『東雅』*は「薬石をクスリといふも、亦これ奇（くすし）の義にてある也」という。形容詞「くすし」は神秘的だ、霊妙だの意。上代において、「くすり」は人力をこえた霊妙な働きを持つものであった。「くすし」は「ことに久須之（くすし）くあやしき事」（続日本紀・天平神護二年一〇月二〇日・宣命）のように使われた。なお、「くし（串・櫛・酒）」も同源の語といわれるが、いずれも上代に霊力を認められていた。
例「わが盛りいたくくたちぬ雲に飛ぶ久須利（くすり）はむともまたをちめやも」（万葉集・五・八四七）

くすりゆび【薬指】
小指の隣の指。『俚言集覧』*は「俗に無名指を薬指といふは

薬師の印相にて、至尊のこの御指にて薬を塗らしめ給へば薬指とは云ふなるべし」と説く。薬指の別名に「紅差し指」があるが、これもこの指で紅を塗ったからで、二つとも何かを塗ることに着目した命名法である。一方、「くすしゆび」の転と見る説もある。「くすし」は「薬師（如来）」を訓読したもの（『大言海』の説）であって、「くすしゆび」は「薬師様の指」の意であったが、「くすし」の意味が「医者」「薬」と変化したため、それに応じて、「医者の指」「薬の指」と考えられるようになった。しかし、薬品の意味の「くすし」は室町ごろになると忘れられ、「くすり」の方が一般的になり、指の名称でも「くすし指」から「くすり指」へ変わった、という（国語学会編・方言学概説）。なお『日葡辞書』*はこの指の名称として、Bumeino yubi（ブメイノユビ）、Cusuxiyubi（クスシユビ）、Cusuriyubi（クスリユビ）の三形を挙げている。Bumeino yubi は「無名の指」で、古い呼び方。「ななしのおゆび」「ななしゆび」ともいった。

ぐずる《ぐづる》【愚図る】⇩ぐずぐず

くせ【癖・曲】

意識しないで習慣的に行う、ちょっとしたしぐさ。「癖」と「曲（くせ）」（＝まがること）を同語源とみるものが多い。『大言海』は「くぐせ（屈瀬・曲瀬）」→「曲（くせ）」→「癖（くせ）」と転じたという。「くぐせ」は「川瀬の曲がれる所」である。この説によれば、「癖」は偏り、曲がったところの意から出たことになる。これに対し『岩波古語辞典補訂版』は、「人にいやがられるような、異様な臭いを持つ意のクサ（臭）の変化形」と見る。

例「すこし心にくせありては、人に飽かれぬべき事なむ、おのづから出で来ぬべきを」（源氏物語・胡蝶）

くせもの【曲者】

あやしい者。「くせ（癖・曲）」に「者」の付いた語で、普通でない者を意味し、必ずしも悪い評価を含まない場合もあった。『日葡辞書』*は「力持ちで気力があり、しかも向こう見ずで、何人をも眼中におかない恐るべき者」と説明する。

例「寺中にも重く思はれたりけれども、世を軽く思ひたる曲者にて、よろづ自由にして大方人にしたがふといふことなし」（徒然草・六〇）

くそ【糞】

大便。『日本釈名』*は「くさき也」と言い、『大言海』*も「腐（臭）（くさ）の転か」とするように、形容詞「くさし（臭）」と同根とする説が多い。現代の辞書でも、この二つの語の語源的関連を「クサシ（臭）と同根」のように、指摘するものがある（岩波古語辞典補訂版）。「くそじじい」のような、名詞の上に付けて、下の語を低める用法は、「屎鮒（くそぶな）」（万葉集・一六・三八二八）、「屎葛（くそかづら）」（万葉集・一六・三八五五）のように、古くからあった。また、古くは人名の中に「調久蘇万呂（つきのく

そまろ)」(正倉院文書)のように用いられることもあった。

例「からたちのうばら刈り除(そ)け倉立てむ屎(くそ)遠くまれ櫛作る刀自」(万葉集・一六・三八三二)

ぐそくに【具足煮】

イセエビ・クルマエビや大きめのカニなどをそのまま輪切りにして煮た料理。「具足」は、よろい・かぶとの類をいう。殻や甲羅を具足に見立てた料理名。

くそみそ【糞味噌】

まったく取るに足らないものとして、悪く言うさま。「くそみそ」は明治以降用いられ出すが、「くそもみそも一緒」は近世後期から例がある。「くそ」と「みそ」は似ているから一緒にして唱えられたものだろうが、同時にそれは口調を整えるためでもあった。

例「色々の綽名(あだな)をつけて、糞味噌に罵倒する」(石川啄木・我等の一団と彼・大正元年)

ぐたい【具体】

実体をそなえていること。古い中国語では「すべてをそなえていること」「個別の事情」などの意で用いられていた。日本では明治になって、英語 concrete の訳語として、「抽象」の対義語として使われるようになった。西周が使い始めたものと思われる。『*哲学字彙』(明治一四年)にも記載がある。なお、同時期に「抽象」の対義語として「具象(ぐしょう)」という和製漢語が造られた。

例「頭に未だ充分具体されて居ないから」(小栗風葉・青春・明治三八〜三九年)

くだく【砕く】

こわして細かくする。語源不明。『大言海』はクキタチ(茎立)↓ククタチ、キビス(踵)↓クビスを例証として「段(きだ)」の動詞化と説く。「きだ」は切れ目で、切れ目を付けることから細かくするの意になった、ということだろう。『大言海』は、また「崩〈くづ〉す」との関連も考えている。「くだく」と同根と思われる語には、「くづす(崩)・くづる(崩)」、「くづ(屑)」がある。

例「摧障　訓久太久(くだく)」(新訳華厳経音義私記)

ください【下さい】

「くれ」の尊敬語。動詞「くださる」の命令形「くだされ」の変化した語。「くださる」は通常五段活用といわれるが、他のラ行五段と異なり、命令形が「〜レ」とならず、ナサイ・オッシャイ・イラッシャイなどと同様「〜イ」となる。

例「松葉屋の染之介をききにやって下さい」(洒落本・遊子方言・発端)

くたばる

「死ぬ」をののしっていう語。語源については、古く「朽敗(くちゃぶる)の略語」(志不可起)、「クタクタとヘタバルとの略合」

（大言海）などの説がある。*『観智院本名義抄』に「憔悴〈略〉クタハル」とあって、文献上、「くたばる」は院政期にさかのぼるのに対し、「へたばる」は江戸時代まで下らなければならない。この語は*『志不可起』の言うように、「朽（く）つ」と関係があるだろう。現代の辞書でも、「朽（く）つ」や「腐（くた）す」（＝「朽つ」に対する他動詞）との関連が考えられている。なお、『観智院本名義抄』の記述に従えば、この語は元来、衰弱する、やせ衰える意で用いられたものらしい。

例「この身は死してもくたばりても、飽き足（だ）りの有る事ではなしとて」（評判記・吉原すずめ・上）

くたびれる【草臥れる】 文語 **くたびる**

疲れる。語幹「くた」については、諸説多く「朽・腐」を当てる。「びる」については、「ヒレはウラヒレのヒレにて、ひるむと同語か」（和訓栞）、「ビルは、其状する意、ブルの転か」（大言海）などの説がある。『大言海』によれば、「くたびる」は「くたぶる」の転で、朽ちくさったような状態になるという意から出たことになる。漢字で「草臥」と書くのは当て字で、疲れて草に臥（ふ）すの意味であるが、『大言海』によれば『詩経』の「草臥（ぶ）し水渡る」（鄘風）による。

例「さまざまの勧めに身もくたびれけるにや」（古今著聞集・一六・五五一）

くだもの【果物】

果実。「くだもの」の「く」が「木」であることは、諸説一致している。たとえば、*『和訓栞』は「木種物（こだねもの）の義也」、『大言海』は「木之物（こづもの）の転」、金田一京助は「くのもの（木の物）」の転という（国語学論考）。「だ」は連体助詞「の」の転で、「けだもの」の「だ」と同じ。そこで「くだもの」は「木の物」となる。

例「はかなきくだもの、強飯（こはいひ）ばかりはきこしめす時もあり」（源氏物語・薄雲）

くだらない【下らない】

価値のない。「くだらぬ」ともいう。「下る」に打ち消しの助動詞「ない」または「ぬ」の付いたもの。『江戸語大辞典』は「読みが下らぬ、理屈が下らぬ」の略とするが、「下る」自身に、物事がつかえずすらすら進むの意味があり、これを打ち消した意味「物事が滞る」から、「理屈に合わぬ、つまらない」などと転じたものと考えられる。次の「くだる」はすらすら進むの意で使われている。「何となく詞つづきも歌めき、吟のくだりて理をつめず幽にもやさしくも有るがよき歌也」（正徹物語・下）。なお、「くだらない」は上方からの「下り物」に対する「下らぬ物」から出た、という通俗語源説は認めがたい。これによれば、上方から江戸に下って来る物は良いものだが、江戸の地回りの品は粗悪なので、下らぬ物はつまらない物の代名詞になり、「くだらない」は「つまらない」の意味になった、と

いう。しかし、上方からの下り物が必ずしも良品ばかりとはかぎらなかったし、なによりもこの語が江戸で生まれたという保証がない。既に狂言に「さてさて女と云ふものはくだらぬ事をいふものぢゃ」（虎明本・鏡男）などの例がある。京で下らぬ物といえば、京の物となってしまう。

例「児戯（くだら）ない失錯（そつ）をすることがあるもんだ」（仮名垣魯文・総生寛・西洋道中膝栗毛・一二・上・明治六年）

くだり【行・件・条・下】

文章・談話の一部分。『大言海』は「行（くだり）の義」とする。縦書きの文章の、上から下への列を指す。そこから行の集まりである、文章の一部を意味するようになったものであろう。→くだん

例「故に初の章〈くだり〉に云へらく」（日本書紀・推古一二年四月・岩崎本訓）

くだをまく【管を巻く】

酔っ払いなどが、わけの分からないことやくだらない愚痴を繰り返すことをいう。語源は諸説あって定まらない。「くだ」は「くだくだしい」を略したという説と、織物の用語で糸を巻くための「管（くだ）」をさすという説の二つがある。後者の「管」説にもいくつか説がある。一つは糸繰車に管をはめて糸を紡ぐ作業中に、糸繰車を回すと音がブウンブウンと繰り返されることから現在の意味に転じたというものである（大言海など）。また、糸巻き作業は「管崩れ」（＝巻いた糸が順よく並んでいなかったり、ゆるんだりすることで、崩れてしまうこと）が起きないように、糸を巻きつけることが必要である、そのための糸を規則的に行ったり来たりさせる作業の繰り返しに酔っ払いの繰言をたとえたという説もある。あるいは、この管芯に原糸を巻きつける「管巻き」作業の単調な繰り返しからという説（暉峻康隆・すらんぐ）もある。

例「花見にや酔うて管捲く糸ざくら」（俳諧・犬子集・一二）

くだん【件】

（「くだんの」の形で）前述の。例の「くだん」は「下（くだ）り」に格助詞「の」が付いて、「り」が「ん」に変わったもの。「下り」は「下る」の連用形が名詞化したもので、「文章の行や一部分（＝段）」を意味していた。たとえば「上のくだり」（大和物語・一六八）のような形で「先に述べたこと」の意味に使ったが、「上の」などを略して使うようになった。特に文章末で「上件の如し」とせず、「上」を省略して「如件（くだんのごとし）」と用いた。「例に依（よ）て進上如件（くだんのごとし）」（枕草子・一三三・頭の弁の御もとより）。この辺りから「前述の」の意味の「くだんの」が独立して使われ出したものであろう。

例「さて商人船に乗つて、件の島へ渡つてみるに」（平家物語・三・有王）

ぐち【愚痴】

しょうのないくりごと。もとは仏教語で、梵語 moha の訳語。煩悩の根本で、三毒の一。正しい認識を妨げる迷いを意味した。『今昔物語集』(一・一七)の「女、愚癡(ぐち)によりて子を愛することは暫しの間なり」は、仏教語の意味で使われている。迷いから、物の理非のわからぬことの意味で、近世以降使われるようになった。「愚痴な事ばかり云はしやるわいの」(浄瑠璃・一谷嫩軍記・一)。

例「のけものにするかと隠居愚痴を云ひ」(雑俳・川柳評万句合・明和三年)

くちうら【口裏】

現代では「口裏を合わせる」の形で、表向きの発言が食い違わないよう複数の人がしめし合わせることをいう。「口裏」はもと「口占(くちうら)」で、人の言葉で吉凶を占うことであった。「源氏追討の宣命に源(みなもと)繁昌の口占(くちうら)ありとぞささやきける」(源平盛衰記・二七・奉幣使定隆死去事)。そこから、隠された事実をさぐる手がかりになるような言葉という意味に転じたもの。近世には、相手と話してその心中を察する意味の「くちうらを引く」という形もあった。

例「母の口末(くちうら)を引いても、十両出してくれればよいひき」(滑稽本・古朽木・一)

くちおしい《くちをしい》**【口惜しい】** 文語 **くちをし**

残念だ。「口」は当て字で、ものが朽ちるのが惜しいという「朽ち惜し」が原義だという。*『名言通』(下)に「クチヲシ 口チ惜しとかくぞ。口の字は仮字なり。朽惜なり」と見える。「くやし」が自分の行為を後悔する意味であるのに対し、「くちをし」は期待や予想がはずれたり、大切なものがこわれたりしたときの気持ちを表していた。しかし、この区別は中世後期には失われ出した。↓くやしい

例「五節・御仏名に雪降らで、雨のかきくらし降りたる。〈略〉あそび、もしは見すべきことありて、呼びにやりたる人の来ぬ、いとくちをし」(枕草子・九八・くちをしきもの)

くちぐるま【口車】

口先だけで巧みに人をだますこと。語源について、言い回すというところから「車」にかけたという説と、「だます」ことを「乗せる」というところから「車」にたとえたという説がある。*『俚言集覧』の「人を欺くに詞のいひまはしをいふ」は前者の説、「欺くを俗に載せると云ふより云ふ」(大言海)は後者の説である。

例「口ぐるまにかけてのせんとする」(洒落本・蕩子筌枉解)

くちコミ【口コミ】

口から口へ情報を伝えること。口伝えによるコミュニケーションの意で、「マスコミ」に対して昭和三〇年代後半から使われだした語。

くちづけ【口付け】

接吻。kiss の訳語で、初めは「くちつけ」と清音だった。濁音の「くちづけ」は江戸時代からあったが、現在と違って「口癖」というような意味で使われていた。「朝から晩まで口づけにお縁やだ」（滑稽本・浮世風呂・三・下）。もともと、kiss という行為に対しては、「くちを吸う」が用いられていた。秀吉の我が子おひろい（=秀頼）に当てた書簡に「返す〴〵御ゆかしく候ふま、、やがて〴〵参り候ひて、口を吸ひ申すべく候ふ」と使われている。kiss の訳語としては、「接吻」の方が先行したと思われるが、幕末まだ一般化していなかったようだ。*『和英語林集成』（初版）の英和の部の Kiss の項では、「日本語にはこの語に相当するものがない」と説明されている。しかし第二版（明治五年）になると、「Kuchi-sui, -su　クチスフ　接吻」とある。「くちつけ（Kuchitsuke）」が登場するのは、『和英語林集成』の第三版（明治一九年）になってからである。

例「詩人の優しき頬に交る交る接吻（くちづけ）して」（国木田独歩・星・明治二九年）

くちとり【口取り】

最初に出される酒の肴（さかな）。『大言海』に、「口取肴（くちとりざかな）の下略」とある。「口取肴」は饗膳（きょうぜん）で吸い物と共に最初に出す酒肴のこと。「口」には「序の口」「宵の口」のように、最初の方という意味がある。「取り肴」は「取り肴と云ふ事、昔よりあり。酒の肴の事なり」（貞丈雑記）のように、酒肴のことである。ただし、「取り肴」は正式には主人自ら取り分けて客に勧める、最後の酒肴のことであった。

例「土器を三宝（さんぼう）に、口とりは、のし・こぶ」（浄瑠璃・心中万年草・中）

くちなし【梔子・梔】

アカネ科の常緑低木。実が熟しても開かないから、口無しだという説が、『大言海』はじめ多い。しかし、熟しても割れない果実はクチナシだけではない、という疑問が生じ、「嘴梨（くちなし）」と考える説もある。ナシの実は柔らかい果肉の中に固い粒子がたくさん入っており、クチナシの実も同様である。このような実のタイプをナシと称した。また、クチナシの実は角の生えた丈夫な皮で覆われているが、この角をくちばしに見立てて、くちばし、すなわち口付きのナシと命名した、という（前川文夫・植物の名前の話）。和歌などでは、クチナシは「口無し」に掛けて用いられた。「山吹の花色衣ぬしやたれ問へど答へずくちなしにして」（古今集・雑体）。

例「梔　久知奈志（くちなし）」（天治本新撰字鏡）

くちなわ《くちなは》【蛇】

蛇の異名。「くちなわ」は口のある縄の意と言われる。『大言海』は次のようにいう。「身、縄の如くにして、口ある意ならむ、くちばみ（蝮）のクチもクチなり、今、紐の端に、小さき輪

をつけたるものを、蛇口(へびくち)と云ふ」。くちばみはマムシの異名。『大言海』のこの語源説は近世、たとえば『*東雅』などに既に見える(ただし『東雅』の説は甚だわかりにくい)。このほか「朽縄の義也。くちたる縄のきれきれなるに似たるなり」(名語記)というように、「くち」を「朽ち」ととって「朽ち縄」とする説もある。

例「二尺ばかりなるくちなはの、ただ同じ長さなるを」(枕草子・二四四・蟻通の明神)

くちばし【嘴】

鳥の口。『大言海』などが説くように「口」に「端(はし)」の付いたもの。古くは、『伊勢物語』(九)に「白き鳥のはしと足と赤き」とあるように、「はし」だけでも「くちばし」を意味した。この「はし」も「端」と考えられる。鳥のくちばしは、鳥の体の先端にあるので「はし」と言い、更にこれを「端」と区別するために「口」を冠して「くちばし」という語ができた。

例「觜、音斯(し)、久知波之(くちばし)」(十巻本和名抄)

くちはっちょうてはっちょう くちはつちやう てはつちやう **【口八丁手八丁】**

口も達者、手先も達者ということ。「八」は「八千代」「八百屋」「八百万(やおよろず)」などのように多いという意。一説によれば、「丁」は成年男子を指し、「八丁」は八人分の働きをするほど達者であるという意味だという。一方、「はっちょう」は「八挺」で、八つの道具を使いこなすことができるほど物事に巧みであるとする説もある。「通ひ馴れたる土手八町、口八町に乗せられて」(長唄・教草吉原雀)というように、「口八丁」という語は近世から見られる。「口も八丁手も八丁」という言い方は近世に見えるが、「口八丁手八丁」という言い方は昭和に入ってからと思われる。

例「こっちはナ、口も八丁、手も八丁だア」(滑稽本・浮世風呂・二・下)

くちはばったい【口幅ったい】

偉そうな口をきくさま。『大言海』は「口幅甚(いた)しの約転」として、「くすぐったい」「じれったい」を類例に挙げる。形容詞「甚し」は「痛し」と同源で、程度の甚だしいさま。「くちはばいたし」は「くちはば広し」と同様、「大口を開けたさま」をいう。なお、「たい」を「煙たい」「重たい」などの形容詞を作る「たい」と見て、これが「口幅」に付いたとする説もある(暮らしのことば語源辞典)。これによれば、近世既に「口幅」の形で広言することの意味を備えていなければならなくなる。

例「よく口幅ったくなく情人(いろ)だなどと」(歌舞伎・八幡祭小望月賑・四)

くちびる【唇】

口の周囲の部分。「口縁(くちへり)」の転。上代にはクチヒルと清音だったらしい。

例「上久治比留(くちひる)」(正倉院文書・天平勝宝二年九月一四日)「Cuchibiru(クチビル)」(日葡辞書)

くちびをきる【口火を切る】

人にさきがけて、し始める。「口火」は火縄銃の火蓋に使う火で、これによって火薬を爆発させ、弾丸を発射する。この火蓋に火を付ける動作を「口火を切る」という。「きる」の意味は、「鑽(き)る」で火を起こす意かと思われるがはっきりしない。口火を切れば、弾が飛び出し、戦端が開かれるわけで、ここから比喩的にきっかけを作る意味になったもの。

例「清子の家との関係をつけたのもただその口火を切る準備であって」(横光利一・家族会議・昭和一〇年)

くつ【沓・履・靴】

はきもの。語源は不明。日本古典文学大系『万葉集』(三)は、例に引いた巻一四の歌の頭注で「朝鮮語 kuit(靴)と同源」とする。

例「信濃路は今のはり道刈株(かりばね)に足踏ましなむ久都(くつ)はけ我が背」(万葉集・一四・三三九九)

くっつく

密着する。「食い付く」の転。「食い」が促音化する例は、現代あまりないが、「くっきる―食い切る」、「くっかく―食い欠く」、「くっちる―食い知る」、「くっつぶれる―食いつぶれる」など、過去に例がある。

例「兎角くっついてゐたがる」(滑稽本・浮世風呂・三・下)

くつわ【轡・銜】

馬の口にかませて、手綱をつける金具。「くち(口)わ(輪)」の意。「くつわ」の「くつ」は「くち(口)」の複合語を作るとき現れる形。「くつこ・くつご(口籠)」(=牛馬などの口にはめる籠の一種)、「くつばみ(轡)」(=口食(は)みの意で、「くつわ」に同じ)など、複合語の前部に現れる。

例「急ぎ出でて馬に乗り給ふに、よく聴しけるにや、轡を二たび取りはづし、あぶみをしきりに踏みはづす」(宇治拾遺物語・一五・一二)

くつわむし【轡虫】

キリギリス科の昆虫。体長は約六センチで、色は枯葉色。後足が長くて強靭なため、よく飛び跳ねる。触角も長い。秋に草むらなどで大きな羽をこすり合せて、ガチャガチャと喧(かしま)しく鳴くことから、俗に「がちゃがちゃ」ともいう。その鳴き声が、馬の口にはめた「轡」の鳴る音に似ているので「轡虫」と呼ばれる。

例「Cutçuamuxi　クツワムシ(轡虫)　ある種の虫」(日葡辞書)

くどい 文語 **くどし**

話がしつっこい。「口説(くど)く」や「くどくど」と同源といわれる。この中で一番古いのは、「口説く」なので、この語は「く

どく」の語幹「くど」を形容詞化したものと考えられる。動詞「くどく」は古く神仏に祈り、訴えるというような意味であった。繰り返し祈り訴えることから、しつこいの意味が派生したものだろう。

例「嚅は多言を云ぞ。くどうものを云ふことぞ」（抄物・玉塵抄・二〇）

くどく【口説く】

異性をなびかせようとして、いろいろ言う。この語は「くどい」「くどくど」などと同源といわれる。『大言海』は同源の範囲を「くだくだ」まで拡大して、次のようにいう。「クダクダ、クドクドの語根を活用せしむ」。しかし、「くだくだ」と「くどくど」が同源であるという保証はない。そこで、「くどい」「くどくど」の範囲で考えると、一番古いのは「くどく」である。現在分かっている用例の出方から見ると、「くどく」には、一二世紀初頭の例がある（例に掲出）。これに対して、「くどい」の例は一六世紀になり、「くどくど」はそれよりも遅い。「くどい」や「くどくど」は、「くどく」から派生したとすべきだろう。「くどく」の語源としては、『和句解』*に「くち説（とく）か」という説があるが不明である。この語の古い意味は神仏に祈り、訴えるというものであった。異性間に用いられるようになるのは、ほぼ近世以降である。

例「経よみ仏くどき参らせらるるほどに」（讃岐典侍日記・上）

くに【国】

国家。『和句解』*に「郡（ぐん）の字の声をそのまま和語とするか」とあるように、「郡」の字音の日本語化か。上代ではガ行の音節は語頭に立たないので、語頭がクであるのは問題ないとして、語尾がニになったのは韻尾を日本風に発音したためである。このような日本語化は、「ん」という音節が確立する前の日本語において、「鬼（おに）」、難波の「難（なに）」などのように見られた。「郡」が中国語から入ったものか、朝鮮半島経由の朝鮮漢字音に基づくものなのかについては意見が分かれている。なお「郡」は中国の地方行政区域。漢字表記の「国」は大国の「邦」に対して小国を意味する。

例「大和は久爾（くに）のまほろば畳（たた）なづく」（古事記・中）

くにくのさく【苦肉の策】

苦しまぎれに考え出した手段。「苦肉」は、敵をあざむくために自分の身を苦しめることをいう。したがって「苦肉の策」とは、敵をあざむく手段としてわが身を苦痛におとしいれてまでも行う策謀、というのが原義である。なお、江戸時代には、「苦肉の謀（はかりごと）」といった。「指切るも実は苦肉のはかりごと」（雑俳・柳多留・一）。

例「ある時は親友をもあやめるくらいの苦肉の策を講じなく

ては、とても大業は成就しないぞ」（山本有三・同志の人々・大正一二年）

くぬぎ【櫟・櫪・橡】

ブナ科の落葉高木。『東雅』*や『大言海』は「国木（くにき）」の転という。しかしクヌギがなぜ「国の木」なのか不詳である。『東雅』によれば、それは、『日本書紀』景行天皇の地名説話による。すなわち、景行天皇が筑紫の「御木（みけ）」で、長大な倒木を見て、その名を問うたところ、「歴木（くぬぎ）」と答えた。そこで、天皇はこの国を「御木（みけ）の国」と命名した。そこで、クヌギは「国木（くにき）」の転で、国の名のもととなった木という義になる。なお柳田国男は、クは薪の意味で、一定の樹木を意味するものではなかっただろう、という（地名の研究）。漢名は「櫟」「橡」。

例「櫪〈略〉久奴木（くぬぎ）也」（天治本新撰字鏡）

くねんぼ【九年母】

ミカン科の常緑低木。『大言海』は松村任三の説として、インド語 Kumla-nebu（柑橘）の略とする。なお、信じがたい説ではあるが、次のような語源もある。すなわち、垂仁天皇の命によって、田道間守（たじまもり）がタチバナの実を求めて、常世の国へ出かけ九年たって持ち帰ったところ、天皇はみまかり、自分も嘆き死んだ（日本書紀）。「九年」というのはこの話に因み、「母」はクネンボの別名を乳柑ということから。

例「クネンボといふものは柑子也といふ事あり」（辞書・東雅）

くのいち

女。「女」という漢字の字画を「く」「ノ」「一」に分解して「くのいち」と読んだもの。近世の『譬喩尽』*に「悪性坊主の密訶」とある。

例「香炉峰くノ一籠る簾（みす）のひま」（俳諧・遠舟千句付）

くばる【配る】

割り当てて分ける。語源不明。古く「くまる」ともいった。『古事記』では「天之水分神」に「分を訓みて久麻理（くまり）と云ふ」（古事記・上）と注している。

例「春分（きさらき）に至りて始めて氷を散（くはる）」（日本書紀・仁徳六二年是歳・前田本訓）「かの御かたみなるべき物など〈略〉皆くばらせ給ひけり」（源氏物語・葵）

くび【首】

頭と胴をつなぐ部分。『和訓栞』*に「神代紀に頸をよめり、頸茎也とあればくぼみ也」とあるのを受けて、『大言海』は「凹（くぼ）みの約」とする。首は頭と体の中間で細くなっているところなので、くぼみといったものだろう。

例「頸〈略〉和名久比（くび）」（二十巻本和名抄）

ぐびじんそう《ぐびじんさう》【虞美人草】

ケシ科の一年草。ヒナゲシの漢名。虞美人は、『史記』「項羽

本紀」によると、楚王項羽の寵姫で、楚軍が垓下(がいか)で漢軍に包囲され「四面楚歌」となったとき、項羽の詩に和して歌い自刃した女性である。後に中国で、虞美人が自刃した跡に咲いた美しい花として「虞美人草」の名が広まった。『運*歩色葉集』に、「虞美人草　クヒシンサウ」という例が見られる。

くびったけ【首っ丈】

異性などにすっかり惚れてしまうさま。「くびだけ・くびたけ（首丈）」とも言った。「首丈」は足から首までの高さで、物事の多さを比喩的に表した。現在の意味は、首までつかる、深みにはまる、すっかり惚れ込むと転義していったものであろう。

例「首ったけはまった跡でまっぱだか」（雑俳・柳多留・四八）

くびっぴき【首っ引き】

いっときも離さずしょっちゅう使うこと。もと「首引き」といい、二人向かい合って、輪にした紐を首に掛け、引っ張りごっこをする遊びであった。二人の人間が紐でつながれて離れられないところから、転じたものだろう。

例「もうこんなにこたつと首つぴきを、するやうになつちやあいけねえのさ」（人情本・仮名文章娘節用・後・四）

くびをきる【首を切る】

解雇する。歌舞伎の小道具に「切首(きりくび)」という、切断した人間の頭部を表す作り物がある。切首は胴体から切り離されたものであり、そこから「首を切る」は歌舞伎の世界で「縁を切る」「関係がなくなる」「解雇する」の意の隠語となった（赤坂治績・ことばの花道）。それが一般語に入ったものである。近世すでに「首」と短縮して用いた例もある。

例「芝居内では、暇を出す事を、首を切ると云ひます」（歌舞伎・独道中五十三駅・五）

くびをすげかえる ―すげかへる **【首を挿げ替える】**

役職についている人をやめさせ、新しい人を任命する。「すげかえる」の「すげる」は「下駄の緒をすげる」のように、台の穴の中へ緒を挿しこんで固定する意味である。人形浄瑠璃では首を胴体にはめ込んで使うが、一つの胴体に別の首をはめ込むことができる。ここから、人事の交替が権力者の意向で人形の首のように付けかえられることを表す成句となった。

くま【隈】

疲労時に目のまわりにできる皮膚の黒ずみ。もともとは、川や道の曲がり角、また片すみを意味した。片すみは奥まっていて暗い部分に当たる。その暗い部分から現在の意味が生じた。『岩波古語辞典補訂版』は朝鮮語 kop（曲）と同源かとする。

例「眼のまわりに隈がかかったような」（芥川龍之介・地獄変・大正七年）

くま【熊】

クマ科の哺乳動物。語源は不明。『大言海』は「隈獣（くましし）を成語として、穴居すれば云ふ名か」と言う。「隈（くま）」は、隠れて見えないところで、「隠（こもり）」に通ずる。すなわち、熊は穴にこもって穴居する動物だから、「くま」という。「し し」はけだものの意。『大言海』も指摘するように、朝鮮語では熊は kom（コム）で、これらは同源であるという（岩波古語辞典補訂版）。「熊」は、「熊笹」「熊蜂」「熊蟬」など動植物名を作る造語成分になるが、その際大形、強いなどの意味を添える。これは熊が日本固有の動物の中で最も強大な動物だからである。

例「熊〈略〉音雄、久万（くま）」（十巻本和名抄）「かひなき身をば、くま、狼にも施し」（源氏物語・若菜上）

くまがいそう《くまがいさう》**【熊谷草】**

ラン科の多年草で、日本の特産種。袋状の唇弁を熊谷直実の背負っていた母衣（ほろ）に譬えて名付けられた。熊谷直実は、武蔵国熊谷出身の武将。『平家物語』巻九には、「熊谷は、かち（褐）のひたたれ（直垂）に、あか皮おどしの鎧きて、紅のほろをかけ」と描写されている。一ノ谷の合戦で平敦盛を討ち取った話は『平家物語』の中でも有名で、母衣をかけた武者といえば直実を連想し、「熊谷草」となった。

例「熊谷草（くまかえさう）　花のかたち母衣（ほろ）のごとく、色白く、葉は款冬（ふき）の葉に似てこはくあつし」（植物・画本野山草）

くまざさ【熊笹】

山地に生い茂る種々の笹の通称。『牧野植物混混録』（第二号・昭和二二年）は「クマザサ（隈笹）は、葉のへりが白く隈取られているからの名である。彼の山の人がクマザサと呼んでいるのは正に熊笹の意で、それは熊の出るような深山に生え、且その粗大な葉を茂らせるからの名であって、固よりなんら隈笹の名を取り違えたもんではない」という（中村浩・植物名の由来）。「熊」は、「熊蜂」「熊鷹」のように、動植物の名に冠せられ、「強大」である意を表す接頭語であるので、山の中でひときわ大きな葉を持つことから名付けられたのであろう。

例「くまざゝ　笹の葉の大なるもの」（辞書・俚言集覧）

くまざさ【隈笹】

イネ科クマザサ属の常緑の竹。観賞用に庭に植えられる。また、葉は料理の装飾に使われる。葉の縁が白色に隈取られていることから、このように言う。「熊笹」とは別のものである。

↓熊笹（くまざさ）

くまで【熊手】

落ち葉などを掻き集める道具。また、酉（とり）の市で売られる、この道具の形をした飾り物。熊手を飾り物とするのは、

福や富をこれで掻き集めようという縁起で、江戸時代から始まった。現在は竹製が多いが、昔は鉄の爪を長柄に付けたもので、熊の爪を連想し、その名となった。物を引っかけるのに使い、船の道具にも武器にもなった。

例「遠きをば弓で射、近きをば太刀で切り、熊手にかけてとるもあり、とらるるもあり」（平家物語・八・水嶋合戦）

くまどり【隈取り】

歌舞伎役者の舞台化粧の一つ。顔に青や赤や黒などの絵の具で独特の模様を描く。墨や絵の具の濃淡で立体感を表す日本画の技法を「隈取る」というが、その連用形が名詞化したもの。*『日葡辞書』には「Cumadoriuo suru（隈取りをする）」について次のような説明がある。「作品を一層引き立たせ、あるいはよく見えるようにするために、絵に陰を描き入れる」。

例「へん、隈取りといひなせえ。隈ゐどりだけ古風で素（しろ）っぽい」（滑稽本・浮世風呂・四・下）

くまばち【熊蜂】

コシブトハナバチ科の大形の蜂。『大言海』に「熊は、大なる意」とあるように、「熊蜂」の「熊」は、「熊樫（くまがし）」「熊笹（くまざさ）」「熊蟬（くまぜみ）」などと同様、動植物名の上に付けて、形が大きいことや、力が強いことなどを表す接頭語的用法である。

例「くまばちは、山ばちに似て大いに形まろく、色黒し。腰黄赤色なり」（大和本草批正・一四）

ぐみ【茱萸・胡頽子】

グミ科グミ属の植物の総称名。古くは*『本草和名』（一七）に「和名　久美（くみ）」とあるように、クミであった。「くみ」の語源は不明だが、一説によれば、実を口に含み、これを嚙み、皮を吐き出すというグミの食べ方から、「含（くくむ）実」といわれ、これが変化して「くくみ」「くみ」となったという（深津正・植物和名の語源）。一方、『改訂増補牧野新日本植物図鑑』では、「グミはグイミからの転訛で、グイすなわち刺の多い木に食用になる実がなるからであろう」という。実際、岡山県、香川県の方言では刺をグイといい、広島県の方言ではグミのことをグイミと呼んでいる。漢字表記の「胡頽子（こたいし）」はナワシログミの漢名。「茱萸（しゅゆ）」は、カワハジカミの漢名で本来グミとは異なる。

くも【蜘蛛】

真正クモ目に属する節足動物。語源不明。*『日本釈名』は「かむ也。音相通ず。虫をかむもの也。人をもかむ事あり。〈略〉一説にこもる也。ことくと通ず、るを略す。家をこしらへてこもる虫也」と、二説挙げているが、いずれも信じられない。蜘蛛を朝鮮語と関係づける説は、江戸時代からある。*『東雅』は、「此の物の旧名ササガニなどいふがごとく、上世よりいひつぎ

し所もありぬらむを、後に韓地の方言によりて、クモといふ事にはなりしなるべし。今のごときも、朝鮮の俗なほ此の物を呼びて、クムといふ也」と説く。現代でも、『岩波古語辞典補訂版』などは、朝鮮語 kömü と同源であろう、としている。

例「我が夫子（せこ）が来べき夕（よひ）なりささがねの区茂（くも）の行ひこよひしるきも」（日本書紀・允恭八年二月・歌謡）

くもがくれ【雲隠れ】

人が急に姿を消すこと。雲の中に月などが隠れる意の動詞「雲隠る」は古くは四段動詞で、その連用形の名詞化した「くもがくり」が上代には使われた。『万葉集』（一〇・二二九九）に「秋の夜の月かも君は雲隠（くもがくり）しましく見ねば幾許（ここだ）恋ひしき」とある。平安時代になり、動詞「雲隠る」が下二段動詞に変ずるとともに、この連用形の名詞化した「くもがくれ」が用いられるようになった。

例「秋の夜の月かも君はくもがくれしばしも見ねばここら恋しき」（拾遺集・恋三）

くもすけ【雲助】

江戸時代、宿場や街道にいて、荷物の運搬や駕籠かきなどに従事した者。語源は、「夫れ道中にある雲助と言ふ物、由来は〈略〉身を山海の風雲に任せ、四時不得止事（やむことをえず）して、或いは集まり、或いは散じて、きはまれる住所なきを以てこの名ある也」（民間省要・中（享保六年））といわれている。「助」は人名に多いので、「雲」に「助」を付けて人を指す言葉のようにしたもの。住所不定で、人の弱みに付け込んだり、危害を加えたりするたちの悪いものが多かった。立場の弱い人を脅したりゆすったりするような卑劣な性質をさす「雲助根性」や、法外なタクシー料金を強要する悪質なタクシーの意の「雲助タクシー」などは、そこから来ている。

くもる【曇る】

雲などが空をおおう。『俚言集覧』*に「雲を用にいふ也」とあるように、この語は「雲」に語尾「る」を付けて、動詞化したものである。「この見ゆる雲ほびこりて等能具毛理（とのぐもり）雨も降らぬか心足（だら）ひに」（万葉集・一八・四一二三）の「とのぐもり」は空一面に曇ることである。

例「日てりて、くもりぬ」（土左日記・承平五年一月二三日）

くやしい【悔しい】 文語 **くやし**

残念だ。動詞「悔（く）ゆ」（口語くいる）を形容詞化した語。「悔ゆ」から「悔やし」という形容詞を作る方法は、「行く」から「ゆかし」、「懐（なつ）く」から「なつかし」を作る場合と同じ造語法で、動詞の形容詞化の類型である。↓悔いる

例「久夜斯（くやし）かもかく知らませばあをによし国内（くぬち）ことごと見せましものを」（万葉集・五・七九七）

くやむ【悔やむ】

後悔する。人の死をいたむ。『大言海』は「萎（な）ゆ」から「なやむ」が出たように、動詞「悔（く）ゆ」が「くやむ」に転じたと見る。この連用形の名詞化が「くやみ」で、「おくやみ」の形で使われる。「くやみいふ人のとぎれやきりぎりす」（俳諧・炭俵・下）。↓悔いる

例「かずかずに過ぎにしことはくやまねど思ひぞ出づる老いのつれづれ」（為忠集）

くゆらす【燻らす・薫らす】

ゆるやかに煙や香りなどを立ちのぼらせる。炎を出さず煙が出るように燃やす。自動詞「くゆる」の他動詞形。「くゆる」の語源について、『大言海』には「気揺（けゆ）るの転か、烟（けぶ）るに通ず」とある。

例「山田庵の下に火をくゆらして」（六百番陳状・春下）

くよう《くやう》【供養】

死者の霊に供え物などをして冥福を祈ること。この語は、中国で父母などを養うことの意で用いられ、仏教語として梵語 pūjanā の漢語訳に当てられた。「供給（くきゅう）資養」（＝仏法僧や死者の霊などに供物をしてこれを資養すること）の意。「供」をクと読むのは呉音。

例「仏を造り、塔を厳（かざ）りて、供養すること已に了はりぬ」（日本霊異記・上・七）

くら【倉・蔵】

物を入れてしまっておく建物。諸説、多く「坐（くら）」と同源とする。「座をよめり〈略〉倉庫も座と義同じ。物を置くよりいふ也」（和訓栞）。「坐」は「高御座（たかみくら）」、「磐座（いわくら）」などと用いられた。「くら」は神や人の座るところ、また物を置く台の意味であった。

例「からたちの棘原（うばら）刈りそけ倉立てむくそ遠くまれ櫛作る刀自」（万葉集・一六・三八三二）

くら【鞍】

人が馬にまたがり座るため、馬の背に乗せる器具。『*日本釈名』は「くらは座（くら）也。人の座する所を云ふ。馬上に人の座する具也」という。「蔵（くら）」とは同源。

例「黄覆輪の鞍置いてぞ乗つたりける」（平家物語・九・木曽最期）

くらい《くらゐ》【位】

地位。「くらゐ」の「くら」は「坐（くら）」、「ゐ」は「居（ゐ）」。『*和句解』は「座居（くらゐ）か。位階は座の次第に見ゆるもの也」という。座る順序によって人の地位が分かるというところから、「くらい」が地位の意味に転じたという。中世以降、副助詞の用法を生じ、「ぐらい」という濁音形も使われるようになった。↓倉・鞍

例「位こそなほめでたきものはあれ。おなじ人ながら」（枕草子・一八六・位こそ猶めでたき物はあれ）

くらい【暗い】 文語 くらし

光が少なくて、見えないさま。「黒（くろ）」や「暮（く）る」と関連させる説が多い。たとえば、『*和訓栞』は、「黒しと義通ず」という。暗い状態は色として見れば「黒」だから、「黒」と「暗い」は通じ合う。一方、『*和句解』は「暮（くれ）より出づるか」という。これは、日が暮れれば暗くなるので、「暮れ」から「暗し」が出たというのである。このあたりのことを、『時代別国語大辞典上代編』は次のようにまとめる。「暮る」と「暗し」の関係は「明く」と「明かし」の関係に応じ、「明かし」が「赤し」に通じるように、「暗し」と「黒し」もつながっている、という。

↓黒

例「屋のうちはくらき所なく光みちたり」（竹取物語）

くらう《くらふ》【食らう】

飲食する。『大言海』は「啗（くは）ふと通ずるか」という。「くはふ」（口語くわえる）は「食ひ合ふ」の略だという。『大言海』に従えば、「食う」「くわえる」と「食らう」は同源の語となる。古くは漢文訓読の際に多く用いられていたが、中古の仮名文学の用例では身分の低い人や動物が食べるときに用いられており、古くから粗野なイメージが含まれていたようである。

例「薬を餌（くらふ）方法とを問ひて、既に善く了知しぬ」（西大寺本金光明最勝王経・平安初期点）

くらがえ《くらがへ》【鞍替え】

職業、所属、立場などをかえること。もと遊女や芸者が勤めの場所をかえることをいった。「くらがえ」の「くら」は人の居場所の意味だが、近世以降、一般にはこの原義はほとんど忘れられていたと思われる。そこで『大言海』は「ねぐら」の上略だという。『大言海』は遊女の生涯を「籠の鳥」といい、病気になるのを「とやにつく」というように、住み替えすることを「ねぐらがえ」、略して「くらがえ」といったと説く。なお、「廓替（くるわが）え」の訛という説もある。明治以降、「くら」のもとの意味が忘れられて「鞍」の字が当てられるようになった。↓倉・鞍

例「吉原へ蔵がへのすすめに来たのであるべしと、ひとりのみこみ」（洒落本・跖婦人伝）

くらがり【暗がり】

暗いところ。動詞「くらがる」の連用形の名詞化。「くらがる」は「はやき風ふきて世界くらがりて」（竹取物語）のように用いられていた。「がる」は「寒がる」「見たがる」「さびしがる」などのように形容詞などの語幹に付いて、そういう状態にあるとか、そういう状態になるとかいう意の動詞を作る接尾語。

例「まことにくらがりから牛を引き出すごとくに」（浮世草子・西鶴置土産・五・三）

くり【栗】

ブナ科の落葉高木。語源は諸説あるが、果皮の黒っぽい色に着目したものが多い。「くり」の古形は「くる」であった可能性がある（たとえば「栗栖野」を「くるすの」と読む）が、このクルも「暗し」、「涅（くり）」などのクラ、クリと同源であるといわれる。『和訓栞*』は「色の黒きをいふにや」といい、『大言海』は「黯（くり）の義」とする。「黯」は黒い土のことである。

例「瓜食（は）めば子ども思ほゆ久利（くり）食（は）めばまして偲（しぬ）はゆ」（万葉集・五・八〇二）

ぐる

悪だくみの一味。「とちくるう」の上下略（大言海）という説があるが、信じがたい。「ぐる」は「ぐるぐる」の意で、「輪になっているもの」というのが原義だという説（松村明『江戸ことば・東京ことば』）がある。輪になってつながっている仲間同士ということであろう。

例「こなたまでぐるだと母は叱られる」（雑俳・柳多留・一〇）

くるう《くるふ》【狂う】

気が違う。成立は『大言海』などのように、回転するさまを表す「くるくる」の「くる」の動詞化と見るものが多い。この「くる」は「くるるに」「くるめく」などと用いられていた。「ふ」は動詞化するための語尾である。古代では神がかりになることを「くるふ」と言った。「卜者（かみなぎ）に託（くる）ひて言はく」（日本霊異記・下・三二）の「託」は神が巫女につくことで、同書の訓釈（真福寺本）によれば、この字は「クルヒテ」と訓む。人は神がかりになるとクルクルと舞い出すので、この常軌を逸した動作も「くるふ」というようになった。なお、「狂う」を「苦しい」と同根とする説もある（岩波古語辞典補訂版）。

例「相見ては幾日も経ぬをここだくも久流比（くるひ）に久流必（くるひ）思ほゆるかも」（万葉集・四・七五一）

くるぶし【踝】

足首の両側の骨の突起。『大言海』は「樞節（くるるぶし）の約〈略〉足首を俯仰せしむる関節なり」と説く。「くるる」は、戸の回転を支える、戸の上下にある突起。「くるま」の「くる」と同根で、くるくる回る意味がある。「くるぶし」は中世以降の語。古くは「つぶなぎ」「つぶふし」「つくぶし」などといった。

例「Curubuxi. l, axino curubuxi クルブシ。または、アシノクルブシ〈略〉上（Cami）では Tçucubuxi（つくぶし）と言う」（日葡辞書）

くるま【車】

自動車、馬車など、輪の回転によって動くもの。語源について、『大言海』は「くる」は「くるくる」の「くる」とし、「ま」については次の二説を挙げる。すなわち、「ま」は「輪」に通ずるという説と、「くるくる廻（ま）はる意」とする説とである。『大

言海』はワ、マの通じあう例として、「磯曲（いそわ）」「磯間（いそま）」、「わぐる」「曲ぐる」を挙げる。しかし、「ま」がまわる義だということについては説明がなく、考えにくい。『正倉院文書』の「万葉仮名文」に運搬具としての「久流末（くるま）」の例がある。しかし、中古・中世、「くるま」というと、特に「牛車（ぎっしゃ）」を意味した。「車、京へ取りにやる」（土左日記・承平五年二月一四日）の「くるま」は牛が引く車である。明治になると、人力車の時代となり、「十分間に車の飛ぶ事此通りのみにて七十五輛」（樋口一葉・たけくらべ・明治二八～二九年）のように、人力車を指すようになる。

くるまえび【車海老】

内海の砂泥中にすむエビで、体長は八センチから二五センチくらい。体色は淡褐色か青灰色で、茶褐色や青褐色の縞模様が頭胸部から腹部にかけて横に走っている。名は、体を曲げると縞模様が車の輪のように見えることから名付けられた。

くるみ【胡桃】

クルミ科植物の総称。*『日本釈名』は「くるは呉（くれ）也。呉国より来れる実なり」という。この植物が渡来植物であることについて、*『十巻本和名抄』は次のようにいう。「博物志云、張騫使西域還得之（博物志云ふ、張騫（ちょうけん）西域に使ひして、還りて之を得）」。この植物は西域から中国へ渡り、更に日本へ渡来したと考えられていたわけで、それが「くるみ」の名称に現れたということになる。

例「見るにことなることなきものの文字に書きてことごとしきもの　いちご。つゆくさ。水ふぶき。くも。くるみ」（枕草子・一五四・見るにことなることなきものの）

くるわ【廓・郭・曲輪】

堀、石垣などで囲われた、城などの区画。または、遊郭。*『東雅』は、「クルとは回也、車をクルマなどいふもまたしかり。ワとはまた回也、浦回（うらわ）、里回（さとわ）などいふ事のごとし。さらば、郭をクルワといふも、これらの義にて、城を回繞（かいにょう）するの義にや」という。『大言海』は「古築城は、くるくる丸く繞（めぐ）らせたり、丸と云ふ、是なり」という。これらによれば、「くるわ」は丸く囲むことで、一の丸、丸の内などの「丸」と同じだというのである。遊郭をくるわと称するのは、「城郭の心なり」（評判記・色道大鏡・一）とあるように、官許の公娼街が多く堀などで囲まれ、城郭のように独立していたからであろう。ただし、これについては、伏見の遊里が轡（くつわ）の形に似ていたからで、「くるわ」は「くつわ」の変化だという説もある。

例「菊池かかるはかりごとは夢にも知らず、事しづめんと三のくるわまで出でらるる」（軍記・大友記）

くれたけ【呉竹】

イネ科マダケ属の一種。中国原産。「淡竹(はちく)」の異名。また特に内裏の清涼殿の庭に植えてある竹について言う。「呉(くれ)」は、古く中国を指す言葉で、中国から伝来した事物の上に付けて使われている。「呉竹(くれたけ)」も中国伝来の竹の意である。

例「くれ竹のよよの竹とり野山にもさやはわびしきふしをのみ見し」(竹取物語)

くれない《くれなゐ》**【紅】**

赤色。「呉(くれ)の藍(あい)」の略。「くれ」は中国南方の呉の国。上代、現在の「紅花(べにばな)」のことを言った。「くれ(の)あい」「くれない」というのは、呉から渡来した藍のように染料に用いられるものの意。ベニバナは染料に用いられたので「くれない」と称され、またベニバナは赤色の染料であったので「くれない」は赤色の意となった。「くれのあゐ」は「紅藍、久礼乃阿井(くれのあゐ)〈略〉呉藍同上」(十巻本和名抄)などと見える。次の歌の「くれない」はベニバナの異名。「紅(くれなゐ)の花にしあらば衣手に染めつけもちて行くべく思ほゆ」(万葉集・一一・二八二七)。

例「白妙の袖ふりかはし久礼奈為(くれなゐ)の赤裳裾引き」(万葉集・五・八〇四)

くれる【暮れる】 文語 くる

日が入る。暗くなる意で、「暗し」と同根。↓暗い

例「渡る日の晩(くれ)ゆくがごと」(万葉集・二・二〇七)

ぐれる

不良になる。「くいちがう」がもとの意味。『大言海』は「まぐれる」の上略とする。「まぐれる」は「ま(目)くれる(暗)」で、「めがくらむ」の意。「まぐれる」からは「まぐれ」(=もとの意味は「まぎれること」)なども派生している。これに対して、「ぐりはま」から来たとする説(楳垣実・猫も杓子も)がある。「ぐりはま」は「はまぐり(蛤)」の「はま」と「ぐり」を逆にした語で、くいちがうこと。「ぐりはま」が「ぐれはま」に転じ、「ぐれ」と略され、「る」を付けて動詞化したという。「ぐりはま」「ぐれはま」には、いずれも近世から用例がある。「ぐりはま」の例を次にあげておく。「いふ事なすことぐりはまに成り」(浄瑠璃・曽我会稽山・四)。

例「全体かたいお方でございましたが、どうして又ぐれさしったか」(滑稽本・浮世床・三・下)

ぐれんたい【愚連隊】

盛り場などをねじろにして暴力行為などをはたらく不良仲間。「ぐれん」は「ぐれる」の変化したもの(大言海)。「たい」は「隊」であろう(暉峻康隆『すらんぐ』によれば「連隊」の「隊」)。「愚連隊」は当て字。『すらんぐ』では、愚連隊の起源を日露戦争後、横浜に現れた硬派の不良学生とする説を紹介している。

例「巷には不良少年や愚連隊がばっこし」（石川達三・人間の壁・昭和三二〜三四年）

くろ【黒】

色の名。墨のような色。*『日本釈名』は「くらきなり」といい、『大言海』も「暗（くら）と通ず」という。「暗（くら）」は更に「暮（く）る」（口語くれる）と関係がある。暮れれば光が失われ、真っ暗な闇になり、それが黒色であった。類似語形に「くる」「くり」があり、これら土の色を表す語も同類とする考えもある。「涅（くり）」は水中の黒土であって、*『箋注倭名抄』（巻一）は「按久里、黒之一転」と両者の関係を認めている。なお、形容詞「黒し」は「黒」に形容詞語尾の「し」を付けたもの。「白→白し」「赤→赤し」の類。↓暗い

例「ぬばたまの久路加美（くろかみ）しきて長き日（け）を待ちかも恋ひむ」（万葉集・二〇・四三三一）

くろうと【玄人】

専門家。「しろうと」の対として作られた語。「しろうと」は「白（しろ）人（ひと）」または「しらひと」から変化した語。これに準じて、「くろうと」も「黒（くろ）人（ひと）」と分析される。未経験・未熟を表す「しろうと」の「しろ」に対して、「白」の反対の「黒」によって物事に通じていることを表した。↓しろうと

例「オヤ〳〵、旦那アくろうとだねえ」（人情本・契情肝粒志・二）

くろうとはだし【玄人はだし】

素人なのに、本職が驚くほど学問や技芸にすぐれていること。すぐれていることを、本職が恥ずかしくなってあわてて履物も履かずに退散してしまうほどだ、と形容した語。

例「遊芸に通じ、殊に義太夫には玄人跣足（はだし）の造詣があった」（佐々木邦・続珍太郎日記・大正一〇年）

くろがね【鉄】

鉄。「黒いかね（＝金属）」の意。↓しろがね

例「鐵〈略〉久路加祢（くろがね）」（十巻本和名抄）

くろじ【黒字】

収入が支出より多いこと。利益が出ること。簿記で、支出より収入が多い場合は黒インクで記入し、欠損を赤字で記入することから。↓赤字

例「それであなたの方は赤字になりますか、黒字になりますか」（井上靖・闘牛・昭和二四年）

くろしお《くろしほ》【黒潮】

日本列島に沿って太平洋岸を南から北へと流れる暖流。季節によって異なるが関東地方から東北地方で寒流の親潮と接する。日本海流ともいう。紺青の色をしているので桔梗（ききょう）水とも呼ばれ、他の海の色と比べて黒く見えることから「黒潮」と命名された。江戸時代には、「黒瀬川」という方が一般的であった。

例「久しく信(おとづれ)あらざれば、黒潮にや流され給ひけん、又鬼どもにや食はれ給ひけんとて」(読本・椿説弓張月・後・一九)

くろまく【黒幕】
かげで人をあやつる人。もとの意味は、「黒い幕」のことであるが、特に歌舞伎で舞台を隠したり、背景の闇を表したりするものを言う。その奥に何かが隠されているということから、表に出ないで指図したりする人を言ったものだろう。
例「黒幕の大久保市蔵」(福沢諭吉・福翁自伝・明治三一〜三二年)

くろもじ【黒文字】
クスノキ科の落葉低木。香りがよいため爪楊枝(つまようじ)の用材とされる。また、爪楊枝の多くがクロモジからできていることにより、爪楊枝の別称ともなっている。『改訂増補牧野新日本植物図鑑』では、樹皮にある黒色の斑点が文字のように見えるので、この名が付けられたとする。一方、柳田国男は『海上の道』で、古名モンジャと関係があるかという。
例「けづる楊枝(よじ)さへ細元手。辛苦黒文字身すぎ楊枝。商売みがき楊枝のかんばん。猿もくはねど高楊枝。浪人とこそしられたれ」(浄瑠璃・平仮名盛衰記・二)

くわ《くは》**【桑】**
クワ科の落葉高木。『日本書紀』に「此の神の頭(かしら)の上に蚕(かひこ)と桑と生(な)れり」(神代上・水戸本訓)とあるように、蚕と桑とは古代より関係が深かった。語源説の多くは、この蚕(古名「こ」)との関わりに注目している。例えば、蚕(こ)が食う葉の意から、「蚕葉(こは)」といいそれが変化したとする説(和訓栞、大言海など)、あるいは、「食葉(くふは)」が変化したとする説(日本釈名など)などがある。しかし、決定的なものはない。

くわい《くゎゐ》**【慈姑】**
オモダカ科の水生多年草。中国原産。語源不明。『大言海』では、「嚙破集(くひわれゐ)の義にて、葉の形に云ふにもあるか」とする。これは葉が矢尻の形をしていることに注目したものであろう。また、「食べられる井(=灯心草)の意である」との説もある(改訂増補牧野新日本植物図鑑)。表記の「慈姑」は、漢名による。

くわがたむし《くはがたむし》**【鍬形虫】**
甲虫目クワガタムシ科に属する昆虫。角状に発達した大顎が兜の鍬形(くわがた)に似ているところから、この名がある。兜の鍬形は、兜の正面に取り付けられた飾りで、古代の鍬のような形をしている。

くわせもの《くはせもの》**【食わせ者】**
油断のならぬ人。「くはせ」は、食べさせる意味の動詞「食はす」(下二段活用)の連用形。「くはす」には、中世末からだま

すという意味があったといわれ、このだますという意味から、だます人、油断のできない人と転じた。

例「あの先生に落とし咄をする息(むすこ)はねえ。そりやあくはせ者だわえ」(滑稽本・狂言田舎操・下)

くわだて《くはだて》【企て】

計画。もくろみ。動詞「くわだつ」の連用形の名詞化。古くは「くはたて」と清音であった。『大言海』によれば、「くはたつ」は「足跡(くはびら)立」の中略である。「くはびら」はくるぶしから先の部分を表す。「くはびら立つ」は爪先で立つことで、こうすることで先を望み、転じて、しとげようと思い立つことになると説く。

例「慥(たしか)に頼朝討つべきよし、謀反のくはたてあると申すものあり」(平家物語・七・清水冠者)

くわばら《くはばら》【桑原】

雷避けのまじない。普通「くわばら、くわばら」と二度唱える。近世中期の随筆『夏山雑談』によれば、桑原は菅原道真の領地で、ここには雷が一度も落ちなかった。そこで、「京中の児女子、いかづちの鳴る時に桑原々々といひてまじなひ」をした、という。また、金田一春彦・芳賀綏『古典おもしろ語典』は『和泉国名所図会』によって、次のような挿話を紹介する。和泉の国桑原なる所の井戸に雷が落ちた。村人が井戸のふたをしたので、雷は出られなくなり、二度とこの地には落ちないと誓って、ようやく許された。これによって、「桑原」と唱えれば、落雷を免れるという。

例『光り〱、グヮラリ〱』『桑原〱〱』」(虎寛本狂言・神鳴)

ぐんて【軍手】

白い太もめん糸で編んだ、左右の区別のない作業用手袋。もと軍隊用のため「軍隊手袋」と呼ばれた。「軍手」はその略称。ちなみに、太い白もめん糸で編んだ軍隊用靴下を「軍足(ぐんそく)」といった。

例「これは私の年来愛用する軍手であって、洗えば洗うほど色が白くなって、糸も柔らかくなり、何となく絹のような手ざわりがする」(内田百閒・続百鬼園随筆・黄牛・昭和九年)

ぐんばい【軍配】

相撲の行司が用いるうちわ。「ぐんぱい」とも。「軍配うちわ」の略。「軍配」は軍の陣を配置することをいう。軍配うちわは戦国時代、武将が軍の指揮をとるとき使ったものだが、相撲の行司が勝負をさばくとき使ううちわも指すようになった。「軍配を上げる」は、相撲の行司が勝った力士の方に軍配を上げること。そこから、試合、競争、論争などで勝った者を指示することをいう。

例「まくの中で兵法を行て、弓矢にかつぐんばいをしたぞ」(抄物・玉塵抄・一〇)

け

け【褻】

ふだん。「晴れ」の対語。『大言海』は「け(来経)」の義で「日常の意ならむ」という。「け(来経)」は二日以上、長く経る日数を意味するところから、常日頃の意味になったのであろう。「け(来経)」を更にさかのぼれば、「来(き)経(へ)」の約で、「来経(きふ)」の連用形。「来経」は「あらたまの年が来経(きふ)れば、あらたまの月は来経(きへ)ゆく」(古事記・中)のように用いられていた。これに対して『岩波古語辞典補訂版』は「褻」と「日(け)」を同根とし、「日(け)」は「日(か)」の転、すなわち「か」の方を古形とし、「日(か)」は「朝鮮語 hai と同源か」という。

例「ことに打ちとけぬべき折節ぞ褻晴れなくひきつくろはまほしき」(徒然草・一九一)

けいき【景気】

商売の具合や社会の経済状態のよしあし。中国古典では「景気」のもとの意味は「物事の様子」で、日本でも「山中の景気」(方丈記)などと和文にも使われていた。「物事の様子」の意から、「元気のあるなし」、「経済の様子」などの意味に変わってきたものと思われる。経営、運営するの意味の「経紀」から出たとする説(山田孝雄・国語の中に於ける漢語の研究)もある。現在通用の意味は「霜枯れの景気ぢゃあございません」(滑稽本・浮世床・二・下)のように、近世後期には使われていた。

例「Kei-ki no yoi h'to, an active person.(景気の良い人)」(和英語林集成・初版)

けいこ【稽古】

武芸などを練習すること。「稽」は「考える」で、中国古典では「稽古」は「昔のことを考える」意で使われた。日本でも「古今の理なり。これをよく弁へ知るを稽古と云ふ」(神皇正統記・下・後醍醐)と見える。その意味から、古書や学問を学ぶこと、という意味で使われ、日本ではさらに、諸芸を練習する意味で使われるようになった。

例「この寺の稚児達歌を goqueico(御ケイコ)にて候ふ間」(ロドリゲス日本大文典・二)

けいさい【掲載】

新聞や雑誌などに文章をのせること。「掲載」は、新聞などに「かかげ(掲)のせる(載)」意で明治初年に造られた和製漢語。

例「猶後号を追て精詳(くはしく)掲載すべし」(新聞雑誌・二四号・明治四年)

けいさい【荊妻】
自分の妻の謙称。漢籍に見える語。後漢の梁鴻（りょうこう）の妻孟光が「荊釵布裙（けいさいふくん）」（＝イバラのかんざしと木綿のもすそ。粗末な服装の意）をつけていた故事（皇甫謐・列女伝）によって、妻の謙称となった。
例「僕荊妻と共に貴国に航して合歓の宴席に侍せんことを欲す」（織田純一郎訳・花柳春話・明治一一～一二年）

けいざい【経済】
人間の生活に必要な物の生産・分配・消費についての活動。「経済」の語は『晋書』に見える「経世済民」を略した語で、ほぼ現在の「政治」と同じような意味で古くから使われていた。江戸時代には、「経済は国家の本なり。古語に『国に三年の貯え無きを国其国に非ず』」（池田光政日記・天和二年五月一日）と見えるように、生産・消費などの活動を中心とする現在と同様な意味で使われた。明治になってからは英語 economy の訳語として頻繁に使われるようになった（『*附音挿図英和字彙』などに見える）。なお、economics の訳語としては、はじめ理財学の語が使われたが、後には「経済学」の語が使われるようになった。
例「余心を経済の学に留むること久し」（神田孝平・経済小学・慶応三年）

けいさつ【警察】
犯罪を防ぎ、犯人を捜査、逮捕する国家の組織。中国古典では、「いましめしらべる」意で使われていた語であるが、日本では英語 police の訳語として、明治期から使うようになった。明治七年に「司法警察規則」、明治八年に「行政警察規則」が発布されている。
例「口論のはては〈略〉警察のお世話にも幾度とかや」（樋口一葉・やみ夜・明治二八年）

げいしゃ【芸者】
酒席に侍って舞踊音曲で興を添える業の女性。和製漢語。古くは何らかの芸に秀でた者を称した。「芸者」の「芸」は「芸術」や「芸能」の「芸」で、かつて「芸術」は学芸と技術の総称であった。『*日葡辞書』によれば、「芸者」は「芸ある者」であり、それは「芸能の心得ある者、または能力のある者」であった。近世に入ると、男女を問わず、酒席に興を添える人を指し、男女を区別するときには「男芸者」、「芸妓（げいこ・げいぎ）」などと言った。「牽頭持（たいこもち）は芸者と云ふ」（洒落本・辰巳之園）。
例「近所の評判のげいしゃ、おゑんといふ踊り子を五十両にてやとひ」（黄表紙・江戸生艶気樺焼・上）

けいせい【傾城】
遊女。「傾城」は城を傾け滅ぼすこと、その色香に迷わせて城を滅ぼすほどの美女を意味した。出典は『漢書』で、北方に

絶世の美人があり、「一顧傾人城、再顧傾人国（一たび顧みれば人の城を傾け、再び顧みれば人の国を傾く）」（外戚・孝武李夫人伝）という文の「傾」と「城」を採ったものである。このように本来は美女の意味であったが、遊女の意に転じ、*『日葡辞書』では「遊女」と訳されている。なお、「城」をセイと読むのは漢音による。

けいせつ【蛍雪】

「蛍雪の功」の形で、「努力して勉強した成果」の意味に使う。字義は「ほたる」と「雪」であるが、晋の車胤がホタルの光で、孫康が窓の雪明かりで書物を読んだ故事に基づく。すなわち、『晋書』「車胤伝」に「（貧シクテ油ガ買エナカッタノデ）夏月以練嚢、盛数十蛍火、照書読之（夏月、練嚢を以て、数十の蛍火を盛り、書を照らして之を読む）」とあり、『晋書』「孫康伝」に「家貧油無、嘗映雪読書（家貧しくして油なし、嘗て雪に映じて書を読む）」とある。

例「少無蛍雪志、長無錦綺工（少（わか）くして蛍雪の志なく、長（ひととな）りても錦綺の工（たくみ）なし）」（懐風藻・丹墀広成・述懐）

けいとう【鶏頭】

ヒユ科の一年草。*『俚言集覧』は「花の形鶏のとさかに似たればなり」という。古くは「韓藍（からあゐ）」と呼ばれ、『万葉集』にも用例がある。一方中国では明代の文献に、この植物を「鶏冠」と呼んだ例が見られる。「鶏冠」は、とさかのことであり、この花をとさかに見立てた命名である。この発想に基づいて、日本で言い換えたものが、「鶏頭」だと考えられる。

けいば【競馬】

馬を競走させて、金をかける賭博。日本では、賭事ではなく、神事、武術として行なっていた。語源は字義通り、馬を競走させることで、これを「くらべうま」と言った。この「競馬（くらべうま）」を音読したものがケイバである。「けいば」という語は、高良神社本『平家物語』（一・願立）の「競馬」に「けいば」と振り仮名があり、*『日葡辞書』にも「Qeiba（ケイバ）」とあるので、中世には存在したと思われる。ケイは「競」の漢音である。

けが【怪我】

負傷。語源不明。語源説としては「穢（けが）れの略なり。俗にけが過（あやま）ちなど言へば、身を傷つきて血をあやす〔=シタタラセル〕より言ひける詞なるべし」（和訓栞）、「穢（けが）るの語根、血に穢れたる意」（大言海）のような説がある。しかし、「けが」の古い用法には過失という意味があって、この方が古いと考えられる。負傷という意味は、過失による負傷を経て後に生じたものと考えられる。*『日葡辞書』には「Qega（ケガ）」の項に「失敗、または、不測の事態」とあり、負傷の意は出て来ない。「けがの高名（功名）」という慣用句の「けが」に

は、この過失・災難の意が残されている。

例「剣は重宝なれども、幼き者持ちて候へば、手を切り見迦(けが)をするなり」(蓮如上人一語記)

げきじょう《げきぢやう》【劇場】

劇を上演する建物。英語 theater の訳語として明治期から使われだした漢語。ロブシャイドの『英華字典*』では、theater の訳語は、「戯院」「戯台」「戯園」であって、「劇場」はない。だが、清の龍自珍(一七九二〜一八四一)の『人草稿』には「劇場」の語があり、中国で早く使われたもので、それを日本が借用したものと思われる。

例「唐には芝居といふ事を演場とも戯場とも劇場共」(演劇・唐土奇談)

けぎらい《けぎらひ》【毛嫌い】

理由なく嫌うこと。一説によれば、この語は博労(ばくろう)の言葉から出たという(楳垣実・猫も杓子も)。牝馬が種馬を嫌うことを「毛嫌い」と言ったのがもとで、これは牝馬が相手の毛並みを嫌ったのだろうと考えて「毛嫌い」と称したものである。この説は面白いが、「け」は接頭語で、「けだるい」「けなつかし」「けおされる」などの「け」と同じく、何となくなどの意を表すものと考えられる。

例「毛嫌　ケキラヒ」(運歩色葉集)

げきりんにふれる【逆鱗に触れる】

目上の人の怒りを買う。「逆鱗」は竜ののど元に逆さに生じた鱗のこと。これに触れると竜が怒って必ず殺されるという中国の『韓非子』の故事に由来する。天子は竜にたとえられるので、本来は天子の激しい怒りを受けることを意味したが、目上の人の怒りにも用いられるようになった。

げきをとばす【檄を飛ばす】

行動を促す文書を各方面に急送する。「檄」は、木に書き付けた文書で、使者に持たせて臣下を呼び寄せる「召し文」であった。「檄を飛ばす」は「飛檄」を訓じたもの。中国で「飛檄三輔(檄を三輔に飛ばす)」(晋書・慕容暐載記)などと使われていた。現代では、「檄」を「激」と解して、激励の声を飛ばす意で使われることもある。

げこ【下戸】

酒が飲めない人。「上戸(じょうこ)」の対義語。中国古典に見える語で、貧しい家を意味した。日本の律令制では最末端の戸籍・課税単位を「戸」といい、課税負担の多少や貧富の差によって「上戸」「中古」「下戸」の等級に分けた。「下戸」は貧家を指す語である。江戸時代の随筆『塩尻』には「群書類要巻三に庶民婚礼の条に、上戸八瓶下戸二瓶といへる、もと民戸の上下をいへども、瓶数多少あるを以て飲酒の多きを上戸と呼び、少きを下戸といふとかや」とあり、貧家では儀礼の際に仕度する酒量が少ないことから転じて、飲酒量が

少ない人のたとえ、となったという。

例「げこならぬこそをのこはよけれ」(徒然草・一)

げこくじょう《げこくじやう》【下剋上・下克上】

地位や身分の低い者が上の人をしのいで勢力を張ること。字義は「下が上に剋《か》つ」ということで、中国には古くから「上剋下曰制、下剋上曰伐(上、下を剋するを制といひ、下、上を剋するを伐といふ)」(三命通会・宝義制伐四事顕朝)などのような用法が見られた。中世日本では鎌倉時代末、南北朝内乱期の世相を背景に、これを成語として用いるようになった。

例「馬侵《おか》さるまじき鼠に巣を作らせ、子を生ませたり。すでに下克上せり」(源平盛衰記・二六・馬尾鼠巣例事)

けさ【今朝】

今日の朝。「けさ」の「け」については、「こ(此)」に関連させる説が多い。たとえば、*『俚言集覧』は「このあさの約りたる詞なり」という。現代の辞書では、「コ(此)の転のキと、アサ(朝)との複合語の約であろう」(岩波古語辞典補訂版)という。→きょう

例「家佐《けさ》の朝明《あさけ》秋風寒し遠つ人雁が来鳴かむ時近みかも」(万葉集・一七・三九四七)

けさ【袈裟】

僧が衣の上に、左肩から右腋下へかける長方形の布。「袈裟《けさ》」は、梵語 kaṣāya または kāṣāya の漢字音訳である。梵語 kaṣāya の原義は「赤褐色の」の意。インドの仏教徒は仏門に入ると赤褐色の衣を着るところから、kāṣāya が衣を指すようになった。現在の意味は中国・日本で生じたもの。

例「Qesa　ケサ(袈裟)　坊主(bonzos)が衣の上につける一種の飾りで、房のついた綬のような物」(日葡辞書)

けさがけ【袈裟懸け】

一方の肩から他方の脇に斜めにかけたり切ったりすること。「袈裟」のようにかけたり切ったりすることから、この言い方が生じた。「袈裟がけに切る」といえば、片方の肩から斜めに切り下げること。

例「胸板を袈裟懸けに切って落とされけるほどに」(太平記・一〇・鎌倉兵火事)

けし【罌粟・芥子】

ケシ科の一、二年草。未熟の実から阿片を採る。語源は、「芥子」の字音に由来する。ケは「芥」の呉音。「芥子」は、香辛料として、あるいは、護摩を焚くときに加えて用いられたカラシナの種子を指していた。この「芥子」の形がきわめて小さいという点で、「罌粟《おうぞく》」の種子と似ていたことから混同され、やがて、「罌粟」のことをも「けし」と呼ぶようになった。*『和訓栞後編』に「けし　罌粟を云ふ、芥子の音を謬称せし

なるべし」とあるのも、この事情を言ったものである。

例「芥子(けし)　罌粟　罌子粟　葩(はなびら)四葉にして、色大紅有り、大白有り、紫有り〈略〉葉苦菜のごとし」(植物・画本野山草)

けしかける【嗾ける】文語 けしかく

扇動する。語源について『大言海』は「ケは発語、仕懸くるなり」という。「仕懸ける」は、相手になんらかの動作を及ぼすことである。これに対して、「けし」は犬などを励ますときの掛け声だと見る説(暮らしのことば語源辞典)がある。接頭語「け」(「けおされる」などの「け」)は、何となくというような意味なので、「けし」と見る方がまさっているようである。励ます声の「けし」は「我が心菜種ばかり成りにけり　人くひ犬をけしといはれて」(菟玖波集・雑体)などと用いられていた。「けしかける」はもと、犬などを励まして敵に向かわせるという意味で使われていた。

例「犬をけしかけ、大屋根にとまる鳶烏に礫を打ち」(浮世草子・傾城禁短気・二・三)

けしからん【怪しからん】

非難すべきである。不都合だ。道理や礼儀にはずれていてよくない意の連語「けしからぬ」の転。「けしからぬ」は、普通と違っている意の形容詞「けし(怪・異)」の未然形ケシカラに、打ち消しの助動詞「ず」の連体形ヌが付いたもの。本来「けし」だけで、普通と違っている意を表すわけだが、その否定的な意味を強調するために、普通でないどころではない、というような気持ちで、さらに打ち消しの助動詞を加えたものが「けしからず・けしからぬ」である。

例「中にも金瓶梅は平穏な叙事が十枚か二十枚かあると思うと、約束したようにけしからん事が書いてある」(森鷗外・雁・明治四四～大正二年)

けしき【景色】

自然の眺め。中国古典に典拠のある「気色」の呉音読みによる語。「気色」の「気」は、それとなく感じられる様子、「色」も様子を表し、古くは自然界の様子を「都にはまだ入り立たぬ秋のけしきを」(源氏物語・椎本)のように表した。次いで、人の様子をもいうようになった。「なほ物思へるけしきなり」(竹取物語)。やがて鎌倉時代頃から、前者を「けしき」、後者を「気色」の漢音読みで「きしょく」と言うようになり、表記も近世になると「景色」と、「気色」とに分けて表すようになった。

げじげじ【蚰蜒】

ムカデ綱ゲジ目の節足動物の総称。動物名としては「げじ」で、「げじげじ」は俗称。歴史的仮名遣いは「げじげじ」か「げぢげぢ」か決定できない。『大言海』は「下食時虫(げじきじむし)の転〈略〉。此の虫に舐(ねぶ)らるれば、髪禿げ落つとする

に起こる」という。下食時に髪を洗うと毛が落ちると信じられ、髪をはげさせるこの虫を下食時虫というようになったという説である。「下食」というのは陰陽道の用語、天狗星が下界して食を求めることで、下界する日の一定の時刻を「下食時」という。*『日葡辞書』は「Guejiguejі(ゲジゲジ)」について「髪の毛を吸って、痛みもなく抜き取る或る虫」という。

例「げぢげぢにどこねぶられて嫁が禿げ」(俳諧・鷹筑波・一)

けじめ《けぢめ》

境目、区別。『大言海』は、「結目(けちめ)にて、碁の結(けち)より、別目の意か」とする。ケチは「結」の呉音。『源氏物語』や『枕草子』に「けちさす」などと用いられ、これは碁の終盤、寄せを打ったり、駄目を詰めたりして白黒の境界を画することであった。ここから「けち」に境界の意が生じ、それに「境目」などの「目」を付けて、一層意味を明確にしたものが、この語であると考えられる。

例「廂の中の御障子(さうじ)を放ちて、こなたかなた御几帳ばかりをけぢめにて、中の間は」(源氏物語・若菜下)

げしゅにん【下手人】

人を殺した人。みずから手を下して事を行った人という意から、罪を犯した人を表す。漢籍に例がある。「被傷殺者、不知下手人名(傷殺さるる者、下手人の名を知らず)」(唐律)。古くからゲシニンと読まれることが多く、「解死人」「下死人」なども表記された。「下死人　ゲシニン　解死人　ゲシニン」(運歩色葉集)。

例「下手人などめし出されんずるにて、きびしく御沙汰ありけるほどに」(古今著聞集・一六・五七五)

げす【下種・下衆】

品性の劣った人を罵る言葉。もともとは素性や身分の卑しい人を指した語。語源は、『大言海』にあるように、「下々の種姓(すじゃう)の義」である。「げす」に対して、「上種(じょうず)」という語も「じゃうずの所に打ち出でたるに、かたはら痛からぬ文かな」(大和物語・一〇三)のように用いられていた。

例「ほんによ、あんまり下主(げす)に出来たやつだ」(滑稽本・八笑人・四・下)

げすい【下水】

台所や風呂場などから流れ出る汚い水。「上水」の対語。「下」は、劣っている、悪いという意味。ゲは呉音。漢籍では、水を流すとか流れを下るとかいった意味に使った。日本では、中世、茶の湯の道具として「下水」の語が現れ、*『日葡辞書』によれば、それは茶碗を洗った水を捨てる入れ物であり、またその水のことでもあった。

例「御風呂屋、縁の下よりとひをかけ、御風呂屋のげすいにて不浄流す様に遊ばし」(軍記・甲陽軍鑑・品三三)

げそ

イカの足をいう俗語。「下足（げそく）」の略と言われる。もと、寿司屋の通語。ゆでたイカの足を芯にした巻き鮨を「げそまき」という。

げた【下駄】

木製の履物の一種。『大言海』に「下は、低き意か」とあるように、低い足駄（あしだ）の意であろう。「あしだ」の「だ」が「げた」のように清音に変わったのは、上の音節「げ」が濁音なので、「だ」が清音になったと考えられる。「足駄」は平安時代から用例が見え、本来、木の台に鼻緒をすげた履物の総称として用いられた。「下駄」に相当する物は弥生の遺跡からも出土するが、「げた」という言葉は中世以降のようである。*『日葡辞書』の「Gueta（ゲタ）」の項には「日本の様式に従って作った、非常に丈の低い一種の木履（きぐつ）」という説明がある。

けだし【蓋し】

思うに。語源不明。『大言海』は「気慥（けたし）の義」という。また、「きちんと四角である意のケダ（角）の副詞化」（岩波古語辞典補訂版）との説もある。

例「蓋し思想は生命が成長するために脱ぎ捨てて来なければならぬ殻皮である」（倉田百三・愛と認識との出発・大正一〇年）

けたちがい《けたちがひ》【桁違い】

比較にならないほど懸け離れていること。ここにいう「桁（けた）」とは、『大言海』に「十呂盤（そろばん）の桁なり」とあるように、そろばんの珠を貫く縦串のことで、数の位取りを表した。そこで桁が違えば、数の位が違うことになり、大差が生じる。ここから現在の意味が出て来た。「桁はずれ」の「桁」もそろばんの桁から出たものである。

例「思ふこと叶（かな）はねばこそ　浮世とは　かねて存じて　居りぬれど　ややそろばんの　けたちがひ」（狂歌・徳和歌後万載集・一三）

けだもの【獣】

毛のある四足獣。「けだもの」は「毛の物」の意味であるが、「けだもの」の「だ」については説が分かれる。この「だ」は「くだもの（果物）」の「だ」と関連すると思われるが、これを「天つ神」「国つ神」などと用いられる、古い格助詞「つ」の転とみる（古事記伝、大言海など）か、「たなごころ」（手の心＝掌）や「うなばら」（海の原）などの「な」の転とみる（岩波古語辞典補訂版）か、相違がある。

例「獣　〈略〉介多毛乃（けだもの）」（十巻本和名抄）

げたをあずける《―あづける》【下駄を預ける】

判断、措置など一切を相手にまかせる。はきものを預けてしまえば、自由に動けなくなり、預け先の決定に従わざるをえない、ということから生じた成句。

例「とても叶ふまじと御覧じ、奉公せよ、召使はんなどとげたを預け給ひしか」(浄瑠璃・天智天皇・二)

けち

お金などをできるだけ出さないですまそうとすること。現在でも、「けちがつく」等と使えば、「不吉なこと」の意味になるが、古く「けち」はこの意味であった。『*日葡辞書』は「Qechi(ケチ)」について、「物事の不吉な前兆」とし、「けちがある、または、出来た」という用例を挙げている。ここから、不景気、さらには吝嗇、粗末などの意味が生じて来たものである。語源としては、疑問もあるが、元禄以降の辞書に「怪事(けじ)」の転とする説がある。すなわち、『*書言字考節用集』に「怪事　ケチ」とあり、『*和訓栞』は「怪事の音転也」という。なお、「怪」の呉音はケである。

例「江戸ぢゃあ、そんなけちな事は流行らねえのさ」(滑稽本・浮世風呂・二・上)

けつ【尻・穴】

おしり。びり。「穴(あな)」を音読して、尻を意味させたもの(大言海など)。俗語ではあるが、「けつの穴が狭い(小さい)」、「けつをまくる」など、慣用句にも使われている。尻の意の「けつ」は近世後期用例が目立つようになる。平賀源内の『風来六部集』の「放屁論後編」(安永六年)に「穴(けつ)のせまい仕送り用人」という例が見られる。

げっかひょうじん【月下氷人】

男女の縁を取り持つ人。仲人。『大言海』に「月下老人と氷上人(ひょうじょうじん)との略」とあるように、ともに仲人を意味する「月下老(人)」と「氷(上)人」とが合成されてできた言葉。「月下老(人)」に関する故事は次のとおりである。唐の韋固(いこ)がまだ独身の時、月明かりの下で大きな袋に寄りかかって書き物を調べている不思議な老人に出会った。調べていたのは天界の婚姻名簿で、袋の中身は夫婦となるべき男女の足を結びつける赤い縄だという。老人は韋固の妻について予言し、のち、その予言どおりに韋固が郡の長官の養女と結婚したという。また、「氷(上)人」は、晋の令狐策(れいこさく)が、氷の上に立って氷の下の人と話す夢を見たと、占いの名人・索紞(さくたん)に話したところ、氷の上と下というのは、陽と陰で男女を表し、君が近く婚姻の仲立ちをする前兆だと言われ、その通りになったという故事(晋書・索紞伝)による。

けっきょく【結局】

物事の終わり。ついに。「局」は囲碁の盤面をいい、囲碁の勝負が終わることを「結局」といった(一六世紀中頃の『詩学大成抄』にその例が見える)。それから、物事の終わり、結末をいうようになり、小説などの結びも「結局」と言った。『椿説弓張月』(拾遺)に見える「一部の結局、作者の苦心、ここに

説も竭（つく）すべからず」は、その例。明治になると、「物事の終わり」ということから、「あげくのはて」「とうとう」「ついに」という意の副詞として使われるようになった。『*和英語林集成』（三版）には、「Kekkyoku」の項に、「結局（tsumari） In the end」とある。

けっこう【結構】

満足なさま。「結構」は漢籍に見える語で、建造物や文章などを組み立てて作り上げることや、その構え・こしらえのことをいった。日本でも古くはもっぱらこの意味で用いられたが、「Qeccô　ケッコゥ〈略〉また、立派で華やかな物を見事に整えて飾ること」（日葡辞書）のように、特に善美を尽くしてものを作り上げるという意味が強まっていった。その結果、「けっこうな物を着たがるは婬欲の心なり」（抄物・六物図抄）のように、すばらしいさまの意に転じ、さらに、「お前も風邪を引かんかえ。結構結構」（尾崎紅葉・二人女房・明治二四年）のように、満足できる状態であるさまの意となり、ひいては、「着物なんぞはそのままで結構なんだからお出で」（宮本百合子・伸子・大正一三～一五年）のように、それだけで十分であるさまの用法を生じるに至った。

けっしょう《けっしやう》【結晶】

規則正しい平面によってできている固体。オランダ語 kristal の訳語として作られた和製漢語。「結」はむすぶ、かたまるの意、「晶」はきらきら光るさまを表す。宇田川榕庵『植学啓原』（天保四年）に「結晶如束針（結晶束針（ししん）の如し）」とある。また、そのように形を作る意でも用いられる。

例「冷れば復凝て端整の晶を結ぶ、之を物の結晶する論例とす」（化学・舎密開宗・内）

けつぜい【血税】

重い税金。明治五年に公布された太政官の『徴兵告諭』にある「人たるもの固より心から尽し国に報ぜざるべからず。西人之を称して血税と云ふ」という表現からできた語。自分の血液、つまり身体を国のために税として捧げるという意である。フランス語 impôt du sang を直訳したものと言われる。国民の兵役義務、つまり徴兵をさした。この語を聞いて、生血を絞り取られるものと誤解して、暴動が起ったという。現在ではこの語の本来の意味が忘れられ、血の出るような苦労をして納める重い税金という意味で使われる。

例「ぼう大な血税が、単なる赤字処理のために使われるのか」（朝日新聞・昭和四五年九月二九日）

けったい【卦体】

奇妙なさま。『大言海』はキタイ→ケタイ→ケッタイと変化したと説く。「希代（きたい）」は世にも珍しいことで、「これ希代の朝恩にあらずや」（平家物語・二・教訓状）などと使ったが、キをケにする京の訛（キツネ→ケツネ。デキル→デケル）

で、ケタイとなり、さらにこれを急呼（＝強調）してケッタイとなったという。一方、「卦体（けたい）」から転じたとする説もある（鈴木棠三・日常語語源辞典）。「卦体」は易の卦の算木に現れた形、すなわち占いの結果のことであるが、そこから「縁起」の意味になり、もっぱら悪いほうに使われて、「不思議、変な」の意に転じた、という。「けたくそ悪い」「けったくそ悪い」はこの語の派生語。

例「何をアタけったいな」（歌舞伎・近江源氏鵆講釈・四）

けったくそわるい【卦体糞悪い】

いまいましい。「けたいくそ（卦体糞）が悪い」の変化したものと言われる。「けたい（卦体）」は、「けったい」参照。「くそ」はののしる気持ちを添える。全体で、縁起（卦体）が悪いことをののしる気持ちを表す。

例「ほんまに覚いてくされ、けったくその悪い！」（里見弴・父親・大正一二年）

げったん【月旦】

人物評。漢語「月旦」は月はじめの意だが、日本では「月旦評」（＝人物評）の略として使われる。「月旦評」は『後漢書』によれば、許劭が従兄の靖と郷党の人物評を行い、月ごとに品題を変えたということに基づく。「（劭ト靖トガ）好共覈論郷党人物、毎月輒更其品題、故汝南俗有月旦評焉（ともに郷党の人物を覈論（かくろん）することを好む、毎月すなはちその品題を変ふ、故に汝南の俗に月旦評有り）」（後漢書・許劭伝）。

げてもの【下手物】

趣味の悪い、風変わりなもの。どのようにして造語されたか、語源不明。「手」は「おくて」などのように品質や種類を表す造語成分の一つで、特に焼き物の場合、「高麗手」「金襴手」などと用いられた。「下手物」の「手」もこの類。精巧に作られた「上手物（じょうてもの）」に対して、素朴で庶民的な工芸品を「下手物」という。一部の人が上手物以上にこれを愛好したところから、奇妙な趣味の物、さらには「いかもの」に近い意味にもなった。昭和になってから見られる語で、「下手物屋」「下手物料理」などの語を派生した。

けとう《けたう》【毛唐】

外国人。「毛唐人」の略。毛深い唐人の義と解釈されている。しかし、古く中国人も「毛唐人」と呼ばれていたのに、中国人は毛深くないので、先の解釈には疑問がある。これについて、『大言海』は次のようにいう。「邦人は、一般に、髭を剃りて居たる世に、髭を生やして居るより呼べるなり」。「毛唐人」は「和藤内眼をくはっといからし、ヤイ、毛唐人、うぬらが耳はどこについて何を聞く」（浄瑠璃・国性爺合戦・二）のように一八世紀前半の用例がある。この例は中国人を指している。「毛唐人」がはっきり欧米人を指す確例は、今のところ明

治以降のようである。

げどう《げだう》【外道】

人の道に反する邪悪な性向の人をののしって言う語。ひとでなし。本来は、仏教のことを「内道」というのに対し、仏教以外の異端の教えやそれを信ずる者を、仏教信者の立場から「外道」と言った。そこから邪悪なものを指すようになり、更にののしり言葉ともなった。また、釣り用語で、目的の魚以外のつまらない魚のかかった場合も、その魚を「外道」という。

例「Guedŏ ゲダゥ（外道） 悪事をすること、または、害し妨げること」（日葡辞書）

けとばし【蹴飛ばし】

馬肉の俗称。「馬は脚で蹴飛（けと）ばすところから起こった名前」（鈴木一意・社交用語の字引・大正一四年）と言われるように、馬は後脚で物を蹴飛ばす性質があることに由来する。もともとは盗人の隠語だったといわれ（米川明彦・日本俗語大辞典ほか）、その言い方が一般にも広がってきたのは大正以降のようである。

けなげ【健気】

殊勝。『大言海』によれば「異（け）なり気（げ）の略」である。「げ」は形容詞の語幹に付くことが多いので、「けなり」は形容詞「けなりい」（中世末に用例がある）の語幹といわれている。しかし、「けなりげ」の用例は一三世紀に見られ、「けなりい」より古い。「けなり」の素性については、なお疑問が残る。意味の上では、他と異なるということをもととして、中世「けなげ」の形で勇ましいの意味に使われることが多く、それを賞賛する気持ちから神妙だ、殊勝だと転じていったものかと思われる。

例「阿新（くまわか）未だ幼稚なれ共、けなげなる所存有りければ、父の遺骨をば只一人召使ひける中間に持たせて」（太平記・二・長崎新左衛門尉意見事）

けはい《けはひ》【気配】

何となく感じられるようす。『大言海』には「ケは気（け）なり、ハヒは、業ハヒ、過ハヒに同じく、事の広がるを云ふ語なり」とある。普通、「はひ」には「延ひ」を当てる。「気（け）」は気（き）の呉音かと言われる。この場合の意味は様子で、「気配」は直訳的に言えば「気（け）のひろがり」、すなわちある種の様子が漂っているさまを表す。「気配」は当て字。平安時代から用例が見える。古くは、ケワイと発音されたが、明治以降、「気配」という当て字に引かれてケハイと発音されるようになった。*『和英語林集成』（三版）の見出しにも「Kewai」のようにケワイとある。

例「かかるけはひのいとかうばしくうち匂ふに」（源氏物語・空蝉）

けばけばしい 文語 けばけばし

どぎつく、はでなさま。語源不明。『*俚言集覧』は「或説」として、「ケバヤより転じたる語」とし、「ケハヤは異栄也」という。これによれば、「けばけば」は、「けばや」の「けば」の畳語となる。「けばや」はけばけばしく目立つさまをいい、一四世紀前半の『源平盛衰記』に「義貞が装束、毛早に見ゆ」（二〇・石橋合戦事）という例が見える。「けば」を「毛羽」とする説もあるが、「毛羽」は近世以降の語のようである。

例「ここらで心底見せ顔にけばけばしいしかたども」（浄瑠璃・心中重井筒・上）

げばひょう《げばひやう》【下馬評】

うわさや評判。城などの門前で、下馬すべき場所を「下馬先」といった。「下馬」と記した立札が立てられているところから下馬先といわれる。その下馬先で主人を待っている間に、供の者が交わす噂話や評判をいうのが、もとの意味。近世以降に用いられるようになった語。

例「自分より先にもう大勢集まって、しきりに下馬評をやっていた」（夏目漱石・夢十夜・明治四一年）

げびる【下卑る】

品格が落ちる。『大言海』は「上び」に対する語で、「下」を活用（動詞化）させた語とする。名詞＋「びる」には、「大人びる」「鄙びる」など類例がある。「びる」はそういう様子を帯びることを表す。「卑」は当て字。

例「蔵人が申し様、まことにげびたりけんかし」（十訓抄・一・四一）

げひん【下品】

品性が卑しいこと。言動が洗練されていたりする様子を「上品（じょうひん）」と言い、そうでないものを「下品」と言うが、元来は仏教用語である。仏教では、人々を、その修行の程度や善悪の度合によって、上品（じょうぼん）・中品（ちゅうぼん）・下品（げぼん）の三類に分け、それぞれをさらに、上生（じょうしょう）・中生（ちゅうしょう）・下生（げしょう）の三種に分け、合計九段階に分類する（これを九品（くほん）という）。ゲヒンは、「げぼん（下品）」が日常語化したものである。なお、ヒンは漢音、ホンは呉音。

例「私はこの小娘の下品な顔立ちを好まなかった」（芥川龍之介・蜜柑・大正八年）

けみする【閲する】文語 けみす

経る。「けみする」には、調べるという意味があって、これは「検（けむ）」に由来する、という。『大言海』は「ケミは検（けむ）の音の転」とする。しかし「検」には、経るの意味はない。経るの意は、「けみする」が「閲」の訓となったことから生じたものではないか。「閲」には、調べるのほか、経るの意味がある。「閲、猶更歴也（閲はなほ更歴のごとくなり）」（漢書・文帝

紀）。「閲」は、調べるという意味で「けみす」と訓まれ、それを仲介として、「閲」の別義、経るの意味にも当てられるようになった、と考えられる。

例「閲世とは久しい心ぞ。東坡が詩に閲世堂と云ふも久しい心ぞ。又けみしてとも読まうぞ」（抄物・江湖集鈔・四）

けむり【煙】

物が燃える時などに、立ち上る気体。古くはケブリと言った。『*天治本新撰字鏡』に「介夫利（けぶり）」と見える。動詞「けぶる」の連用形が名詞化した語。語頭の「け」は「気（け）」。「ぶり」については、諸説あるが、「振り」とする説が穏当であろう。この説は『*和字正濫鈔』（五）に「煙　けふり　気振（けふり）の意歟。振は起なり」とあり、『大言海』も「気（け）の揺れ立つこと」としている。平安末以降、ケムリもともに用いられるようになった。なお、「けむい」は、「けむり」を形容詞化したものであり、また、「けむ」は語尾の脱落したもの。

例「Qemuriuo tatçuru（煙を立つる）」（日葡辞書）

けもの【獣】

哺乳類で全身に毛の生えた四足歩行のけだもの。語源は「毛物」である。これに助詞「つ」または「な」の古形といわれる「だ」が入る「けだもの」はほぼ同じ意味の語である。

例「介毛乃乃人尓奈豆久（けもののひとになつく）」（天治本新撰字鏡）

けやき【欅】

ニレ科の落葉高木。『*和句解』に「けやけい木か」とあるのを受けて、『大言海』も「異（けやけき）樹の義、木理に云ふ」とする。木目が美しいところから、「けやけき（＝際立ッテイル）木」と呼ばれ、それが「ケヤキ」となったというのである。「けやき」の「けや」は「けやか」「けやけし」などと同源。

例「Qeyaqi ケヤキ（欅）　この名で呼ばれる木」（日葡辞書）

ゲラ

校正刷り。「ゲラ刷り」の略。「ゲラ刷り」は、活字組版を「ゲラ」に収めたまま、校正用に刷ったものであることからいう。「ゲラ」はガレー（英語 galley）の訛りに由来する。galley は活字組版を入れるための浅い木製の箱のこと。ゲラ刷りは、英語では galley proof。

例「工場小町とあだ名されて居る女工〈略〉が、ゲラを編輯へ運ぶとて植字場を通りかかる時には」（岡本一平・マッチの棒・大正四年）

けらい【家来】

手下。古くは「家礼」と書いた。ケライは「家礼」・「家来」の呉音。「家礼」は、漢籍ではカレイと漢音で読まれ、一家の礼儀作法を意味した。日本では、特に子が親を敬い礼を尽くすことを表し、長上者に対して礼を尽くす意で用いられるようになった。さらに、中古には「摂家や公家に出入りして礼

儀や故事を習う者」を表し、また中世以降は「主君に忠誠を誓って仕える者」の意味にもなった。「家来」という漢字表記形は中世になって現れ、近世には最も一般的な表記となるが、*『安斎随筆』には、「武家の家来は、浪人などの、家に来て臣となりたる者を云ふ。譜代者をば家の子と云ひ、外様をば家来と云ふなり。他家より来るものなり」とある。

例「本間孫四郎は元より将軍家来の者なりしが」（太平記・一七・還幸供奉人々被禁殺事）

けりがつく【けりが付く】

物事の決着がつく。和歌や俳句や古文は助動詞「けり」で終わるものが多く、「けり」が付くと文が終わることから、「けり」が「結末」「決着」の意で用いられるようになった。「けりをつける」とも言い、いずれも近代からみられる用法である。

例「じゃそれで愈々けりがついたと云う訳だね」（芥川龍之介・運・大正六年）

けれん【外連】

はったり。語源不明。「外連」と書くことがあるが、当て字である。もともと演劇関係の言葉であった。歌舞伎では、宙乗り、早替わりなど大向こう受けをねらった派手な芸をいい、浄瑠璃では、本格を破り、自分流の節回しで語ることをいう。「けれんみ」ともいう。「けれん（み）のない」などの形で使われる。

例「倉さんは声の好い上に、けれんをまぜて語る」（滑稽本・狂言田舎操・上）

げん【験】

先行きのよしあしを示すしるし。効果。ゲンは「験」の字音。仏教や修験道などの修行の効果、加持祈禱のききめなどの意味から、一般的な行為の結果を意味するようになり、更に吉凶のきざしを指すようにもなった。ただし、この「吉凶のきざし」については、上方語の「ぎえん」の略という説がある（暉峻康隆・すらんぐ）。「ぎえん」は近世上方で用いられた語で、近松などにも、「ぎえん直し」（浄瑠璃・淀鯉出世滝徳）などと使われている。*『守貞漫稿』によれば、「江戸にては吉兆を縁起と云ひ、京坂にては儀縁と云ふ」とあるように二つの語が関係付けられて捉えられており、「ぎえん」は「えんぎ」の倒語（ウエノ→ノガミのようなもの）であろう。『新撰大阪詞大全』に「げんがわるいとはぎえんわるといふこと」とあり、「げん」は「ぎえん」のつまったものという語源意識が、近世にはあったと思われる。「験を担ぐ」のような慣用句もこの意識に基づく。→験を担ぐ

例「げんだにいちはやからばよかるべきを」（枕草子・一五七・くるしげなるもの）

けんか《けんくわ》【喧嘩】

口や腕力で争うこと。中国語に由来する漢語。原義は騒

がしいことで、中国では今でもこの意味に使う。日本でも中世末の『*日葡辞書』の「Qenqua（ケンクヮ）」の項にCamabisuxi（カマビスシ）とあり、騒がしいの意味で使われていたようである。しかし、ポルトガル語の対訳に briga（=喧嘩の意）を用いており、Qenquao suru（喧嘩をする）を用例としていることなどからみて、「争う」の意味も認めていたようである。

例「喧嘩不慮に出で来ること多しといへども」（太平記・二一・佐渡判官入道流刑事）

けんがみね【剣が峰】

絶体絶命の状態。「剣が峰」の「が」は「君が代」などの「が」で「の」の意味。「剣が峰」は、噴火口の周縁、特に富士山のものを意味した。これは、富士山頂の火口の形状が、剣を立て並べたように見えるところからの称である。火口壁の内側は断崖をなしているので、そこから落ちれば致命的になる。また、土俵の周縁を火口の周縁に見立てて「剣が峰」ということもあるが、この場合も半歩出れば負けとなるぎりぎりの境目である。いずれにしてもこのような危機的な場所を表す。そこから危機的な状態を比喩的に表す語となった。

げんかん《げんくわん》【玄関】

建物の正面の出入り口。もと仏教語。『大言海』が「幽玄の道の入口の意」と説くように、玄妙な道に進み入る関門の意。すなわち、奥深い悟りの道に入る門を意味した。転じて、「玄関　ゲンクワン　禅家、小門の名」（運歩色葉集）とあるように、禅寺、またはその客殿に入る小門をいうようになり、さらに、貴族の邸宅の車寄せ、武家の居宅の正面入口の式台のある所などを指すように、意味が広がっていった。明治以降は一般の家にも玄関を設けることが許され、広く、建物の正面出入口をいうようになった。

例「Guenquan　ゲンクヮン（玄関）　茶の湯へ行くのに通る道の入口、または、門。また、ある人の家の中に入るのに通る奥の入口」（日葡辞書）

げんき【元気】

体の調子がよくて健康なこと。「元気」は中国の文献に見える語で、本来、万物生成の根元となる精気の意。転じて、人の根源的な精気や生命力の意となった。日本でも中世までは漢籍と同様の意味で用いられていた。近世になり、活力盛んなこと、健康なことをいう、日本独自の用法を生じた。これは和製漢語「減気」（=「増気」の対語で、病勢が減じて回復に向かうことをいう。「気」は病気の意）とかかわりがあるとする説がある。病気が回復することは本来の気力・活力を取り戻すことであるため、「元気」の語と混じ、同音であるため次第に両語の区別が失われていったとする（角川古語大辞典ほか）。

例「このおばさんは馬鹿なことばっかり言ふは。ホンニホンニ、いつも若い元気だ」（滑稽本・浮世風呂・二・上）

げんきんな【現金な】

利害によって、態度を急変させるさま。為替（かわせ）などではなく通貨そのもの（現金）を見せれば、人の態度がぱっと変わることから、そのさまを表す語になったもの。近世、「現金なる御慇懃」（歌謡・松の葉）など、この意味で用いられている。

例「ハテ、現金な男だ」（滑稽本・東海道中膝栗毛・五・上）

げんげ【翹揺】

中国原産のマメ科の越年草。別名、蓮華草（れんげそう）。「げんげ」は漢名「翹揺（ぎょうよう）」に基づくと言われる（改訂増補牧野新日本植物図鑑など）。しかし、「翹揺」の古い発音ゲウエウはゲンゲに変化することは考えにくいとして、レンゲソウのレンゲが変化したものとする説（暮らしのことば新語源辞典）がある。普通、ゲンゲの異名と言われている蓮華草から「げんげ」が出たとするならば、蓮華草の古い用例が必要になるだろう。今のところ「げんげ」の例は一七世紀後半にあり、「蓮華草」の用例は一八世紀後半のものしか知られていない。↓れんげそう

例「五形（げんげ）菫の畠六反」（俳諧・冬の日）

けんこう《けんかう》【健康】

体に異常がなく、元気なこと。「健」は「すこやか」、「康」は「やすらか、無事」の意。幕末明治から使われはじめた語。中国では同じ意味で「康健」という語が古くから使われていて、「健康」の例は見当らないこと、蘭日辞書『改正増補訳鍵*』（安政四年）に「健康」「康健」の語が見えることから、「健康」は幕末に造られた和製漢語であると言われている（佐藤喜代治・国語語彙の歴史的研究）。しかし、「健康」は明の時代に使われていた例があるという説（『全訳漢辞海』二版）が出され、そうだとすれば日本で借入して使った可能性がある。

例「健康作用は薬剤を健康の人身に用ゐて発する所の確然正切の作用を云ひ」（医学・七新薬）

げんごろう《げんごらう》【源五郎】

体長約四センチの水生昆虫。体は黒色で緑銅光沢があり扁平な卵形をしている。語源不明。「源五郎」と称する生物名には、「源五郎狐」（毛黒狐（けぐろきつね）の訛かとの説あり）、「源五郎鮒」（『大言海』に人名に因む説と「夏頃（けごろ）」の延という説の二説が紹介されている）などもあるが、どれも確かな語源は分からない。

げんし【原子】

それ以上分けられない小さな物。明治に造られた和製漢語。「物事のもと（元・原）になるもの」の意。『物理学術語和英仏独対訳字書』（山口鋭之助・明治二一年）には英語 atom の訳語として genshi（げんし）が記載されている。

例「太古の人間が〈略〉化学の原子のように離れ離れに生活していただろうと」（森鷗外・青年・明治四三～四四年）

げんじつ【現実】

事実として存在する事柄や状態。英語 actuality、reality の訳語として明治時代に造られた和製漢語。「現（うつつ）にある実（まこと）」の意。イロハ引き辞書『布令字弁』（明治元～五年）に「現実　ゲンジツ　モクゼンノマコト」とある。魯迅も使用しているが、日本語から移入されたものである。「趣味を現実せん事を要す」（夏目漱石・野分・明治四〇年）のように、「実現する」意で使った例もある。

例「いつしか私は現実を離れて恍惚（うっとり）となって」（二葉亭四迷・平凡・明治四〇年）

げんじな【源氏名】

遊女や芸妓などが商売上名乗った名前。もともとは宮中の女官に賜わった称号で、『源氏物語』五四帖の巻の名に因み、早蕨の内侍などと名付けたのがその起こりである。これが大名などの奥女中の呼び名にも受け継がれ、さらに江戸時代以降遊里にまで及んだ。遊里では吉野とか高尾とか『源氏物語』五四帖に関係のない名前も、源氏名として通用した。

例「源氏名は末摘花が売れ残り」（雑俳・柳多留・九八）

げんしょう《げんしやう》【現象】

感覚で捉えることのできる出来事。「現象」という語は、漢籍に見える語で、「神や仏が姿を現す」という意味で使われていた。現在のような意味の「現象」は、明治初年から英語 phenomenon の訳語として使われるようになったもので、西周が*『利学』（明治一〇年）で使ったのが初めだと言う。

例「馬車の殖（ふえ）たると、フラフの増したる〈略〉まづ目にとまる現象なりける」（坪内逍遥・内地雑居未来之夢・明治一九年）

げんそ【元素】

化学的に分解して得られる、物質の最小単位。オランダ語 grondstof の訳語として造られた和製漢語。grond は基、土台、stof は素材、物質の意。宇田川榕庵ら蘭学者による命名。

例「宇宙を造るものは六十幾つかの元素である」（芥川龍之介・侏儒の言葉・大正一二～昭和二年）

げんそく【原則】

根本的な法則。明治時代に英語 principle の訳語として造られた和製漢語。principle は*『附音挿図英和字彙』（明治六年）では「根源、道理」、*『哲学字彙』（明治一四年）では「規則、法式、制度、順序」などと訳されていた。

例「好男子人に嫉（そね）まるるとは、万古の原則だ」（坪内逍遥・当世書生気質・明治一八～一九年）

けんちく【建築】
建物をたてること。江戸後期に、「(家屋)などを建てて築く」という意味から造られた和製漢語。(中国語では、「築作」「築建」「築造」などの語が用いられた。)
例「江戸の建築極めて壮大にして」(風俗・日本風俗備考)

けんちんじる【巻繊汁】
大根・人参・ゴボウなどの野菜と豆腐を油で炒めたものを実とする澄まし汁のこと。もともと「けんちん」は、中国から禅僧によって伝えられた普茶料理の一種であった。細く刻んだものを巻くという意味の「巻繊」の漢字音による語で、「ちん」は「繊」の唐音。また、「巻煎」の唐音読み「けんちぇん」が変化したものとする説もある。

けんてい【検定】
よく調べて善し悪しをきめること。「検(しら)べ定める」という意味を表す、明治期の和製漢語。「教科書の検定」とか「検定試験」など、教育の場から一般化した。
例「文部大臣の検定を経ざる教科書」(中学校令・一二条・明治三二年)

げんなま【現生】
現金を言う俗語。語源については、『大言海』に「ナマとは手当金などに、品物、酒肴などに替へず、生(しやう)の物の意」とある。「生(しょう)」には近世に現金の意味があった。これを訓読みしたものが現金の意の「なま」である(上方語源辞典)。「現なま」の「現」は「現金(現銀)」の影響を受け、強めのために付けられたもの。「なま」が現金を表す例には「芝居の符牒を咄しねえ〈略〉銭をなまといふを、素人が知って居やすから」(洒落本・品川楊枝)などがある。
例「げんなまでやるは。そのかはり廻しものはあやまるぜ」(洒落本・野良の玉子・二)

げんのう【玄《げん》翁《をう》】
のみを叩いたりするとき使う、一種の金槌。南北時代の僧玄翁(げんのう)が那須野を通行中、毒気を放って鳥獣を殺し怪異をなす殺生石を、呪文を唱え、鉄槌をもって砕いたという言い伝えがあり、これによって鉄槌を「玄翁」というようになった、という。この話は謡曲「殺生石」で流布した。この語源に従えば、「玄能」と書くのは、当て字である。なお、「玄翁〈げんをう〉」は中世、ゲンノウと発音された。
例「鋤、鍬、玄翁、鶴嘴」(軍記・柴田軍記)

げんのしょうこ【現の証拠】
フウロソウ科の多年草。茎や葉を煎じて下痢止め・健胃薬として用いる。服用すると直に薬効が現れることから「現の証拠」と命名された。「現の証拠」とは、「目(ま)のあたりに見ることのできる証拠」の意味である。漢名を「牛扁」といい、貝原益軒の『大和本草*』(九)では「牛扁　れんげ草と云ふ。

山野、近道処処に多く繁生す。藻塩草に、たちまち草と訓ず。又俗にげんのせうことも云ふ」と記されている。

けんのん【剣呑・険難】

危険。「険難(けんなん)」が、ケンノンに変わったものといわれる。「険難」は漢籍にある語で、地形のけわしさを表す語として日本でも使われていたが、次第に危険を意味する語として使われるようになった。「剣呑」は当て字。

例「化けの皮があらはれんと、しきりにけんのんに思ひ」(滑稽本・八笑人・初・二)

げんぷく【元服】

江戸時代まで行われていた男子成人の儀式。「元服」の「元」は、「頭(かしら)」、「服」は着用する意。古代中国では、成人の際に初めて冠を着用した。その儀式が日本に伝わって成人の際に衣冠をつけたもの。なお『*日葡辞書』に「Guenbucu」とあるように、古くはゲンブクと発音した。

例「十二にて御元服したまふ」(源氏物語・桐壺)

けんぶつ【見物】

名所や催し物などを見て楽しむこと。和語「みもの」の漢字表記「見物」を音読したものか、もしくは和語「ものみ」の漢字表記「物見」を中国語式の語構成(動詞、目的語の順)にしたものか。いずれにしても和製漢語である。

例「さて又、おほくの見物し侍し中にも、花山院の御時の石清水の臨時祭、円融院の御覧ぜしばかり、興ある事候はざりき」(大鏡・六・道長下)

けんまく【剣幕・見幕】

恐ろしい顔つきや態度。語源はよく分からない。『大言海』は、「険悪〈けむあく〉の連声」とする。「険」〈kem〉が後の母音と合して転じたとする説で、「三位」をサンミというのと同じである。「険悪」は危険な状況を表すところから恐ろしい様子に転じたもの。それに対して「見脈(けんみゃく)」が本であるという考え方もある(志不可起)。しかし「見脈」は「脈を見てしらべること」や「外見で推察すること、気配」の意味であって、恐ろしい顔つきというような意味はない。近世、「けんまく」を「見脈」と書くことがあったので、そこから出た説ではないかと思われる。

例「イヤハヤ大さうな見脈(けんまく)だ」(人情本・春色梅美婦禰・三・一六)「大勢がけんまくをみてとりいろいろ挨拶するからは、それは免したが」(自伝・夢酔独言)

けんもほろろ

冷淡に断るさま。『大言海』に「慳貪(けんどん)なるをケンケンと云ふを、雉(きじ)の鳴く声のケンケンホロロに寄せたる語」とあり、語頭の「けん」は「けんどん(慳貪)」の「けん」であるという。「けんどん」は無愛想なさま。そのケンを雉の鳴き声にとりなして、「ほろろ」と続けたもの。「ほろろ」は雉の羽音

を表したと思われるが、鳴き声も表すようになった。語中の「も」は、この場合は「末も末」などのように同趣のものを並べて程度の極限にあることを示す用法であろう。

例「とかく理をまげて堪忍めされいと言へども、少しも承引せいで、qenmo fororoni(ケンモホロロニ)言い放いて」(天草本伊曽保物語・イソポの生涯の事)

けんり【権利】

物事を自由に行なったり、主張したりすることのできる力。古く中国の『荀子』に「是故権利不能傾也〔この故に権利を傾むくることあたはず〕」とあり、「権力と利益」の意味で使われていた。一九世紀の終わり頃、英語 right の訳語として中国で米国人宣教師丁韙良(W.Martin)が『万国公法』で使い出したのを、日本でも借用して使うようになった。「権理」という表記も用いられた。

例「権理は英吉利の『ライト』と云へる語の訳字なり」(西村茂樹・権利解・明六雑誌・四二号・明治八年)

げんをかつぐ【験を担ぐ】

縁起をかつぐ。この「げん」を「験」(ゲンは漢音・呉音。ケンは慣用音)とみると、加持祈禱などの効き目の意味となり、どうして「験」を「かつぐ」のか、説明しにくい。これに対して、「げん」は「縁起(えんぎ)」の倒語「ぎえん」の約(牧村史陽・大阪ことば事典)だととれば、「縁起を担ぐ」をそのまま引き継いだ成句となって、説明に困らない。因みにさかのぼって、「縁起」はなぜ担ぐのかといえば、それは「御幣を担ぐ」に由来する慣用句だからである。↓験(げん)

例「六日目までの連勝のげんをかついでのばしているヒゲ面をなでながら」(毎日新聞・昭和四六年五月一六日)

こ

こい《こひ》【恋】

特定の異性等に強く惹かれ思い慕うこと。古くは、植物、土地、季節などを慕う気持ちについても用いられた。動詞「恋(こ)ふ」の連用形「こひ」が名詞化したもの。『大言海』は「乞(こひ)」と同源であるとするが、上代特殊仮名遣いで「恋(こひ)」はコ甲類・ヒ乙類であるのに対し、「乞(こひ)」はコ乙類・ヒ甲類であるので、上代においては発音を異にしており、同源説は簡単には成り立たない。

例「常陸さし行かむ雁もが吾(あ)が古比(こひ)を記して付けて妹に知らせむ」(万葉集・二〇・四三六六)

こい《こひ》【鯉】

コイ科の淡水魚。語源に関する諸説は付会の域を出ない。一説を挙げれば、「鯉も恋より出でし名なり。景行紀に其旨見

えたり」(和訓栞)という説がある。『日本書紀』景行紀には、天皇が弟媛(おとひめ)を妃としようとしたが、媛が逃げかくれしたので、池の鯉を放ったところ、媛はその鯉を見たくて現れ、天皇はこれを召すことができたとある。このように景行紀の中に鯉の語源が説かれている訳ではなく、鯉を恋に結びつけたのは後人の付会である。上代に仮名書きの例はないが、『*天治本新撰字鏡』などに「古比」と見える。

こいぐち《こひぐち》【鯉口】刀の鞘(さや)の口。その形が、鯉が口を開いた形に似ていることに由来する。

例「Coiguchi　コイグチ(鯉口)　刀や短刀の鞘の口」(日葡辞書)

こいこく《こひこく》【鯉濃】鯉の輪切りを入れて煮込んだ味噌汁。「鯉濃漿(こくしょう)」の略。「濃漿(こくしょう)」は、濃く仕立てた味噌汁に魚類の材料を入れて煮込んだこくのある味噌汁のこと。

ごいさぎ《ごゐさぎ》【五位鷺】サギ科で体長六〇センチ前後の鳥。夜行性で、水田や湖沼で魚や蛙などを捕食する。「五位」は宮中での位階の一つ。その名の由来は『平家物語』(五・朝敵揃)に以下のように見える。醍醐天皇が神泉苑で御遊をしたとき、池のみぎわに一羽の鷺がいた。これを捕らえるよう六位の蔵人に命令したが羽づくろいして飛び立とうとしたため、鷺に「宣旨ぞ」と蔵人が言ったところおとなしく捕まった。天皇は「なんぢが宣命にしたがって参りたるこそ神妙なれ。やがて五位になせ」とて、この鷺に五位を授けたという。真偽の程はさだかではない。

こいつ【此奴】二人称代名詞または対称の指示代名詞。「こやつ」の変化した語とするのが、一般的。「こやつ」は「このやつ」の略。ただし、用例としては、「こやつ」より「こいつ」の方が古い。「こいつ」は、『*日葡辞書』に「Coitçu」、ロドリゲス『日本大文典』に「Coitçume」などの形で、すでに出てくる。ところが、「こやつ」の例は今のところ一八世紀にならないと、見つからない。とすると、「あいつ」への類推で、「このやつ」から直接「こいつ」を生じたと考えるべきかと思われる。

例「Aitçuga(アイツガ)。Aitçumega(アイツメガ)。Coitçumega(コイツメガ)。〈略〉軽蔑卑下を伴った第三人称」(ロドリゲス日本大文典・二)

こいのたきのぼり《—こひ—》【鯉の滝登り】立身出世のたとえ。黄河の中流にある竜門の急流(滝)を上り切れば鯉が竜になるという俗信に基づく。『後漢書』「党錮・李膺伝」には次のように見える。「辛氏三秦記曰。河津一名竜門、水険不通、魚鼈之属、莫能上、紅海大魚薄集竜門下数千、不得上、上則為竜也〔辛氏の三秦記に曰はく。河

津、一名竜門、水険にして通ぜず、魚鼈の属、よくのぼるなし、紅海の大魚竜門の下に薄集するもの数千、のぼるをえず。のぼれば、則ち竜となるなり」」。この魚が鯉になったのは日本でのことのようである。近世鯉は力の強いめでたい魚とされていた。なお、この俗信から「登竜門」と言う語もできた。これは竜となるために登る竜門を出世の関門と見立てたものである。

例「ながとの君を、鯉の滝登りと出でぬれども、それは玉散る花のなみや」（評判記・吉原人たばね・ながと）

こうい《ゐかう》【行為】

おこない。中国、宋代に見える語で、ロブシャイド『英華字典』*に action や conduct の訳語として使われている。日本で訳語として借用して、明治以降使うようになった。『哲学字彙』*（明治一四年）には「Action　行為。作用（心）」とある。

例「渠（かれ）の平常の行為容貌性癖」（国木田独歩・死・明治三一年）

こういってん【紅一点】

多くの男性の中の唯一人の女性。王安石の「詠柘榴詩」の中の「万緑叢中紅一点」による。一面の緑の中に咲く、一輪の赤い花ということから、明治になって日本で比喩的に用いるようになったもの。初めは一つだけ目立つもの、異彩を放つものを指した。『社会百面相』（内田魯庵・明治三五年）に「殊に目に立つ紅一点は金釦鈕（きんぼたん）の制服である」とある。「紅」は「紅涙」のように女性という意味があるところから、次第に男性の中の唯一人の女性を指すようになった。

こうえん《こうゑん》【公園】

公衆のための庭園。中国では「官有の庭園」の意味で古くから用いられたが、日本では明治になって英語 park の訳語として使われるようになった。東京では明治六年に太政官布達に基づいて、上野、芝、飛鳥山、浅草、深川の五か所が「公園」として布告された。

例「朝夕には公園を騎行し」（織田純一郎訳・花柳春話・明治一一～一二年）

こうおつ《かふおつ》【甲乙】

優劣。十干の並び方で、甲が先、乙は後になるので、甲乙でもって後先の順序、さらには優劣を表すようになった。『後漢書』に「設甲乙之科（甲乙の科を設く）」（徐防伝）とあり、また唐初、進士に甲乙の二科があって、優劣を表したという。中国ですでに単なる類別でなく、優劣による類別の意味を表しており、ここから優劣の違いを意味するようになったものである。

例「源平両氏いづれ甲乙候ふべき」（曽我物語・一〇・禅師法師が自害の事）

こうがい《かうがい》【笄】

髪飾り。もとは髪をかきあげるのに用いた箸のような形の道具で、「かみかき」が「かみがき」「かうがい」と変化したもの。*『和字正濫鈔』(二)に「擽鬢敂　かうかい　和名にはかみかきとあり。髪掻なり」とある。「かみがき」は*『二十巻本和名抄』に「加美賀岐」とある。

例「Cǒgai　カウガイ(笄)　婦人が髪を整えるのに使う道具の一種」(日葡辞書)

こうがい【公害】

煤煙・汚水・排気ガス・騒音・悪臭などで、人々(公衆)の生活や衛生に及ぼす害。明治期に「公益」又は「公利」に対する語として造られた。最初は広い意味で使われたが、河川法や地方条例など法令文書で使用されるようになり、次第に意味が限定された。戦後の産業発展により、昭和二四年に東京都条例として「工場公害防止条例」が出された。「公害」が一般化したことによって、英語 public nuisance の訳語として受けとめられるようになった。辞書での見出し語としては、昭和四二年の『三省堂国語中辞典』に見えるのが早い。

例「他人の冤抑を伸べ、衆人の公害を除き衆人の公益を興さんとするも」(西村茂樹・日本道徳論・明治二〇年)

ごうがい《がうぐわい》【号外】

大きな出来事が発生した時、新聞社が臨時に出す印刷物。通常の号数外のものという意味。「号外」という語を使って出した最初の新聞は、明治一〇年の西南戦争の報道に際して松本新聞が出した「号外号」である。

こうぎょう《こうげふ》【工業】

原料に人工を加えて、新しい製品を作る産業。「工(たくみ)の業(わざ)」の意の和製漢語。*『日葡辞書』には「Côguiô(コゥギョゥ)」について、「大工や箱製造人などのような手細工の職人」とある。明治六年の*『附音挿図英和字彙』では product の訳語として「工業」が当てられているが、明治一四年の*『哲学字彙』では英語 industry の訳語として「工業」を当てている。

例「米利堅の工業欧羅巴の精巧に比すれば猶疎なる所あり、猶拙き所あり」(津田真道・保護税を非とする説・明六雑誌・五号・明治七年)

こうけんにん【後見人】

ある人の背後にあって、その世話をし助ける人。「こうけん」とは、「後見(うしろみ)の字の音読」(大言海)とされるように、後ろ盾となってその人の面倒を見る意の和語「うしろみ」の漢字表記「後見」を、音読することにより生じた和製漢語。なお、漢籍にも「後見」という語が見えるが、会見におくれる意味で使われており、日本の「後見」とは意味が違う。*『日葡辞書』には「Côgennin コゥケンニン(後見人)」という見出しがあり、そこに Côqen(コゥケン)と同じ、と注してある。

「こうけん」は「金石殿においては、祐親（すけちか）かくて候へば、こうけんし奉るべし。ゆめゆめ疎略の儀、あるべからず」（曽我物語・一・おなじく伊東が死する事）のように用いられていた。

こうごうしい《かうがうしい》【神々しい】(文語) かうがうし

厳かで気高い感じがする。『大言海』に「神神（かみがみ）しの音便」とあるように、カミガミシ→カムガムシ→カウガウシ→コウゴウシ（イ）という音転を経て成立した語といわれる。ただし、文献上、カミガミシ・カムガムシの実例は見出せない。

例「黒木の鳥居ども、さすがにかうがうしう見渡されて」（源氏物語・賢木）

こうこく《くわうこく》【広告】

新聞・テレビなどを使って広く世間に知らせること。「広告」は、中国の『漢語外来詞詞典』に「源 日 広告」とあるように、和製漢語。江戸時代には「広告」という語はなく、「引札（ひきふだ）」が用いられていた。「広告」は明治五年八月四日の『横浜毎日新聞』に見られるという。明治九年の『*音訓新聞字引』に「広告」という語が登載されていることから、明治一〇年頃に一般化したと思われる。その後、中国でも使われるようになった。

例「新聞紙にして他人の旧悪を記載して天下に広告す」（津田真道・新聞紙論・明六雑誌・二〇号・明治七年）

こうし《かうし》【格子】

碁盤目状に細い材木や竹などを組んで戸にしたり、窓にはめたりするもの。「かくし」の転。「かくし」は『*二十巻本和名抄』によれば、「䕯子〈略〉字亦作𥲁俗用格子二字。竹障也」とあるように、竹のふすまである。また、俗用として、「格子」を使うのは材を四角に組んであったからであろう。「し」は障子、骨子、冊子などの「子」で、一字漢語に添える造語成分である。

例「かうしどもも人はなくしてあきぬ」（竹取物語）

こうし《かうし》【嚆矢】

物事の初め。「嚆」はうなる意で、「嚆矢」はうなりをたてて飛ぶ矢の意。日本で言う「かぶらや（鏑矢）」のこと。普通の矢の先に音を発する鏑を取り付け、鏑には穴があいていて空中を飛ぶとき、その穴から音を出す。矢よりも先に音が先に届くことから、あるいは日本では合戦の初めにこの矢を射て、戦闘開始の合図としたことから、「物事の初め」の意味が生じた。

例「今時のごとく隆盛となるべき最初、嚆矢なり」（蘭学・蘭東事始・下）

こうじ《かうじ》【麹】

蒸した米、大麦、大豆、ぬかなどにコウジ菌を繁殖させたもの。淡緑色で甘みがあって種々の酵素を含み、酒・醤油・味

噌などの主原料となる。語源は「かび(黴)たち」で、黴が発することと言われている。『大言海』は「カビタチ、カムダチ、カウダチ、カウヂと約転したる語」とする。『*十巻本和名抄』には「加无太知(かむだち)」の形が見える。この語源説によれば仮名表記は「かうぢ」となる。しかし、中世の辞書類には節用集類でも『*日葡辞書』でも「かうじ」に当たる「ヂ」と「ジ」は区別されていたので、中世辞書類の仮名遣いから見ると、『大言海』のいうような「かびたち」の変化とする説は成り立たなくなる。

例「Cŏji カウジ(麹) 日本で酒を造るのに使ったり、ほかの物に混ぜたりする酵母」(日葡辞書)

こうじょう《こうじやう》**【口上・口状】**

口で言うこと。和製漢語。表記は古くは「口状」で、近世になって「口上」が一般的となった。「口状」は、「物事の状態を口で述べる」という意味であろう。「口上」について『大言海』は「言語上(くちのうへ)にて演(の)ぶる」の下の部分を省略して「口上」といったものであるとする。この説は「口上」という表記の説明として妥当である。しかし、古くからこの語は「口状」と書かれており、「口状」の形で考えるならば、いきさつを記す「書状」に対して「口状」は口頭で述べる「状」と解される。

例「久敷う逢はぬ内に、口上(=口ノ利キ方)」が上った」(虎寛本狂言・八句連歌)

ごうじょう《がうじやう》**【強情】**

意地っ張りなこと。「強」をゴウと読むのは呉音読み。ただし、中国古典には「強情」という語はないようである。日本では中世「情の強(こわ)い」という言い方が、行われた。『*日葡辞書』などに「Iŏno couai fito(情の強い人)」などと使用されている。これに、強く盛んだの意味を持つ「強盛(ごうじょう)」という漢語が影響して、和製漢語「強情」が生じたものであろう。「強盛」は中国古典で「漢武士馬強盛」(北史・外夷伝序)などと使われ、日本でも中世以降、「強盛　ガウジヤウ」(色葉字類抄)のような呉音読みで用いられていた。

例「さうおめえのやうに強情なら、證古(いいもの)を見せようから」(人情本・春色辰巳園・初・二)

こうぞ《かうぞ》**【楮】**

クワ科の落葉低木。樹皮の繊維は和紙を作る原料となる。『大言海』は「紙麻(かみそ)」の変化したものとする。「そ」は「麻(あさ)」の古形と考えられる語であり、上代より重要な繊維植物であった。つまり、紙として用いられる繊維植物という意を込めて命名されたのである。

例「件の上人如法経かかんとてかうぞをこなして料紙すきけるとき」(古今著聞集・二〇・六九八)

こうてい【肯定】

物事を正しい、もっともだと思って認めること。和製漢語。英語 affirmative または affirmation の訳語として、西周が明治初期に造語したとされる。もと、提示された命題を真であるとすることを意味した論理学用語だったが、明治中期以降、論理学の概念が広がるとともに一般的な是認の意味として用いられるようになった。なお、この語は中国語にも取り入れられている。→否定

例「ニアリはニテアリの約めなれば、肯定〔affirmative〕にて『イは、ロにてあるぞ』と定むる言」（西周・致知啓蒙・明治七年）

こうでん《かうでん》【香典】

死者の霊前に香の代わりに供える金品。本来は「香奠」と書く。「奠」は「そなえる」の意で、仏前や霊前に香を供えること、また、その香物を意味した。*『日葡辞書』の「Cŏden（カゥデン）」の説明に、「死者を弔問する際に、葬式などの入費を補助する目的で贈る金銭やその他の品物」とある。「香典」は日本独自の表記。

こうとうむけい《くわうたうむけい》【荒唐無稽】

よりどころなく、でたらめなこと。「荒唐」の「荒」は広いとかむなしいとかの意、「唐」は口を張って大言するという原義を残し、「荒唐」で「荒唐之言」（荘子・天下）などと用いられた。「無稽」の「稽」は「考える」の意味で、「無稽之言」（荀子・正名）などと使われた。「荒唐無稽」は、これらを合わせて四字漢語として日本において用いたもの。

例「羅（ろう）マンスは趣向を荒唐無稽の事物にとりて奇怪百出もて編をなし」（坪内逍遥・小説神髄・明治一八年）

こうどく【購読】

新聞や雑誌などを買って読むこと。明治時代に造られた和製漢語。「購」は代価を払って求めること。「購」は、中国では古く「賞金をもって求める」意味であったが、宋代には「買う」という意味で使われるようになった。『郵便報知新聞』の明治九年七月二四日号には「新聞購読で借金」という記事が見られる。なお「購入」も明治時代に造られた和製漢語。

こうのもの《かうのもの》【香の物】

野菜の漬物。語源については、*『貞丈雑記』に、「香の物は、味噌漬を本とするなり。味噌の事を、古は香（かう）と云ふ。味噌に漬けたるもの故、香の物と云ふ。味噌は匂ひ高きもの故、異名を香とも云ひしなり」と説かれる通りである。なお、味噌を「香」と呼ぶのは*『日葡辞書』に「Cŏ カゥ（香）Miso（味噌）に同じ。これは婦人語である」と見える。

例「菜（さい）を食ふべき事、湯漬けの時はまづ、かうの物を食ふなり。されども、飯より先に食ふべきにはあらず」（大諸礼集・通之次第）

こうは【硬《かう》派《は》】

女性との交遊を軟弱として、男らしさや強さに価値をおく人々。「軟派」に対する語。明治期に造られた和製漢語。「強硬派」の意。初めは政治活動において、過激な主義を持って行動する党派を指した。そこから、新聞や雑誌で、政治、経済などの部門やその方面の記者を意味するようになり、さらに取引相場で強気に動く人や、やたらに男らしさや腕力を誇示したがる学生をもいうようになった。↓軟派

例「その頃の生徒仲間には軟派と硬派とがあった」(森鷗外・ヰタ・セクスアリス・明治四二年)

こうばしい《かうばしい》【香ばしい】 文語 かうばし

においがよい。「かぐはし」の転。「かぐはし」は「香(か)+くはし」で、よいかおりのすること。『万葉集』に「かぐはしき花橘」を邪気払いのため疲れて見えるいとしい人に贈るという歌がある(万葉集・一〇・一九六七)。「くはし」は美しいの意であるが、「まぐはし」「うらぐはし」など複合成分としても広く使われた。

例「かしら洗ひ、化粧(けさう)じて、かうばしうしみたるきぬなど着たる」(枕草子・二九・こころときめきするもの)

ごうはら《ごふはら》【業腹】

非常に腹が立つこと。ゴウは「業」の呉音。『大言海』は「業火の心に燃ゆる意」とする。「業火」は仏教語で地獄の罪人を焼く火のことだが、激しく燃える火も意味する。

例「へへ、おそろしい。チョッ、あんまりごうはらだ」(滑稽本・浮世風呂・四・中)

こうばん《かうばん》【交番】

警官の詰め所。「交番所」の略。「交番」は「番を交(か)わる」意で、漢籍に典拠がある。日本でも江戸時代から使われており、『航米日録』(万延元年)にも「兵卒三十人交番して之を戍(まも)る」とある。明治になって、巡査が交替に詰める建物を「交番所」と呼ぶようになり、省略されて「交番」となった。

例「たれやらが交番への注進」(樋口一葉・たけくらべ・明治二八～二九年)

こうふく《かうふく》【幸福】

しあわせ。「幸福」という漢字連続は、中国北宋時代成立の『新唐書』(一〇六〇年)に、「幸福而禍(福(さいはひ)を幸(ねが)ひて禍(わざはひ)す)」と見えるが、一語に熟しておらず、意味としては「しあわせをこいねがう」という意である。「しあわせ」という意の「幸福」の早い例としては、日本の江戸時代の随筆『胆大小心録』(文化五年)に「すべて忠臣・孝子・貞婦とて名に高きは、必ず不幸つみつみて節に死するなり。世にあらはれぬは必ず幸福の人々なり」とある。この後、英語happiness に対する訳語として当てられ、英単語集『諳厄利亜語林大成』(文化一一年)には「happiness 幸福 サイワイ」と見える。現代中国語でも「幸福」という語が「しあ

わせ」という意で使われているが、おそらく日本から伝わったものであろう。

こうべ《かうべ》【首・頭】

くびから上の部分の総称。語源は諸説あって定まらない。『和訓栞』は「上方〈かみへ〉の義なるべし」という。『大言海』は「頭上〈かぶうへ〉の音便約、或いは頭方〈かぶべ〉の音便」といい、「頭〈かぶ〉」と同源と見ている。「かぶ」は「蕪〈かぶら〉」のように丸いかたまりを指し、人間の頭部も表していた。なお、「こうべ」は平安時代、主として漢文訓読文中で使用され、仮名文学では一般に「かしら」が用いられた。

例「かうべに遊ぶは、かしら虱〈じらみ〉、うなじの窪〈くぼ〉をぞ決めて食ふ」(梁塵秘抄・二)

こうぼく【公僕】

公務員。明治期に造られた和製漢語。「僕」はしもべ、召使いの意で、広く国民に奉仕する人のこと。一般に使われた「官員」という言い方に対して、欧米の新しい思想にもとづいて造られた語。

例「今の所謂官員さま、後の世になれば社会の公僕とか何とか名告〈なの〉るべき方々」(二葉亭四迷・浮雲・明治二〇～二二年)

こうほね《かうほね》【河骨】

スイレン科の多年草。沼地や川に生える。川底の泥の中を横に這う根茎は、白色で太く、骨のように見えるところから、河の骨、つまり「河骨〈かはほね〉」と名付けられた。これが変化し、コーホネと呼ばれるようになった。漢方では「川骨」と書き、「せんこつ」と呼び、根茎は健胃・強壮・止血剤として用いられる。

例「河骨　カウホネ」(明応本節用集)

こうもり《かうもり》【蝙蝠】

哺乳類翼手目に属する動物。古くは、「かはほり」といった。「こうもり」は、この「かはほり」の音転したもの。「かはほり」は、『大言海』によれば、「かはもり(川守)」の転だという。しかし、「かわほり」の「かわ」を川だとする説は、アクセントから見ると成り立たないという(暮らしのことば語源辞典)。平安時代の「川」のアクセントは高低であるが、「かわほり」のアクセントは低低高低である。そこでこの「かわ」は皮で、「皮張り」または「皮振り」の転だという。「皮」の平安時代のアクセントは低低であるから、「かわほり」の低で始まるアクセントに一致する。因みにカハホリからコウモリに至る音転は、ほぼ次のような過程を経たと思われる。カハホリ→カワホリ→カワボリ→カワモリ→カウモリ→コウモリ。古名「かはほり」は、一〇世紀の『本草和名』(一六)に「伏翼〈略〉一名蝙蝠、〈略〉和名加波保利〈かはほり〉」とある。一七世紀初頭の『日葡辞書』では、「Cŏmuri(カゥムリ)」と「Cauafori(カワホリ)」

の両方を見出し語とし、後者に「詩歌語」と注している。
例「蝙蝠　カウモリ」（辞書・伊京集）

こうもりがさ《かうもりがさ》【蝙蝠傘】
明治時代に西洋から伝来した傘。この洋傘（umbrella）が伝来した当時、日本では竹製の番傘や蛇の目傘を使っていた。この傘は鉄の骨に黒い布が張ってあって、広げた形がコウモリの翼に似ていたので、従来の傘と区別してこう呼んだ。
例「道路往行には、男女皆蝙蝠傘を携ふ。女の用ふるは極めて小にして、僅に日光を遮るのみ」（紀行・航米日録・五）

こうもん《くわうもん》【黄門】
「黄門侍郎」の略で、「中納言」の唐名。江戸幕府の御三家である水戸徳川家は、代々中納言に叙せられたことから、水戸徳川家の当主は黄門様と呼ばれた。特に徳川光圀が有名。
例「昔小遠州に水戸古(こ)黄門様、当黄門様、御腰かけられし時」（茶湯献立指南・八）

こうやどうふ《かうやどうふ》【高野豆腐】
豆腐をいったん凍らせた後に乾燥させた食品。凍(こお)り豆腐・こごり豆腐などとも言われる。高野豆腐の名は、高野山の僧が作ったことによると言われる。

こうらをへる《かふらー》【甲羅を経る】
世間ずれがする。「こうら」は亀などの甲羅であるが「功」や「劫」に音が通ずるところから、「年功」の意味を持つようになった。「甲羅を経る」は、つまり「年功を経る」の意味である。
例「こっちはな。〈略〉山の神の功(こうら)の経(はい)たのだから、よそのおかみさん達とは勝手が違うだろう」（滑稽本・浮世風呂・二・下）

こうり《かうり》【行李】
竹や柳で編んだ、衣類などを入れる箱型の物入れ。「行李」は漢籍に例のある漢語。「行」はゆくの意、「李」は同音の「理」に通じ、おさめるの意（理事・管理・代理などの「理」）。「行李」は、目的地に出向いて事をおさめる人、また使者を意味した。以後、「使者」→「旅行」→「旅行の荷物・支度」と、次々に転義していった。日本では、さらに「旅行用の荷物入れ」の意を生ずることとなった。竹・柳・藤づるなどを編んで作り、小型のものは弁当箱にもした。後には、一般に、衣類などを収納するものを言うようになった。
例「今世、民間にて衣類等携へ行くことあれば、柳合利(がうり)、あるいは南部籠(かご)の類にこれを納(い)れ」（随筆・守貞漫稿）

ごうをにやす《ごふー》【業を煮やす】
物事がなかなか思い通りに運ばずいらだつ。「業(ごう)」は「業腹(ごうはら)」の略で、「業腹を煮やす」の例も「久作が戻るからは娘もじっと落ち付けと納める程猶ごふ腹にやし」（浄瑠璃・新版歌祭文・野崎村）のように見える。「煮やす」は、『*日

葡辞書』に「火にかけてわき立たせる、あるいは、煮えさせる。比喩、Xinyuo niyasu（瞋恚を煮やす）激しく怒る」という説明がある。↓業腹

例「かの男、大きにごうをにやし、口の中にて、何、まめでゐるものだ」（咄本・軽口笑布袋・三）

ごえもんぶろ《ごゑもんぶろ》【五右衛門風呂】

風呂の一種。かまどの上に鉄の釜を載せ、桶を取り付けたもの。この名は、石川五右衛門が釜ゆでにされたという俗説に因む。『*守貞漫稿』に「此の風呂を五右衛門風呂と号（なづ）くることは昔の強盗石川五右衛門なる者油煮の刑、俗の釜煮と云ふに行はるると云ひ伝へ、理（ことはり）相たるを以て也」と記している。

例「上方にはやる五右衛門風呂といふ風呂なり」（滑稽本・東海道中膝栗毛・初）

こおり《こほり》【氷】

氷点下で水が固体化したもの。動詞「こおる」の連用形「こおり」の名詞化した語。「こおる」の語源は諸説あって詳しくは分からないが、「凝（こ）る」と何らかの関係があると思われる。一説を挙げれば、『*和訓栞』は「凝（こり）ひの義」とする。「ひ」は氷の意味。このように古くは「こおり」と「ひ」の二通りの言い方があった。「ひ」は「氷室（ひむろ）」などの語に、今も残る。

例「氷〈略〉和名比（ひ）、一云古保利（こほり）」（十巻本和名抄）

こおろぎ《こほろぎ》【蟋蟀】

バッタ目コオロギ科の昆虫。古くは秋鳴く虫の総称であったが、平安時代には、今のキリギリスを指すようになった。コオロギの語源については、『*十巻本和名抄』に鳴き声によると記されている。すなわち、「以其鳴声転如言古呂古呂、有是名（その鳴き声転じてコロコロと言ふが如きを以て、この名あり）」という。このようにコロコロまたはコホロと鳴くからコホロギと名付けたことになるが、平安時代、この虫がキリギリスだったとすれば、現代の聞きなしとは必ずしも一致しない。キリギリスの鳴き声は、現在キリキリとかギースチョンと表される。平安時代の人には、この鳴き声がコロコロとかコホロとか聞こえたのだろうか、という謎が残る。なおコオロギの仮名書きの例は上代にはなく、漢語「蟋蟀」を「こほろぎ」と読みならわしてきた。「庭草に村雨ふりて蟋蟀の鳴く声聞けば秋づきにけり」（万葉集・一〇・二一六〇）。万葉集のこの「蟋蟀」をキリギリスと訓めば字余りになる。↓きりぎりす

ごかく【互角・牛角】

競い合う両者の力量が同じで優劣の差が認められないさま。『大言海』に「牛の角（つの）の、左右互いに長短・大小なき義」と説かれるように、並び立つ牛の二本の角（つの）に大小・長短の差がないことから、という。「互角」「牛角」は和製語で、

「牛」をゴと読むのは呉音読み。

例「それ当山は〈略〉山王の御威光盛んにして、仏法・王法牛角なり」(平家物語・二・一行阿闍梨之沙汰)

こがね【黄金】

おうごん。「くがね」の転。「くがね」は漢語「黄金」を訓読した語。「黄色い金属」の意で、「くろがね(鉄)」「しろがね(銀)」と同想の語。上代には「くがね」が用いられた。「久我祢(くがね)かも確(たし)けく(=十分に)あらむと思ほして」(万葉集・一八・四〇九四)。「くがね」「こがね」の「く」「こ」は、「き(黄)」と同源といわれている。

例「しろがねを根とし、こがねを茎とし、白き玉を実として立てる木あり」(竹取物語)

こがねむし【黄金虫】

コガネムシ科の昆虫。背中が金属光沢を帯びた金緑色であることによる名称。室町末期の*『日葡辞書』に「Cogane muxi(コガネムシ)」という見出しがある。

こがらし【木枯らし・凩】

初冬に吹く強い風。「こ」は「木(き)」と同源。「木(こ)」は「木(こ)の葉」「こもれび」「こずえ」など、複合語に現れる。「がらし」は動詞「枯らす」の連用形「からし」の名詞化で、連濁のため語頭が濁音化したもの。「こがらし」は「木を吹き枯らす風」の意。「凩」の字は国字である。

例「こがらしの堪へがたきまで吹きとほしたるに」(源氏物語・宿木)

こき【古稀・古希】

七〇歳。唐の詩人杜甫の「曲江詩」の中に「人生七十古来稀(人生七十古来稀なり)」という句があることから、七〇歳のことを「こき(古稀・古希)」というようになった。

例「古稀　コキ　トシ七十ヲ云」(音訓新聞字引・明治九年)

こきおろす【扱き下ろす】

悪く言う。花や実や葉を枝からしごいて落とすという意味の「こきおろす」から転義したか、あるいは「けなす」意味の「おろす」に接頭語の「こき」が付いたか、どちらとも考えられる。前の説に立てば、花などをしごき落とすように、人の体面や評判を傷つける、というように転じたことになる。後の説によれば、「夜むかひは旦那をおろしおろし来る」(雑俳・柳多留拾遺・四)のような「くさす」意の「おろす」に、「こきまぜる」「こきつかう」などの接頭語「こき」が付いてできた語ということになる。

例「さんざんにこきおろされ、めんぼくなげに」(仮名垣魯文・西洋道中膝栗毛・一〇・下・明治四年)

ごきげんななめ【御機嫌斜め】

機嫌が悪いこと。古くは「なのめ(斜)ならず」という言い方

があった。この「なのめならず」は普通ではないの意味である。いい意味にも悪い意味にも使われたが、この際いい意味の方へ偏って、「御機嫌なのめならず」で機嫌のいいことを表した。そこから打ち消しを除いて生じた形が「御機嫌ななめ」で、打ち消しがなくなったため、機嫌の悪いことを表すようになったものと思われる。

ごきげんよう【御機嫌良う】

別れるときなどに使う挨拶の言葉。「よう」は「よい」の連用形「よく」のウ音便形。別れの挨拶は、「御機嫌ようおいでなさいまし」などの後半を省略したもの。たとえば、江戸の洒落本『蕩子筌枉解』に「ごきげんようおいで」などと見えるが、この前半が独立した形である。なお、現在「御機嫌よう」を出会ったときの挨拶としても使うことがあるが、例出したように近世からその例がある。

例「さてまづ、おまへさんにもお揃ひなさいまして御きげんよう」（滑稽本・浮世床・二・上）

ごきぶり

ゴキブリ目に属する昆虫。「ごきかぶり」の略。「ごきかぶり」について、*『和漢三才図会』（五三）は「五器嚙　ごきかぶり　五木加布里（ごきかぶり）　油虫之老者（油虫の老いたる者）」という。これによれば、器をかじる（嚙）ところから命名されたことになる。器までかじる虫ということで名づけられたものだろう。さらに、古くは「あくたむし」といった。

ごぎょう《ごぎやう》【御形・五行】

キク科の二年草。「母子草（ははこぐさ）」を正月の七草に用いるときの名称。近世の本草書『重訂本草綱目啓蒙』に「鼠麹草（ははこぐさ）〈略〉おぎやう　御形と書す。後世誤り唱へて、ごぎやうとす。古書には皆おぎやうといへり」とあるように、もとはオギョウと言っていたものを漢字で「御形」と書いたため、ゴギョウと言われるようになり、更には「五行」という漢字表記も生まれるに至った。オギョウの語源について、『大言海』では「御形（おぎやう）は、人形（ひとがた）（＝にんぎょう）に由ある語なるべし」という。すなわち、「母子草」から母子の形代（かたしろ）（＝人形）を想起して、「お形（ぎょう）」と異称したということのようで、飛躍がある。

例「ごぎやう、はこべら、仏のざ、あをな、すずしろ、せり、なづな、是をあはせて、うちそろへそれでななくさ」（浄瑠璃・十二段・道行）

こく

うまみ。漢語「酷」からきたという説と、形容詞「濃い」の連用形の名詞化とする説がある。「酷」は、酒の味や香りの強いことをいう。西暦一〇〇年頃の中国の字書『説文解字』に「酷　酒味厚也（酒の味、厚きなり）」とある。この酒の味の厚みから、物のうまみ全般に及んだというのが、漢語由来説

である。「濃い」からきたとする場合、形容詞連用形の名詞化の例が少ないことが難点となる。現在、「こく」は味覚についてだけでなく、「こくのある文章」などとも使う。

こくさい【国際】

諸国家、諸国民の間の関わり。明治時代に造られた和製漢語。西周は『万国公法』（慶応四年）で、「諸国の交際」「各国の交際」という語を多用しているが、それをもとに箕作麟祥が『国際法』（明治六年）の中で、「国際」という語を使いはじめた。これは国と国との交際という意味で使われている。この語が、明治後期には英語 international の訳語として使われるようになった。

例「女芸人が種々の楽器を奏する国際的団体」（森鷗外・かのやうに・明治四五年）

こくせき【国籍】

ある国家に所属しているという資格。英語 nationality の訳語として明治期に造られた和製漢語。古くからある「戸籍」に倣って造られたものと思われる。「戸籍」の「籍」は文書や名簿の意味であるが、「国籍」の「籍」はもとの意味を残していない。明治三二年に国籍法が公布された。

例「独逸もしくは墺他利（オーストリア）の国籍を有するものは在留を許す」（島崎藤村・新生・大正七～八年）

ごくつぶし【穀潰し】

飯は一人前に食べるが、働きのない人。「ごく」は「こく（穀）」のことで、人間の主要な食べ物、米・麦・粟・ひえ・きび・豆などを指す。「つぶし」は、むだに食べてしまうことである。なお、古く「こく」を「ごく」とも言ったことは、ボドレイ文庫本*『日葡辞書』に「Goku, arroz」（arroz は米）とあることで知れる。

例「朝寝夕寝の穀つぶし」（浮世草子・色道大皷・四・二）

ごくらくとんぼ【極楽蜻蛉】

思い悩まずのんびりと暮らしている者をあざけっていう語。「極楽」は、何の心配や悩みもない状態のたとえ。「とんぼ」には、「（大道デ寝テイルトコロヲツマズカレテ）さてもさてもよう寝てゐるのに、とんぼ奴（め）」（歌舞伎・幼稚子敵討・六）のように、人をののしっていう用法がある。近世には「とんぼ作」「とんぼ侍（さぶ）」のような用法もあるが、これらの「とんぼ」が虫のトンボなのか、あるいは「鈍坊」の転なのか問題が残る。

例「年中あっぱあっぱ遊び歩いて、極楽蜻蛉（ごくらくとんぼ）に身を持って済まうと思ふか」（滑稽本・四十八癖・四）

こけ【苔】

蘚苔（せんたい）類、地衣（ちい）類などの通称。語源説を大別すると、「木（こ）毛（け）」からとする説（大言海、岩波古語辞典補訂版など）、および、「小毛（こけ）」からとするもの（日本釈

名など）の二説を挙げることができる。上代特殊仮名遣いで「こけ」は、「こ乙 け乙」であり、「木（こ）」は「こ乙」、「小（こ）」は「こ甲」、そして、「毛」は「け乙」であることを考慮すると、「木（こ）毛（け）」からという説が妥当であると考えられる。

例「神名火（かむなび）の三諸の山にいつく杉思ひ過ぎめや蘿（こけ）生（む）すまでに」（万葉集・一三・三二二八）

こけ【虚仮】

おろか。もともと「虚仮」は仏教語で、真実でないことを表した。古く「世間虚仮、唯仏是真」（上宮聖徳法王帝説）などのように用いられていた。この意味から、見せかけだけのこと、いつわり、また、思慮の浅いこと、おろか（者）、と転じて用いられるようになった。コケは「虚」と「仮」の呉音。

例「余（あんま）り人を白痴（こけ）にした、仕打ちぢゃあるめえか」（人情本・清談若緑・三・一六）

ごけ【後家】

夫と死別した妻。「後家（ごけ）」は和製漢語で、古くは主人に死なれた後の家族のことを指した。後には未亡人に限定されて使われるようになった。

例「実朝が母、頼朝が後家なれば」（愚管抄・六）

こけおどし【虚仮威し】

見せかけだけの脅し。「こけ（虚仮）」はもと仏教語で真実でないことを表した。「こけおどし」は、中身の伴わない、見せかけだけのものをいう。→虚仮（こけ）

例「暗愚驚（こけおどし）の若い衆、当世の流行なり」（人情本・春色梅美婦禰・初・五）

こけし

東北地方の郷土玩具である木製の人形。語源については諸説あって定めがたい。「こけし」の「こけ」は「こけらおとし」の「こけ」と同じで、木の切れっぱしを意味し、「し」は人や「〜さん」に当たり、全体で「木切れさん」の意だとする説（楳垣実・江戸のかたきを長崎で）がある。「し」が「〜さん」に当たるという点などに問題があるだろう。一方、「芥子（けし）坊主」に由来するという説もある（前同書に紹介）。こけしの髪型は芥子坊主のようだから、この人形をけし坊主にたとえ、それに小さいの意味の愛称「こ」を付け、「坊主」を略したものだという。「小芥子」などと書かれる。

こけらおとし【柿落とし】

新築（または改築）した劇場の初興行。「こけら（柿）」とは、材木の削り屑（くず）や、材木を薄く削りはいだ板のこと。江戸時代、芝居小屋（歌舞伎劇場）の新築工事の最終作業として、「こけら」を払い落としてきれいにしたことに因むといわれる。「こけら」の語源については、魚の鱗（うろこ）の意の「こけら」と同語または同源といわれており、それはまた、削ぎ落とす意の動詞「こく（扱）」や、肉が削ぎ落ちた状態になる意

の動詞「こく（瘦）」と同源の可能性が指摘されている（日本国語大辞典二版）。

例「コケラオトシ　演劇用語　舞台びらきのこと」（音引正解近代新用語辞典・昭和三年）

こけん【沽券】

人の値打ち。体面・品格。「沽」は「売る」の意。『＊日葡辞書』に、「Cogen　コケン（沽券）　家屋とか田畑とかの売渡し証文」とあるように、本来は、土地や家屋などの売り渡し証文のことをいう。平安中期ごろから使われるようになった。沽券には物件の価格も記載されているところから、「『わっちが所、壱軒（いっけん）で住まってゐやす』『ハアそんなら惣地代（そうぢだい）で沽券はいくら』『こけんは千八百両』」（滑稽本・東海道中膝栗毛・二・上）のように、近世、物の売値・値打ちの意が生じ、それが現代の「人の品位・体面」の意を派生させていったものと考えられる。現在は「沽券にかかわる」という言い方がよく使われる。

例「うちの沽券が町並みだから、よもや乞食は客にしめえと」（歌舞伎・日月星享和政談・六）

ここ【此処】

話し手の占めている場所を指す近称の指示代名詞。『大言海』が「此（こ）と処（こ）とを重ねたる語」というように、近称の指示代名詞と場所を表す接尾語とを組み合わせたものである。「此」は「ほととぎす此（こ）よ鳴きわたれともしびを月夜（つくよ）に比（なそ）へその影も見む」（万葉集・一八・四〇五四）のように、諸種の助詞を伴って用いられるほか、「今宵（こよい）」のように複合語を作ることもあった。「処（こ）」は、「ここ」のほか、「そこ」「あそこ」「どこ」などで、やはり場所を表す接尾語として用いられている。

例「あが身こそ関山越えて許己（ここ）にあらめ心は妹に寄りにしものを」（万葉集・一五・三七五七）

こごと【小言】

叱る言葉。語源不詳。『＊和訓栞』に「懲事（読み方不明。「こりごと」か「こらしごと」か？）の義なるべし。俗語也」とある。『大言海』は「仮言（かごと）の転とおぼゆ」という。「かごと」は言い訳とか言いがかりとかの意。「こごと」の古い意味は不満を言うことであったから、意味の上ではつながる。『＊日葡辞書』には「Cogotouo yŭ（小言を言ふ）」の訳として、「こまごましたことを盛んに言って、口うるさすぎる」とあり、まだ叱るの意味が出ていない。狂言台本中では古い天正本狂言『花盗人』に「一人出て花に主（しう）心をかけて花をを る。花守出てしばる。さてこごとをいふ」とあるのは、叱る意味である。これから見ると、中世末から近世初頭にかけて意味変化したらしい。

ここのか【九日】

月の第九番目の日。九個の日。一見すると、「ここのか」は数詞ココノツの語幹ココノに助数詞カが付いた語のように見える。『大言海』もこの見方に立ち、「ここぬか」の方を「(ココノカの)音転」としている。しかし、「九日」の平安時代の仮名書き例は、すべてココヌカであるという。「みそかあまりここぬかになりにけり」(土左日記・承平五年一月三〇日)。このようにココヌカの方がココノカより古い形なので、ココヌカの語源が問題になる。ココヌカをローマ字にしてみると、kokonuka となって、ここにも日本語日数詞共通の語尾要素ウカ(uka)が分析される。そこでココヌカも他の日数詞同様、数詞語幹ココノにウカが付き、母音 o が脱落した形であると説かれる。再びローマ字で書けば、次のようになる。kokono + uka → kokonuka。現在の形ココノカが現れるのは、中世以降のようである。→ふつか～とおか

例「Nanuca(ナヌカ), Yŏca(ヤウカ), Coconoca(ココノカ)」(ロドリゲス日本大文典・三)

ここのつ【九つ】

数詞の九。「つ」は数詞に付く接尾語。この語の語源について、定説はない。白鳥庫吉は、ココノのココはカガの転音で屈の義、末尾のノはナ(無)の転で、指をかがめて数えようのない数と言う意味であろう、という。屈折の意の「こごむ」という語は、「跼蹐はせくぐまるとよむぞ。こごうたことぞ」(玉塵抄・一六)などと使われている。ただし、中世の用例である。新村出は、白鳥説を否定して、「ここの(九)」は「ここら」「ここだ」の転音だとする。「ここら」にも「ここだ」にも多数という意味がある。この説によればこの語は、上代日本人が八まで数を個々に数え、それ以上を「多」とする時期に生まれた語と考えられる。「ここのつ」は接尾語なしの形「ここの」で、「夜には許許能(ここの)夜」(古事記・中)のように、古くから用いられた。

例「女御のきみの御まへには、ぢんのをしき、おなじきたかつきにすゑてここのつ」(宇津保物語・蔵開・上)

こころ【心】

精神。「こころはこごる也」(日本釈名)、「凝リ凝リの、ココリ、ココロと転じたる語なり」(大言海)などのように、「こころ」の語源は「凝(こ)る」に関係して説かれて来た。腹中に凝る物、すなわち臓腑が心のもとの意味であったが、しだいに精神作用もそこで営まれていると考えられるようになり、現在の意味になったものという(新村出・東亜語源志)。

例「そこ思(も)へば許己呂(こころ)し痛し」(万葉集・一七・四〇〇六)

こころざし【志】

心中に持つ信念や目標。動詞「こころざす」の連用形の名詞化。「こころざす」は「心」+「指す」で、心がある方向へ向か

う意味。

例「年ごろ経て、女のもとに、なほこころざし果たさむとや思ひけむ、男、歌を詠みてやれりけり」（伊勢物語・八六）

こころづけ【心付け】

特別な配慮や気遣いに対して感謝のしるしや祝儀として、金品を贈与すること。下二段活用の他動詞「付く」が「心」について名詞化したもの。「心づけ」の例は、一二世紀に見えるという。「諸の外道の一言の感(こころづけ)を受け」（大唐西域記・長寛元年点）。この「心づけ」は配慮の意味である。配慮して金品を与えるということから、祝儀の意に転じたもの。

例「はやしかたの若い者どもに、すこしの御心付ありて」（浮世草子・好色一代女・一・二）

こころみる【試みる】

ためす。語源は『和訓栞*』に「心観の義」、『大言海*』に「心試(こころみ)るの意」とあるように、いずれも「心見る」ということになる。しかし、それがなぜ試すの意味になるか、はっきりしない。この「こころ」は、人や物事の中にかくされているものを指し、それを見顕そうとして、何らかの行為をすることをいったものだろうか。

例「なほこれを焼きて心見む」（竹取物語）

ござ【茣蓙・蓙・御座】

藺草(いぐさ)の茎で織った敷物。「ござむしろ（茣蓙筵）」を略した言葉。『松屋筆記*』（五三）に「今の世ゴザともウスベリともいふは御狭莚(ござむしろ)の莚を省きてゴザとのみいへる也」とある。「御座(ござ)」は貴人が座る座席をいい、「御座ふね」「御座だたみ」などのように接頭語的にも用いて敬意を添えた。「茣蓙」「蓙」は国字。

例「Goza ゴザ（茣蓙） 寝るための筵」（日葡辞書）

こざかしい【小賢しい】 文語 こざかし

りこうぶった口をきき、生意気な様子。「こ」は接頭語で、「小生意気」、「こぎれい」、「こぎたない」などの「こ」と同類。少しという意を添えるほか、この場合のようによくないという感情的な評価をこめることもある。「こざかしい」の後半は「さか（賢）しい」の濁った形で、かしこいの意味。

例「従者のこざかしくさしすぎたるは、いと見苦しきことなり」（十訓抄・七・三五）

ござる【御座る】

「ある」の敬語。「ござ（御座）ある（有）」の縮約された語。「ござあり」（「ござある」の古形）は、尊敬語「おは（しま）す」の漢字表記形「御座」をゴザと音読したものに、ラ変動詞「あり」を添えることにより、鎌倉時代、尊敬語として成立したといわれる。「ござる」の形は室町時代末期以降現れる。「ようこそ gozattare（ゴザッタレ）」（ロドリゲス日本大文典・二一）のように、尊敬語の用法（イラッシャルの意）を併せ持つが、近

世には「ある」の丁寧語としての用法が多い。

例「舌は、これ禍（わざわい）の門（かど）なりと申すことわざが gozareba（ゴザレバ）」（天草本伊曽保物語・イソポの生涯の事）

こじあける【抉じ開ける】 文語 こじあく

むりやりに開ける。「こじあける」の「こじ」はザ行上一段活用の「こじる」（文語こず）の連用形で、すきまに物を差し込んで、ねじるという意味の語である。ただし、中世における仮名遣いでは「こぢる」（文語こづ）と書かれている。*『日葡辞書』では「Cogi, zzuru, Ị, cogi aguru コヂ、ヅル、または、コヂアグル」と記されている。なお、この「こじる」は、『大言海』によれば、「くじる」の転で、現在も「こじれる」の形で残っている。

例「錠こじあけ、ひそかに女房をうちへ入れ」（浮世草子・新色五巻書・四・五）

こしぎんちゃく【腰巾着】

目上の人のそばに付いて機嫌をとる人。「腰巾着」は腰に付けて携行する巾着（=布・革などで作り、口を紐で締めくくる小袋）の意。その巾着のように、常に特定の人にくっついて離れずにいる者をいうようになった。次の例はその意味である。「見なせえ、私が湯へ来るにも腰巾着（こしぎんちゃく）だ」（滑稽本・浮世風呂・三・下）。

例「課長の腰巾着」（二葉亭四迷・浮雲・明治二〇〜二二年）

こじつける 文語 こじつく

付会する。「こじつける」は「故事＋つける」で、「故事」は由緒のある事柄の意。「こじつける」は、何でもないことでもいわれがあるようにもっともらしく言いなすこと。

例「Kojitszkeru コジツケル　牽強」（和英語林集成・初版）

ごじっぽひゃっぽ ごじっぽひゃくぽ【五十歩百歩】

大差のないこと。孟子が梁の恵王をさとした言葉、「五十歩をもって百歩を笑う」に因む成句。「棄甲曳兵而走、或百歩而後止、或五十歩而後止、以五十歩笑百歩則何如、曰不可、直不百歩耳、是亦走也（甲を棄て、兵をひきて走るに、あるいは百歩にして後に止まり、あるいは五十歩にして後に止まる、五十歩を以て百歩のひとを笑はば則ちいかん、曰く、不可なり、ただ百歩ならざるのみ、これもまた走るなり）」（孟子・梁恵王・上）による。

こしゃく【小癪】

生意気で、かんにさわること。『大言海』は「コサカシの語根のコサカの転」とする。漢字表記「小癪」の「癪」を形容動詞として使うのは近世後期になってからだが、「こしゃく」の形容動詞用法は遅くとも近世初期に見える。従って「小癪」と書くのは当て字である。「こ」は、「こ器用」「こにくらしい」な

どの「こ」と同類。
例「こしゃくな事をいふ人ぢゃ」(虎明本狂言・目近籠骨)

こしょう《こせう》**【胡椒】**
コショウ科の蔓(つる)性常緑低木。南インド原産。「胡椒」は中国からの借用語。「胡」は、北方や西方の異民族を指す語で、「胡瓜(きゅうり)」「胡桃(くるみ)」「胡麻(ごま)」のように、外国から中国にもたらされたという意を添える語として用いられている。「椒」は「山椒」のことで、「山椒」に似て香気と辛味があるものという意の命名。『正倉院文書』に「胡椒三斤九両」(天平勝宝八年六月二一日・東大寺献物帳)と見える。

ごしょうだから《ごしゃうー》**【後生だから】**
哀願するときに使う言葉。「後生」は仏教語。生まれる以前を「前生(ぜんしょう)」、この世に生きている間を「今生(こんじょう)」と言うのに対し、死後のことを「後生」と言う。近世、「後生」だけで人にものを頼む意味に用いられた。「大坂へつれてゐて下され。後生でござると泣きおがむ」(浄瑠璃・女殺油地獄・上)。「後生だから」はこの「後生」から派生した。これらの用法はあなたの後生の極楽のためにという気持ちで用いられ始めたものといわれる。
例「後生だから其の辺まで一緒に来てお呉れな」(永井荷風・夢の女・明治三六年)

ごしょうらく《ごしゃうらく》**【後生楽】**
楽観的でのんきなさま。「後生(ごしょう)」は、仏教語。輪廻(りんね)思想に基づき、「前生(ぜんしょう)」「今生(こんじょう)」に対する語で、今の世の生を終えて後の世に生まれ変わることをいい、また、その死後の世界(来世)を意味した。「後生楽」は来世の安楽のことであった。来世の安楽を信じて何も努力しない意味が強調されて、現在のような意味になった。
例「桜川の辺に如何にも後生楽な男ありて、もとより読書算用も知らず」(黄表紙・馬鹿長命子気物語)

こじん【個人】
国家や社会などを構成するひとりの人間。英語 individual の訳語。日本では、初め「一個人」や「各個人」の形で使われ、後に「個人」が使われるようになった。訳語としての「一個人」は、幕末ごろ出回った中国の英華辞典によるという(柳父章・翻訳語成立事情)。たとえば、モリソンの『英華字典』(一八二二年)では、「There is but a single individual」を「独有一個人那処に在り」と訳している。また、ロブシャイド*『英華字典』の person の項には、an individual being があり、「一個人」と訳されている。この「一個人」から日本で「個人」という二字の語が作られた。「個人」という漢語ができたことにより、「個―」という語構成による新しい漢語がいくつか作られた。「個性」「個体」「個別」などはいずれも和製

の漢語である。

ごしんぞさん【御新造さん】

(富貴な、また身分のある家の)妻女の敬称。「ごしんぞうさん」の転じたもの。「ご」は「御」で敬意を含む接頭語。「しんぞう」は新しく造ること。以下に示す語源は諸書に見られる説であるが、『大言海』によって大意を示せば、貴人が妻を迎える時に、新しくその居所をつくる故、妻を指してこういうようになった、という。妻を迎えるとき、新居を構える習慣は上代からあったらしく、「大穴持命、娶(あ)ひたまはむとして、屋を造らしめたまひき」(出雲国風土記・神門郡)などと見える。近世、階層によって、妻の呼称は、「奥様」「ご新造様」「かみ様」「お〜さん」(たとえば、「おくまさん」)などと分かれていたが、寛延(一七四八〜五一年)ごろまでは「ご新造様」はお目見え以上の上士の妻を指していた。しかし、文化一一年(一八一四)の随筆『塵塚談』に「然るに二三十年以来同心、渡り用人の類の妻、町人も相応にくらす者の妻は御新造様」といわれるようになった、という。「御新造と内儀と噺す敷居ごし」(雑俳・柳多留・五)は明和七年(一七七〇)の川柳であるが、早くも町人の妻を指していると思われる。

例「おっと、おあぶなうございます。御新造さんえ」(滑稽本・浮世風呂・二・下)

こずえ《こずゑ》**【梢】**

木の幹の先端や枝の先。木のすえ(末)の意。「こ」は、「木立(こだち)」「木(こ)下闇(したやみ)」など「木」が複合語を作るときに現れる形。上代には「こぬれ」と言ったが、これは「木(こ)の末(うれ)」の約といわれる。「島みには　許奴礼(こぬれ)花咲き」(万葉集・一七・三九九一)。

例「さ月山こずゑを高みほととぎす鳴くね空なる恋もするかな」(古今集・恋二)

こそばゆい 文語 **こそばゆし**

くすぐったい。『大言海』によれば、「こそ」は「こそぐる」の語根、「ばゆし」は「はゆし」で、堪えられぬ意だという。「こそぐる」は、くすぐるの意で、古くから用いられているが、「はゆし」はまばゆいとかはずかしいの意であって、堪えられぬという意味とは、簡単には結びつかない。

例「股がこそばゆいほどに」(抄物・四河入海・五・一)

こたえる《こたへる》**【答える】** 文語 **こたふ**

返事する。『大言海』などが言うように、「こたへる」は「言(こと)」と「合(あ)ふ」の融合したものであろう。この「合ふ」(口語合える)は下二段活用の他動詞で、合わせるという意味である。そこで、「ことあふ」は言葉を合わせるという意味で、相手の言葉に合わせる、ということから返事をする意味になったものだろう。

例「答(こたへ)ぬにな呼び響(とよ)めそ呼子鳥佐保の山辺を上

り下りに」（万葉集・一〇・一八二八）

ごたくをならべる【御託を並べる】

もったいぶって言う。「ごたく」は「御託宣」の略。「御」は尊敬語。「託宣」は神のお告げ。近世、「御託宣」は神のお告げのようにもっともらしく勝手なことを言うことの意味に使われていた。「借屋の内の神様達、御託宣も取り取りに」（浄瑠璃・妹背山婦女庭訓・四）。「並べる」は「能書きを並べる」などと同じ用法で、次々に言い立てる意。

例「理屈らしくいろいろなごたくを並べ立てたは」（人情本・糸桜形見釵・一）

こたつ【炬燵・火燵】

炭火や電気の熱源をやぐらで囲い、布団をかけて体を暖めるもの。『大言海』は、「火榻子（くゎたふし）の宋音。（行火〈あんこ〉、火鈴〈こりん〉）。禅家より起れる語」とする。「榻」は腰掛け、「子」は「面子」のように接尾語として様々な語に付く。*『文明本節用集』に「火榻　コタツ」とあるのが古い例である。「火」の唐音はコ、「榻」の唐音はタ、「子」の唐音はツであるから、「火榻子」はコタツとなる。現代中国語音では「火榻子」は huotazi となるが、もともとコタツという物も言葉も中国にはなく、室町時代日本で作られたものである。漢字「燵」は国字である。

例「同じ火燵にあたりて」（浮世草子・好色盛衰記・四・一）

ごたぶんにもれず【御多分に漏れず】

皆と同じように。「ごたぶん」の「ご」は、もとは敬意を添える接頭語、ここでは皮肉をこめた用法。「多分」は名詞として、大多数の人、大多数の物事の意であった。「多分は内裏へ参りけり」（保元物語・上・新院御所各門々固めの事）の「多分」は「大部分の武士」を指す。「御多分に漏れず」は「大多数の人の例からはずれず」の意味である。

例「鳥渡（ちょっと）一口気をつけの後は、内店の拾匁とするとも何様（どう）とも、何（いづ）れ御多分には漏れやすめえ」（人情本・春色梅美婦禰・五・二七）

こだま【木魂】

山びこ。古くは「こたま」と言った。*『日葡辞書』に「Cotama　コタマ〈略〉Yamabico（山彦）に同じ。山の反響」とある。古くは「樹木の精霊」を意味していた。*『十巻本和名抄』に、「樹神〈略〉和名古多万（こたま）」とある。山びこのことを「こたま」というのは、この転義で、『大言海』は「樹木に、精神ありて応ふと思ひて云ふ語」と説く。『天正本節用集』には「魍　コタマ　或樹神又木魂　或木偶又山彦」とある。漢字表記は、他に「木霊」「木精」「谺」などさまざまある。

例「風の静かなる時は、人のそっと云ふ事もこたまが響いて聞こゆるぞ」（抄物・四河入海・八・二）

こち【東風】

東風。「こち」の「ち」は、*『和訓栞』が言うように「疾風（はやち）」の「ち」で、風の意であろう。「東風をいふちは疾風をはやちとよめる類也」（和訓栞）。「こち」の「こ」については、『大言海』が「小」の義で、春風のやわらかき意に起こったかとするが、はっきりしない。

例「こち吹かばにほひおこせよ梅の花あるじなしとて春を忘るな」（拾遺集・雑春）

ごちそう【御馳走】

うまい食物。「馳走（ちそう）」に尊敬・丁寧の接頭語「ご」の付いた語。「馳走」は漢語で、「馬を走らせる」が原義。「走りまわる、奔走する」意でも用いられた。日本の文献では、これらの意味で用いられる一方、「いろいろ chisô（チソウ）し、飯（めし）をととのへ、もてなして」（バレト写本・奇蹟）のような、「もてなしのために忙しく奔走する」意を経て、「酒食のもてなし」をいう用法を生じた。「爰元（ここもと）にある山の物ばかりでは馳走にならぬ。海の物を肴（さかな）に出したい」（狂言六義・若和布）は、その例である。

例「しかしその膏切（あぶらぎ）って肥満して居る所を見ると、御馳走を食ってるらしい」（夏目漱石・吾輩は猫である・明治三八～三九年）

ごちゅうしん【御注進】

上司への報告。告げ口。「注進」は和製漢語で、一一世紀の『東大寺文書』に「注進状」と使われている。「注」は書くの意で、「進」は上へ報告すること。「御」は尊敬の接頭語。上司への報告から上への告げ口に転じたもの。今の「御注進」は芝居経由の語だといわれる。人形浄瑠璃や歌舞伎の時代物で、戦場から立ち返って状況を報告する役者が、特に歌舞伎では、花道から「ご注進ご注進」といってかけ込んで来て、戦況を報告してまた花道をかけもどる。これは目立つもうけ役で、登場する時のセリフの「御注進」が一般語に入ったもの（赤坂治績・ことばの花道）。

こちら【此方】

近称の指示代名詞。「こち」に接尾語「ら」の付いた語。「こ」は、「この」「これ」などの「こ」と同じで、話し手に近いものを指示する。「ち」は、「そちら」「あちら」などの「ち」と同じで、方向などを表す。「ら」も「そちら」「あちら」「いづら」などの「ら」で、代名詞に接尾する。「こち」は上代、「許知（こち）の山」（古事記・下）のように既に用いられているが、「こちら」は中世になって用例が見られる。

例「あちらにもわが子、こちらにもわが子」（抄物・蒙求抄・四）

こつ【骨】

物事をうまくやるための勘所。「こつ」は本来「ほね（骨）」であって、人体などを組み立てる基本的な仕組みであるところ

から、芸道などの最も大切なところやそれを会得する才能を意味するようになり、「其舞又神妙、尤得其骨（その舞ひ又神妙、尤もその骨を得たり）」（玉葉・安元二年正月二三日）などと用いられた。そこから、一般的にいろいろな物事を行う上での急所を意味するようになった。現代では「こつをつかむ（覚える）」などと使う。

例「訳を問はぬが了簡の骨」（雑俳・折句庫）

こっけい【滑稽】

面白くおかしいこと。「滑」は、なめらか、「稽」はとどまること、考えることなどの意であるが、すでに中国で「滑稽」は「滑稽猶俳諧也（滑稽、なほ俳諧のごとくなり）」（史記評林・滑稽伝・索隠の注）のように、面白くおかしいの意味で用いられていた。中国では、もともと「滑稽」は酒器のことで、酒器から酒が絶えることなく注がれるように口から言葉が滑らかに出ること、すなわち雄弁の意となり、更に面白おかしいことに転じたといわれる。日本では、節用集の一本に「滑稽　コツケイ　利口」（伊京集）とあるように、「滑稽」を「利口」（＝口がうまいこと）と説明する辞書が多かった。近世に入ると、『滑稽素人芝居』（享和三年）、『滑稽駅路梅』（天保三年）など、書名に「滑稽」を冠する、いわゆる中本（滑稽本）の類が輩出した。これらの「滑稽」は現在の「滑稽」と同じ意味である。

こっぱみじん【木っ端《こっぱ》微塵《みぢん》】

こなごなに砕けること。「木っ端」は木の削り屑や小さな切れはし。『大言海』は「木端（こば）」の急呼とする。「こば」は、屋根を葺く材料として用いる、木を薄く削ったもので、こけら板ともいう。「木（こ）」は「木（こ）の葉」「こずえ（梢）」など複合語を作るときの形。「微塵」は細かいちりのこと。

例「引ったくったる後よりこっぱ微塵に打ち付くるを」（浄瑠璃・夏祭浪花鑑・三）

コップ

飲み物を飲むガラス製等の容器。ポルトガル語の copo に由来する。後にオランダ語 kop が入ってきたが、外来語としては同形なので衝突することはなかった。明治期には同じガラス製品をさす英語 glass が入ってきたが、これは「グラス」という形で取り入れられ、意味の役割分担がなされた。

例「酒盃をば古津不（コップ）といふ也」（随筆・本朝世事談綺・二）

コッペパン

パンの一種で紡錘状のもの。コッペとパンを合した和製語。コッペはフランス語 coupé に由来する。coupé は「切られた」の意で、パンの焼き上がりを良くするために切り込みを入れることから名付けられた。パンはポルトガル語 pão に由来。コッペパンは幕末にフランス人の造船技師によって持ち

込まれたが、普及したのは第二次世界大戦後である。

例「給食保護でもらったコッペパンを」（石川達三・人間の壁・昭和三二〜三四年）

ごて【後手】

碁や将棋など、交互に打ったり指したりする競技で、後から打ったり指したりする番をいう。先手の方には先着の利があるので、「後手」は立ち後れの不利を意味するようになった。「後手をひく」「後手にまわる」など、いずれも機先を制された不利をいう。*『日葡辞書』では「Gote（ゴテ）」を碁・将棋の後手と説明した後、「比喩。劣ること、または、負かされること」と付け加えている。

例「後手にならざる用心と胸算用の差し引きして」（人情本・春色梅児誉美・後・七）

こてしらべ【小手調べ】

試しにちょっとやってみること。「小」は、「小耳に挟む」のような場合は、ちょっとの意味で挟むにかかる。「こて調べ」の場合、「てしらべ」という言い方がないので、「こて＋調べ」と分析される。「こてだめし」「こてならし」も同様に考えられる。「こて」は「小手」で、ちょっとの意を表すことになる。「調べ」は音楽などの調べで、演ずること。「小手調べ」は本番の前に軽く調整のためにやってみることだった。

例「ほんの、まだ、小手調べのすんだばかり」（久保田万太郎・春泥・昭和三年）

こでまり【小手毬】

バラ科の落葉小低木。中国原産。古くから日本に渡来していた。春に枝先に小さい花が半球状に群がり咲く様子を手毬に見立てて名付けられた。既に「手毬花（てまりけ・てまりくゎ）」と呼ばれていたスイカズラ科の植物があったため、これと区別するために「小」を付けて「小手毬（こでまり）」と言われるようになった。一方、スイカズラ科の「手毬花」の方は、「小手毬（こでまり）」と区別するため、「大」を付して「大手毬（おほでまり）」と言う名に変化していった。

ごとく【五徳】

火鉢や炉の中に据えて、薬缶（やかん）などをかける三脚または四脚の金輪のこと。『大言海』はこの金輪のことを「禅家にて、火床（ごとこ）と云ひしにはあらぬか。〈略〉戯れに五徳（ごとこ）の当て字したるが、音転したるか（高僧を大徳（だいとこ）と云ふ）」と言う。「火」の唐音はコである。「とこ（床）」は薬缶などを置くところの意だろう。すなわち、「コ（＝火の唐音）トコ（＝薬缶などを置く所）」を「五徳（ごとこ）」と書き、それがゴトクに音転したという説である。「徳」は縁起のいい語で、「十徳」などの類例もある。

例「爪をれの五徳ひとつ、取集めてから、銭百三十に直段（ねだん）つけ捨ててゆく」（浮世草子・日本永代蔵・五・二）

ことごとく【悉く・尽く】

すべて。「ことごと」に残らずの意味があり、それに副詞の語尾に現れる接尾語「く」が付いたもの。「ことごと」は「事」を重ねたもので、多くのことの意であったが、あのこともこのことも残らずと変化したものであろう。「悔（くや）しかもかく知らませばあをによし国内（くぬち）許等其等（ことごと）見せましものを」（万葉集・五・七九七）の「ことごと」は残らずの意味。接尾語「く」の類例としては、「けだしく」（＝推量の意）、「しましく」（＝暫時の意）、「ここだく」（＝数量・程度の甚だしい意）などの語がある。なお、「ことごとく」は、平安時代には漢文訓読用語で、仮名文学には「すべて」が用いられた。

例「病愈（い）えむ時には、体の挙（ことごとく）随（したが）ひて滅しなむ」（石山寺本瑜伽師地論・平安初期点）

ことごとしい【事々しい】(文語) ことごとし

ものものしい。『大言海』は「物物（ものもの）し」「故故（ゆゑゆゑ）し」などと同じく、同趣のものを重ねて意味を強めた語とする。「こと（事）」には多くの意味があるが、大事件という意味もあり、それを重ねて強め、その後に形容詞を作る語尾「し」を添えた語である。古くは「ことことし」のように清音であった。『*日葡辞書』には「Cotocotoxij（コトコトシイ）」という見出しがある。

例「裳・唐衣など、ことことしく装束きたるもあり」（枕草子・一二〇・正月に寺にこもりたるは）「Koto-gotoshii, -ki, -ku, コトゴトシイ」（和英語林集成・初版）

ことし【今年】

今の年。『大言海』が「此（こ）年（とし）の義」と説くように、「こ」は近称の指示代名詞「こ（此）」である。この「こ」は、上代、「ほととぎす許（こ）よ（＝ココヲ通ッテ）鳴き渡れ灯火を月夜に擬（なそ）へその影も見む」（万葉集・一八・四〇五四）のように、語として独立していたが、「こよい（今宵）」のように、複合語を作ることもあった。また、「こ」は、「こいつ」「ここ」「こち（ら）」など近称の指示語の語根ともなっている。

例「上毛野（かみつけの）佐野の茎立（くくたち）折りはやし吾（あれ）は待たむゑ許登之（ことし）来（こ）ずとも」（万葉集・一四・三四〇六）

ことじ《ことぢ》【琴柱】

琴などの胴の上にあって、絃を支えるもの。これを「柱（ちゅう）」ともいう。『*和訓栞』は「ぢは柱音略也」という。「柱」の呉音ヂュの変化したものということであろう。なお、『*二十巻本和名抄』には、「箏　柱附」の項に、「箏柱」を注して「和名古止知（ことぢ）」とある。

例「ことぢの立ちど、乱るるものなり」（源氏物語・若菜下）

ことだま【言霊】

言葉に宿る霊の力。「ことだま」の「こと」は言、「だま」は魂（た

ま）である。古代においては言葉の持つ力によって、話された言葉の通りに事が実現すると考えられ、「こと（言）」はそのまま「こと（事）」であると考えられた。

例「事霊（ことだま）の八十（やそ）の衢（ちまた）に夕占（ゆふけ）問ふ占正（うらまさ）に告（の）る妹はあひ寄らむ」（万葉集・一一・二五〇六）「倭の国は〈略〉言霊（ことだま）の幸はふ国と語り継ぎ」（万葉集・五・八九四）

ことづて【言伝】

伝言。伝聞。「こと（言）」に伝えるの意味の動詞「つつ」の連用形「つて」が付いて名詞化したもの。言葉を伝える意からたより、伝言などの意味になった。「つつ」は「神代より言ひ伝（つて）来らく」（万葉集・五・八九四）のように古く用いられていた。*『日葡辞書』には、「Cotoçute（コトツテ）」と「Cotozzute（コトヅテ）」の両形が見られるが、前者をまさるとしている。

例「山がつのかきほにはへる青つづら人は来れどもことつてもなし」（古今集・恋四）

ことば【言葉・詞】

言語。「こと（言）」に「は（端）」の付いた語。*『名言通』（下）に「詞　コトバ　コトハシ（言端）也」と見える。言語のはしくれの意だろう。古く、日本では「言」と「事」が未分化で、ともに「こと」と言われていた。この「言（こと）」に対して、「ことば」は「練りの言羽（ことば）は我はたのまじ」（万葉集・四・七七四）のように、口先だけの表現の意味に使われることが多かった。しかし、次第に言と事が分離し、「こと」は「事」を表すようになっていくにつれ、「言」の方は「ことば」や「ことのは」と言い分けられるようになった。同時に、「ことば」で、言語全般を意味するようになった。

例「世の中の人の辞（ことば）と思ほすなまことそ恋ひし逢はぬ日を多み」（万葉集・一二・二八八八）

ことぶき【寿】

めでたいこと。祝いの儀式。*『和訓栞』に「言祝（ことほき）の義なり」とあるように、「ことほき」が語源。「ことほき」は、動詞「ことほく」の連用形の名詞化。「ことほく」とは、「言（こと）祝（ほ）く」、すなわち、言葉で祝う、祝いを述べる意の動詞である（現在は「ことほぐ」という形で使う）。→ことほぐ

例「今の奇瑞、古に同じ。早くこれを天に祭って寿をなすべし」（太平記・一七・金崎船遊事）

ことほぐ【寿ぐ・言祝ぐ】

言葉で祝福する。祝う。「こと」は言葉の意、「ほぐ」は古く上代では「ほく」で、そうなることを祈って言葉を唱える意。声に出された言葉にはその内容を実現する力がある、と考えられていた古代日本の言霊思想に基づく言葉とされる。

例「爾に言禱（ことほ）き白（まう）ししく」（古事記・中）

ことわざ【諺】

昔から人々の間で言いならわされた、風刺・教訓・知恵などを込めた簡潔な言葉。語源については諸説あるが、本居宣長*『古事記伝』は、「諺は許刀和邪（ことわざ）と訓（よ）めり。〈略〉許刀（こと）は言、和邪（わざ）は、童謡（わざうた）・禍（わざはひ）・俳優（わざをぎ）などの和邪（わざ）と同じ」とする。同書によれば、「わざ」とは「神の為（な）したまふ意」であり、「言和邪（ことわざ）は、本は神の心にて、世の人に言はせて、吉凶（よきあしき）ことを示し喩（さと）したまふを云ひしが転（うつ）りては、ただ何となく世間（よのなか）に遍（あまね）く言ひ習はしたる言（こと）をも云ふなり。諺の字は、転（うつ）れる方に当りて、本（もと）の意にはあたらず」という。言霊思想が古代人を支配していたころは、諺も神秘的な霊力をもつ言葉として認識されていたものと想像される。

例「諺に『堅石（かたしは）も酔人（ゑひびと）を避（さ）く』と曰（い）ふなり」（古事記・中）

ことわる【断る】

こばむ。「こと（言・事）」に「割る」の付いた語。入り組んだ物事を割って分かりやすくし、筋道を立てる、という意味から転じて来た。今でも「ことわり」には、道理という意味があるが、これなどはもとの意味に近い。「世の中はかくぞ許等和理（ことわり）」（万葉集・五・八〇〇）の「ことわり」も道理の意味である。また、『枕草子』の「これはいかに、とくことわれ」（八三・かへる年の二月廿日よ日）では、判断してくれという意味である。現在の用法は、道理や事情を述べて、了解を得たり、拒否したりするというところから生じたものであるが、これらの用法は比較的新しい。

例「Kane wo kasz koto wo kotouaru, refused to lend money.（金を貸すことを断る）」（和英語林集成・初版）

こな【粉】

砕いて細かくしたもの。古くは「こ」と言ったが、一音節語を避ける傾向によって、近世以降「こな」と言うようになった。「な」は二音節化のための接尾語。*『和訓栞』は「粉も小の義なるべし」といい、『大言海』もこれを引いている。「こ」は、現代でも「身を粉（こ）にして」「粉（こ）を吹く」などと使われている。

こなた【此方】

近称の代名詞。「こなた」は、「そなた」「かなた」「あなた」などと類似の語構成を持つ語である。語頭の「こ、そ、か、あ」には、古くそれぞれ独立の用法があり、「な」は「の」に当たる古い助詞で、「みなそこ（水底）」、「まなこ（目な子）」などの「な」と同じものである。末尾の「た」は場所・方向などを表すものと思われるが、不明である。「こなた」は、場所や時間に関する指示代名詞から、人称にも使われるようになった。次に挙

げる「こなた」は近称の指示代名詞の例である。「荒るる浦に潮のけぶりは立ちけれどこなた〔＝コチラ〕に返す風ぞなかりし」（蜻蛉日記・中・安和二年）。室町時代には、最高の敬意を持つ二人称であったが、江戸時代を通じて敬意が漸減し、使用されることも減っていった。

例「こなたは子細を御ぞんじないによって、さやうになさるる」（虎明本狂言・よろひ）

ごねる

文句を言い立てて承知しない。「ごねる」は近世、死ぬ、くたばる、といった意味であった。「こいつごねたか」（浄瑠璃・平仮名盛衰記・二）。それが近代に至って、「ごてる」との連想からゴテゴテ文句を言う意に転じたといわれる。「ごねる」が死ぬ意味を表すことについて『*俚言集覧』は、「御涅槃（ごねはん）より転じていふ也」と説明している。「ごねどく」は「ごねて得をする」ことで、この語の派生語である。

例「ごねてる最中なんや」（田口竹男・祇王村・昭和一七年）

このしろ【鰶・鮗】

ニシン科の海魚。語源は不詳だが、次のような説話が知られている。常陸の国司から求婚されていた娘が、自分の家に寓居していた有間皇子と情を通じ懐妊してしまった。国司の追求を逃れるため、親が娘を死んだことにし、焼くと死人を焼く臭いがするという魚を娘の代わりに棺に入れて火葬したところから、その魚を「子の代（しろ）」（＝子の身代わり）というようになったという（慈元抄）。

例「鯯魚、此をば挙能之慮（このしろ）と云ふ」（日本書紀・大化二年三月）

このはずく《このはづく》【木葉木菟】

フクロウ目フクロウ科の鳥。この鳥は、灰色あるいは褐色の上に黒い縦斑や虫食い状斑があって枯れ葉のように見えるところから、「木の葉」＋「つく」（＝ミミズク）と命名されたもの（中西悟堂『定本野鳥記』ほか）。コノハズクは夜行性でブッポーソーと鳴く。かつて全く別種の鳥がブッポーソーと鳴く鳥だと誤解されていた。コノハズクを「声の仏法僧（ぶっぽうそう）」、従来の仏法僧を「姿の仏法僧」として、区別して呼ぶことも行われている。

例「このはづくは、みみづく・鵂（ふくろふ）より小なり。これも亦（また）耳あり。ふくろふに似たり」（大和本草・一五）

このむ【好む】

気に入る。語源には、「恋祈（こひのむ）の義、望むこと切なる意」（大言海）、あるいは「請（こ）ひ祈（の）む」の義（大石千引・言元梯）などの説がある。この説に現れる「のむ」は、「神祇（かみ）をそ吾が祈（の）む」（万葉集・一三・三二八四）のように、「懇願する」という意味で使われていた。「こふ（請・乞）」は「こひねがふ」など複合語を作り、「請ひ祈む」という形も実際に見ら

れる。「天つ神仰ぎ許比乃美（こひのみ）」（万葉集・五・九〇四）。

例「さす竹の大宮人は今もかも人なぶりのみ許能美（このみ）たるらむ」（万葉集・一五・三七五八）

このわた【海鼠腸】

ナマコの内臓（腸管）から作る塩辛。内臓をよく水洗いし、塩とともに漬け込んで熟成させる。ナマコを古くは「こ」と言ったので、語源は「ナマコのわた（＝内臓）」の意。↓なまこ

ごはさん【御破算】

今までやってきたことがすべて無になった白紙状態。「破算」に尊敬または丁寧の「御」の付いた語。現在でも珠算では、新しい計算を読み始めるとき、「御破算でねがいましては」と声をかける。これは今までの計算をすべて止めて、そろばんの珠を何も計算していない零の状態にせよと言っているわけで、この零の状態を物事全般に比喩的に用いたもの。

例「最早（もう）ちゃんと婚礼が済んで見れば、何も彼も御破算さ」（徳富蘆花・不如帰・明治三一～三二年）

ごはっと【御法度】

禁制。「ご（御）」は尊敬の接頭語。「法度（はっと）」はさだめの意味で、「はふと（法度）」の変化した形。「法」の字音はハフ、またはホフで、入声音。そのため語末が促音化した。ただし「法」が促音化する場合、「法主（ほっす）」「法親王（ほっしんのう）」などホッになることが多い。「御」をつけたのは、お上の定めたきまりという尊敬の気持ちで、それ故破ってはいけないものの意味が強くなった。

例「折節御はつと強き砌なり」（仮名草子・竹斎・上）

こはるびより【小春日和】

陰暦一〇月（初冬）のころの、春のように暖かく穏やかな気候。「こはる（小春）」は、『大言海』に「漢語、小春（しょうしゅん）の訓読」と説かれる。漢語「小春」は、中国六世紀の『荊楚（けいそ）歳時記』に「十月、天気和暖似春、故曰小春（十月、天気和暖にして春に似たり、故に小春と曰（い）ふ」とあるように、荊楚地方（＝揚子江中流域一帯）の陰暦一〇月は気候温暖で、春のようであることから、陰暦一〇月（初冬）の異称となったもの。このような漢語「小春」が日本に入り、「こはる」と訓読されたという。なお、「こはる」と訓読された確例としては「小春　コハル　十月」（運歩色葉集）が早い。「ひより（日和）」は天気の意。「小春日」は小春日和の日をいう。「げに小春日ののどけしや。かへり咲（ざき）の花も見ゆ」（文部省唱歌・冬景色・大正二年）。↓ひより

こばんざめ【小判鮫】

スズキ目コバンザメ科の海魚。頭部背面に、第一背びれが変形してできた小判形の吸盤を備えるところからの称。この吸盤で、エイ・サメ・クジラ類その他大形の水生動物に吸着し、その食べ残しや排出物などを餌とする。

ごふく【呉服】
和服に仕立てる織物。『大言海』などによれば、「呉服(くれはとり)」を音読した語。「くれ」は古代中国の国である「呉(ご)」のこと。「はとり」は「はたおり(機織り)」の略。「呉服」は、もと呉の国から伝来した織り方で織った布を意味した。
例「呉服商売の若き者」(浮世草子・好色一代女・四・一)

ごぶさた【御無沙汰】
どうしているかなど、自分の動静を伝えていないこと。「沙汰」は知らせの意味。「沙」は砂、「汰」は選び分けることで、米を水ですすいで砂を除くこと、そこから善悪を区別することを意味した。日本に入ってから、さまざまな転義を生じ、命令、処置、指示を与えること、情報、消息などの意味を派生していった。「知らせ」の意味で用いられた例としては、「沙汰に及び候はず、参り候ふべし」(宇治拾遺物語・一・三)などがある。「無沙汰」は、『*日葡辞書』に「Busata(ブサタ)」という見出しがあり、「挨拶、辞儀を欠くこと、また、訪問しないこと」と説明されている。「御」は知らせる先を尊敬する用法で、「お返事」の「お」などと同じ。
例「この間は御無沙汰いたしました」(滑稽本・浮世床・二・下)

こぶし【辛夷】
モクレン科の落葉高木。日本原産。『大言海』によれば「こぶしはじかみ」の下略。『*十巻本和名抄』に「辛夷〈略〉古不之波之加美(こぶしはじかみ)」と見える。「こぶし」について、『*東雅』は「其の花初めて開く、小児の拳を開くに似たるをいひしとみえたり」とする。「はじかみ」はその実が山椒(はじかみ)のように辛いからという(大言海)。漢字表記の「辛夷」は、本来は「木蓮(もくれん)」の漢名であるが、「こぶし」に当たる適当な漢名がなかったため、よく似た植物である「木蓮」の漢名を用いたと考えられる。
例「次の年の春、人のもとより、こふしの花をおくりたりけるを見てよめる」(古今著聞集・一八・六二八)

ごへいかつぎ【御幣担ぎ】
縁起や迷信を極度に気にする人。「御幣(ごへい)」は「幣束(へいそく)」の尊敬語。白または紅白・金銀などの紙を段々に切り、木や竹の幣串(へいぐし)にはさんで神前に供える祭祀用の道具である。この御幣は不吉なものを払い清めるのに使う。「御幣担(かつ)ぎ」は、何かというと、この御幣を持ち出して、つまりかつぎ出して、けがれを清めようとする人で、そこから縁起を気にする人となった。「御幣をかつぐ」と動詞としても使う。この上略形が、「かつぐ」で、迷信などを気にするの意となる。
例「世にかかる俗諺に言ふ御幣かつぎもありける」(随筆・甲子夜話・二七)

ごぼうぬき【牛蒡《ごぼう》抜き《ぬき》】

棒状のものを一気に引き抜くこと。牛蒡の根は細長くまっすぐ地中に伸びている。そこから、棒状のものを一気に引き抜くことを、牛蒡を引き抜くさまに喩えていう。根のあるものを土から抜くことを昔は「引く」といったが、この語の用例は例に出したように近世から見られる。近来、「座り込みのデモ隊をごぼう抜きにする」というように使われるようになったが、引き抜くということでは近世以来の用法を受け継いでいる。ところが、近来さらに「四、五人ごぼう抜きにしてゴールに飛び込んだ」などと使うようになった。「抜く」は「抜く」でもこの「抜く」には「引き抜く」の意がなく、いまだ誤用とされている。

例「引き抜く首は葉付の蕪、入道殿でも牛蒡抜」(浄瑠璃・丹生山田青海剣・三)

こま【駒】

馬。「駒」は、「子馬(こうま)」の約で、その意味も「子馬」であった。『*二十巻本和名抄』に「駒〈略〉和名古万(こま)、馬子也(馬の子なり)」とある。その後、馬全体を指すようになり、『万葉集』では「馬」と併用された。平安時代になると、歌語としては、「駒」の方が用いられるようになった。

例「足の音せず行かむ古馬(こま)もが葛飾の真間の継橋(つぎはし)止まず通はむ」(万葉集・一四・三三八七)

こま【独楽】

子供の玩具。古くは「こまつぶり」といい、この古名を略したもの。「こま」については、この玩具が高麗(こま)から渡来したからだろうと、いわれている。『*嬉遊笑覧』(六下)は「古末(こま)といふはもと高麗より渡りしものなるにや」という。「つぶり」は円形の意味で、独楽の形に因む。「こまつぶり」は「こまつぶりに、むらごの緒つけて」(大鏡・三・伊尹)などと用いられていた。

例「長講堂の大庭に、独楽廻して遊びける童の内に」(太平記・三九・神木入洛事)「独楽　ドクラク　コマツフリ　又ツムクリ」(色葉字類抄)

ごま【胡麻】

ゴマ科の一年草。インドまたはエジプト原産。中国を経由し古くから日本に渡来した。ゴマの呼び名は漢名の「胡麻」に由来する(「ゴ」は「胡」の呉音)。「胡」は、北方や西方の異民族を指す語で、「胡瓜(きゅうり)」「胡桃(くるみ)」のように、外国から中国に齎(もた)らされたという意を添える接頭語である。『*漢語大詞典』には、漢の張騫がこの種子を西域で手に入れたと伝えられているため「胡麻」と命名されたとの説明が見られる。

こまいぬ【狛犬】

帝の御帳台の裾や神社などの前で向かい合わせに座り、威

厳を添えたり魔除けとしたりするために置かれた獣の像をいう。その像が高麗から渡来したものなので高麗(こま)の犬と見て名付けたもの。しかし、犬には似ていない。なぜ「犬」というのかは不明。開口した方を獅子といい、開口しない方を狛犬ということもあるが、この犬には角がある。高麗にはこういう犬もいると想像して付けた名か、あるいは犬はよく守るので犬と称したものか。

例「御しつらひ、獅子・狛犬など、いつのほどにか入りゐけんとぞをかしき」(枕草子・二七八・関白殿、二月廿一日に)

ごまかす【誤魔化す・胡麻化す】

だます。語源は不詳。『大言海』は「ゴマノハヒのゴマに、マギラカス、ダマカスなどのカスを附けあはせたる」ものか、という。「ごまのはい」は旅人の連れになり、金品をだまし取る盗人のこと。これを「ごまのはい」と称するのは、ありがたい護摩(ごま)の灰(はい)と称して高野聖のなりをした者が押し売りをしたのに因むといわれる。また、「ごまかし」の語源については「ふくらんで中空の『胡麻菓子』から」という説(新潮現代国語辞典二版)もある。漢字表記は当て字である。

例「滝本様(たきもとよう)(=書道ノ一流派)をごまかす人などが、手本を書いてわたすのさ」(滑稽本・浮世床・初・中)

こまくさ【駒草】

ケシ科の多年草。花の形が「駒」(=馬)の鼻のように見えるため、このように呼ばれる。

こまげた【駒下駄】

一つの木材から台と歯をくり抜いて仕立てた下駄。「頭、円く、馬の蹄(ひづめ)の形したるものなるべし」(大言海)と説かれるように、「駒」(=馬)の爪形であったところからの称。

例「姫君は小褄(こづま)掻(か)い取り、こまげたに、雪ふみわけて走り出で」(浄瑠璃・根元曽我・二)

こましゃくれる

子どもが小生意気でませた言動をする。コマジャクルレともいう。この語は「こまさくれる」という形で室町時代から用いられた。『*和訓栞』は「こまざくり」の見出しのもとに「新六帖によめり。駒の道をさくりたるをいふ。今馬じゃくりといへり。児女子の小賢しきをも、こましゃくれたるといふも是より出たる語にや」という。『和訓栞』によると「こましゃくれる」の語源は、「駒が道をさくる(=蹄デ蹴立テル・蹴ッテ穴ヲアケル)」意である動詞「こまさくる」の連用形「こまさくり」になり、鎌倉時代まで遡ることになるが、意味のつながりが悪い。一方、『大言海』は「細(こま)サクジルの転ならむ」という。「さくじる」は生意気な言動を指す語なので、意味としては『大言海』説の方が通じる。「さくじる」は「小抉の義にや」(和訓栞)、すなわち接頭語「さ」に「くじる」の付いた語(大言海)である。

例「いまだとし十にもたらぬ八九竹のこましゃくれたりこのこきてみよ」（狂歌・狂歌旅枕・上）

ごますり【胡麻擂り】⇩ごまをする

こまたがきれあがる【小股が切れ上がる】

すらりとした粋な女性のさま。「こまた」の「こ」は接頭語で、「小首をかしげる」「小股をすくう」などの「こ（小）」と同じである。「切れ上がる」は股が上の方にあること、すなわち足が長いことを表すものと解されている。この言い方に先立って、井原西鶴の『本朝二十不孝』（貞享三年）に、「徒俣（すまた）の切れあかりて大男生まれ付きての頬髭」（一・二）という言い方があり、この長脚の大男の形容「すまた」を「小股」に女性らしく可憐に変えたものが、「小股が切れ上がる」だという（暉峻康隆・すらんぐ）。

例「其の容、首筋少し抜き出、胴短く裾長に、腰細く小脵（こまた）切れ上がり、背は少しこごみめにて、腰より末は反りたる」（洒落本・後編風俗通）

こまたをすくう ―すくふ【小股を掬う】

人のすきをねらって、利を得る。相撲の技「小股すくい」から来た言い方で、相手の足を手で内側からすくいあげるようにして倒す技である。「こまた」の「こ」は接頭語で、「小首をかしげる」「小手をかざす」などの「こ」に近い。意味的には、むしろ下の動詞を「ちょっと」といったような感じで修飾する。「こまたをすくう」には多少卑怯なというニュアンスがつきまとうが、「こまたすくい」が奇襲戦法だからであろう。

例「なかなか今の世界ではよっぽど小股をすくはにゃあ繁昌はしないわ」（歌舞伎・善悪両面児手柏・五）

こまち【小町】

美しいと評判の娘。いわゆる小町伝説から出た表現。九世紀の女流歌人で六歌仙の一人、小野小町は美人の代表として伝説化されていた。「日本橋小町」など、地名などの下に付けて、その土地などを代表する美人娘を表す。

こまづかい こまづかひ【小間使い】

主人の身の回りの世話などをする女中。「こまづかい」の「こま」は、形容詞「こまかい」の語幹で、小さいことを表す。この語幹は、「こまもの」「こまぎれ」「こまごま」などと使う。古くは禁中あるいは江戸城などで雑用をする下級武士を指すこともあった。

こまつな【小松菜】

アブラナの栽培変種。江戸時代、武蔵国南葛飾郡小松川村（＝現、東京都江戸川区小松川）で採れたものが、江戸に出回り、「小松菜」と呼ばれるようになった。一年中栽培が可能で、特に野菜の少なくなる冬にも食べられることから、「冬菜（ふゆな）」の異名を持つ。春蒔きのものは、鶯の鳴く頃によく食べたので「鶯菜（うぐいすな）」と言われている。

こまどり【駒鳥】
ヒタキ科ツグミ亜科の小鳥。駒鳥は、「ヒン　カラララララと頗る高声」(中西悟堂・定本野鳥記)に鳴くといわれるが、駒鳥という名はこの鳴き声に因む(日本国語大辞典二版、図説日本鳥名由来辞典)。「駒鳥」という名称は室町時代の辞書や日記類にすでに見られているが、当時馬のいななきはインのような形で表されるのが普通であった。馬のいななきはイイーンと聞きなされており、駒鳥の鳴き方も当時にあってはインカラララと聞きなされていたと思われる。
例「駒鳥　コマドリ」(饅頭屋本節用集)

ごまめ【鱓】
ヒシコ(=片口イワシの幼魚)を真水で洗い乾燥させたもの。多く炒って飴煮にして食する。まめ(=健実)の意の連想から祝儀用として正月の料理などに用いる。『大言海』は、ゴマメは「細羣(こまむれ)の約」で、清音だったが「御健全(ごまめ)」に言い寄せて濁音化したという。しかし、確かなことは不明。なお、食品は「田作り」ともいう。

こまもの【小間物・細物】
バケツ・箒(ほうき)・ざる・筵(むしろ)などの大きめな家庭用品を「荒物(あらもの)」というのに対し、婦人用の化粧品・装身具や糸・針などの裁縫用品といったこまごまとした日用品を「小間物(こまもの)」と言う。語源は「細物(こまもの)」で、細(こま)い物、こまごました物を指した。「小間物」は当て字。
例「Comamono　コマモノ(細物)　ごく細かな物」(日葡辞書)

ごまをする【胡麻を擂る】
自分の利益をはかるため人にへつらう。この慣用句のいわれはよく分からない。『大言海』によれば、ほぼ次のようになるだろう。「擂鉢の内にて、炒れる胡麻の子(み)を擂り潰すに、鉢の四方につく」ところから、「あちらにも属(つ)き、こちらにも属き、彼(か)の人に諂(へつら)ひ、此(こ)の人に諂ふ者を呼ぶ」ようになったという。これに対して、江戸時代から次のような説もあった。「さる妓楼の主、腎薬(=精力増強剤)にせんとて薬胡麻を摺らせて、練薬とし朝夕用ゆ。その子分・子方の者、この家へ入り込み、追従に胡麻を摺るを用とせしゆゑ、しか呼ぶよし」(綺語文章)。一妓楼主への追従から広まったとは考えにくいが、富貴権勢の家に入りこみ、台所仕事までするというのは追従のきわみであって、それを以て阿諛追従の比喩的表現としたものではないかと考えられる。西沢一鳳の随筆『綺語文章』によれば、この成句は一九世紀の半ば頃から江戸で流行したもののようである。
例「まづ小俊さんとお言ひなすったから、たうとうごまをすって民八さん、兼吉さんさ」(人情本・春秋二季種・二・上)

ごみ【塵・芥】
自然にたまった土・砂・ほこりなどや、紙切れ・台所の屑などの不用品・廃棄物。語源は未詳であるが、元来は、田圃や溝など水中、水底の泥土を指した。「Gomi　ゴミ〈略〉濁り水にまじっている泥」（日葡辞書）。それが土・砂・ほこり・落葉などの自然の不要な堆積物の意味に転じ、さらに現代語の意味に拡大したものと考えられる。

ゴム【護謨】
ゴムの木の樹皮から分泌する液をもとに作った、弾性のある物質。「ゴムの木」とは、トウダイグサ科やクワ科の常緑高木で、ゴムをとる植物の総称。オランダ語 gom に由来する。江戸時代に「ゴム」と音訳され、「護謨」という漢字が当てられた。
例「日本の武人の権力はゴムの如く」（福沢諭吉・文明論之概略・明治八年）

こむぎ【小麦】
イネ科の一、二年草。『後漢書』「五行志一」に「桓帝之初、天下童謡曰、小麦青青、大麦枯」とあるように、中国では古くから麦を「大麦」「小麦」というように大小で区別していた。これを日本で訓読みして「おおむぎ」「こむぎ」という言い方が生まれたと考えられる。
例「用肆拾束　小麦一斛直廿束」（正倉院文書・天平二年一二月二〇日・大和国正税帳）

こむすび【小結】
相撲の力士の地位の名。『古今相撲大全』は、相撲取りの貫主（最高位）を「関」、これに次ぐのが「関脇」としたあと、「小結は役相撲取りの小口の結びなれば、ゆゑにかくいふ」と述べる。「小口」は切り口で、始まりの意。「結び」は取り組みの最後。「小結」は、取り組みの最後を飾る役相撲最初の重要な一番を務める地位、を意味したかと思われる。
例「小結が中入り前によい句仕て」（雑俳・銭ごま）

こむそう【虚無僧】
普化（ふけ）宗に属する有髪の托鉢（たくはつ）僧。天蓋と称する深編み笠をかぶり、首に袈裟をかけ、尺八を吹いて銭を乞いながら諸国を行脚した。古本節用集に「薦僧　コモソウ」（黒本本節用集）、「薦僧　コモゾウ」（饅頭屋本節用集）などとあって、「こもそう・こもぞう（薦僧）」が、その古形だと考えられる。「薦（こも）といふは、むしろをも負うてありきければなり」（嬉遊笑覧・六上）などと説かれるように、諸国行脚の際に野宿用の薦を携えたことによる。「虚無僧」という漢字表記形は近世になって現れる。

こむらがえり《こむらがへり》**【腓返り】**
ふくらはぎの筋肉が激痛を伴って収縮する発作。「こむら」はふくらはぎのことで、「こむら」の語源について、『大言海』は

「小叢肉」の義かという。「こむら」の筋肉がひっくりかえるようにひきつるから、「こむらがへり」と言ったもの。
例「転筋、古ム良加倍利（こむらがへり）」（十巻本和名抄）

こめ【米】
稲の実のもみがらを取りのぞいたもの。語源は諸説あるが、不明。*『日本釈名』は「こめは小実（こみ）也。「み」と「め」と通ず。一説に、こもる也。もみの内にこもる也。「も」と「め」と通ず。下を略せり」という。『大言海』は「柔実（にこみ）の略転」とする。なお、「米（こめ）」が「こもる」（四段活用）に語源的に結び付くと考える場合（日本釈名、柳田国男など）、「米」は「こむ」（下二段活用）の連用形に由来することになる。「米」のコメと「込め」のコメは、上代特殊仮名遣いでは、共に乙類なので、その点は問題がない。
例「岩の上に小猿渠梅（こめ）焼く渠梅（こめ）だにも　食（た）げて通らせかまししのをぢ」（日本書紀・皇極二年一〇月・歌謡）

こめかみ【顳顬】
目尻と耳の上の間にある、物をかむと動く部分。語源については、「米噛（こめかみ）の義」（和訓栞）、すなわち「米を噛（か）めば動く義」（大言海）とされる。
例「将門（まさかど）は米かみよりぞ切られける」（平治物語・下・長田義朝を討ち六波羅に馳せ参る事）

ごめん【御免】
詫びる時のことば。「御」は敬意を表す接頭語、「免」は許すという意で、「御免」は古くは許す人を尊敬した言い方である。中世から用いるようになった。『平家物語』に「此の由法皇へ伺ひ申して御免ありけり」（二・大納言死去）とある。「御免あれ」「御免なされ」といった慣用的な表現の終わりの部分が省略されて、詫びるときや軽く断るときの挨拶のことばとして用いられるようになったのは、近世に入ってからである。一方、近世から、御意を蒙る意でも「御免」が用いられるようになった。「金は借りるが、返すことは御免だという連中」（夏目漱石・坊っちゃん・明治三九年）。
例「昨夕は御免よと突然（だしぬけ）にあやまれば」（樋口一葉・たけくらべ・明治二八～二九年）

ごもくずし【五目鮨】
すし飯に、干し椎茸・かんぴょう・にんじん・れんこん・たけのこなどの煮たものを混ぜ、上に錦糸卵、海苔、紅生姜などをのせた鮨をいう。飯に多くの具を混ぜる五目飯をもとにして、夏場の腐敗を避けるためにすし飯を用いたところからできた名称である。「ごもく」は五つの品という意味から転じて、多くの品をいう場合があり、「五目粥」「五目浄瑠璃」「五目蕎麦」などのように用いる。

こもり【子守】

子供のめんどうを見ること、またその人。「こもり」の「もり」は動詞「もる(守)」の連用形。動詞「もる」は同じ場所をじっと見続けている意で、「目(ま)」と関係のある語だと言われる。「もり(守)」は「さきもり(防人)」「しまもり(島守)」「やもり(家守)」など多くの複合語を作った。
例「行く水に数書く砂手習、地筭(ぢざん)も子守の片手に置き習ひ」(浮世草子・日本永代蔵・一・二)

こやし【肥やし】
肥料。動詞「肥やす」の連用形「こやし」の名詞化した語で、「地味を肥やすもの」(大言海)の意。なお、肥料のことを「こえ」(たとえば下肥(しもごえ)の「こえ」)ともいうが、「こえ」は、動詞「肥える」(文語こゆ)の連用形「こえ」の名詞化した語である。「肥やす」と「肥える」とは、他動詞と自動詞の関係にある。文献的には、「こやし」より「こえ」の方が早く現れる。
例「こやしをしける藤の若生え　長閑にも荷なひて帰る田子の浦」(俳諧・犬子集・七・春)

ごようまつ【五葉松《ごえふまつ》】
マツ科に属する常緑の高木で、盆栽などにも用いられる。長さ二〜六センチの葉が五本ずつ束になって小枝に密生するところからこの名がある。「ごようまつ」は西日本での称で、東日本ではヒメコマツという。

こよなく
この上なく。形容詞「こよなし」の連用形「こよなく」に由来する。「こよなし」は大きな相違のあるさまを表す。「こよなし」の語源は、『大言海』によれば「これ(是)より無し」の意だという。「よ」は格助詞「より」の古形で、「ほととぎす此(こ)よ鳴き渡れ」(万葉集・一八・四〇五四)のように使われていた。「こよなし」は、もともと善悪ともに、格段に違うさまを表していたが、よい場合に限って使われるようになり、また連用形「こよなく」以外の用法を失って、副詞として文章語に用いられるようになった。例の「こよなう」は「こよなく」のウ音便形で、形容詞として用いられていた頃のものである。
例「髪のうつくしげにそがれたる末も、なかなか長きよりもこよなう今めかしきものかなと、あはれに見給ふ」(源氏物語・若紫)

こよみ【暦】
カレンダー。「か(日)読み」の転。「か(日)」は「日々(かが)並(な)べて夜には九夜、日には十日を」(古事記・中)などのように、「日(ひ)」の意味で使われており、「読む」にも古く、数えるの意味があった。すなわち、「日読み」は日を数えることである。「こよみ」を「日読み」の義と考える説は、『東雅』*などに見える。「こよみ」の古い例としては、『和名抄』*の「暦」の項に「和名」として、「古与美」(二十巻本和名抄)が挙がっている。

こより【紙縒り】

紙をよってひものようにしたもの。「かみより（紙縒）」から「かうより」「こうより」「こより」と変化した。「より」は動詞「よる（縒）」の連用形の名詞化。細長いものをねじってらせん状のひものようにすることを、「よる」という。

例「はな紙袋へ文をも入れ、ぐるぐる捲きし小よりより、ほそきお島といち命の」（浄瑠璃・心中二枚絵草紙・中）

こり【垢離】

水を浴びてけがれを除く行（ぎょう）。『大言海』など、「川（かは）降り」の約とする。『大言海』は「川降りの約にて、川に降りて禊（みそぎ）することなり」という。「垢離」は当て字。

例「あらたなる熊野詣でのしるしをば氷のこりに得べきなりけり」（山家集・下）

ごりおし【ごり押し】

無理やりに自分の考えを押し通すこと。語源不明。「ごり」は「ごりごり」の「ごり」で「ごりごり押し」の意だろうか。淡水魚ゴリ（鮴）の漁法「鮴押し」と関係づける説や、「五里霧中というの類で、五里ぐらい一押しに押そうとするの意か」（上方語源辞典）という説があるが、説得力に欠ける。近世上方には同じような意味の「ごりがん」という語があったが、この「ごりがん」とは同源と考えられる。

ごりむちゅう【五里霧中】

すっかり迷ってどうしてよいか分からないさま。「五里霧」は五里四方に立ちこめる霧のことで、深い霧の中で方角を失うことから、現在の意味になった。後漢の張楷が道術によって「五里霧」を生じたという故事による。「張楷字公超、性好道術、能作五里霧」（張楷字は公超、性道術を好み、よく五里霧を作る）（後漢書・張楷伝）。

例「我ながら五里霧中に迷ひて少しも分からぬに至りしかば」（正岡子規・筆まかせ・明治一七〜二五年）

これ【此れ】

近称の指示代名詞。指示代名詞「こ」に接尾語の「れ」が付いた語。この「れ」は「それ」「あれ」「どれ」などの「れ」と同じものである。「こ」には、古く「旅にして妹に恋ふればほととぎすわが住む里に許（こ）よ鳴き渡る」（万葉集・一五・三七八三）のように独立した用法もあった。

例「あしひきの山行きしかば山人のわれに得しめし山つとぞ許礼（これ）」（万葉集・二〇・四二九三）

これみよがし【此れ見よがし】

見せびらかすさま。「これ」は指示代名詞、「みよ」は「見る」の命令形、「がし」は文末に付いて念を押す助詞「かし」の転じたもの。この「かし」は近世、命令形に付いて「がし」となり、願望を表したり、特に「見る」「聞く」の命令形に付いて、〜といわんばかりの意味を表すようになった。

例「大勢友達の中で、是見よがしに膝枕しながら、目を細め

てじゃらじゃら言ひたがるは、いかう前方な素（しろ）い人と心得べし」（浮世草子・傾城禁短気・五・一）

コレラ

法定伝染病の一つ。オランダ語 cholera に由来する。日本での最初の流行は文政五年（一八二二）で、発病すると直ぐに死ぬことが多いところから、「鉄砲」とか「（三日）ころり」とかいって恐れられた。安政五年（一八五八）にも二度目の流行があった。「虎列剌」「虎列拉」などと当て字で表記された。

例「野猪（しし）とか何とかを食ったのがあたって。それで虎（コ）レラ病にかかったという」（坪内逍遥・当世書生気質・明治一八〜一九年）

ゴロ

野球でボールが地面を転がっていくこと。野球用語のグラウンダー（英語 grounder）が訛った語という。勢いよく転がっていくさまを表す擬態語ゴロゴロによるという説もある。長岡規矩雄『時勢に後れぬ新時代用語辞典』（昭和五年）に「グラウンダー（英）　我国ではゴロと訳す」とある。

ごろつき【破落戸】

ならずもの。「ごろつく」の連用形「ごろつき」の名詞化。「ごろ」は擬声・擬態語「ごろごろ」の「ごろ」。「つく」は、「ざらつく」「いちゃつく」などと同じで、動詞を作る接尾語である。「ごろつく」には、雷がゴロゴロ鳴る、かさのあるものが雑然ところがっている、などの意味があるが、ならずものの意味は後者から出た、と折口信夫「ごろつきの話」（『古代研究』所収）は説くが、理由は述べられていない。『*俚言集覧』には「ごろつき　近年江戸の流行の詞」とある。この「近年」は天明・寛政（一七八一〜一八〇〇年）の頃だろうか。「ごろつき」の当て字「破落戸」は、悪者の意の中国俗語である。

例「筋の悪い破落戸（ごろつき）に踏みこまれて」（徳富蘆花・黒潮・明治三五〜三八年）

ころも【衣】

衣服。語源については、「ころもは、きるの転語なり。もは、もの也。きるもの也」（日本釈名）、「キル（着）モ（裳）の転呼」（松岡静雄・日本古語大辞典）など諸説あるが、未詳。上代では「きぬ」が華美で上質の上着を指すことが多いのに対し、「ころも」は地味で粗末な下着をいうことが多い。中古以降「ころも」は歌語化し、「きぬ」が広く用いられるようになる。

例「虚呂望（ころも）こそ二重（ふたへ）も良きさ夜（よ）床（どこ）を　並べむ君は畏（かしこ）きろかも」（日本書紀・仁徳二二年春正月・歌謡）

こわい《こはい》**【怖い・恐い】**文語 **こはし**

おそろしい。語源未詳。この語の古い意味は固いということだったから、「凝（こ）る」と何らかの関係があっただろうと推定される。『大言海』は「凝リ張ル」の語根を活用させたる語な

るべきか」という。これによれば「こる」の語根コと「張る」の語根ハを合した「コハ」に形容詞語尾シを付けたということになる。『*天治本新撰字鏡』では、固いの意の「侄」に「豆与志(つよし)」や「己波之(こはし)」などの和訓が与えられている。「こはし」の仮名書きの用例は上代にはないが、『万葉集』では山科の地名「こはた」に訓仮名「木旗」(二一・一四八)と「強田」(一一・二四二五)を当てていることから、上方におけるこの語の存在がうかがえる。

例「夫があらば、このこはい野をおのれ一人ありかせうぞ」(虎明本狂言・鬼の継子)

こわもて《こはもて》【強面・怖面】

恐ろしい顔つき。また、強硬な態度に出ること。同義の「こわおもて(強面・怖面)」の転。「こわおもて」は「今聞きゃあ声高に首を洗って待って居ろと、片棲(かたづま)とっての強面(こはおもて)、そんなことにぴり附いて、金を遣らうといふではない」(歌舞伎・夢結蝶鳥追・三)のように用いられていた。

例「埒(らち)が明かねば一狂言、強面に頰ふくらし」(人情本・清談松の調・三・一六)

こんごうせき《こんがうせき》【金剛石】

ダイヤモンド。「金剛」は、梵語 vajra を漢訳した仏教語。金属中最も剛(かた)い物の意。「金剛」は「御心ざし金剛よりもかたくして、一向専修(せんじゅ)は御変改候ふべからず」(黒谷上人語燈録・一三)のように使われた。「金剛石」は、「金剛」にさらに「石」を付してその意味を明確化した語で、仏教関係にかぎらず、広く用いられた。

ごんごどうだん《ごんごだうだん》【言語道断】

あまりにひどくて言葉も出ないほどであること。「ごん」「ご」は「言」「語」の呉音。「言語道断」とは「言語で説明する方法が断たれる」意。本来仏教語で、良遍『法相二巻抄』に「実の法性(ほっしゃう)は有(う)とも云ふべからず、空(くう)とも云ふべからず、真如(しんにょ)とも云ふべからず、不可思議なるが故に、言語道断なるが故なり」とあるように、根本的な真理は言葉では説明しつくせないことを意味した。転じて、一般に、言葉では言い表せないほどに甚だしいことをいうようになった。ただし、『*日葡辞書』に「Gŏgodŏdã(言語道断)すなわち、gŏgouo jessuru(言語を絶する)〈略〉良きにつけ、悪しきにつけ、ある事を強調して言うのに用いる言葉」とあるように、古くは、現在とは異なり、良い場合にも用いられた。鎌倉時代初期の『貴嶺問答』の「況女人同車、言語道断事也(況(いは)んや女人の同車するは、言語道断の事なり)」は、現在の意味と同じである。

コンセント

電気の差し込み口。英語 consent(コンセント)に由来するが、consent の意味は「同意・承諾・一致」といったもので、

「差し込み口」という意味はない。これは日本で大正時代に、プラグと差し込み口を組にしたものをコンセントプラグと呼び、そのうちのコンセントだけを切り離して「差し込み口」の意味として言ったためと言われる。同じものを、イギリスでは wall socket、plug socket、アメリカでは outlet という。

こんだて【献立】

人に供する食事の品目の組み立て。コンは「献」の呉音。「献」は客に酒食を勧めることを表す。「立（たて）」は「膳立（ぜんだて）」と同意（大言海）。『徒然草』に「あるじまうけられたりけるさま、一献にうちあはび、二献にえび、三献にかいもちひにて止みぬ」（二一六段）と描かれているように、料理の品目、次第を考え、仕立てることが、「献立」であった。

例「株（くひぜ）を守りて兎を獲（とら）へば、よき吸ひ物の献立ならん」（談義本・根無草・後・自序）

こんどう《こんだう》【金堂】

本堂。「金堂」のいわれは、金人（きんじん）（=金色に彩色することから仏像のこと）を安置してあるため、あるいは内部の装飾が金色（こんじき）であるためなどと言われる。コンは「金」の呉音。中国古典の場合には、キンドウと読み、金で造った華麗なる堂を意味する。「金堂」という文字は天平一九年の『法隆寺伽藍縁起并流記資材帳』に見える。

例「金堂　コンダウ」（易林本節用集）

こんとん【混沌・渾沌】

入り交じって区別が付かず、判然としないさま。中国に古くからある漢語で、水や物がぐるぐるとかきまざり合っている様子をいう。中国の伝説の中で、天も地も不分明で混じり合っている帝王にたとえられた。『荘子』に「中央之帝為渾沌（中央の帝を渾沌と為す）」（応帝王）とあり、南海と北海の帝が、中央の帝である渾沌の持てなしに感謝して人間の顔と同じように七つの孔（目耳鼻各二つと口）を一日一つずつ開けたところ、七日目に渾沌は死んでしまったという寓話が記されている。日本でも早く『日本書紀』（神代上）に「渾沌如鶏子」の文字が見える。

例「誇大な形容詞を用いると混沌として黒眼と白眼が剖判（ほうはん）しない位漠然として居る」（夏目漱石・吾輩は猫である・明治三八～三九年）

こんにちは【今日は】

日中、知人に会ったり、他家を訪問したりした時の挨拶の言葉。「今日（こんにち）はよいお天気です」「今日はご機嫌いかがですか」などのように「今日は～」と続けた挨拶の下が略された形。なお、「は」は本来、係助詞であり、かつ「は」の下に何かが省略されているという感じが残されているので、現代仮名遣いでも「わ」とは書かない決まりとなっている。

例「『ヤ旦那お出でなさい』『アイ今日（こんにち）は』」（滑稽本・

浮世床・初・上）

こんばんは【今晩は】

日が暮れてから、知人に会ったり、他家を訪問したりした時の挨拶の言葉。「今晩はよいお晩です」などのように「今晩は〜」と続けた挨拶の下が略された形。

例「志幸（しこう）さん、こんばんは」（洒落本・風流裸人形・上）

こんぶ【昆布】

褐藻（かっそう）類コンブ科に属する海藻の総称。『大言海』は「蝦夷（アイヌ）の語、Kombu. の音訳字なり」とし、アイヌ語起源説を採るが、漢語「昆布」に起源を求める説もある。日本の文献では、既に『続日本紀』（霊亀元年一〇月の条）に「先祖以来貢献昆布（先祖以来昆布を貢献す）」という漢字表記が現れている。一方、中国の文献では、時代が下って李時珍の『本草綱目』（一五九六年）にならないと「昆布」という表記は現れてこない。このことを考えると漢語起源説には無理があるように思われる。

例「昆布　コンフ」（色葉字類抄）

コンペイトー【金平糖・金米糖】

まわりに角状の突起がある小さい砂糖菓子。南蛮菓子の一つで、永禄一二年（一五六九）にポルトガルの宣教師ルイス・フロイスによって日本にもたらされ、織田信長に贈られたとされる。ポルトガル語で砂糖菓子を意味する confeito の音をコンペイトーと音訳したもので、「金平糖」「金米糖」は当て字である。

例「下戸には、かすていら、ぼうる、かるめひる、あるへい糖、こんぺい糖などをもてなし」（太閤記・或問）

こんりんざい【金輪際】

絶対に。決して。コンは「金」の呉音。仏教の宇宙論によれば、「風輪」「水輪」「金輪」の三層の最上部。「金輪」に人は住み、「金輪」と「水輪」の境を「金輪際」といった。「金輪際」はその下には人は住めないから、ぎりぎりの線を意味するようになった。「金輪」の原語は梵語の Kāñcanamaṇḍala で、黄金の輪円、あるいは黄金の層を意味するという。現在はもっぱら否定表現で用いられるが、古くは、「さう承ったら、金輪際、お世話しぬくが持ち前の、江戸で育った男一疋（いっぴき）」（歌舞伎・浮世柄比翼稲妻・二）のように、肯定表現にも使われた。

さ

サージ

薄地の毛織物。英語 serge に由来する。同じ毛織物でも、オランダ語に由来する場合は、セルと呼ばれる。昭和に入ってから、多く学生の制服の生地として使われ、サージの名で呼ばれるようになる。↓セル

例「紺サージの、あわれに無装飾なワン・ピースだ」(野上弥生子・真知子・昭和三〜五年)

さいおうがうま《さいをう—》【塞翁が馬】

人間の禍福(かふく)は変転して定まらないものだというたとえ。昔、塞翁(=中国北方の辺境のとりでに住んでいたという老人)の飼っていた馬が隣国に逃げてしまったが、後に駿馬を連れて帰ってきた。ところが老人の息子がその馬から落ちて足を折ってしまった。しかし、そのおかげで兵役をまぬがれ、無事であったという。このように禍が福を生み、福が禍を生むたとえとなった。この故事は前漢の淮南(わいなん)王・劉安編の思想書『淮南子(えなんじ)』「人間訓」による。「人間万事塞翁が馬」ともいう。

例「いにしへの人はいはずや、禍福は糾(あざな)ふ纏の如し、人間万事往(ゆく)として、塞翁が馬ならぬはなし」(読本・南総里見八犬伝・四・三二)

さいかく【才覚】

物事をなす際のすばやい頭の働き。機転。才知と学問、才気と学識等を意味する漢語「才学」から転じた語。「学」は漢音カク・呉音ガクで、サイカクとも読まれるため、日本では「才覚」の漢字表記形も行われた。中世以降、「才覚」という漢字表記形のせいもあって知恵のすばやい働きや才知を働かせる意味にも用いられるようになり、漢字表記形も「才覚」に固定化していった。近世には、やりくりや商才の意にも用いるようになった。「千五百両といふ大金ながら、ここで少しも才覚すりゃア、日延もできめえ物でもねえ」(人情本・春色梅児誉美・後・九)のように、金などを工面することをいう用法も顕著になった。

例「Saicacuo megurasu(才覚を廻らす)」(日葡辞書)

さいかち【皁莢】

マメ科の落葉高木。秋にねじれた実をつける。種は「皁角子(そうかくし)」と呼ばれ、古くから去痰薬や洗剤として用いられる。『*元和本下学集』に「西海子　サイカイシ　子可以馬洗也〔子(み)以て馬を洗ふべし也〕」とあるように、「西海子(さいかいし)」とも呼ばれた。『大言海』では「皁角子〈さうかくし〉」が「さいかいし(西海子)」「さいかち」と変化したものという。

サウカクシからサイカイシへの変化にはやや難がある。これ以外にも、法華経などにみえるサイカチ（細滑）の語から出たとする説（山田孝雄・国語の中に於ける漢語の研究）がある。この木の実で洗うと肌がこまやかになめらかになる、すなわち細滑（さいかち）になるので、この木を「さいかち」と称するようになったという。漢名は「皁莢（そうきょう）」。

例「皂角。〈略〉和佐伊加知（さいかち）」（康頼本草・本草木部）

さいくはりゅうりゅう《りうりう》【細工は流々】

いろいろやりかたはあっても十分工夫をこらしてあるから、仕上がりを待ちなさいの意。ことわざ「細工は流々、仕上げを御覧（ごろう）じろ」（「御覧じろ」の部分を「御覧（ごらん）」「見よ」などとすることもある）の下略表現。「流々」の「流」は、流派・流儀の意で、「流々」について『日葡辞書』*は、「Teni riŭriŭga aru（手に流々がある）筆跡にはいろいろな書き方や型がある」と述べる。このように、技芸の諸流派におけるそれぞれの仕方の意を表した。「細工は流々、仕上げを御覧じろ」の「流々」もこの意味で、全体として、事を成し遂げる方法はいろいろあるのだから、やり方だけを見てとやかく言わないで、出来上がりを見てから批評せよ、の意である。

例「さいくはりうりうしあげをみよ」（北条氏直時代諺留）

さいくん【細君・妻君】

妻の称。『漢書』の「帰遺細君、又何仁也〔帰りて細君に遺る、又何ぞ仁なるや〕」（東方朔伝）に由来する語。前漢・武帝の側近・東方朔（とうぼうさく）が、武帝に対し自分の妻のことを「細君」と言ったものだが、この「細君」の解釈については、顔師古（＝唐の人で『漢書』に注したことで知られる）が、二説を注記している。第一は、朔の妻の名とする説。第二は、細は小の意、すなわち「小君」（＝諸侯の妻の称）で、朔が自分を諸侯になぞらえて言ったとする説である。清の梁章鉅『称謂録』などが指摘するように、武帝の面前で、臣下の朔が自分の妻の名を直接口にしたとは考え難いという。しかし第二の説も朔は諸侯ではなかったので、たわむれとでもいわなければ成立しない。字義に即してみれば、「細」はへりくだっているが、「君」は尊んでいることになり、語源として解釈はむずかしい。「細君」は自分の妻をいうだけでなく他人の妻の称としても使用された。日本では、サイという音の一致と、「夫君」の対語という連想などから「妻君」という当て字も生じた。

例「なんでも北里（なか）のお茶屋の妻君かさもなけりゃア山谷堀あたりの船宿の女房（したぼう）かしらん」（仮名垣魯文・安愚楽鍋・初・明治四年）

さいけん【債券】

国家、公共団体などが発行する有価証券。明治時代に造られた和製漢語。「債券」という字面は近世から用いられていたが、音読されずいろいろに読まれていた。たとえば『浮世

風呂』四編自序では「かきだし」と振り仮名されており、請求書の意味であった。サイケンと音読され、公社債の意味になるのは明治以降で、『広益熟字典』（明治七年）には「債券　サイケン　テガタ」とある。

さいころ【賽子・骰子】

双六（すごろく）・博打（ばくち）等で用いる用具で、小形の立方体の各面に一から六までの目が打ってあるもの。「さい」は、さいころを意味する中国語「采」「賽」などの漢字字音。その「さい」に接尾語「ころ」（擬態語コロコロと同源）が付いた語。

例「賽ころ振る事おぼえぬうちは素見（ひやかし）の格子先に思ひ切っての串談（じょうだん）も言ひがたしとや」（樋口一葉・たけくらべ・明治二八～二九年）

ざいせい【財政】

国家や地方公共団体の経済行為。オランダ語 financien の訳語。津田真一郎（真道）による造語といわれる（佐藤亭『幕末・明治初期語彙の研究』）。

例「国家の財政をして善ならしむる保証」（津田真一郎訳・泰西国法論・慶応三年）

さいせん【賽銭】

社寺に参詣した折に、神仏に奉納する金銭。「賽」は、神仏の恵みに報いる意。ほぼ同義の語に「散銭（さんせん）」があるが、「散銭」は漢籍に例があり、日本では一五世紀から用いられていた。この「散銭」から「賽」の字を用いた「賽銭」に変化したものと考えられる。「賽銭」は漢籍の例が見られない。安原貞室の『片言』*には「散銭を　さいせん」とある。明治以降はもっぱら「賽銭」が用いられるようになった。

サイダー

炭酸水に甘味・香料を加えた清涼飲料水。英語 cider に由来する。サイダーは英語ではリンゴ酒、アメリカ英語ではリンゴジュースを指すといわれる。日本のサイダーはリンゴを用いていないので、英語では soda pop などと言う。一般には、明治二〇年、「金線サイダー」を発売した横浜の秋元己之助が、日本のサイダー販売の第一号とされることが多い（実際には、それ以前にも、サイダーの製造・販売は行われていたらしい）。

例「僕は床の間に遠い方の隅にすわって、酒が飲めないからサイダアを飲んでいた」（森鷗外・懇親会・明治四二年）

さいはい【采配】

指図。指揮。和製漢語。「采」は（手で）とるの意であるが、幣（ぬさ）の意もあった。もと、戦陣で、大将が軍勢を指揮するのに打ち振った道具。幣のように打ち振って軍勢を配列するものという意味で名付けられたものか。それをふるって指揮したことから、今の意味になった。「采配する」のような動詞化した例が中世に既に存在し、指揮の意味に転じていた。

「采配を振る（取る）」という慣用句もある。

例「そこでもてなさんとて支度をさいはいする事ぞ」（抄物・史記抄・一二）

さいふ【財布】

金銭を入れる携帯用の袋。金入れ。近世以降の和製漢語。語源不明。*『和訓栞』に「割符の義也といへり。今は其の器を称せり」という説がある。「割符（さいふ）」とは、中世の為替手形のことで、証印を中央に押し、これを二つに割ったものである（サイフはサキフの転）。しかし、「割符」から「財布」への変化過程が分からない。この語は初め仮名書きされていたといわれ、「財布」という漢字表記が語源を示すとは考えられない（「財」の漢音はサイ）。

例「若（も）しそばちかくふさしめば、さげ物・さいふ等に用心すべし」（評判記・色道大鏡・一四）

さいぼう【細胞《さいばう》】

生物体を組織する基本的な単位。和製漢語。宇田川榕庵が『植学啓原』（天保四年）で、オランダ語 cel の訳語として用いたのが最初。「胞」は「胎児を包む皮膜」の意。「細胞」も細胞壁に包まれている。*『哲学字彙』初版（明治一四年）には英語 cell の訳語として「細包」とあるが、三版では表記は「細胞」となる。なお、初め、サイホウと漢音で読まれていたが、明治後期になると、連濁してサイボウというようになった。

さいわい【幸《さいはひ》い】

しあわせ。「さきはひ」の転。「さきはひ」は、動詞「さきはふ」の連用形が名詞化したもの。この「さきはふ」の「さき」は「栄ゆ」「盛り」と同源で、繁栄の義と推測される。「はふ」は、動詞「延（は）ふ」から出た接尾語で、名詞などに下接して、その状態が進展する意を表す動詞を作る（「味はふ」「賑はふ」などの「はふ」も同じ）。「さきはふ」は、繁栄が進展することを表す。この「さきはひ」が、平安時代に入り、イ音便化してサイハヒ、さらに、サイワイと変化した。

例「雨の降りぬべきになん見わづらひ侍る。身さいはひあらば、この雨は降らじ」（伊勢物語・一〇七）

さえぎる【遮る】

隔てふさぐ。この語の中古の形はサイキルで、サエギルは中世になって現れる。「さいきる」は「さき（先）き（切）る」の変化したもの。すなわち、サキキル→サイキル→サエギルと転じたものである。この語源説は*『和句解』に「おさへきるか、またさきへきるか」と出て来る。「さいきる」は平安末の古辞書に「儌・儌〈略〉サイキル」（観智院本名義抄）と見える。

例「人をほろぼし、身をたすからんと思ふ悪心のみ遮って、善心はかつて発（おこ）らず」（平家物語・一〇・戒文）

さえずる【囀《さへづ》る】

鳥が盛んに鳴く。「さひづる」の変化した語。「さひづる」は、

『新訳華厳経音義私記』（奈良時代末成）に「佐比豆利（さひづり）」とある。サヘヅルという語形が現れるのは、平安以降である。サヒヅル・サヘヅルのサヒ・サヘは擬声語とも言われる（時代別国語大辞典上代編）。因みに、韓や百済の枕詞「こと（言）さへく」の「さへく」も同源と考えられる。「づる・つる」については、「あげつらふ・ひこ（引）つらふ」の「つらふ」と通じる、とする『大言海』の説などがあるが不明。

例「百千鳥さへづる春は物ごとに改まれども我ぞ古りゆく」（古今集・春上）

さえる【冴える】 文語 さゆ

冷え込む。鮮やかで調子がよい。「さやか」「さやけし」「さやに」などの「さや」と同源。「さゆ」は、この「さや」の語尾を活用させて動詞化したものと思われる。「さや」は、『古語拾遺』に「阿那佐夜憩（あなさやけ）。竹葉之声也（竹葉（ささば）の声なり）」とあるように、竹の葉ずれの音を模した擬声語だといわれる。そこから澄みきって、くっきりした状態を表す擬態語となったものと考えられる。

例「我が衣手に　置く霜も　氷（ひ）に左叡（さえ）渡り　降る雪も　凍り渡りぬ」（万葉集・一三・三二八一）

さおとめ さをとめ **【早乙女・早少女】**

田植えをする少女。「おとめ（乙女）」に接頭語「さ」が冠された語。名詞に付く接頭語の「さ」にはいろいろあって一まとめにしにくい。「さおとめ」の「さ」については、『大言海』は「早苗の下略」だという。また若々しいという意味だとする説もある。なお、この語をソートメと発音することがあるが、『*日葡辞書』では Sŏtome（サゥトメ）（=ソートメに近い発音）と Sauotome（サヲトメ）の両形が見出し語となっていて、後者には詩歌語という注が付いている。

例「さをとめの山田の代（しろ）に下り立ちて急げや早苗室（むろ）のはや早稲」（栄花物語・根合）

さか【坂】

勾配（こうばい）のある所。「境（さかい）」の「さか」と同源。坂は二つの地域の境界となることが多く、「坂」が「境」を表していた。なお、「さか」を「さ」と「か」に分けて、「さ」だけで古くは坂を表し、「か」は場所を表すという説がある（角川古語大辞典）。→さかい

例「佐可（さか）越えて阿倍の田の面（も）に居る鶴（たづ）のともしき君は明日さへもがも」（万葉集・一四・三五二三）

さが【性】

生まれつきの性質。ならわし。語源不明。語源について、「さが」はいろいろな意味を持つが、それらはそれぞれ「相」「性」「祥」の漢字音の古音サガに起源するものとする説（山田孝雄・国語の中に於ける漢語の研究）がある。これに対して「さが」は形容詞「さがし（峻）」「さがなし」と同系で、事象の内

部に潜む、根元的な恐るべき存在をさす語とする説（原田芳起・平安時代文学語彙の研究）がある。

例「大沢の池の水茎絶えぬとも何か憂からむさがのつらさは」（大和物語・八）

さかい《さかひ》【境】

境界。「さかい」の「さか」は「坂（さか）」と同源。「さかひ」の語源は諸説ある。『和字正濫鈔』*は以下のように「さかあひ」の略という。「日本紀幷万葉に、境部（さかひべ）という姓を、坂合部とも書けり。山のたうげは、こなたかなたの坂の寄りあへる所にて国もここにてさかへば、さかあひを略してさかひといふなり」（和字正濫鈔・二）。これに対して、「境（さか）ふ」の名詞形とする説がある（時代別国語大辞典上代編）。この「境ふ」を「裂く」の未然形に接尾語「ふ」の付いたものと、更に分析する説もある（小学館古語大辞典）。二つに裂くから境界ができ、そこを「さか」と言うようになり、地形的にそこは坂であることが多いので、坂も「さか」と言うようになったと考えられる。↓坂

例「ふる雪を空にぬさとぞ手向ける春のさかひに年のこゆれば」（貫之集）

さかえる【栄える】 文語 **さかゆ**

勢いが盛んになる。「さかゆ」の「さか」は「さかる（盛）」「さく（咲）」「さき（幸）」などと同源で、盛んなさまを表していたと考えられる。語尾の「ゆ」は「見ゆ」「聞こゆ」などと同じ「ゆ」で、動詞を作る接尾語。

例「川隈に立ち瑳介喩屢（さかゆる）百（もも）足らず八十葉（やそば）の木は大君ろかも」（日本書紀・仁徳三〇年九月・歌謡）

さかき【榊】

ツバキ科の常緑高木。上代は、神事に用いる常緑樹の総称として用いられたが、次第に、その中でもよく使われる特定の木を指すようになっていった。語源は、神事に供える枝や葉が常に繁っているので、「栄（さか）ゆる木」の意とする説が多い。しかしアクセントを考慮した次のような説もある。「榊」は、「境（さか）」と第一拍のアクセントが等しいことから、「神聖な地の境に植える木の意か」とし、「栄（さかえ）とはアクセントが別だから、「栄木」とする説は考えにくい」（岩波古語辞典補訂版）という。なお、「榊」という字は、「神事に用いる木」という意味で作られた国字である。

さかさ【逆さ】

逆。さかさま。『大言海』のいうように、「さかさま」の省略形であろう。↓さかさま

例「逆さに振るったとて、鼻血は出るとも金はでねえ」（人情本・軒並娘八丈・四・上）

さかさま【逆様】

位置や順などが反対なさま。『大言海』に「逆方（さかさま）の

義」とある。「さか」は「さかご(逆子)」「さかだち(逆立)」「さかのぼる(遡)」など、多くの複合語を生む接頭語で、「反対」の意味を添える。「さま」は様子の意。

例「天の下をさかさまになしても思ふたまへよらざりし御ありさまを見たまふれば」(源氏物語・須磨)

さかずき《さかづき》【杯・盃】

酒をついで飲む容器。「さかは酒也。つきとは、飲食をもる器也。坏(つき)なり。酒をもるつき也」(日本釈名)のように、「さか(酒)」+「つき(坏)」が語源。「さか」は「さけ(酒)」が複合語を作るときの形。「つき」は、飲食物などを盛る容器で、比較的浅いものを言う。「たかつき」の「つき」も同じ。上代では、「さかづき」に「坏」の字を当てた例はあるが、「杯」は未だ用いられていない。これは、当時一般に、土器が用いられていたためと思われる。「盃」の字は、「杯」の俗字体である。

例「春柳縵(かづら)に折りし梅の花誰か浮かべし佐加豆岐(さかづき)の上(へ)に」(万葉集・五・八四〇)

さかてにとる【逆手に取る】

相手の批判・攻撃などを逆に利用してやり返す。「さか」は「さかさま」「さかなで」などの「さか」で、「順」の反対。「さかて(逆手)」は、刃物を握るとき、通常とは逆に、切っ先が自分の方へ向くように持つことをいった。しかし、ここからは相手の力を利用するという意味は出て来にくい。むしろ、「逆手(ぎゃくて)」や「ぎゃくてに取る」の方が先で、ギャクをサカに訓読してできた語と見るべきかもしれない。「ぎゃくて(逆手)」は柔術などの関節技だが、「逆(ぎゃく)」を相手の攻めを利用して攻めるというように解してできた語ではないかと思われる。

さかな【肴・魚】

酒のさかな。また、魚類の総称。「さかは酒也、なは菜の義也」(名語記)などの指摘のように、「さか(酒)」+「な(菜)」が語源。「さか」は「さけ(酒)」が複合語を作るときの形。「な」は、鳥獣の肉・魚介・野菜等、副食物の総称。すなわち、「さかな」は、本来、酒のおかずの意。それが、酒の副食物の中心は魚であるため、「さかな」=「魚」の意となり、近世に入り魚類の総称の意が生じた。明治以降、日常語としては魚類は「さかな」というのが普通になった。ただし、近世後期上方語では、「さかな」を、食用の魚類の意に限定して用い、魚類一般を意味する「うお」とは区別していた。この傾向は、現在の関西方言(の一部)にまで連なる。

例「かはらけ取りて出したりけるに、さかなりける橘を取りて」(伊勢物語・六〇)

さかねじをくわせる《さかねぢをくはせる》【逆捩じを食わせる】

非難してきた人を、逆になじりつける。「ねじ〈ねぢ〉」はダ行上二段動詞「ねづ(捩・捻)」(現代語ではラ行四段活用動詞

「ねじる」）の連用形の名詞化したもの。「ねづ」には現在の「ねじる」の意味の他に、文句を付けなじり責める意があり、反対にの意の「逆（さか）」をつけた「逆ねじ」は、これだけでも逆になじりかえすことを意味した。「ヤア其の恨は逆ねぢ」（浄瑠璃・仮名手本忠臣蔵・一〇）。「食わせる」は「びんたを食わせる」などのように、人に攻撃を与える意。用例は近世から見える。

例「こっちから〈略〉尋常の手段で行くと、向こうから逆捩を食わして来る」（夏目漱石・坊っちゃん・明治三九年）

さかもり【酒盛り】

酒宴。「酒を盛の義」（和訓栞）である。「さか」は「さけ（酒）」の複合語を作るときの形。「酒盛り」は器に酒をいっぱいに入れることから、宴会を意味するようになったもの。「酒盛り」は、元来、儀式的な行為であったと考えられるが、しだいにその儀礼性が稀薄になり、「悪き友達を語らひ、酒盛りをのみ好み、博奕（ばくえき）に心を入るる程に」（十訓抄・七・序）のように、遊興性の度を強めていった。

例「其の夜もすがら悦（よろこび）のさかもりしけるに」（平家物語・八・妹尾最期）

さかやき【月代】

昔、成人男子が、額から頭の中央にかけて髪を剃（そ）った部分の称。語源については諸説あるが、未詳。*『和訓栞』によれば、「冠（さか）明の義」という。この説によれば、「冠（さか）」は「鶏冠（とさか）」の「さか」、「やき」は「明（あ）き」の転で鮮明なことである。一方、『大言海』は「逆明（さかあき）」の転にて〈略〉髪を抜きあげて、明（あ）きたる意」とする。「さかやき」は元来、平安時代に、男子が冠や烏帽子（えぼし）をかぶった時、髪の生え際が見えぬよう額ぎわを半月形に剃り上げた部分をいった。室町時代後期以後、額から頭の中ほどにかけて髪を剃った部分を指すようになる。明治四年（一八七一）公布の「散髪脱刀令」当時まで続いた。なお、「月代」という漢字表記は、「さかやき」の同義語「つきしろ」による当て字である。

例「男とも女とも見えぬ曲者（くせもの）なり。髪を分けて結ひをるが、さかやきもなし」（仮名草子・東海道名所記・六）

さかり【盛り】

一番勢いのよい状態。盛んになるの意の動詞「盛（さか）る」の連用形「さかり」の名詞化。『大言海』などが説くように、「さかる」は、「栄ゆ」「咲く」などと同根で、共通するsak-は、活気が外に向かって現れ出る意と考えられる。↓咲く

例「梅の花今佐可利（さかり）なり思ふどち挿頭（かざし）にしてな今佐可利なり」（万葉集・五・八二〇）

さかん《さくわん》【左官】

壁塗り職人。壁塗りを「左官」といういわれを*『守貞漫稿』は次のように述べる。「左官と云うこと、愚按には昔時内匠寮

或いは木工寮等の属など墁工の業をせしより名とする歟、属の字さくわんと訓ず」。「属（さかん）」は令制の四等官、最下位。「左官」は「佐官」とも書き、上司をたすける官の意。あるいは、宮中の壁塗りに、無官の者では宮中に入れないので属（さかん）にして塗らせたという説（大言海）もある。この語は、近世まではシャカン・シャクヮンと発音されることが多く、当てられる漢字も「沙官・沙翫・塗工・泥匠」など多様であった。

例「圬者（さくはん）の嬶ぢゃさうで、白粉を、鼻の穴の、上裏まで念入れて塗った女房が」（談義本・教訓雑長持・一）

さきがけ【先駆け・魁】

他に先んじること。動詞「先駆ける」の連用形の名詞化。もともとは「先駆けの寄手五百余人、散々に切立られて、門より外へ颯（さつ）と引く」（太平記・一・頼員回忠事）のように、まっ先に敵陣へ攻めこむことやその人を言った。

例「散り行く覚悟と聞くからは、魁なして救ひし上、死なば諸共（もろとも）死出三途」（歌舞伎・三人吉三廓初買・七）

さきのり【先乗り】

他より先に目的地に乗り込むことや、その人。もともと、大名行列などでいちばん先頭に立って騎馬で行く者、すなわち「前駆」「先馬（さきうま）」のことをいったが、転じて、婚礼・葬礼などの行列において、馬に乗らなくても先頭を行く者をいうようになった。さらに、旅興行や催し事、団体旅行などで打ち合わせや準備などのために先に目的地に乗りこむことや、その人をいうようになった。

例「カイロの市街へ出かけたが、先乗りのおめえ方は何所へ行ったか」（仮名垣魯文・西洋道中膝栗毛・一一・上・明治五年）

さきもり【防人】

上代から中古にかけ、初め諸国、後に多く東国から徴発されて、北九州地方の辺境防備にあたった兵士。「崎守の義」（和訓栞）。「さき」は、陸・山・丘・島・波などの突き出した端の所をさす語で、空間的な前方・先端の「さき（前・先）」と同源。「もり」は、守る・見張る意の動詞「もる（守）」の連用形の名詞化。

例「国々の佐岐毛利（さきもり）集（つど）ひ船（ふな）乗りて別るを見ればいともすべ無し」（万葉集・二〇・四三八一）

さく【咲く】

つぼみが開く。『大言海』によれば、「さ」は発語（接頭語）で、「さ明（あ）く」の約かといい、また「盛（さか）る」「栄ゆ」とは意味が通じるという。一方、大島正健は、「裂く」との関係を考え、「花ノ咲クを蕾（つぼみ）ヲ破ルと言ふは、サクルに破裂の義あると意相通ふ。故に咲クは裂クルの変形なりと知るべし」という（国語の語根とその分類）。この説には、『時代別国

語大辞典上代編』などのように、「咲く」は「裂クよりの意味分化」とするなど支持が多い。なお、「咲」の字は、本来「笑」の古字(いずれも同音。漢音・呉音ともにショウ〈セウ〉)で、ともに「わらう」「花がさく」の両義を有していたが、日本では、「わらう」意には「笑」、「花が咲く」の意には「咲」の字を使い分けてきた。↓さかえる・さかり

例「開(さか)ざりし花も佐家礼(さけれ)ど」(万葉集・一・一六)

さくら【桜】

バラ科の落葉高木の総称。「このはなさくやひめ(木花開耶姫)」の「さくや」の転(和訓栞、大言海ほか)、「さきむらがる(咲簇)」の訓義(和訓栞ほか)、「さきうら(咲麗)」の約(大言海)、「さく(咲)」+接尾語「ら」とする説(暮らしのことば語源辞典)などがあるが、いずれも確証を欠き、語源未詳と言うほかない。

例「山峡(やまがひ)に咲ける佐久良(さくら)をただひと目君に見せてば何をか思はむ」(万葉集・一七・三九六七)

さくらなべ【桜鍋】

馬肉のすき焼き。由来については、色が桜色であるからという説が有力であるが、他に「咲いた桜になぜ駒(こま)つなぐ駒が勇めば花が散る」という都々逸に拠るという説もある。

さくらんぼ【桜桃】

サクラの実の総称。「さくらんぼう」の短呼。「さくらんぼう」は「桜の坊」の転。桜の実を擬人化した言い方。『大言海』は実の形から丸い坊主頭を連想したものとする。なお、「さくらもも」の転とする説(棣垣実・江戸のかたきを長崎で)もあるが、これは桃が果実の総称であることを前提とする説である。現在、生食用にしているものはセイヨウミザクラなど果実の大きなものをさす。「桜桃(おうとう)」は、ミザクラの漢名。

ざくろ【石榴・柘榴】

ザクロ科の落葉小高木。西アジア原産で、日本には中国を経て平安時代に渡来した。漢名である「柘榴」「石榴」の呉音読みジャクルが転化しザクロとなったものである。

さけ【酒】

日本酒。語源不明。『大言海』は近世の記紀の注釈書『稜威言別(いつのことわき)』の「汁食(しるけ)の転」という説を引いてシルケがスケとつづまり、サケと転じたものと説明する。また別説として「さ酒(き)」の転ともいう。「さ」は発語で、「き」は酒の古語。このほか『*東雅』は「酒をサケともいひ、サカともいふか、サカユという詞也。酒宴は皆人のさかえ楽しむ故也」という。

例「言はむすべせむすべ知らず極まりて貴きものは酒にしあるらし」(万葉集・三・三四二)

さけ【鮭・鮏】

ニシン目サケ科の海魚。語源については、アイヌ語説が有

力。アイヌ語シャケンベに基づく語か（新村出・東方言語史叢考、金田一京助・アイヌ語と国語）。そのほか「さけは裂《さ》け）なり。其の肉《み》片々《へんぺん》にさけやすし」（日本釈名）、「子を生まんとては、腹のさけ侍るとやらん云へり。さるによてさけと云ふ歟」（片言）など若干こじつけくさい説もある。なお、中国では、「鮭」はフグ、「鮏」は生臭いの意であって、ともにサケを意味する字ではない。

例「さけとかいふ魚《いを》冬いでくれば、北へ流る水すらも友とせり」（賀茂保憲女集）

さげすむ【蔑む・貶む】

見くだす。軽蔑する。大工が墨縄《すみなわ》に重りをつけて垂直に吊り下げ、柱などの傾き具合を測ることや、その道具そのもののことを「さげすみ（さげずみ）」（下墨）と言い、その末音ミを活用語尾として動詞化した語が、「さげすむ」である。この動詞の意味は、「下墨《さげすみ》」をする、すなわち、墨縄などによって柱等の傾きを調べることである。そこから、広く物事を見積もる・推し量る意が派生する。軽蔑の意が生じるのは、『大言海』によれば「下げ」に引かれ貶《おと》す意となったためという。これについては軽視する意の「さげしむ」という語があって、その干渉によるという説（時代別国語大辞典室町時代編）がある。「さげしむ」の「しむ」は使役の助動詞で下げさせるの意となる。

例「北条家の松田・大道寺を始め、信玄公の氏政をさげすみ給ふと、笑止《しょうし》く存ずる也」（軍記・甲陽軍鑑・品三二）

さこく【鎖国】

外国との交易をしないこと。和製漢語。字義は「国を鎖《とざ》す」という意味。ケンペルの『日本誌』の付録第六章を『鎖国論』（志筑忠雄訳・享和元年）として訳出したのが「鎖国」という語の最初といわれる。これは当時の幕府の国を閉ざす政策を「鎖国」と称したもの。

例「鎖国攘夷を唱へ」（新聞雑誌・六号附録・明治四年二月）

ささ【笹】

小さい竹の総称。この植物が竹に対して、小さい（＝「ささ」）というのが命名のいわれのようである。『日本釈名』*に「小竹《ささ》　凡そ小なる物をささと云ふ」として、「ささ」を小竹の意とする。『大言海』は「細小竹《ささたけ》の下略」とする。「ささたけ」には古い用例はないが、「ささ」が細かい、小さいことを表す例は古くからあり、「ささ蟹」「さざ波」など今でも使われている。なお、「ささ」の「さ」は狭いという意味の形容詞「さし」の語幹と同根であろう、という。「笹」は国字である。

例「小竹葉を手草にゆひて〈小竹を訓みて佐佐《ささ》と云ふ〉」（古事記・上）

ささげ【豇豆・大角豆】
マメ科の一年草。『日本釈名*』に「豇豆（ささげ）　竹垣に高くはひのぼりて、其の実は物をさし上げたるがごとくなる故に、ささげと名づく」とあり、さやの反りかえった形に注目したものである。『大言海』も同趣の語源を引用する。漢名は「豇豆」。
例「荳角、此を娑佐礙（ささげ）と云ふ」（日本書紀・継体元年三月）

さざなみ【細波・小波・漣】
細かく小さく立つ波。古形ササナミ。サザナミと濁音化するのは、中世以降。「なみ（波）」に接頭語「ささ」が冠されてできた語。「ささ」は、「ささは小也」（日本釈名）のように、細・小の意の接頭語。「ささら」「ささやか」「ささやく」「ささめく」などの「ささ」とは同源と思われる。→笹
例「左佐浪（ささなみ）の波越すあざに降る小雨間（あひだ）も置きて我が思はなくに」（万葉集・一二・三〇四六）

ささみ【笹身】
鶏の胸部、手羽の内側にある上質の肉。その形が笹の葉に似ているところからの称。
例「旦那様とお妾は、笹身の附いた正身（しゃうみ）ばかり。骨と皮はお下（した）に出て、お米（よね）どんとわしが食ひ物さ」（歌舞伎・小袖曽我薊色縫・五）

ささめゆき【細雪】
こまかに降る雪。「ささめごと」「ささめ栗」などから見て、「ささめ」という語構成要素があったと推定され、おそらく「細・小」の意を表すと思われる。この「ささめ」の「ささ」は「ささやか」「ささめく」などの「ささ」と同じものであるが「め」の正体は不明である。
例「ささめ雪ふりしくとは広くふる雪也。又こまかにふるをも云ふ儀もあり」（古今打聞・上）

ささやか【細やか】
こぢんまりとしているさま。「ささ」は「ささめく」「ささなみ」などの「ささ」と同じもので、「細・小」の意を表す。「〜やか」は形容動詞の語幹を構成する要素で、「にぎやか」「晴れやか」など例が多い。
例「中納言殿は、いとささやかになれたる人のらうらうじきなり」（宇津保物語・国譲・上）

ささやく【囁く】
ひそひそ声で話す。「ささ」は「ささめく」などの「ささ」と同じ、小さな音を表す擬声語であるが、「細・小」を表すという点で「ささやか」「ささなみ」などの「ささ」とも通じる。「〜やく」は「つぶやく」の「やく」と同じで、動詞を作る接尾語である。
例「向（むか）つ峯（お）に立てる桃の木成らめやと人そ耳言（さ

さやく」汝(な)が心ゆめ」(万葉集・七・一三五六)

さざれいし【細石】
小石。砂利。「いし(石)」に接頭語「さざれ」が冠されてできた語。接頭語「さざれ」は、名詞に冠して、「細・小」の意を添えるもので、「さざれなみ(細波)」「さざれみず(細水)」などの「さざれ」も同じ。「さざれ」は、「ささら」「ささやか」「ささやく」「ささ(さ)なみ」等の「ささ」と同源かと思われる。
例「わが君は千世に八千世にさざれ石の巌(いはほ)となりて苔のむすまで」(古今集・賀)

さざんか《さざんくわ》【山茶花】
ツバキ科の常緑小高木。晩秋から冬にかけて枝先に白い五弁花をつける。ツバキの漢名「山茶」に由来する「山茶花」の音読み「さんさか」の変化したもの。「山茶花」の表記は中世後期から見え「さんざか」と読まれていたが、その変形の「さざんか」が一七世紀から見え始め、本来の「さんざか」より「さざんか」が優勢となって定着した。このような音節の順序の交替はサボンテ→サボテン、ナギガタナ→ナギナタなどの例がある。漢名を「茶梅」という。なお、現代中国語でも、ツバキは「山茶」であるが、歌劇の「椿姫」は現代中国語で「茶梅姫」である。

さじ【匙・匕】
スプーン。中国に例のある漢語。『*日本釈名』は「和訓にあらず。音也。茶をすくふ匙(かひ)也」という。すなわち「茶匙」の字音から出た言葉。「さじ」は『宇津保物語』に例があり、中古すでに使われていたが、中世、香をすくうためのものを「香匙(きょうじ・こうじ)」に対し、抹茶をすくうためのものを「茶匙(さじ)」と称した。サは「茶」の漢音。ジは「匙」の呉音。古くは、大きさにかかわりなく「かひ」と呼ばれていたが、「さじ」の語が一般化するにつれて、小型のものを「さじ」、大型のものを「しゃくし(杓子)」と呼び分けるようになった。また、シャジは、サジの変化した語形である。
例「しろかねの鉢、金椀、箸、匙(かひ)、さじ、銚子、水瓶など」(宇津保物語・国譲・下)

さじかげん【匙加減】
味加減。手加減。近世、医者は金属製や竹製の「さじ」で調剤したことから、「さじ」に、薬の調合の意味が生まれた。それに「加減」が付いて、薬の調合の具合の意となり、更に意味が広がって現在の用法となった。
例「薬礼の時はこっちで匕(さじ)かげん」(雑俳・柳多留拾遺・一)

さしがね【差し金・指し金】
陰で人を指図して、操り動かすこと。語源については、以下の二説がある。第一は、操り人形を陰で動かすしかけの「さしがね」から出たとする説である(大言海ほか)。第二は、歌

舞伎小道具の名から出たとする説である。蝶・鳥等の小動物を舞台上で動き回らせたりする時、黒衣が操作する、竹製の小道具「さしがね」から出たという。両説を比較して、人形浄瑠璃のさしがねのことは当時の観客は知らなかったと思われ、歌舞伎の方が影響が大きかったので歌舞伎の小道具がもとだという意見（赤坂治績・ことばの花道）がある。しかし、人を動かしているのは人形浄瑠璃の方なので、この人形浄瑠璃起源の説にも理がある。

例「さしがねで寐たり起きたり転んだり」（雑俳・柳多留・三〇）

さじき【桟敷】

一段高く作った見物席。古形は「さずき」で、上代に例がある。「門ごとに八佐受岐（さずき）を結ひ、その佐受岐（さずき）ごとに酒船を置きて」（古事記・上）。「さじき」の例は中古以降に見える。「さずき」の語源は不明。『*東雅』は「サとは狭（さ）也。小（さ）也、スキとはシキといふ語の転ぜしにて、布置（しきおく）の義と見えけり」という。しかし、「サズキ」の語源に「敷き」を考えるのは後世の意識であろう。

例「賀茂の川辺（ほとり）にさじきうちて、男君達おはしまさうず」（宇津保物語・藤原の君）

ざしき【座敷】

畳を敷きつめた客間。語源について、「坐敷と書けり。古へは客来れは坐を設ける成べし」（和訓栞）という。昔の部屋は板敷だったので、座る所に敷物を敷いた。これを「座敷」といい、のち畳を敷いた部屋を指すようになった。芸妓や芸人に仕事が来ることをいう「お座敷がかかる」は客がお座敷にいるから、そこからお呼びが来たということで生じた言い方。

例「先々召されける所へは入れられず、遙かに下がりたる所にざしきしつらうて置かれたり」（平家物語・一・祇王）

さしずめ《さしづめ》**【差し詰め】**

結局のところ。動詞「さしつむ（差詰）」の連用形が名詞化したもの。室町時代以降用例が見える。「さしつむ」は「詰む」を「差す」の連用形「さし」で強調したもの。「差し置く」「差し控える」などの「さし」と同じ。「さしつむ」は、せっぱつまったぎりぎりの状態になることを表す。

例「供の又平日がら笠、さしづめ香車は女房也」（浄瑠璃・傾城反魂香・下）

さしでがましい【差し出がましい】 文語 **さしでがまし**

出しゃばった感じである。「さしで」は、動詞「差し出る」の連用形が名詞化したもの。「差し出る」の「さし」は、動詞に冠してその意味を強めたり、語調を整えたりする接頭語。「差し出る」（文語差し出づ）の意味は、「（外や人前に）すっと出る。外に現れて目に立つ」で、いい意味にも悪い意味にも使われたが、しだいに後者に偏っていった。そこで、名詞「差し

出」も、「分を越えて出過ぎること、出しゃばること」の意を主とした。「がましい」は、体言・副詞、動詞の連用形の下に付いて、いかにもそのように感じられるという意の形容詞を作る接尾語で、「あてつけがましい」「言い訳がましい」等多数の例が存する。

例「御説法の節は、女のさし出がましくござります。御内証にて申し上げ度しと申こまれましたゆゑ」（盤珪禅師御示聞書・上）

さしではなす【差しで話す】

二人が互いに向かい合って話す。二人だけが向き合って事をなす意の「さし」は、近世以降用例が見える。特に遊興・情事などについて用いられた。評判記*『色道大鏡』（一）に「さし。男女さしむかひ、両吟にかたるをいふ」とあることから考えて、語源は*『志不可起』にあるように「さしむかい（差向）の略」であると考えられる。

さしみ【刺身】

生の魚肉などを薄く細く切った料理。『大言海』は「切ルを忌みて、刺すといふか。作ると云ふも、同じかるべし。ミは肉なり」という。関西でもお作りと言って切り身と言わないことからみて、忌み詞というのは当たっているようである。現在の「さしみ」にほぼ当たる料理を、古代、「なます（膾・鱠）」と称した。中世に入ると、なますの材料に野菜なども加わったため、古代の「なます」を「さしみ」と言い分けるようになった。「さしみ」という語も室町時代に見える。「鯛指身」（康富記・文安五年八月一五日）。

さじをなげる【匙を投げる】

見捨てる。近世、医者は匙で調剤した。「さじを投げる」とはこの調剤を止めることで医療を行わないこと、すなわち、助けられないことを意味し、更に広がって見捨てるの意味となった。

例「けせば書くへのこには医者匕（さじ）をなげ」（雑俳・末摘花・四）

さすが【流石】

そうは言うもののやはり。「さすがに」の「に」を約したもの。副詞「さすがに」は、上代語の副詞「しかすがに」と交替する形で、中古以降現れる。「さ」（指示副詞）＋「す」（サ変動詞）＋「がに」（推量の助詞）と分析される。一語一語訳せば、そうしそうになるほど、となるが、「〜がに」のあとには結局そうはならない状態が述べられるのが普通なので、逆接の用法を生じたものかと思われる。意味的には、逆接の用法が元で、肯定的な用法は中世になって現れる。漢字表記形「流石」は中世以降見える。その由来について一般に行われている説は、中国南朝宋・劉義慶撰の名士逸話集『世説新語』「排調」に見える「漱石枕流（そうせきちんりゅう）」の故事に基づく

とするものである。すなわち、晋の孫楚が、王武子に「枕石漱流〔石に枕し流れに漱(くちすす)ぐ〕」(=俗世を離れて自由気ままに生活する)と言うべきところを誤って、「漱石枕流〔石に漱ぎ流れに枕す〕」と言ってしまったことに対して、「流れに枕するのは俗世の下らぬことを聞いた時に耳を洗うため、石に口すすぐのは歯を磨くためだ」と強引にこじつけたことから、「さすがによくこじつけた」ということで、「流石」の表記が当てられるようになったという説である。

例「さすが我が朝は粟散(そくさん)辺地の境、濁世末代といひながら」(平家物語・二・座主流)

させん【左遷】

より低い官職・地位に落とすこと。古代中国で、右を尊び左を卑しんだことから出た言葉。漢籍における「左遷」の例は、司馬遷の『史記』に見える。中国では左右いずれを尊いとしたかは時代によって異なる。日本の律令制では、右大臣より左大臣の方が上位であるが、これは、唐の律令制を範としたためで、唐は「尚左」の時代であった。

例「左遷の愁へをやすめて、帰洛の本懐をとげしめ給へ」(平家物語・二・康頼祝言)

さそいみず《さそひみづ》【誘い水】

ある事を引き起こすきっかけとなるもの。もと、井戸のポンプの水が出ないときなど、中の水を誘い出すために上からポンプ内に注ぎ込む「呼び水」のことを言った。

さだめる【定める】 文語 さだむ

決定する。語根「さだ」は形容詞「さだけし」、「さだか」、副詞「さださだと」(=はっきりと)などの「さだ」と同源。これらの「さだ」は確かという意味を共通にもっている。この「さだ」に動詞化の語尾「む」がついて「さだむ」となり、確かにするということから、決定するの意味となったものだろう。

例「貴くも　左太米(さだめ)給へる　み吉野の　この大宮に」(万葉集・一八・四〇九八)

さたん【左袒】

賛成すること。加勢すること。「左袒」の原義は、左の片肌を脱ぐこと。他人の意見に同意し、賛意を表すことや、加勢することの意に用いられるようになったのは、司馬遷『史記』「呂后本紀」中の故事による。すなわち、漢の高祖(=劉邦)の死後、皇后の呂氏一族が天下の実権を奪おうとした時、前漢の功臣・周勃が、呂氏を討とうとして、「呂氏に味方する者は右袒し、劉氏に味方する者は左袒せよ」と全軍に呼びかけたところ、軍中皆左袒した、という。

例「右は百姓町人に左袒して、思ふさまに勢ひを張れと云ふ議論なれども」(福沢諭吉・学問のすゝめ・明治五〜九年)

さち【幸】

幸運・幸福。「さち」はもと弓矢、釣り針など霊力を持つ猟の

道具を指し、またそれによって得た獲物をも意味した。「火遠理命、其の兄火照命に『各佐知（さち）を相易（か）へて用ゐむ』と謂ひて」（古事記・上）の「さち」は道具の意である。さらに、獲物を得たしあわせも表すようになった。「さち」がしあわせの意味を持つにあたっては、同じ意味で音形も似ている「さき（幸）」の影響があったといわれる（日本国語大辞典二版）。なお、「さち」は矢の意の古代朝鮮語 sal と同源とする説（岩波古語辞典補訂版）がある。

例「山佐知（さち）も　己（おの）が佐知佐知（さちさち）　海佐知（さち）も　己（おの）が佐知佐知（さちさち）　今は各（おのもおのも）佐知（さち）を返さむ」（古事記・上）

さつえい【撮影】

写真や映画などをとること。和製漢語。漢字「撮」は「つまみとる」という意味。日本で、「撮」の「とる」という訓にひかれて「撮影」という語が作られた。「影」は「すがた」の意。この語は明治二〇年ごろ一般化したらしく、高橋五郎の『和漢雅俗いろは辞典』（明治二一〜二二年）の「写真」の項に「撮影」の語が見られる。

例「なるたけ野暮に無意気に親なかせ的に撮影いたし候」（正岡子規・筆まかせ・明治一七〜二五年）

さつき【五月・皐月】

陰暦五月の別称。「早苗（さなえ）月」の略とするのが有力である。一二世紀中頃の歌学書『奥義抄』*は、「田植うること盛りなる故にさなへ月といふをあやまれり」という。「早苗月」は、後世の例だが、「早苗月さみだれそむるはじめとやよものやま雲くもりゆくらん」（千五百番歌合）などと用いられていた。別の語源としては、「さ」は神稲の義で、「さつき」は稲を植える月の意とする説がある（岩波古語辞典補訂版）。なお、「五月（さつき）晴れ」は現在、太陽暦の五月の晴天を意味するが、本来は陰暦五月の晴天で、梅雨の晴れ間のことだった。

例「わが背子が国へましなばほととぎす鳴かむ佐都奇（さつき）はさぶしけむかも」（万葉集・一七・三九九六）

ざっくばらん

あけすけなさま。擬態語。近世後期以降、用例が現れる。近世には、「ざっくばらり」という類似の言い方もあり、『俚言集覧』*に「ざッくばらり　鬆鬖（さくばらり）などの意か」とある。「鬆」「鬖」ともに、髪の乱れたさまを意味する。恐らく、「ざっくばらり」は、髪の乱れたさまをいう擬態語で、「ざっくばらん」もその同類であろう。『和英語林集成』*の二版（明治五年）・三版（明治一九年）には、「Zakkubara　ザックバラ」とあり、高畠藍泉『怪化百物語』（明治八年）には「ざっくばれんな御話」とあるなど、種々な異形が見られた。

例「二代目はざっくばらんにつかひすて」（雑俳・川柳評万句合・明和四年）

さっし【冊子】
綴じた本類。漢語「冊子（さくし）」の転。「冊」は漢音サクで、古く、竹簡・木簡などに文字を書き紐を通して綴じたものをいい、転じて、書物（綴じ本）の意となった。「子」は、「菓子」「帽子」などの「子」に同じく、名詞（小さなものや道具が多い）に下接する接尾語で、唐代以降広く用いられた。なお、「そうし（草子・双紙）」は「さくし（冊子）」のウ音便形である。
例「その詩文を書き写して、編み綴ぢて、冊子にして置いたぞ」（抄物・玉塵抄・四三）

ざっし【雑誌】
定期的に刊行する出版物。英語 magazine の訳語。「雑」はさまざまなものがまざっている意、「誌」は物事を記した文書の意。近世中国語では「雑志」という表記の語が使われることが多く、些細な事柄や身近な出来事、逸事などを記したものを指した。日本にも『雲萍雑志』（天保一四年）という書名に用いた例がある。英語 magazine の訳語として「雑誌」を始めて使ったのは柳川春三の『西洋雑誌』である。初めは「新聞」と「雑誌」の区別が明確に認識されず、明治四年には『新聞雑誌』という名称の新聞も刊行された。なお、ロブシャイド*『英華字典』では magazine を「雑報」と訳している。
例「此雑誌出板の意は」（西洋雑誌・一号・慶応三年）

さっしん【刷新】
それまでの悪い面をなくして、すべてを新しくすること。「刷」は「こすってきれいにすること」の意。明治期に造られた和製漢語。
例「一般読者の詩に対する根本思想を刷新するは」（土井晩翠・天地有情・明治三二年）

さっぱり
すっきり。『大言海』は、「サッパは、爽（さはやか）の語根の急呼〈略〉末のリは、添ひたる辞」とする。中世には「さっぱ」という語もあった。「Sappato〈略〉すっかり散らかすとか、振り払うとか、洗い落とすとかするさま」（日葡辞書）。因みに、この*『日葡辞書』には「さっぱり」はまだ載っていない。末尾の「り」は、「すっきり」「ぼんやり」などの「り」と同じく、擬態語性の強い情態の副詞を構成する要素である。
例「私もさっぱりと致いて、能（よい）気味で御座る」（虎寛本狂言・呂蓮）

さっぷうけい【殺風景】
景色などが、趣がなく面白みのないさま。「殺」は、そこなうの意で、「殺風景」とは、風景をそこなうことをいう。漢籍にある語で、李商隠の『雑纂』「殺風景」には、その例として苔上に席を鋪（し）いたり、妓筵に俗事を説いたり、花に対して茶を啜ったりすることなどを挙げている。日本でも「唐人李義山、花上晒犢鼻褌為殺風景之第一也（唐人李義山、花上

に犢鼻褌《とくびこん》〔=フンドシ〕を晒《さら》すを以て殺風景の第一と為す也〕」〔元和本下学集〕のように用いられた。

例「Sappŭqeina fito（殺風景な人）言葉づかいがぶっきらぼうで、ろくに挨拶もしない人」〔日葡辞書〕

さつまあげ【薩摩揚げ】

練り製品の一つ。魚のすり身に細かく刻んだ野菜や塩、小麦粉などを加え油で揚げた食品。「薩摩」は鹿児島県西半部の旧国名で、この地方名産の揚げ物であったことからの名。鹿児島では「付け揚げ」と呼ぶ。

さつまいも【薩摩芋】

ヒルガオ科の蔓性多年草。中南米原産。江戸時代に、中国、琉球を経て薩摩に渡来し、日本全国に広がった。そのため、薩摩から来た芋という意味で「薩摩芋」と呼ばれるようになった。琉球から来たので「琉球芋」、中国からもたらされたので「唐芋《からいも》」ともいう。『浮世床』〔初・上〕には、「琉球芋《さつまいも》なら一本一六文《そくもん》宛もしべいといふ」のような例も見られる。また、焼芋の味は栗に近いので〔九里《くり》にかけて〕「八里半《はちりはん》」〔浮世床・初・中〕、あるいは、栗より〔九里《くり》＋四里《より》と解して〕うまい、ということで「十三里《じゅうさんり》」と呼ばれたりもした。

さつまのかみ【薩摩守】

無賃乗船・無賃乗車。平家の武将・歌人の平忠度《ただのり》が薩摩守であったことから、名前の忠度を無賃乗車〔船〕、「ただ乗り」にかけて、薩摩守といった洒落。「忠度《ただのり》」を「ただ乗〔載〕り」などに掛ける洒落は中世以降広く行われていたらしい。朝敵として死んだ忠度の和歌「さざなみや志賀の都は荒れにしを昔ながらの山ざくらかな」が、藤原俊成のはからいで、『千載集』に「読み人知らず」として収められたことが『平家物語』〔七・忠度都落〕に記され、これを、忠度の「ただ載り」と洒落ることも行われた。「忠度をただのせて置く和歌の巻」〔雑俳・柳多留・五三〕。

例「舟にただ乗りを、さつまのかみと云ふは、ただのりと言はうがためぢや」〔虎明本狂言・薩摩守〕

さと【里】

人家の集まっている所。語源不明。『大言海』は「多処《さわと》の約。多居の義、人の集まり住みて、落聚をなせる地の意」とする。「さと」の「と」が場所を表すことには異論がないようであるが、「さ」についてはいろいろ説がある。*『日本釈名』は「さは小也。せばきなり。とは所也」とした後で、里は都に比べてせまい所だと説く。宮廷を内として、それ以外を「里」とする言い方は古くからあり、これが後の、実家、生まれ素姓などの意味のもととなった。「今日御隙を下され、里へ帰る御名残に」〔浮世草子・好色一代男・五・一〕。

例「春されば吾家の左刀《さと》の川門には鮎子さ走る君待ち

さ

がてに」(万葉集・五・八五九)

さといも【里芋】
サトイモ科の多年草。熱帯アジア原産で、日本への渡来は古く、上代には山芋とともに「うも」あるいは「いも」と呼ばれていた。後に、山で採れる「山芋」と区別するために、里で採れる芋という意味で「里芋」と名付けられた。
例「和名以閉都以毛(いへついも)今訓以毛(いも)或称里以毛(さといも)」(本朝食鑑・三)

さとう《さたう》【左党】
酒飲み。「酒飲み」を「左利き」と称するが、それによって作られた和製漢語。「酒飲み」を「左利き」といういわれについて、『大言海』は『屠竜工随筆』(安永七年)の「金山詞(かなやまことば)に、かねほりの左を鑿手(のみて)と云ひ、右を槌手(つちて)と云ふ」を引いて、「飲み手」と「鑿手」を掛け、「鑿手」は左手なので、酒飲みを「左」とか「左利き」とか言うようになったと説く。
例「とくに四十年代にはいって、左党の好みが水割りウイスキーに定着した」(毎日新聞・昭和四六年一月三〇日)

さとう《さたう》【砂糖】
サトウキビやサトウダイコンなどを原料として作られる甘味調味料。この語の形成について、『大言海』は次のようにいう。サトウキビを意味する梵語 sarkara(英語のシュガー、サッカリンなどの語源)の首音を取って、中国で「庶」と音訳し、味が甘いので飴を意味する漢語の「糖」の字を添えて、「庶糖」という語が作られた。後に、原料が草であることにより「庶」を「蔗」として「蔗糖」が成立した。さらに、その形が沙(すな)のようであるとの意から「沙糖」とし、また、「沙」の俗字である「砂」を用いて「砂糖」と記すようになった(以上、『大言海』)。今日、「蔗糖」はショトウと慣用音読みされ、サッカロースを指す化学用語となって、「砂糖」とは別語となっている。また、「沙糖」「砂糖」という漢字表記形は、漢籍には実例が見出しがたく、日本独自のものである可能性が高い。サは「沙」「砂」の漢音。

さとる【悟る・覚る】
物事の道理に気づく。形容詞「さとし(聡)」と同根。『大言海』は「さとし」について「さ」は発語、「とし」は「敏(と)シなり」とし、「この語の語根を自動詞に活用させて覚(さと)ルとし、それを又他動詞にして諭(さと)スとす」という。
例「三史、五経のみちみちしき方を、あきらかにさとりあかさんこそ愛敬なからめ」(源氏物語・帚木)

さなえ《さなへ》【早苗】
苗代(なわしろ)から田に移し植えるころの、稲の若い苗。「なえ(苗)」に接頭語「さ」が冠されてできた語。この「さ」は、「さおとめ(早乙女)」「さつき(五月)」「さみだれ(五月雨)」など

さ

の「さ」と同源だと考えられるが、その意味するところについては、五月の意、若々しくみずみずしい意、神稲の意など諸説あって定まらない。

例「昨日こそさなへ取りしかいつの間に稲葉そよぎて秋風の吹く」(古今集・秋上)

さながら【宛ら・然ながら】

まるで。あたかも。「さながら」の「さ」は「そのように」の意を表す副詞。「ながら」は、「いつもながらの事」などの「ながら」で、「〜のまま」の意の助詞(あるいは接尾語)。平安時代に入り、この二語が一語化して、事態がそのままで変化のないさまをいう副詞となった。「そのまま・もとの通り」が原義である。これが、数量について転用され、「一つも欠けずにすべて」の意を生じた。さらに、中世になって、二つの事態の酷似したさまを表すようになり、「まるで・あたかも」の意を派生した。なお、「宛」の字は「まるで」「あたかも」の意を持っており、「宛」を用いるのは正用である。

例「十六七の小男の、烏帽子を着たるが、小太刀をもって斬って回るは、さながら蝶鳥のごとくにて候」(謡曲・烏帽子折)

さば【鯖】

サバ科の海魚。『日本釈名』*『大言海』など、歯が小さいから、サバとなったと説く。「さばは小歯(さば)也。さは、ささやかの意。小也。此魚こと魚にかはりて、歯小なり」(日本釈名)。この語源はいかにもこじつけくさいが、『大言海』も指摘するように、鮫の小目(さめ)、鰆の小腹(さはら)、秋刀魚の狭真魚(さまな)などと並べてみると、語頭の「さ」が狭(さ)である可能性を否定しきれない。「鯖」という漢字は、中国では、日本のサバを指すことはない(ニシンのことであったりする)。日本では、この字を『十巻本和名抄』*では「阿乎佐波(あをさば)」と訓み、『本草和名』*(一六)では、「佐波(さば)」と訓んでいる。

例「すべて北の海にあるところの、くさぐさの物は、鮐(ふぐ)、さめ、佐波(さば)」(出雲国風土記・秋鹿郡)

さはちりょうり《さはちれうり》【皿鉢料理】

高知県の郷土料理。大鉢に、カツオのたたき、さしみ・寿司・煮物・焼き物・揚げ物など数人分一緒に盛りつけた料理。「さはち」は「浅鉢」の略で、浅い大きな鉢の意。

さばをよむ【鯖を読む】

物を数えるとき、ごまかして数える。鎌倉時代の辞書に「鯖読み」という語があるので、それにちなむ語であろう。「ふたつづつよむをば、鯖読と云ふ事あり」(名語記)。二つずつ数えることから大まかに数える、ごまかす、と転じたのではないかと考えられる。ただし、この慣用句のいわれについては諸説ある。『大言海』は「鯖読み」の「さば」は「魚市(いさば)」の上略〈略〉読むとは数ふるなり」と言い、「いさば」とは魚市でい

わしなどを売る時、早口に数えることで急呼してごまかすこともあっただろうとする。「いさばよみ」という語は確認できないが「いさば」は魚の仲買人のことで、仲買人の魚の数え方を意味したものか。また、鯖は腐りやすいので、売り急ぎ数をごまかすこともあったことに由来するという説（上方語源辞典）もある。

例「数とりの銭ざしに鯖をよんで、奇妙頂礼不思議な手管」（談義本・教訓続下手談義・四）

さび【錆・寂】

金属が酸化してできる皮膜（「錆」）。また、古びて枯淡な趣（「寂」）。「さび（錆）」も「さび（寂）」も動詞「さびる」（文語さぶ）の連用形「さび」の名詞化したもの。「さぶ」は活気がなくなる意の動詞「荒（さ）ぶ」と同義。すなわち「さび（錆）」は金属がもとのつやを失って衰えたものであり、「さび（寂）」はもとの華やかさをなくした情趣を表す。なお、「さびしい」はこの語を形容詞化した語である。

例「汚れたる人の手を以て剣を採りたりしに依りて、金精（さび）身より出て抜けんとすれども不叶（かなはず）」（太平記・三二・直冬上洛事付鬼丸鬼切事）

サボテン【仙人掌・覇王樹】

サボテン科の植物の総称。アメリカ大陸原産。日本にはポルトガル・スペインとの交流を通して、江戸時代初期にもたらされた。語源は諸説あるが、「石鹼の意のポルトガル語 sabão と「手」との合成語の転」（広辞苑）という説が有力。また貝原益軒の『*大和本草』には、サボテンの説明として「油ノケカレヲヨクトル」とあり、当時サボテンには石鹼のように油汚れを落とす効力のあることが既に知られていた。つまり、「石鹼として使える手のような植物」という意を込めて「サボンテ」と名付けられたものが、やがて「サボテン」と変化し一般に広まったのである。サボンテ→サボテンのような音節順の交替はサンザカ→サザンカ、舌ツヅミ→舌ヅツミなどの例がある。「仙人掌」は漢名。

例「覇王樹（サボテン）　インデヤンセ、ヘイゲボーム」（辞書・蛮語箋）

サボる

ずる休みする。フランス語 sabotage（サボタージュ）の下略「サボ」を語幹として動詞化したもの。外来語の一部に語尾「る」を付けて動詞化する例には「ネグる」（ネグレクト）などもある。サボタージュの日本における初出は、大正八年、川崎造船所で大争議が起こったとき、当時の大阪朝日新聞記者・本多雪堂が社説において用いたものとされる。労働争議用語から転じて、現在では、学校や仕事を怠けることも言う。

例「ずるけてサボるんでねえんだ。働けねえからだよ」（小林

多喜二・蟹工船・昭和四年）

さま【様】

人名など人を表す語のあとに付いて敬意を表す語。「さま」の語源は不明。物事の状態、人の姿かたちを表す名詞の用法から、接尾語にも使われ出し、「外(と)さま」など方角を表す用法も出て来た。「おとども立ちてとさまにおはすれば」（源氏物語・浮舟）。敬称の接辞はこの方角を表す用法から中世になって生じたもので、直接その人を指すのではなく、そのあたりを間接的に指示するという婉曲表現に基づくものとされる。尊敬の接尾語としては「殿」の方が古く、「殿」の敬意の漸減を補うものとして「様」が使用され、現在でも「様」の敬意の方が高い。なお、「さん」は「さま」のよりくだけた形で近世以降の語である。

例「Vye sama（ウエサマ）はVyeno yŏna（上ノヤウナ）といふのであって、Tenca（天下）殿を指す」（ロドリゲス日本大文典・二）

さまよう《さまよふ》【彷徨う】

うろうろする。さすらう。「さ」を接頭語とする説（日本国語大辞典二版）と、サマ＋ヨフと分析する説（岩波古語辞典補訂版）とがある。後者によれば「サマは漠然たる方向。ヨヒはイサヨヒ、タダヨヒのヨヒ、揺れ動く意」となる。

例「われらを、かれがやうにて出でゐよとあらば、またさてもさまよひ歩くばかりにぞかし」（紫式部日記・寛弘五年一一月一二日）

ざまをみろ【様を見ろ】

人の失敗や不運をあざけって言う語。自分のみじめな様子を見なさいという意味でののしりとなる。「ざま」は、「さま（様）」の頭音サが濁音化した形で、様子・恰好をののしって言う語。この「さま」→「ざま」のように、語頭の清音を濁音化して好ましくないという評価を付加した例には以下のようなものがある。「かに（蟹）」→「がに」（例、がにまた）、「から（殻）」→「がら」（＝石炭のがら）、「たま（玉）」→「だま」（＝かたまり。例、だまになる）、「たれる（垂）」→「だれる」（＝気持がゆるむ）、「はてる（果）」→「ばてる」（＝疲れ切る）。

例「わあいわあいざまを見ろ」（滑稽本・和合人・二・上）

さみだれ【五月雨】

梅雨。「さ」は「さつき（五月）」「さなえ（早苗）」などの「さ」、「みだれ」は「水垂(みだれ)」の意といわれている。「みず（水）」が「み」になるのは、「みなと」「みおつくし」など類例がある。「五月雨」と書くのは陰暦五月ごろの長雨を指すからである。

例「五月雨に物思ひをれば郭公夜ふかくなきていづちゆくらむ」（古今集・夏）

さむらい《さむらひ》【侍】

武士。特に、近世の幕府でお目見え以上（旗本）、諸藩で中

小姓以上の称。「さぶらひの転」(大言海)。動詞「さぶらふ(候・侍)」の連用形が名詞化した「さぶらひ」の音転。*『日葡辞書』に「Feiqeno samurai(ヘイケノサムライ)」とあるように、室町時代にはサムライの語形が成立していた。「さぶらふ」は、上代語「さもらふ」の音転により発生したが(確例は中古以降)、この「さもらふ」は、サ(接頭語)+モラ(動詞「守(も)る」の未然形)+フ(反復・継続の助動詞)に分析され、「ある対象をじっと見守る」を原義とした。そこから「あり」の謙譲語として「貴人のおそばにはべって、その命令を待つ。伺候する」の意を派生した。「さぶらふ」にも、この用法が受け継がれ、名詞形「さぶらひ」は、中古には、貴人の家に仕えて雑用を勤める男の従者を意味したが、特に、貴人のそばで警固する者を称することもあった。これが、中世になると武将の家人、あるいは、広く武士階級の者をいうようになった。

例「さむらひは、せい小さく力は弱けれども、よろひ一領にしかるものなし」(曽我物語・一・おなじく相撲の事)

さめ【鮫】

エイ類以外のサメエイ目に属する海魚の総称。「さめ」は「狭眼(さめ)」の義とする語源説が多い。*『東雅』は、「サメの義不詳。古語にサといひしは狭(さ)也、小(さ)也。其の眼の小(すこ)しきなるをいふに似たり」という。*『和訓栞』『大言海』なども同説である。「さ」は幅の狭いことを表す造語成分で、「狭織(さおり)」(=幅の狭い布)、「狭物(さもの)」(=狭く小さい物)などと用いられた。この魚はフカとも言われ、また因幡(いなば)の白兎など上代文献に現れるワニやワニザメも、この一種か、と言われる。→さば

例「鮫魚〈略〉和名佐女(さめ)」(本草和名・一六)

さめざめ

涙を流し、声をしのばせて泣くさま。語源は不確かであるが、あるいは擬声・擬態語かと思われる。従来の説としては「俗に雨やさめと泣くともいへば、さめは小雨の義なるにや」(和訓栞)があり、『大言海』もこれを引く。また、「さめざめとのたまひて」(浜松中納言物語)のような例もあることから、泣く様子だけでなく、「しみじみ」と同じような意味を表す語だったとして、動詞「醒(さ)む」の連用形「さめ」を重ねた語とする説(暮らしのことば語源辞典)もある。この説によれば「われに返って心の底から~する」が、「さめざめ」の原義だというが、この意味で用いられるのは中世以降で新しい。

例「これ見ればあはれに悲しきぞとて、さめざめとなき給ふを見れば、ふしまろび泣き歎きたる影写れり」(更級日記)

さもしい 文語 さもし

心がいやしい。『時代別国語大辞典室町時代編』は「様(さま)悪(あ)し」の変化とする。同書によれば、サマアシからサマワシが生じ、さらに「さまうし」(これはサモーシに近い長音、い

わゆる開長音に発音された）となり、それが短音化してサモシとなったという。中世には「さまわし」という形が実在し、連歌書『長短抄』に「あさましくさまわしき物也」とある。「さましい」の語の語源について、古くから「沙門（しゃもん）」から出たという説（*『東雅』総論）があり、これを受けて『大言海』が「乞食（こつじき）するは、僧の生涯なり、因りて鄙（いや）しき意に云ひ、物を欲しがる意に移りしなり」と敷衍し、「沙門」を活用したものが「さもし」だと説いた。僧の意の「沙門」からあさましいの意の形容詞ができたというのは相当飛躍のある発想であり、また傍証となるものがない。

例「腕押しをせいと云ふ。腹押しならせうと云ふ。〈そのやうなさもしい事はいはぬものぢゃと云て、腕押しをさする」（狂言六義・首引）

さや【鞘】

刀剣の刀身や槍（やり）の穂先など、長めの物を差し納めておく筒。豆類の種子を包む殻の「さや（莢）」と同源だが、語源は不明。「狭屋の義也」（和訓栞）、「鋤屋（さひや）の略といふ」（大言海）など諸説あるが、確かなものは無い。用例から見ると、「鞘」の例は上代からあり、また*『新撰字鏡』に「鞘〈略〉佐也（さや）」とあるが、「莢」の例は上代に見られない。「鞘」と「莢」の先後関係は今のところ断定できない。

例「太刀のさやのきはやかに、黒うまだらにて、ひろう見えたるに」（枕草子・二二〇・賀茂の臨時の祭）

さやあて【鞘当て】

一人の女性を、二人の男性が争うこと。「さやあて（鞘当）」は、武士が道ですれ違うとき、刀の鞘（さや）や鐺（こじり）が当たることで、これがもとの争いを言った。歌舞伎では、二人の武士が遊女を争って鞘当てするという趣向がはやり、やがて女をめぐる男の争いを意味するようになった。

例「こなさんとは鞘当で、たうとう今は女房に、芸者のお辰が以前の客」（歌舞伎・謎帯一寸徳兵衛・大切）

さやか【清か】

はっきりしているさま。語源については諸説あるが、擬声語「さや」に「か」（接尾語）の接した語と考えられる。「か」は「静か」「はるか」などの「か」と同類。語根の「さや」について『古語拾遺』に「阿那佐夜憩（あなさやけ）。竹葉之声也〔竹葉（ささば）の声なり〕」とあるように、本来、竹の葉ずれの音を模した擬声語であったが、その澄みきった音のイメージから、単に聴覚的なものにとどまらず、視覚的にも、混じりけがなく澄みきって、はっきり・くっきりした状態を表す語として用いられるようになった。したがって、「さやか」をはじめとし、サヤを語根とする「さやけし」「さやに」などの語は皆、古くは、聴覚・視覚のいずれについても用いられた。例えば、「細谷川の音さやかに流れて」（狭衣物語・四）の「さやか」は、川の音

を言ったものである。

例「秋きぬと目にはさやかに見えねども風の音にぞおどろかれぬる」(古今集・秋上)

ざやく【座薬・坐薬】

肛門などにさしこんで使う薬。オランダ語 zetpil を蘭学者が直訳した和製漢語。zet は zetten(置く・座るの意)という動詞の派生語、pil は丸薬の意。『和蘭字彙』*(安政二〜五年)や『訳鍵』*(文化七年)に見られる。古くは「坐薬」という表記であった。宇田川玄随訳『西説内科撰要』(一二)に「喜んで坐薬を用ふ」とある。中国でも使っている語であるが、日本語から移入されたものである。

さゆ【白湯】

何も混ぜない飲むための湯。語源について、「白湯を云ふはさはすに同じ」(和訓栞)のように「素湯(すゆ)」の義とする説が近世からあり、『大言海』も「素湯」の転かという。しかし、「素湯」という語は知られていない。

例「旅衣たちよる寺に茶はなうてのみてこそゆけさゆの中山」(狂歌・古今夷曲集・六)

さようなら《さやうなら》【然様なら】

別れるときの挨拶の言葉。「さようならば」の「ば」を落とした形。「さようならば」は、そうならばという意味。「さ(然)」は「さあらば」「さこそ」などと用いる「そう」の意味の副詞。「よう」は「かよう」などと用いる漢語の「様(よう)」。「なら」は断定の助動詞「なり」の未然形。「ば」は接続助詞。「さようならば」で一語化して別れの挨拶となり、この形も明治まで用いられた。「さようなら(ば)」が別れの挨拶となるのは、「さようならば暇(いとま)申さん」などの後半を省略したものだからで、同じように「さらば」「それじゃ」なども別れの挨拶となる。今日では「さよなら」という短縮形も広く用いられている。

例「『さやうなら、御きげんよう』『行ってまゐりやせう』」(洒落本・曽我糠袋)

さよく【左翼】

急進的・革命的な政治勢力や人物。フランス革命時の一七九二年、国民議会で、急進派のジャコバン党が議長席から見て左側に議席を占めたことから、急進的・革命的な政治勢力や人物、ことに、社会主義・共産主義的傾向の集団や人物を「左翼」(aile gauche)と呼んだことに由来する。日本でもそうした傾向の人を指して言うようになった。→右翼

例「彼は最左翼の更に左翼に位していた」(芥川龍之介・侏儒の言葉・大正一二〜昭和二年)

さより【鱵・細魚・針魚】

サヨリ科の海魚。『大言海』によれば、「さ」は狭長なことで、「より」はサヨリの古名「よりとうお」の下略である。「よりとうお」は『延喜式』に「与理刀魚(よりとうを)」(七・神祇・践祚

大嘗祭）などとみえる。ただし、「よりと」の語源は不明である。「さ」については、「さば」「さめ」参照。

例「細魚　サヨリ」（易林本節用集）

さら【皿】

浅く平らな器。『*和訓栞』は「あさらけの略語なるべし」といい、『箋注和名抄』も「佐良（さら）蓋佐良介（さらけ）之省」という。「あさ」は浅で「ら」は助辞、「け」は食器の意味の笥（け）、すなわち「あさらけ」は浅い食器の意になる。ただ、「あさらけ」の古い用例は知られていない。「さらけ」は『正倉院文書』（天平宝字二年）に「佐良気（さらけ）」と見える。

例「鍾、裟羅（さら）、宝帳、香炉、幡（はた）の等き物を付け賜ふ」（日本書紀・持統三年七月）

ざら

多くあって珍しくないさま。語源については、多くの物が並び連なる意の「ざらざら」から生じたものか（角川古語大辞典）ともいわれるが、未詳。「ざらざらと何（いず）れも通る夜明方」（雑俳・うき世笠）は、多くの物が並び連なる意で用いられた例。現在は「ざらにある」「ざらだ」などと使われる。

例「寒念仏ざらの手からも心ざし」（雑俳・柳多留・一）

サラサ【更紗・紗羅紗】

人物・花鳥・草木・獣・幾何学模様などを、数色の色彩で手描きや型染めにした金巾（カナキン）や綿布。ポルトガル語 saraça が、直接の語源であるが、saraça の語源については、花などの模様を撒布する意のジャワの古語セラサからかとする説（新村出・外来語の話）をはじめ諸説あり、いずれとも定めがたい。

例「散る音も色もさらさの紅葉哉」（俳諧・犬子集・五・紅葉）

さらさら【更々】

少しも。一向に。副詞「さらに」の「さら」を重ねた強調表現。「さら」の語源について、『*和訓栞』は「更をよむはあらと通ず。新の義なるべし」と言い、『大言海』もこれを引用しているが、簡単に認めることはできない。この「さら」は「さらなり」「さらに」「ことさら」「今さら」などと用いられ、改まるさまを共通の意味として持っていると考えられている。現在、「さらさら」は、もっぱら否定の語と呼応して、強い否定を表すのに用いられているが、古くは肯定・否定のいずれにも使用された。「吾れや更々（さらさら）恋にあひにける」（万葉集・一〇・二九二七）は、今あらたに、の意。

例「更々（さらさら）家財を愛著（あいちゃく）せず、疾（はや）く出家を遂げ、一向に薬師如来に帰迎せん」（私聚百因縁集・四・七）

さらし【晒】

水で洗ったり薬品で処理したり日に当てたりして漂白した

麻布や綿布。動詞「さらす(晒・曝)」の連用形「さらし」が名詞化した語。動詞「さらす」は、余分なものを除くため、物を外気や日光や水などに当てて放置することである。布を洗って白くすることも「さらす」という。ちなみに、他動詞「さらす」に対応する自動詞は「さる(晒・曝)」(=長い間日光や風雨に当たって余分なものが除かれる意)だが、これを「さる(去・避)」と同源とする説がある(小学館古語大辞典)。「さる(去・避)」は、広く、物事や状態の移動・変化に関わる語義を有する点で、「さる(晒・曝)」との関連の可能性は認められる。なお、「されこうべ(髑髏)」の「され」は、この「さる(晒・曝)」の連用形である。

例「丹波の貲布(さゆみ)(=織目ノ荒イ薄地ノ麻布)、但馬の布、都の内には三条五条のさらしの布」(御伽草子・強盗鬼神・上)

さらば【然らば】

別れる時の挨拶の言葉。文語接続詞「さ(然)らば」が語源である。「さらば」は、「そう」の意の副詞「さ(然)」+ラ変動詞「あり」の未然形「あら」+接続助詞「ば」からなる「さあらば」が省略されてできたもの。「そうであるならば」が原義である。「さらば」の後に「別れん」などと言って別れを告げたものが、後半を省略して別れの挨拶となった。なお、「さらばよと別れし時に言はませば我も涙におぼほれなまし」(後撰集・離別)のように、感動詞的用法と解される実例は、一応平安時代以降見える。現在この語は「おさらば」の形で、縁切り、この世を去ることなどの意味で使われるが、これは「さらば」の名詞化したものに、丁寧語の「お」を付けたものである。

例「『身共(みども)もやがて御見廻り申さう』『さらばさらば』」(虎明本狂言・岩橋)

ざらめ【粗目】

結晶の粗(あら)い砂糖。「粗目糖(ざらめとう)」の略。語源については、『大言海』に「粉の如き砂糖に対して、粗糙〈ザラザラ〉なる意か。或は、南洋語ならむも知るべからず」とあるが、該当する南洋語については確実なことはわかっていない。

例「黒砂糖はなきにあらざれども用少なく、白・三盆(さんぼん)・ざらめ・車糖(くるまとう)等は稍々(やや)これ等より優れたるものなり」(平出鏗二郎・東京風俗志・明治三二〜三五年)

ざりがに【蝲蛄】

ザリガニ科の甲殻類の総称。語源については、「しざりがに」の略と「いざりがに」の略の二説がある。『大言海』は「却行蟹(しざりがに)の上略、故にザリと濁音を遺(のこ)す〈略〉後方へ退(しざ)り行く性あり」という。「しざり」は、あとずさりする意の動詞「しざる」の連用形。横にはう普通のカニに対して、後退するというザリガニの性質に注目した説である。ち

なみに、「しざる」の古形は「しさる」で、「後（しり）去るの略か」（大言海）といわれる。もう一つの説の「いざりがに」の「いざり」は膝行する意の「いざる〈ゐざる〉」の連用形。「蝲蛄（らっこ）」は同義の漢語。

さる【猿】

ヒト以外の霊長目の動物。語源は諸説あるが、信じがたい。『*和訓栞』は「まさるといふぞ本名なるべき。獣中の智の勝（まさ）りたる義なるべし」という。『大言海』は平田篤胤の『玉襷』を引いて「能く戯（さ）るるの名」とする。なお、サルは人間によく似ているが及ばない、というところから、「さる」という語には、「さるまね」「さるぢえ」などと用いて、一見小利口そうだが本物ではないという、おとしめの気持ちを表す用法がある。

例「酒飲まぬ人をよく見れば猿（さる）にかも似る」（万葉集・三・三四四）「岩の上（へ）に古佐屢（こざる）米焼く米だにも」（日本書紀・皇極二年一〇月・歌謡）

ざる【笊】

竹などを編んで作った皿型・鉢型の容器。『大言海』は「古言いざるの上略」とし、「いざる」は「湯去り」の転とする。語頭イの脱落はおこりやすく、イダク（抱）→ダク、イバラ（薔薇）→バラなど多数見られる。このような「い」の脱落は自然だが、「いざる」が「湯去り」から出たということについては「湯去り」という語もなく問題が残る。「いざる」の用例は、『*天治本新撰字鏡』に「笊　盛穀之竹器也〈略〉伊佐留（いざる）」と見えるのが古い。「ざる」の語形が現れ始めるのは、「いやしい者のことわざに、ざるに水を入るるやうなと云ふぞ」（抄物・玉塵抄・六）とあるように、室町時代頃からである。

さるぐつわ【猿轡】

声を立てさせないように、口の中に押し込んだり口に嚙ませて後頭部にくくりつけたりしておくもの。「さる（猿）」は、『大言海』の指摘するように、戸締りの仕掛けのことで、戸の裏側で框（かまち）や桟（さん）に取り付け、鴨居や敷居・柱などの穴に差し込むようにした栓をいう。「猿」の字を当てるについては、猿は、物を取ればとどめて放さぬ性質があることから、戸を動かないように「止（とど）むる意」から出たものかとする（大言海）。「くつわ（轡）」は、馬の口にかませて手綱（たづな）を取り付ける金具で、『大言海』をはじめ、諸書、「口輪」を語源とする。つまり、「さるぐつわ」とは、戸が開かないように口を開かなくする、口にかませる道具ということである。

例「兵衛（ひやうゑ）は姫君にさるぐつわをはめて、つの国あまがさきに帰り」（御伽草子・ゆや物がたり・下）

さるしばい さるしばゐ**【猿芝居】**

すぐ見透かされるような、浅はかなたくらみ。本来、猿に芸を仕込み、かつらや衣装を着けて歌舞伎役者のまねをさせ

る見世物のことで、「猿歌舞伎」とも称した。転じて、下手な演劇をあざけっていう用法を派生し、更に、見えすいたたくらみをあざける言葉となった。

例「あるいは花見の開帳に、又は傾国、猿芝居、人立多き所にて、人のふところ腰のまはり手がさはるとこっちの物」（浄瑠璃・吉野都女楠・二）

さるすべり【百日紅・猿滑】

ミソハギ科の落葉高木。木の肌がつるつるしていて、木登りが上手な猿でさえも滑り落ちてしまいそうだという意味で命名された。「百日紅（ひゃくじつこう）」は漢名。赤い花が次々と開き花期が長いという特徴に着目して名付けられたもので、百日もの間赤く咲いているといった意味である。

さるまた【猿股】

腰から股のあたりを覆う、男性用の短い下ばき。『大言海』は「さるまた」は「猿股引（さるももひき）」と同じとして、「股（もも）を股（また）と読みたるなり」という。「さるももひき」については、*『守貞漫稿』に「旅行の半股引、京坂には股引とのみ云ふ。江戸は猿股引と云ふ」のような説明がある。

例「十年間考えて漸く猿股を発明してすぐさま之を穿（は）いて」（夏目漱石・吾輩は猫である・明治三八～三九年）

されこうべ《されかうべ》【髑髏】

風雨にさらされて肉が落ち、白骨化した頭蓋骨。「曝（さ）れ首（こうべ）」の意で、「され」は、動詞「曝（さ）る」の連用形である。この動詞は、他動詞「曝（さら）す」に対する自動詞形で、長い間、日光や雨風などに当たるがままの状態に放置された結果、表皮や表面の色が消失して白け、内部にあるものがむき出しになる意を表した。「こうべ〈かうべ〉」の語源については、「かみへ（上方・上辺）」や「かみへ（髪方・髪辺）」（ともに和訓栞ほか）、あるいは「かぶうへ（頭上）」（大言海）などをはじめとして、諸説ある。漢語「髑髏（どくろ）」は死人の頭蓋骨の意。

例「ここであた敵（かたき）のされかうべをせめて打ち砕いて、敵をとった思ひをなして」（抄物・玉塵抄・一六）

さわ《さは》【沢】

谷。谷川。低湿地。語源について確実な説はないが、『桑家漢語抄』（文明元年奥書の辞書）は「沢　佐和（さわ）。本用多字〈略〉水沢生物繁多也。故曰佐和（沢　さわ。もと多字を用ゐる〈略〉水沢物生ずること繁多なり。故に佐和といふ）」と説く。更に「多（さわ）」の語源について、『大言海』は「真多（さおほ）の、サホ、サハと転じたる語か」という。上代、「沢」は谷と沼沢の両方を意味したが、現在では、おおむね東日本は谷、西日本は沼沢と分離している。

例「君がため山田の沢にゑぐ採（つ）むと雪消の水に裳の裾ぬれぬ」（万葉集・一〇・一八三九）

さ

さわぐ【騒ぐ】
やかましい声や音を立てる。語源については「サワサワの、サワを活用す、音(おと)なり」と『大言海』が説くように、擬声語「さわ」を動詞化した語で、副詞「さわさわ」とは同源。上代はサワクと第三音節が清音だったが、平安時代末期には「喿　サハグ」(観智院本名義抄)のように濁音を示す記号(声点)が付された辞書もある。
例「み吉野の象(きさ)山の際(ま)の木末(こぬれ)にはここだも散和口(さわく)鳥の声かも」(万葉集・六・九二四)

さわちりょうり《さはちれうり》【皿鉢料理】⇩さはちりょうり

ざわめく
多くの声や音が入りまじって騒がしい感じになる。「ざわ」は、「ざわざわ」「ざわつく」の「ざわ」と同じ擬声語。「めく」は、「夏めく」「きらめく」などの「〜めく」で「〜のような状態になる。〜らしく見える」の意の動詞を作る接尾語である。
例「村鳥群れゐるごとくざわざわざわ、ざわめき渡って見えたるは、契約の討手の軍兵ござんなれと」(浄瑠璃・国性爺後日合戦・二)

さわら《さはら》【椹】
ヒノキ科の常緑高木。「椹木(さわらぎ)」ともいう。『大言海』は、「さわらぎ」を「檜に似て軽鬆(さわらか)なる木の義なるべし」とし、「椹」の字は、「甚(はなは)だ檜に似たりと云ふ造字にもあるか」という。「さわらか」は、現代語の「爽やか」と同源の語で「(髪の毛などが多くなく)すっきりとしている」といった意味を表す古語である。「椹」は、外見が檜に非常に似た木であり、葉は檜よりいくぶん小さめで、その材は、檜に比べ柔らかく軽い。このような状態を、檜に似て、檜よりもさわらかな木と捉え、「さわらぎ」「さわら」と呼ぶようになったもの。
例「弱檜　サハラ」(易林本節用集)

さわり《さはり》【触り】
話の聞かせどころや演劇・映画などの見どころ。動詞「触(さわ)る」の連用形「さわり」が名詞化したもので、もとは義太夫節の用語であった。すなわち、義太夫節で、義太夫節以外の他流の曲節を部分的に取り入れた箇所のことを、「さわり」と言った。「誠にものに触り触るがごとく、外のふしにかかるを触りといふなり」(要曲異見嚢)。義太夫節では重要な部分を目立たせるため、他の流派の曲節を採り入れたという(赤坂治績・ことばの花道)。そのため重要な部分をさわりと言うようになり、聞かせ所、見せ所ともなった。
例「やっぱり素人にはさわりのとこが一番面白うござんすわねえ」(木下杢太郎・和泉屋染物店・明治四四年)

さんいん【山陰】
中国地方のうち、中国山地より北の地域。鳥取・島根両県

と山口県北部。兵庫県・京都府の北部を含めることもある。「山陰」とは、山の陰（かげ）の日の当たらない側、すなわち「山の北側」を意味する普通名詞だった。これが、「山陰道」として、古代律令制における「七道」の一つである、中国山地北側の日本海に面する諸国一帯（丹波・丹後・但馬・因幡・伯耆・出雲・石見・隠岐の八国）を統轄する地方行政区画名に採用されるに及び、その名称が地域名となった。なお、『日葡辞書』*には、「Xenindŏ（センインダゥ）」「Xenuondŏ（センヲンダゥ）」という項目があって、「さんいんどう」に当たる項目は立てられていない。セン・オンは、それぞれ「山」「陰」の呉音。→山陽

例「北陸（ほくろく）の郷、二百卅。山陰の郷、三百八十六。山陽の郷、四百九十八」（随筆・柳庵雑筆・三）

さんがいにいえなし【三界に家無し】

女性の不安定な地位を表す諺。仏教において命あるものが輪廻転生する迷いの世界を、欲界（kama-dhatu）、色界（rupa-dhatu）、無色界（arupya-dhatu）の三つに分けて「三界」という。それらいずれの世界にも安住の地がないことから、どこにも身を落ち着ける所が無いの意。

例「三界無家、六趣不定〔三界に家無く、六趣は不定なり〕」（三教指帰・下）

さんぎょう《さんげふ》【産業】

農林業、工業、建設業など生活に必要なものを生み出す事業。「産業」は漢籍（史記、後漢書など）に典拠があり、ものを生み出す仕事・生業という意味で、日本でも『続日本紀』に例が見られる（大宝元年九月の条）。明治になって英語property や industry の訳語に当てられるようになり、大規模な近代的事業の意味に変わって一般化した。

例「彼の産業おほいなりければ也」（ヘボン・ブラウン訳・馬太伝・明治六年）

ざんぎりあたま【散切り頭】

月代（さかやき）を剃らないで、後ろへなでつけた髪形にした頭。「ざんぎり」の「ざん」は「散（さん）」。『大言海』は「散髪（ちらしがみ）、散髪（さんぱつ）の散なり。嫌はしく思ふよりして濁らするなるべし」という。濁音の表現価値については「ざまをみろ」参照。結髪が普通であったときに、髪を散らしているのは特殊であった。古く六世紀の人物埴輪像にも見られる髪形であるが、明治四年の散髪脱刀令以降流行した。「ざんぎり頭を叩いてみたら文明開化の音がする」と囃された。

例「年頃は二十七八真中から左右へわけたざん切り頭」（高畠藍泉・怪化百物語・明治八年）

ざんげ【懺悔】

自分の犯した過去の罪悪を悔い改めること。許す意の梵語kṣama の漢字音訳である「懺摩（さんま）」の下略形「懺」と、

過去の罪過を追悔する意の「悔」との複合語である。本来、仏教語で、自ら犯した罪過を悔い、仏や師・衆人などの前に告白して忍容を乞うことを意味した。中世末期にキリスト教が伝来すると、ポルトガル語「confiçan」（仮名音写「こんひさん」）の訳語として、「懺悔」が転用された。コンヒサンは「告白（告解）」を意味する。近世になると、打ち明けることにも用いられるようになり、現代に至っている。「懺」は漢音サン・呉音センで、ザンは慣用音だった。元禄ごろまではサンゲとのみ発音された。語頭濁音化の原因については、「慚愧懺悔（ざんぎさんげ）」と熟合して用いられることが多かったため、ザンギにあわせてザンゲになったという説（亀井孝『懺悔考・女郎考』）がある。なお、ザンゲのゲは「悔」の呉音ケが連濁したもの。

例「御尤も御尤も、御不審の立つはず、そんならさんげいたしましょ」（浄瑠璃・大経師昔暦・上）

さんごくいち【三国一】

世界一。本朝（ほんちょう）・震旦（しんたん）（＝中国）・天竺（てんじく）（＝印度）の三か国中で第一であることが原義。古くは、本朝・震旦・天竺の三国が全世界と認識されていたことから、世界一の意となった。

例「まことにわが朝の事は言ふに及ばず、唐土天竺にも主君に志ふかき者多しといへ共、かかるためしなしとて、三国一の剛の者と言はれしぞかし」（義経記・八・継信兄弟御弔の事）

さんした【三下】

取るに足らない奴。ちんぴら。語源は、下っぱの博徒をいう「三下奴（さんしたやっこ）」の略語（大言海）。「三下奴」の語源については、「バクチ用語。三という数は、およそ勝てない目で最高点の九に遠いが、さらにその三より下なら二と一しかなく、全然問題にならない奴という意味」（正岡容・明治東京風俗語事典）との説がある。

例「あほらしうて、対手（あいて）になられんはい。なんぞと三下に見てゐるはな」（滑稽本・浮世風呂・三・上）

さんじゅ【傘寿】

八〇歳。八〇歳の祝い。「傘」の略体である「仐」が八十と読めることから「傘」を八〇とし、これに、長寿を祝って「寿」の字を添えた。「さん」は「傘」の字音である。→喜寿

さんしょう《さんせう》【山椒】

ミカン科の落葉低木。室町時代以降用例が見られる。和語の古名をハジカミと言い、『古事記』にも「波士加美（はじかみ）」と現れている。もともとミカン科の植物を指していたハジカミという名は、辛いという共通点から、後に伝来した生薑の名となってゆく。これに伴い「山椒」がこのミカン科の植物の名として定着した。漢名は「蜀椒（しょくしょう）」。「山椒」

は中国では「山頂」の意。これを日本では山で採れるこの植物の名として用いた。

さんしょううお《さんせうを》【山椒魚】

サンショウウオ科などに属する両生類の総称。植物の山椒に語源を求める説がいくつかある。その中で『本朝食鑑』(元禄一〇年)は、この魚の表皮が山椒の樹皮のようだからだという。あるいは、山椒の匂いがするからという説もある。オオサンショウウオのことを、ハンザキともいうが、これは体を半分に裂かれても生きているからである。大変精力の強い生き物と考えられ、結核の薬などとされていた。

さんそ【酸素】

燃焼や呼吸に必須な無色無味無臭の気体。蘭学者によってオランダ語　zuurstof　の訳語として造られた和製漢語。zuur は酸っぱい、stof は素材・物質の意。なお、「水素」「窒素」なども和製漢語である。

例「硫酸を剖解すれば分れて硫黄と酸素との二物となる」(医学・遠西医方名物考補遺・七)

サンドイッチ

薄く切った二枚の食パンの間にハム・野菜・チーズなどを挟んだ食べ物。英語 sandwich から。サンドイッチは一八世紀イギリスのサンドイッチ伯爵(Jhon Montagu, 4th Earl of Sandwich)の名にちなむ。サンドイッチ伯爵はトランプゲームが大好きで、ゲーム中でも片手で食べられるように、パンに具を挟んだ物を用意させていたことから、この食べ物をサンドイッチと呼ぶようになったという。日本では明治三〇年代以降用例が見られる。

例「『サンドヰッチ』に舌鼓をうち」(徳富蘆花・思出の記・明治三三〜三四年)

さんどがさ【三度笠】

菅笠(すげがさ)の一つで、深く顔をおおうように作ったもの。近世、飛脚や旅人が多く使った。*『守貞漫稿』に、「三度笠、大深(おほふか)とも云ふ。菅笠の一種なり。三度飛脚これを用ふ。故に名とす。深くすることは、誤って落馬することある時、面部を疵せざる備へか。又は、四時風を防ぐを要すか。此の笠、貞享中、始めて製す」とある。三度飛脚とは、毎月三度定期的に大坂・江戸間を往復した飛脚をいう。

さんどめのしょうじき《―しゃうぢき》【三度目の正直】

最初の二回の失敗はあてにならないが、三度目は本来の結果が出てうまくゆくこと。「三度目の正直」という諺の例は、近世には見えず、近現代になって現れる。近世には、「三度の神(は)正直」「三度目が本」「三度目が大事」など類似の諺の使用例が見える。これらの中では、「三度目が大事」あたりが古い。これは、一度や二度では偶然に支配されるから諦めるのは早い、三度目が肝心なのだという気持ちから生まれた諺

だろう。なぜ三度かというと三度には何回もという心がこめられている。「三度目の正直」が第二次世界大戦後普及するに当たっては、英語の諺 The third time lucky.(「三度目の正直」の意味)の影響が指摘されている(岩波ことわざ辞典)。

さんぱつ【散髪】

髪を切り調えること。調髪。「散髪」の漢語としての本来の意味は、髪を振り乱す散らし髪のこと。日本では江戸時代までは、元結で結ばない髪形を言った。明治になってから、「ざんぎり」(=月代(さかやき)を剃らず元結で結ばず、髪を後ろになで付け衿元で切った髪形)を言うようになった。のちに調髪の意味で使われる。

例「散髪を渡世としている事が解かった」(夏目漱石・硝子戸の中・大正四年)

さんびょうしそろう《さんびやうしそろふ》**【三拍子揃う】**

(三つの)よい条件が完備する。もともと邦楽で、小鼓・大鼓(おおかわ)・太鼓(または笛)などの三種の楽器を合わせて拍子(ひょうし)をとることや、その拍子のことを「三拍子」と言った。それら三種の楽器がぴたりと調和して「三拍子」がうまくきまることを「三拍子揃(そろ)う」と称した。転じて、条件がすべて揃うことを、「三拍子揃う」と表現するようになった。古くは、「酒と博奕(ばくち)と女郎買三拍子揃った上」(歌舞伎・恋闇鵜飼燎・三二)のように、悪い場合にも用いられた。なお、「拍」をヒョウ〈ヒャウ〉と読むのは、慣用音である。

さんぴん【三一】

下級の武士の卑称。近世の随筆『塵塚談』(文化一一年)は次のように言う。「下女下男給金の事、宝暦年間迄は、若党、金三両也。主人の髪、月代(さかやき)にても致す者は、三両一分も遣はしたり。故に、皆人三両侍と云ひ、又、見苦しき侍を見ては、三ピンの様だと云へり」。これによれば、「さんぴん」は三両一分で雇われる若党のことである。「ぴん」はカルタやサイコロの目の一の数のことで、点の意のポルトガル語pinta(英語の point にあたる)を訛ってピンと呼んだことに由来する。これに対して一説に、「三両一分」ではなく「三両一人扶持(=三両と一日玄米五合)」から出たともいう(松村明『江戸ことば・東京ことば』ほか)。

例「尻を引んまくって、コレエ爰(ここ)を切れ切れと突付れば、三両(さんぴん)は無念を忍(こら)ひ」(洒落本・新吾左出放題盲牛・俠八歯臍)

さんぺいじる【三平汁】

北海道・東北地方の郷土料理。ぬか漬けのニシンをぶつ切りにし、ジャガイモ・ダイコン・ネギなどと一緒に昆布だしで煮たもの。魚はサケやタラも用いる。名称の由来は、松前藩の賄方(まかないかた)・斎藤三平が創案したことにちなむとされ

る。

さんま【秋刀魚】
サンマ科の海魚。語源について『大言海』は、「狭真魚（さまな）」から転じたものという。「さ」は狭いの意で、サヨリ、サワラなど、いずれも体の狭長な魚に付く。「まな」は魚の意、つまりサンマは細長い魚の意味である。「秋刀魚」という漢字表記は、秋によくとれる細長い魚を、刀に見立てたもの。↓さば・さめ

ざんまい【三昧】
その事に熱中している意を添える接尾語。梵語 samādhi に相当する漢字音訳「三昧（さんまい）」の転。意訳では「定（じょう）」「等持（とうじ）」などとする。本来、仏教語で、一つの対象に集中する瞑想的な境地などを意味した。室町時代になると、名詞の下に付いて、その事だけに熱中したり、勝手放題にやりふけったりする意を添える接尾語の用法を生じた。この場合、連濁により、ザンマイとなることが多い。現代では、ほとんど、この接尾語の用法で用いられている。
例「毎日、日の暮るるまで、琴ざんまいまでぞ」（抄物・玉塵抄・一〇）

さんまいめ【三枚目】
道化者の男。歌舞伎の顔見世興行で役者の看板を並べるとき、三枚目に道化方の役者の看板が来るところから、道化役を言うようになった。なお、「三枚目」は、近代になって一般化したものと思われる。↓二枚目
例「中村なにがしという芸名を持つ三枚目専門の若い役者」（久保田万太郎・末枯・大正六年）

さんめんきじ【三面記事】
新聞の社会面の記事。明治時代に新聞が四ページだてであった頃、特に「小（こ）新聞」と呼ばれる庶民向けの新聞では第三ページに市井の雑事・人物月旦・花柳情話などの社会記事を載せたことから、新聞の社会面を「三面」といい、その記事を「三面記事」と呼んだ。古くは、「湯屋の喧嘩も同じく、三ノ面記事の常套として」（尾崎紅葉・金色夜叉・明治三〇～三五年）のように、「ノ」を介した「三ノ面記事」という形でも言われた。

さんもんばん【三文判】
出来合いの安価な印判。「三文（さんもん）」とは、一文銭三枚の価、転じて、値段のごく安いこと、値打ちのないことを意味した。「二束（にそく）三文」「三文の値打ちもない」などの「三文」もその意である。「三文判」とは、一個三文で売った出来合いの粗末な印をいった。江戸時代、印判を日常的に所持しない庶民は、捺印の必要が生じると、これを求めて用にあてた。「三文判」という名称が定着した結果、のちに売価は変わっても、既製で売り出される粗末な印判の称として言われ

続けるに至った。
例「三文判はいくらだとたわけもの」（雑俳・川傍柳・一）

さんよう《さんやう》【山陽】
中国地方のうち、中国山地より南の地域。岡山・広島両県と山口県南部。「山陽」は、もと、山の日の光を受ける側、すなわち「山の南側」を意味する普通名詞だった。これが、「山陽道」として、古代律令制における「七道」の一つである、中国山地南側の瀬戸内海に面する諸国一帯（播磨・美作・備前・備中・備後・安芸・周防・長門）を含む地方行政区画名に採用されるに及び、「山陽」は、日本の地域名となった。なお、『落葉集』に「山陽道〈せんやうだう〉八ケ国」、『御触書寛保集成』正徳六年四月条に「五畿七道之中に、東山道　山陰道　山陽道〈せんやうだう〉　いづれも山の字をせんとよみ申し候ふ」などとあり、古くは、センヤウダウと呼ばれていた。センは「山」の呉音。↓山陰
例「五畿・七道、山陽・南海諸道の人を誘導し、今に於ける、いよいよ盛なりと聞けり」（蘭学・蘭東事始・下）

さんをみだす【算を乱す】
ちりぢりばらばらになる。「さん（算）」は算木（＝計算や占いに用いる棒）のこと。ある意味を表すように並んでいた算木をばらばらにしてしまうことで、隊列や秩序をもって並んでいたものが無秩序になることを表す。
例「やにはに三十騎ばかり射倒し、手負ひ・死人、算を乱すに異ならず」（信長公記・一）

し

しあさって ⇩やのあさって

しあわせ《しあはせ》【幸せ・仕合わせ】
好運。幸福。「し合はす」の連用形「しあはせ」の名詞化。「し合はす」はサ変動詞「す」の連用形「し」と下二段動詞「あはす」の終止形が結びついたもので、うまく合うようにする、つじつまを合わせるというような意味である。室町時代になると、名詞化した「しあはせ」が「なりゆき・運命」などの意に用いられるようになる。室町時代末期から「そなたは仕合な人ぢゃ」（虎明本狂言・末広がり）のように、現代語と同じ「好運」の意で用いられるようになった。好運、悪運の両様に用いられたものが、好運に限定されたのは、もともと「しあはす」にうまくやりとげるという意味が含まれていたからかと思われる。
例「君の様な親切な夫を持った妻君は実に仕合わせだな」（夏目漱石・吾輩は猫である・明治三八～三九年）

しいたけ《しひたけ》【椎茸】

シメジ科のきのこ。椎（しい）などの木に生える茸（たけ）という意。「茸」はきのこの意。

例「ほうれんさうのひたし物・椎茸などにて飲み懸け」（浮世草子・好色一代男・八・三）

しお《しほ》**【塩】**

食塩。語源は不明。『大言海』は「白穂の略かと云ふ」というが信じられない。「うしお（潮）」とは何らかの関係があると思われる。「うしお（潮）」は「しお（塩）」が元で、「うみしお（海塩）」から出たとする説（名語記など）が無難である。しかし、「塩」は日本では海水からとるものなので、「うしお」から「しお」になったと見る説もある。

例「志賀の海人の一日もおちず焼く之保（しほ）の辛き恋をもあれはするかも」（万葉集・一五・三六五二）

しお《しほ》**【潮・汐】**

海水の干満。よい機会。語源は「しお（塩）」参照。漢字表記の「潮」は朝しお、「汐」は夕しお、の意で、ともに朝夕の海水の干満を意味した。また、昔、船は海水の干満をはかって出航したので、「しお」は「好機」の意味になった。『万葉集』（一・八）の「熟田津（にきたつ）に船乗りせむと月待てば潮もかなひぬ今は漕ぎ出でな」は潮の具合が願い通りになった、すなわち、「よいしお」になったから船を出そう、という歌であって、「潮時」と同じ意味。↓塩（しお）

例「あみの浦に船乗りすらむをとめらが玉裳の裾に四宝（しほ）満つらむか」（万葉集・一・四〇）

しおさい《しほさゐ》**【潮騒】**

潮が満ちてくるとき、波がザワザワと音をたてること。また、その音。「しお」は海水の干満、「さゐ」は「騒ぐ」の「さわ」の転であろう（大言海）。ちなみに、「騒ぐ」は、さわさわとたつ音の「さわ」を動詞に活用したという（大言海）。

例「潮左為（しほさゐ）にいらごの島べこぐ船に妹乗るらむか荒き島廻（み）を」（万葉集・一・四二）

しおどき《しほどき》**【潮時】**

好機。古くは「しほとき」とも。もともと潮が満ちたり引いたりする時を表す語であったが、その潮の変わり目という意味から、物事をしたりやめたりするのに適した時という意味を生じたものであろう。↓潮（しお）

例「いかにせむ塩時ならし波の音の枕に高きしかの浦舟」（言継集）

しおらしい《しほらしい》 文語 しほらし

控えめで従順である。『大言海』は「萎（しを）るる意ならむ」とする。これによれば「しおらしい」は「しおる」を形容詞化した語だということになる。しかし、この説では、次のような用例の解釈は難しい。「膳も上がれば火を直し、茶請けとこれを名付けつつ、しほらしき菓子どもをいろいろ組みて出しけ

れば」（御伽草子・別本酒茶論）。この「しほらしき」は風情のあるという意味だろう。そのようなところから、濡れてしっとりと潤う意の動詞「霑（しほ）る」と同源とする説（角川古語大辞典ほか）が出てくる。潤っているさまから風情のあるさま、上品で優美なさま、可愛らしく可憐なさま、控えめで従順なさまなどのような意味を派生していったものと想定される。なお、歴史的仮名遣いは語源を「萎る」とすれば「しをらしい」となり、「霑る」とすれば「しほらしい」となる。

例「祝鮀（しゅくだ）（＝衛国ノ大夫）はしをらしき者にて弁舌あり。故に霊公の気に合へり」（抄物・応永本論語抄・雍也）

しおり《しほり》【栞・枝折】

本の読みかけのところに挟んでしるしとするもの。もと、木の枝などを折って道しるべとすることであった。その意の動詞「しほる」の連用形「しほり」が名詞化したもの。「しほる」は、しわめたりたわめたりする意の「撓（しほ）る」と同源で、道しるべのため枝をたわめ折るという意味である。初めは「しをりしてゆく旅なれど」（大和物語・五四）のように、もとの意味で使われていたが、江戸時代に現代語と同じ意味が派生した。なお、「枝折」という表記は枝を折るからこう書くわけだが、当て字である。また、歴史的仮名遣いでは「しをり」と書くこともある。

例「どれ、読みさしへ仕折（しをり）して夕飯（ゆふげ）の支度しませうか」（歌舞伎・児雷也豪傑譚話・序）

しおりど《しほりど》【枝折戸】

木の枝や竹などの折ったものをそのまま縦に並べて作った、簡素な開き戸。→しおり

例「此方（こなた）の枝折戸突きひらき、欠け込むはづみ立ち上がる」（人情本・春色梅児誉美・三・一三）

しか【鹿】

シカ科に属する動物。牡鹿を意味する「せか」の転だといわれる（大言海など）。「せか」の「せ」は夫、恋人、兄弟など親しい男性を指す語で、「我がせ」の形でよく使われた。ただし、「せか」の確かな例は残っていない。「せか」の「か」は、単独で鹿を意味した。「か」の語源は、『大言海』など、その鳴き声によるとする。鹿の鳴き声は、古く「かひよ」と表されている。「秋の野につまなき鹿の年を経てなぞ我が恋のかひよとぞ鳴く」（古今集・雑体）。「せか」の対とされる「めか」「めが」は、『*十巻本和名抄』に「鹿〈略〉米賀（めか）」、『*日葡辞書』に「Mega メガ（牝鹿）　牝の鹿」などと記載されている。

じか《ぢか》【直】

直接。「直」の呉音ジキの変化したもの。「直談判」「直火」などのように名詞の前に付けたり、「直に」のように副詞にしたりして用いる。

例「はなさしゃれ一の富より直に銀」（雑俳・軽口頓作）

しかい《しくわい》【司会】
会の進行をうけもつこと。「司会」は中国古代では、会計を司る官名であった。日本では明治以後、会合を司るという意味で用いられるようになった。「会」の意味が、古代中国の「会計」から、「会合」に変ったわけである。
例「Shikwai シクワイ 司会」（和英語林集成・三版）

しかい【視界】
目で見られる範囲。明治期に造られた和製漢語で、「界」は「範囲」の意味である。「磁界」「租界」なども、「範囲」を表す「界」を用いて造られた新しい漢語である。
例「忽ち一群の人数、彼方の闇より我等が視界に過り入つたり」（島村抱月・囚はれたる文芸・明治三九年）

しかく【視覚】
目で見る感覚。オランダ語 gezigt の訳語。蘭日辞書『訳鍵』*（文化七年）に記載がある。「感覚」と同様、蘭学者によって造られた和製漢語。明治になって英語 sight の訳語として一般化した。
例「其時小林の太い眉が一層際立ってお延の視覚を侵した」（夏目漱石・明暗・大正五年）

じかたび《ぢかたび》【地下足袋】
ゴム底のついた労働用の足袋。普通の足袋は地面を歩くとき履物をはいて歩くが、この足袋は外で履くものなので、じかに地面に接する。地面にじかに接する足袋という意味で名付けられたもの。この説では、「地下足袋」の「地下」は当て字となる。一説によれば、炭鉱で試験履きをしたので、（炭鉱は地下にあることから）地下足袋と命名したという。しかし「地下足袋」という表記は、この履き物が炭鉱で用いられたことから、後に当てられたものだろう。「ちかたび」とも言う。

しかつめらしい【鹿爪らしい】（文語）しかつめらし
もったいぶって堅苦しい。「しかりつべしい」、あるいは「しかありつべくあるらし」の略転であるという（日本国語大辞典二版）。「しかりつべしい」の「しかり」は「そのよう」の意の副詞「しか」に動詞「あり」の熟合した形。「つ」は完了の助動詞「つ」の終止形、「べしい」は推量の助動詞「べし」を口語形容詞に準じて活用させた終止形。「しかありつべくあるらし」の、「べく」は「べし」の連用形、「ある」は「あり」の連体形、「らし」は推量の助動詞である。直訳すれば、いかにもそうであるらしいという意味になる。「しかりつべしい」はシカツベシイ→シカツベラシイ→シカツメラシイと変化したという。しかしシカツベラシイが途中から出て来るのはおかしい。「しかありつべくあるらし」はシカツベウアラシ→シカツベエラシ→シカツベラシと変化したという。
例「寧ろ当然のことならめ、と鹿爪らしういはれたりしが」

（坪内逍遥・当世書生気質・明治一八～一九年）

しかばね【屍】

死体。なきがら。「しにかばね」の転。「しにかばね」は『日本霊異記』（中・一）の訓釈（高野本）に、「死骸、二つ合して、死ニカハネ」と見えるように古くから用いられていた語。「かばね」は骨の意であるが、語源は不明（『大言海』は「幹骨（からほね）」の略転かという）。「屍」の文字は古くから見られるが、「しかばね」の確かな仮名書きの例は、中世末期以降に見られるようである。永禄二年（一五五九）編の辞典『いろは字』に「屍　シカバネ」、*『日葡辞書』にも「Xicabane（シカバネ）」と記されている。

例「屍（しかばね）を路径にさらさんよりは」（信長記・一五・二）

じかやくろうちゅうのもの【自家薬籠中の物】

必要に応じて自分の思い通りに使えるもの。出典は『唐書』（儒学下・貞元澹伝）の「仁傑笑曰、君正吾薬籠中物、不可一日無也（仁傑笑ひて曰く、君正に吾が薬籠中の物、一日も無かるべからざるなりと）」による。薬籠とは薬を入れておく箱のことで、自分の家にある薬箱の中の物のように自由に取り出せるもの、というのが直訳的な意味である。

例「直ぐにそれを自家薬籠中のものとして取り入れたもの」（永井荷風・腕くらべ・大正五～六年）

しがらみ【柵】

まとわりついて引き止めるもの。「しがらみ」は、川の中に杭を打ち並べて、その両側から柴や竹などをからみつけて、水流をせき止めるためのもの。そこから引き止めるものの意が生じた。「しがらみ」は、動詞「しがらむ」の連用形の名詞化した語。動詞「しがらむ」の語源については諸説あって定まらない。「しがらむ」の「がらむ」は「絡（から）む」の濁音化したものである。中古以降、身を束縛するものの意を生じた。

例「恋も情けも弁（わきま）へて、義理の柵せきとめても」（浄瑠璃・妹背山婦女庭訓・三）

しかん《しくわん》【士官】

兵士を指揮する武官。将校。中国では、古く「裁判官」の意味で使われたが、日本では幕末から英語 officer の訳語として使われるようになった。

例「日本の士官たる者刀を佩（おび）て外国人の居留地に入る事を禁じ」（染崎延房・近世紀聞・九・明治一〇年）

じかん【時間】

とき。幕末明治初期から使われ出した漢語。初めは「時のあいだ」、つまり「時の幅」を表した。ロブシャイド*『英華字典』には、during の項に「時間」が見られる。*『和英語林集成』には三版から載せられるが、そこには「Interval or space of time（時の広がり）」とある。しかし、当初は時間を表す

のに「四分時」（舎密開宗）、「十分時間」（太政官日誌・八七号・明治六年）などと言うこともあった。また、「官途に在しは其時間も甚（はなはだ）永く」（新聞雑誌・一〇号付録・明治四年）のように、今なら「期間」を使うところに用いた例も見られた。

例「其弁舌に聴きとれつゝ、時間の移るも知らざりしが」（坪内逍遥・当世書生気質・明治一八～一九年）

じき【時期】

あることをなすべき時。「期」は、決められた時、ひとくぎりの時の意。明治初期から使われ出した和製漢語。『哲学字彙』*（明治一四年）には、period の訳語として「時期、世代」とある。

例「学者文学者の云う事に耳を傾けねばならぬ時期がくる」（夏目漱石・野分・明治四〇年）

しきい《しきゐ》【敷居】

門の内外や部屋を仕切るために敷く横木。「しきみ（閾・閫）」の転。この変化に際しては「鴨居（かもい）」との対応が影響したという。建築物として鴨居と閾が対応するのでカモヰという語形に合わせてシキミがシキヰに変わったという説（小学館古語大辞典など）である。ただし「しきみ」の語源は分からない。「シキは敷の義にて、ミは限りの意か」（大言海）。これと似た説は『東雅』*にもあるが、「み」にこのような意味があることは確認できない。

例「障子・遣戸（やりど）のしきゐ如何、答敷居也」（名語記）

しきしま【敷島】

日本の別称。「しきしま」は、もと崇神天皇および欽明天皇が都を置いた大和の国の磯城島（しきしま）のこと。現在の、奈良県磯城（しき）郡の地にある。この地名が、大和を導き出す枕詞となり、そこから「立ち別れ君がいまさば之奇嶋（しきしま）の人はわれじく斎（いは）ひて待たむ」（万葉集・一九・四二八〇）のように大和の別名となり、さらには、「しきしまを漕ぎはなるとも行くすゑにこまほしくなる心つけなむ」（成尋母集）のように、日本の異名として用いられるようになった、という。

例「志貴嶋（しきしま）の倭の国は言霊（ことだま）の幸（さき）はふ国ぞま幸くありこそ」（万葉集・一三・三二五四）

しきみ【樒】

モクレン科の常緑高木。語源は諸説あるが、『日本釈名』*は「あしき実と云ふ意也。〈略〉みは実なり。しきみの実は毒あり。くらへば人を殺す。故に悪しき実なり」という。一方、『大言海』は「重実（しきみ）の義。実、重（しげ）くつく故かと云ふ」とする。

例「奥山の之伎美（しきみ）が花の名のごとやしくしく君に恋ひわたりなむ」（万葉集・二〇・四四七六）

しぎやき【鴫焼き】

二つに割ったナスに油を塗って焼き、練り味噌をつけてあぶった料理。語源については諸説ある。「元は、鴫の肉なりしなるべし。狸汁の、蒟蒻となりしが如し」（大言海）、「本（もと）、緇徒（しと）〔＝僧侶〕の諺なり。豆腐と牛房とを摶（はく）して、油に揚げたるを鴈モドキといふ類なり」（俚言集覧）、「今の茄子の鴫やきといふものは、鴫壺焼（しぎつぼやき）といふことより転（うつ）れるなるべし」（喜多村信節・瓦礫雑考）などである。この「鴫壺焼」とは、ナスの中をくり抜いて壺形にし、鴫の身を入れて酒煮にした料理（武家調味故実）とも、生ナスの上に枝で鴫の頭の形を作って料理のあしらいとしたもの（庖丁聞書）ともいう。近世初期の料理書『料理物語』には「鴫焼き　なすびを茹（ゆ）で、よきころに切り、串に刺し、山椒みそ付け候ひて焼く事なり」とある。

しきりに【頻りに】

しばしば。同じ事が何度も繰り返し起こる意の動詞「しきる（頻）」の連用形「しきり」に助動詞「なり」がついた形容動詞「しきりなり」の連用形「しきりに」が固定化したもの。なお、「しきる」は動詞「頻（し）く」の連用形「しき」の名詞化したものを更に動詞化したもの（大言海）という。

例「今日とくとくと宣旨しきり也」（栄花物語・浦々の別）

しきんせき【試金石】

人の力倆、ものの価値などを判定するための物事。「試金石」とは、古く金や銀などの貴金属の純度を調べるために用いる黒色で緻密な粘板岩を言った。純度、品位などを知りたい金属をこの石にこすりつけ、条痕色を既知のものと比較し判定した。そこから転じて現在の用法が生じた。

例「努力は実に人を石から篩（ふる）い分ける大事な試金石だ」（有島武郎・惜みなく愛は奪ふ・大正六〜九年）

しくじる

失敗する。『大言海』は「為（し）挫（くじ）くるの略か」という。この「し」はサ変動詞「す」の連用形、「くじくる」は「挫く」（下二段活用）の連体形である。何かをして、挫折するという意味であろう。シクジクル→シクジルとなるためには、活用語尾の「く」の省略と活用の変化（五段活用化）が必要である。シクジルという語形には、ケ、クルと活用して下二段活用の目印となる語尾が欠落しているので、所属語彙の最も多い五段活用へ類推してしまったのではないかと考えられる。

例「アアしくじってのけて様子は知れぬ」（浄瑠璃・夏祭浪花鑑・九）

じぐち《ぢぐち》【地口】

ことわざや成句などをもじって作った語呂合わせの文句。「下戸（げこ）に御飯」（↑猫に小判）、「異形（いぎょう）なるかや鬼の指」（↑ききょう・かるかや・おみなえし）の類。*『嬉遊笑覧』（二）は次のように言う。「山崎久卿云ふ、地口とは当地

の口合(くちあひ)といふべきを略したるにて、この地に作れる草子を地本といひ〈略〉、地廻りの地の如く、只この江戸にかぎれるの義なり」。すなわち、「地口」は「地の口合」の略で、江戸の口合の義だという。「口合」は主に上方で使われた語で、語呂合わせのことである。地口は江戸の流行で「地口付け」(雑俳の付け方)、「地口行灯」(地口を書いた行灯)、「地口おち」(落語のおちの一つ)などが行われた。

例「ぢぐちといふ事、ひところめったに流行(はや)りけれど、今はさほどにも言はぬなり」(随筆・独寝・上・五五)

しくはっく【四苦八苦】

非常に苦しんだり、苦労したりすること。本来は仏教語で、四苦とは生苦・老苦・病苦・死苦の四種の苦のこと、八苦とは、この四苦にさらに愛別離苦・怨憎会苦・求不得苦・五蘊盛苦を加えたものを指し、人間のあらゆる苦しみを意味する。近世に入ると、仏教的文脈を離れて使用された例も見られるようになる。

例「せきくる胸のせつなさを、咳にまぎらす顔に袖、あてて泣く目をかくすなる、心の中の四苦八苦」(人情本・仮名文章娘節用・三・七)

しぐれ【時雨】

晩秋から初冬にかけて降る通り雨。『大言海』は「シは風雨、クルは暮る」で、雨風で暗くなることを指すとする。この説によれば「しぐれ」の「し」は「あらし」「つむじ」の「し(じ)」と同じということになる。しかし、「ひとしきり過ぎるところから、スグル、スグレ、即ち、過ぎゆく通り雨」と解釈する説もある(新村出・語源をさぐる)。

例「夕されば雁の越えゆく竜田山四具礼(しぐれ)に競(きほ)ひ色づきにけり」(万葉集・一〇・二二一四)

しけ【時化】

海が荒れること。『大言海』によれば、「し」は風雨を意味し、「しけ」は「風雨気(しけ)の義」であるという。しかし、シが風を意味するのはかなり古いことで(複合語の「にし(西)」「あらし(嵐)」などに残る)、一方、「しけ(時化)」は中世以降の語なので、この頃には風雨の意味の「し」は忘れられていたと思われる。「し」と「け(気)」が合して「しけ」が作られたとは考えられない。この説に対して「しけ」は漢語「湿気」から出たとする説(暉峻康隆・すらんぐ)がある。これによれば、シッキ、シッケ、シケと変化したことになる。悪天候になれば湿気も高まるので、「湿気」と「時化」の間には、意味上のつながりがある。この語を動詞化した「しける」には、天候が悪くなるという意味と、湿るという両方の意味があり、「時化」と「湿気」のつながりを示している。

例「Xiqe, uru, eta シケ、クル、ケタ〈略〉天気が悪くなる、あるいは、空が曇る」(日葡辞書)

しげき【刺激・刺戟】
生物に作用して反応を起こさせるもの。和製漢語。明治以降、stimulus の訳語として定着した。*『英和対訳袖珍辞書』(文久二年)には「刺戟」、*『漢英対照いろは辞典』(明治二一年)には「刺激」とある。なお、「刺激」の表記は昭和三一年七月の国語審議会報告「同音の漢字による書きかえ」に示されたもの。

例「此瓦斯(ガス)には烈臭あり、嗅神を刺戟し」(化学・舎密開宗・内)「此局部丈に刺激を与へますと」(夏目漱石・吾輩は猫である・明治三八〜三九年)

しける【時化る】 ⇩しけ

しげる【茂る・繁る】
草木の枝葉などが密生する。形容詞「しげし(茂・繁)」と同源。上代には、頻繁であるの意の「しく」という動詞があり、これには茂るの意味もある。「枝葉しき茂(も)し」(日本書紀・神代下)は、その例。この「しく」と同源とする説(小学館古語大辞典)がある。ただし、「しげる」と「しく」では清濁の違いがあり、問題が残る。

例「奥つ城(き)をここと は聞けど真木(まき)の葉や茂りたるらむ」(万葉集・三・四三二)

じげん【次元】
物事を考えるときの立場。本来は数学用語で、英語 dimension の訳語として明治期に造られた和製漢語。直線は一次元、平面は二次元、通常の空間は三次元というように使う。「次」は度数、「元」はもととなるもの、根元の意味である。数学用語としての用法から、考えや行動の立場という意味に使われるようになった。

しこ【四股】
相撲の基本動作の一つ。両足を開いて構え、膝に手を添えて、足を左右かわるがわる高く上げ、力を入れて踏みおろす動作。「四股」は当て字である。語源について「しこ(醜)」に由来するとする説があるが、「醜」は、ごつごつとしていかつい感じを表す語。相撲には「しこな(醜名)」など「醜(しこ)」に由来する語がある。両足を踏めば力士の力強さが強調されるので、この動作を「しこ」と名づけたものか。

例「尻引っからげしこをふみ、朱(あけ)に染みたる前髪は赤熊(しゃぐま)のごとく打乱れ」(浄瑠璃・傾城酒呑童子・一)

じごうじとく《じごふじとく》【自業自得】
自分が行なった悪い行為の報いを自分自身が受けること。自業自得果、自業得果とも。ゴウは「業」の呉音。「業」は梵語 karman の漢訳語で、人間の行為一般を指す。原因には必ず結果が伴うという三世因果の思想に基づく語で、本来は善悪いずれの報いを受ける場合にもいうが、日本では悪業の報いを受ける場合に偏って用いられる。中世に因果思想

が流布し定着したことに伴って、広く用いられるようになった。親鸞『三帖和讃』の「正像末浄土和讃」の中に「自力諸善のひとはみな、仏智の不思議をうたがへば、自業自得の道理にて、七宝の獄にぞいりにける」とある。

じごく《ぢごく》【地獄】

現世で悪業を重ねた者が、その報いとして死後に責め苦を受ける所。梵語 naraka あるいは niraya を、「地下の牢獄」の意に漢訳してできた語。ちなみに、この naraka という梵語を音訳したものが「奈落」である。阿弥陀仏の浄土に往生しようという浄土思想の隆盛とともに、この「地獄」も広く日本に浸透していった。特に平安中期に源信が著した『往生要集』では地獄の様子が詳細に描写されており、以降の日本における地獄観に大きな影響を与えた。近代以降はキリスト教の Hell の訳語としても使用されるようになった。

例「世間の衆生、地獄に至りて苦を受くること、二十余年を経て免されむやいなや」(日本霊異記・下・三五)

じごくみみ《ぢごくみみ》【地獄耳】

人の秘密などをすばやく聞きつけること。「地獄耳」は本来、「耳は俗に云ふ地獄耳、一たび聞きたる事を忘れず」(評判記・役者色将棋大全綱目・大阪)のように、一度聞いたら絶対忘れぬ耳、すなわち強記のさまをいった。語源については、*『譬喩尽』に、「地獄耳とは底に落ちて忘れぬなり」とあるところからみて、地獄(=地の底)に落ちても忘れない耳(=記憶)ということからできたものだろう。転じて、他人の秘事などをすばやく聞き込む耳を意味するようになった。

例「小躮(せがれ)が様子までこの地獄耳へ突きぬいたれば絶体絶命」(浄瑠璃・姫小松子日の遊・二)

しごせん【子午線】

南極と北極を通り、地球をまわる円。方角を表すのに十二支を使って北から当てはめていくと、正北が子(ね)、正南が午(うま)となる。つまり「子午」とは南北のことである。そこで南極と北極を通って地球上に描かれる大きな円を「子午線」という。*『和蘭字彙』(安政二〜五年)に見られるが、オランダ語の middaglijn を訳したもので、middag は「真昼、正午」、lijn は「線」の意である。なお、ロブシャイドの*『英華字典』では「正午線、午線、経線」などの語を当てている。

しこたま

どっさり。語源未詳ながら、上方語「しこためる」からという説がある(日本国語大辞典二版)。この語の連用形「しこため」が名詞化し、さらに語尾の「め」が「ま」に変わったものだという。「しこためる」の「しこ」は、「頻(しき)る」の変化した「しこる」の語幹か(上方語源辞典)。「ためる」は「貯める」で、「しこためる」はしきりに貯めるということで、どっさり貯めるの意味になった。「しこたま」は江戸語から使われ出したよ

うで、貯めるの意味をなくして、量の多いことを表す副詞となった。
例「田舎うばしこたま喰って御意に入り」（雑俳・川柳評万句合・宝暦一二年）

しごと【仕事】
しなくてはならないこと。また、職業。「しごと」は、サ変動詞「す」の連用形「し」に名詞「こと」が付いて濁音化したもの。もともとは「すること」「したこと」の意であるが、次第に「すべきこと」という意味でも用いられるようになる。同じ語構成で「べき」の意を含む例に、「忌み事」（＝忌むべきこと）や「見事」（＝見るべきこと）がある。「為事」という漢字表記も見られる。「さながら父の大納言がし事やと思ひて深く恨む」（とはずがたり・二）は、したことの意味の例。
例「Xigoto　シゴト（仕事）　勤め・奉公、または手でする労働」（日葡辞書）

しこな【四股名・醜名】
相撲の力士としての呼び名。「四股」は当て字。「しこ（醜）」は古代語で、いかつく、強く恐ろしいなどの意を表す。従って、「しこな」は強そうな恐ろしい名前の意味になるが、中古以降、いみな、異名の意味で用いられてきた。近世、相撲取りは本名でとらないから、力士としての呼び名を（強そうな）異名として「しこな」と称したものだろう。↓しこ
例「しこ名之異名を付け候ふもの有之候はば、早々申し上げ候ふべし、いにしへより相撲取り候ふもの異名付け候ふとも、向後は其名堅く無用となすべき事」（御触書寛保集成・四五・慶安二年七月）

しし【獅子】
ライオン。中国語では「獅」だけで、ライオンの意味を持つ。その「獅」は、梵語の simha（シムハ。＝ライオンの意）の第一音節シを音訳したもの。「子」は接尾語。中国古典に、「獅　猛獣」（玉篇）、「獅子犀牛」（漢書・西域伝）のように例がある。「獅子」は実在の猛獣から発展して、東南アジアでは、想像上の動物ともなった。狛犬は、もと犬に似ていたが、平安時代以降この想像上の獅子の姿をとるようになった。「牡丹に唐獅子」などという「唐獅子（からじし）」も同様で、「唐」を冠して「いのしし」「鹿（か）のしし」などの「しし」と区別した。なお、「いのしし」「かのしし」の「しし」はけだものの意味で、「獅子」とは別語である。

しししんちゅうのむし【獅子身中の虫】
内部の者であるのにその組織などに害をもたらす者のたとえ。仏教経典『梵網経』（下）や『仁王経』（嘱第八）に見える「如獅子身中虫、自食獅子肉（獅子身中の虫、自ら獅子の肉を食ふがごとし）」から出た「獅子身中の虫獅子を食う」の略。本来は仏教用語で、獅子の体内で養われている虫がそ

の獅子の肉を食い命を奪ってしまうということから、仏教徒でありながら仏教に害を与える者のことをいった。『太平記』（二七・雲景未来記事）に「師子（しし）の虫の師子の肉を食らふがごとし」という文が見える。

ししとう《ししたう》【獅子唐】

小型のピーマンの総称。「獅子唐辛子（ししとうがらし）」の下略。実が獅子の頭に似ていることによる命名という。

しじま

森閑としているさま。語源不明。平安時代、この語は無言の意味で用いられていた。「いくそたび君がしじまに負けぬらん」（源氏物語・末摘花）。*『俚言集覧』は「万葉集に密をシジと訓める義にて、密は默の義也」という。『万葉集』（九・一七九〇）では「密貫垂」を「しじに貫（ぬ）き垂り」と訓み、「密」はぎっしりの意味である。また、この「しじ」を「しじまる」（＝縮まる）という語の「しじ（縮）」と同根とする見方もある（岩波古語辞典補訂版）。森閑という意味の用例は明治になってから出てくる。無言であれば静かだろうという理屈で、意味が変化したものだろうか。

例「今宵のあるじ『たとふれば寂寞（しじま）の谿のおく』」（蒲原有明・春鳥集・明治三八年）

しじみ【蜆】

シジミ科に属する二枚貝の総称。『大言海』は「縮貝（しじみかひ）の義か」という。「しじむ」が縮むの意であることは、*『日葡辞書』などで確かめられる。『日葡辞書』には、「Xijimi　シジミ」という項目があり、縮める、あるいは、短くすると説明されている。ところで、何が縮むのかであるが、煮ると身が縮むという説もある。しかし、煮ても縮まったという感じは少ない、むしろ、貝殻の表面の横しわがちぢんでいるように見えるからだろうという（清水桂一編・たべもの語源辞典）。

例「住吉の粉浜（こはま）の四時美（しじみ）開けも見ずこもりてのみや恋ひわたりなむ」（万葉集・六・九九七）

シシャモ【柳葉魚】

キュウリウオ科の海魚。アイヌ語の susham（ススハム）に由来する。susham は柳の葉の意。「柳葉魚」と表記されるのもこのためである。アイヌの伝説では川に散り落ちた柳の葉を神が哀れんで魚にしたという。

しじゅうから《しじふから》【四十雀】

シジュウカラ科の小鳥。*『名語記』に、その名は鳴き声からとある。「かの鳥のなく音のチン〳〵カラ〳〵ときこゆるをしじうからといひなせる也」（名語記）。柳田国男も「シジウと啼くクラ」（野鳥雑記・雀をクラといふこと）と、鳴き声説をとっている。柳田の言うクラは、ツバクロのクロなどと同源であって、小鳥を意味する。この鳥の鳴き声は、『名語記』にチン〳〵カラ〳〵とあるが、地鳴きはチ・チジュクジュクと聞

し

こえるという。昔のサ行音の音価から見て、その鳴き声をサ行で写したものと考えられる。

じしょ【辞書】

字引き。辞表の意の「辞書」という語は『続日本後紀』にも見られるが、字引きの意味の「辞書」は、幕末から見られる。*『和蘭字彙』に「woordenboek　辞書」とあり、訳語として造られたもの。なお、「辞典」は文辞典雅という意で中国に用例が見られるが、日本で辞書と同じ意味で使われるようになるのは明治以降である。

例「三人よれば文字の智恵、辞書と地理書を便りとし、英人『モテル』の案内にひかれ」（仮名垣魯文・西洋道中膝栗毛・七・上・明治四年）

しずか《しづか》**【静か・閑か】**

物音がしないで、ひっそりしているさま。「しずか」の「か」は、性質・状態を表す成分に付いて、形容動詞の語幹や状態副詞を構成する接尾語。「疎（おろそ）か」「清（さや）か」などの「か」も同じものである。「しず〈しづ〉」については古くから、動詞「沈む」と関連づけるものが多い。「しづか　沈み隠るる也」（和句解）。現在でも、「シヅはシヅミ（沈）・シヅク（雫）のシヅと同根。下に沈んで、安定しているさま」（岩波古語辞典補訂版）のような見方がある。「静か」の古い例に、止まって動かないさまの意が認められることが多いという事実も、「静か」と動詞「沈む」との関連性を示唆するように思われる。

例「いみじくしづかにおほやけに御文奉り給ふ、あはてぬさま也」（竹取物語）

しずく《しづく》**【滴・雫】**

水のしたたり。「しずく」の「しず」は「沈む」「静か」「下枝（しづえ）」などの「しづ」と同根と見られるが、「く」は不明。

例「吾（あ）を待つと君が濡れけむあしひきの山の四附（しづく）に成らましものを」（万葉集・二・一〇八）

しせい【姿勢】

からだの構え。明治初期の和製漢語。「姿のありさま」を表す語として、土地のありさまを表す「地勢」に倣って、「姿勢」が造られたものと思われる。初めは音読みされず、『新聞雑誌』六〇号（明治五年）には「姿整」にスガタと振り仮名があり、また*『附音挿図英和字彙』（明治六年）にも「姿勢（カマヘ）」とある。尾崎紅葉『金色夜叉』（明治三〇〜三五年）には、「姿勢（かたち）は私が見て遣るから」という文と「少しく退くまで姿勢〈しせい〉を見ると与（とも）に」という文が前後して見え、「姿勢」に「かたち」と「しせい」と二つの読みが見られる。音読みの早い例としては、『新編漢語辞林』（明治三七年）がある。

しそう《しさう》**【思想】**

社会や人生に対する考え。漢籍にある語で、「心にうかんだ

こと、考え」という広い意味では、古くから使われている。明治になってから、哲学や心理学の術語として、英語 thought の訳語として、思考作用の結果として生ずる意識内容や、社会や人生に対する一定の考え方を意味する語として使われるようになった。

例「東洋の唯心的思想」(北村透谷・他界に対する観念・明治二五年)

じぞう《ぢざう》【地蔵】

釈尊の死後、弥勒菩薩が成仏するまでの間人々を救う菩薩。「地蔵菩薩」の略。「地蔵菩薩」は梵語 ksitigarbha の中国での訳語。俗信では子供を守り夭折した子供も救済するとされ、平安時代から広く尊崇された。左手に宝珠、右手に錫杖を持ち、頭を丸めた姿を石に刻んだ像が路傍に多く立てられ、親しまれている。

例「仏は如意輪。千手。すべて六観音。薬師仏。釈迦仏。弥勒。地蔵。文殊。不動尊。普賢」(枕草子・二一〇・仏は)

したう《したふ》【慕う】

あとを追う。心がひかれる。「したう」の「した」を「下」とする説は、「下にかふか」(和句解)のように近世から見られるが、現在も「した(下)おひ(追)」の略かという説(岩波古語辞典補訂版)がある。「した」は人に隠したところ、すなわち「心」で、その心で人を追う意。

例「大君(おほきみ)の遠の朝廷(みかど)としらぬひ筑紫の国に泣く子なす斯多比(したひ)来まして」(万葉集・五・七九四)

したく【支度・仕度】

準備・用意。「度」ははかる意で、漢籍では「支度」は、「悦支度路程(悦〔=人名〕路程を支度す)」(周書・王悦伝)のように、計算する意で用いられている。日本では、この意味から出て、あらかじめ計算する、見積もるという意味に用いられ、さらに、あらかじめ計画するという日本独自の用法を生じた。そこから、準備や用意をすることを意味するようになった。「度」ははかる意の場合、字音はタク。日本で語頭の「し」を「仕」と書くのは当て字であるが、「仕方」「仕事」など、サ変動詞「す」の連用形の「し」に「仕」を当てる慣用によるものである。

例「その家に行きて門を押せば、男、支度したる事なれば、行きて門を開くるままに」(今昔物語集・二九・六)

したさきさんずん【舌先三寸】

口先が巧みなだけで心がこもっておらず誠意がないこと。「三寸」は約九センチだが、ここでは物の短いことのたとえ。舌は短小なものだが、便利なものでもあって、口先だけなら何でもできるということから、信用できないというニュアンスを含むようになった。中世から同じ意味で、「三寸の舌」「三寸の舌端」、「舌三寸」「舌三寸のさえずり」といった言い方があ

ることから見て、「舌端」や「舌先」の「端」や「先」には特に意味がなく、一種の強めである。「夫世中のありさまを見るに、舌三ずんのさえずりをもって、現世は安穏にして」（仮名草子・伊曾保物語・上・五）。これらの言い方の中で、「舌先三寸」という形は新しい。

したしむ【親しむ】

仲良くする。「したしむ」の語源については諸説あるが、*『和訓栞』は「下染の義。下は心をいふなるべし」とする。古く「した（下）」は「表面から見えない隠れた部分」、すなわち心を表した。しかし、「心染（しむ）」が心のどういう動きを表すかは、この説を踏襲する『大言海』にも説明がなく、必ずしも明確ではない。動詞「しむ」（口語しみる）は、しみ通る、深く感じるなどの意であるが、心に深く感じるから転じたものか、はっきりしない。

例「未だ親しまざるに交りの久しからん事を語らひ」（太平記・三四・畠山道誓上洛事）

したたか

てごわいさま。語源不明。「か」は接尾語。「シタタメ（認）」と同根とする説（岩波古語辞典補訂版）、確かの意の語構成要素である「した」を重ねた「したした」の変化とする説（日本国語大辞典二版）などがある。

例「身もしたたかに、心も剛に弓矢とってよきときけば」（保元物語・中・白川殿へ義朝夜討ちに寄せらるる事）

したためる【認める】 文語 したたむ

書く。語源未詳。*『和訓栞』や『大言海』には、「したとむ」の義という説が出されている。「下認（したとむる）の義なるべし」（和訓栞）。しかし、この「したとむ」はどういう意味なのか、はっきりしない。*『名義抄』で、同じ漢字に「タタム、シタタム」（観智院本名義抄）と和訓が連続注記されていることなどから、「したたむ」は「たたむ」と関係ある語とする考えもある（小学館古語大辞典）。さらに「したたか」も近縁の語だろうという。なお、「認める」の「書く」という現在の意味は、整理する、用意するなどから転義したと考えられる。

例「よみし経をよくしたためてとらせんと仰せられて」（讃岐典侍日記・下）

したたる【滴る・瀝る】

液体がしずくとなって落ちる。従来、「下垂る」の義（和訓栞、大言海ほか）と説かれて来たが、近年の辞書類では、したたらせる意の他動詞「したつ・したづ」に対する自動詞と説くもの（時代別国語大辞典上代編、小学館古語大辞典ほか）が多い。「したたる」の「した」は「したむ」（＝液を垂らす）の「した」と同根といわれる（岩波古語辞典補訂版）。「したつ」の用例を挙げておく。「皇天（あめ）、手を我に仮りて、暴逆（あらひと）を誅（ころ）し殄（た）てり。今共に心の血（まこと）を瀝（した

つ」(日本書紀・孝徳天皇即位前紀・北野本訓)。なお、「したたる」は、『*天治本新撰字鏡』に「淋〈略〉志太々留(しただる)又毛留也」、『*日葡辞書』に「Xitadari(シタダリ)」とあるように、近世初期頃まで第三音が濁音であった。

例「その矛の鋒(さき)より、滴瀝(したたる)潮、凝って一の島に成れり」(日本書紀・神代上・兼方本訓)

したつづみ【舌鼓】

美味しいものを味わったときに鳴らす舌の音。舌を使ってタンと鼓を打つような音を出すところから「舌鼓(を打つ)」という。この語は室町時代から見られるという。なお、中古には「口鼓」「舌打ち」などの言い方がある。

例「Xitatçuzzumi シタツヅミ(舌鼓) 人が美味しく味わって飲み終える時などに舌を鳴らすこと〈略〉また、上(Cami)では、味がまずいとか何か不快を感じるとかして舌を鳴らす意に解される」(日葡辞書)

したのね【舌の根】

舌のつけね。現在では、多く「舌の根の乾かぬうち」と使い、「舌」と同じ意味になる。「舌根(ぜっこん)」を訓み下した語。「舌根」は、眼根・耳根・鼻根・身根・意根と並ぶ六種の感覚器官「六根」の一つ。本来味覚器官を意味する語であったが、「只、かたはらに舌根をやとひて、不請の阿弥陀仏、両三遍申してやみぬ」(方丈記)の例のように、舌そのものを指す語としても用いられた。

例「いきた時は舌の根をくいちがゆるやうなれども、死にては云ひもださぬ者ぞ」(抄物・蒙求抄・一)

したびらめ【舌鮃・舌平目】

カレイ目ウシノシタ科とササウシノシタ科の海魚の総称。体形が扁平で、ウシの舌に似ているところからの称。『*物類称呼』(二)に「関西及び東国の海辺にて、うしのしたと称す。江戸にて、舌びらめと呼ぶ」とあるように、近世、「したびらめ」は江戸における呼称であった。ちなみに、この類をドイツ語ではZunge(ツンゲ。舌の意)、フランス語ではsole(ソル。蹄の底の意)、英語ではsole(ソウル。靴の底の意)などと言う。

したりがお《したりがほ》【したり顔】

うまくやったというような得意げな顔。「したり」はサ変動詞「す」の連用形「し」に、いわゆる完了の助動詞「たり」が付いた語で、うまくやったというニュアンスを含む。つまり「したり顔」とは、「してやった!」というような「顔」の意である。「したり」は終止形であるが、「すもうとり」「向こう岸」などと同様に終止形が名詞と複合したものである。

例「したり顔なるもの、正月一日に最初にはなひたる人」(枕草子・一八五・したり顔なるもの)

しだれる【枝垂れる・垂れる】 文語 しだる

長く垂れ下がる。四段活用動詞「しだる」の下二段化した

「しだる」が、さらに下一段化して「しだれる」となったもの。語源については、「下垂の義なり」とする『和訓栞』*などの説くように、「下(した)垂(た)る」(=下に垂れる)意であろう。下の意の「し」の例は、「下枝(しづえ)」「倉下(くらじ)」(=倉の下)、「底土(しはに)」(=底の土)など、上代の複合語中に認められる。この「し」は、「した・しも(下)」、「沈(しづ)く」(=水の底に沈みつく)等の語基でもあった(時代別国語大辞典上代編)。

例「Niwatori no o ga shidareru(ニワトリ ノ オ ガ シダレル)」(和英語林集成・初版)

したをまく【舌を巻く】

非常に驚く。感心する。『俚言集覧』*が、「漢書揚雄伝『礼官博士、巻其舌而不談(礼官博士、其の舌を巻きて談ぜず)』」と記すように、『漢書』「揚雄(ようゆう)伝」が、その出典とされる。「巻舌」の例は、李白の「挙国莫人和、巴人皆巻舌(挙国人の和する莫(な)く、巴人(はじん)皆舌を巻く)」(感遇詩)に見える。「巻舌」とは、文字どおりには「舌(先)を奥へまるめる」の意で、これを、相手に圧倒されて言葉も出ないさまのたとえとしたものである。漢語「巻舌」の訓読を通して、日本に「舌を巻く」という慣用表現が生じたものと思われる。

例「歎息して、孫権(そんけん)を誉めて舌を巻いた也」(抄物・中華若木詩抄・上)

じだんだをふむ《ぢだんだー》**【地団駄(地団太)を踏む】**

腹を立てたり悔しがったりして、激しく地を踏む。「じだんだ」は「ぢたたらの音便訛」(大言海)である。「じたたら(地蹈鞴)」は、「たたら」ともいい、足で踏んで空気を吹き送る大型のふいごのこと。「じたたらを踏む」とは、たたらを踏んで空気を送ることであったが、腹を立てたり悔しがったりして、あたかもたたらを踏むように、激しく地を踏み鳴らすことをいう慣用句となった。「地団駄・地団太」は当て字。

例「天に響けと声を揚げ、足摺り手摺りして着たる衣裳を引き裂き、髪を掻き乱し、gidandauo fúde(ヂダンダヲ踏ンデ)泣きわめく」(バレト写本・奇蹟)

しちみとうがらし《しちみたうがらし》**【七味唐辛子】**

混合香辛料の一種。粉末唐辛子を基調に、陳皮・ゴマ・ケシの実・ナタネ・麻の実・シソの実・サンショウの粉・青ノリなどを適宜調合する。別名、七色唐辛子とも言う。麺類・鍋物などの薬味として用いる。「七味」は「酸・苦・甘・辛・鹹」を「五味」と称し、これに「淡」を加えて「六味」と称することにならって、多様な味を持つものとして「七味」と称したものといわれる。「七色」の「いろ」は種類の意味である。

例「七味蕃椒(たうがらし)より辛き世界に」(洒落本・桜河微言)

しちめんちょう《しちめんてう》**【七面鳥】**

北米原産のキジ科の鳥。頭部から首にかけて皮膚が裸出し、

頭部ではいぼ状、首では肉塊状をなしていて、興奮したりするとこの部分が赤・青・紫などの色に変化する。これによって名づけられた。「七」は多数の意。

しちめんどう《しちめんだう》【七面倒】

非常に面倒なさま。「面倒」を強めた語。シチは接頭語で、形容詞・形容動詞に付いて、程度を強め、煩わしくて嫌だという意を添える。類例として、「しちくどい」「しちむずかしい」「しちやかましい」などがあり、江戸時代以降に用例が見られる。このシチを「七」と漢字表記するのは当て字である。「しち」の語源について、『江戸語大辞典』は、「執（しつ）の転か」という。

例「まぎれたり・七めんだうな平親王」（俳諧・若みどり）

しちりん【七輪・七厘】

こんろのうち特に土製のものをいう。『和漢三才図会』*（三二）に「火炉〈略〉七竈、〈略〉炭価纔不至一分、因称七厘（炭の価纔（わづか）にして一分に至らず、因りて七厘と称す）」とあるように、「物を煮るのに炭の価がたったの七厘（＝〇・七分）しかかからない」という意から用いられたといわれる。「七輪」は当て字。

じつぎょう《じつげふ》【実業】

農業・工業・商業などのように、物の生産や販売にたずさわる事業。明治になって「実地に行う事業」の意味で新しく使われた語。ギョウは「業」の漢音読みで、農業・工業などに合わせたもの。古くからある仏教語の「実業（じつごう）」（＝実際に苦や楽をもたらす善悪の諸行為）とは別語。

例「学校を出た生徒が実業に着いて」（福沢諭吉・福翁自伝・明治三一〜三二年）

しっくい【漆喰】

石灰に粘土やふのりなどを加えて練った壁塗りの材料。語源はこの塗料の主材料である「石灰」の唐音による。「しっくい」の漢字表記に「石灰」を用いなかったのは、「いしばい」の表記として「石灰」が用いられていたからだろう。「いしばい」は石灰（せっかい）や貝殻などを砕いて作ったもの。江戸時代末期頃から「漆喰」という重箱読みの当て字が使用され、定着した。

例「しつくいのやうな物でしつかりとつけたほどに、そつともいろへば破るる様にするぞ」（抄物・百丈清規抄・二）

しつけ【仕付け・躾】

礼儀作法。サ変動詞「す」の連用形「し」と下二段動詞「付く」が複合した「しつく（しつける）」の連用形「しつけ」が名詞化したもの。「仕つく」は作り付けるの意から、礼儀作法を教え身につけさせることも意味するようになった。「躾」という字は「しつけ」を「身を美しくすること」と捉え、日本人が作った国字である。

例「木曽は都へ上って xitçuqe(シツケ)などはよかったか?」(天草版平家物語・三・一一)

しっけい【失敬】

失礼。江戸時代、近世中国語から借用した語で、「敬意を失する」という意。「徠翁に書いて給はれと申も余り失敬なりとて」(随筆・蘐園雑話)。別れる時や軽く人に謝る時の挨拶ことばとして、明治時代に書生などが盛んに用いた。

例「ハア、失敬。ごめん」(仮名垣魯文・安愚楽鍋・初・明治四年)

じっけん【実験】

理論や仮説を、一定の条件を設定して実地に試してみること。「実験」は実際に経験することの意味で古くから漢籍で使われ、日本でも幕末から使われた。明治になって自然科学分野の英語 experiment の訳語として使われるようになり、以後この意味での用法が主となった。西周が最初に訳語としたと思われる。

例「実験とは現在にして眼のあたり彼より来るものなり」(西周・百学連環・明治三年)

しっぺがえし《しっぺがへし》**【竹篦返し】**

あることをされたとき、即座に仕返すこと。また、同じ程度、同じ方法で仕返しをすること。「しっぺ」は、「竹篦(しっぺい)」という漢語の変化した語である。「しつ」は「竹」の唐音。「竹篦」とは、弓に似た竹製の杖のこと。座禅の最中高僧が「竹篦」で打つが、打たれた僧も高僧になれば打つ側になるので、ここから「しっぺ返し」が出たという説がある。ただ、子供の遊びに、人差し指と中指を揃えて相手の手首などを打つ「しっぺ」(古くは「しっぺい」)というものがあり、これも「竹篦」から出たにしても、いったんこの子供の遊びを介して「しっぺがえし」ができたと見た方が、即座に仕返しするという意味に合っている。子供の遊びでは打たれた者もじゃんけんで勝てばすぐに打ち返すことができる。なお、シッペイという語形は*『日葡辞書』で確認できる。「Xippei シッペイ〈略〉ある指の先で打つこと。Xippeiuo fajiqu(竹篦を弾く)」。

例「敵手(あひて)にならん、本事(てなみ)を見よ、と韜竹復(しっぺがへ)しの勢ひ猛く」(読本・南総里見八犬伝・九・一三三)

しっぽ【尻尾】

動物の尾。『大言海』は「しりを(尻尾)」の転とする。また、「しりほ(尻穂)」の転とする説もある(日本国語大辞典二版)。「しりほ」の方がシッポになりやすいか。この語は、「尻ッぽから先きへ書き出すとりの絵馬」(雑俳・柳多留・一一)のように江戸時代以降に用例が見られる。また、方言書『御国通辞』(寛政二年)には、「しっぽ おっぽ」のように「おっぽ」という語とともに載せられている。

しっぽうやき【七宝焼】

銅・金・銀や陶磁器・ガラスなどの下地に種々の色彩の琺瑯(ほうろう)を焼き付ける工芸やその技法。「七宝」は『無量寿経』で、金・銀・瑠璃(るり)・頗黎(はり)・車渠(しゃこ)・珊瑚(さんご)・瑪瑙(めのう)の七種の貴金属・宝石をいう。七宝のように美しい焼き物の意。

しっぽく【卓袱】
長崎で生まれた独特の料理。料理を円卓に並べ、各人が取り分けて食べるという中国風の作法による。シッポクは「卓」「袱」のそれぞれの唐音で、「卓袱」は中国風の卓の覆いや食卓を意味すると言われる。

しで【四手】
カバノキ科の落葉高木であるアカシデ、クマシデ等の総称。特にアカシデを指していう。垂れ下った果穂が四手(=玉串・注連縄(しめなわ)につけて垂らすもの)に似ているのでこの名が付けられた。シデノキ(四手の木)ともいう。なお、神事に用いる「四手」(「垂」とも書く)は、「たれさがらせる」という意を表す古語動詞「垂(し)づ」の連用形「垂(し)で」の名詞化したものである。

じてんしゃそう《—さう》ぎょう《げふ》【自転車操業】
資金の借り入れと返済を繰り返すように、たえず資金を回転していないと倒産するような操業を続けること、また、そのような不安定な経営状態のことを言う。走っている自転車はいったん止まると倒れてしまうので、たえずペダルを踏んでいなければならないことから、このように言われる。第二次世界大戦後から見られる語。

してん《してん》のう《わう》【四天王】
ある分野において技量が特に秀でている者四人を指して言う語。「してんおう(四天王)」の「ん」が次の母音と融合して(=連声を起こして)、「してんのう」となったもの。「四天王」は、世界の中心にそびえる須弥山の四方および仏法を守護する神々。すなわち東方の持国天、西方の広目天、南方の増長天、北方の多聞天の四神を指す。
例「南都に、四人常によりあひて、連歌などして、あそぶ寺僧ありけり。人これを、四天王となづけ」(沙石集・五末)

じどうしゃ【自動車】
発動機の力で走る車。「自分の動力で動く車」という意味で作られた和製語。「自動」という語は、自力で動く意で明治から日本で使われはじめた。「自動車」が日本で使われるようになったのは、明治三〇年代に入ってからである。「自動車」の外、「自働車」という表記もあった。
例「ふいと横町から自動車が飛び出して来て」(森鷗外・電車の窓・明治四三年)

しどけない 文語 **しどけなし**
だらしない。語源については諸説あるが、「しど」は秩序なく

乱れたさまをいう形容動詞語幹「しどろ」の「しど」と同根といわれる（小学館古語大辞典、岩波古語辞典補訂版）。しかし「しど」の語源は確かではない。「け」についても、「形状様相を表す接尾語」（小学館古語大辞典）、あるいは「気」（岩波古語辞典補訂版）などと定まらない。語尾の「ない〈なし〉」は形容詞を作る語尾（打ち消しの意ではない）。

例「しどけなき寝くたれ髪を見せじとやはた隠れたる今朝の朝顔」（小野小町集）

しとね【茵・褥】
敷物。座布団・敷き布団の類。「下延（したのべ）の約転か」（大言海）など諸説あるが、語源は未詳。「院入り給へば、えよくも隠し給はで、御しとねの下にさしはさみ給ひつ」（源氏物語・若菜下）のように、古くから見える語。

例「狭畳　サダタミ　俗伝　シトネ　是也」（観智院本名義抄）

しどろもどろ
話の筋道などが乱れて取りとめもない様子。「しどろ」も「もどろ」も、ともに乱れるさまを表すが、両方とも語源には問題がある。「しどろ」の「しど」は「しどけなし」の「しど」に通じる（「しどけない」参照）。「もどろ」はまだらの意味から乱れるさまに転じた語。*『日本釈名』は「文（もとろげ）」の説明中に「またらと、もとろの二字、音相通ず」と、「まだら」との関係を指摘している（「まだら」参照）。「しどろもどろ」の用例は中古から見え、言動などが乱れているさまのほかに、足元の定まらないさまにも用いられていた。「中納言しどろもどろにゑひて」（宇津保物語・蔵開・上）。

例「訳もない声しどろもどろなるに、旅僧目を覚まし、何者なると咎めけるに」（浮世草子・新色五巻書・三・一）

しない【竹《しな》刀《ひ》】
剣道の稽古に用いる竹で作った刀。『大言海』に「撓竹（しなひだけ）の意」とあり多くの語源辞典もこれに従っている。「しなひ」は「弾力があり、しなやかにまがる」意の動詞「撓（しな）ふ」の連用形が名詞化したもの。「竹刀」という漢字表記は「竹で作った刀」の意の漢語「竹刀（ちくとう）」を当てたものである。

例「Xinai　シナイ（竹刀・撓ひ）　藺草か竹かを革で包んで作った、剣術用の刀」（日葡辞書）

しなのき【科の木】
シナノキ科の落葉高木。日本特産。*『和訓栞』は「其の皮のしなくしたるをもて名づくる成るべし」という。これに対して、『改訂増補牧野新日本植物図鑑』は、「皮がシナシナすることから、またはその皮が白いのでシロから来たなどというが、元来シナは「結ぶ、しばる、くくる」という意味のアイヌ語からきたものである」といい、アイヌ語起源説を唱えてい

る。この木の樹皮からは船舶用のロープを作った。

しなをつくる【科を作る】

女性が色っぽく媚びるような様子を見せる。「しな」は本来階段状であることを表していたらしいが、等級、品格、さらに態度、しぐさも意味するようになった。男を誘う特別のしぐさを意識的にとるというところから、今の慣用句が生じたものだろう。「科」の字はシナと訓んで等級を表す意があるので、これを当てたもの。

例「もの見物参りに遊女のごとく品(しな)つくり、端手なる衣裳着かざり」(浮世草子・世間娘容気・一)

しなん【指南】

人を教え導くこと。古代中国の「指南車」から出た語。「指南車」は古く中国で用いられた、方向を指し示す装置を設置した車で、南を指すことで方角を示した。方角を知らせ進むべき道を示すことから、教導や手引きの意味が生じた。『十八史略』によれば指南車は、黄帝が考案したとも周公が作ったとも言われる。五三〇年頃に成立した中国現存最古の選集である『文選』に「指南」(張衡・東京賦)の語が見える。「指南」は日本でも早くから用いられ、近世には、指南番・指南役などの語が生まれた。

しにせ【老舗】

何代も家業を続け、格式や信用のある店。動詞「仕似(しに)す」の連用形「仕似(しにせ)」が名詞化したもの。「仕似(しに)す」は、サ変動詞「す」の連用形「し」と下二段動詞「似す」が複合してできた動詞であり、「似せてする」「真似る」という原義から「(親の仕事を真似て)家業を絶やさず続ける」という意を表す。世阿弥の『風姿花伝』に「かやうの万物の品々を、よくしにせたらんは、幽玄の物まねは幽玄になり、強きは自ら強かるべし」と見える。「老」は「古くからの」、「舗」は「みせ」という意である。

例「わづかの身体にて親よりしにせの商ひ」(浮世草子・西鶴置土産・四・三)

しぬ【死ぬ】

命がなくなる。死は「なくなる」「みまかる」「かくれる」など間接的に表されることが多いが、「死ぬ」も「往(い)ぬ」(=行ってしまう)によって死を表す間接的表現の一つと見られる。ナ変動詞「往ぬ」との関連は近世から指摘されていた。「死　シヌ　スギイヌル(過往)也」(名言通・下)。問題になるのは語頭の「し」だろう。これについて「『し(為)い(去)ぬ』か」(小学館古語大辞典)のようにサ変動詞「す」の連用形とする説がある。この場合の「し」は「しきる」「しわける」などの「し」と同様、意味的には従で、後項の動詞が主となる。すなわち、「死ぬ」をこの世から行って(=去って)しまうと捉えた表現ということになる。

例「ぬばたまの甲斐の黒駒鞍(くら)着せば命志儺(しな)まし甲斐の黒駒」(日本書紀・雄略一三年九月・歌謡)「くづるる山にうづもれておほくの人しぬれば」(宇津保物語・俊蔭)

しのぎをけずる《ーけづる》【鎬を削る】

激しく争うことをいう。「しのぎ(鎬)」とは、刀の刃と背(=峰)との境に稜(かど)を立てて高くしたところ。「鎬」の語源について『大言海』は「振ふに、風を凌ぐ意」とする。激しい斬り合いをすると、この鎬の部分が擦れ合い、あたかもここを削り合うような格好になるため「しのぎを削る」という。『曽我物語』に「たがひにしのぎをけづりあひ、時をうつしてたたかひけるに」(九・十郎が打死の事)とあるが、これは「激しい斬り合いをする」という意である。これが後に「激しく戦う」「激しく争う」のように意味が広がっていった。

例「何ぼ兄弟でも、今京鎌倉と立ち別れ、鎬をけづる寂中なれば、敵ぢゃやら味方ぢゃやら」(浄瑠璃・源頼家源実朝鎌倉三代記・五)

しのごの【四の五の】

なんのかの。あれやこれや。「の」は並立助詞で、「貸すの貸さないのとさんざんにもめた」などの「の」と同じ用法。「四」「五」という漢字については、江戸時代の随筆*『嬉遊笑覧』(九下)に、「博徒の詞、常語に猶多くありとなむ、一か八(ばち)か、四の五のいはず、などの数目の詞は大かたそれなるべし」とあり、博打(ばくち)における目の数と関係があるものと考えられる。語呂のいい、一音節で呼ぶ数が連続するのは「四・五」の所だけであるため、特に「四」「五」の数字が選ばれたものとする説がある(杉本つとむ『江戸・東京語一一八話』)。近世「四の五の」に続く表現はかなり自由だったが、近代に入り、「四の五の言う」という形に固定化していった。

例「(女郎ガ)それを四の五のいへば、『むつかしい事は御座らぬ。さらりと去(い)んでもらひまして、女郎かへて見ましょ』といふが」(浮世草子・好色一代女・二・二)

しのつくあめ【篠突く雨】

篠(=細い竹)を束にして突くように、激しい雨足で降る雨。「篠」は細く群がり生える竹の総称で、矢篦(やの)(=矢の竹の部分)などを作る。室町期の『詩学大成抄』(一)に、「雨のあしが白て竹のやうなぞ。しのをつくと云ふも、こまかな雨、たえまもなうふるを云ふ也。篠は竹の細(こまか)にして矢の箆(の)の如くなるを云ふぞ」という説明がある。

例「吹く風俄に沙を挙げて、降雨更に篠を衝くが如し」(太平記・三・赤坂城軍事)

しののめ【東雲】

夜明け。語源は未詳であるが、一説によれば、「しののめ」は「篠の目」であり、篠竹(しのだけ)を材料として作られた、網代(あじろ)のような荒い編み目のことを言う。古代住居におい

ては明かり取りの役目をしていたものであり、それが明かり取りそのもの、さらに夜明けの意に転じたものという（小学館古語大辞典）。「東雲」と表記するのは、ほのぼのと明け初める夜明けの空という意からであろう。なお、『万葉集』の「しののめ」には夜明けの意がなく、語義不詳である。中古以降夜明けの意味になった。

例「Xinonome シノノメ〈略〉夜が明けていく時」（日葡辞書）

しのぶ【忍】

シダ類ウラボシ科の落葉多年草。「忍草（しのぶぐさ）」ともいう。『*日葡辞書』には、「Xinobu. l. xinobugusa シノブ。または、シノブグサ」とある。語源は諸説あるが、『大言海』の「土なくして生ず、堪へ忍ぶの義」とする説が有力である。『改訂増補牧野新日本植物図鑑』では、「このシダが土がなくても生育するため、土のないのに堪え忍ぶと云うわけで植物は土を必要とするという前提に立った名である」と説明されている。

しのぶ【忍ぶ】

耐える。我慢する。語源未詳。思慕する意の動詞「しのぶ（偲）」とは本来別語。両者、奈良時代には活用と語形とを異にしていた。すなわち、「しのふ（偲）」はハ行四段活用で、第二音節は甲類の「の」、第三音節は清音であったが、「しのぶ（忍）」はバ行上二段活用で、第二音節は乙類の「の」、第三音節は濁音であった。それが、亡き人・会えない人のことを思い浮かべる（「偲ぶ」）ことと、そのつらさをじっとこらえる（「忍ぶ」）こととが意味上相通じ、また語形も平安時代にはともにシノブとなったために、両語は交錯し、いずれも四段（五段）と上二段の両方の活用をするようになった。中世以降、四段活用が一般的となるが、現代でも「〜するに忍びない」という固定的表現に上二段活用の痕跡が残されている。

例「万代（よろづよ）に心は解けてわが背子がつみし手見つつ志乃備（しのび）かねつも」（万葉集・一七・三九四〇）

しばい【芝《しば》居《ゐ》】

演劇。「しば」は「芝」、「ゐ」は座る意の動詞「居（ゐ）る」の連用形の名詞化したもので、「芝生に座ること」がその原義であるといわれている。「大手の合戦は火を散らして、今朝の辰の刻より始まりたれば、搦手は芝居の長酒盛（ながさかもり）にて、さて休（やみ）ぬ」（太平記・九・足利殿打越大江山事）は、この原義の例である。庶民は芸能興行を芝生に座って見物したので、「芝居」は庶民の見物席を指すようになった。『*貞丈雑記』に「芝居と云ふは、勧進能または田楽そのほか見物の所にて、芝原に座して見物するゆゑ、芝居と云ふなり」とある。更に転じて、演劇そのものを指すようになった。

例「芝居見たる次手（ついで）などに、ちと女郎町をも御目に掛けん」（評判記・色道大鏡・五）

しばしば【屢々】
たびたび。「しば鳴く」のように動詞に付いて「しきりに・度々」の意を表す「しば」を重複させた語。「しば」は形容詞「しばし（暫）」と同根で、短い時間の意を表すという（岩波古語辞典補訂版）。
例「君が家の池の白波磯に寄せ之婆之婆（しばしば）見（み）とも飽かむ君かも」（万葉集・二〇・四五〇三）

しばふ【芝生】
芝の一面に生えている所。「ふ（生）」は、草木が生い茂ったり、物を産したりする所をいう語。「ふ」は単独でも用いられたが、「浅茅生（あさぢふ）」「園生（そのふ）」「埴生（はにふ）」「蓬生（よもぎふ）」など、名詞に下接して複合語を構成する場合が多い。「ふ」の語源については諸説あるが『*和訓栞』は「『生』をよむは『おふ』の略なり」とする。
例「こよひ寝てつみて帰らんすみれ咲く小野のしばふは露しげくとも」（千載集・一〇八）

じばらをきる【自腹を切る】
公にあるいは共同で出すような金を、自分で支払う。「腹を切る」から出た成句。「自腹」とは自分の腹のことで、自分が負担しなくてもすむような金を払わされる苦痛を切腹の痛みにたとえたもの。「自腹を切る」が本当に腹を切る意味に用いられた例が近世にはあるが、今知られている用例では、比喩的用法の方が古い。
例「此の節句はどうで、自腹でも、切らねへけりあ、ならねへと」（洒落本・寸南破良意）

ジバン【襦袢】
和服で、下に着る肌着。ジュバンとも。ポルトガル語 jubão または gibão に由来する。「襦袢」は当て字。古くはジュバンで、虎明本狂言『唐相撲』には「じゅばん」とあり、浮世草子『武道伝来記』には「襦袢〈じゅばん〉」とある。ジバンとなるのは江戸中期からである。なお、ジュがジになるのは江戸訛である。
例「緋縮緬の襦袢（じばん）」（滑稽本・浮世風呂・三・下）

しぶい【渋い】 文語 しぶし
渋柿のような舌を刺激する味がするさま。「しぶ（渋）」を形容詞化した語。「しぶ」の語源は不明。『大言海』は、「しぶ」を「或は渋の字音か」とする。しかし、「渋」の字音はシュウ〈シフ〉で、慣用音はジュウ〈ジフ〉である。「しぶし」は「渋き菓（くだもの）苦き菜（くさひら）を採みて」（東大寺諷誦文・平安初期点）のように味覚を表すのがもとの意味で、そこからさまざまの意味を派生させた。
例「人間も霜がかかると渋くなり」（雑俳・柳多留・一二三）

しぶかわがむける《しぶかは—》【渋皮が剝ける】
垢抜けして美しくなる。多く女性について用いる。「渋皮」は

栗の実などの表皮の内側にある皮のことで、タンニンを含み渋味があるので「渋皮」という。これをむくと、きれいな実の中身が現れる。中世末、「渋皮」には、垢の付いた汚い皮膚という意があり、これがむけるということにより、美しくなる、また、洗練されるという意を表した。

例「兎角持つべき物は渋皮のむけた娘」（談義本・八景聞取法問・四）

じぶに【治部《ぢぶ》煮《に》】

煮込み料理の一種で、金沢の郷土料理。語源は諸説あるものの不明。近世初期の料理書『料理物語』に見える、「じぶとは、鴨の皮を炒（い）り、だし・たまり、加減して入れ、じぶじぶといはせ、後、身を入れ申すことなり」の中の「じぶじぶといはせ」て料理するという料理法が「じぶに」の名の由来かと言われる。このほか、兵粮奉行・岡部治部右衛門が発案したからとか、料理人・治部が作った祝い料理に始まるとか、の説がある。

じぶん【自分】

その人自身。また、私（一人称）。和製漢語。「分」は「与えられたもの、持ち前のもの」の意。その人自身への割当という意味から、その人自身を指すようになり、さらに一人称に転じたもの。室町末期から使われ出した。一人称としての用法は、*『日葡辞書』に「自分に叶はぬ」という例が見られる。なお、旧軍隊でも自称の代名詞として使われた。

例「己れが自分の内の事を思案すべきぞ」（抄物・古活字本論語抄・憲問）

しま【島】

四面すべてが水（海・川・湖など）に囲まれた比較的狭い陸地。語源については諸説ある。*『日本釈名』の中の一説を挙げれば、「しまはせば也。その地せばし」とある。『大言海』は「四面、局（かぎ）られて、狭（せば）、又は、締（しま）の義」という。『大言海』は朝鮮語で島をショムということを指摘している。朝鮮語の siem（島）と同源とする説もある（岩波古語辞典補訂版）。

例「大伴の御津に船乗り漕ぎでてはいづれの思麻（しま）に庵（いほ）りせむわれ」（万葉集・一五・三五九三）

しみず【清《しみ》水《づ》】

清らかに澄んだ水。語源については、『大言海』など「すみみづ（澄水）の約転」と解するものが多い。「好井の字読て、シミヅといふ。シミとはスミ也。シといひ、スといふは転音也」（東雅）。「すみみづ」の約「すみづ」の例は、「高橋の甕井（みかゐ）の須美豆（すみづ）」（琴歌譜・七日あゆだ振）のように見える。これに対して、「しみみづ（凍水）」の転かとする説（岩波古語辞典補訂版）がある。「しみ」はこおる・こおるように冷たく感じる意の動詞「しむ（凍）」の連用形。「凍水（しみつ）出で

し所になも、後も凍水は出づる」(東大寺諷誦文・平安初期点)のような表記例があり、当時、清水を「凍水」と捉える語源意識が存していたことがわかる。この説によれば、ス→シという音転を考える必要がなくなる。

例「門の前に一つの好井(しみつ)有り」(日本書紀・神代下・鴨脚本訓)

じみち《ぢみち》**【地道】**
手堅く着実に物事をすること。『*日葡辞書』に「Gimichini noru(地道に乗る)馬に乗り、普通の歩調で道を行く」とあるように、「地道」は元来、馬などの、普通の速度で進む足取りをいう。馬術で「地乗り」「地足」とも言う。「地」はこの場合、基礎的・基本的の意。「道」は乗り方・方法。
例「町家の歴々へ地道の奉公に出さんとすれば、針手(はりで)が利かず」(浮世草子・傾城禁短気・三・三)

しみったれ
けちくさいこと。「しみたれ」の促音化。「しみたれ」は、「しむ(染)」と「たる(垂)」の複合動詞「しみたる」の連用形の名詞化したもの。「しみたる」は「水がしみこんで、だらっとした状態になる意か」(角川古語大辞典)といわれ、そのような状態に対する評価として、だらしない、みすぼらしい、けちくさい、などの意味が生じたものと考えられる。この語の早い例として『*日葡辞書』に「Ximitareta mono(シミタレタモノ)」があるが、その語釈は「人に愛されようとか、何か物を得ようとかなどの目的で、やさしくしたり、ちやほやしたりして、他人をひきつけようとする者」とあって、けち・吝嗇(りんしょく)とは直結しない。
例「ヱヱおめえ、まだそんなしみったれをいふは」(滑稽本・東海道中膝栗毛・二・上)

しめ【〆・締】
助数詞。束ねた物などを数えるとき使う。語源は動詞「締める」の連用形「しめ」の名詞化したもの。紙などは紐状のもので締めて束ねるから、「しめ」を以て数える単位としたのであろう。書状の封じ目に緘の意味で「〆」を書くのも、書状を「しめる」という意味であって、近世から用いられている。「〆」という字体は、「卜(しむ)」のくずし(大言海)か。
例「紙　一〆」(辞書・永代節用無尽蔵)

しめじ《しめぢ》**【占地・湿地】**
担子菌類シメジ科のキノコ。「匂いマツタケ、味シメジ」といわれる。語源は諸説あって、定めがたい。『*名言通』(上)は「シメヂハ、シメリイヅ(沾出)也」とし、『大言海』も、「湿出(しめいづ)の約転」という。また、湿った土地に生えたキノコの意として、「しめじ」を「湿地(しめぢ)」と捉える説(吉田金彦・衣食住語源辞典)などがある。しかし、シメジは、比較的乾燥した場所に生えることを考えるとこれらの説は疑わしい。『改

訂増補牧野新日本植物図鑑』では、「多数が一塊となって叢生するのが特徴」としたうえで、「シメジは占地の意味であって、湿地の意ではない」とする。

例「くさひらのしめぢ如何。答、そひむれたけを反せばしめち也」（名語記）

しめなわ《しめなは》【標縄・注連縄】

神社や神棚、正月に門口に張る縄をいう。「しめ」は動詞「占（し）める」の連用形の名詞化。「占める」は縄などを張って、その土地が自分のものであることを示すこと。「しめなわ」はそのためのしるしである。神社などでは、その内側が神のものであることを示す。『万葉集』には「しめなは」の仮名書き例はないが、「しめ（標）」には、「之米（しめ）」（万葉集・一八・四〇九六）と書いた例がある。

例「祝部（はふり）らが斎（いは）ふ社の黄葉（もみぢば）も標縄（しめなは）越えて散るといふものを」（万葉集・一〇・二三〇九）「注連　シメナハ　又云木綿四手　七五三　同」（書言字考節用集）

しめやか

しっとりと落ち着いて物静かなさま。「しめやか」の「しめ」は、『大言海』に「湿（しめ）やかにの意」とあるように、「湿（しめ）る」の「しめ」であろう。「湿る」は「しみる」（文語しむ）と同根と考えられ、水や気体などが内部に入り込むことがもとの意味である。そこから湿気を含んだような落ち着いたさまを言うようになったものと考えられる。語末の「やか」は「あざやか」「にぎやか」など形容動詞等の語幹を作る接尾語である。

例「雨など降りてしめやかなる夜、めして夜居にさふらはせ給ふ」（源氏物語・手習）

しもたや【仕舞屋】

普通の家。「しもうたや」を短くした語。商売を止めた家の意。「しもうたや」は、終わりにする意を表す動詞「しまふ」の連用形「しまひ」のウ音便形「しもう」＋完了の助動詞「た」の連体形「た」＋名詞「屋」（＝家・店）という構成を持つ語。「しもうた屋」の形でも使われた。後に商店でない普通の家も言うようになった。

例「豪商家（おほあきうど）の居ならぶ街頭に、拾間間口の無産舗（しもたや）あり」（高畠藍泉・怪化百物語・明治八年）

しもつき【霜月】

陰暦一一月の別称。諸説ある中で、霜に関係づける説が多い。一二世紀中頃の歌学書『奥義抄』*は、「霜しきりにふる故に、しもふり月といふをあやまれり」という。また、『名語記』*は「霜のふれば霜月と尺しおけり」という。

例「霜月、師走のふりこほり、水無月の照りはたたくにもさはらず来り」（竹取物語）

しもやけ【霜焼け】

寒さのために手足などに起こる軽い凍傷。中世末期の「しもばれ」と「ゆきやけ」の混交形で、近世になって現れた。古くは「しもくち」といった。中世末期に「しもばれ」、「ゆきやけ」が現れた。「ゆきやけ」との混交形と思われる。「ゆきやけ」は、現在、共通語では雪の反射で皮膚が黒くなる意に変化している。

例「小女、しもやけだらけな手で、たゝきつちのながしのうへで、ちんにゆをあびせている」（洒落本・通言総籬・一）

しゃかい《しやくわい》【社会】

世の中。英語 society の訳語。「社会」は、中国では土地の守護神を中心とした集団を意味し、宋代の『近思録』に「郷民為社会（郷民社会を為す）」とある。それを日本で訳語として用いたもので、青地林宗訳『輿地誌略』（文政九年）に「而して其会衆、猶社会を空せず」とあるのが最初である。この場合は、オランダ語 kloofter（男子修道院の意）の訳語として用いたもので、特定の集団を指している（斉藤毅・明治のことば）。今日の意味で「社会」を初めて使ったのは福地桜痴で、明治八年一月一四日の『東京日日新聞』に「高上なる社会〈ソサイチー〉」と使ったという（明治のことば辞典）。この語が society の訳語として定着するまでには、交際、社中、仲間会社などの語も使われた。

例「旧幕時代の社会とちがって、今は何事も自由だから」（坪内逍遥・当世書生気質・明治一八～一九年）

ジャガいも【ジャガ芋】

ナス科の多年草。南米原産。日本には、一六世紀末、インドネシアのジャカルタから伝えられた。当時、ジャカルタはジャガタラと呼ばれており、ジャガタラから伝わった芋の意で「ジャガタラ芋」と言われた。後に略されて「ジャガ芋」となった。漢名の「馬鈴薯」と書かれることもある。↓馬鈴薯

例「馬鈴薯（ジャガイモ）さへ有りゃあ喰うに困らん」（国木田独歩・牛肉と馬鈴薯・明治三四年）

しゃくし【杓子】

飯や汁をよそう道具。「しゃくし（杓子）」は漢語で、「杓」は、ひしゃくの意の名詞。「子」は、小さいものや道具などを表す名詞に付加する接尾語（「帽子」「椅子」などの「子」も同じ）。「杓子」は本来、ひしゃくのことであったが、日本では、飯や汁などをよそって器に盛るのに使う、柄の付いた道具をいう。飯杓子と汁杓子を区別するため、各地でさまざまな呼び分けが見られる。現代東京語では、前者を（オ）シャモジ、後者をオタマ（ジャクシ）として言い分ける。

例「此の茶屋、昔よりの名物、十だんごといふ。一杓子に十づつ必ず女郎などにすくはせ興じて」（宗長手記・上）

しゃくしじょうぎ《しやくしぢやうぎ》【杓子定規】

応用・融通のきかないさま。*『日葡辞書』に「Xacuxiuo

giōguini suru（杓子を定規にする）曲がっている杓子を真っ直ぐな定規、または、物差しにする。すなわち、素行や習慣の正しくない者が他人を正したり、教え導いたりしようとすること」とある。昔の杓子の柄（え）は曲がっており、そのような杓子の柄を、真っ直ぐであるべき定規に代用するということから、正しくない基準をもって無理に他を律しようとすることをいう比喩的表現となった。「杓子定規」はその縮約形であろう。誤った基準を変えようとしない頑なさから、今の意味に転じたものと考えられる。

例「冬は日かげ夏は日面（おもて）、よけて通れば門（かど）中にて、行き違ひの喧嘩口論ないと申すは町人の譬（たとへ）。武士の家では杓子定規、よけて通せば方図（ほうづ）がないと申すのが」（浄瑠璃・仮名手本忠臣蔵・二）

しゃくとりむし【尺取虫】

シャクガ科の蛾の幼虫。細長い芋虫で、胸脚と腹脚が非常に離れている。尺は長さの単位。この場合、「尺取り」で寸法を計ることを表す。這って進むさまが、人が人差指と親指で布などの長さを測る動作に似ているところからいう。

例「Xacutorimuxi（シャクトリムシ）」（日葡辞書）「尺蠖　シヤクトリムシ」（書言字考節用集）

しゃくなげ【石南花・石楠花】

ツツジ属シャクナゲ亜属の植物の総称。『*下学集』『*文明本節用集』などに「石南花　シャクナンゲ」という形が見られる。これがシャクナゲに変化した。また、「石南　シャクナン」（大和本草附録）のように、単にシャクナンとも呼ばれる。ツツジ属は、中国では杜鵑（とけん）の名を持つ。中国でいう石楠（石南）はバラ科の植物を指し、日本のシャクナゲとは別の植物である。『改訂増補牧野新日本植物図鑑』などでは、「石南」という中国名をツツジ属のこの植物に誤って付けたという。

しゃくにさわる《―さはる》【癪に障る】

腹が立つ。「癪」は胸や腹のあたりに起こるけいれん痛。「障る」は「差し支える、病気になる」という意。「癪」の字は国字で、辛苦が積もり起こる病の意から考え出された。「しゃく」という和語を「積」の呉音「しゃく」と通じさせている。「癪に障る」は語義的に癪という病にかかることを表すが、成句としては、立腹を身体的な激痛にたとえたものである。

例「年明（ねんあき）もぐっと癪に障ったから、なんでも一ばん縫って見せる気で」（滑稽本・浮世床・二・上）

しゃくはち【尺八】

縦笛の一つ。中国唐代初期に作られた楽器で、唐尺で一尺八寸（約五六センチ）を基本としたため「尺八」と言われた。日本には奈良時代に伝わった。『正倉院文書』の「東大寺献物帳」（天平勝宝八年）に「玉尺八一管　尺八一管」とみえる。

じゃじゃうま【じゃじゃ馬】

気が強くわがままで、人の言うことを聞かない若い女を言う。「じゃじゃ馬」とは「はね馬・暴れ馬」と同義で、乗りこなすことのできない、気の荒い馬のことを言う。語源不明。*『俚言集覧』は「地鞴(ちだだ)より出でし詞なるべし」という。「地鞴」は「じだだら」の約で、足で踏むふいごのこと。「じだだ馬」は足をばたばたさせて暴れる馬。ただし「じだだ馬」という語は文献に残っていない。また「じだだ馬」からどのように「じゃじゃ馬」まで音転したかも不明。「一説によれば、シェイクスピアの「The Taming of the Shrew(=口やかましい女)」を坪内逍遥が「じゃじゃ馬馴らし」と訳してから、一般に広まった」と言われる。

例「元来野飼の邪々馬といへども、人喰馬にも相口の版元太鼓をうつて売り弘めたる故、祥に乗手ありて、編数を畳ね、通し馬となり」(滑稽本・東海道中膝栗毛・発端序)

しゃしん【写真】

ものの姿・形を器械(カメラ)で写し取ったもの。「写真」は、実際を写すこと、ありのままに描くことの意味で古くから中国で使われ、日本でも使われていた。日本では明治になって英語 photograph の訳語として使われた。なお「写真鏡」という語が江戸時代すでにあったが、これはオランダ語の donkere kamer を訳した語(大槻磐水・蘭説弁惑)で、ガラスに外の景色や人が写るようにしたもので、カメラではない。

例「始て影相(しゃしん)を金板(かねののばしいた)に留むることを発明せし達礙爾(タゲール)は」(中村正直訳・西国立志編・明治三〜四年)

じゃっかん《じやくくわん》【弱冠】

若いこと。もとは、数え年二〇歳の異称で、男子のみについて用いられた。『礼記』に「人生〈略〉二十曰弱、冠〈人生〈略〉二十を弱といひ、冠す〉」とあるように、周の制度で男子が二〇歳になると元服し冠をかぶったことに由来する。「弱」は二〇歳の異称であったが。一一世紀の『明衡往来』ですでに弱年(=歳の若いこと)の意味で使われている。

しゃっちょこばる【鯱張る】

緊張して固くなる。「しゃっちょこ」は「しゃちほこ」の音転。「しゃちほこ(鯱)」は空想上の海の怪物で、火除けのため城の屋根の飾りとした。その姿はいかにもいかめしいものであったので、「しゃちほこばる」のもとの意味はいかめしく構えることであった。現在の意味は、緊張でこわばる様をいかめしいしゃちほこの様子にたとえたもの。なお、中世「しゃちこばる」という語があってこの方が古い。意味も同じであるので両者無関係ではないと思われる。「しゃちこばる」は「さしこわる(差強)」の転だという(日本国語大辞典二版)。この語が近世になってお城の「しゃちほこ」ととらえ直されて、「しゃ

ちほこばる」が生じたのではないかと思われる。

しゃにかまえる —かまへる【斜に構える】

物事にまともに対処しないで、ずれた仕方で臨む。変に改まった態度をとる。語源については、随筆*『安斎随筆』に「シャニカマヘルと云ふ俗語、剣術より出でたる詞なり」とあるように、本来剣術用語だったらしい。いわゆる正眼（晴眼）の構えからずれた構えを言ったものかと思われるが、実際にどのように構えたかははっきりしない。普通ではない構えから、まともでない態度などの意味を派生した。「斜に構へたる太刀先の風」（俳諧・江戸通町・下）では、実際に刀を構えている。「すりこ木しゃにかまへ、待っております」（浄瑠璃・長町女腹切・中）の場合、刀がすりこぎにかわっただけで、もとの意味のままで使われている。「『いざお立ち』とこたへしかば、一角といへる男、しゃにかまへてぞ出でたり」（浮世草子・傾城武道桜・四・三）では、刀とは関係なく、ことさらに改まった態度をとる意で用いられている。

しゃにむに【遮二無二】

がむしゃらに、むやみに。語源未詳。一八世紀半ば以降用いられた。「差理無理　シヤリムリ　俗語」（書言字考節用集）のように、近世には「しゃりむり」という語があり、それを変化させたものか（日本国語大辞典二版）。「しゃりむり」の語源は未詳。「無理」を語呂よく言うため、「しゃり」を上に付けたものか。「遮二無二」は当て字。

例「ならぬ事をしゃにむにせむとすれば」（談義本・地獄楽日記・二・一）

じゃのみちはへび【蛇の道は蛇】

同類の者は同類の者の事情に通じている、というたとえ。「じゃ」は大きな蛇。「蛇（じゃ）が出るか鬼が出るか」など、今でも使う。大きな蛇の通る道は、小さくとも蛇であれば分かる、というのが文字通りの意味であろう。室町時代の御伽草子『鴉鷺合戦物語』にある「蛇の道は小さけれどもくちなはがしる」という言い方は、この文字通りの意味のままである。なお、これよりも古く、日蓮の『観心本尊抄』には、「蛇（じゃ）は自ら蛇（へび）を識る」（岩波ことわざ辞典）とあり、「じゃ」と「へび」がすでに対比的に扱われている。

例「じゃのみちはへびがしる」（俳諧・毛吹草・二）

じゃのめがさ【蛇の目傘】

開くと蛇の目の文様の現れる和傘。「じゃのめ」は「蛇の目」で「ヘビの目」のこと。転じて、「◎」のような、蛇の目のように太い輪の形を表す。「水の面（おも）にぽつりと一つ雨点の落ちて蛇の目を画く」（徳富蘆花・自然と人生・明治三三年）のような用例がある。「蛇の目傘」は開くと太い輪の文様が現れるところからいう。

例「元禄以来、中央青土佐紙、端周りも同紙、中間白紙張

り。これを蛇の目傘と云ふ」（随筆・守貞漫稿）

しゃば【娑婆】

人間が生きるこの世界、本来は仏教語で、忍耐の意味を持つ梵語 sahā の音訳、苦しみに耐えねばならない世界という意で用いられた。近世、吉原遊郭が極楽に喩えられたことから、それに対する外の世界を「しゃば」といい、「大門をそっと覗いてしゃばを見る」（雑俳・柳多留・一）などと用いた。現代でも刑務所などから見た自由な世界を言うことがある。

例「哥々（あにき）次団太が赦（しゃ）にあうて、再び娑婆にいで来ぬる折」（読本・南総里見八犬伝・八・八九）

しゃぶしゃぶ

薄切りにした牛肉を、煮え立った鍋の湯にくぐらせて、たれをつけて食べる料理。肉を煮る際にシャブシャブと泳がすところからの名。昭和三〇年代前半に「肉のしゃぶしゃぶ」という商標登録が出願されたと言われるので、遅くともこの頃には「しゃぶしゃぶ」という名称が行われていたことになる。

しゃべる【喋る】

ぺちゃくちゃ話す。語源については、「シャベル〈略〉鳥の声よりいふなるべし」（富士谷御杖・詞葉新雅）のように、古くから、擬音語に起源を求める説がある。現代方言に「さべる」という語形が見え、近世初期の『*片言』にも「シャベルといふべきを。さべる」とあることなどから、「さべる」という語形で行われていたことが分かり、「さへく」（＝ぺちゃくちゃしゃべる）や「さへづる・さひづる」（古くは人間に対しても用いた）等と関連付けられるだろう。この「さへ・さひ」についても擬声語かといわれている。なお、「おしゃべり」はこの派生語である。現在では、「しゃべり」を名詞として使う用法はないが、近世にはあり、その時代に接頭語「お」が付いたもの。

例「Xaberi, ru, betta（シャベリ、ル、ッタ）〈略〉ぺちゃくちゃとよく話をする」（日葡辞書）

シャボン

石鹸（せっけん）。ポルトガル語 sabão またはスペイン語 jabón に由来する。「サボン」（西川如見・増補華夷通商考）という形もあった。日本に伝来したのは室町末期で、慶長元年（一五九六）の石田三成の書簡に「しゃほん二被贈候（贈られ候）」とある。江戸時代にはシャボン玉の意味でも使われた。

↓石鹸

例「丸めたるしゃぼん吹き出す筆の軸」（雑俳・住吉御田植）

じゃま【邪魔】

さまたげ。本来は、仏教で仏道修行をさまたげて堕落させようとする邪（よこしま）な悪魔のこと。「魔」は、死や殺害を意味する梵語の mara に当たり、特に他化自在天（第六天）の魔王、天魔波旬（はじゅん）のことを意味する。そこから一般的に物事の進行をさまたげるものを指すようになった。

例「Gacumonno jamauo suru, l, jamaninaru（学文の邪魔をする、または、邪魔になる）」（日葡辞書）

しゃみせん【三味線】

日本の伝統的な三弦の弦楽器。中国の弦楽器である三弦子が、戦国時代末の永禄年間、日本本土に伝わった。語源説としては、弦が三本であることから「三線(さんせん)」と言い、それから変化したとする説（『*色道大鏡』、『一言一話』など）、「蛇皮線(じゃびせん)」が変化したとする説がある。「蛇皮線」は沖縄での称で、『*名言通』（上）に「蛇皮線字の転音なり」とある。『*日葡辞書』に「Xamisen」とあり、「さみせん」よりも「しゃみせん」の方が古くから見られることから、「蛇皮線(じゃびせん)」の変化したものと考えるのが自然であろう。日本語には、「さびしい―さみしい」「けぶり―けむり」のようにb音とm音が交替する傾向がある。また語頭の濁音が清音になったのは、濁音の悪いイメージを避けるためだろう。「さみせん」は「三味線」という漢字表記などの影響で生じた語形だと思われる。

シャモ【軍鶏】

ニワトリの一種。『大言海』は「暹羅鶏(シャムロ)の転略」とする。「暹羅(シャムロ)」は今のタイ国の旧称。後、シャムというようになった。シャムから伝来したものを「シャムロ」といい、この鶏を「シャムロ鶏(けい)」といった。江戸時代はシャムと言うことが多かったが、次第にシャモが普通になっていった。「軍鶏」という表記は、闘争心が強く、闘鶏に使われるところから用いられるようになったもの。

例「おれは暹羅(シャモ)を飼ふが」（咄本・都鄙談語・矮雞）

しゃもじ【杓文字】

飯をよそう道具。「杓子(しゃくし)」の文字詞(もじことば)で、近世一般語化したもの。「文字詞」は、「湯具」を「ゆもじ」、「髪」を「かもじ」などという類である。「しゃもじ」は飯杓子と汁杓子のどちらも指したが、のち、両者を区別するため、飯杓子の方を「（お）しゃもじ」、汁杓子の方を「お玉（杓子）」などと言い分けるようになった。なお、近世元禄期の女子教訓書『女重宝記』「女ことばづかひの事」の条に「しゃくしは、しゃもじ」とあり、「右は御所方のことばづかひなれども、地下(じげ)にも用ゆる事多し」と記されている。

例「むつかしい　しやもじなんどと御所の内」（雑俳・軽口頓作）

しゃらくさい【洒落臭い】 文語 しゃらくさし

生意気だ。こしゃくだ。「しゃらくさい」の「しゃら」には、それだけで「生意気だ」の意味があった。「されば我が身の不堪にて、かく歌の事申し出だし、しやらや、けちやうや、推参や。似合はぬ事にてましませども」（仮名草子・竹斎・下）。「くさい」はいかにもそういうふうだという意味を加えて形容詞を

作る接尾語。「しゃら」の語源は擬声・擬態語ではないかと思われる（小学館古語大辞典）。*『日葡辞書』には「シャラシャラト」「シャラリト」「シャラリシャラリト」の三語形が一つの項目として立てられ、婦人の帯などのように垂れ下がっているさま、あるいは履き物の立てる音の形容などという説明が加えられている。ここから、しゃれていること、生意気なことを表す語となり、生意気を強調しながら形容詞化するため「くさい」を付けて、近世にできたものであろう。

例「鳴瀬、小哥（こうた）よく歌ひ、海道下りを舞へり。初心ものなり。時々しゃらくさき事など唱へいだせり」（評判記・難波物語）

しゃり【舎利】

米飯。「舎利」は本来仏教語で、梵語 śarīra（骨組み・身体の意）に相当する音訳であるが、その複数形 śarīrāṇ は、遺骨、特に仏・聖者の遺骨を表すことがあり、仏教語としても、その意味で用いられている。火葬された仏陀の遺骨、すなわち「仏舎利（ぶっしゃり）」は、小豆大くらいの粒状で、形状が米粒に似ていることから、近世、米粒のことを「しゃり」と言うようになった。現在では、主に寿司屋で米飯のことを言う場合に用いられる。

例「氏子どもが下用櫃（げようびつ）（＝米櫃）にしゃりを切らして村繫（むらつ）ぎをするで有ろ」（浄瑠璃・妹背山婦女庭訓・三）

じゃり【砂利】

小石。また小石に砂のまじったもの。「さざれいし（細石）」の「さざれ」から転じたものという。サザレ↓ザレ↓ザリ↓ジャリと転じたという（大言海）。江戸時代の歌謡集『松の葉』（元禄一六年）には、「通ひし路の辺ざり取る池の水鏡」とある。

例「梅が香や砂利しき流す谷の奥」（俳諧・猿蓑・四）

しゃれ【洒落】

人を笑わせる、気の利いた文句。動詞「しゃれる」の連用形の名詞化。「しゃれる」は当世風で気の利いたことをしたり言ったりすることである。「しゃれる」の語源は定めがたい。漢語「洒落（しゃらく）」の影響も考えなければならないが、そのもとは動詞「さる（曝）」ではないかという説がある。「さる」は風雨にさらされて白っぽくなることであるが、余分なものがなくなることから垢抜けしていることも表すようになる。この「さる」が拗音化して、「しゃる」となった。この「しゃる」に滑稽の意味がどのようにして加えられたのかも問題になる。「さる」が一方で「ざる」と濁音化し、更に「じゃる（戯）」となる。動詞「じゃる（戯）」は今の「じゃれる」であって、ふざけるの意を持つ。この「ざる（戯）」「じゃれる」との関連で、「しゃれる」にも滑稽の意が加味されたのではないかとも考えられる。↓

じゃれる
例「こっちへ木のめ田楽木のめ田楽、としゃれをいふ」（洒落本・遊子方言）

じゃれる【戯れる】

ふざけ戯れる。平安時代から見られる「戯（さ）る」「戯（ざ）る」が転じてできた語。「ざる」は「さる」の変化した語で、共にしゃれて気が利く、垢抜けしている、男女の事に通じている、ふざけるなどの意味がある。それが中世の末期ころに拗音化して「しゃれる」や「じゃれる」となり、語義上「しゃれる」が垢抜けしているという方の意味を担い、「じゃれる」がふざけるという方の意味を担うように分化したのではないかと思われる。＊『日葡辞書』は「じゃれ」（Iare）を立項し、「ざれ」（Zare）がまさる、としている。語頭のサ・ザがシャ・ジャとなる例は、江戸時代中期の方言書『浜荻』（庄内）に江戸訛として「鮭（しゃけ）」「草履（じゃうり）」が挙がっている他、「差別（しゃべつ）」など、例は少なくない。↓しゃれ

例「『暇（いとま）とらしゃれ。うけとりては我の、人の』とじゃれて、懸帳は心に消して帰る」（浮世草子・日本永代蔵・五・二）

シャン

美人。ドイツ語 Shön（美人の意）に由来する。明治時代、旧制高等学校の生徒が使いだした語。大正期から昭和の初期にかけて、一般の人にもよく使われた。バックシャン（英語 back＋シャン。＝背中美人）とか、トテシャン（「とても」の略＋シャン）などの合成語も生んだ。

例「非常なシャンがいるって、君のことを話しといたんだもの」（里見弴・多情仏心・大正一二～一三年）

じゃんけん【じゃん拳】

拳遊びの一つ。「じゃんけん」の「けん」は「拳」のことだが、「じゃん」の語源は不明。中国から伝わった「両（リャン）拳」が訛ったとする説や「石（しゃく）拳」の転訛とする説がある。「両拳」は鋏の形の拳、あるいは二人で争う拳ともいう。「石拳」は石、鋏、紙の三すくみ拳のこと。「拳」は近世渡来し、三すくみ拳の一種である「じゃん拳」は近世後期から流行した。

例「近頃東都にてはやりしはジャン拳也」（随筆・皇都午睡・初・上）「さて石拳の一名をジャンケンといふは両拳をリャンケンといふより訛れりと説く人あれど恐らくは非なるべし」（風俗画報・六〇号・明治二六年）

じゆう《じいう》【自由】

他からの制限や束縛を受けず、自分の責任で行うことができること。「自由」は漢籍に典拠があり、自分の感情のままに振る舞う意の語で、日本でも古くから使われていた。明治になって、英語 liberty や freedom の訳語として用いるようになった。福沢諭吉は『西洋事情』（初編・慶応二年）で、「本

文、自主任意、自由の字は、我儘放盪にて国法をも恐れずとの義に非らず。〈略〉英語に之を「フリードム」又は「リベルチ」と云ふ。未だ的当の訳字あらず」と述べ、「自由」を訳語とするには問題があるとした。

例「凡そ事を為すに初めより厳に規則を立つる時は其規則に拘束せられて諸事自由を得ず」（西村茂樹・開化の度に因て改文字を発すべきの論・明六雑誌・一号・明治七年）

しゅうきょう《しゅうけう》**【宗教】**

神仏または超越的絶対者への信仰。英語 religion の訳語。本来「宗教」は仏教語で、「仏の教え」あるいは「宗門の教え」の意味であった。幕末に religion の訳語が必要となり、日本では「宗旨」「神教」「法教」などの多くの訳語が考えられたが、仏教語の「宗教」が利用され、『明六雑誌』などによって定着した。

例「Religion 宗教」（哲学字彙・明治一四年）

しゅうさい《しうさい》**【秀才】**

学問や才能に優れた人。本来は中国で唐の中頃まで行われた科挙（官吏登用試験）の科目、及びその合格者を指した。日本でも律令制で官吏登用のために行った試験科目やその合格者をいった。このような合格者は優秀だったので、日本では中世以降、学問や芸能などに優れた人を言うようになり、次第に限定して学才に優れた人を指すようになった。

例「いたづらにふる身のはての愚昧なるをなげき他人の秀才なるをうらやみて」（三十二番職人歌合・三一番）

しゅうたんば《しうたんば》**【愁嘆場】**

芝居で、登場人物が嘆き悲しむことが中心となる場面。「愁嘆」は、嘆き悲しむ意で、漢籍にも典拠がある。近世以降用いられ、芝居以外でも悲劇的な場面をいうようになった。

例「加賀八太夫が中音にて落をとつたる愁たん場」（人情本・春色恵の花・二・一二）

しゅうと《しうと》**【舅】**

配偶者の父。『大言海』のいうように「シヒトの音便」、すなわち、シヒトからシュートに転じたもの。「しひと」の「ひと」は人だが、「し」の素性は、はっきりしない。『大言海』は「大人（うしひと）」の略という。「しひと」の用例を挙げておく。「婦、夫の父を称して舅と曰（い）ふ、〈略〉俗に志比止（しひと）〈略〉と云ふなり」（令集解・喪葬）。↓しゅうとめ

例「ありがたきもの、しうとに誉めらるる婿（むこ）」（枕草子・七五・ありがたきもの）

じゅうどう《じうだう》**【柔道】**

格闘技の一つ。近世、「柔道」は、「やわら（柔・和）」などとともに、「柔術（じゅうじゅつ）」の異名の一つであった。『大言海』に「太刀打（うち）の強きを用ゐず、手にて闘ふ故の名なるべし」とあるように、これらの名称は、堅い武器を用いず、柔ら

かい素手で戦うところからの命名であろう。「柔道の本体の伝を得てけり。この柔道といふは、世にまれなる貴き事にて、外にたぐひはあるまじ」（随筆・退閑雑記）。現在の「柔道」は、明治に入り、嘉納治五郎が、古来の柔術の諸流をもとに、近代的格闘技として改良・完成したものを指す。

しゅうとめ《しうとめ》**【姑】**
配偶者の母。『大言海』のいうように「シヒトメの音便」、すなわち、シヒトメからシュートメに転じたもの。「め」は女。この「め」は「しうと」が語として形成された後、女性であることを示すため付け足されたものだろう。「しひとめ」の用例を挙げておく。「婦、夫の母を称して姑と曰ふ、〈略〉俗に〈略〉志比止売〈しひとめ〉と云ふなり」（令集解・喪葬）。↓しゅうと
例「ありがたきもの、〈略〉しうとめに思はるる嫁の君」（枕草子・七五・ありがたきもの）

じゅうにしちょう《じふにしちやう》**【十二指腸】**
胃に続く小腸の最初の部分。長さ約二五センチで、指の幅一二本分の長さであるところからつけられた。*『解体新書』（安永三年）に「十二指腸、其長如十二指横径（其の長さ十二の指の横径の如し）、接胃之下口」と見える。

じゅうのう《じふのう》**【十能】**
炭火を入れて運ぶ器で、金属製の容器に木の柄を付けたもの。語源は諸説あって不明。一説によれば多くの効能があるところからついた名と言うが、*『書言字考節用集』では「十王　ジフノウ」と書いて、俚俗では燠昇（おきかき）と言い、「蓋其形似冥官像手、故名（けだしその形、冥官の像の手に似たり、故に名づく）」という。冥官とは、仏教語で、閻魔の庁に属する役人のこと。

しゅうは《しうは》**【秋波】**
流し目。漢籍に見える語で、本来は秋のころの澄み渡った水波の意であったが、「佳人未肯回秋波（佳人未だ秋波を回らすを肯んぜず）」（蘇軾・百歩洪）のように、美人の涼しげな目元の比喩として用いられるようになった。さらに女性の色っぽい目つきの意に用いられるようになった。*『俚言集覧』に「秋波（小説語　いろめつかひ）」とあり、白話小説語彙集である『小説字彙』（寛政三年）には、「秋波示意　メデシラスシボノ目也」とあるように、日本では中国の白話小説の影響で用いられるようになった。特に「秋波を送る」の形で用いられることが多い。
例「繊（かぼそ）き手をベルナルドオが肩に打ち掛けて秋波を送れり」（森鷗外訳・即興詩人・明治二五～三四年）

じゅうばこよみ《ぢゆうばこよみ》**【重箱読み】**⇩ゆとうよみ

しゅうばん【終盤】
最終段階。「盤」は「平らな台」の意。ここでは、将棋や囲碁のための台を指す。和製漢語。本来は、将棋や囲碁で中盤以後

の最後の戦いをいう。序盤、中盤、終盤と進む。そこから、物事の最終局面も指すようになった。↓序盤

しゅうよう《しうよう》【収容】

人や物を引き取って建物に入れること。明治時代に造られた和製漢語。「おさめいる」を漢字で「収容」と表記し、音読して造った漢語。『*音訓新聞字引』（明治九年）に「収容　シウヨウ　オサメイル」とある。

例「それから二三日すると〈略〉巣鴨へ収容されて仕舞った」（夏目漱石・吾輩は猫である・明治三八～三九年）

じゅうりょう《じふりやう》【十両】

相撲で、幕内の下、幕下より上位の階級。以前は幕下十枚目までの力士をいったが、明治二一年春場所の番付から幕下とはっきり区別された。近世末に、この位置の力士の給金が年一〇両であったところから、階級名として用いられるようになったらしい。

じゅうりょく《ぢゆうりよく》【重力】

地球上の物体を地球の中心に引きつける力。和製漢語。「重力」は中国では「大きな力」という意味で用いていた。近世の日本では、蘭学者がオランダ語 zwaartekracht を「重力」と訳した。zwaarte は「重さ」、kracht は「力」を意味し、両者を合わせて「重力」と訳した。このような訳し方を蘭学では「直訳」という。「引力」も直訳による語である。

例「然（しかれ）ども重力強きが故に諸体皆地に落つるなり」（天文・歴象新書・中）

しゅかん《しゆくわん》【主観】

対象を認識する主体。また、その意識。英語 subject の訳語として、西周が造語した漢語といわれる。のち、自分だけの考え方や物の見方という意味でも使われるようになった。↓客観

例「Subject　心、主観、題目、主位（論）」（哲学字彙・明治一四年）

しゅぎ【主義】

思想上の立場。「主義」は中国では、正しいと信じて守る主張の意であったが、日本では明治期まで文献には見られず、明治になって英語 principle の訳語として使われるようになった。最初に用いたのは福地桜痴であるという。なお、『*哲学字彙』（明治一四年）には、訳語として「～主義」の形を取るものは、「干渉主義」「事理充足主義」「自利主義」「保護主義」「矛盾主義」などがあるが、「～ism」を「～主義」と訳したのは、「兼愛主義」（egoistic altruism）、「利他主義」（altruism）、「聯邦主義」（federalism）だけである。「～ism」を「～主義」と訳すのが一般化するのは、明治後期になってからである。

例「山陽の主張せし所は神道と其主義を異にして」（田口卯

吉・日本開化小史・明治一〇～一五年）

しゅくず《しゅくづ》【縮図】

あるものを一定の割合に縮めて描いたもの。「縮めた図」の漢字表記をもとに、江戸時代に造られた和製漢語。

例「那の方円八百余里の縮図と作る」（地誌・江戸繁昌記・三）

しゅくだい【宿題】

家庭でしてくるように、先生が生徒に課する問題。江戸時代から使われるようになった和製漢語。「宿（やど）でなすべき題」という意味からできた語と思われる。初めは、詩会などで、あらかじめ出しておく題をいったもので、大田南畝の書簡（享和元年）に「御詩会いかが。宿題御定め候はば」と用いられている。明治以降、学校から出される家庭での課題を指すようになった。課題ということから、学校だけでなく、広くやり残された問題を意味する用法も生まれた。

例「どうです、次回に継続して宿題にしたら」（内田魯庵・社会百面相・明治三五年）

しゅじゅつ【手術】

患部を切断したり切開したりして治療すること。和製漢語。「手術」という表記は、近世初期に手段・方法の意味で「或は誓紙或は誓言の手術うたれ候へども」（評判記・赤烏帽子）という例が見られるが、この場合シュジュツと音読みされたか訓読み（例えばテダテ）されたかは明らかでない。シュジュツという振り仮名のある早い例としては、明治八年の*『近世紀聞』（初）に、「（石炭ヲ航海中ニ）次（つ）ぎ足し候手術（しゅじゅつ）なし」がある。外科的な処置を言うようになったのは、英語 operation の訳語として使われるようになってからである。

例「Operation　手術」（奥山虎章・医語類聚・明治六年）

しゅじんこう【主人公】

事件や小説などの中心人物。漢籍に見える語で、もとは主人のことを敬って言う語。仏教語としては、人々が本来備えている仏性の意で、主人翁、本来人、真人と同意語。明治時代以降は、「其の演劇（しばゐ）の本尊すなはち主人公（ヒイロウ）」（坪内逍遥・小説神髄・明治一八年）という例に見られるように、英語の hero、heroine に相当する、小説や戯曲などの中心人物を意味する語として使用されるようになった。

例「主人公なる間貫一が大学第二医院の病室にありて」（尾崎紅葉・金色夜叉・明治三〇～三五年）

じゅず【数珠】

仏を拝んだり念仏を唱えたりするときに手に掛けて用いる、小さな珠を糸で貫き輪にした仏具。「ずず」とも言われた。「念仏を唱えるときに用いる輪」という意の梵語 japa-mālā に由来する。本来は念仏を唱える回数を数えるための道具で

あり、数を表す珠の意から「数珠」と称された。百八煩悩を除く意から一〇八個の珠で作られたものが最も一般的。

例「『阿弥陀仏、阿弥陀仏』とひきたまふ数珠（ずず）の数に紛らはしてぞ、涙の玉をばもて消ちたまひける」（源氏物語・御法）

じゅつご【術語】

学問上の用語。専門用語。「術語」は「学術上の語」の意で、明治期に英語 technical term の訳語として造られた和製漢語。他に、「学術語」という訳語もあったが、「術語」の方が先だったと思われる。

例「法律上の術語だから」（夏目漱石・虞美人草・明治四〇年）

しゅっせ【出世】

世に出て成功し、立派な身分になること。セは「世」の呉音。仏教語としては、仏陀が衆生を救うため、この世に出現することを言う。また「出世間」の略語として、悟りを開くことを意味する場合もある。日本では、これら本来の意味から派生して、高位の貴族の子息が僧になることを「出世」と称し、さらに僧侶が高い位に上ることをも「出世」と呼ぶようになった。貴族の子弟が僧になった出世者の昇進が早いことから、「出世」が昇進一般の意味で使われるようになったという。「世に出る」というのは、この語を読み下した言い方である。

例「しかも次第に出世の侍なれば」（浮世草子・武家義理物語・一・二）

しゅっせうお《しゅっせうを》**【出世魚】**

成長と共に呼び名が変わる魚のこと。昔、人が元服するときに名前を変えたことや豊臣秀吉が出世するごとに名前を変えたことなどから、体長の伸びとともに魚の名前が変わるのも出世と見立ててこう呼んだ。出世魚としては「鯔（ぼら）」「鰤（ぶり）」「鱸（すずき）」が有名で、「鯔」ならハク、スバシリ、オボコ、イナ、トドと変化し、「鱸」はセイゴ、フッコ、スズキと変わる。また、「鰤」は関東ではモジャコ、ワカシ、イナダ、ワラサ、ブリ、関西ではツバス、ハマチ、メジロ、ブリと呼ばれるなど、地方によって異称も多い。

しゅっちょう《しゅっちやう》**【出張】**

仕事で、職場を離れて、他の地域、場所へ出向くこと。「戦いのために、他の地域、場所へ出向くこと」という意の「出張（でばり）」という語がもとになっている。「出張（でばり）」は、動詞「出る」の連用形に動詞「張る」の連用形が続いてできた、和語の複合動詞「出張る」の名詞化したものである。『太平記』に「五百余騎にて矢矧に出張（でばり）して道を差し塞ぎける間」（三五・南方蜂起事）のように、「出張（でばり）す」というサ変の用法が見られる。これが後に音読みされて「しゅっちょう」となった。「でばり」「しゅっちょう」とも併用され、仕事

で出向く意も加わった。明治になると「でばり」は少なくなった。

例「ふけさかもとよりけふ御しゅっちやうあり」（御湯殿上日記・大永七年一〇月一三日）「長崎へ黴菌の試験に出張するから」（夏目漱石・三四郎・明治四一年）

ジュバン【襦袢】⇩ジバン

じゅよう《じゅえう》【需要】

商品に対する欲求。英語 demand の訳語として明治期に造られた和製漢語。ただし訳語としては、初めは「需用」が多く用いられた。「需用」は、清の『紅楼夢』や『*福恵全書』にも見られる語で、「需要」とほとんど同義。経済学関係で「需要」が使われ、次第に「需要」が広く使われるようになった。

例「百般の需要一時に起て」（福沢諭吉・文明論之概略・明治八年）

しゅらば【修羅場】

悲惨な戦闘が行われる場所のこと。「修羅」は阿修羅（梵語 asura）の略。「阿修羅（あしゅら）」は仏法を守ろうとする帝釈天と戦う悪神。阿修羅と帝釈天とが戦う場所が「修羅場」である。能で、悲惨な戦いを題材としたものを「修羅物」と言い、人形浄瑠璃・歌舞伎などで、激しい戦いの場面を扱った部分を「修羅場」と言う。

例「斉宣王は自ら楚の短兵と戦って干戈に貫かれて、修羅場の下に死し給ひき」（太平記・二〇・義貞自害事）

しゅんぎく【春菊】

キク科の一、二年草。地中海沿岸原産。日本には、戦国時代に中国から渡来した。『*日葡辞書』には「Xunqicu シュンキク（春菊）　春の菊、または、春の石竹。文書語」とあり、濁らない言い方が見られる。江戸時代の『本草綱目啓蒙』には「茼蒿　シユンキク〈略〉シユンギク東国」とあり、東国で濁る言い方をしたようである。漢名は「茼蒿」が一般的であるが、『重訂本草綱目啓蒙』には漢名の一名として「春菊（群芳譜）」も挙げられており、現代中国語でも「茼蒿」「春菊」両方が使われる。従来、漢名が語源とはされていないが、語源はこの漢名に由来すると思われる。

じゅんさ【巡査】

警察官。「巡査」は中国の『*福恵全書』にも見られるが、そこでは「めぐりしらべる」という意で使われている。日本では英語 policeman の訳語として明治以降使われるようになった。「巡査」の前には「邏卒」が使われていたが、明治七年に「巡査」と改称された。

例「こらア巡査だが何をいふんだが陳分漢（ちんぷんかん）だが」（仮名垣魯文・総生寛・西洋道中膝栗毛・一四・下・明治八年）

しゅんぽん【春本】

猥本（わいほん）。和製漢語。「春（しゅん）」は草木が生え出し、生気が大いにみなぎる季節であるところから、若くて元気な時期を言い（たとえば「青春」）、若さや精力のことをも表した（たとえば「回春」）。また、仲春に、歌垣（うたがき）を催して若い男女を結ぶ習慣があったことから、男女の慕い合う心や（「有女懐春〔女有りて春を懐（おも）ふ〕」詩経・召南・野有死麕）、男女の欲情、エロスをも意味するようになった。「春本」の「春」は、この「男女の欲情」の意で用いられたものである。類例に「春情」「春画」などがある。

例「大学、彼の如く甚だ賤しき、是れ聖を侮るならずや。春本、此の如く劇（はなは）だ貴き、是れ淫を誨（おし）ふるにあらずや」（地誌・江戸繁昌記・三）

しょうか せうくわ【消化】

体内に取り入れた食べ物がこなれること。「消化」は中国に典拠があり、本来は消えて変化することを意味した。日本でも中江藤樹『藤樹文集』に「解惑則人心疑惑悉消化〔惑ひを解けば則ち人心の疑惑悉く消化す〕」という例がある。次いで、食物が体内でこなれることを意味するようになり、転じて、物事を理解して自分自身のものにする意でも使われるようになった。

例「消化しがたき物を多くくらふべからず」（養生訓・八）

しょうが しやうが【生薑・生姜】

ショウガ科の多年草。南アジア原産で、日本には古く渡来した。語源は漢名「生薑」の呉音読みであるシヤウカウが転訛したと考えられる。和語の古名は、『享和本新撰字鏡』*に「干薑〈略〉久礼乃波自加弥」とあるようにクレノハジカミである。これは、古く山椒をハジカミと言っていたところへ、同じく辛い味の植物が新しく渡来したため、「呉（くれ）」を冠して区別するようになったものである。後にハジカミだけで生薑のことを表すようになっていった。「生姜（しょうきょう）」も漢名（ショウは呉音）。

例「生薑　シャウガ　与姜同」（辞書・伊京集）

しょうかどうべんとう しやうくわだうべんたう【松花堂弁当】

中に仕切りがあって、各種の料理や御飯が少量ずつ、色や味のバランスよく取り合わされた弁当。この器の考案者松花堂昭乗（江戸初期京の書画家・茶人）に因んでの名称とされる。

しょうがない しやうー【仕様が無い】

しかたがない。「しよう（仕様）がない」の転。「しよう（仕様）」の「し」はサ変動詞「する」の連用形（「仕」は当て字）、「よう（様）」は、この場合、方法の意。物事を行う方法が無い、すなわち、なすすべが無いが原義で、そこから転じて、始末に困る、役に立たない、たわいもない、くだらない、等々の意を表すようになった。「ヱヱ何いふのぢゃ、つっともう。性（しやう）

もない子供のいふ事、取り上げて下さりますな」(浄瑠璃・妹背山婦女庭訓・二)は、たわいもない、取るに足りない意の例である。

しょうぎ《しやうぎ》【将棋】

二人で行う室内遊戯の一種。インドを起源とし、中国を経て奈良時代末に日本に伝わったとされる。金田一京助『おりおりの記』によると、象・馬・車・歩兵の四軍を意味する梵語チャツランガ(chaturanga)を中国で漢字音訳した「象戯」がもとという。中国では古く「象戯」「象棋・象棊」などと表記され、日本でも「象戯」「象棋」「象碁」「将碁」「将棊」など様々な表記が行われた。現在は「将棋」が専用され、「象棋」は中国の将棋を指すことが多い。

例「囲碁。双六。将棊。弾碁」(新猿楽記)

じょうき【蒸気】

液体が蒸発してできる気体。「蒸気」は『淮南子』にも見られ、中国では広く気体を意味していた。江戸時代、蘭学でオランダ語 stoom を「蒸気」「水蒸気」と訳した。『*気海観瀾広義』(嘉永四年)で stoomschip を「蒸気船」と訳している。stoomwerktuig は川本幸民『遠西奇器述』(安政元年)では「蒸気機」と訳されているが、後に「蒸気機関」という訳語で定着した。

例「蒸気の張開(ひろがり)し、収縮する所以の理を講究し」(中村正直訳・西国立志編・明治三〜四年)

しょうぎだおし《しやうぎだふし》【将棋倒し】

人込みなどで一人が倒れたことにより次々に折り重なって倒れること。これは、将棋の駒を少しずつ間隔を置いて立てて並べ、端の駒を軽く押し倒して順々に他の端まで倒す遊びから来ている。

例「将碁倒をする如く、寄手(よせて)四五百人、圧(おし)に討たれて死ににけり」(太平記・七・千剣破城軍事)

しょうきょく《せうきよく》【消極】

自分から進んで相手に働きかけないこと。初め、オランダ語 negatief の訳語として、電池の陰極の意味で造られた和製漢語。「積極」に対する語。明治になって、電池については中国語の「陰極」を使うようになってからは、一般的な意味で使われるようになった。現在は、「消極」は単独で用いられず、「消極的」という形で用いるのが普通である。→積極

例「故に先づ内地旅行を行って利のある方を積極『ポジチーウ』と見、害の方を消極『ネガチーウ』と見るでござる」(西周・内地旅行・明六雑誌・二三号・明治七年)

しょうけい【憧憬】

あこがれること。ドウケイとも。ショウは「憧」の漢音、ドウは慣用音。明治時代後期にドイツ語 Sehnsucht の訳語として造られた和製漢語。「憧」はあこがれる意、「憬」は遠く行

くさまを表す。高山樗牛・姉崎嘲風の造語と言われる。田山花袋は『生』（明治四一年）の中では「憧憬（どうけい）した」と使っている。明治後期の作品には「憧憬」に「あこがれ（る）」と振り仮名を付けて用いている作品も多い。

例「曾て書籍で読み詩で読んだ思想と憧憬、それはまた空想であった」（田山花袋・田舎教師・明治四一年）

じょうご《じゃうご》【上戸】
酒をたくさん飲む人。酒好きな人。「上戸」は令制で一戸のうちに六、七人の成年男子がいる戸のことを指した（「下戸（げこ）」参照）。『大言海』は、『群書類要』に「庶民婚礼、上戸八瓶、下戸二瓶」などというように見えるので、もとは民戸の上下を言ったものであるが、瓶数の多少が書いてあることから連想し、たくさん飲める者を上戸、少ししか飲めない者を下戸と言うようになった、とする。現代では「泣き上戸」「笑い上戸」などの語に残る。
例「御甥の八宮に大饗せさせたてまつり給ひて、上戸におはすれば、人々ゑはしてあそばむなどおぼして」（大鏡・二・師尹）

じょうご《じゃうご》【漏斗】
口の狭い容器に液体を注ぎ入れるときに使う、上部が広く下部がすぼまった形の器具。「ろうと」とも。語源未詳。『*和漢三才図会』（一七一二）に「漏斗、俗云上戸〔俗に上戸（じやうご）と云ふ〕。〈略〉名之上戸者能呑也〔これを上戸と名づくるは、能く呑めばなり〕」とある。この器具がよく酒を飲み込むところから「上戸」とするという説である。
例「Iŏgode saqeuo tçugu（上戸で酒を注ぐ）」（日葡辞書）

しょうし《せうし》【笑止】
おかしなこと。ばかばかしく笑うべきこと。「笑止」は「優れたこと」を表す「勝事」という漢語がもとになっている。「勝事（しょうし）」（シは「事」の漢音）と「笑止（せうし）」とは平安時代まで発音が違ったが、中世以降区別がなくなり、「勝事」の意味の変化に伴って、「笑止」の表記が新たに用いられるようになった。日本では、大事件、特によくない事件を表し、さらに奇怪な出来事などの意に転じた。「今度の御産に笑止数多（あまた）あり。先法皇の御験者、次に后御産の時御殿の棟より甑（こしき）を転かす事あり」（高野本平家物語・三・公卿揃）。更にいたましいことなどと転じ、そこから今の意味になった、といわれる。
例「おのれが心には随分善事なりと思へども、よそめ笑止なることあり」（仮名草子・可笑記・一）

しょうじ《しやうじ》【障子】
格子に組んだ枠に紙を張り、部屋の仕切りなどに使う建具。平安時代の和文作品では「さうじ」と直音表記された。「障」は遮るものの意で、「子」は唐代から用いられるようになった

接尾辞。「椅子」などの「子」。漢籍に用いられ、日本に入った語だが、古くは襖(ふすま)を指した。今の障子は「明かり障子」と言った。

例「屛風、障子の絵も見所ありて住まひたり」(枕草子・三一五・男は、女親亡くなりて)

じょうし《じやうし》**【上梓】**

出版すること。版木に「梓(し)」(=アズサ)の木を用いたところから、版木に刻み出版することを「上梓」といった(康熙字典)。

例「再び増補して上梓せんことをはかれり」(滑稽本・浮世風呂・二・上)

じょうしき《じやうしき》**【常識】**

社会人として当然持っているべき知識や判断力。和製漢語。近世の儒学者伊藤仁斎の『童子問』に「此常識之所以必至此而与聖人自相違也(此れ常識の必ず此に至って聖人と自ら相違ふ所以なり)」とある。この場合の「常識」は普通の人の抱く識見という意味だが、明治になって英語 common sense に当てられるようになって一般化した。common sense の訳語として「常識」を用いたのは『哲学字彙』*(明治一四年)が最初かと思われる。西周は『生性発蘊』(明治六年)では「通常良知」にコムンセンスと仮名を振っているという(森岡健二・近代語の成立)。

例「常識のない馬鹿だと軽蔑(さげす)まれても詰まらない」(夏目漱石・彼岸過迄・明治四五年)

しょうしゃ《しやうしや》**【商社】**

貿易を中心に商業を営む会社。幕末明治初期の和製漢語。英語 company の訳語。この語は幕臣で後に外国奉行になった小栗上野介の造語という説がある。小栗上野介は兵庫商社設立建議書(慶応三年)で「商社」を次のように用いている。「外国人と取引きいたし候には、いずれにも外国交易の商社(コムペニー)の法に基づき申さず候はでは、とても盛大の貿易と御国の利益に」(田辺太一『幕末外交談』による)。なお、『漢語字類』(庄原謙吉・明治二年)には「商社 シヤウシヤ アキンドナカマ」とある。

例「Shō-sha、シヤウシヤ、商社 n. A mercantile company or firm」(和英語林集成・二版)

しょうじんりょうり《しやうじんれうり》**【精進料理】**

肉食を禁ずる仏教思想に基づく料理。「精進」は梵語 vīrya の漢訳で、大乗仏教の定める六波羅蜜の修行の第四番目をいう。精進のときには食事は生臭物や臭いの強いものを避けた。肉類を一切用いず、野菜・海藻・穀類など植物性の材料を使って料理した。なお、「精」をショウと読むのは呉音。

例「某はしやうじんれうりはかたのごとく仕れ共、魚物のれうりのしやうは、ぶあんないにござる」(虎明本狂言・宗八)

し

じょうず《じやうず》【上手】

物事にたくみなさま。漢語「上手(じょうしゅ)」の変化した語。漢語「上手」の「上」は、「上客」「上策」などの「上」と同じく、程度や段階が上の意、「手」は、「巧手」「射手」などの「手」と同じく、才能・技芸を有する人の意。「上手」全体で、才能や技芸にすぐれた人やそのようなさまの意となる。次のように漢籍に例がある。「卜筮者、聖人之業也。〈略〉十中六七、以為上手〔卜筮(ぼくぜい)は、聖人の業なり。〈略〉十に六七を中(あ)つれば、以て上手と為す〕」(顔氏家訓・雑芸)。

例「返し、上ずなれば良かりけめど、え聞かねば書かず」(大和物語・一三五)

じょうすい《じやうすい》【上水】

飲用のため、溝や管などの設備を通して提供される水。「上」は、よいという意味。漢籍には、上の水、水を汲み上げる、流れをさかのぼるなどの意味で「上水」という語があるが、日本ですでにあった「下水」を基に独自に造られたものであろう。近世城下町では上水を引くことが行われ、慶長一一年、福井の芝原上水が竣工している。江戸では天正一八年に神田上水が開かれた。

じょうせき《ぢやうせき》【定石】

囲碁で、ある局面において双方にとって最善とされる一定の打ち方。「定石」は中国では動かぬ石の意であるが、定められた石の打ち方という意味の囲碁用語としては和製と思われる。室町末期の『運歩色葉集』*に「定石　碁」のように見える。転じて、物事を行う上で、一般に最善と考えられている手順や方法、決まりきったやり方の意味でも使われる。なお、現在、将棋の場合は「定跡」と書かれる。

しょうせつ《せうせつ》【小説】

文学の形態の一つ。「小説」は古く中国に典拠があり、もとは、とるに足らない意見や議論の意味であった。その後、中国でも文芸の一つとして「白話小説」などと用いられた。明治以後、坪内逍遥が『小説神髄』(明治一八年)で、「小説」を奇異譚(ローマンス)や寓言(フヘイブル)などと区別し、英語novelの訳語として規定して以来、その用法が一般化した。

例「始めに著はせる書は歌詩の体にて〈略〉次に作れるものは小説にして」(中村正直訳・西国立志編・明治三〜四年)

じょうそう《じやうさう》【情操】

情感ゆたかな心の働き。漢籍に見られず、和製漢語と思われる。平安時代の日記『権記』には、「才学雖乏、情操可取〔才学乏しと雖も、情操取るべし〕」とある。明治になると西周が『奚般氏心理学』(明治一一年)で、英語senntimennt、feelingなどの訳語として用いた。のち、senntimenntの訳語として定着した。

例「吾人の情操を優美にし」(夏目漱石・吾輩は猫である・

明治三八～三九年）

しょうたい せうたい【招待】・しやうたい【請待】

人を招いてもてなすこと。古くはショウダイ。室町期に造られた和製漢語。本来は「請待」という表記であったと思われる。「請」は「乞う、たのむ」、「待」は「もてなす」という意味で、「来てくれるように頼んでもてなすこと」を表す。「招待」の歴史的仮名遣いは「せうだい」であるが、これは*『日葡辞書』の Xôdai という表記に合わない。『日葡辞書』の表記に相当する歴史的仮名遣いは「しやうだい」であって、これは「請待〈しやうだい〉」と一致する。「しやうだい」と「せうだい」とは室町時代の規範的な発音では区別されていた。この区別の消滅が一般的になるのは近世で、「招待」が使われるようになる。ショウタイと清音で言うようになったのは明治になってからである。「招待」は現代中国語でも使われている。

例「来玉への招待（しやうだい）、辞して到らず」（滑稽本・浮世風呂・四・跋）

じょうだん【冗談】

ふざけて言う話。漢字表記、仮名表記ともにさまざまあって、語源は定めにくい。中世、「笑談」という語があったので、その語頭を強調して濁音化したものという説や、「常談」あるいは「雑談（ぞうだん）」の語義が転じたものとする説が*『大言海』に掲げられている。「笑談」という語は*『日葡辞書』に「Xôdan（ショウダン）」という形で見える。語義は「からかって話すこと」であるから、現在の「冗談」と同じであるが、清濁の違いがある。一方、「常談」「雑談」から出たとすれば、つまらない話ということから、ふざけた話に転じたということになる。

例「でうだんな事、かしましういふまい」（虎明本狂言・鞍馬参）「お勢が戯談（じゃうだん）に托辞（かこつ）けて」（二葉亭四迷・浮雲・明治二〇～二二年）

しょうちゅう せうちう【焼酎】

蒸留酒の一種。連続式蒸留法によるアルコール分三六％未満の甲類（ホワイトリカー・新式焼酎）と単式蒸留法による四五％未満の乙類（本格焼酎・旧式焼酎）とに分類される。乙類は日本独特のもので、米・芋・黒糖・そばなどを原料とし、それぞれ独特の風味がある。語源は中国の「焼酒（しょうしゅ）」と関係があると思われる。「酎」は濃い酒。近世前期の抄物『明医雑著抄』に「焼酒とは唐酒也。焼酒と書て唐人はせうちうとよむ也」とある。また、*『和漢三才図会』（一〇五）には「焼酒　しやうちう〈略〉今用焼酎字〈今焼酎の字を用う〉」とある。

しょうちょう しやうちよう【象徴】

抽象的なものを表すのに使われるもの。平和を表すハト、情熱を表す赤など。「象」はかたどる、「徴」はしるし、あらわれ

の意。明治期に造られた和製漢語。中江兆民が『維氏美学』で、フランス語 symbole を「象徴」と訳したのが最初といわれる。*『哲学字彙』(明治一四年)では英語 symbol を「表号」と訳しているが、これはロブシャイド*『英華字典』に基づいたものであろう。

例「一種の象徴を定めて以て神の一徳を著はすことを求む」(中江兆民訳・維氏美学・明治一六～一七年)

しょうてん《せうてん》【焦点】

レンズなどを通して光線の集まるところ。英語 focus の訳語として造られた和製漢語。*『英和対訳袖珍辞書』(文久二年)には focus の訳語として「焼点」と表記されている。また、『工学字彙』(第二版・明治二一年)でも「焼点」と表記されている。藤沢利喜太郎『数学ニ用キル辞ノ英和対訳字書』(明治二二年)では「焦点」が使われているように、数学用語として用いられるようになってからは、「焦点」の表記が定着した。後に、一般の用法として、人々の注意や関心の集まるところをも言うようになった。

しょうねんば《しやうねんば》【正念場】

最も肝腎な場面。芝居の「性根場(しょうねば)」から来たという。歌舞伎や人形浄瑠璃では役の人物の本心を「性根」といい、それを表現する大事な場面を「性根場」という。その後、芝居での大事な場面から、実世界での大事な場面を表す語へ一般化したわけである(赤坂治績・ことばの花道)。ショウネバがショウネンバとなったのは、性根場を演じきるには正念が必要だからともいわれる。「正念」は仏を心に思うこと、邪念のない安定した心など、いろいろ意味があるが、仏教語で由緒正しい語である。一方、「性根」の方は重箱読みの混種語であるため、「しょうねば」の「しょうね」を由緒正しい「正念」と解釈したものと考えられる。

例「そんなら是から往ても好きな人の性根場(しゃうねんば)が見られるナア」(滑稽本・穴さがし心の内そと・初)

しょうひょう《しやうへう》【商標】

商品につけるしるし。「商」は商品、「標」はしるしの意。英語 trade mark の訳語として明治期に造られた和製漢語。日本では、明治一七年に農商務省内に商標登録所が設けられた(石井研堂・明治事物起原)。

例「空疎な流行語を藉(か)りて自分の作物の商標としたくない」(夏目漱石・彼岸過迄・明治四五年)

じょうひん《じやうひん》【上品】

品が良いこと。仏教に由来する語で、仏教ではジョウボンと呉音で読む。『観無量寿経』では、極楽浄土に往生する九つの段階(三輩九品)のうち上位三段階の優れた往生を上品(じょうぼん)という。九品は上・中・下に分かれ、それぞれに上・中・下の段階がある。このような仏教語としての本来の

意味から派生して、「上品」は品質の優れていることを意味するようになり、さらに人間の生まれや性質に限定して言うようになった。仏教語から一般語化するにつれて、仏教関係に多い呉音読みを離れ、ジョウヒンという漢音読みに変化した。『書言字考節用集』*では「上品」をジョウヒンと読んでいる。

例「その音に三ン等あり。ブツと鳴るもの上品にして其形円く」（談義本・放屁論）

しょうぶ《しやうぶ》**【菖蒲】**

サトイモ科の多年草。この植物は古くアヤメと呼ばれていた。語源は漢名「菖蒲」の音読みによる（正しくは「菖蒲」は同じサトイモ科の「石菖（せきしょう）」の名）。端午の節句の菖蒲湯等に用いられるのは、このサトイモ科の植物である。アヤメ科のハナショウブのことを、単にショウブという場合もあるが、これは、サトイモ科の植物とは全く別のものである。→あやめ

例「しやうぶふかではゆゆしからんを」（蜻蛉日記・中・天禄二年）

じょうぶ《ぢやうぶ》**【丈夫】**

身体が壮健であるさま。物がしっかりしていて壊れにくいさま。「丈夫」は中国古典では成人した一人前の男子という意味の語で、これは周の制度で一丈をもって成年男子の身長としたことに由来する。「丈夫意有在（丈夫は意在ること有り）」（韓愈・秋懐詩）の「丈夫」は成人男子の意で、ジョウフと読まれた。もともとの一人前の男子という意から、日本では立派な男子を意味するようになり、さらに中世末には健康なことや堅固なことをも表すようになった。

例「此の人丈夫の心ねをばして加様に思ひ給ひけるこそ憑（たのも）しけれ」（太平記・一八・越前府軍并金崎後攻事）「はいありがたう。至極丈夫でございまして」（滑稽本・浮世床・二・下）

しょうぼう《せうばう》**【消防】**

火事を消し、燃え広がるのを防ぐこと。「（火を）消し（延焼を）防ぐこと」を「消防」と表記し、幕末に造られた和製漢語。「火を消す」「毒を消す」などの意は、漢字「消」の本来の意味としてはない、日本独自の用法で、ほかに「消火」「消毒」などの和製漢語も生まれた。

例「新造消防の要器にして」（新聞雑誌・四号・明治四年六月）

じょうほう《じやうほう》**【情報】**

物事の状態や様子、またそれについて知らせること。「事情の報告」という意味で明治期に造られた和製漢語。第二次大戦中は、敵方の状況についての知らせを意味することが多かった。最近は、英語 information の訳語として、人間の行動や社会の存続に意味のある物事についての知らせの意で

使われる。

例「佐藤君は第三の情報を得た」（森鷗外・藤鞆絵・明治四四年）

しょうめんきって《しやうめん—》【正面切って】

遠慮しないで、はっきりと主張したり、行動したりするさま。元来は、歌舞伎で舞台上の俳優が、正面、つまり観客の方を向いて演技をする、またポーズをとることを「正面を切る」と言った。正面を切った演技は、堂々とした演技であるところから、一般語に転じて、正面から相手に対峙（たいじ）し、堂々と自己を主張する意となった。「切る」は思い切った、目立つ言動をすることで、「たんかを切る」「しらをきる」「大見得をきる」などの「きる」と同類。

例「おかみさんは、あさましい姿をして居る夫人の方に正面切っていい出した」（水上滝太郎・大阪の宿・大正一四～一五年）

しょうゆ《しやうゆ》【醬油】

日本独自の調味料。蒸し煮した大豆に砕いた小麦と種麹を加え菌を繁殖させた後、食塩水を加えて発酵・熟成させたものを搾（しぼ）り、火入れをして製する。「醬油」という語は、室町時代末には見られ、和製漢語だと思われる。その原型は中国渡来の醬であるが、「醬」は古く「ひしお」と訓まれていた。「ひしお」は味噌の一種で、それから搾ったとろりとした液体を「醬油」と名づけたものであろう。『多聞院日記』永禄一一年（一五六八）一〇月二五日の記事に「醬油」が見える。

じょうるり《じやうるり》【浄瑠璃】

三味線を伴奏楽器とする、音曲語り物の一つ。主に人形操りに用いられる。本来は仏教語で、清らかな瑠璃の意。瑠璃は梵語 vaidūrya の音訳語で、紺青色で透明な宝石のこと。東方にある薬師如来の浄土は浄瑠璃世界と呼ばれ、その大地は瑠璃でできているといわれる。室町時代、薬師如来の申し子である「浄瑠璃姫」という女主人公と牛若丸が登場する語り物『浄瑠璃御前物語』が流行し、そのことによって、この種の語り物が浄瑠璃と称されるようになった。

じょうろ【如雨露】⇨ジョーロ

しょうわ《せうわ》【昭和】

日本の年号。大正と平成の間。大正一五年（一九二六）一二月二五日から昭和六四年（一九八九）一月七日。出典は『書経』「堯典」の「百姓昭明、協和万邦（百姓昭明なり。万邦を協和せしむ）」による。すなわち、「百姓昭明」の「昭」と「協和万邦」の「和」を組み合わせたもの。字義は世の中が治まり、なごやかなこと。

ジョーロ【如雨露・如露】

植木などに水を注ぎかける道具。「じょろ」ともいう。「如雨露（雨露の如し）」「如露（露の如し）」など、当てられる漢字

表記は道具の性質をうまく表し得ているが、もとはポルトガル語である。「水の噴出」の意を表すポルトガル語 jorro からとも、「水差し」の意のポルトガル語 jarra からとも言われる。

例「如雨露(ジョウロ)」(続無名抄・下)

しょくしがうごく【食指が動く】

欲しいという気持ちがおこる。「食指」は、人差し指のこと。「食指が動く」は、『春秋左氏伝』の宣公四年の故事から出た表現である。「楚人献黿於鄭霊公。公子宋与子家将見。子公之食指動。以示子家曰、他日我如此、必嘗異味。及入、宰夫将解黿。相視而笑。〔楚人黿を鄭の霊公に献ず。公子宋子家と与に将に見(まみ)えんとす。子公の食指動く。以て子家に示して曰はく、他日我此くの如くなるときは、必ず異味を嘗むと。入るに及び、宰夫(さいふ)将に黿を解かんとす。相視て笑ふ〕」。この故事に基づいて、御馳走を得る前兆の意の成句となり、また、食べたい、何かを手に入れたいという気持ちのあることを表す慣用句となった。

しょくしょう《しよくしやう》【食傷】

飽きて嫌になること。本来は、食あたりの意味で、「食べ物で、体を傷(いた)める」ということからできた和製漢語と思われる。曲直瀬玄朔の『医学天正記』(慶長一二年)に「今上皇帝、御食傷、瀉利吐逆」とある。食あたりすれば、その原因になったものが嫌になるので、物事に飽きることを意味するようになったものだろう。比喩的に、同じ事の繰り返しでうんざりすることも言うようになった。

例「邯鄲の里にすむ貘(ばく)食しやうし」(雑俳・柳多留・九六)

じょさいない【如才無い】

手抜かりがない。気が利いている。愛想がいい。「じょさい」は古くは「如在」と書かれた。『論語』「八佾」に「祭如在。祭神如神在〔祭ること在(いま)すが如くす。神を祭ること神在すが如くす〕」とあるように、「如在」は、「神が眼前に存在するかのように恭しくすること」という意であった。この「如在」を「あるがごとし」と考え、「あるがまま」「気を遣わないこと」「手抜かりがあること」というように意味を変化させた。現在では、多く否定の「無し」を伴って「如在(が)ない」という形をとって、「手抜かりがない」という意で使われるようになった。なお、「在」をサイと読むのは漢音読み。「在」はザイと呉音読みが多いので、「才」の字を用いて、「如才」と書くようになった。

例「我は如在はなけれども軍陣にかりたてられて一年中も家にいぬほどに親を養ふことをとげぬぞ」(抄物・玉塵抄・四八)

じょし《ぢょし》【女史】

社会的に活躍している女性（の名につける語）。「女史」は中国の古代の女官名で、日本でも文書を司る女官を指した。「史」は、ふびと、すなわち出来事を書き記す役人のこと。文書を司る女官というところから、女性の学者や芸術家を言うようになる。江戸時代に、女性に対する敬称として用いる例（菊池五山・五山堂詩話）が見られるようになるが、明治になって広く学者、芸術家などとして活躍する女性を言うようになった。

例「両女史は僕等が蹴立つる砂ほこりを笑って袂に払いながら」（徳冨蘆花・思出の記・明治三三～三四年）

しょじょ《しょぢょ》【処女】

未婚の女。「処女」は漢籍に典拠があり、家に処（い）る女が原義で、未だ嫁がずに家にいるというところから、「きむすめ」の意味に用いられる。明治になって、英語 virgin や maiden の訳語として「処女」が使われたことから、「初めての」という意味で「処女航海」「処女出版」「処女峰」などと使われるようになった。

じょせい《ぢょせい》【女性】

女。漢籍には見られないが、日本では中世から用いられており、『平家物語』（一〇・内裏女房）に「もし女性（にょしゃう）にて候へば」と見える。「おんなのさが」を「女性」と表記し、音読みにしてできた語であろう。*『文明本節用集』ではニョシャウと呉音で読んでいる。明治期になっても呉音読みは続き、『浮雲』（明治二〇年）でも「優しく女性〈にょしょう〉らしく成ったように見えた」とある。漢音でジョセイと読むのが一般化するのは明治後期になってからである。なお、明治一八年の『英和双解字典』には womankinds などの訳語の一つとして、「女姓（じょせい）」が見える。

例「女性の影響というものは実に莫大なものだ」（夏目漱石・吾輩は猫である・明治三八～三九年）

しょたい【所帯】

一家を構えて独立の生活を営むこと。「世帯（せたい）」とも。和製漢語。所帯とは「身に帯びている所のもの」、つまり「所有しているもの」という意味を表す。『御成敗式目』に「所帯無き者、流罪に処すべし」とあり、*『日葡辞書』にはショタイについて「Xotai　ショタイ（所帯）　Chiguiǒ（知行）に同じ」とある。「所帯」は知行と同じで領地・官職・身代などを表したことが分かる。そこから、独立した一家の生計を営むという意味となった。『日葡辞書』には他に「Xetai（セタイ）」という語もある。「人がそこに住んで生活するための家と道具」という意味であると記してある。「セタイ道具」「セタイをする」という例も記されている。この xetai には「世諦」という漢字を当てるべきと考えられる。「世諦」は、「真諦」に対する仏語で、「世俗の人々が大切なものとして認識しているものや考

え」のことである。世間で重んじられているというところから財産や家財を表すようになった。『史記抄』(一八)に「世諦の下手は、あるものをもわるくして、しうしなうぞ」とある。『日葡辞書』に見られるショタイとセタイの二つの語は、このように出自の異なる語である。「世諦」が家財・家産という意味から一家を構え生計を営むという意味になり、「所帯」の意味と接近する。「所帯」と「世諦」の混交から、「世帯」という語形が生じたわけである。その後「世帯」の勢いが強くなり、「世帯」と書いてショタイと読むことも生じた。

例「某(それがし)がをんなどもが、大ざけをたべて、酔狂をいたし、しょたいの事もとんじゃくいたさず」(虎明本狂言・因幡堂)

じょちゅうぎく《ぢよちゆうぎく》**【除虫菊】**

キク科の多年草。バルカン半島原産。古くから各国で薬用植物として栽培される。日本では、明治一八年和歌山県で栽培され、その後全国に広まったという。花には殺虫成分が含まれており、乾燥させたものを粉末のまま殺虫剤として用いる。虫を除ける菊ということから名づけられた。現代中国語でも、同じく「除虫菊」と呼ばれている。

じょちょう《ぢよちやう》**【助長】**

悪い傾向を一層強くさせること。「助」はたすける、「長」は伸びる意で、「助長」とは文字通りには、伸びるのを手助けする意。中国、宋の人が、畑の苗が生長しないので、苗を引っ張って伸びるのを手助けしたところ、かえって苗を枯らしてしまったという『孟子』(公孫丑・上)の故事から出た成語である。「助長」という文字連接は、この故事の文の前に、「勿助長(助けて長(ちょう)ぜしむること勿れ)」とある。ここから、「助長」に、無理に成長させようとしてよくないことになるといった否定的な用法が生じた。ただし、「間接の影響は、意外なる文明の進歩を助長する事頗(すこぶ)る多し」(内田魯庵・戦後の文学・明治二八年)のように、物事の成長発展に力を添えることの意にも使用されている。

しょっちゅう

始終。「初中後(しょちゅうご)」の下略語である「初中(しょちゅう)」が促音化してできた語。「初中後」とは、物事の一連の流れを三段階に分けて称した語であり、さらにそこから、三段階の全ての過程を通じてという副詞的な意が生じた。この「初中後」は、特に中世能や連歌といった芸道の世界において、その技能の習熟度に応じた習学法を段階的に称する語として用いられた。近世に入ると、これを略した「初中」という語が新たに生じ、近世後期に至って、促音化した「しょっちゅう」の語形が出現した。

例「ア、なんにしろ今年は初中(しよっちう)ひつこんだから。さつぱり出入はできねえ」(洒落本・辰巳婦言)

しょっつる【塩汁】
秋田県の特産で魚醤油の一種で、たいへん塩辛い。ハタハタ・イワシ・イカナゴなどに食塩を加えて漬け込み、二〜三年熟成させて作る。語源は「ひしお汁」の変化とされる。「ひしお（醤）」は麹と塩とで造った食品をいう。

しょってる
うぬぼれていい気になっている。「背負（せお）っている」の変化した形。「しょって立つ」が全責任を負って中心となって働くことを意味するように、動詞「しょう」（＝「背負う」の転）には何かの責任を負うという意味があり、そういう能力を自負している様子から、うぬぼれているという意味となった。
例「ショッてる　自惚れてゐること。軽い揶揄の意味を含んでゐる」（桃井鶴夫・アルス新語辞典・昭和五年）

しょっぱい
塩辛い。この語は「しほ（塩）はゆし」から転じたものだといわれる。「はゆし」は、普通は照り輝く様子を表すが、この場合、むずがゆい感じを表すという（岩波古語辞典補訂版）。この「しほはゆし」は「しははゆし」の転だといわれ、この変化には「塩辛い」の「塩」の影響が指摘されている。「しは」は「しはぶき」「しはがる」（口語しわがれる）などの「しは」で、唇、舌の意の古語である。唇や舌のむずがゆい感じが「しょっぱい」のもとの意味ということになる。なお、*『日葡辞書』には「シヲハユイ」より「シワハユイ」という方がまさる、とある。
例「しょっぱいのもおざいやあす」（滑稽本・東海道中膝栗毛・二・下）

じょのくち【序の口】
物事の始まったばかりの段階。「序」は物事のはじまり、導入部をさす。「口」はそこから中に入っていく場所を指す（登山口など）。あわせて、はじまりの部分の入り口であり、始まったばかりの段階をいう。また、「序の口」は相撲の番付で最も下の段階をいう。番付は上から順に「幕内・幕下・三段目・序二段・序の口」の五段階がある。三段目の下を「四」と言うのを避けるため、一番下を「序の口」その上を「序二段」という名にしたとされる。

しょばだい【しょば代】
香具師（やし）などの隠語で、露店や興行を営む場所の使用料。「しょば」は「ばしょ（場所）」の倒語。香具師などの隠語には、すか（↑かす）、ねた（↑たね）、だふ屋（↑札）、どや（↑宿）など多くの倒語が見られる。「代」は料金の意。「しょば」が広く知られるようになるのは戦後のことであるが、用例は昭和四年の隠語集『チョーフグレ』などに見える。

じょばん【序盤】
物事の初めの段階。和製漢語。序は「はじめ」という意。盤は碁盤や将棋盤の「盤」のことで、囲碁や将棋が始まったばか

りの局面をいう。後に意味が拡大し、スポーツの試合や選挙戦などの初めの状況についても用いられるようになった。「序盤戦」という語も生じた。↓終盤

しょや【初夜】

（結婚して）初めての夜。本来は仏教語で、一昼夜を六つに分けた一つで、日没後から朝までの最初の三分の一を指した。初更とも言い、また、この時刻に行う仏事も言った。結婚最初の夜を表すようになったのは、昭和になってから日本で生じた用法。「初夜」を字義どおりに「初めての夜」と解したものだろう。

例「それは、いわば、私と志乃との初夜であった」（三浦哲郎・忍ぶ川・昭和三五年）

じょや《ぢょや》【除夜】

大晦日（おおみそか）の夜。漢籍に例があり、大晦日の夜のほか、節分や冬至の前夜の意味もあった。語源については、『*元和本下学集』に「此夜除旧年、故云爾〔この夜、旧年を除く故にしか云ふ〕」と説かれている。「除夜の鐘」はこの夜から新年にかけて、仏教寺院で打ち鳴らす鐘。凡夫の持つ百八煩悩（ぼんのう）を除き、清浄な新春を迎える意味をこめて、一〇八回つき鳴らす。

例「嘉禎二年臘月（らふげつ）〔＝一二月〕除夜、始めて懐奘（ゑじやう）を興聖寺の首座（しゆそ）に請ず」（正法眼蔵随聞記・五・四）

しらが【白髪】

白くなった毛髪のこと。奈良時代は「しらか」であったと思われる。『*天治本新撰字鏡』に「志良加（しらか）」とある。「しら」は「しらなみ（白波）」「しらき（白木）」などと同じで、「しろ（白）」が複合語を作る場合の形。「か」は「かみ（髪）」で、短縮されて「しらか」となり、さらに連濁によって「しらが」となったもの。

例「年毎にしらかのかずをますかがみ見るにぞ雪の友は知りける」（後撰集・冬）

しらかわよふね《しらかはよふね》【白河夜船】

知ったかぶり。ぐっすり寝込んでいて何が起こったか分からないこと。「しらかわよぶね」とも。京都を見物したふりをしている人に白川（京都市内の地名）のことを聞いたら、川のことかと思って、夜、船で通ったからよく見ていないと答えたという話から、知ったかぶりの意になった。「白川（しらかわ）」には「知らん顔」が掛けられているともいう。「世の中の人の見たなどいふは、白河を夜舟にのりたるたぐひならん。それがしがやうに見覚えたる者はあるまいと思ふ」（咄本・醒睡笑・六）のような句の形から、次第に一つの名詞の形に凝縮された。

しらける【白ける】 文語 しらく

し

興が醒める。気まずくなる。「しらく」はもともと「白くなる」の意で上代から使われていたが、鎌倉・室町あたりから、気まずくなる・興が醒めるの意味で用いられる例が出てきた。同時代に、「敵を白まかす」(=敵を萎縮させる)、「刀の刃が白む」(=刀の刃がにぶくなる)等の用法があり、「白くなる」ということは、色あせて力を失うことを意味しているようである。

例「御咎め无(な)かりければ、申しける僧は皆白けにけり」(神宮文庫本発心集・二・永観律師事)

しらじらしい【白々しい】 文語 しらじらし

見えすいている。知らないふりをするさま。「しら」は「白(しろ)」が複合語を作るときの形。それを重ねた「しらじら」を形容詞化した語。古くは「しらしらし」と清音。もとは白く明るく見える意。転じて、明白である意となった。明白だから、すぐにばれるというところから、現在の意味、見えすいているが生じたものだろう。

例「哲〈略〉アキラカナリ〈略〉シラシラシ」(観智院本名義抄)「『下され物が遅い』と、しらじらしい壁訴訟」(浮世草子・傾城禁短気・六・三)

しらたき【白滝】

コンニャク製品の一。コンニャクを、トコロテンのように、細かい穴から熱湯の中に押し出し、凝固させて作る。その様子が、白い水しぶきを上げる滝のようであることから、この名がある。「糸こんにゃく」とも言う。すき焼き・煮物などに用いられる。

しらっぱくれる

知らないふりをする。「しらばくれる」の転。「しらばくれる」の「しら」は「白(しろ)」の複合語を作る時の形。「ばくれる」は動詞「化(ば)く」の終止連体形「ばくる」をラ行下二段に活用する語だと誤認して、二段活用の一段化にならって「ばくれる」と変化させたものかといわれる。

例「そんなしらっぱぐれた事では承知ならない」(滑稽本・大山道中膝栗毛・二・上)

しらぬかおのはんべえ《―かほのはんべゑ》【知らぬ顔の半兵衛】

知っているのに知らないふりをすること。そしらぬ顔をして少しも取り合わないこと。半兵衛は、戦国時代の知将で、織田信長に仕え豊臣秀吉の参謀となった竹中半兵衛のこと。歌舞伎等から、十分知っていながら知らないふりをし目的を達成する竹中半兵衛の兵法が庶民の間で有名になった。このため、「知らぬ顔(知らん顔)」という言葉からすぐに「半兵衛」が連想され、「知らぬ顔の半兵衛」という表現が固定したものである。

しらはのやがたつ【白羽の矢が立つ】

多くの中から特にその人と指定して選び出されること。「白

羽」とは鷹などの白い羽のことである。人身御供（ひとみごくう）を神が望むとき、これはと思った少女の住む家の屋根に白羽の矢を立てるという言い伝えがもとになっており、本来は「多くの人の中から犠牲者として選ばれること」であった。

しらふ【素面・白面】

酒を飲んでいない（普通の）状態。「しら」は「素人（しろうと）」のもとの形である「しらひと」の「しら」と同じく、なにも加えていない状態であることを表す。「ふ」は「ふり」「風（ふう）」などと関わらせる説もあるが、未詳。

例「暮に紅眼の酔客も朝湯に醒的（しらふ）となるが如く」（滑稽本・浮世風呂・大意）

しらみ【虱】

シラミ目に属する血を吸う昆虫。『名語記*』『大言海』など、「しらむし（白虫）」の約とする。

例「蝨〈略〉志良弥（しらみ）」（天治本新撰字鏡）

しらをきる【白を切る】

しらばくれる。「しら」は「しらばくれる」「しらふ」「しらじらしい」などの「しら」と同じで、何も加えていない、何もないさまを表す。本来、「しら（白）」は複合語を作る形であるが、何もないという意味であることをはっきりさせるため、「しろ」でなく「しら」の形をとったものか。「切る」は「啖呵（たんか）を切る」などに用いられる「切る」と同じく「勢いのよいきっぱりとした動作や口ぶり」を表すときに用いられる。「しらを切る」で「（知っているのに）知らない状態だときっぱりと言い切る」というような意になる。

例「おいらんどこもいたみはしやせぬか、しらをきるうちがふてえしうちさ」（洒落本・夜半茶漬）

しり【尻】

臀部。現在多くは人や動物の臀部を表すが、古くは後方の意味も表していた。現在、後方は「うしろ」で表されるが、「うしろ」は「しり」の派生語である（「うしろ」参照）。「しり」を更にさかのぼることはむずかしい。後方の意を表す「しり」は、「斯理（しり）つ戸（と）よ　い行き違ひ　前つ戸よ　い行き違ひ」（古事記・中）のように、上代から用いられていた（「しりつ戸」は裏口の意）。

例「簀子だつものにしりかけて、とばかり月を見る」（源氏物語・帚木）

しりうまにのる【尻馬に乗る】

人の言説に付和雷同する。「しりうま（尻馬）」は、他の人が乗っている馬の尻のことだという。「尻馬に乗る」はもともと、人の乗っている馬の尻に相乗りすることを言った。「かかるたくましき馬に乗りながら、親子一つに乗りもせで、くたびれけるは、をかしさよと言ひければ、げにもとて、わが子を尻馬に乗せけり」（仮名草子・伊曽保物語・下・三〇）。人の後ろ

に相乗りして便乗することから、付和雷同の意味が生じた。

例「Xirivmani noru(尻馬に乗る)鞍には他の人が乗っている馬の尻に乗る。また、比喩。Fitono cotobano xirivmani noru(人の言葉の尻馬に乗る)他人の言う事を何の考えもなしに繰り返し言う」(日葡辞書)

しりぞく【退く】

後ろへさがる。後方の意の「しり(尻・後)」と、離れる・遠ざかる意の動詞「そく(退)」が複合した語。「そく」の「そ」は、「そむく」などの「そ(背)」と同じで、「そく」は「雲離れ　曽岐(そき)をりとも我忘れめや」(古事記・下)のように用いられた。

例「あななひをこぼちて、人みなしりぞきて」(竹取物語)「人々はしりぞきつつさふらへば」(源氏物語・葵)

しりめにかける【尻目(後目)に懸ける】

人をばかにする。「しりめ」は顔を向けずに横の方を眼球だけを動かして見ること。この際、眼球の一つは目尻の方へ移動する。そこで尻目という。現在では相手に顔を向けないでチラッと見るだけということから、まともに相手にしない、軽視するの意味となっている。しかし昔はそうではなかった。「しりめに見おこせ給へるまみ、いと恥づかしげに、気高う美しげなる御かたちなり」(源氏物語・若紫)は、恥ずかしげに横目で見やっているようすである。

例「須山の言葉を一向耳に留めないで後目に掛けて頭から冷笑しつつ」(内田魯庵・くれの廿八日・明治三一年)

しる【知る】

認識する。わかる。「知る」は「しる(領)」から生じたといわれる。「しる(領)」は占領する意で、占領したものの性質をことごとく把握することから「知る」意を生じたという(大野晋・日本語の年輪)。「しる」は、古くは、「葛城(かづらき)の高間(たかま)の草野早知りて標(しめ)刺さましを今ぞ悔やしき」(万葉集・七・一三三七)のように「占有する」意や、「天の下しらしめしける皇祖(すめろき)の神のみことの」(万葉集・一八・四〇九八)のように「統治する」意でも使われていた。

例「他国(ひとくに)に君をいませていつまでか吾(あ)が恋ひ居らむ時の之良(しら)なく」(万葉集・一五・三七四九)

しるこ【汁粉】

小豆(あずき)の餡で作った汁に砂糖で甘味をつけ、中に餅や白玉などを入れたもの。江戸時代中期から流行しはじめたという。語源については「しるこ餅」の略という説がある。「しるこ」の「しる」は液状であることを指し、「こ」は中の実をいう。「すべてこといふは汁の実なり」(嬉遊笑覧・一〇上)。

例「東京にて汁粉(しるこ)といふを大坂堺辺にて善哉といふは」(風俗画報・一四号・明治二三年)

しるし【印】

マーク。サイン。「しるし」は動詞「しるす」の連用形の名詞化。細かく分化した意味の差に応じて、「印・標・証・験」等々さまざまな漢字を当て分けることがあるが、本来一語で、「他と紛れないよう、事物を明らかに示し表すもの」という意味である。「著(しる)シに通ず」とする『大言海』などの説くとおり、他と紛れる余地の無いほど明瞭・明白な状態を表す形容詞「しるし(著)」とは同源である。また、「しるし(著)」と「しろし(白)」との同源関係を想定するものも、*『和訓栞』をはじめ、現代に至るまで多く見られる。↓しろ

例「霍公鳥(ほととぎす)今鳴かずして明日超えむ山に鳴くとも之流思(しるし)あらめやも」(万葉集・一八・四〇五二)

しるべ【導】

手引き。また、知り合い。「知る方(へ)」の転。現在では「道しるべ」などの形で使われる。

例「花のかを風のたよりにたづへてぞ鶯さそふしるべにはやる」(古今集・春上)

じれったい

思うようにならずいらいらする。『大言海』は「じれ痛しの義」とするが、近世以降の新しい語の語源としては考えにくい。「じれる」の「じれ」に形容詞化の接尾語「たい」を付けた語と考えるべきだろう。「たい」は、「ねむたい」「はればったい」などとよく使われる。「じれる」「じれったい」共に近世に入って見られるようになった語。類義語に「じりじりする」があるが、「じりじり」は擬態語で、あるいはこの「じれ」も擬態語起源か。

例「おいらもさっきにからじれったくてならなんだ」(滑稽本・東海道中膝栗毛・五・下)

しろ【白】

雪のような色の名。*『日本釈名』に「しるし也。よく見ゆる意」とあり、『大言海』は「著(しる)き色の義か」とする。すなわち、この語は、明白であるという意味の形容詞「しるし」と同源とされている。ただ、アクセントを見ると、*『観智院本名義抄』によれば、「白」の複合語は第一、第二音節が低・低であるのに対して、「シルシ」には高・高・高のアクセントが付されている。形容詞「白い」は名詞「しろ」に形容詞語尾の「し」が付いてできた「しろし」の変化した形。「しろ」は複合語を作る時、「しら」となることが多い(「しらゆき」「しらさぎ」など)。

例「降る雪の之路(しろ)髪までに大君に仕へまつれば貴くもあるか」(万葉集・一七・三九二三)

しろいめでみる【白い目で見る】⇩はくがんし

しろうと《しらうと》【素人】

アマチュア。「しらひと」の転。「しらひと」も実際用いられた語で、次のような例がある。「ただのしら人が、強盗とみづから名乗りて、命を任せ参らせて、何の詮か候ふべき」(古今著

し

聞集・一二・四四一）。また『日葡辞書』*には「xirŏto」とあり、この「rŏ」の部分はラウの長音化したもの（開長音）なので長音化前の語形は「しらひと」だったと推定できる。因みに、『日葡辞書』には「しろひと」から転じた場合生じると考えられる「xirôto」の形はない。この「しらひと」の「しら」は「しろ（白）」の複合語を作るときの形。「しろ（白）」は色をつけていないことから、手を加えていない、未経験などの意を派生し、「しらひと」の「しら」もこの転義を表す。

例「ただしらうとの老人が、風流（ふりう）・延年（えんねん）なんどに身を飾りて、舞ひ奏でんが如し」（風姿花伝・七）

しろがね【銀】

銀。銀貨・銀泥・銀糸などもいう。「白色の金属」の意で、近世前期頃までシロカネと清音であった。「銀、シロカネ」（観智院本名義抄）。「Xirocane シロカネ〈略〉銀」（日葡辞書）。

例「銀（しろかね）も金（くがね）も玉もなにせむにまされる宝子にしかめやも」（万葉集・五・八〇三）

シロップ

果汁に砂糖を加えた飲料。オランダ語 siroop に由来する。蘭学者は siroop をシロプと読み、「舎利別」という漢字を当てた。「舎利別」に、シロップ、シーロープ、セーロープなどと仮名を振って使っていたが、次第に振り仮名をしなくなった。そのため「舎利別」を音読みしたシャリベツという語も生じた。「舎利別」は薬局方でも使われた。

例「シロップ　sirup　糖蜜」（上田景二・模範新語通語大辞典・大正八年）

しろつめくさ【白詰草】

マメ科の多年草。ヨーロッパ原産。弘化年間（一八四四〜四八）に渡来したといわれる。オランダ人がガラス器具を箱に入れ、その周りにこの花の枯草をクッション代わりに詰めて運んできた。このため、詰め物に使われる草の意でツメクサと呼ばれた。その後、明治維新前後に、よく似た紅紫色の花を咲かせる草が渡来したため、これをムラサキツメクサあるいはアカツメクサと称し、弘化年間に渡来していたツメクサを（花が白色であったことから）、シロツメクサと呼び、区別した。現在では英語名でクローバーと言われることが多い。

しわす《しはす》【師走】

陰暦一二月の別称。語源については諸説ある。一二世紀中頃の歌学書『奥義抄』*は、「僧をむかへて仏名をおこなひ、あるいは経よませ東西にはせ走るゆゑに、師はせ月といふをあやまれり」という。これによれば、「しはす」の「し（師）」は僧侶のことで、この月は仏名会その他で僧が忙しくはせる（＝走る）月だというのである。この説は古辞書などにも採用され、広まっているが、このほか「四時（＝四季）果つる月」（日本釈名など）、「歳極（としは）つる月」（和訓栞）、「為収竟月（しをへおさめづき）」の

義」（林甕臣・日本語源学）などの説がある。これらによってみれば、「し果たす月」の「しはたす」から出たと考えられる。

例「霜月、師走のふりこほり、水無月の照りはたたくにもさはらず来り」（竹取物語）

しわぶき【咳き】《しはぶき》

せき。動詞「しはぶく」の連用形の名詞化。「しはぶく」は「繁（しは）吹くの義」（大言海）とする説、あるいは、「しは」は唇・舌の意味を表す古語（岩波古語辞典補訂版）などの説がある。→しょっぱい

例「日ごろなやましうて、しはぶきなどいたうせらるるを」（蜻蛉日記・上・応和二年）

しんうち【真打ち】

落語や講談などの寄席で最後に出演する最も芸の優れた人。特に、落語家の最高の資格を言う。落語、講談、義太夫などを演じるとき、その中心となる人のことを「真」と言った。また、芝居や寄席などの興行をすることを「打つ」と言い、興行の中心となって寄席の最後に出演することを「真を打つ」と言ったことによりできた語である。

例「当時すばなしのしんうち、柳亭文でござり升」（評判記・三題噺作者評判記）

しんか【進化】《しんくわ》

生物が、より複雑な、高度なものに変わっていくこと。英語 evolution の訳語として造られた和製漢語。「進み化する」意。日本に進化論を紹介した加藤弘之の造語とも、西周の造語とも言われる。*『哲学字彙』（明治一四年）には、evolution の訳語として、「進化」の他に「化醇」と「開進」を載せる。生物の進化の意から、広く物事がより良い、より高度な段階に進むことにも用いる。

例「好い子から美少年に進化した今日でも」（森鷗外・青年・明治四三～四四年）

しんがい【心外】《しんぐわい》

不本意。意外。山田孝雄は「こころのほか」の漢字表記「心外」を音読してできた語とする（国語の中に於ける漢語の研究）。すなわち、「心の外＝心外＝シングワイ」と示す。この「心の外」は*『日葡辞書』の「Xinguai（シングヮイ）」の説明に「Cocorono foca（心の外）」とあるように「こころのそと」ではなく「こころのほか」と読むべきと考えられる。「こころのほか」は慣用的表現として、意外・不本意などの意味を表す。なお、「心外」は唐の般剌蜜帝訳の『首楞厳経（しゅりょうごんきょう）』に「心外無別報」という例があるが、意外・不本意を表す「心外」とは意味が異なるので、不本意を表す「心外」は和製漢語と考えられる。

例「Xinguai シングヮイ（心外）　すなわち、Cocorono foca（心の外）　思っていたこと以外。文書語」（日葡辞書）

じんかく【人格】
ひとがら。「格」は、「品等、柄(がら)」の意。英語personalityの訳語として造られた和製漢語。井上哲次郎の造語と言われる。『*哲学字彙』(明治一四年)では「人品」と訳している。「人格」が定着するのは、明治三〇年代になってからである。
例「其沈毅の人格をもって僕に基督教の光を齎(もた)らし」(徳富蘆花・思出の記・明治三三〜三四年)

しんがり【殿】
退却する自軍の最後尾にあって、敵の追撃を防ぐこと、また、その部隊を「しんがり」というが、転じて、列・順番などの一番あと、すなわち、最後部・最下位を言うようにもなった。
語源は「しりがり(尻駆)」が変化したもの。「しんは、しり也。かる(駆)はあとの事也。がりははせゆく也」(日本釈名)。「かる(駆)」は追い払う義。最後尾にあって、追って来る敵を追い払うことである。「殿」と表記するのは、尻の意の「臀(でん)」と同音で通用することによる。
例「八代殿戦(しんがり)して飛矢(ながれや)に当る」(読本・椿説弓張月・前・九)

しんきくさい【辛気臭い】
気がめいってしまうようだ。「しんき」の語源は漢語「心気」とされる。この語は「心、気持ち」の意だが、「心気の労」「心気の疲れ」などと使っているうちに、「苦しくて辛い」というような意が派生し、表記も「辛気」と変化した。これに「程度がひどい」という意の接尾語「臭い」が付き「辛気臭い」という語ができた。この「〜くさい」は「ばかくさい」「めんどくさい」などと同じ。
例「噫々(あああ)しん気臭い」(滑稽本・七偏人・四・上)

ジンギスカンなべ【ジンギスカン鍋】
たれに漬け込んだ羊肉を鉄板、鍋などで焼いて食べる料理。もとはこのジンギスカン料理に用いる鉄製の特殊な鍋のこと。ジンギスカン(成吉思汗)はモンゴル帝国の創始者。ジンギスカンが戦いの際兵士を鼓舞するために野外で羊肉をあぶって焼いて食べさせたという伝説をもとにしての命名。

しんきまきなおし《—まきなほし》**【新規蒔き直し】**
始めに戻って新しくやり直すこと。漢語「新規」は「Xinqi シンキ(新規)　Ataraxiqi coto(新しき事)」のようにすでに『*日葡辞書』にも記載がある。「まき直し」は「一度蒔(ま)いた種子を改めて蒔くように、やり直すこと」である。「そこ爰のあらが見え、おほかたこれは蒔き直しと見えたり」(洒落本・傾城買二筋道)のように使われた。
例「如何(どう)だ、君、帰って最(も)う一遍新規蒔直しを行(や)っちゃ?」(二葉亭四迷・其面影・明治三九年)

しんきろう【蜃気楼】
大気の温度が場所によって異なるとき、大気中で光が異常

に屈折し、砂漠や海上などに何か物があるように見える現象。『史記』「天官書」に「蜃気象楼台(蜃気楼台を象る)」とあるように、昔、中国では「蜃」という竜に似たみずちの吐く気が楼閣を描くと信じられていた。「蜃」は大蛤(はまぐり)という説もある。日本では「蜃」をハマグリと読むことから、大蛤説が強い。古典中国語では「蜃楼」や「海市」という。「蜃気楼」という語は江戸後期頃日本で造られた。上記の『史記』などの文によるものか。なお、現在の中国語では「海市蜃楼」というが、日本に留学した経験のある郭沫若や郁達夫の作品には「蜃気楼」の使用例が見られる。

じんぎをきる【仁義を切る】

ばくち打ちや香具師(やし)などが初対面の挨拶をかわす。「仁義」はもともとは儒教の説く「仁」と「義」だが、「世間の仁義」のように言う場合は世間一般の道徳の意となり、香具師などの世界での特別な行動原理を「仁義」と言ったりする。「仁義を切る」の「じんぎ」は、挨拶することをいう「じぎ(辞宜・辞儀)」(「じんぎ」とも)に由来するが、香具師などの用語として「仁義」と混交した。「切る」は「たんかを切る」などの「切る」と同じで、きっぱりと言うこと。

しんけい【神経】

身体の中枢と末端を繋いで刺激を伝える器官。杉田玄白がオランダ語 zenuw の訳語としてつくった和製漢語。『*解体新書』に「世奴　此訳神経」(「世奴」にセイニーと振り仮名)と見えるのが初出。玄白の『和蘭医事問答』(下)に、その働きの妙用さは「神気」と呼ぶべきであるとし、その「経絡」が全身に及んでいることから「神経」と名付けた、とある。生理的な器官の意味から、広く心の働きや感覚作用なども言うようになった。

例「倅が申す通り所謂神経の迷いであったか」(坪内逍遥・当世書生気質・明治一八～一九年)

しんけん【真剣】

本気。まじめ。和製漢語。「真剣」は「木刀にてこの松の木の、真剣のごとく切れたるは」(浄瑠璃・国性爺合戦・四)のように、木刀や竹刀(しない)などに対して、本物の刀剣(=本身(ほんみ))の意味で使われた。本身を用いる場合、戯れや軽い気持ちではなく、本気でのぞむものであることから、転じて、本気、まじめなさまをいう用法を生じた。

例「世渡り草の種は、さまざまなりといへども、山吹色の真剣の商ひ」(浮世草子・好色敗毒散・三・二)

じんけん【人権】

人間としての権利。和製漢語。津田真道訳『泰西国法論』(慶応三年)に「衆庶同生彼此相対して互に其の権あり、之を人権と云ふ」とあるのが初出の例とされる。『*哲学字彙』(二版・明治一七年)には、「Right of men」の訳語として「人権」

が挙げられている。
例「渠等（かれら）は人権の自由のと云いおったが」（内田魯庵・社会百面相・明治三五年）

しんごう【信号《しんがう》】
光・色・音などを使って合図するもの。特に交通用の合図。明治期に英語 signal の訳語として作られた和製漢語。「信」も「号」もしるしの意味があり、これを用いたものか。西周編『五国対照兵語字書』（明治一四年）に見えるのが早い。*『哲学字彙』には三版（明治四五年）から signal の訳語として載る。

しんこっちょう【真骨頂《しんこつちやう》】
そのものの本来の姿。語源は不明。「真」は強め。「こっちょう（骨頂）」は、『大言海』によれば、「骨張（ほねば）るの字の音読」である。この「ほねばる」は、意地を張るというような意味で、「骨張」はここから張本の義に転じたという（大言海）。この「張本」（＝大もとの意）から本来の姿と転じたものか。「骨張」の例は鎌倉時代初期の日記『玉葉』に「依此一言、更起励心、被骨張云々〔この一言により、更に励心を起こし、骨張せらるる云々〕」のように見える。
例「これが、散文の精神であり、小説の真骨頂である」（坂口安吾・日本文化私観・昭和一七年）

しんし【紳士】
教養のある礼儀正しい男性。「紳士」は近世中国語にあり、*『福恵全書』に見られる。「紳士」は「搢紳の士」の意で、笏（しゃく）を礼服の大帯（紳）にはさむ（搢）ような高貴な人を指す。小畑行簡訓訳本『福恵全書』（四）では「紳士」に「ソノトチニヲルクワンニン」という振り仮名がついている。明治になって、英語 gentleman の訳語として使われるようになった。
例「当時倫敦の名卿紳士は多く此地にありて」（久米邦武・米欧回覧実記・明治一一年）

しんじゅう【心中《しんぢゆう》】
二人以上の者がいっしょに死ぬこと。「心中」は、中国古典では「心のうち」の意で使われ、日本でも同じ意味で、*『日葡辞書』に「Xingiŭ シンヂュウ（心中） Cocorono vchi（心の中）」と見られる。近世、心の中の意味から、心の中のまごころを示すことを言うようになり、また、まごころを示す行為としての情死を意味するようになった。一方、もとの意味の「心中」はシンチュウという語形によって表されるようになる。
例「奈良屋のまんが生玉（いくたま）の心中、これらをその時分には前代未聞のやうに珍しがり」（浮世草子・好色万金丹・三・一）

しんせつ【親切・深切】
人のためにやさしく尽くすこと。「深切」「親切」ともに漢籍に例があり、よく合っているという意味であった。そこから

相手によく合っていて、相手にやさしいというように意味変化したものかと思われる。日本語における表記としては、「深切」が古い。『続日本紀』には和銅元年二月に「衆議忍び難く、詞情深切なり」とある。*『日葡辞書』には「Xinxet（シンセツ）」の意味として「強い親愛の情と好意」とあり、ほぼ現在と同じ意味になっているが、Fucai taixet（深い大切）と記されていることからすると、漢字表記としては「深切」が使われていたものと思われる。節用集類では「親切」が多く、「深切」の他「深雪」という表記も見られる。

例「敵の方より手を入て我を親切に扱わば」（抄物・三略抄・二）「卿等（おまえたち）の心切（しんせつ）は決して忘れないよ」（徳富蘆花・思出の記・明治三三〜三四年）

じんた

明治時代の終わりから大正時代にかけて、サーカスや売り出しの客寄せに使われた小人数の楽隊。演奏の音がジンタ、ジンタ、ジンタカタッタと聞こえるところから、その名が付いたと言われる。演奏したのは主に流行歌で、演奏する音楽を「じんた」と呼ぶこともある。

例「まるで町を吹き流してくるじんたのクラルネットみたいに」（林芙美子・放浪記・昭和三〜四年）

しんだい【身代】

財産。資産全て。漢語「進退（しんたい）」が語源である。連濁を起こしシンダイと発音されていた「進退」が、進むことと退くことという原義から、身の処し方、身の上、財産へと意味変化するとともに、漢字表記も「身体」「身袋」などが現れ、次第に「身代」に固定化されていった。

例「身袋（しんだい）程高下の有る物はなし」（浮世草子・日本永代蔵・二・二）

じんちょうげ《ぢんちやうげ》**【沈丁花】**

ジンチョウゲ科の常緑低木。中国原産。花の芳香を、「沈香（じんこう）」と「丁字（ちょうじ）」にたとえた命名。植物としての「沈香」はジンチョウゲ科の常緑高木で、香料をとる。「丁字」もフトモモ科の常緑高木で香料をとる。

例「春の日でたきし匂ひか沈丁花」（俳諧・毛吹草・五）

しんどい

難儀だ。「辛労・心労（しんらう）」から変化した語。この語は、まず「しんどう」と変化する。*『片言』に「辛労を、しんだうといふこと如何と、とがめられて」と見える。これが上方語でよくある短呼を起こし「しんど」となった。「はあ、いかふしんどな。此刀を持てくれさしめ」（狂言記・粟田口）などがその例である。この「しんど（う）」から形容詞「しんどい」を派生する筋道には二説ある。一つは、「しんど」に形容詞化する接尾辞「い」が付き「しんどい」という形容詞が生まれたというもの。もう一つは、「しんどう」を形容詞連用形のウ音便と解釈

して、その活用形を生む形容詞「しんどい」を派生させたという説である。

例「何のマアしんどい事がござりましょ」(浄瑠璃・丹生山田青海剣・三)

しんぱい【心配】

気にすること。気がかり。和語の「こころ(心)くばり(配)」の漢字表記を音読して造られた和製漢語。江戸時代から使われ出した。近世後期の方言書*『浪花聞書』に「心配　男女共に常の言葉也」とある。

例「みな米八が仕送りなれば、心配するも理(ことわ)りなり」(人情本・春色梅児誉美・初・六)

しんぶん【新聞】

社会の出来事をすばやく伝える定期刊行物。「新聞」は中国では「新しい出来事」「めずらしいうわさ」といった意味で唐代から用いられていた。近代中国ではロブシャイド*『英華字典』で、newsを「新聞」、newspaperを「新聞紙」と訳している。日本でも、新しい出来事の意味で幕末から用いたが、すぐにニュースやそれを知らせる刊行物の意味で用いるようになった。仮名垣魯文『安愚楽鍋』(明治四〜五年)には、「横浜の活版局から毎日新聞をさいそくにくるし」(二)や、「人の知博(ちしき)を弘めるのは新聞紙のことだよ」(三)のような例が見える。

じんべえじんべゑ **【甚兵衛・甚平】**

男子用の夏の室内着。半袖または筒袖のひとえで、丈は膝が隠れる程度のもの。「じんべい」「じんべ」ともいい、「甚平」とも書かれる。近世、武士が陣中で着用した陣羽織を真似て、雑兵や庶民の間で甚兵衛羽織が作られた。これが単に甚兵衛と言われるようになった。近世随筆『東牖子(とうゆうし)』は「民間に袖なし服折(はをり)を甚兵衛ばおりと云ふは、陣兵はおりの転ぜしなり」という。「陣ばおり」を基にして、擬人化の「兵衛(べゑ)」を挿入して親しみをこめた表現としたもの。

しんまい【新米】

始めたばかりでまだそのことに慣れていない人。その年新たに収穫した米を「新米」と言う。これが、収穫して日が浅い、慣れていないというように変わって、新人の意となった。また、「新前(しんまえ)」という語が「新米(しんまい)」に変化したとする説もある。しかし、「新前」の用例は明治以降に見られるのに、新人の意の「新米」は近世から例がある。むしろ、「しんまい(新米)」の融合形「しんめえ」をもとの形に直したつもりで「しんまえ(新前)」が生まれたと解釈できる。

例「こいつめ此頃の新米。見れば骨も堅し」(浄瑠璃・夏祭浪花鑑・一)

じんましん【蕁麻疹】

アレルギー疾患の一種で、皮膚が急にかゆくなって赤い発疹

が広がる。発疹は数分から数時間で消える。「蕁麻」はイラクサの中国名で、葉と茎に毒液を含むとげがあり、触れると痛く水膨れができる。このイラクサのとげに刺された痕のように丸く盛り上がった発疹ができることによりこの名がついた。

じんろく【甚六】
長男。跡取り息子。この語には、世間知らずでおっとりとしているという、からかいの気持ちが込められている。『大言海』は「順禄」の転とし、長男は愚かであっても順序が決まっており、父の禄を継ぐことができるからという。また、人名によく使われる「甚」に、「宿六(やどろく)」(=夫)、「贅六(ぜいろく)」(=上方の人)など人をあざけって呼ぶときに使われる「六」を付け、平凡でおっとりした長男をからかうときの語になったとする説もある。
例「名は甚六ではつめいな兄」(雑俳・雲鼓評万句合・宝暦元年)

す

ずあん《づあん》【図案】
美術品や工芸品についての、形・色の組み合わせ。英語 design の訳語として明治期に造られた和製漢語。「図柄の案」の意。初めは、設計図や製図なども含めていたが、次第に美術工芸品の下図に限定されるようになった。
例「終吉さんは図案を作ることを業とする画家であって」(森鷗外・渋江抽斎・大正五年)

すいえい【水泳】
水泳ぎ。江戸時代から「水泳」という漢字表記は見られるが、それはミズオヨギと読まれていたもので、スイエイと音読されるようになったのは明治になってからと思われる。
例「河へ這入って水泳をやる」(夏目漱石・吾輩は猫である・明治三八～三九年)

すいか《すいくわ》【西瓜・水瓜】
ウリ科の蔓性一年草。熱帯アフリカ原産。西域から伝わり、瓜に似ていたため、中国では「西瓜」(=西の瓜)と言われるようになった。日本への渡来時期については諸説あるが、中世には渡来していた。語源は漢名「西瓜」の唐音読み「スイクワ」に由来する。「西」を「スイ」と訓むことは稀であり、しかも、スイカは水分が豊富なので、程なく、「水瓜」という当て字も広まった。
例「水瓜(すいくは)はさたうなくては味もなし」(俳諧・類船集・左)

すいかずら《すひかづら》【忍冬】

スイカズラ科のつる（蔓）性植物。語源は、動詞「吸ふ」の連用形「吸ひ」とつる（蔓）性植物を表す「かづら（蔓）」が結びついたもので、「吸（す）ひ蔓（かづら）」である。ただし、何を吸うかの解釈は二通りある。「水を吸ふを云ふ」（名言通・上）という説（大言海も同説）と、「忍冬〈略〉花の味甘き故。童どもすふもの也」（和句解など）という説である。「忍冬（にんとう）」は漢名で、冬の間もしおれないことから冬を堪え忍ぶ植物として名付けられた。

例「忍冬　陶隠居曰忍冬〈須比可豆良（すひかづら）〉〈略〉凌冬不凋故以名之〔冬を凌ぎて凋れず、故に以てこれを名とす〕」（十巻本和名抄）

すいぎょのまじわり《―まじはり》【水魚の交わり】

魚が水の中でしか生活できないのと同じように、決して離れることのできないほど親密で、互いに頼りにしている関係を言う。『三国志』の「蜀書・諸葛亮伝」の「孤之有孔明、猶魚之有水也〔孤（こ）の孔明有るは、なほ魚の水あるがごとし〕」に由来する。孔明とあまりに親しくする劉備玄徳に対して、前からの臣下である関羽や張飛が非難したのに、劉備が答えたところである。「孤（こ）」は代名詞で「私」の意。

例「蘇我の大臣、鎌足の大臣とは主上の左右を助け合ひ、水魚の交はり厚ければ」（浄瑠璃・妹背山婦女庭訓・一）

すいこう《すいかう》【推敲】

詩や文章を作る際に、字句や表現に何度も手を入れて練り直すこと。宋代の『苕渓漁隠叢話』にある故事による。唐代の詩人賈島（かとう）が旅行中に「僧推月下門〔僧は推（お）す月下の門〕」の句を作ったが、「推す」を「敲（たた）く」にすべきか思案しているときに、韓愈（かんゆ）の一行に行き当たり、「敲く」がよいとの教えを得たという。

例「推敲の二字は賈島が気草臥（きくたびれ）」（雑俳・広原海・二）

すいそ【水素】

酸素と化合して水を生ずる無色無味無臭の気体。最も軽い元素。蘭学者によってオランダ語 waterstof から訳出された和製漢語。water は水、stof は素材・物質の意。

例「水素と酸素を抱合して水を生ず」（医学・遠西医方名物考補遺・八）

すいちょく【垂直】

平面または直線に直角であること。英語 perpendicularity の訳語として造られた和製漢語。「垂」は「たれること」、すなわち「垂直」は真っ直ぐにたれることを意味する。明治期から使われだした。

すいとん【水団】

小麦粉の団子を実とし、ダイコン・ゴボウ・ニンジンなどの野菜と一緒に味噌味・醤油味の汁に入れて煮込んだもの。トン

は「団」の唐音。南北朝時代の『異制庭訓往来』に例が見られる。「水（みず）団子」の省略形とする説もあるが、水団子の例は見つかっていない。『*漢語大詞典』によると、宋代に用例があり、高梁の粉あるいは糯米を練って球形の食品を作る、と説明されている。中世に宋から伝わった語と思われる。

例「水団（スイトン）」（易林本節用集）

すいば【酸葉】

タデ科の多年草。高さ三〇～七〇センチ。「すかんぽ」とも言われる。→すかんぽ

すいり【推理】

既知の事柄から未知の事柄について推し量ること。元来、論理学の用語で、英語 reasoning の訳語として用いられた。この語は日本で明治期に「推測」「推論」などからの連想で成立した語とする説（日本国語大辞典二版）がある。しかし、『*漢語大詞典』によれば「推理」は漢の『列女伝』に道理を重んじる意で用いられているので、純然たる和製とは言えない。ただ、論理学における「推理」という語の成立は日本が中国よりも早い。『*哲学字彙』の reasoning の訳語は、初版では「推論」、再版で「推論、推理」となっている。

例「此原因は那辺にあるか、帰納法にて推理せん歟」（坪内逍遥・当世書生気質・明治一八～一九年）

すいりしょうせつ《すいりせうせつ》【推理小説】

推理によって犯人や事件を解明していく小説。明治期以降「探偵小説」という語で使われていたが、昭和二一年告示の「当用漢字表」に「偵」の字がなかったために、代わりに使われるようになった語。

例「探偵小説を近頃は、推理小説と呼ぶくらいで」（獅子文六・青春怪談・昭和二九年）

すいれん【睡蓮】

スイレン科の水生植物。語源は漢名による。昼に花が開き、夜花弁をたたんで水中に入り、あたかも睡（ねむ）っているように見えるため、「睡蓮」（ねむるハス）と名付けられた。和名は「未草（ひつじぐさ）」といい、江戸時代の『*大和本草』（八）に「睡蓮（ひつじぐさ）　ひつじぐさは京都の方言なり。此花ひつじの時よりつぼむ」とある。『改訂増補牧野新日本植物図鑑』では「未草は未の刻、すなわち今の午後二時に開くから名づけられたものだが、開花時間は必ずしも一定ではなく、もっと早いこともある」という。

例「睡蓮〈略〉暁は起きて旭にむかひ夜は低れて水に入る物あり名云睡蓮と云」（俳諧・俳諧新式・六月の詞）

すう《ふす》【吸う】

気体や液体を口・鼻から体内に引き入れる。語源は、その動作の擬声語スーによるものだろう。『*雅語音声考』は「人ノ声ヲウツセル言」として「吸フノス」を挙げている。『大言海』も

「音より云ふ」とする。因みに「吸う」の対語「吐く」「吹く」などう擬声語起源と考えられる。

例「Xiruuo sũ（汁を吸ふ）」（日葡辞書）

すうがく【数学】

数量や空間について研究する学問。古く漢籍に典拠があり、陰陽・五行・占いなど天文、暦法についての学問を指したが、一九世紀の中国洋学書で、英語 mathematics の訳語として用いられた。日本には江戸時代に伝わり、幕末の*『英和対訳袖珍辞書』に mathematics の訳語としての「数学」が見られる。

例「字を書くのと数学を覚えるのは孰れが難いか」（末広鉄腸・花間鶯・明治二〇～二一年）

すうじく《すうぢく》【枢軸】

活動の中心。「枢」は開き戸を開閉する軸となるところ、「軸」は車が回るときの心棒で、「枢」も「軸」も運動のかなめを表す。「枢軸」は漢籍に典拠があるが、日本では江戸期から使うようになった。第二次世界大戦前および大戦中には、日本、ドイツ、イタリアの三国を枢軸国と呼んだ。これはローマとベルリンを結ぶ線がヨーロッパの国際関係の「枢軸」となるというムッソリーニの演説によるものである。

例「本府は学区の枢軸にして」（服部誠一・東京新繁昌記・明治七～九年）

ずうずうしい《づうづうしい》【図々しい】 文語 づうづうし

厚かましい。『大言海』は「図太しの語の下略を重ねて、活用したもの」というが、厚かましいという意味の「ずうずう（と）」が宝暦の頃（一七五〇年代）から用いられていて、この方が古い。従って「ずうずうしい」は、この「ずうずう」を形容詞化したものであろう。「ずうずう」は、ものをすする音を表す擬声語の用法もあるが、この場合は擬態語である。次のように、「ずうずう」には宝暦三年の例がある。「あねのせきはすこしもさはがず通通（づうづう）と丸太にこしをかけながら」（洒落本・跖婦人伝）。この語は結構よく使われたらしく、「ずうず」と詰まることもある。「棹先へうろうろ舟のづうづ者」（雑俳・口よせ草）。なお、「図々」の漢字は当て字である。

例「ほんにづうづうしいぞよ」（洒落本・客者評判記）

ずうたい《づうたい》【図体】

体つき。「大きな図体」のように体の大きさを強調して使う。「胴体（どうたい）」が訛（なま）って「ずうたい」になったと言われる。なお、「胴体」は、室町時代から見られる和製漢語である。「頭は女、あし鳥のごとし、胴体は魚にまぎれず」（浮世草子・好色一代男・四・三）。

例「あのずうてえをみやな。まとい持にすればいいぜ」（洒落本・通言総籬・二）

すえひろがり《すゑひろがり》【末広がり】

後にいくほど栄えることで、めでたいことのたとえ。また、扇。「すえひろ」という形の方が古いので、「すえひろ」から派生した語であろう。「すえひろ」の「ひろ」の意味をもっとはっきりさせるため、「ひろがり」と言ったものか。末が広がることで、永くますます栄えることのたとえとしたもの。「すえひろ」は「扇をひろげたるごとくすゑひろになりぬ」（方丈記）とあるように、扇面状の形を意味し、そこから扇そのものをも意味した。

例「不審尤もぢや。すゑひろがりにいたいて見せう」（虎明本狂言・末広がり）

すかさず【透かさず】

すぐさま。動詞「透かす」の未然形に打ち消しの助動詞「ず」が付いてできた「すかさず」が、副詞として用いられるようになったもの。この場合の「すかす」は、時間的な間をあける意。

例「はつしと打つて弓手（ゆんで）へ越せば、追つかけ透かさず込む薙刀（なぎなた）に、ひらりと乗れば刀向（はむ）きになし」（謡曲・熊坂）

すかす【賺す】

機嫌をとる。なだめる。動詞「すく（透・空）」に他動詞化する、あるいは使役の意味を添える「す」を付けて造られた語。語源については、「他の用心に、透（スキ）あらしむる意か」（大言海）という「透く」に基づくと見る説や、「好きと同根。気持が傾くようにさせる意」（岩波古語辞典補訂版）という説などがある。「すかす」のおだてる、だます、なだめるといった意味は、平安時代に出そろっていて、どれが早いか分からない。そのため、語源も定めにくい。

例「中立（なかだち）の、かく、言よくいみじきに、女は、ましてすかされたるにやあらん」（源氏物語・東屋）

すがすがしい【清々しい】 文語 **すがすがし**

さわやかだ。語源不明。『大言海』には、「スガは清浄の義」で、「濯（すす）ガシの約を重ねたる語と云ふ」という説が引かれている。しかし、この説には裏付けが乏しい。また、語根の「すが」を「過ぎる」の「すぎ」と同根と見る説もある（岩波古語辞典補訂版）。これによれば、物事が滞りなく過ぎていくという意味から、すっきりしてさわやかなさまを表すように意味が変化したということになる。

例「吾此の地に来て、我が御心須賀須賀斯（すがすがし）」と、のりたまひて、其の地に宮を作りて坐しき」（古事記・上）

すがた【姿】

人の恰好や物の様子。語源については「スグカタ（直形）也」（名言通・下）のような説があり、『大言海』などもこれを引いている。ただこの説のようなグの省略を考えず、「スはスナホ（直）のスに同じか。カタはきちんとした型」と分析する説（岩波古語辞典補訂版）もある。いずれにせよ「すがた」の「す」は

「すぐ（直）」「すなお」の「す」と同じことになる。「す（ぐ）」「かた」のもとの意味は、あるものそのままの形であって、そこから転じたものだろうか。

例「立ちしなふ君が須我多（すがた）を忘れずは世の限りにや恋ひわたりなむ」（万葉集・二〇・四四四一）

すかんぴん【素寒貧】

無一文なこと。「す」は接頭語「素」で、「素浪人」などの「す」と同じ。強めの働きをする。「寒貧」は中国語で「きわめて貧しい」意。「少寒貧、為人寛厚（少しく寒貧にして、人となり寛厚なり）」（蜀志）。

例「すかんぴんとは、銭のないこと」（方言・新撰大阪詞大全）

すかんぽ【酸模】

「すいば」の俗称。スカンボとも。スイバの語源は葉や茎に酸味があるからといわれる。『改定増補牧野新日本植物図鑑』は「スカンポは酸い葉からの転であろう」というが、このような変化は起きにくい。スカンポ（ボ）は、古くスカボと言われていた。*『書言字考節用集』の「酸模」にスカボと振り仮名が付いている。スカンポ（ボ）はこのスカボの転である。『西大寺本金光明最勝王経』（平安初期点）では「酸」を「からく」または「すかやかに」と訓んでおり、「すかやか」という語が存在していたようである。スカボの「すか」はこの「すかやか」と関係があるだろう。すなわち、「す」は酸であり、「か」は体言（形容動詞などの語幹）を作る語構成要素であり、「ぽ（ぽ）」はこれを草木の俗称として安定させる接尾語ではないか、と考えられる。

例「酸模　すいば　畿内にてすいどうと云ふ。江戸にてすかんぽと云ふ」（方言・物類称呼・三）

すき【隙】

気の緩み。動詞「すく（透・空）」の連用形が名詞化した語で、本来は物と物の間を言う語であった。精神的緊張のゆるみを、物と物とのあき間にたとえた語。

例「息はづめば馬の弱るに透（すき）をあらせで、押し並べ、押し並べて、馬にも人にも力を副へよ」（源平盛衰記・三五・高綱渡宇治河事）

すき【鋤・犂】

農具の一つ。幅の広い歯にまっすぐな柄をつけたもので、土を掘り起こし、田畑を耕すためのもの。動詞「すく（鋤）」の連用形が名詞化した語。髪をくしけずる意味の「梳（す）く」や薄くはぐ意味の「剝（す）く」と同語源。固まった土をほぐしすき間を入れたり、髪をとかしてすき間を作るなどという共通の意義を持つ。

例「おもしろき萩・薄などを植ゑて見るほどに、長櫃（ながびつ）持ちたる者、鋤などひきさげて、ただ掘りに掘りていぬるこそわびしうねたけれ」（枕草子・九五・ねたきもの）

すき【数奇・数寄】
和歌・茶の湯・生け花などの風流・風雅の道、また、そのような風流を好むことを言う。「数奇（寄）」は当て字であり、動詞「好く」の連用形が名詞化したものである。「数奇心（すきごころ）」「数奇者（すきしゃ）」「数奇人（すきびと）」「数奇屋（すきや）」（＝母屋から独立した茶室）などの語もあり、また庭園や建物に風流の趣をできる限り施すことを「数奇を凝らす」と言う。
例「Suqi スキ（数奇・好き）　心を傾け好むこと」（日葡辞書）

すぎ【杉】
スギ科の常緑高木。日本特産。『*東雅』などは「直（すぐ）な木」の義とするが、『大言海』は「スクスクと生ふる木、又スクスクと立つ木の義」とする。スギの前に『東雅』の場合スグキ、『大言海』の場合スクキという語形を想定することになると思われるが、スグキの方がスギになりやすい。
例「わが背子を大和へやりてまつしだす足柄山の須疑（すぎ）の木の間か」（万葉集・一四・三三六三）

すぎな【杉菜】
トクサ科の多年生草本。早春、土筆（つくし）を生じる。その葉が「すぎ（杉）」の葉に似ているところからの名。「な」は食料となる草をいう。
例「業草　スギナ」（饅頭屋本節用集）

すきやき【鋤焼】
牛鍋。「すきやき」の名は鋤で焼くからといわれる。近世の料理書『料理早指南』（四）に「鋤のうへに右の鳥るいをやく也。色かはるほどにて食してよし」とある。牛肉を主とした鍋物の流行は明治以降で、「牛鍋」と呼ばれていた。
例「すきやきにしてもう一鍋（いちめえ）はやくはやく」（仮名垣魯文・安愚楽鍋・明治四～五年）

すくない【少ない】（文語）**すくなし**
数量や程度がわずかである。語源については諸説あるが、「少甚（すこいた）しの意か」（大言海）のように、「すこし（少）」と関連させる説がある。両語は、ローマ字で書けば suk- を語基として共有する。これに形容詞を作る語尾の「ない」（「せわしない」「いたいけない」などの「ない」）が付いたもの。「すこし」と同根であるとすれば「すこぶる」（古くは少しの意）とも関連するという。
例「潮満てば入りぬる磯の草ならし見る日須倶那倶（すくなく）恋ふる夜多み」（歌経標式）

すけそうだら【助宗鱈】⇩すけとうだら

すけだち【助太刀】
助力や助言すること。「すけだち」の「すけ」は動詞「すける（助）」の連用形で、助けるの意味。「助っ人（すけっと）」「助鉄砲」（＝助勢の鉄砲。加勢）の「すけ」もこれと同じ。負けないように力を貸す太刀の意で、合戦、果たし合い、あだ討ちな

どで助勢することから来ている。

例「長三郎、勘兵衛、両人にて、致助太刀、新八を切り付け候ふ」（御仕置裁許帳・五・天和四年一一月二四日）

すけとうだら《すけたうだら》**【介党鱈】**

タラ科の海魚。体長一メートルのマダラに対して、スケトウダラは五〇センチほどである。現代では「すけそうだら」ともいうが、江戸時代の『本朝食鑑』に「有俗称介党者〔俗に介党（すけとう）と称する者あり〕」と見られ、「すけとう」の方が古い呼称である。語源不明。「すけとだら」「すけのたら」のような言い方もあるので、この語の主要な意味は「すけ」と「たら」の部分にあると考えられる。『大言海』は、「すけとだら、鮭（さけ）の鱈（たら）ならむか、さけ、すけ、転音」と言う。五〇～六〇センチの体長や卵が食用に供される点など、サケと類似点が多いことから名付けられたのであろうか。

例「須介党　すけたう、鱈に似て小さく、色黒く白を帯ぶ。其味佳ならず」（和漢三才図会・四九）

すげない【素気無い】 文語 **すげなし**

冷淡である。思いやりがない。『大言海』は「すがなしの転と云ふ」とし、また「すがなし」は「因所（よすが）無しの略かと云ふ」とする。「よすが」という語は上代から見られ、「よすか」と清音であった。「よすか」は「寄す」＋「処（か）」と分析され寄りどころの意であった。「すげ」を「素気」と表記するのは後世の当て字である。

例「親聞きつけて、男をも女をもすげなくいみじういひて、この大徳をよせずなりにければ、山に坊してゐて、言の通ひもえせざりけり」（大和物語・一六八）

すけべえ《すけべゑ》**【助兵衛】**

色好み。「すけべえ」の「すけ」は「好き」の転。「好き」には好色の意味がある。「好き」を「助（すけ）」に掛け、「兵衛」を付けて擬人化したもの。このような擬人化は「土座衛門」など近世の好みであった。「すけべい（助平）」、「すけべ」ともいう。「助兵衛親父」「助兵衛根性」「助兵衛たらしい」などの派生語もある。

例「助兵衛も磯の前司も女の名」（雑俳・旅すゞり）

すけろくずし【助六寿司】

稲荷鮨と巻き鮨を詰め合わせた食べ物。歌舞伎十八番の「助六所縁（ゆかりの）江戸桜」、通称「助六」に因む。この歌舞伎には、吉原の遊女揚巻が登場するが、遊女の名である「あげまき」を「あげ」と「まき」に分けて、「あげ」は「（油）揚げ」を使った稲荷鮨、「まき」は「巻き鮨」のこととしゃれて名付けたもの。稲荷鮨と巻き鮨を折に詰めて売り出したのは、明治一八年のことであるが、初めは「翁（おきな）寿司」という名であったものを、後で「助六寿司」と改めたという。

スコップ

小形のシャベル。オランダ語 schop に由来する。最初は灰をすくう道具を言ったようで、『波留麻和解』(寛政八年)には「schop　火を払う道具、十能の如き物」とあるという(講談社オランダ語辞典)。のちに、土砂をすくったり穴をほったりする英語 shovel(シャベル、ショベル)が伝わり、スコップよりも広義に使われるようになった。

例「児童に雪掻『スコップ』莚(むしろ)等を与へ」(風俗画報・三三〇号・明治三八年)

すこぶる【頗る】

かなり多く。はなはだ。副詞「すこし(少)」の語根「すこ」に状態を示す接尾語「ぶる」がついたもの。「ぶる」の類例には「ひたぶる」などがある。語源が示すように、「少ない」がもとの意味であるが、実際には少ないの意味か多いの意味か、どちらか分からない例が多い。『日葡辞書』*は「少し、ほんの」と「大いに、非常に」の両方の意味をあげている。「かなり多く」の意味の例は平安末頃より現れる。この意味の変遷は、「頗」の字に「すこぶる」の訓が固定したことによる。「頗」には多くと少なくの両義があり、次第に多くの意味で使われるようになったという。

例「侍ども皆馬より取って引きおとし、頗る恥辱におよびけり」(平家物語・一・殿下乗合)

すこやか【健やか】

病気がなく、丈夫だ。「すくよか」の転。「やか」は接尾語。「すく」は、「すくむ」などの「すく」と同根で硬直していることを表し、「なよよか」のような女性的な柔らかさに対して、男性的な固さを意味し、やがて強健の意を表すようになったという(小学館古語大辞典)。

例「誰とても健(すこやか)ならば雪のたび」(俳諧・猿蓑・一)

すごろく【双六】

遊戯の一つ。インドが発祥の地と言われている。「双(雙)六」は中国古典に例がある語で、『大言海』はその唐音だろうという。現在では上がりを目指してサイコロを振る「絵双六」が主であるが、昔はバックギャモンのような遊びであった。古くは「すぐろく」と言った。

例「『賀茂河の水、双六(すごろく〔高良本ルビ〕)の賽(さい)、山法師、これぞわが心にかなはぬもの』と、白河院の仰せなりけり」(平家物語・一・願立)

すざく【朱雀】

古代中国における南方の神。中国の天文学でいう二十八宿中、南方の七宿の星は鳥形に見える。このことから、南方にある神を「朱雀」と言うようになった。東方の青龍、西方の白虎、北方の玄武とともに、四神の一つ。日本では中国の長安城に倣って、平城京・平安京の大内裏の南正面に「朱雀門」を設け、そこから都を南北に縦断する大路を「朱雀大

す

路」としている。「朱雀」にはサ(ザ)行音の音価の変遷に絡んで、いろいろの表記がなされ、現在それらをどう読むかむずかしい。中古にはスサク、スサカが見られ、中・近世シュジ(シ)ャク、シュザ(サ)クが見られるなどと言われる。

すさまじい【凄まじい】 (文語) すさまじ

程度がはなはだしい。古くは調和の取れていない状態に対する不快さを示す語であった。物事がなりゆきのままに進行する意味の動詞「すさむ」の形容詞化。形容詞語尾「し」を付ける場合、語幹の語尾がア列化する例は「行く→ゆかし」「なつく→なつかし」など他にも見られる。*『日葡辞書』には「Susamajij(スサマジイ)」と「Susamaxij(スサマシイ)」と清濁両方の見出し語があり、古くは「すさまし」であったか。

例「すさまじきもの　昼ほゆる犬。春の網代。三四月の紅梅の衣。牛死にたる牛飼」(枕草子・二五・すさまじきもの)

ずさん《づさん》【杜撰】

物事に抜けが多くいい加減であること。中国の「杜默為詩、多不合律、故言事不合格者為杜撰(杜默(ともく)詩を為すや、多く律に合はず、故に事の格に合はざるを杜撰と為す)」(野客叢書)という故事による。もと著述・詩文に誤りの多いこと。「杜」をズと読むのは呉音。「撰」をサンと読むのは漢音で、作るの意。古くは「ずざん」とも言った。

例「杜撰　ヅザン」(書言字考節用集)「洲崎遊廓の生活を描写するのに八九月頃の暴風雨や海嘯(つなみ)のことを写さないのは杜撰の甚しいものだ」(永井荷風・濹東綺譚・昭和一二年)

すし【鮨・鮓・寿司】

酢で味付けをした飯に、魚介・卵焼き・海苔(のり)などをあしらった食べ物。「味のすくなる故か」(和句解)、「酸(す)しの義」(大言海)などのように、酸っぱい意の形容詞「酸(す)し」が語源である。古くは、自然発酵による酸味の生じた保存食であったところから、「酸し」が、その名となった。江戸前の「握り鮨」が登場するのは、文化・文政期(一九世紀初め)頃からである。漢字表記形の「鮓(サ)」はもともと熟鮨(なれずし)の意、「鮨(キ)」はうおびしお(=魚の塩辛)や細切り肉のなますの意であった。「寿司」は当て字(「寿」をスと読むのは慣用音)である。

例「大君のもとより酒大きなる樽に入れて十樽ばかり、魚の鮨五六桶ばかり」(今昔物語集・二五・五)

すじがき《すぢがき》【筋書き】

ストーリー。計画。明治になって、各劇場では、従来からあった芝居の粗筋を主に絵で説明した「絵本番付」のほかに、主に文章で説明した小冊子を発行するようになり、これを「筋書」といった。ここから小説、芝居等の内容のあらましを「筋書き」というようになった。また芝居等を作るときには、面白い

話やしかけをあらかじめ仕組んでおくので、計画の意味にもなった。

すじがねいり《すぢがねいり》【筋金入り】

体や思想などが鍛えられて強固なこと。「筋金」は補強のために用いる細長い金属で、槍の柄、刀の鞘（さや）などにはめこむ。「筋金入り」は「正面筋金入り　鉄門を締切り」（歌舞伎・四天王産湯玉川・五立）のような例があり、それが、肉体や精神が筋金で補強されたように強いという意味に転じて使われる。

すじこ《すぢこ》【筋子】

サケ・マスの魚卵を卵巣膜に包まれたままの状態で塩蔵したもの。卵が一本の筋のようにつながっていることから命名されたものと言われる。「すじこ」の「こ」は卵の意。粒をばらしたものをイクラと言うが、これはロシア語起源の外来語である。

すしづめ【鮨詰め】

ぎっしり入っていること。いわゆる熟鮨（なれずし）をつくる際、重石をかけて押すところから、あるいは押し鮨を作る際、押し蓋で押すところから生じた言い方であろう。ただし、用例の見えるのは明治以降で、新しい。

例「バスは鮨詰めの満員で」（壺井栄・二十四の瞳・昭和二七年）

すじょう《すじやう》【素性・素姓】

人が生まれながらに持っている本来の血筋、家柄。本来は「種姓（しゅしょう・しゅじょう）」で、血統や階級による生まれつきの意、また仏教語では悟りを開く素質を意味する語であった。「種姓（しゅしゃう）は高けれども身貧しくして、世を過すに力無し」（今昔物語集・四・三八）。のちにシュが直音化してスジャウとなった。「素性」は生まれつきの性質という意味の語で「種姓」とは別語であったが、「種姓」の「種」の音がシュからスへと転訛したことにより、意味の上でも似ていた両語が混同されるようになった。

例「種姓　スジヤウ」（書言字考節用集）「氏も素姓〈スゼウ〉もしらぬ身が名家の妻となりあがり」（読本・椿説弓張月・続・四二）

すずかけ【鈴懸・篠懸】

スズカケノキ科の落葉高木。「鈴懸の木（すずかけのき）」ともいう。アジア西部原産。明治時代に渡来して以来、街路樹として栽培されている。『改訂増補牧野新日本植物図鑑』は「鈴懸の木の意味で、その球状花が花軸に連らなって垂れ下る様子を山伏の首にかける装飾になぞらえていうに基づく」という。スズカケ（鈴掛）はまた、コデマリの異名でもある。

すすき【薄・芒】

イネ科の多年草。秋の七草の一。語源については、諸説ある

が、確かなものではない。『大言海』は「ススは、すくすくと生立つ意、キは、木と同じく、草の体を云ふ、ハギ、ヲギと同趣」という。この説によると「すす」は擬態語だろうか、その正体はよく分からない。「き」については、このほか「よもぎ」「ふふき（蕗）」などを挙げているが（「き（草）」の項）、「荻（をぎ）」の「ぎ」は動詞「をぐ」の連用形語尾と考えられるなど、いろいろ問題が多い。

例「土を掘ること丈余（ひとつゑあまり）、草（かや）を以て其の上を蓋（ふく）。敦（あつ）く茅萩（すすき）を敷きて」（日本書紀・仁徳六二年五月・前田本訓）

すずき【鱸】

スズキ科の海魚。語源説はいろいろあるが、難点が多い。『大言海』は、一説として、「進（すす）く」の活用形「進き」の義か、という。しかし、「進く」という動詞は確認できない。*『日本釈名』には、「其の身白くして、すすぎたるやうに清げなる魚なり」と記されている。

例「あらたへの藤江の浦に鈴寸（すずき）釣る泉郎（あま）とか見らむ旅行くわれを」（万葉集・三・二五二）

すずしろ【清白・蘿蔔】

大根（だいこん）の異名。春の七草の一。『大言海』はスズナの代わりに用いられることから、「菘代（すずなしろ）」の義とする。

例「七種菜　薺（なづな）　蘩蔞（はこべ）　芹（せり）　菁（あをな）　御形（ごぎやう）　須須之呂（すずしろ）　仏座（ほとけのざ）」（拾芥抄・下）

すずなり【鈴生り】

果実が房となってたくさんなっていること。そこから、人や動物が一ヶ所にたくさん集まっている様子もいう。神楽を舞う際に持つ「神楽鈴」が、小さな柄に多く鈴を付けているさまからきた言葉。

例「松ふぐり枝に鈴なり神楽岡（かぐらをか）風吹くごとに颯々のこゑ」（仮名草子・曽呂利狂歌咄・五）

すずむし【鈴虫】

コオロギ科の昆虫。リーン、リーンと澄んだ声で鳴く。現在の語意識では、この鳴き声に基づいて、鈴虫と命名されたように思うが、平安時代にさかのぼると、鈴虫という語は今の松虫を指していたから、松虫の鳴き声によって、鈴虫と名付けられたことになる。今日、松虫の鳴き声はチンチロリンと聞きなされており、平安時代も同じであったとすれば、この音を鈴の音と聞き取って名付けたことになる。鈴の音をチンチンなどと表すことから考えて、平安時代における鈴虫の名称の由来も、その鳴き声と考えてよいと思われる。謡曲「野宮」では、「たれ松虫の音は、りんりんとして」と、松虫がリンリンと鳴いているので、ほぼ中世までは今の鈴虫を松虫と言っていたようである。近世になると、両者の混同が起きて

いるが、『*和訓栞』では「まつむし　漢名金鐘児〈略〉今スズムシと呼ぶものは、古の松虫也」（増補語林倭訓栞）というように、現在と同じようになっている。↓まつむし

例「虫は、すずむし。ひぐらし。てふ。松虫」（枕草子・四三・虫は）

すずめ【雀】

ハタオリドリ科の小鳥。「すずめ」の「すず」は鳴き声から来た、とする説が多い。国学者鈴木朖（あきら）は「雀のス、今チュ〳〵と云ふを、古（いにしへ）シュ〳〵とききたるなり。総て鳥獣の声をうつすに拗音をば直音にし、つめ引きなどするをば省く事、外国の音を和音に直す例に同じ。メはカモメ燕のメに同じく、数多き意にて群（むれ）なり」（雅語音声考・鳥獣虫ノ声ヲウツセル言）という。この説の大意は、雀のスは鳴き声のシュシュの直音化であり、メは群れの意だということで、『大言海』もほぼ同趣旨の語源を説いている。すずめは『古事記』などの上代文献に、「爾波須受米（にはすずめ）」（古事記・下）のように出てくる。雀の鳴き声は中世まで、「しうしう」と写されてきた。「啾々　シウシウ雀声」（色葉字類抄・前田本）。チュウチュウと表されるようになるのは、近世に入ってからのようで、延宝五年の俳諧書『俳諧三部抄』に「生まれながら忠をつくすや雀の子」と見える。近世には、親雀も含めてチュウが一般的な鳴き声となり、大正時代チュンチュンが急激に一般化したという（山口仲美・チンチン千鳥の鳴く声は）。

例「うつくしきもの〈略〉雀の子の、ねず鳴きするにをどり来る」（枕草子・一五一・うつくしきもの）

すずり【硯】

墨を磨りおろして墨液を作るのに用いる道具。石や瓦製で様々な形がある。『*名語記』には「すずり如何。〈略〉すみすりをすすりといへる也。墨摺りなり、この義定説歟」とあり、「墨磨り」からの転と考えられている。

例「『御すずりの墨すれ』と仰せらるるに」（枕草子・一二三・清涼殿の丑寅のすみの）

すだち【酢橘】

ミカン科の常緑低木。徳島県の特産で、江戸時代から栽培された。酸味が強く生食はせず、料理の調味用に使われる。語源は「ス（酸）＋タチ（橘）」。スは酸（す）い、酸っぱいの「す」で酸味が強く感じられること。タチはタチバナ（橘、古くタチハナ）のことであり、生食された柑橘類の総称。スタチが連濁によりスダチと濁音化した。スダチとは「すっぱいミカン」といった意になる。同じような成り立ちを持つ語に、「すっぱいモモ」を語源とする「すもも（李・酸桃）」が奈良時代から用いられていた。

ずだぶくろ づだぶくろ【頭陀袋】

す

元来、行脚僧が物を入れて首からつるす袋を言い、後に、何でも入れられるようなだぶだぶの大きな袋を言うようになった。「ずだ」は、梵語 dhūta の音写によるもので、払い除くという意味である。煩悩の塵垢を払い落とし、もろもろの欲望を捨て、仏道修行に励むことを意味する。そのための実践項目が一二種あり、それを「十二頭陀行」という。その中でも特に僧が乞食(こつじき)托鉢して歩くことを「頭陀」と言い、そのときの経文・布施などを入れる袋を「頭陀袋」と言った。

例「Zzudabucuro　ヅダブクロ(頭陀袋)　布施を乞う人が携帯する袋」(日葡辞書)

すだれ【簾】

細い葦や細く割った竹などを糸で編んだもの(＝簀)を掛け垂らして、部屋の中の隔てとしたり、日光を遮ったりするのに用いる調度。「簀(す)」を「垂れ」たものだから、「す垂れ」という。「簀(す)」は「隙(すき)」「透く」の「す」と同根で、元来はすき間の意である。宮殿などで、尊んで「御簾(みす)」のように、「垂れ」なしでいう場合もある。

例「君待つとわが恋をればわが屋戸の簾(すだれ)動かし秋の風吹く」(万葉集・四・四八八)

ズック

「ズック靴」の略。ズックは、運動靴やテントなどに用いる厚地の布地。オランダ語 doek に由来する。*『和蘭字彙』(安政二～五年)には、ドウックと音訳してある。

例「唐桟の半纏着て、茶ズックの深靴を穿ち」(尾崎紅葉・金色夜叉・明治三〇～三五年)

すったもんだ【擦った揉んだ】

種々の意見が出たり、様々の出来事が起こったりして、収拾のつかなくなること。類語に「てんやわんや」「やっさもっさ」がある。「擦(す)ったり」「揉(も)んだり」して、お互いにこすれ合っている様から、まとまりのつかない混乱状態を示すようになった。

例「すったもんだしていますうちに」(坪内逍遥・内地雑居未来之夢・明治一九年)

すっぱぬく【素っ破抜く】

秘密などをあばく。「すっぱ」を忍者や盗人の意として、忍者が秘事を探り出してあばくように隠し事を公にすることをいうようになったとする説(大言海など)がある。しかし、「すっぱ抜く」には、刀を不意に抜くという別な意味があって、もしこれを語源と見れば、不意に秘事をあばくことを突然の抜刀にたとえたことになる。すなわち、スパッと刀を抜くように秘密をあばくという意味である。抜刀の意は近世からあり、あばくの意味はほぼ明治以降であるから、抜刀の意から出たと見ても不自然ではない。また、忍者の意味の「すっぱ」が、幕末どれくらい記憶されていたかも問題になる

だろう。

例「なんぞいい穴でも見つけたなら、スッパ抜きして田の次をこまらせ、恥をかかせてやろうと思って」(坪内逍遥・当世書生気質・明治一八～一九年)

すっぽかす

仕事や約束などを果たさずに、放っておく。「すっ」は「素っ裸」「すっとんきょう」と同様に、下の語を強調する接頭語。それに捨てる意味の「ほかす」が付いてできた語。「ほかす」は近畿をはじめ各地の方言で今も使われる。

例「セントルイスでは約束をすっぽかしたが」(織田作之助・土曜夫人・昭和二二年)

すっぽん【鼈】

淡水性のカメで、甲にはふつうのカメのような鱗板がなく、柔らかい皮で覆われている。性質は凶暴で、一度噛み付いたら雷が鳴るまで放さないことで有名。古来、吸い物・鍋物などの料理に珍重されてきた。語源は、鼓を打つ音のように、スポンスポンと鳴くことに由来すると言われるが、未詳である。『俚言集覧』に「即ちその声に因りて名づく」とある。古名は「川亀」と言った。

すていし【捨て石】

一見無駄のようだが、将来役に立つと予想される行為。本来は囲碁の用語で、局面をより有利にするために、わざと相手に取らせる石のこと。

すてき【素敵・素的】

非常にすぐれていること。語源について、『大言海』は「出来過(できすぎ)の倒語」とする。これによればスギデキからステキになったことになるが、信じがたい。また、「すばらしい」の「す」に「的」の付いたものとする説もあるという(日本国語大辞典二版)。近世後期、「すてき」は「非常に」という程度がはなはだしい意味で使われ、そこから現在のように程度のいい方だけを表すようになった。現代では「素敵」の表記が多くなっているが、当て字である。

例「壱歩出しゃア、すてきなやつが買へらアな」(滑稽本・浮世床・初・上)

すてぜりふ【捨て台詞】

立ち去るときに言う悪意のある言葉。江戸時代歌舞伎で、脚本にない言葉を役者が適当に言う台詞を「捨て台詞」といった。このようなアドリブは、立ち去る場面で一方的に言われることが多いので、立ち去る時の言葉となり、更に現在のような意味になったという(赤坂治績・ことばの花道)。

例「『はいさようなら』ト捨てぜりふにて風呂へ入る」(滑稽本・浮世風呂・二・上)

すててこ

男子のズボン下の一種。三代目(俗に初代)三遊亭円遊が

「すててこ踊り」の時はいていた半股引を、踊りの名に因んで、すててこと称するようになったと言われる。「すててこ」は、もと囃子詞。すててこ踊りは明治初期、寄席や宴席ではやった滑稽な踊り。円遊はこの踊りで人気を得た。

すでに【既に】

以前に。上代の「すでに」には「全く」の意味もあるところからみて、「すでに」はある物事が時間的にも空間的にも通過してしまったことを意味していたと考えられる。語源について、『*名言通』(下)は「スギテニ(過)也」とする。これに対し、「全体が沈まり落ち着く意の動詞スミ(澄)と、道・方向の意の名詞テとの複合したスミテの約スデに、助詞ニが添った副詞」(岩波古語辞典補訂版)とする説がある。

例「天の下須泥尔(すでに)覆ひて降る雪の光を見れば貴くもあるか」(万葉集・一七・三九二三)

すてばち【捨て鉢】

やけになること。語源は不明だが、「捨て鉢」の「鉢」は、托鉢の「鉢」のことだという、以下のような俗説がある。修行僧の「托鉢(たくはつ)」では、托鉢の辛さに耐えかねて鉢を捨てて逃げ出してしまう僧もいた。このことから、思うようにならず自暴自棄になることを「捨て鉢」と言うようになったという。

例「ナニサまた其所(そこ)の座になると捨罪(すてばち)をいふはな」(人情本・春色梅児誉美・初)

すてみ【捨て身】

全力で事に当たること。「捨て身」は身を捨てることで、我が身の安全を顧みず事を行うことである。そこから全力で行うことを表すようになった。この語は武道関係、柔術の「捨て身わざ」などから来た可能性が考えられるが、確認はできない。

例「私の流儀は仕事をするにも朋友に交わるにも、最初から棄身(すてみ)になって取て掛り」(福沢諭吉・福翁自伝・明治三一～三二年)

ストライキ

労働者が要求を通すために集団で仕事を放棄すること。英語 strike に由来する。strike には、「帆を下ろす」という意味もあり、船主に抗議するために帆を下ろしたことから、「罷業(ひぎょう)」の意味が出た。strike は「同盟罷業」とも訳された。なお、野球用語のストライクも同じ strike に由来する語。

例「役夫の輩が『ストライキ』とて、仲間に結約し其賃銀を貴(たか)くせんが為に、職に就かずして雇主を要するの風は」(福沢諭吉・民情一新・明治一二年)

すなわち すなはち**【即ち】**

つまり。『大言海』は「其程(そのほど)の転と云ふ、当たれり」とするが、語源は不詳である。古くは、時を表す名詞で、連体

修飾語を受けて、「綱絶ゆるすなはちに」(竹取物語)という例に見られるように、そのとたん、というような意味であった。それが漢文訓読において、「即」「則」「乃」「便」などの訓読語として用いられたため、それらの語の意味もあわせて表すようになった、という。

例「近くは亡父卿すなはちこの道をならひはべりける基俊と申しける人」(近代秀歌)

ずにあたる づ【図に当たる】

計略どおりになる。物事の進行が計略にぴったり合う。「図」ははかりごとの意。「当たる」は予想どおりになること。これに対して仏教の声明(しょうみょう)の転調に由来するという説(金田一春彦・芳賀綏『古典おもしろ語典』)がある。転調がうまくいくことを「図に乗る」といい、「図に当たる」も同源だという。→図に乗る

例「邪なる巧みは智恵袋を振うても思ふやうに図に当たらず」(浮世草子・けいせい伝受紙子・三・五)

ずにのる づ【図に乗る】

調子に乗ってつけあがる。ここでいう「図」とは、仏徳讃頌の声楽である声明(しょうみょう)で用いられる転調の図表のことであり、吟誦進行中に転調がまちがいなく行われると「図に乗った」と言ったという(金田一春彦・芳賀綏『古典おもしろ語典』中に紹介された橘純一の説)。この語は、初めは思うように物事が進むことを言い、「何事しても頭(づ)に乗って、今は金銀うめきて、遣(つか)へど跡は減らず」(浮世草子・日本永代蔵・二・四)のように、よい意味で使われた。

すね【脛】

足の膝からくるぶしまでの部分。特にその前側の肉の薄いところ(=向こうずね)をいう。語源説は種々見られるが、納得のいくものがない。「すね」は古く「髄(ずい)」の訓として当てられていた。「髄」は『説文解字』に「骨中脂也」とあり、日本の古訓にもそのように注したものがある。今、「すね」と呼ばれている部位は、古くは「はぎ(脛)」と称されていた。

例「問　人躰のすね如何　答　すくのへを反せばすね也　すぐにてのびたる骨也」(名語記)

すのこ【簀の子】

細竹や板をすき間のあるように束ねて作ったもので、蒸籠(せいろう)の底に敷いたり、風呂場の床の上に置いたりするもの。「す」は「すだれ」の「す」で、「すき」「透(す)く」などの「す」と同源。「子」は「の」を介しているが、「あんこ」「わんこ」などと同じような語構成要素。

ずばぬける【ずば抜ける】

抜群である。「ずば」は接頭語で、「ずばと」の形で今でも使う。この語は中世から用いられ、思い切って行うさま、突然行うさまなどを表す擬態語であった。「抜ける」は「飛び抜ける」

す

などの「抜ける」と同じで、普通の水準を超えていることを表す。

例「星の親ぢのずばぬけしを見るより、見性(けんしやう)したまひて」(仮名草子・ぬれぼとけ・上)

すばらしい 文語 **すばらし**

感心させられるようなさまである。語源は不明だが、狭くなる意の動詞「窄(すば)る」の形容詞化した語とする考え方(暮らしのことば語源辞典)がある。この「すばる」には「すぼる」という形があり、これを形容詞化した「すぼらしい」という語もある(ただし、一九世紀以降の用例しか知られていない)。「すばらしい」は一八世紀後半から用例が見られ、感心した場合にもあきれた場合にも使われた。「すばる」を語源とすると、あきれたという意味の方が先行したことになるが、実際はそうではないなど、問題も生ずる。

例「お主(ぬし)もこの女故(ゆえ)にゃア、すばらしい苦労をして今の身の上」(歌舞伎・与話情浮名横櫛・四)

すばる【昴】

牡牛座にある星団プレアデスの和名。動詞「すばる」は「統(す)ぶ」の自動詞で、一つに集まるの意。*『和訓栞』に「すべるといふに同じ。〈略〉多くの星の一所によりあつまりたるを一宿の名とせり」とある。『大言海』は「御統(みすまる)に似たれば云ふかと云ふ」という説を紹介している。「みすまる」は珠を連ねた飾り、この六連星がみすまるに似ているから、すばると名付けたという。マ行とバ行は通い合うので、「すまる」は「すばる」になる。この説は「すばる」という語から直接星の名になったのではないという点で、『和訓栞』と違うが、「統(す)ばる」が基になっていることは共通している。

例「星はすばる。彦星。夕づゝ。よばひ星、すこしをかし。尾だになからましかば、まいて」(枕草子・二五四・星は)

スパルタしき【スパルタ式】

厳しい教育や訓練の方式。スパルタ(Sparta)は、アテネと並ぶ古代ギリシャの代表的都市国家。リュクルゴス(Lykourgos。伝説的なスパルタの立法者)の創始といわれる軍国主義的政治体制や、勤倹・尚武を旨とする厳格な教育体制で知られる。そこから、ギリシャ時代のスパルタで行われたような厳しい教育のことを「スパルタ教育」、厳しい方式を「スパルタ式」と称するようになった。大正時代(一九一二〜二六年)から使われるようになった語。

ずぶとい づぶとい **【図太い】** 文語 **づぶとし**

ずうずうしい。近世、「太い」に横着、ずうずうしいの意味が生じ、それに強調の接頭語「ず」を付けたもの。この「ず」は「ずぬける」などの「ず」と同じ。

例「こなたは、つらには似ねえづぶとい人だの」(人情本・明烏後正夢・初・二)

ずぶのしろうと ―しらうと【ずぶの素人】

ある物事にまったく経験のない人。「ずぶ」はもと擬声擬態語の「ずぶ」から出たと思われる。この「ずぶ」は一三世紀から例があるが、濡らすさまを表す場合と突き刺すさまを表す場合とがあった。濡らす場合は全体を濡らす、突く場合も突き通すというふうに、完全にやり通すという意味を持ち、そこから完全の意を生じた。*『日葡辞書』は、「Zzubuto(ヅブト)」を「すっかり」に当たるポルトガル語(Totalmente)に訳し、「づぶと思ひ切る」という例を付けている。

すべからく【須らく】

「当然・是非」(すべき)の意。漢文訓読の再読文字の「須」を「すべからく～べし」と読んだことに由来する。「すべからく」は、サ変動詞「す」に当然などの意を表す助動詞「べし」の未然形「べから」が付き、更に「こと」を意味する接尾語「く」が接続したもので「当然なすべきこと」が原義。「すべからく義朝は討つべかりけるを」(愚管抄・五)は、当然のこととして義朝は討伐すべきものであったが、の意である。

ずべこう【ずべ公】

俗語で「不良少女」の意。「ずべ」も「ずべ公」も昭和初期から使われた語。「ずべ」に、相手を見下した意味を添える「公」が付いた語であるが、「ずべ」の語源は決定しがたい。「ずべ」は性的にだらしないことをいう新潟方言「ずべ」から来た語で「ずべら」「ずぼら」に通ずるという説(暉峻康隆・すらんぐ)や、カルタ用語のスベタ(=零点の札)の略という説(楳垣実・猫も杓子も)がある。このスベタの語源は、剣の意のポルトガル語 espada だといわれ、カルタ用語を経て近世には醜女の意味で用いられていた。

例「自分をズベ公と思はしたくないんだ」(高見順・故旧忘れ得べき・昭和一〇～一一年)

すべた

女性をののしる言葉。ポルトガル語 espada(剣の意)から来た語。もともとはカルタ用語で、点のない札だという。この語は江戸後期から流行りだした。「安永七、八年ごろより、よからぬ女をすべたと云ふことは骨牌(かるた)より出でたる詞とぞ」(嬉遊笑覧・九下)。江戸語では、点の低い札、つまらない人、醜婦、淫売を指していた。

例「なんでも女房は野暮な不器量がいいぜ。斯(こ)う云っておれがすべたを持ったから負け惜しみをいふぢゃあねえが」(滑稽本・浮世床・初・中)

すべて【全て】

ことごとく。みな。語源は、ひとつにまとめる、支配する意の動詞「統(す)ぶ」(口語すべる)の連用形「すべ」に助詞「て」がついて副詞化したものである。動詞連用形＋テという語構成を持つの副詞としては、「かねて」「きわめて」「決して」など

がある。

例「すべてその儀あるまじ」（平家物語・一・祇王）

ずぼし づぼし【図星】

狙ったところ。また、物事が推測していたとおりであること。もともとは、弓矢の的の中心の、黒く描かれた点を意味したという。そこから、狙いどころ、急所などといった意味で用いられるようになり、さらに転じて、思惑が的中することの意味でも用いられるようになった。『大言海』は「図にあたる星の義」とするが、意味するところは不明である。江戸時代には「星をさされてはツとせしが」（洒落本・大通秘密論）という例のように、単に「星」と言う場合もあった。

例「道へ出てから味方を拵へようとおもふ図星へおめえさんがたと一緒になりゃあ奇妙だ」（人情本・恐可志・後・上）

ずぼら

だらしないこと。語源不詳。近世以降相場用語に「ずぼら」があり、『大言海』はこれと結び付けて、「大阪の堂島言葉に、ずるずると下がる相場を、ズボラと云ふより起こると云ふ」とした。この「ずぼら」は「するする下る也」（大坂繁花風土記・米方通言）と説明されているように、相場がくずれることであった。

例「おれも若いときからのずぼらで、朝寝はすきで昼寝はすき」（咄本・諺臍の宿替・八）

ズボン

洋服で下半身にはくもの。フランス語の jupon（ジュポン）に基づく外来語といわれている（大言海など）。jupon はペチコートのことで、女性が下半身にはく下着である。それがなぜ、男性の下半身用の衣類を指すようになったのか疑問が残る。服飾辞典の中には、「幕末の頃、幕臣大久保誠知と云ふ人の、これをはけば、ずぼんと足のはいるより、言ひ初めたる語」（落合直文・ことばの泉）という説を語源とするものがある。ただしこの説にも根拠は無く、洒落による語源解釈、いわゆる通俗語源のおそれが十分ある。なお、jupon の語源はアラビア語の jubbah（ジュッバ）に遡るといわれる。ジュッバは毛織りの長い着物のことで、日本語へはポルトガル語を介して借用され、「襦袢」となった（矢崎源九郎・外来語の話）。

例「ぞろり着流す長袖は、余処に見る目にもどかしく、チョッキ、マンテル、沓（くつ）、ズボン、袢天、腹掛、股引の侠者（いさみ）も」（仮名垣魯文・西洋道中膝栗毛・九・上・明治四年）

すみか【住処・栖・住家】

住まい。住む所。「すみか」の「か」は、場所・所の意味で、「ありか（在処）」の「か」と同じ。また「いずく」「いずこ」「ここ」「そこ」などの「く」「こ」と同根であると考えられる。「住家」の

「家」は当て字。
例「Sumica スミカ（栖） すまい、あるいは、住居」（日葡辞書）

すみません【済みません】
わびる気持ちを表す挨拶の言葉。「すみません」の「すみ」は動詞「すむ」の連用形、「ませ」は丁寧の助動詞「ます」の未然形、「ん」は打ち消しの助動詞「ず」の連体形「ぬ」の転じたもの。「すまない」「すまぬ」を丁寧語化した形。「すまない」は終わらないということであるが、この場合、自分の悪いと思う気持ちが終わらないということである。その気持ちを相手に告げることで、自分のわびる気持ちを表す。現在では感謝の気持ちを表すこともあるが、これも相手をわずらわせたことに対するおわびの気持ちから発している。明治以降、挨拶言葉として一般に使われるようになった。
例「すみません。私が悪かったのです。あなたにもお嬢さんにもすまないことになりました」（夏目漱石・こゝろ・大正三年）

すみれ【菫】
スミレ科の多年草。語源について、*『名言通』（下）は「すみいれ（墨入）也。もとつぼずみれの略なり。つぼずみれは匠の墨を貯ふる器なり。花それに似たるを云ふ」という。花の形が大工の墨入れ（＝墨壺）に似ていることから「すみいれ」と言われ、「スミレ」となったというのである。ただし、現在の墨入れはスミレの花に似ていないという反対意見もある。
例「春の野に須美礼（すみれ）採（つ）みにと来しわれそ野をなつかしみ一夜寝にける」（万葉集・八・一四二四）

すもう《すまふ・すまう》**【相撲・角力】**
日本古来の格闘技。古くは「すまひ」と言い、「すまう〈すまふ〉」が使われるのは中世以降である。「すまひ」は動詞「すまふ」の連用形の名詞化。「すまふ」は争うこと。「すまひ」は中古の辞書類に「須末比（すまひ）」（十巻本和名抄）などと現れる。この「すまひ」が「すもう」に音転したとする説は、『大言海』などに「スマヒ（相撲）の訛」のように見える。これに対して「すまふ」の「まふ」の長音化した「すもう」が、終止・連体形ではあるが名詞化したものと見る説もある（国語調査委員会・疑問仮名遣）。しかし、普通、終止形は名詞にならないが、「向こう」のような類例がある。なお、歴史的仮名遣いは語源説によって変わる。「すまふ」は終止・連体形の名詞化とする説、「すまう」は音転とする説の場合である。漢字表記に当てる「角力（かくりき）」は力比べをする意、「相撲（そうぼく）」は「すもう」と似た格闘技の意の漢語である。
例「わかき人々すまうとりたまへ。見てあそばん」（曽我物語・一・おなじく相撲の事）

すもうとり《すまふとり》**【相撲取り】** ⇩りきし（力士）

す

せ

すもも【李】
バラ科の落葉小高木。中国原産。『日本書紀』に「桃李(すもも)実之(みなれり)」(推古二四年正月・北野本南北朝期訓)とあるように、日本には古くから渡来していた。語源は、酸(す)い桃(もも)、つまり酸っぱいモモという意から。『*和句解』に「すきも、也」とある。
例「李〈略〉須毛々(すもも)」(天治本新撰字鏡)

するめ【鰑】
スルメイカを開いて内臓を除き、乾かした食品。語源については諸説あるが不明。『大言海』は「墨群(すみむれ)の約転」とするが、「すみむれ」という語の所在およびその意味もはっきりしない。スミムレ→スルメという音変化も起きやすいものではない。なお、『*十巻本和名抄』に、「小蛸魚〈略〉知比佐岐太古(ちひさきたこ)、一云須流米(するめ)」とあり、古くは「するめ」が飯蛸(いいだこ)の類を指したかとも言われる。漢字表記「鰑(えき)」は、本来ウナギの意で、干したイカをこの字で表すのは日本独自。
例「山本彦二郎礼に来、するめ一連持来」(言継卿記・永禄一二年六月三〇日)

すわる【座る・据わる】
膝を折り曲げたり、腰をかけたりして席につく。『大言海』は「居(す)うの自動」とする。これによれば、「すわる」はワ行下二段活用の他動詞「据う」の自動詞形ということになり、スを語根として自他に分化したことになる。「据う」は、ものを安定した状態に置くという意味で、これを自動詞化すれば、ものが安定的な状態に位置しているというような意味になるだろう。この「据う」は「植う」と同根とする説(角川古語大辞典)がある。
例「なかなかに土間にすわれば蚤もなし　我が名は里のなぶりものなり」(俳諧・ひさご・花見)

すんぶん【寸分】
ほんの少し。字義は、一寸(=約三センチ)と一分(=約三ミリ)の長さ。転じて、「独(ひと)り帷幄(ゐあく)の裏(うち)に臥して、聊(いささ)かに寸分の歌を作り」(万葉集・一七・三九六五題詞)のように、きわめて短小なさまをいう。現在では、「その面体に寸分違(たが)はず」(浄瑠璃・源頼家源実朝鎌倉三代記・六)のように、多く下に打ち消しの語を伴って副詞的に用いられる。

せ

せいうんのこころざし【青雲の志】
立身出世をしようとする望み。「青雲」は五色の雲のうち、最

も高いところに生ずる雲とされたところから、高位高官のたとえに用いられた。「青雲の志」は漢籍に見られる語。「窮当益堅、不墜青雲之志〔窮まさに益堅すべし、青雲の志うしなはず〕」（王勃・滕王閣序）。日本では近世以降の用例が見える。

例「それがし今かく村落（かたゐなか）にありといへども、聊か青雲の志なきにしもあらず」（読本・椿説弓張月・前・二）

せいか【聖歌】

キリスト教の宗教歌曲。「聖なる歌、聖（きよ）き歌」の意。英語 hymn の訳語として明治期に造られた和製漢語。

例「彼れ聖歌を詠ずるを得る弥」（織田純一郎訳・花柳春話・明治一一～一二年）

せいき【世紀】

西暦で、百年を一期とする時代区画。古く中国では「世紀」は書名に使われていた。日本では英語 century の訳語として明治期に使われるようになった。松島剛訳『社会平権論』（明治一四年）の凡例にある「一百年を一世紀とする」という例が早い。

例「万国新史の会読の時『世紀』と云う字があったが、〈略〉一向其意味が分からぬ」（徳富蘆花・思出の記・明治三三～三四年）

せいこくをいる【正鵠を射る】

核心をつく。「正」も「鵠」（＝クグイ）も鳥の名で、「正鵠」はそれらの鳥の絵をそれぞれ真ん中に描いた的のことをいう。的の中心ということから物事の要点、核心の意味になった。「正鵠を射る」という表現は「正鵠」が的の中心にあるので、その縁で「射る」と言ったものである。「正鵠」はセイコウ（コウは慣用音）とも。「正鵠を得る」とも言う。「偶それをさし向ける対象が正鵠を得ていても」（森鷗外・寒山拾得・大正五年）。

せいしゅん【青春】

若い時代。中国の五行説で、「青」を春に当てるところから春の異名。春は人生の若い時に当たると考えられ、若い時期を意味するようになった。↓白秋

せいしょ【聖書】

キリスト教の聖典。中国では、古く「聖人の著した書物」という意味であったが、キリスト教が伝来すると Bible を「聖書」と訳した。一八二三年にモリソン（Morrison）・ミルン（Miline）は漢訳『神天聖書』を刊行している。日本ではヘボン（Hepburn）・ブラウン（Brown）訳『馬可（まか）伝福音書』（明治五年）に「新訳聖書」という表現が見られる。キリスト教に関する語には中国語からの借用が多い。

例「先年外国公使の夫人がくれましたその聖書でございますよ」（徳富蘆花・不如帰・明治三一～三二年）

せいぞろい《せいぞろひ》【勢揃い】

大勢の人や物が一ヶ所に集まること。「勢(せい)」は軍勢のこと。「そろい〈そろひ〉」は自動四段動詞「そろふ」の連用形の名詞化。古い形には「勢ぞろへ」もある。この「そろへ」は他動下二段の「そろふ」の連用形であり、「勢ぞろへ」の方が古い。もと「勢揃い」は戦いのために軍勢がそろうことをいった。ここから転じて、同じ目的や性質の人や物が集まること、また、たくさんの人が集まることの意となった。

例「浮島が原で xeizoroi(セイゾロイ)をせらるるに、二十万騎としるされた」(天草版平家物語・二・一〇)

せいぞんきょうそう《ーきゃうさう》【生存競争】

生き延びていくための戦い。ダーウィンの進化論の中心概念である、英語 struggle for existence の訳語。加藤弘之による造語と言われる。

例「struggle for existence　生存競争」(哲学字彙・明治一四年)

せいてんのへきれき【青天の霹靂】

事件が急に起きたことを表す成句。「青天」は、晴れ上がった空、「霹靂」は、かみなりの意。「青天霹靂」は、中国、南宋の詩人、陸游(りくゆう)の「九月四日鶏未鳴起作」の詩句「青天飛霹靂〈青天に霹靂を飛ばす〉」から出たといわれる。もとは筆勢の躍動することのたとえであった。

例「独逸(どいつ)軍艦が膠州湾占領の警電は青天の霹靂たる感なきにあらざるも」(日本・明治三〇年一一月二〇日)

せいとう《せいたう》【政党】

政治上の団体。「政治上の党派」の意。明治時代の和製漢語。西南戦争の時、西郷一派を「新政党」と呼んだのが最初と言われる。のちに中国でも使われるようになった。

例「ある政党の領袖になったと仮定して見イ」(坪内逍遥・当世書生気質・明治一八～一九年)

せいとうぼうえい《せいたうばうゑい》【正当防衛】

自分を守る為にやむを得ず相手に害を与える行為。明治二〇年代の仏和辞典にフランス語 légitime défense の訳語として「正当防御」が見える。これをもとに「正当防衛」という語がつくられたものと思われる。

例「彼より襲撃を加へしため我漁夫等は余義なく正当防衛として三人を殺し」(郵便報知新聞・明治二四年一一月一三日)

せいぶん【成分】

あるものを組み立てている部分。「物を成り立たせている分子」の意。宇田川榕庵の*『舎密開宗』に見られ、また高野長英訳の『三兵答古知幾』にも見られる(佐藤喜代治・国語語彙の歴史的研究)ところから、蘭学者による造語と思われる。明治期になると、英語 constituent、ingredient の

訳語として一般化した。*『哲学字彙』(明治一四年)には、constituent の訳語として「成分」が挙げられている。

例「鉱泉と名のつく以上は、色々な成分を含んでいるのだろうが」(夏目漱石・草枕・明治三九年)

せいりゅうとう せいりゆうたう【青竜刀】

中国の、薙刀(なぎなた)状の刀。「青竜偃月刀」の略という。「偃月(えんげつ)」とは、弓張り月のこと(「偃」は伏す意)。刀が弓張り月の形で幅広く、長い柄(つか)の刀身に接する部分に青い竜の装飾があるため、「青竜偃月刀」と言われる。

ぜえろく【贅六・才六】

人をののしる言葉。多く関東人が関西人に対して用いる。「さいろく(才六)」の転「ぜえろく」を濁音化によってののしる気持ちを更に強めたもの。「さいろく」(＝若僧)の語源は不明。「さいろく」が人名に似ているところから、人名に由来するという説(角川古語大辞典)がある。これによれば「さいろく」は、道化人形造りの西六、または西六の使う人形から出たという。今日残存する人形の首から見て、その人形の顔色は青く、そこから、顔色の青いさまを言うようになった。顔色の青いということから、未熟な小僧が連想された結果、若い丁稚(でっち)や草履取(ぞうりとり)などの小者をののしっていう語となった。さらに転じて、一般にうすぼんやりした者を軽蔑して言う用法を生じた。

例「才六(ぜえろく)め。夫(それ)を知らねえでつまるもんか」(洒落本・船頭深話・二)

せかい【世界】

地球上のすべての国や地域。「世界」は本来は仏教語で、梵語 lokadhātu の漢訳語。「世」は「過去・現在・未来」の三世を、「界」は「東西南北上下」をさし、時間・空間のすべてを意味した。そこから、人間社会全体を表すようになった。明治になって、英語 world の訳語として使われるようになった。

例「世界万国当時の形勢を見たり聞たりした上で」(横河秋濤・開化の入口・明治六〜七年)

せがれ【倅・悴】

自分の息子のことをへりくだっていう語。古くは、男女ともに若輩の者をあざける語であったが、しだいに息子の謙称となった。この語は、「やせがれ(痩枯)」から転じた語かと言われる。中国戦国時代の屈原(くつげん)の「漁父辞」(楚辞)には、追放の身となった屈原の容貌を表現した一節に「顔色憔悴、形容枯槁」とあり、この「憔悴」を「やせ」、「枯槁」を「かれ」と読んだことにより、「やせがれ」という語が生まれたとされる。「やせがれ」という語は、*『温故知新書』に「肉削　ヤセカレ」とあるなど室町時代に存在が確認される。このやせてかれたさまを嘲笑する語が、語頭の「や」を落として「せがれ」になったものだという。なお、漢字表記「倅」は、「悴」の

字の「りっしんべん」を人であることを表すために「にんべん」の「倅」の字を当てたものだと言われる。

例「両人ながらせがれをもつて御ざる程に」(虎明本狂言・腹不立)「勘太郎という十三四の倅が居た」(夏目漱石・坊っちゃん・明治三九年)

せき【関】

国境その他の要地に門を設けて、通行人や通過物を調べた所。『大言海』は「塞(せ)きの義」とする。流れをさえぎって止める意の動詞「塞(せ)く」の連用形「せき」の名詞化した語で、本来「堰(せき)」とは同語である。動詞「塞く」の語源については、『大言海』は「狭(せ)を活用す」と説く。形容詞「狭(せ)し・狭(せば)し」とは同源である。語根「狭(せ)」をめぐる派生関係については、「攻(せ)む」「迫(せま)る」「急(せ)く」、更には「咳(せ)く」も同根の可能性が考えられる。

例「遠き山世伎(せき)も越え来ぬ今更に逢ふべきよしの無きがさぶしさ」(万葉集・一五・三七三四)

せきとり【関取】

相撲で、十両以上の力士の称。「関」とは力士の最高位を意味する語で、その地位を占めることを「関を取る」と言ったことによる称。ただし、力士の最高位をなぜ「関」というかは不明。↓大関

例「関とりに赤子をだかせ大わらい」(雑俳・柳多留・一四)

せきのやま【関の山】

精一杯。語源としては、関町の山車(だし)に因むという説(宮尾しげを・風流お色小咄)がある。これによれば「関」は三重県関町、「山」は関東で言う「山車」の意で、関町の八坂神社の祭礼祇園会に出る「山」が大変立派なため、それ以上の贅沢はできないところから出たという。ただしこの説には裏付けがない。「関」は「堰(せき)」と同源で、いずれも越えにくいもの。「山」も同様。それを乗り越えていくことがむずかしいということから、限度を表す語となったものだろう。

例「おまへがたは大山参(おおやまめえり)に御神酒を納めに行くか、成田さまへの旅位(くれえ)がせきの山だらう」(滑稽本・浮世風呂・四・下)

せきゆ【石油】

ガソリン・灯油・重油などの総称。日本では、幕末明治期から「石炭油」という語が用いられ、それが短縮されて「石油」となった。石炭と同様に地中から産出し、ともに燃料となるが、液状であるところから、「石炭油」と名付けたのであろう。「油」は漢音がユウ、呉音がユで、初めはセキユウともセキユとも云った。

例「越後は石油の名所である」(夏目漱石・野分・明治四〇年)

せきわけ【関脇】

大相撲力士の地位の一つで、大関に次ぎ、小結より上、すなわち、三役の中位である。語源は「大関の脇(わき)」で、本来は「せきわき」と言う。「関わきをなげた酒やのかすでっち」(雑俳・火燵びらき)。

ぜげん【女衒】

江戸で、女を遊女屋などに売るのを商売にした者。近世、同じ意味の「じょげん(または、じょけん)」という語があり、その変化と説かれている。「ぜげんと云ふは、女衒(ぢょげん)の転訛なるよし」(随筆・世事百談)。「じょけん」は「女見」なども書かれ、ジョゲンと濁ることもあった。「女衒」の語源については、近世随筆の『東牖子(とうゆうし)』に「東都にて傾城、奉公人の肝煎(きもいり)する者を女衒(じょけん)と云ふも、「衒」は售(うる)なればなり」とある。「衒」(漢音ケン・呉音ゲン)には売る意があるので、「女衒」は女を売るという意味で作られた和製漢語だと思われる。

例「女郎を国々より買ひ出だす者あり。ぜげんと云ふ」(評判記・吉原失墜)

せせらぎ【細流】

小川。動詞「せせらぐ」の連用形の名詞化。「せせらぐ」は、古く「せせらく」ともいい、浅い川が音を立てて流れる意であった。平安時代の『作庭記』に「庭の面(おもて)をよくよく薄くなして、水のせせらき流るるを堂上より見すべきなり」とある。そこから、「せせらき(ぎ)」は瀬音を立てて流れる小川の意味に転じた。セセラギと語末濁音の形は明治以降のようで、*『和英語林集成』(三版・明治一九年)でもまだ「Seseraki　セセラキ　磧礫」である。

せせらわらう【せせら笑う《せせらわらふ》】

相手を馬鹿にして笑う。軽蔑する。『大言海』に「迫笑(せせりわらひ)の義」とある。「せせる」は、つつくとか、からかうとかいう意味で、「せせら笑い」は、とがめるような、あるいは、からかうような笑いという意味であったと考えられる。「せせる」の「せせ」は、「せせこましい」などの「せせ」と同源で、「狭(せ)」と同根である。ただ「せせる」は「せせり出す」「せせり箸」など「せせり」の形で複合語を作るのが普通で、「せせら」のようになったのは、この語だけである。

例「大きな嘘つきとせせらわらひけるに」(浮世草子・武道伝来記・四・三)

せちがらい【世智(世知)辛い】 文語 **せちがらし**

暮らしにくい。『大言海』は「世智弁辛し」の略とする。「世智弁」はさらに「世智弁聡」(=こざかしく利口なこと)の略とする。「世智(世知)」は仏教語で、仏道修行の妨げとなる、世俗の知恵、凡夫のあさはかな知恵を言うが、日常語でけちの意味があった。「辛い」は、そのような性格を強調しながら形容詞化したものと考えられる。勘定高いということから、暮ら

しにくいと転じたものだろう。

例「此のせち辛い世の中に生きて行くのが心細いような感慨さえ胸に湧いて来た」（水上滝太郎・大阪の宿・大正一四〜一五年）

せっかく【折角】

わざわざ。語源については、荻生徂徠の随筆『南留別志*』に、「折角といふ詞は、郭林宗が巾の、雨にあひて角のひしげたるを、人々のまねて、わざと巾の角を折りたるより、何事もわざわざとする事をいへるなり」とあるように、『後漢書』郭泰伝の故事から出たものと言われる。しかし、この語源説はいささかこじつけくさい。これに対して、朱雲が五鹿の人充宗を論破したことを世人が鹿の角を折ったと評した故事（漢書・朱雲伝）によるという説があり、この方が自然のようである。

例「一歩小判を取り出だし、四五年に折角延ばしける甲斐なしと、算用してゐるも有り」（浮世草子・本朝二十不孝・二・三）

せっかち

先へ先へと急いで落ち着きのないさまであること。「せきがち（急勝）」の変化した語かと言われる。「せき」は、あせる意を表す動詞「せく（急）」の連用形、「がち」は、そのようになりやすい意を表す接尾語で、「遅れがち」「夢見がち」などの「がち」と同じもの。ただし、これまでのところ、「せきがち」という語形は文献の上で確認されていない。

例「せっかちの嚏（くさめ）はやくせうはやくせう」（雑俳・柳多留・一二五）

せっかん【折檻】

戒（いまし）めのため体罰を加えること。「檻」はこの場合、欄干のことで、「折檻」は字義としては、折れた欄干の意である。それが、『漢書』（朱雲伝）の故事により、強く諫める意の成語となった。すなわち、漢の成帝を強く諫めた朱雲を宮殿の外へ引きずり出そうとした時、朱雲が欄干にしがみついて引き出されまいとしたため、その欄干が折れた。のち、帝はその欄干を朱雲の直言の記念としたというものである。日本では、きびしく責め叱る意を表すようになり、更に肉体を責めさいなむ意味が強まっていった。なお、『漢書』の本文では「雲攀殿檻、檻折（雲、殿檻に攀（よ）ぢ、檻折る）」と、「檻折」の形で見えるが、王先謙『漢書補註』には「謂之折檻（之を折檻と謂ふ）」と「折檻」の形で記されている。

例「裸になり、身を御 xeccan（セッカン）あり」（サントスの御作業・一）

せっきょく【積極】

自分から進んで物事を行うこと。和製漢語。この語は化学書『舎密開宗*』（内）にはじめて見え、同書でオランダ語

positief(電極のプラス極)を「積極」、negatief(マイナス極)を「消極」と訳している。この二つの訳語は、明治以降は中国語の陽極、陰極という訳語に押されて使われなくなった。代わりに、「積極」は物事を肯定的・能動的・意欲的に行う意味で、また「消極」は、その反対に、否定的・受動的・気乗りせずに行うことに使われるようになった。

例「そこで積極の『ポジチーウ』の方は除いて廃て仕舞い、残った消極の害ばかり取って此害ばかりを数え立てて」(西周・内地旅行・明六雑誌・二三号・明治七年)

せっけい【設計】

建築や土木工事などで計画を立てること。英語 design の訳語として明治時代後期から使われるようになった語。古く中国では「はかりごとを立てる」という意味で使われていたが、ロブシャイドの『*英華字典』で design や plan の訳語として使われていた。

例「今度の設計なら決して高い予算じゃ御座いませんよ」(国木田独歩・酒中日記・明治三五年)

せっけん【石鹸】

あかや汚れを落とすために使用する洗剤の一種。江戸時代初期に伝来した中国の本草書である『本草綱目』(明の李時珍編。一五九六年刊)によって、その名称が伝えられた。洗剤そのものは、それ以前(一六世紀末)に南蛮貿易によって伝えられ、「シャボン」と呼ばれていた。「石鹸」は江戸時代においては本草学や医学で使用される専門的な語であって、「シャボン」の方が日常的に使われる一般語であった。明治になると、漢語の流行につれて「石鹸」にシャボンと振り仮名をする書き方が行われ、「石鹸」が一般的になった。一七世紀の林羅山『多識編』(一)に「石鹸　今案に波伊乃加多末里(はいのかたまり)又た云はく阿良比波伊(あらひはい)是れ蓋し今自南蛮より来る志也保牟(シャボン)の類ひか」とある。

せっし【摂氏】

温度の計り方の一種。「摂氏温度」の略。「摂」は発明者であるスウェーデンの物理学者 Celsius の名の一部を中国語に音訳した「摂爾思」の、最初の一字をとったもの。「氏」は敬称。記号として使用されるCは、名前の綴りの最初の一字である。→華氏

せっしゃ【拙者】

一人称代名詞。漢文では、知識や能力の劣った人の意味で、「拙者不足(拙者は足らず)」(管子・形勢)などと用いられたが、日本では中世以降、自分を拙い者としてへりくだる自称として使われた。近世では主として、武士の言葉であった。

例「御自分も拙者も逃げた人数也」(雑俳・柳多留・一)

せった【雪駄・雪踏】

竹皮の草履の裏に革を張り、尻鉄(しりがね)を打った履物。

「せきだ（席駄）」の転といわれる。セキダ↓セチダ↓セッダ↓セッタと変化した（いずれの語形も実例が存する）。「席駄」は、「むしろ（席）のはきもの（駄）」の意。室町時代から使われていた。江戸時代前期の地誌『堺鑑』に「千利休、作意として、雪のころ茶湯の時、露地入りのために草履の裡（うら）に牛革を付けさせ用ゐるなり」とあり、利休の工夫で革張りになったと伝える。元禄期に、かかとに尻鉄を打つことが流行して今に至る。

例「雪駄は鼠緌（ねずみを）の下り皮」（洒落本・辰巳之園）

ぜったい【絶対】

何ものにも拘束されずそれ自体として存在すること。英語 absolute の訳語として井上哲次郎が＊『哲学字彙』（明治一四年）に載せた語。「絶対」は天台宗の『法華玄義』中に見られる「絶待」を参照して作った表記。「絶待」は「対立するものをこえて存在すること（もの）」を意味する（仏教では「絶対とも書かれる」）。『哲学字彙』には「対」と「待」は同じ意味であると記してある。井上哲次郎は、しばしば古い仏教語を用いて新しく訳語としたといわれる。

例「Absolute　絶対〈略〉対又作待、義同、絶待之字、出于法華玄」（哲学字彙・明治一四年）

ぜつだい【舌代】

口上の代わりの書状。書状の初めに書くことば。「舌の代わり」は、口で述べる代わりということ。

例「一所に寄り添ひ、仇吉（あだきち）が持ちし文をさし覗（のぞ）く。『舌代　ついちょっとやうすきく間もなつかしききのふけふ』」（人情本・春色辰巳園・後・八）

せっちん【雪隠】

便所のこと。「せついん（雪隠）」、または「西浄」（唐音セイチン）の転。禅宗で、法要の際に仏殿の西側に並ぶ「西序」と呼ばれる僧の用いる便所を「西浄（せいちん）」と呼ぶ。『大言海』によれば「せっちん」はこの「せいちん」が転訛したもので、「雪隠」は当て字だという。

例「厠　俗に雪隠と云。京坂、俗は常に訛りて『せんち』と云もあり。〈略〉江戸にては、男女ともに、常に『こうか』と云也。又、てうつばとも云ふ、『せついん』と云ふは稀也」（随筆・守貞漫稿）

せつな【刹那】

きわめて短い時間。本来は仏教語で、梵語 kṣaṇa の音訳語。最も短い時間の単位で、一刹那の具体的な長さについては、七五分の一秒とするもの、指を一回弾いた時間の六五分の一とするもの等、諸説がある。

例「文殊、獅子に乗りて、刹那の間に至りて問ひたまはく」（宇津保物語・俊蔭）

せつない【切ない】（文語）せつなし

悲しさなどで胸が締めつけられるような気持ちだ。思いがひたすらで強い意の「切（せつ）」に、程度が甚だしい意を添えて形容詞を作る接尾語「なし」が付いてできた語。室町時代から用例が見られる。

例「その御ありさま、あまりにせつなく思ひたてまつり」（御伽草子・法妙童子）

せっぱつまる【切羽詰まる】

物事がさしせまり、もうどうにもならなくなること。「切羽」は、刀のつばの上下両側に添える、薄い楕円形の金属板のこと。「せっぱ（切羽）」は「狭鍔（せつば）」あるいは「副鍔（そえつば）」の転かと言われる。この切羽が鞘に詰まってしまうと刀の抜き差しができなくなることから、「窮地に追い込まれること」を意味する表現となったと言われる。

例「世話になるうへに世話を懸けるが気のどくとせっぱつまつて死ぬる覚悟」（人情本・恐可志・前・中）

せつぶん【節分】

立春の前日の称。『大言海』に「季節の分かるる日」とあるように、季節の分かれ目の意。本来は、四季それぞれの季節の分かれる日、すなわち、立春・立夏・立秋・立冬の各前日をさした。それが、「節分　せつぶん　立春の前夜」（和漢通用集）とあるように、室町時代ごろから、特に立春の前日をさし、「鬼すなわち悪魔は外へ出て行き、宝と幸福の神が来るように、と大声で叫びながら、炒った豆を家の内に投げて、悪魔を追い出す儀式を行う」（日葡辞書）ようになった。*『日葡辞書』では正しい語形として「Xechibun（セチブン）」を挙げる。「節」は呉音セチ・漢音セツである。

例「節分のつとめて　今日よりは蘆間（あしま）の水やゆるからん鶴（たづ）の立処（たちど）の氷薄れて」（和泉式部集・上）

せっぷん【接吻】

くちづけ。「接吻」という表記は、オランダ語の kus の訳語として、日本で最初の蘭日辞書『道訳波留麻（ヅーフハルマ）』（天保四年）に見られるが、アヒクチという振り仮名が付いている。「合い口」の意味である。日本には、「口を吸う」とか、「吸い口」という言い方もあった。「接吻」という語は、中国からの借用で、早く『西域見聞録』（安永六年・序）に見られるという（新村出・語詞の出典）。「吻」は唇の意で、唇を接するということから造られたものであるが、中国では、「親嘴」の方が普通だった（広田栄太郎・近代訳語考）。「嘴」には、「くちばし」の他、「くち」という意味もある。明治になってセップンと音読されるようになり、英語 kiss の訳語として一般化して行った。

例「妾（わらわ）が御身の唇を接吻せば」（河島敬蔵訳・春情浮世の夢・明治一九年）

せと【瀬戸】

幅が狭く潮の流れの速い、小さな海峡。「せど」とも。『和訓栞(増補)』では、「迫門也」としている。「せ」は、形容詞「狭(せ)し」動詞「迫(せま)る」の「せ」と同じで、狭いという意味である。「と」は「門」「戸」などと表記されるが、「喉(のみと)」「港(みなと)」などの「と」と同じで、水流の流出する所。

例「天離(あまざか)る鄙つ女のい渡らす西渡(せと)」(日本書紀・神代下・歌謡)

せど【背戸】

家の裏手。家の「背」(=後ろ側・裏側)の戸口の意。本来は、「面(おもて)の戸はまはりてある程に、せどから参らうぞ」(山谷詩集鈔・一四)のように、裏門・裏口をさした。転じて、家の裏側一帯を言うようになった。

例「小家の後園をせどと名付く」(名語記)

せとぎわ《せとぎは》【瀬戸際】

成功か失敗かの、重大な分かれ目。「瀬戸際」は、もと、狭い海峡と海との境目を意味する語であるという。今の意味は、海峡を出て危険の多い大海へ出る分かれ目ということから生じたものか。→せと

例「こなたは手詰、命の瀬戸際。奥にはばつたり首討つ音」(浄瑠璃・菅原伝授手習鑑・四)

せともの【瀬戸物】

陶磁器の通称。主に近畿以東でいう。本来は愛知県瀬戸市を中心に作られる陶磁器のことで、瀬戸で作られた物の意。瀬戸の陶磁器が広く流通したことから、「瀬戸物」が陶磁器の総称となった。北陸・中国・四国・九州では陶磁器の総称として「唐津物(からつもの)」を用いる。大田南畝の随筆『南畝莠言(なんぽゆうげん)』(上)に「今の陶器は尾州の瀬戸より多く出づる故に、なべての陶器を瀬戸物といふに同じ」とある。

ぜに【銭】

貨幣の俗称。「銭」の漢字音センの変化したもの。「に」は「銭」の字音の韻尾を「に」で記したもの。もともとは、金属で鋳造された、中央に正方形の穴のあいた円い形状の貨幣のことを指す語であった。後には金銭一般の意で用いられるようになった。

例「ぜにもて来ず、おのれだに来ず」(土左日記・承平五年一月九日)

セビロ【背広】

男性用の平服。語源には諸説あるが、市民が普段に着ていた服を civil clothes(市民服)といったことによるとする説が広く支持されている。その他、背広を売り出した、ロンドンの洋服商の町サビル・ロー(Savil Row)に由来するという説、スコットランドの毛織物の産地 Cheviot の転訛とする説、仕立てるとき前身頃と後身頃がないため背を広くとることによるとする説などがある。最近では、中国語に由来す

るのではないかという説（杉本つとむ・語源の文化史）が出された。それによれば、中国語では英語 vest を「背心」と翻訳するなど男子服の翻訳に「背」を用いる語が多く、その傾向から「背広」が生まれてきたのではないかという。

例「『スコッチ』の背広にゴリゴリするほどの牛の毛皮靴」（二葉亭四迷・浮雲・明治二〇〜二二年）

せぶみ【瀬踏み】

物事を行う前に、様子をみるためにまず試してみること。もともとは、瀬の深さを実際に川に足を踏み入れて測り、対岸に渡るべき浅瀬を探ることを言った。「足利又太郎が治承に宇治河を渡し、柴田橘六が承久に供御の瀬を渡したりしも、何れか瀬踏をせさせて候ひし」（太平記・二八・三角入道謀叛事）という例など、川を渡っての戦の場面に用いられることが多い。これが後に一般化し、広く物事を試しに行なってみることを意味するようになった。

例「かういふ時に、大愚でも来ると騙して先へいれて、瀬踏をさせるけれどなあと」（滑稽本・七偏人・五・中）

せまる【迫る・逼る】

間隔が小さくなる。せまくする意の動詞「せむ（迫・逼）」に対する自動詞形。形容詞「せし（狭）・せばし（狭）」と「せ」を共有する。したがって、「狭くなる」が、その原義である。時間的・空間的・状態的・精神的などさまざまな意味において間隔が「狭くなる」場合、広く事態が逼迫する場合に用いられる。

例「人はただ无常（むじょう）の身にせまりぬる事を心にひしとかけて」（徒然草・四九）

せみ【蟬】

半翅目セミ科の昆虫。語源は、「蟬」の字音「せん」の転とする説と、鳴き声から来たとする説がある。*『日本釈名』は「せみは、せん也。むとみと通ず。音を以て訓とす」というが、字音はセンであって、セムではなかったはずで、ミには転じにくかったと思われる。『大言海』はこの音転説を非とし、「鳴く声を名とす。ミは、ムシの約」という。

例「石走（いはばし）る滝もとどろに鳴く蟬の声をし聞けば都し思ほゆ」（万葉集・一五・三六一七）

せめる【攻める】文語 せむ

敵側に攻撃を加える。「せめる」は、間隔が狭くなる意の動詞「迫（せま）る」に対する他動詞形で、形容詞「狭（せ）し」「狭（せば）し」と同源。「責（せ）める」（文語せむ）、「迫（せ）める」（文語せむ）は同語。『平家物語』の「黒糸威の腹巻の白かな物うつたる胸板せめて」（二・教訓状）は、胸と胸板の間を狭くぴったりと付けて、という意味。相手との間隔を狭くすることから、攻撃するの意味になったもの。また、副詞「せめて」はこの語の連用形に接続助詞「て」が付いて一語化したもので、

間をおかずにさし迫って、が原義。

例「取り続き追ひ来るものは百種（ももくさ）に勢米（せめ）寄り来たる」（万葉集・五・八〇四）

せり【芹】

セリ科の多年草で、春の七草の一つ。語源は「ひと所に迫り合い競（せ）り合って生えるから」といわれている。*『日本釈名』は「せまり也。其の生ずる事、一所にしげくせまり合ふもの也」、また*『和訓栞』には「此の草一所にせり合ひて生ずるをもて名とせる也」（増補語林倭訓栞）と見える。

例「鮎こそは島傍（しまへ）も良き　え苦しゑ水葱（なぎ）の下　制利（せり）の下　吾は苦しゑ」（日本書紀・天智一〇年一二月・歌謡）

せりふ【台詞・科白】

役者が舞台で述べる言葉。能や狂言から出た言葉であるが、語源不明。「せりふ」の古い形に「せれふ」「せるふ」があり、「せれふの事。大夫のせれふ・脇のせれふ、違ふべし」（八帖花伝書・三）などと用いられた。なお『大言海』は「競り言ふの約か」というが、中世末、「言ふ」の語末の「ふ」はウとなっていたので、成り立たない。漢字表記形の「台詞」は舞台の詞の意、「科白」は本来中国の近世俗語「かはく」で、役者のしぐさ（科）とせりふ（白）の意。

例「間（あい）の語り過ぎ、後のせりふには、脇名乗るべし」（狂言・わらんべ草・五）

セル

薄地の毛織物。オランダ語 serge に由来する語。serge をセルジとよみ、それをセル地と解して「セル」だけを外来語と考えて取り出した語である。昭和になってから、同じ毛織物を指す英語 serge 由来の「サージ」が広く用いられるようになった。

例「セルで足袋を穿いては、軍人の奥方めく」（泉鏡花・婦系図・明治四〇年）

せろん【世論】⇩よろん（世論）

せわしない《せはしない》**【忙しない】** 文語 **せはしなし**

せかせかしている。余裕がない。「せわしい」に、接尾語「ない」の付いた語。この「ない」（文語なし）は「いとけない」などの「ない」と同じで、形容詞を作る。「せわしい」（文語せはし）は一一世紀頃から用いられた語で、『大言海』は「せはせはし」の略とする。また、「せはし」は「そはそはし」の転だという。「そわそわ」は落ち着かない様子を表すが、その語源については触れていない。あるいはこれは擬態語かもしれない。*『日葡辞書』では「Xeuaxinai（セワシナイ）」について、「セワシイ」「セワセワシイ」と同じとして、「せわせわしい人」を「しみったれでこせこせしており、その態度のいやらしい人」という意味のポルトガル語で説明している。

例「これが時よと大汗になりての勉強せはしなく」（樋口一葉・にごりえ・明治二八年）

せんい《ゐせん》【繊維】
生物体を構成している細いすじ。幕末に医学用語として造られた和製漢語。「繊」は細い、「維」は糸すじの意。『医語類聚』（奥山虎章・明治六年）に「Fibri　繊維」とある。

せんかたない《せむかたない》【為ん方無い・詮方無い】 文語 せむかたなし
どうしようもない。「せ」は文語サ変動詞「為（す）」の未然形「せ」、「ん」は意志・推量の文語助動詞「む」の連体形「む」の変化した形、「かた」は方法・手段の意の名詞、「ない」は形容詞「無い」である。「せんかたない」とは、しようにも方法がないの意味である。「せん」を「詮」と書くのは当て字である。
例「そこらの人、火をともして罵（のの）しるにせんかたなし」（宇津保物語・俊蔭）

せんぎり【千切り・繊切り】
大根などを細く刻むこと。「千切り」「繊切り」などと書くので、現在の語意識では千（繊）に切ると意識されやすい。しかしもともとは、「千六本」に切ることであったと考えられる。「千六本」は「繊蘿蔔（せんろふ）」の訛りといわれ、細切り大根のことである。これが近世いろいろな訛形を生じながら、「せん」と略された。その例は一七世紀前半に見える。「繊　膾又汁之具、針よりも太し」（料理綱目調味抄・一）。一方、千切りの例は比較的新しく、近世後期になる。↓千六本

せんこう《かうせん》【選考・銓衡】
適任のものを選ぶこと。本来は「銓衡（せんこう）」であったが、「銓」の字が「当用漢字表」に無いため、「選考」と書き換えたもの。この書き換えは国語審議会の文部大臣への報告「同音の漢字による書きかえ」（昭和三一年七月）に基づくもので、同報告には「銓衡→選考」のように示されている。この報告に示された書き換えには、ほかに「弘報→広報」「扣除→控除」、「慾→欲」などがあり、新聞その他で採用され、一般社会に定着した。なお、「銓衡」は古くからの漢語で、「銓」は分銅、「衡」ははかりの竿（さお）の意である。

ぜんこく【全国】
国全体。日本の文献に「全国」という語が初めて現れるのは『異人恐怖伝』（嘉永三年）においてである。中国では、「全国」という表記が『孫子』に「凡用兵之法、全国為上（凡そ兵を用ゐる法は、国を全うするを上となし）」と見える。だがここで用いられている「全国」は、「国全体」という意味ではなく「国を全うする（=そこなわない）」という意味で、政策上それが上策であるというものである。日本語の「全国」は「国全体」という意味の日本独自の新しい漢語と言える。また、「全身」も同様の語である。『詩経』に見られる「君子遭乱〈略〉全

身遠害而已」における「全身」は「身を全うする」という句で、二字漢語ではない。

例「全国戸籍調規則三十三ヶ条」(新聞雑誌・一号・明治四年四月)

ぜんざい【善哉】

甘く煮たあずきの中に餅を入れた食べ物。関東では汁の少ない濃いしるこを指すが、「しるこ」と「ぜんざい」の区別は地方によって差異がある。本来は仏教で、ほめたたえる際に発する「なんと良いことよ」という意を表す梵語 sādhu の漢訳語。もともとは「天人来りて『善哉々々、真に是菩薩』と唱ふ」(観智院本三宝絵・上)の例のように、承認や賛意を表す語として用いられた。語源について、これを食べた僧があまりのうまさに「善哉」といったからとするなどの説があるが、はっきりとは分からない。

例「京坂にては、専ら赤小豆の皮を去らず、黒糖を加へ、丸餅を煮る。号(なづけ)て善哉と云」(随筆・守貞漫稿)

せんじゃふだ【千社札】

千社詣での際に社殿に貼り付ける札。「千社詣での札」ということで「千社札」という。「千社詣で」とは、多くの寺社に巡礼祈願することをいうが、その際に、自分の名前や住所を印刷した札を社殿に貼りつけることが、江戸時代の安永年間(一七七二〜八一)に流行した。

せんしゅうらく せんしうらく**【千秋楽】**

物事の終わり。この意味は種々の興行の最終日から転じたもの。「千秋楽」の語源には諸説ある。「千秋」は千年を意味する。これを興行などの最終日として使うことについて、『大言海』は雅楽の千秋楽に因むという。「法会の楽などの終わりに〈略〉千秋楽を奏するより、移れる語と見ゆ」(大言海)。同じく雅楽起源でも、千秋楽が「退出音声(まかでおんじょう)」として演奏されたからという説も紹介されている(赤坂治績・ことばの花道)。また、謡曲「高砂」に因むという説もある。「高砂」は演能の終わりに演ぜられることがあり、曲中の詞章「千秋楽には民を撫で」から出たという。あるいはこの「千秋楽」の「秋」「楽」をいずれも終わりを意味する「終」「落」にとりなして、しゃれたものだともいう(赤坂治績・ことばの花道)。中世以降、千秋楽は天下泰平を祝う詞になっていたようで、これを同音の洒落で、最終日に転じたという説が有力ではないかと思われる。

例「扨是は長者が家の名酒国本より到来す。是をさし上げて千秋楽に致さんと存ぜしに」(浄瑠璃・用明天皇職人鑑・職人尽し)

ぜんぜん【全然】

まったく。「全然」は江戸後期に近世中国語から日本に移入された語。『小説字彙』(寛政三年)に見えるが、「チットモ」と

振り仮名がつけられている。その後、一般に「まったく」という振り仮名を付けて用いたが、明治になると音読して漢語として用いるようになる。例えば、西周は「極めて全然にして」(生性発蘊・明治六年)というように使っている。初めは肯定にも否定にも使われた。「全然〜否定語」という呼応が確立したのは、昭和初期であると思われる。それが、昭和後期あたりから、「全然おもしろい」というように、「まったく」と同じような用法が出てきて問題となっている。

例「全然正史の体を脱して」(坪内逍遥・小説神髄・明治一八年)

せんだん【栴檀】

センダンと呼ばれる植物は二種ある。一つは白檀の異称、もう一つは楝(おうち)。前者は、ビャクダン科の半寄生常緑高木。「栴檀従二葉香(栴檀は二葉より香し)」の「栴檀」である。この語源は、梵語 candana の音訳「栴檀那」による。後者は、センダン科の落葉高木で、古名が「楝(あふち)」。「楝」は『万葉集』(五・七九八)に「妹が見し阿布知(あふち)の花は散りぬべし我が泣く涙いまだ干なくに」と見られる。この植物が「栴檀」と呼ばれるようになるのは、近世になってからである。語源は、実がびっしりついた様子から、「千団子(せんだんご)」と名付けたとする説(深津正・植物和名の語源)や、「千珠(せんだま)」が変化したとする説がある。

ぜんてい【前提】

結論を導く基となる命題。英語 premise の訳語として明治になってから使われるようになった和製漢語。「結論を引き出す前置きとして提示される命題」の意で造られた語。

例「其模糊たる前提を掲げて、直ちに論断を下さんとするから」(坪内逍遥・当世書生気質・明治一八〜一九年)

せんてをとる【先手を取る】

優位に立つため機先を制する。「先手」は交互に着手する囲碁・将棋などで先に着手すること。このようなゲームでは通常先手の方が後手より有利なので、先手を取れば優位に立てる。「先手必勝」などとも言われる。*『日葡辞書』の「Xente(センテ)」に「敵に第一番に攻めかかるとか剣術などで最初に斬り込むとかすること」という説明があり、戦や剣術などの言葉としても用いられた。「大略ものは xente(センテ)をするものが勝つぞ」(天草版金句集)。

せんのう《せんなう》【洗脳】

その人の主義や思想などを根本的に変えさせること。第二次大戦後の中国で共産主義者でない者に対して施された思想改造を表す語。朝鮮戦争の時のアメリカ人捕虜に対してもなされ、brainwashing(「洗脳」の訳語)として喧伝された。のち、日本でも一般的に思想などを根本的に改造する意味で使われるようになった。

例「いかな火野さんでも偉大なる新中国の建設の姿を見たら洗脳されるだろう」（火野葦平・赤い国の旅人・昭和三〇年）

せんぶり【千振】
リンドウ科の二年草。全体に苦みが強く、乾燥させたものを当薬（とうやく）といい、古くから煎じて健胃薬とする。薬草を湯の中で振り動かしてその成分を抽出することを「振り出す」というが、千回湯に振り出してもまだ苦みが残ることから付いた名である。『大言海』に「千度振り出しても、苦味あれば云ふ」とある。
例「せんぶり（和品）　たうやくとも云。白花さく。又淡紫花あり。白花の者尤苦し」（大和本草・九）

せんべい【煎餅】
米粉や小麦粉を練って薄く延ばした生地を金型・金網で焼いた菓子。本来は唐菓子で、中国に用例がある。『*十巻本和名抄』は油で熱すとしているので、昔は油菓子だった。空海が製法を伝来したとか、千（せん）の幸兵衛が考案したので、その名を略して「せんべい」というとか、伝説的に言われている。
例「Xenbei センベイ（煎餅）　米を材料にして作った一種のパンケーキ、聖体パンに似たもの」（日葡辞書）

せんべんをつける【先鞭を付ける】
人より先に物事に手をつけること。『晋書』「劉琨伝」の「吾枕戈待旦、志梟逆虜、常恐祖生先吾著鞭〔吾戈に枕し旦を待ち、逆虜を梟せんと志して、常に祖生の吾に先んじて鞭を著けんことを恐る〕」より出た表現。劉琨（りゅうこん）が、自分より先に祖逖（そてき）が登用されたことを聞き、祖逖が自分に先んじて馬に鞭打って功名を上げはせぬかと気遣ったという話から出た慣用句。
例「小人のために、あるいは先鞭を着けられん」（織田純一郎訳・花柳春話・明治一一～一二年）

ぜんまい【薇】
シダ類ゼンマイ科の多年草。『*文明本節用集』に「前麻伊　ゼンマイ」、『*日葡辞書』に「Tenmai（ゼンマイ）」のように見える。『大言海』は「其芽、銭の大きさに巻けば、銭巻（ぜにまき）の音便ならむ」という。つまり、その芽が昔のお金の大きさくらいに巻いているので、「銭巻き」と言ったものが、ゼンマイと変化したとする。

ぜんまい【発条・撥条】
弾力性のある薄い帯状の金属を渦巻き形に巻いたもの。『*嬉遊笑覧』（六上）に「其の形薇（ぜんまい）の芽（めだし）に似たれば云ふにや」とあるように、シダ植物のゼンマイの若芽と形状が似ていることによる称。ぜんまい仕掛けの時計や人形が作られるようになるのは江戸時代になってからのことであり、当初はぜんまいの材料として金属ではなく鯨のひげを用い

ていたと言う。

例「ぜんまいは画の稲妻の草書体」（雑俳・柳多留・一四八）

せんみつ【千三】

うそ。千のうち本当のことは三つしかないということから、いつわりの意味になった。近世から用例がある。現代では「千三屋」という形で用いられ、不動産屋や山師を指す。不動産屋を指すのは、話は多くてもなかなかまとまらないからいうのだろうと思われる。

例「万八（まんはち）は千三つと同じ義にて万の中にてたゞ八つがまことなりといふことなり」（洒落本・傾城情史）

せんゆう《せんいう》【占有】

自分のものとして所有すること。「占」は場所などをしめる意、「有」は自分のものとして持つ意。明治期に造られた和製漢語で、英語 occupancy、possession の訳語に当てられた。

例「第一は土地を占有し、第二は資本を占有し、第三は権力を占有して」（末広鉄腸・花間鶯・明治二〇～二一年）

せんりつ【旋律】

メロディー。ふしまわし。「旋」はゆきつもどりつすること。「律」は音の高さやきまり。英語 melody の訳語として、明治期に造られた和製漢語。

例「旋律だって日本人の耳に入り易く出来てるのだから」（小栗風葉・青春・明治三八～三九年）

せんりゅう《せんりう》【川柳】

五七五の形式で、人事・風俗・世相などをよむ短詩。この短詩は江戸時代からあるが、川柳という名称が一般化するのは明治中期以降。それ以前は「前句（付け）」などと言っていた。短詩としての「川柳」は「川柳点」の約。「川柳点」は柄井（からい）川柳（享保三～寛政二年）の選んだ句や句集のこと。柄井川柳は最も高名な前句付けの選者で、それ故この短詩の名称にその名を残した。

例「仰向いて搗屋（つきや）秋刀魚（さんま）をぶつり食ひ、とは川柳の名句であった」（黄表紙・金々先生造化夢）

せんりょう《せんりやう》【千両】

センリョウ科の常緑小低木。冬になると赤または黄の実をつける。『大言海』に「実（み）百両金に勝れば名とすといふ」とある。この「百両金」はカラタチバナのことで、やはり赤い実をつける。ヤブコウジ科のマンリョウ（万両）はこの「千両」に対して付けられた名だという。

せんりょうやくしゃ《せんりやう—》【千両役者】

みんなの注目を集め魅了しつつ物事を行う人。江戸時代の歌舞伎俳優は、一一月から翌年一〇月までの年単位で、劇場側と雇用契約を結んだ。千両役者は年俸千両の高額にのぼる役者という意味である。それが「たくさんの給金をとる大物俳優」「容姿も伎倆もすぐれ、人気のある大物俳優」の

意となり、さらに一般語としても使われるようになった。

せんろっぽん【千六本】
大根や人参などを細く千切りにしたもの。「繊蘿蔔（せんろふ）」が変化した語。「繊」は細切り、「蘿蔔」は大根の意で、本来「繊蘿蔔」は細く刻んだ大根のことを意味した。江戸時代前期の『*片言』には「大根を　だいこ。又蘿蔔（ろふ）とも書けり。ほそくきざみてうじたるを繊蘿蔔（せんろふ）と申すを、せろつぽんと云ふはいかが」とあり、センロウをセロッポンということを難じている。

そ

ぞうげのとう《ざうげのたふ》【象牙の塔】
俗世間を離れて静かに芸術を愛する芸術至上主義の立場。また、現実を離れて研究に耽るための場所。フランス語 la tour d'ivoire の訳語。フランスの批評家サントブーブが詩人ビニーの態度を批評するのに用いた語。日本では厨川白村の『象牙の塔を出て』（大正九年）によって広まった。
例「所謂『象牙の塔』のなかに隠れて現代生活を忘れようとする」（厨川白村・近代文学十講・明治四五年）

そうこうのつま《さうかう—》【糟糠の妻】
若い貧乏な頃から苦労をともにした妻。「糟」は酒のかすのこと、「糠」はぬかのことで、ともに粗末な食べ物であることから、「糟糠」は貧乏な生活を意味するようになった。『後漢書』に「貧賤之交不可忘、糟糠之妻不下堂（貧賤の交は忘るべからず、糟糠の妻は堂より下ろさず）」（宋弘伝）とあるのによる。
例「糟糠の妻は追い出さず、子供は可愛がる」（徳富蘆花・黒潮・明治三五〜三八年）

ぞうさ《ざうさ》【造作】
手間をかけること。中国古典では、作るという意味で用いられていた。作るということから、意図的に何かをなす意に使われ、日本では、手の込んだ技巧の意味を経て、手間・厄介などをかけることの意味を生じた。読み方としては、ゾウサク、ゾウサの両方が行われた。たとえば、『*日葡辞書』には zōsaku、zōsa の二つの見出しが出され、zōsaku には「工事、あるいは制作」とあるだけだが、zōsa にはその他、「苦労、出費、入費」という訳語が当てられている。現在では、ゾウサクは家を建てることやその造り方などをいい、ゾウサは手間や手数の意で「造作もない」「造作をかける」などと使われる。
例「此の間の一昨日は参上いたして参りまして、種々いろいろ御馳走御ぞうさにあづかりましてなりまして」（咄本・鯛の味噌津・口上）

そ

そうざい【惣菜】
普段のおかず。「菜」は「野菜」の意味から転じて、副食物の意。「惣」「総」は「すべて」という意味で、「総菜」は和製漢語。『大言海』は、「家内惣体に供する故の名か」という。
例「平日の菜を京坂にては番ざいと云、江戸にて惣ざいと云」(随筆・守貞漫稿)

そうし《さうし》【草紙・草子・冊子】
綴じ本。物語。ソウシは漢語「さくし(冊子)」のウ音便形。本の形態には巻物・巻子本などもあるが、「冊子」は綴じ本のことをいう。巻子本に比べて仮名書きの日記、歌、物語などが冊子とされたので、物語などの意味も生じて「~草紙(草子)」などと用いられる。「草子」など「草」の字を当てるのは巻物などの巻子本(かんすぼん)などに対して、仮のものという気持ちによる。
例「よろづの草子・うた枕、よう案内知り、見つくして、その中の言葉を取り出づるに」(源氏物語・玉鬘)

ぞうすい《ざふすい》【雑炊】
野菜や魚介類などの具が入った汁に飯を加え、味噌や醤油で味付けして煮た料理。もとは「増水」と書かれ、飯に水を増して作るところからこう言われたという。近世以降「雑炊」の当て字を用いるようになった。
例「あつものと云ふはここらに云ふ増水のことぞ。色々の魚鳥のうまい者をあつめて一つに煮るぞ。〈略〉たのしい者のこなかきは色々の魚鳥でするぞ。貧者のこなかきは増水ぞ。米はすこし入れて、ほしなをたんと入れて、水をましてするぞ」(抄物・玉塵抄・一)

そうすかん【総すかん】
それに関わる総ての人から反発を受けるという事を表す。「総」は、すべての意、「すかん」は「好(す)かぬ」から来た語である。「好かん」は江戸の遊女が、嫌いだの意味でよく使った言葉。洒落本『遊子方言』(更の体)に新造(=遊女の一種)が座頭の頭をくらわすまねをして、口のうちにて「えゝ、すかん」という場面がある。
例「あれでは、総スカンを食いかねないねえ」(上林暁・大懺悔・昭和二八年)

そうそう《さうさう》【草々・匆々】
手紙の末尾に書く挨拶。「草々」はあわてるさま、簡略なさまを表す語として、中国古典に例がある。これを受けて日本でもこの意味で使ったが、粗略をわびる言葉となって、「おそうそうさま」などと用いられた。手紙の末尾にも粗略をわびる気持ちから添える。「このほか、叢林の規範および寺院の格式、いましめすにいとまあらず。又草々にすべからず」(正法眼蔵・弁道話)は、簡略・粗略などの意味で使われている。
例「先は是丈(これだけ)　草々」(寺田寅彦宛夏目漱石書簡・

明治三四年一一月二〇日）

そうち《さうち》**【装置】** 機械や設備などを取り付けること。蘭学者によって考案された和製漢語。「装」は、よそおう意から「とりつける」という意になる。『*英和対訳袖珍辞書』（文久二年）には apparatus の訳語として「装置」が見られるが、シカケという振り仮名が付けられている。同じ「装」を使った「装備（そうび）」という語も和製漢語である。

例「試法の装置は世に造る者多し」（化学・舎密開宗・内）

ぞうに《ざふに》**【雑煮】** 正月料理の一つで、餅を主として肉類、魚介類、野菜などを具とする汁物。餅以外の具材は地方によって様々で、雑多なものを煮て作るところからの名であろう。なお、「雑」をゾウと読むのは呉音。

例「雑煮　餅にいろいろの菜肴を加へ煮てあつものとし　年のはじめに祝ひ食ふ　俗にこれを雑煮といふ」（方言・物類称呼・四）

そうばな【総花】 関係のある人すべてにまんべんなく、恩恵を与えることをいう。もともとは料亭や遊女屋などで、客が使用人などに出す祝儀のことを「花」といい、「総花」とは、使用人全員に渡す祝儀をいった。現在では「総花式」「総花的」といった言い方が多くなっている。

例「総花に舟の者までかしこまる」（雑俳・口よせ草）

そうめん《さうめん》**【索麺・素麺】** 小麦粉を主原料とする乾麺。中世、入宋、入明した学僧が持ち帰ったものといわれる。「索麺」の「索」は縄の意。縄のように細長い麺という意味である。ソウはサクの音便で、サク→サウ→ソウと変化したもの。のちに「素麺」とも書かれるようになったが、「素」は麺の色の白さから当てられたものという。

例「索麺　サウメン」（易林本節用集）

ぞうり《ざうり》**【草履】** 先端に鼻緒があり、底が平らな履き物。中国古典では「草履」は藁（わら）ぐつのこと。日本では藁だけでなく、藺（い）や竹の皮なども使った。「草履」の「草」はこれらの材料を表し、「履」ははきものの意。発音は、『*十巻本和名抄』には「佐宇利」とあり、サウリであったらしく、のちにゾウリ・ジョウリなどの発音に転じた。

例「Zōri〈略〉一般には Iōri（ジャウリ）（草履）と言う。藁・藺草その他何であれ草で作った履物」（日葡辞書）

そうりょうのじんろく《そうりやう—》**【惣領（総領）の甚六】** 長男は下の子とくらべて大事にされすぎるので、世間知らずの愚か者であるという意味。「惣領」は長男のこと。もと「惣領」は大和朝廷の時代に地方を治めるための官職で、地方の

大国に置かれ、数カ国を支配した。武士が台頭すると、家の子・郎党を支配する最上位の者を指し、多く嫡子をこれに任じた。ここから長男の意が生じた。「総領の甚六」という成句は『*諺苑』に見られる。「甚六」は、ろくでなしやお人好しの意をあらわす。

そかい【疎開】

敵の襲撃や火災の被害を少なくするために、密集している人や物を散らばらせること。和製漢語。第二次大戦中、都市部の密集している建築物をこわしたり、住人を地方へ分散したりすることを表すのに用いた。永井荷風『断腸亭日乗』の昭和一八年一二月三一日に、「疎開といふ新語流行す民家取払ひのことなり」とある。「疎開」は明治初期から見える語で、字義はまばらに開くということ。初め、枝を刈り込む意で使われ、次いで軍隊で軍を散開する意味で使われた。

例「田舎へ疎開して行く人が急に殖えだして」(井伏鱒二・黒い雨・昭和四〇～四一年)

そくさい【息災】

何事もなく無事であること。本来は、梵語 sāntika を漢訳した仏教語で、仏力により衆生の災いを息(とど)めることをいう。『*枕草子』に見える「いみじう易き息災の祈りなり」(二七七・御前にて人々とも)は、この仏教語としての例である。のち、達者であること、健康であることなどの意で使われ、「無病息災」「一病息災」などの形でも使われる。

例「息災なる人も、目の前に大事の病者となりて、前後も知らず倒れ伏す」(徒然草・一七五)

そこ【其処】

場所などを指す中称の指示代名詞。「そ(其)」は、「それ」を意味する中称の指示代名詞で、「その」「そが」「そは」などと用いられた。「其(そ)を見れど情(こころ)も行かず」(万葉集・三・四六六)。「こ」は場所を表す接尾語。「ここ」「あそこ」などの「こ」と同じ。→ここ

例「辛荷の島の島の際(ま)ゆ吾家(わぎへ)を見れば青山の曽許(そこ)とも見えず」(万葉集・六・九四二)

そこはかと

はっきりと。「そこはか」の「そこ」は場所を表す代名詞。「はか」は「はかり(計・量)」の語根で、目当ての意味。「そこはか」は「そこを目当てとして」ということで、そこから「はっきりと」の意になった(小学館古語大辞典)。これに対して、「はか」の「は」を助詞、「か」を「彼」(代名詞)とし、「其処(そこ)は彼(か)」の意とする説がある。しかし『*日葡辞書』に「Socofaca」とあるように、この語はソコハカと発音されていた。もし助詞であればワとなるはずであるから、これを助詞とする解釈は成り立たない。多く「そこはかとなく」の形で使われる。「心にうつりゆくよしなし事をそこはかとなく書きつくれば」(徒然

草・序)。

例「そこはかと思ひ分くことはなきものから、いにしへの事と聞き侍るも物あはれになむ」(源氏物語・橋姫)

そしき【組織】

個々の人や物によって構成された、秩序を有する全体。「組織」は中国古典では、糸を組み、機を織ることを意味した。日本では*『改正増補訳鍵』(安政四年)に見られることから、オランダ語の訳語として使われ出したものと思われるが、一般化したのは、明治になって英語 organization や system などの訳語として使われるようになってからである。初めは、主に生物体について言ったようで、*『和英語林集成』(二版)には「the tissues of which the body is composed(体を構成する組織)」と記されている。*『哲学字彙』(明治一四年)にも tissue の訳語として「組織(生)」とある。その後、社会のしくみについても用いるようになった。明治の頃は、ソショクと漢音で読むこともあった。シキは「織」の呉音。

例「我々の同志を以て議会を組織し」(末広鉄腸・雪中梅・明治一九年)

そそっかしい (文語) そそつかし

軽はずみなさま。「そそかしい」の転。「そそかしい」(文語そそかし)は「物事を急ぐ」という意味の動詞「そそく」を形容詞化した語。『源氏物語』などでは、「いとそそかしう這ひおり騒ぎ給ふ」(源氏物語・横笛)のように、「そそかし」の形であるが、江戸時代頃から促音を挿入した「そそっかしい」が見られるようになる。なお、動詞「そそく」の例は「明日の事思ひ侍るに、今よりいとまなくて、そそきはんべるぞ」(堤中納言物語・貝合)などがある。

例「私が一体そそっかしい性(うまれ)でぞんざいものでございますのに」(滑稽本・浮世風呂・二・下)

そちら【其方】

中称の指示代名詞。「そち」に接尾語「ら」の付いた語。「そ」は「そこ」「それ」などの「そ」で、聞き手に近い事物を指す。「ち」は「こちら」「あちら」などの「ち」と同じで、方向などを表す。「ら」も「こちら」「あちら」「いづら」などの「ら」で、代名詞に接尾する。なお、「そち」の用例は、上代に確例なく、見えるのは中古以降である。

例「Sochirani(ソチラニ)」(ロドリゲス日本大文典・二)

そつがない

手抜かりのないさま。「そつ」は物事をするのに必要な事を忘れ十分にできないことや、そこから転じて、無駄や無用の費用などを指した。「そつ」の語源は不明。*『和訓栞』に「そつ、俗に費の事にいふは、損墜の音成べし」とするが、漢語の「損墜」は未詳。江戸時代の用例では「そつがある」とマイナスの意味に用いた例と、「そつがない」の形で、抜け目がな

い、無駄がないというプラスの意味に用いた例とがあった。「親仁様のいわしゃる所に、少しもそつは御座らぬ」（談義本・教訓雑長持・四）。
例「そんな点でも、津上が従来B新聞社内に植えつけてきた何事にもそつのない、行き届いた性格の印象は強くものを言った」（井上靖・闘牛・昭和二四年）

そっき《そくき》【速記】
特別の記号を用いて素早く書き記す術。日本語の速記術は、アメリカのステノフォノグラフィー（速記）を基に田鎖綱紀（安政元〜昭和一三年）が考案し、明治一五年に日本傍聴筆記法講習会を開催して術を指導した（若林玵蔵らが受講）。矢野龍渓は『経国美談』の後編（明治二二年刊）を若林玵蔵に速記させ、巻末に「速記法ノ事ヲ記ス」を付したが、これが「速記」という語の最初といわれる。それまでは、「疾書術」、「日本傍聴記録法」などの呼び方が行われていた。
例「雪嶺の演説を速記で読んだときと同じようである」（森鷗外・青年・明治四三〜四四年）

そっけない【素っ気無い】文語 **そっけなし**
ある物事に対応するのに、愛想が無く冷淡な態度である。『大言海』は「すげなしの転」とする。古くは「そげなし」とも言った。
例「これほど申すにそつけない挨拶いたすは、これ、お仙、さては外に言ひ交はした情人でもあつて、厭だと申すか」（歌舞伎・怪談月笠森・二）

ぞっこん
心底から。語源不明。室町時代は*『日葡辞書』に Soccon とあるようにソッコンであった。当時、「底根」と表記したものがあり、これが語源であるとも考えられる。「けなげだてをして、へいぐわいなる者を悪む。底根（そつこん）けなげ者也。〈略〉底根は臆病なれ共、うはつらにけなげ立てをするを云ふなり」（逆耳集）。
例「滝川に属懇〈ぞくこん〉惚れた角左衛門が」（歌舞伎・俠客五雁金・序）

そつじゅ【卒寿】
九〇歳を祝して言う。和製漢語。「卒」の略字体「卆」を分解すれば「九十」となることによる。

そっちのけ【そっち退け】
ほうっておくさま。「そっち」は「そち」の転で、場所・方角を表す代名詞。「のけ」は動詞「退（の）く」の命令形。「そっちのけ」は「そこを去れ」の意味で、そこから放置しておくの意に転じたもの。
例「きりう風俗。小町もそっちのけにて」（洒落本・傾城買二筋道・冬の床）

ぞっとしない

感心しない。「ぞっとしない」の「ぞっと」は擬態語。今では「ぞっとする」というと、みのけもよだつような恐ろしさの形容に用いられるが、近世には美しさの余り感動して、ぞっとするという用法もあった。「ぞっとするほど美しき姿もはでな替はり嶋」（人情本・春色梅児誉美・三・一五）のような用法で、これは江戸末期まで見られた。「ぞっとしない」は、この打ち消しである。

例「此の軽業俄狂言のごとく、古めかしくぞつとせず」（歌舞妓年代記・七・天明八年）

ソップがた【ソップ形】

相撲で、痩せた力士の体形。「ソップ」はオランダ語の sop（スープの意）に由来する語。痩せた体形が、スープに用いる鶏がらを連想させることから言ったもの。「ソップ」は明治期には一般に使われた。たとえば夏目漱石『吾輩は猫である』（明治三八～三九年）には「それに見て来た様になめくじのソップの御話や蛙のシチュの形容をなさるものですから」とある。太った体形は「あんこ形」という。

そっぽ

横の方。「そっぽう」の転。「そっぽう」は「そとほう（外方）」かと推定されるが、「そとほう」という語は知られていない。また、「そっぽう」には、横っつらの意味もあるが、この意味のほうが古ければ、「外方」から出たとは考えにくい。「喧嘩をいふと、そっぽうをなぐるよりほかは存じませぬ」（咄本・無事志有意）。「そっぽ」と短音化するのは、明治以降のようである。『*和英語林集成』（三版・明治一九年）には「Soppō ソッパフ　卒放〈略〉soppō na koto wo iu」と見える。

例「お吉はツンと他方（そっぽ）を向いて」（内田魯庵・くれの廿八日・明治三一年）

そで【袖】

着物の手を覆う部分。この語の語源を「衣手」とする説は『*東雅』や『大言海』などに見られる。「袖をソデといひしはソは衣（そ）也。テは手（て）也」（東雅）。しかし、上代「衣（そ）」は上代特殊仮名遣いで乙類であるのに対し、「袖」の「そ」は甲類であり、発音が違っていたので、「袖」の「そ」を「衣（そ）」とすることには問題があるという（時代別国語大辞典上代編）。しかし、両者とも甲類とみて、この説を採るものもある（岩波古語辞典補訂版）。「衣手」以外の語源としては、「麻手」とする説がある。「麻（そ）」は甲類で、上代では植物の麻だけでなく、着物一般を指していたらしいので、「袖」の「そ」と考える可能性がある（時代別国語大辞典上代編）という。なお、例の「蘇泥」の「蘇」は甲類の音仮名である。（上代特殊仮名遣いについては「竹」の項参照。）

例「かへるみの道行かむ日は五幡の坂に蘇泥（そで）振れわれをし思はば」（万葉集・一八・四〇五五）

そでにする【袖にする】

無視する。「袖」だけでも、この意味があったかもしれない。『堤中納言物語』（虫めづる姫君）に「きぬとて人々の著（き）るも、蚕のまだ羽つかぬにし出だし、蝶になりぬれば、いともそでにて、あだになりぬるをや」とあり、この「そで」は「袖にする」の意味である。ただし、この本文には異文がある。いずれにしろ、「袖」には「建物の袖」のように、付属部分という意味があって、おろそかにする意はここから生じたものである。

例「傍輩衆を袖にすな」（浄瑠璃・御所桜堀川夜討・三）

そでのした【袖の下】

賄賂（わいろ）。和服の袖に金品を隠してそっと渡したことから言う。近世、「茶など買うて飲めやというて、袖の下から二匁も遣る」（浮世草子・新色五巻書・五・四）のように、金品を人に気づかれぬように渡すことを表し、さらに賄賂の意味となった。

例「さて人の世に賄賂といひ、俗にはこれを鼻ぐすりとも袖のしたともいふは金銀のみにもあらざりけり」（随筆・癇癖談・上）

そとば【卒塔婆・卒都婆】

死者の供養のために墓地に立てる、梵字などを記した細長い板。単に「塔婆」「塔」とも。梵語 stūpa の音訳。古代インドではもともと土饅頭を築いて作った墳墓を指したが、後に、釈迦の遺骨を収めた建造物を意味するようになった。日本ではもっぱら墓標や供養のための小塔を指し、それも次第に木製の柱状・板状のものに限られるようになった。

例「七日七夜念仏申し経書きて、結願には大きなる卒兜婆をたて」（平家物語・三・少将都帰）

そなた【其方】

二人称代名詞。もとは他称の指示代名詞で、相手や話題に属する場所、方向などを指した。中世、二人称代名詞に転じ、待遇価値を減じながらも、近世を通じて用いられた。「こなた」（近称）、「そなた」（中称）、「あなた」（遠称）、「どなた」（不定称）のようにコ・ソ・ア・ドの体系をなし、指示機能は語頭の「こ」「そ」「あ」「ど」にあり、「なた」は語構成の要素となっている。

例「そなたの飯（いい）は拵へぬと言ふぞ」（抄物・蒙求抄・七）

そば【蕎麦】

タデ科の一年生の草。実から粉をとって、食用とする。中央アジア原産で、古く日本に伝えられ、クロムギ、ソバムギなどと言われていた。ソバムギは、*『本草和名』（一九）に「蕎麦〈略〉和名曽波牟岐（そばむぎ）」とある。植物としてのソバはこのソバムギの略である。古代の日本人はソバを「食用になり得るたね」（前川文夫・日本人と植物）として、クロムギ、ソバムギなどのようにムギの同類として捉えた。さらにそのムギと区

別するために、ソバの実が三角形をしていて、鋭い三つの稜をもっていることに着目し、「稜（そば）のあるむぎ」と名付けたという。「稜（そば）」は「そば（傍）」と同源で、この場合、鋭い角の意である。ソバムギを略してソバというようになるのは、中世以降のことのようである。一方、食べ物としての「そば」は「そば切り」の略である。「そば切り」は水を加えて練ったそば粉を細長く切るところから付いた名前である。室町時代にはまだ「そば切り」はなく、近江多賀神社の僧慈性の日記の、慶長一九年の記事に「そば切り」の語が見えるのが、現時点では初出だとされる。漢名は「蕎麦（きょうばく）」。

そばかす【雀斑】

顔などにできる褐色の斑点。「そばかす」はそばがら（＝ソバの実の中身をとった残りの殻）のことで、顔にできる斑点をこれにたとえたもの。漢字の「雀斑（じゃくはん）」は漢語で、雀の羽の模様に似ていることによる。文化一〇年（一八一三）の『都風俗化粧伝』に「雀斑を治す薬の伝、白むめ、ゆすらのえだ、うきくさ、小きようかく、細かにしてねり付けてよし」とある。

そばづえ《そばづゑ》【側杖・傍杖】

とばっちり、まきぞえのこと。けんかをしている人の振り回す杖が側にいた人に当たって被害をこうむることから。無関係の事件によって思わぬ被害をこうむることをいう。「そばづえに合う」「そばづえを食う」などの形で使われる。

例「林才をこそ打たんずるに、維那（ゐな）そばづゑにあうたと云ふ義」（抄物・臨済録抄・密）

そほうか【素封家】

大金持ち。「素封」の「封」は「封土」のこと、「素」はそれのないことを表す。中国古典では、位や領土がなくともそれらを持っている人と同じくらいの大金持ちをさした。「素封家」は日本で明治以降に使われるようになった語。

例「豊橋市の素封家の嗣子で、その地方の重役をしている男」（谷崎潤一郎・細雪・昭和一八〜二三年）

そむく【背く】

従わない。裏切る。「背（そ）＋向く」の意。「背字をよめり。背向の義也」（和訓栞）。「背（そ）」は「背（せ）」の意味で、「そびら」「そがい」など複合語を作るときに用いられた。「背向く」を字義どおりに解すれば後ろ向きになることで、「例のいらへもせでそむき居給へるさま、いと若くうつくしげなれば」（源氏物語・手習）のように使われていた。そこから反対方向へ行く、離れるなどの意を経て、しだいに心理的な離反を表すようになったものと思われる。心理的な離反の例も上代から既にある。

例「にほ鳥の二人並び居語らひし心曽牟企（そむき）て家離りいます」（万葉集・五・七九四）

そめいよしの《そめゐよしの》【染井吉野】
バラ科の落葉高木。ウバヒガン(エドヒガンとも)とオオシマザクラとの雑種であるサクラ。幕末、江戸の染井(東京都豊島区駒込)にあった植木屋から世に広がった。初めは、桜の名所吉野山にちなみ、吉野桜、あるいは単に吉野と呼んでいたが、吉野山にはないサクラなので、後に、ソメイヨシノと改められた。「染井吉野」は染井から出た吉野という桜の意である。

そらまめ【空豆・蚕豆】
マメ科の一年草、または、越年草。日本には、一七世紀頃中国を経て渡来したといわれる。*『物類称呼』(三)に「蚕豆　そらまめ　東国にて、そらまめといふ〈略〉空豆とは其の実の空に向て生る故になづくとかや」とあるように、莢が空に向かってできるので空豆という。漢名は「蚕豆」で、莢(さや)の形がカイコに似ているところからとも、カイコを飼う初夏に食べるからとも言われる。

そりがあわない《—あはない》【反りが合わない】
お互いに感情や意見が合わない様子。「そり」は動詞「反る」の連用形の名詞化で、弓なりに曲がること。刀のそりぐあいが鞘のそりぐあいと合わないという意から転じた用法である。
例「吉光と村政そりが合はぬなり」(雑俳・柳多留・六二)

それ【其れ】
中称の指示代名詞。指示代名詞「そ」に接尾語「れ」の付いた語。この「れ」は、「これ」「あれ」「どれ」などの「れ」と同じもので、代名詞を構成する要素となっている。「そ」には、古く「そねが茎(もと)　そね芽繋ぎて撃ちてし止まむ」(古事記・中)のように独立した用法もあった。
例「序礼(それ)受けむ人ら」(正倉院文書・万葉仮名文)

それがし【某】
一人称代名詞。同じく中古から用例のある「なにがし」と比べてみると、これらの語は「それ」「なに(何)」と「がし」に分析される。*『名言通』(下)は「ソレガヌシ(其主)也」といい、『大言海』もこれを引くが、十分説明されているとはいえない。名の明らかでない人や事物を指したり、名を特定したくない場合に使ったりした。中世には自称の用法が生じ、近世になると武士の自称となった。
例「それがし多くの丈六を作り奉れり」(宇治拾遺物語・四・一二)

そろばん【算盤・十露盤】
中国から渡来した計算器の一つ。日本へは文禄・慶長のころ伝来し、唐音で呼ばれたかと思われる。『大言海』は「算盤」の唐音ソワンバワンの訛とする。上玉二個、下玉五個のものが明から伝わった。近代になって上玉一個、下玉五個が用い

られたが、現在では上玉一個、下玉四個のものが主に使われている。「十露盤」は、「算」とソロとが結びつかないため、和語でソという「十」を使った表記ではないかと言われる。

例「算盤　そろばん〈略〉設木盤弾玉以代算木〈木盤を設け玉を弾きて以て算木に代ふ〉」（和漢三才図会・一五）

ぞろめ【ぞろ目】

二個のさいころを振って、同じ数あるいは一と六が出ること。そこから転じて、競馬などの連勝式で同枠内のものが一位、二位になること。「そろいめ（揃目）」の強調形と考えられる。「そろいめ」は江戸時代末期の滑稽本『八笑人』（四・上）に次のように見られる。「『ナニ三十三がある。それは丸か半札（はんのり）か』『ヘイ丸でござりました』『フウ、それを二朱と二百で買はう』『どういたしまして、揃目（そろいめ）は中間（なかま）でも、さうは買へません』」。この「そろいめ」の語頭を濁音化し、また「い」を略して、博打などの隠語として用いたものであろう。

ぞんざい

物事をいい加減に荒っぽく取り扱うさま、あるいは口の効き方が荒っぽいさまなどを表す。『大言海』は「麁雑（そざつ）の転か、或いは存在（あり）のままの意か」と二説を挙げる。後の説は*『和訓栞』の「存在のままといふを略したる語なるべし」を受けたものと思われるが、どちらかといえば「粗雑」の転とする方が自然だろう。

例「此外かやうのたぐひの女、身をぞんざいに持ちなし」（浮世草子・好色一代女・五・三）

そんしょくがない【遜色が無い】

見劣りしないこと。「遜色」は明治以降に使われ出した和製漢語。「遜」はゆずる意で、「遜色」はゆずる様子、見劣りなどの意で、それがないということから、見劣りしないの意味になったもの。

例「これなら当代の老大家の作に比してもさして遜色は有るまい」（二葉亭四迷・平凡・明治四〇年）

そんじょそこら《そんぢょ―》

ありきたり。「そんじょうそこら」の転。「そんじょう」のもとは「その定〈ぢやう〉」だといわれる（時代別国語大辞典室町時代編）。「定」には様子や程度を表す用法がある。「そんじょう」は、もともとはそれぐらいの、そういうふうな、と漠然と指示するものであった。現在「そんじょ」は、「そこら」を強める働きをしているが、これは特に指定しないことから、特定しなくてもよい、それほど普通のという強調に変わったものであろう。

例「そんじょ其処（そこ）らに夫れ大した御男子様とて、分厘の価値もなしと」（樋口一葉・たけくらべ・明治二八～二九年）

た

ダークホース

実力は分からないが番狂わせを演じるかもしれない競争相手。本来は競馬用語で、英語 dark horse に由来する。dark ははっきりしない意で、実力が明らかでなく番狂わせをするかもしれない「穴馬」のことを言った。そこから、一般的に実力ははっきりしないが有力と予想される競争相手を言うようになった。ちなみに「穴馬」という語もダークホースという語とほぼ同時期に使われている。昭和五年発行の『モダン用語辞典』（喜多壮一郎他監修）には、「ダーク・ホース dark horse 英　元来は駿驁未だ分明ならざるの意で、それから転じて思ひがけざる有力な候補者、競争者の意となる」とある。

たい《たひ》【鯛】

タイ科に属する海魚の総称。『日本釈名』*に「たひら魚也。其の形たひら也」とあり、『大言海』も「平魚（たひらを）の意と云ふ」とこの説を支持している。なお、朝鮮語 tomi と同源とも言われる（岩波古語辞典補訂版）。鯛の例は古くからあるが、「赤女（あかめ）」という呼び名もあった。タイの方は、この魚の左右方向に薄い形状に注目し、アカメの方はその色彩に注目した命名であろう。

例「鯛〈略〉多比（たひ）〈略〉味甘冷無毒」（十巻本和名抄）

たいいく【体育】

体を発達させるための教育。明治になって、英語 physical education の訳語として造られた和製漢語。「肉体の教育」という意味。

例「今人の子を其の生れたるままにして体育知育徳育共に注意する者なければ」（福沢諭吉・福翁百話・明治二九年）

たいおう【対応】

向かい合うこと。相手に応じて行動すること。「対」は向かい合うこと。「応」は相手の働きかけを受けて動くこと。明治期に作られた和製漢語。

例「渠（かれ）が砲艦に対応すべき砲台の設け甚だ乏しく」（染崎延房・近世紀聞・四・明治八年）

たいか《たいくわ》【退化】

生物の器官や組織が、小さくなったり機能が減退したりすること。明治期に造られた和製漢語。明治一四～一五年頃に「進化」という語が造られた後に、その対義語として使われるようになった。のち英語 degeneration の訳語に当てられ、生物についてだけでなく、一般語としても使われるようになった。→進化

例「また反対に人間が猿に退化せぬこともなかるべし」（正岡子規・筆まかせ・明治一七～二五年）

たいきばんせい【大器晩成】

大人物となる人間は、時間をかけてゆっくりと大成するということ。「晩成」は「晩（おそ）く成（な）る」の意。『老子』（四一章）の「大方無隅、大器晩成、大音希声、大象無形。道隠無名（大方は隅無く、大器は晩く成り、大音は声希に、大象は形無し。道は隠れて名無し）」から出た語。この大意は、この上なく大きな四角はかえって角（かど）が見えず、この上なく大きな器（うつわ）はいつまでたっても出来上がったように見えず、この上なく大きな音はかえって耳に聞こえず、この上なく大きな形を持つものはかえって姿がわからないが、「道」はこのようにその姿が隠れていて表現しようがない、ということである。これによって、大きな器物は小さな器とは違って作るのに時間がかかるように、大人物はゆっくり成長するということのたとえとなった。

だいく【大工】

木造建造物の建築・修理などを職業とする人。クは「工」の呉音。中国古典においては「大工（たいこう）」は優れた職人を意味した。「大工（だいく）」は日本の古代令制において、大宰府、のちに木工寮・修理職などに置かれた職名で、土木建築技術者の上級職をいった。部下の技術者を「少工・小工（しょうく）」と呼んだのに対する称である。平安時代から室町時代、各職能ごとの手工業技術者集団の長をさした。戦国時代以降、「大工」は次第に建築技術者の呼称として固定化した。

たいくつ【退屈】

ひまで困ること。「退屈」は中国古典では負けて退くの意味で用いられていた語。仏教語としては、仏道修行の困難にくじけ、気力を失うという意味で用いられた。「仏心に差別（しやべつ）なし、仏心に退屈なし」（反故集・上）。仏教での意味から転じて、中世頃に、することもなくつまらない様子という現在の意味が生じたものと思われる。

例「定めて両人共に退屈致すで御ざらう」（虎寛本狂言・狐塚）

たいけい【体系】

関連のある個々のものを組織的にまとめた、まとまりの全体。英語 system の訳語として、明治期に造られた和製漢語。*『哲学字彙』（二版）に「System 系、統系、門派〈略〉体系、教系」とある。

例「体系と謂ふのは、各部分が方法的に結合せられたる一全体を謂ふ」（徳谷豊之助・松尾勇四郎・普通術語辞彙・明治三八年）

だいこく【大黒】

七福神の一つ。「大黒天」の略。「大黒」は偉大なる黒き神を意味する梵語 Mahākāla の漢訳語。「天」は天上界にいる神のこと。仏法を守護する神で、色は黒く、怒りの形相を示す。日本では、室町時代頃より大国主命と混同され、袋をかつぎ槌を持ち米俵に乗る、福の神の姿となった。この混同は大国主命の「大国」を「だいこく」と音読したからかといわれる。

だいこくばしら【大黒柱・大極柱】

民家の中央にあって、家を支えている柱。また、一家・一国の中心となり、それを支えている人物のことを言う。語源について、『三代実録』に「元慶二年始めて大極殿の柱を竪（た）つ」とあり、その大極殿を支える柱の意味で「大極柱（だいこくばしら）」と言ったという説がある。また、この柱をもとに棟（むね）と梁（はり）を定めることから「太極柱（たいきょくはしら）」（＝建物の根元をなす柱）の義であるとする説もある。

例「大黒柱に寄り添ひて人の善悪を見て」（浮世草子・好色一代女・四・二）

たいこばん【太鼓判】

絶対に確実だという保証。「太鼓判」は、太鼓のように大きい判のことで、まちがいないということを強めて、太鼓のように大きな判を捺すということから出た語。「太鼓判を捺す」という言い方で使われる。

だいごみ【醍醐味】

物事の本当のおもしろさ。真骨頂。「醍醐味」はもと仏教語。「醍醐」は牛乳を精製して作られる乳製品のことで、梵語の maṇḍa の漢訳語。牛乳を精製してゆくとその過程に応じて次第に味が深まってゆき、全部で五種類の味が存在するといわれており、醍醐はその最終段階に位置する、最上級の味を持つ製品。「醍醐味」は、この味のことを指す語であった。それから転じて、すばらしいもの、物事の神髄、などの意味で使われるようになった。

例「仏法に最上醍醐味といへる、いかにも練れる心をいふなるべし」（ささめごと）

たいこもち【太鼓持ち】

遊客の機嫌をとり、その席のとりもちを職業とする男。語源については諸説ある。『大言海』は、「六斎念仏の鉦（かね）持ち太鼓持ちより起こりて金持ちに陪する意なり」という。「鉦持ち」は「金持ち」、「太鼓持ち」は「鉦（金）を持たない者」で、「金持ち」に従って金持ちの機嫌を取る者のことだという。一方、これを能起源とする説もある。*『嬉遊笑覧』（九下）は「其の義は『誰袖海』に能の太鼓打ちになぞらへ、大夫を心よくのせて廻し、大尽の気に入るやうに拍子たつれば太鼓といふ」とする。

例「物に馴れたる太鞁持（たいこもち）をつれ」（浮世草子・好色一代女・二・三）

た

だいこん【大根】
アブラナ科の二年草。中央アジア原産。『古事記』(下)に「山城女(やましろめ)の木鍬(こくは)持ち打ちし淤富泥(おほね)」とあるように、古くは「おおね〈おほね〉」と言った。大きい根(ね)が特徴的なので「おおね」と言ったのである。それが、『*十巻本和名抄』に「葍　爾雅注云葍　音福　和名於保祢(おほね)　俗用大根二字」と見られるごとく「大根」と表記された。これがやがて、ダイコンと音読されるようになった。『東寺百合文書』に、「十文大こん」(応永二六年七月二日・食器食物等料足注文)と音読例が見える。

だいこんやくしゃ【大根役者】
演技のへたな役者を嘲っていう語。近世後期、「大根」だけでこの意味を表していた。「大根が馬で乗りこみのむら芝居」(雑俳・柳多留・一〇七)。「大根役者」は役者の悪口だということをはっきりさせるため後から、おそらく明治以降に添えられたものかと思われる。「大根」が下手な役者の意になることについて、『大言海』は「大根の根は白き故、しろうと(素人)の『しろ』に寄せて言ふとぞ」という。また、どうして食べても決して当たらぬことをかけた洒落(上方語源辞典)という説もある。

たいさんぼく【泰山木】
モクレン科の常緑高木。北米原産。明治初期に日本へ渡来した。伊達家文書『伊達輝宗日記』(天正二年)に「たいさんほくのはな見候」とあるように、語としては室町時代から見られるが、これはハクモクレンであろうといわれている。この植物の大きな花を盞(さかずき)にたとえ、「大盞木」と言っていたものを、字音が同じことから「大山木」、更に、「泰山木」と表記するようになったもの。

だいしゃりん【大車輪】
一生懸命に精を出して物事をすること。「車輪」には近世、一生懸命に物事をするという意味があった。「先生め、目をねぶって車輪でやっ居(て)る内に」(滑稽本・浮世床・初・上)。この意味は芝居関係の人たちに用いられ、一般化したといわれる。めまぐるしくぐるぐる回る車輪に懸命なさまをたとえたものだろう。「大」は強調のため付けられたもの。
例「質物を取り返しにはここ暫く原稿を大車輪になって働かなければならない」(岩野泡鳴・耽溺・明治四二年)

たいしょう《たいしやう》【大正】
日本の年号。明治と昭和の間。明治四五年(一九一二)七月三〇日から大正一五年(一九二六)一二月二五日まで。儒教の五経の一つである『易経』「臨卦」の「彖(たん)伝」に見える「大亨以正、天之道也」から採っている。これは「大いに亨(とお)るに正を以てす。天の道なり」と訓読され、「秩序をもって、正道に沿って行うことは、天地自然の道理である」とい

う意味。

たいしょう《たいしやう》【対象】 目あて。哲学用語として、英語 object の訳語として明治期に造られた和製漢語。「対」は「むかいあう」、「象」は「目に見えるかたち」の意で、「心が向けられるもの」の意。*『哲学字彙』の初版(明治一四年)では、object の訳語として「物、志向、正鵠、客観」を挙げるのみだが、三版(明治四五年)で「対象」が記載されている。明治三八年(一九〇五)の徳谷豊之助・松尾勇四郎『普通術語辞彙』に「客観〈略〉対象、対境という も同義」とある。

だいじょうだん《だいじやうだん》【大上段】 威圧的な態度。高姿勢。「上段」に強調の意の「大」がついたもの。「上段」は剣術や槍術の構えで、刀槍を頭上にかざす。「観念せいと切付ける。抜合いして上段下段」(浄瑠璃・伽羅先代萩・四)。刀や槍を頭の上に振りかざすのは、相手を威圧する攻撃的な構えなので、威圧的な態度の意味に使われるようになった。ただし剣術各流派に「大上段」なる名称は見当たらないという。

例「一個人でこれを堂々と大上段から押し切って進む立派さを」(横光利一・家族会議・昭和一〇年)

だいじょうぶ《だいぢやうぶ》【大丈夫】 危なげがなく確かなさま。中国古典では、一人前の男子を表す漢語「丈夫(じょうふ)」の美称を「大丈夫(だいじょうふ)」といい、心身ともにすぐれた立派な男子を意味した。「大丈夫」は、日本では室町以降ダイジョウブの形で、「頑健・頑丈なさま」「安全・確実なさま」を表す語として用いられた。明治以降、「頑健・頑丈」の意はジョウブが、「安全・確実」の意はダイジョウブが担う傾向が顕著になった。

例「あの息子もよく拵(かせい)で利口者だから身上は大丈夫(でえじやうぶ)だ」(滑稽本・浮世床・初・上)

だいじん【大尽・大臣】 財産を多く持っている人。遊里で豪遊する客。語源については「大人(たいじん)」からの転(洞房語園後集)など、諸説がある。近世の評判記*『色道大鏡』は、「大臣。傾城買ひの上客をさしていふ。夫大臣は天下の三公にして、尤も職重ければ、尊敬し又欺きていふ異名なり」と説く。『大言海』は「大身の転か」という。

例「さる田舎の大尽ぢゃが金はいかいことあるさうなが」(歌舞伎・傾城仏の原・二)

たいせつ【大切】 重要。大事。貴重。中国古典には例がない。「切」には迫るの意味があるので、それに強めの「大」を付けて、おおいにせまる、切迫する意の語として造られたものだろう。古くはタイセチとも言った。「たいせち」の例は、「信楽の大笠、あめのし

たのつがり蓑もたいせちなり」（堤中納言物語・よしなしごと）のように見える。また、中世末のキリシタン資料では「愛（amor）」に当たる訳語に、この「大切」を当てている。

例「某が大切に申す可き事有りて参りたる也」（今昔物語集・二四・一八）「Taixetni moyuru（大切に燃ゆる）愛に燃える」（日葡辞書）

だいそれた【大それた】

とんでもない。「だい」は「大」、「それた」は動詞「それる」の連用形に、助動詞「た」が付いたもの。基準から大いにはずれているというのが、もとの意味。用例は近世前期からある。「おおそれた」という言い方はこの語から派生したもの。

例「あわよくば予が命を奪おうなどと、大それた企てさえ致しておると申す事じゃ」（芥川龍之介・邪宗門・大正一一年）

だいだい【橙】

ミカン科の常緑小高木。インド・ヒマラヤ原産。日本には古く中国から渡来した。古くアベタチバナ（阿倍橘）と呼ばれたとする説があるが、未詳。ダイダイという語は比較的新しく、*『日葡辞書』に「Daidai（ダイダイ）」と現れるのが古い方である。語源は諸説あって定まらない。『大言海』は「代代の意。新果みのれば、旧果落つ、人の世世相承くるが如し」という。同じ「代々」でも「果実が年を越して後も木についていることによる」（改訂増補牧野新日本植物図鑑）という解釈もある。また、「大々」だとする説もある。小野蘭山の『重訂本草綱目啓蒙』は、「橙〈略〉本邦にて古より橙をダイダイと訓ずれども、ダイダイは皮に臭気ありて味苦く食用に堪へず。〈略〉また冬熟して黄色に変じ春にいたれば緑色に回り、幾年もかくの如く年を経て落ちず、形大になる故ダイダイと名づくと云ふ」とする。

だいだんえん《だいだんゑん》【大団円】

円満におさまること。小説・芝居などの最後の場面。「大」は強め。「団円」は中国に典拠のある漢語で、丸いという意味。そこから芝居などで丸くおさまること、終わりの場面などを意味するようになった。日本でも、「弓張月拾遺の篇、およそ一〇巻にして団円をなせり」（読本・椿説弓張月・拾遺・五）のように用いられた。

例「中山府に舜天位に即神を祭り楽を奏す大団円」（読本・椿説弓張月・残・六八回序）

たいと【泰斗】

その道の権威として仰ぎ尊ばれる大家。中国古典に典拠のある語で、「泰山北斗」の略。泰山は中国五山の一つで名山、北斗は北斗七星のことで、いずれも人が尊び仰ぎ見るもの。

例「流石（さすが）後年我邦の泰斗と仰がるる政治家だけありて」（末広鉄腸・雪中梅・明治一九年）

だいとうりょう《だいとうりやう》【大統領】

共和国の元首。英語 president の訳語として造られた和製漢語。「統領」は漢籍では集団を率いること。『*英和対訳袖珍辞書』(文久二年)に「President, s. 評議役の執頭。大統領」とある。ロブシャイド『*英華字典』では「長」「頭目」「尚書」などと訳している。

例「四年の任限を以て、大統領を公選し、政府の主宰たらしめ」(田中義廉編・万国史略・明治八～九年)

だいどころ【台所】

食物を調理する部屋。「台盤(だいばん)所」の略。「台盤」は食物を盛った盤を載せる台のこと。「台盤所」は調理道具を置く所の意で、女房の詰所や料理する所などを指した。ダイドコロと省略されたのは中世、近世更にダイドコともなった。

例「六郎は台所に火を放ち自殺す」(吾妻鏡・建仁三年九月六日)

だいなし【台無し】

物事がすっかりだめになること。『*和訓栞』に「関東の俗語。無台の義。台座後光をしまふといふに同意なるべし」とある。「台」は仏像の台座のことで、台座を取り外された仏像の威厳はすっかり失われてしまうことから、この意になった。江戸後期から盛んに用いられた。

例「花がつを下女は台無し葉にけづり」(雑俳・柳多留・七)「いかさまにかけられ身上大なしになり」(洒落本・蕩子筌枉解)

だいはちぐるま【大八車・代八車】

大きな二輪の荷車。江戸時代前期から主に関東地方で用いられた。人八人分の代わりをすることから、「代八車」といった。随筆『本朝世事談綺』(二)に「寛文年中江戸にてこれを造る。人八人分の代はりをするといふを以て、代八と名付く。今大八と書く」とある。また、一説に、大八という人が作ったという説もある。しかし、人名にことよせた語源説には不確かなものが多い。

たいふう【台風・颱風】

日本の南の太平洋上で発生する熱帯低気圧のうち、最大風速が一七・二メートル以上のものをいう。古くは「野分(のわき)」といわれていた。台風の「台」は「颱」の「当用漢字」による書き換え字。語源について『大言海』は次のように述べる。「颱は支那の旧き辞書にはなし。颱風は亜剌比亜(アラビア)語 Tūfān、英語 Tyhoon の音訳語なりと云ふ。又、台湾地方より吹き起こる風とて、支那人が颱の新字を作れりと云ふ、颱風は大風の義なりと」。文献上、中国の「颱風」より印欧語の tyhon(フランス語)、tyhoon(英語)の方が古いので、『大言海』が言うように、「颱風」は印欧語の音写であると考えられる。これら印欧語はアラビア語の tūfān を基とする。なお、アラビア語の tūfān は中国語の「颶(ぐ)」に基づくという説

がある（大日本百科事典〈ジャポニカ〉）。「颶」はぐるぐるまわるつむじ風のことであるが、tūfān もぐるぐるまわる意のアラビア語であるという。

例「大正何年以来と云う猛烈な颱風が関東一帯を襲って」（谷崎潤一郎・細雪・昭和一八～二二年）

だいふくちょう《だいふくちやう》**【大福帳】**

商家で、売買の金額を記録しておく元帳。袋綴じにしてあり、表紙に「大福帳」と大書してある。江戸時代から昭和の半ば頃まで用いられた。『大言海』は、「（台帳を）売買の多からむを祝して、大福帳なども呼ぶ」という。「大福」という語は中世からあり、大きな富の意から、大きくめでたいものの意で、近世「大福耳」「大福餅」なども使われた。「Daifucu　ダイフク（大福）　Vôqina saiuai（大きな幸い）」（日葡辞書）。

例「最前の摺鉢の音は大福帳の上紙に引糊を摺（すら）したといはれし」（浮世草子・日本永代蔵・二・一）

たいへいよう《たいへいやう》**【太平洋】**

世界最大の海洋の名。一五二〇～二一年にポルトガル人マゼランが最初にこの海洋を横断したとき、平穏に航海できたことからMare Pacificumと名付けたことによる。ラテン語でMareは海、Pacificumは平和な、という意味である。ロブシャイド『*英華字典』では、ocean の項にPacific Oceanがあり、「大平洋」と訳されている。日本では、幕末から使われるようになったが、「大平洋」の方が多く見られる。中国では次第に「太平洋」の方が優勢になり、その影響で日本でも「太平洋」の表記が一般化した。

例「サンフランシスコより海標伝信機を始め太平洋を経て皇国に至り」（村田文夫・西洋聞見録・明治二年）

たいへいらく【太平楽】

のんきなことを言ったりしたりすること。近世では、勝手なことを言いたい放題に言うことで、現在の意味はそこから拡大したもの。この語は雅楽の「太平楽」に由来するという説があるが、よく分からない。「太平楽」はゆったりとした雅楽の内でもとくに「悠長の代表としてマーク」され、「シリアスな場面にそぐわぬ閑人閑話的な発言」を言うようになったという（金田一春彦・芳賀綏『古典おもしろ語典』）。しかし、近世の意味はのんきということとは少し異なるし、また「太平楽」は雅楽としては勇壮豪華な舞である。

例「一体お前がこんな内で太平楽おっしゃるからぢゃ」（浄瑠璃・妹背山婦女庭訓・二）

たいまつ【松明】

松などを束ねて火をつける屋外の照明具。『*日本釈名』に「松明」は「たきまつ也」とあるように、多く油脂の多い松を用いたので「焚き松」と言った。それがイ音便化して変化したも

の。ただし、「たい」については、「手火(たひ)」の転とする説がある。「俗にタヒマツといふこれ也。タヒは手火(たひ)也」(東雅)。「手火」は手に持つ照明の意味。しかし、このタヒ→タイに見られるヒ→イという変化が広く起きる前からタイマツという語形が存在するので、この説には問題がある。漢字表記は同義の漢語「松明(しょうめい)」による。

例「たいまつのひかりに中将みるに、ましてさらなり」(宇津保物語・内侍のかみ)

たいら《たひら》【平ら】

高低・凹凸のないさま。「ひら(平)」に接頭語「た」がついたもの。この「た」は「たばかる」「たやすい」などの「た」と同じで、語調を整えるためのもの。鎌倉時代の辞書『*名語記』には「大にひらなる物をたひらなりといへる。た、如何」とある。

例「おしなべて峯もたひらになりななむ山の端なくは月も入らじを」(伊勢物語・八二)

だいりせき【大理石】

主成分が方解石の結晶からなる変成岩。石灰岩が変成作用を受けてできたもの。石が緻密でかつ白色や淡青色で、装飾石材として用いられる。この石が中国雲南地方の大理という場所で産したことから「大理石」といわれた。中国明代の随筆『五雑組』に「滇中大理石、白黒分明、大者七八尺〔滇中の大理石は、白黒分明にして、大なるは七八尺なり〕」とある。「滇(てん)」は、中国南西部雲南地方の別称である。

だいろっかん《だいろくかん》【第六感】

直感。インスピレーション。和製漢語。人間は、五官(目・耳・舌・鼻・皮膚)を通して、視覚・聴覚・味覚・嗅覚・触覚という五つの感覚、すなわち、五感を感じとる。この五官では感じることのできない、五感を越えた感覚があるとされ、これを六つ目の感覚、つまり、第六感と名付けた。

例「君らは第六感を働かせないと不可(いけ)ない」(横光利一・旅愁・昭和一一～一三年)

たおやめ《たをやめ》【手弱女】

しなやかな女性。「たおやめ」の「め」は女。「や」は接尾語。『万葉集』(一五・三七五三)では、「多和也女(たわやめ)」という形で用いられているが、この「たわ」は動詞「撓(たわ)む」の「たわ」である。「たわ」は、「たを」となって、「たをたを」「たをやか」「たをり」などの語を作る。「たおやめ」は、力を加えられても、たわんで折れないしなやかさをもって、女性の称とされたもので、「ますらお」と対をなす。

例「たをやめの袖にまがへる藤の花見る人からや色もまさらむ」(源氏物語・藤裏葉)

たか【鷹】

ワシタカ目に属する鳥のうち、比較的小形の猛禽。語源は諸説ある。*『日本釈名』は、「高く飛ぶ也」と説く。*『東雅』は、こ

の説を批判して、「鳥の高く飛ぶ、此の物にしも限るべからず。その鷙猛なるをもてタカといふ。タカとはタケの転語也しに似たり」という。『東雅』の「タケ」は「猛」で、「たか」「たけ」は「たき(丈・長)」(「たけ(丈)」と同義の語)なども含めて同源といわれる。「鷹」の性質から考えると、「高」よりも「猛」の方がふさわしく思われる。

例「鳥座(とくら)結ひ　据ゑてそわが飼ふ　真白斑(ましらふ)の多可(たか)」(万葉集・一九・四一五四)

たがい《たがひ》【互い】

双方。または、一つ一つ。動詞「たがう(違)」の連用形の名詞化した「たがい(違)」から派生したもの。「たがふ」は入れ違うことを表し、「たがい」もそれぞれ入れ違うさまを意味している。「たがひに」は、平安時代、主に漢文訓読文中に用いられ、和文では、同じ意味で「かたみに」が用いられた。

例「互に相譏(しこ)ち諂(へつら)ひつつ」(西大寺本金光明最勝王経・平安初期点)

たがう《たがふ》【違う】

相違する。『大言海』は「タは発語、交(か)ふの義」とする。この「た」は「たばかる」「たやすい」などの「た」と同じものと考えられる。「かふ」は漢字にすると、「交・換・代」などいろいろになるが、もとは一つである。この場合、入れちがって一致しないことを表す。「ちがう」の「かう〈かふ〉」も、もとはこれらと同じである。「ちがう」は「たがう」から変化したとも、あるいは語頭の「ち」は方向を表すもの(岩波古語辞典補訂版)ともいわれる。「たがう」の例は上代からあるが、「ちがう」は中古以降の語で、中世以降「ちがう」が広く用いられるにつれて、「たがう」は文章語的になっていった。

例「後(しり)つ戸よ　い行き多賀比(たがひ)、前つ戸よ　い行き多賀比(たがひ)」(古事記・中)

たかがしれる【高が知れる】

大したことはない。「たか」は形容詞「高い」の語幹で、数や量の総額をいう。「知れる」は自ずと知ることができる、の意。数量の総額、物事の総体が分かるということから、大したことはないという意味を派生した。

例「高の知れた京都の山だ」(夏目漱石・虞美人草・明治四〇年)

たがはずれる《―はづれる》【箍が外れる】

規律がゆるんで乱れる。「たが(箍)」は、竹や金属で作った輪のことで、桶や樽(たる)などの周囲にはめ、その胴が分解しないように締めつけるもの。これがはずれると桶や樽の板がばらばらになってしまうことから、羽目のはずれた状態のたとえとなったもの。類似の「たががゆるむ」は、近世から例が見え、規律などがゆるむことを言う。

だがし《だぐわし》【駄菓子】

粗製で値段の安い菓子。「駄（だ）」は下等の意を表す接頭語で、「駄作」、「駄じゃれ」、「駄弁」などと用いる。もともと「駄」は馬、牛に荷をのせる意。つまらないの意味は日本で生じたもののようで、「駄菓子」は和製語。随筆『続飛鳥川』には、「駄菓子、板おこし、達摩糖、くり焼、肉桂糖、大ころばし也」などと江戸時代の駄菓子を挙げている。近世中期以降の江戸語に用例を見るが、上方語では「雑菓子（ぞうがし）」と言った。→菓子

例「薬り湯の内儀だぐゎしをほまちにし」（雑俳・川柳評万句合・明和五年）

たかな【高菜】

アブラナ科カラシナの変種。中国原産。この植物は大形で茎が高く生育するため、タカ（高）＋ナ（菜）と名付けられた。「な（菜）」は、アブラナ、ヨメナのように副食にする野菜類によく用いられている。*『新撰字鏡』に「菘〈略〉菜名　太加奈（たかな）」とあり、日本には古くから渡来していた。漢名は「大芥」。『重訂本草綱目啓蒙』に「大芥はオホガラシ、一名、オホバガラシ　トクワカナ讃州　タカナ九州　葉長大にして二尺許」とあり、江戸時代には「オホガラシ」「オホバガラシ」が一般的で、「タカナ」という名称は九州地方の方言と意識されていたようである。

たかびしゃ【高飛車】

高圧的な態度。本来は将棋の用語で、「飛車」が自分の陣の前に飛び出す戦法やその駒をいう。この戦法が攻撃的であることから転じて、対人関係における威圧的な言動をいうようになった。将棋の用語を離れた用例が出現するのは、江戸時代後期以降のことである。

例「歩三兵でも手にたりぬへぼめらと声高飛車の将棊あらそひ」（滑稽本・古今百馬鹿・上）

たかみのけんぶつ【高みの見物】

第三者として局外にいて、事のなりゆきを傍観すること。「高いところにいて、安全に見物する」の意。「高み」は形容詞「高い」の語幹に、体言を作る接尾語「み」を付けたもの。「高見」と書くのは当て字である。江戸時代後期から「三弦ひきのみじめを見る斗（ばかり）、幇間（てえこもち）高（たかみ）で見物（けんぶつ）」（滑稽本・浮世風呂・四・中）のような言い方があった。

たがやす【耕す】

作物を植えるため田畑を掘り返して土をやわらかくする。「たがえす〈たがへす〉」が変化した語。「たがえす」はもと「た（田）＋かえす（返）」で、「かえす」は土を掘り返す意。「かやす」は「かえす」の俗語で、平安時代から用例がある。「たがやす」は室町時代ごろ現れ、江戸時代まで「たがえす」「たがやす」の両形が使われた。「たがやす」の形に定着したのは近代に入ってからである。*『日葡辞書』には「Tagayexi（タガエシ）」

という形で載せられている。

例「虞舜は孝行の心深くして、父母を養はん為に歴山に行きて耕《たがや》すに」（太平記・三二・直冬与吉野殿合体事）

たかをくくる【高を括る】

大したことはないと見くびる。「たか」は「たかが知れる」の「たか」と同じ。「くくる」は一まとめにすること。「たかをくくる」は、総体を一まとめにしてこんなものだろうと予測することで、そこからこんなものならたいしたことはないと転じた。

例「折ふしかうてもらふ陰子《かげこ》にさへ高《たか》をくくられ、帯解かすまでの詫び事」（浮世草子・男色大鑑・七・二）

たき【滝】

高いがけの上から流れ落ちる水の流れ。古く「たき」は、急流・激流の意で用いられ、現在「たき」と呼んでいるものは、上代、「たるみ（垂水）」といって区別されていた。「たき」と動詞「たぎる」「たぎつ」とは同根かと思われるが、清濁の相違が絡むので断定はできない。「たぎつ」を『万葉集』（一〇・二三〇八）で「滝都」などと書いた例もあり、両者の関係は近世から指摘されていた。「タキといふは、タキツ也」（東雅）。「たぎつ」には「多企都瀬《たきつせ》」（万葉集・一三・三二四〇）と清音で書かれた例も指摘されている。

例「山の高きより落つる滝の、傘《からかさ》の柄《え》さしたるやうにて、岩の上に落ちかかりて」（宇津保物語・楼上・下）

たきぎ【薪・焚き木】

かまど・炉などで燃料にする木。まき。「たき」は動詞「たく（焚）」の連用形で、「たきぎ」はたくための木の意。

例「その舟の材《き》を取りて薪《たきぎ》となす」（日本書紀・応神三一年八月・北野本訓）

たくあんづけ【沢庵漬】

なま干しの大根に糠《ぬか》と塩を加え、重い石で圧して作った漬物。たくあん。たくわん。語源については「たくわえ漬け」の音転かという説（大言海）があるが、一般には名僧沢庵和尚が作ったから、あるいは沢庵の墓石がこの漬物の重しに似ているからだ、という説が流布している。しかし、江戸初期の沢庵（天正元～寛永二二年）より、この漬物の方が昔からあり、なぜこの名で言われるかについて確かな語源説はまだない。

たくさん【沢山】

数や量が多いさま。中世前期頃（一三世紀前期）から見え始めるが、語源未詳。「卓散」とも書かれた（『太平記』に例がある）が、次第に「沢山」に統一された。語源説として、江戸後期の随筆『烹雑の記』などに、数の多さを表す「さわ」と「やま」との複合語形「さわやま（沢山）」を音読したものという説が示されている。しかし漢字表記として「卓散」があることや、「さわやま」という語が近世後期にならないと出現して

来ないので、これは漢字表記の「沢山」に基づいた語源俗解とみるべきであろう。

例「宿々に十石づゝの米をおかる。たくさんなるによって、施行にひきけるとぞ聞こえし」（平家物語・八・征夷将軍院宣）

たけ【竹】

イネ科の常緑植物。「竹」の万葉仮名「多気」（古事記・中）の「気（ケ）」の音は、上代特殊仮名遣いで乙類の音であり、「タケ（岳）」、「タケ（茸）」と同様乙類、すなわち同じ発音であった。上代特殊仮名遣いが不明である「丈（たけ）」（＝高さや長さの意）を含め、竹・岳・茸の四語は「タカシ（高）」のタカ（高）と同語源の語であると考えられる。すなわち、「竹」は丈の高いものとして捉えられた。

「上代特殊仮名遣い」とは上代の仮名の使い方を整理したもので、現代同一の仮名と認められるものの中に使い分けがあり、それを甲乙で区別した。たとえば、ケには甲類と乙類があり、発音が違うと考えられている。

例「野山にまじりて竹をとりつつ万の事につかひけり」（竹取物語）

たけなわ《たけなは》【酣・闌】

盛り。語源不詳。『大言海』は「タケは長（た）くる意、ナハは成るの意、オソナハルの類」と説明し、「たく」については、「高（たか）の活用」とする。動詞「たく」（口語たける）は今でも「日がたけてから」とか「年たけて」などと使われており、ある状態に十分になるというような意味である。以上、「たけなわ」の「たけ」の語源は分かるが、「なわ」の方は不明である。接尾語の「なふ」（主として四段活用）と関係があるだろうか。この「なふ」は上の語の動作などをする意の動詞を作る接尾語で、「商（あき）なふ」「とも（共）なふ」などと、名詞的なものに付く。

例「夜更け酒酣（たけなは）にして、ついでついで儛（ま）ひ訖（をは）る」（日本書紀・顕宗即位前）

たけみつ【竹光】

竹を削って刀身とし、刀のように見せたもの。「竹」は竹製の意、「光」は古来の名刀の作者の名に吉光、国光、兼光など「光」の字が多くつけられているのにちなんで、戯れて言う。江戸時代から用いられるようになり、切れ味の悪い刀のことをも「竹光」と言った。

例「わきざしは竹光ゆゑうきてながれる」（滑稽本・東海道中膝栗毛・三・下）

たこ【凧】

竹などで作った骨組みに紙をはり、糸をつけ、風を利用して空高く揚げる遊具。「たこのぼり」の略。「たこ」は平安時代に伝来したとされるが、「たこ」という名称は近世に江戸で用いられた語であり、上方では「いか」「いかのぼり」と呼んだ。タコもイカも長い足を何本もつけており、その形状から「凧」も

「いかのぼり」「たこのぼり」と名付けられたと思われる。「凧」は国字で、「几」は風の省略形、巾は布きれの意を表すといわれるが、未詳。

例「いかのぼりなり。江戸でたこといふ」（方言・浪花聞書・政）

たこ【蛸・章魚】

頭足綱八腕目の軟体動物の総称。語源説は多い。タコの「た」が「手」の変化だという点では、諸説ほぼ一致する。タコは手が八本もあって、その手が特徴になる。「手」はテノココロ→タナゴコロ、テツナ→タヅナなどと複合語を作るとき、タに変わる。「こ」については諸説あるが、*『十巻本和名抄』が「海鼠」の和名を「古（こ）」としていることから見て、コはナマコだったと考えられる。古代において、ナマコもタコも海に住む軟体動物として同類と捉えられ、それがその特徴によって言い分けられていった。すなわち、ゆでて干したコをイリコと称し、生のままのコをナマコと言い、手の多いコをタコと命名したものと考えられる。なお、中国で、タコは「章魚」と書き、「蛸」はアシタカグモのことである。

例「海蛸子〈略〉太古（たこ）」（十巻本和名抄）

たこ【胼胝】

皮膚の一部分が角質化して厚く固くなったもの。語源不明。『大言海』は「堅凝（かたこ）」の略というが、「堅凝」という語は知られていない。現在使われている漢字「胼胝」の音読みはヘンテイで、これはもと中国では「手足胼胝」（荘子・譲王）のように、寒さなどでできるひび・あかぎれのことであった。日本でも古くは「胼胝」はひび・あかぎれを指した。その用例が室町時代末の辞書に見える。現在のたこを指す用例は近代に入ってから見えるが、なぜこのように変化したのかは不明である。

例「あらわさしたる手などに節のいできたるをたこのいできたるといへり、如何」（名語記）

たこべや【蛸部屋】

監獄同然の作業員宿舎。第二次世界大戦前に見られた。炭鉱や工事現場などで労働者を監禁同然に扱った飯場のことで、一度その飯場に入ると蛸つぼに入った蛸のように労働者が抜け出せないところから言われた。

たざんのいし【他山の石】

自分の人格を磨くのに役立つ、他人のよくない言行をいう。『詩経』の「他山之石、可以攻玉（他山の石、以て玉を攻（おさむ・みがく）べし）」（小雅・鶴鳴）からの成句。これは、よその山から出た粗悪な石も自分の宝玉を磨くのに役立つという意であり、他人のつまらぬ言行も自分の人格を育てる助けとなりうることのたとえである。現代では、他人の優れた言行を手本とする意で用いられることがあるが、これは誤用であ

る。江戸時代後期の心学者鎌田柳泓（りゅうおう）の『心学五則』には「詩経にも、他山の石以て錯（そ）となすべしとありて、剣を磨くに滑らかなる玉鏡なんどにては磨かず」とある。

だし【出し・出汁】

鰹（かつお）節・椎茸・昆布・煮干しなどを煮出した、うまみのある汁。うまみを煮て出した汁を煮出し汁、出し汁という。この「煮出し汁」「出し汁」の略と考えられる。

例「此の君の芸は鰹の出しぢゃ。何に使ふもむまみがついたぞ」（歌舞伎・芝居晴小袖・大坂）

だし【山車】

祭礼のとき引いて歩く、装飾を施した屋台。『大言海』は飾り物に出す「出し車」の略とする。しかし、語源は一般には次のように言われる。この設備の中心となる鉾（ほこ）の先につけた竹かごの編み残しの部分を、長く垂れ下げて出してあるため「出し」と呼んだが、それが全体の名称になったという。「山車」「花車」などと書かれるが、「山車」は同義の漢語「山車（さんしゃ）」による。

例「山車（だし）屋台に町々の見得をはりて」（樋口一葉・たけくらべ・明治二八～二九年）

たしなめる【窘める】 文語 **たしなむ**

非礼・不作法などを軽く叱る。四段活用動詞「たしなむ」には、「気をつけて身をつつしむ」意があるが、この用法に対応する使役動詞形が「たしなめる」である。「気をつけて身をつつしむようにさせる」という意味である。

例「この玉を以て兄を厄（たしな）めうと思慮するにぞ」（宣賢本日本書紀抄・二）

たしょうのえん《たしゃうー》**【他生の縁】**

前世からの因縁。「他生」は仏教語で、この世から見て前世、来世における生のことをいう。この語は本来は「多生の縁」であるといわれる。「多生」は生まれ変わって多くの生を受けることで、「多生の縁」は、多くの生の繰り返しの中で結ばれた因縁という意味になる。現在、「袖触（ふ）り合ふも他生の縁」という形で多く使われるが、この成句は、ちょっと出会ったようだが、前世からの深い因縁あるいは多くの生の間に結ばれた縁によるものだという意味になる。「袖ふり合ふも他生の縁」という慣用句の原形は中世から見られるが、近世上方系のいろはがるたに採られて広まった。

例「誠に他生の縁で御ざる」（虎明本狂言・膏薬練）

たじろぐ《たぢろぐ》

圧倒されて、ひるむ。古くは「たぢろく」。語源について、「たぢろ」は擬態語で「たじたじ〈たぢたぢ〉」と同根という説（岩波古語辞典補訂版）がある。しかし語末の「ろく」には疑問が残る。「く」は動詞を作る語尾か。また、『大言海』はこの語の歴史的仮名遣いを「たじろぐ」として、「身じろぐ」「目じろ

ぐ」などと関連づける。しかし、古い文献では「たぢろく」「たちろく」と書かれることが多いので『大言海』説は採れない。*『日葡辞書』には「Tagiroqi（タギロキ）」「Tagitagito（タギタギト）」と記載されている。

例「冷泉院ほどなく御物怪にて御薬しげければ、何となくたぢろきける頃にや」（愚管抄・四）

だしん【打診】

交渉の際、前もって相手の反応をみること。「打診」は西洋医学用語であるドイツ語 Beklopfen の訳語として明治時代に造られた和製漢語。医者が胸や背を指でたたき、その音で内臓の様子を知る診察方法を言った。そこから、相手の意向をたしかめる用法が生じた。

例「お秀の胸の格別なある一点に、打診を試みたいという希望が、お延の方にはあった」（夏目漱石・明暗・大正五年）

たすき【襷】

和服の袖をたくしあげるために肩から腋へ斜めにかける紐。『古事記』や『日本書紀』には神事の際に用いられた例が見える。語源は諸説ある。その一つは、「タ＝手、スキ＝助」とするもので、手を助けるものとする説である。*『日本釈名』の「襷」の項に「手助（たすけ）也。たすきをかくれば、手のちからを助くるなり」とあるがややこじつけくさい。これに対して「タ＝手、スキ（＝帯のようなもの）」とする説がある。*『享和本新撰字鏡』の「繦」の項に「負児帯也、須支（児を負ふ帯なり、すき）」とあることから、本居宣長は「思ふに児を負ふ帯を須支と云ふを本にて袖をかゝぐる帯をも、手よりかくる物なれば手須伎（たすき）とは云ふなるべし〈略〉襷は袖を挙ぐる由の倭字なるべし」（古事記伝）という。この説の方が自然である。

例「天宇受売命、天の香山の天の日影を手次（たすき）に繋けて」（古事記・上）

たそがれ【黄昏】

夕暮れ。「たそがれ時」の略。中世まではタソカレで、語源は「誰（た）そ彼（かれ）」。「た」は不定称「たれ」の意。「そ」は指定の意味を表す助辞。「かれ」は三人称「かれ」の意。口語で言えば、「だれだ、かれは」に相当する。夕刻で人を見分けることが難しいような時間帯、見知らぬ人に問い掛けた言葉が、夕刻を意味するようになったという。*『日葡辞書』には「Tasocare doqi（タソカレドキ）」とあり「カ」は清音である。なお、「たそがれる」は、「たそがれ」を動詞化した語。↓かわたれ

例「よりてこそそれかともみめたそかれにほのぼのみつる花のゆふかほ」（源氏物語・夕顔）

だそく【蛇足】

余分で不要なもの。中国の*『戦国策』（斉策上・閔王）の故事

に由来する。昔、楚（そ）の国でもらった酒を、蛇の絵を早く描き上げた者が飲むこととした。一番に描き上げた者が酒を持って蛇に足を描き加えていると、次に描き上げた者が酒を取り上げて「もともと蛇には足などない」といって飲んでしまった。この話を「画蛇添足（がだてんそく。へびをゑがきてあしをそふ）」といい、そこから「蛇足」の語が生じた。日本では江戸時代に用いられるようになった語。ダは「蛇」の慣用音で「蛇足」はジャソクとも言われた。

だだ【駄々】

小児がわがままを通そうとするときの言動をいう。語源には二説あり、一つは「じだたら（地蹈鞴）」の転とするものである。「じだたら」はたたらのことで、足で踏む大きなふいごのことである。「じだたらを踏む」から「じだだ」を経て、くやしがることを表す「じだんだ（地団駄）を踏む」を生じ、その前半が更に略されて「だだ」となった（上方語源辞典）。じれてくやしがるとき足を踏み鳴らすさまをたたらを踏む動作にたとえた説である。もう一つは、「いやだいやだ」の略かとする説である（大言海ほか）。人情本『花廼志満台』にも「私が駄々子（だだっこ）の様に、否だ否だと強情を言ふのぢゃあないがね」と見える。「駄々」は当て字。

例「だだを聞く度身にしみる親の恩」（雑俳・柳多留・六五）

ただいま【只今・唯今】

外出先から帰ってきたときの挨拶の言葉。近世に「『兄（あに）さん、只今帰りました』『ヲヲ早かったノ』」（人情本・閑情末摘花・三）と見えるような挨拶の言葉、「ただいま帰りました」などの下略形が固定化したもの。江戸時代以降現れる。

例「格子戸をからからとあけ、はきものを見て、かたわきの方から上り『只今』」（洒落本・妓娼精子・上）

たたき【三和土】

建物の出入り口などにある土間。固くするために、赤土、石灰、砂利、にがりなどを混ぜて練り、叩き固めるところから「たたき」「たたきつち」という。漢字表記の「三和土」は、数種類の土を混ぜあわせるところから生じたものと考えられる。

例「小便所なんぞも、ひさしの打（たたき）の隅なんぞへ、ちょいと小さく穴を明けてサ」（滑稽本・和合人・二・追加上）

たたきだい【叩き台】

素案。もともと「叩き台」とは、叩き売りの際に叩く台のことを言う。叩き売りはパシリ、パシリと台を叩きながらバナナなどを売る。その叩き台のように他人の意見で叩かれ修正されて成案になっていく原案ということで、これから検討を加える素案を「叩き台」という。叩き売りの「叩き台」は沢村貞子『私の浅草』（昭和五一年）に「どさりとバナナを、台の上へ投げ出す。たたずんでいる客に誰彼の見境いなく毒づきなが

ら、たたき台の棒は、パシリ、パシリと景気のいい音をたてつづける」とある。

だだっこ【駄々っ子】

わがままな子。だだをこねる子。↓だだ

例「Dadakko　ダダッコ　驕児」（和英語林集成・初版）

たたみ【畳】

藁(わら)を芯にして編んだイグサを表面につけた敷物。「たたみ」は「たたむ」の連用形で、この場合の意味は、重ねるということのようである。主な語源としては、「うすべりがいくつにも自由にたたむ物故になづけたるなり」（石川雅望・ねざめのすさび）というように、薄い敷物を重ねたものという説と、「たたみも元来畳筵なるを略してたたみとばかり云ふ」（志不可起）、「たたみ薦(こも)の略」（大言海）と言うように、材料を示す部分が省略されたという説である。畳は古くから用いられてきたものであるが、現在のように部屋に敷き詰めるようになるのは室町時代以降である。

例「美智の皮の畳八重を敷き、また絁(きぬ)畳八重をその上に敷き」（古事記・上）

たたみいわし【畳鰯】

たくさんのカタクチイワシの稚魚を、竹の簀(す)などで海苔(のり)のように薄く漉(す)きあげ、天日で干して板状にした食品。形状が畳のようになっているから言う。

たたらをふむ【踏鞴を踏む】

的が外れたりかわされたりしたため、勢い余って空足(からあし)を踏む。「たたら(踏鞴)」は大きなふいごのことで、鋳物などの炉に空気を送る装置。足で板を踏むことで風をおこすが、その勢いよく足で踏むさまが、勢い余って空足を踏む様子と似ていることからの表現。

たち【太刀】

大刀。『*日本釈名』に「たつなり」とあるように、「たち(太刀)」は、切り離す意の動詞「たつ(断・絶)」の連用形「たち」の名詞化した語である。

例「八雲立つ出雲梟師(たける)が佩(は)ける多知(たち)」（日本書紀・崇神六〇年七月・歌謡）

たちうち【太刀打ち】

互角に戦うこと。「たちうち」は「取て返し見ければ、底の堀に太刀打ちの音しけり」（承久記・上）のように、太刀で打ち合って戦うことが原義で、それから転じて、勝負を争う意となった。現在では多く、後ろに打ち消しの語を伴って「太刀打ちできない」などと使う。

例「真(じつ)に大人は食物本草だ太刀打はできねへといって驚きやした」（滑稽本・七偏人・初・上）

たちおうじょう《たちわうじやう》【立ち往生】

ゆきづまること。奥州の「衣川の合戦」で、弁慶が満身に矢

を受け、薙刀を杖にして立ったまま死んだという故事（義経記・巻八）を「弁慶の立ち往生」といい、ここから「立ち往生」の語が生じた。したがって、立ったままの姿勢で死ぬことが原義であり、『*日葡辞書』にも「Tachiuǒjǒ（タチワゥジャゥ）。すなわち、『タチジニ』 立ったまま死ぬこと」とある。立ち往生した弁慶は進みも退きもできないということから、江戸時代後期、物事が行き詰まりの状態になることをも言うようになった。

例「丁ど足駄の歯へ雪の溜った様に、股へ雪がはさまって、ソレ弁慶立往生と来るは」（滑稽本・浮世風呂・四・上）

たちばな【橘】

食用ミカンの古名。『日本書紀』に垂仁天皇が田道間守（たじまもり）を常世（とこよ）の国に遣わして求めさせた花であることから、「田道間花（たじまばな）」といい、これが「タチバナ」に変化したといわれる。『大言海』も「田道間花（たぢまばな）の約転かと云ふ」とする。

例「多知波奈（たちばな）の成れるその実はひた照りにいや見がほしく」（万葉集・一八・四一一一）

だちょう《だてう》【駝鳥】

ダチョウ科の鳥。南アフリカにすむ。「駝鳥」は中国語の借用。「駝」は動物のラクダを意味する漢字。ラクダのような姿の鳥という意味である。もと「駝鳥」はオーストラリアなどにいるヒクイドリを言った。近世後期中国本草書や蘭書によって、今のダチョウとヒクイドリの違いを知るようになり、ヒクイドリをダチョウとは言わなくなっていった。

例「駝鳥 火くひどり〈略〉これ火鶏なり。真の駝鳥に非ざれども、其類なり」（大和本草批正・一五）

だちん【駄賃】

お使い賃。和製漢語。「駄賃」の「駄」は牛馬に運ぶべき荷物をのせることで、「駄賃」は本来、荷物や人を馬で運ぶ運賃をいった。江戸時代になって、ちょっとした仕事を人に頼んだ時に与える賃金、をいうようになる。ダは「駄」の呉音。

例「銭を二百文ほど隠して老女に渡し、これは雪が降るのにお頼み申すから賃銭（だちん）だヨ」（人情本・英対暖語・五・二五）

たっきゅう《たくきう》【卓球】

ピンポン。英語 table tennis の訳語として作られた和製漢語。初め table を「卓上」と訳し、tennis の訳語「庭球」と結び付けて、「卓上庭球」と訳した。後、略して「卓球」と呼ぶようになった。「ピンポン」は球の弾む音を表す擬声語から命名された英語 ping-pong に由来する。

例「ピンポン Ping-pong 卓上庭球とか卓球とかいっている」（現代新語辞典・昭和六年）

たづくり【田作り】

カタクチイワシの幼魚を素干しにした食品。炒って飴煮にし、正月など祝儀料理に用いる。一般に「ごまめ」と称する。「田作り」というのは、乾燥したものを農作の肥料に用いたことによるという(本朝食鑑・八)。

例「になひあきなひをして、いわし、たつくりをうりて世をおくるも有」(軍記・三河物語・下)

たつたあげ【竜田揚げ】

醤油・味醂(みりん)などで下味をつけた鳥肉・魚肉に片栗粉をまぶして油で揚げた料理。「竜田」は「竜田川」のことで在原業平の「ちはやぶる神代も聞かず竜田川からくれなゐに水くくるとは」(古今集・秋下)にちなむという。醤油につけて赤い色を出した衣に片栗粉をまぶして、白さを点じたさまを紅葉流れる竜田川に見立てた命名という(清水桂一・たべもの語源辞典)。

たっちゅう【塔頭】

大寺院中にある小さな寺院。漢語「塔頭」の「塔」の昔の発音はタフに近く、「頭」の唐音はチュウで、タフチュウから変化したもの。禅宗で、祖師や開祖などの塔のある所を意味していたが、そこに師の徳を慕って弟子たちが坊を建てたところから「小院」の意味を生じた。

たって

無理なさま。語源について『大言海』は「至っての約か、絶えての転か」というが、現代の辞書は多く「断って」を採る。「断って」とすると、理屈や前後のいきさつなどを断って無理にでもの意となる。現在では多く「たっての願い」などと後に「の」を伴って使う。

例「蜂にさされあいたあいたとたつてのくるひ居れば」(咄本・評判の俵)

たづな【手綱】

馬を操るための綱。「たづな」は手に持つ綱の意。「た」は手が複合語を作るときの形で、「たなごころ(掌)」「たばさむ(手挟)」などの「た」と同じである。「づな」は「つな(綱)」の連濁した形。

例「馬をならべ、たづなをかはして物がたりをするついでに」(宇津保物語・菊の宴)

たつのおとしご【竜の落子】

ヨウジウオ科の海魚。「たつ」は竜(りゅう)のこと。竜(りゅう)を「たつ」といういわれは、「竜(たつ)は立つ也。〈略〉此の物天にのぼれは、そらに身をたつる也」(日本釈名)と説かれている。ヨウジウオ科のこの動物の形が想像上の動物の竜に似ていることからこの名があるという。「落とし子」は貴人が正妻以外の女に産ませた子のことで、高貴な竜に似た姿をしていながら竜ほど威厳がないからこういったものだろう。タツノオトシゴは全長約八センチぐらいしかない。

例「海馬〈略〉たつのおとしご　佐州　たつのおろしご　同上、りうぐうのをば」（重訂本草綱目啓蒙）

たつまき【竜巻】

大気の下層に起こる激しい渦巻。『大言海』は「竜（たつ）の天へ昇るものと想像して名あり」と説く。積乱雲の底から漏斗（ろうと）状に垂れ下がった形とその巻き上がる動きを、昇天する龍の巻き起こしたものと考えて付けた名称。

例「やさしさや竜巻残す花あやめ」（俳諧・其袋・夏）

たて【楯・盾】

敵の矢・刀槍・銃による攻撃から身を守るための防御用の武具。「タテといひしは立也」（東雅）、「立てて矢を防ぐ意」（大言海）などと言われるように、動詞「立てる」と関係がある語である。すなわち、「立てる」（文語たつ）の連用形の名詞化「立て」（＝立てるもの）が語源であろう。なお、慣用句「楯に取る」は、楯として手に取る、すなわち防御物とする意から転じて、相手の追及から言いのがれるための口実とする意となる。また「楯を突く」「楯突く」は、楯を地面に突き立てる、すなわち防御物を設ける意から転じて、敵対する・反抗する意となったものである。

例「今日よりは顧りみなくて大君の醜（しこ）の御（み）多弖（たて）と出で立つわれは」（万葉集・二〇・四三七三）

たて【殺陣】

演劇・映画で、乱闘、斬り合い、捕り物などの場面やその演技の型。本来歌舞伎の演技・演出用語。「たて」は「陣立（じんだて）」「軍立（いくさだて）」の「立て」で、軍陣の配置、陣構えの意であるという（郡司正勝・「立て」の歴史）。そこから戦闘場面の意に転じたもの。宝暦一二年（一七六二）刊の『歌舞妓事始』に「大勢相手にして太刀打ちするを『たて』といひ、少しき事は『立ち廻り』といひ」とあるように、古くは、「立ち回り」と呼び分けていたらしい。享和三年（一八〇三）刊『戯場（しばい）訓蒙図彙』に「三個殺陣（さんにんのたて）」とあり、この頃から「たて」を「殺陣」と書くようになったようである。

例「『うぬ、たった一打にするぞ』トたてあり。藤治を切り倒し、止め刺す」（歌舞伎・幼稚子敵討・口明）

だて【伊達】

はでで目立つさま。中世、他動詞の「立つ」の連用形「たて」が接尾語として、「善人だて」「智恵だて」「キリシタンだて」（ロドリゲス日本大文典・二）などのように、盛んに使われた。「だて」は、この接尾語が中世末、独立して使われ出したものといわれる。接尾語「だて」について、*『日葡辞書』は「Chiye dateuo suru（智恵だてをする）」を例にして、「いくぶん誇張して派手に自分の知恵をひけらかす」と説明するが、独立しても「だて」は、ほぼこの意味を踏襲する。『日葡辞書』には「Datenamono（ダテナモノ）」は「外面を飾り、見

えを張ることの好きな者」とある。なお、この語の語源について、庄司勝富『異本洞房語園』が伝える次のような話がある。寛永三年(一六二六)、将軍上洛の節、仙台家の諸士の出で立ちがひときわ華やかだったので、「花車風流に見ゆるをダテと云ふ」ようになった。「だて」は上に記したように、寛永より古い言葉であるが、この話は近世以降、広く流布した語源解説である。なお、接尾語「だて」の語源は「立つ」の連用形であるが、この「立つ」を「だて」の語源と見た説は近世からある。*『嬉遊笑覧』(一下)には「だて風だてとは立なるべし。物をたて通さむとするをいへり」とある。

たでくうむしもすきずき ふ—く【蓼食う虫も好き好き】

蓼の葉は苦いが、その辛い葉を好んで食べる虫がいるように、人の好みは様々で、一概には言えないという意の諺。この語は、白居易(七七二〜八四六)の『自詠詩』に見える「何異食蓼虫、不知苦是苦(何ぞ異ならんや、蓼を食ふ虫に、苦是れ苦なるを知らず)」という詩句や、「蓼虫忘辛(蓼虫(りょうちゅう)辛を忘る)」「蓼虫不知苦(蓼虫苦きを知らず)」のような表現を基にして作られたもの。日本での古い例としては、『世俗諺文』(鎌倉期点)に「蓼(たて)の虫(むし)辛のことを忘る」という表現が見られる。やがて、「たでくふ虫もすきずきとは申すが、あのやうなお内儀にそうてゐらるる」(波形本狂言・縄綯)のように現代と同じ言い回しが室町末期から近世初期にかけて現れて来る。

たてつく【楯突く】

目上の人や力のある人に素直に従わず反抗する。↓楯

たてまえ たてまへ【建前・立前】

表向きの方針。基本となる原則。もともと「建前」は建築で柱、棟、梁などの主な骨組みを組み立てることを意味した。主要な骨組みという意味から、基本となるもの、更に表向きの方針へと意味用法が転じた。

例「根引きにすれば闇の花、そこが白柄組の建前だわ」(歌舞伎・侠詞花川戸・三)

だてまき【伊達巻き】

白身魚のすり身を混ぜて調味した卵を厚焼きにし、粗い巻き簀(す)で巻いたもの。巻き簀で巻くことで渦巻き形の切り口となり、普通の卵焼きよりも華やかなため、「伊達(だて)な巻き卵焼き」の意味で命名したものといわれる。祝い事用に使われる。

たてやくしゃ【立役者】

中心人物。江戸時代に、芝居で一座の中心になる役者を「立役者」といった。「たて」は下二段活用動詞「立つ」(口語たてる)の連用形で、接頭語のように用いられたもの。役目などを表す名詞に付いて、その仲間の中で第一位となるものの意を表す。「立行司」「立女形(おやま)」「立作者」「立三味線」な

どがある。「立役者」は一般用語として「勝利の立役者」「政変の立役者」などと使われるようになった。

例「ジュネエブに帰還したアゼフは、英雄のようにして迎えられた。一躍して党の立役者と成った観さえある」(大仏次郎・地霊・昭和二一年)

たどん【炭団】

炭の粉とのりを混ぜ練り固めた燃料。語源は「炭団(たんどん)」(=炭の団子)の省略、転訛形。「団」は「蒲団」「水団」などと同様に唐音で「トン・ドン」と読む。古くは「たんとん・たんどん」という語形が見える。『*書言字考節用集』では「炭団」に「タンドン」と「タドン」の二つの読みが付されている。中国にはこの漢語はなく、「香餅・炭餅」がそれに当たるようである。黒くて丸い形状から、「炭団に目鼻」のように色黒の容貌や、相撲の黒星の意味でも用いられる。

例「Tadon　タドン　n. A ball made of charcoal and seaweed, for burning in braziers.(木炭や海藻で作った燃料にする丸いもの)」(和英語林集成・初版)

たなあげ【棚上げ】

留保すること。無視すること。中世に「棚に(へ)上げる」という言い方が「一向に棚にあげて打ちおいて心にのせはせぬぞ」(玉塵抄・三八)のように行われた。『*譬喩尽』にも「棚へ揚げて置く」と見える。この言い方が圧縮されて、「棚上げ」となったもの。棚に上げて放置するということから出たものである。

例「一時熱を上げたセメント工場の計画は棚上げして」(井上靖・射程・昭和三二年)

たなごころ【掌】

てのひら。『*十巻本和名抄』の「掌」の項に、「音賞、太那古々路(たなごころ)〈略〉手心也」とあるように、「たなごころ」は手の心の意である。「た」は「手」の複合語を作るときの形で、「たもと(袂)」「たづな(手綱)」などの「た」である。「な」は「の」と同じ意味で、「な」と「の」は、手(テ→タ)同様、語末母音を交替させたもの。「まなこ」(=眼の子の意)、「み(水)なと(門)」(=港)などのように、複合語の中に現れる。「ごころ」は「こころ」の連濁形である。「こころ」と「うら」には通じるものがあるので、手の裏を心と捉えたものである。

例「掌かへす子供の中直り」(雑俳・菊丈評・宝暦八年)

たなばた【七夕】

七月七日の夜に織女星と牽牛星を祭る行事。「たなばた」は機織(はたお)り機械の一種で、また機を織る女性や織女星を指す。この七月七日に行われる祭りには織女星を祭るという目的があるので、織女星を意味する「たなばた」をもって、その祭りの名称とした。「七夕」の表記は漢語「七名(しちせき)」に由来。

例「山上臣憶良七夕歌十二首」（万葉集・八・一五一八題詞）

たなびく【棚引く】

雲や霞（かすみ）などが、横に薄く長く広がって空に漂う。「たな」は動詞に付いて、「たな曇る」（＝一面に曇る）、「たな知る」（＝すっかり知る）などのように、横になびく、一面に、などの意を添える接頭語。「たな引く」で、一面に長く引いたように広がる意。なお、古くから「なびく（靡）」に接頭語の付いたものとする説もあった。「雲かすみのたちなびく也。ちを略す」（日本釈名）。しかし、先にあげたような「たな～」という類例や、『万葉集』の「たなびく」を「棚引（曳）」と表記した例などから考えて、「靡く」と見る説は採れない。

例「白雲の棚引（たなびく）山を越えて来にけり」（万葉集・三・二八七）「夕べには　霞（かすみ）多奈妣久（たなびく）」（万葉集・一三・三二二一）

たにし【田螺】

タニシ科の淡水性巻貝の総称。田圃や池・沼などにすむ。「螺（にし）」は巻貝の総称であり、赤い巻貝をアカニシ、長い巻貝をナガニシと言う。タニシとは、田にすむ巻貝の意である。古名は「たつび」と言った。「つび」は「つぶ（粒）」と同源である。

例「Tanixi タニシ（田螺）　田にいる貝」（日葡辞書）

たにまち【谷町】

相撲界で、力士の贔屓筋をいう言葉。明治末年、大阪谷町の外科医が相撲好きで、力士の治療代をとらなかったことからできた語といわれている。『西日本新聞』（平成一二年一一月一八日）は、この外科医は福岡県古賀市出身の薄恕一（すすきじょいち）だとして、関係者にも取材している。この医者が誰かについては、水戸藩の医師の家に生まれ、石黒忠悳（ただのり）に大学東校で学んだ萩谷義則だとする説もある（萩谷朴『語源の快楽』。筆者自身記すように物的証拠はない。ただ、義則は当時谷町唯一の外科医で、谷町には数少ない多額納税者であり、かつ気っぷのよい酒好きだったということから推定している）。

たにんどんぶり【他人丼】

丼ものの一つ。鶏肉以外の肉と玉ねぎを甘辛く煮たものを卵でとじて飯の上にのせた料理。鶏肉と卵が親子の関係だとする親子丼に対して、豚や牛などの肉と卵は他人の関係だとして名付けられたもの。

たぬき【狸】

イヌ科の動物。語源不詳。「手貫（たぬき）」に因むという説は古くからある。「此の皮手貫によろしきをもて名を得る成るべし」（和訓栞）。「手貫（たぬき）」は、籠手（こて）の類で、今の弓懸（ゆがけ）（＝弓を引く時に着ける革の手袋）である。

例「狸〈略〉多奴岐（たぬき）」（十巻本和名抄）

たぬきうどん【狸饂飩】 かけうどんの上に揚げ玉をのせたもの。そばの場合は「たぬきそば」という。語源について以下のような説がある。①タネヌキ（種抜）がタヌキに転訛したもの、②色合いや濃厚な味加減が狸を連想させるから、③種が揚げ玉とネギしかなく、種をごまかされたようだから、④揚げ玉の印象が腹をふくらませた狸を連想させるから、⑤「きつねうどん（そば）」の連想からなどである（たべもの起源事典、衣食住語源辞典ほか）。戦後食料不足の時代、揚げ玉を具にすることが行われ、その名称として、同じく揚げ物を使う「きつね」にならって「たぬき」としたものかと考えられる。「たぬきうどん（そば）」という名称が定着する前に、いろいろの呼び名があったらしい。「たぬきというのもある。これは何かと思ったら、（昔は、あんかけを、たぬきと称していたようだが）揚げカスを載っけた奴であった。それなら、つい先頃までハイカラうどんと称していた筈である」（古川緑波・ロッパ食談・うどんのお化け・昭和三〇年）。

たぬきねいり【狸寝入り】 寝たふりをすること。そら寝。タヌキは驚くと気を失い、しばらくすると逃げ出すことから、人を欺くために寝たふりをしていると信じられ、空寝の意味となった。
例「とられぬは狸ねいりの胡蝶かな」（俳諧・毛吹草・五）

タバコ【煙草・莨】 ナス科の植物の葉を乾かし発酵させて作った嗜好品。植物としてのタバコは南米原産で、嗜好品としてのタバコは一六世紀半ば以降、ポルトガル人によってもたらされた。語源はポルトガル語 tabaco に由来する。tabaco の語源は、スペイン語で薬草を意味する tabacco をこの植物に当てはめたからとも、南米にあるトバコ島からとも言われるが、定かではない。江戸初期の木下延俊の『慶長日記』（慶長一二年二月二九日）に「此頃たはこと云ふ事はやる、是は南蛮より渡ると云ふ」とある。「煙草」は植物のタバコの漢名。

たび【足袋】 足先が親指と他四本の指の二つに分かれた、和装のときに足に履くもの。「単皮履（たんびり）」の意か。『*十巻本和名抄』に「単皮履　唐令曰、〈略〉舄重皮底、履単皮底。今案野人以鹿皮為半靴、名曰多鼻、宜用単皮二字乎（舄は重皮の底なり、履は単皮の底なり。今案ずるに野人鹿皮を以て半靴をつくる、名づけて多鼻（たび）といふ。よろしく単皮二字を用ふべし）」とあり、これによれば、一枚革で作った「たんびり」が「単皮」と表記され、それが「たび」と変化したと考えられる。「単皮履」は中国には例がないようである。これ以外の説として、『大言海』は「旅沓（たびぐつ）」の略とする。「足袋」は日本で考えられた当て字。

例「怪しげなる単皮(たび)・脚巾・草鞋を召して」(太平記・五・大塔宮熊野落事)「Tabi　タビ　短韈」(和英語林集成・初版)

だび【茶毘・茶毗】
死者を火葬にすること。「茶火」とも書く。パーリ語 jhāpeta を、音写したもの。「焼身」「焚焼」などと漢訳される。火葬は古代インドにおける一般的な遺体の処理方法で、釈迦も火葬されたことから、仏教の伝播と共に日本に伝わった。古くは「茶毘する」と言ったが、現在は「茶毘に付す」が一般的。

だふや【だふ屋】
手に入れにくい入場券や切符を先に買い、通常より高い代金で客に売りつけ、利益を得る非合法の商売。「だふ」は「ふだ(札)」の倒語。倒語は、隠語をつくる方法の一つで、「宿(やど→どや)」「場所(ばしょ→しょば)」「上野(うえの→(かみの→)のがみ)」なども同様である。
例「青バエの如く集まったダフヤは四、五十人、二倍、三倍どころかとうとう六百円のキップをヒドイのになると二千四百円で売りつけた」(朝日新聞・昭和二六年八月一二日)

たべる【食べる】 文語 たぶ
食う。古くは「食う」の謙譲語、または丁寧語。古語の動詞「たぶ(賜)」には四段に活用する尊敬語と下二段に活用する謙譲語の用法があった。四段活用の「たぶ」は上の人の、物を与えるという動作を尊敬する動詞。下二段の「たぶ」はこれに対する謙譲語で、いただくことを表す。謙譲の「たぶ」に食うの意味が生じたのは、自分の食している物はいただき物であるというへりくだった気持ちであると言われている。この「たぶ」の語源は「たまふ(賜・給)」であるとされているが、逆の見方もある。「たまふ」のほうが古いとする根拠の一つに、平安初期までマ行音からバ行音への変化は多いが逆は無いということがあげられている(日本国語大辞典二版)。
例「かの蒜(ひる)くさき御さかなこそいとたべまほしけれ」(宇津保物語・蔵開・上)

たまげる【魂消る】
非常に驚く。びっくりする。「たまきえる(魂消)」の縮約したもの。「たま(魂)」は、思慮分別・精神の意。あまりに驚いて思慮分別が消え失せてしまうということ。江戸時代から見られる語。
例「物に驚くことを　東国にて、たまげると云」(方言・物類称呼・五)

たまご【卵・玉子】
鳥・虫・魚などの雌の生殖細胞で、孵化(ふか)して幼動物を生じるもの。古く、「子(こ)」だけでも卵を表したが、それでは卵と特定できないので、形状を表す「たま(玉)」を上につけたものだろう。「鳥の子を十づつ十は重ぬとも思はぬ人をお

もふものかは」(伊勢物語・五〇)のように、この「子」は卵の意味である。古く卵のことは「かひ」または「かひ子」ということが多かったが、「蚕(こ)」といわれていた蛾の幼虫が「飼ひご」と呼ばれるようになり、卵の「かひご」と同音となった。これを避けるために「たまご」が一般化したといわれる。『*日葡辞書』には次のように記されている。「Tamago タマゴ(玉子) 卵、上(Cami)では、Caigo(カイゴ)と言う」。

たまにきず【玉に瑕】

非常に立派だが、ごく一部に欠点があることのたとえ。「たま(玉・珠・璧)」は、宝石類の総称で、完璧なもののたとえ。漢籍には、「玉之有瑕〔玉の瑕(きず)有る〕」(淮南子・説林訓)、「璧有瑕〔璧(たま)に瑕有り〕」(史記・藺相如伝)、「白璧微瑕〔白璧(はくへき)の微瑕(びか)〕」(昭明太子・陶淵明集序)などの表現があり、これらがもとになって、日本で「たまにきず」が成立した。

例「あたら御身を、いみじう沈みて、もてなさせ給ふこそ、口惜しく、玉にきずあらん心地し侍れ」(源氏物語・手習)

たまねぎ【玉葱】

ユリ科の多年草。ペルシャ原産で明治初年に日本に渡来した。「たまねぎ」という名は「長ねぎ」に対するもので、明治以降の造語である。長ネギに花や茎の形が似ており、鱗茎が球状になることから、球状の鱗茎を持つネギに似た植物という意味で「玉ネギ」と名付けられた。

例「球葱(たまねぎ)・馬鈴薯(じゃがたらいも)等近来愈々青物市に上る」(平出鏗二郎・東京風俗志・明治三二〜三五年)

たまのこし【玉の輿】

女性が結婚によって富貴の身分を得ることのたとえ。「玉の輿」は高貴な人の乗る乗り物。それに乗ることができるということで、高貴な身分を得ることのたとえとした。「玉の」は玉のように美しいという美称で、類例が多い。「玉の台(うてな)」「玉の肌」「玉の小櫛(おぐし)」など。

例「女は氏無うて玉の輿に乗る」(俳諧・毛吹草・二)

たまむしいろ【玉虫色】

どうにでも解釈できるさま。「玉虫色」は元来、玉虫の羽のように、光線の具合で金緑色や金紫色などさまざまに変化して輝くメタリックな色合いをいう。「さてまた衣裳の様々は、数を尽くして見えにけり。〈略〉山吹色や薄浅葱(あさぎ)、玉むしいろに桃の花」(御伽草子・猿の草子)のように、特に織り色について多く用いられた。現代では、政治的な、曖昧なままの結着などに言う。

例「そのような不透明で玉虫色の政治的妥結をはかることは」(読売新聞・昭和五六年一二月九日)

たまもの【賜物・賜】

良い結果。「たまひもの」、あるいは「たまはりもの」の約。「た

まひもの」は目上が与えた物という意味。「たまはりもの」は上からいただいたものの意。「たまもの」の原義は、賜った物、すなわち、下され物・恩賞の意。「天皇、功(いさをしさ)を定め、賞(たまもの)を行ひたまふ」(日本書紀・神武二年二月・北野本訓)。明治以降、上の人からだけでなく、「努力の賜」「苦しい練習の賜」など何らかのもののおかげで得られた良い結果の意で用いられるようになった。

例「僕に云わせると、これも余裕の賜物だ」(夏目漱石・明暗・大正五年)

たむける【手向ける】 文語 **たむく**

神仏等に供え物を捧げる。「た」は「手(て)」の複合語を作るときの形。「向ける」は、そちら側に面するように置き変えることから、そちらへやる、供えるの意味となった。「たむける」は手を以て供える意。「左右の手して捧げるもの故にいふといへり」(和訓栞)。

例「指進(さしずみ)のくるすの小野の萩の花散らむ時にし行きて手向(たむけ)む」(万葉集・六・九七〇)

たむろする【屯する】 文語 **たむろす**

ある仲間が群れ集まる。「たむろ」について『名言通』*(下)に「屯　タムロ　テムレ(手群)也」とある。古く「たむら」という形も「人皆党(たむら)あり」(日本書紀・推古一二年四月・岩崎本訓)のように見え、「群」がムレ、ムロ、ムラなどと語末の母音を交替させていたことがうかがえる。「た」は語調を整えるために冠する接頭語だろう。この「た」は、「ぬばたまのその夜の梅を手(た)忘れて折らず来にけり思ひしものを」(万葉集・三・三九二)などと用いられていた。

例「互ひに旗の手を下して、東西に陣を張り、南北に旅を屯(たむろ)す」(太平記・一五・大樹摂津国豊嶋河原合戦事)

だめ【駄目】

無益なこと。無駄なこと。「むだめ」の略。「棋の闕を云ふ。ムダ目也。凡事の無益なるを棋の闕に喩へてダメと云」(俚言集覧)。「だめ」は囲碁の用語で、白石黒石の境界にできる、どちらが打っても何の役にも立たないところ。↓だめをおす

例「けんぎゃうの内義はだめな美しさ」(雑俳・柳多留・二一)

ためぐち【ため口】

対等な口の利き方。一説によれば、「ため」は賭博用語で、同目を意味する、という。いわゆる「ぞろ(目)」(=二つのさいころを振って、同じ目が出ること)と同じ意味であろう。ここから対等の意に転じ、さらに「ため口」という語を派生した。「ため」は一九六〇年代の不良少年の隠語として使われ、七〇年代若者言葉として、主に関東で一般化した(米川明彦・日本俗語大辞典)。「ため」や「ため口」について、このほかにも語源説があるが、賭博起源説を含めて、確かなものはない。「ため口を利く」という言い方が多い。

ためつすがめつ【矯めつ眇めつ】
いろいろな角度からよく見るさま。片目をつぶってねらい見る意の動詞「ためる（矯）」と、片目を細めて焦点を合わせるようにする意の動詞「すがめる（眇）」の各連用形に、いわゆる完了の助動詞「つ」が付いたもの。完了の助動詞「つ」が、このように「〜つ〜つ」の形で用いられると、二つの動作・作用が反復または継起して行われることを表す（「討ちつ討たれつ」「行きつ戻りつ」などもその例である）。したがって、「ためつすがめつ」とは「（よく見ようと）片目をつぶったり、細めたり」が、その文字通りの意味で、そこから、いろいろな角度からよく見ようとするさまを表す慣用句となった。
例「この中（＝鏡ノ中）に女があるよ、妾（わらは）が顔を、ためつすがめつ見るが」（虎明本狂言・鏡男）

だめをおす【駄目を押す】
くどく念を押す。「だめ」は「駄目（だめ）」参照。碁では勝負にかかわるところを打ち切ったあと、交互に「駄目」に石を詰めて形を整えるが、それを古く「駄目をさす」といった。この手は何の得にもならず、地を確定し、計算しやすくするための確認の作業なので、念を入れることのたとえとなった。「咄（はなし）の冗（だめ）をぞさされける」（浮世草子・諸芸袖日記・二・一）。これを「駄目を押す」というようになったのは似た意味の「念を押す」と混交したもの。「駄目押し」はこれを名詞化したもの。
例「そんなに駄目を押さずと、早く帰らっし、帰らっし」（歌舞伎・与話情浮名横櫛・四）

たもと【袂】
袋のようになって垂れ下がった和服の袖の部分。『和句解』*に「たはて也。手もとなり」とあるように、手の付け根の方、すなわち肩から肘（または手首）あたりを指す語であった。そこから衣服の肩から手首あたりを覆う部分の名称となった。なお、「た」は「手（て）」が複合語を作るときの形。更に近世、「橋のたもと」というような用法も派生したが、これは本体となるべきものの近くにあるものということであろうか。
例「秋の野の草のたもとか花すすきほにいでてまねく袖とみゆらん」（古今集・秋上）

たやすい 文語 **たやすし**
容易である。やさしい。「た」は接頭語。形容詞「やすい」に「た」が付いたもの。接頭語「た」の例としては、「た謀る」「た忘る」などがある。
例「天下の事をや多夜須久（たやすく）行はむと、念（おも）ほし坐して」（続日本紀・天平元年八月二四日・宣命）

たよる【頼る】
助けとなるものとして依存する。『大言海』は「た」は「手」が複合語を作るときの形「た（手）」とするが、「たやすい」など

の「た」と同類の接頭語と考えられる。「よる」は「寄る」といわれる。「たよる」が出現するのは一一世紀になってからのようであるが、名詞化した「たより」の例は一〇世紀後半の『宇津保物語』（俊蔭）に、「こよなくたよりをえたる心地するもあはれなり」とある。このように名詞化した「たより」の方が、動詞「たよる」よりかなり早く出て来る。

例「笛の音に神の心やたよるらんもりの野風も吹きまさるなり」（赤染衛門集）

たらい《たらひ》【盥】

洗濯に用いる、洗面器よりは大型の容器。古くは、水や湯を入れて顔や足を洗うための容器で、取っ手のついた小型のものを称した。語源は「手洗い」が転じたものである。「たらひ」の「た」は「たなごころ（掌）」「たづな（手綱）」などの「た」で、「手（て）」の複合語を作るときの形。

例「御手水の調度、銀の坏、御盥、沈をまろに削りたる貫簀（ぬきす）」（宇津保物語・菊の宴）

たらいまわし《たらひまはし》【盥回し】

地位などをなれ合いで次々に譲ること。担当を替えるだけで適切な処置を行わないこと。近世、足でたらいを回すという曲芸があり、これから出たものといわれる。この芸は同じたらいが回っているだけだから、担当者が仲間内で受けつがれることのたとえや、担当者だけを替えて適切な処置が講じられないことのたとえとなったものと思われる。現在のような用法が一般的になったのは、第二次世界大戦前の思想犯の拘留手段や、金融界での利ざやを増やす裏手段を表す隠語として使用されたこととも関係があると思われる。

例「患者を病院から病院へ転送する「たらいまわし」が年間五万件もあったことなど、お寒い実態が明らかにされている」（朝日新聞・昭和五一年四月一九日）

だらしない 文語 だらしなし

しまりがなくきちんとしていない。「しだらない」の「しだら」の音節の順序を入れ換え「だらしない」として、濁音で始まる語を作ったとする説が有力。「しだらがないといふ事を『だらし』がない、『きせる』を『せるき』などいふたぐひ、下俗の方言也」（滑稽本・浮世床・初・上）。「しだら」は成り行き、ていたらくなどの意を持つ語だが、その語源は分からない。「ない」は近世後期、「だらしがない」のような言い方のあることからみて、接尾語ではなく、形容詞の「無い」と考えられる。

例「黒の紋天にひのごろふくりんの腹あはせの帯をだらしなく結び」（人情本・仮名文章娘節用・前・二）

たらのき【楤の木】

ウコギ科の落葉小高木。若芽は楤穂（たらぼ）と言い、食用になる。語源不明。「たら」は、梵語で樹葉の意を表す pattra

の音訳である「貝多羅（ばいたら）」の略、という説がある。「楤木　多羅の木なり。多羅は貝多羅の略。貝多羅は梵語なり。仏経をその葉にかきしと云ふ」（名言通・上）。「貝多羅」は、古代インドで経文を写した多羅樹（たらじゅ）の葉を意味する。タラノキが多羅樹に似ているためらしい。

たらふく【鱈腹】

腹一杯。語源不明。『大言海』は「足（た）らひ脹（ふく）るるの意」とする。しかし、「たらひふくる」のような語が実際に用いられ、「たらふく」に変化していったということが実証できるわけではない。「たらふく」の古い用例には、「懐王の故事をたらふく用ゐる也」（三体詩絶句鈔・四）のように「十分に」の意味で用いられたものもあり、必ずしも「腹一杯」だけの意味ではなかった。また、十分になるという意味の動詞「たらふ」あるいはその元である「足る」とは何らかの関係がありそうに思われるが、詳細は不明である。なお、「鱈腹」と書くのは当て字であるが、魚のタラが貪食で有名なことに因む。

例「たらふく呑んでわけがあらばや」（雑俳・三国志）

たわけ《たはけ》**【戯け】**

ばか。愚か者。動詞「たわける（戯）」（文語たはく）の連用形が名詞化した語。動詞「たわける」は、「たわむれる（戯）」「たわごと（戯言）」などと同根である。古くは、正常でない行為をする、特に、淫（みだ）らな性的行為に及ぶことを意味した。*『享和本新撰字鏡』に「奸姦〈略〉乱也　犯婬也〈略〉太波久（たはく）」とある。それが、室町時代末期には現在のような意味に変わった。*『日葡辞書』に「Tauaqeta mono. I, tauaqe（戯けた者。または、戯け）　大馬鹿者、あるいは、愚か者、など」とある。

たんかをきる【啖呵を切る】

歯切れよく威勢のよい調子でまくし立てる。「たんか（啖火）」は、咳と共に激しく出る痰（たん）やその病気のこと。痰を切れば胸がすっきりするところから、胸のすくような言葉を吐くことを「たんかを切る」というようになったといわれる。「たんかを切る」より古く、「たん（痰）を切る」という言い方が近世にはあった。「亀王をつまみ殺さんなどと、たんを切ったが、サア殺して貰ふかい」（浄瑠璃・姫小松子日の遊・二）。「たんを切る」を強め、仏教語「弾呵（たんか）」（=叱りつけること）の影響を受けながら「たんかを切る」となったものかと思われる。

例「なんぢゃい、この関東べいめが。〈略〉えらいたんか切りくさったら、頭（どたま）みしゃいでこますぞよ」（滑稽本・客者評判記・上）

だんげん【断言】

はっきりと言い切ること。明治期に英語 conclusion の訳語

として造られた和製漢語。「断言」は初めは conclusion の訳語として「前提から導かれた判断」の意味で使われたが、conclusion にはふさわしくないというので、代わりに「結論」や「断案」が訳語として使われるようになった。そこで「断言」は、はっきりと言い切るという意味で使われるようになった。

例「両者の優劣に至りては、未だ倉卒に断言すべからざるものあり」（坪内逍遥・小説神髄・明治一八年）

たんご【単語】

語。「単」は「基準となる一つのまとまり」の意。明治期の和製漢語。初めは、「一つのことば」「一つの語」の意味で使われた。*『音訓新聞字引』（明治九年）には、「単語　ヒトコトバ」とある。後に英語 word の訳語として使われるようになった。

例「談話を忘れる癖に或る単語をおぼえている」（森鷗外・青年・明治四三〜四四年）

だんご【団子】

穀類の粉を水でこねて小さく丸め、蒸したり茹でたりした食品。語源については諸説あるが、漢語「団子（だんし・だんす）」が起源であろう（佐藤喜代治・日本の漢語）。「団」は「まるい、まるめたもの」の意で、「団塊」「水団（すいとん）」「炭団（たどん）」などの「団」も同じである。「子」は名詞に付加する接尾語で、「椅子」「菓子」「金子（きんす）」などの「子」も同じである。漢語「団子」は、宋代の『東京夢華録』などに実例があるという。これが中世日本に入って、ダンシ・ダンス（スは唐音）からダンゴという語形に変わっていった。「団子」の「子」がゴに変わったのは、それを訓読したことのほか、その物の形が小さいということや、「粉（こ）」を材料に作ることなどがかかわったか、という。事実、*『運歩色葉集』や『天正本新撰類聚往来』などに「団粉」という漢字表記形が見られる。

例「ばあさん、団子はつめてえか。チトあったためてくんな」（滑稽本・東海道中膝栗毛・初）

たんごのせっく【端午の節句】

男の子の成長を祝う祭り。もとは季節の変わり目の行事である五節句のうちの一つ。「端」は初めという意味で、月初めの午（うま）の日という意味であったが、「午（ご）」と五とは音が通じるため、五月五日を指すようになった。この行事は邪気を払うために行われたものだが、近世男の子の祝いとなった。

例「先づ正月は屠蘇の酒、端午の節句は菖蒲酒」（歌舞伎・助六廓夜桜）

たんす【簞笥】

引き出しの付いた、衣服などを入れておくための家具。「簞笥（たんし）」は漢籍『礼記』に見られ、竹製の飯を入れる器の

こと。「箪」は円形のもの、「笥」は方形のものを指す。日本では「箪笥」という表記は一六世紀中期の『*運歩色葉集』あたりから見えはじめる。『運歩色葉集』にはタンジと振り仮名がある。タンスという形は、『*日葡辞書』に「Tansu（タンス）」と見られ、「茶の湯の道具などを入れる、手文庫のような小箱の一種」とある。一七世紀後期には衣類を入れるたんすも作られ、次第に大型化した。

例「出茶屋の吉が許に腰を掛れば、箪笥の下より、朝顔焼の天目出して、是まいれのよし」（浮世草子・男色大鑑・七・五）

たんぜん【丹前】

防寒着の一種。厚く綿を入れた広袖風のもので、衣服の上に着る物。どてら。江戸初期、神田の堀田丹後守屋敷前に風呂屋があり、そこに勝山という湯女がいた。この勝山に通う遊客たちは勝山の風俗をまねて、広袖の寛濶な服装を好んだ。この湯屋を丹後守の屋敷の前にあるので丹前風呂といい、そこへ通う遊客の服装を丹前姿といった。広袖の防寒着をはおった姿が似ているところから、上方でその防寒着を「丹前」というようになったという。

例「たんぜんは何もないのにむすぶやう」（雑俳・柳多留・五）

だんちがい《だんちがひ》**【段違い】**

くらべものにならないほどの大きな違いがあること。「段」は囲碁や柔道などで技量に応じて与えられる等級のことで、対戦相手の段数があまりに違うと実力の差が歴然で勝負にならないことからいう。

例「奥さんと妹さんとが先づ互角のうまさで又自分とは段ちがいであった」（長与善郎・竹沢先生と云ふ人・大正一三〜一四年）

だんちょうのおもい《だんちやうのおもひ》**【断腸の思い】**

非常に悲しくいたましい思い。「断腸」は、はらわたを断ち切る意、転じて、はらわたがちぎれるほど深く憂い悲しむことをいう。この語の出典としては、子猿を捕られた母猿の腸が悲痛のあまりずたずたになっていたという、中国南北朝・宋時代の『世説新語』所載の故事が知られる。ただし、原文には「腸皆寸々断〔腸皆寸々に断えたり〕」とあって、「断腸」とはなっていない。「断腸」は『万葉集』（五・七九三）の序文に「独流断腸之泣〔ひとり断腸のなみだを流す〕」と見える。

例「我が翁行脚のころ、伊賀越えしける山中にて、猿に小蓑を着せて、誹諧の神を入れたまひければ、たちまち断腸のおもひを叫びけむ」（俳諧・猿蓑・序）

だんトツ【断トツ】

二位以下を大きく引き離して首位にあること。「断トツ」は、「花屋敷の電光ニュウスは、一九三〇年の夏の浅草の、『断然トップを切った』のだ」（川端康成・浅草紅団・昭和四〜五

年）に見えるような「断然トップ」の省略形。トップは首位の意の英語 top に由来する語。ちなみに、副詞「断然」は、古くは「きっぱりと」の意や、「決して、絶対に」の意を表した。「若しさうなったら自分も断然帰朝する」（有島武郎・或る女・明治四四〜大正八年）。それが、昭和初期になって「ずばぬけて」の意を生じた。「断然トップ」の「断然」はこの意である。

だんどり【段取り】

仕事などを進めていく手順。もと芝居の言葉で、筋の運びのこと。「段」は筋を構成するまとまり、「どり」は「取り」で、「間どり」などと同様、作る・配置するなどの意味。江戸時代の芝居関係の随筆『南水漫遊拾遺』に、「楽家通言　段取　成行を咄す」とあることなどから芝居関係から出たことが分かる。筋の進め方から物事の手順の意味になった。

例「いざと言ゃあ直（ぢか）に鍋焼の七色唐辛子を振りかけるといふだんどりだ」（滑稽本・七偏人・初・上）

だんな【旦那】

成人男子に対する敬称。元来は仏教語。梵語 dāna の音写で、施し、贈物、布施の意。「檀那」とも書く。中国や日本では、仏教教団や寺院の後援者の意で用いられる。転じて妻が夫を、奉公人が雇い主（男女とも）を、商売人や芸人が客を、こう呼ぶようになった。

例「某（それがし）は長刀遣ひを檀那に持って居るに依って」（虎寛本狂言・鈍太郎）「こりゃあ丹那（だんな）御免なせへまし」（滑稽本・浮世床・初・上）

たんのう【堪能】

十分に満足すること。「満足する」という意の動詞「足る」の連用形「足り」に完了の助動詞「ぬ」が接続した「足りぬ」がもとになってできた語。「堪能」という漢字表記は当て字。「たりぬ」が「足んぬ」「足んの」と変化し、更に長音化し「たんのう」となった。当時これを名詞と意識し、「それでもまだ足んぬせぬ程に」（毛詩抄・九）のように、サ変動詞の語幹としても用いていた。それに「堪能」を当てて漢語のように仕立てた。「堪能」は本来、中国古典に用いられていた漢語で、才能にすぐれていることを表していた。この場合、カンノウと読むのが漢音に基づく由緒正しい読み方。日本語では、この漢語もタンノウと慣用読みし、「書に堪能だ」などと使う。

例「しはい亭主かな、人に酒を盛るならば、たんのうする程振舞はせいで、ああ、呑み足らいで気味がわるい」（虎寛本狂言・悪太郎）

たんぺいきゅう《たんぺいきふ》**【短兵急】**

突然ある行動を起こすこと。「短兵」は中国の『管子』や『史記』に見える漢語で、刀などの短い武器を指した。「短兵急」とは、刀などの短い武器で勢いよく攻め立てることであった。これが後に「勢い急に攻めること」「突然ある行動を起こ

すること」へと意味が転じた。

例「相従ふ兵僮に二十余騎に成りしかば、敵三千余騎の真中に取籠て、短兵急に拉（とりひし）がんとす」（太平記・一〇・鎌倉兵火事）

たんぼ【田圃】
水田。語源としては、「たおも（田面）」の転とする説（大言海）、田の方向の意の「たのも」の転とする説（折口信夫・農民短歌史序説）、「たのべ（田辺）」の転とする説（小山田与清・松屋筆記）などがある。「た」が田であるという点は一致するが、「んぼ」については諸説あり、詳らかでない。漢語「田圃（でんぽ）」は田畑の意で、漢字表記は当て字。
例「畈畆　たんぼ　俗にタンボと訓り、畈は段別の段を田に合せたるなるべし」（辞書・俚言集覧）

たんぽぽ【蒲公英】
キク科タンポポ属の多年草の総称。語源については諸説あって定まらないが、鼓（つづみ）を打つ音に由来するのではないかと思われる。『*東雅』には「此の菜一名を白鼓丁ともいへば、タンポポの名あり、タンポポとは、鼓声をまなびいふ也といふ」とある。一方、「タンポポの名の由来はその古名のツヅミグサからでたもので、鼓の音タン・ポンポンに由来する」とする説（中村浩・植物名の由来）もある。この草の茎を切り取って両端を細かく裂き水に浸けると、両端が反りかえって、鼓のような形になる。子供たちがこの草から鼓を作ってタンポンと遊んだことから、草の名となったという。しかし、ツヅミグサ（鼓草）の用例よりもタンポポの用例の方が古いので、もっと古いツヅミグサの例が見つかるまでツヅミグサ由来説は保留しなければならない。ただ、子供がこの草の茎から鼓を作って、タンポンポンと遊んだことは柳田国男も指摘しており、そのタンポンポンからタンポポができたという考えは十分考慮しなければならない説である。なお、漢字表記「蒲公英」は、タンポポの漢名である。
例「Tanpopo　タンポポ（蒲公英）　この名で呼ばれるある草」（日葡辞書）

だんまつま【断末魔・断末摩】
死ぬとき。そのときの苦痛。「末魔（摩）」は、梵語 marman の音訳語（「死節」「死穴」と訳される）で、体内にある生命をつかさどる中枢部のことをいい、この箇所が傷つけられると激痛を伴いながら死んでしまうという。「断末魔」は梵語 marmaccheda の訳で、この「末魔」を断つこと、すなわち「臨終」を意味し、また臨終の際の苦痛のことをも言う。
例「手負は今を知死期（ちしご）時。父様申し父様と呼べど答へぬ断末魔」（浄瑠璃・仮名手本忠臣蔵・九）

だんまり【黙】
だまっていること。隠して言わないこと。動詞「だまる」の連

用形の名詞化「だまり」に撥音「ん」を挿入したもの。一種の強調形。歌舞伎で、暗闇の中で、数人の人物が無言で相手を探りあう演出、演技、またその場面を「だんまり」と言うところからきている。

例「主人成清にも無言(だんまり)にて是れを着腹なし」(人情本・恩愛二葉草・三・八)

たんもの【反物】

和服用の織物の総称。また、転じて呉服をいう。「反」は古代から使われてきた長さの単位であるが、時代によって異なっている。後に大人の着物一着分の布地を「一反」というようになり、現在では鯨尺で幅一尺(約三八センチ)、長さ二丈八尺(約一〇・六メートル)を指す。「反物」は、着物一着分(=一反)を単位として、生地の切り売りをしたことに由来する。

ち

ちがう《ふ》【違《ちが》う】⇩たがう

ちがや【茅】

イネ科の多年草。「ち(千)」の「かや(萱)」という意の二語が結合する際連濁し「ちがや」となった。「ち」とは、数の多いことを表す語で、数多く叢生している様子。「かや」は屋根を葺(ふ)くのに用いるイネ科の大形草本の総称である。

例「天なるや神楽良(ささら)の小野に茅草(ちがや)刈り草(かや)刈りばかに鶉(うづら)を立つも」(万葉集・一六・三八八七)

ちかん【痴漢】

女性に対して性的ないたずらをする男。「痴」はおろかという意。「漢」は男の意。「痴漢」は、もと「まぬけな男」という意味の漢語で、漢籍に例が見られ、日本でも「痴漢愚婦の間に一才子に逢ふは恰も砂漠の中に清水を得るが如しと」(織田純一郎訳・花柳春話・明治一一〜一二年)のように、まぬけな男の意味で用いられていた。女性に対して性的ないたずらをする男という意味は、現代に日本で生まれた用法であるが、明治、大正期の辞書にはこの語義は見られない。

ちぎ【千木】

神社本殿の屋根の端に用いる木を、X字形に交差させ、先端を空中に突き出させた装飾材。「千木」の形状が屈折しているので「肱木(ひぢき)」と呼び、その上略だとする説(大言海)、「風(ち)木の義なるべし」(和訓栞)という説など諸説あるが、語源未詳。「ひぎ」ともいい、『延喜式』の祝詞には「高天原に千木高知りて」(祈年祭)、「高天原に比木(ひぎ)高知りて」(六月月次祭)などと用いられている。

ちぎる【契る】

(特に夫婦となる)固い約束をする。語源について、「手握(て

にぎる）の義」（和訓栞）、「チギリス（血切為）也」（名言通・下）などをはじめ諸説あるが、不明である。

例「而るに長女（えひめ）、所期（ちぎり）し夜、族（やから）に偸（ぬす）まれぬ」（日本書紀・皇極三年正月・岩崎本訓）

ちくおんき【蓄音器】

レコードを回して、音を再生して聞く装置。英語phonographの訳語として造られた和製漢語。初め「蘇言器」（＝言葉を蘇らす器械の意）とか「自言器」とか訳されたが、音が蓄えてある器械ということで、「蓄音器」という訳が一般化した。蓄音器は、一八七七年にエジソンが発明したもので、日本には、明治一九年（一八八六）陸奥宗光がアメリカからもたらしたといわれる。

例「渠（かれ）は神聖なる蓄音器なり。万物自然の声、渠に蓄へられて」（北村透谷・万物の声と詩人・明治二六年）

ちくしょう《ちくしやう》【畜生】

人をののしる言葉。梵語tiryañc あるいはtiryag-yoniの漢訳語。「畜養する生類の意」（大言海）で、動物、虫、魚などの総称。これらは人より劣るものであるということから、人をののしる言葉としても用いられるようになった。

例「ちく生め入口に一ぱいふさぎ」（雑俳・机の塵）

ちくぜんに【筑前煮】

鶏肉・里芋・人参・牛蒡・蒟蒻（こんにゃく）などの炒め煮。語源については、元来、筑前（福岡県北部・西部地域）の郷土料理で、筑前から伝わったことに由来するという。筑前当地では「ガメ煮」と称する。このガメ煮の語源については諸説ある。豊臣秀吉の朝鮮出兵の際に、スッポンを野菜と煮て食べた。スッポンを（ドロ）ガメとも呼んだので、これをガメ煮といった。後にスッポンのかわりに鶏肉を使うようになったとする説（たべもの語源辞典ほか）などがある。

ちくでん【逐電】

逃げ去って行方をくらますこと。漢籍では「電（いなずま）を逐（お）う」意で、非常に速度がはやいさまを表す語であった。日本では、すばやく行方をくらます意に転じて用いられた。室町時代頃まではチクテンと発音され、チクデンという読みの例は、江戸時代になって現れる。「電」の漢音はテン、デンは呉音である。

例「次の朝〈略〉召し取らんと、人を遣はしけるに、早先立ちて逐電〈ちくてん〉しければ、行方も知らず」（太平記・二七・御所囲事）

ちくばのとも【竹馬の友】

幼なじみ。「竹馬の友」とは、幼いころ、共にたけうまに乗って遊んだ友の意。この表現は、『晋書』「殷浩（いんこう）伝」の故事に基づくといわれる。ただし、漢籍には「竹馬之友」という言い方は見えないようで、この「殷浩伝」では「温語人曰、

少時吾与浩共騎竹馬〔温人に語りて曰く、少き時吾と浩と共に竹馬に騎る〕」のようになっている。『世説新語』などには「竹馬之好」という辞句があり、「竹馬之友」はこれらを基にして日本で言われるようになったものかと思われる。

例「いつ迄も竹馬の友はもう覚え」（雑俳・軽口頓作）

ちくわ【竹輪】

魚類のすり身を竹などの棒に塗り付け、焼いたり蒸したりして製した練り物。「竹輪（の）かまぼこ」の略。「竹輪」というのは切口が竹の輪切りに似ているからだという。『蒹葭堂雑録』（安政六年）に「切りたる処竹の輪切に似たるを以て竹輪（ちくわ）といふなるべし」とある。この製品は、室町時代から造られたが、その外見が、蒲（がま）の穂状で鉾（ほこ）形に似るところから、当時、これを「蒲鉾（かまぼこ）」と称した。後に、板付きのものが製されるようになると、それを「板付き蒲鉾」、本来のものを「竹輪（の）蒲鉾」と呼び分けるようになり、更に板付き蒲鉾を「蒲鉾」、「竹輪蒲鉾」を「竹輪」と呼ぶようになった。→かまぼこ

例「竹輪、皮鰒（かわぶく）御のけあるべし」（浮世草子・万の文反故・一・四）

ちご【稚児】

小児。『名語記』*に「乳子の義か。乳のむほどの幼きものなるべし」とある。『枕草子』（二五・すさまじきもの）の「ちご亡くなりたる産屋」の「ちご」は、乳（ち）飲み子の意味である。「乳」のことを古くは「ち」といった。現代でも「乳離れ」「乳房」などの複合語の中に残っている。「ちご」は意味を転じて、幼児・小児を指すようになり、さらに寺院や公家・武家などで召し使われた少年や、社寺の祭礼の際に美装して練り歩いたりする童児を意味するようにもなった。「稚児」という表記は漢語「稚児（ちじ）」（「稚」は幼い意）を当てたもの。

例「追手（おひて）どもとおぼしき者ども、百四五十騎馳せ散つて、『若し十二三ばかりなる児（ちご）や通りつる』と、道に行き合ふ人ごとに、問ふ音してぞ過ぎ行きける」（太平記・二一・長崎新左衛門尉意見事）

ちち【父】

男親。「まろがち」（「まろ」は一人称代名詞。我が父の意）、「おほぢ（祖父）」、「をぢ（伯父・叔父）」などの例から、「ち」に父の意があったと言われる。「ちち」は「ち」の畳語形。日本語の親族名称にはこのような同音反復が多い。「ち」の語源については、「霊（ち）」と関連づける説（大言海ほか）があるが、はっきりしない。なお、「ちち」の母音交替形に「てて」「とと」があり、「とと」からは「（お）ととさま」「ととさん」が派生した。そこからさらに、「（お）とっちゃん」「（お）とっつぁん」「（お）とうさん」などが生じた。ちなみに、「ちち」の濁音形が「ぢぢ（爺）」で、これは、同音反復の「はは（母）」、その濁音形「ば

ば（婆）」と対応し、親族名称を構成している。

例「出でて行きし日を数へつつ今日今日と吾（あ）を待たすらむ知知（ちち）母らはも」（万葉集・五・八九〇）

ちとせあめ【千歳飴】

赤ん坊の宮参り、七五三の祝いなどに用いる縁起物の飴。随筆『還魂紙料』（文政九年）に、「元禄宝永の比、江戸浅草に七兵衛といふ飴売あり、その飴の名を千年飴（せんねんあめ）まだ寿命糖（じゅみゃうたう）ともいふ。今俗に長袋といふ飴に千歳飴（せんざいあめ）と書くこと、彼（か）の七兵衛に起これり」とある。「ちとせあめ」は「千歳（せんざい）飴」を読みかえたものだろう。「千年」も「千歳」も長寿を祝う言葉。

例「千歳飴延寿を祝ふ長袋」（雑俳・亀戸奉額狂句合）

ちどり【千鳥】

チドリ科の小鳥。普通名詞としては、多くの鳥の意で、「ち」は千、または多数の意味を表す接辞であった。この普通名詞から、特定の小鳥の名称になったという説は、現在でも、辞書類に採られている。しかし、なお群飛する鳥は多いのに何故この鳥の名に特化されたか、問題が残る。これに対して、『大言海』は「交鳥（ちがへどり）」の義で、「飛ぶ状（さま）」からいうという説と、「鳴く声を名」とするという説も掲げる。『古今集』（七・賀歌）に「しほの山さしでのいそにすむ千鳥きみがみよをばやちよとぞなく」と詠まれ、この「やちよ（八千代）」の中にチヨというチドリの鳴き声がかくされている。群れ飛ぶ鳥の中から、この鳥だけが、千鳥という名を得たのは、千鳥の「ち」というところに鳴き声をかけることができたからであろう。千鳥の鳴き声として、現在一般的なチンチンは、元禄一六年（一七〇三）刊の歌謡集『松の葉』の当代歌謡を集めた巻三に、「成らぬ恋なら止めたも増しよ、沖のちんちん千鳥が、羽打ち違への恋衣、さてよい中、それが定よ」と見えるという。

例「ぬばたまの夜のふけゆけば久木生ふる清き川原に知鳥（ちどり）しば鳴く」（万葉集・六・九二五）

ちどりあし【千鳥足】

酒に酔った人が左右にふらふらしながら歩くことのたとえ。小鳥のチドリは足指が三本だけで後ろにないため、よろめいた歩き方をする。酔っ払いの歩き方がチドリの歩き方に似ているところから言う。

例「しほがれの難波の浦のちとりあし蹈み違へたる路も恥づかし」（新撰六帖・五）

ちなむ【因む】

関連する。何かの縁によってつながっている。語源は諸説あるが、『大言海』は「血の縁に並（な）むの義」という。つまり、名詞「血」に、「連なる」意の動詞「並（な）む」が続いたものと考えている。動詞「ちなむ」の連用形「ちなみ」が名詞化した

例は、平安時代の『南海寄帰内法伝』(平安後期点)に「事の因(ちなみ)に願を発しく」「因(ちなみ)に、護命の事を論ずる」と見える。後者の例は、現在も使われる「因みに」という接続詞的に用いる用法のさきがけである。

例「因　チナム」(温故知新書)

ちび

背が低いもの。幼いもの。動詞「禿(ち)びる」の連用形の名詞化したもの。「禿びる」は、先がすれて減る、の意。近世、「仇な事仲人がなげく禿(ちび)雪駄」(雑俳・水加減)のように接頭語的に用いられた。明治以降、背が低いものへの蔑称、小さいもの、幼いものを意味するようになった。

ちまき【粽】

米や米の粉などを笹や真菰(まこも)の葉・竹の皮などで包み、藺草(いぐさ)で三角形に巻き上げて蒸したもの。「茅(ち)巻き」の意で、もと茅(ちがや)の葉で巻き包んだところからの称。端午の節句に食べる習俗がある。これは、五月五日に汨羅(べきら)に身を投じた屈原(くつげん)を哀れみ、竹筒に米を入れて江に投じてその霊を弔ったという、中国、楚(そ)の遺風であるという。

例「五月五日ちまきを人のもとにやるとて」(和泉式部集・詞書)

ちまた【巷】

世間。町なか。『日本釈名』*に「ちは道也、または股(また)也。道のわかるる所也」とある。「ち」は場所、方向を表す語で、「道(みち)」「こち」「あち」などに残っている。「麗美(うるは)しき嬢子(をとめ)、其の道衢(ちまた)に遇(あ)ひき」(古事記・中)は道の分岐点の意。道の分岐点には人が集まることから、集落や町の中の道路、更に町なかの意に用いられ、転じて世間の意になった。

例「憚る所なく云ふ声巷に満ちて」(太平記・四・先帝遷幸事)

ちまつりにあげる【血祭りに上げる】

戦いの手はじめに敵方の者などを殺して気勢をあげる。「血祭り」は出陣の際にいけにえの血を軍神に捧げて必勝を祈ること。これは古く中国で始まったとされる。ここから、手始めに敵を倒すことになった。「血祭り(に)する」の方が古い言い方で、南北朝時代の『曽我物語』に「小次郎が細くびうちおとし、九万九千の軍神の血まつりせん」(四・小次郎かたらひえざる事)のような表現が見られる。

ちみちをあげる【血道を上げる】

異性や道楽などに熱中する。「ちみち」は「血道」で血管のこと。血管は古くは「知乃美知　肉中血理也」(十巻本和名抄)のように「ちのみち」といった。『日葡辞書』*には「Chino michi　チノミチ(血の道)　血が頭に上がることから起こる

婦人の病気」と見える。「血道を上げる」という語句が見えるのは、江戸時代に入ってからのようである。熱病にかかったようにのぼせあがるさまを揶揄的に表したもの。「ヤイ、見やアがれ。親まで血道をぶちあげて騒ぐは」（滑稽本・浮世風呂・二・下）。

ちゃいろ【茶色】

色の名。『大言海』に「煎茶（せんちゃ）汁の濃き色より云ふか」とあるように、茶の煮出し汁の色、あるいは、その煮出し汁による染色（=茶染）の色からの称。

例「茶色小織物、口の緒（を）くろ茶」（松屋会記・久政茶会記・天正一六年一二月二日）

ちゃかす【茶化す】

まじめなことを冗談にしてしまう。「ちゃかす」の「かす」は「ごまかす」や「ひけらかす」の「かす」と同じで、動詞を作る接尾語である。「ちゃ」の素性は、はっきりしない。「ちゃらつく」「ちゃり」などの「ちゃ」と同一の可能性が指摘されている。用例は一八世紀初めの上方語で見え始め、ごまかすの意味で、「十貫目といふ敷銀を、あの女めにちゃかさりょか」（浄瑠璃・卯月の紅葉・上）のように使われた。一八世紀後半に、はぐらかすのような、今の意味で使われるようになった。「茶化」は当て字。

例「『爰（ここ）でおまはんにころされりゃア、私も余程有卦（うけ）にいったのだ』とまたちゃかして」（人情本・春色梅児誉美・後・八）

ちゃきちゃき

まざりけのないさま。「嫡々（ちゃくちゃく）」の転といわれる。「チヤキ　嫡嫡の音也」（俚言集覧）。「嫡」は正夫人、世継ぎの意味で、「嫡々」は血筋が正しいこと。「十郎といふも伊東のちやくちやくたり」（曽我物語・六・弁才天の御事）。

例「民五郎といって、元武士のちやきちやきぢや」（歌舞伎・傾城暁の鐘・上）

ちゃきんずし【茶巾鮨】

五目鮨を薄焼きの卵で包み、干瓢（かんぴょう）や細昆布で結んだ鮨。五目鮨が薄焼き卵で包まれているさまが、茶巾で包んだように見えるので言う。「茶巾」は茶碗などを拭く布のことである。

ちゃくそう《ちゃくさう》【着想】

考え。「おもいつき」を「着想」と漢字で表し、音読みして造られた明治期の和製漢語。

例「着想を離れて技巧なく技巧を離れて着想なきを」（夏目漱石・野分・明治四〇年）

ちゃくもく【着目】

目をつけること。「目を着ける」という意味を「着目」と漢字表記して、明治初期に造られた和製漢語。

例「衆人着目して或は驚き或は笑ひ」（織田純一郎訳・花柳春話・明治一一～一二年）

ちゃちゃをいれる【茶々を入れる】

水を差す。語源不明。「茶々」には茶の意味があり、茶を入れて一服することから、人のやっていることを中断し、水を差す意になったかと考えられる。「茶々を入れる」は、「ちゃ～」の慣用語の中では古い方で、類義の「ちゃにする」「ちゃかす」「ちゃちゃをつける」よりも、早くから例がある。

例「過去世において人の恋に邪魔となり、祝言にちやちやを入れたるむくいによつて」（浮世草子・好色貝合・下）

ちゃばん【茶番】

底の見えすいた、下手なたくらみやふるまい。「茶番狂言」の略。「茶番」は、お茶の当番のことで、歌舞伎では下っぱの役者が務めた。大入りの慰労会で茶番が余興に出した寸劇を「茶番狂言」といった。これが一般にも広がり、素人衆が演じるようになり、本格的な芝居ではないから、ばかばかしいものもあり、そこから今の意味となった。

例「茶番は江戸の戯場より起こる、もと楽屋の三階にて、茶番にあたりし役者は、いろいろの工夫を思ひ付き、景物をいだせしを、茶番茶番といひしより」（随筆・俗耳鼓吹）

ちゃぶだい【卓袱台】

四本の短い脚のある食事用の台。語源については、『大言海』が「チャブは、茶飯の支那音（Cha-fan.）の訛か、或は云ふ、支那語、卓袱（チャオフ）（Cho-fu.）の訛か、又、米国辺にて、支那料理のことを、チャプスイ（Chop-suey.）と云ふより、転ぜしならむと云ふ」と、諸説を挙げている。現在有力なのは、「卓袱」の中国音の転とする説である。「卓袱」は中国風テーブルクロスを意味したが、転じて、中国風食卓を表した。例のように、明治初期には、中国音の訛った「ちゃぶ台」という呼称が現れる。

例「おいらは弥次さんに附き合って、食机（ちゃぶだい）の縁（ふち）を匕（さじ）でたたいたばかり」（仮名垣魯文・西洋道中膝栗毛・一〇・下・明治四年）

チャボ

ニワトリの小形の一品種。インドシナ半島原産で、名は越南地方のチャンパ国（チャンパー、チャボとも言われた）から渡来したことに由来する。日本には江戸初期に伝わった。鶏よりも小さいことから、漢字では「矮鶏」と書かれる。

ちゃらんぽらん

いい加減なこと。『嬉遊笑覧』*に「ちゃらほら」という語が見えるが、これを強調したものだろう（上方語源辞典）。『嬉遊笑覧』（五下）には「今えしれぬ浮言をいふをチヤラホラといふも是なり。省きては唯ホラをふくともいへり」とあり、「ちゃらほら」の「ほら」はうその意味の「ほら（法螺）」と捉えられ

ている。「ちゃら」は「ちゃらちゃら」の「ちゃら」である。「ちゃら」も近世から例がある。

例「ちゃらんぽらんのお経の文句」（仮名垣魯文・西洋道中膝栗毛・九・上・明治四年）

チャルメラ

屋台のラーメン屋の客寄せなどに用いられる笛。リードのある簡単な縦笛。中国の嗩吶（さない・さとつ）の類を指す。一六世紀に日本へ伝わったが、ポルトガル人がこの笛をチャラメラ（charamela）といったことから、日本でチャルメラと言うようになった（チャルメイラ・チャルメロ・チャンメルなどとも言われた）。「嗩吶　チヤンメル」（書言字考節用集）。

例「らつぱちやんめら、万の物の音迄もゆたかに」（浮世草子・好色二代男・八・二）

ちゃんこなべ【ちゃんこ鍋】

大量の魚介・肉・野菜などを大切りにし、水炊きのようにした料理。相撲社会独特の料理。語源については、中華鍋の「鏟鍋（チャンクオ）」が訛ったもの、古参力士を「ちゃんこう」と言い、その力士が作ったことから、など諸説あるが、不明。

ちゃんちゃんこ

袖無しの羽織。以前は「ちゃんちゃん」とも言った。語源について『大言海』は「ちゃんちゃん」は「其の鉦の音に起こる」という。「ちゃんちゃん」は「支那（清国）人の服装（唐人笠に筒袖の衣に紅布の芥子括（けしぐくり）して、江戸市中を、鉦（かね）をチャンチャン叩きて、飴を売り歩きしもの」という。それから小児の袖無し羽織を意味するようになった。また、「こ」は「紙子（かみこ）、布子（ぬのこ）、刺子（さしこ）などより移りたる」ものとする。

例「しかもそれが赤いちゃんちゃんこを着ている」（森鷗外・追儺・明治四二年）

ちゃんぽん

まぜこぜにすること。『大言海』は「（鉦と鼓などを）互いに打ち込むこと」と説明している。異種の楽器の合奏から異種のものの混合を表すようになったもの。長崎名物の「ちゃんぽん」もラーメンの具にいろいろなものを入れ込んだからと解されるが、これには「喰飯（シャポン）」（＝中国福建省の料理）の訛ったものという説もある。

ちゅうこ【中古】

使って新品でないこと（もの）。同じ意味で、近世後期から「ちゅうぶる（中古）」という語があり、現代でも使われる。その漢字表記「中古」を音読みして「中古品」「中古車」などという語が作られ、それを略して「中古（ちゅうこ）」という形でも使われるようになった語。なお、昭和初期から同じ意味で「セコハン」という言葉が使われたが、これは英語secondhand（セコンドハンド）を略したものである（second

は二番目の、hand は所有の意）。

ちゅうしょう《ちうしやう》**【抽象】**
一定の特徴や属性を抜き出すこと。和製漢語。「抽」は抜き出すこと、「象」はかたち。具体的なものからある性質などを抜き出すこと。明治時代に英語 abstract の訳語として、西周によって使われだした。↓具体
例「男性に対する観念をその数人から抽象して健三の所へ持って来た彼女は」（夏目漱石・道草・大正四年）

ちゅうもん【注文・註文】
物の製作を依頼すること。平安時代から使われている和製漢語。「注進の文書」の意味で作られ、「注進」の「注」は「記す」、「進」は「さしあげる」という意で、書き記して差し出すことを意味した。「注文」は中世からは「依頼する物品を記してあつらえる文書」を指すようになった。江戸時代になると、物事を依頼するときなどの条件や希望も表すようになる。
例「浮名とてまへの紋を比翼紋につけさせるちうもんにて〈略〉提灯屋へあつらへける」（黄表紙・江戸生艶気樺焼・中）

ちょう《ふて》**【蝶】**
蛾（が）を除く鱗翅目の昆虫。「ちょう」は「蝶」の字音から変化した形。「蝶」はもとテフと発音されていたが、これがテウ、チョウと転じた。ケフがケウからキョウ（今日）になったのと同類の変化である。蝶の和名は「かわひらこ」で、*『享和本新撰字鏡』に「蝶〈略〉加波比良古（かはひらこ）」と見える。
例「我が袖はやどとるむしもなかりしをあやしくてふのかよはざるらむ」（宇津保物語・藤原の君）

ちょういん《てういん》**【調印】**
条約などに代表者が署名、捺印すること。山田孝雄は「印を調ふ」の漢字表記「調印」を音読みにしてできた和製漢語とする（国語の中に於ける漢語の研究）。「調印」に当たる中国語は「簽印（けんいん）」であり、「調印」が和製であることは間違いない。しかし「印を調ふ」という言い方は確認できない。文書をととのえるためという意識から「調」を用いたものかと思われる。山田美妙編『新編漢語辞林』（明治三七年）には「調印　インヲオス」とある。
例「各国帝王の調印を致し候ふ事故」（中外新聞・慶応四年二月二四日）

ちょうけし《ちやうけし》**【帳消し】**
差し引いて残りが無くなること。相殺されて価値や意味がなくなること。もと、帳面に記載されていた金銭の貸借などの事項が皆済やその他の理由で意味がなくなり、棒線で消されること。そこから、金銭などの貸し借りが無くなるという意味の他に、それまでの功罪や損得、感情などがある事柄によって打ち消されてしまうという意味も生じた。
例「名哥をよんだら罪は帳消しだ」（仮名垣魯文・西洋道中

膝栗毛・二・上・明治三年）

ちょうこうぜつ《ちやうくわうぜつ》【長広舌】

長々としゃべり続けること。仏教用語に由来する。仏菩薩の三十二相の一つである「広長舌」の転。仏様の舌は仏教を広く行き渡らせるため広く長いという、よい意味の言葉だった。のちに「長広舌」となり、いつのまにかベラベラと得意気に長話をするという悪い意味に変化してしまった。

例「例の長広舌をふるった其話の三分の二は、自分の吹聴」（徳富蘆花・思出の記・明治三三〜三四年）

ちょうし《てうし》【調子】

物事のぐあいや状態。本来は音楽用語で、音律の高低やしらべの意味であった。和製漢語。中国では「調」一字で使ったが、日本ではそれに「子」を添えて「調子」という形で使うようになったもの。「子」は「椅子」「拍子」などと同じ接尾語的な「子」である。これによって、税の一種である「調」などとも区別されるようになった。音楽用語としての「調子」は平安時代から見える。「笛は横笛いみじうをかし〈略〉まして聞き知りたるてうしなどは」（枕草子・二一八・笛は）。

例「あんな調子のいい事ばかしおいいなさるよ」（坪内逍遥・当世書生気質・明治一八〜一九年）

ちょうじん《てうじん》【超人】

普通の人間より遥かにすぐれた能力を持った人間。明治期に、ドイツ語 Übermensch の訳語として造られた和製漢語。もとはニーチェによる哲学用語であるが、次第に一般語として使われるようになった。

ちょうしんき《ちやうしんき》【聴診器】

心音や呼吸音などを聞きとるための器具。フランスの医師ラエネクが紙製の筒で聴き取ったのが最初といわれる。アメリカのカンセンによって双耳式のものが発明され日本に伝わり、「測胸器」「聴胸器」（医語類聚・明治六年）などと訳された。その後ドイツ語の Hörtrichter を「聴診器」（羅独和訳医学字典・明治二九年）と訳し、それが一般化した。「聴診器」は胸の音を聴いて診察する器具という意。

例「それから黒い聴診器を心臓の上に当てた」（夏目漱石・門・明治四三年）

ちょうず《てうづ》【手水】

手や顔を洗い清めるための水。特に、社寺などで参拝する前に口や手を洗い清める水をいう。「てみづ（手水）」の変化した語。

例「半挿（はんざふ）に手水（てうづ）いれて、手もなき盥（たらひ）などあり」（枕草子・一二〇・正月に寺にこもりたるは）

ちょうだい《ちやうだい》【頂戴】

下さい。いただくこと。もと、頭を下げ両手を上に挙げて物を受ける動作を指したが、これが上の人から物を貰う動作

ち

であるので、貰うことの謙譲語となった。この意味では中国に用例がある。「頂戴奉持〔頂戴奉持す〕」（梁武帝・金剛般若懺文）。近世、下さいの意味を生じたが、いただくを命令にすれば、いただけとなって、下さいとはならないはずである。このような意味のねじれがどうして起きたか、その経緯を実証的に跡づけることはできない。あるいは、もらう前からいただく意の「頂戴」を繰り返して相手の行動を促すところから、下さいの意味を生じたものだろうか。

例「いっぱいちゃうだい」（咄本・春袋・自慢も相手）

ちょうちょうはっし《ちやうちやう—》【丁々発止・打々発止】

激しく議論を戦わせるさま。擬声語を重ねた語。「ちょう」は物がぶつかり合う音を表す。「山伏の腰につけたるほらがひの、丁とおち、ていとわれ、くだけてものをおもふころかな」（梁塵秘抄・二）。「はっし」も矢や剣などが当たる音を表す。*『日葡辞書』は「Faxxito（ハッシト）」を「矢を射当てるさま、または平手打ちをくわせるさま、など」と説明している。このように物のぶつかる音を重ねた「ちょうちょうはっし」は、初め切り結ぶさまを表した。漢字表記は当て字。

例「此方も心得抜きはなしちゃうちゃうはっしと切り結ぶ」（人情本・明烏後正夢・四・一九）

ちょうちんもち《ちやうちん—》【提灯持ち】

他人の手先になって、その人の宣伝をしてまわる人。本来「提灯持ち」は、貴人の夜間外出の時、提灯を持って貴人の前を行く人のことだった。そこから、人の手先になって軽い役を務める者という意味で、人をあざける言葉になった。

例「どうやら丁ちんもちらしい」（洒落本・箱まくら・中）

ちょうど《ちやうど》

ぴったり。同類の語に「ちゃんと」がある。チョウ、チャンは、物と物とを打ち合わせた時に発する音の擬声語である。激しくぶつかりあって、がっしり組み合わされるところから、きっちりという意味を生じたと思われる。「ちょうど」は「ちゃんと」の転という説もある（日本古典文学大系『平家物語』上・巻二補注）。しかし、用例の出方を見ると、「ちょうど」には中世からの用例があるのに、「ちゃんと」には近世の用例しか見つかっていない。ぶつかり合う音を表した「ちょう」については「丁々発止」参照。

例「ちやうど代王の十七年にあたるぞ」（抄物・史記抄・七）

ちょうどきゅう《てうどきふ》【超弩級】

ずばぬけて大型または強力であるさま。英語 super-dreadnought の訳語として造られた和製漢語。super は「～以上」の意を添える接頭語、Dreadnought（恐れるものなしの意）は英国の戦艦で、一九〇六年建造、当時世界最大。そのドレッドノート号級の巨大戦艦を「弩級（艦）」と称した。「弩」（＝大弓）はドレッドノートの頭文字Dに漢字を

当てたもの。その弩級を超えることということで「超弩級」と言った。「今度の台風は超弩級の規模で」などと使われる。

ちょうな《てうな》【手斧】

大工道具。「ておの（手斧）」の変化した語。「手斧（ておの）」の「手」は、「手箱」「手槍」「手帳」などの「手」で、同種の物の中で小型の物を指す。「手斧」は「斧」に対して、小型を意味する。

例「釿　てをの　関東にて　てうな　大坂にて　ちょんのと云ふ」（方言・物類称呼・四）

ちょうほんにん《ちやうほんにん》【張本人】

事件を起こすもとになった者。「張本」は古くはチョウボンといった。「張本」は中国に典拠があり、伏線の意味で用いられていた。『春秋左伝注』に「為後晋事張本（後の晋の事のために張本す）」とある。日本では、伏線からあらかじめ用意するの意となり、更に悪い方へかたよって悪事のもと、首謀者の意ともなった。「張本人」という形は中国には見られず、日本で室町時代から用いるようになった。*『日葡辞書』には「Chŏbon　チャゥボン（張本）　頭、または長」とあり、「Chŏbonnin チャゥボンニン」は「張本に同じ」とある。

例「張本人の心也」（抄物・尚書抄・六）

ちよがみ【千代紙】

花や図柄など様々な模様を色刷りにした和紙。近世以来、小箱の表貼りや紙人形の衣装などに用い、主に女性に愛用された。初めに鶴亀・松竹梅などを刷ったので千代を祝う意から名付けられたという説や、江戸・千代田城の大奥で使われたのが始まりなのでこの名が付いたという説がある。

例「此日、江蔵人、別段内々之御土産献上す、東宮也、其の品千代紙百枚、桐箱入り」（大江俊矩記・文化一二年六月四日）

ちょきぶね【猪牙舟】

和船の一種。小形で細長く船足の速い船。近世、吉原通いに用いられたことで有名。語源については諸説あるが、いくつか紹介する。「この船をちょき船と云ふは、長吉船（ちょうきちぶね）の略語なり。押し送り船の長吉といふもの、船のかたちを薬研のごとくにして、いたって速し」（地誌・江戸砂子）。また、「俚語にちよきといふは、小早き意なれば、舟の早きをもて、この名を得たり」（和訓栞）。「ちょき舟の名を按（あん）ずるに、〈略〉ちょろと呼ぶ小舟あり〈略〉これを転じて呼べるにや。ちょろといふも小さき物の疾（と）き儀なり」（嬉遊笑覧）。「チョキは艪（ろ）の音の形容」（大言海）、など多くの説が提出されているが、確かなことは分かっていない。

ちょくせつ【直接】

間に隔てる物が何も無く、対象にじかに接すること。「間接」の対語。「直接」は英語 immediate、direct の訳語として明

治初期に作られた和製漢語。「直(じか)に接する」意。『*哲学字彙』(明治一四年)に immediate の訳語として採用され一般化した。対語の「間接」も、『哲学字彙』に mediate の訳語として記載されている。明治時代には、「直接為替」「直接経験」「直接行動」「直接税」など多くの複合語を形成した。

例「所謂益は之を直接の益に取るに非ず、之を媒して以て他の応効を求むべし」(西周・網羅議院の説・明六雑誌・二九号・明治八年)

ちょこ【猪口】

酒を飲むうつわの一種。「ちょく」の変化。「ちょく」は『醒睡笑』に見えるので江戸時代の初期にはすでにあったことがわかる。「ちょく」は「鍾」の呉音 zhōng や福建音、あるいは朝鮮音に由来するという説があるが、語源は不明である。「鍾」はさかつぼ(酒壺)で、俗にさかずきの意。「猪口」は、猪の口に似ているからとも言われるが、当て字。

例「燗どうこの湯をかはいらしい猪口で、一二三ばい残しててうしをつけ」(人情本・春色辰巳園・三・一二)

ちょこざい【猪口才】

こざかしいこと。『大言海』の「ちょこちょこ才」という説明が、そのままこの語の語源になると思われる。すなわち、重ねられた「ちょこ」の一つを省略してできたもので、ちょこちょこするばかりで底が浅い、とおとしめた語である。「ちょこちょこ」は落ち着きのないさまをいう。なお、「ちょこ」は歩き方の形容であったらしく、『*片言』(五)に「人の小足に歩み侍ることを、ちよこ〱といふも、ありき侍るかたちにや」と見える。「猪口才」の「猪口」は当て字。

例「ヤちよこざいなけさい六、えらぼねひっかいてくれべい」(浄瑠璃・女殺油地獄・上)

ちょっかいをだす【ちょっかいを出す】

余計な手出しをする。「ちょっかい」には不具の手、手を卑しめていうなどの意味があった。『*日葡辞書』の「Choccai(チョッカイ)」には、次のような説明がある。「歪み曲がってちぢかんだ手、または指が曲がって不具になった手」。これによって考えれば、「ちょっかいを出す」は「手を出す」ことを卑しめて言った表現となる。すなわち、余計な手出しをおとしめて「ちょっかいを出す」と言ったものと考えられる。

例「未だ爪を隠さぬ新造猫より化けさうな年増猫まで、皆ちょっかいを出して客を引きかかんと欲す」(洒落本・猫謝羅子・跋)

ちょっかつ《ちょくかつ》【直轄】

直接に管轄すること。明治初期にできた和製漢語。「轄」は取り締まる意。「直―」という二字漢語で、「直」が「じかに、そのまま、自分で」といった意味を持つ和製漢語には、ほかに、「直訳」「直截」「直系」などがある。

例「大阪形勝の地は幕府にて之を直轄し」（田口卯吉・日本開化小史・明治一〇～一五年）

ちょっかん《ちよくくわん》【直観】

直接的に物事の本質をとらえること。ドイツ語 Anschauung の訳語として造られた和製漢語。字義は、直接に観（み）ること。*『哲学字彙』の二版（明治一七年）では、英語 intuition の訳語もドイツ語 Anschauung の訳語も「直覚力」となっているが、三版（明治四五年）では、intuition は「直覚」、Anschauung は「直観、観相、直覚」となっている。中国、王国維『文学小言』の例より早いと思われる。

例「詩人小説家の想を着くるや、素（もと）総合を尚び、直観を旨とす」（高山樗牛・我邦現今の文芸界に於ける批評家の本務・明治三〇年）

ちょろい

容易だ。語源については、小さい物が敏捷（びんしょう）に動くさまをいう擬態語「ちょろちょろ」の「ちょろ」が形容詞に転じたものと言われる。ちょろちょろしたものには重要性が感じられないので、とるに足らないとか、安直とかいう意味の形容詞を派生させたもの。「あれらが他（ひと）の句をわらへ共、あれらが句がちょろい事ぞいや」（浮世草子・人倫糸屑・高慢）の「ちょろい」は、つまらないの意味である。このような大したことはないというところから、処理するのに手間暇はかからないという意味が生じたものである。

ちょろまかす

人の目をごまかして物をかすめ取る。「ちょろ」は「ちょろちょろ」などの「ちょろ」と同じ擬態語で、ちょろっとごまかすというような気持ちから出た語かと思われる。ただし語末の「まかす」は「まろまかす」のような例はあるが、類例が乏しく、素姓不明である。「ちょろまかす」は上方遊里の流行語から一般化したといわれる。「ちょろまかすといふ時花（はやり）言葉も是をかし。西南ふたつの色所より、役者・末社のいひ出して、一座の興にもなるぞかし。罪にならざる当座の偽を、まぎらかすといへる替へ詞と聞こえたり」（浮世草子・好色盛衰記・三・四）のように、「いつはりをまぎらかす」ことの替え詞とされている。

ちょんまげ【丁髷】

江戸時代、男が結った髷（まげ）。髷の形が踊り字（＝繰り返し符号）の「ゝ」（チョンという）に似ているところからの称という（日本国語大辞典二版ほか）。「まげ」は「曲げ」で、結った髪を頭の後ろの方へ曲げること。「ちょんまげ」は「ゝ」の形に折り曲げた髪形の意味である。「ちょん」を「丁」と書くのは当て字。「丁」は呉音チョウ〈チャウ〉・漢音テイで、チョンという音そのものは無い。

例「むかし気質（きしつ）のチョン髷連中、若（も）しくは地方の

親達などが」（坪内逍遥・当世書生気質・明治一八～一九年）

ちらしずし【散らし鮨】

すし飯の上に魚介類・玉子焼き・野菜などをのせた料理。具をきざんですし飯に混ぜ込んだものも言う。すし飯にさまざまな具を、散らし置いたり、散らし混ぜたりするところからの称。

例「散らし、ごもく鮨、三都ともにこれあり。起こし鮨とも云ふ」（随筆・守貞漫稿）

ちりなべ【ちり鍋】

鍋料理の一つ。タイやタラ（鱈）などの白身の魚と野菜、豆腐などをだしで煮ながらポン酢などで食べる。「ちり」は、熱いだしに魚の切り身を入れると、急に火が通って身が縮まる様子を「ちりちり」と表現したことからだという。「ちり」だけでも鍋料理の意味で用いられ、材料の名を頭に付けて「ふぐちり」「たらちり」などともいう。

ちりばめる【鏤める】 文語 **ちりばむ**

彫ったところに、金銀・宝石の類を嵌め込んで飾る。『大言海』が「散食ムルにて、金銀など、散らし食（は）めたる意ならむ」という。すなはち、「散る」と「はむ」の複合動詞。「散る」の連用形「散り」に「はむ」が続き「散りはむ」となり、濁音化し「ちりばむ」となったもの。現代では「星（美辞麗句）をちりばめる」などと、比喩的にも用いる。

例「玉の冠を着、石の帯をし、金銀を鏤め、あたりも輝く体と聞いて」（虎寛本狂言・朝比奈）

ちりめん【縮緬】

生糸を使って平織りにし、ぬるま湯に入れてちぢませた絹織物。本居宣長の『玉勝間』（八・五五）では「縮緬」について、「但し昔は、ちゞめんといひけむを、ちりめんとは訛れるなるべし」という。『大言海』にも「ちぢめんの訛かと云ふ」とある。「緬」は細い糸のことで、「ちりめん」は縮ませた糸で織った織り物のこととなる。「縮緬」という語は中国語にはなく、日本で考えられた当て字である。縮緬の製法は、天正年間（一五七三～九二）大坂堺の職工がたまたま渡来した明の人から習い覚えたのが始まり、といわれている。

ちりめんじゃこ【縮緬雑魚】

カタクチイワシ・マイワシ・シロウオ・イカナゴなどの稚魚を煮て干した食品。「ちりめんざこ」とも言う。「ざこ・じゃこ」は、小魚の意。「ちりめん」は絹織物の一種。布面にしわしわのちぢみがあり、これをちりめんじわという。この食品がちりめんじわのように見えるところから付けられたという。

ちりれんげ【散り蓮華】

陶磁器製または金属製の柄の短いさじ。略して「れんげ」とも。「散り蓮華」とは、散った蓮（はす）の花のこと。このさじの

形が、散ってばらばらになった蓮の花びらに似ていることからの名。

ちんけ
俗に、程度の低いこと、劣っていてつまらないことをいう。さいころ賭博で最低の目である一の目を「ちん」と言うことから来た。「け」はそのような感じ、そのような様子を表す接尾語。

ちんどんや【ちんどん屋】
派手な恰好で楽器を奏しながら町を練り歩き、宣伝や広告をする商売。「ちん」は鉦(かね)の音を、「どん」は太鼓の音を表す。「ちんどん屋」は、商売道具の鉦や太鼓の音でもって、その商売を表したもの。
例「惜しいもんだねチンドン屋のお内儀さんにして置くのは」(室生犀星・チンドン世界・昭和九年)

ちんぴら
下っぱやくざ。語源不明。もと大阪方言で子供を卑しんでいう「ちんぺら」の転訛(暉峻康隆・すらんぐ)、「小片」の意(上方語源辞典)などの説がある。「ちび」「ちんまり」などとの関連も指摘されている(すらんぐ)。「ちんぴら」という語形は種々の意味の隠語として使われているが、明治二五年の『日本隠語集』に「チンピラ　幼年囚の事を云ふ」が早い。

ちんぷんかんぷん【珍糞漢糞・珍紛漢紛】
何を言っているのか全く分からないこと。同じ意味の「ちんぷんかん」に「ぷん」を加えて語調をよくしたもの。「ちんぷんかん」は江戸前期から見られる。*『俚言集覧』には「ちんぷんかん　儒生の漢語を云ふを世間よりいふ詞也」とあるように、儒学者の難解な漢語を指した言葉である。一方、「これ紅毛人の詞のまねびなり」(嬉遊笑覧・九下)とあるように、西洋人の言葉のまねという説もあった。しかし、この語の用いられ出した時代、西洋人に接する機会は限られていたし、近世の用例も漢文、漢語について使われているので、漢語の分かりにくさから出たものだろう。漢字表記はすべて当て字。
例「長松めが何かちんぷんかんぷんを覚えをったが」(滑稽本・古朽木・二)

つ

ついじ《ついぢ》【築地】
土で造った塀。「ついひぢ」が変化した語。「つい」は動詞「築(つ)く」の連用形「つき」のイ音便、「ひぢ」は泥のことで泥で築いたものというところから、「ついひぢ」といった。
例「ついぢの上に千人、屋の上に千人、家の人々多かりけるに合はせて、あける隙もなく守らす」(竹取物語)

ついたち【一日・朔日】

つ

月の第一日。「月（つき）立ち」のイ音便形。ただし、イ音便は動詞・形容詞の活用語尾に起きる現象で、「つき（月）」がツイのような形になるのは珍しい。活用語尾以外のイ音便の例としては、サキハヒ→サイハヒ、ワキワキシ→ワイワイシ（＝分明だ）などが挙げられる。「つきたち」という語の上代、中古の確例は残っていないといわれる。

例「さてその十月ついたちの日、この物いそぎ給ひける人のもとにおこせたりける」（大和物語・三）

ついたて【衝立】

座敷・玄関などに立てて、隔てにする家具。「ついたてしょうじ（衝立障子）」の略。「ついたて」は「つきたて（衝立）」（＝立てること）のイ音便形。「ついたてしゃうじの絵に、紅葉ひまなく散りかかり滝落ちたる山のもとに」（大弐集）。

例「歩障　ついたて〈略〉肥前にて、つきたてといふは、ついたてといふに同じ」（方言・物類称呼・四）

ついで

他の用と合わせて行うよい機会。動詞「つぐ（次・継）」の連用形に、接続助詞「て」が付いた「つぎて」のイ音便形が名詞となったもの。「ついで」は何かの後に何かが起こるということを表すが、このような時間的に継起する物事には、前件がきっかけになって後件が生じるという場合が多い。このため時間的な継起を表す「ついで」が機会の意味を表すようになったもの。「ついでに」は名詞化した「ついで」に格助詞の「に」が付いたもの。ある機会を利用して、いっしょに何かを行うことを表したが、いっしょに行うというところから、おまけとして行うの意も生じた。

例「このはねといふ所問ふ童のついでにぞ、また昔へ人を思ひいでて、いづれのときにか忘るる」（土左日記・承平五年一月一一日）

ついばむ【啄む】

鳥がくちばしでつついて食べる。動詞「突く」の連用形「突き」に動詞「はむ（食）」が続いた「突きはむ」がイ音便化して「ついはむ」となり、更に濁音化し「ついばむ」となったもの。古くは「ついはむ」。平安時代の『*十巻本和名抄』に「啄」の和訓として「都伊波无（ついはむ）」という表記が見られる。

つう【通】

世間の物事をよく知っていること。特に男女の機微、花柳界の事情に精通していること。「つう」は「通」の慣用音で、通るの意味であるが、この語は中国古典ですでに物を知るの意味がある。「博覧古今者為通人〔古今を博覧する者は通人たり〕」（論衡・超奇）。現代語の「消息通」などの「通」はこれをほぼそのまま受け継いだものだが、花柳界の事情に精通しているといった場合の「通」は近世江戸の美的、ないしは行動の規範としての「通」から出ている。江戸の「通」は「通（とお）

り者」、それを音読した「つうしゃ（通者）」、「通者」から生じた「大通（だいつう）」を経て、天明頃（一七八〇年代）成立したといわれる。

例「自（みづから）祐成に成り切って急に冴えんことを求むるといへども、通の通たる所以とんと分からず」（洒落本・後編風俗通・金錦先生進学解）

つか【塚】

土を小高く盛ったところ。動詞「築（つ）く」と同根といわれる。「塚をよむは築の義なるべし」（和訓栞）。「築（つ）く」は、「御諸（みもろ）に都久（つく）や玉垣都岐（つき）余し」（古事記・下）のように、築（きず）く意味を表した。「築（つ）く」は四段活用なので、「つか」はその未然形に当たる。普通、未然形は名詞にならないが、開墾する意味の「はる」の未然形が「はら（原）」になった例が指摘されている。

例「玉鉾の道の辺近く岩構へ作れる冢（つか）を」（万葉集・九・一八〇一）

つかさどる【司る・掌る】

職務として担当する。「つかさ」は、役所、役職、首長などを表すが、これは高処を意味する「つか（塚）さ」から来たという。「さ」は名詞を作る接尾語。「なぐ（慰）さ」「たた（縦）さ」などの「さ」と同じ。「万葉集に山のつかさ〈略〉市のつかさなどいふは高き所をいふなればもとは積み重なるの義にてそこを目当てとし本処とするより宮司も名づくる成るべし」（和訓栞）。また、「つかさ」に首長の意味があるのは、首長は高処（つかさ）に立って物事をとり行うからだといわれている。「つかさどる」は、「つかさ＋とる」で、高いところから執り行うという意味である。

例「公ざまにて、さる所の事をつかさどり、まつりごとのおもぶきをしたため知らむことは」（源氏物語・行幸）

つきとすっぽん【月と鼈】

一見似ているがまるで違うもののたとえ。月とすっぽんが比べられるいわれについて、『*嬉遊笑覧』は次のように言う。「スッポンを丸と異名をつけて呼ぶ。〈略〉月は丸き物なれど、丸と呼ぶスッポンとはいたく異なるなり」。これに対して、スッポンは「素盆」の誤りだという説があるという。しかし、「素盆」という語はあまり使われていない語なので、このような諺の材料には適さない。ただし、「朱盆に月」という形は実際に用いられているが（慶応元年刊の評判記『鳴久者評判記』にあるという）、スッポンを使った言い方よりこの方が新しい。現在知られている用例で見ると、「お月様と鼈（すっぽん）」という形の方が「月と鼈」より古い。「お月様と鼈ほどちがうた」（浄瑠璃・蘆屋道満大内鑑・三）は、享保一九年（一七三四）の刊。

例「酒をもて茶に比ぶれば、月に泥亀（すっぽん）、提灯に鐘（つ

りがね）ほどちがへども」（読本・夢想兵衛胡蝶物語・前）

つきなみ【月並み・月次】
陳腐で新鮮みのないこと。「月なみ」の「なみ」は動詞「並(な)む」の連用形の名詞化で、並ぶこと。「月並み」で毎月繰り返されることを表し、和歌、俳諧などの月ごとの例会をいうようになった。この月並会で作られるような俳句という意味で「月並俳句」という語が生じ、これを略して現在の「月並み」ができた。この「月並み」は正岡子規の俳句革新運動の中で生まれた語で、旧来の俳諧の陳腐さを攻撃したものであった。そこから陳腐さやマンネリズムを非難する一般語となった。
例「そんな月並を食いにわざわざここ迄来やしないと仰しゃるんで」（夏目漱石・吾輩は猫である・明治三八～三九年）

つきみそう《つきみさう》【月見草】
アカバナ科の二年草。また、オオマツヨイグサの別称。ともに北アメリカ原産で、前者は嘉永年間（一八四八～五四）に、後者は明治初年に渡来した。花の色は前者が白、後者が黄色という違いがあるが、ともに、夏の夕方開花し、翌朝にはしぼむ。夕暮れ時にひときわ目立って咲く花を夕月にたとえて、月見草の名が付けられた（改訂増補牧野新日本植物図鑑）。

つきやま【築山】
庭園などで、土や砂を山に見立てて築いたもの。「つき（築）＋山」で「つき」は動詞「築(つ)く」の連用形の名詞化。「築く」は土石を積み重ね突き固めることで、「突く」と同源。人工的に土や石を積み重ねて作った山という意味。

つくえ【机】
読書したり、字を書いたりするときに使う脚付きの台。語源は「突き＋枝(え)」で、四本の肢を出して本体を突き支える意だといわれる。この語の歴史的仮名遣いは、*『十巻本和名抄』の「都久恵」をもとに、「つくゑ」と考えられてきたが、『小川本願経四分律』（平安初期点）の「若案(つくえ)、若机(たかつくえ)」等、平安初期の訓点資料の例が発見されたことによって、「つくえ」が古い形であることが明らかになった。この仮名遣いの発見によって、従来の「杯(つき)＋据(す)ゑ」のような語源は否定されるようになった。
例「辛塩にこごと揉み、高杯に盛り机に立てて」（万葉集・一六・三八八〇）

つくし【土筆】
スギナの胞子茎。「つくづくし（土筆）」の省略形。「つくづくし」の語源は「突く」を重ねたものという（大言海）。地上へ突き出すように伸びたさまを名としたもの。「し」は接尾語。「つくづくし」（古く「つくつくし」とも）は「蕨、つくつくし、をかしき籠に入れて」（源氏物語・早蕨）など古くからある。また、

*『名語記』には「つくつくしといへる物如何。土筆とかけり、すがたの筆に似て、土よりおひいづれば、土筆とかけり」と表記についてもふれている。

つくだに【佃煮】

保存食品の一種で、小魚・貝類・海藻・野菜類を醬油・味醂・砂糖などで甘辛く煮しめたもの。*『俚言集覧』に「佃島〈略〉佃煮　同所にて四つ手網を以て漁たる鰕魚を直に其舟中にて濃醬を用ゐて煮たるをいふ」とあるように、佃島(現、東京都中央区東南部)にちなむ名称である。なお、佃島の称は、家康が江戸開府にあたり、大坂の佃村の漁民を移したことによるという。

つくづく

念を入れてするさま。また、しみじみとしたさま。動詞「つく(尽)」(口語つきる)を重ねた語で、気力が尽き果てるまで、という意が原義。古くは「つくつく」とも。中古の用例の多くは、悲しみに沈む物思いの状態を表している。「姫君、ともかくも物もの給はで、ただつくつくと泣き給へば」(宇津保物語・国譲・中)。念を入れて、の意の例が見られるのは中世以後。*『日葡辞書』には「Tçucuzzucuto miru(つくづくと見る)」という例文があり、「よく注意して見る」と訳されている。

つくつくぼうし《―ぼふし》**【つくつく法師】**

蟬(せみ)の一種。『大言海』は「其の鳴き声、ツクツクボウシと聞こゆる故に名とす」という。このセミの鳴き声は、オーシーツクツクと聞きなされてきたので、ツクツクの部分が鳴き声に基づくことには異論がない。問題は「ほうし」の部分で、『大言海』は「ほうし」もオーシーという鳴き声によると考え、歴史的仮名遣いも「つくつくぼうし」とした。しかし、現在の辞書類は歴史的仮名遣いを「ぼふし」としているものが多い。これは「ほうし」を「法師」と解釈して「ぼふし」としたものである。語源としては、『大言海』のように、全体が鳴き声に基づいて成立したとみるべきだろう。その後、「ほうし」の部分を擬人化して、「法師」と書くようになったと考えられる。

例「つくつくぼふしといふせみは、つくし恋しともいふ也。筑紫の人の旅に死して此の物になりたりと、世の諺にいへりけり」(俳諧・鶉衣・百虫譜)

つくね【捏ね】

鳥肉や魚肉などのすり身に卵や片栗粉などを加えこねて丸めたもの。「つくね」は、手でこねて丸く固める意の動詞「つくねる」の連用形の名詞化したもの。

つくばい《つくばひ》**【蹲】**

茶室の庭先にある、石をくりぬいて作った手水鉢。動詞「つくばう」の連用形の名詞化。つくばって使うところからこの名がある。「つくばう」は「突き這う」で、「しゃがむ、うずくま

る」の意。「木陰にいとけなき二人の者つくばひゐたり」（御伽草子・三人法師）などの用例がある。

例「飛石の曲り角に蹲の手水鉢が据えてある」（森鷗外・青年・明治四三〜四四年）

つくろう《つくろふ》**【繕う】**

手入れをする。動詞「つくる（作）」の未然形「つくら」に反復・継続の意の接尾辞「ふ」が付いた「つくらふ」の変化したもの。動詞にこの「ふ」が付いた例は「語らふ」（語らう）、「移らふ」（移ろう）など多い。繰り返し手を加えることから、壊れたものをうまく修理したり、ぼろがでないように表面をうまく飾ったりすることを表した。

例「撫子（なでしこ）の種とらんとし侍りしかど、根もなくなりにけり。呉竹も一筋倒れてはべりし、つくろはせしかど」（蜻蛉日記・中・天禄二年）

つげ【黄楊】

ツゲ科の常緑小高木。語源は種々あるが定めがたい。『大言海』は切れ目なくつなげる意の「次（つぐ）の転」とし、『改訂増補牧野新日本植物図鑑』も、葉が層をなして密に付き、次々とついているのでこの名がつけられたとする説を載せている。漢字表記は漢名「黄楊（こうよう）」による。

つけめ【付け目】

付け込むべき隙や弱点。目を付けるべき所というのが「付け目」の字義的な意味だが、元来、カルタ、さいころ賭博で、ねらいを付けた札や采の目という意味で用いられた。そこから「ねらいどころ」の意味に転じ、更に自分に有利になるような相手の弱点の意になった。「寺地近所の者は、葬礼（とむらひ）の強飯（こはめし）を付目にして貰って食ふはス」（滑稽本・浮世風呂・四・上）は、「目当て」の意味。

つけやきば【付け焼き刃】

一時の間に合わせに覚えた知識や技術。「焼き刃」は、刃を硬くするために刀に土を塗り、刃に当たる部分の土を除いて焼き、水に入れる。この工程を省いて薬品などで刃を付けたものが「付け焼き刃」で、この刃文は落ちやすい。ここから、一時しのぎの知識などをいうようになった。

例「生れ附いたる不器量は、ほんの人真似、附け焼き刃」（歌舞伎・御国入曽我中村・四立）

つごもり【晦】

陰暦の月末。陰暦は月の満ち欠けを基準として作られたもので、月が見えなくなる頃をひと月の終わりとする。「つごもり」は月が欠けて見えなくなる意の「月籠（つきごも）り」の変化した語であると言われる。ただし、このような音節キの単純な脱落は他に類例がなく、ツイタチと音節数を合わせるためとか、ツクゴモリから変化したとかの説もある（小学館古語大辞典、日本国語大辞典二版）。「つく（月）」は「つくよみ

（月読）」「つくよ（月夜）」など「月」が複合語を作るときの形。ちなみに、「おおつごもり」は一二月の末日の意。↓ついたち

例「Tçugomori. I, Tçumogori ツゴモリ。または、ツモゴリ（晦） 月の最後の日」（日葡辞書）

つじ【辻】

道が十文字に交差している所。「つむじ」の転といわれる。十字路を「つむじ」と言った例は、「巷陌の四衢道の頭（つむじ）」（斯道文庫本願経四分律・平安初期点）、「十字〈略〉俗用辻字、都无之（つむじ）」（下総本和名抄）などのように見える。更に、この「つむじ」は旋毛の「つむじ」と同源で、辻は道の集中するところ、施毛は毛の集中するところという共通点を持つ（日本国語大辞典二版）。なお、漢字「辻」は、「十」字に之繞（しんにょう）を組み合わせて作った国字である。↓つむじ

例「三条京極のつじに立ち給へり」（宇津保物語・俊蔭）

つじつま【辻褄】

一貫すべき物事の筋道。裁縫用語から出た語と言われる。「つじ（辻）」は縫い目が交差して十文字になる所、「つま（褄）」は衽（おくみ）の衿先より下の部分の縁を言い、いずれも、裁縫で、きちんと合わせて縫わねばならぬ所であることから、「今朝着るやよく辻つまを合はせ縫ひ」（俳諧・伊勢踊）のように「辻褄を合わす」の形で、着物をきちんと縫い上げることを言った。現代では、あれこれして筋道が通るようにする意で用いる。

例「辻つまそろはぬ判断を、いつ迄待って居られるものか」（歌舞伎・名歌徳三升玉垣・五立）

つた【蔦】

ブドウ科の落葉性蔓植物。何かに沿って移動する意を表す古語動詞「つたふ（伝）」から出た語。蔦は木や壁、石垣などに絡み付き這うように生えているため、この名が生まれた。*『和句解』に「蔦　つた。伝（つたふ）より出づ。此のかづらよく木をつたふもの也」とある。

例「這ふ都多（つた）の　別れし来れば」（万葉集・二・一三五）

つつがない【恙無い】 文語 **つつがなし**

無事である。「つつが（恙）」が「ない（無）」の意。「つつが」とは、病気などの災難をいう語で、「事に触れて、我が身につつがある心地するも」（源氏物語・匂宮）のように、平安時代から使われている。「つつが」の語源は、はっきりしない。上代に、「都都美無久（つつみなく）幸く坐して早帰りませ」（万葉集・五・八九四）のように、「つつみなし」という語があって、この両語を同源と見る向きもある（大言海ほか）。「つつみなし」の「つつみ」は、「さしさわる、わずらう」意の動詞「つつむ（恙・障）」の連用形「つつみ」の名詞化したものである。この「つつむ（恙・障）」を「つつむ（包）」と同源とする考え方もある（岩波古語辞典補訂版、角川古語大辞典ほか）。なお、中世以後、「つつ

が」を「恙虫(つつがむし)」と解し、人を刺す恙虫がいなければ安穏であるところから「つつがなし」と言う、とする民間語源説が現れた。

例「あたらしく、惜しければ、つつがなくて、思ふ如見なさむと思ふ」(源氏物語・東屋)

つっけんどん【突っ慳貪】

無愛想なこと。「つっ」は強意の接頭語。「けんどん」は『法華経』に「慳貪嫉妬」などと用いられていた語で、おしみむさぼる意。「慳」(呉音ケン・漢音カン)はおしむ、「貪」(呉音トン・漢音タン・慣用音ドン)はむさぼるの意味。ここから、他人に対して無愛想で乱暴な態度をいう用法に転じた。

例「『誰方様でございます』と妙に愛想のない切口上〈略〉最も突慳貪に言ったのではないらしい」(泉鏡花・貸家一覧・明治四二年)

つつましい【慎ましい】 文語 **つつまし**

遠慮深く、控え目だ。動詞「包む」の形容詞化。『和訓栞*』に「包みこむる意有るによれり」とあるように、気持ちを包んで外に見せない様子であった。こういう様子をするのは気が引けるからであって、「ふと言ひ寄らむもつつましけれど」(源氏物語・夢浮橋)のように「気恥ずかしい」の意で用いられた。そこから、「控え目だ、遠慮深い」の意にも用いられるようになった。

例「手を一つ動かすにもつつましくしてをる」(尾崎紅葉・多情多恨・明治二九年)

つつみ【堤】

土手や堤防のこと。語源は「水をつつみたくはふる也」(日本釈名)とあるように、動詞「つつむ(包)」の連用形の「つつみ」が名詞化したもの。もとは池や沼のまわりに包むように築いたことから言う。のちに川に沿って築かれているだけで、包んでいないものにも言うようになった。

例「を山田の池の都追美(つつみ)にさす柳なりもならずも汝と二人はも」(万葉集・一四・三四九二)

つづみ【鼓】

日本の打楽器の一種。「つづみ」は、それを打つときの音から出た語か。「愚謂、都都美(つつみ)以其音得名(愚謂ふ、都都美は其の音を以て名を得たりと)」(箋注倭名抄)。『大言海』もこれに従っている。上代から、『古事記』(中)の歌謡に「都豆美(つづみ)」と見えている。古くは形状を問わず「つづみ」と言ったが、現在、能や歌舞伎で使われている中央がくびれた形のものは、中世以降に用いられるようになったもの。

つつもたせ【美人局】

女に男を誘惑させ、それを種に相棒の男が金を強請(ゆす)りとる犯罪。語源は不明。語源説には、賭博から出た語で「つつ」は賭博に使う「筒」だという説や、「つつ」は陽根の意と

する説がある。「つつもたせ」は一六世紀前半の法制書『塵芥集』に、贋物をつかませる詐欺行為をいう意味で使われているので、後者の説は成り立たない(「つつ」が陽根を指すのは近世以降のようである)。男女が共謀する犯罪の意味になったのは一六世紀後半。一九世紀以後「美人局」の表記が見えるようになるが、これは中国宋代の同じような犯罪をいう俗語に基づく。

例「つゝもたせ之儀之有らば、蔵方之誤り有る間敷き也」(塵芥集)

つづら【葛籠】

衣服などを入れるかご。『大言海』によれば、「つづらこ(葛籠)」の略。「つづらこ」はツヅラフジ(ツヅラともいう)で編んだ籠(かご)のこと。植物ツヅラフジ(葛藤)は丈夫なつる性の灌木で、その語源について、『大言海』は「綴葛(つらつら)の約にて、組み綴るより云ふかと云ふ」とする。

つづらおり《つづらをり》【葛折り・九十九折り】

何回も折れ曲がった坂道。ツヅラフジ(ツヅラともいう)のつるが幾重にも折れ曲がっていることからいう。坂道の意に用いられたのは古く、平安時代から見える。かつては「九折」「盤折」とも書かれた。「九十九折り」と書くのは新しい。「九十九」とは数の多いことを表す。

例「鞍馬のつづらをりといふ道」(枕草子・一六六・近うて遠きもの)

つづる【綴る】

糸などで縫って、衣服の破れなどをつなぎあわせる。また、言葉をつなげて文章を作ることもいう。両方の語義に共通するのは、つぎ合わせて連続的なまとまりのあるものを作ることである。「つづる」の「つづ」と襤褸(=ぼろ)を意味する「つづれ」の「つづ」は同根、「葛(つづら)」の「つづ」も同根であると考えられている。

例「僧の背をみるに、紅の縑(かとり)を以て袈裟を綴れり」(今昔物語集・六・一三)「文字のあやまり、かなちがひをはぢず、此の愚書を綴りて」(仮名草子・可笑記・一)

つて【伝】

伝えること。縁故。古代の、伝える意味の動詞「つつ」の連用形「つて」が名詞化したもの。「つつ」は奈良・平安時代に用いられた動詞で、それ以降は見えず、用例も未然・連用形に偏って現れる。文献時代にはすでに衰微していたのであろう。「つつ」は「伝える〈伝ふ〉」と語根を共通し、植物の蔦(つた)も同根とする説(岩波古語辞典補訂版)がある。「春くれば雁かへるなり白雲の道行きぶりに言やつてまし」(古今集・春上)。

例「たづねゆくまぼろしもがなつてにても魂(たま)のありかをそことしるべく」(源氏物語・桐壺)

つとめる【努める・勤める】（文語）つとむ

はげむ。努力する。勤務する。『大言海』は「夙（つと）を活用し、早朝より事を行ふより云へる語」とする。すなわち「つとめる」の語根「つと」は、朝早くを意味する「つとに（夙）」や、早朝の意味の「つとめて」と語源を共通すると考えられる。

例「敷島の大和の国に明らけき名に負ふ伴の緒心都刀米（つとめ）よ」（万葉集・二〇・四四六六）「ある人、任大臣の節会の内弁を勤められけるに」（徒然草・一〇一）

つなぐ【繋ぐ】

紐や縄などで結びつけ離れないようにする。『大言海』が「綱を活用す」と言うように、「綱（つな）」に「またぐ（股）」「かたぐ（肩）」などと同様の動詞化接辞「ぐ」が付いたもの。この「つな」をはじめ、「つる（吊）」「つら（列）」「つぐ（継）」「つて（伝）」「つづる（綴）」などの「つ」は、いずれも根本に「連続する意」が認められ、同語源と考える可能性がある。

例「崩岸（あず）の上に駒を都奈伎（つなぎ）て危（あや）ほかど」（万葉集・一四・三五三九）

つなみ【津波】

地震などによって生じ、海岸に押し寄せる高い波。「つなみ」の「つ」は港のことで、港の中にまで入ってくる高波をいう。この「つ」は現在「津々浦々」という語のほか、直江津、大津など地名の中に残っている。「つ」は早く『古事記』（下）に「白肩津」と見えているが、「つなみ」の語は室町時代になってから現れる。明治時代には漢語「海嘯」の表記を当てて「つなみ」と読ませていたが、本来「海嘯」は満潮時に潮流が川を逆流しさかのぼる現象で、津波とは異なる。

例「一夜の内に大水いで、信玄公の諸勢、道具を津なみにひかれ候へ共」（軍記・甲陽軍鑑・品三五）

つのかくし【角隠し】

結婚式で和装の花嫁が用いるかぶり物。表は白絹、裏は紅絹を用いてある。江戸時代、女性の外出時の塵よけであったかぶり物、揚げ帽子が変化したものという。「角（つの）」は嫉妬した女性の形相が角のある鬼に似ることから、女性の嫉妬や怒りのたとえとされる。近世、嫉妬することを「角が生える」「角を生やす」などといった。「隠し」は動詞「隠す」の連用形の名詞化。「角隠し」は女性の嫉妬心を隠すもののことである。嫉妬心を抱かず慎み深くあるようにといういましめのため婚礼の際にかぶったという。

例「一向宗門の婦人角かくしとかいうて綿ぼうしに似たるものを寺参りには必ず被る事」（随筆・塵塚談・下）

つば【唾】

口中に出る透明な液体。唾液。古くは「つ」、「つはき」という語形であった。「つはき」は動詞「つはく」の連用形から転じた名詞。『＊和句解』に「唾　つばき。つをはく也」とある。「つ」は

唾液を表し、「はき」は吐きの意。ただし異説もある。『新明解古語辞典補注版』（二版）は、「はく」を湧出する意の動詞かとする。ハシル・ワシル（走）のように語頭でハ行とワ行が交替することがあり、「はく」も「わく（湧）」と関係があるという。「つはき」は中世には「つばき」「つわき」と語形が変化し、さらに「つ＋はき」という語源意識がなくなり、「つば（わ）＋き」と分析されて、「き」が脱落し、「つば」「つわ」が成立した。今日では「むしずがはしる」という言い方の中にもとの「つ」（連濁と現代仮名遣いで「ず」となっている）が残っている。中世末の『*日葡辞書』には Tçu（ツ）、Tçubaqi（ツバキ）、Tçufaqi（ツハキ）、Tçuua（ツワ）の四つの見出しが立てられている。

例「つば　江戸でつわといふ、つばきのことなり」（方言・浪花聞書）

つばき【椿】

ツバキ科の常緑高木または低木。語源不明。語源説として、葉に光沢があることから「艶葉木（つやはき）」説、葉が厚いことから「厚葉木（あつはき）」説がある。この語は古く『万葉集』の歌にも見られる。漢名は、「海石榴」「山茶」という。「椿」という漢字は、中国ではツバキとは異なる落葉高木を指す。「椿」を「つばき」と訓ずるのは日本独自の読み方。

例「あしひきの八つ峯（を）の都婆吉（つばき）つらつらに見とも飽かめや植ゑてける君」（万葉集・二〇・四四八一）

つばぜりあい《つばぜりあひ》【鍔迫り合い】

互いに負けまいと争うことや、どちらが勝つか分からないきわどい争いのことをいう。剣道から出た語。お互いの刀の鍔と鍔がぶつかり合う競り合いのことをいう。この押し合いに力負けすると押し切られる。

つばめ【燕】

ツバメ科の小鳥。つばめは「つばくらめ」の略。「つばめ」は上代には仮名書きの例がない。平安時代の辞書や物語などにも、ほとんど「つばくらめ」の形で出てくる。この「つばくらめ」の語源について、『大言海』は「つばくら」は鳴く声、「め」は群（むれ）の約という説を紹介している。「つば」が鳴き声によるという説は柳田国男も唱えている。すなわち、「つば」は鳴き声、「くら」は小鳥の総称であり、「め」は「むれ」の意である（野鳥雑記・雀をクラといふこと）という。「つば」が鳴き声によるとすれば、それはツバメの地鳴きではないか、と思われる。中西悟堂『定本野鳥記』によれば、ツバメの鳴き声は「チュクチ　チクチ　ジリリリリ。チビ　チビ　チビ　ジージ等。地鳴きはツキー。ツピー等」である。

例「めづらしくつばめ軒ばにきなるれば霞かくれに雁かへるなり」（千五百番歌合）

つぶさに【具さに】

細かく詳しいさま。語源不明。『大言海』は「詳（つばら）に」に

通ず」と言う。「つばら」の「つば」は「つばひらか」（「つまびらか」の古形）などと同源で、十分に備わっている様子をいう。「さ」は接尾辞。一方、「ツブ（粒）と同根」とする説（岩波古語辞典補訂版）もある。↓つまびらか

例「如来の所説菩薩の所伝、已来未来、一朝に備（つぶさ）に集まりたり」（地蔵十輪経・元慶七年点）

つぶしがきく【潰しが効く】

今の職業をやめても他の職業をやりこなす能力がある。「つぶし」は動詞「つぶす」の連用形の名詞化で、この場合は金属性の器物などを溶かして地金（じがね）にすること。金属性の器物は使い物にならなくなったとしても、溶かして地金にすればまた役に立つことからいう。

例「道楽しないような男はつぶしのきかない、偏屈な男ときめてしまう」（武者小路実篤・お目出たき人・明治四四年）

つぶて【礫・飛礫】

丸い小石。『大言海』は「粒打（つぶう）ちの約転」というが、疑問である。「つぶて」の「つぶ」は、「つぶす」「つぶつぶ」「つぶら」「つぶり」などの「つぶ」と同じ源で、丸い形状を指すと思われる。「て」は手と関係があるかもしれないが、不明である。

例「かかるつぶてどもして方々にぞ打たせ給へるに、こうじてなん侍る」（宇津保物語・蔵開・中）

つぶやく【呟く】

小声で独り言を言う。語源未詳。『大言海』は「委曲（つぶつぶ）と言ふ意」とするが、「つぶつぶ言ふ」が小声でものを言うことになるのは比較的新しく、一二世紀以降の例しか知られていない。「つぶやく」には一〇世紀前半の例がある。

例「口すくめて肩据ゑたるやうにつぶやけり」（延喜十三年亭子院歌合）

つぶれる【潰れる】 文語 **つぶる**

外から力が加わってもとの形が壊れる。現在は倒産する、時間が無駄になるなどの意も生じているが、古くは角がとれる、すりへるの意であった。「つぶれる」の「つぶ」は、「つぶり」「つぶら」「つぶて」などの「つぶ」と同じで、丸い形状を指した語であると思われる。この「つぶ」を動詞化したものが「つぶれる」「つぶす」である。

例「筆のさき、若（もしく）はかたなどのつかはれて、つぶる、つぶ如何。答つぶは禿也」（名語記）

つぼ【坪】

土地・建物の面積の単位。元来はまわりを殿舎や廊・垣で囲まれた土地のことをいった。語源については、区切られた土地を壺に見立てたとも、動詞「つぼむ（窄）」の語幹と関係があるともいわれる。現在の約三・三平方メートルの広さを表すようになったのは室町時代からで、明治二四年の度量衡法に「歩或ハ坪、六尺平方」と規定されて以来、「歩（ぶ）」

をしのいで「坪」が広く使われるようになった。

例「のきまでは七十二坪相当也」（大乗院寺社雑事記・文明九年一二月三〇日）

つぼ【壺】

胴のあたりが円くふくらんだ容器。語源説には胴の円いふくらみに着目して「つぶら（円）」と同源とする説がある。「ツボとは、其の円なるをいひしとみえたり。古の俗、凡そ物の形、円なるをよびて、ツブといひツボといふ。円、読みてツブラといひ」（東雅）。その他、口がつぼんでいることに着目して「つぼむ（窄）」と同源とする説などがある。しかし、奈良時代には「都保すみれ」（万葉集・八・一四四四）、「壺、此をば都符といふ」（日本書紀・敏達一三年九月）とあるように「つほ」または「つふ」という語形で、第二音節は清音の可能性が高く、以上の二説には疑問も残る。しかし、*『天治本新撰字鏡』に「墨斗　須弥豆毛（すみつも）」とあり、早くから濁音形「つぼ」も行われていたらしい。

例「うつくしきもの〈略〉かりのこ。るりのつほ」（枕草子・一五一・うつくしきもの）「坩　ツボ」（観智院本名義抄）

つぼね【局】

貴人の住む大きな建物を簡単に仕切って作った部屋のこと。特に宮中や貴族の屋敷で、そこに仕える女房の部屋を指すことが多い。また、その部屋を持つ女房その人を指すこともある。『和訓栞（増補）』に「つぼねるとはつづめる事也」として、女房の居所を「壁にて一人一人にしきりて住するゆゑ、つぼねと云ふ」と見える。すなわち、動詞「つぼぬ」（下二段活用）の連用形「つぼね」の名詞化したものである。更にさかのぼれば「つぼぬ」は「坪」という名詞を動詞化したと考えられる。これらは「束（たば）」が動詞「束ぬ」（口語たばねる）となり、名詞「束ね」ができたのと同様の変化と見ることができよう。

例「十日伏見城に於いて第十一の男御子むまれ給ひ鶴千代君と名付けらる。〈略〉御生母はお萬の局といふ。此局は安房の里見が家の老にて」（歴史・徳川実紀・慶長八年八月一〇日）

つぼみ【蕾】

花弁が開く前の花。「つぼむ」の連用形「つぼみ」の名詞化。動詞「つぼむ（蕾・窄）」には、蕾の状態になるという意味のほか、「つぼんだ唇」という言い方があるように、せばまるという意味もある。「つぼむ」の「つぼ」は「壺」で、「壺」を活用させたものが「つぼむ」である（大言海）という。「つぼむ」は、壺のような形になるということで、蕾の先端が開かず、狭く閉じている状態になることをいったものだろう。

例「白妙の花のつぼみをめにかけていそぢの嶺をおりぞわづらふ」（万代集・春上）

つま

料理のあしらいとして添える野菜や海藻。物の一端をいう、「つま（妻・夫）」「つま（爪）」と同源。中心部ではないというところから、付け加えられるものという意味を生じたもの。

例「鱠汁（どぢやうじる）　中みそにだしを加へ、よく煮申し候ふ。〈略〉妻は牛蒡（ごばう）・大根、そのほか色々」（料理物語）

つま【妻・夫】

配偶者のこと。現在は女性の配偶者をいうが、古代では男女どちらの配偶者も「つま」といった。語源説は多くあるが、主なものは以下の二つ。一つは、夫と妻は夫婦関係の両端をなすというところから、物のはしをいう端（つま）と同源と見る説である。この説に関連して、「本家の端（つま）に妻屋を立てて住む者の意」（岩波古語辞典補訂版）とするものもある。もう一つは、「とも（伴・友）」と同源であり、「つま」と「とも」は母音交替の関係にあるとするもの。「つま」も「とも」もどちらも伴う者という基本的な意味を共有し、「とも」がより一般的な意味であるのに対し、「つま」は「とも」の中での特別な関係をさす。特別な意味の派生に対応して語形が分化したと見られる。類例に「おと（音）」と「うた（歌）」、「もろ（諸）」と「むら（群・村）」などがある。

例「吾はもよ女にしあれば　汝を除て男は無し　汝を除て都麻（つま）は無し」（古事記・上）

つま【褄】

着物の裾（すそ）の左右両端の部分。「つま」は、端の意で、「妻戸（つまど）」の「つま」などと同源。なお、「褄」は国字。

つましい【倹しい】 文語 **つまし**

倹約している。「つつまし（慎）」の略。平安時代からある「つつまし」の控えめという意味から、倹約の意味に転じたものであろう。→つつましい

例「Tçumaxij fito（つましい人）」（日葡辞書）

つまずく《つまづく》【躓く】

足先が何かに突き当たって倒れそうになる。「つま」は「爪（つめ）」が複合語を作るときの語形で、「爪先（つまさき）」「爪弾（つまはじ）き」などの「つま」と同じである。「づく」は、「つく」が連濁で濁音化したもので、おそらく動詞「突く」に関連すると思われる。「突く」は、古く「ぬかづき虫、又あはれなり。さる心地に道心起こして、つきありくらむよ」（枕草子・四三・虫は）のように、頭などを地面に打ち付ける動作を表すことがあった。「額ずく」「ひざまずく」などの「つく」はこれであろう。「つまずく」の場合、「突く」の意味は足先が障害物に強く当たる、ということではないかと考えられる。その結果、転びそうになるというのが、「つまずく」である。「蹴る」と複合して「けつまずく」となったのも、「つく」にこの足先の動作があったからと思われる。

例「塩津山うち越え行けば我が乗れる馬そ爪突（つまづく）家

恋ふらしも」(万葉集・三・三六五)

つまど【妻戸】

家の端にある両開きの戸。もとは寝殿造りで、建物の四隅にある両開きの戸のことをいった。建物の正面を「ひら」(平)というのに対して、「つま」は側面・端をいう語で、これら両開きの戸が「つま」の位置に設けられたので「つまど」と呼ばれたのであろう。この「つま」は着物「褄《つま》」と同源、さらに「妻」とも同源である。→つま(妻・夫)

例「僧正、妻戸を開きて呼び入る」(今昔物語集・一三・三)

つまはじき【爪弾き】

のけ者にすること。仏家の「弾指《だんし》」の風習に基づく語と考えられる。「弾指」とは手の人差し指か中指の先を親指の腹に当てて強く弾いて音を出すことで、この動作は許諾を求めたり警告したり相手を忌避したりする時に用いられた。その風習が日本に入り、その動作を日本語で言い表した言葉が「つまはじき」であろう。平安時代から「風やまず。つまはじきして寝ぬ」(土左日記・承平五年一月二七日)のように用いられている。日本では思い通りにならない時の不満や嫌悪の気持ちを表す動作として使われることが多かった。そこから、指をはじくという動作を伴わないでも排斥の意を表す語になった。

例「人にきたなまれ、つまはじきをせらんは、口惜しき次第也」(仮名草子・竹斎・上)

つまびらか【審らか・詳らか】

詳しいさま。古くは「つばひらか」という語形で、「つまびらか」はその転じた形。上代に「つばらか」「つばらかに」「つばらつばらに」など、詳しいさま・余すところのないさまを意味する副詞があり、これらの「つば」は同源であると考えられる。「ひらか」については「ひら」を開くと関連づける説もあるが未詳。「か」は接尾語。なお、第三音節がビと濁音化するのは中世以降。

例「Tçumabiracana ツマビラカナ〈略〉明白な(こと)」(日葡辞書)

つまむ【摘む・抓む】

指先ではさみ持つ。「爪《つめ》」を動詞化した語。「爪より出でたる語なり」(和訓栞)。「つま(爪)」は「爪先」「爪はじき」などの「つま」と同じで、複合語を作る形。すなわち、「つめ」を複合語を作る形「つま」に変えて、動詞化の語尾「む」を付けたもの。

例「撮 ツマム」(易林本節用集)

つまようじ《つまやうじ》【爪楊枝】

歯の間にはさまった物を取り除いたり、食べ物を刺したりするのに用いる楊枝。歯ブラシとして使う「ふさ楊枝」に対して、一本の楊枝の先端を使うので、「つま楊枝」といったもの

だろう。この「つま」は先端の意で、「爪（つめ）」「つま（妻）」「褄（つま）」と同源である。近世クロモジ（黒文字）を材とするものを珍重したが、もとはヤナギ（楊）の枝を用いた。

例「爪楊枝をさしこみ」（浮世草子・傾城色三味線・大坂）

つまり

結局。要するに。動詞「詰まる」の連用形「詰まり」が名詞として用いられ、さらに副詞化したもの。名詞「つまり」は押し詰まった所、隅、行き止まりなど場所を表すほか、「つまりは共にしぬるぶん」（浄瑠璃・曽我会稽山・三）のように、物事や行為の行き着いた結末や最後を意味した。この後者の意味が、とどのつまり、結局となり、副詞「つまり」が成立した。

例「君は毎常刀を挿して御出なさるが、それは畢竟（つまり）何の為になさるのでござります」（辻弘想・開化のはなし・明治一二年）

つみれ【摘入れ】

魚のすり身などで作り、おでんだねにしたり、汁で煮たりするもの。材料をつまんで汁に入れることから「つみ入れ」と言い、さらに略して「つみれ」と言う。

つむじ【旋毛】

毛髪が渦を巻いたようになっているところ。「つむ」は、繊維に縒りをかけて糸にする意の動詞「つむぐ（紡）」の語幹「つむ」や、それを巻き取る道具「つむ（錘）」と語源を同じくすると思われる。いずれもくるくると回転する点が共通する。「つむじかぜ（旋風）」の「つむじ」とも同源。「つむじ」の「じ」は「し」の連濁で、「風」の意か。漢字は同義の漢語「旋毛（せんもう）」を当てたもの。

例「廻毛〈略〉一云旋毛都无之（つむじ）」（十巻本和名抄）

つむじかぜ【旋風】

渦を巻いて吹き上がる風。「つむじかぜ」は「つむじ（旋毛）」と同じで、「つむ」は「つむぐ（紡）」や「つむ（錘）」と関係があると考えられる。「じ」は『古事記』に出てくる風神シナツヒコや「あらし（嵐）」の「し」の連濁形で、もとは風を意味したと思われる。したがって、「つむじ」はそれだけで渦を巻く風を意味したはずだが、風を意味する「し」が分からなくなって、それを補強するために「かぜ」を付け加え「つむじかぜ」が成立した。この考えが正しいとすれば、旋風の意の「つむじ」が先にでき、旋毛へは後で類似性を捉えて転用されたと見ることができる。漢字「旋風」は漢語でつむじ風の意。↓あらし
例「飄〈略〉和名豆无之加世（つむじかぜ）」（十巻本和名抄）

つむじまがり【旋毛曲がり】

ひねくれているさま。「つむじが曲がる」からできた語。「つむじが曲がる」とは頭頂部の中心の百会（ひゃくえ）あたりにあるはずのつむじがずれていることで、こういう人は意地が悪い

と信じられていた。「つむじ曲がり」ということの言い方は近世すでに生じていた。「此の中(ぢゅう)も白髪をぬきながら頭を見たらば、つむじが引(ひん)まがってゐました。意地のわるいのも尤もだ」(滑稽本・人間万事虚誕計・姑婆の虚)。

例「其(そ)の義ならば、旋毛曲がりの根性」(幸田露伴・対髑髏・明治二三年)

つめ【爪】

手や足の指の先にある角質の部分。「つめ」は、物のはしやへりを意味する「つま(端)」や着物の「つま(褄)」と同源で、指の先端にあることによるものであろう。「つめ」は「つまさき(爪先)」「つまずく(躓)」「つまはじき(爪弾)」など複合語を作るときにはツマの形をとる。

例「手足の爪も抜か令めて」(古事記・上)「馬の都米(つめ)」(万葉集・二〇・四三七二)

つめたい【冷たい】 文語 **つめたし**

物の温度が低い。ひんやりする。語源は*『志不可起』ほかのいう「つめ(爪)いたし(痛)から」とする説が有力である。低温のものに触れたときの感覚を、もともとは「いたし」と大まかな感覚で捉えていたが、「つめいたし」と限定することによって、他の感覚から独立した。

例「女の衣も引き着せ給ふに、ひとへもなくて、いとつめたければ」(落窪物語・一)

つもり【積もり】

意図。動詞「つもる(積)」の連用形が名詞化したもの。「つもる」は現在、物が重なる意味で用いられることが多いが、「よい加減につもりあひ」(浄瑠璃・世継曽我・四)、「なんでも高い方へ落とすから、技倆一倍、つがもなく高くつもりやれ」(黄表紙・莫切自根金生木・下)など、「推量する、見積もる」意味でも使われた。この用法から、意図する意の名詞「つもり」が派生した。なお、「心算」と表記することもあるが、これは心づもりの意の漢語「心算」を当てたもの。

例「おらあ路考茶といふ色ではやらせるつもりだ」(滑稽本・浮世床・初・下)

つや【通夜】

死者を葬る前、親類・縁者がなきがらを守って一夜を明かすこと。ツヤのツは「通」の呉音。「通夜」は漢籍ではツウヤと読み、「夜通し」の意で用いられた。*『色葉字類抄』(黒川本)にも「通夜　ヨモスカラ　ツウヤ」とある。一方、「下の御やしろにつやしたる夜」(宇治拾遺物語・四・一二)のように、日本独自の用法として、「通夜」をツウヤまたはツヤと読み、社寺に参籠して夜通し祈願・勤行することの意も生じた。近世以降、死者のなきがらの傍らに故人とゆかりの深い人たちが集まって、一夜を明かすことをいうようになった。

例「此中(こんぢゅう)妹のお柚(ゆず)が死んだら、いいぢゃあね

つ

えか、二親さへ寝たのに通夜をしてナ」（滑稽本・浮世床・二・下）

つゆ【梅雨】

夏の前の長雨の季節。中世以降の語。古くは「さみだれ」といった。*『日本釈名』に「つゆは露也」とあるように、「露（つゆ）」と何らかの関係のある語である。『大言海』は「露けき時節の義」とする。なお、「つゆ」を「梅雨」と書くのは、梅の実が熟する季節に当たるからで、この表記は中国にもある。また、「ばいう」の音から、黴が生える季節であるとして「黴雨」の表記も行われる。「つゆ」は上方語で、関東では「にゅうばい（入梅）」といった。

例「梅雨の内こまる畳の二日酔ひ」（雑俳・柳多留・八七）

つゆはらい《つゆはらひ》【露払い】

先触れや先導をすること。「露払い」は、*『壒嚢抄』に「禁裏に蹴鞠（けまり）の御会のある時、必ず賀茂の人参りて、出御以前に先づ蹴りて懸（かかり）の露を落とすなり。これを露払と云ふなり」と説かれている。もともと宮中で蹴鞠（けまり）の会がある時、このように露を払うところから「露払い」と称したものである。室町時代ごろ、遊芸などで最初に演ずることを「露払い」という用法が生じ、さらに、相撲では横綱土俵入りの前駆を勤める力士を言うようになった。また、現代では、比喩的に、広く物事の先導や先触れをいうこともある。

例「Tçuyu farai　ツユハライ（露払ひ）〈略〉例、Tçuyu faraiuo suru」（日葡辞書）

つらら【氷柱】

雨・雪などのしずくが凍って棒状に垂れ下がったもの。「つらら」は、古くは板状の氷で、現在のつららに当たる語は「たるひ（垂氷）」であった。「朝日さす軒（のき）のたるひは解けながらなどかつららの結（むす）ぼほるらむ」（源氏物語・末摘花）は、「たるひ」と「つらら」とが対比的に使用されている。「つらら」の語源については、「滑滑（つらつら）の約」（大言海）、「ツララはごく古い頃から、表滑らかにして光ある多くの物に付与せられた形容の語」（柳田国男・虹の語音変化など）などのように擬態語と考えられている。*『日葡辞書』には「Tçurara　ツララ　軒端に垂れ下がっている氷の蠟燭」とあり、室町時代ころから垂氷の意の「つらら」が現れはじめた。漢字表記は同義の漢語「氷柱（ひょうちゅう）」の当て字。

つる【鶴】

ツル科の鳥の総称。語源としては、鳴き声説をとるものが多い。『大言海』によれば、顕昭の『古今集註』に「鶯、郭公、雁、鶴は我が名を鳴くなり」とある、という。なお、「つる」は朝鮮語の turumi（鶴）と同源であるとも言われる（岩波古語辞典補訂版など）。鶴は『万葉集』には出て来ない。しかし、助動詞「つる」（「つ」の連体形）に「鶴」という字を、「今日見鶴鴨

(つるかも)」(万葉集・三・二四八)のように当てた例があり、このことから鳥の名の「つる」の存在が推察される。また、『万葉集』ではこの鳥を、「たづ」と詠んでいるが、「たづ」の「づ」は「つる」の略転であろう。ここからも「つる」という言葉の存在が裏付けされる。

例「枝ごとに鶴ぞ飛びかよふ」(土左日記・承平五年一月九日)

つるのひとこえ《―ひとこゑ》**【鶴の一声】**

多くの人の意見や議論をおさえつける、権威者・権力者の一言。古くは「雀の千声(せんこゑ)より鶴の一声聞かまほしさよ」(御伽草子・鼠の草子)のように、対になった形で現れることが多い。これは、スズメのような小さなたくさんの声より、ツルのような四方に鳴り響く、かん高い一声の方がまさる意で、実力者の一声の効力のたとえとなった。

つるはし【鶴嘴】

堅い地面などを掘り起こすのに用いる道具。「つるばし」とも。鉄製で先端がツルのくちばしのように細長く尖っていることから付いた名。「はし」は、「端(はし)」と同源で、古く嘴(くちばし)のことをいった。「白き鳥のはしと脚と赤き」(伊勢物語・九)。

例「鶴嘴　ツルハシ」(文明本節用集)「Tsurubashi　ツルバシ」(和英語林集成・初版)

つるべうち【釣瓶打ち・連べ打ち】

鉄砲などを連続して打つこと。「つるべ」は動詞「連(つる)ぶ」の連用形の名詞化。「つるぶ」はつらねるの意で、鉄砲を連ねて打つことに用いられた。「十ちゃうばかり、つるべてぞうちたりける」(仮名草子・大坂物語)のように、多数の鉄砲を順次続けて打つことを表した。「釣瓶」は当て字。

例「城中より亦鉄炮を連貫(つるべ)打ちに玉霰の如く放しけるにぞ」(軍記・関八州古戦録・五)

つるべおとし【釣瓶落とし】

秋の日の暮れやすいことのたとえ。釣瓶を井戸の中に落とすとき、急速に落ちることからいう。「つるべ(釣瓶)」は縄の先につけて、井戸水をくみ上げる桶のこと。「へ」は酒などを入れた瓶(かめ)のことで、「つるべ」は井戸につるしたかめの意。「つるべ」は上代からある語だが、「つるべおとし」という慣用句は、中世に「それよりしもをみくだせば、大磐石の苔むしたるが、つるべおとしに十四五丈ぞくだったる」(平家物語・九・坂落)のように落石について使われており、落日のたとえになるのは近世のようである。

例「釣瓶落しと云う秋の日は、箱根の駒が嶽の上に落ちかかって、富士の頭(かしら)は早や紫に染まって来た」(徳富蘆花・自然と人生・明治三三年)

つれづれ【徒然】

手持ちぶさた。「連れ連れ」の意で、同じ状態が長く続くことを指した。「連れ」は動詞「連(つ)る」(口語つれる)の連用形で、それを重ねたもの。「連る」は列をなすことで、「連れ」を重ねて、同じような物事が列をなして続くことを表した。「まどひ来たりけれど死にければ、つれづれとこもりをりけり」(伊勢物語・四五)では、同じ状態が続くという意味で用いられている。ここから、何事もなくて退屈だ、さびしいなどの意味を派生した。当て字の「徒然(とぜん)」は、むだに、無意味の意の漢語。

例「つれづれなるままに、日暮らし、すずりに向かひて、心にうつりゆくよしなし事を、そこはかとなく書きつくれば」(徒然草・序段)

つれない 文語 **つれなし**

「連れ＋無し」の意で、「連れ」すなわち関連がない、の意が原義。上代には「所由無(つれもなき)佐太の岡辺に帰り居ば島の御階(みはし)に誰か住まはむ」(万葉集・二・一八七)のように原義のまま用いられた例も見える。中古になると対人関係における冷淡さを意味することが多くなった。これは、人の動きに連動しない、ということから生じた意味である。

例「昔、男、つれなかりける女にいひやりける」(伊勢物語・五四)

つわもの《つはもの》**【兵】**

武士。兵士。語源不詳。『大言海』に「鐔物(つみはもの)の略にて、兵器、とくに鐔あれば云ふとぞ」とある。「つみは」は、『大言海』によれば「留刃(とめは)の転」で鍔(つば)の古名。「つはもの」は古くは武器や武具の意味に用いられることが多かった。「兵(つはもの)尽き、矢窮(きはま)りて」(徒然草・八〇)。

例「国にも、いみじきあたらつはもの一人失ひつ」(源氏物語・浮舟)

つわり《つはり》**【悪阻】**

妊娠の初期にみられる、悪心や嘔吐、食欲不振などの生理現象。つわりを起こす意の動詞「つはる」の連用形の名詞化。「つはり」の語源について、*『箋注倭名抄』は「衝張(つきはり)之義」という。「つはる」は芽ぐむの意で、「木の葉の落つるも、まづ落ちてめぐむにはあらず。下よりきざしつはるに堪へずして落つるなり」(徒然草・一五五)のように用いられた。「つわり」は妊娠を芽ぐみとして捉えた表現であったが、平安時代、すでに妊娠の現れとしての悪心や嘔吐を表すようになっていた。漢字表記の「悪阻(おそ)」は同義の漢語。

例「はじめは御悪阻(つはり)とて物もきこしめさざりけるに、月頃過ぐれど同じやうにつゆものきこしめさで」(栄花物語・花山たづぬる中納言)

つんざく【劈く・擘く】

鼓膜が破れそうに音が強く響く。元来は、激しく突き破る、一気に引き裂く意で用いられた。語源は「突き裂く」であると説明する辞書も見られるが、「突き」は「突っ込む」のように促音便となるのが普通であるから不適当であろう。「つきのめる」が「つんのめる」のように撥音化するのも近世以降で、中世には見られない。「抓(つ)み裂く」(=両手でつまんで横に引き裂く)の音便と見るべきだと考えられている(小学館古語大辞典など)。

例「渦捲く烟りを劈(つんざ)いて、白い姿は階段を飛び上がる」(夏目漱石・草枕・明治三九年)

て

てあい《てあひ》【手合い】

連中。やつら。「手合い」は、本来勝負をする意で、この意味では今でも使う。「手」は技術や腕まえの意味で、相手の腕まえと合わせて競うことであった。「てあう」という動詞は余り使わないので、この語は「手」に「合い」が付いてできたものと思われる。勝負には相手が必要なことから、相手を意味するようになり、更に連中の意に転じた。

例「今来た手合ひは、女でも少々宛用(もち)ゐ(=使イ道)がある」(談義本・八景聞取法問・一)

ていおうせっかい《ていわうせつかい》【帝王切開】

産婦を開腹し、胎児を取り出す手術法。「帝王切開」は、ドイツ語の医学用語カイゼル・シュニット(Kaiserschnitt)を直訳(Kaiser は皇帝、schnitt は切開の意)して造られた和製漢語。その名称のいわれは、古代ローマの将軍カエサル(Caesar、英語名シーザー)が子宮切開で生まれたから、などといわれる。

ていきゅう《ていきう》【庭球】

ローンテニスのこと。英語 tennis の訳語として造られた和製漢語。明治二五、六年頃に、第一高等学校ベースボール部のマネージャーであった中馬庚が考案した。第一高等学校校友会編『校友会雑誌号外—野球部—』(明治二八年二月)に「余(=中馬庚)はロンテニス部を庭球とし我部を野球とせば大に義に適せりと信じて」とある。→野球

例「彼らは各々の寮室を中心としたチームで、大抵は庭球に用ゐるのと同じき護謨球(ごむまり)を使つてゐた」(久米正雄・学生時代・大正七年)

ていきん【提琴】

バイオリンのこと。中国の明清楽で使われる胡弓の一種の「提琴」という楽器がバイオリンに似ていることから、日本で英語 violin の訳語に当てて使った語。*『附音挿図英和字彙』

（明治六年）に「violin　提琴（コキウ）」とある。また、明治期に西洋の楽器に対して明清楽の楽器の名称を借用したものには、ほかにも、ピアノの訳語としての「洋琴」がある。（月琴は古く中国から伝来した琵琶の一種。）

例「提琴と月琴が無造作に立て掛けてある」（内田魯庵・当世文学通・明治二二年）

ていこく【帝国】

皇帝の治める国家。「帝国」は漢籍にあるが、オランダ語keizerdom、英語empire　の訳語として幕末から日本で使われるようになった。蘭日辞書『訳鍵*』（文化七年）に「Keizerdom　帝国」とあり、また『英和対訳袖珍辞書*』（文久二年）に「empire　帝国」とある。明治二二年の大日本帝国憲法によって、日本国の名称が「大日本帝国」となり、昭和二一年に新憲法である日本国憲法が公布されるまで、「帝国大学」、「帝国図書館」などと用いられていた。

ていしゅ【亭主】

一家のあるじ。また、夫（おっと）。中国古典に例がある語。元来「亭」は高楼のある邸宅のことで「亭主」はそこの主人を指す。それが転じて一家のあるじという意味となった。日本では鎌倉時代の頃から、一家のあるじの意で用いられている。「その座には亭主夫婦、隆弁僧正、あるじ方の人にて座せられけり」（徒然草・二一六）。近世頃には宿屋・茶屋などの店主をいうようになり、さらに、日本だけの用法として（妻から見て）夫の意も生ずるようになった。以下の例は夫の意。「亭主をもって貧乏でもすると」（仮名垣魯文・安愚楽鍋・二・下・明治四年）。

でいすい【泥酔】

ひどく酔って、正体がなくなること。中国由来の語で「泥のように酔うこと」の意。中国の三世紀頃の地誌『異物志』では「泥（でい）」は南海に住む虫で、この虫は水中では活発であるが、水を失うと泥土のようにぐにゃぐにゃになるという。「泥酔」は、日本では院政期の辞書『色葉字類抄*』に登載されており、また平安時代の貴族の日記にもしばしば見られる語である。当時の貴族の泥酔ぶりを『宇津保物語』（蔵開・上）は「かくて皆人、泥（でい）のごと酔ひて、足をさかさまに倒れよろぼひつつ」と記している。

例「泥酔殊に甚だし。不覚に南殿に臥すと云々」（小右記・長保元年七月二八日）

ていたらく【為体・体たらく】

ひどいありさま。「てい」は「体」の漢音読みで、様子の意。「たらく」は断定の助動詞「たり」に接尾語「く」を付けて名詞化したもので、「であること」の意。中世では「覚明が体たらく、かちの直垂に黒革威の鎧きて」（平家物語・七・願書）など、単に様子・ありさまの意で用いられており、特に悪い意味

は持っていなかった。今日のように、あまり好ましくない様子を指して用いられるようになるのは、近世以降のことである。なお「為体(躰)」という表記は、節用集などに「為レ体」にテイタラクと振り仮名した形で見える。これは「体為(た)らく」を漢文風に書いたものである。↓思わく

例「子供の方はと見ると是も親に劣らぬ体たらくで寝そべって居る」(夏目漱石・吾輩は猫である・明治三八〜三九年)

ていねん【定年・停年】

会社員や公務員について、職を退くように決められている年齢。「停年」は漢籍に見られる語(「定年」は見られない)。中国では官吏の任免・昇進などを一定の年限や年齢によって決めることを意味した。日本でも軍隊では将官の年限について中国式の取り決めがあった。「停年」「定年」とも日本では明治になってから使われたが、一般には退職に関する年齢の規定として、「停年」と表記することが多かった。その後、「国家公務員定員法」などによって、現在は「定年」の表記が普通になっている。

例「停年には間がありますもの」(岸田国士・沢氏の二人娘・昭和一〇年)「大学教授の定年」(内田魯庵・モダーンを語る・昭和八年)

ていばん【定番】

お決まりのもの。代表的なもの。「定番商品」の略で、もとは衣料業界の用語。戦後使われるようになった和製漢語。「定番」は商品番号が固定しているという意味。流行に左右されず安定した売上げが見込まれるため、商品番号が固定されている基本型の商品を指した。転じて、お決まりのものという一般的な意味が生じて広く使われるようになった。

てうち【手打ち】

交渉・和解などが成立すること。手を打ち鳴らすことは、「一言主大神、手打ちて其の捧げ物を受けたまひき」(古事記・下)のように、古くから喜びや祝福などの感情を表す動作であったが、和解のしるしとして互いに手を打つことが広く行われるようになった。そこから転じて、交渉や和解の成立そのものをも指すようになった。なお、武士のする「手討ち」や手打ちそばの「手打ち」は、「手ずから討つ」「手で打つ」の意味であり、手と手を打ち鳴らす「手打ち」とは意味が異なる。

例「此処らで手打ちの相談としたらば如何と云ひたるに」(東京日日新聞・明治一四年一一月一四日)

でか

刑事。盗人仲間の隠語。「角袖(かくそで)巡査」から出た語。「角袖巡査」は明治の頃、洋式の制服でなく、和服を着た巡査のことを指し、「角袖」だけでもこのような巡査を表すことがあった。この「かくそで」が隠語によくある造語法の倒語によってデカクソとなり、さらに略してデカとなったものと言

われる。

例「デカ又はヲダイシ　探偵する人のことを云ふ。東京府管内に通ずる語」（日本隠語集・明治二五年）

でかい

大きい。甚だしい。この語の語源については、大きい意の形容詞「いかい」に、事物の強烈なことを表す接頭語「どう」が付いた「どういかい」が、ドイカイ→デイカイ→デカイと変化したとする説（上方語源辞典）や、形容詞「いかい」と同じく大きい意の「でこ」とが混成し生じた語であるとする説（日本国語大辞典二版）がある。しかし、後者の説は、「でこ」が「でかい」から派生した語であると考えられるのでつじつまが合わない。「でこ」は「でかい」の連用形のウ音便「でかう」からデコー→デコとして生じたものである（上方語源辞典）。

例「大なるものを、ヅナイト云、又デカイト云也」（随筆・独寝・下・九七）「物のいかめしくおほきなることを、でこ、でつかい、にくじなど、いふこと、〈略〉同じく、いかいこと、いふはよろしきにや」（方言・片言・二）

でかした

物事をうまくやり遂げた時の賞賛の言葉。動詞「でかす」に助動詞「た」の付いたもの。「でかす」は「出（い）で来（く）」（＝現れる）から出た「出来（でく）」に他動詞を作る接尾語「す」を付けたもので、「実現させる」という意味になる。これに完了の「た」を付けて、実現させた、しおえたの意味から、立派に実現させたとなり、更に、ほめる言葉となったと考えられる。「あすの今比でかすは」（虎明本狂言・仏師）は、完成させるという意味である。また、「某が目が行くと、目見えが済んだと思うて、ちやつとのいたは、出かしおつたなあ」（虎寛本狂言・今参）は、うまくやってのけるという意味である。

てがた【手形】

為替手形・約束手形などの有価証券。「手形」の原義は「手の形（かた）」であり、古くは手のひらに墨や朱肉を塗り、後日の証として、文書に手の形を押した。後に、証文の類を指すようになった。

例「よろづの売掛、あるいは当座借の金銀、手形なしの事なれば」（浮世草子・西鶴織留・一・二）

てがみ【手紙】

用件を書いて相手に届ける文書。「文（ふみ）」に代わって近世用いられ出した語。語源について『*和訓栞』は「書（て）紙の義也」として、「て」を筆跡、文字の義と解する。これによれば「手紙」は文字を書いた紙ということになる。一方『*俚言集覧』には「書簡をいふ。手紙とは手元におく紙」とあり、これによれば手紙はもと身近にある雑用に使う紙のことであり、それに用件を認めたものが手紙だったということになる。しかし、「てがみ」という語の用例から見ると、手元に置く雑紙

の例より、書簡の意の例の方が早く、近世前期に例がある。今分かっている用例の出方から見ると、「てがみ」は文字を書いた紙、という説の方がまさっている。

[例]「そして先刻の手紙を手めえ裏前へ頼んでやるのぢやアねえか」（人情本・春色梅児誉美・初・二）

てがら【手柄】

功名。『大言海』は「手幹（てがら）の義かといふ」とするが、これ以上の説明がない。「手柄」には古く腕前の意味があるところからみて、「手」は能力を表し「柄」は人柄などの「柄」でその性質などの意を表す。すなわち「手柄」は能力の状態という意味から、その能力による功名に転じたものではないかと考えられる。

[例]「河野と陶山が手柄の程、いとど名高く成りにけり」（太平記・八・禁裏仙洞御修法事）

でかんしょぶし【でかんしょ節】

丹波（兵庫県）篠山（ささやま）辺りの盆踊り歌をもとにしてできた歌。明治末期第一高等学校の学生が歌い出して大正期にかけて学生の間で盛んに歌われた。語源は諸説ある。一説に「後の半年寝て暮らす」丹波杜氏が後半年は「出稼ぎしよう」といったところから、それがデ（ッ）カンショという囃し言葉になったという。また、哲学者のデカルト、カント、ショウペンハウエルを合わせて作ったという説もある。倫理学者亘理章三郎が第一高等学校の生徒に教えたのが始まりという。

てきにしおをおくる ーしほー **【敵に塩を送る】**

苦境にある敵に情けをかけ、敵の利益となることをする。戦国時代上杉謙信が、今川・北条の塩止めにあって苦しんでいる宿敵武田信玄へ塩を送って救ったという逸話から、明治以降使われ出したもののようである。

てきぱき

素早く手際よいさま。「てきはき」とも。語源は「てきてき」「はきはき」という擬声擬態語を組み合わせたもの。「てきてき」は野菜などを立て続けに刻む音を表す擬声語で、近松の浄瑠璃『卯月の潤色』（中）に、「俎板に白瓜菜刀取って、てき〱〱ヤてき〱〱ヤ、てき〱しやんと揉み瓜に」と用いられていた。「とんとん」が「とんとん拍子」の意味を派生するのと同じように「てきてき」も続けざまに順調に捗るさまを表したもの。「はきはき」も現在と同じ意味で室町時代末期から江戸時代初期に例が見られる。*『和英語林集成』（初版）には「Tekihaki to tenki ni naranu（テキハキ トテンキ ニ ナラヌ）」の例があげられている。

[例]「兎角（とかく）てきぱきと早手まはしな事がはやる世の中」（滑稽本・浮世風呂・四・下）

てきめん【覿面】

報いや効果が即座に現れるさま。「覿」は見ること、「面」

は顔の意であり、「覿面」は中国では、面と向かうことや、目上の人にまみえることを言う。日本では『*日葡辞書』の「Teqimenni coroita(的面に殺いた)」の説明に、「すなわち、彼はその時、すぐさま面前でその人を殺した、の意」とあるように、目前で、即座に等の意味で用いられ、近世以降さらに転じて、「悪事をなせし罪科が、覿面に身の酬い」(人情本・恩愛二葉草・三・七)などのように、報いや効果が即座に現れるさまを言うようになった。

てきや【的屋】

縁日や盛り場で店を出し品物を売る商人。語源不明。一説によれば、「テキヤはやはり、『的矢』で、客をだまして当たればもうかるし、はずれて当たらねばだめだというところから、矢の的に当たるになぞらえた」という(暉峻康隆・すらんぐ)。また、「やてき」を逆さまにした語で、「や」は「香具師(やし)」の「や」、「てき」は泥的(=泥棒)、取的(=下級力士)などの「てき」と同じ接尾語であるという(楳垣実・猫も杓子も)。なお、「やてき」の語は明治の初め頃に生じたと考えられているが、実際の用例は見つかっていない。

例「まむし酒を売るテキヤ、親指のない淫売婦」(林芙美子・放浪記・昭和三〜四年)

できる【出来る】

生じる。完成する。能力や可能性がある。語源は「出(い)で来(く)」(カ行変格活用)であり、本来は現れるの意であった。「山の端もなくて、海の中よりぞいでくる」(土左日記・承平五年一月二〇日)は、月が現れる意である。室町時代以降、語頭のイが落ちてデクになり、活用もカ行変格活用からカ行上二(一)段活用に変化した。中世以降、カ変の上二(一)段化現象が起こり、一部単独の「来(く)」にも及んだが、「来る」は中央語ではついに「きる」(上一段)とはならなかった。しかし、同音衝突のおそれのない複合語の「出来(でく)」は上一段化を全うし、「できる」となった。江戸時代以降、意味の面では新たに可能の意が生じた。

例「コレ、見な。こんなに痣が出来たあ」(滑稽本・浮世風呂・二・下)「一寸出来ると思ひの外、此柏屋の約束も翌明々日(あすあさって)と云ひ延べたるが」(滑稽本・浮世床・初・中・後叙)

てぐすねひく【手薬煉引く】

準備を整えて機会を待つことをいう。「くすね」は「くすり(薬)+ねり(煉)」の略で、松脂を油で煮て練りまぜたものをいい、粘着力があり、弓の弦に塗って弦を強くした。また、弓を射る前、弓が掌から飛び出さないように左手の掌にこれを塗った。「御前の雑人をのけられ候へとて、手ぐすね引き、そゞろ引いてぞ向ひたる」(金刀比羅本保元物語・中・白河殿攻め落す事)。このような弓を射る前の準備から、一般の準

備の意に転じたもの。現在「手ぐすね引く」の形で使われるが、この「引く」は、もとくすねを弦や掌に塗ることであった。

例「めいわくいたすと云ひながら、手ぐすね引く」（虎明本狂言・米市）

てくだ【手管】

人を操ったり騙したりする技術・方法。江戸時代、特に遊女が客をたらしこみ操る技術をいった。語源不明。同義の語である「手くだり」の「り」を略したとする説（評判記・色道大鏡）、古く「段」をキダと読んだことから「手段（てきだ）」が転じたとする説（大言海）、機織りの道具である「筝（くだ）」に「手」が上接したとする説（大言海）、水芸をする芸人が手に小さい管を隠していたためとする説（浮世草子・好色由来揃）などがある。以上の諸説中、「手くだり」の下略説が一応穏当に思われる。「手くだり」は室町時代に「からかさのてくだりをみな云ふ也」（狂言六義・骨皮）とあり、「手くだ」より早く用例がある。しかし、「手くだり」の語源となると、これも不明である。

例「物をもらはず、物を惜しまず、情ふかくて手くだの名人」（浮世草子・好色一代男・六・二）

でくのぼう でくのばう【木偶坊】

気の利かない人、役に立たない人を指す語。「でくのぼう」はもと操り人形を指していたが、人形のように気の利かない、役に立たない者という、ののしりの言葉になった。＊『物類称呼』（四）は「これいにしへでぐるぼうと云ひし詞の変したる也」という。「でぐ（く）るぼう」は、『大言海』によれば「人形の操りにて出で狂ふよりの名」とする。ただし、「でくるぼう」は「てくぐつの訛」（随筆・一話一言）という別説もある（「てくぐつ」は手で操る木製人形のこと）。「でくのぼう」の「ぼう」は「けちんぼう」「しわんぼう」など親しみやあざけりをこめて擬人化する接尾語である。「でく」に当てられる漢語「木偶（もくぐう）」は、木で作った人形のこと。

例「一番卓説を吐くやうだが、概して木偶人（でくのぼう）が多いやうだなア」（坪内逍遥・内地雑居未来之夢・明治一九年）

てこいれ【梃入れ・梃子入れ】

助力すること。「てこを入れる」を一語化したもの。「てこ（梃・梃子）」は小さい力で重いものを動かすのに用いる棒状の道具であり、転じて「てことは　しりおしすること」（新撰大阪詞大全）などのように、助力・援助の意味を持つ。従って、梃を入れることが助力するの意になる。「生貝にわさびおろしの手こをいれ」（雑俳・川柳評万句合・宝暦八年）といった例がある。

てこずる

もてあます。語源不明。『大言海』は「梃（てこ）の利かぬ意か」という。「ずる」は「ずれる」で、「梃がずれるの意」になる（上

方語源辞典）。梃子がずれれば物が動かない、それでもてあますと転じたことになる。しかし「てこずる」は五段活用だが、「ずる」（口語ずれる）は下二（下一）段活用なので、活用が合わない。大田南畝の『半日閑話』には「てこずる　窮困、コマル事をテコズルといふ語流行す」とあり、安永五年（一七七六）ごろに流行したもののようである。

てしお《てしほ》【手塩】

自分の手で世話をすること。「手塩」は、各自の好みで味を調えるために食膳に添えた少量の塩のこと。*『日葡辞書』にも「Texiuo（テシヲ）」とあり、室町時代から用いられていたことが分かる。手塩は自分の手で加減するものであるから、他人任せにせずに自らの手で世話をする意味になる。江戸時代以降、「手塩にかける」と言うようになった。

例「お小さいから夫婦の者が、手しほにかけ、育て上げたあのお子」（浄瑠璃・御所桜堀川夜討・三）

てだい【手代】

商家で番頭と丁稚の間に位置する使用人。奉公して一〇年くらいで手代となった。本来は「てがわり（手代）」の意で、人の代理をすることであり、藤原道長の日記『御堂関白記』に「僧正奉仕御修善、手代僧進円不云案内（僧正御修善に奉仕す、手代の僧進円案内を云はず）」（寛弘六年九月一一日）とある。江戸時代になり、郡代・代官の指揮下で年貢徴収などを司った小吏や、御蔵奉行などの下で雑役に従った小吏を指すようになり、さらに、商家の使用人をも言うようになった。

例「奉公人〈略〉丁児小僧の既に長じて元服したるを商家等にては手代又は若い者又見世の者とも云ふ」（随筆・守貞漫稿）

でたとこしょうぶ【出たとこ勝負】

前もって計画や準備をしないで、その場のなりゆきで事を運ぶこと。さいころ賭博では出た目で勝負を決めるが、あらかじめどの目が出るか予測できない。従って準備もできないというところから、成り行き任せの意が生じた。

例「二人の道具屋が揃って来たら面会して、出た所（とこ）勝負のちゃらっぽこで、また追ひ返して遣りませう」（歌舞伎・恋闇鵜飼燎・序）

てだまにとる【手玉に取る】

自分の思うままに人を動かす。「手玉」は曲芸師の操る小球や、小豆を袋に詰めた少女の遊戯（現代の「お手玉」）のこと。この球を自由自在に操ることを、自在に人を動かすたとえにした表現。「手玉」は、手で扱う玉だから「手」を付けたもの。

例「此奴等をなげつけるのは、孩児を手玉にとるやうなもんだが」（仮名垣魯文・西洋道中膝栗毛・五・上・明治四年）

でたらめ【出鱈目】

いい加減なことを言ったりしたりすること。江戸時代の賭博から出た語。「でたら」は「出たら」で、「め」はさいころの目を指す。さいころを振って出たらその目に任せるという意味だと言われている。漢字では「出鱈目」と書くが、これは当て字。異説としては、「出る」の連用形に助動詞「たり」の未然形「たら」と助動詞「む」の已然形「め」が付いてできたものという説がある（日本国語大辞典二版が有力として紹介）。しかし、この説はこの語の用例が近世後期以降のものであることから見て、疑問である。

例「いつはりのなき世なりせばうそつきの、戯作者頼む人はあらじな、と出たらめの歌」（滑稽本・浮世床・二・序）

てだれ【手足・手練れ】

腕前が優れていること。手に技能が十分足り備わっているという意味の「てだり（手足）」（「てたり」とも）の変化した語。「て」は仕事などをする能力の意で「手利《き》き」などと同じ。「たり」は「足る」（四段活用）の連用形で、十分の意。「大矢の秀定・渡辺清、究竟の手だりなりけるが」（源平盛衰記・一五・宇治合戦事）。「てだれ」は『平家物語』（一一・那須与一）には「手たれにねらうて射おとせとのはかり事とおぼえ候」とあり、この頃から使われていたことが分かる。『*日葡辞書』には「Tetare（テタレ）」とあり、古くは二音節目が清音であった。現代では、「手練ぞ見ゆる」（泉鏡花・歌行燈・明治四三年）のように、「手練れ」の表記も見られる。

てっか【鉄火《てつくわ》】

鉄火巻き・鉄火どんぶり・鉄火味噌など、赤い色の材料を用いた、ワサビなどの辛味のある料理の名称。「鉄火〜」といわれるものには赤色と激しさという共通性が見られる。これはもともと鉄火が真っ赤に焼いた鉄のことであるからだろう。たとえば「鉄火肌」は気性が激しく侠気に富んだ気質をいう。「鉄火巻き」については、博打場（俗に、「鉄火場」という）で勝負をしながら食べるのに便利であることから命名されたという説や、ぶつ切りされたまぐろの身を、身を崩したやくざ、すなわち鉄火としゃれたものかとする説（いずれも暉峻康隆・すらんぐ）もある。

てつがく【哲学】

宇宙や人生の根本原理を研究する学問。英語 philosophy の訳語として造られた和製漢語。西周の造語で、最初は「希哲学」と訳した。「希」は望む・愛する意、「哲」は道理をわきまえる意で、知を愛し研究する学問の意味で造られた。だが、西周『生性発蘊』（明治六年）では「哲学」が使われ、『*哲学字彙』（明治一四年）でも philosophy の訳語として「哲学」が記載されている。以後、訳語として「哲学」が定着するようになった。なお、江戸時代の蘭学者たちは中国宋代の儒学の影響を受けて、「理学」「窮理学」「性理学」などと訳して

いる。

てっかまき《てつくわまき》【鉄火巻き】
巻き鮨の一。↓鉄火

てっせん【鉄線】
キンポウゲ科の落葉性蔓植物。中国原産。蔓（つる）が鉄線のように細長く黒ずんでいて強いので、鉄線に似た蔓を持つ蓮（はす）に似た植物という意で「鉄線蓮（れん）」と命名された。中国での命名をもとに、日本では「鉄線花」「鉄線」と言われるようになった。『＊文明本節用集』（室町中期）に「鉄線花　テッセンクワ」とあるのが早い例である。

てつだう《てつだふ》【手伝う】
手助けする。語源不明。漢字表記「手伝う」は当て字で、ここからこの語の意味は出て来ない。一説によれば、『＊観智院本名義抄』には「繕」の訓として「つたふ」があり、この漢字の意味もつくろう、補うであるから、助けると意味的につながる。「（雀ヲ）日ごろよくつたへば、やうやく躍り歩（あり）く」（宇治拾遺物語・三・一六）の「つたふ」は手当てする意味である。この「つたふ」に「手助け」などの「手」の付いたものが、「てつだう」である、という（佐藤喜代治・暮らしことばの辞典）。
例「Tetdai　テッダイ（手伝ひ）　援助すること、または援助する者」（日葡辞書）

でっち【丁稚】
おもに江戸時代、商家などで年季奉公をした少年のこと。一般的には「与清按に、でつしは弟子をさとびごとにいへる也今の俗に僕僮をデッチといふもこのデッシよりうつりし語也」（随筆・松屋筆記・六）とあるように、「弟子」が促音化してデッシとなり、さらにデッチに転じたと言われている。漢語「丁稚（ていち）」は若者の意。漢字表記としては他に「丁児」「童奴」「調市」などがある。
例「でっちに行灯掃除させて、其油紙にて煙管を琢（みがか）せ」（浮世草子・西鶴織留・一・三）

でっちあげる【でっち上げる】
捏造（ねつぞう）する。近世「でっちる」という語があり、これに「あげる」の付いたものである。「でっちる」は、こねて作るという意味で、「糝粉をとくと煉（でっ）ちて」（洒落本・禁現大福帳・一）などと使われていた。この「でっちる」はこねる意味の漢字「捏（でつ）」を動詞化してできた語。すなわち、「でつ」の「つ」を活用語尾と見立てて、「ち」「ちる」と活用させたもの。
例「妄想をデッチ上げた恋愛小説でも作って」（内田魯庵・社会百面相・明治三五年）

てっちり
河豚（ふぐ）のちり鍋のこと。「てつ」は「てっぽう（鉄砲）」の略で、フグのこと。フグを「鉄砲」と言うのは、フグは内臓に猛毒を有し「当たると死ぬ」からである。「ちり」は「ちり鍋」参照。

てつどう《てつだう》【鉄道】
レールの上に車両を運行して、人や荷物を運ぶ運輸機関。日本では明治五年に新橋・横浜間を走ったのが最初。英語railroad、railwayの訳語として造られた和製漢語。「鉄」は、レールが鉄でできていることによる。中国における訳語「鉄路」を参考にしたと思われる。『新聞雑誌』（一号・明治四年）には「鉄道」の他に「鉄路」も使用されている。
例「英国にて鉄道蒸気車を創造せし人なり」（福沢諭吉・西洋事情・外編・慶応三年）

てっぺん【天辺】
物の頂上、一番高いところ。兜（かぶと）の頂の部分を指す「てへん（天辺）」の変化した語。「天辺（てんぺん）」は漢籍に例があり、大空の果ての意である。テヘンという発音は*『日葡辞書』に「Tefen」とあることで確認できる。鎌倉時代には『平家物語』（四・橋合戦）の「常にしころを傾けよ、いたう傾けててへん射さすな」などのように、兜の頂の意で用いられていたが、次第に頭の頂や他の物の頂をも指すようになった。
例「五重の塔へ足代をかけさせ、てっぺんの擬宝珠をなめて見」（咄本・聞上手・金物）

てづま【手妻】
手品。奇術。「つま」は端の意であり、「てづま」は本来「ずいぶん物なれし包丁人、爰をはれと手づまをつくし、魂をこめてさまざまの至り料理」（評判記・大尽三つ盃）のように、手先や手先でする仕事のことであった。後に転じて、手先の芸で人の目をくらまして、不思議なことをしてみせる芸や手品のことを言うようになった。
例「鉄輪の手づま、枕返の秘曲」（浮世草子・浮世親仁形気・三・一）

てつめんぴ【鉄面皮】
恥を恥とも思わない厚かましい人を指していう語。「鉄面」は甲冑をつけたときに顔を保護する鉄の面。面（つら）の皮の厚いことをこの「鉄面」にたとえた表現。
例「エ、しぶとき女が工み事、誠に儕（おのれ）は鉄面皮と」（浄瑠璃・源頼家源実朝鎌倉三代記・六）

てなべ【手鍋】
つるの付いた鍋。「手取り鍋」の略。持ち運びできるように手の付いた鍋。「手鍋を提げる」で貧しい生活をするの意味に使われる。手鍋を提げて買い物に行ったり、煮炊きをしたり自分で家事をしなければならないような貧しい生活ということから、「手鍋を提げる」という言い方ができたと思われる。
例「手鍋を提げさせ永く貧苦の苦しみをかける」（浮世草子・傾城禁短気・一・二）

てぬぐい《てぬぐひ》【手拭い】
手や顔、身体などをふく布。古くは*『十巻本和名抄』に「手

巾　太乃古比」とあるようにタノゴヒであった。「た」は「て(手)」の複合語を作るときの形、「のごふ」は「ぬぐふ」の古形。このタノゴヒは神事の際に用いることが多かった。*『日葡辞書』には「Tenogoi(テノゴイ)」の項目に「手や顔を拭うタオル」という説明があり、このころには手や顔を拭く目的で用いる布をテノゴイと言っていたことが分かる。テヌグイという語形は「あみがさのまへに、てぬぐひ、ふくめんのごとくつくるなり」(虎明本狂言・煎物)とあるように、室町時代頃から見え始める。

てのうち【手の内】

腕前・技量。心の中。「手のうち」は物を握るときに内側になる手のひらのことで、普通は人に見せないものであるから、心の中の意味を生じたもの。また、剣道・弓道などの武道では、竹刀や弓の握り方を言った。これらの武道で上達するためには、竹刀の持ち方や弓を引くときの手の動きを体得することが必要であり、そこから腕前や技量の意が生まれた。

例「手の内かはるやうにおもはるれば、所詮出ぬにはしかじとおもひさだめ」(評判記・色道大鏡・五)

てのひら【手のひら・掌】

手首から先の、握った時に内側になる部分。「手の平(ひら)の義」(大言海)というように、この部分を平らと捉えた表現。この語は中世以降現れるが、それ以前ほぼ同じ部位を「手の裏」、「たなごころ」などと称していた。『枕草子』(二八・にくきもの)に、「火桶の火、炭櫃(すびつ)などに、手のうらうち返へしうち返へし、おしのべなどしてあぶりをるもの」とある。

例「手のひらでしたたかに打った」(抄物・臨済録抄・下)

でば【出刃】⇩でばぼうちょう

でばがめ【出歯亀】

のぞきのような変態的行為をする男のこと。出歯亀とあだ名された男の起こしたのぞきや殺人事件に因む言葉。明治四一年三月二二日、東京東大久保の植木職人池田亀太郎(二五歳)は女湯を板壁のふし穴よりのぞき、官吏の妻幸田ゑん(二八歳)の着衣する姿を見て、その帰途暴行致死に及んだ。この男を「でばがめ」というのは「出っ歯」だったからとも出しゃばりだったからとも出刃包丁をすぐ振りまわすからともいわれる(朝倉治彦・稲村徹元『明治世相編年辞典』)。

例「出歯亀という職人が不断女湯を覗く癖があって、あるとき湯から帰る女の跡を附けて行って、暴行を加えたのである」(森鷗外・ヰタ・セクスアリス・明治四二年)

てはず【手筈】

準備。「はず」に「手順」「手続き」などと用いられる接頭語「て」が付いたもの。「はず」は道理、筋道、見込みなどの意味を表す。「てはず」も初めは次の例のように、「はず」と同じ意味を表していた。「いづれものお出なさるる様にと、かたがた

契約をしたに、その様なことなれば、みな手筈が違ふ」（続狂言記・箕かづき）。ここでは予定というような意味である。そこから準備の意味に転じた。＊『和英語林集成』（一〜三版）では、多少準備の意味も含まれる arrangement（備え）を訳語の一つとして挙げるが、例文は「てはずがはづれる」で、まだ古い意味のままである。これから見ると現在の意味が一般化するのは、明治以降かと思われる。↓はず

例「停車場で落ち合う手筈をする」（夏目漱石・虞美人草・明治四〇年）

でばぼうちょう でばばうちやう【出刃包丁・出歯包丁】

和包丁の一つ。刃幅が広く、みねが厚く先の尖った包丁。魚を料理するときなどに用いる。江戸時代の随筆『本朝世事談綺』は「包丁は所々にありといへども、泉州堺を良とす。名誉の包丁鍛冶あり」とし、「かの男の向歯（むかふば）出でたるにより、出歯が包丁と呼びけるより、終にその器の名となる」と言う。これに対して、柳田国男は『蝸牛考』で、肥前の五島などでデバが小刀を指すことから、出っ歯説を否定し、「デバは恐らくは右片側に刃を付け、外へ向って使うようにした刀のことで、内の方へ削り込む左に刃を付けた刃物、たとえば椀作（わんづく）りの用具などと、区別をするための出刃であったろう」という。「でば」の語源は、出っ歯ではなく、出刃、つまり、動詞「出る」の連用形に名詞「刃」が付いたものだろう。

デマ

うその情報。大衆を扇動するための政治的な宣伝を意味する「デマゴギー」（ドイツ語 Demagogie による）の下略形。もと政治用語であったが、昭和になってから、単に、根拠のないうわさ、うそなどの意味で使われるようになった。昭和五年刊の『アルス新語辞典』に項目が見える。

てまえ てまへ【手前】

一人称代名詞。「てまえども」「てまえの方」などの形で使う。古くは二人称の用法もあったが、この用法は現在では「てめえ」の形で残っている。「てめへが気のきかねへくせに、ざまア見や」（滑稽本・浮世風呂・前・上）。「てまえ」は中世、ある点より少し自分に近い方の意味で用いられ、更に、自分のすぐ近く、自分の力の及ぶ範囲を意味するようになった。そこから一人称の用法を生じた。一人称の「てまえ」は謙譲語で自分を下位者として表す。この下位者ということを利用して、目下の聞き手を表す語としたのが二人称の「てまえ」である。

例「Temaye（テマエ）に金がない程に貸させられい」（日葡辞書）

でまえ でまへ【出前】

店屋が注文を受けて料理を届けること。また、その料理。「出前」の「出（で）」はこの場合、料理が店の外に出ること。「前（まえ）」は動詞の連用形に付いて、その分量を表す。「出前」は店

の外に出る分量ということで現在の意味になったもの。この用法は近世からあったが、近世には遊女が遊里を出る前とか禿(かぶろ)が店に出る前とか、他の意味もあった。

例「そりやアいいがたいそう烟る。出前(でめえ)でも沢山(たんと)焼くさうだ」(人情本・春色梅児誉美・初・三)

てまえみそ てまへみそ【手前味噌】

自分で自分をほめること。「手前」は自分のことで、「手前味噌」は自家製の味噌のこと。自慢する意味の「味噌を上げる」という言い方が宝暦二年(一七五二)の談義本『教訓雑長持』にあり、やや遅れて「てまえみそをあげる」も宝暦一三年の談義本『風流志道軒伝』に例がある。「あげる」は気勢を上げるなどの「上げる」で、「(手前)味噌をあげる」で自家製の味噌を自慢するの意味になったものだろう。ここから「手前味噌」が独立したものと考えられる。

例「人情史(にんじやうぼん)は著はせど、旨とせざる処なりと、自慢(てまへみそ)のすましで喰はせる」(滑稽本・八笑人・四)

デモ

集団の意志を表すための行進や集会。示威運動。「デモンストレーション」(英語 demonstration による)の下略形。明治後期ごろから「デモンストレーション」が使われ出し、「デモ」は昭和になって使われるようになった。戦後は「デモる」と活用させた形も現れた。また、示威運動以外に、宣伝のための実演などの意でも使われるようになった。

例「職工たちの勇敢なデモでもなければ、演説会でもなく」(野上弥生子・真知子・昭和三〜五年)

てらこや【寺子屋】

近世から近代初めにあった庶民の教育機関。昔は寺院で手習いを教えていたため、手習いを学ぶ子を「寺子」と言い、手習いを教えるところを「寺子屋」と言った。そこでは習字や読み書き・そろばんなどが教育されていたが、明治に入り小学校に取って代わられ消滅した。

てらせん【寺銭】

博打(ばくち)をするとき、参加者が貸元に払う場所代。語源不明。照明代の意から出たか。『大言海』によれば、博打の場所代の意で、「寺を照(てら)と記すは、席主の蠟燭代を取る意と云ふ」とある。露店商などの隠語に「照らし」(=灯火)の略語の「てら」があったと言われる。

例「てら銭貰ひ請け候ふものは、凡そ中追放程の当りに見込みの事」(法制・公裁随筆・礼・博奕一件吟味心得方)

でる【出る】

内から外に移動する。あらわれる。古くは「いづ」であったが、鎌倉時代以降、語頭のイの脱落した形が広く用いられるようになった。『*日葡辞書』では「De, zzuru, eta(デ、ヅル、デタ)」のように終止・連体形はヅルとなり、更に江戸時代以

降下一段化してデルとなった。

例「望みとあるからぜひがない。はやく出て失せろ」（黄表紙・江戸生艶気樺焼・中）

てれる【照れる】

間の悪い思いをする。きまり悪がる。『大言海』は「照らさるの転か」という。「照らさる」は、近世「照らされる」という形で用いられていたから、中間の音節ラ・サが脱落したものとなる。意味の上で見ると、芸娼妓が客にバツの悪い思いをさせるという意味の「照らす」が明和（一七六四～七一年）頃深川の岡場所から流行した。「てれる」はこの「照らす」の派生語だという（江戸語大辞典）。すなわち、芸娼妓が「照らす」と客が「照らされる」（＝バツが悪い）わけで、この「照らされる」ことを「てれる」と言ったという。「てれくさい」「てれかくし」など派生語がある。

例「まち女郎ひらくと跡はてれたもの」（雑俳・川柳評万句合・明和四年）

てれんてくだ【手練手管】

人を操ったり騙したりする技術・方法。「てれん」と「手管」は同義の語であり、ともに独立の用法もあったが、重ねることにより意味を強めたもの。「てれん」について『大言海』は「手練（しゅれん）の誤読か」とするが不明。→てくだ

例「然れば党連謀計（てれんてくだ）の紲（きづな）に伸びし鼻毛を抜て、家職大事の眼を開くべき事ぞかし」（談義本・艶道通鑑・五・二）

てんいむほう【天衣無縫】

天真爛漫。「天衣」は天女の衣服、「無縫」は縫い目がないこと。中国、北宋の『太平広記』（女仙）に次のように紹介される話にちなむ。昔、中国の郭翰という人が庭で寝ていると、天から美女が降りてきた。その美女の衣服をよく見ると、どこにも縫い目がなかった、という。そこから、詩歌や文章に技巧の跡が見えず、自然で美しく完成されていることを言い、後には人の性格について言うようになった。

例「つまり徳はあるが、未だ天衣無縫の域には遠く達しない」（里見弴・多情仏心・大正一一～一二年）

でんがく【田楽】

豆腐を長方形に切って串に刺し、練り味噌を塗って火にあぶった料理。「田楽豆腐」の略。「でんがく」といういわれについては、近世初期の『醒睡笑』に次の記述がある。「豆腐を串に刺して焙るを、など田楽とはいふ。されば田楽（＝田楽法師）の姿、下には白袴を着、その上に色ある物をうち掛け、鷺足に乗り踊る姿、豆腐の白に味噌を塗りたてたるは、かの舞ふ体に似たるゆゑ、田楽といふにや」。すなわち、その形状が、田楽法師が鷺足（＝長い棒の中程に横木を付けた曲芸の道具）に乗って舞い踊る姿に似ているところからの称だという

のである。

例「でんがく三荷持参」（後奈良院宸記・天文四年一二月一七日）

でんき【電気】

電球を灯したりする働きの基となるもの。日本では江戸中期にオランダ語 electriciteit を最初は「越列機的爾（エレキテル）」や「越暦的里（エレキテリ）」、または「越列機（エレキ）」のように音訳した。「電気」は幕末頃中国から借用した語。川本幸民『*気海観瀾広義』（嘉永四年）では、従来エレキテルと称していたものを近年中国では「電気と訳す」と述べている。

例「弗蘭克林（フランクリン）、雷と、エレクトリシテイ（電気の物中に具はる性をいふ）との同一なることを、始めて発明したる時」（中村正直訳・西国立志編・明治三〜四年）

てんぐ【天狗】

顔が赤く、鼻の高い、飛行自在の想像上の怪物。「狗」は犬のことで、字義は「天の犬」となる。中国の地理書『山海経（せんがいきょう）』によれば、狸に似て白い首をしている（其状如貍而白首、名曰天狗）という。日本の文献で最初に見られるのは、『日本書紀』舒明天皇九年二月の条で、大流星が大きな音を立てて流れたのに関して僧旻が「流星にあらず、其天狗なり」といったと記されている。日本では修験道と結び付いてさまざまな天狗像が作られた。

例「天狗、木霊（こだま）などやうのものの、あざむき率（ゐ）てたてまつりたるにや」（源氏物語・夢浮橋）

てんごく【天国】

天にあるという理想的な世界。明治期の聖書の翻訳に際して、漢訳聖書から借用した語。一八六一年に上海で刊行された、ブリッジマンとカルバートソン等による『新約全書』に基づくとされる。翻訳委員会訳『新約全書』（明治七〜一三年）の「馬太（マタイ）伝」には、「われ天国（てんこく）の鑰（かぎ）を爾に与へん」などと見られる。初めは「てんこく」と清音で読まれた。「てんごく」と言うようになったのは、明治後期であり、使っているうちに連濁を起こしたものである。

例「天国を信ずる昔に戻そう」（森鷗外・かのやうに・明治四五年）

てんざい【点在】

ばらばらと散らばってあること。明治時代に造られた和製漢語。点のようにぽっぽっと存在する意。「点滅」も和製漢語。

例「百姓家が二軒三軒ずつ〈略〉林の間に点在して」（国木田独歩・山の力・明治三六年）

てんしゅかく【天守閣】

城の本丸に築かれた最も高い物見櫓のこと。室町時代に始まり、一七世紀に普及した。「天守閣」の「天守」は「天主」のこと。「天主（テンシュまたはテンジュ）」は、仏教では諸天の王（帝

て

釈天など）であるが、キリスト教を中国で布教する際、Deus（デウス）を「天主」と訳した。西洋人が家の最も高いところに天主を飾ることから、安土城の櫓を天主と称したことによると考えられている。「閣」はたかどの、立派な御殿の意。江戸時代は「天守」あるいは「天主」といい、それだけで「天守閣」のことを指した。「其間に天守は焼落ち、過半焼死候」（信長公記・一二）。

でんしん【電信】

電信・電波を利用して行う通信。英語 telegraph、telegram の訳語として造られた和製漢語。初めは「伝信」が使われ、次いで「電信」が使われるようになったが、どちらの語も造語のもとになったものは中国の『六合叢談』（一八五七年）にある、「邇得電気通標所伝之信（邇（ちか）く電気通標伝へる所の信を得（う））」という表現であるといわれる。これをもとに「伝信」という二字漢語が造られたのではないかという説（明治のことば辞典）と、同じ表現をもとに「電信」という新しい漢語が造られたのではないかとする説（佐藤亨「幕末・明治初期語彙の研究」）とがある。→電報

例「已に電信を以て父君の急病を報告せんと」（織田純一郎訳・花柳春話・明治一一～一二年）

てんちむよう【天地無用】

「荷物を上下逆にして扱ってはいけない」ことの注記。荷物の包装の外側に書く。「天地」は上下の意。「無用」は一般的には、役に立たない、必要ないなどの意であるが、ここでは「問答無用」の「無用」と同じで、「～してはいけない」という禁止の意味である。

てんてき【天敵】

ある生物にとって、自然界で害敵となる生物。英語 natural enemy（「天然の敵」の意）の訳語として作られた和製漢語。生物学用語であったが、昭和初期頃から広く使用されるようになった。昭和八年の『新聞語辞典』には「てんてき　天敵　園芸用語。害虫・菌類等を食ふ虫」とある。

てんてこまい《てんてこまひ》【てんてこ舞い】

準備などに忙しく動き回ること。「てんてこ」は里神楽などの太鼓の音であり、その音に合わせて舞うのが、てんてこ舞いである。その踊るさまのせわしなさで準備に動きまわるさまをたとえたもの。このほか、喜んで小踊りする、うろたえ騒ぐことなどの意味にも使われ、用例としては小踊りするという意味の例が一応古い。しかし、どれが原義でどれが転義という関係ではなく、テンテコという擬態語からそれぞれ触発されて生じたものであろう。

例「その三百枚で継目の手形さへ取って来れば、もう伯母がてんてこ舞ひしても叶はぬ事」（歌舞伎・三千世界商往来・三）

てんでに
各自で、それぞれに。「手に手に」の変化した「てんでん」に格助詞「に」の付いた「てんでんに」からできた語。それぞれの手で何かするというもとの意味から転じて、「各自で、それぞれに」といった意味になった。「てんでんばらばら」は明治以降この語に「ばらばら」が付いた派生語。
例「源氏の　tendeni(テンデニ)陣をとって、遠火をたくこと晴れた天の星のごとくにござった」(天草版平家物語・四・六)

でんでんむし【でんでん虫・蝸牛】
カタツムリの異名。「ででむし」から変化した語。「デンデンムシは「出よ出よ」の子供歌に始まっている」とする、柳田国男『蝸牛考』の説が広く知られているが、直接デヨデヨ→デンデンと転じた訳ではない。「でで」の語源は、児童の遊びに、角(つの)出せの意で「出い出い」と呼ぶことに由来するとされる(角川古語大辞典ほか)。この「でい」は「出る」の関西風の命令形。これによれば、デイデイ(デーデー)→デデ→デンデンという音転を経たことになる。「ででむし」の例は「蝸牛　テテムシ」(俳諧・をだまき〈元禄四年本〉)のように見える。↓かたつむり
例「蝸牛　かたつぶり。五畿内にて、でんでんむし」(方言・物類称呼・二)

てんのうざん【天王山《てんわうざん》】
勝負を決める重大な局面のこと。天王山は京都府大山崎町にある山の名。その麓の山崎で天正一〇年(一五八二)、豊臣秀吉と明智光秀が天下をかけて戦ったことで知られる。その戦いの際、天王山の占拠を争い、それに勝った豊臣秀吉が戦いに勝利したことから、勝負の決定的な分かれ目を指して使われるようになった。しかし、実際には天王山占拠をめぐる争いはなかったと言われている。
例「大統領選の天王山といわれる米中部のミシガン、オハイオ、イリノイ州は、百三十万の組合員を擁する　UAW　の地盤と重なる」(朝日新聞・平成一二年八月一九日)

でんぶ【田麩】
鯛や鱈などの白身魚の身をゆでて細かくほぐしたものを甘辛く味付けした食品。語源不明。近世「田夫」の字を当てる。「田夫」は農夫やいなか者の意。魚の身をほぐしてしまうのが不風流でいなかくさいということから「田夫」と称したという説(清水桂一・たべもの語源辞典)もあるが、真偽のほどは分からない。
例「今朝買うて帰り候でんぶの曲物(まげもの)」(浄瑠璃・太平記忠臣講釈・七)

テンプラ【天麩羅】
小麦粉を水で溶いたころもをつけ、魚介類などを油で揚げ

た料理。一般に、ポルトガル語 tempero(調理の意)に由来するとする。『大言海』では、スペイン語及びイタリア語の tempora に由来するとする。この語はキリスト「天上の日」の祭りを意味し、獣鳥肉食を避けるところから魚料理をいうようになったのだという。また、岩瀬(山東)京山の『蜘蛛の糸巻』によれば、テンプラは兄山東京伝の命名によるもので、天竺浪人の利助という者がふらりと江戸に来て売り始めたことから付けた名で、天麩羅という表記は、天は天竺、麩はうどん粉、羅はうすものという意で用いたという。薄く小麦粉を溶いたものをまぶして油で揚げたということを表す漢字表記ということになる。南蛮料理であり、徳川家康は鯛のテンプラを食べたのがもとで死んだといわれていることなどから、ポルトガル語に由来すると見るのが穏当だろう。

例「一寸外へ出ると天麩羅や大福餅を買食(かひぐひ)するか」(滑稽本・浮世床・初・下)

でんぽう【電報】

電信によって行う通報。英語 telegraph、telegram の訳語。中国の『大美聯邦志略』(一八六一年)に見られる「電気遠報」の略語という(佐藤亨『幕末・明治初期語彙の研究』)。しかしロブシャイド*『英華字典』には「telegraph 伝報、electro-telegraph 電報」とあり、それを日本で受け入れたものと思われる。*『附音挿図英和字彙』(明治六年)に「電報スル、電信機ニテ報(しら)スル」とある。→電信

例「夫の電報の如き簡易の文、約略の語尚能く通ず」(清水卯三郎・平仮名の説・明六雑誌・七号・明治七年)

てんやもの【店屋物】

飲食店で売っているもの。また、飲食店から出前で取り寄せた料理。「店屋(てんや)」は、古くは商店一般のことを言った。*『日葡辞書』には、「Tenya(テンヤ)」は「いろいろな物を売る店」とある。後に、飲食物を売る店のことに限定されるようになり、「店屋物」はその店の物を言うようになった。

例「焼豆腐炙餅酒肴いろいろ店屋物あり」(地誌・京雀・四)

てんやわんや

大勢の人が騒ぎ、混乱しているさま。語源については諸説あるが不明。一説によれば、「てんや」は「手に手に」の転で、それぞれにの意、「わんや」は、むちゃくちゃの意の「わや」または「わやく」が転じたものと見る説(広辞苑など)がある。この他、「手々(てんで)我々(われわれ)の意か」とする説(俚言集覧や、「ていやわいや」の転とする説(上方語源辞典)などもある。

例「はてさて何処からもてんやわんやな事はいわせますまい」(黄表紙・稗史億説年代記)

でんりょく【電力】

電流による動力。英語 electric power または electric force の訳語として造られた和製漢語。逐語訳の「電気力」

を、「西洋服→洋服」、「石炭油→石油」などと同様に、二字漢語にしたもの。国語辞典での登載は山田美妙編『大辞典』（明治四五年）が一番古い。なお「電気力」は、『米欧回覧実記』（明治一一年）の明治六年二月一九日の条に「電気力を以て水を播送する仕掛をなせり」とある。

でんわ【電話】
電波、電流、光などを介して、遠隔地間で通話すること。または、そのための装置。「電話」は英語 telephone の訳語として造られた「電話機」の下略形。電気の力で通話する意。一八七六年にアメリカのベルが最初の実用的電話機を発明した。その翌年のヘボンの『*和英語林集成』（三版）に「Denwaki　デンハキ　電話機　n. Telephone」と見られる。「電話」は「電話機」を利用することから生まれた語である。
例「あのね尽くしの電話の呼鈴聞えませぬかと被（かぶ）せかけるを」（斎藤緑雨・かくれんぼ・明治二四年）

と

とあみ【投網・唐網】
投げると円錐形に広がって水中に落ち、魚を捕らえる網。語源について、『大言海』に「唐網（たうあみ）の約」とある。『羅葡日辞書』にラテン語「Funda」の説明として「nagueami, tōami（ナゲアミ、トウアミ）」とあり、「たうあみ」の存在が知られる。この「たうあみ」（当時は一種の長音として発音された）から「とあみ」に変化したもの。ただし、「たうあみ」の語源は不明である。なお、この「たうあみ」を「投網」と解釈できないのは、「投網」は中世トウアミと発音されたはずで、タウアミ及びその長音化したものとは発音が違っているからである。
例「後ろから前へ投げ出す唐網打ち」（雑俳・手鼓）

とう《たふ》【塔】
細長く高い建物。梵語 stūpa の音訳「卒塔婆（そとば）」、およびその略の「塔婆」を更に略したもの。インドにおいては釈迦の遺骨などを塔に納めたことから、信仰礼拝の対象として宗教的に重要な建造物となった。次第に高層のものが造られるようになり、仏塔に似た高く細い構造物を指すようになった。現在では、鉄塔、テレビ塔など宗教とは無縁のものにも用いられている。→そとば
例「香塗れる塔（たふ）にな寄りそ」（万葉集・一六・三八二八）

どうか《どうくわ》【同化】
同じようなものになること。英語 assimilation の訳語として明治期に造られた和製漢語。『*哲学字彙』（明治一四年）に

は、生物学における用語という注記があるが、心理学の用語としても使われた。のち、一般語としても使われる。

例「同化する、惑溺するということは理想がないからです」（田山花袋・田舎教師・明治四二年）

とうかくをあらわす —あらはす【頭角を現す】

学問や才能が人よりすぐれていて目立つ。「頭角」とは、獣などの頭にある角のこと。角は群の中にいても一際高く目立つから、衆に抜きんでていることのたとえに使われたもの。出典は、中国唐の文人韓愈（かんゆ）が書いた柳宗元（柳子厚）の墓誌銘にある「嶄然見頭角、衆謂柳氏有子矣（嶄然として頭角を見（あらは）し、衆柳氏に子有るを謂ふ）」による。日本で用例が見えるのは遅く、近代になってからである。

例「嶄然として頭角を露し、老師皆その大成を期す」（中村正直訳・西国立志編・明治三～四年）

とうがたつ たう—【薹が立つ】

年頃が過ぎる。特に婚期についていうことが多い。「とう」は「蕗（ふき）のとう」などの「とう」で花茎（＝花をつける軸）や葉茎のこと。野菜の茎が伸びて堅くなれば、食べられなくなることから、ちょうどよい時期が過ぎるの意に用いられるようになった。「とう（薹）」の語源は、形が塔（たふ）に似ているからとも、頭（とう）の意とも、また「薹」の字音タイの変化したものとも言われる。この中で「頭」の意とする説には、*『日葡辞書』に「Tŏ（タゥ）」とあるので、従いがたい。

例「お玉も来年は二十になるし、余り薹の立たないうちに、どうかして遣りたさに」（森鷗外・雁・明治四四～大正二年）

とうがらし たうがらし【唐辛子】

ナス科の一年草。南アメリカ原産。「唐（とう）」は他の語の前について、中国伝来、または広く外国から伝わったという意を添える（ほかに「唐なす」「唐もろこし」など）。「唐辛子」は「唐」の「辛子」、つまり、「外国から伝わった辛子のように辛いもの」という意である。*『大和本草』には「番椒　タウガラシ〈略〉昔は日本に無之（これなし）。秀吉公伐朝鮮時、彼国より種子を取り来る。故に俗に高麗胡椒と云ふ」とある。異名「南蛮胡椒（こしょう）」の省略形「南蛮（なんばん）」は、現在でも東日本を中心に使われている。

とうがん【冬瓜】

ウリ科の蔓性一年草。アジア熱帯地方原産で、日本には中国を経て古くから伝わっており、古名を「かもうり」という。「白冬瓜〈略〉和名加毛宇利（かもうり）」（本草和名・一八）。漢名は「冬瓜」。これを音読みした「トウグヮ」が「トウグヮン」と転じ、「トウガン」となった。『本草綱目』に「冬瓜〈略〉時珍曰、冬瓜、以其冬熟也（時珍曰く、冬瓜は其の冬熟するをもってなりと）」とある。冬に実が熟し霜が降りてから実を収穫したので、冬の瓜、「冬瓜」と名付けられた。

どうき【動機】
人間の行動を決定する原因。和製漢語。初めは江戸時代に蘭学でオランダ語 motief の訳語として、運動を起こすためのきっかけとなるものという物理的な意味で用いられた（暦象新書）。明治になると、英語 motive の訳語として、心理学的な意味で用いるようになった（*『哲学字彙』に見える）。
例「それがある微なしかし力ある愛情を起こす動機となったことを」（田山花袋・田舎教師・明治四二年）

とうきょう《とうきやう》【東京】
日本の首都。東の都の意で、西の都の京都に対する語。慶応四年（一八六八）、江戸を「東京」とした。中国で、長安を西京というのに対して、洛陽を東京と呼んだことに倣ったもの。「京」は漢音でケイ、呉音でキョウと読む。明治二〇年代までは、トウケイと漢音で読むことが多かった。仮名垣魯文の『西洋道中膝栗毛』（明治三年）には「昔の大江戸、当時の東京（とうけい）」（初・上）とある。トウキョウという読みは「東」を漢音、「京」を呉音で読んだもの。「西の京」「西京」のキョウを意識した読み方である。

どうぐ《だうぐ》【道具】
物を作ったり、仕事をはかどらせるために用いるさまざまな用具。元来は「仏道の具」の意で、仏道修行に必要な最低限の衣服や持ち物のこと。僧侶は、戒律で財産の所持を禁じられているが、三衣一鉢（さんえいっぱつ）（＝大衣・上衣・下衣と托鉢）に始まり、最小限の生活器具の所持は認められた。ここから日本では、目的を果たすため利用する器具、手段などを広く意味するようになった。ボドレイ文庫本*『日葡辞書』の「Dōgu（ダゥグ）」の項には、aparelhos や instrumentos とあって、仏具ではなく普通の器具として訳されている。

とうぐう【春宮・東宮】
皇太子の住む御殿。転じて皇太子。中国古典では、皇太子の宮殿が御所の東に位置することから「東宮」といい、また、五行説で東は春に当たるため「春宮」とも書く。「春宮」は漢籍ではシュンキュウというが、日本では「東宮」の意味から、トウグウと訓んでいる。
例「天皇、東宮に御（おは）します。皇太子の病に縁りて、使を遣して」（続日本紀・神亀五年八月）

とうげ《たうげ》【峠】
尾根を越えていく山道を登りつめ、そこからは下りになる所。「たむけ（手向）」の変化したもの。「たむけ」は動詞「たむく」の連用形の名詞化で、旅路の安全を祈って道祖神に幣（ぬさ）などの捧げ物をすること。山道を登りつめた所は多く他郷との境で、神がいると信じられていたので、その神に「たむけ」をした。そこから、その場所の意に転じた。「かしこみと告（の）らずありしをみ越路の多武気（たむけ）に立ちて妹が名

告りつ」（万葉集・一五・三七三〇）の「たむけ」は峠の意。「峠」は国字で、山を上り下りする境という意味で造字された。例「足柄の山のたうげに今日来てぞ富士の高嶺の程は知らるる」（堀河百首・雑）

どうけ だうけ【道化】

ふざけること。滑稽。『大言海』は「おどけ（戯）」の転かという。また、動詞「おほどく」（＝中古に用いられた語で、おっとりしているなどの意だが、おどけるの意味にも使われた）の転という説もある。しかし、いずれにしてもそれらがどのようにして「だうけ」となったか、明らかでない。この語には『大言海』が紹介する、次のような通俗語源がある。「斎藤道三、義子義龍と不和の時、我に同ぜむ者は剃髪せよと令す。道化某、髪を半剃し、両属の意を示せるより云ふと云ふ。されど牽強ならむ」。なお、漢籍に「道化（どうか）」という語があるが、これは道によって人を導き化する意。例「道化をば交ぜて導く談義坊」（雑俳・花の宿）

とうげんきょう たうげんきやう【桃源郷】

俗世間を離れた理想郷。中国、晋の詩人、陶淵明（三六五～四二七）の詩「桃花源記」に由来する。その内容は、武陵（ぶりょう）の漁師が谷川をさかのぼり桃林中の洞穴をくぐって行くと、秦の戦乱を避けた人々の子孫が平和に暮らしていた。漁師は帰郷後に友人と再訪を試みたが見つけることができなかった、というもの。『万葉集』などの上代文献にすでに「桃源」の形で用例があるが、「桃源郷」という語が見えるのは近代以降。なお、「桃源」は中国、洞庭湖の西方、湖南省に実在する地名で、そこが「桃花源記」のモデルという。

とうざいとうざい【東西東西】

芝居や相撲などで口上のはじめにいう決まり文句。相撲で、東から西まで静まり給えという意味で言い始めたという説（上方語源辞典）や、神に技芸を献じるのに「尊い」といったことからという説（柳田国男・小さき者の声）などがある。江戸時代、「とうざいとうざい、やかましいわへ」（黄表紙・孔子縞于時藍染・下）のように、興業の口上に限らず「静かにしろ」の意味で用いられた。「とざいとうざい」ともいう。例「さらば一はなし仕りませう『とうざいとうざい』」（咄本・軽口御前男・序）

とうし【投資】

利益を得るため事業などに資金を出すこと。明治期に、英語 investiment の訳語として造られた和製漢語。「資金を投ずる」意。「資金」も和製漢語。例「イギリスの金力が、地球の表面にどのような姿で投資されたか」（横光利一・旅愁・昭和一一～一二年）

とうじ【杜氏】

酒造りの職人、またその長。語源は諸説あって定まらない。

『俚言集覧』は『隣女晤言』という書の説を引いて、「杜康酒を作るより杜氏なるべし」という。杜康は、中国古代周の人で、初めて酒を作ったといわれる人。これに対して『東雅』は次のように説く。「酒造ることをするものを、トウジといふもまた、刀自也。むかし造酒司に大刀自・小刀自・次刀自とて三つの酒造る壺ありけり。〈略〉後に酒造る人をもよびて、刀自といひしはふるくよりいひつぎしことばなる也」。この『東雅』の説は、「とうじ」は酒を作る壺である「刀自」に因むといっているととれるが、一方「刀自」は主婦のことであるから、さらにさかのぼっていけば、酒作りを主宰した女性である「刀自」に由来するということを示唆しているともとれる。↓とじ

例「文君をさかとうじにして酒を売らするぞ」(抄物・史記抄・一四)

とうしゅ【投手】

ピッチャー。英語 pitcher の訳語として明治期に造られた和製漢語。初め「投球者」「投者」と訳されたが、明治三〇年代になって、「投手」が使われるようになった。この頃「運転手」のように、「〜する者」の意で「〜手」が使われるようになっていた。なお、catcher は最初「受球者」「受者」と訳されていたが、「捕手」に移っていった。

例「敵の投手の手許を」(久米正雄・学生時代・大正七年)

どうじょう《だうぢやう》【道場】

武芸の練習や修養などをする場所。もと仏教語。釈迦が悟りを開いた場所である菩提樹の下の金剛座を意味する梵語 bodhimaṇḍa の訳語。そこが成道(じょうどう)した場所ということから「道場」と訳した。のち、悟りを開くための仏道修行の場所をさすようになり、さらに仏教以外での、武芸などの修行・訓練の場所についてもいうようになった。

例「妻子引具し旧冬より、上本町の道場の玄関構へ借座敷」(浄瑠璃・夕霧阿波鳴渡・中)

とうしろう

素人(しろうと)をいう隠語。「しろうと」の「うと」を逆さにし、さらに「しろ」を下に回して「藤四郎」という人名のように言った言葉。このように人名らしく仕立てることは近世よくあり、「土左衛門」「元の木阿弥」「知らぬ顔の半兵衛」などと用いられた。

例「(道具屋を開店した与太郎と客の会話)『お前は藤四郎だナ』『イイエ、与太郎と申します』」(三代目三遊亭円遊・道具屋の開業・百花園・五巻五八号・明治二四年)

とうしん《たふしん》【答申】

上司の問いに対して意見を述べること。「答え申す」の漢字を音読して明治期に造られた和製漢語。「問いに答えて申し述べる」意。

例「寧ろ制服を廃止する方然らんとの旨を答申したる趣にて」〈郵便報知新聞・明治二五年五月五日〉

どうどうめぐり《だうだう―》【堂々巡り】

議論や考えが繰り返されて進展しないこと。もとは仏教で、祈願のために仏堂のまわりをまわる儀式。近世には、手をつないで輪をつくり歌を口ずさみながらぐるぐる回る遊びをもいうようになった。そこから、同一の場所をぐるぐる回ること、さらに転じて、進展しない議論をいうようになった。

例「童のだうだうめぐりは行道めぐるなり。行道は仏家にする事なり。古はただ、めぐりとのみいひしとみゆ」〈随筆・嬉遊笑覧・六下〉

とうどり【頭取】

銀行の代表者。「音頭〈おんどう〉取り」の「音」を略した語。「音頭取り」は、雅楽の合奏の、首席の演奏家を指した。そこから、一般に頭となる人をさすようになり、明治になって、銀行の代表者を指すようになった。「かしら」の意味では、『三河物語』〈元和八年〉に「頭取之族」とあるように、江戸時代から使われ、明治ごろまでその用法は残った。島崎藤村『夜明け前』〈昭和四～一〇年〉には、「昌平校の頭取」「各隊の頭取」「徒党の頭取」などという表現が見られる。

例「中沢という銀行頭取の娘」〈森鷗外・青年・明治四三～四四年〉

とうなす《たうなす》【唐茄子】

カボチャの別名。「唐〈とう〉」は他の語の前について、中国伝来、または広く外国から伝わったという意を添える。同様の例に「唐がらし」「唐もろこし」などの例がある。「唐茄子」とは「唐」の「茄子」、つまり「外国から伝わった、実が茄子の形に似た植物」の意である。「茄子」といわれる所以は、*『和漢三才図会』によれば、ひねた茄子の形色によるという。「南京瓜　なんきん、柬埔寨瓜〈かぼちゃ〉唐茄子〈とうなす〉　共俗称〈略〉似老茄子之形色。故俗又名唐茄子〈共に俗称なり〈略〉老茄子〈ひねなすび〉の形色に似たり。故に俗に又唐茄子と名づく〉」〈和漢三才図会・一〇〇〉。色は黄ばんでいるから分かるが、形が似ているとすれば、ひょうたん型をしたサイキョウカボチャの類によって命名されたものか。

とうに【疾うに】

早くから。とっくに。「疾〈と〉くに」の転。「疾くに」は形容詞「疾〈と〉し」〈＝はやい〉の連用形「疾く」に助詞「に」の付いたもの。「疾くに」は「此の春は人もすさめぬ山桜心惜しくやとくに散りぬる」〈類従本基俊集〉のように、平安時代後期の例が見える。そのウ音便形「とうに」は近世以降に見える語。

例「とうに　大坂詞、朝とうになどいふ、朝早くなり」〈辞書・俚言集覧〉

どうにいる《だう―》【堂に入る】

学芸などがよく身につきその奥義をきわめている。もとは『論語』(先進)の「由也升堂矣、未入於室也(由(=子路)や堂に升(のぼ)れり、いまだ室に入らざる也)」による。「堂」は中国の建物で表座敷、「室」は奥座敷のこと。「堂に升る」はある水準の学芸を身につけること、「室に入る」はさらに進んでより深い境地に達することをいう。このように中国で学芸の進歩のたとえとして用いられていた文章から生まれた慣用句。「堂奥に入る」という言い方もあった。

とうばん《たうばん》【当番】

仕事の順番に当たること。山田孝雄は「番に当たる」の漢字表記「当番」を音読みにしてできた和製漢語とする(国語の中に於ける漢語の研究)。「番に当たる」は「おのが番に当たりて、いささかなる事あらせしなど」(源氏物語・浮舟)と用いられていた。

例「ひきめの当番となづけて、夜百人、昼五十人、番衆をそろへて」(平家物語・五・物怪之沙汰)

とうび《たうび》【掉尾】

物事の終わり。「掉」は振り動かす意で、音は「チョウ」。したがって「掉尾」は本来「チョウビ」と読み、漢籍での意味は尾を振ることである。「トウビ」は慣用読み。日本で、特に、魚が死の直前に勢いよく尾を振ることから、最後に勢いが出ること、文章の結末に力があること、また転じて、物事の最後の意味で使われるようになった。

例「藤原氏旺盛時代の掉尾の置土産」(谷崎潤一郎・朱雀日記・明治四五年)

とうぶん《たうぶん》【当分】

しばらくの間。当座。もともとは仏教語であるが、自分の担当部分というような意味で使われるようになった。*『日葡辞書』に「Tōbun tçucamatçutta(当分仕つた)」という例文があり、それに「私は割り当てられた分を行なった、あるいは、果たした」という訳が付けられている。ところが近世にこの語は、「その時、当時」の意味で使われるようになる。ただし、どのような経緯でこの意味が生じたか、はっきりしない。更に、当座、ここしばらく、といった意味へと転じた。

例「兵右衛門は五ヶ所の疵、平癒して、当分何の子細もなく、高野の方へ立ちける」(浮世草子・武家義理物語・一・二)

とうへんぼく《たうへんぼく》【唐変木】

偏屈な人やわからずやをののしっていう語。語源は未詳。「唐変木」という表記は当て字かと思われるが、外国から来た変わった木という意味が込められているようだ。一説に「唐変木偶(=外国ノ変ワッタ木彫リノ人形)」の略という説(柴田武・知ってるようで知らない日本語)があるが、「唐変木偶」という語があるわけではない。

例「此のと、ツとうへんぼくめ」(滑稽本・浮世風呂・前・下)

どうも

いかようにしてみても。はっきりしないが、多分。また、感謝、謝罪の気持ちや単なる挨拶を表す。「どうも」は、コソアドの「ど」（不定称）が「どう」と長音化し、それに係助詞「も」が付いた語。「どう」は中世末から副詞として使われていた。「どうも」の意味の変化として、「どうもできない」というような用法から、「どうもねむい」（咄本・くだ巻・月蝕）のような、大変を表す用法が生じ、しばしば感動を伴って用いられた。そこから感動詞的用法が出て来るが、「どうもどうも」「どうも」などのような独立した感動詞の用法は現代になってからである。

例「どうもはなしの様子が、おまはんの噂のようだから」（人情本・春色梅児誉美・初・一）「あいさ、いやはやどうもどうも」（黄表紙・魚鳥塩梅吉）

どうもと【胴元・筒元】

賭博などの親。賭博の席を貸して寺銭を取る者。「筒（どう）」はサイコロを入れて振り出す筒（つつ）のこと。「もと」は「網元」「貸元」「勧進元」などの「もと」で、とりしきることを表す。すなわち、筒を振らせ賭場をとりしきるものの意。平安時代から用例がある。筒を「ドウ」と読むのは呉音。

例「刈込君は胴元に飛びついて金と胴巻を抑えた」（井伏鱒二・多甚古村・昭和一四年）

とうもろこし《たうもろこし》【玉蜀黍】

イネ科の一年草。まず、先に、キビに似た植物が中国を経て渡来し、「もろこし（唐土）きび」と呼ばれ、これが略され「もろこし」となった。そこに、この「もろこし」に似た植物が外国からもたらされたため、舶来の意を表す「唐」をつけ、「唐もろこし」と呼ばれるようになった。「唐（たう）」「もろこし」とも、中国や外国から来たものにつけられる接頭辞であるため、一見奇異に感じられるが、渡来の経緯によって重複したもの。

どうらく《だうらく》【道楽】

本業でない行為に楽しみふけること。成立について「堕落」の転（物類称呼・五）、「どら」の転（俚言集覧）、「蕩（とろ）くる」の訛（松屋筆記・五）など諸説があるが、仏教語の「道楽」（＝仏道修業で得た楽しみ）の意味が拡大したものだろう。用例は近世から見える。

例「好きな物にて銭遣ふを道楽、いわば女道楽、着物道楽と云ふ也」（随筆・皇都午睡・三）

とうりゅうもん【登竜門】

立身出世のための難しい関門。「竜門」は中国の黄河上流にある急流の難所で、ここを登った鯉は竜になるとの伝説に由来する。出世の関門や栄達することを「登竜門」ということは、すでに中国に例がある。後漢の李膺（りよう）は声名高く、士がその知遇を得ることを「登竜門」と称して名誉としてい

たという（後漢書・李膺伝）。のち転じて、進士の試験に合格することと、さらに出世一般についていうようになった。「竜」の漢音は「リョウ」なので「とうりょうもん」ともいう。

例「此の登竜門の吉兆を得たることをたのもしき物にして」（俳諧・鶉衣・続）

とうりょう《とうりやう》【棟梁】

大工の頭（かしら）。親方。中国古典にある語で、もと家屋の棟（むね）と梁（はり）の意。棟と梁とは家を支えるものであることから、一国の重鎮たる人を表すようになった。日本では武家・仏家などの集団の統率者・中心人物の意で用いられ、さらに大工・工匠の親方を表すようになった。

例「武家の棟梁となり、征夷将軍の院宣をかうぶれり」（平治物語・下・頼朝兵を挙げらるる事）

とうろうのおの《たうらうのをの》【蟷螂の斧】

力もないのに強い相手に立ち向かうこと。中国、斉（せい）の荘公が狩りに出たときに、カマキリが前足をふり上げて車輪に向かってきたときの故事に由来する（『韓詩外伝』など）。『文選』に「欲以蟷螂之斧、禦隆車之隧（蟷螂の斧を以て、隆車の隧を禦（ふせ）がんと欲す）」（陳琳・為袁紹檄予州）とある。カマキリが前足をふり上げて大きな車の進路に立ちふさがることを、はかない抵抗のたとえとしたもの。「蟷螂」はカマキリ。「斧」はこの場合カマキリの前足。「隆車」は高く大きな車、「隧」は道。

例「今この大功を発（おこ）す事、たとへば嬰児の貝をもて巨海を量（はか）り、蟷螂の斧をいからかして隆車に向かふが如し」（平家物語・七・木曽願書）

とお《をと》【十】

数詞の一〇。「とお」の語源については、「むつ」「やつ」と同じく、倍数法によって「いつ（五）」から出たとする説（白鳥庫吉、新村出）がある。白鳥によれば、「とを」の「と」は、「いつ」の「つ」の母音を交替させたもので、「を」は接尾語である、という。これに対して、「とを」を「とをむ（撓）」「とをを（撓々）」「とをよる（撓寄）」などに関連づけ、指折り数えるとき指をかがめるというところから起きたと考える説（大野晋・日本語の起源）もある。この語の語源は、この語にだけ接尾語の「つ」が付かない理由も含めて、なお問題が多い。↓いつつ・むっつ

とおか《とをか》【十日】

月の第一〇番目の日。一〇個の日。「とおか」の場合、この語だけを考えれば、通説に従って、数詞「とを」に助数詞「か」が付いたという説明で何の問題もない。しかし、日本語の日数詞全体の語構成を視野に入れると、必ずしもそうはいかない。日本語の日数詞の語構成は、数詞語幹にウカが付いたと分析できる。これによって、日数詞の語構成が体系的に説

明できるのであるが、実は「十日」の場合、その例外となる。この説によれば、数詞語幹二音節以上の場合、語幹末の母音が落ちることになるが、「とをか」では、ウカのウが落ちている。ローマ字で書けば、towo + uka → towoka という変化となり、u が脱落しているのである。この語の上代の仮名書き例は、「登袁加」のように「とをか」であるが、平安時代の仮名書きでは、「とをか」よりも、「とうか」が多い、という。→ここのか

例「かがなべて夜には九夜(ここのよ)日には登袁加(とをか)を」(古事記・中)

とがき【ト書】

脚本でせりふ以外に演技・演出の説明をした部分。例えば『お染久松色読販』の歌舞伎脚本で「久作『ヱ』ト思入(おもひいれ)。 善六『アイヤ、折入(をりいっ)て久作殿、こなたにとっと』ト差寄(さしよ)る」とあるように、演技の説明を「ト〜」のような形で書き入れたことから「ト書」という。

とかく【兎角】

あれこれ、ややもすると、とにかく。副詞「と」と副詞「かく」を合わせたもの。「と」はあのように、「かく」はこのようにの意。「と言ひかく言ひ、恨み給ふ」(源氏物語・東屋)のように「と」と「かく」は対にして用いられる。平安時代は「あれこれと」の意で用いられ、「ややもすると、とにかく」の意での用例は室町時代から多くなる。一語としての「とかく」の用法が出た後も、「と」と「かく」は比較的独立性があったらしく、中間に語をはさんで「とにかく」「ともかく」「とにもかくにも」「とやかく」「とてもかくても」などの形でも使われた。「兎角」と書くのは当て字。→とにかく

例「日ひとひ、夜ひとよ、とかくあそぶやうにてあけにけり」(土左日記・承平四年一二月二五日)

とかげ【蜥蜴】

トカゲ亜目の爬虫類。『東雅』*も『大言海』なども、語源は「戸の影」の意味だとする。「トカゲとは門戸の隠処にありといふがごとし」(東雅)。しかし、トカゲは特に戸の陰に隠れているわけではなく、平地、山地の草むらや石垣の陰などに住む。家の戸の陰に住むといえば、むしろヤモリが近い。このあたりを『大言海』は「古く云へるは、今の守宮(やもり)なるが如し。然れど、今の蜥蜴、守宮(やもり)、蠑螈(いもり)を、すべてトカゲと云へり」と説明している。

とがめる【咎める】 (文語) とがむ

失敗や罪を非難する。他人から非難されるような欠点、過失の意の名詞「咎(とが)」を動詞に活用させたもの。同様の造語法に「際(きわ)」を動詞に活用させた「きわめる」(文語きはむ)などがある。「とが」の語源は不明。『和訓栞』*に「尖る意にてするどき義也」という説が見えるが、「尖る」の用例がど

と

こまでさかのぼれるか問題になるだろう。「とがめる」には上代「登賀米(とがめ)ずて」(古事記・上)のような仮名書きの例が見られる。

例「あしひきの山にしをれば風流(みやび)なみわがする事(わざ)を害目(とがめ)たまふな」(万葉集・四・七二一)

どぎもをぬく【度肝を抜く】

ひどくびっくりさせる。多くは「度肝を抜かれる」のように受身の言い方で用いられる。「肝」とは、内臓、とくに肝臓のことを言うが、心のことも指し、「肝が太い」「肝が据わる」「肝に銘ずる」のように慣用句に用いられる。「度肝」の「度」は当て字で、「ど」には、「どえらい」「ど迫力」「ど真ん中」のように、程度を強調する意味がある。「度肝を抜く」の「ど」もこの用法に属する。

例「はじめに太肝(どぎも)を抜れたせえか、腰の居りが悪くっていかねえ」(滑稽本・七偏人・五・中)

どきょう【度胸】

物事に動じない強い気力。語源不明。上方の「胆が太い」に対して江戸では「度胸がよい」を使うという記述が『皇*都午睡』に見えるので、一八世紀以降江戸語に生じ、天保(一八三〇～四三)ごろ流行した語ではないかと思われる。天保三～四年刊の人情本『春色梅児誉美』(初・二)に、「ひどい胴居(どきょう)はしねえがいいヨ」の「胴居」に注して、「ちかごろはらをすゑてぜんあくともいちづにすることをどきやうといふ。いといとはしたなければつかふべからず」とある。「ど」は「度胆(どぎも)」「ど根性」などと同じ接頭語か。

ときわ《ときは》【常磐】

とこしえ。「とこいわ」の変化した語。「とこ」は常の意で、「とこ夏」「とこ葉」(＝常緑)「とこしえ」などと用いられていた。「いわ〈いは〉」は岩の意。「とこいわ」は不変の岩、その岩のように永久に続くという祝福の気持ちを込めた語である。ただし、語源に当たる「とこいは」という用例そのものは残っていない。年中緑色をしている樹木をいう「常磐木(ときわぎ)」は派生語。「常盤橋」「常磐津」など地名・人名に多く用いられた。

例「大君は等吉波(ときは)にまさむ橘の殿の橘直照(ひたて)りにして」(万葉集・一八・四〇六四)

とくさ【木賊・砥草】

シダ類トクサ科の常緑多年草。茎は硬く溝があってざらついているので、古来、木製の器具や骨、爪などを磨くのに用いられた。古代、砥石(といし)のことを単に「と(砥)」といった。トクサとは「と(砥)」(＝砥石)の役目をする草、という意である。「砥(と)」は「磨(と)ぐ」、「利(と)し」の「と」と同源。漢字表記の「木賊」は漢名。

例「木賊、度久佐(とくさ)」(十巻本和名抄)

とくしつ【特質】

ほかのものにはない、そのものだけの特別な性質。明治時代に造られた和製漢語。『*哲学字彙』には英語 characteristic の訳語として記載されている。「特色」も明治時代の和製漢語。「特質」も「特色」も中国語で使われている。

例「其詞に一種の特質を有して」（坪内逍遥・小説神髄・明治一八〜一九年）

どくだみ【蕺・蕺菜】

ドクダミ科の多年草。葉・茎に悪臭がある。語源について『大言海』は「毒痛（どくいたみ）の意かといふ」とする。『改訂増補牧野新日本植物図鑑』もこの説を引く。「毒」というのはこの草の臭気を指し、それが甚だしいことを「痛（いたみ）」といった。

例「蕺菜（ドクダミ）　どくだみと云ふ。又十薬とも云ふ」（大和本草・九）

どくだんじょう《どくだんぢやう》【独壇場】

その人だけが思うままに活躍する場面・場所。この語はもと「独擅場（どくせんじょう）」という語であった。「擅」は「自分の意のままにする」意を表す字で、音は「セン」。「ダン」の音をもつ「壇」「檀」にひかれて誤読され、「一人舞台」の意とも結びついて、「独壇場」と書かれるに至った。「独擅場」も古い語ではなく、明治以降の語だと思われる。『大辞典』（昭和一一年）の「独擅場」の項に「独壇場はこの誤りか」とある。以後の国語辞典もこれとほぼ同様の扱いであるが、「擅」の字は常用漢字表になく、新聞では「独壇場」を用いており、今日では誤りといえないほど通用している。

とぐろ【蜷局】

蛇などが渦のように体を巻いているさま。『大言海』は「所座の転か」という。「所座」はトグラと読み、「鳥座」の義である。蛇の丸くなっているさまを円形の鳥のねぐらに見立てたもの。しかし柳田国男は「東京などでは、藁のツグラを忘れてしまった人々が『蛇がトグロを巻く』という言葉だけは常に使っている。蛇の蟠（わだかま）って丸くなっていることを、備前の平戸あたりではツグラ、佐渡の島でもツグラカクと謂っていた」（改訂版蝸牛考）という。『蝸牛考』によれば、「とぐろ」は、ツグラの変化したもの、ツグラは藁（わら）で渦巻き状に編んだ円座で、さかのぼれば円いを意味するツブリに至る、という。

例「Nawa wo toguro ni maku（縄ヲトグロニ巻ク）」（和英語林集成・初版）

とげ【刺・棘】

堅く先のとがった突起物。バラ、ヤマアラシなどの針状のものなど。『*和訓栞』に「鋭毛（ときけ）の義成べし」とあり、『大言海』もこれに従う。

例「麦のとげが皆つんぬるもんだ所で」（兵法・雑兵物語・下）

とけい【時計】

時刻を示し、時間を測る器械。古代中国の、時を知るために日影の長さを測った器具「土圭(どけい)」に由来する。「土圭」は盛り土や、金属、玉(圭)などの棒の影を測った。菅原道真の『菅家文草』(七)に「土圭景(かげ)急(すみ)やかにして」とある。日が出ていなくても時刻が測定できる器具としての「とけい」はこれが転じたもので、「時計」は当て字。時刻を測るために、日本では古来「漏尅(ろうこく)」という水時計が用いられた。西洋の機械時計の伝来は、天文二〇年(一五五一)宣教師ザビエルが大内義隆に献上したものに始まるという。

例「昼夜の枕に響く時計の細工仕掛け置きしに」(浮世草子・日本永代蔵・五・一)

どこ【何処】

不定称の指示代名詞。『大言海』が「いづこ」の約転というように、イヅコ→イドコ→ドコと変化したものである。「いづこ」は、更にさかのぼれば、上代「いづく」の形で用いられていた。「く」は場所を表す接尾語である。「この蟹や伊豆久(いづく)の蟹」(古事記・中)。平安時代になると、「いづこ」も出てきて、併用された。一〇世紀前半には、「いどこ」の形も現れた。「ここやいどこと、問ひければ」(土左日記・承平五年一月二九日)。「どこ」の古い例は、承徳三年点の『将門記』に「何(とこ)にか往き何より来りて」とあるもののようである。→どちら

例「仏はどこよりか出でたまふ、中天竺よりぞ出でたまふ」(梁塵秘抄・二)

とこしえ《とこしへ》【永久】

永久不変であるさま。「とこ」は永久の意で、土台の意の「床」と同源かと思われる。この「とこ」に形容詞語尾の「し」と方向を表す「へ」が付いて成立した(松岡静雄・日本古語大辞典)とも、石を付けた「床石(とこし)」に上を表すへが付いた、つまり「床石(とこし)上(へ)」の意(岩波古語辞典補訂版)ともいう。「とこしなへ」という類語があり、この「な」は格助詞「の」と同種のものだから、「とこし」を名詞とみる後の説の方が有力である。

例「等虚辞陪(とこしへ)に君も逢へやも」(日本書紀・允恭一一年三月・歌謡)

とことん

最後の最後。語源不明。「とこ」は「床」で底の意、「とん」は底を叩く音という説(上方語源辞典)や、囃(はや)し言葉から出たという説などがある。囃し言葉由来説は、たとえば明治初年の品川弥二郎作詞の軍歌「トコトンヤレ節」の大流行と共に副詞化したものだという。「一天万乗の帝王に手向ひする奴をトコトンヤレナトンヤレナ」という調子で繰り返しているうちに「トコトンやれ」、徹底的にやっつけろとなったものという。しかし、用例はもっと新しいようだ。

例「一日数珠を切ったとなると、それだけ、却って、何事も

とことんまで落ち込んで行った」（里見弴・大道無門・大正一五年）

とこのま【床の間】

座敷の上座の床を一段高くし、掛け軸や置物などを飾る所。もと「床（とこ）」は寝る所であったが、中世、床（ゆか）を高くして物を飾る所も意味するようになった。「間（ま）」は部屋の意味で、「床の間」は物を飾る「床（とこ）」のある部屋を指した。のち「床の間」は今の意味となり、「床（とこ）」は専ら寝床（ねどこ）を意味するようになった。

例「床の間の柱へ寄りかかり平気な顔付」（人情本・春色梅児誉美・後・八）

とこや【床屋】

理髪店。男性客用の理髪店は江戸初期からあって、はじめ床店（とこみせ）（＝屋台店）で営業したことから、「髪結床（かみゆいどこ）」といった。「床屋」の名称は、この「髪結床」を略した「床」に「屋」の付いたもの。『守貞漫稿*』によると、自宅で営業する「内床（うちどこ）」、橋際や路傍で営業する「出床（でどこ）」、得意先を廻る「廻髪結（まわりのかみゆい）」があった。

例「床屋が庭に踊催す」（雑俳・俳諧觽）

ところてん【心太】

テングサから作った食品。語源不詳。『南留別志*』に「職人歌合に、大凝菜（こころぶと）を売る人の、こころていとよぶといふ事あり。それより又、ところてんとなれるなり」とある。「こころぶと（心太）」をココロテイと読み、そこからトコロテンとなったという趣旨だろう。ココロテイとトコロテンの中間を示す形としてココロテンという形もある。「涼しさやこほれば冬のこころてん」（俳諧・沙金袋・夏）。しかし、この音変化には説明しにくいところがある。

例「見て涼し氷室（ひむろ）や出づるところてん」（俳諧・犬子集・三）

どざえもん どざゑもん【土左衛門】

溺死者の遺体。「どざえもん」の「左衛門」はよく人名に使われている語で、戯れに水死体に名前をつけたもの。「土（ど）」については諸説ある。最も有名なのは、山東京伝の『近世奇跡考』（一）に紹介されている以下の説である。「享保九年六月、深川八幡社地の相撲の番附を見しに、成瀬川土左衛門（奥州産）前頭のはじめにあり。案ずるに、江戸の方言に、溺死の者を土左衛門と云ふは、成瀬川肥大の者ゆゑに、水死して渾身暴皮（ふく）れふとりたるを、土左衛門の如しと戯れにいひしが、ついに方言となりしと云ふ」。これに対して、『上方語源辞典』は「土仏（どぶつ）」の擬人名語であろうという。「土仏」という語は中世からあり、特に布袋の像が多く、布袋が太っているところから、醜く太っていることを嘲っていう言葉であった。「どぶつに肥った女芸者二人」（黄表紙・拝

寿仁王参)。「土左衛門」には太った人という意味もあり、これらを勘案すると、土仏説の方が自然のようである。

例「大かたそれは土左衛門でござりませう」(咄本・茶のこち)

とさか【鶏冠】
鶏などの頭上にある、冠状の肉質の突起。『大言海』によれば、「鳥毛冠(とりさか)の略」である。ニワトリの羽が抜け変わる時に小屋にこもって動かなくなることを「とやにつく」というが、この「とや」も「鳥屋」の意で、「とり」が「と」になっている。*『日葡辞書』の「Tossaca(トッサカ)」という形はトリサカ→トサカの中間形を示すもの。「さか」については*『二十巻本和名抄』に「冠、訓佐加(さか)」とある。しかし「さか」の語源は不明。『大言海』に「栄(さか)の義にて、赤きを云ふにもあるか」とあるが、確証がない。漢語「鶏冠(けいかん)」はとさかの意。
例「冠　トサカ」(色葉字類抄)

どさくさ
取り込んでいるさま。語源未詳。近世に「どさめく」(=騒々しくなる)のような語もあることからみて、「どさくさ」は「どさ+くさ」に分析される。「どさ」は擬声・擬態語か。「くさ」は語調を整えるための接尾辞で、「ぶつくさ」「ちょぼくさ」などの「くさ」に同じ。近世「佐渡」をひっくり返して「どさ」ということがあったが、「どさくさ」は室町時代から例があるので、「佐渡」の倒語ではないことは、すでに指摘されている。「どさ回り」「どさ声」などの「どさ」も、(東北などの)田舎を指す言葉で、「どさくさ」には簡単には結び付かない。→どさまわり
例「Dosacusa suru(どさくさする)大騒動をする。または、乱れ騒ぐ」(日葡辞書)

とざま【外様】
直系でなく傍系であること。またその人。「と」は外の意。「かぐや姫、とに出でぬ」(竹取物語)のような例がある。「さま」は方向の意。したがって「とざま」はもと、「外の方」の意で、平安時代から用例がある。武家の時代になると、譜代(ふだい)の主従関係をもたない家臣、特に江戸時代では関ケ原の合戦以後徳川氏に臣従した大名(外様大名)をいった。
例「一族大名、御内(みうち)、外様の人々」(太平記・五・相模入道弄田楽幷闘犬事)

どさまわり《どさまはり》**【どさ回り】**
劇団や芸人などが地方を公演してまわること。「どさ」は田舎の意。「～ということだ」を東北弁で「～どさあ」ということから、近世、俗に東北弁、東北地方の人を「どさあ」といった。そこから転じて「どさ」が田舎を表すようになったといわれる(上方語源辞典)。「どさ声　野人の言語」(俚言集覧)、

「権助のどさことばにて」(滑稽本・浮世風呂・四・下)のように、田舎の言葉を俗に「どさ声」「どさことば」などと言った例がある。「どさまわり」が使われ出したのは明治以降のようである。

例「二三日前までは吉川なにがしと名告るドサ廻りの浪花節がかかっておりました」(久保田万太郎・末枯・大正六年)

とじ【刀自】

一家の主婦。また女性の尊称。語源は近世以来、「戸主(とぬし)」の転と言われている。『大言海』は、「とじ」の「じ」について、「宮主(みやじ)」「村主(むらじ)」「主(あるじ)」などと同じとする。「刀自」は当て字。老女の意の「負」(「婦」の古文)を誤って「刀自」と上下に二分して表記したところから起こった。もと一家の主婦の意で、転じて女性の尊称、また老女の意にもなった。平安時代以降、宮中の雑役の女官をもいった。

例「戸母　此をば都自(とじ)といふ」(日本書紀・允恭二年二月)「年老いたる女官、刀自などに至るまで」(栄花物語・かがやく藤壺)

どじ《ぢど》

間抜けなしくじり。『*俚言集覧』に「鈍遅の字音歟(か)」という説がある。『大言海』は「とちめんぼう」を略した「とち」の濁音化という。このように諸説あるが、中世からある「とちめく」、それから出た「とちる」の語幹の濁音化と考えるべきだろう。↓とちる

例「なんぼ郷在(ごうぜえ)の芋掘りだと云っても、余り鈍智(どぢ)ぢゃあねえか」(人情本・閑情末摘花・五・二七)

としおとこ《としをとこ》**【年男】**

生まれた年がその年の干支(えと)に当たる男。「年」は「年の市」のように年末を意味することが多いが、時に「年男」「お年玉」のように「新年」の意味でも使われる。「年男」はもと、武家で正月に家の諸祭事をつとめた男で、門松立て、若水汲み、節分の豆まきなどをつとめた。元来、生年の干支に関係なく新年にふさわしい人物が選ばれたが、後に、その年の干支生まれの男が節分の豆まき役をつとめるようになった。「年女」という言い方もある。

例「歳男、トシヲトコ、年始所用」(書言字考節用集)

どしがたい【度し難い】 文語 どしがたし

どうしようもない。いくらものの道理を説いて聞かせても分からせることができず、救いがたいという意味で用いるが、「縁なき衆生(しゅじょう)は度し難し」に由来する。この「度」は仏教語で、「波羅蜜」(pāramitā)の訳語。彼岸に到るの意である。すなわち、仏・菩薩が人々を苦しみに満ちたこの世(=此岸)から悟りの彼岸へと救い導くことをいう。しかし、その仏縁にあずかろうとしない衆生は救いようがないという意味。

例「コレサ。どうも足下（そこ）たちは度しがたい」（滑稽本・浮世床・初・中）

としま【年増】

娘盛りを過ぎた女性。「年増（としま）し」の略。「年増し」は年長の意味で中世使われていた。トシマとなるのは近世上方で、専ら女性について用い、江戸に移った。『*和英語林集成』（三版）には「Toshima トシマ 年増 n. A woman from 20 to 40 years of age, a woman in middle life.（はたちから四十歳までの中年女性）」とあり、幕末から明治初期には二〇歳から四〇歳頃の女性をいったようである。近世の場合、二〇歳前後を「年増」、二三、四から二八、九歳までを「中年増」、それ以上を「大年増」といった。

例「いやいや新造より年増がおもしろい」（咄本・聞上手）

どじょう《どぢやう》【泥鰌】

ドジョウ科の淡水魚。語源は不明であるが、『大言海』は「泥之魚（どろつを）」の義とし、「泥の中にちょろちょろするより起こる」という。ドジョウの語形で、現在知られている最も古い形は、『*壒嚢抄』に「トチヤウ　土長」と書かれているものである。この仮名遣いから見ると、次のような語源説、すなわちドジョウは土から生まれるから「土生（どじやう）」だというような説は、当時の発音ではヂヤウとジヤウは違う発音だったので、認めがたい。歴史的仮名遣いは、室町時代の辞書類に「どぢやう」が多いことから、一応これに従っている。現在、泥鰌屋の看板に「どぜう」と書くが、この書き方は、江戸時代にも「どぜう笊（ざる）責め馬程な汗をかき」（雑俳・柳多留・一三七）のように行われているが、語源的に根拠なく、また特に多く使われたものでもない。なお、「どじやう」という表記も、虎明本狂言『末ひろがり』などに「どじやうの鮨をほうばって、もろはくをくえやれ」と見える。

どしょうぼね《どしやうぼね》【土性骨】

性質・性根（しょうね）を強めて、またはののしっていう語。「ど」は接頭語で、「ど根性」「どえらい」などと使われ、どぎつさを表すとともに、ののしり卑しめる気持ちを込めることもある。「どしょう骨」は「しょうぼね」という独立した語の存在が確認されないため、単純に「しょうぼね」に接頭語「ど」が冠されたということはできない。そこで、一説に、「根性骨（こんじょうぼね）」に接頭語「ど」が付いたものの転が、「どしょうぼね」だとする考え方（角川古語大辞典）が出てくる。この「根性骨」とは、「根性」を強めていう語で、「狐は、『憎いやつが conjōbone（コンジャウボネ）かな！　さては為（せ）うことがあるぞ』と思ひ」（天草本伊曽保物語・狐と狼の事）という例もある。しかし、この場合、「ど根性骨」の用例が見出せぬ点に、問題を残す。

例「そのせがれがどしやうぼね、茶屋の銀負うて逃げかくれ」

（浄瑠璃・生玉心中・中）

どす

懐中に隠し持つ短い刀。「おどす」の頭音略かという。隠し持った短刀で人を脅かすから、「どす」というようになったもの。『*俚言集覧』に「どす声　罵声」とあり、これもおどす声と解くことができる。「両人同じほくそ頭巾、一本きめしどす声と目玉に渡世顕れたり」（浄瑠璃・日高川入相花王・二）。また「どすのきいた声」という表現があるが「どすが利（き）く」は、もともとは浄瑠璃用語で声が太くて凄味があることの意。

とせい【渡世】

暮らし、生業の意。世俗を超脱するという意味の「度世（どせい）」は中国古典に例があるが、「渡世」は和製の漢語。平安末の日記『玉葉』に「偏為渡世之方法、所搆詐偽也云云（ひとへに渡世の方法のため、詐偽を搆ふる所なり云々）」（元暦二年八月四日）と見える。博奕（ばくち）打ちを「渡世人」と言ったのは、諸国の博奕打ち一家をたずねて世渡りする人の意味である。

例「あまざけを売っても渡世出来さうなもんだ」（滑稽本・浮世床・初・下）

とそ【屠蘇】

酒または味醂（みりん）に漢方薬の屠蘇散（とそさん）を袋に入れて浸した薬酒。一年間の邪気を払い、寿命を延ばす効果があるとして元旦に飲む。また、転じて、正月に飲む酒のこともいう。「屠蘇散」は魏の名医、華陀（かだ）が考案した薬といわれ、平安時代に伝来した。「屠蘇」の語源については、邪気を屠滅し、生気を蘇生させる意にちなむとか、薬草名であるとか、諸説ある。

例「屠蘇酒〈略〉元日早朝にのませたぞ。酒の如なぞ。此をのむ者は疫病をやまぬぞ」（抄物・詩学大成抄・五）

どだい【土台】

建築物の基礎。また、もともと・元来、などの意味を表す副詞。漢籍での「土台」の意は土で築いた台のこと。それが日本では、建築物の下部の横木の意に用いられるようになった。「Dodai ドダイ〈略〉礎石や石壁の上に据え渡す木材で、その上にさらに別の木組みを据えつける台になるもの」（日葡辞書）。転じて、物事の根本の意に用いられるようになり、さらに「どだい無理な話だ」などと、もともと、元来の意で副詞としても用いられるようになった。

例「どだい間違うてゐるでえ」（滑稽本・穴さがし心の内そと・二）

トタン

亜鉛（あえん）をめっきした薄い鋼板（＝トタン板）。語源は、亜鉛を意味するポルトガル語 tutanaga に由来すると言

われる。『*日葡辞書』に「Tŏtan　タゥタン（たうたん）　白銅（Tutunaga）。白色の金属」という例が見られるので、はじめトウタンに近い形で受け入れられたかと考えられる。近世の『*和漢三才図会』（正徳二年）に「亜鉛　止多牟　番語也。此未知何物、甚類鉛故称亜鉛（亜鉛　止多牟（とたん）　番語なり。これ未だ何物なるか知らず。甚だ鉛に類す故に亜鉛と称す）」のように見える。

とたんのくるしみ【塗炭の苦しみ】

ひどい苦しみ。水火の苦しみ。「塗」は泥水、「炭」はすみ火の意。「塗炭」は泥水におぼれ火に焼かれることで、非常に苦しい境遇のことである。出典は中国古代の『書経』「仲虺之誥（ちゅうきしこう）」中の、「有夏昏徳、民墜塗炭（有夏昏徳（ゆうかこんとく）、民塗炭に墜（お）つ）」による。夏（か）の王は徳のない暴君であったため民は大変な苦難を味わったという意。日本で「塗炭の苦しみ」の形が見えるのは江戸後期からのようである。

例「乱離の詩を読めば、蒼生塗炭の苦を知る」（淡窓詩話・上）

どたんば【土壇場】

進退きわまった場面。古くはドダンバ。「土壇（どだん）」は土の一段高い所のことで、『*日葡辞書』に「Dodan　ドダン（土壇）〈略〉土の一段高い所」とある。近世、斬首刑を行うために土で築いた壇をいうようになり、斬首刑を行う所を「土壇場」というようになった。「土壇場」は命を絶たれる最後の場所だから、進退きわまった場面を表すようになった。ドダンバからドタンバへと、第二音節がいつ清音化したかは不明。

例「政宗の刀を出され、どだんばへつれ行きしに」（咄本・楽牽頭・首売）

どちら【何方】

不定称の指示代名詞。不定称「どち」に接尾語「ら」の付いた語。「どち」は「いづち」の変化した語といわれる。すなわち、語頭の音節イが脱落し、第二音節の母音がウからオに変化すれば、「どち」となる。よく似た変化に、イヅレ→ドレがある。また、イヅコ→イドコ→ドコという変化に準じて考えれば、イヅチ→イドチ→ドチという中間形イドチを介した変化が類推される。しかし、イドチはイドコと違って、文献上確認されていない。語末の「ら」は「こちら」などの「ら」と同じ接尾語。「どち」の例は中世から、「dochicara（ドチカラ）取り寄せらるるか」（ロドリゲス日本大文典・一）のように、見られる。→どれ

例「大坂はどちらやら方角がない」（浄瑠璃・女殺油地獄・上）

とちる

しくじる。「とちめく」の語根「とち」から派生した語（上方語

源辞典)で、「とち」に「る」を付けて動詞化した語。「とちめく」には室町時代から用例がある。「とちめく」の語源は、『大言海』によれば、「トチは、取違(とりちがへ)の略ならむ」という。「めく」はそういう状態になるということを言い添える接尾語である。「とちめく」はあわてるの意であるが、「とちる」にも古くは、「つかつかと裸とちらす棚経坊ん」(雑俳・かゞみ磨)のように、あわてるの意味があった。あわてるから失敗するに転じたものである。

例「初めは何商売だってトチるもんだが」(石坂洋次郎・暁の合唱・昭和一四〜一六年)

とつおいつ

あれこれ思い迷うさま。「取りつ置きつ」の音便形「とっつおいつ」の促音を省略した語。手に取ったり下に置いたりすることから、ああしたりこうしたり手段を尽くすことになり、更にどうしたらいいか迷う意味になった。「とっつおいつ」の例として「頼まれた人々へ詞も立たず取っつ置いつ思案する程」(浄瑠璃・仮名手本忠臣蔵・一〇)がある。

例「Totsu-oitsu　トツオイツ〈略〉—anji-wazurō」(和英語林集成・三版)

とっかん《とつくわん》【突貫】

一気に突き進むこと。明治時代に、敵陣へ突き進む意で軍隊用語として造られた和製漢語。一気に仕事をなしとげる意でも使われる。同じ「突」を使った「突進」も明治期の和製漢語である。

例「大胆にもひとり敵陣の中央を突貫し」(徳富蘆花・不如帰・明治三一〜三二年)

とつぐ【嫁ぐ】

結婚する。嫁に行く。「処(と)継(つ)ぐ」の意。「処(と)」は「瀬戸(せと)」「臥戸(ふしど)」などの「と(ど)」で場所を表すが、この語の場合、陰部を意味する。「とは戸也。前陰を云ふ」(日本釈名)。「継ぐ」はつなぐの意味で、「とつぐ」は雌雄の陰部をつなぐ(=接する)意味だったとみられる。古く、「蛇、女に纏付(まきつき)て即ち婚(とつ)ぐ」(今昔物語集・二四・九)のように、男女が交わることに用いられた。*『日葡辞書』では「Totçugui(トツギ)」を「獣が交尾する」と訳している。後に、結婚する、女性が結婚して他家の者となる意に転じた。

例「渡部にて、番(つがふ)が妹にとつぎにけり」(古今著聞集・九・三四〇)

とっくり【徳利】

酒などを入れる、細長く口のつぼまった容器。「とくり」の変化した語。「徳利」のほか、「得利」(運歩色葉集)、「土工李」(文明本節用集)などの表記が見える。いずれも当て字。語源は未詳であるが、擬音から出たかと思われる。随筆*『松屋筆記』は「陶口より酒のドクリドクリと出るより酒陶をトク

りといへる也」という。清濁が違うが、酒器から酒をトクトクと注ぐこともできるので、ドクドクとトクトクは相通じるものと考えてよいだろう。トックリの語形は*『運歩色葉集』に「陶　トックリ　入酒」と見える。

どっこい

力を入れるときの掛け声。狂言などで「どっこい、遣るまいぞ」（狂言記・今悔）のように、相手の行動を遮るときに発する語として用いられた。「何処へ行くか、遣らぬ」の意の「どっこえ（何処へ）」が掛け声化したものという（江戸語大辞典）。「どっこえ」は「どっこえ、まった。そんな事をいってはづさうとおもって」（洒落本・自惚鏡）などと用いられた。現在の、力を入れるときの掛け声としての用法も、近世からみえる。「どっこいしょ」の「しょ」は掛け声の後に付けて語調を整えるもので、「よいしょ」「こらしょ」などとも用いられる。

例「ア、、糞だ。どっこいととびのき」（滑稽本・浮世風呂・前・上）

どっこいどっこい

力や勢いが同じくらいであるさま。似たりよったり。「どっこい」は重い物を持つときの掛け声。「どっこいどっこい」は一方が「どっこい」と掛け声をかけて力を出すと、他方も「どっこい」という掛け声とともに同じくらいの力を出すことで、そこから同じくらいという意味が生じたという（上方語源辞典）。

例「木の下トリオも耕一くんとドッコイドッコイね」（田中雅美・クラスメイトに御用心・平成元年）

どっち【何方】

どちら。「どち」の促音化した語。「どち」は「いづち」の転。↓どちら

例「鑓担はどつちへつんぬけたか、かいくれ見えない」（兵法・雑兵物語・下）

とっぴ【突飛】

並外れて異なっていたり突然であったりするさま。「急に（突然）飛び出す」意で明治時代に造られた和製漢語。『東京新繁昌記』（服部誠一・明治七〜九年）には花火に驚いてねずみが「突飛狂奔す」とある。

例「杓子（しゃもじ）と杓子の連続がいかにも突飛である」（夏目漱石・草枕・明治三九年）

とっぴょうしもない《とつぴやうし―》【突拍子もない】

度外れである。近世に用いられた「とひょうしもない」の強調形。「とひょうし」については、「『教訓抄』に見られる太鼓の奏法「突拍子（とひょうし）」に基づく」（日本国語大辞典二版）という説や、「途方の訛とひょうと拍子との合成語」（江戸語大辞典）とする説などがある。「とひょうし」は「ただとひやうしに長き脇指」（俳諧・猿蓑・五）のように用いられ、「とっぴょうし」と同じように度外れの意味であった。「とひょうし」

がすでに度外れの意である以上、「とっぴょうしもない」の「ない」は強めということになる。「ない」が付け加えられたのは「途方もない」という言い方を下敷きにしたためではないか、と思われる。

例「ほほ、とっぴゃうしもない鳥目だ」（赤本・猫鼠大友のまとり）

どてっぱら【土手っ腹】
腹をののしっていう語。語源未詳。『*俚言集覧』には「胴体腹の転訛なりと云へり。どてツぱら。駄賃馬を馬士が詈ていふ詞也」とある。しかし、「胴体腹」という語が確認できないので無理であろう。『大言海』は「ほてっぱら（布袋腹）のホを、ドと云ひて、憎体に云ひたる語」という。「ほていばら」には「ばらばらとほてい腹切る古すだれ」（雑俳・うき世笠）のような例がある。ただし、ホとドの転換は自然ではないので、ののしりの「ど」を冠したドホテイッパラの約（上方語源辞典）という説もある。しかし、ドホテイッパラなどという言いにくい語をわざわざののしりに使うとは考えにくい。むしろ、素直に「土手のように厚みのある腹」でふくれた腹をののしったと見たほうが自然だと考えられる。
例「抱き火鉢をしてその浴衣を焦がし、どてっ腹に穴をでかしけるが」（黄表紙・忠臣蔵前世幕無）

とてつもない【途轍も無い】
途方もない。「とてつ」は「途轍」の形で漢籍に例があり、筋道の意である。「妨吾輩塗轍〔吾輩の塗轍を妨ぐ〕」（世説新語補・忿狷）。「塗轍」は「塗」を同音の「途」に代えたもの。「途」は道の意で（「塗」にも道の意がある）、「轍」はわだちの意。中世、「途轍」は「道理」の意味で用いられたが、近世になって「途轍もない」の形で、常識はずれだ、途方もないの意に用いられた。
例「とてつもない、おつりきな、きゃんの口合よし」（評判記・菊寿草・立役之部）

とても
非常に。「とてもかくても」の略。「とても」の「と」は副詞（助詞「と」と同源）、「て」は接続助詞、「も」は係助詞である。「とてもかくても」は「とありてもかくありても」の意味で、そこから、どうやっても、所詮、結局の意になった。「とても」はこのような意味のほか、現在、「とても早い」、「とても読めない」などのように、程度の甚だしさを表しながら、肯定表現にも否定表現にも連なる。しかし大正一〇年代あたりでは芥川龍之介の『澄江堂雑記』中の「とても」「続『とても』」に指摘されているように、東京の言葉では「とてもまとまらない」のように否定表現に連なるのが、普通であった。「とても」は所詮の意味では肯定にも否定にも連なったが、非常にの意味では大正あたりでは否

定に係るのが規範的であった。「とても」が肯定表現も修飾するようになることについて、新村出は「とても補考」（『琅玕記』所収）で、「面白クテトテモ堪エキレナイとか、トテモ堪エキレナイホド面白イとかいうような表現法を、あるいは逆転して省略したかあるいは単に中間を省略した」という見方と、「トテモ面白クテ、堪エラレナイというべき句法を下略して、直ちにトテモ面白イとしてしまったもの」という見方を示している。

どてら【褞袍】

厚めに綿を入れ大きめに仕立てた、広袖の着物。*『物類称呼』（四）に「どてら」は「ててら」の転であるという語源説がある。「どてらといふもててらといふ詞の転じたるなりといへる人も侍れど、今どてらと呼ぶ物を見るにひとへなる服にはあらず。わたを入れたる布子となづくる物也。ててらといひ、どてら又つづれなど云ふ、是皆通音也。其制はかはり有りて名は同じならんか」とある。「ててら」は『大言海』には「つづる（綴）の転訛か」とあるが未詳。なお、*『守貞漫稿』等によれば、「どてら」は「江戸の服名」、「丹前」は「京坂の服名にて、江戸にこれを称さざるなり」という。漢字表記は漢語「褞袍（うんぽう）」を当てたもの（「褞」は古綿などをつめた粗末な着物、「袍」は綿をつめた長い服の意）。

例「吹貫（ふきぬき）温袍に三尺帯、見れば丸腰五分月代、ハテ珍しい御家風だナ」（人情本・春色梅児誉美・後・一〇）

どどいつ【都々逸・都々一】

主として男女間の機微を歌った、七・七・七・五調の俗謡。潮来節（いたこぶし）を母胎として、寛政ころ名古屋で歌われた「神戸節（ごうどぶし）」を、天保九年（一八三八）に都々逸坊扇歌が作詞改曲して独立の歌謡としたもの。都々逸坊扇歌（一八〇四～五二年）は常陸国生まれの音曲者。「どどいつ」は、神戸節またはよしこの節の「どどいつどんどん」（「どどいつどいどい」ともいう）という囃子詞に由来するといわれる（江戸語大辞典）。潮来節は、*『守貞漫稿』に「常州行方郡潮来村に行はれし曲節」とある。

とどのつまり

結局。語源は諸説ある。「とど　止の義にて終りを云ふトドの所トドノツマリなど云ふ」とする*『俚言集覧』の説、出世魚ボラの最後の名称トドに由来するという説（ボラはオボコ→スバシリ→イナ→ボラ→トドなどと名前を変える）、「到頭（とうどう）」の短呼という説（松平円次郎他編・俗語辞海）がある。これら三説のうち『大言海』は第一説を、『上方語源辞典』は第三説を支持し、楳垣実『猫も杓子も』は第二説を支持しながらこれらは必ずしも衝突しないとする。楳垣実『猫も杓子も』によれば、ボラの最終名トドはとどまるの意だから、第二説は他説と衝突するものではないという。なお、「詰

まり」は「とど」と同意で、「二度と再び」のように、同じ意味の語を重ねて強調したもの。

例「とゞの詰りは己(てんでん)の身が痛し痒しだ」(滑稽本・浮世床・初・上)

とどまつ【椴松】

マツ科の常緑高木。北海道、南千島、樺太に生える。「とど(椴)」は、アイヌ語のTotoropが語源ではないかという。

とどめをさす【止めを刺す】

倒した敵が万一にも生き返らないよう急所を刺す。「とどめ」は「とどめる(止)」の連用形の名詞化で、生きることを抑止すること。「是申しとどめはこなた様に刺したまへ」(浮世草子・武道伝来記・三・二)などと使われていた。

例「Todomeuo sasu(止めを刺す)のど笛だけを切るか、首全体を切り離すかして、首を刎ねる」(日葡辞書)

とどろく【轟く】

音が大きく鳴り響く。『大言海』は「とどろの活用」という。すなわち、接尾語「く」を付けて擬声語「とどろ」を動詞化したもの。「とどろ」は音が荒々しく鳴り響くさまをいい、「筑波嶺(つくばね)の岩も等杼呂(とどろ)に落つる水」(万葉集・一四・三三九二)などと、上代から使われていた。

例「滝の声は、いとゞ物思ふ人を驚かしがほに、耳かしがましうとどろき響く」(源氏物語・夕霧)

トナカイ

アラスカやシベリアなど、寒い地方に住む大形のシカ。アイヌ語 tonakkai に由来する。漢字で「馴鹿」と書かれることがあるが、これは当て字で、家畜として飼育されていて「人に馴れている鹿」ということで名付けられたもの。この当て字を音読みしてジュンロクともいう。英語ではカリブー(caribou)という。

どなた【何方】

不定称の人称代名詞。「どのかた(方)」のつまったもの。コノカタ→コナタ、ソノカタ→ソナタ、アノカタ→アナタ、カノカタ→カナタなど、みな同類である。初めは方角を表す代名詞だったが、敬意を込めて人を指す代名詞に転じた。「是は何れの国よりどなたへ参ずる人ぞ」(保元物語・上・官軍方々手分けの事)は、方角を表す例。

例「どなたでござるぞ」(虎明本狂言・悪坊)

となり【隣】

すぐ脇にあること。語源は諸説ある中、比較的多いのは、『日本釈名』*の「戸ならび也」のような説である。「となる」という動詞もあるが、これは中世以降の語のようで、「となり」を活用させたものであろう。

例「人妻と何(あぜ)かそをいはむしからばか刀奈里(となり)の衣(きぬ)を借りて着なはも」(万葉集・一四・三四七二)

と

どなる【怒鳴る】

大声を出す。語源説には動詞「とよむ」「どよむ」の「とよ(どよ)」と「鳴る」から「どなる」となったという説(「どなる」『講座日本語の語彙・一一』所収)、擬声語「ど」と「鳴る」との複合語(日本国語大辞典二版)という説がある。「とよむ」は音が鳴り響く意で、「どよむ」ともなり、「どよめく」などの形で近世まで使われていた。「どなる」は近世以降の語。

例「わつわつとどなつて亭主はぢをかき」(雑俳・柳多留・一三)

とにかく

いずれにせよ。「とにかくに」の略。「と」はあのようにの意味の副詞で、「とかく」のように、「かく」といっしょに使われることが多い。そのほか、「ともすれば」「とみこうみ」などの「と」も同じ。いずれも、格助詞の「と」から出たもの。「に」は副詞の後に付く助詞。「かく」も副詞。もともと「とにかく(に)」は、あれこれの意であった。あれこれ、さまざまであっても、いずれにしろ、というふうに意味が転じて来たものである。「ともかく」も同じような語構成を持つ語である。

例「いやいや、とにかくおぬしが立つつゐつして何とやらん、そうぞうしうて酒がしまぬ」(虎清本狂言・猿座頭)

とばっちり

そばにいたために思いがけない災いを受けること。巻添え。水などが飛び散る意の動詞「とばしる」の名詞形「とばしり」の促音化。「とばしる」は、今「ほとばしる」という動詞に残っている。*『俚言集覧』には「トバシルは飛走歟(か)」とある。すなわち、「とばしる」は「飛び走る」から出たという説である。「とばしり」が「とばっちり」となるような変化(促音のあとでサ行音が破擦化する現象)は、たとえば東京方言の「まっしろ(真白)」がマッチロとなるように類例がある。

例「とんだ所(とこ)へ浮騰(とばっちり)がかゝるもんだぜ」(滑稽本・浮世風呂・四・上)

とばり【帳・帷】

室内に垂れ下げて隔てとする布。古くは「とはり」といい、「戸張り」の義だと言われる。*『箋注倭名抄』に「蓋可閉戸之処、張之以取明也(蓋し戸を閉むるべき処に、之を張り、以て明りを取るなり)」と戸のかわりに張ると説明している。トハリの形は*『天治本新撰字鏡』に「幌〈略〉止波利」と見える。なおこの語は和歌などで、隔てて物を見えなくするもののたとえに使われた。

例「七夕のよとでの姿たてかくす霧のとはりに秋風ぞふく」(建長八年百首歌合)

とび【鳶】

ワシタカ科の鳥。*『東雅』は「義不詳」とした後で、「或る人の説に、トビとは飛び也といひけり」と注している。『大言海』

も「能く空高く飛べば名とす」という。なお、江戸の火消しが使った「鳶口」は、先端の鉤がトビのくちばしに似ているというので、その名がある。これを略して、「鳶」ともいう。また、「鳶の者」「鳶職」などは、鳶口を使う者（職）という意で、これらも略して単に「鳶」という。

例「鵄〈略〉度比（とび）」（十巻本和名抄）

とびきり【飛び切り】

特にすぐれていること。「天狗飛切りの術」というのは講釈師の創作だが、身を高く躍らせて下りざまに斬ることは剣道でしばしば用いられた技法だそうで（加藤寛・西村諒『日常語の中の武道ことば語源辞典』）、これにちなむものかと思われる。このように相手をびっくりさせるような技であるところから、人並みはずれたすばらしい状態の形容となったものだろう。

例「器量はさのみ飛切といふにはあらねど」（浮世草子・傾城歌三味線・三・一）

とびしょく【鳶職】

土木・建築工事を請け負う職人。彼らが「鳶口（とびぐち）」という道具を持っていたことからいう。「鳶口」は棒の先端にトビのくちばしのような鉄の鉤をつけた道具。江戸の消防は延焼を防ぐため専ら家屋を破壊した。鳶口は、そのための道具として使われたため、火消しの常備品となり、「鳶の者」が火消しの別称となった。この「鳶の者」の略語の「とび」に植木職、大工職などの「職」がついてできた語が鳶職である。この語が使われたのは明治以降である。↓鳶

どぶろく【濁醪】

かすをこさない白濁した酒。漢語「だくろう（濁醪）」の転。中国に「濁醪有妙理〔濁醪妙理有り〕」（杜甫・晦日尋崔戢李封詩）といった例があり、意味はどぶろくと同じである。*『松屋筆記』（巻一〇〇頭書）に「濁醪（ドブロク）にて『ダク』を『ドブ』、『ラウ』を『ロク』と訛れる也」とある。

例「酒の名も所によりてかはりけり伊勢屋の酒はよそのどぶろく」（咄本・昨日は今日の物語・下）

とぼける【恍ける】 文語 とぼく

わざと知らないふりをする。「とぼける」の「ぼける」は「惚（ほ）く」の変化したもの。「ぼける」は今も使う。しかし、語頭の「と」の素性は不明。『大言海』は「言惚（ことほく）るの略訛か」というが、説得力がない。「ぼける」と「とぼける」の意味の相違を考えると、この「と」はただぼけるのではなく、わざとぼける、これこれとぼけるのように、いわく因縁を惚けかたに加えるためのものではないか、と思われる。だとすれば、「とかく」などの「と」の同類ということになる。

例「Toboqetacotouo mõsu（恍けた事を申す）」（日葡辞書）

とぼしい【乏しい】 文語 とぼし

不足だ。「ともし」の変化した形。上代は「言問ひの等毛之伎(ともしき)子ら」(万葉集・一八・四一二五)のように「ともし」の形で使われ、「とぼし」の形は中古末以降用いられた。「ともし」は動詞「求(と)む」を形容詞化した語といわれる。求めるのは何かが不足しているからで、その不足している状態を形容詞として表す。「倉橋の山を高みか夜隠りに出でくる月の光乏寸(ともしき)」(万葉集・三・二九〇)は少ないの意味。

例「とかくして設けたる松の葉もはやとぼしくなりにけり」(平家物語奥秘抄・堂供養)

とまどう《とまどふ》【戸惑う】

まごつく。名詞「とまどい」が先にできて、そこから動詞「とまどう」が派生したといわれる。「とまどい」の「と」は「戸」で、家や部屋が分からなくてまごつくというのが、もとの意味であった。その後、寝惚けてまごつく場合などに使われ、今の意味になった。「とまどい」の例は、寛延三年〜宝暦六年(一七五〇〜五六)刊の『武玉川』(五)に「若後家の淋しい道を知て居　戸まどひの味な所にかしこまり」とあるが、例にあげた『作り取』の動詞「とまどう」の例は天明七年(一七八七)のものである。

例「戸惑うて怖や行灯を既の事」(雑俳・作り取)

とみに【頓に】

急に。にわかに。「とみなり」の連用形「とみに」の副詞化した語。語幹「とみ」は字音語「頓(トン)」の変化したものという。ただし、「頓」は「蘭(らに)」「盆(ぼに)」などと同じく、開音節化すればトニになるはずで、実際『土左日記』に「風波、とににやむべくもあらず」(承平五年一月一六日)の用例がある。「とみに」の形は、この「とにに」「とにの」が発音しにくいため変化したものかという(山田孝雄・国語の中に於ける漢語の研究)。ニとミが通用することは「壬生(みぶ・にぶ)」などの例がある。なお、異説として*『古事記伝』(二七)は「速(ト)の活(はたら)きたる言なり〈頓の字の音とするは非なり〉」と述べ、形容詞「疾(と)し」の語幹「と」に接尾語「み」が付いたものと考える。

例「十二月ばかりに、とみのこととて御ふみあり」(伊勢物語・八四)

ともえ《ともゑ》【巴】

水の渦巻くような模様。語源は「鞆(とも)+絵」に分析される。*『和訓栞』には「鞆絵は鞆のかたを画けるなるべし」とあるが、この文様は波頭を図案化したものであって鞆を図案化したとは考えられていない。模様が鞆に似ているので「ともえ」と呼ばれるようになったものである。「鞆」は弓を射るとき左手に巻きつける革製の道具。なお、三者が張り合って拮抗している様を、今日「三つ巴」というが、これはもと、巴を三つ組み合わせた紋所の名称であった。

例「二十尋許なる太鼓の、銀のびやうを打ちて、面には巴をかき」（太平記・三六・大地震幷夏雪事）

ともなう《ともなふ》【伴う】

いっしょに連れて行く。「とも」は「友・伴」でいっしょにいるもの。「なう」はいろいろな語や語幹に付いて、その動作を行う意を添える接尾語。「ともなう」で、いっしょにいるということを行う意になる。「なう」が名詞に付いた例としては、「罪なう」（＝罰を与える）、「幣（まい）なう」（＝謝礼する）、その他、「あきなう」、「行う」など、多くの例がある。

例「人にもいざなはれず人をも止毛奈方（ともなは）ずして」（続日本紀・天平神護元年三月五日・宣命）

ともびき【友引】

六曜（ろくよう）の一つ。葬儀を避ける習慣のある日。「友引日（ともびきにち）」の略。「友引き」は友を引く、友に災いが及ぶということで、葬儀を避ける。民間信仰の「友引日」は吉凶いずれでもない日であった。友に災いが及ぶ方角という考えは陰陽道の説で、両者の混交したものが、現在の「友引」である。

どや

宿屋・簡易旅館をいう隠語。「やど（宿）」の倒語で、東京の「上野（うえの）」を「のがみ（野上）」と言う類。

例「閻魔のどやがしれたれば」（談義本・根無草・後・一）

どよう【土用】

立春・立夏・立秋・立冬の前の一八日間。＊『和訓栞』は「もと土王なるを王字を避けて土用の事と書くは故実也といへり」という。『大言海』は「土旺（どおう）の訛」とする。「土王」「土旺」は土気の盛んなことで、暦の節の名称。中国の五行説では、万物は木・火・土・金・水からなり、木を春に、火を夏に、金を秋に、水を冬にあてはめ、中央の土を各季節九〇日の終わりの五分の一に当てた。このように、土用は各季節の前にそれぞれあるが、現在では夏の土用だけをいうことが多い。

例「土用の程にて、しばしかしこにおはしますさへいと悲し」（増鏡・一四・春の別れ）

トラック

貨物自動車。英語 truck に由来する。「トロッコ」（＝レールの上を走らせる手押し車）も同じ英語 truck に由来する。

例「それは〈略〉トラック自動車の運転手と話をしている夢だった」（芥川龍之介・蜃気楼・昭和二年）

とらのこ【虎の子】

大切にして手放さない物。秘蔵の品。動物の虎は子を非常に大切に育てると言われることから出たことば。

例「虎の子をどらな子に母してやられ」（雑俳・柳多留・五四）

とらのまき【虎の巻】

秘訣などが記してある書。安直な学習書。中国の兵法秘伝

書『六韜《りくとう》』の「虎韜《ことう》」の巻の名に基づく。兵法秘伝書が転じて、芸道の秘伝書の意に用いられ、さらに転じて、種本《たねほん》、教科書に即して解説した安直な学習書、の意になった。

例「御文章治る国のとらの巻」（雑俳・柳多留・一六〇）

ドラムかん【ドラム缶】

ガソリンなどを入れる、大型の円筒形の容器。ドラムは英語 drum に由来する。ドラムは太鼓のような打楽器で、円筒状であることから同じような形態の容器を「ドラム缶」と名付けた。「缶」は、オランダ語 kan に由来する語で、「缶」は当て字である（「缶」の漢音はフウ）。「ドラム缶」は一九〇三年アメリカ人女性ネリー・ブライによって考案されたもの。

例「炊事場もあり、ドラム缶か何かで作った風呂場もある」（火野葦平・麦と兵隊・昭和一三年）

どらむすこ【どら息子】

放蕩息子。「どら」は「どら猫」「どら娘」などの「どら」と同じだが、語源はよく分からない。一説によれば、「どら」は「だら」「どろ」の転（上方語源辞典）、または「だら」の双生語（近世上方語辞典）であるという。「どら」や「どら～」の用例の中で古いのは「どらを打つ」（=道楽をする）で、一八世紀の初めから例がある。この「どら」は打楽器の「銅鑼」のことで、鐘《かね》の一種である。「どらを打つ」ことは「鐘を撞《つ》く」ことで、これを「金尽く」と洒落た。道楽すれば金がなくなるので、「どらを打つ」で道楽する意になったという。この「どらを打つ」から「どら」が独立して「どら者」（=道楽者）、「どら息子」「どら犬」などと一八世紀後半以降用いられるようになったと考えられる。「どら者」は「いつの間にあんな放蕩者《どらもの》に成ったか」（滑稽本・浮世床・初・中）という例がある。

例「きんきんのどらむす子、はつはつと金をつかひなくす」（咄本・喜美賀楽寿・とら息子）

どらやき【銅鑼焼】

小麦粉・卵・砂糖をこねて丸く焼いた皮二枚で、小豆《あずき》の粒あんを挟んだ菓子。金属製打楽器の銅鑼に、その形が似ていることから命名されたという。*『嬉遊笑覧』は「どら焼とは形、金鼓《こんぐ》に似たる故、鉦《どら》と名づけしは、形の大きなるを云ひしが、今は形小さくなりて金鐔と呼ぶなり」という。材料・製法とも各種あったが、現在のどら焼は大正三年に上野の「うさぎや」がはじめたものという（清水桂一・たべもの語源辞典）。

トランプ

五三枚からなるゲーム用具。英語 trump（トランプ）に由来する。trump は、本来は「切り札」の意味であり、カードの名ではない。日本でトランプと呼んでいるゲーム用具は、英語では単に cards と呼ばれている。このカードを使ってゲー

ムをする時、切り札を出してトランプといったのを、カードの名と勘違いしたことから生まれた語である。末広鉄腸の『花間鶯』（明治二〇～二一年）では「王様でも此の『トランプ』にはかなうまい」と、「切り札」の意味で使われている。

とり【取り】
寄席で最後に出演する者。「取り」は動詞「取る」の連用形の名詞化。この場合、「取り」は「心（しん）をとること」（上方語源辞典）で、中心になることである。中心となる芸人はその時の出演者の最後に出るので、最終演者を称するようになった。
例「何時ぢゃ、取りまで聞いて居（を）らりょかな」（雑俳・机の塵）

とりい とりゐ **【鳥居】**
神社の参道の入口などに立っている門。起源・語源ともに様々な説があるが定説はない。『大言海』は「鶏を栖ますべき義、古へ鶏を幣の一種として、神に供へしなり。故に鶏のとまり木を云ふ」とする。すなわち、神に供える鶏のとまっているところの意味である。この説は近世からあり、諸説の中では有力なものである。「とりゐ」の「ゐ」は動詞「ゐる（居）」の「ゐ」で、これは古く鳥などがとまっていることを表していた。
例「ならのとりゐの前なる木どもにかけたるもの多かり」（相模集）

とりうちぼうし【鳥打ち帽子】
短い庇（ひさし）のついた、平たくて丸い帽子。英語 hunting cap（狩猟用帽子の意）の訳語。鳥を打ちに行く時にかぶる帽子の意。

とりえ【取り得・取り柄】
長所。動詞「取り得る」の連用形「とりえ」の名詞形で、「取り上げることが可能であること」の意。取り上げることができるようなこととは、普通、取り上げるべき価値の認められることであるので、長所の意を表す表現として用いられる。
例「屑（とりへ）有りと云ふは、人の一能一芸達したるが屑なり」（抄物・前田本庭訓往来抄）

とりかぶと【鳥兜】
キンポウゲ科の多年草。花の形が舞楽の装束に用いる「鳥兜（とりかぶと）」に似ているため、この名がある。舞楽でかぶり物につかう「鳥兜」は鳳凰の頭にかたどって作られている。この植物の根は猛毒のアルカロイドを含むことで有名。中世以前は、漢名である「烏頭（うず）」「附子（ぶし）」が用いられた。

とりこ【虜・俘虜】
捕虜。語源は「取り子」の意。「とり」は動詞「とる」の連用形。「とる」は捕らえること、「子」は「売り子」「馬子」などの「子」と同じで人を表す。すなわち捕らえた人を意味する。また、捕らえられた人は自由を奪われることから、「とりこになる」

の形で、熱中のあまり自由を失う用法も生じた。
例「是に其の将を殺し、其の兵を虜にして、匈奴震ひ懼（おそ）る」（大唐西域記・平安中期点）「蔵（かく）せるものを見極わめんとあせる男は悉く虜となる」（夏目漱石・虞美人草・明治四〇年）

とりつくしまもない【取り付く島もない】

事を進める手がかりもない。大海の中にあって、依り所とすることのできる島がないという心である。なお、中世では、次のように頼るべき所がないという、広い意味で用いられている。「利欲の為に不義をする者は、すは一度悪い事があれば何をするも不如意にして、一生涯中取り付く島もなきものぞ」（抄物・四河入海・一九・四）。

とりで【砦・塁】

本城の外に設けられた小城。出城（でじろ）。『大言海』などは「取出（とりで）の義」として「本城より近く取り出でて築ける小城」と説く。
例「この御陣、後ろは深山にて、前は大河なり。敵、もし寄せ来たらば、好む所の取手（とりで）なるべし」（太平記・八・主上自令修金輪法給事）

とりはだがたつ【鳥肌が立つ】

寒さや恐怖などによって皮膚にぶつぶつが生ずる。人間の皮膚にぶつぶつができることを毛をむしり取った鶏の肌にたとえたもの。室町時代初期の源氏物語注釈書『河海抄』（一七）に「さむき時鳥はだの立つを云ふ也」とある。その後、恐怖感や不快感を抱いた時の感じを表す言い方に使われたが、最近では感動したり強い喜びを感じたりした時に使う人もいる。

ドルばこ【ドル箱・弗箱】

金もうけの種。「ドル」はオランダ語ドルラル（dollar）に由来する語で、ここではお金の意味。もと「ドル箱」は、金を入れる箱、金庫を表した。*『漢英対照いろは辞典』（明治二一年）に「弗函（金銭を蓄ふる鉄函）」とある。この金庫の意味から、金を提供する人、さらに分のいい収入源の意味が生じた。なお、ドルに「弗」を当てたのは、ドルの記号＄に似ていることによる。

どれ【何れ】

不定称の指示代名詞。「いづれ」の転とされる。「イヅレのイが省かれて、ヅがドに転じたるなり」（大言海）。「いづれ」の「いづ」は、不定の場所、方角などを表し、「いづこ」「いづへ」「いづら」などの語構成要素にもなっている。ただ、その単独用法は、上代でも、東歌に見られるだけである。「どれ」の「れ」は、「これ」「それ」「あれ」にも現れる接尾語である。→どちら
例「熊野へ参るには、紀路と伊勢路のどれ近し、どれ遠し、広大慈悲の道なれば紀路も伊勢路も遠からず」（梁塵秘抄・

二）

とろ

鮪（まぐろ）などの肉の、脂肪の多い部分。「とろ」という語は「とろとろ」「とろける」などの「とろ」と関係があり、もとは擬態語だっただろう。「トロ　油ノ事ヲ云フ」（日本隠語集・明治二五年）、「油、脂　トロ」（和田信義・香具師奥義書・昭和四年）のように、香具師などの隠語で、油のことを「とろ」と言っており、鮨（すし）の「とろ」と同想だろう。

どろじあい《どろじあひ》【泥仕合】

互いに相手の弱点をついたり、秘密をあばきたてたりしてみにくく争うこと。歌舞伎で、泥の中で立廻りを演じること、またその立廻りを「泥仕合」といい、『夏祭葵浪花鑑』の長町裏の場面などが有名である。舞台に切穴を作って泥を入れたり、プール状の箱に泥を入れて舞台に置いたりし、その中に入って泥にまみれて争う様を見せるもので、大変きたなく、醜いことから、きたない、醜い争いを意味する一般語となった。

例「両人もせんかたなく、同じく愚慢を引倒し、組んずほぐれつ泥仕合」（滑稽本・和合人・三・中）

トロッコ

レールの上を走らせる手押し車。工事現場などで土砂などの運搬に使う。英語 truck に由来する。貨物自動車の意のトラックと同源。トラックよりも早くから使われていた。

例「トロッコで土を運搬する」（芥川龍之介・トロッコ・大正一一年）

どろなわ《どろなは》【泥縄】

事が起こってからあわててその準備をすること。「泥棒を見て（捕らえて）から縄をなう」の略。「藪をつついて蛇を出す」を「やぶへび」と縮める類。もとになった成句は黄表紙『金々先生造化夢』に「泥棒を見つけて縄を綯（な）ふよりも」などと用いられていた。

トロばこ【トロ箱】

水揚げした魚を入れておく大型の容器。「トロ」は「トロール船」「トロール網」の「トロール」に由来する。トロール漁で捕れた魚を入れておく容器の意味で「トロ箱」と言う。トロール（英語　trawl）とは底引き網の一種で、左右に袖網を付けた袋網を言い、船で網を引いて漁獲するもの。遠洋漁業に多く用いられる。

とろび【とろ火】

勢いの弱い火。形容詞「とろし」の語幹に「火」の付いたもの。「とろし」は「とろとろ」と同根の語である。鎌倉時代の辞書*『名語記』に「心のとろしといへる、とろ如何」という例がある。火勢について用いた例は一八世紀前半に見える。

例「文火（とろび）とは、やはらかなる火也。武火（つよび）とは、

つよき火也」（養生訓・七）

どろぼう《どろばう》【泥棒】

盗人。語源は諸説あるが不明。上方語やその他の方言で「どろぼう」はなまけ者の意。「なまけ者」の意が古いとすると、「どろぼう」の「どろ」は「どらを打つ」などの「どら」「どろ」と同源となり、説明しやすい。しかし、盗人の用法の方が古いので（盗人の例例は一六七二年、なまけ者の例は一六八一年に見える）、今のところなまけ者の意味から盗人の意味に転じたとは確言できない。*『名言通』は「京にては無頼を云ふ。江戸にては盗を云ふ。転なり。筒楽坊也。ドウは博の筒を云ふ。ドウラクボウはもと博徒をさす」という。その他、『大言海』は「押取坊（おしとりばう）の上略転ならむ」というが、これも無理であろう。江戸末期の随筆*『皇都午睡』（三）には「東都にて泥坊と云は盗賊の異名にして京摂にて泥坊と云は放蕩者の異名とせり」とある。

例「白浪の濁りてくろきどろぼうやすっぱのかはの流れなるらん」（狂歌・後撰夷曲集・九）

とろろ

ヤマノイモをすりおろしたもの。「とろろ汁」の略。語源は、ヤマノイモをすりおろすとトロトロになることによる。すなわち、「とろとろ」の中間の「と」を略した形。また、「とろろ」は「とろろいも（薯蕷芋）」の略でもある。「とろろいも」はとろろにするヤマイモやナガイモを言う。

例「薯蕷露汁　トロロジル」（運歩色葉集）

どろん

急に姿を消すさま。歌舞伎の下座（げざ）音楽で、幽霊などが消える時に使う太鼓の、ドロドロドロンという囃子（はやし）の音からできた語。

例「よき所にて、どろんになり」（歌舞伎・戻橋脊御摂・三立）「為替金を懐中にしたままドロンをきめ込み」（骨皮道人・滑稽独演説・明治二〇年）

とわ《とは》【永久】

永遠。現代では「とわに」「とわ（永久）の別れ」などと使われる。上代「とことば」という語があったが、その省略形「とば」が鎌倉以降*「とわ」となったもの。「とことば」の「とこ」は常の意。「とば」は不明。平安時代には、「とこ」なしでも使われたが、「とば」と濁音であった。（トコ）トバを仮名で、「（とこ）とは」と書いたため、かつ「とば」の意義を忘れたことも加わって、トワが生じたものであろう。なお、「とことば」は、「これの世は移り去るとも止已止婆（とことば）に栄残（さのこ）りいませ後の世のため又の世のため」（仏足石歌）のような仮名書きの例が上代からあった。

例「風吹けばとはに浪こす岩なれやわが衣手のかはく時なき」（伊勢物語・一〇八）

どわすれ【ど忘れ】

知っていたことを急に忘れてしまい、思い出せないこと。江戸時代初めの俳諧書『新続犬筑波集』に「どう忘れ」とある。「草の名やはなみて諸事をどう忘れ」（俳諧・新続犬筑波集・一四）。この例のような「どう」は「どう掏摸（ずり）」「どう畜生」などといった語と同じく接頭語であり、「どう」が短呼されて、「ど忘れ」となったと考えられる。「どう忘れ」の方が「ど忘れ」より早くから用いられていた。

ドン

実力者。首領。スペイン語 don に由来する。スペイン語 don は、英語のミスターのように男子の名に添える敬称であるが（ドン＝キホーテはその例）、アメリカの俗語で尊敬すべき人というような意味を持つようになり、実力者、特に隠然たる力を持つ大立者を指すようになった。ボスと同義。「○○業界のドン」などという。

とんカツ【豚カツ】

豚肉で作ったカツレツ。「豚」を音読みした「とん」と、カツレツの下部を略した「カツ」とを結びつけて造った語。カツレツは、英語カットレット（cutlet ＝薄切り肉）に由来する。ポークカツともいうが、これはポーク（pork ＝豚）とカツを結びつけて造った和製語である。「豚肉のカツレツ」を初めて売りだしたのは銀座の洋食屋「煉瓦亭」で、明治二八年のことである。豚肉のカツレツは明治の終わり頃から流行し始め、大正期には代表的な洋食の一つとなった。それとともに、「とんカツ」という俗称が生まれた。

どんぐり【団栗】

ブナ科のカシ、クヌギ、ナラ、カシワなど、ナラ属の果実の俗称。語源について、『大言海』には「橡栗（とちぐり）の音便化かと云ふ」とある。一説によれば、独楽（こま）の古名つむぐりから出たという（柳田国男・方言覚書）。これは子供がこれらの木の実を独楽にして遊んだからである。*『色葉字類抄』に「独楽　コマツフリ　又ツムクリ」とあるように独楽は、古く、「ツムクリ」と呼ばれていた。近世、これを濁音化してズングリと言っていた（俚言集覧）ので、ここから変化して来た可能性が高い（暮らしのことば語源辞典）。漢字「団」をドンと読むのは唐音。

例「橡実　味苦微温无毒〈略〉又和止ン久利（とんくり）」（康頼本草・本草木部）

どんじり【どん尻】

一番最後。「どん」は「どんぞこ」「どんづまり」の「どん」と同じで、強調の接頭語。「どん」はおそらく擬声・擬態に由来するかと思われる。「じり」は尻（しり）で、後の意。『大言海』は「止後（とどしり）」の音便だというが、「とどしり」という語はないので疑問である。

例「どんじりに乗る唐人は算がたけ」（雑俳・柳多留・二二）

ドンタク

日曜日。休日。オランダ語 zondag（ゾンタク。日曜日）に由来する。ソンダクとも。「日曜日」ということから、休みの意味になり、さらに祭日という意味になった。現在では用いられない語で、「博多ドンタク」に残る（博多ドンタクは、博多祭りといった意味）。↓半ドン

とんちき【頓痴気】

まぬけ。語源は諸説あるが、不明。以下に諸説をあげる。「擬人名語『とん吉』の『きち』を逆倒した語」（江戸語大辞典）、「『とんちき』の『とん』は『とんま』の『とん』で『ちき』は『いんちき』の『ちき』などと同じ接尾辞」（日本国語大辞典二版）、「トン（頓）に接尾語テキ（的）がついたと解されるトンテキの変化」（暮らしのことば語源辞典）。「とんてき」は一七世紀後半に例があり、「〜的」がはやるのよりずっと早い。『日本国語大辞典』の説が受け入れやすいように思われるが、「とん」「ちき」ともに、その素姓が明らかでない。↓いんちき

例「一向しきなトンチキだぜ」（滑稽本・浮世床・初・上）

どんちゃんさわぎ【どんちゃん騒ぎ】

馬鹿騒ぎ。宴会などで鳴り物入りの大さわぎをすること。歌舞伎の下座（げざ）音楽用語から出たといわれる。「どん」は太鼓、「ちゃん」は鉦（かね）の音を表す。

とんちんかん【頓珍漢】

的外れで、ちぐはぐなさま。またそういう人。鍛冶（かじ）屋の師匠と弟子が交互に鎚を打つ音が、互いに揃わないところからという。「頓珍漢」は当て字。

例「そんな頓珍漢な処分は大嫌いです」（夏目漱石・坊っちゃん・明治三九年）

どんでんがえし《—がへし》【どんでん返し】

逆転すること。もと芝居用語で、舞台の床や大道具が後ろに倒れて、次の場面が現れること。これを「どんでん返し」というのは、転換の際、「どんでん、どんでん」と鳴り物を鳴らすことから、舞台の転換のことをいうようになったという（赤坂治績・ことばの花道）。この転換があれば舞台の様子ががらりと変わるので、逆転の意味を生じた。

例「ここに突如として、一座の運命をドンデン返しにした一大事変が起こって」（横山エンタツ・漫才読本・昭和一一年）

とんとんびょうし《—びやうし》【とんとん拍子】

物事がどんどん順調に進むさま。「とんとん」は「とんとんと捗る」のように物事が順調に進行するさまを表す擬態語。この意味で近世末から例がある。「拍子」にも、物事の進行する調子という意味があった。「ええ、ひやうしに乗ったる先を折る」（浄瑠璃・堀川波鼓・下）。「とんとん拍子」で調子よく順調に進行する様子をいったものである。

例「イヤハヤ呆（あき）れ切り幕トントン拍子だ」（人情本・閑情末摘花・初・二）

どんぴしゃり

寸分の狂いもなく完全に的中するさま。「どん」は、まさにそれに相当することを強調する接頭語。「どんじり」「どんけつ」「どんぞこ」「どんづまり」などの「どん」と同じもの。「ぴしゃり」には、「その表情はぴしゃりと心のカメラへ焼き付いてしまった」（夏目漱石・草枕・明治三九年）のように、正確で少しのくいちがいもないさまをいう用法があり、この用法の「ぴしゃり」に「どん」が冠されてできた語。

どんぶり【丼】

飯茶碗より一回り大きい陶製・プラスチック製の鉢。語源について、次のような説がある。江戸時代に一膳飯屋を「慳貪屋（けんどんや）」と言い、そこで使用される大ぶりの椀を「慳貪振（ぶ）り」（＝けんどん風）の鉢と言った。その上略で「どんぶり」となったという。しかし、擬態語「どんぶり」から出た可能性も考えられる。この器は普通の鉢より大きめで深いので、そこへ食べ物を入れるさまをドンブリと表し、その器の称としたのでは、とも言われている。「丼」（音はセイ・タン）は「井」の本字で、井戸、井戸へ物を投ずる音を表す。井戸の中に物を投ずれば、ドンブリと音がするので、この器物を表す字として使用したもの。→丼勘定

どんぶりかんじょう《―かんぢやう》【丼勘定】

計算もしないでおおまかな会計をすること。職人などが作業衣として着けた腹掛けには、多く、前部にポケット状の物入れをつけていた。それを「どんぶり」という。職人がそこに金を入れて、無造作に金を出し入れしたところからいう。なお、近世に、懐中する物入れに「どんぶり」という袋があったが、大ざっぱな勘定のしかたという意味や「どんぶり勘定」という語の新しさから見て、腹掛けの「どんぶり」の方が、この語の直接の語源としては妥当だと考えられる。

とんぼ【蜻蛉】

トンボ目の昆虫。語源は、「とんぼ」の前半部分が「飛ぶ」に関係のあることについては、異論がない。しかし、後半部分については諸説まちまちで決定しがたい。『大言海』は、とんぼは「とんばう」の転である「とんぼう」の略で、「とんばう」は「飛び羽（は）」の変化だという。国語調査委員会編『疑問仮名遣』（大正四年刊）は、「飛ぶ」に継続を表す「ふ」の付いたものとするが、とんぼ系の語形の出現は「ふ」の生きて使われていた時代より新しいと思われる。その他、飛び坊説（名言通・上）、飛び棒説（暮らしのことば語源辞典）、飛ばむ説（佐藤喜代治『暮らしことばの辞典』に紹介された説）などがある。この中で最後の説が説得力を持つ。この説は、「雪やこんこん」と同じように、子供がこの虫を見て「飛ばむ、飛ばむ（＝

と

飛べ、飛べ）」と囃し立て、それがこの虫の名称となったという。その語形は次のように変化したと推定されている。トバム→トウバウ→トンバウ→トンボウ→トンボ。

例「蜻蛉〈略〉和、止ム波宇（とんばう）」（康頼本草・木草虫部）

とんぼがえり《とんぼがへり》【蜻蛉返り】

ある場所へ行って、すぐ戻ってくること。「とんぼう返り」とも言われていた。『大言海』はこの語の説明として「蜻蛉の烈しく飛び進みて、俄に返るが如く、身をひるがへすこと」という。飛んでいるトンボが急に身をひるがえして反転するような動作から出た語。なお、この語には別に「宙返り」の意味もある。

例「宙返り事、とんぼうがへりの類は、軽業仕のまねにて嫌ひ」（演劇・役者論語）

とんま【頓馬】

まぬけ。『大言海』は「ノロマの転訛」とするが、音変化だけで説明するには、語形が違いすぎる。そこで、「のろま」と「とんちき」を複合させて、新しい悪口の言葉を作ったものではないか、と考えられる。すなわち、「とん」は「とんちき」の「とん」、「ま」は「のろま」の「ま」であるという（松村明『江戸ことば・東京ことば』）。「のろま」は「のろま人形」のことで、野呂松勘兵衛の創始した操りに使う人形のことである。この人形の容貌が愚鈍であったことから、「のろま」は人をあざける言葉となった。→とんちき

例「なんのこつたえ　いきもとんまもむしのせい」（歌謡・改正哇袖鏡）

とんや【問屋】

卸売りをする店。「問屋（といや）」の転。近世の後期、江戸ではトンヤ、上方ではトイヤといった。方言書『*浪花聞書』に「問屋（とひや）　江戸でとんやといふはなまり也」とある。この語は、中古の「問職（とひしき）」（＝荘園領主の命によって港で米の管理や船の管理などの仕事を行なった職）に発し、中世の「問丸（といまる）」に由来するが、いずれも「とい」を共有している。この「とい」については諸説あって定まらない。『大言海』は「集（つどい）」の約と考えている。新村出『琅玕記』は、漢語の「邸家」と結びつけてはどうかという。「邸」にはやどや、蔵といった意味があり、音はテイ（漢音）、またはタイ（呉音）であり、トイに変化したと考えれば意味の上からも、形の点からも説明がつくという。中世の「問丸」は、港や都市で年貢米などの保管や運送などに携わり、関係業者に宿所を提供したりしていることから考えると、新村説が妥当かと思われる。

な

なあなあ

なれ合い。「なあ」は文末に付く終助詞で、相手に対する念押しを表す。歌舞伎で、二人の登場人物が何かをたくらんで内証話をするとき、一方が一方の耳元で「なあ」と言い、言われた方が「なあ」と応じる。以上のような定型的な演技から生じた語といわれる（赤坂治績・ことばの花道）。このような演技はせりふを略しても分かるときに行われるので、説明しなくても通じるというところから、なれ合いの意を生じたものだろう。

ないかく【内閣】

国の行政の最高機関。「閣」は「たかどの」の意。「内閣」は中国では古く妻の居室の意、のち役所の意味で用いられていた。明の永楽帝の時、翰林院大学士によって皇帝を補佐する機関を内閣といったが、それを日本で借用して英語 cabinet の訳語として使った。*『明治事物起原』によれば、日本で最初に「内閣」という語が使われたのは明治六年の「改正太政官職制章程」で、「参議」は「内閣の議官として諸機務議判の事を掌る」とあるのが最初であるという。明治一八年には、太政官の制度を廃し、内閣が設置された。

ないがしろ【蔑ろ】

人や物をまるで無いもののように無視したり、また、軽んじて扱ったりする様子。「なきがしろ」のイ音便から。「なき」は形容詞「無し」の連体形。「が」は格助詞で、「の」の意味を表し、連体修飾語を作る。ふつう名詞に付くが、「かなしきが手」（古事記・上）のように、活用語の連体形にも付く。「しろ」は物の代わりとするもの。この場合、同等のものの意を表し、「ないがしろ」はないと同等の意味になる。

例「福家の人のないがしろなるけしきを聞くにも」（方丈記）

ないしょ【内緒・内証】

表向きにしないこと。秘密。本来は「内証（ないしょう）」で、それが変化した語。「内証」は、仏教語で、各自の心の中における悟りを意味する梵語 pratyātma-adhigamana の漢訳語であった。各自の悟りは他人には窺いしれないことから、秘密の事柄を指す語として用いられるようになった。江戸時代には、内輪のことや家の中の暮らし向き、主婦のいる奥の間や遊女屋の主人のことをも指した。ナイショという形は*『日葡辞書』に「Naixo（ナイショ）」と短音の形で見えているが、同辞書には「Naixô（ナイショウ）」という長音形も掲出されている。近世からナイショの形がふえ、漢字表記も「内証」の他に「内所」「内処」なども用いられた。現代では「内緒」とい

う日本独自の表記が多くなっている。

例「間暇さえあると机に向って、内密(ないしょ)で手習を勉強したり」(坪内逍遥・当世書生気質・明治一八～一九年)「秋ちゃんに知られては困るらしい内緒の女のひともありまして」(太宰治・ヴィヨンの妻・昭和二二年)

ナイター

野球、サッカーなどの夜間試合。英語では night game という。代表的な和製英語とされるが、それについては疑問がある。この語の初出は、昭和二四年(一九四九)六月一〇日のAP電に見られるという。しかしアメリカではこの語は定着しなかった。日本での定着のきっかけとして、このAP電を考える説と、東京プレスクラブでアメリカの記者が言ったのを読売新聞の記者が使ってから普及したとする説(湯村久治ほか・最新スポーツ大辞典)とがある。なお、日本で初めて野球の夜間試合が行われたのは、昭和二三年八月一七日の巨人・中日戦であった。『週刊ベースボール』昭和二五年六月三〇日号には「日本のナイター」という語が見える。

例「ナイター初練習は上々」(スポーツ日本・昭和二五年七月五日)

ないよう【内容】

物事の中身。「容」は中に入れることや中身の意。ドイツ語 Inhalt の訳語として造られた和製漢語。もと哲学用語であったが、一般語として使われるようになった。

例「至極適任だろうと云う内容である」(夏目漱石・三四郎・明治四一年)

なおざり《なほざり》**【等閑】**

いい加減。語源について、「なお」が「なほ(直)」であることについては諸説一致するが、後半については意見が分かれる。*『和訓栞』は「直ぞ有の義、ぞあの反ざ也」という。これによれば、そのままであるということから、特別のことはない、いい加減、と転じたことになるだろう。しかしゾ+アリでザになったのではなく、「なほ−あり」の連母音 oa の間に [s] が挿入されたという説(小学館古語大辞典)が出されている。連母音間に [s] が介入した例には「はるさめ(春雨)」がある。挿入されるものについては、強意の副助詞「し」であるという説もある。また別に、「ナホ(直)とサリ(去)との複合か」という説(岩波古語辞典補訂版)も見える。しかし「なほ」「あり」を推定する方が意味上適切と考えられる。漢字表記「等閑」は「なおざり」の意味の漢語である。

例「なほざりに秋の山辺を越え来れば織らぬ錦を着ぬ人ぞ無き」(後撰集・秋下)

ながちょうば《ながちやうば》**【長丁場】**

長々と続くこと。「ちょうば(丁場)」は、宿場と宿場との距離のこと。それが転じて、仕事などに長々と時間のかかること

を意味するようになった。

例「京大阪および芸州宮島までの長丁場を歴て」（滑稽本・東海道中膝栗毛・発端序）

ながつき【長月】

陰暦九月の別称。諸説ある中で、確説とは言いがたいが、中世以来「夜長月の義」とする語源が流布している。中古の『拾遺和歌集』（雑下）に、「夜昼の数はみそぢに余らぬをなど長月といひはじめけむ」「秋深み恋する人のあかしかね夜を長月といふにやあるらん」という問答歌がおさめられているが、日数は三〇日を超えないのに、どうして長月というのだろうが、という問いに対して、晩秋になって、恋する人が夜長をもてあまし、夜の長い月だなあとなげくからだろうと答えたものである。近世に入って、『日本釈名*』も「夜やうやうながき故、よなが月といふを略せり」とする。なお、古くは、ナガヅキと発音されることもあった。『日葡辞書*』には「Nagazzuqi（ナガヅキ）」とある。

例「九月（ながつき）のしぐれの雨に濡れ通り春日の山は色づきにけり」（万葉集・一〇・二一八〇）

ながめる【眺める】 文語 ながむ

景色などを見る。語源について、「長見（ながみ）る」の転（大言海など）とする説があるが、むしろ「長目（ながめ）」から来たのではないかと思われる。この説は、たとえば『和訓栞*』に「長目のこころにてやあらむ」などと見える。普通に考えれば、「ながめ」は動詞「ながめる」の連用形であるが、逆に「長目」という名詞が先に成立し、それを動詞化したものが、「ながめる」だという。『古事記』（中）に「恒（つね）に長目を経（へ）しめ」のように「長目」と書かれているのも、一つの根拠になる。

例「大空は恋ひしき人のかたみかはもの思ふごとにながめらるらむ」（古今集・恋四）

なかんずく《なかんづく》【就中】

その中でもとりわけ。特に。「中（なか）に就（つ）く」の音便形。漢語「就中」は、「とりわけ」の意味で漢籍に使用されていた。それを、意味はとりわけのまま「なかんずく」と訓読した語である。『観智院本名義抄*』に「就中　ナカニツイテ　ナカムツクニ」と見られる。古くは「なかんづくに」と「に」を伴って用いられたが、『日葡辞書*』には「に」を伴わない形で掲出されている。すなわち、「Nacanzzucu　ナカンヅク（就く）　副詞。特に」とあるので、室町末期頃までには現在と同じ形になっていたようである。

例「未だ私の寺を建てず、仏を造り奉らず。就中に、我れ年来観音を像を顕さむと思ふ心有り」（今昔物語集・一一・三五）

なぎ【凪】

風が止んで波がおさまり、海面が穏やかになった状態。四段

動詞「薙（な）ぐ」の連用形が名詞化したもので（時代別国語大辞典上代編）、草を薙ぎ倒したように水面が平らになった様子をいったものか。上代にはギの音に甲類・乙類の二つがあり、「心がしずまる」という意味の動詞「和（な）ぐ」の連用形「なぎ」（乙類）と、「朝なぎ」「夕なぎ」などの「なぎ」（甲類）では異なる類のギが用いられているため、「和ぐ」の連用形が名詞化されたものと見ることはできない。一例ではあるが、「夕薙（ゆふなぎ）」（万葉集・六・一〇六二）という表記もあるので、「薙ぐ」の連用形の名詞化と考えられている。上代特殊仮名遣いについては「たけ（竹）」の項参照。なお「凪」は国字。

例「鹽竈にいつか来にけむ朝なぎに釣する舟はここに寄らなむ」（伊勢物語・八一）

なきおとし【泣き落とし】

泣いて相手の同情を買って、思いどおりにすること。「落とす」は中世以降、口説いて意のままにするという意味に用いられ、泣くことを手段にして口説くことを、「泣き落とし」と言ったものである。

例「人には見せぬ機関（からくり）を胸に装置（しかけ）た御（お）傾城様、人を謀らう泣き落とし、涙を使ふ軍師の御手際」（幸田露伴・椀久物語・明治三一年）

なきがら【亡骸】

死骸。「なき」は形容詞「無し」の連体形。この場合、生命を失ったの意。「から」は「殻」であり、外側を覆っているもの。「なきがら」は命が抜けてあとに残った抜け殻の意味。

例「今一度かのなきからを見ざらむがいといぶせかるべきを」（源氏物語・夕顔）

なきじょうご《なきじやうご》【泣き上戸】

酒に酔うと泣く癖のある人。「上戸（じょうこ）」は下戸（げこ）に対する語。「上戸」は律令によって定められた家の等級の一つで、成年男子が六～七人いる家をいった。庶民の婚礼の際、下戸の二瓶に対し、上戸では八瓶の酒を用いたことから、「上戸」は酒をたくさん飲む人、酒を好む人の意味で使われるようになり、「泣き上戸」は酔ったとき泣く癖のある人を表す言葉になった。

例「こまるまいものか仲人泣き上戸」（雑俳・柳多留・五三）

なぎなた【薙刀】

幅が広く、刃を反らせた刀身に長い柄をつけた武器。*『名言通』（上）に「ナキ（薙）ノカタナ（刀）也」とあり、『大言海』も同様である。この説に立てば、語末の音節の順序が入れ替わったことになる。ナギタナになるはずのところが、ナギナタになった訳で、あるいは「なた（鉈）」に引きずられて変化したのかもしれない。「薙刀」は敵をなぎ払うのに用いる。平安時代の末ごろから室町時代中期ごろまで盛んに用いられたが、槍の発達に伴って武器としての実用性は低くなり、装飾品

や婦人の用いる武具となった。

例「揚がる矢をばつい潜り、降る矢をば躍り越え、向かって来るをば長刀（なぎなた）にて切って落とす」（平家物語・四・橋合戦）

なきべそ【泣きべそ】

泣きそうな顔つき。「べそ」は子どもの泣き顔のこと。「べそ」に「泣き」を冠して、意味をはっきりさせた語として、近代に造語された。

例「半分泣きべそになってるんですもの」（里見弴・今年竹・大正八〜一五年）

なげく【嘆く・歎く】

悲しみや憤慨の気持ちを強く表す。「なげく」は、古くため息をつくという意味であった。語源は『和訓栞』*に「「長息」の義也」とあるように、「ながいき（長息）」の短縮形である。まず名詞「なげき」として成立し、それを動詞化したものが「なげく」であるという。しかし名詞の動詞化より、動詞連用形の名詞化の方が普通なので、次のような説も出されている。すなわち、「息（い）く」と「生（い）く」とが同語源であることから、「長（なが）＋生く（いく）」が「なげく」になり、その名詞形として「なげき」が成立したとも考えられるという（小学館古語大辞典）。

例「君が行く海辺の宿に霧立たば我（あ）が立ち奈気久（なげく）息と知りませ」（万葉集・一五・三五八〇）『いとわりなき態（わざ）かな』と言ひあはせつつなげく」（源氏物語・桐壺）

なけなし

ほとんどないこと。語源不明。『大言海』は「無気甚（なけな）しの義」とする。すなわち「な」は形容詞「無し」の語幹、「け」は「寒け」などの「け」、語末の「なし」は形容詞を作る語尾となる。問題は「無気（なけ）」という形が他に用いられた形跡がないことである。この「なけ」については、形容詞「なし」の古い未然形だという説もあるが、上代にのみ用いられた古形が、近世から用いられ出したこの語のもとになるとは考えられない。ちなみに「なけなし」は宝暦四年（一七五四）の洒落本『魂胆惣勘定』に見える「なけなしの衣類」などが早いものである。

例「なけ無しの一ッてうらを着殺しに着切って」（滑稽本・浮世風呂・二・上）

なげやり【投げ遣り】

物事をいいかげんな態度で扱うこと。動詞「投げやる」の連用形が名詞化されたもの。「やる（遣）」は、放っておくの意。投げ捨てて、放っておくの意味から。

例「家に費えをかまはず、なげやりにする事なれば」（浮世草子・好色一代女・五・四）

なこうど《なかうど》【仲人】

結婚の仲立ちをする人。もともとは、結婚に限らず、双方の中に立って事をとりつぐ人のことで、中に立つ人の意の「なかびと（中人）」がウ音便化してできた形である。同じような音変化は、「わかびと（若人）」の「わこうど」、「かりびと（狩人）」の「かりゅうど」に見られる。

例「我も人もゆゆしき恥をとる事。誰（た）がなかうどしてしはじめしぞ」（落窪物語・二）

なごり【名残・余波】

ある事が終わったあとに、まだそれを思わせる物が残っていること。また、別れを惜しむこと。もともとは『万葉集』（四・五三三）に「難波潟潮干の名凝（なごり）飽くまでに」と見られるように、波の大きな動きが終わったあとに残るものという意味で、「波（なみ）＋残（のこ）り」が短縮したものといわれる。「余波（なごり）　波のこる也。風はやみても波はのこるもの也。人のわかれをしむも、これよりおこりしことばなるべし」（日本釈名）。中世頃から「名残」の表記も見られるようになり、中世の節用集には「名残」「余波」の両表記が見られる。

例「その夜、南の風吹きて、なごりの波いと高し」（塗籠本伊勢物語・八四）

なさけ【情け】

ものをあわれむ心。諸説あるが、語源不明。『*和訓栞』は「中裂（なかさけ）の義、中心のさけ出るをいふ」とあり、『大言海』もこの説を引く。これに対して、「なさけ」の「なさ」は「なす（＝作為する）」と同根、「け」は見た目・様子の意の接尾語「け」と同じとする説もある（岩波古語辞典補訂版）。この説によれば「なさけ」の原義は、他人に見えるように心づかいをするかたち、また、他人から見える、思いやりある様子の意である、という。

例「男はさしもおぼさぬ事をだに、なさけのためにはよく言ひつづけ給ふべかめれば」（源氏物語・賢木）

なしくずし《なしくづし》【なし崩し】

物事を一度にではなく少しずつ済ませていくこと。また、借金などを少しずつ返していくこと。借金返済の方が古くからの意味。「なしくずし」の「なす」は動詞「済（な）す」で、義務を果たすこと、また、返済すること。「崩す」は借金の山を崩してなくしてしまうという気持ちを表すもの。近世から用例がある。

例「三月延のかり米・なしくづしの借銭」（浮世草子・好色盛衰記・二・四）「漸々成し崩しに紹介致すことにする」（夏目漱石・吾輩は猫である・明治三八～三九年）

なしのつぶて【梨の礫】

便りを出しても先方からは音信のないこと。呼びかけても一向に応答のないこと。「つぶて」は小さな石のこと。「梨」を「無し」に掛け、音沙汰のない様子を、投げた小石のように行っ

な

たきりで戻ってこない様子に喩えたもの。近世「なしのつぶてもない」の形で多く使われたので、その略と考えられる。

例「大名の弟御ぢゃと聞けばこそ、遠山の揚代のたまりも、便々だらりと待ってゐるに、今日迄梨の礫もないワ」(歌舞伎・東山殿劇場段幕・序)

なじむ【馴染む】

なれ親しむ。「馴れ染(し)む」の転。「しむ」は現在、上一段に活用し、「しみる」となるが、古くは四段にも活用した。「はちす葉のにごりにしまぬ心もてなにかは露を玉とあざむく」(古今集・夏)。「〜染(し)む」という形の複合語は、古くはいろいろあった。「思ひしむ」の「しむ」は四段活用であるが、「汗じみる」や「垢じみる」は「しむ」が上一段化した後に生じたものである。

例「久しうなじうだ国ぢやほどに、出つつ、入つつしたに、燕の飛び上がり、飛び下るを比するぞ」(抄物・毛詩抄・一二)

なす【茄子】

ナス科の一年草。インド原産。*『本草和名』(一八)に「茄子　和名奈須比」とあるように、古くは「なすび」と言った。この「なすび」の「び」が脱落し「なす」になった。「なすび」の語源は不明。新井白石の『*東雅』は「義不詳」としたのち、「倭名抄に注せし所によらば、ナとは中(な)也。スとは酸(す)也。ビは実(み)也。その実の味渋りぬるをいふ也」と述べる。『改訂増補牧野新日本植物図鑑』では、ナスという名が漢名「茄(か)」に由来し「茄子」から来たものというが、信じられない。

例「松木よりなすの小折まゐる」(御湯殿上日記・文明一五年五月一五日)

なずな なづな【薺】

アブラナ科の二年草。春の七草の一つ。「ぺんぺん草」とも言う。『*名言通』(上)に「薺　撫菜(なでな)なり」とあるように、「なでる」という意の動詞「撫(な)づ」の連用形「なで」に、野菜であることを表す「菜(な)」が付いた「なでな」の転と見る説が一般に広がっている。美味で薬効もあり有用な草なので、愛(め)で撫でる草であるといわれる。この他、夏に枯れることから「夏無(なつな)」の転とする説もある。

例「薺〈略〉奈豆奈(なづな)」(享和本新撰字鏡)「青つづら。なづな。苗。浅茅、いとをかし」(枕草子・六六・草は)

なぞ【謎】

クイズ。転じて、不思議な物や事柄。『大言海』は「なぞなぞ」の略というが、「なぞ(謎)」と「なぞなぞ」の先後関係は微妙である。「なぞ」は、ナニ(何)ゾ→ナンゾ→ナゾと転じたもの。「なぞなぞ」は、「何ぞ何ぞ」と問いかけて答えさせる遊び。中古から例がある。「ある宮ばらの女房のもとよりなぞなぞとて、かくいひたる」(讃岐入道集)。「なぞ」は、「なぞなぞ合はせ」や「なぞ合はせ」という形で一〇世紀に用例が見える。「を

な

のの宮の右衛門のかみの君だちの物がたりより出できたりけるなぞあはせ」（小野宮右衛門督家歌合）。「なぞなぞあはせしける、方人にはあらで」（枕草子・一四三・殿などのおはしまさで後）。

例「Nazo ナゾ〈略〉Nazouo toqu（謎を解く）」（日葡辞書）

なだい【名代】

評判が高いこと。もと、名目、名義の意味で、「旦那のなだいで買ひがかる、是が一ごにたった一度」（浄瑠璃・曽根崎心中）などと用いられたが、そこから、名に伴う評判という意味を生じた。現代では、良く知られたなどの意で、「名代の菓子」などと使われる。

例「名代な橋だがね」（夏目漱石・草枕・明治三九年）

なだれ【雪崩】

雪が崩れ落ちること。動詞「なだる」（口語なだれる）の連用形「なだれ」の名詞化したもの。「なだる」の語源は『大言海』には「長垂（ながた）るの意かと云ふ」とある。「なだれ」は中世以降の形のようで、雪の崩落だけでなく、傾斜、斜めに崩れ落ちることなどの意で用いられた。「雪崩」は日本で作られた当て字。

例「雪頽　ナダレ」（運歩色葉集）

なつかしい【懐かしい】 文語 **なつかし**

昔のことや親しかった人が慕わしい。動詞「なつく」を形容詞化した語。動詞の形容詞化は、「願う→願わしい」「行く→ゆかしい」などの類例がある。「なつく」を形容詞化した語であるから、もとの意味は「離れがたい」ということで、『万葉集』にこの例は多い。「麻衣着（け）れば夏樫（なつかし）紀の国の妹背の山に麻蒔く吾妹子」（万葉集・七・一一九五）。この歌も愛する人から離れがたいという心を詠んでいる。想い出に心がひかれるという、現在の意味は中世以降から現れると言われる。この形容詞を動詞化したものに、「なつかしむ」「なつかしがる」があるが、いずれも「なつく」の意味を持たない。↓なつく

例「もとのあるじの移し植ゑたりけむはな橘の、簷（のき）ちかく風なつかしうかをりけるに、郭公（ほととぎす）二こゑ三こゑおとづれければ」（平家物語・灌頂巻・女院出家）

なつく【懐く】

なれしたしむ。*『和訓栞』に「なつく」を「馴着（なれつく）」と説明したところがある。『大言海』も「馴れ付く」の意とする。

例「名付（なつき）にし奈良の都の荒れゆけば出で立つごとになげきしまさる」（万葉集・六・一〇四九）

なっとう【納豆】

蒸し煮大豆に微生物を培養し、発酵・熟成させた食品。中国では「豉（し）」、古く日本では「くき」といった。それらは大豆麹（こうじ）によるもので、糸を引かない「塩辛納豆」である。

納豆菌による「糸引き納豆」は中世ごろから作られた。語源は、寺院の出納事務を扱う「納所（なっしょ）」で作られた豆、ということから発したとされる。

例「Nattô　ナットゥ（納豆）　大豆を少し煮てから室（むろ）の中に入れて作る食物の一種」（日葡辞書）

なつめ【棗】

クロウメモドキ科の落葉小高木。日本には古く中国から渡来した。*『日本釈名』に「四月に芽生ず。万の草木は春発生す。此の木は夏めだつ。故に名づく」、すなわち、夏に芽立つから「夏（なつ）芽（め）」というとする見解を示し、これが通説となっている。

例「棗、奈豆女（なつめ）」（十巻本和名抄）

なでしこ【撫子】

ナデシコ科の多年草。秋の七草の一つ。「なで」は動詞「撫（な）づ」（口語なでる）の連用形、「し」は助動詞「き」の連体形、「こ」は「子」、すなわち「撫でし子」であるとする説が広く認められている。花が小さく愛らしいことから、「撫でるように大切に扱う子」という意を込めて命名された。

例「奈泥之故（なでしこ）は秋咲くものを君が家の雪の巌（いはほ）に咲けりけるかも」（万葉集・一九・四二三一）

ななかまど【七竈】

バラ科の落葉小高木。語源については「ナナカマドの材は燃えにくく、かまどに七度入れてもまだ焼け残るというのでこの名がついた」（改訂増補牧野新日本植物図鑑など）とするが、ナナカマドは決して燃えにくくないという。そこで次のような説がある。ナナカマドは極上の堅炭の材となるが、七日間かまどで焼かなければならない。それでナノカカマドといい、ナナカマドに転じた（中村浩・植物名の由来）という。ナナカマドの用例は近世になって現れる。

例「七竈（ナナカマド）　葉槐樹の如し。秋結紅子。下垂可愛〔秋に紅子を結ぶ。下垂愛すべし〕」（大和本草・一二）

ななつ【七つ】

数詞の七。「つ」は数詞に付く接尾語。語源について、定説はない。白鳥庫吉は、ナナツの第一音節のナは並（ならぶ）の義、二番目のナは無（なし）の義とする。すなわち、「なな」とは「手の指を並べて計算する方法では得られない数」という意味である。上代日本人の計算法について、『古事記』（中）の「迦賀那倍弓（かがなべて）夜には九夜日には十日を」がよく引用されるが、「かがなべて」を「指折り、並べて数えて」ととれば、指を並べて数えるという計算法が行われていたと推測される。「なべ」は「なぶ」で、並べるの意味である。この「な」と「ななつ」の「な」とは同根であるという。（上代の計算法については、「むっつ」の項も参照）。新村出は、「七」という数詞名が諸国語において往々借用語であるということから、ツングー

ス諸語のナダの借用、あるいは日本語で解釈しようとするならば、第四指を中国語に因んで「名無し指」と称したと考え、「なな」は「名無」の義ではないか、という。

例「ななつ八つばかり着たる上に」(枕草子・三〇二・十二月廿四日)

ななつどうぐ《—だうぐ》【七つ道具】

ある仕事をするために必要な一揃いの道具類。もとは武士が戦場で用いた、具足・刀・太刀・矢・弓・母衣(ほろ)・兜(計七種類)をいい、一説には弁慶が背負ったとされる熊手・鎌・鋸・槌・鉞(まさかり)・鉄棒(かなぼう)・長刀(なぎなた)を指すともいう。現代の用法では「七」という数にこだわらず、諸々の道具、といった意味で使われることも多い。

ななめ【斜め】

垂直・水平の基準に対して傾いている様子。「なのめ」の転。「ななめ」は主に漢文訓読に用いられ、「なのめ」は和文に用いられていた。「なのめ」の語源は分からない。

例「Nanomeni ナノメニ(斜に) Nanameni(ナナメニ)と言う方がまさる」(日葡辞書)

なにがし【某】

人や物の名前が分からない時やわざとぼかしていう時に用いる語。不定称の指示代名詞「なに」と、「がし」とから成っている。「がし」は接尾語で、その指示性をやわらげる意味がある。「かがし(彼がし)」や「それがし」なども同様に、指示代名詞に「がし」がついてできた語である。「なにがし」は平安時代以降用いられ、男性が自己をへりくだっていう場合にも使用された。しかし、室町時代には「それがし」が専ら自称の意に用いられたため、「なにがし」は不定称だけに用いられるようになった。

例「その北の方なむ、なにがしが妹にはべる」(源氏物語・若紫)

なにとぞ【何卒】

どうぞ。不定の意味を表す名詞「何」に助詞の「と」「ぞ」が付いたもの。なんとかそうしようという意志の強調から、そうあるようにという願望になり、さらに他人に懇願する気持ちを表すようになったものと考えられる。次の例は、自分の意志を強めている。「何とぞして、忘れぬやうにしたい」(虎明本狂言・財宝)。

例「『なにとぞ思案をさしめ』『何とせうぞ』」(虎明本狂言・三本柱)

なにわぶし《なにはぶし》【浪花節】

三味線に合わせて語る、義理人情を主とした大衆的な語り物。浪曲。語源説としては、「難波(=大坂)から起こったことから」という説(嬉遊笑覧)と、「大坂の浪花伊助が創始したことから」という説(上方語源辞典)とがある。浪花節は大坂

で文化末から文政初年頃(一八一〇年代後半)に始まった。「なにわぶし」は江戸での言い方であり、関西では「うかれぶし」といった。「なにわぶし」が江戸での呼び名であることを勘案すると、語源はこの芸能が「なにわ(難波)」で起こったからとする説の方が妥当ではないかと思われる。なお、「浪曲(ろうきょく)」は「なにわぶし」の漢語的表現の語として、大正時代中頃から使われ出したもの。

例「今チヨボクレと云ふもの已前の曲節とはかはりて文句を唄ふことは少なく詞のみ多し。芝居の咄しをするが如し。これを難波ぶしと称するは彼の地より始めたるにや」(随筆・嬉遊笑覧・或問附録)

なのか【七日】

月の第七番目の日。七個の日。日数詞の語構成は数詞の語幹に助数詞カが付くというのが通説であるが、これによれば「ななつ」の語幹「なな」に「か」の付いた「ななか」という語が存在しなければならない。『大言海』はこの「ななか」という形から、ナナカ→ナヌカ→ナノカと変化した、と説く。しかし、「ななか」という語は存在しない。「なのか」の古形は、「なぬか」であって、「なぬか」は数詞「ななつ」の語幹「なな」にウカ(日本語の日数詞から分析される共通語尾)が接し、語幹末の母音アが脱落した形であるといわれる。ローマ字で書けば、nana + uka → nanuka と変化したものである。「なぬか」という語形は、上代からずっと近代まで用いられて来た。

↓ふつか～とおか

なのはな【菜の花】

アブラナの花。また、アブラナのこと。「な(菜)」は葉や茎を食べる草のことで、「なの花」はそれらの花の総称であったが、近世になってアブラナやその花を指すようになり、一語化した。「菜種の花」とも言われた。

例「若菜〈略〉菜つみは春也。菜の花も春也」(俳諧・御傘・二)

なのりをあげる【名乗りを上げる】

競争に参加することを表明する。「名乗り」は「名告(の)り」で、自分の名前や身分などを人に告げること。「上げる」は大きな声で言う意。戦場で敵と戦う前の作法として、武士が自分の名前や身分を声高に述べることをいった。武士が名乗りを上げることにより戦いを挑むことを表明する意から転じて、競争に加わることを表明する意となった。次に引くのは、悪源太義平が平重盛の勢と戦う前に上げた名乗りである。「此の手の大将軍は何ものぞ。名乗れや。きかむ。かく申すは、清和天皇の後胤、左馬頭義朝が嫡子、鎌倉の悪源太義平と云ふ者なり。十五の年、武蔵の国大倉のいくさ大将として、伯父帯刀先生義賢をうちしより以来、度度の合戦に一度も不覚の名をとらず、生年十九歳、見参せん」(平

治物語・中・待賢門の軍の事)。→なのる

なのる【名乗る】

自分の名前や身分、素性を相手に告げる。「な(名)をのる(宣)」の意味。「のる(宣・告)」は神聖なことやみだりに口にすべきでない事をはっきりと述べる意味。古代には、他人に名前を知られると身に災いが起こるという考え方があった。

例「宮のさぶらひに、たひらのしげつねとなんなのり侍りつる」(源氏物語・東屋)

なびく【靡く】

草木が風に吹かれて風のままに動く。「なびく」は他動詞「なぶ」(=なびかせる)に対する自動詞形で、「なぶ」の方が古い形と考えられる。「なぶ」は「押しなべて」「敷きなべて」の形で『万葉集』に現れる。この「なぶ」は、ならべる意の「並(な)ぶ」と同源である。

例「久しかれなびく稲葉の末までも」(新後撰集・賀)

なべ【鍋】

食物を煮るために用いる、陶製または金属製の器。「な(菜・肴)」を煮る「へ(瓮)」の意味。「な」は副食物の総称。「へ」は飲食物を入れる容器で、「かなへ(鼎)」など複合語に使われていた。

例「近江なる筑摩の祭とくせなむつれなき人の鍋の数見む」(伊勢物語・一二〇)

なまいき【生意気】

柄(がら)でもないのに、粋(いき)がったり偉そうにしたりすること。「なま」は接頭語で、「生聞き」「生返事」「生兵法」などの「なま」と同じで、「不十分な」「いいかげんな」という意味を表す。粋でもないのに粋であるかのようにふるまうことを言った。ヘボンの『*和英語林集成』(初版)に、Namaikina という項目があるから、幕末には使われていたと思われる。

例「なまいきな事を仕やアがるから」(仮名垣魯文・総生寛・西洋道中膝栗毛・一四・下・明治八年)

なまえ《なまへ》【名前】

人や事物の名称のこと。古くはただ「名」一字で言ったのが近世頃から「前」をつけた形で文献に現れるようになる。一音節を避けたり、同音異義語と区別するために「まえ(前)」を付けたと思われるが、「まえ」の意味ははっきりしない。名詞や動詞連用形に付いて一語を構成する「まえ」の中には、漠然とあり方というような意味を添えるものがある。たとえば「居まえ」(=点前をする正しい位置)、「射まえ」(=矢を射るときの姿勢)、「錠まえ」「気まえ」など。「名前」の「まえ」もこの種のものか。敢えていえば「名のあり方」「名の様子」ということになる。

例「他(ひと)の名前(なめえ)にして内証はてんでんが持居(もって)るのス」(滑稽本・浮世床・二・下)

なまこ【海鼠】

ナマコ綱棘皮動物の総称。古くは「こ」だけで、現在のナマコを指した。『*十巻本和名抄』に「海鼠〈略〉和名古（こ）」とある。「なま」は「生」で、ナマコは、生のナマコという意味であった。これに対して、ゆでて干したものを「いりこ（煎海鼠）」という。また、「このわた」の「こ」もナマコのことで、「わた」は腹わたの意味である。

例「生海鼠　ナマコ」（辞書・伊京集）

なまじ

中途半端に。「なまじい〈なまじひ〉」の転。「なまじひ」は「生（なま）強（じ）ひ」で、「なましひ」ともいった。「なま」は中途半端の意。無理だと思うので、強行するにしても、中途半端になってしまう状態を表す。「なまじい」は、「〜な」、「〜に」などの形で形容動詞として用いられたが、中世には「namaxij coreuo xemay（なましいこれをせまい）」（森田武『天草版平家物語の書入れ難語句解』）のように、語幹が副詞として用いられ出した。この副詞用法の「なましい・なまじい」から「なまじ」と転じたものである。

例「なまじつかずはつかぬまでよ」（浄瑠璃・凱陣八島・二）

なます【膾・鱠】

生の魚介類や野菜を細かく刻んで、二杯酢、酢みそなどで調味した料理。『大言海』は「生切（なますき）の略と云ふ」とする。「すき」は、薄く切る意の動詞「すく」の連用形で、古代の「なます」は魚肉や獣肉を細かく切ったものであった。

例「鱠〈略〉和名奈万須（なます）。細切肉也」（二十巻本和名抄）

なまず《なまづ》【鯰】

ナマズ目ナマズ科の淡水魚。『*日本釈名』は、「なまは、なめらか也。〈略〉此の魚なめらかにしてとらへがたし」という。ナマズの体には、うろこがなくぬるぬるしていることに注目した語源説で、『大言海』などもこれに従う。ただし、「なまず」の「ず〈づ〉」は不明。漢字では「鯰」と書くが、中国ではナマズは「鮎」と書く。「鯰」は国字である。なお、「瓢箪なまず」という語は、滑らかなナマズをひょうたんで押さえるのはむずかしいことから、とらえどころのないことのたとえになったもの。

例「鯰〈略〉奈末豆（なまづ）。漢語抄用鮧字、所出未詳〈漢語抄は鮧字を用ゐる、出づる所未だ詳らかならず〉」（十巻本和名抄）

なまはんか【生半可】

中途半端。「半可」は「半可通（はんかつう）」の略で、「半可通」は通人でもないのに通人であるかのようにふるまうことをいう。そこから「半可」は、「未熟な」「中途半端な」という意味に使われるようになった。「なま」は「半可」の意味を強めるもので、このような強調の「なま」の類例には「生酔（え）い」の

「なま」がある。夏目漱石『坊っちゃん』(明治三九年)に「半可な英語で」という言い方が見られるが、こうした用法が成立した明治後期に、おそらく「なま」と結びついて「生半可」が成立したものであろう。

例「徳はあるが、未だ天衣無縫の域には遠く達しない、生半可なものだ」(里見弴・多情仏心・大正一一～一二年)

なまびょうほう なまびやうはふ **【生兵法】**

武術を多少心得てはいるが、完全ではないこと。転じて、広く一般に知識や技術の身につけ方が十分でないこと。「兵法」は武術、特に剣術のことで、昔はヘイホウのほか、呉音でヒョウホウとも言った。*『日葡辞書』には「Fiŏfô」「feŏfô」(今のヒョウホウに当たる)と、「feifŏ」(今のヘイホウに当たる)の両形を載せる。「なま」は「なま焼け」「なま覚え」のように、物事が完全でないこと、未熟であることを表す。

例「生兵法大きな間違をしでかして」(坪内逍遥・当世書生気質・明治一八～一九年)

なまへんじ【生返事】

いいかげんな返事。「なま」は接頭語で、名詞に付いて、十分でない、いいかげんなものであることを表す。『今昔物語集』(二八・一八)に「生夕暮方に房に返りて」のような例が見られる。この他「生あくび」「生兵法」など類例は多い。この「なま」と「返事」が結びついた例は近世より見られる。

例「偶々のことなりや生返辞(なまへんじ)にもならず、のみ込んだとの安うけ合ひして」(咄本・鹿の子餅・十字)

なまめかしい【艶めかしい】 文語 **なまめかし**

色っぽい。動詞「なまめく」を形容詞化した語。

例「けさうなどのたゆみなく、なまめかしき人にて、暁に顔つくりしたりけるを」(紫式部日記・寛弘五年九月一一日)

なまめく【艶めく】

色っぽい様子を見せる。語源は、*『名言通』(下)に「生メク也」とあるように、不十分、不成熟、新鮮などを表す「なま」に接尾語「めく」が付いたもの。「めく」はそういうふうになるという意味を添える。平安時代の和文では、この語は若々しく美しい、優雅だなどの意味を表していたが、漢文訓読文では「婀娜」「艶」「窈窕」「嬋娟」などを「なまめく」と訓み、しなやかであでやかな美を表していたという。中世以降は、どちらかというと漢文訓読系の意味を引き継いだことになる。平安時代の和文では、「その里にいとなまめいたる女はらから住みけり」(伊勢物語・一)のように、今と違ってみずみずしい美しさを表していた。ここには「なま」の未成熟でみずみずしいという、元の意味が残っている。

例「婀娜 ナマメク」(観智院本名義抄)

なまる【訛る】

標準からはずれた発音や言い方をする。「なまる」は『大言

海』がいうように、「生(なま)」を動詞化した語であろう。「鈍(なま)る」も同じ語で、標準に達しない状態になることを意味した。接頭語的に用いられた「なま」には不十分という意味があり、これを語幹として動詞語尾「る」を付けたもの。言葉を訛ることを、上代では「よこなまる」といっていた。「よこなまる」は横の方にずれて標準に達しないことで、そこから発音や意味のずれを指す語となったと思われる。平安後期になると、「ゐたりける所の北の方に声なまりたる人のものいひけるを聞きて」(金葉集・連歌・詞書)のように、単に「なまる」ということが多くなった。

なみだぐむ【涙ぐむ】

目に涙を含む。「涙」に接尾語「ぐむ」の付いた語。「ぐむ」は、「涙さしぐみ帰り来ぬ」のように動詞の連用形に付くこともあるが、「老いぐむ」(＝ふける)、「角ぐむ」(＝芽吹く)、「芽ぐむ」(＝芽吹く)など多くは名詞に付いて、その兆しが現れるという意味を添える。なお、「涙ぐましい」はこの語を形容詞化したもの。

例「左の大臣、これかれに見あはせてぞ、なみだぐみてものし給へる」(宇津保物語・菊の宴)

なめこ【滑子】

担子菌類モエギタケ科のきのこ。「なめ」は「なめらか」などの「なめ」ですべすべしている意を表す。「こ」は木の子(＝茸)の意という説や、小さいことを表す接尾語という説がある。

なや【納屋】

物置き。「なや」の「な」は「さかな」の「な」と同じで、ここでは魚介類のこと。語源は*『和訓栞』が「魚(な)屋の義也」というように、魚などを入れる建物であっただろう。室町時代には、海産物をいれておく倉庫を指していた。漢字表記として「納」を使用するのは、物を収納することを表す意味による表記。「納屋」は京坂での言い方であり、江戸では「物置(ものおき)」といった。

例「夜歌うたうて浜側の納屋のかげからそつと出て」(浮世草子・世間娘容気・五・二)

なやむ【悩む】

思い煩う。『大言海』は「悔ゆ」から「悔やむ」が派生したように、「萎(な)ゆ」(＝なえる)から転じたものとする。古くは、肉体的に苦しむ、病気になるなど体の不調について使った。「いかなるにか、よべよりなやませ給ひて、うちやすませ給へり」(落窪物語・一)。次第に精神的に苦しむ意で使うようになり、近代以降は精神的な問題に限定して使うようになった。例の「悩む」は思い煩う意。

例「いぶせくも心にものを悩むかなやよやいかにと問ふ人もなみ」(源氏物語・明石)

ならう《ならふ》【習う】

な

学習する。語源不明。近世、「並ぶの義也といへり」(和訓栞)のような説があり、『大言海』もこれを受けている。しかし、この語は「馴れる」(文語なる)などと同源の語だと考えられている。現代の辞書では、「慣(なら)ふ」「習ふ」は一つの項目におさめられており、たびたび経験して親しむ、あるいはまねをして身につけるなどの意味を表す、一つの語として扱われている。

例「わが身を捨ててならひし琴、この娘に習はさむ」(宇津保物語・俊蔭)

ならく【奈落】

物事のどん底。劇場の舞台や花道の下の地下室。「奈落」は本来は仏教語で、地獄の意味の梵語 naraka(ナラカ)の音訳語である。そこから転じて、物事のどん底や舞台の床下を指すようになった。

例「私はこなた様と一所に、奈落までも夫婦でござる」(歌舞伎・傾城仏の原・二)

ならずもの【不成者】

ごろつき。「ならず」は、どうにもならないということで、暮らしがどうにもならない者の意味から、道楽者やごろつきの意を生じた。「金の才覚ならず者」(浄瑠璃・長町女腹切・中)の「ならず者」は、暮らしが立たない者の意である。近世初期から例がある。

例「Naradzmono, ナラズモノ、無頼者」(和英語林集成・初版)

ならづけ【奈良漬】

酒粕(かす)に白瓜(うり)などを漬けた食品。語源については、方言書『*片言』に「南良(なら)には、瓜や糟の多きゆゑに、彼処にて漬初めたる香物の風味のよきを誉めて、ならづけと云ひ慣らはしたる」とあるように、奈良の地で作られたところからの称と言われる。

例「Narazzuqe ナラヅケ(奈良漬) 香の物(Conomono)の代わりに作る奈良(Nara)の或る漬物」(日葡辞書)

ならびだいみょう《ならびだいみやう》【並び大名】

名を連ねるだけで何の役にも立たない人をさげすんでいう。もと、歌舞伎の殿中の場面などで、大名に扮して後ろや左右に並んでいるだけの役を言った。台詞や動作はなくただ並んでいるだけだったことから、その場にいるだけで実際は重要ではない人をさすようになった。

例「並び大名めらがやかましい」(滑稽本・浮世床・初・上)

なりきん【成金】

急に金持ちになった人。もともとは将棋の用語で、歩兵が敵陣に入ると、金将と同じ資格を持つことを言う。そこから転じて、近世後期には金持ちになることを言うようになった。

例「国家老成金めらをにらみつけ」(雑俳・柳多留・四〇)

なりものいり【鳴り物入り】

物事を大々的に宣伝すること。「鳴り物」は歌舞伎の下座で用いる笛や鼓や太鼓などの楽器の総称。こうした鳴り物を入れることで調子をとったり賑やかにしたりすることから、物事に景気をつけたり賑やかに宣伝したりする意味に使われるようになった。

例「下にははやし連中が音曲入(なりものいり)の一趣向」(滑稽本・七偏人・二・序)

なると【鳴門】

かまぼこの一種。「なると巻」の略。赤く着色した魚のすり身を白いすり身に巻きこんで蒸したもので、切り口が渦巻きの模様となっている。渦巻きの模様を、「鳴門の渦巻き」に見立てて命名したもの。「鳴門(なると)」は狭い海峡で潮の干満の際に潮流が渦巻いて鳴り響く所。

なるほど【成程】

もっともだという気持ちを込めた肯定の返事。「なるほど」の「なる」は実現する意の動詞「成る」、「ほど」は程度の意。従って「なるほど」はもと、できる範囲で、できるだけという意味の副詞であった。「そのやうに云うて、皆様が召すものか。なるほど慇懃に売れ」(狂言記・昆布売)。そこから「確かに」という意味が出て来ているが、これはできるだけのことはしたから、考えの及ぶ範囲でまちがいないという気持ちから生じたものだろうか。「(コノ屋敷ヲ知ッテ来タカト問ワレテ)成る程知って来た」(歌舞伎・傾城暁の鐘・上)。更に、この確かにという用法が相手の発言を、いかにもその通りと受けることで、現代の応答詞の用法が成立した。

例「成程、よい思い付きで―成程」(夏目漱石・坊っちゃん・明治三九年)

なれずし【熟鮨】

酢を用いず、発酵によって酸味をもたせた鮨。塩を混ぜた飯とともに魚介類を漬け込み、自然発酵させたもので、琵琶湖の鮒鮨(ふなずし)が有名。「なれ」は、熟する、なじむ意の動詞「なれる」の連用形。「なれずし」とは、素材と調味料(塩)とがなじみ、熟成して良い味わいとなった鮨の意である。

なわ《はな》【縄】

藁や麻などの繊維状の材料を細長くより合わせたもの。よりあわせるという意味の動詞「綯(な)ふ」から出た語。朝鮮語no(=縄)と同源とする説もある(岩波古語辞典補訂版)。上代から用例がある。

例「厩(うまや)なる奈波(なは)絶つ駒のおくるがへ」(万葉集・二〇・四四二九)「Nauaga qiruru(縄が切るる)」(日葡辞書)

なわしろ《なはしろ》【苗代】

稲の種をまき、苗を育てるための田。ここである程度まで育

て、その後、本田に移植する。「なえ(苗)しろ」の意。「なわ〈なは〉」は、「あまがさ(あめ＋かさ)」、「さかづき(さけ＋つき)」のように、複合語を作るために「なえ〈なへ〉」が変化したもの。「しろ」は田地のことで、「山田のしろ」(栄花物語・根合)のように使った。

例「奈波之呂(なはしろ)の小水葱(こなぎ)が花を衣に摺り馴るるまにまにあぜかかなしけ」(万葉集・一四・三五七六)

なわばり《なはばり》【縄張り】

勢力範囲。「ばり」は動詞「張る」の連用形「はり」が連濁で、(「皮ばり」「タイルばり」のように)濁音化したもの。神域の境界を定めるために、縄を張り巡らせたことから、特別の区域を表すことになり、近世、建物を建てる位置を示したり、博徒の一家の勢力範囲を意味したりした。「普請(ふしん)のなはばりなどし侍りけり」(太閤記・三)。

例「本郷くんだりの俺の縄張内を胡乱(うろ)ついて」(泉鏡花・婦系図・明治四〇年)

なんきんまめ【南京豆】

マメ科の一年草。落花生のこと。南米原産。日本には中国を経て江戸時代に渡来した。「南京」は、中国の地名であるとともに、中国産、あるいは、中国を経て渡来したものの意を表し、「南京豆」の他、「南京米」「南京虫」などのように広く用いられている。

例「タウジンマメ　ナンキンマメ　落花生」(松村任三・日本植物名彙・明治一七年)

なんこつ【軟骨】

耳たぶの骨のように柔らかい骨。オランダ語 kraakbeen の訳語として造られた和製漢語。kraak は物が壊れるのを表す擬態語で、弱い・脆弱の意を表す。been は骨の意。杉田玄白が『*解体新書』で初めて使った。

例「Cartilage　軟骨」(奥山虎章・医語類聚・明治六年)

なんじ《なんぢ》【汝・爾】

「おまえ」の意の文語的表現。「汝」のもとの形はナムチで、ナムヂとなり、さらにナンヂとなった。対称の代名詞「な」に、貴い者の意の「むち」が付いてできた(大言海)といわれる。「むち」は、神や人を尊び親しんでいう時に使われ、「きむち」「きむぢ」などと用いられた。「なんじ」は最初は尊敬の意を含んでいたと思われるが、奈良時代以降同輩および目下に対して用いられ、中世以降は目下に対する呼びかけの語に変化した。幕末明治期の漢文訓読的な翻訳文では、二人称の代名詞として広く使われている。

例「なんぢが持ちて侍るかぐや姫たてまつれ」(竹取物語)

なんど【納戸】

たんす・長持や、調度類をしまっておく物置用の部屋。語源については諸説ある。山田孝雄『国語の中に於ける漢語の

研究』ではナンは「納」の唐音とする。『岩波古語辞典補訂版』はナンは呉音のナフから来たとみる。これらの説の場合「と」は「ところ」の意になるだろう。「隠処(こもりど)」などの「と」で場所を意味する。それに対し『*和訓栞』は「今俗なんどと呼ぶはもと納殿(なふどの)の音転なるべし、即ちをさめどの也」という。「をさめどの」の漢字表記「納殿」を「なふどの」と湯桶読みしたものの変化した形ということになる。なお、「なんど」と「をさめどの」では後者が早く、平安時代に例が見られる。

例「亭主は納戸のすみに隠れ居て」（浮世草子・世間胸算用・三・四）

なんぱ【軟派】

もっぱら異性に関心を持って行動する青年。本来は政治の面で軟弱な主義・主張を持つ党派、「軟弱な党派」という意味で造られた明治期の和製漢語。「硬派」に対する語。党派やグループを「～派」と呼ぶようになったのは、明治になってからのことと思われる。たとえば、「過激派」というのは明治期に造られた和製漢語であるが、それ以前は「過激党」と言っていた。日本画の狩野派も、江戸時代における呼び方は「狩野流」であった。なお、昭和五〇年頃から若者の間で、女性に声をかける意で「ナンパする」という言い方も生じた。

例「その頃の生徒仲間には軟派と硬派とがあった」（森鷗外・ヰタ・セクスアリス・明治四二年）

に

にいさん【兄さん】

兄弟の年上の方の呼称。「おあにいさん」の略。「おあにいさん」は「二ばん目のお兄(あに)いさんは丁度能(よい)お跡とりさ」（滑稽本・浮世風呂・二・上）のように使われている。オアニイサンからニイサンが派生する過程には、不明な点が残っている。オアニイサン→オニイサン→ニイサンとなったと見れば自然だが、文献上ニイサンの方がオニイサンより古い。

例「兄さんや、ころびなさんなよ」（滑稽本・浮世風呂・前・上）

におう にわう**【仁王・二王】**

仏法守護のため寺門または須弥壇前面の両脇に安置してある一対の神像。仏教の守護神である金剛力士のこと。右に置かれて口を開いている方が「金剛」、左に置かれて口を結んだ方が「力士」で、左右二体の像であることから「二王」という。現在主に使われる「仁」は当て字で、江戸時代後期に広まった。

例「その御そばに十弟子並んだり。にわうなど立ち給へり」

（栄花物語・玉の飾）

におう《にほふ》【匂う】
香気や臭気を感じる。この語の原義は視覚に関するもので、赤く映えることであった。『大言海』は「丹秀（にほ）」を動詞化した語という。「に（丹）」はもと赤土で赤色、「ほ（秀）」は「抜きんでて目立つところ」を意味する。「ふ」は動詞化するための語尾。「にほふ」でもって、赤色が浮き立つように映えることを言ったものであろう。『万葉集』には「春の花今は盛りに仁保布（にほふ）らむ折りてかざさむ手力（たぢから）もがも」（万葉集・一七・三九六五）のように視覚に関する例が多いが、例のように嗅覚に関する「匂う」が既に現れていて、中世末には次第に嗅覚に特定されてきたかと思われる。なお「匂」は国字。
例「橘の尓保敝（にほへ）る香かもほとぎす鳴く夜の雨に移ろひぬらむ」（万葉集・一七・三九一六）

にがて【苦手】
扱いにくい相手。また、不得手。近世、不思議な力を持つ手という意味の「苦手」という語があった。現在の「苦手」は、この語の意味変化したものであろう。『*和英語林集成』初版にはこの語はないが、明治一九年刊の三版には例にあるように、現在の意味で見出しがある。このように現在の意味の「苦手」が一般化するのは明治以降である。不思議な力を持つ手によって、思うように動けないというところから、現在の意味に転じたものであろう。その際、「～手」が「人」などを表すことも、この変化を助けたと思われる。近世の用法について、一七世紀の諺集『諺草』は次のように記す。「これ世にいふ苦手なり、此の者芋の茎を折るに、其の味苦し。又腹の痛みを抑へて効あり。又蛇を捕らふるに蟠りて動かず、俗に蛇（くちなは）だましといふ、是苦手なり」。
例「Nigate　ニガテ　n. A hard person to get the better of, hard customer（負かしにくい人、難しい取引先）」（和英語林集成・三版）

にがり【苦汁・苦塩】
豆腐を作る時に豆乳を固めるのに用いる液。海水から塩を作る時に塩から滴り落ちる、苦みのある水のことで、「にがりみず（苦汁水）」の略といわれる。「にがり」は、形容詞「苦（にが）い」と同源の動詞「苦（にが）る」の連用形の名詞化したもの。なお、「苦る」という語は、現在、「苦り切る」などの複合語の中に残っている。「苦汁」は和製の当て字。
例「塩釜のにがりが落つる花の露」（俳諧・犬子集・二・花）

にかわ《にかは》【膠】
接着剤の一種。「にかわ」は、『*日本釈名』が「けだものの皮をにて、つくるゆゑなり」というように、「に（煮）かわ（皮）」の意味である。「膠」は古くから用いられ、『正倉院文書』にも「膠六百十七斤八両」（造東寺司緑青定文・天平勝宝九年三月

九日）と現れる。

例「鯉の羹（あつもの）食ひたる日は鬢（びん）そそけずとなん。膠にも作るものなれば、ねばりたるものにこそ」（徒然草・一一八）

にきび【面皰】

吹き出物の一種。古形「にきみ」の音転したもの。「にきみ」の語源について、*『和訓栞』は「丹黍の義にや」とし、『大言海』も「丹黍（にきみ）の義にて、色の赤きに云ふにもあるか」とする。以上、「にきび」を赤くなったキビにたとえた表現ということになる。「にきみ」は*『十巻本和名抄』などの平安時代の辞書にも見られ、また物語にも「内に御にきみおはしまして、くすしども参りなどして」（栄花物語・くもの振舞）などと用いられている。「にきび」の形は室町以降のようである。漢語「面皰（めんぽう）」は顔にできる吹き出物の意。

例「胞瘡　ニキビ　面之病」（元和本下学集）

にくはく【肉薄・肉迫】

鋭く相手に迫ること。「肉薄」は明代に成った『元史』「郝経伝」に見える漢語。「肉」は肉体の意、「薄」は「せまる、近づく」という意。原義は、飛び道具を使わずに体が触れあうくらい攻めよるという意味。鋭く相手に迫る意は日本で派生した用法。また、「薄」は「迫」に通じることから「肉迫」という表記も日本で現れた。

例「それはすばらしい自然への肉迫を表現した言葉だ」（有島武郎・生れ出づる悩み・大正七年）

にげごし【逃げ腰】

責任などをのがれようとする態度。逃げようとする腰つきの意。次の例では、娘は実際に逃げ出しそうになっている。「娘は、おつぎ（＝人名）の背後に身をかくして、逃げ腰になっている」（水上滝太郎・大阪の宿・大正一四〜一五年）。ここから、責任のがれの消極的態度をいう比喩的用法を生じた。「腰」を使った熟語には、「けんか腰」「及び腰」などがある。

例「世の中の全部の人の話し方には、〈略〉どこか朦朧（もうろう）として、逃げ腰とでもいったみたいな微妙な複雑さがあり」（太宰治・人間失格・昭和二三年）

にこごり【煮凝り】

魚などの煮汁が冷えて固まったもの。また、魚などを煮て煮汁とともに固めた料理。煮汁に含まれる魚の骨や身から出たゼラチンが冷えることにより固まる。動詞「にこごる」の連用形「にこごり」の名詞化。「に」は動詞「煮る」の連用形、「こごる（凝る）」はこり固まる意。

にこよん

日雇い労働者の俗称。昭和二四年の失業対策法によって、職業安定所が労働者に支払う日給が二四〇円だったことから。百円玉二個と四〇円ということで「にこよん」といったも

の。

例「ニコヨンって、日給二百四十円のことだそうですけど」（永井龍男・風ふたたび・昭和二六年）

にし【西】

東の反対の方角。＊『日本釈名』は「いにし也。日は西へいぬる、日のいにしと云ふ意。いを略す」と説く。『日本釈名』は、西の「に」を動詞「往（い）ぬ」の連用形、「し」は過去を表す助動詞「き」の連体形と見ているようである。しかし、「し」は『大言海』などのように風を表す語とすべきだろう。「し」は「あらし」「つむじ」などの形で風を表している。「ひがし（東）」の「し」ももとは風を表す。次の語源説は、ちょうどこれらの説をまとめたような形になっている。「ニは動詞イニ（去）の名詞形の頭母音イの脱落した形。シは風向きの意から方角を表す。〈略〉沖縄首里方言ではイリ（入）と呼ぶ」（岩波古語辞典補訂版）。↓あらし・ひがし

例「今日もかも都なりせば見まく欲（ほ）り尓之（にし）の御厩（みまや）の外（と）に立てらまし」（万葉集・一五・三七七六）

にじ【虹】

弧を描いて雨後の空にかかる七色の帯。語源不明。虹を蛇（へび）と結び付けることは、いろいろな民族に見られ、日本でも同様だったといわれる。『日本書紀』では、虹が次のように蛇にたとえられている。「河のほとりに虹の見ゆること蛇（をろち）のごとくして、四、五丈（よつゐいつつゑ）ばかりなり」（雄略三年四月）。沖縄の方言では、虹をノーガ、ノーギリなどと呼び、一方、蛇をナギ・ナギリ・ナガと称し、両者に類似した語形を与えており、同一の語から出た可能性を示している。「虹」の仮名書きの例は『日本霊異記』（上・五）の訓釈（興福寺本）に「霓」を「尓之（にじ）」と注した例がある。

にしき【錦】

華麗な織物の総称。『大言海』は「丹繁（にしき）」の義とする。＊『俚言集覧』に「綵（＝あやぎぬ）をニといふは丹をニといふに同じ。シキは繁の義」とある。「に（丹）」は赤い色、「しき（繁）」は「しきり」の「しき」と同源で、先のものに後から重なっていく意である。赤色が重なるように多いということで、織物の華麗さを表した語であろう。

例「高麗（こま）尓思吉（にしき）紐とき放（さ）けて寝（ぬ）るが上（へ）に」（万葉集・一四・三四六五）「にしきのから衣、やみの夜にも物にまぎれずめずらしうみゆ」（紫式部日記・寛弘五年一一月二〇日）

にじぐち【二字口】

相撲の土俵の東西にある力士のあがり口。徳俵と並行して俵が埋めてあり、「二」の字の形になっていることから言う。『古今相撲大全』（宝暦一三年）に「内土俵十六俵の内、左方に二俵、右方に二俵、合せて四俵のける〈略〉二俵宛のけて一

道を作る、今是を二字口といふ」とある。

にしん【鰊・鯡】

ニシン目ニシン科の海魚。卵は「数の子」と呼ばれる。語源については、「身を二つに割く義」（大言海）という説がある。ニシンは古く背と腹の部分に二分され、背肉の部分を「身欠（みが）き」と称して食用に供した。

例「田作りににしん、乾鮭などを、朝夕の餌食には、いかが」（御伽草子・猫の草紙）

ニス

塗料の一種。初めオランダ語 vernis を音訳してワニスと呼んだが、ワニスの「ワ」を「和（わ）」と捉え、日本製を「和ニス」、輸入品を「洋ニス」と呼ぶようになった。そこで総称として「ニス」が使われるようになったものという。

例「Nisu. Varnish.〈略〉ニス」（山口鋭之助・物理学術語和英仏独対訳字書・明治二一年）

にせ【偽】

本物に似ているが、違うこと。動詞「似せる」の連用形の名詞化。似せて作ったものは本物ではないので、「似せ」で偽りの意を表すようになった。この語は、例に出すように一五世紀の用例があり、『日葡辞書』*にも「Nixegane（ニセガネ）」「Nixemono（ニセモノ）」が見出し語として載せられている。

例「名筆の草（そう）に書き捨てたるもの、にせはなるべからず。真よりこうを経て後自在になるところ也」（申楽談義・四）

にそくさんもん【二束三文】

値段が非常に安いこと。近世、「二足三文」と書いたように、金剛草履（ぞうり）が二足で三文であったことから、きわめて安価なことをいうようになった。金剛草履については、『片言』*に「誰も知りたることなれど、叡山の安然上人の作り売り給ひしより、此の名おこれり」という。藺草（いぐさ）やわらをもって作る大型で丈夫な草履であった。

例「金剛太夫、勧進能に芝居銭三十文づつ取りければ、金剛はにそく三文するものを、三十取るは雪駄（せきだ）太夫か」（咄本・昨日は今日の物語・下）

にそくのわらじ《―わらぢ》【二足の草鞋】

両立しにくい職業を一人で兼ねること。二足のわらじは一人では履けないことから、一人で兼ねにくい役割、職業にたずさわることを言うようになった。特に博打打ちが手先（目明かし・岡っ引き）となって、犯罪取締りを兼ねることを指して言った。江戸の町方の治安は、見廻り同心だけで維持することはむずかしく、犯罪者の世界に明るい者の協力が必要で、市井のならず者がこの役につくことがあった。ただし、この語が用いられるのは明治以降のことである。

例「二足の草鞋は穿けねえちゅう譬えの通りで適（た）まにお泊まりになりましたお客様にも御粗末の無えように」（禽語

楼小さん・三人旅・明治二七年）

にちようび《にちえうび》【日曜日】

週の第一日。「曜」は日月星辰の総称。「日曜日」は、一週七日に日月星辰の名を割り振ったとき、「日」すなわち太陽という曜の名を付けられた日のことである。週日の名称に日、月、と土、木、火、金、水星の五つの惑星の名を付けるようになったのは、エジプトの占星術に始まる。これが中国に伝わり、日本へは空海の『宿曜暦』によって伝えられたという。京暦では寛文一二年（一六七二）から七曜を載せているが、これは吉凶を占うためのものである。週日の名称として使われるようになるのは、明治になってからである。明治六年（一八七三）太陽暦が採用され、日曜、月曜などが週日の名称となり、同年四月一日から日曜は休日、土曜は半日休暇となった。

にっちもさっちも【二進も三進も】

「にっちもさっちもいかない」という形で使って、どうにもやりくりがつかないの意味となる。算盤用語の「二進一十（にしんいんじゅう）三進一十（さんしんいんじゅう）」から出た語だと言われる。江戸後期の『譬喩尽』*は「二進（にっち）も三進（さっち）も行（ゆ）かぬ。算言」と、この語の出所を示している。「二進一十」は二を二で割ると割り切れて一が立つ、「三進一十」も三を三で割ると一が立ち、割り切れることを意味する。このことからやりくりできるの意味になったといわれる。

例「にっちもさっちも行かねえじゃあねえか」（洒落本・廓節要）

にっとう《にったう》【日当】

日給。山田孝雄は「日の手当」の漢字表記「日当」を音読みにしてできた和製漢語とする（国語の中に於ける漢語の研究）。この語は明治以降使われるようになった語で『和英語林集成』*の初版（慶応三年）、二版（明治五年）にはなく、三版（明治一九年）になって初めて載せられている。

例「日当と云うのはね、御金の事なの」（夏目漱石・吾輩は猫である・明治三八〜三九年）

にっぽん【日本】

我が国の国号。「日本」は、「日（ひ）の本（もと）」、すなわち太陽の昇るもとの国の意。聖徳太子が隋に提出した国書で、我が国のことを「日出処（日出づる処）」（隋書・倭国伝）と称したことに由来するといわれる。「日本」の成立時期については諸説あるが、完成した最初の本格的な令である「飛鳥浄御原令」制定（六八九年施行）のころとする説がある。「日本」の読み方については、『日本書紀』（神代上）の訓注に、「日本、此（こ）れをば耶麻騰（やまと）と云ふ。下（しも）皆此れに効（なら）へ」とあって、古く「日本」がヤマトと読まれることがあったことがわかる。しかし、その音読の状況については、平安時代以降の仮名文献でも漢字表記されるのが原則のため、明

に

らかにすることは難しい。*『日葡辞書』に「Nifon（ニホン）」「Nippon（ニッポン）」両者が見出し語として立てられているなど、室町時代末のキリシタン資料では、ニホン、ニッポン両語形が併用されていた。「日」は呉音ニチ・漢音ジツ、「本」は呉音・漢音ともホンなので、ニチホン、ニッポンを経てニホンが生じたと考えられている。明治以降、ニホン・ニッポンの統一が国語問題として各方面で議論されてきた。特に昭和九年（一九三四）には、文部省の臨時国語調査会がニッポンに統一することを申し合わせ、その後、帝国議会でも討議されるなど、呼称統一の気運が高まったが、結論を得なかった。太平洋戦争後も論議が続いたが、結局、国家の正式呼称として法的に統一されることなく現在に至っている。

例「日本の国に忍辱の父母ありと申すによりて」（宇津保物語・俊蔭）

になう になふ【担う】

荷物を持つ。「荷（に）」に動詞を作る接尾語「なふ」の付いた語。「なふ」は体言に付いて、その体言に関連する動作をする意味を添える。すなわち、「荷＋関連する動作」でかつぐ意味となった。「ともなう」「うべなう」「まいなう」なども同じようなでき方をした語である。なお、この「なふ」は、「縄をなう」などの「綯ふ」と同根かという説があり（岩波古語辞典補訂版）、そうであれば、そのもとは「縄」とも関連する。

例「常の恋いまだ止まぬに都より馬に恋ひ来ば尓奈比（になひ）あへむかも」（万葉集・一八・四〇八三）

にのあしをふむ【二の足を踏む】

どうしようかためらう。「二の足」は二歩目。その二歩目を出さずに、その場を踏んでしまったということで、前進しないさまを表し、そこからためらう意が生じたもの。

例「太子おぼしめすやうは、ゆいまんこくへ帰らんか、くるこくへ行きつゝ、まづ姫にあはんかとて、二の足ふんでみえけるが」（御伽草子・毘沙門天王之本地・中）

にのうで【二の腕】

腕の肩から肘（ひじ）の間の部分。腕を肘の上下で分け、一の腕、二の腕と区別した。*『日葡辞書』には「一の腕」（Ichino vde）と「二の腕」（Nino vde）が載っているが、「一の腕」は肩から肘まで、「二の腕」は肘から手首まで、と今とは逆になっている。

例「御頬さき二の腕二箇所つかれさせ給ひて」（太平記・七・吉野城軍事）

にのくがつげない【二の句が継げない】

次に言うべき言葉が出てこない。「二の句」とは雅楽の朗詠の詩句を三段に分けて歌うときの二段目のこと。この「二の句」の朗詠は、高音の独唱から始まりそのまま高音の合唱に移って息が切れることがあるので、「二の句を続けるのは難

しい」の意から、この成句ができたという。この成句は「二の句が出ない」という形でも使う。「あれさへなくば、月の行くへはかくさじ物をといはれければ、松山、二の句がでなんだ」（咄本・軽口大わらひ・五・一）。

にのまい《にのまひ》【二舞・二の舞】

人のした行為をまねること。前人と同じような失敗をすること。『大言海』の「案摩（あま）」の項によれば、語源は雅楽の曲名から生じたものとされる。『邦楽百科辞典』によれば、「二舞」は「案摩（安摩）」という舞に続けて行われるもので、その振り付けは、「案摩」の舞をまねるというこっけいな趣向のものであるという。『大言海』「案摩」の項では、「二の舞」の語源を「其舞ふ手振、足振、案摩を真似て、真似得ざる状なり。世に、前人の所為を、徒らに真似てするを、二舞を踏むと云ふ、是れなり」と説明している。このように「二の舞」は案摩の舞をまねて舞うことで、「二の舞を踏む」の形で前人のまねをすることや同じ失敗をくり返すことを表す。比喩的な意味での用例も平安中期から確認できる。

例「左歌に、闇はあやなしとよめるは、色こそみえねといふ歌のにのまひのをこがましきに」（万寿二年阿波守義忠歌合）

にはちそば【二八蕎麦】

うどん粉二割、そば粉八割の割合で打ったそば。語源について『*俚言集覧』は、「蕎麦切をひさぐ店の行灯に二八と書きたるは十六文と云ふ事にあらず。小麦粉二合蕎麦粉八合都合一升に和してうつと云ふ事也」と言う。江戸末期にはそばの値が一六文であったため、二×八（にはち）＝一六で、そばの値段から来た言い方と解釈されていた。

にほん【日本】⇩にっぽん

にまいめ【二枚目】

容姿の整った男性をいう。江戸中期の上方で歌舞伎用語から生じた語。劇場前に立てられる出演役者の看板の中で、第二枚目に並べられるのが、色恋を演じる美貌の役者であったことによる。ちなみに、三枚目には道化役の役者の看板、一枚目には立役の看板が並べられた。↓三枚目

例「藤兵衛にどうか似よりの役まはり名さへも同じ二枚目（にめえめ）がたき」（人情本・春色梅児誉美・後・八）

にやける【若気る】

男が妙に色っぽいさまをする。「にやけ」を動詞化した語。「にやけ」は、『*俚言集覧』は「若気」の字音とする。「にゃく」「け」は、それぞれ「若」「気」の呉音で、男色、またその対象となる若衆を意味した。鎌倉時代の『古事談』（二・長季頼通若気事）に「長季は宇治殿若気也」とある。第一音節が拗音であるニャケの形は、明治の頃まで行われていたらしく、『大言海』はこの語を「にゃーけ」という形で項出している。しかし、『*和英語林集成』（初版）の見出しでは、すでに Niyake（ニヤ

に

ケ）という直音形になっており、明治期には両語形があったものと思われる。ニャケがニヤケに変わったことについては、「にやにや」などへの類推という説（上方語源辞典）がある。

例「きる物のえやうを好みなまにやけたるなりをし」（抄物・古文真宝前集抄・一）

にゅうねん《にふねん》【入念】

細かな点に心を配って行うこと。和製漢語。「念を入る」という句をもとに造られた語（山田孝雄・国語の中に於ける漢語の研究）。早い例は豊臣秀吉朱印状に見られるというが、小説などで一般に使われるようになったのは大正時代以降である。「入港」（＝港に入る）、「入門」（＝門に入る）などのニ格の句を基に作られた語は中国で古くから見られ、日本でも用いられた。一方、ヲ格の句を基に作られた漢語「点を合（がっ）す→合点」「印を調（お）す→調印」などは和製の漢語で、中国語には見られない。

例「彼女をかくまで入念に化粧せしむる一高と云うものを」（久米正雄・学生時代・大正七年）

にゅうめん《にうめん》【煮麺】

醤油や味噌で味付けした温かい汁にそうめんを入れて煮た料理。『大言海』が「煮麺（にめん）の延」というように、「にめん（煮麺）」という語が変化したもの。

例「賜入麺・天酒等〔入麺・天酒等を賜ふ〕」（宣胤卿記・文亀二年正月二五日）

にょうぼう《にょうばう》【女房】

妻のこと。「房」は部屋（へや）のことで、「女房」の字義は女の部屋である。平安時代には、朝廷に仕える身分の高い女性の居住する房（＝部屋）や、そこに住む女官をさす言葉であった。後に女性一般や、妻という意味で用いられるようになっていった。「女」をニョウ・ニョと読むのは呉音。

例「武士の女房たる者は」（太平記・一〇・安東入道自害事）

にら【韮】

ユリ科の多年草。アジア原産。古く中国から渡来した。ニラの古名である「みら」が転じたとする説が通説となっている。「みら」は「きはつくの岡の茎（くく）美良（みら）われ摘めど」（万葉集・一四・三四四四）などと使われているが、語源は不明。

例「従今朝服薬、ニラ」（殿暦・康和四年四月一九日）

にわ《には》【庭】

邸内の草木などを植えてあるところ。「には」の「に」は「丹（に）」と同源で土の意、「は」は場所の意かといわれる。もともと「には」は家屋周辺の作業、神事などを行う場所を指した。なお、「ば（場）」は、この「には」から転じた語である。

例「尓波（には）に立ち笑（ゑ）ますがからに駒に逢ふものを」（万葉集・一四・三五三六）「庭〈略〉屋前也」（十巻本和名抄）

にわとこ《にはとこ》【接骨木】

スイカズラ科の落葉低木。古名をミヤツコギといい、『古事記』(下)の歌謡の注に「ここに山多豆(やまたづ)と云へるは、是れ今の造木(みやつこぎ)なり」と用例が見える。また、『*名語記』に「にはとこき」という例が見られることから、そのころには、ミヤツコギ→ニハトコギと変化したと考えられる。ミがニと変化する類例としては、一二世紀頃にミラがニラ(韮)と変化した類例もある。ニワトコの例は室町末期に現れる。漢名「接骨木」は、煎じたものが接骨にきくからという。

例「接骨木　ニワトコ」(運歩色葉集)

にわとり《にはとり》【鶏】

キジ科の鳥。「にはつとり(庭つ鳥)」から変化した語。上代、「庭つ鳥」はニワトリ、またはニワトリにかかる枕詞として使われた。「庭つ鳥」の「つ」は現代語の助詞「の」に当たり、「庭の鳥」、すなわち庭先にいる鳥の意味である。庭先にいる鳥の代表として、この鳥の名になったもの。なお、上代、ニワトリのことを「かけ」とも言ったが、「かけ」は鶏の鳴き声からきた名称である。「鶏(にはとり)はかけろと鳴きぬなり起きよ起きよわが門に夜の夫(つま)人もこそ見れ」(神楽歌・酒殿歌)のように、ニワトリの鳴き声がカケロと写されている。近世、ニワトリの鳴き声として「東天紅(とうてんこう)」も一般的で、『*書言字考節用集』に「東天紅　俗に伝へて鶏の暁の声と云ふ」と載せられている。現在の鳴き声コケコッコウは、明治以降一般化したという(山口仲美・ちんちん千鳥の鳴く声は)。

にんぎょう《にんぎやう》【人形】

紙・木・土・プラスチックなどで、人の形に作ったもの。「人形」(漢音読みでジンケイ。呉音読みでニンギョウ)は中国古典に例があり、それが日本に借用された。日本にも古来「ひとがた」という語があり、これにも「人形」の字を当てた。『*色葉字類抄』に「人形　ニンギヤウ」とあり、平安時代末期には、「にんぎやう」という語形が用いられていたことが分かる。その後、ニンギョウが普通になり、「ひとがた」は呪術的な場合に限定されるようになった。

例「芥(あくた)を以て人長(ひとだけ)に人形(にんぎやう)を二、三十作って、甲冑を着せ」(太平記・七・千剣破城軍事)

にんげん【人間】

ひと。もと仏教語で、梵語 manuṣya の漢訳語。「間」は一定の面積をもった空間のことで、「人間」は人の住む世界のことを指し、ジンカンと漢音で読んだ。仏教ではすべての存在を地獄、餓鬼などの六趣の世界に分けたが、そのうちの、人の住む世界をいう。日本でも古くはこの意味で用いられていた。「人間はくさくけがらはし。まさによき香をたくべし」(観智院本三宝絵・下)。そこから転じて、その世界に住む人類のことも「人間」といい、ニンゲンと呉音で読むようになった。この用法は日本独自のものである。

例「天人は目瞬《まじろ》かず、人間は目瞬く」(今昔物語集・五・三)

にんじん【人参】

セリ科の二年草。ヨーロッパ原産で、日本には中国から伝来。「にんじん」の語源は漢語「人参」の字音による。奈良時代の『続日本紀』に見える「人参三十斤」の例のような古い時代の「人参」は、今で言う朝鮮人参のことである。現在の野菜としてのニンジンは、この朝鮮人参に根の形が似ていることから名付けられた。葉が芹《せり》に似ていることから芹人参、葉を食用とすることから葉人参、薬ではなく副食とすることから菜《な》人参と呼ばれる。江戸時代初期の『多識編』に「胡蘿蔔　今案世利仁牟志牟〔今案ずるにせりにんしん〕」と見える。野菜のニンジンの漢名は「胡蘿蔔《こらふく》」。「蘿蔔《らふく》」とは大根のことであり、外国から中国にもたらされた大根に似た植物の意である。

にんにく【大蒜・葱蓐】

ユリ科の多年草。西アジア原産。語源不明。『大言海』は「忍辱の音。仏教に葷を禁ず。大蒜、臭気甚し。それを隠し忍びて食ふより、隠語とす」という。「忍辱《にんじょく》」は恥をしのぶことで、ニンニクは呉音読み。強烈な臭気を隠して食べたことによる隠語という説である。なお、「にんにく」の古名は「ひる」で、『古事記』(中)に「いざ子ども　野蒜摘みに　比流《ひる》摘みに　我が行く道の　香ぐはし　花橘は」とある。この植物がニンニク(ニニクとも)と呼ばれるようになったのは、南北朝時代の『康頼本草』(菜部)に「日本仁々久《ににく》」とあるあたりが古い例である。

例「葱蓐　ニンニク　或云蒜　又云葫」(文明本節用集)

にんぴにん【人非人】

人の道に外れた人のこと。本来は仏教語であり、梵語kiṃnara(緊那羅《きんなら》)の漢訳語「人非人」に基づくと言われている。インドの古典文学ではキンナラは財宝の神クベーラに仕える馬頭の半神であったという。『法華経』「普門品」などでは「人非人」を「人と人にあらざるもの」という意味で用いたところがある。それが「人に非ざる人」と解され、人でありながら人として認められないものや、人の道に外れた人のことを「人非人」と言うようになった。

例「此一門にあらざらむ人は、皆人非人なるべし」(平家物語・一・禿髪)

ぬ

ぬえ【鵺・鵼】

得体の知れない人物のこと。「ぬえ」は本来、トラツグミとい

う鳥の異名であった。「青山に奴延(ぬえ)は鳴きぬ　さ野つ鳥　雉(きぎし)は響(とよ)む」(古事記・上)。語源については、鳴き声に由来するとする説がある。その鳴き声を(岐阜県吉城郡上宝村で)ニョエースエー、またはニョースイーなどと聞きなして、ニョエ・ヌエなどと命名したとする(時代別国語大辞典上代編)。平安時代末期、源三位頼政が射落としたという怪鳥(=頭は猿、胴は狸、脚は虎、尾は蛇に似る)が「ぬえ」と呼ばれたのは、その声がヌエ(=トラツグミ)に似ていたためである。このような話を経て、「ぬえ」は正体不明なもののたとえとして用いられるようになった。

例「かしらは薬罐、髪は三輪素麺(みわそうめん)、鵄のやうなる年になるまで、世に面白いと云ふ事しらず」(随筆・独寝・下・八一)

ぬか【糠】

玄米を精製し白米にする時に生ずる、果皮・種皮・胚芽などの粉砕物。語源については、「脱皮(ぬけかわ)」の略という説が近世以来行われている。「新井氏曰、怒賀(ぬか)、脱也。蓋脱皮之省」(箋注倭名抄)。

例「糠　ヌカ　ヌケカハ　脱皮也」(名言通・上)

ぬかずく《ぬかづく》【額づく】

ひたいを地面につけて拝む。「ぬか」は額(ひたい)、「づく」は動詞「つく(突・衝)」の濁音化したもので、額を地面に突いてつける意。古くは「ぬかつく」と清音だったようで、「つ」が濁音化したのは室町期と考えられている。動詞「ぬかつく」は、「大寺の餓鬼の後(しりへ)に額衝(ぬかつく)ごとし」(万葉集・四・六〇八)のように上代から存する。『*日葡辞書』には「Nucazzuqi(ヌカヅキ)」とある。

ぬかよろこび【糠喜び】

あてがはずれた、はかない喜び。近世、「糠(ぬか)」を接頭語的に用いて、こまかいさま、はかないさまを表す語が用いられるようになった。「ぬか雨」(=こまかい雨)、「こぬか雨」(=こまかい雨)、「ぬか働き」(=むだ働き)、「ぬか星」(=名もなき無数の星々)のような例がある。「ぬか喜び」もその一つで近世から用例がみえる。

ぬけがけ【抜け駆け】

他人を出し抜いて先に事を行うこと。「抜け駆け」は武士が戦功を上げようとして、陣営を抜け出し他より先に敵陣に攻め入ることであった。「ぬけがけ」してあげた手柄を「ぬけがけの功名」という。

例「高橋又四郎抜懸(ぬけかけ)して、独り高名に備へんとや思ひけん」(太平記・三・笠置軍事)

ぬた【饅】

魚介類・野菜類を酢味噌で和えた料理。マグロ・イカ・貝類・ネギ・ワカメなどを材料とする。「ぬたあえ」「ぬたなます」

とも言う。酢味噌のとろりとした感じが、「ぬた(沼田)」を連想させることから、この名があるという。「ぬた(沼田)」は、泥の田、ぬま田をいう(「のたうつ」参照)。

例「Nuta ヌタ(饅) 膾(Namasu)などを調理するのに用いる一種のソース、または、酢づけ汁」(日葡辞書)

ぬれぎぬ【濡れ衣】

無実の罪。語源不明。奈良時代は「あぶり干す人もあれやも沾衣(ぬれぎぬ)を家には遣らな旅のしるしに」(万葉集・九・一六八八)のように、文字通り「濡れた衣」の意で用いられている。それが平安時代には「目も見えず涙の雨のしぐるれば身の濡衣(ぬれぎぬ)は干るよしもなし」(後撰集・恋五)のように、「濡れた衣」と「無実の疑い」の両方にかけて用いられるようになった。

ぬれてであわ《は―あ》【濡れ手で粟】

苦労せずに、多くの利益をあげることのたとえ。「ぬれて」とは、水に濡れた手のこと。水に濡れた手で粟をつかめば、粟粒がたくさんくっついてくるところから、労せず儲かるたとえとなった。

例「それ世の中に濡れ手で粟をつかむとは、かやうの事をいふらんとて」(仮名草子・一休諸国物語・四)

ぬれば【濡れ場】

男女の情事の場面。歌舞伎から出た言葉。初期の上方歌舞伎では「和事」の中の男女の情事を演じる場面を指した。「ぬれば」の「ぬれ」は水分を帯びる意味の「濡れる」の連用形で、「ば」は場面などの「場」である。「ぬれる」は近世になると色事をするなどの意を派生し、そこから「ぬれごと」などもできた。「ぬれ」に関する歌舞伎関係類語の中では、「ぬれごと」の例が古いようで、一七世紀の歌舞伎評判記『新野郎花垣』に「ぬれ事はふだんきらひのゆゑか」と見える。この「ぬれごと」をもとにして、「濡れ場」のほか、「濡れ幕」「濡れ狂言」などという語も生じたという(赤坂治績・ことばの花道)。

例「堅い中に濡場を見せる趣向だ」(人情本・祝井風呂時雨傘・九)

ね

ねえさん【姉さん】

姉妹の年上の方の呼称。近世後期、「あね」を基にした、さまざまな語形が行われていたが、それらを整理してみると、「ねえさん」の派生経路は、次のように考えられる。アネサマ(ン)→オアネサマ(ン)→オアネエサマ(ン)→ネエサマ(ン)。すなわち、ネエサンはオアネエサンの語頭の二つの母音を振り落とした形である。なお、「おねえさん」は、「ねえさん」に「お」

の付いたもので、明治になってから一般化した語である。右に記した語のうち、「あねさま」には、近世前期から例がある。「おあねさま」については、文化一一年（一八一四）の随筆『塵塚談』によれば、安永九年（一七八〇）ごろから「御あね様」という形があり、「おあねえさん」となった例は「御惣領のお姉（あねえ）さん」（浮世風呂・二・上）などと見える。

例「今に美（うつつ）い姉（ねえ）さんがお出だよ」（滑稽本・浮世床・初・上）

ねがう《ねがふ》【願う】

物事が実現することを望み、求める。もともとは自分の希望することを神仏に祈る意で用いられた。「ねがふ」は「加護を祈る」意味の動詞「ねぐ（労・祈）」に継続・反復を表す助動詞「ふ」が付いてできた動詞。

例「水泡（みつぼ）なす仮れる身そとは知れれどもなほし祢我比（ねがひ）つ千年の命を」（万葉集・二〇・四四七〇）

ねがわくば《ねがはくば》【願わくば】

願うところは。強い希望、願望を表す。動詞「ねがふ（願）」に名詞を作る接尾語「く」が付いてできた「ねがはく」に係助詞「は」が付いたもの。この「は」が「ば」となったのは、「願はくは」の「願はく」を形容詞と誤認したためである。すなわち、形容詞の連用形は係助詞「は」を伴って条件に近い意味を表すが、動詞の条件表現を作る接続助詞「ば」と混同され、「遠くば」「恋しくば」などと濁音化された。「願はくは」と清音である例に「祈　祢加波久波（ねがはくは）」（日本霊異記・上・序・興福寺本訓釈）がある。もともと漢文訓読で用いられたもので、現代においても、文語調の文体で用いられることがある。「願はくは花の下にて春死なんそのきさらぎの望月のころ」（山家集・上）。↓いわく

例「探偵というものには〈略〉事実を挙げるためには何でもする。〈略〉願くばもう少し遠慮をしてもらいたい」（夏目漱石・吾輩は猫である・明治三八〜三九年）

ねぎ【葱】

ユリ科の多年草。シベリア、アルタイ地方の原産。古く中国を経て日本に渡来した。古名は「き」といい、根を賞味するところから「根ぎ」と称するようになったという。『日本書紀』に「秋葱（あきき）の転双（いやふた）納（こもり）を思惟（おも）ふ可し」（仁賢六年九月・寛文版訓）と見える。この「き」の語源は気とも黄とも言われるが未詳。ネギという語が現れるのは室町時代末期以降であり、*『日葡辞書』には「Negui（ネギ）」の形で載っている。

ねぎ【祢宜】

神職の総称。神を安らかにする職を指していう。動詞「ねぐ（労・祈）」の連用形が名詞化してできた語。動詞「ねぐ」は、神の心を休め、その加護を頼む意を表す。「祢宜」は当て字

である。

例「神寺などにまうでて物申さするに、寺は法師、社は祢宜などの、くらからず、さはやかに」(枕草子・三一・こころゆくもの)

ねぎらう《ねぎらふ》**【労う】**

苦労に感謝し、慰める。動詞「ねぐ(労・祈)」からの派生動詞。ただし、語尾の「らふ」については未詳。動詞「ねぐ」をもとに、上位者に対しては「ねがふ」、下位者に対しては「ねぎらふ」という語が分化した。通常、「ねぎらう」は上位者に対しては用いられない。→ねがう

例「労　ネギラフ」(観智院本名義抄)

ねぐら【塒】

鳥の寝る所。『和訓栞』*は「鳥の寝座(ねぐら)の義なり」と説く。「くら(座)」とは、一段高く設けられた場所をいい、この意味では「天磐座(あまのいはくら)」、「高御座(たかみくら)」など、複合語中にのみ用いられる。倉庫の「くら(倉・蔵)」、地名「岩倉」などの「くら」、馬具の「くら(鞍)」も同源で、ともに高い所に設けられた場所の意であるという。鳥は多く高処に巣を営むので「ねぐら」という。

例「巣を出でてねぐらも知らぬ雛鳥もなぞや暮れゆくひよと鳴くらん」(宇津保物語・藤原の君)

ねこ【猫】

ネコ科に属する小動物。「ねこ」の「ね」は、その鳴き声から来たものだろう。幸田露伴は『音幻論』の中で「邦語でネコというのは、蓋しその動物の鳴き声がネと聞こえるよりしてネコと言った」という。「こ」は親愛を表す接尾語である。『源氏物語』(若菜下)に「ねうといとらうたげに鳴けば、かき撫でて」と、猫の鳴き声を表した例がある。猫の別名に古く「ねこま」というのがあって、「ねこ」はその略語だという説もある(南留別志)。この説によったとしても、「ねこま」の「ね」の語源は、鳴き声説に戻るだろう。なお、猫は「寝子の義。睡(ねむり)を好む獣也」(和訓栞)というような通俗語源も行われていた。

例「このあたりにも、猫のへあがりて猫またになりて、人とることはあなるものを」(徒然草・八九)

ねこぐるま【猫車】

工事現場で土砂などの運搬に用いる手押し車。箱の前部に車輪が一つついており、後部の二股になった柄を手で押して運ぶ。語源については、建築で狭い足場を、猫が通るような足場の意味で猫足場と言い、そこを通ることができる車なので猫車という説、猫車を横に伏せておいた形が猫の寝ている姿に似ていることによるという説、猫車を押す様子が猫の後ろ足を持って前足で歩かせる形に似ていることによるという説などがある。

ねこそぎ【根刮ぎ】

「根まですっかり抜き取ること」から転じて、全部、ことごとく、の意を表す。現代では副詞として用いる。名詞「根」に物を削り取る意を表す動詞「こそぐ(刮)」が付いてできた。古く「こそぐ」は下二段活用であったため「根こそげ」という形も見られる。あるいは「根こそげ」の方が古い形かもしれない。「こそぐ」が衰退する一方で、四段活用の類義語「そぐ(削)」が広がっていった。その結果、「根こ＋そぎ」(根っこを削ぐ)という分析から「根こそぎ」ができたと推定される。ただし、「cosoguitaru(コソギタル)」(羅葡日辞書)という四段活用の連用形もあるので、もしこの四段活用が一般的であったならば、「そぐ」の影響を考える必要はなくなる。

例「此方もねこそぎ身をいれて、苦労する気の二人が中」(人情本・春色辰巳園・三・一)

ねこなでごえーごゑ【猫撫で声】

手なずけようとして出すやさしそうな声。「猫撫で声」の解釈には、人が猫をかわいがって撫でる時の声音とするものと、猫が人にかわいがられている時に出す媚びを含んだ柔らかい甘え声とするものとがある。

例「恐ろげに嗔(いか)る時もあり、また猫撫声になる時もあり」(抄物・人天眼目抄商量・一)

ねこばば【猫糞】

他人のものをこっそり自分のものにしてしまうこと。もとは悪いことをして知らぬ顔をすることを言ったようである。「ばば」は大便の意。「猫ばば」ともいう。『大言海』に「猫、糞すれば、後脚にて沙(すな)を蹴りて覆ひ隠せば、云ふ」とある。そこから悪事を働いて知らぬ顔をするの意味になった。

例「直(ぢき)に五日ばかり過ぎたら帰(けえ)さうといふ筈が、けふで一月になるが猫糞さ」(滑稽本・浮世床・初・上)

ねこもしゃくしも【猫も杓子も】

誰も彼も。「杓子」は「しゃもじ」のこと。諸説あるが、語源不明。滝沢馬琴の表記「祢子(ねこ)も釈氏(しゃくし)も」によって、祢宜(ねぎ)やお坊さんのような偉い人もみなの意から出たと解釈する説(楳垣実・猫も杓子も)、「女子(めこ)も弱子(じゃくし)も」の転で、女や子供もみなとする説(『猫も杓子も』に紹介)、「ネコのような顔の人(やつ)も、杓子のような顔の人(やつ)も」という説(楳垣実『江戸のかたきを長崎で』に紹介)など多数ある。

例「生まれては死ぬるなりけりおしなべて釈迦も達磨も猫も杓子も」(咄本・一休咄・一・四)

ねこやなぎ【猫柳】

ヤナギ科の落葉低木。早春、葉に先だって長さ約四センチの長楕円形の花穂を出す。この花穂が柔らかい絹糸状の白毛を密生していることから、これを猫の尾に見立ててこの名がついた。子犬の尾に見立てた「えのころやなぎ」という名もあ

る。

例「水楊　かはやなぎ　ゑのころやなぎ　ころころやなぎ　さるやなぎ　ねこやなぎ　勢州、ねこやなぎ　同上」〈重訂本草綱目啓蒙〉

ねこをかぶる【猫を被る】

本性を隠して、おとなしそうに見せかけることをいう。語源不明。うわべを猫のように柔和にする、またはネコすなわち寝莫蓙（ねござ）をかぶる意（上方語源辞典）などの説がある。猫は見かけによらず、たけだけしい本性を隠しているという見方から出た慣用句ではないかと思われる。

例「わたしも初めはお前のやうに猫をかぶって遣って見たが」〈歌舞伎・盲長屋梅加賀鳶・七〉

ねじ ねぢ

物を締め付けるときに用いる、螺旋状の溝が刻み込まれている用具。動詞「ねじる（捻・捩）」の連用形の名詞化。回転しながら釘状のものが入りこんでいくので、「ねじる」の連用形をもって、その名とした。「螺子」（「螺」は巻き貝の意）、「捻子」「捩子」などと漢字表記される。

例「Neji　ネヂ　螺釘」〈和英語林集成・初版〉

ねじろ【根城】

根拠地。もと、大将の居城。「根（ね）＋城」で、根元の城の意。*『日葡辞書』には「Nejiro　ネジロ（根城）　大将の住んでいる主城」とある。現在では意味が拡張されて、城に限らず、行動の拠点とする場所を指すようになった。

例「国司を追出し、太宰府を根城とせば、九州一挙して定めつべし」〈読本・椿説弓張月・後・二八〉

ねずみ【鼠】

ネズミ科に属する小動物。語源は諸説あるが、不明。近世の方言書*『菊池俗言考』に「根住の意なるべし」とあり、『大言海』もネズミは「根棲（ねずみ）」であって、「穴居」の意味だという。「根」は「根の国」などの「根」で、地下の意味。地下に住む、つまり穴居である。ネズミは人が寝たあと、食べ物を盗むところから、次のような通俗語源も行われていた。たとえば、*『和訓栞』に「寝盗（ねぬすみ）の義なるべし。人の寝て後によく出て物を盗み食ふもの也」とある。

例「鼠〈略〉祢須美（ねずみ）〈略〉穴居小獣、種類多者也（穴居の小獣、種類多き者なり）」〈十巻本和名抄〉

ねた

物事を行う上で用いる材料。「たね（種）」をさかさにしてできた隠語。「やど（宿）」を「どや」という類。現在は「ガセネタ」「持ちネタ」「質ネタ」「ネタおろし」など、幅広く用いられる。

例「悪僧のそら道心の座禅豆ただ納豆のねたにおとれる」〈随筆・松屋筆記・九二〉

ねっから【根っから】

もとから。副詞として否定述語と呼応し、少しも、全くの意

を表す。「根から」を促音によって強めてできた形。「から」は助詞で基点を表す。根を始めとしてすべてという意味から出た語。促音が強めの働きをする例は、「とても」→「とっても」、「やはり」→「やっぱり」などがある。促音をもたない「根から」は中世成立と思われ、「にがい瓜はねからにがいなり」（明暦刊本句双紙抄）などと用いられた。

例「ねっから恩なことはござりやせん」（滑稽本・浮世床・初・上）

ねつぼう《ねつばう》【熱望】

熱心に望むこと。明治初期に造られた和製漢語。「心をこめて」「一心に」といった意味で「熱」という漢字を使って幕末明治期に造られた二字漢語には、ほかに「熱情」「熱狂」などがある。

例「政権を熱望せぬ者はなき筈なれば」（末広鉄腸・雪中梅・明治一九年）

ねぶた

東北地方で行われる旧暦七月七日の祭り。ねぶた祭り。竹や針金で作った枠に紙を張り、英雄、豪傑などの像を作り、それを屋台や車に載せて引き廻す。特に青森市、弘前市のものは盛大に行われ有名である。「ねぶた」は形容詞「ねぶたし」（=眠たい）の語幹からできたといわれる。夏の睡魔を払うためにわら人形などを流した「眠り流し」の行事がもとであると言われる。

ねほりはほり【根掘り葉掘り】

何から何まで。細かいところまで立ち入って詮索するときに用いられる。本来「根掘り」とは文字通り草木の根を掘り取ることをいう。転じて、根から枝葉にわたって何もかもという意を表すようになった。「葉掘り」は「根」と「葉」を対にし、語調を整えるために付加されたと考えられる。「根」と「葉」を組み合わせた表現には、他に「根も葉もない」「根っから葉っから」などがある。

例「聞きかけたことは、根ほり葉ほりきかんせにゃならんと、いふたじゃないかい」（滑稽本・東海道中膝栗毛・六・下）

ねまき【寝巻・寝間着】

夜寝るときに着る服。もともと寝るときに巻いて身につけることから出た語のようである。実際、表記としても「寝巻」の方が古くから見られる。たとえば*『運歩色葉集』に「寝巻　ネマキ」と見える。もっとも、日本人の寝臥法については、古い文献の記述が残っておらず、詳しい実態が知られているわけではない。「寝間着」という表記は、寝室のことを「ねま（寝間）」と言うことから、「寝間で着るもの」の意味で、「ねま＋き」と分析されたことから生じたものだろう。和服から洋服へという衣生活形態の変化により、「巻く」という意識が希薄になったことも注意される。「寝衣」とも表記される。

例「白い寝衣（ねまき）に着かえて」（有島武郎・或る女・明治四四～大正八年）

ねまわし《ねまはし》【根回し】

人と交渉する際、前もって下工作しておくこと。もともとは、樹木を植え替えるときにその準備として、根のまわりの土を掘り、根を切断しておく意であった。これを「根を回す」といい、それを一語化したもの。転じて下工作の意を表すようになったのは第二次世界大戦後（昭和二〇年）以降。「会議の前に前もって根廻しをしておく」などと言う。

ねみみにみず《―みづ》【寝耳に水】

突然の出来事にびっくり仰天すること。「寝耳に水の入るごとし」の略。「寝耳」は寝ている間に音を聞くこと。『大言海』によれば、「眠れる中に、洪水、俄に至れるが如き、不意なること」である。近世、さまざまな異句を生じた。たとえば「寝耳に小判の入りし心地」「寝耳にすりこぎ」、「寝耳に石火矢」など。いずれにしても、閉じている目と違って、耳の穴には眠っている間でもとんでもない物が入り込んで人を驚かすだろう、という発想に基づくものである。

例「城中寝耳に水の入りたるが如く、驚きあへりつつ」（太閤記・一二三）

ねむのき【合歓木】

マメ科の落葉高木。夜になると葉を閉じるという特徴がある。古くは、「合歓樹　祢夫利（ねぶり）」（享和本新撰字鏡）、「和名祢布利乃岐（ねぶりのき）」（本草和名・一三）のように、「ねぶり」「ねぶりのき」という形があった。『万葉集』の場合、音仮名表記例はないが、音数律の関係でネブと二音節で読まなければならないものがある。「吾妹子が形見の合歓木（ねぶ）は花のみに咲きてけだしく実にならじかも」（万葉集・八・一四六三）。古くはこれらの形が併用されていたのであろう。ネブにしろネブリにしろその語源は、古語の「ねぶ（眠）」「ねぶり（眠）」であり、夜になって葉を閉じた状態を眠ると見た命名である。ネムという語形は中世以降である。漢字表記「合歓木」は漢名による。「合歓」は「喜びを共にすること、男女の共寝」の意で、漢名もこの植物の特徴である夜間葉と葉が合わさって閉じる様子からの連想である。

例「合歓木　ネムノキ」（辞書・伊京集）

ねや【閨・寝屋】

夜寝るための部屋。寝室。「ね」は「寝」、「や」は「屋」であって、「寝る場所」の意。「閨」は婦人の居室の意で、奥まった小門から入ることからいうといわれる。

例「寝（ねや）の中に置く」（日本書紀・垂仁二年一〇月）「君来ずはねやへも入らじ濃紫我が元結に霜は置くとも」（古今集・恋四）

ねる【寝る】 文語 ぬ

体を横たえる。眠る。下二段動詞「ぬ(寝)」が下一段活用「ねる(寝)」になってできた動詞。上代には「なす(寝)」という寝るの尊敬語があるが、この「な」と「ぬ」は同源といわれる。「ねる」は本来、身体を横たえる状態を表していたが、意味を拡張して睡眠状態をも表すようになった。その結果、現代語では「座ったまま寝る」「立ったまま寝る」のようにも用いられる。

例「袖のみ触れて寐(ね)ずかなりなむ」(万葉集・七・一三九二)

ねんきをいれる【年季を入れる】

修練を積む。「年季」は奉公人を雇うときに約束する年限で、一年を一季とする。江戸時代、奉公の年限を増やすことを「年季を入れる」といった。「年季を入れてなんでも旦那にかりやすから、済(なし)すましはしなせえし」(洒落本・玉の帳)。奉公する期間が延びればより修練を積むことになるので、そこから修練を積むといった意を生じた。「年季の入った仕事ぶり」というときの「年季が入る」は、長年の修練を積んで熟練しているという意味。

ねんぐのおさめどき ―をさめどき【年貢の納め時】

過去の悪事の償いをしなければならない時。見切りをつけるべき時。「年貢」は田畑の耕作者が領主に生産物の一部を毎年納入する貢租のこと。納めなければならないのに滞納していた年貢をとうとう清算する時ということから、償いをするべき時や見切りをつけるべき時の意となった。

例「今度は年貢の納め時と諦めて勤めて来て下(く)んねえ」(小栗風葉・恋慕ながし・明治三一年)

ねんごろ【懇ろ】

心を込めるさま。手篤いさま。転じて、心が通い合って親密なさまを表す。「ねもころ」が変化して「ねんごろ」になった。「ねもころ」について、『大言海』は「根(ね)+もころ(=「如し」の意)」と分析し「物の極と等しくの意ならむ」という。また、「もころ」は同じ状態にある意で、「ねもころ」は「草木の根がこまかにからみ合って土の中にあるのと同様に」という意味を持つ(岩波古語辞典補訂版)。もう一つは、「ね(根)+も(助詞)+ころ(凝)」と分析する見方である。「ころ」は「絡む」の「から」と関係があり、根のからむさまを表すと言われる(小学館古語大辞典)。いずれにせよ、根の絡み合った状態を基にする点は共通している。

例「思ひ侘びて、ねんごろにあひ語らひける友だちの許に」(伊勢物語・一六)

ねんねこ

「ねんねこばんてん」の略。「ねんねこばんてん」は子供を背負うとき上から着る綿入れのはんてん(半纏)。「ねんね」は「寝る」の「ね」を重ねた「ねね」の変化した幼児語で、寝るの意味。「こ」は接尾語。「ねんねこばんてん」は眠る子供にかぶせ

るから、こう言ったものである。「ねんねこ」は「ねんねこ、ねんねこ、ねんねこよ」（北原白秋・揺籃のうた・大正一〇年）などと唱えて子供を寝かしつけるのにも用いた。

例「ねんねこの腰は左右に少しふり」（雑俳・柳多留・三）

の

のうがき【能書き】

自分を売り込む文句。「効能書き」の略で、もとは薬などの効能を記したもの。この意味で近世から用いられた。「近年の流行にて、妙薬の能書を両面に張りたる反古団（ほぐうちは）をとりて」（滑稽本・浮世風呂・四・上）。近世の「能書き」には自分に都合のいいことばかり言い立てるものが多かったので、売り込みの言葉の意となった。

例「女房は片膝立ちに腰を浮かしながら能書をいう」（泉鏡花・薄紅梅・昭和一二年）

のうぜんかずら《のうぜんかづら》【凌霄花】

ノウゼンカズラ科の蔓性落葉木本。中国原産。「のうぜん」とも言う。漢名は凌霄花（りょうしょうか）。『大言海』には「古名、ノセウ、又、ノウセウ。陵苕の音の転か。ノウゼンは、更に其の訛」とある。古名ノウセウは漢名「凌霄〈りょうせう〉」を日本化して採り入れた形。それに更に、蔓性植物であることを示す「カヅラ」を添えて、ノウゼンカヅラとなったと考えられる。

例「凌霄花　ノウセンカヅラ」（文明本節用集）

のうてんき【能天気】・【脳天気《なうてんき》】

のんきで、考えの浅い人。近世から見える語であるが、語源はよく分からない。当てられる漢字もさまざまで、*『俚言集覧』に「脳天気　能天気とも書く」とあり、「脳天気」を本来とするという意識がうかがえる。これによれば、脳の天気がいいということになる。脳の天気がいいので、上っ調子でそのため、軽はずみ、時には向こう見ずなこともする、というようなさまを表したものか、と思われる。

例「能天気といふ者、夜々に出て群がり、大口をきいて喧嘩を起こし、亦はやり哥をうたうて」（洒落本・魂胆惣勘定・華里通商考附録・吉原国）

のうりつ【能率】

仕事のはかどり方。「能」は「はたらき」の意、「率」は「割合」を表す。英語 efficiency の訳語として造られた和製漢語。盛んに使われるようになったのは、大正期から。物理学でいう「能率」は、英語 moment の訳語で、一般にいう「能率」とは出自を別にする。

例「彼は、特に能率を上げたこともなく、下げたこともなかった」（葉山嘉樹・海に生くる人々・大正一五年）

のきなみ【軒並み】
どれもこれもみな。「軒（のき）」は屋根の下端の張り出した部分だが、「軒なみ」の場合は「軒」でもって家を代表させている。「並み」は並ぶ意の動詞「なむ（並）」の連用形の名詞化で、ならぶこと、ならんだものの意。「なみはならぶる字也。並也」（名語記）。名詞の後に付いた「なみ」にはいろいろな意味があるが、この場合、同じものが続くことを表す。「家なみ」は家が続くことであり、「軒なみ」は軒（＝家）が同じように並び続いていることである。ここから、家ごとに、どの家でもの意となり、更にどれもこれも、となったものである。
例「お廻りさん自身が軒並お勝手口から訪問して、台所の上げ板を上げさせ」（生方敏郎・明治大正見聞史・大正一五年）

のこぎり【鋸】
木材などを切断するために用いられる工具。古名「のほぎり」の転。*『天治本新撰字鏡』に「鋸〈略〉削刀也、割也、乃歩支利（のほぎり）」と見える。ただし、「のほぎり」の「のほ」については確かな説はない。『大言海』は「延刃切（のびはきり）の略転、材に上り切るの意かと云ふ」というが、この説明はよく分からない。
例「のこぎりで頸をきったりともきこえけり」（平家物語・六・飛脚到来）

のし【熨斗】
祝いなどの進物に添える飾り物。色紙を細長い六角形にして、ひだをつけて折り畳み、中にのしあわびの細片を入れた。「熨斗」はこの「のしあわび」の略である。「のしあわび」はアワビを薄く切り、引き延ばし（すなわち、のして）乾燥したもの。「のし」は動詞「伸（の）す」の連用形にちなむ。祝いの儀式などに使われることから、丁重に（時には進んで）物を与える気持ちを込めた「のしを付けて〜」という言い方は、近世後半から例がある。
例「熨斗、乃之（のし）」（十巻本和名抄）

のす【伸す】
殴って倒す。普通は「しわなどをのす」などと使うこの語がどうして気絶させるなどの意味になったか、不明である。『日本俗語大辞典』によれば、昭和初期の流行語で、当時の新語辞典に「骨と筋肉と頭と足と全身を殴り伸すの意」（モダン用語辞典・昭和五年）などという説明があるという。「のす」と同様の拡大、伸長の意を持つ類義語「のばす」にも、古くから相手を倒すの意があったようである。ただし、「のばす」にどうしてこの意が生じたかは、「のす」同様明らかではない。
例「『のせ！のしちまへ！』外からの叫び声が急に大きくなって、ハッキリ聞えてきた」（小林多喜二・蟹工船・昭和四年）

のだいこ【野太鼓】
素人の太鼓持ち。芸のない太鼓持ちを卑しんで言う。「野

（の）」は洗練されていないことを表す。多く「のいちご」のように動植物が野生であることを示すが、そこから人を表す語にも付いて、「野出頭（のしゅっとう）」（「出頭人」は大名家などで主人のそば近く仕える者のこと）などのように、さげすむ意を添えた。→たいこもち

例「かた手にぞうりを持ち、野だいこの何がし、もし知った客がゐらば、押し売りせんと」（洒落本・傾城買四十八手・見ぬかれた手）

のたうつ

苦しみもがく。あまりの苦痛にころげまわる。「ぬたうつ」が変化してできた動詞。『和訓栞*』に「ぬたうつ　沼田打（ぬたうつ）也。〈略〉俗に煩燥の体をいふは譬ひ也、のたうつともいふ也」と言う。「ぬた（沼田）」は湿地、泥土のこと。「ぬたうつ」は、猪や鹿が泥沼の中に転がり臥すことから、ころげまわって苦しむことのたとえとなり、更に精神的苦悩も表すようになった。

例「のたうち廻って呻き叫ぶその物凄い気配はもう迫っていた」（有島武郎・生れ出づる悩み・大正七年）

のたまう《のたまふ》【宣う】

「言う」の尊敬語。おっしゃる。「宣（の）り給ふ」が変化してできた動詞。ノリタマフのリが促音化し、やがて脱落したとされる。→のりと

例「親ののたまふことを、ひたぶるに否び申さむことのいとほしさに」（竹取物語）

のっぴきならない【退っ引きならない】

避けることも退くこともできない。どうにもならない。「退（の）く」と「引く」が合わさった「退き引き」が変化して、「のっぴき」となった。

例「あまつさへ私の身を書き入れ、のっぴきならぬやうに身をつなぎとどめられ候ふ」（浮世草子・新色五巻書・二・五）

のっぺらぼう

一面平らで凹凸がないさまや変化に乏しいさまを言う。また、顔に目、鼻、口のない化け物をさすこともある。『大言海』は「延棒（のびぼう）の急転呼」した「のっぽう」に語源をもとめるが、「ぬっぺらぽん」「ぬっぺらぼう」の方が古いので、この転と考えられる。「ぬっぺらぽん」「ぬっぺらぼう」は近世前期から、「霞んではぬっぺらぽんの此の世界」（雑俳・住吉おどり）などと用いられた。これらは擬声語の「ぬっぺり」に由来する。語末の「ぼう」は「けちんぼう」「かくれんぼう」などの「坊」だろう（「坊」の場合、歴史的仮名遣いは「ばう」）。

例「のっぺらほふに少将も気が付かず」（雑俳・柳多留・六三）

のど【喉・咽】

口の奥にあって、食道や気道に通じている部分のこと。古くにあった「のみと」が、ノミト（ド）→ノムド→ノンド→ノドの

ように変化してできた語。「のみと」は「飲み門（と）」の意。訓点資料などに「喉　ノミド」（新訳華厳経音義私記）、『*十巻本和名抄』に「喉〈略〉能无度（のむど）」とある。漢字「咽（いん）」はのどの上部、「喉（こう）」は下部の意。

例「御のどかはかせ給ひて、水ほしがらせ給ふ」（宇治拾遺物語・七・五）

のどか【長閑】

静かで穏やかなさまを表す。末尾の「か」は接尾語。「のど」は「のどに」「のどけし」「のどやか」「のどむ」などの形でも用いられ、「なだらか」の「なだ」とは同源で、その母音交替形といわれる（岩波古語辞典補訂版）。「のどに」という形は上代から見られるが、「のどか」は平安時代になって例が見られる。

例「三月三日は、うらうらとのどかに照りたる」（枕草子・四・三月三日は）

のどぼとけ【喉仏】

のどの中間、甲状軟骨の突き出ているところ。成年男子の特徴である。骨の形が、座って仏道修行をするときの姿、あるいは、仏様が座っているように見えるためこの名がある。「のどぼとけさま」「のどのほとけさま」とも言われた。浄瑠璃の『夏祭浪花鑑』（五）に「首しめのならひ事、よう見ようぞや、此ののどの仏様を、かうぐっとしめ付けて」の例が見られる。「のどぼとけ」は近世以降の言い方で、中世においては「結喉（けっこう）」などと言った。平田篤胤の『志都の岩屋講本』（下）には「扨其の工合に付いて居る物は、結喉と云ふ物で、俗にのど仏とか云って人を火葬にして見ると、どうか人の居ってゐる形のやうにも見えるから、例の坊主共の杜撰にのどぼとけなどと名を付けた物でござる」とある。

のびる【野蒜】

ユリ科の多年草。「のびる」は野生の「ひる」の意。「ひる」はニンニクやノビルの総称で古い言い方。ヒルの語源は擬態語とするものが多い。『*和訓栞』は「味のひらひらするをいふ也」とし、『*名言通』（上）は「蒜　ヒヒラグ也」とする。

例「いざ子ども　怒毘流（のびる）摘みに　比流（ひる）摘みに」（古事記・中）

のぶとい【野太い】 文語 のぶとし

ずうずうしい。ずぶとい。もともとは「篦（の）」＋「太し」で、矢の篦が太いという意を表していた。「篦」は矢の竹の部分を指す。したがって、「野」は当て字である。現代語では「野太い声」など、声が太いさまを表すことが多い。

例「倜儻　ノブトシ」（書言字考節用集）「女学生といったたってそんな野太い奴もいるんですから」（石坂洋次郎・若い人・昭和八〜一二年）

のべつまくなし【のべつ幕無し】

絶え間なく続くさま。この語は芝居から出たと言われる。「の

べつ」の「のべ」は「延（のべ）」と関係があるかと思われるが、不明。「のべつ」は「是からのべつにぶっさはぐぞ」（人情本・春秋二季種・三中）のように、ひっきりなしの意味で使われていた。「幕なし」は芝居の幕を下ろさずに芝居を続けること。

例「当分の間は、のべつ幕無しに出勤致し候為め」（夏目漱石・吾輩は猫である・明治三八〜三九年）

のべる【述べる】 文語 **のぶ**

順を追って説明してゆく。「のべる」は「言う」に比べて長く話すことからも推察されるように、動詞「のぶ（延）」と同源であるとされる。

例「正（ただ）に心緒（おもひ）を述（のぶ）」（万葉集・一一・二三六八題詞）「なほなほしき事どもを、言ひかはしてなむ、心のべける」（源氏物語・東屋）

のぼり【幟】

旗の一種。動詞「上（のぼ）る」の連用形からできた名詞「上り」と同源である。旗は高く掲げるものなので、「のぼり」といった。軍旗として一五世紀頃から用いられた。その後、商用に用いるなど、用途が広がっていった。端午（たんご）の節供に飾られる「五月幟」を指すこともある。「幟は紙をつぎて素人絵を頼み」（浮世草子・好色一代女・六・一）。ちなみに、鯉幟（こいのぼり）は幕末頃にできたとされる。

例「Nobori〈略〉戦争の時に兵士が携行する旗」（日葡辞書）

のみ【蚤】

隠翅目に属する、血を吸う昆虫。語源説は種々あるが、不明。『日本釈名』*などは、「のむ也。人の血をのむ虫也」といい、『大言海』は「仲虫（のむし）の約、飛びはぬる意」という。いずれも説得力を欠く。

例「蚤もいとにくし。衣（きぬ）のしたにをどりありきて、もたぐるやうにする」（枕草子・二八・にくきもの）

のみとりまなこ【蚤取り眼】

ノミを取る時のような目つき。細かなことでも見逃さない探し方のたとえに、近世から使った。

例「何なり共ひらはんと蚤とり眼にて見てゐる」（咄本・当世軽口咄揃・四）

のみのいち【蚤の市】

古物市。もとは、パリ郊外の中古品の露店市を指した語で、フランス語 marché（市場） aux puces（ノミ）を直訳した語。英語に直訳すると flea（フリー。蚤の意） market となる。日本でフリーマーケットと言っているのは、この英語に由来する（free market ではない）。

例「早く上ってご覧なさいましよ、蚤の市から競りが始まってしまったのでございます」（岡本かの子・生々流転・昭和一四年）

のらねこ【野良猫】

家で飼われていない猫。「のら」は「野」に接尾語「ら」の付いた語で、野原や田畑を意味する。いずれも人の住む町や村ではない所を指す。「のらねこ」「のら犬」などの「のら」は人家に飼われていないということを表す。

例「まくず原下はひありくのらねこのなつけがたきは妹が心か」(夫木集・二七)

のり【法・則】
教え、規則など、則(のっと)るべき事柄。動詞「のる(宣・告)」の連用形が名詞化したもの。『*日本釈名』に「告(のり)なり」とある。『大言海』も「上より告(の)り給ふことは、掟(おきて)となる意」という。
例「ほとけにあひたてまつり、のりをきくべし」(宇津保物語・俊蔭)

のり【糊】
接着剤。語源不詳ながら、「練(ね)り」の転という説が受け入れやすい。これに近い説は、江戸時代の『*和句解』に見える。すなわち、「米の練りたると云ふ、上略か」と説く。
例「又下白米弐升、右、合白土能理汁料(白土と合はせて糊汁の料とす)」(正倉院文書・天平宝字六年七月一日・造石山寺所食物用帳)

のり【海苔】
紅藻類・藍藻類などの藻類で食用とするものの総称。語源不明。『大言海』は「粘滑(ぬるぬる)の義、海藻を、ナノリソと云ふに起ると云ふは、いかが」という。「なのりそ」はホンダワラの古名。
例「浜浦(はま)の上に多(さは)に海苔〈俗(くにひと)、乃理(のり)といふ〉を乾せりき」(常陸国風土記・信太郡)

のりと【祝詞】
儀式の折に神に向かって奏する言葉。「のり」は動詞「のる(宣・告)」の連用形。動詞「のる」は重大な発言行為を意味し、「のろふ」を派生したことでも分かるように、呪術的な意味を持っていた。「のりと」の「と」については「言(こと)」の省略、ところの意、呪力を持つものなど諸説ある。呪術に関する「と」は「ことど(=夫婦絶縁のための呪言)」「とこひど(=人を呪う呪物)」などの語末の「と」と同じといわれている。↓のろう
例「天つ祝詞(のりと)の太祝詞事(ふとのりとごと)を宣れ」(祝詞・六月の晦の大祓)

のるかそるか【伸るか反るか】
うまくいくかどうか思い切って。いちかばちか。近世、「のるかふ(ん)ぞるか」の形もあって、こちらの方が古い。「直に抜け参りの覚悟、のるかふんぞるかのしあんにして」(浮世草子・立身大福帳)は、元禄一六年(一七〇三)の作。「のる」は伸びる意で、「ふんぞる」も「そる」もそりかえる意味。まっす

ぐ伸びる動作と反りかえる動作という二つの違う動作を並べて、どちらにするか、その選択によって成功か失敗か全く反対の結果になるたとえとしたもの。

例「乗るか反るか、お上さんはここで最後の運を試すんだよ」（徳田秋声・あらくれ・大正四年）

ノルマ

仕事量の最低基準。ロシア語 norma による。旧ソ連で労働者にわりあてられた、一定期間内の仕事量をいう。第二次世界大戦後、ソ連圏（特にシベリア）に拘留されていた日本人が帰国してから使われるようになった言葉。

例「ノルマはあるにはあったが、完遂できねば叱言《こごと》をいわれる位で」（梅崎春生・赤帯の話・昭和二四年）

のれん【暖簾】

屋号などを書いて店の出入り口などに掲げる布。「のんれん（暖簾）」の変化した語。ノンは「暖」の唐音。これに簾《すだれ》の意味の「れん」が付いてできた。「のんれん」→「のうれん」→「のれん」のように変化した。本来は、禅家で寒さを防ぐため簾のすき間をなくす垂れ幕のことを指していた。「のれん」は店の象徴としても用いられることがあり、「暖簾をおろす」は閉店すること、「暖簾に傷がつく」は店の名誉に傷がつくことをいう。また、「のれんわけ」は長年働いた店の者に店を持たせ、屋号を名乗ることを許すこと。

例「暖簾は〈略〉専ら木綿製なり。また地紺、記号及び屋号等を白く染め抜くなり」（随筆・守貞漫稿）

のろう のろふ【呪う】

人に災いがふりかかるようにと神仏に祈る。呪力を持った発言である動詞「のる（告）」に「ふ」が付いてできた語。「ふ」は上代、継続の意味を表す助動詞で、「かたらふ（語）」「うつらふ（移）」などと用いられた。

例「汝、牛を呪ひて殺せり」（日本霊異記・上・二〇）

のろける【惚気る】

いい気になって、自分の恋人、妻や夫などのことを話す。語源不明。近世後期から用いられた。もと「間がな透《すき》がなお縁さんの傍へ倚《よっ》て、のろけた顔を見なな」（滑稽本・浮世風呂・三・下）のように使われた。この場合の意味は「惚れた女（＝お縁さん）に甘い顔」である。「のろける」の「のろ」は「鈍《のろ》」に関係すると思われる。惚れているさまは外から見ればのろくさく見えるからである。「のろけをいう」の「のろけ」はこの動詞の連用形の名詞化。

例「おまへに丹さんのこともはなして、のろけようとおもった時があったくらゐ」（人情本・春色辰巳園・後・七上）

のろし【狼煙】

煙を上げて行う合図のこと。語源不明。『大言海』は「ノロは野《のら》の転、シは気なり。風雨《あらし》、虹《にじ》のシと同義」

という。「あらし」の「し」は『大言海』自身、風と解しており、「気」とどう結び付くか説明不足である。中国で狼の糞を混ぜて焚いたことから、「狼烟」「狼煙」の表記がある。中世以前は「飛ぶ火」と言った。現代語では、「反撃ののろしを上げる」のように比喩的に用いられることが多い。

例「狼煙と書きてのろしとよむなれば、狼の子細あるべき事也」（軍記・北条五代記・八）

のろま【野呂松】

愚鈍で間抜けなさま。江戸時代にできた「のろま人形」の略。のろま人形は、寛文・延宝（一六六一～八一年）の頃、野呂松勘兵衛という人形遣いが使った、愚かな顔つきの人形。これでこっけいな狂言を演じたので、愚か者の称となった。なお、「のろま」の「のろ」は形容詞「のろい（鈍）」の「のろ」を連想させるが、これを直接の語源とすると「ま」の説明に窮することになる。

例「わっちらが所の野呂馬どののろまなりゃア、あの又おかみさんもあんまりじゃアござりませんかへ」（滑稽本・東海道中膝栗毛・発端）

のわき【野分】

秋から冬にかけて吹く強風、暴風のことをいう。のわきの風。「のわけ」ともいう。野の草を吹き分けて通ることから、「野わき」という。

例「野分のまたの日こそ、いみじうあはれにをかしけれ」（枕草子・二〇〇・野分のまたの日こそ）

のんき【呑気・暢気・暖気】

性格がのんびりしていること。気が長いこと。元来は「暖気」で、「のん」は「暖」の唐音。中国では文字通り「暖かい気候」を意味する語であったが、日本では気晴らし、遊山の意で用いられた。「Nonqi　ノンキ（暖気）　気晴らし」（日葡辞書）。気晴らしをすれば、のんびりするという訳で、今のような性格を表す語になった。「呑気」「暢気」の表記は当て字である。

例「はて大束（おおたば）に呑気なものぢやな」（歌舞伎・高麗大和皇白波・五立）「暖気　ノンキ　遊山義也」（文明本節用集）

のんだくれ【飲んだくれ】

いつも飲んでだらしのない人。『大言海』は「呑みたがりの転」というが、語源不明。「たくれ」は「ひょうたくれ」「へったくれ」などと用いられていたので、ののしりの言葉を作る接尾語である。ただし、その素性は分からない。「たくれる」という動詞があるが、まくれる、しりぞくといった意味なので、これも結びつきにくい。

例「何程のんだくれの私でも」（人情本・三日月於専・五）

は

パーマ

髪にウエーブを付けること。パーマネント・ウエーブ（英語permanent wave）の略。permanentは、永久のとか長持ちするという意味で、髪のウエーブが長持ちするように熱や薬品で処理することからの命名。昭和の初期から使われ出し、次第にパーマネントと略され、更にパーマというようになった。

例「あの娘さんパーマしないの？」（円地文子・髪・昭和三一年）

ばいう【梅雨】

六月ごろ日本および揚子江沿岸地方で長期間降り続く雨、またその期間。中国唐代の『歳華紀麗』の「四月梅雨」の注に、「梅熟時雨（梅熟する時の雨）」とある。『大言海』は「梅実、黄熟の候にて、黄梅雨の義と云ふ。或いは云ふ。この候、衣物、皆黴（かび）を生ず、黴雨（ばいう）の義なりと」。別名「つゆ」、「梅霖（ばいりん）」（「霖」は長雨の意）。陰暦五月に降ることから五月雨（さみだれ）とも言う。

例「于時桂月漸傾、梅雨斜落（時に桂月漸く傾き、梅雨斜めに落つ）」（本朝文粋・九・鴻臚館餞北客帰郷詩序）

ハイカラ

新しがりで西洋風を真似ること。英語 high collar に由来する。high collar は「高い襟」の意で、初めは「高襟（ハイカラ）を着け」（内田魯庵・社会百面相・明治三五年）のように、高い襟そのものを表したが、やがて西洋風を真似る新しがり屋を意味するようになった。毎日新聞の記者、石川半七が明治三一、三二年頃使い出したものと言う。ハイカラをもじって造られた反対語が「蛮カラ」である。

例「あすこの娘がハイカラで生意気だから艶書を送ったんです」（夏目漱石・吾輩は猫である・明治三八～三九年）

バイキング

一定の料金で、並べられた多くの料理の中から選んで好きなだけ食べる方式。「バイキング料理」の略。バイキング（英語Viking）は、八世紀末から一一世紀にかけてデンマークやスカンジナビア半島を拠点として活躍した北ゲルマン人の別称。海賊の俗称ともなった。一六世紀以来、スウェーデンでは料理をテーブルにすべて並べ、皆で取り分けて食べるやり方が行われるようになった。その食べ方（スモーガスボードと言う）を取り入れて、昭和三三年に帝国ホテルが「バイキング料理」と名付けて供したのが、日本におけるバイキングの始まりと言われる。

はいく【俳句】
五・七・五の一七音を定型とし、季語を含む短詩。「俳諧の句」を縮めた言い方。現在の「俳句」という言い方は明治中頃の正岡子規による俳諧革新運動以降広まった呼称で、それ以前は「俳諧」と言うことが多かった。俳諧とは*『元和本下学集』に「俳諧　ハイカイ、戯ムレノ義」とあるように、滑稽、おどけの意。近世、連歌に滑稽味を持たせ、漢語・俗語などを用いた俳諧(連句)が盛んに行われた。その発句(ほっく)(=最初の一句)だけを独立させたものが現在の俳句に当たる。近世の用法では発句以外の連句中の句も全て「俳諧の句」「俳句」と呼ぶ。

はいけい【拝啓】
手紙の冒頭に用いる挨拶の語。和製漢語。「拝」は自分の動作の及ぶ相手を尊敬する、「啓」は口を開く、言うの意。「拝啓」は「つつしんで申し上げる」という意味。「謹啓」「粛啓」も同じ意味の語。
例「拝啓仕候、追日炎暑酷敷相成候処」(坪内逍遥・当世書生気質・明治一八～一九年)

はいけい【背景】
絵や写真で主要な対象の背後にある光景。英語 back-ground の訳語として明治後期に造られた和製漢語。現代演劇の発達により生まれた語で、今日では中国でも用いている。江戸時代には「書き割り」という語が使われていた。演劇だけでなく、絵や写真にもいうようになり、一般に「人物の背後の景色」を指すようになった。さらに比喩的に、物事の裏に隠された事情や、思想や行動の根拠などを表すようになった。
例「芝居を見るにはそれで沢山だと考えて、唐めいた装束や背景を眺めていた」(夏目漱石・三四郎・明治四一年)

ばいしゅん【売春】
女性が金銭のために不特定の男性と性交渉を持つこと。明治時代中期頃から使用され始めた和製漢語。「売春」は、直訳すれば「春」を「売る」という意味になる。明治時代に「春をひさぐ」という言葉が使用されるようになったことによって、「売春」という語ができたものと思われる。「春」とは「春情」のことで、男女間の情欲、特に女の男を思う心を指す。中国においては「売笑」が宋代から使われているが、日本ではあまり受け入れられず、漢語の流行によって明治時代頃から「売笑婦」という言い方で使用されるようになった。字音語としては「売色」(中国語には見えない語)が江戸時代から使用されていた。なお、明治時代の法律では「売淫」(この語は中国明代から見える)が使用された(刑法四二五条)。現代、特に「売春」が使用されているのは、昭和三一年の「売春防止法」によるもので、「売春」が法律用語として採用さ

れたことによる。

はいすいのじん《―ぢん》【背水の陣】
一歩も退くことのできない絶体絶命の立場に身を置いて事に当たること。『史記』の「淮陰（わいいん）侯伝」にある故事による。漢の韓信が趙を攻めた時、わざと川を背にして退けば溺れるという陣立てを構え、味方に決死の覚悟をさせて大いに敵を破ったという。現代では「背水の陣を敷く」「背水の陣で臨む」などと使われる。
例「前に川有りて後に大山峙（そばだち）たれば、〈略〉韓信が兵書を編（さみ）して背水の陣を張りしに違へり」（太平記・三二・山名右衛佐為敵事）

はいたつ【配達】
それぞれの家に届けること。「達」はとどける意。「配り達す」を音読して造った明治期の和製漢語。ハイダツとも。明治初期の辞書『布令字弁』に「配達　ハイダツ　クバリタッス」とある。なお、配りあてる意の「配置」は中世から見られる和製漢語である。
例「そこに郵便脚夫が配達すると」（田山花袋・蒲団・明治四〇年）

はいつくばう《はひつくばふ》【這い蹲う】
這うようにしてうずくまりかしこまる。「はい」は「這（は）う」の連用形。うずくまる意の「つくばう」は「突く＋這う」の転。この「突く」は「額づく」の「つく」で頭、額などを地面に付けることである。
例「皆はいつくばうてすすむぞ」（抄物・史記抄・五）

はいる《はひる》【入る】
中の方へ移る。「這（は）ひ＋入（い）る」から転じた語。平安時代には「はひる」の形で這って中へ移るの意味で使われたが、次第に「這う」意味を失って、「入（い）る」の意味で使われるようになった。中世後期からは「いる」よりも「はいる」の方が一般的になった。
例「片山のやぶの中にはいりあをのけにふし」（平家物語・五・文覚荒行）「皆迹をくらまし、名を隠して山にはいりいたを」（抄物・史記抄・一〇）

はえ《はへ》【蠅】
双翅目の昆虫。語源説は種々あるが、不明。『*東雅』は「義不詳」とした後、「はえ」の「は」は「羽」であるという説と、ハエの立てる音によるという二つの説を記す。すなわち、「凡そ虫の名に、ハといふをもてよぶは、皆羽あるもの也。〈略〉旧事、古事、日本紀等にみえし所によれば、ハへとは其の声あるによりていひし所に似たり」（東雅）という。また、『大言海』は「羽延（はは）への略。羽（は）ふる意の語ならむ」という。現在でも、ハエをハイと訛ることがあるが、中世では、ハエよりもハイの形の方が優勢であった。その頃の辞書類には、多くハイ

の形で出てくる。たとえば、『日葡辞書』*は、「Fai（ハイ）」の形で載せている。

例「はへこそにくき物のうちにいれつべく、愛敬なき物はあれ」（枕草子・四三・虫は）

はえぬき【生え抜き】

初めからその会社や組織に所属していること。「生え抜く」という動詞の連用形から転じて名詞になった語。「生え抜く」はその土地で生まれ、ずっとそこで成長するという意味で使われる。「吉原で生へぬいたやうに口を利くから」（洒落本・南江駅話）。明治以後、今のような比喩的用法を生じた。

例「ともに横浜以来の、古い、生え抜きの座員だったには違いないが」（久保田万太郎・春泥・昭和三年）

はおり【羽織】

着物の上にまとう裾の短めの衣類。防寒用のものもあるが、多くは礼装として着るもの。表記から、鳥の羽を織り込んだものという説も見られるが、『貞丈雑記』*では旧記に見えず心得がたいとして、「はふりかける故の名なるべし」とする。「はふり」は「はふる（放）」で、帯をせずに（裾を）はなち着ることから来ているとする。古くは「胴服」と言い、「羽織」が用いられるのは、近世に入ってから。この「羽織」を活用させて、「はおる（羽織る）」という動詞が作られた。

例「鷹の羽ちらしに付けたる花色平袖の御羽織を召」（軍記・大坂軍記・慶長一九年）

ばか【馬鹿】

知能が劣り愚かなこと。語源不明。梵語の moha（モーハ）、あるいは mahallaka（マハッラカ）の音訳から転じた語か。この説は近世からあり、『大言海』もこれによる。「馬鹿は当て字なり。梵語 Moha〔慕何（モカ）、痴と訳す〕、又は Mahallaka〔摩訶羅（マカラ）、無智と訳す〕の転にて、僧の隠語に起れる語と云ふ」（大言海）。これが現在、最も有力な説である。ただし広く流布しているのは『史記』「秦始皇本紀」の次の故事から出たとする通俗語源説である。「趙高持鹿献於二世、曰馬也、二世問左右、左右或言鹿、或言馬、趙高以法中言鹿者（趙高、鹿を持ちて二世に献じ、馬なりと云ふ。二世、左右に問ふ。左右、或いは鹿と言ひ、或いは馬と言ふ。趙高、法を以て鹿と言ふ者を中（そこな）ふ）」。宦官趙高が始皇帝の後継者を愚者扱いにして鹿を馬と言って献じたことから出たというのである。他の語源説としては、雅語形容詞「はかなし」の語根の強調形（新明解国語辞典六版）という、比較的新しい説がある。

例「何たる馬嫁（ばか）も、むさと知行を取るぞと心得て」（甲陽軍鑑・品一三）

はがいじめ はがひじめ **【羽交い締め】**

背後から相手の脇の下に両腕を通し、手を相手の襟首のあ

たりで組んでしめること。その状態を鳥の羽がいにたとえた言い方。「羽がい」は鳥の両の翼が(背中で)交差するところ。相手の腋の下を通した手を締めるため組む(交差させる)ことから「はがい」という。
例「得手物かことりつかひの羽がひじめ」(俳諧・崑山集・七・秋)

はかがゆく【捗が行く】
仕事などが順調に進む。→はかどる
例「いかうはかがゆくよ」(虎明本狂言・瓜盗人)

はがき【葉書】
郵便葉書の略。その紙切れのような短小な形態から「はがき」と名付けられたものだろう。明治三年から四年にかけて、郵便制度が整えられた際、紙幣局印刷部の監督青江秀の案で、ポストカードに「はがき」の語を当てた。郵便葉書には「郵便はがき」または「郵便はがき印紙」と印刷され、公文書では「はがき紙」「葉書」「端書」等いろいろに書かれたが、明治一六年ごろから「葉書」という表記に固定した。「はがき」という語は古くからあり、近世、仮の徴税令書や金銭として通用する紙片(一地方で通用する紙幣、銭湯の回数券など)などを「はがき」と言った。
例「端書の一本も下さらないとは」(坪内逍遥・当世書生気質・明治一八〜一九年)

は

はかせ【博士】
学問や、ある方面の知識や技術に詳しい人。「博士」は、中国において、最初は博学の人を指していたが、秦の時代に官職名となり、古今の故実に通じて朝廷の儀礼をつかさどる役目を担っていた。漢の武帝の時に五経博士(=易経・書経・詩経・春秋・礼記を教授した者)が置かれた。日本では、応神天皇の時、百済から遣わされた阿直伎(あちき)が「博士」と呼ばれており(日本書紀・応神一五年八月)、継体天皇の時にも五経博士が貢(たてま)つられた(継体七年六月)。その後、令制で教育職として各種の博士が置かれた。「博士のうちつゞき女児むませたる」(枕草子・一二五・すさまじきもの)。「博」にはハカの漢字音がないことから、「博士」を「ハカセ」と読むのは百済の音の影響かといわれる。また、明治二〇年の最初の学位令によって、「博士」(正しくは「はくし」)が制定されたが、この「博士」は英語 doctor に対応する訳語である。

ばかたれ【馬鹿たれ】
ばかやろう。人をあざけっていう言葉に「はなたれ」や「くそたれ」があるが、これらは、「鼻汁を垂らしているような子供・未熟者」、「糞を垂る(=する)者」ということから来ており、「たれ」には動詞「垂れる」の意味が残っている。これが単に人をけなす語尾として意識されるようになると、「悪たれ」(=

乱暴者）「しみったれ」（＝けち）等の言い方が現れ、更に、それだけで罵る語である「ばか・あほ」について意味を強めた「ばかたれ・あほたれ」という言い方が出て来た。大阪方言では他に「へげたれ」（＝弱虫）「がしんたれ」（＝甲斐性無し）などの言い方もある。

例「ばかたれ　馬鹿の事」（洒落本・真女意題・陸野奥右衛門国詞）

はかどる【捗る】

物事や仕事が順調に進む。名詞「はか」に動詞「とる」が続き、「はかとる」となり、後に濁音化した語。「はか」は動詞「はかる」や形容詞「はかなし」、「はか（が）ゆく」などの「はか」で、なすべき仕事の量、目安などを意味する。「とる」は仕事を遂行するという意味である。現在でも使う「はかが行く」という表現は平安時代以来ずっと用いられているが、「はかどる」の用例は、江戸時代にならないと見られない。

例「眼を煩ひ、善峰に来て、養生すれどもはかどらず」（浮世草子・男色大鑑・二・一）

はかない【果無い・儚い】 文語 **はかなし**

消えてなくなりやすい。頼りない。「はかる」「はかどる」「はかがゆく」などという、仕事の目標量、進み具合の意の「はか」に、形容詞「無し」が付いてできた語。「はか」が「無い」、すなわち、物事が思い通りに進まないということから、頼りない、消えやすいと転じた。「はか」を重ねた「はかばかしい」は「はかない」の反対語である。中古に用いられた「はかなくなる」は「死ぬ」を意味した。「いといたく思ひ歎きて、はかなくなり侍りにしかば」（源氏物語・帚木）。

例「行く水に数かくよりもはかなきは思はぬ人を思ふなりけり」（古今集・恋一）

はかばかしい【捗々しい】 文語 **はかばかし**

作業などの順調に進む状態を表す。「はか」を重ねて形容詞化した語。「はか」は「はかる」「はかない」「はかがゆく」などの「はか」と同じで目当て、進み具合などを表す。「はかる」はこの「はか」に動詞化の接尾語「る」を付けたもの。↓はかない

例「かやうの御歩きには、随身がらこそ、はかばかしきことも、あるべけれ」（源氏物語・末摘花）

はかま【袴】

和服の着物の上から着けて、腰から下をおおうゆったりした衣服。語源について、『日本釈名』*は「帯裳（はきも）なり。〈略〉腰より下に帯ぶるを、はくと云ふ〈略〉裳は腰より下の服なり」という。『大言海』も「穿裳（はきも）の転」とする。『天治本*新撰字鏡』に「褌」を「志太乃波加万（したのはかま）」と説明しており、「はかま」はもと、腰にじかに着ける下着であったと思われる。

例「袴一つ著（き）て、所々あらはに、身につきたるをおもふに、

は

いといみじとはおろかなり」(落窪物語・一)

はがゆい【歯痒い】 (文語) **はがゆし**

じれったい。歯がむずむずしても他の所のように掻くわけにもいかない。そのもどかしさから生まれた言い方。

例「喰ひついたはがゆう成て坊んが乳」(雑俳・軽口頓作)

はぎ【萩】

マメ科ハギ属の植物の総称。落葉低木あるいは多年草である。秋の七草の一つ。語源不明。『大言海』は「生芽(はえき)の意。宿根より芽を生ずればなり」という。古く中国では「萩」(音シウ)というと、キク科の多年草であるカワラヨモギのことを指した。中国では現代に至るまで「萩」という漢字に植物のハギの意はない。日本でこの植物に「萩」の字を当てるのは、秋に花を咲かせることからである。

ばきゃくをあらわす《—あらはす》【馬脚を露す】

ばけの皮がはがれる。芝居で馬の役というものがあり、前脚と頭に一人、胴と後ろ脚に一人の二人組みで一頭の馬になる。その馬の脚の役者がうっかり姿を見せ、人間の正体を露してしまう意から、包みかくしていた事が表に現れることを言う。中国の元曲に「怕露出馬脚来(馬脚を露出し来たらんことをおそる)」とあることから。

例「馬脚を露し給ふな」(読本・近世説美少年録・三・二九)

はくがつく【箔が付く】

貫禄が付く。「はく(箔)」とは、金属をたたいて紙のように薄く平らに延ばしたものをいう。箔を置けば工芸品の美しさが増すことから、「箔が付く」で値打ちが高まることを表すようになった。近世から例が見られる。後れて反対の意で「箔が落ちる(剝げる)」という言い方も行われた。

例「結構な人であったと言はるるは箔の付いたる仏とやなる」(狂歌・銀葉夷歌集・釈教)

はくがんし【白眼視】

冷たい目で見ること。冷淡に扱うこと。下からにらむようにすると白眼が多くなる。白眼で見るとはこのような目付きで見ることで、そこから冷遇を意味するようになったものかと思われる。『晋書』「阮籍伝」の、「以白眼対之(白眼をもってこれに対す)」に基づく。竹林の七賢の一人、阮籍(げんせき)は、客に親しみを表す時には「青眼」で迎え、いやな相手には「白眼」で対したという。「白眼視」と一語的に用いるのは日本の用法。中国では「白眼看他世上人(白眼にして看他す、世上の人)」のように「視」ではなく「看」を使った例はある。近代に生じた「白い目で見る」という言い方は、この語から生じたと思われる。

はぐくむ【育む】

親鳥がひなを羽で抱いて育てる。大切に守り育てる。「はぐくむ」は「羽(は)包(くく)む」であって、羽で包んで保護する

の義。「くくむ」は、大切につつむ、くるむという意味の動詞で、「はかまにおしくくみて、かき抱き給ふ」（宇津保物語・蔵開・上）などと使った。羽で大切におおい包むということから、鳥に限らず大事に養育する、世話をするなどの意味にもなった。

例「旅人の宿りせむ野に霜降らば吾が子羽裹（はぐくめ）天の鶴群（たづむら）」（万葉集・九・一七九一）

はくじゅ【白寿】

九九歳。九九歳の祝い。「白」という漢字は、「百」から「一」という筆画を除くと「白」になることから、100－1＝99と考え、「白」を九九とし、これに、長寿を祝う「寿」の字を添えた語。現代に作られた和製語。→古稀・喜寿・傘寿・米寿・卒寿

はくしゅう《はくしう》【白秋】

秋の異名。古代中国の陰陽五行説に基づく。五行説では、青・朱・白・玄（黒）の四色が、春夏秋冬の四季、東西南北の四方に相当する。それによって、春夏秋冬の異名がそれぞれ、「青春」「朱夏」「白秋」「玄冬」となった。

はくしょ【白書】

政府が国政の各分野の現状と課題について国民に提出する報告書。「白書」は英語 white paper を和訳した語。イギリス政府の外交についての報告書が白表紙であったことから、政府の公式報告書を一般に white paper というようになった。一方、イギリス議会の報告書は青表紙であることから、blue book と呼ぶ。日本では「白書」は昭和二二年（一九四七）七月に片山哲内閣が発表した「経済実相報告書」に始まる。

はくじん【白人】

白色人種。日本では、「白人」は古く奇形として体の白い「しろこ」を指した。「生白人男女二人」（三代実録・貞観八年七月二五日）。江戸時代には、「しろうと」に「白人」という漢字を当て、音読みして「はくじん」と言った。技芸の未熟な者を指したが、元禄の頃、京都の祇園町や大坂の島の内などの私娼をいうようになった。「素人（はくじん）をしのび連れて」（浮世草子・西鶴織留・六）という例がある。明治になると「白色人種」の意味で使われるようになったが、これは中国語からの借用と思われる。ロブシャイドの『英華字典』*に white man の訳語として既に見られる。

例「其処の人種は黒人か白人かというまで心得ている」（仮名垣魯文・西洋道中膝栗毛・七・下・明治四年）

ばくだん【爆弾】

投下して人を殺傷したり建物を破壊したりするための兵器。英語 bomb、bomb-shell の訳語。『附音挿図英和字彙』*（明治六年）には bomb に対して「爆弾」の表記が見られるが「はじけだま」と振り仮名が付けられている。このような

「爆弾」という表記がバクダンと音読されて漢語として定着したと思われる。明治時代、「爆弾」のほか「爆裂弾」も用いられていた。*『漢英対照いろは辞典』（明治二一年）には「爆弾」も「爆裂弾」も登載されている。

ばくち【博打・博奕】

金銭などを賭けて勝負をすること。「博（ばく）打ち」の略。「博」をバクと読むのは慣用音（または呉音）。「博」にはばくちの意味があり、「博打ち」はばくちをすること。『東寺百合文書』に「はくち以下、禁制仕るべき事」（享徳四年四月一六日）、江戸時代初期の仮名草子『浮世物語』に「今は天下統一して、京も田舎も博奕（ばくち）をうつ事を停止せらる」等とあるように、しばしば禁令が出された。また、江戸時代中期、中井竹山の『草茅危言』には「必竟は米を帳に書きたる迄にて、天下御免の大博奕と云ふ者也」とあり、これは、リスクの大きい商行為をさす例である。なお、表記に使われる「博奕（ばくえき）」は同義の古くからの漢語。

はくちゅう【伯仲】

力などに優劣のないこと。中国で、長兄のことを「伯」、次兄のことを「仲」と言う。「伯仲」は兄と弟のことで、兄弟は似ていて優劣がつけがたい。そこから優劣のつけがたい間柄であることを、中国で「伯仲之間」と言ったことに由来する。

例「（道也先生ノ服装ハ）要するに僕と伯仲の間か」（夏目漱石・野分・明治四〇年）

はくび【白眉】

同種のものの中で最も優れているもの。『三国志』「蜀志」の「馬良伝」の故事による。馬氏に五人の兄弟があり、そろって秀才の名が高かった。その中でも馬良がひときわ優れており、彼の眉に白い毛があったことから、「白眉」をもって最も優れていることのたとえとした、という。

例「あれは歴史小説の中で白眉である」（夏目漱石・吾輩は猫である・明治三八〜三九年）

はくへいせん【白兵戦】

刀などを用いた接近戦。「白兵」は漢籍にある語で、抜き身の刀、槍などの総称。「白」は何もほどこしていないそのままの意、「兵」は武器のこと。「白兵戦」は、漢籍には見られない語で、飛び道具に頼らない刀槍などによる接近戦をいう。『歩兵操典』（昭和三年）には、火器を用いる「火戦」とともに「白兵戦」の語が出てくる。

はくらく【伯楽】

人物を見抜く眼力のある人。「伯楽」は古く中国で天馬を司る星の名であった。また、『荘子』などによれば中国春秋時代に、馬の鑑定の名人がいて、「伯楽」と呼ばれた。この後、馬の良否を見抜くことに巧みな人を一般に「伯楽」と呼び、更に人の良否をよく見抜く人をも称するようになった。『韓愈』

「雑説」に、「世有伯楽、然後有千里馬。千里馬常有、而伯楽不常有。〔世に伯楽ありて、しかる後に千里の馬あり。千里の馬は常にあり、しかうして伯楽は常にはあらず〕」とある。現在、スポーツなどで若い人の才能を見抜いて立派に育てる人を称して「名伯楽」と言うことがある。

ばくろう《ばくらう》【馬喰・博労】

牛馬の売買を生業とする者。漢籍に見える馬を鑑定する名人を意味する「伯楽（はくらく）」が転じたもので、もとは馬に詳しい人を指した。日本の「馬喰」は、古来、馬市で仲買を行うほか、子馬を鑑定して売買を斡旋し、また、馬医も兼ねる。表記はさまざまで、漢語の「伯楽」「博労」のほか「馬喰」「馬口労」などと書いた。「馬喰」の「喰」は国字で、食らう・食べるという意。

バケツ

水などを入れる桶形の容器。英語 bucket に由来する。バケットという形でも使われた。「バケットに雑巾、塵取等の得物を面々用意して」（尾崎紅葉・多情多恨・明治二九年）。「馬尻」という表記をすることもあったが、これは漢字の音を借りたもの。

例「それから馬尻（バケツ）と雑巾迄借りて」（夏目漱石・三四郎・明治四一年）

はごいた【羽子板】

女の子の正月の遊戯、羽根突きに用いる長方形で柄のある板。*『日葡辞書』には「Fago（ハゴ）」という見出しがあり、「それを Fagoita（羽子板）と呼ばれる小さな薄板で、球のようにつくのである」と説明されているところから、「はごいた」は「はご」をつく板と解することができる。「はご」は同じく『日葡辞書』によれば「或る木の実を乾かしたもので、子供がそれに羽根をさし込み」、羽子板でつくと書かれている。「羽子（はご）」という独立した言い方も、「羽子所望之由候間、二つ巻候了」（言継卿記・天文元年正月一三日）のように見える。「羽子」の「子」は接尾辞。正月にこの羽子をつくことは、早く、室町時代の後崇光院の日記『看聞御記（かんもんぎょき）』に見える。

はこいりむすめ【箱入り娘】

大切に育てられ、深窓にあって、みだりに外へ出されない娘。「箱入り」とは大切なものが箱にしまってあること。大切なという意味で「箱入の銀（かね）」（浮世草子・渡世身持談義）のようにも使われた。「箱入り娘」を略して単に「箱入り」ということもあり、「箱入にすれば内にて虫が付き」（柳多留拾遺）という川柳がある。

例「堅い箱入娘」（談義本・教訓不弁舌・一）

はこべ【繁縷】

ナデシコ科の越年草。春の七草の一つ。古名をハクベラとい

は

う。*『天治本新撰字鏡』に「薮〈略〉繁縷細草也　波久戸良（はくべら）」と見える。これが*『観智院本名義抄』に「繁縷　ハコヘラ」とあるようにハコベラとなり、更にラが落ちてハコべとなった。古名であるハクベラの語源は、*『和訓栞』に「葉をくばりしくの義にや」とあり、『大言海』もこの説を載せているが、未詳。漢名は「繁縷（はんる）」。

はさみ【鋏】

二枚の刃ではさんで物を切る道具。切符などに穴をあける器具のこともいう。動詞「はさむ」の連用形の名詞化したもの。二枚の刃ではさんで切ることから「はさみ」という。「御いただき、しるし許（ばかり）はさみて、五戒許、受けさせたてまつり給ふ」（源氏物語・若菜下）の「はさみて」は、はさみで切ることを表す。動詞「はさむ」の語源は諸説あるも不明。

例「鋏とりて、櫛の箱の蓋、さし出でたれば」（源氏物語・手習）

はし【端】

物事の末の部分。語源は諸説あって定めがたい。*『和訓栞』は「始めの義なり」とするが、「端」の意味の力点は初めより終わりのほうにあり、初めをもとの意味として、そこから語源を説くのは不適切である。「端」の「は」は、「山の端（は）」の「は」と同じものであろう。しかし、「し」の正体は分からない。「端」「橋」「箸」の関係についてはさまざまな説があるが、「橋」が二点間を渡すものであるとすれば、その二点に当たるのが「端」である。これらの間には共通する意味があり、平安後期のアクセントから見て単純な結論は出せないものの、同じ語根から出た可能性が考えられる。二点間をつなぐということでは、更に広く「はしら（柱）」「はざま」「はしる（走）」などとの関連も考えられている。→箸・橋

例「縄の端（はし）に鐸（ぬりて）を懸けて、謁（ものまうし）者にいたはることなかれ」（日本書紀・顕宗元年二月・寛文版訓）

はし【箸】

物をはさんで食べるための一対の細い棒。語源は諸説あって定めがたい。*『和句解』は「橋の心か。手と口とへ食物をはこびはたす故か」という。すなわち、「箸」は橋の義だと説く。*『東雅』は「箸をハシといふは、觜（はし）なり。その食を取ることの鳥觜の如くなるをいふなり。また、ハシとは端（はし）なり。古には細く削れる竹の中を折り屈めて、その端と端とを向かひ合はせて食を取りしかば、かく名づけしなり」という。上代の箸はピンセット状だった可能性があり、端と端で物をつまむ。つまり、箸は端のことだというのが『東雅』の説である。*『名言通』（上）は「箸　ハサミ（挟）也」という。以上、「箸」は「端」「橋」「はさむ」などと関連づけて、その語源が説かれているが、平安末期の京都アクセントを見ると次のようになっている。箸：低―高。端：高―高。橋：高―低。階・梯：高―低。は

さむ：低―低―下降。これによれば、箸＝端・橋というような単純な等式は成り立たない。しかし、これらが、「はざま」「はしる（走）」「はしら（柱）」などと共に、二点間をつなぐという意義を共有する点で、同一の語根を持つ可能性は考えられる（時代別国語大辞典上代編）。↓端・橋

例「御波志（はし）四十二口」（皇太神宮儀式帳）

はし【橋】

通るために川などに架け渡したもの。語源は諸説あって、定めがたい。『東雅』は次のようにいう。「古語にハシといひしは、ワタシなどいふ語の如くに、彼と此との絶間を渡すものをいひしなり。堂と基との間を渡すものを階（はし）といひ、高きと下（ひく）きとの間をわたすものを梯（はし）といひ、箸と云ふもの、また鳥の觜（はし）、獣の喙（はし）の如きも、皆これ、その食ふべき物と口との間をわたすものなれば、橋もまた彼の岸・此の岸の絶間をわたすものなる故に、ハシとは名づけいひたりけむ」。すなわち、橋はわたすもので、箸や嘴（くちばし）なども食べ物と口との間を渡すものだと説く。『名言通』（上）は「橋　ハシ（端）也」という。また、『大言海』は「彼岸と此岸との間（はし）に架せるより云ふ」という。平安末期のアクセントから見て、橋＝端・箸というような、単純な結論は出せない。

↓端・箸

例「大臣の橋（はし）を渡る時を伺候（うかが）ひて」（日本書紀・皇極二年二月・図書寮本訓）

はしか【麻疹】

ウイルスによる伝染病。確実な語源とはいいがたいが、麦の実の先端にある針状の毛（＝芒（のぎ））を意味する「はしか」によるという説が、『和訓栞』や『大言海』に見える。「麻疹をいひ麦の芒刺をいふ。ともにいら〳〵として苛酷なる義也」（和訓栞）。のぎの意味の「はしか」も、病気の「はしか」も用例が現れるのは室町時代以降である。『日葡辞書』には、両方の見出しがあり、「のぎ」の意味の項は「Faxica ハシカ（芒）〈略〉nogui（芒）」とある。

例「麻疹（はしか）は命定め疱瘡はみめ定め」（辞書・俚言集覧）

はしけ【艀】

停泊中の船と陸との間を行き来して、乗客や貨物などを運ぶ小舟。「はしけぶね」の略。古く「はし舟」と言っていたことから考えて、「はしけ」の「はし」は、「端」または「橋」だとされる。しかし、「け」は不明である。「はし舟」は『十巻本和名抄』に「游艇、波師不祢（はしふね）」と見える。「はし」の義については『俚言集覧』に「枝舟をハシ舟ともいへるは端と橋との義にて渡すことなるべし」という。

例「強いて端船（はしけ）までも別仕立て」（坪内逍遥・内地雑居未来之夢・明治一九年）

はしご【梯子】

二本の長い材に横木を何本も渡した、高い所に登るために用いる道具。古くは「はし」といった。*『天治本新撰字鏡』では「梯」に「波志」という和訓を付けている。この「梯(はし)」は「階(きざはし)」の「はし」と共通。平面上の二点をつなぐものが「橋」で、上下をつなぐものが「梯」と書き分けられるが、これらも同じものである。「はしご」の「ご」は「はしの子(こ)」の「こ」が濁音化したものと考えられるが、「はしの子」ははしごの踏板のことである。「Faxino co　ハシノコ(橋の子)　梯子の横木」(日葡辞書)。「梯(はし)」が「はしご」になったのは「橋(はし)」と区別するためと思われる。

例「梯　ハシゴ」(書言字考節用集)「二階の階子(はしご)、荒々しく走りあがりて」(坪内逍遥・当世書生気質・明治一八〜一九年)

はしたない　文語 はしたなし

無作法だ。つつしみがなく見苦しい。この語が「はした＋なし」と分析され、「〜なし」は形容詞を作る接尾語であることについては異論がない。しかし「はした」には次の両説がある。一つは、「はした」の「はし」は間の意で、「た」は接尾語とする説(大言海)。間ということから中途半端を意味するようになり、それに「なし」がついたものである。「はし」に間の意のあることは、*『観智院本名義抄』に「間」の訓として「ハシタ」とあることによっても分かる。もう一つは、「はし」を「はす(斜)」の古形とし、∧の形を表し、円形、正方形などに比べて不足なさま、不快な状態などを意味するようになったという説(岩波古語辞典補訂版)である。「はしたなし」は、もとは、中途半端で落ち着かないという意味であった。「おもほえず、ふる里にいとはしたなくてありければ、心地まどひにけり」(伊勢物語・一)。ここから、きまりが悪いの意味が生じ、更に不作法の意味にも使われるようになった。

例「はしたなの女房の溝の越えやうやとて、あやしげに見まゐらせければ」(平家物語・四・信連)

はしゃぐ【燥ぐ】

調子にのって騒ぐ。語源不明。*『日葡辞書』は「Faxiyagui(ハシヤギ)」について、物が乾く意と説明している。それが近世、べらべらしゃべるという意味になったが、これは口が乾くほどしゃべるという訳だろうか。その後、さらに今の意に転じた。この語は、古くは『日葡辞書』の表記に見るように、ハシヤグと発音され、近世でも「声のみや雨にはしやぐ時鳥」(俳諧・毛吹草・五)の「はしやぐ」は音数律から見て、拗音でなく発音されたと考えられる。*『和英語林集成』で見ると、初版・再版は Hashiyagi、三版に至って Hashagi という拗音表記となる。

例「休日の湯屋を見るやうにでえぶはしやぐの」(洒落本・通言総籬)

はしょる【端折る】

着物の裾を折って端を帯などにはさむ。また、一部を省いて短く縮める。「はしおる」の変化したもの。「はし」は「端」、「おる」は「折る」で、物の端を折る意味であるが、特に着物の端、すなわち裾を折って、からげることをいうようになった。裾を折って着物を短くするということから、話などを短く縮める意味にもなった。

例「貴様も尻をはしょった、おれもはしょる」(咄本・鹿の子餅・尻端折)

はしりもの【走り物】

初物(はつもの)。単に「はしり」とも。*『嬉遊笑覧』(一〇上)は二つの語源を挙げる。一説は「今世に初物を走りといふも速き意なりといへり」で、これは*『古事記伝』「速贄」の注に見える説だという。もう一つは、年初に兎や鹿のような走る物を食べる習慣があって、ここから「後何にまれ新しく出で来る物を走りといふこととなれり」という説である。『大言海』は後の方の説、すなわち年初に走り物を食べることから、その年初めて食べる物を「走り物」という、とする。しかし、走れば先行するので、季節に先駆けて出て来たものを「走り(もの)」といったという前の説の方が自然で捨てがたい。類例に「走り梅雨」などがある。「竹の子のはしり三本で五百五十」(心学・松翁道話・五)。

はす【蓮】

スイレン科の多年生水草。インド、中国等の原産。日本には古い時代に中国から渡来した。花が散った後、果実の入った花托が蜂の巣に似ているため、「はち(蜂)+す(巣)」と言われるようになり、後にこのハチスが転じてハスとなった。*『色葉字類抄』(前田本)に「荷　カ　ハチス俗ハス」とある。このように、平安時代まではハスは俗語と意識されていた。ハチスは古くから用いられていた。「日下江(くさかえ)の入江の波知須(はちす)花蓮(はなばちす)」(古事記・下)。漢名は「蓮」。

例「蓮の字をはすといへり」(名語記)

はず【筈】

物事が当然そうなること。道理。「筈」は矢筈(やはず)ともいい、弓に弦を掛ける部分。この筈と弦とはしっくり合うのが当然で、このことから、当然だ、間違いなくそうなるということを「はず」というようになった。この用法は中世から見られる。否定の意での、「はずが合わぬ」(=うまく適合しない)、「はずが違う」(=予定・約束が狂う)、「はずはない」などの言い方も行われた。

例「此の傘をくれうはずはないが、何と思うてくれた」(狂言記・秀句大名)

はすっぱ【蓮っ葉】
浮薄。身持ちが悪いこと。「はすは（蓮葉）」の促音化した語。語源は諸説ある。次の説は江戸以来のもの。「はすは」は「蓮葉女」の略。「（問屋デハ）客馳走のために蓮葉女といふ者を拵へ置きぬ。是は食炊女（めしたきをんな）の見よげなるが、〈略〉随分つらのかは厚うして、人中をおそれず、尻すゑてのちよこちよこありき、びらしやらするがゆゑに此の名を付けぬ。物のよろしからぬを蓮の葉物といふ心也」（浮世草子・好色一代女・五・四）。この説は『大言海』、『近世上方語辞典』も支持し、『大言海』によれば「蓮葉の水をはじくに、ひらしゃらするより、女の其の状をなすに、喩へて云ふ語」である。ただし、次のような説もある。「盆の供物盛りなどに使う蓮の葉のように、その場かぎりの際物商い」という意味で問屋の接客婦を蓮葉女と言ったという説（暉峻康隆・すらんぐ）である。
例「私（わっち）をそんなはすっ葉だとおもひか」（仮名垣魯文・安愚楽鍋・三・下・明治五年）

はぜ【鯊】
ハゼ科の小魚の総称。この魚が勢いよくはねるさまを「はぜる」といい、その名詞形「はぜ」を、その名としたものであろう。『大言海』は「魚、自らはじくるの義」という。
例「弾塗魚　はぜ、俗云波世〔俗にはぜと云ふ〕」（和漢三才図会・四八）

はた【旗】
竿などに布や紙を取り付けて、目印のため高く掲げるもの。竿などに取り付けられた布や紙が風に吹かれて翻るさまをハタハタと形容したのが、この語の起こりである。*『菊池俗言考』に「籏。ハタは風に翻りて鳴る声の波多（はた）めくより云ふか」とある。ここに出て来る「はためく」は「旗めく」であるが、これは近世以降の用法。古く「はためく」は轟（とどろ）くの意であった。「雷電がはためいてまつくらになつたよ」（史記抄・六）。なお、「旗挙げ」は軍の将が目印に立てる旗を高く掲げることで、これから兵を起こしたり、事業を始めたりすることを表す。
例「隠国の泊瀬の山の大峰（おほお）には波多（はた）張り立て」（古事記・下）

はたあげ【旗挙げ】⇩はた（旗）

はたいろ【旗色】
形勢。情勢。「色」は様子の意で、旗の様子ということ。戦場において旗が翻る様子から戦況、勝敗のゆくえを占ったことから、形勢の意になったといわれる。
例「旗色を御覧じて雲気烟気を見わけ」（軍記・甲陽軍鑑・品四）

はだか【裸】

覆いかくすものが無い様子。『＊和句解』は「はだへあかきか」といい、『＊日本釈名』は「はだは肌也。かは赤也。衣をきざるは、はだへあかし」という。『大言海』は「膚明（はだあか）の約」とするが、これは「赤（あか）」と「明（あか）」は同源なので同じ説と見られる。なお、古代の赤色は今よりも広く、青に対する色を表していた。

例「はだかなる人ぞ二人ゐたる」（紫式部日記・寛弘五年一二月三〇日）

はだかいっかん《ーいっくわん》【裸一貫】

自分の体以外、何も財産がないこと。一貫は銭千文の意と思われる。近世「裸百貫」という慣用句があって、無一文でも（男の）裸には百貫文の値打ちがあるという意味で用いられた。「男ははだか百貫と云ふが」（咄本・当世口まね笑・三）。これにならって「裸一貫」を解釈すると、裸でも千文の価値があるとなる。無一文の人をこう言って励ましたことから今の意味になった。

例「あの抵当を皆流させて貰うことにして後は裸一貫でやります」（横光利一・家族会議・昭和一〇年）

はたく【叩く】

叩いて払う。語源ははっきりしないが、「はきたたく」の意から出たものかと思われる。「はたく」は近世に生じた語のようで、古くは、搗（つ）く、ついて粉にするという意味であった。一説によれば、「たたく」の転じたもの、あるいは「はた」は擬音語だという説（角川古語大辞典）もある。掃除用具の「はたき」はこの動詞の連用形の名詞化。

例「いそいできせるはたき夜着ひきかぶり」（洒落本・傾城買四十八手・見ぬかれた手）

はたけ【畑・畠】

野菜などを栽培する耕地。水田に対していう。語源説は諸説あるが、『大言海』は「畠処（はたか）の転」という。「か」は「在処（ありか）」「住処（すみか）」のように名詞または動詞の連用形に付いて場所を表す語素である。「はた」の語源は不明。『岩波古語辞典補訂版』は朝鮮語pat（畑）と同源とする。「はた」単独形の用例は上代に見出せず、確かな例としては、平安時代の『＊色葉字類抄』に「[illegible]　ハタ　畑　同　余田　同」とあるのが古い。「畑」「畠」はともに国字。

例「雨降らず日の重なれば植ゑし田も蒔きし畑も朝ごとにしぼみ枯れゆく」（万葉集・一八・四一二二）

はたご【旅籠】

「旅籠屋（はたごや）」の略で、旅館のこと。語源不明。「はたご」の「ご」は「籠（かご）」の意と思われるが、「はた」は不明。『大言海』は「泊籠（はてこ）」だという。「はたご」はもともと馬の飼料を入れる旅行用の籠の意で、更に食料などを入れる旅行用の籠、宿の食事を言った。「旅籠　ハタゴ　旅宿ノ食也」

（文明本節用集）。近世、「旅籠屋」の形で食事付きの宿を意味するようになった。

例「当国品川の駅（うまや）なる旅籠する扇屋といふもの」（随筆・折たく柴の記・下）

はだし【裸足・跣】

足に何も履いていないこと。『俚言集覧*』に「膚足の義なるべし」とあるように「はだあし」の変化したもの。「はだ」は「肌」、「あし」は「足」で、肌が露出している足の義である。『天治本*新撰字鏡』に「波太志（はだし）」という訓がすでに見られる。「はだしで逃げる」のような慣用句は近世から使われた。「茶の湯は利休がながれをくみ、文作には神楽・願斎もはだしで逃げ」（浮世草子・日本永代蔵・六・二）。この慣用句から派生した語に、「くろうとはだし」「専門家はだし」などがある。

例「Fadaxini ayumi（跣に歩む）」（日葡辞書）

はたしあい《はたしあひ》【果たし合い】

決闘。「果たし合う」の連用形の名詞化。「果たす」はものごとを終わらせるという意味で、そこから、命を終わらせる・殺すという意味が出て来た。「果たし合う」は中世末か近世初頭に例がある。「もはや堪忍成らぬ。果し合ふ」（虎寛本狂言・文山立）。

はたち【二十歳】

二〇歳。「はた」は、二十の意で、今でも「十重二十重（とえはたえ）」などと用いられる。古くは「すべて千うた、はた巻、名づけて古今和歌集といふ」（古今集・仮名序）などとも使われた。「はたち」には、昔は二〇個の意味もあり、「ち」は数詞の「個」の意味であった（大言海など）。この「ち」は「三十（みそち）」「五百箇（いほち）」などの「ち」で、さらには一つ、二つなどの「つ」と同根かといわれる（岩波古語辞典補訂版）。

例「得ならぬ二十（はたち）の若人達の御中にて」（源氏物語・紅葉賀）

はたはた【鰰・鱩】

ハタハタ科の海魚。『大言海』など、ハタハタの語源は「霹靂（はたたがみ）」に由来する、という。「はたたがみ」とは、激しい雷のことである。この魚は、雷鳴の時、産卵のため海岸に近づき、漁が多くなる。そこで、雷に因む名が付けられた、と言う。「はた」は、「はためく」（＝激しく鳴り響く）の「はた」で、擬声語。「はたた雷（がみ）」は「はたはた雷」の略。漢字「鰰」「鱩」は、ともに、雷にちなむ国字。

例「はたはた　鰰、出羽の国秋田の海にある魚也。此の魚活発する故にハタハタと云ふ歟」（辞書・俚言集覧）

はたび【旗日】

国民の祝日。国旗を掲げる日の意。祝日に国旗を掲げる習慣は、明治六年一一月三日の天長節（＝天皇誕生日）に始まるという。この習慣が一般化して「旗日」という俗称が定着

した。

例「日曜とたまの旗日には」（夏目漱石・門・明治四三年）

はたまた【将又】

それともまた。二つの事柄のいずれを選択するか迷う気持ちを表す副詞「はた」に、同じような意味を表す副詞「また」を重ねて、意味を強めた語。「はた」は「二（ふた）」の転といわれる。「また」は、人体の「股」や木の岐（また）と同源とされる。

例「貧賤の報いのみづから悩ますか、はたまた妄心の至りて狂せるか」（方丈記）

はたらく【働く】

労働する。語源不詳。「はたらく」が使われ出した中古では、動く、動作するという意味であった。労働するという意味で用いられるのは、中世以降である。中古の意味から考えて、*『俚言集覧』に「魚などのハタハタと動揺する声なり。ハタメクも同じ言也」とあるのが、「はた」の部分に関しては当たっていると思われる。すなわち、「はたらく」の「はた」はハタハタのような擬声（態）語で、それに「らく」が接尾したものとなる。ただし、この「らく」がどのようなものか、不明である。「はたらく」の語源については、働けば傍（はた）が楽になるからだというような、通俗語源説が流布している。この語源説は「働く」の古い意味に合わないし、また「傍（はた）楽」は名詞で、「働く」は動詞である。なお、「働」の字は国字である。

例「Fataraqi, qu, ita（ハタラキ、ク、イタ）〈略〉労働する。また、戦う」（日葡辞書）

はち【蜂】

蟻を除く膜翅目の昆虫。語源説は種々あるが、不明。『大言海』は「羽霊（はち）の意、毒を畏れて云ふか」とする。この「ち（霊）」は「のづち（野之霊）」「みづち（水霊）」「をろち（蛇）」などの「ち」と同じである。なお、朝鮮語の pöl と同源とする説もある（岩波古語辞典補訂版）。

例「蜂〈略〉二音和名波知（はち）」（二十巻本和名抄）

はち【鉢】

食器の一種。梵語 pātra（容器の意）の音写「鉢多羅」（「応量器」と訳される）の下略形。本来仏教語で、僧が食事や托鉢（たくはつ）の際に用いる、円形の深い容器を言う。「鉢〈略〉俗云波智、学仏道者食器也〔俗に波智（はち）と云ふ。仏道を学ぶ者の食器なり〕」（十巻本和名抄）。後に、一般で用いる、主に陶製で皿よりは深いものを言う。

はちあわせ《はちあはせ》【鉢合せ】

思いがけず出会うこと。「鉢合わせ」の「鉢」は、鉢の形をした頭頂部の周り、頭蓋骨のことで、ここでは頭のこと。出会いがしらに頭と頭をぶつけることというのがもとの意味で、そこから予期せぬ出会いのたとえとなった。

例「額合（はちあわ）せする心配なく」（坪内逍遥・当世書生気

質・明治一八～一九年）

はちくのいきおい ―いきほひ【破竹の勢い】

猛烈な勢い。竹は、一つ節を割ると勢いよく次々に裂けていく性質があることから、とどめようがないほど勢いよく物事が進むことのたとえとなった。「破竹」は中国古典『晋書』の「今兵威已振。譬如破竹（今兵威すでに振るう。譬えば竹を破るが如く）」（杜預伝）に由来する語で、日本では「破竹の如し」で勢いのある様子をいった。

例「破竹の勢ひある義元公の大軍」（歌舞伎・松栄千代田神徳・序）

はちまき【鉢巻き】

頭を布で巻くこと。その布。頭蓋骨を「鉢」と呼ぶことから、そこに布を巻くことを言う。古く、軍装で烏帽子（えぼし）の縁に巻いた。現在でも戦いで気持ちを奮い立たせる時などに巻く。

例「揉烏帽子引立て薄紅梅の鉢巻して」（源平盛衰記・四二・屋嶋合戦事）

ぱちんこ

遊戯の一種。その発生の時期や、命名の由来については明らかでないが、大正九年大阪のメーカーがシカゴから輸入した模型（＝スマートボールのようなものという）をもとにして考案し、パチパチと名付けたという（学研グランド現代百科事典）。このパチパチが「ぱちんこ」に変わったのは、昔からある子供のおもちゃの「ぱちんこ」に引かれたものかと思われる。ゲーム機の「ぱちんこ」ももとは子供の遊具であり、両者ともに弾をはじき飛ばすという共通性を持っていた。

例「友達と喫茶店へ行ったり映画を見たり…パチンコをやったりしてね」（大岡昇平・野火・昭和二三～二六年）

はっか はくか【薄荷】

シソ科の多年草。アジア東部に広く分布している。語源は漢名「薄荷」の字音による。日本では古く「めぐさ（目草・眼草）」といった。目の薬に用いたためである。『正倉院文書』に「鼠走幷目草四枝　各長一丈　広四寸　厚三寸」（天平宝字六年正月一五日）と見える。

例「Facca ハッカ（薄荷）　ある薬」（日葡辞書）

はつか【二十日】

月の第二〇番目の日。二〇個の日。『大言海』は「二十日（はたか）」の転とする。しかし、日本語の数詞の構成を体系的に説明する語形要素として抽出されるウカが付いたとすれば、「はたち」などの「はた」にこのウカが接し、直前の母音アが脱落してできた語である。ローマ字で示せば、fata+uka → fatuka となる。↓ふつか

例「ただ日の経ぬる数を今日いく日（か）、はつか、みそかと数ふれば、指（および）も損なはれぬべし」（土左日記・承平五年

一月二〇日)

はつかねずみ【二十日鼠】

ネズミ科の一種で、体長・尾長ともに約八センチ。語源は諸説あって定まらない。『大言海』は「僅鼠(わつかねずみ)」の義だろうとした後、普通のネズミの生後二〇日くらいの大きさの義という説もあげる。

ばつがわるい【ばつが悪い】

きまりが悪い。ばつは「場都合(ばつごう)」の略と言われる(大言海)。書物の最後に書く「跋(ばつ)」からという説もある。「跋」からという説によれば、「ばつが悪い」は終わりが悪いということから転じたことになる。しかし、「ばつ～」には「ばつが合う」「ばつを合わす」「ばつを言う」「ばつを付ける」「ばつを切る」など、いろいろの言い方があり、それらに共通して適用するとなると「場都合」(=その場の都合)の方がよいと思われる。

例「人が見るとばつがわりいからよ」(三遊亭円朝・真景累ケ淵・明治二一年頃)

はづき【葉月】

陰暦八月の別称。語源は不明であるが、諸説の中では、「葉落ち月」からとするものが多い。一二世紀中頃の歌学書『奥*義抄』は、「木の葉もみぢて落つるゆゑに、葉落ち月といふをあやまれり」という。なお、古くはハツキと清音であった。『日*葡辞書』に「Fatçuqi(ハツキ)」という見出しがある。

例「八月　ハツキ」(色葉字類抄)

バックミラー

自動車やバイクなどで背後を見るために取り付けてある鏡。英語の back(バック)と mirror(ミラー。=鏡)を結びつけて造られた和製語。英語では、rearview mirror という。

例「バック・ミラーの中で、満足したような笑顔を見せて」(大仏次郎・帰郷・昭和二三年)

はっけよい

相撲の行司が土俵上でかける掛け声。『大言海』は、「八卦良い」の意とするが、「早(は)や競(きほ)へ」の転とする説もある。この掛け声は力士の動きが止まったときに、「早く戦え」と催促する掛け声だといわれる(日本国語大辞典二版)ので、「はやきおえ」の転とする方がこれにはよく合う。

例「はっけよいよい　のこった」(石原和三郎・きんたろう・明治三三年)

はっけん【発見】

初めて見つけること。「発見」は漢籍ではハッゲンと「見」を呉音で読み、「発現」と同様「あらわれでること」の意味で使っていた。「見」をケンと漢音で読み、「新たに見つけること」を表すようになったのは、幕末明治期になってからである。ただ、この意味では「発明」の方が早く用いられた。『附音*

挿図英和字彙』（明治六年）の discovery の訳として「発明」はあるが「発見」はない。福沢諭吉はアメリカ大陸発見について、『世界国尽』（明治二年）では「陸地を発明せり」、『西洋事情』（慶応二年）では「亜米利加国を発見せしより」としている。明治一七年刊の『明治英和字典』には、discovery を「発見」、invention を「発明」と訳してあり、使い分けされている。*『和英語林集成』（三版）には hakken（ハッケン）で見出しがあり、discovery と訳されている。→発明

ばっこ【跋扈】

我が物顔に振る舞うこと。「跋」は「踏む、越える」、「扈」は「魚をとる竹かご」。小さい魚は竹かごに入り留まるが、大きい魚は跳び越えて逃げてしまう。「跋扈」とは、「大魚が竹かごを跳び越える」ことから、わがままに振る舞うという意になったといわれる。『後漢書』「梁冀《りょうき》伝」に由来し「往年赤眉跋扈長安〔往年の赤眉長安を跋扈す〕」という文が見える。

はっしん【発信】

電信、電話、ラジオなどの音や音波を送ること。明治後期に造られた和製漢語。当時は郵便物や電報を送ることを言ったが、昭和期に入って、音や電波を送る意味が生まれてきた。

例「発信人は根津の叔父」（島崎藤村・破戒・明治三九年）

ばった【飛蝗・蝗】

バッタ目バッタ科の昆虫の総称。「はたはた」の略転。「はたはた」はこの虫の古名で、この虫が飛ぶ時に立てる音から。*『箋注倭名抄』は「蟓蚸」の項で、和名を「波太波太《はたはた》」とした後、「江戸俗呼跋多《ばった》、即波太波太之譌転」という。

例「ばった草葉に置く霜の」（浄瑠璃・長町女腹切・下）

はつたけ【初茸】

担子菌類ベニタケ科のキノコ。日本特産。食用キノコのうちで秋早く出始めるのでハツタケ（初茸）という名がついたといわれる。*『日葡辞書』には「Fattaqe（ハッタケ）」のように促音化した例が見られ、またハツダケと連濁して言われる場合もある。

例「初茸やまだ日数へぬ秋の露」（俳諧・芭蕉庵小文庫・秋）

はったり

相手をおどそうとして実際よりも誇大に言ったりふるまったりすること。動詞「張る」の連用形に完了などの意味を表す助動詞「たり」が付いた「張りたり」の略転。「張る」は多義的な語なので、「張る」のどの意味から、この語が出て来たか、決めがたい。威勢を示す、気ばるなどの意から出たのではないかと思われる。賭場での掛け声「張ったり張ったり」から出たという説があるが、今の意味に結びつきにくい。

例「そりゃ、君のははったりだ」（横光利一・旅愁・昭和一二

～一二三年）

パッチ

股引（ももひき）。朝鮮語 ba-ji に由来する。江戸では縮緬や絹の物を「パッチ」、木綿の物を「股引」といって区別したが、上方では区別しなかった。

例「ぱっちまくって二人が太股ぐっと突出し」（浄瑠璃・唐船噺今国性爺・下）

バッテラ

鯖（さば）の押し鮨。バッテラ(bateira)は本来、ポルトガル語で舟のこと。幕末明治期には洋式船に備え付けたボートをいうようになった。『航米日録』（万延元年）に「水師提督用意のバッテーラ一艘波頭に奪ひ去らる」とある。押し鮨を指すようになったのは、鯖鮨の形が舟に似ているところからである。

ばってん【罰点】

誤りを示す×の印。×は欧米で、文字を消去したり、誤りを示したりするのに用いられていた。明治になって、その習慣が日本に伝えられ、誤りを示すところから「罰を表す点」として「罰点」と名付けられた。「点」は「印」の意である。

はっぱをかける【発破をかける】

気合を入れる。「発破」とは鉱山や土木工事などで用いるダイナマイトなどの火薬のこと。ハッパの語源は不明。明治三四年の『風俗画報』（二三四号）に「爆発薬をハッパと称し」とある。明治以降使われ出した語である。発破をかけるとは、もとはダイナマイトなどを用いて爆破することであるが、そこから転じて、物事を起爆させるべく強い言葉で気合を入れるさまを言うようになった。

はっぴ【法被・半被】

職人などが着る上掛け。江戸時代には武家の中間（ちゅうげん）などが主家の紋を染め抜いたものを着た。「法被（はっぴ）」は本来、禅宗で椅子を覆う布のことをいった。ハッは「法」の唐音（山田孝雄・国語の中に於ける漢語の研究）。禅宗関係の語彙には唐音が多い。語源について、束帯のときに袍（ほう）と下襲（したがさね）の間に着けた「半臂（はんぴ）」（＝袖のない短い胴衣）から転じたとする説もある。

例「大名の火事羽織はくすべ皮なり。従者は木綿のハッピ」（随筆・春波楼筆記）

はっぽうびじん《はっぱう—》【八方美人】

だれからも良く思われるように如才なくふるまうこと。和製語。「八方」とは四方（東・西・南・北）、四隅（北東・北西・南東・南西）をいうことから、あらゆる方角を意味する。「八方美人」はどの方面からみても美人であることから転じて、現在のような意味になった。

例「八方美人主義は死んでも学ばれない」（森鷗外・羽鳥千

尋・明治四五年）

はっぽうふさがり《はっぱう―》【八方塞がり】

どの方面にも障害があって、手の打ちようがないこと。陰陽道の占いで、事を行うのにどの方角も不吉であることを言ったことから。

例「外に出りゃア、八方ふさがり」（坪内逍遥・当世書生気質・明治一八～一九年）

はつめい【発明】

新しく考え出し作り出すこと。「発明」は漢籍に典拠がある語で、意味は「物事の道理を明らかにすること、明らかに悟ること」であった。中世には、賢いという意味で使われるようになり、*『日葡辞書』にも「Fatmeina fito（発明な人）」という例がある。明治になって、英語 discovery と invention の訳語として使われるようになった。その後、discovery の訳語としては「発見」を用いるようになり、「発明」は invention の訳語としてだけ使われるようになり、現在の意味で一般化した。→発見

例「蒸気機関を発明仕候と、同論にして」（仮名垣魯文・安愚楽鍋・三・下・明治五年）

はで【派手】

姿、かたち、色あいなどが見た目に華やかなこと。三味線組歌のうち、古風な一群の曲を本手組というのに対して、その曲風を破った新様式の一群の曲を破手（端手）組という。「本手」は「本来の手」「本格の手」、「破手（端手）」は「型を破った手」「異端の手」の意で、慶安の頃（一七世紀中ごろ）にできた言い方である。破手組の曲は、テンポが臨時に変化し、細かくにぎやかな演奏をすることが多く、複雑で変った感じを与える。この感覚が音楽以外にも拡大し、一般語になって、「派手」の字が当てられたもの。

例「女良のゆく風俗、うつくしき形にはよらず、破体（はで）なる仕出し、又は名代にて思ひつくもの也」（浮世草子・好色二代男・七・二）

ばてる

動けないほどに疲れる。競馬用語が一般化したといわれる。元気に走っていた馬がゴール近く疲れて抜かれることから一般化した。語源は不明だが、「果てる」の語頭が濁音化したものという説がある。清音を濁音にすると、良くないものを表す傾向が日本語にはある。「さま」に対して、「ざま」は悪い状態を表している。「振れる」に対して「ぶれる」も同様である。

例「忽ち忙しくなって、ばてちゃいますもの」（河野多恵子・蟹・昭和三八年）

バテレン【伴天連】

キリスト教伝来のときに渡来した宣教師、また、キリスト教のこと。室町末期に日本へ伝わった。神父の意を表すポル

は

トガル語　padre（パードレ）が語源。「万天連」「伴天連」など様々な漢字表記が行われ、その字音によってバテレンという語形に定着した。↓キリシタン

はてんこう《はてんくわう》**【破天荒】**

前代未聞のこと。「天荒」は、天地未開の混沌たるさまを言う。中国宋代の『北夢瑣言』などに次のような話が見える。唐代、荊州から毎年挙人を送ったが、進士に合格しなかった。その状態を未開の荒地にたとえて「天荒」と言ったが、大中年間（八四七〜八五九）に劉蛻（りゅうぜい）がはじめて及第し、「為破天荒（天荒を破るとなす）」と言ったという。ここから中国で「破天荒」という言い方が作られた。

例「破天荒の新理論を組成し」（三宅雪嶺・真善美日本人・明治二四年）

はと【鳩】

ハト科ハト目に属する鳥の総称。語源について、『東雅』*は「釈日本紀にはハトは速鳥（はやとり）之義と見えたり。その飛ぶ事の速きをいひしとみえたり」という。『釈日本紀』*（八）には「鴿船者。速鳥之義。速迅之謂也（鴿（はと）船は、速き鳥の義、速迅のいいなり）」と述べられている。このように、上代、鳩は速いもののたとえに使われていたわけで、『東雅』の語源説のよりどころとなる。一方、『大言海』は「羽音を以て呼ぶか、ハタハタトの略」という。語末の「と」は、鳥の略であろうか。

例「はさの山の　波斗（はと）の　下泣きに泣く」（古事記・下）

はとば【波止場】

乗船、荷役のため海中に堤のように作られた設備。波よけ。「はとば」の「ば」は場所を表す「場」。「はと」について『大言海』は「泊（はて）」の転かという。また新村出は『琅玕記』（「邸の字音と「問」の語源）で近世中国語の「馬頭」や「埠頭」などの俗語の転かとする。『日葡辞書』*には「Fato（ハト）」という見出しがあり、下（しも）のことば（すなわち九州のことば）と注記されている。現在でも、新潟県から九州の方言として「はと」が見られる。「はとば」の最古の用例も、豊後（大分県）出身の川路聖謨の日記『島根のすさみ』に見られるように、西日本の言い方が明治以降全国的に使用されるようになったものと思われる。

例「波渡場にてはしけ船へ乗り夫より乗船、船は二十梃櫓也」（島根のすさみ・天保一一年六月二三日）

ハトロンし【ハトロン紙】

洋紙の一種で、褐色の丈夫な紙。ハトロンについて『大言海』はオランダ語　patroon、ドイツ語　Patrone（いずれも「火薬包み」の意）に由来し、「もと外国にては、之にて火薬を包みしより、紙の名に移れるものと云ふ」とする。

例「ポケットからハトロン紙の小袋を出し」（宮本百合子・乳房・昭和一〇年）

はな【鼻】

顔の中央に突起した器官。「端（はな）」の義。「はな」は山鼻などという「はな」と同じで、先端の意味である。この説は『*箋注倭名抄』に「按波奈（はな）之言端也、謂在面之端也」と見える。すなわち波奈（鼻）という言葉は顔面の端にあるから端（はな）というのである。これより早く刊行された滝沢（曲亭）馬琴の随筆『玄同放言』（文政三年）は、鼻を物事の「端（はじめ）」とする。なぜ鼻が始めなのかというと、「児之生于子宮、形貌端於鼻梁（児の子宮に生ずるとき、形貌鼻梁より端（はじむ））」、すなわち胎児は鼻から発生するから端だという。発生学的にこれが正しいかどうかは別として、「鼻祖」とか「はなっからあきらめる」とかいう言い方もあるように、「鼻」は物事の始めの「はな（端）」と無関係ではない。先端、はじまりなど多義的な「はな」という語から「鼻（はな）」が分化して来たと考えられる。

例「次に御鼻を洗ひたまひし時に、成りませる神の名は」（古事記・上）

はなお《はなを》【鼻緒】

下駄や草履（ぞうり）などの履物につけて、足にかけるひも。また、そのひもの、足の指ではさむ部分。「緒（お）」は細長いひものことを指す。「はなお」は足指ではさむ部分で、それは緒（＝ひも）の先端に当たる。つまり、「はなお」は「端緒」の義である。「鼻緒」と書くのは「鼻」も語源的に先端の意味だから、それを生かした書きようと言える。

例「揖を絶えはなをきれぬと知らせばや舟さし寄する浦なしにして」（御伽草子・調度歌合・九番）

はながた【花形】

ある集団の中で、人気のある若手。日本では古来、美しいもの、盛んなさまを「花」にたとえた。「形」は「方（かた）」で、名詞などに付いて、人を表す。役柄を表す女方（形）、若衆方（形）などの「形」と同じである。「花形」は花のある役者を指した。

例「江戸下りの花方顔見世の仕うち」（浮世草子・当世芝居気質・三・二）

はなぐすり【鼻薬】

少額の賄賂（わいろ）。鼻の薬という意味のほか、近世には慰労のために与える物、子どもに与える菓子、賄賂などいろいろの意味があった。「鼻の薬」というのがもとの意味だと思われるが、そこからどのようにしてこれらの意味を派生したかはよく分からない。今知られている用例では、賄賂の意の例が古い。「さて人の世に賄賂（まひなひ）といひ、俗にはこれを鼻ぐすりとも、袖のしたともいふは、金銀のみにもあらざりけ

り」（随筆・癇癖談）。

はなだい【花代】
芸人などに祝儀として与える金品。また、芸娼妓などの揚げ代。昔、物を贈るときに花の咲いた枝につけたことから、心付けのことを「花」というようになった。「代」は、「花」の他の意味から区別するために添えられたもの。
例「花代のそれ一枚かやすい事」（俳諧・西鶴大矢数・二二）

はなばなしい【華々しい】 文語 **はなばなし**
はなやかである。美しく盛んなことを「花」と言い、「時の花をかざす心ばへにや」（栄花物語・初花）等のように言ったが、これを重ねて華やかな様子を表す「はなばな（と）」という古語があり、「朝日のはなばなとさしあがるほどに」（枕草子・二七八・関白殿、二月廿一日に）のように用いた。この「はなばな」を形容詞化したものが「はなばなし」である。
例「心ばへもてしづめぬ人は、何事もはなばなしく、けしからぬなり」（十訓抄・八・四）

はなみち【花道】
歌舞伎の劇場で、観客席を貫いて舞台に通じるように設置された役者の通り道。初めはここへ祝儀を置いたりしたことから付けられた名であるという。すなわち、祝儀のことを「花」というので、花を置く道ということである。舞台から引っ込む際にこの花道を使うことから、華々しい引退の様子を「花道を飾る」と言う。

はなむけ【餞】
旅立ちや門出に際して贈る、餞別（せんべつ）の品物や挨拶。もとは「馬の鼻向け」と言った。「馬のはなむけと云ふ事歌書に多し。馬を略して、はなむけと云ふ」（日本釈名）。旅立ちに際して道中の安全を祈り、馬の鼻先を行き先の方角に向けたことが始まり。すなわち、安全を祈るおまじないから安全を祈る言葉や品物に転じたものである。
例「是を今度の餞送（はなむけ）に進じ候也」（太平記・九・足利殿御上洛事）

はなもちならない【鼻持ちならない】
人の性格や言動が見るのも聞くのもいやなくらい不愉快だ。元来は、においがひどくて我慢できないことを言った。「鼻持ち」は臭気がひどいので鼻をつまむこと。中世には「鼻持ちがせられぬ」と言い、また中世末の抄物『玉塵抄』には鼻をおおって嫌悪する様を「鼻をかかゆる」と言った例も見える。「鼻持ち（が）ならぬ」は臭くて鼻をつまんでもまだ臭気がにおってくるという意味で、近世以降用例がある。「その屁（へ）がくさく、是は鼻もちがならぬ」（咄本・万の宝）。
例「僕は貴族は、きらいなんだ。どうしても、どこかに、鼻持ならない傲慢なところがある」（太宰治・斜陽・昭和二二年）

はにゅう《はにふ》のやど【埴生の宿】

みすぼらしい小さな家。また自分の家の謙称。「埴(はに)」は陶器や染料にした赤黄色の土。「埴生」は、埴のある所、あるいは単に埴のことを指す。『万葉集』(一一・二六八三)に「赤土少屋」を「はにふのをや」と訓んだ例があり、これは赤土の上にある小屋とか赤土を塗った小屋、あるいは粗末な小屋などと解されている。「埴生の宿」という例は、ずっと時代が下がって、江戸時代中頃に見られる(例)。

(例)「女郎をまんまと請け出し、はにふの宿に連れ来れば」(浮世草子・傾城禁短気・四・四)

はにわ【埴輪】

古墳の墳丘上や周囲に並べ置かれた素焼きの土器。語源については、次の説がある。「埴輪、私記曰、師説、山陵乃女久利尓作埴人形。立如車輪。故云(山陵のめぐりに埴人形を作る。車輪の如く立つ。故に云ふ)」(釈日本紀・一〇)。山陵(=天皇や皇后の墓)のまわりに埴(はに)で作った人形を車輪のように並べ立てたから「はにわ」というとする説で、「埴輪」は「埴の輪」の意である。この「埴」は赤黄色の粘土で瓦などの材料となった。これに対して「円筒埴輪から出た名称であろうか」(国史大辞典)という説もある。

(例)「是(こ)の土物(はにもの)を号(なづ)けて埴輪(はにわ)と謂ふ」(日本書紀・垂仁三二年七月・北野本訓)

ばね【発条】

鋼(はがね)などを螺旋(らせん)状に巻いたり曲げたりして、その弾力を利用するもの。動詞「跳(は)ねる」の名詞形「はね」の語頭が濁音化したもの。濁音化するのは、強さを強調するためか。ヘボンの『*和英語林集成』(二版)の「Bane　バネ」の項に「The spring of a wagon(馬車のばね)」とあるように、最初は馬車等のばねの意味として使用され始めたが、次第に単に spring の訳語として定着した。漢字表記として「発(撥)条」「弾機」などが当てられる。

(例)「懐中時計はバネの作用(はたらき)を以て動く者なれば」(森田思軒訳「天外異譚」・郵便報知新聞・明治二〇年六月二日)

はねっかえり はねっかへり【跳ねっ返り】

おてんば。動詞「はねかえる」の連用形「はねかえり」が名詞化し、さらに強調のため促音化したもの。「跳ね返る」は、回転して戻ることだけでなく、勢いよく跳ねることも言う。この勢いのよい様子でおてんば娘を表したもの。「はねかえり」は近世から「隠されぬ医者が星さす刎(は)ねかへり」(雑俳・塵手水)のように、おきゃんの意味で用いられていた。

(例)「はねっかえりを活発だと思ったり」(坪内逍遥・当世書生気質・明治一八～一九年)

はは【母】

女親。古代、生母の意味で「いろは」という語があったが、こ

の語は「いろ＋は」と分析される。また、親族名称には同音反復が多いことから見て、「はは」の根幹は「は」にあると考えられる。「母」の発音は、現在ハハ[haha]であるが、以下に記すような変遷があった。ハは文献以前、両唇閉鎖音 p だったと推定されている。従って、再構しうる「母」の最も古い形はパパであった。文献時代に入ると、「は」の子音は p または両唇摩擦音 ɸ であったが、次第に唇の緊張を緩め、ɸ になっていった。一一世紀以降、語中の「は」はワに変わる。すなわち、平安後期の「母」はファワ(ɸawa)であった。近世になると、語頭では唇の緊張が更に薄れ、声門の摩擦音 h となった。すなわち、ハワ(hawa)となった。さらに近世後期、ハワからハハへと変わった。図示すれば、次のようになる。papa(パパ)→ ɸaɸa(ファファ)→ ɸawa(ファワ)→ hawa(ハワ)→ haha(ハハ)。

例「汝が波伴(はは)に嘖(こ)られ吾は行く青雲のいで来(こ)吾妹子逢ひ見て行かむ」(万葉集・一四・三五一九)

ははきぎ【箒木・帚木】

アカザ科の一年草。ホウキギ・ホウキグサとも。「ははき」は「羽掃(は)き」の意で、昔、鳥の羽で掃除したので、こういう。『*十巻本和名抄』は「羽掃の義、鳥羽を以て糞を除くを謂ふ也」という。後にほうきをこの植物から作るようになり、ハハキがこの植物の名となった。「藜、草也〈略〉あかざと読むぞ。はうきにするぞ、はうき草と云ふぞ」(抄物・玉塵抄・一八)。掃除道具としての「ははき」はホーキに変化したが、植物名としてはハハキギ、ハワキギの形のまま長音化せず続いた。

例「Fauaqigui ハワキギ(帚木) 日本の箒をつくる材料になる一種の草。また、その箒そのもの」(日葡辞書)

ばばっちい

汚いの意味の幼児語。「ばば」は大便・糞(くそ)のことをいい、「ばばはしたたか垂れてあった」(咄本・昨日は今日の物語・上)のように使われた。この「ばば」に、形容詞をつくる接尾語「しい」の付いた「ばばしい」が変化して、「ばばっちい」になったと考えられる。「なましろい」が「なまっちろい」になるのと同様の変化で、このようなシがチに変わる現象(いわゆるサ行音の破擦化)は江戸東京語の一特徴である。「ばばっちい」は『浮世風呂』(二・下)に、「四才ばかりのからこまげの子」を連れた乳母の言葉として「お、お、、ばゞっちい。エ、きたな。エ、穢(きた)な」とある例が知られている。

はぶり【羽振り】

世間での地位・人望・勢力などの程度。動詞「はぶる」の連用形の名詞化。「はぶる」は「沖のすず鴨はぶりして」(夫木集・一七)のように、「羽(は)」を振ること、つまり鳥などがはばたくことを言い、また、「羽振 はふり 鷹 羽様」(運歩色葉集)のように、羽の色や形などの様子を言った。近世、鳥

の羽ばたきや羽の様子が鳥の元気さを表すことから、人間の勢いの程度を表すようになった。

例「お陰で私ども迄もはぶりが格別」(談義本・地獄楽日記・三・一)

はまぐり【蛤】

海に住む二枚貝。語源は、栗に似ているので、浜にある栗、と名付けたもの。この説は*『名語記』にすでに見える。「ハマグリ如何。蛤也。但海辺にうちちりてあれば浜栗歟(か)」(名語記)。

はまち【魬】

成魚になる前の、ある成長段階におけるブリの名称。もともとは関西方面の言い方であった。*『和漢三才図会』(四九)に「鰤　ぶり〈略〉魬　ハマチ　和名波里万知(はりまち)、略云波万知〈略してはまちと云ふ〉」とあり、『大言海』もこの語源説をとっている。ハリマチは、*『十巻本和名抄』に「魬魚〈略〉波利末知(はりまち)」などとあり、ハマチより古くから例がある。ただし、ハリマチの語源は不明。近世、『和漢三才図会』や*『書言字考節用集』などに、「魬」の字の右側にハリマチ、左側にハマチと振り仮名してあり、両者を同じ物と考えていた。なお、「魬」は、中国ではカレイなどを指す。

例「魬　ハマチ」(元和本下学集)

はまなす【浜茄子】

バラ科の落葉低木。主に本州北部・北海道の海岸に群生する。ハマナスはハマナシの転。ハマナシは果実が梨に似ているので、「浜梨(はまなし)」と称したもの。東北地方のシをスと聞き違えて、ハマナシがハマナスとなったといわれ、「浜茄子」という表記も生じた。ハマナシという語は江戸時代の『狂歌糸の錦』に「せめてもと切て送るもへた碁やら作るかひなきはまなしの花」のように現れている。これに対して、ハマナスはもともと「浜茄子」で、トマトを赤茄子と言う類であるとする異説もある(暮らしのことば語源辞典)。「赤茄子」のほかに「唐茄子」(=カボチャ)もあるので、「茄子」は球形の果実の総称となりえたものであった、とも考えられる。漢名は「玫瑰」。

例「玫瑰花(ハマナス)」(大和本草・七)

はまや【破魔矢】

魔を払うために破魔弓につがえて放つ矢。正月の縁起ものとして神社で出す。また、棟上(むねあげ)式に、破魔弓と共に屋上に飾る。「破魔」は仏教語で、魔を払うこと。

例「Famaya ハマヤ(破魔矢)　子供が、藁や藺草で作った、ある種の輪を射て遊ぶのに使う矢」(日葡辞書)

はまゆう【浜木綿《はまゆふ》】

ヒガンバナ科の常緑多年草。浜にある木綿(ゆふ)の意。「ゆふ」は楮(こうぞ)の樹皮を糸状に裂いたもので、榊などに掛けて

は

幣(しで)として神に捧げる。この「ゆふ」に、この植物の巻き重なった白い葉鞘(ようしょう)が似ていることにより名付けられた。

〔例〕「み熊野の浦の浜木綿(はまゆふ)百重(ももへ)なす心は思へど直(ただ)に逢はぬかも」(万葉集・四・四九六)

はめいた【羽目板】

板を平らに並べて建物の壁を張ったもの。語源は『大言海』によれば「はめ」は「元は、ハメハヅシにしたれば云ふか」とあり、*『俚言集覧』にも「はめいた」は「はめはずしできるところからか」とある。この説に立てば、「はめ」は動詞「はめる」の連用形の名詞化ということになる。なお、「困ったはめになる」などの「はめ(羽目)になる」や「はめにかかる」の「はめ」が「はめ板」の「はめ」と同じかどうか、不明である。両者の間に意味のつながりが見出しにくい。

はめをはずす《―はづす》【羽目を外す】

調子にのって度をこすこと。「はめ」は、馬の口にかませる(=食(は)ませる)「はみ(馬銜)」の転じたもの。「はみ」は動詞「食(は)む」の連用形の名詞化。この「はみ」をはずすと馬を制御できなくなってしまうことから、制御できなくなって度をこす様を「はめをはずす」というようになった。

〔例〕「羽目を外して騒げ騒げ」(歌舞伎・有松染相撲浴衣・二)

はも【鱧】

ウナギ目ハモ科の海魚。『大言海』に「古名ハムの転」とあるように、ハムの変化した形がハモである。ハムの用例は*『十巻本和名抄』に「鱧魚〈略〉波无(はむ)」とある。ハモの語形は「鱧　ハモ」(饅頭屋本節用集)などのように、室町時代から見え始めるが、近世、なお「豆腐や蒟蒻(こんにゃく)を鯛やはむぢゃと思うて食へ」(浄瑠璃・心中万年草)のように、ハムも用いられていた。「はむ」の語源については、「蝮蛇(=マムシ)を呼びてハミといふ。〈略〉ハムといふは、転語なり。ハムとは、(マムシと)その形の似たるをいひしと見えたり」(東雅)というような説もあるが、確かなことはわかっていない。

はやし【林】

樹木がたくさん群がって生えている所。語源は*『日本釈名』に「はやす也。木を多くはやすなり」とあるように、動詞「生(は)やす」の連用形の名詞化である。

〔例〕「梅の花散らまく惜しみ我が園の竹の波也之(はやし)にうぐひす鳴くも」(万葉集・五・八二四)

はやし【囃子】

日本の伝統芸能で、拍子を取ったり雰囲気を盛り上げたりするために行われる伴奏音楽。動詞「囃(はや)す」の連用形「はやし」の名詞化した語。漢字表記形「囃子」の「子」は当て字である。動詞「はやす」は、『大言海』に「栄(は)やす意」とあるように、映えるようにする、引き立たせる意の動詞「はや

す（栄・映）」（「はえる」の他動詞形）と同語であった。それが、「傀儡子（くぐつ）ども、その気色を見て、詠ひ吹き増して、急に（=序破急ノ「急」ノ調子デ）詠ひはやす」（今昔物語集・二八・二七）のような、特に音によって対象を引き立たせる意の用法が独立して、別語として意識されるようになったものである。

例「狂言のはやし、笛・鼓・太鼓に習ひ有りて、秘事する事おほし」（狂言・わらんべ草・四・六二）

ハヤシライス

牛肉と野菜を炒め、茶褐色のソースで煮たものを、米飯にかけて食べる料理。英語 hash（または hashed）と rice を結びつけて造った和製語と言われる。ただし、この料理を考案した丸善の創業者「早矢仕（はやし）」という人の名に由来するという説をはじめ、他説もある。hash（ハッシュ）は、細切れの肉と野菜を炒め、ソースと合わせた料理で、これを米飯にかけて食べるのは日本独自のもの。

例「十五銭のハヤシライスを三人前」（龍胆寺雄・放浪時代・昭和三年）

はやて【疾風・早手】

急に激しく吹く風。しっぷう（疾風）。古く「はやち」とも言った。「はや」は形容詞「はやし（早・速）」の語幹。「ち」は「こち（東風）」の「ち」で、風の意。『東雅*』は「はやて」を「はやち」の転とし、「疾風をハヤチといふは、疾速之義也」という。

例「はやてもりう（竜）の吹かする也」（竹取物語）

はやぶさ【隼】

ハヤブサ科の鳥。『東雅*』は「はやぶさ」の語義は不詳としながらも、次のようにいう。「古事記に速総（はやぶさ）としるせり。さらばなほハヤトブサといふがごとくなるべし。ハヤは速（はや）也、トブサはすなはちツバサといふ語の転じたる也」。「とぶさ」を「つばさ」の意味に使うのは近世風の誤用だといわれるが、『東雅』の語源説は、「速翼（はやつばさ）の略」（大言海）などのように、おおむね受け継がれている。「はやぶさ」は上代文献にすでに現れている。『古事記』では、速総別王（はやぶさわけのおおきみ）のことを万葉仮名で「高行くや波夜夫佐和気（はやぶさわけ）の」（古事記・下）と書いているが、この人名中の「はやぶさ」は鳥のハヤブサを意味している。

例「隼　ハヤブサ」（辞書・伊京集）

はら【原】

平らで開けた所。『大言海』は「原」について、「広（ひろ）平（ひら）と通ず。或は開（はる）クの意か」という。「広」、「平」に通じるという説は、すでに『日本釈名*』に見える。この説では、「原」「広」「平」は同源の語で、「原」は広くて平らな所として捉えられている。また、「開く」の意とする見方は、『東雅*』に似た考えが示されている。すなわち、『東雅』は「ハラとは開（ヒラク）

は

也」という。ただし、『東雅』の別の所では「開」はハラクと訓まれている。この説では、「原」は「開く」と同源とされ、「原」は開けた所として捉えられている。いずれを採るか、判定はむずかしい。あるいはこれらの説は開けた所は平らで広いと考えれば、同一の説に帰するとも言える。「原」は上代、複合語中に現れることが多い。

例「天の波良(はら)富士の柴山木の暗の時移りなば逢はずかもあらむ」(万葉集・一四・三三五五)「この車をむかひの山の前なるはらにやりて」(源氏物語・蜻蛉)

はら【腹】

動物の体で、胴の下半部。背の反対側をいう。『大言海』にも「広(ひろ)に通ず、原(はら)、平(ひら)、など、意同じと云ふ。又張(はり)の意」とあるように、「腹」の主な語源説は二つある。「広に通ず」というのは腹を胴体の広い所と捉えたものである。また「張の意」というのは*『日本釈名』の「食すればはる也」というような考えに基づく説である。

例「大猪子が波良(はら)にある　肝向かふ　心をだにか　相思はずあらむ」(古事記・下)

ばら【薔薇】

バラ科バラ属の植物の総称。古く、ウバラ、ムバラ、イバラと呼ばれていたものの第一音節が脱落したもの。この中では「うばら」の形が古く、上代から例がある。「枳(からたち)の棘原(うばら)刈り除(そ)け倉立てむ屎(くそ)遠くまれ櫛造る刀自」(万葉集・一六・三八三二)。「うばら」の語源ははっきりしない。

例「雨すぎて白く咲たる茨の花」(俳諧・翁草)

はらいせ【腹癒せ】

うっぷんをはらすこと。「腹が立つ」に対して、怒りがおさまることを「梶原この詞に腹がゐて」(平家物語・九・生ずきの沙汰)のように「腹がゐる」と言った。これを他動詞的に「腹を居させる」としたものが「はらゐせ」となったものかという(日本国語大辞典二版)。この説によれば、歴史的仮名遣いは「はらゐせ」となる。なお、『大言海』は「腹癒(はらいやせ)」の略とする。

例「此ほどのはらゐせに脇へちらして」(評判記・難波物語)

はらから【同胞】

母を同じくする兄弟姉妹。また、一般に兄弟姉妹。「はら」は腹(胎)、「から」は血族の意だといわれる。「はらから」とは元来、同腹(同母)から生まれた血族をさしていた。この「から」は、「うから(族)」「やから(族・輩)」「ともがら(輩)」などの「から」と同源である。「から」の語源は確実なことは明らかではないが、満州語・蒙古語の kala・xala(族)と同系の語(朝鮮語では kyöröi の形になっている)であるとする説がある(岩波古語辞典補訂版)。なお、例のように、古くはハラガラと第

は

三音が濁音だったかと言われる。
例「朕私の父母波良何良（はらがら）に至るまでに」（続日本紀・天平宝字三年六月一六日）

はらぐろい【腹黒い】 文語 はらぐろし
心がねじけている。黒には悪事の連想があるので、性悪な性質をかくし持っている人を腹が黒いと表したもの。「Faracuroi」（日葡辞書）のように古くは「はらくろい」と言った。

はらげい【腹芸】
直接的な言動によらず、度胸や経験を匂わせて物事を処理すること。役者が台詞や大きな動きをせず、表情や何げないしぐさで心理を表現することから転じた。芝居の「腹芸」は明治の活歴（＝歌舞伎の、史実に基づく歴史劇）の演技術で、そこから転じたものといわれる（赤坂治績・ことばの花道）。

ばらす
殺す。秘密をあばく。「ばらばら」の「ばら」を動詞化した語。ばらばらな状態にすることが「ばらす」であるが、人を首と胴などに分解すれば殺すことになる。浄瑠璃『加増曽我』に「ばらしてくれんとおっ取りまはし」のような例がある。また、あばくの意味を表す「ばらす」も、複雑な仕組みを分解して真相を明るみにさらす、と考えれば、殺すの意の「ばらす」と同語源となる。ただし、「あばく」の意を表すばらすの場合は、「ばれる」を他動詞的に使ったところから生じたものとも考えられる、こう考えれば、別の語源となる。

ばらにく【肋肉】
牛や豚の腹側の肉。肉と脂が層をなしているので三枚肉とも呼ばれる。肋骨（あばらぼね）についた肉の意の「あばらにく」の語頭のアが落ちたもの。

はらぺこ【腹ぺこ】
空腹。「はらぺこ」の「はら」は腹、「ぺこ」は「ぺこぺこ」の略で、擬態語。「ぺこぺこ」は明治初期に「腹がぺこぺこして目が廻りそうになってきた」（仮名垣魯文・西洋道中膝栗毛・七・下・明治四年）のように空腹の状態を表す擬態語として用いられていた。
例「腹ペコ運動が有りやしょうか、お腹が充（い）いから運動するてえのは有りますが」（三代目三遊亭円遊・王子の幇間・百花園・一巻一五号・明治二二年）

はらむ【孕む】
胎内に子を宿す。身ごもる。「腹」を動詞化するため、動詞を作る接尾語「む」を付けたもの。「力む」などの類例がある。
例「何ぞ能く、一夜の間（から）に人（ひと）をして有娠（はらま）せむや」（日本書紀・神代下・鴨脚本訓）

はらわた【腸】
腸。また、内臓の総称。語源について『和訓栞』*は「腹綿の義なり」とする。一方、『大言海』は「綿」について「腸の義かと

は

云ふ。内に籠れば云ふか」とする。これらでは、「腸」も「綿」も同源同語と捉えられており、中にしまわれているものを意味したことになる。なお、『*十巻本和名抄』では、「大腸」を「波良和太(はらわた)」、小腸を「保曽和太(ほそわた)」、胃を「久曽布久路(くそぶくろ)」と呼び分けている。

例「自害すとても、はらわたをばみな繰り出して、手にぞ持たりける」(増鏡・一一・さしぐし)

はり【玻璃】

ガラス。本来は梵語 sphaṭika の音訳で、七宝の一つである水晶を指した。『本朝文粋』には「頗梨」の表記で見られる。『*日葡辞書』にも「Fari ハリ〈略〉ある貴石の一つ」とある。江戸時代になると、透明であることからガラスを指すようになる。

例「玻璃　ハリ　ガラス」(萩原乙彦・音訓新聞字引・明治九年)

バリカン

髪の毛を刈る用具。明治一〇年代に輸入され、最初に日本で使われたものが、フランスの Bariquand et Marre 社の製品であったので、バリカンと呼ばれるようになった。本郷「喜多床」の主人(船越景輝)の話をもとに、金田一京助が語源を突き止め、「その刻印のあるバリカンの実物を尋ね出して貰って実見した」(金田一京助・増補国語研究)という。

例「此間から見えなかった斬髪機(バリカン)が一挺」(石川啄木・天鵞絨・明治四一年)

ばりき【馬力】

仕事率の単位。「馬の力」という意味では、中国に古くから用例がある。リキは「力」の呉音。仕事率の単位としての「馬力」は、オランダ語の paardenkracht を、そのまま訳したもの。paarden は馬、kracht は力の意で、「馬一頭分に相当する仕事」という意味である。『*気海観瀾広義』(嘉永四年)には、「百馬の力を為す」という表現が見られる。現在では「あの人は馬力がある」などと仕事をする力を意味するようにもなった。

例「酒量の無い癖に最初に馬力をかける田原は、見る間に赤く額を染めて」(水上滝太郎・大阪の宿・大正一四〜一五年)

はる【春】

四季の一つ。冬と夏の間の季節。語源については以下のように諸説あるが、確かではない。「木目(きのめ)張(はる)ゆゑか」(和句解)、「万物、発(は)る候なれば云ふと云ふ〈略〉草木発生の候なり」(大言海)、「晴(はる)なり。冬は陰気多く、春天はれ多し」(日本釈名)など。ちなみに、『類聚名義抄』等によって、これらの語の院政期の京都語アクセントを調べてみると、「春」は低・下降調、「張(発)る」は高・低、「晴る」は低・

下降調で、「張（発）る」語源説はアクセントから見ると難点がある。

例「正月（むつき）立ち波流（はる）の来たらばかくしこそ梅を招（を）きつつ楽しき終へめ」（万葉集・五・八一五）

はるいちばん【春一番】

立春後、初めて吹く強い南風。もとは地方の漁師の言葉であった。たとえば長崎県壱岐地方の漁師の言葉は、春一番、春二番、春三番と言って、南からの強い風に注意して漁をするよう促すものだという。気象庁天気相談所によると、気象用語としては、昭和三二年の毎日の天気図に短い解説をつけた、気象関係者向けの「天気図日記」に「いわゆる〝春一番〟である」とあるのが初めて。昭和三六年には朝日新聞の天気の解説欄に「今年の春風一号、これを地方の漁師たちは春一番と呼ぶ」という形で紹介され、三九年には気象庁発行の公文書「気象要覧」に掲載された。

はるばる

距離や時間が非常に隔たっている様子。『伊勢物語』（九）に「唐衣き（着・来）つつなれにしつま（褄・妻）しあればはるばる来ぬる旅をしぞ思ふ」とあるのが古い例。距離が非常に隔たっている様子を表す言葉に「はろか・はるか（遥・悠）」がある。八二三年頃成立の『日本霊異記』（上・二）には「波呂可邇（はろかに）見えて」とあり、『*新撰字鏡』には「悠〈略〉波留加尓（はるかに）」とある。これらの語根「はろ・はる」を重ねて強調したものが「はろはろ」「はろばろ」「はるばる」である。

例「松原目もはるばるなり」（土左日記・承平五年二月五日）

ばれい【馬齢】

自分の年齢を謙遜していう語。「馬齢を重ねる」「馬齢を加える」で、むだに年をとる意となる。もともと中国に「馬歯」「犬馬之歯」という言い方があった。「歯」は年齢の意。「馬」や「犬」は卑しいという意味で使われることがあるので、「馬歯」「犬馬之年」ともに、自分の年齢を卑下した表現となる。日本でも江戸時代の梁川星巌（せいがん）の『星巌集』に、「久客何堪添馬歯、流年真似熟羊脾（久客何をか堪へ馬歯を添へ、流年真に似る羊脾を熟すに）」と使われた。明治になると「歯」が年齢を表すという知識を持つ者が少なくなり、「馬歯」に代わり「馬齢」が登場した。「馬齢」という熟語は中国には見られないため、明治期に日本で作られた語と考えられる。

例「（頼春水ノ）五絶数首の中に、『〈略〉今年七十一、皇天又何心、馬齢開八秩』というのもあった」（森鷗外・伊沢蘭軒・大正五～六年）

ばれいしょ【馬鈴薯】

ナス科の多年草。ジャガイモの異名。語源は漢名「馬鈴薯」の字音に由来する。この芋（いも）の中国での呼び名は多く、

は

南方では「洋芋」、北方では「土豆」等と呼ばれるが、その中で最も方言色の少ない「馬鈴薯」が日本で使われるようになった。新村出は『外来語の話』の中で、「馬鈴薯」は近代中国語であるとした上で、その語源は「鈴成りになっている様が駅馬に付ける鈴を連想させるので、馬鈴薯と名付けたとする説が当たっていると思う」と述べている。↓ジャガ芋

例「ジャガタライモ　馬鈴薯」（植物・物品識名）

はれる【晴れる】 文語 **はる**

晴天になる。『大言海』は「開（はる）くの義、ハキとする意」という。「はるく」は開く、晴らすのような意味の語で、上代では固有名詞の一部に「天国押波流岐広庭命（あめくにおしはるきひろにはのみこと）」（古事記・下）のように用いられた。「晴る」や「はるく」「はるか」（「晴る」はこれらの語根）などを、「原」と同根と見て「ふさがっていた障害となるものが無くなって、広々となる意」であるという（岩波古語辞典補訂版）。

例「雨霽（はれ）て清く照りたるこの月夜」（万葉集・八・一五六九）

はれんち【破廉恥】

恥知らず。道徳にもとる様子。「廉」はいさぎよいさま。「廉恥」とは恥を知るいさぎよい心の状態を言うが、それを「破る」こと、すなわち、恥を恥とも思わない様子を「破廉恥」と言った。「破廉恥」は中国古典に用例が見えず明治時代の和製漢語と思われる（「破天荒」にならったものか）。

例「実に破廉恥極まった奴じゃ」（坪内逍遥・当世書生気質・明治一八〜一九年）

パン

小麦粉を水でこね、発酵させて焼いた食品。ポルトガル語 pão に由来する。この食べ物は一六世紀にポルトガル人によって日本に伝えられた。漢字で「麺包」「麺麭」などと当てて書かれた。*『和英語林集成』（初版）に「Pan　パン、麺包　n. Bread」とある。

例「おらんだ人常食に『ぱん』といふものを食するよし」（洋学・蘭説弁惑・上）

はんえい【反映】

反射してうつること。明治時代に造られた和製漢語。初めは「夕日のきらきらと向うの白壁に反映するのを見たが」（田山花袋・野の花・明治三四年）のように「反射」と同じ意味で使われていたが、反射してうつることを表すようになり、更には「他に影響が及ぶこと」の意味が生じた。

例「忽ち一片の反映は閃きて」（尾崎紅葉・続々金色夜叉・明治三六年）

ばんか【挽歌】

死者を哀悼する詩歌。「挽」とは柩（ひつぎ）をひくという意味で、「挽歌」は古代中国で葬送の際に柩車（きゅうしゃ）を挽（ひ）く者がうたう歌を言った。そこから転じて、人の死を悼む詩

歌を言うようになった。日本でも、『文選』の挽歌詩に影響を受け、『万葉集』には、雑歌、相聞歌と並んで挽歌の部が立てられた。平安時代以降の歌集では「哀傷」の部と名前が変わっている。

ばんがさ【番傘】

竹の骨に油紙を貼った雨傘。紛失をおそれて番号を記しておいたところから言う。同類の語に「番下駄」「番手桶」などがある。これらの「番」を冠したものは、概して高級品ではなかった。唐傘に比べて、番傘も粗末な物であった。

例「おくゆかしい番傘で来た九軒客」(雑俳・水加減)

はんかつう【半可通】

本当はよく知らないのに通人ぶること。語源不明。「はんか」について、『大言海』は「南華の転かと云ふ」とする。南華は『荘子』の異称で、同書は寓言を説くので、「南華」でもってうそつき、変わっていることを指すようになったという。また、「可でも不可でもない」というところからきたという説(随筆・麓の色)もある。しかし、「半可通」は、むしろ字義どおりに解釈して、通ぶる人を半ば通ずべし(本当は通じていない)と皮肉ったものととるべきではないかと思われる。

例「膝をゆすぶりながら人を蔑むの癖あり。所謂是れを半可通といふ」(人情本・人情廓の鴬・下)

ばんカラ【蛮カラ】

服装や言動が粗野なこと。「ばん」は「野蛮」の「蛮」、「カラ」は「ハイカラ」のカラ。西洋風のしゃれた「ハイカラ」をもじって、その反対語として明治時代に造られた語。↓ハイカラ

例「バンカラ喜劇小辰大一座と云うのが」(夏目漱石・門・明治四三年)

はんかん【反感】

反発する気持ち。明治期に造られた和製漢語。「反発(撥)」も和製漢語。

例「岡村だなと思うと同時に、このまま引き返してしまいたいような反感が本能的に起って来る」(森鷗外・青年・明治四三〜四四年)

はんきょう《はんきやう》【反響】

音が物体に衝突し、はねかえって再び聞こえること。「響(ひびき)を反(かえ)す」意。江戸末期の和製漢語。初め、「こだま」の意味で使われ出した。青地林宗訳『気海観瀾』*(文政一〇年)には、「音」の節に「山林塀壁及雲、皆可以起反響(山林、塀、壁及び雲、皆以て反響を起こす可し)」とある。音響のはねかえりから、広く反応の意味も表すようになった。なお、ロブシャイドの『英華字典』*では、echo を「回響」と訳している。

例「下駄の響きばかり物物しゅう反響していたが」(国木田独歩・牛肉と馬鈴薯・明治三四年)

はんぎょく【半玉】

まだ一人前でない芸者。芸娼妓を揚げるための料金を「玉代(ぎょくだい)」というが、その料金が一人前の芸者の半分であることから言う。一人前の芸者は一本(いっぽん)という。

パンク
自動車や自転車のタイヤに傷ができて空気が抜けること。英語 puncture(パンクチュア。＝穴、パンクの意)に由来し、それを日本で略して作った語。
例「一台の車にタイヤのパンクがあり」(徳田秋声・縮図・昭和一六年)

ばんくるわせ《ばんくるはせ》**【番狂わせ】**
勝負事などで、当然勝つはずのものが負ける予想外の結果が出ること。「番」は順序などの意で、それを狂わせることから、近世予想外の意味となった。「とんだ番狂はせな奴が来やあがった」(人情本・三日月於専・二)。現在、勝負上のことに多く使われるのは、相撲の番付下位者が上位者に勝つことを指すようになった影響と言われる。
例「色々様々の事迄念にねんをおされて、番狂はせ」(洒落本・戯言浮世瓢箪・二)

はんけん【版権】
出版権。英語 copyright の訳語として造られた和製漢語。福沢諭吉は『西洋事情』(外編〈慶応三年〉)で copyright を「蔵版の免許」と訳している。明治八年の出版条例において「国書を著作し、又は外国の図書を翻訳して出版するときは三十年間専売の権を与ふべし、此専売の権を版権と云ふ」(二条)としている。

はんこ【判子】
判。印鑑。「はんこう(版行)」の縮まったもの。「版行」は版木に彫って印刷すること。更に印章の意味もあった。この印章の意味のハンコウがハンコとなったもの。「子」は当て字。
例「市松が尻へ墨を付け、菊座の所を版行(はんこ)に押して内へ帰り」(咄本・今歳咄・市松)

ばんごう《ばんがう》**【番号】**
順番を示すしるし。「号」は「名、しるし」の意。英語 number の訳語として、明治期に造られた和製漢語。
例「秘書官相沢が室の番号を問ひて」(森鷗外・舞姫・明治二三年)

ばんざい【万歳】
めでたい時や嬉しい時に唱える言葉。古くは「万歳」の漢音読みに基づくバンゼイが一般的であった。慣用音風に読んだバンザイは明治初年頃から使用され、一時「ばんぜい」と併用されていた。明治三七年から使用された『尋常小学読本』(八)に「『武雄君、万歳(ばんざい)』といつて、祝ひました」とあることから、その頃には「ばんざい」が一般的になっていたようである。「万歳」とは一万年つまり長い年月の意味で、いつ

までも生き栄えること。中国で天子や国家の長久を祝して「万歳」と唱える慣習があり、それが日本にも伝来した。日本でも既に奈良時代の『三代実録』に見られる。

はんし【半紙】

習字などに用いられる和紙。縦二四～二六センチ、横三二・五～三五センチの大きさの紙の汎称。もと、小形の杉原紙を半分に切ったものだったので、「半紙」と言った。杉原紙は楮(こうぞ)を原料とする薄い上等な和紙。

ばんじきゅうす —きうす【万事休す】

もう何もかもが終わりである。「万事」はすべてのこと、「休す」は終わるの意。「荊人目為万事休(荊人目して万事休すと為す)」(宋史・荊南高氏世家)に基づく慣用句。すなわち、荊南の人が睨(にら)みつけてもにっこり笑い返すのでどうしようもなかったという、荊南国の国王保勗(ほきょく)幼時の故事による。

例「三寸息絶ゆれば、万事休す」(読本・椿説弓張月・拾遺・四八)

はんしゃ【反射】

光や電波などがはねかえること。幕末に造られた和製漢語。青地林宗訳『輿地誌略』(四)に「冬夜は晴朗にして、月輝雪上に反射し、明亮なる白昼の如し」とある。遅れて使われ出した「反映」と、一時期用法が重なって使われた。

例「光線の反射を利用して」(森鷗外・鶏・明治四二年)

はんじょうをいれる はんでふ—【半畳を入れる】

人の言動を冷やかしたり、茶化したりすること。「半畳」とは一畳の半分の広さで、芝居小屋などで見物人に貸した一人分の小さな莫蓙(ござ)のこと。近世、役者の演技に不満な時は、この「半畳」を舞台に投げ入れた。それを「半畳を入れる」「半畳を打ち込む」などと称した。このような芝居の用語から一般化して、現在の意味になった。

例「女郎の店おろしもいいかげんにしねえか、おもしろくもねえ勤番部屋の日まちぢゃあるめえしとはんでふを入れる」(洒落本・文選臥坐・東北の雲談)

ばんそう【伴奏】

声楽や楽器の演奏に合わせて補助的に演奏すること。イタリア語 accompanimento か、英語 accompaniment を訳して造られた和製漢語。演奏に伴う意。明治期には、ハンソウと清音で読まれていた。「伴」をバンと読むのは呉音読み。

例「ヴァイオリンが三挺とピヤノの伴奏で中々面白かったです」(夏目漱石・吾輩は猫である・明治三八～三九年)

ばんちゃ【番茶】

煎茶を摘んだあとの硬化葉茎から作る茶。一説によれば、遅く採るという意味で「晩茶」と言われた。一番茶のあと二番茶・三番茶と摘んでいくので、「番茶」なのだともいわれる。

例「Bancha バンチャ(番茶) 上等のでない普通の茶(Cha)」(日葡辞書)

はんちゅう《はんちう》【範疇】

部類。英語 category の訳語として造られた和製漢語。『書経』の「洪範九疇」から「範」「疇」の二字を取り出して、井上哲次郎が造ったと言われる。「洪範九疇」とは、中国古代の聖王・禹(う)が古くからの思想を集大成した天地の大法をいう。「洪範」は大法を意味し、九箇条からなるので「九疇」という。「経世済民」から「経済」を造り出したのと同じ造語法である。

例「古来美人の形容も大抵此の二大範疇のいずれにか打ち込む事が出来べき筈だ」(夏目漱石・草枕・明治三九年)

ばんづけ【番付】

芝居・相撲などの番組や役付けを記したもの。物事をある順序、順番に従って並べること、すなわち「番を付ける」から「番付け」となったもの。特に相撲の「番付」は上位から順番に並べられているが、それを模して、何かに位付けして順序に記したもの、例えば、長者番付などもある。

はんてん【半纏】

着物の一種で上に羽織るもの。羽織に似ているが、簡略化されていて、襠(まち)も襟の折返しもなく、胸紐も付けない。刺し子半纏、印(しるし)半纏のように、労働時に着るのに適した衣類。語源については、袖の幅が普通の袖の半分で、袖なしと袖ありとの中間であることから「半手(はんて)」と言ったものがなまったという説と、丈(たけ)が普通の着物の半分の長さであることからという説がある。「はんてん」を「はんて」と言う言い方は各地の方言(たとえば富山県、石川県など)に残っている。

例「市松染めのはんてんを着」(談義本・無而七癖・三)

ばんとう【番頭】

商店の雇い人。「番」はある役目を持った人、「頭」は集団の長を意味する。中国古典では兵卒の長の意味で用いられていた。日本でも中古以降、荘園の荘民の管理に当たる名主などを指して用いられたが、近世に至って商家の雇い人の長を表すようになった。大店では奉公人は丁稚(でっち)、手代、番頭と出世し、店の支配を任される者もあった。

例「どうぢゃ番頭どの、だいぶ寒くなったの」(滑稽本・浮世風呂・前・上)

はんドン【半ドン】

午前中だけ勤務や授業のある日。土曜日を言うことが多い。ドンは、日曜日・休日を意味するドンタクの下略であり、「半分のドンタク」の意味である。ドンタクはオランダ語の zondag(日曜日)を起源とする。なお、「半ドン」のドンについて、正午の号砲を「ドン」といったところから生じたもので、

号砲のドンである、という通俗語源説が流布している。

はんにゃ【般若】
二本の角を持った鬼女の能面。女性の憤怒・嫉妬・苦悩の情を表す。『*嬉遊笑覧』(六下)に「怖ろしき女の面を般若といふ。〈略〉猿楽金春が家に伝来の、鬼女の古面あり。般若坊といひし者の製造となむ。般若坊は、南都の僧とか。是によりて、鬼女の面をはんにゃといふとぞ」とあるように、般若坊なる面打ちの創始によるところからの称といわれる。なお、「般若」とは仏教語で、真理を達観し、迷いを去って悟りを開く根源的な智慧をいう。梵語 prajñā(智慧の意)の俗語形 paññā の漢字音訳語である。

はんにゃとう《はんにやたう》**【般若湯】**
僧家の隠語で、酒のこと。近世の随筆『類聚名物考』に、般若の智慧で煩悩の迷いを破る意という説があるが、これは酒の力でうれいをさることを指したものである。
例「酒をさゝと云ふは、酒を般若湯と云ふやうなことぞ。僧家に云ふたことか」(抄物・玉塵抄・三九)

はんのう《はんおう》**【反応】**
ある刺激に対応して起こる動き。漢籍に見える語で、「内応」と同じように内通、裏切りの意味で用いていた。明治になって、英語 reaction の訳語として使われ、化学的な変化を意味するようになった。更に、精神的な動きについても用いるように、用法が広がった。初めハンオウと読んだが、次第に連声してハンノウと読むようになった。明治期では、ほとんどハンオウと読んでいる。
例「その二つの部分の反応〈はんおう〉」(森鷗外・青年・明治四三～四四年)

はんのき【榛の木】
カバノキ科の落葉高木。古名ハリノキの変化。ハリノキの語源は不明である。ハリノキは『古事記』(下)に「猪の病猪の吼(うた)き恐み　我が逃げ登りし在峰(ありを)の波理能紀(はりのき)の枝」と見える。また、『万葉集』では「明けされば榛(はり)のさ枝に　夕されば藤の繁みに」(万葉集・一九・四二〇七)のように「榛」をハリと読ませている。

はんぱつ【反発・反撥】
はねかえすこと。はねかえること。明治期に造られた和製漢語。「反」は返す、「撥」ははねる意(「発」は「撥」の代用字)。「反感」も反撥する気持ちの意で造られた和製語。
例「いつもこう言う屈辱を反撥しなければならなかった」(芥川龍之介・大導寺信輔の半生・大正一四年)

はんぺん【半片】
魚肉のすり身にすりおろしたヤマノイモや澱粉を混ぜてよくすり、枠に入れてゆでたもの。語源については諸説あるが、不明。半月形の形から出たものとする説、駿河の料理人、半平

（はんぺい）が考案したことによる説など。昔は、現在のかまぼこ状のものも「はんぺん」と言ったらしい。「竹輪〈略〉この太き竹の如きを二つに割りて、半分を板につけたるを半片（はんぺん）といひしなり」（蒹葭堂雑録）。この形態の物を今では「かまぼこ」と称し、舌状のものを「はんぺん」と言っている。

ひ

ピーアール【ＰＲ】

広告宣伝活動。英語 public relations という二語の最初の文字ＰとＲを結びつけて、簡略に二文字で表した和製語。public relations は、官公庁や企業などが、事業内容などを広く社会に理解してもらい、信頼を得ようとして行う活動の意味であるが、ＰＲという形では、多く単なる宣伝や広告の意味で使われる。戦後に使われるようになった語。

ひいき【贔屓】

気に入った者に特別に目をかけること。漢語「贔屓（ひき）」の転。「贔（ひ）」は力を出したり、つとめたりするさま。「屓（き）」もつとめるさまで、「贔屓」は中国の『玉篇』に「贔、贔屓、作力也（力をなすなり）」と説明されている。日本の古辞書にも「贔屓　ヒイキ　チカラオコシ」（色葉字類抄・前田本）とあり、もとの意味は力を入れることであった。そこから、あるものに力を入れる、後援するのような意味に転じた。ヒキがヒイキのように変化した類例には「詩歌（しか）→シイカ」「四時（しじ）→シイジ」などがある。

例「山王さまは、おれが贔屓だから、おれが宗旨にして置かあ」（滑稽本・浮世床・初・上）

ビーだま【ビー玉】

小さなガラス製の玉。子供のおもちゃ。「ビー玉」の「ビー」はポルトガル語の vidro に由来するビードロ（＝ガラス）の下略である。→ビードロ

例「彼の隠袋（かくし）の中にあるビー玉が数珠を劇しく揉むように鳴った」（夏目漱石・明暗・大正五年）

ビードロ

ガラスの古い呼び名。ポルトガル語 vidro に由来する。ギヤマン、ガラスより古い語。近世、ガラス製の、吹いて鳴らす玩具を指すこともあった（浮世絵に「ビードロを吹く女」という絵がある）。「硝子」は水晶の意で、ビードロの表記に用いられたが、後ガラスの一般化によって、「ガラス」の漢字表記になった。→ガラス

例「禁中よりビイドロ馬上盃一拝領了」（言経卿記・慶長八年八月二六日）

ひいらぎ ひひらぎ【柊】

モクセイ科の常緑小高木。契沖の『*和字正濫鈔』に「黄芩　ひ、らき〈略〉葉のとがりて人を刺せば疼木(ひひらき)の意歟」とある。「ひひら」は動詞「ひひらく」と関係があるとされる。「ひひらく(ぐ)」はひりひり痛む意。ヒイラギは葉に鋭いのこぎり状の葉があるので、これに触れると痛いというのが命名の由来である。

例「比比羅木(ひひらぎ)の其花麻豆美(そのはなまづみの)神の女」(古事記・上)

ビール【麦酒】

アルコール飲料の一種。オランダ語 bier に由来する。江戸時代、オランダ人によって日本にもたらされた。「麦酒」と書くのは大麦を原料とすることによる。「ビア」「ビヤー」は英語 beer によるが、単独では用いられず、ビアガーデン、ビアホール、ビヤ樽などと用いられる。

例「酒の蘭語はビール、麦をもて製す」(洋学・異人恐怖伝・下)

ひおうぎ《ひあふぎ》【檜扇】

アヤメ科の多年草。漢名の「烏扇」を訓読みしたカラスオウギが古名である。江戸時代になり、葉が「檜扇」を開いた形に似ていることから、ヒオウギと呼ばれるようになった。「檜扇」はヒノキの薄い白板を綴じ合わせた扇のこと。

例「射干(やかん)　からすあふぎ　ひあふぎ」(訓蒙図彙・二〇)

ぴかいち【ぴか一】

多数の中で最もすぐれていること。もとは、花合せの手役の一つで、手札七枚の中で光物(ひかりもの)(=二〇点札)が一枚、他の札が全部素札(すふだ)の場合を言う。そこから転じて、一つだけ抜きん出ている様子を言うようになった。

例「ほかの調度とも全く不釣合なほど、ピカ一に光り耀いている」(里見弴・今年竹・大正八〜一五年)

ひかがみ【膕】

膝のうしろ。「ひきかがみ(引屈・隠曲)」の意で、膝をかがめる時、ひっこむ部分を言う。「ひきかがみ」という形は『*易林本節用集』に「隠曲　ヒキカガミ」と見える。このヒキカガミが促音化してヒッカガミとなり、更に転じてヒカガミとなった。ヒッカガミは『*日葡辞書』には「Ficcagami(ヒッカガミ)」と見える。なお、同所を上代には「よほろくぼ」と言った例があり、中古以降「よほろ」とも呼ばれていた。

ひかく【比較】

比べること。「比較」は中国では古く『顔氏家訓』に例が見られるが、日本では用いられていなかった。江戸後期になって、英語 compare の訳語として用いるようになったものと思われる。「較」は、比べるという意味の時はコウ(漢音)で、カク(漢音)と読む時は車の横木の意味である。従って、本来はヒ

コウと読むべきものであった。*『和英語林集成』の初版（慶応三年）にはなく、二版（明治五年）に hikaku の形で載っている。これから見て明治初年にはヒカクが定着していたものと思われる。ただし、正式にはヒコウと読むべきとされていた。

例「学校の教師を以て、奥山の猿に比較しては勿体ない」（夏目漱石・吾輩は猫である・明治三八〜三九年）

びがく【美学】

美とは何かについて研究する学問。英語 aesthetics の訳語。*『哲学字彙』は「美妙学」と訳している。また「審美学」とも訳されたが、これはロブシャイドの*『英華字典』で「審美之理」と訳しているのと関わりがあると思われる。中江兆民は訳書『維氏美学』（明治一六〜一七年）の中で「美学」を用いているが、これは「審美学」を略したものであろう。

例「その友人で美学とかをやっている人が来た時に」（夏目漱石・吾輩は猫である・明治三八〜三九年）

ひがし【東】

西の反対の方角。この語の語形は、おおよそヒムカシ→ヒンガシ→ヒガシと変化した。「ひむか」は、本居宣長が「日の出る方を東〈ヒムカシ〉といふも、即ち日向（ひむか）の意なり」（古事記伝・一二）というように、昇る太陽に向かうことである。「し」は、もともと風の意味であるが、方角を表すようになった。つまり、ヒムカシは、昇る太陽に向かう方角（即ち、東）の意味である（大野晋・日本語をさかのぼる）。「し」が風を意味する例は、「科戸（しなと）（＝「風の門」ノ意）」（祝詞・六月晦大祓）、「あらし」「つむじ」のように見られる。風の意味から方角の意味になる例は、「し」ばかりではなく、「ち」にも見られる。「はやち（疾風）」「こち（東風）」などの「ち」は風を意味し、「をちこち」「いづち」などの「ち」は、方角・場所を表す。

↓あらし

例「Figaxi ヒガシ（東） 東方」（日葡辞書）

ひがないちにち【日がな一日】

一日中を強めた言い方。上代「がな」という願望を表す終助詞があり、中古以降には、不定・例示を表すようになった。この中世の副助詞「がな」が語中に残り、例示から強調へと転じたものである。強調へ変化した例としては「渇しては酒がな飲まう」（四河入海・八・一）のような例がある。現代語でも例示の副助詞「など」を「おまえなど問題にならない」のように使えば強調になる。このように「日がな一日」は「日一日」を強めた言い方である。

例「昼は日がな一日、手足の乾くひまもなく働けば」（浄瑠璃・用明天皇職人鑑・三）

ひかれもののこうた【引かれ者の小唄】

負け惜しみが強い様子。「引かれ者」とは江戸時代、罪を犯して刑場に引かれて行く者を言う。その引かれ者が、わざと

ひ

平気をよそおい小唄などを歌う様子から転じて、負け惜しみで強がりを言うことになった。

例「引かれ者の小唄、何小癪な」（歌舞伎・梅柳若葉加賀染・大詰）

ひがん【彼岸】

春分の日・秋分の日を中日とした前後七日間のこと。この間、先祖の供養をする。仏教語で、「到彼岸」の略。「到彼岸」は、完成・完全の意味の梵語 pāramitā（パーラミター）の漢訳語である。なお、pāramitā の音訳語が「波羅蜜多（はらみった）」である。彼岸は、生きているこの世（＝此岸）に対する向こう岸の意であり、煩悩のない悟りの境地やそこに到るための修行を指していた。彼岸の習俗は日本特有のものであり、春分の日・秋分の日に行われるのは、太陽が真東から昇り真西に沈むことから、太陽の沈む西方の極楽浄土に往生することを願ったものだと言われている。

例「彼岸のほどに、よき日を取りて、さるべきこと思し設けて」（宇津保物語・国譲・下）

ひがんばな【彼岸花】

ヒガンバナ科の多年草。中国原産。土手や墓地などに群生し、高さ三〇～五〇センチの茎の頂に赤い花が数個集まって咲く。秋の彼岸ごろに花が咲くためこの名がある。古くこの花は、マンジュシャケあるいはマンジュシャゲと呼ばれていた。室町時代末期の辞書『いろは字』には、「曼珠沙花　マンジュシャケ　赤」とある。江戸時代以降、「死人花」「彼岸花」等の異名が現れてくる。

例「石蒜　しびとばな〈略〉俗云死人花、又云彼岸花」（和漢三才図会・九二）

ひきいる《ひきゐる》【率いる】

引き連れて行く。「ひきいる」の語構成は「引き＋率（ゐ）る」で、「引き」は接頭語。「率（ゐ）る」は連れる、伴うという意味の動詞である。この「率る」は、「草枕旅には妻は率（ゐ）たれども」（万葉集・四・六三五）、「まめならむ男どもをゐてまかりて」（竹取物語）など古文にはよく見られる動詞であるが、現代語では「ひきいる」に化石的に残るだけとなった。

例「あにおと、友だちひきゐて、難波の方にいきけり」（伊勢物語・六六）

ひきこもごも【悲喜交々】

悲しみと喜びを代わる代わる味わうこと。「悲喜」は悲しみと喜びのこと、「こもごも」は古くは「こもこも」といい、漢文訓読の際に「交・相・更」の漢字の訓に当てられたもので、「互いに入れかわって、つぎつぎに」の意であった。『大言海』*は「此（こ）も此（こ）もの義。これも、それも、の意」とする。『文明本節用集』には「交　コモコモ」とある。『淮南子（えなんじ）』「原道訓」にある「悲喜転而相生（悲喜転じて相（こもご）も生ず）」

のような漢文の訓読がもとになって、「悲喜相生（悲喜相も生ず）」のような文ができ、それを省略して「悲喜こもごも」となったと考えられる。

ひきでもの【引き出物】

招待客に主人が贈る土産物。「ひきで」は引き出すという意味の動詞「引き出づ」の連用形「ひきいで」の転。「ひきいでもの」とも言った。平安時代に、馬を庭に引き出して贈ったことからいう。のち、馬の代わりに引出物の名で金品を贈るようになった。さらに現代のように招待客への土産物を言うようになった。

例「幕の内に引出物の馬を引き立ててありけるが」（宇治拾遺物語・七・六）

ひきょう《ひけふ》【卑怯】

勇気のないこと。心根のいやしいさま。語源未詳。「卑怯」の字を当てるのは比較的新しく、古くは「比興」という用字が見られる。この「比興（ひきょう）」は中国古代の『詩経』によれば、六義の一種で、ともに物にたとえて表す修辞法であったが、おもしろく言いなすことを表すようになった。これから今の「卑怯」の意味まではずいぶん隔たっているが、間接的表現から風変わりな表現、不都合な表現となって、下品、臆病の意に転じたという説（小学館古語大辞典）もある。「非拠（ひきょ）」「非興」との関連を考える説もある。「比興」は「ヤア比興なり松右ヱ門」（浄瑠璃・平仮名盛衰記・三）などの例がある。

例「卑怯　ヒケウ　懦弱之義」（書言字考節用集）「尻込みをする様な卑怯な事は」（夏目漱石・坊っちゃん・明治三九年）

びく【魚籠】

釣りなどの時に取った魚を入れておく籠。語源不明。もとは*『書言字考節用集』に「塁　ビク　又作簍俚民盛土具」とあり、用途が違っていた。古く、物を入れて運ぶ籠を指した「ふご」という語があった。この「ふご」が「びく」に変化したとする説があるが、定かではない。「びく」は中国語（漢語）では「魚籃」といい、「魚籠」という語はない。「魚籠」という漢字表記は、魚を入れる籠という意から日本で考えられたものである。

ひくい【低い】 文語 **ひくし**

標準面より下の方に位置するさま。「ひくし（ひくい）」は「ひきし」が変化したもの。平安時代「ひくし」という語はなく、この語の表す「低」の意味には「みじかし」「あさし」「ちいさし」などが使われ、漢文訓読文では形容動詞「ひきなり」が使われていた。平安時代末期から鎌倉時代初期ごろに形容詞「ひきし」が成立し、室町時代末期以降に「ひくし」が一般的になった。「ひきし」の語源は不明。近世以降諸説あるがと

ひ

るべきものはない。たとえば、「引退(しりぞく)か。高所より引きしりぞく躰也」(和句解)のような説である。

例「下はひくいとよむか、ひきいことを云ふには川や沢を云ふぞ。川さわよりひくい所はないぞ」(抄物・玉塵抄・一二三)

ひぐらし【蜩・茅蜩】

蜩(せみ)の一種で、カナカナと鳴く。「ひぐらし」は「日暮の義」(和訓栞)で、このセミが午後から日暮れにかけて鳴くので、この名がある。「ひぐらし」の「くらし」は動詞「暮らす」の連用形の名詞化で、日を暮らすことの意味となる。夕方鳴き出すセミの声に一日を終えたという感懐を託して名づけた名であろう。

例「今よりは秋づきぬらしあしひきの山松かげに日具良之(ひぐらし)鳴きぬ」(万葉集・一五・三六五五)「茅蜩〈略〉比久良之(ひくらし)」(十巻本和名抄)

ひげき【悲劇】

幸福に終わらない出来事を描いた演劇。明治時代に英語 tragedy の訳語として造られた和製漢語。*『附音挿図英和字彙』(明治六年)では「悲戯」と訳しているが、これはロブシャイド*『英華字典』からの借用と思われる。辞書以外では北村透谷の使用が最初のようである。

例「悲劇必ずしも悲を以て旨とせず」(北村透谷・他界に対する観念・明治二五年)

ひけらかす

自慢して見せびらかす。語源未詳。室町時代末期以降に現れる語。*『志不可起』は「光(ひか)ラスの義か。またホコラカスの云ひまがへか」として、「光らす」からとする説と「誇らかす」からとする説の二説を挙げる。「誇らかす」は、平安時代の『浜松中納言物語』に「さばかりの人のいみじうかしづきほこらかし給へるに」のように「得意げな様子をする」という意で用いられている。「かす」は「みせびらかす」「散らかす」などの「かす」で、多く動詞の他動的な意味を強めるのに用いる語。

例「それを以て郷里へ帰てひけらかいてほこったことか」(抄物・玉塵抄・五二)

ひけをとる【引けを取る】

負ける。劣る。動詞「引ける」には、「すこしもひけたるところなし」(浮世草子・武家義理物語・六・三)のように、見劣りする、負けるの意味があり、「引け」はその連用形の名詞化したもの。名詞化の例には「ひけにも恥にもなることか」(浄瑠璃・文武五人男・一)などがある。「取る」は身に負うことを意味し、古くから、「をこがましき名をとるべきかな」(源氏物語・夕顔)等の例が見える。

例「度々において、ひけを取り、人に後指さされたる者を鬼神の様に書きたるも有」(軍記・三河物語・二)

ひこ【彦】

男子を褒め称える言葉。「海幸彦」「山幸彦」などのように人名に使う。「日子」の義と言われている。「ひは、ほめたることば也。日は陽精なり、〈略〉こは男子也。男子をほめて彦といふ」（日本釈名）。「ひめ（姫）」はこの対語。「ひ」を共有し、「子」と「め（女）」で、男女の区別を表している。漢字「彦（げん）」は才徳の優れた人（男子）のこと。↓ひめ

例「火照命は海佐知毘古（うみさちびこ）として、鰭（はた）の広物、鰭の狭物を取り、火遠理命は山佐知毘古として、毛の麤物（あらもの）、毛の柔物（にこもの）を取り給ひき」（古事記・上）

ひこばえ【蘖】

伐った草木の根や株から出た芽。「ひこ」は孫（まご）の意で、「ばえ」は「生（は）える」（文語生ゆ）の連用形「はえ」の濁音化したもの。「孫（ひこ）生（ば）え」の意で、元の大木から生じた小さな芽を、その木の孫に見立てたもの。『*天治本新撰字鏡』に、「死木更生也　比古波江（ひこばえ）」とある。

ひこぼし【彦星】

鷲（わし）座の首星アルタイルの和名。牽牛（けんぎゅう）星。『*日本釈名』（上）は彦星について次のようにいう。「男子をほめて彦と云ふ。牽牛を夫とし、織女（たなばた）を妻とする故、男星と云ふ意なり」。古くはヒコホシと言った。「彦」は「姫（ひめ）」に対する語。↓彦

例「年にありて一夜妹に逢ふ比故保思（ひこほし）もわれにまさりて思ふらめやも」（万葉集・一五・三六五七）

ひさし【庇・廂】

雨や日光をさえぎるために突き出した小屋根。帽子の突き出た部分。語源について『大言海』は「日影のさし入る所の意か、或いは日支（ひささへ）の約」というが、前説であろう。現在の家屋では、むしろ日をさえぎるものであるが、古くは、平安時代の寝殿造りで、母屋の外側部分の建物を言った。そこを、日が差し込む意の「日差し」と呼んだもの。

例「有る比丘房を作りて、檐（ひさし）を出して」（小川本願経四分律・平安初期点）

ひさめ【氷雨】

冷たい雨。もとは雹（ひょう）や、霰（あられ）の意味であった。「ひ」は氷のことで、「おく霜も氷（ひ）に冴えわたり」（万葉集・一三・三二八一）という例がある。また、「地の底とほるばかりの氷（ひ）降り」（源氏物語・明石）の「ひ」は、雹のことである。「あめ（雨）」は複合語の後部要素になる場合、「小雨（こさめ）」「春雨（はるさめ）」「村雨（むらさめ）」などのように「さめ」となる。

例「忽然（たちまち）にして天陰（ひし）けて雨氷（ひさめ）ふる」（日本書紀・神武即位前・北野本訓）

ひし【菱】

ヒシ科の水生一年草。語源説は種々見られるがはっきりしない。『大言海』は「緊（ヒシ）の意にて、鋭刺より云へるか」とい

う。「鋭刺」というのは実にとげがあるからと思われる。一方、『改訂増補牧野新日本植物図鑑』は「この植物の葉が幅ひろく平らに広がった姿、すなわちヒシゲた状態からきたのではないかと思う」とする。この説は近世からあり、「『菱』はひしげたると云ふ詞より起こるか。四角にはあれどもよこさまにゆがみてろくに四かくにはあらぬ也」(和句解)という。しかし、「ひしぐ」の古例が中古であるのに、植物のヒシの例は上代からある。漢名「芰」。

例「歯並は椎比斯(ひし)なす」(古事記・中)「企玖(きく)の池なる菱の末(うれ)を採(つ)むとや」(万葉集・一六・三八七六)

ひじき【鹿尾菜】

褐藻類ホンダワラ科の海藻。ヒズキの転。*『天治本新撰字鏡』に「鹿尾菜　比須支(ひすき)」とあるように、古くはヒズキ、あるいはこれに「も」を付けてヒズキモと言った。「ひずきも」の語源は、*『和訓栞』「ひすきも」の項に「干杉藻の義なるへし」とある。ヒジキの干した様子は枯れた杉の枝のように見えるからである。

例「ひじきといふものをおこせて」(大和物語・一六一)

ひじでっぽう《ひぢでつぽう》【肘鉄砲】

ひじの先でどんと相手を突きのけること。転じて、誘い・申し出をはねつけること。肘の一撃の威力を鉄砲にたとえたもの。前の二字を採って「肘鉄(ひじてつ)」ともいう。「肘鉄砲を食う」「肘鉄砲を食らわせる」などと使われる。

例「甚く肘鉄砲を喰うのだが」(永井荷風・あめりか物語・明治四一年)

ひしめく【犇めく】

押し合うほど混雑する。現在の「ひしめく」の「ひし」は擬態語であるが、上代の「ひし」は擬声語であった。「この床の比師(ひし)と鳴るまで」(万葉集・一三・三二七〇)。中古には「もののひしめき鳴るもいとおそろしくて」(枕草子・一二五・むとくなるもの)のように「ひしめく」と言った例も見える。中世になって、「兵ひしと並居たり」(平治物語・中・待賢門の軍の事)、「百人ばかりひしめき集まりて」(宇治拾遺物語・一三)のように擬態語としての例が現れる。「めく」はこの語の場合、「さざめく」などの「めく」と同様、擬声・擬態語に付いて動詞を作る接尾語である。「犇」という漢字は、牛が驚く意で、ひしめくの意は日本で生じたもの。

ひしゃく【柄杓】

湯や水を汲むのに用いる、長い柄のついた道具。「ひしゃく」は瓢箪(ひょうたん)の古い言い方「ひさご」(後にヒサゴ)の音が変化したもの。もとは、瓢箪を縦二つに割ったものや、それに柄をつけたもので湯水を汲んだので「ひさご」と言った。『神楽歌』に「大原や　せが井の清水　比佐古(ひさこ)もて　鶏は鳴くとも　遊ぶ瀬を汲め」とある。後に、漢語の

「杓(しゃく)」と結びつけて解され、それが音変化を促し、表記にも「柄杓」の字が当てられた。*『文明本節用集』に、「柄杓　ヒシヤク」とある。

びじゅつ【美術】

美の表現をめざす芸術。明治時代に英語 fine arts の訳語として造られた和製漢語。初めは、美に関わる芸術を広く指し、小説・詩歌・音楽なども含んで用いられた。『新聞雑誌』二八号(明治五年一月)に、「美術」を「音楽画学像を作るの術、詩学等を美術と云ふ」と説明してある。明治の後期あたりから、美に関わる芸術一般のうち、特に絵画や彫刻を指すようになり、次第に小説、詩歌、音楽などは美術から除かれるようになる。今日中国でも用いられているが、日本語から移入された語である。

例「文学美術が好きなものですから…」(夏目漱石・吾輩は猫である・明治三八～三九年)

ひしょ【秘書】

要人のそばでその仕事を助ける人。中国で、本来「秘書」は秘蔵の本や機密文書のことを言い、また、それを取り扱う人を言った。日本でも一一世紀後期ごろから用いられていた。「打物は子房が兵法を得給へば、一巻の秘書尽くされずと云ふ事なし」(太平記・二・南都北嶺行幸事)。明治に入り、英語 secretary の訳語として「秘書」が当てられ、大正期には広く一般に用いられるようになった。

例「Hisho　ヒショ　秘書 n. Books on secret subjects: private secretary(機密の文書、個人的な秘書)」(和英語林集成・三版)

ひじり【聖】

聖人。「ひじり」は、「日知(ひしり)の義なり」(和字正濫鈔)と言われる。「しり」は動詞「しる(知・領)」の連用形の名詞化。太陽のように天下を領知する者、あるいは、日(=天の運行)を知る者ということから、天皇・天子という意味になり、太陽のように天下の事柄をあまねく知る者ということから、知徳の優れた人、つまり聖人・君子という意味になる。仏教では、高僧をいう。

例「人の才能は、文あきらかにして、聖の教へを知れるを第一とす」(徒然草・一二二)

ひそみにならう《―ならふ》【顰みに倣う】

むやみに人の真似をすること。「ひそみ」は動詞「ひそむ(顰)」の連用形の名詞化で、顔をしかめること。「倣う」はまねること。「ひそみにならう」という言い方は、中国の「效(効)顰(こうひん)」を訓読してできた語。「效顰」は『荘子』「天運」にある以下のような故事に基づく。春秋時代、越の国に西施という絶世の美女がいた。その西施が胸を病んで苦しげに眉をひそめたところ、その表情がたいそう美しく見えた。その里

の醜女が自分も美しく見えるかと思いそのまねをしたが、それを見た人は気味悪がって門を閉ざしたと言う。

びたいちもん【鐚一文】

きわめてわずかな金額のたとえ。「びた銭一文」の意。「びた銭」は粗悪な銭貨。「文(もん)」は銭の単位で、「一文」は価値の低いことのたとえ。粗悪な通貨一文の値打ちもないという意味である。しかし、「びた」の語源は不明。『大言海』は「メタ、ベタの意。減文より云ふか」とする。「鐚」という字は国字。

例「あたら銀遣ひすててびた一文ないに」(浮世草子・忘花・五・郭公の初音)

ひたかくし【直隠し】

ひたすら隠すこと。「ひた」は「直」で、「一途に、一心に」の意。古くは独立して使われ、『万葉集』(一八・四一二二)に「橘の成れるその実は比太(ひた)照りに」という例が見える。「かくし」は動詞「かくす」の連用形の名詞化。↓ひたすら

ひたすら【只管】

いちずに。そのことだけに集中するさま。「ひた」は「直」で、「一途に、一心に」の意。「ひた」は『大言海』の言うように、おそらく「ひと(一)」と同源の語で、複合語を作る。「ひたみちに恥ぢたるを」(源氏物語・東屋)、「ひたごころになくもなりつべき身を」(蜻蛉日記・中・天禄二年)、「ひたぎりに斬り落しつ」(徒然草・八七)などと用いられ、「一心に～すること」の意を表す。「すら」は副助詞だが、その語源は未詳。漢字表記「只管」は近世中国語で、ひたすら～する意で用いられた語。

例「ひたすらにわが思はなくにおのれさへ」(後撰集・秋下)

ひたむき【直向き】

一つのことに熱中するさま。「ひた」は「ひと(一)」と同源と言われる。「むき」は動詞「向く」の連用形の名詞化で、ある方向に偏っているさまをいう。↓ひたすら

例「何と云うヒタ向きな男だろう」(葛西善蔵・湖畔手記・大正一三年)

ひだりうちわ－うちは**【左団扇】**

暮らしが安楽であることのたとえ。暑くて困るときは右手でせっせとあおぐ。そうではなく、左手でゆっくりと団扇(うちわ)・扇を使う様子から、余裕があったり、得意であったりする様子を言うことになった(上方語源辞典)。

例「今に左り団扇とやらになられませう」(人情本・閑情末摘花・三・五)

ひだりきき【左利き】

左手の方が右手よりもよく使える人。また、酒飲みのこと。「利き」は動詞「利く」の連用形の名詞化で、能力があること。腕前の優れている人を「手利き」(「与一宗高こそ小兵で候へ

ひ

ども手利きで候へ」（平家物語・二・那須与一）、弁舌に能力を持つ人を「口利き」（「京童にて口利きにて候」（義経記・六））等のように言う。*『日葡辞書』には「Fidariguiqi（ヒダリギキ）」とある。また、鉱山の人夫が使う金山詞（かなやまことば）で、右手に槌、左手に鑿（のみ）を持つことから、「鑿（のみ）手」と「飲み手」を掛けて、酒を好む人を左利きと呼ぶようになったという（暉峻康隆『すらんぐ』によれば、小栗百万の近世随筆『屠竜工随筆』に見える語源説）。

例「呑むと見てのまぬ本手の左利」（雑俳・桜がり）

ひだりぎっちょ【左ぎっちょ】

左利きのこと。*『日葡辞書』には「Fidariguicchŏ（ヒダリギッチャウ）」とある。「左器用（きよう）」の転じたもの（大言海）と言われる。

例「左ぎっちょの逞しい腕に」（葛西善蔵・子をつれて・大正七年）

ひだりづま【左褄】

芸者。着物の左の褄（＝裾の端・縁の部分）を「ひだりづま」と言う。芸者が裾を引く衣裳を着て歩く時に、左褄（＝着物の左の裾）を左手で持ち上げることから、芸者を「左褄」、芸者をすることを「左褄をとる」と言うようになった。

例「左褄のちょこちょこあゆみ」（滑稽本・八笑人・三・追加下）

ひだりまえ《ひだりまへ》【左前】

商売などがうまくいかないこと。物事が不調、また、金回りがよくないこと。もとは、着物の着方で、相手から見て左の衽（おくみ）（＝前身頃の端に縫い足した部分）を上にして着ること。普通の着方と反対で、死者に経帷子（きょうかたびら）を着せる時にこのようにする。死者の装束に通じることから、近世、今のような意味になった。

例「する程の事ひだり前に成て元手をへらし」（浮世草子・本朝二十不孝・四・三）

ひっきりなし【引っ切り無し】

切れ目がないこと。「引き切り」という語形は中古から見つかるが、この「引き切り」の意味は性急ということで、現在の「ひっきりなし」とは結びつきにくい。しかし、「引き切る」には中古末から関係を断つという意味があった。従って、中古の「引き切る」と現在の「ひっきりなし」とはやはり関係があると思われる。語形上は「引き切る」の連用形が名詞化し、更に強めるため促音化し、「引っ切り」の形が生じた。意味の上では、断つという意味から近世「切れ目」を表すようになり、これに「なし」を付けて「ひっきりなし」ができたと考えられる。この「ひっきりなし」は形容動詞的に用いられる。

例「引断（ひっきり）なしに移動（でがわり）がある」（小杉天外・魔風恋風・明治三六年）

ひっこみがつかない【引っ込みがつかない】
行き掛り上、身を引いたり、意見などを取り下げたりすることができない。「ひっこみ」は、「ひっこむ」の連用形の名詞化。「ひっこむ」は「引き込む」の促音便形。「つく」は決着する、実現するの意味を表す。「引っ込み」は、歌舞伎役者が舞台から退場する際に花道で行う特別な演技をいった。何らかの事情でその芸がうまくいかなければ引くに引けない状況にさらされるわけで、そこから一般語の意味になったもの。

ひつじ【羊】
ヤギによく似た偶蹄目ウシ科の哺乳類。語源説は多数あって定まらない。中で有力な説は次のようなものである。「ひつじの時は、日の天にのぼりて西へさがるつじ也。日本にもとより羊なし。後代にもろこしより渡りし時、十二支の未の時の意を以て訓とせり」（日本釈名）。未の時刻は東から昇って来た太陽が西へと下がっていく時に当たるので、「未」を「日辻」と訓み、「未」に割り当てられた動物「羊」の名としたという説である。渡来の時期に関しては、『日本書紀』推古七年の記事に百済が羊二頭をたてまつったと記されている。
例「羊〈略〉比都之（ひつじ）」（十巻本和名抄）

ひっぱりだこ【引っ張り蛸】
一時に多くの人から望まれること。とれたタコを干物にする時に、八本の足を広げてはりつけた状態にすることにたとえて、八方から手を引っ張られるようにして誘われる様子を言ったもの。「引っ張り凧」と書かれることもある。
例「方々から引っぱりだこにするから己惚（うぬぼれ）で身持が悪いわな」（滑稽本・浮世風呂・二・下）

ひてい【否定】
そうでないと判断すること。「否と判定すること」の意。英語negation の訳語として西周が考案した漢語。ロブシャイド*『英華字典』は negation を「説不全」と訳している。「否定」は現代中国語でも使われている。→肯定
例「歯軋りすると云われるといつでもこれを否定する女である」（夏目漱石・吾輩は猫である・明治三八〜三九年）

ひどい【酷い】 文語 **ひどし**
残酷だ。程度が甚だしい。道にはずれるという意の「非道（ひどう）」を形容詞化した語。近世、まず、残酷だという意味の形容詞となり、更に程度を表すようになった。
例「ひどい夕立輿屋（こしや）にも二三人」（雑俳・柳多留・一八）「それゃあ非道（ひど）い」（坪内逍遥・当世書生気質・明治一八〜一九年）

ひといきれ【人いきれ】
人が大勢集まって、熱気やにおいでむんむんすること。「いきれ」は動詞「いきれる」（＝暑い状態になる意）の連用形の名詞化。語としては「草いきれ」の方が古く、一八世紀後半に例が

ある。

例「群集の生温かい人いきれが」（谷崎潤一郎・刺青・明治四三年）

ひとかど【一廉】

ひときわすぐれていること。「かど」は「角」で、物のとがって突出した部分を言う。このように突出して目立つところから、ひときわすぐれたの意味にも用いられた。「又一かどある歌を有文と申すと云ふ説もあり」（九州問答）。「ひとかど」の「ひと」は「ひとつ」の「ひと」で、「ひときわ」「ひと財産」など強調に用いられる。

例「向うを一と角の人物と見立てて」（夏目漱石・坊っちゃん・明治三九年）

ひとかわむける《ひとかは―》【一皮剝ける】

洗練される。表皮はよごれていることが多いので、ちょっとその皮がむければ中のよごれていない、きれいな面が見えるということから出た慣用句。

例「かしこさよ一皮むけし蛇迄も」（俳諧・八番日記・文政四年）

ひとくさり【一齣】

ある話題について一通り話すこと。もとは、謡い物・語り物などの、まとまった一部分・一段落を言った。「くさり」は謡（うたい）など続いているものの、あるまとまり（一段落）のことであった。この「くさり」は鎖と関係があり、つながるという意味の動詞「くさる」の連用形からきている。

例「わっちにひとくさり、おしへてくんなさらねえか」（滑稽本・東海道中膝栗毛・五・下）

ひとしお《ひとしほ》【一入】

ひときわ。一層。「ひとしお」の「ひと」は「ひとつ」の「ひと」、「しお」は接尾語で、染料にひたす回数を表す。ただし、「しお」の語源は不明。漢字で「入」を書くのは染料に入れるからである。一度ひたすのは「ふたしほ」で、「一入（ひとしほ）再入（ふたしほ）の紅よりも猶深し」（太平記・三六・清氏叛逆事）などのように言った。染料に一回ひたすごとに色が濃くなっていくので、一層、という意味が生じた。

例「ときはなる松のみどりも春くれば今ひとしほの色まさりけり」（古今集・春上）

ひとすじなわ《ひとすぢなは》【一筋縄】

普通の方法。「一筋縄では行かない」のように使う。この慣用句に先立って、平安時代から「一筋」で普通の状態を表すことがあり、更に否定を伴って一四世紀の勅撰集『新千載集』（雑上）には「鵜舟さす夜河のたなは打ちはへて一すぢならず物ぞかなしき」のような用法が見える。この「一筋ならず」のような言い方に「縄」という具体的な物を加えて、一本では縛れない、二本も三本も必要な特別事態だという、比喩的

表現を作ったものと考えられる。

例「ひとすぢ縄では往かぬ奴」（浄瑠璃・関取千両幟・二）

ひとつ【一つ】

数詞の一。ヒトツのツは数詞に付く接尾語。「ひと」の語源について、確説はない。白鳥庫吉は、初め「ひと」は頭始・発端の義とし、事物の端緒を表す「はじ」、初を表す「はつ」「はな」「はじめ」などと、語源が同じだと説いた。しかし、後にこれを否定して、「ひと」は「ふと（太）」の第一音節の母音を変えたものだ、という。上代の日本人は数を数えるとき、指を使用し、現在と違って、握った形から、まず親指を立てて一を数え、次に人差し指を立てて二、中指を立てて三と数えた。親指は五指の中で最も太いので、それによって数えられる一の名称を「ふと」にちなむ「ひと」とした、というのである。↓ふたつ

例「尾張に直に向かへる　尾津の埼なる比登都（ひとつ）松」（古事記・中）

ひとで【人手・海星】

ヒトデ綱に属する棘皮（きょくひ）動物の総称。海に住み、体は扁平な中央盤と五本あるいはそれ以上の腕から成る。その形が人の手に似ていることからこの名が付いた（大言海）。また形が星に似ているところから「海星」とも表記される。

例「海燕〈略〉ひとでと云ふあり。漢名海盤車と云ふ」（大和本草批正・一四）

ひととなり【為人】

うまれつき。天性。「人と為（な）る」から転じた語。「なり」は動詞「為（な）る」の連用形の名詞化。漢字「為」は、～となる、～である、という意で、「為人」という語は、どのような人であるかを意味する。古く、『南海寄帰内法伝』（平安後期点）などに「性」の字を「ひととなり」と読ませて、「性（ひととなり）三宝を愛し、五衆を護持して」等の例が見える。

ひとはだぬぐ【一肌脱ぐ】

真剣になって援助する。「はだぬぐ」の強調表現。「はだぬぐ」は、和服の袖から腕を抜いて、上半身の肌をあらわすことをいう。力仕事や一生懸命に仕事をするときこういう格好になる。中世の弓術書『射御拾遺抄』に「木鳥をばなに鳥にてもはだぬぎて射る也」と見える。「ひと」は「一」で、「ひときわ」などと同じく強調の意になる。

例「人は誰しも窮する時がある、それを思って一肌脱いで呉れ」（島崎藤村・家・明治四三～四四年）

ひとり【一人】

人一個。人を数えるには「みたり」「よたり」のように、数詞に「たり」を付けるが、「ひとり」、「ふたり」の場合は、数詞に「り」を接尾させる。すなわち、「ひとつ」の語幹「ひと」に接尾語「り」の付いたものである。

例「春さればまづ咲くやどの梅の花比等利（ひとり）見つつや春日暮らさむ」（万葉集・五・八一八）

ひとりがてん【独り合点】

自分だけでわかったつもりになること。「がてん」は「がってん」の縮まったもの。「合点」はもとは、和歌や俳諧などで、批評する人が良いと思うものに点印を付けることを言った。のちに、回状などの趣旨に賛成の意を表す時に、自分の名前の肩に点印を付けることを言うようになり、承知することを「合点承知」などのように言った。また、納得することを「合点が行く」といい、「はて、合点の行かぬ」（狂言・武悪）のような用例がある。このように、納得を自分一人だけでしているというのが、「独り合点」である。

例「王は、ひとり合点して私を笑い」（太宰治・走れメロス・昭和一五年）

ひとりしずか《ひとりしづか》【一人静】

センリョウ科の多年草。別名に「吉野静」がある（これは謡曲に因む）。「吉野静」について、『*和漢三才図会』（九四）は、「静者源義経之寵妾、有於吉野山歌舞之事、好事者比其美、以名之（静とは源義経の寵妾にして、吉野山において歌舞の事あり、好事の者其の美を比べて、もってこれに名づく）」と記す。また「二人静」について、同書は「歌謡云、静女之幽霊為二人同遊舞、此花二朶相双艶美、以名之（歌謡に云ふ、静女の幽霊二人となり同じく遊舞す、此の花二朶相双び艶美なり、もってこれに名づく）」と述べる。すなわち、この花の美しさを吉野山で踊る静に比して「吉野静」と命名し、花穂二本のものを「二人静」と命名したのである。この「二人静」に対して花穂一本のものを「一人静」と言うようになった。

例「ひとりしづか、一名よしのしづかと云ふあり」（重訂本草綱目啓蒙）

ひとりずもう《ーずまふ》【独り相撲・一人相撲】

相手がいないのに、一人で、勝手な思い込みで事をすること。元来は、一人で目に見えない神を相手にあたかも相手がいるかのように相撲をとる動作をする神事をいう。現在も愛媛県大三島の大山祇（おおやまづみ）神社などで行われている。また、江戸時代には、そのまねをして金銭を得る大道芸もあった。それが一般語となったものである。

例「独りで碁石を並べて一人相撲をとっている」（夏目漱石・吾輩は猫である・明治三八〜三九年）

ひとりぶたい【独り舞台】

一人だけが特に活躍すること。もともとは、舞台でたった一人の役者が演ずることを言ったが、他にも多くの役者がいる中で、一人だけが目立つことも意味するようになった。そこから一人が思いのままにふるまうことも言うようになった。

例「第十九回帝国議会は河野広中氏の独り舞台なりき」（報

知新聞・明治三六年一二月一二日)

ひとりよがり【独り善がり】
自分一人だけでよいと思いこんで他人の言うことを顧みないこと。独善(どくぜん)。「よがり」は「良いと思う」「喜ぶ」の意の動詞「よがる」の連用形の名詞化したもの。
例「独りよがりの人笑わせ」(二葉亭四迷・浮雲・明治二〇〜二二年)

ひな【雛】
ひよこ。また、雛人形。ひよこの意味の「ひな」の例は中古からあり、人形の意味の「ひな」の例より古い。人形は古く「ひいな〈ひひな〉」と言われ、平安時代には両者使い分けられていた可能性があるという。ひよこの「ひな」の語源は近世以来鳴き声によると考えられてきた。たとえば、「ヒはその鳴き声なり。ナは鳴(な)く也」(名言通・上)という。ヒが鳴き声に因むということは、ヒヨヒヨとか「ひよこ」とかいう言い方があることから見ても、うなずける。しかし「な」については疑問が残る。一方、「ひひな」の語源は分からない。この「ひひな」は次第に衰え、「ひな」が人形の意味も表すようになる。「ひな」と「ひひな」の混交は、両者とも小さくて愛玩の対象となるところから生じたものかと思われる。
例「鳥　比奈(ひな)」(天治本新撰字鏡)

ひながた【雛形・雛型】
実物をかたどって小さく作ったもの。模型。また、もとになる手本、書式。「ひな」は鳥の雛で、「ひながた」は「小さな形」という意。
例「あの地勢山水を御考へにて、雛形が出来て」(随筆・槐記・享保一九年二月二四日)

ひなぎく【雛菊】
キク科の多年草。デージー。ヨーロッパ西部原産。明治初年、日本に渡来したという。ヒナギクとは小さく可愛らしい菊の意である。「雛(ひな)」は「ひよこ」のことで、接頭語のように用いて、小形、可愛いらしいなどの意を表す。
例「ヒナギク　エンメイギク」(日本植物名彙・明治一七年)

ひなげし【雛罌粟・雛芥子】
ケシ科の二年草。ポピー。ヨーロッパ原産で、日本には中国を経由して一六世紀に渡来した。「ひなげし」とは、その花の様子が小さく可愛らしい、「けし(罌粟)」に似た植物という意の命名である。「雛(ひな)」は「ひよこ」のことで、その様子から小さく可愛らしいという意を表す接頭語となったものであり、「雛菊(ひなぎく)」「ひながた」等の語にも用いられている。
例「一種ヒナゲシアリ一名ビジンサウ」(重訂本草綱目啓蒙)

ひなたぼっこ【日向ぼっこ】
日向で暖まること。より古く「ひなたぼこり」という言い方が

あるので、その変化と考えられる。『今昔物語集』（一九・八）に「日なた誇りもせむ」とみえる。「ひなた」の「ひ」は日、「な」は現代語の「の」の意。「た」は「あなた」「こなた」などの「た」で方向を表す。しかし「ぼこり」の語源は、はっきりしない。『大言海』は「ほこりは、ほくほくと暖かき意か」という。「ほこり」は現代語の「ほっこり」に通じるものか。

例「姑のひなたぼっこはうちをむき」（雑俳・柳多留拾遺・四）

ひにく【皮肉】

あてこすり。「皮肉」は、漢籍では皮と肉、転じてからだの意味で使われる。うわべの意や、あてこすりの意味は日本だけの用法。「皮肉」はわざと骨（＝本当に言いたいこと）を避けて、皮と肉（＝うわべ）だけで分からせようとする表現の意だろうか。この語は文政・天保の流行語（近世上方語辞典）で、滝沢（曲亭）馬琴らの『兎園小説』によれば、「劇場にては〈略〉意地わろきを皮肉といふ」とあり、芝居関係者から出たものとしている。

例「又あんな皮肉いひなさる」（洒落本・色深狹睡夢・上）

ひにくのたん【髀肉の嘆】

手腕を発揮する機会がないことを嘆くこと。「髀肉」とはもも（股）の肉のこと。『三国志』「蜀志」先主伝の注に、蜀の劉備が、馬に乗って戦場を駆け巡ることのない日が続いたため、ももの肉が肥え太ってしまったのを嘆いたという故事による。功名を立てたり力量を発揮したりする機会に恵まれず、むなしく日々を送る無念さをいう。

ひねもす【終日】

一日中。『大言海』は「昼（ひ）の経（へ）亦尽（すがら）」の約略という。対をなす語に「夜もすがら」があり、これと対照すれば、あながちこじつけとも言えない。「ひねもす」の「ひ」は夜に対して昼、「も」は強調の助詞、「す」はすがらの略である。ただし、「ね」は接尾語的な語形要素だと思われるが、不明である。「すがら」は、「道すがら」などとも使われ、その間中というような意味を表す。「ひねむす」「ひめもす」などの形も使われた。なお、「終日」の表記は、漢語を当てたもの。

例「乎敷（をふ）の崎漕ぎ徘徊（たもとほ）り比祢毛須（ひねもす）に見とも飽くべき浦にあらなくに」（万葉集・一八・四〇三七）

ひのき【檜】

ヒノキ科の常緑高木。日本特産。ヒノキという語は上代から見られるが、更に古く、この植物はヒ（檜）と呼ばれていた。このことから考えて、ヒノキの語構成は「ひ＋の＋木」である。語源説は種々見られるが、「火の木の意味で、大昔の人がこの木をこすりあわせて火を出したことからきている」（改訂増補牧野新日本植物図鑑）のように「ひ」を火と見る説が従来広く唱えられてきた。ただ上代特殊仮名遣いでは、ヒノキ

のヒは甲類、「火(ひ)」は乙類の仮名が用いられていることから現在この説は否定されている。ヒノキのヒと同じく甲類の仮名が用いられている語としては「日(ヒ)」「霊(ヒ)」などがあり、それぞれ「日(ヒ)の木」説、「霊(ヒ)の木」説も見られるが、アクセントが異なることから、これらは檜の語源ではないと考える向きもある。しかし、「日・霊(ひ)」と「檜(ひ)」は掛詞のようにかけて使われることがあり、両者のかかわりは無視できない。

例「比之木(ひのき)」(常陸国風土記・行方郡)

ひのきぶたい【檜舞台】

自分の力量を示すことのできる機会や場所。晴れの舞台。もとは「檜(ひのき)」で床を張った舞台のこと。檜は建築材として上等で、一流の能舞台や歌舞伎の大劇場でしか用いられなかったため、「檜舞台」と言えば、格の高い、一流の舞台という意味であった。近世それが転じて、晴れの舞台の意になった。

例「日清戦争以来日本は世界の檜舞台に乗り出した」(有島武郎・星座・大正一〇～一一年)

ひのくるま【火の車】

家計などの経済状態が非常に苦しいこと。仏教語「火車(かしゃ)」を訓読みしたもの。「火車」は悪事を犯した人を地獄に運ぶ、燃えている車のことで、中古の終わり頃から用例が見える。近世、家計の苦しさを火の車に乗る苦痛にたとえるようになった。

例「夏酒や我とのり行く火の車」(俳諧・俳諧世説・三)

ひのしたかいさん【日下開山】

武芸や相撲などで、天下に並ぶものがないこと。「日下」は天の下、世界の意、「開山」は開祖と同義(山は寺院を意味し、その創設者を言う)。今までだれも到達したことのない境地に達したという誉め言葉で、日本一、天下無双などと同義。山東京伝の『近世奇跡考』の「夢市郎兵衛、明石志賀之助の事」に、西の大関明石志賀之助と東の大関仁王仁大夫(当時は大関が最高位)との取組で、「仁大夫、力やまさりけん、志賀之助を引むすび、つと差上げて投ぐると見ゆ〈略〉見物の諸人、手に汗をにぎり、あはやと思ふ、所に志賀之助、早業の達人なれば、空中にてひるがへり、おちざまに仁大夫が胸を蹴りて、土俵の真中に打ち倒す、これより志賀之助、日の下相撲開山と名告る事を許さる」とある。

ひば【檜葉】

ヒノキ、アスナロなどヒノキ類の総称として用いられる。ヒノキの古名である「ヒ(檜)」と「ハ(葉)」が結びつき連濁しヒバとなった。

例「檜葉　ヒバ」(運歩色葉集)

ひばなをちらす【火花を散らす】

闘志をむき出しにして激しく争う。この「火花」は、金属や石などが激しくぶつかったときに細かく飛び散る火。もと、武士が戦場で火花を散らすほどに激しく刀と刀を交えて斬り合う意で、「太刀真向にさしかざし〈略〉火花を散らして戦ひしが」（謡曲・生田敦盛）のように使われた。ここから転じて、実際に刀を交えなくても激しく争うという意が近代に生じた。

ひばり【雲雀】

ヒバリ科の小鳥。語源について、*『日本釈名』は、「ひばりは、ひのはれたる時そらに高くのぼりてなく鳥なり。ひはる也」という。「ひはる」は「日晴る」であろう。『大言海』などもこの説をとるが、説得力が弱い。鳴き声から来たとする説もあり、たとえば狩谷棭斎は*『箋注倭名抄』で「以鳴声為名（鳴き声を以て名となす）」と注記している。

例「うらうらに照れる春日に比婆理（ひばり）あがり心悲しも独りしおもへば」（万葉集・一九・四二九二）

ひぶたをきる【火蓋を切る】

戦闘を開始する。物事に着手する。「火蓋」とは、火縄銃の火皿（＝火薬を詰めるところ）を覆う蓋で、端がねじ止めしてあり、回転させて開けるようになっている。この火蓋をずらして開けることを「切る」という。「火蓋を切る」とは発砲することで、そこから戦闘開始、更に競技など戦いに類似した行為が始まることを言うようになった。「火蓋を切れば、あはれや二疋（ひき）ともに落ちけるを」（浮世草子・西鶴織留・二・一）。

ビフテキ

牛肉を焼いた料理。「ビフテキ」は明治一六年一〇月三〇日の『開化新聞』に見られるが、フランス語 bifteck に由来する語と考えられる。同じ意味で「ビーフステーキ」があるが、これは英語 beefsteak に由来する。明治二〇年一月六日の『東京日日新聞』に「ビーフステッキ」の形で見える。

例「ヲイ姉さん、オムレツで酒だ。後はビフテキという註文だヨ」（坪内逍遥・当世書生気質・明治一八～一九年）

ひまご【曽孫】

曽孫。「ひまご」は「ひ」と「まご（孫）」に分析され、「ひ」は「ひこ」（東日本で孫の意）、「ひひまご」「ひおじいさん」「ひおばあさん」などの「ひ」と同じものと見られる。「ひひまご」「ひおじいさん」「ひおばあさん」では、「ひ」はそれぞれそれより一代前という意味を表している。

例「子共孫どもひまご、たくさむにばんじやう（＝繁昌）して御ざあるが」（虎明本狂言・薬水）

ひまわり《ひまはり》【向日葵】

キク科の一年草。北米原産。江戸時代に中国から渡来した。大きな花から太陽を連想し、花が太陽の動きに連れて回る

ひ

ように見えるのでこの名が付いたと言われる。ただし、実際はさほど動かないという。ヒマワリには「日車（ひぐるま）」という異名もあり、享保年間の『俳諧大花笠』に「日車じゃ旦那にほれた下女が顔」と見える。「日輪草（にちりんそう）」という異名も、日輪すなわち太陽の形をした花が咲く草としての命名である。漢名は「向日葵」で、「日に向かって咲く葵のような植物」の意である。

例「西に向く側金盞草（ひまわり）に身を恥ぢん」（俳諧・若みどり）

ひむろ【氷室】

氷を夏まで貯蔵しておくための場所。「ひ」は氷のことで、『*十巻本和名抄』に「和名比（ひ）、一云古保利（こほり）」とある。「むろ」は物を貯蔵するために作られた所。真冬に氷を切り出し、とけないように貯蔵しておき、夏に京都へ輸送して宮中に奉るのがきまり。夏の季語となっている。

例「あけるとて氷室の使ひとつぱかは」（雑俳・西国船）

ひめ【姫】

貴人の娘。上代、「彦（ひこ）」の対語として、女性の美称であった。「ひこ」が「日子」であるのに対し、「ひめ」は「日女」の義とされる。共有される「日」は太陽であり、霊の力を持つ存在でもあった。「日女の義也と云へり。日は霊と義同じ。尊ぶ詞也」（俚言集覧）。→ひこ

例「此の母みこは昔名高かりけるひめ」（宇津保物語・蔵開・中）

ひめじょおん《ひめぢよをん》**【姫女苑】**

キク科の越年草。北米原産。明治維新前後に日本に渡来したとされる。「女苑」は「女体のようにしなやか」という意である。この植物の根がそのようになっているので「女菀（じょおん）」（「菀」はキク科の植物の意）と言い、花が小さめで可愛らしいので「姫」が冠されている。「姫」は同種のものの中で小さく愛らしいものに付けられる。「菀」と「苑」が通ずることから「女苑」と書かれる。

ひもじい 文語 **ひもじ**

空腹であるさま。形容詞「ひだるし」の「ひ」に「もじ（文字）」をつけて形容詞として使った女房詞。いわゆる文字詞（もじことば）の一つである。「ひだるし」は空腹であるさま。「ひ」は『大言海』によれば、乾く意の「ひる」の連用形。「だるし」は今でも使う「だるい」である。

例「やい乳母、ひもじいといふ事は、強い武士の言はぬ事と常にそちが言った故」（浄瑠璃・伽羅先代萩・六）

ひもとく【繙く】

書物を開く。本を読む。巻き物の紐を解いたり、書物の入っている帙（ちつ）の紐を解いたりしなければ、書を開くことができなかったので、読むことを「紐解く」といった。

例「しなじなにひもとく法の教へにて今ぞさとりの花は開くる」（玉葉集・釈教）

ひやかす【冷やかす】
からかう。冷えるようにするというのが、この語のもとの意味である。語頭の「ひや」は「ひえる」「ひやす」などの語根と同源。語末の「かす」は「甘やかす」「おびやかす」「散らかす」などの「かす」で他動詞を作る。「ひやかす」は、相手の熱気をさますということから、からかうの意を生じたものか。近世、遊里の張り見世を買いもせず見てまわることを「冷やかす」といったが、この用法は「夜店を冷やかす」など現代でも残っている。

例「なんとかおっしゃいますねトひやかしながら」（洒落本・意妓口・二）

ひゃくしょうよみ《ひやくしやう—》**【百姓読み】**
漢字の読み方で、その漢字の偏や旁（つくり）などから音を勝手に推量して、誤って読むこと。この「百姓」は農民の意味で、農民を無学なものとみなしていた頃できた言葉。「絢爛（けんらん）」を「ジュンらん」、「円滑（えんかつ）」を「えんコツ」、「病（やまい）膏肓（こうこう）に入る」の「膏肓」を「こうモウ」と読む類。

ひゃくにちそう《ひやくにちさう》**【百日草】**
キク科の一年草。メキシコ原産で、江戸時代末に日本に渡来。「百日」は長い期間を表すときに用いられる接頭辞。この植物の花の咲いている期間が長いことから名付けられた。

ひゃっかぜんしょ《ひやくくわ—》**【百科全書】**
さまざまな分野の事柄について説明してある辞書。英語encyclopedia の訳語。「百科」は、さまざまな科目、分野の意の和製漢語。「全書」は中国語からの借用で、何人かの人が協力して編集した書物の意（中国では「四庫全書」などの例がある）。ロブシャイド*『英華字典』では、「百智彙記」と訳している。

例「タイムスの百科全書見た様ですね」（夏目漱石・吾輩は猫である・明治三八〜三九年）

ひややっこ【冷奴】
冷やした豆腐を、ネギ・削り節・おろし生姜などを添えて、醬油で食べる料理。「冷や豆腐」と「奴（やっこ）豆腐」を合わせて作った語（日本国語大辞典二版）。「やっこどうふ」は一七世紀中頃刊の『食用簡便』に「俗に奴子豆腐と云ふ」、「ひやどうふ」は一八世紀半ばの浮世草子『風俗遊仙窟』に「冷豆腐は〈俗に奴豆腐と云ふに同じ〉」と見える。↓奴豆腐

びょういん《びやうゐん》**【病院】**
病気の診察、治療をするところ。中国で明の時代に、外国人宣教師が中国語に訳したものを、日本の蘭学者が借用して使うようになった語である。『紅毛雑話』（天明七年）に「同国

中にガストホイスという府あり。明人、病院と訳す」とある。ガストホイスはオランダ語 gasthuis で英語の guest house に相当する。

ひょうげん《へうげん》【表現】
自分の考えたことや感じたことを表すこと。明治初期に翻訳にあたって造られた和製漢語。*『哲学字彙』(初版)では英語 presentative を「表現的」、presentation を「表現力」と訳している。今日では英語 representation あるいは expression の訳語として使われる。この語は日本から中国に移入されて、使われている。
[例]「それをぴったり適応した言語で表現するからであるらしい」(森鷗外・青年・明治四三〜四四年)

ひょうご《へうご》【標語】
主義・綱領・理想などを簡潔に言い表した語句。明治期の和製漢語。「しるし(標)となる語」の意。英語 motto の訳語と思われる。徳富蘆花の『黒潮』(明治三五〜三八年)が初出とされる。中国の朱自清の『論標語口号』にも「標語」が用いられているが、朱自清の生年は明治三一年(一八九八)であるから日本の方が早い。motto の訳語は、なかなか一つに定着しなかった。たとえば一八六二年の*『英和対訳袖珍辞書』では「譬文、題号、短語」とあり、明治二一年(一八八八)の『附音挿図和訳英字彙』では「題号、標題」で、「標語」は見えない。

ひょうじゅんご《へうじゅんご》【標準語】
全国に通用する標準的な言葉。英語 standard language を訳した和製漢語。明治になって、近代的な国家語が模索され、初めそれを「普通語」と呼んだ。「普通」とは「普(あまね)く通じること」の意である。それを「標準語」という語で初めて呼んだのは岡倉由三郎(日本語学一斑・明治二三年)である。その後、上田万年が「標準語に就きて」(帝国文学)という論文を明治二八年に発表するに及んで一般化した。

ひょうそくがあわない《ひやうそくがあはない》【平仄が合わない】
つじつまがあわない。「平仄」とは、平声(ひょうしょう)と仄声(そくせい)のこと。漢字の声調である四声を「平声」と「仄声」に分ける。「仄声」には上声(じょうしょう)、去声(きょしょう)、入声(にっしょう)が属する。漢詩を作る際には、音律の調和ということから平字と仄字との配列の仕方にきまりがあるが、日本人にはむずかしかった。平字と仄字との配列が作法に合っていないことを「平仄が合わない」といい、転じて、つじつまがあわない、話の筋道が立たないという意味を表すようになった。[例]の正灯寺は紅葉の名所として知られるが、裏手には*吉原がある。
[例]「平仄のねっから合はぬ正灯寺」(雑俳・柳多留拾遺・一二)

ひょうたん《へうたん》【瓢簞】

ウリ科のつる性一年草。また、その果実および果実を器とするため乾燥させたものをいう。古名は「ひさこ(ご)」。中国で「瓢簞」とは酒を入れるひさご(瓢)と飯を入れる竹のかご(簞)のこと。日本でもこの意での用例が早い。ひさごを瓢簞として使っているうちに、ひさごを瓢簞というようになった。このような変化は室町時代以降かと言われる。漢名は「葫蘆」または「壺蘆」「瓠蘆」。

例「闇の夜になりそこなひの瓢簞」(浮世草子・好色盛衰記・三・一)

ひょうたんなまず《へうたんなまづ》【瓢簞鯰】

要領を得ないさま。また、そのような人。「瓢簞で鯰(なまず)を押さえる」から出た言い方。ぬるぬるしてつかまえにくいナマズをひょうたんでつかまえようとしても無理だということから、このたとえができた。「瓢簞で鯰を押さえる」の形は、「へうたんでなまつをさえるやうなぞ」(抄物・玉塵抄・三)のように、中世から例があるが、省略した形は明治末期から見える。

ひょうへん《へうへん》【豹変】

態度や意見ががらりと変わること。『易経』「革卦(かくか)」の「大人虎変。〈略〉君子豹変。小人革面〔大人は虎変す。〈略〉君子は豹変す。小人は面を革(あらた)む〕」から出た語。この引用文の意味は、革命の当事者たる大人は、虎のように威風堂々と登場し、社会の指導者たる君子は、豹の毛が秋に抜け替わって一変するように、その態度を改めて新しい社会の建設に協力するが、小人は、結果を享受するだけであるから、顔つきだけを改めて従うだけだということである。そこから、君子が過ちを改めて善に移ることの速やかで鮮やかなことを「君子豹変」、略して「豹変」という。後に君子に限らず使うようになった。

例「奴僕ぢゃが豹変して大将軍になったぞ」(抄物・史記抄・一四)

ひょうほん《へうほん》【標本】

見本。中国語としての意味は、「物事の本と末」の意。「標」は梢の意味で末を表し、「本」は物事の本の意味。日本では明治になって英語 specimen の訳語として「標本」が使われた。「標」には見本という意味があり、「本」は本来の姿という意味を添えて二字漢語にしたものと思われる。

例「俗物の標本は手前でございと云う顔」(徳富蘆花・思出の記・明治三三~三四年)

ひょうろくだま《へうろくだま》【表六玉】

愚鈍な人やまぬけな人をあざけっていう語。古くは「表六」といい、一六世紀後半の『碧巌虎哉抄』(四)には「けなげなる者かと思うたれば、へうろくな者ぢゃ」という例がある。「表

六玉」は文献上、明治以降現れる。「玉」は人の意。「悪玉」「上玉」などはその類例である。「表六」について*『運歩色葉集』は、「表六　利亀蔵六、鈍亀表六。喩之人〔利き亀は六を蔵(かく)し、鈍き亀は六を表す。之を人に喩ふ〕」という。これは賢い亀は頭・尾・四つ足の六つをかくしているが、愚かな亀はそれらを表しているということで、「表六」はそれらをかくさない、即ち身を慎まないということから、愚か者のたとえとなったという(大言海など)。

例「『何だい、亭主を捕まえてデレスケたあ』『なんだよう瓢碌(へうろく)玉や』」(三代目三遊亭円遊・入れ髪・百花園・二巻二一号・明治二三年)

ひょっとこ

男の面。片目が小さくて、口のとがった滑稽な顔つきをしている。「火男(ひおとこ)」の転で、火吹き竹を吹くときの顔を模したものという。「竈神(かまどがみ)に醜い神像を作るのは、今なお東北一般の風である。これを火男といったのがヒョットコと〈略〉なったかと思われる」(柳田国男・海南小記)。陸前・陸中地方には、このような面を竈神として竈前の柱に掛けおく風習の地もあるという(佐々木喜善・東奥異聞)。ただし、文献・方言を通じて、「火男(ひおとこ)」という語の用例は見出しがたい。

例「行事は渋団扇(しぶうちは)を持って立ち合はせる。その形、馬鹿太鼓のひょっとこのごとし」(黄表紙・玉磨青砥銭)

ひよどり【鵯】

スズメ目ヒヨドリ科の鳥。*『和句解』は「かれかなくこゑひいよ〱〱ときこゆるか」と、鳴き声に由来するという。しかしこの鳥の古名はヒエドリであった。平安時代の*『本草和名』(一五)に「鵯　又有鶩　和名比衣止利(ひえとり)」と見られる。『大言海』は、稗(ひえ)を食べるところからヒエドリと呼ばれ、これがヒヨドリに変化したとする。

ひより【日和】

天候。天気のいいこと。語源について『大言海』に「日寄の義にて、日の方の意と云ふ」とある。日の方向、在り方というところから天気の意に転じたものだろうか。「最上川乗らむと、大石田といふ所に日和を待つ」(俳諧・奥の細道)の「ひより」は晴天の意である。「日和」という表記は、上代の「いざ児どもあへて漕ぎ出む尓波(には)も静けし」(万葉集・三・三八八)などの、「海面、海上」の意の「庭(には)」を、中世「風がなく海面が静かなさま」と誤解し、「日和(には)」と当て、この表記を「ひより」の語に当てたために生じたものという。↓ひよりみ

ひよりみ【日和見】

物事のなりゆきを見て、有利な方につこうとすること。「日和見」は天気の様子を見るの意から転じて、形勢を窺うの意になった。「夕べの嵐朝の雨、日和を見合はせ、雲の立ち所を考

へ」（浮世草子・日本永代蔵・一・三）の「日和を見る」は天気を見るの意、「日和を見ても、どれを一人出て行けといふものもなし」（浮世草子・日本永代蔵・二・二）の「日和を見る」は形勢を窺うの意。→ひより

ひよる【日和る】

物事の形勢やなりゆきを見て、自分の態度を決める。「日和（ひより）」の「り」を動詞連用形語尾ととって、それをラ行に活用させた語。古くからある造語法の一種で、名詞の「装束（しゃうぞく）」を「しゃうぞく、しゃうぞき」と活用させて使ったりする類。「日和」は天候や空模様の意味であるが、「日和を見る」で形勢を窺うという意味があり、その意味で、「ひより」を動詞化したものである。米川明彦『日本俗語大辞典』は一九六〇年代の学生運動から生じた語とする。

例「デモをさぼった学生は『ひよってるぞ』といわれる」（朝日新聞・昭和三五年一一月一六日夕刊）

ひょんな

思いがけないこと。*『日葡辞書』に、「Fionna（ヒョンナ）事を言ふ、または、する」という例があり、中世から使われていた。新井白石は『同文通考』（一一）で、「凶（ケウ）の字の華音凶（ヒヨン）と云ふよりいひ伝へて、常語となり」と述べており、「凶」の字音からきたとする。近世後期の*『譬喩尽』も「凶（ひょん）なこととは凶の字の唐音なり」と述べる。古くは、「コレハひよんなことをした」（咄本・今年咄）のように、思いがけず不都合なことの意でも使われた。

びら

宣伝のために貼ったり配ったりする紙。江戸時代から使われ、関根只誠『只誠埃録』（明治二六年頃）には「辻々にちらしといふものを張出して人を招く、此れを一名びらと呼べり、ひらひらと翻くことを鄙言にびらびら動くなどといふ故、びらとはびらびらの略語なるべし」とある。しかし、『大言海』は、「片（ひら）」の訛りとする。ヒラがビラになることについては、次の説がある。「擬態語ビラビラへの類推で語頭を濁ったか、何ビラと連濁にいうのがそのまま分離独立して用いられるかのいずれかであろう」（上方語源辞典）。大正時代に社会運動の中で、英語の bill と混同して外来語という意識が生まれ、アジビラ（アジはアジテーションの略）などと片仮名で表記された。

例「むかふの壁に張付けてある寄（よせ）のびらを見つめてゐたりしが」（滑稽本・浮世床・初・上）

ひらがな【平仮名】

平安時代に成立した音節文字の一種。「ひら」は角張っていない、平易といった意と言われる。古くは単に「かな」「かんな」、あるいは、女子の書く文字として「女手（おんなで）」と呼ばれた。「ひらがな」という称は*『日葡辞書』やロドリゲスの

『日本大文典』などのキリシタン資料に見られる例が古い。
→片仮名

例「Firagana　ヒラガナ（平仮名）　日本の文字の一種」（日葡辞書）

ひらたけ【平茸】

担子菌類ヒラタケ科のキノコ。「茸（たけ）」は広くキノコの類を指す。傘の形が半円形で平らなので「平らなキノコ」という意で、平安時代に、平茸（ひらたけ）という名が付けられた。

例「ふぢのきの舟ににたるにひらたけをほしてこれを題にて哥よみてといひたる人に」（類従本伊勢大輔集）

ひらめ【平目・鮃】

ヒラメ科の海魚。『大言海』は「片平（かたひら）に目ある意」とする。俗に「左ヒラメ、右カレイ」と言って、ヒラメの目は左側にある（カレイの目は右側とはかぎらない）。その特徴から名付けられたことになる。→かれい

例「鮃　ヒラメ」（易林本節用集）

ひらめく【閃く】

稲妻などが瞬間的に光る。旗などがひらひらする。擬態語「ひらひら」の「ひら」に「そのような様子になる」という意味の接尾語「めく」がついたもの。

例「神（=雷）、鳴りひらめく」（源氏物語・須磨）

びり

一番最後。『大言海』は「しり（尻）の転訛か」というが不明。「尻から数えて」「ケツから数えて」という言い方があるように、「尻」は一番最後のたとえとして一般に用いる。「いばり」の転訛、「ひりけつ（放屁）」の転（楳垣実・嫁が君）という説もある。

例「そこで田作は元鰯だから、魚の中で一ばん下（び）りだ」（滑稽本・七偏人・初・上）

ひりつ【比率】

二つ以上の数をくらべた割合。漢籍に見える語で、明治期に英語 ratio の訳語として使われるようになった。*『哲学字彙』（明治一四年）に訳語としての例が見える。同じ意味で、古くは「歩合（ぶあい）」という和語が使われていた。

ひるあんどん【昼行灯】

ぼんやりしている人。役に立たない人。アンドンは「行灯」の唐音。「あんどん」は昔の照明具。「昼行灯」は日中にともしてある行灯のことで、何の用もなさないことのたとえ。「ひるあんどん」ともいった。

例「からだばかりの張板人形、うちに思案もなにもない事、ひる行灯（あんどう）のごとし」（浮世草子・人倫糸屑・血気勇者）

ひるがお《ひるがほ》【昼顔】

ヒルガオ科の蔓性多年草。アサガオが朝咲いてしぼんでしま

うのに対して、この花は日中咲いているのでヒルガオと名付けられた。江戸時代の命名と言う。

例「ひるかほを蕣(あさがほ)にみる長ね哉」(俳諧・毛吹草・五)

びろう【尾籠】

汚い。現在では「尾籠な話ですが」のように使う。もともとは愚かという意味の「をこ」の当て字「尾籠」を音読みしてできたもの。「火の事」から「火事」、「おおね(大根)」から「だいこん」が生じた類。古くは、「のりものよりおり候はぬこそ尾籠に候へ」(平家物語・一・殿下乗合)のように、見苦しい、失礼だの意だったものが、近世以降、汚いという意に転じた。汚物に言及する際、「尾籠ながら」、つまり失礼ながらと断ったため、「尾籠」で汚いさまを表すようになったもの。

例「食べると尾籠ながら吐きまする」(滑稽本・浮世風呂・前・上)

びわ びは **【枇杷】**

バラ科の常緑高木。中国原産。語源は漢名「枇杷」の字音による。古くは字音の通りビハと発音されていたが、後にビワとなった。漢名の「枇杷」の語源について、『改訂増補牧野新日本植物図鑑』は「楽器の琵琶(びわ)に似ているので名付けたとされているが葉形か果実の形のいずれが似るのかがはっきりしない」と述べている。

例「ささ　まつ　びは　ばせをば」(古今集・物名・詞書)

ピンからキリまで

最上のものから最低のものまで。「ピン」はポルトガル語のpinta の略で、点の意だが、カルタやサイコロの一の目を意味する。「キリ」については諸説あって定まらない。一説によれば「(キリは)クルスのなまり。十字形から十の意に用い、一から十までを〈ピンからキリまで〉といった」という(暉峻康隆・すらんぐ)。しかしクルスからキリに転じたというのは、カルタやさいころの用語としても、音の変化が甚だしい。このほか、日本語の「切りをつける」「切りがない」の「切り」だという説もある(荒川惣兵衛・角川外来語辞典)。

例「同じ盗人家業でも、ぴんから切りまで高下があるのよ」(歌舞伎・吾嬬下五十三駅・四)

びんじょう【便乗】

巧みに機会を捉えて利用すること。明治期の和製漢語。字義は「便宜な乗物に乗ること」の意。初めは、実際に都合のいい乗り物に相乗りすることだったが、自分のために用意されたものではないのに、それをうまく利用するということから、今の用法を生じた。

例「村の者の荷船に便乗する訣で」(伊藤左千夫・野菊の墓・明治三九年)

びんた

横つらを平手でなぐること。「びんた」の「びん」はおそらく「鬢(びん)」と関係があるだろう。「た」は「こなた」「かなた」などの「た」、あるいは「大手」「からめ手」などの「手」の変化なども考えられるが、不明である。「鬢」は耳のわきの髪。方言には「びんた」で頬を指すものがあり(熊本など)地方出身者の集まる軍隊用語から一般化したものらしいので、方言の「びんた」との関係が考えられる。

例「世に云う往復ビンタであった」(井伏鱒二・黒い雨・昭和四〇~四一年)

ピンはね【ピン撥ね】

他人に渡すべき利益の一部を黙って自分のものにすること。ピンは「ピンからキリまで」と同様、ポルトガル語 pinta の略で、一の意。それが、一部の意味になったものか。「はね」は動詞「はねる」の名詞形で、その一部分だけ切り離す・取り除くこと。近世、同じ意味で「ピンを行く」という言い方があった。「ピンをはねる」とも言う。

例「馬鹿野郎、ピンハネをしてやがって」(林芙美子・清貧の書・昭和六年)

ピンぼけ

写真でピントが合わず、画像がぼけること。ピントはオランダ語 brandpunt(焦点の意)の後半の punt(ピュント)がピントに転じたもの。「ピントがぼける」という言い方から、「ピンぼけ」という語が生まれた。小島徳彌『モダン新用語辞典』(昭和六年)に見える。

ピンポン

球技の一種。卓球。英語 ping-pong による。一九世紀フランスの宮廷で行われていたロイヤルテニスが端緒で、ボールをメリヤスの布で包み、羽子板のようなもので床の上で打ち合うものであった。イギリスでセルロイドの球になり、セルロイドの球(たま)が作られるようになって台の上の球技になり、セルロイドの球の弾む音から ping-pong と命名された。なお、ピンポンはアメリカの運動用具業者が商標登録をしたため、正式名称としては「table tennis」「卓球」が用いられる。

ふ

ふいちょう《ふいちやう》【吹聴】

言いふらすこと。語源不明。*『俚言集覧』に、「今俗に、物を褒むる言をフイテウと云ふは風聴のいひ誤りなり。愚案ずるに、又俗に吹聴の字をも用ふ」とある。「風聴」は中国古典に例があり、風によって聞く、噂に聞くなどの意味である。この説によれば、噂を聞くことから言い出すことに転じた訳で、大きな変化である。『大言海』などは「風聴」の転のほか、吹

聴する意の古語「ふきがたり」の転という説も紹介している。

例「四五日は嫁が嫁がと吹聴し」（雑俳・柳多留・四）

ふううんじ【風雲児】

世の中が大きく変わる時期を捉えて活躍する人物。漢籍では「風雲」は風と雲、機運の意味で用いられていたが、「風雲児」という語は見られない。似たような意味を表す語には「風雲人物」がある。「風雲児」は竜が風雲に会って昇天するように、時勢に乗じて活躍する人のたとえとして作られた和製語。明治には「異端児」「革命児」「幸運児」「混血児」「天才児」「反逆児」など、「—児」という形の新漢語が多く作られた。

例「尊皇攘夷の運動を起こして一大の風雲児と謳（うた）われた彼」（島崎藤村・夜明け前・昭和四～一〇年）

ふうきり【封切り】

新作映画を初めて上映すること。近世、戯作類が袋に入れて発売されたことから、その袋を開けることを「封切り」と言い、新作そのもの、更には物事の始まりも意味するようになった。「さっき本屋の弥三郎が封切りを持って来たが」（歌舞伎・小袖曽我薊色縫）は新作の本のこと。

例「日比谷の邦楽座、また大勝館あたりで封切りを見るのが」（徳田秋声・縮図・昭和一六年）

ふうしが《ふうしぐわ》**【諷刺画】**

風刺を目的とした絵画。「諷刺」は中国に典拠があるが、日本では使われていず、明治になって英語 satire の訳語として使われるようになった。例えば、『小説神髄』（坪内逍遥・明治一八年）には「諷刺詼謔を旨とする歌あり」とある。それをもとに、英語 caricature の訳語として「諷刺画」という語が作られた。

ふうせん【風船】

飛ばして遊ぶ、紙やゴムの球形をした玩具。「風船」は中国では、「風に乗って走る舟」の意味で使われた。日本では、英語の balloon の訳語として、幕末から明治にかけて軽気球の意味で使われるようになった。玉虫左太夫『航米日録』（万延元年）には「我国人に見せんがため、風船を放ち」とある。その後、baloon の訳語は「バルーン」や「軽気球」に取って代わられたため、明治中期以降は玩具の一種を指すようになった。

例「風船の塊りが樹の幹の間で揺れているその向うから乳母車が動いて来る」（横光利一・旅愁・昭和一一～二二年）

ふうらいぼう《ふうらいばう》**【風来坊】**

どこからともなくやって来た人。「風来」は、風に吹かれて飛ばされて来るように、どこからともなくさまよい現れること。「踊りやらば風来降（ふ）らい（＝降ッテキナサイ）雪女」（日記・隔蓂記・万治二年一〇月二八日）。漢籍には「風来」という

ふ

語は、見られない。「坊」は、そういう人であることを示す接尾語。「風来坊」は明治以降の語で、江戸時代には「風来人（じん）」「風来者（もの）」などと言った。

例「無暗（むやみ）に風来坊の様な珍語を挟むのと」（夏目漱石・吾輩は猫である・明治三八〜三九年）

ふえ【笛】

息を吹き込んで鳴らす楽器。「吹き柄（え）」または「吹き枝（え）」が縮まったと考えられる。近世随筆『草廬漫筆』（二）に「吹柄（ふきえ）也」とある。*『和句解』（四）には「ふは吹（ふく）也。えは枝（えだ）の声の上略か」とある。ただし、「上略」は「下略」の誤刻と思われる。

例「枚方（ひらかた）ゆ　輔曳（ふえ）吹き上る　近江のや　毛那（けな）の若子（わくご）い　輔曳（ふえ）吹き上る」（日本書紀・継体二四年一〇月・歌謡）

ふか【鱶】

サメ。日本の中部以南で、サメをフカという所がある。また、フカは大型のサメの俗称とも言われる。語源について、*『東雅』は、「そのある所の深きをもて、此の名ありしに似たり」という。この説は現代でも支持者があって、フカは「深海魚（ふかみうお）」だとする説（中村浩・動物名の由来）がある。しかし、確証はない。*『十巻本和名抄』は「鮝」について、「布加（ふか）、今案未詳」と記す。

ふがいない ふがひー **【不甲斐無い・腑甲斐無い】** （文語）ふがひなし

黙って見ていられないほど意気地がない。「いふかひ（云甲斐）なし」から出たとする説は、*『片言』に「云ふ甲斐なきといふべきをふかひなしといへるは、いもじを上略したるにや。よろしからぬこと葉か」と見えるが、成立しにくい。この語は中世末から用例が見られるが、その頃の「言ふ」の発音はユーとなっていた（暮らしのことば語源辞典）。とすれば、やはり「ふ」は不であって、効果・ききめなどの意を表す「かひ」を打ち消した「ふがひ（不甲斐）」に形容詞を作る「なし」の付いた語であろう。すなわち、かいのない様子を表す語から、意気地ない様子を表す語に転じたものと考えられる。「腑甲斐」とも書くが「腑」は当て字。

例「Fugainai　フガイナイ（腑甲斐ない）　事をなすについて気力・意欲がなく、効果があがらない」（日葡辞書）

ふき【蕗】

キク科の多年草。古名をフフキという。*『本草和名』に「梠茎菜〈略〉和名布々岐（ふふき）」とある。このフフキが略されてフキとなったものであるが、フフキの語源は分からない。

例「ふきは蕗也。ふふき也」（名語記）

ぶきっちょ

器用でない。「ぶきよう（不器用・無器用）」の変化した語とい

われる（大言海）。「左ぎっちょ」もこの類例。ただし、これらの音変化の過程は不明。『浮世風呂』（四・上）に、「無器用」と書いて「ぶきっちゃう」と振り仮名がついており、変化の過程を示していると思われる。

例「ぼくは自分でもあきれるくらいぶきっちょで、本当にどんなスポーツもできないんです」（北杜夫・楡家の人々・昭和三九年）

ふきん【布巾】

食器などをふく布きれ。『*和訓栞』に「布巾の音なりといへど、拭絹（ふききぬ）の義なるべし」という。「布巾」の音だとすれば、和製漢語である。「巾」には手拭きの意味があり、「布」はその材がぬのであることを表す。『大言海』には「紛布（ふつきん）の略」という説も挙げられているが、フッキンという形は新しい。「ふっきん」は「ふきん」の変化した語であろう。「ふきん」は古く『東寺百合文書』（文正元年一二月晦日・光明講方道具送文）に、「ふきん　三」の記述が見える。

例「日光膳に、いろいろ取載せ、布巾を懸け」（歌舞伎・五大力恋緘・中）

ふぐ【河豚】

マフグ科に属する海魚の総称。古くは第二音が清音で、フクであった。『*本草和名』に「鯸〈略〉和名布久（ふく）」とある。この「ふく」は動詞「膨（ふく）る」から来たもので、フグの特徴として、腹のふくれが、古来指摘されている。前出『本草和名』にもあるが、『*十巻本和名抄』にも「犯之則怒、怒則腹脹、浮出水上者〔之を犯せば、則ち怒り、怒れば則ち腹脹れ、水上に浮かび出づるもの〕」とある。これらから見て、フクルから、フクとなり、それがフグに転じたものと考えられる。昔からフグは美味だが、危険な食べ物なので、「河豚は食いたし、命は惜しし」などと言われてきた。当たればどちらも死んでしまうので、フグは鉄砲の異名になった。「河豚に当たつて死んだは定九郎」（雑俳・柳多留・五〇）。忠臣蔵の定九郎は、鉄砲で討たれて死んだのである。フグの他に「ふぐと」「ふくとう」なども言われた。

例「河豚　フクタウ　フグ」（書言字考節用集）

ふくじゅそう《ふくじゆさう》【福寿草】

キンポウゲ科の多年草。『改訂増補牧野新日本植物図鑑』では「新年を祝う花として元日に用いるので、祝福してこの佳い名をつけたものである」とする。「福寿」は、幸福と長寿を意味し、『今昔物語集』（一三・一四）に「此の、現世の福寿を願ふに非ず、偏に後生𦬇（ぼだい）の為也」と見える。元日草（がんじつそう）、寿草（ことぶきぐさ）という呼び名も見られる。漢名は「側金盞花」。

例「先春たてば福寿草の花、黄梅、白梅の色香もあらたまりつつ、いとをかしくこそあめれ」（俳諧・毛吹草・序）

ふくじんづけ【福神漬】
大根・茄子・鉈豆・しろうり・蓮根・生姜・しそのみ・かぶ・椎茸・うどなど、塩漬けした数種類の野菜を細かく刻み、味醂醤油に漬け込んだもの。考案者は野田清右衛門（酒悦主人）で、命名者は戯作者の梅亭金鵞であると言われる。明治一八年、酒悦の店が上野・不忍池近くにあったことから、弁財天にちなみ、種々の野菜を七福神に見立て、福神漬けと名付けたという。

ふくせい【複製】
もとのものと同じようにつくること。「複」はかさねる意で、同じものを重ねて作ること。英語 reproduction の訳語として明治時代に造られた和製漢語。
例「著作物を複製するの権利を専有す」（著作権法・一条・明治三二年）

ふくらはぎ【脹ら脛】
脚のすねの後ろの膨らんだ部分。こむら。「ふくら」は膨らんでいることで、「ふくらむ」「ふくら雀」「ふっくら」などと用いる。この部分がまっすぐなすね（臑）に対して曲線をなしていることから、「ふくら」と言ったもの。「はぎ」は膝から下、くるぶしから上の部分を言う。今でも「こむらがえり」と言うように、古くは「こむら」「こぶら」と言った。「ふくらはぎ」は近世になって現れる。
例「ふくらはぎへ力を入れて」（滑稽本・八笑人・四・追加上）

ふぐり【陰嚢】
いんのう。『大言海』は「脹（ふくら）ぐの義」とする説と「袋の義」とする説とを挙げている。陰嚢の形が袋状にふくれていることからの命名である。なお、動詞「ふくらぐ」は「ふくらむ」と同義であるが、「大にふつとふくらぐぞ」（四河入海・一三・一）のように用いられた。
例「ほそはぎかきいだして、ふぐりあぶらんなどさぶらはむは」（宇治拾遺物語・五・五）「陰嚢〈略〉俗云布久利（ふぐり）」（十巻本和名抄）

ふくろ【袋】
布・紙・皮などで、中に物を入れて口を閉じるように作られたもの。語源は『日本釈名』*に「ふくろは、ふくるる也」とある通りで、物を入れてふくらむから、こう名付けたのである。「ふくろ」の「ふく」は、「ふくむ」「ふくれる」「ふぐ・ふく（河豚）」などに共有されている語根。
例「大穴牟遅神に帒（ふくろ）を負はせ、従者と為して率て往きき」（古事記・上）

ふくろう《ふくろふ》【梟】
フクロウ科の鳥のうち、耳状の突起のないもの。語源は鳴き声からとする説が多い。鈴木朖*『雅語音声考』は「フクロ

フ　皆なく声なり。　フクロフのフ。音便にウの如くとなへてはなく声に合はず」という。当時フクローと発音していたが、フクロフと発音しなければ、鳴き声に合わない、ということであろう。中西悟堂によれば、ふくろうは「ホーホー　ゴロスケ　ボーコーと夜鳴く。ホーホーはゆるく、ゴロスケボーコーは早口」（定本野鳥記）に鳴く。早口の部分が、「ふくろう」の第二音節以下に聞きなされたのであろうか。

例「気色ある鳥の空声（からごえ）に鳴きたるも、『梟は、これにや』とおぼゆ」（源氏物語・夕顔）

ふけ【頭垢・雲脂】

頭の皮膚が新陳代謝により、薄片にはがれて落ちるもの。語源不明。『大言海』は「陳化（ふけ）の義か」と言う。あるいは、「こけ（苔）」の転か（柳田国男・少年と国語）という説もある。実際「こけ」が頭垢を表す方言もある。「ふけ」は新しい言い方で、頭垢のことを古くは「いろこ」と言った。「いろこ」は後に「うろこ」となった魚鱗の意の語である。「こけ」にも魚鱗の意があり、頭垢を「いろこ・うろこ」と言うのも「こけ」と言うのも同じ発想で、頭垢を魚鱗に見立てたものである。

例「髪鬢（かうびん）のふけをはらひ」（仮名草子・東海道名所記・三）「雲脂　フケ」（書言字考節用集）「Fuke　フケ　頭垢」（和英語林集成・初版）

ふける【更ける・老ける】 文語 ふく

夜が深くなる。年寄る。「深い」の「ふか」と同源。ある状態が進んでゆくことで、夜ならば時刻とともに夜が深まること、人ならば老化することを意味する。

例「夜いたうふけぬれば」（源氏物語・桐壺）「ふけにけるわがみの影を思ふまに」（新古今集・雑上）

ぶこつ【無骨】

洗練されていないこと。平安から中世にかけて、無礼なこと、洗練されていないことを、「こち（骨）なし」といった。「しひて言ふも、いとこちなし」（源氏物語・手習）。中世以降、「こちなし」を「無骨」と書き、音読みしたもの。ただし、「骨なし」の「なし」は形容詞を作る接尾語で、「無」は当て字と言われる。

例「たちゐの振舞の無骨さ」（平家物語・八・猫間）

ふさぐ【塞ぐ】

さえぎって閉ざす。同じ意味を表す語に「ふたぐ」があり、ともに平安初期から用いられてきた。ただし「ふさぐ」は漢文訓読系の文章に、「ふたぐ」は和文系に使用された。『大言海』のように、「ふさぐ」が「フタグの転」とすれば、「ふた（蓋）」をもととして、「ふたぐ」→「ふさぐ」と転じたことになる。すなわち、「ふたぐ」は蓋をして閉ざすことで、「蓋」を動詞化した語となる。「ぐ」によって動詞化した例は、「つなぐ」（綱＋ぐ）、「かつぐ」（肩＋ぐ）などがある。しかし、「ふさぐ」と「ふたぐ」

の先後関係は不明である。

例「車の人々さわぎ立ちあゆめば、道をふさぎてさらにやらねば」（落窪物語・二）

ふさわしい《ふさはしい》【相応しい】 文語 ふさはし

似合っている。動詞「ふさふ（相応）」（＝適合する）の形容詞化。「ふさふ」は「これは布佐波（ふさは）ず」（古事記・上）など上代から使われていた。この「ふさふ」の語源は、『大言海』は「触れ添ふか」というが、不明。

例「いと心ふかき御心もきき染みにければ、さる心ざまやふさはしかりけん」（落窪物語・一）

ふしぎ【不思議】

合理的に説明できないこと。思いがけないこと。仏教語「不可思議」（＝人間の考えも及ばず、言葉でも言い表せないこと）の略。人間の思慮を超えるということから、思いがけないことや奇妙なことを言うようになった。「不可思議」「不思議」ともに中国に用例がある。「以為功徳三昧力不可思議〔もって功徳三昧の力、思議すべからずとなす〕」（資治通鑑）。

例「三宝の非色非心、目に見えずと雖も、威力无きに非ぬことを。此れ不思議の第一なり」（日本霊異記・中・三七）

ふしだら

だらしがないこと。「ふ」は否定する意の「不」。「しだら」はいきさつの意味だが、近世よくないありさまにも、「明けくれの願ひ事叶はぬのみか、このしだら」（浄瑠璃・生玉心中・中）などと用いられるようになっていた。「ふ」はこの場合、否定ではなく、よくない意味をさらに強調したものだろう。なお、「しだら」については、梵語 sūtra（修多羅。「秩序」の意）からという説、音楽の手拍子「しだら」からという説、擬態語「しどろ」と関連があるという説（日本国語大辞典二版）などがある。

例「貞子、決してふしだらな娘じゃないわ」（石川淳・処女懐胎・昭和二二年）

ふしちょう《ふしてう》【不死鳥】

エジプト神話に出て来る霊鳥。五、六百年ごとに一度、自ら香木を積み重ねて火をつけて焼死し、その灰の中から再び幼鳥となって現れるという。英語では phoenix（フェニックス）。第二次大戦後、「不死鳥」と訳された。

例「不死鳥のごとく私小説的伝統の蘇（よみがえ）ってくるのも」（平野謙・女房的文学論・昭和二二年）

ふじばかま《ふぢばかま》【藤袴】

キク科の多年草。中国原産。秋の七草の一。『大言海』に「花の色、藤に似て、花弁の筩（つつ）をなすこと袴の如き意なりと云ふ」とある。「筩」は竹の筒のこと。

例「萩の花尾花葛花瞿麦（なでしこ）の花女郎花また藤袴朝顔の花」（万葉集・八・一五三八）

ふじみ【不死身】
絶対にくじけないこと。山田孝雄は「不仁（ふじん）」の転とする。「不仁」は東洋医学の一症状の名で、掻いても着物を隔てて掻くような（外部からの刺激を感じなくなる）症状をいう。外部から力を加えても痛痒を感じないことから、いくら切られても平気でいられる、どんな困難にもくじけないと転じたものであろう。フジンのンは、音節を母音で終わらせることの多い日本語の習慣に従ってニとなり、さらにそういう身体ということから「身」を連想し、ニからミに変わったものという（山田孝雄・国語の中に於ける漢語の研究）。「不死身」という表記は近世から見られる。*『俚言集覧』に「ふじ身　不死身也」とある。
例「おれは不死身の加藤文太郎なのだ」（新田次郎・孤高の人・昭和四四年）

ふしょう《ふせう》【不肖】
自分のことをへりくだって言う。中国古典から使われている語「肖」は似るという意味。「不肖」は賢人やすぐれた親に似ないこと、また、未熟でおろかの意。一人称の謙称として使われるのは日本の用法で、それも幕末・明治以降のようである（現代ではほとんど使われない）。
例「不肖儀、前週より脚気症に相罹り」（坪内逍遥・当世書生気質・明治一八～一九年）

ふしん【普請】
建築工事。土木工事。シンは「請」の唐音。もとは仏教語で、禅宗の寺で大衆に普（あまね）く請うて労役に従事してもらうことをいった。この語は、後に一般語となって土木工事を指していたが、更に建築工事をも意味するようになった。
例「ないし所のふしん、くわんれいしこうして」（御湯殿上日記・文明一一年七月二〇日）

ふじん【夫人】
他人の妻を敬っていう語。昔の中国では、諸侯の妻や天子の側室を言った。日本では律令時代に、皇后、妃に次ぐ地位を言った。後に、貴人の妻を言うようになり、更に現在のように一般的に使われるようになった。漢字「夫」は「扶」に通じ、夫（おっと）を助ける人の意。
例「頼朝夫人二位尼」（臥雲日件録・寛正四年五月七日）「河合夫人」の名誉の為に」（谷崎潤一郎・痴人の愛・大正一三～一四年）

ふすま【襖】
唐紙。「ふすま障子」の略。「ふすま」は寝具の「衾（ふすま）」から出たといわれる。*『嬉遊笑覧』（一上）に、「ふすま障子といふよしは、衾（ふすま）をひろげたらむやうに張りたる故なり」とある。また『大言海』は「襖」が「衾」といわれるのは、紙衾に似ているからか、あるいは衾の代わりに寒を防ぐからだと

ふ

いう。なお、寝具「ふすま（衾）」の語源は、「臥（ふ）す」＋「も（裳）」から。

例「ふすまを引きあくれば」（浮世草子・本朝桜陰比事・四）

ふせき【布石】

将来のために、あらかじめ用意や準備など手配りをしておくこと。「布石を打つ」と使われるように、もともとは囲碁の用語で、漢籍には見られない。「布」は「布陣」と同じように、並べるとか敷くの意味。「石」は碁石のこと。すなわち、「布石」の字義は、碁石を並べること。囲碁の序盤、全局的な見通しのもとに要所要所に石を打っていくことや、それによる碁石の配置を指す。江戸時代までは「石立（いしだて）」が一般的であった。「布石」は、昭和初期から辞書の見出し語として掲出されるようになる。

ふせぐ【防ぐ】

敵の攻撃や災害などをさえぎって、身に及ばないようにする。『*和訓栞』は「ふさぐの転ぜるなるべし」という。「ふせぐ」は侵入する道をふさいで守るという意味を表すものだろう（「ふさぐ」参照）。古くはフセクで室町時代フセグという形が現れる。

例「Teqiuo fuxegu（敵を防ぐ）」（日葡辞書）

ふそう《ふさう》【扶桑】

日本国の異称。古代中国の奇書である『山海経』（第九海外東経）に、太陽が扶桑の木から昇ると記述されている。それ故、「扶桑」は神木とされたり、太陽の異称として用いられたり、また太陽の昇る遠い東の島を意味したりした。「扶桑」が日本を指すようになったのは、王維が日本へ帰る阿倍仲麻呂に対して贈った漢詩（七五〇年頃）において「郷樹扶桑外　主人孤島中（郷樹は扶桑の外　主人は孤島の中）」と詠み、日本を扶桑の生えている国よりも更に向こうの国としたことに始まる。平安時代には漢詩集の『扶桑集』や歴史書である『扶桑略記』などが作られている。

例「扶桑国　フサウコク　日本の総名也」（元和本下学集）

ふだ【札】

文字を書き記したりするための木片・紙片など。「ふみいた（文板）」の転。『日本霊異記』の訓釈には「札」を「不美多（ふみた）」（下・三八）、「不牟太（ふむだ）」（中・一〇）と訓ずる中間形が記録されている。紙普及以前は、木や竹に文字を記して文（ふみ）を作った。

例「竜にのれる童、黄金のふだを阿修羅にとらせてのぼりぬ」（宇津保物語・俊蔭）

ぶた【豚】

猪の家畜化による動物。日本の文献で「ぶた」という仮名表記が見られるようになるのは、室町期からである。『蔗軒日録』の文明一八年四月二六日の条に「ブタ」の表記が見え、

『*文明本節用集』にも「家猪　ブタ」とある。古く日本ではブタは飼育されておらず、室町時代に初めて中国から日本に将来されたと言われる。「ぶた」という名はその印象から名付けられたと思われる。『*和訓栞』の「よく肥えてぶたぶたしたるもの也」という説、あるいは『*言元梯』の「フト（太）の義」とする説が妥当だろう。明との交易からもたらされたとすれば朝鮮語説（金沢庄三郎）や蒙古語説（新村出）との関連は考えにくい。

例「Buta ブタ〈略〉Iyenoxixi（家の猪）」（日葡辞書）

ふたつ【二つ】

数詞の二。「ふたつ」の「つ」は数詞に付く接尾語。「ふた」の語源について定説はない。白鳥庫吉（東洋史学者）は初め、「ふた」のフは「経（へ）」、「隔（へだ）」たるの義だとした。しかし、後には、「ふたつ」は「よつ・むつ・やつ」などと同様に倍数法によって作られた数詞と考えるようになった。倍数になっている二、六、八は、それらの基数一、三、四を基にして造語される。すなわち、ヒトの母音を変化させて、フタとし、ミツのミの母音を変化させて、ムツのムとし、ヨツのヨの母音を変化させて、ヤツのヤとした。以上のような倍数法に基づいて、白鳥は「ふたつ」は「ひとつ」同様、「ふと（太）」に基づくと説く。これに対して、新村出（言語学者）は一から五までの基数は倍数法によらず、フタツのフタは、「はた（傍、他、将）」の義だという。なお、日本語数詞の特徴である倍数法は、早く江戸時代に気付かれていた。荻生徂徠の随筆『*南留別志』に「ふたつはひとつの音の転ぜるなり。むつはみつの転ぜるなり。やつはよつの転ぜるなり」と記されている。

例「真珠（またま）なす布多都（ふたつ）の石を世の人に示し給ひて」（万葉集・五・八一三）

ふだつき【札付き】

悪評、また悪評のある人。もともとは刀剣用語。黒川道佑の地誌『雍州府志』によれば、半紙を折った札に、作者名、価格を記して刀に付け、価格が黄金五枚以上を折紙と称し、四～一枚の刀を札物と称したという。「札付き」はこの札物から生じた語。本来このような札付きは黄金一枚以上の刀であったが、いつか鈍刀の意味になり、悪評に偏って用いられるようになった（加藤寛・西村諒『日常語の中の武道ことば語源辞典』）。↓折り紙付き

例「札付のおしゃべりあまにて」（滑稽本・浮世風呂・二・上）

ふたつへんじ【二つ返事】

快く引き受けること。「二つ返事」は肯定の応答詞、たとえば「ハイ」を「ハイ、ハイ」と二つ重ねたような返事。「ハイ」は一つでも承知の意思を表すが、よろこんで引き受けるとき、返事を二つ重ねて、「ハイハイ」と言ってしまう。ここから「二つ

返事」は快諾を表すようになった。

例「二つ返辞で伊之公出懸《でかけ》まして其晩は一晩泊りましたが」(禽語楼小さん・化物娘・明治二六年)

ふだん【不断・普段】
平生。いつも。「不断」が語源。「不断」は中国古典に見える語で、決断力がない、物事が絶えないという意味で使われた。『宇津保物語』(菊の宴)の「忠こその阿闍梨も、大願を立てて、聖天の法をふだんに行ひ」は、絶え間なくの意味である。絶え間なくということから、中世に「いつも」という語義を生じた。中世以降「平生」「平常」などとも書かれ、明治以降には「普段」とも書かれるが、いずれも当て字である。
例「然るに〈略〉普段と違って、よく注意したといふものは」(若松賤子訳・小公子・明治二三～二五年)「平生《ふだん》と異ならない元気な様子を」(夏目漱石・彼岸過迄・明治四五年)

ふつう【普通】
ありふれていること。「普」は「広くいきわたること」、「通」も「全ての場合にわたること」を表す。そこから、ありふれているという意味が出てくる。この語は、漢籍には見られず、同じような意味の語を二つ結びつけて日本で造られたものであろう。中世の『曽我物語』(一・兼隆がうたるる事)に「これ、ふつうの儀にあらず」とある。明治になると、「普通語」「普通文」などと、「広く通じること」の意味でも使われた。「紙幣を普通するの法を立て」(公議所日誌・三・明治二年三月)。
例「それでもマア普通の教育は享《う》けているんですよ」(二葉亭四迷・浮雲・明治二〇～二二年)

ふつか【二日】
月の第二番目の日。二個の日。通説では数詞「ふたつ」の語幹に助数詞「か」の付いたものとする。たとえば、『大言海』は「二日《ふたか》の転」という。しかし、この「ふたか」という語は、文献には全く現れない形である。また、助数詞の「か」は、「日《ひ》」の複数形と言われるが、日本語には文法のきまりとして単数、複数の対立がないので、このような説明が有効か、どうか疑問である。これらの説明に対して、数詞「ふたつ」の語幹「ふた」にウカが付いて、フタの末尾の母音が脱落した、という説が唱えられている。この変化をローマ字で示せば、futa-uka → futuka となる。このように、ウカという形を仮定すると、古代日本語の数詞の構成が、一応規則的に説明できる。ただし、接尾するウカがどのような語であるかは、不明である。↓みっか～とおか
例「近くあらば今布都可《ふつか》だみ遠くあらば七日《なぬか》のをちは過ぎめやも」(万葉集・一七・四〇一一)

ぶっきらぼう《ぶっきらぼう》
そっけないこと。「ぶっきりぼう(打切棒)」の転。「ぶっきりぼ

ふ

う」は棒状の飴のことで、「ぶっきりぼうに釣鐘と提灯かけて引き担ぎ」（歌舞伎・名歌徳三升玉垣・四立）など無愛想の意味でも使われていた。棒状にのばした飴を叩き切る様子がそっけないことから出たものか。

例「此の衆はおめえ、ぶっきら棒だ」（滑稽本・素人狂言紋切形・下）

ぶっこ【物故】

死亡すること。「物故」は漢籍にある語で、物が朽故（＝老朽）にいたるという意で、人の死をいう。日本では江戸時代までは呉音読みの「もっこ」が一般的で、漢音読みの「ぶっこ」は明治になってから。「物故　モッコ　死也」（易林本節用集）。

ぶっしつ【物質】

もの。幕末に、自然科学の用語として使われ出し、のち一般化した。「物質」は中国語から借用した語で、ロブシャイド*『英華字典』に、matter、material の訳語として見られる。

例「余吾が生の物質を自己より造り成したり」（中村正直訳・西国立志編・明治三〜四年）

ぶっそう《ぶっさう》【物騒】・ぶっそう《ぶっそう》【物忩】

危険な状態。「物騒」は、「ものさわがし」を「物騒し」と表記し、それを音読してできた語と言われることもある（山田孝雄・国語の中に於ける漢語の研究）。しかし、いわゆる古本節用集の類の表記を見ると、ほとんど「物忩」「ぶつそう」とあり、*『日葡辞書』も Bussô（ブッソゥ）と表記している。「物騒」であれば、当時の仮名表記は「ぶっさう」とならなければならないし、中世の漢字表記は「騒」よりも「忩」を多く用いているので、「ものいそがはし」の漢字表記「物忩」が音読され、ブッソウとなったと考えられている。ソウとサウの区別が失われた近世以降、「物騒」が普通になっていった。

例「京中物忩の由承る間」（保元物語・上・官軍方々手分けの事）

ぶっちょうづら《ぶっちゃうづら》【仏頂面】

ふくれっ面。語源不明。『大言海』は「不承面の音便訛か。又、俗に、仏頂尊の威厳ある面相に擬して、仏頂面などと記す」と述べる。このほか、「ふてづら」の訛、「膸脹（ぶちょう）」の促呼（いずれも『上方語源辞典』）などの説がある。

例「少し物がちがひ申さんとぶっちゃうづらしてゐたりけり」（浄瑠璃・当麻中将姫・一）

ふつつか【不束】

ゆきとどかない様子。*『俚言集覧』は「太（ふと）つか也」という。もと、太くて丈夫、太くて下品な様子を表した。「御声〈略〉すこしふつつかに、物々しきけそひてきこゆ」（源氏物語・若菜下）。そこから転じて、風情がない様子、また、才能や躾が不十分なことを言うようになった。今は、多く、「不束者ですが」のように謙遜していう言い方に用いる。

例「不幸に愁にしづめる人の、かしらおろしなどふつつかに思ひとりたるにはあらで」（徒然草・五）

ぶっぽうそう ぶつぽふそう【仏法僧】

ブッポウソウ科の鳥。古来、この鳥はブッポウソーと鳴くと思われていたので、それによって「ブッポウソー（仏法僧）」と命名され、霊鳥とされてきた。しかし、実際にブッポウソーと鳴くのは、コノハズクの方であって、仏法僧の方ではないことが、昭和一一年に動物学者黒田長礼により判明した。仏法僧の鳴き声は、中西悟堂によれば、「ギャアギャアという声。ギャッとジャッとの中間のような地声で、飛翔中にグワグワグワグワと鳴くことがある。地鳴きはゲゲゲ、またはジュッ」（定本野鳥記）である。

例「仏法僧といふ鳥のなく」（躬恒集）

ぶつめつ【仏滅】

吉凶を定める六曜（ろくよう）の一つで、すべてに凶であるとされる日。「仏滅日」の略。「仏滅」は釈迦が死ぬことで、「仏滅日」はその日を指すが、現在の「仏滅」は暦法の考え方によっていて釈迦の死とは関わりがない。「仏滅」の日に結婚式をしないのは、暦法で定められた「物滅日」（＝万事凶であるとされる日）だからである。「仏滅（日）」はこの「物滅（日）」の書き換えである。「仏滅日」を「仏滅」と略した例は明治に入ってから見える。

例「暦に黒ぼしの仏滅とでも言ふ日で有りしか」（樋口一葉・大つごもり・明治二七年）

ぶつりがく【物理学】

物質の運動や構造などを研究する学問。「物理」は中国に典拠があり、本来は「物の道理」の意味で、日本でも『経国集』に「観物理於盛衰兮（物理を盛衰に観る）」とある。明治になって「物理」の「物」を「物質」と解し、「物質の理を究める学問」の意味で「物理学」と言うようになった。「物理学」という語は英語 physics、natural philosophy の訳語として、日本で作られたと思われる。『*哲学字彙』（明治一四年）に、physics の訳語として「物理学」が記されている。ロブシャイド『*英華字典』では physics の訳語は「性学」「格物」などとなっている。日本でも初めは「窮理学」と呼ばれていたが、明治中期から「物理学」が一般化した。

例「物理学の演説なんか僕にゃ分らん」（夏目漱石・吾輩は猫である・明治三八～三九年）

ふで【筆】

字や絵を書くために用いられる道具。「ふみて（文手）」から変化した「ふんで」の「ん」が落ちて、「ふで」となった。『*十巻本和名抄』には「布美天（ふみて）」というもとの形が見え、『*観智院本名義抄』には「毫　フムテ」という中間形が見える。「ふみ（文）」は字を書いたもの、「手」は書く役目をするもの。

ふ

例「ふでのさきうち見つつ、こまやかに書きやすらひ給へる」（源氏物語・野分）

ふてくされる【不貞腐れる】 文語 ふてくさる

図太く、反抗的で、やけな態度をとる。「ふて」は中世に用いられた「ふつ」という動詞の連用形「ふて」、「くされる」は「くさる」と同義で、強めのために付加されたもの。動詞「ふつ」は*『易林本節用集』に「敵　フツル」とあり、反抗する、居直る、すねるなどの意に用いられ、「ふて者」「ふて面（づら）」「ふて寝」など複合語の一部ともなっていた。「ふて」は「不貞」とも書かれるが、当て字である。「妻たる身の不貞腐（ふてくされ）を言うて済むと思ふか」（樋口一葉・にごりえ・明治二八年）。

例「くらかへものは呵（しか）ればふてくさる」（洒落本・深弥満於路志・傾城之両字略話）

ぶどう《ぶだう》【葡萄】

ブドウ科の落葉性蔓性植物。果実は多汁で甘く生食される。西アジア原産で、日本には古く中国を経て、果樹として渡来した。まず、ギリシャ語 botrus または西アジアのフェルガナ地方（現在のウズベキスタンあたり）の言語で budau と呼んでいたのが中国に伝わり、中国ではこれを音写して「葡萄」の字を当てた。これが、日本に伝わり「葡萄」の字音として「ぶだう」と呼ばれるようになった。日本に自生し主に染料として用いられた山ぶどうや野ぶどうは、古く「えびかづら」と呼ばれていた。「かづら」はつる草の総称で、山ぶどうや野ぶどうのつるがエビ（海老）のひげのように巻いていることから「えび」と付いたとされる。このため「葡萄」の文字が「えびかづら」と読まれることも多かった。

ふところ【懐】

胸の部分の着物の重なったところ。語源は確定できない。*『和字正濫鈔』（二）は「懐をふところといふも含所〈フトコロ〉といへるなるべし」という。『大言海』は「含所（ふほどころ）の約とする。「ふほ」は「ふほごもる」（＝含み籠る意）の「ふほ」と同じで、終止形は「ふほむ」と推定される。一方、古い形に「ふつくろ」（新訳華厳経音義私記）、「ふつころ」（観智院本名義抄）があるところから、「ふつ」は「内（うつ）」、「ころ」は「ところ」の「ころ」と関連し、フツコロは「フツ（内）＋コロ（所）」（＝内部の場所の意）と考えられ、それが「ふところ」に転じたという説もある（小学館古語大辞典）。

例「密（しのひ）て懐（ふところ）のうちの糒（かれいひ）を食ふ」（日本書紀・允恭七年一二月・北野本訓）

ふところがたな【懐刀】

腹心の切れ者。「ふところがたな」とは、懐中に忍ばせて持ち歩く小さな守り刀をいった。「昔よりして昇殿の人の、五節（ごせち）の坊にて懐刀さすことなし」（長門本平家物語・一・

五節夜闇撃)。この懐刀のように、身近にあって有事の役に立つ部下のことを比喩的に「懐刀」というようになった。

例「水母(くらげ)の蝦(えび)を得たるごとく、かれこれと聞き合わせて便宜を得ること多かりければ、懐刀と頼みつつ」(読本・月下清談・一)

ふとどき【不届き】

配慮が十分でないこと。「届く」には中世、注意などが行き渡るという意味があり、この意味を「不(ふ)」でもって、打ち消したのが「不届き」である。「不」は本来漢語であって、「不勉強」「不合格」など漢語の前に付くことが多いが、「不揃(ぞろ)い」「不払い」「不身持ち」「不確か」など和語にも付く。これらの場合、「不」は名詞や形容動詞語幹に冠せられている。ところが、「不届き」の場合、「とどき」という名詞形はない。「不届き」の成立に関して、この点について若干問題が残る。「不届」は中世文書用語として用いられ、近世武家の言葉となったと言われる。例に挙げたように、「ぶとどき」という形も用いられた。

例「もとすけがぶとどきか、頼朝のぶとどきか」(御伽草子・唐糸草子)

ふとん【蒲団・布団】

中に綿などを入れて布地でくるんだ寝具。フ、トンはそれぞれ「蒲」、「団」の唐音。「蒲団」は、もともとは、蒲(がま)の穂を丸く(「団」はまるい意)編んだ敷物で、僧が座禅の時尻の下に敷いた円座を言った。寝具の意は日本での用法。「布団」は当て字。

ふな【鮒】

コイ科の淡水魚。『*東雅』は「鮒魚をフナといひしも、其の字の音と訓とを合はせ呼びしとみえたり」という。フナのフは「鮒」の音、ナは「魚」の訓だという説である。『大言海』もこれと同じで、「音訓合呼」の類例として「貽貝(いかひ)」「鮀魚(こつを)」を挙げる。なお、「鮒」「鮒魚(ふぎょ)」ともに中国でもフナを指す。

例「鯽魚〈略〉一名鮒魚。〈略〉和名布奈(ふな)」(本草和名・一六)

ふにおちない【腑に落ちない】

納得できない。「腑」は内臓の意。この語では胃の腑の意か。食べた物が胃の腑に落ちないというつかえた状態をもって、納得できないことのたとえとしたもの。現在では否定の語を伴って用いられるが、古くは「四ヶ月経てば、学校の様子も大略(おおかた)腑に落ちて」(徳富蘆花・思出の記・明治三三〜三四年)のように否定語を伴わない用例や、「段々聞くほど母親は腑に落としかねる」(尾崎紅葉・多情多恨・明治二九年)のような他動詞形「腑に落とす」も見える。

例「坂井の奥さんが叮嚀に説明して呉れたそうであるが、夫

(それ)でも腑に落ちなかったので」(夏目漱石・門・明治四三年)

ふぬけ【腑抜け】

いくじがないこと。「腑」は「はらわた・内臓」で、いくじのないさまをはらわたを抜き取られた状態にたとえた表現。

例「ふぬけなわろじゃ」(滑稽本・東海道中膝栗毛・七・上)

ふね【舟・船】

水の上に浮かべる乗り物。舟と容器の関係については、『*和訓栞』に「すべて物を載する器を舟といふは〈略〉湯槽の類是也」と指摘されている。すなわち、人を乗せ水を行く乗り物も物を入れる容器も、同じく「ふね」と言われた、という。近代に入って新村出は次のように言う。「英語の Vessel, vase、共に同じ語根から派生したものであるが、日本語のフネも〈略〉船と容器とに通用するのである」(日本語の言葉)。

例「ふねにのるべきところへわたる」(土左日記・承平四年一二月二一日)

ふびん【不便・不愍・不憫】

かわいそう。「不便」が語源。「不便(ふべん)」は便利でないという意味で古くから漢籍に見える語。かわいそうという意味の用法は日本だけのようである。「便」をビンと読むのは呉音または慣用音。「ふびん」という語形は平安時代に見られ、便利でない、かわいそうの両方の意味で用いられていた。「ふびん」の語源は漢語「不便」の意味が変化したもの、すなわち、「不便」をフビンと読み、不都合な状態からかわいそうな状態を表す語に変えたものだろう。「不愍」「不憫」は後世の当て字。

例「涙もろにものし給へば、いとふびんにこそ侍れ」(源氏物語・野分)

ふへん【普遍】

広くいきわたること。「普」も「遍」も「あまねし」の意。古く漢籍にある語で、日本でも『*文明本節用集』に「普遍　フヘン」とある。明治になって、英語 universal の訳語として、「すべてのものに共通して存する」という意で用いるようになった。『*哲学字彙』(明治一四年)の universal の項に「普遍」の訳語が見られる。ロブシャイド『*英華字典』では、universal を「普」や「遍」と訳している。

ふみ【文】

手紙。語源について「ぶん(文)」(ブンは漢音)によるとする説が近世からある。「ふみと云ふは此の字の声也。ふむと云ふをかんなにてふみとかくばかりなるべし」(和句解)。「文」の漢字音ブンがブニとなり、フミに転じたものと言われる。

例「御ふみのはかせばかりやかはりけん」(紫式部日記・寛弘五年九月一一日)

ふみづき【文月】

陰暦七月の別称。諸説あるが、語源は不明。『大言海』は「稲の穂の含月（ふふみづき）の義」という。この『大言海』の説は近世以来のもの。「七月〈フミツキ〉は穂含月〈ホフフミツキ〉の略」（菊池俗言考）。「ふふむ」は含むの意で、稲の穂のふくらむ月ということである。

例「文月　フミヅキ　倭語　七月異名」（辞書・伊京集）

ふもと【麓】

山のすそ。山を踏み始めるもと、「ふみもと」からという説が有力。*『和句解』に「ふむもとか。山へのぼらんとする足のふみはじめ也」とある。例にあげた『万葉集』の「ふもと」の表記「踏本」は、上代の語源意識を表明するものとして「ふみもと」説の裏づけとなる。

例「い行会の坂の踏本（ふもと）に咲きををる桜の花を見せむ児もがも」（万葉集・九・一七五二）

ふやじょう《ふやじやう》【不夜城】

夜も昼と同じように明るく賑やかな場所。中国の伝説に由来する語。「不夜城」は一説に、夜に太陽の出るのが見えたことにちなんで名が付けられたという漢代の不夜県のことと言われる。夜でも昼のように明るい所や、光り輝く建物などを言い、多く歓楽境を指して言う。

例「此唐人めも、勘当にあうたそうな、不夜城のしすごしか」（浄瑠璃・椀久末松山・中）

プラスアルファ

何かを付け加えること。プラスは英語 plus で、足して、加えての意。アルファはギリシャ文字の α による。野球で後攻めのチームが九回表まで勝っている場合、九回裏の攻撃は行わない。この場合、スコアボードなどには、九回裏の欄にXと記す。このXは攻撃すれば何点入ったか分からないという意味で、未知数を表すXを記したもの。このXを α と見誤ってプラスアルファという日本独特の言い方ができたと言われる。なお、プラスアルファを英語で言えば、plus something である。

ふらち【不埒】

けしからぬこと。「埒（らち）」（ラチは慣用音）は馬場などの囲みのこと。「不埒」は和製語で、境界を踏み出すこと。そこから法をはずれていること、けしからぬことを意味した。古くは、「らちがあかない」と同様に、決着がつかないことの意にも用いられた。↓らちがあく

例「生若い女不埒が有っては貴様も立たず」（浄瑠璃・仮名手本忠臣蔵・一〇）

ぶらんこ

木の枝や梁（はり）などから二本の綱をつりさげ、その下端に人が腰掛けられる場所を設けたもので、腰掛けて前後に揺する。古くは「ぶらここ」「ふらここ」といった。ポルトガル

語 balanço(横ゆれの意)から来たとする説もあるが、ぶらぶら・ぶらんと揺れる様子から来たと言う説が有力である。「ぶらここ」の例は「鞦韆　ブラコ、　後漢の後庭縄の戯」(書言字考節用集)などと見え、俳句では春の季語となっている。なお、「鞦韆(しゅうせん)」は同義の漢語である。

例「Buranko　ブランコ」(和英語林集成・初版)

ふり【振り】

人のふるまい。みせかけのしぐさ。動詞「振る」の連用形「振り」の名詞化。ただし、「振る」にはふるまいの意味がないので、どのようにして連用形由来の「振り」にその意味が生じたかは分からない。

例「そのふりをまなぶなどいへる、ふり、如何。ふりは振也。ふるまひの事也」(名語記)「馬の先よけるふりして邪魔をする」(浄瑠璃・鑓の権三重帷子・上)

ぶり【鰤】

スズキ目の海魚。語源説は多くあるが不明。*『和句解』は「あぶりの上略」とし、『大言海』は「あぶらの略転か」という。しかし、「あ」が略されたり、「ら」が「り」に音転したり、恣意的な変化を考えなければ説明がつかない。

例「鰤　ぶり　この魚の小なる物を江戸にてわかなごと云ふ。〈略〉一尺余り二尺にも至るを江戸にていなだと云ふ。〈略〉関西にてははまちと云ふ。漸(やや)大いになりたるを江戸にてわらさと呼ぶ。霜月の頃三、四尺、五、六尺となる。是則ちぶりなり」(方言・物類称呼・二)

フリーマーケット ⇩のみのいち

ふりのきゃく【振りの客】

料理屋などに、予約をせずいきなり来る客。一見(いちげん)の客。「ふり」はこの場合、「臨時、突然」の意。近世からの用法で、「知らないふりをする」などと使う、人のふるまいの意の名詞「ふり(振)」の転義であろうが、転義の詳細は未詳。元禄一六年(一七〇三)刊の歌謡集『松の葉』に、「約束なしの浮かれ人、友の浮かれにうかれ来て、どれでもどれでも、ふりに聘(よ)ばれし新造の、髪そこそこに結ひなして」のような用例がある。

例「ふりの客は、それだけ食べて行ったけれど」(里見弴・多情仏心・大正一一〜一二年)

ふるい【古い・旧い】 文語 ふるし

年月を経ている様子。時間がたつという意味の動詞「ふる(経)」が形容詞化した語。

例「立ちかはり古き京(みやこ)となりぬれば道の芝草長く生ひにけり」(万葉集・六・一〇四八)

ふるさと【古里・故郷】

生まれ育った土地。昔なじみの土地。「ふる」は時間がたつの意の「ふる(経)」、「さと」は家々が多く集まった所。『万葉集』

には仮名書きの例はないが、「古郷」「故郷」を「ふるさと」と訓み、何か事のあったところ、なれ親しんで来たところ、一族の住んできたところなどの意味に用いられた。「情（こころ）ゆも我は思はずきまたさらに吾が故郷（ふるさと）に還り来むとは」（万葉集・四・六〇九）の「ふるさと」は育ったところの意味である。また、「故郷と成りにしならの宮こにも色はかはらず花はさきけり」（古今集・春下）の「故郷」は旧都の意。

ぶれいこう《ぶれいかう》**【無礼講】**

身分や地位など考えず、礼儀を抜きにした宴会。「無礼」は礼儀にはずれること。「講」は本来仏教儀式のことであったが、それを行う集まりを意味し、「無礼講」では単なる集まりの意味になった。『太平記』によれば、日野中納言資朝が討幕の大事をはかる前に、土岐伯耆十郎、多治見四郎次郎らの心を知るため「無礼講」を始めたという。「（土岐ラノ）猶も能々（よくよく）其の心を窺ひ見ん為に、無礼講と云ふ事をぞ始められける」（太平記・一・無礼講事）。そのありさまは、献盃の順序や上下を問わず、烏帽子をぬぎ、もとどりを人目にさらし、法師は衣をぬいで白衣となり、一七、八の美女二〇余人に酌をさせ、その間専ら東夷（＝鎌倉幕府）を滅ぼす企てをこらしたという。

ふろ【風呂】

体を洗ったり温めたりする浴場。語源について、昔は蒸し風呂が主であったことから、岩屋を意味する「むろ（室）」から来たという説（柳田国男など）と、茶道で使う風炉のしくみを模して浴槽に湯をはる水（すい）風呂が作られたとして「ふろ（風炉）」を語源とする説とがある。後者の説として*『守貞漫稿』に、「守貞按ずるに、風呂は風炉の仮字にて、風気を得て火勢を増すものならん」とある。

例「京坂にて、風呂屋と云ふ、江戸にて、銭湯或いは湯屋と云ふ」（随筆・守貞漫稿）

ふろしき【風呂敷】

物を包み持ち運ぶのに用いる四角い布。多田義俊『南嶺遺稿』（宝暦七年）は次のような語源を述べている。「風呂敷といふものは、元湯あがりに敷くもの故、ふろしきといふ。今の湯ふろしきといふは重言也。〈略〉銘々入りたる跡にて、衣服ども、ふろしきにつつみおく。あがりては、ふろしきをひらき、其上になほり、後に衣服を着す。是より物を包むものを、惣てふろしきといふやうになりたり」（巻三・八四）。

例「座をとって風呂敷のうへになをれば」（浮世草子・好色一代女・五・二）

ふろふきだいこん【風呂吹き大根】

輪切りにした大根をやわらかくゆで、熱い内に味噌だれをかけて食べる料理。語源は諸説あるが未詳。江戸時代、蒸し風呂の垢（あか）をこすり取る仕事をする人を「風呂吹き」とい

ふ

い、その人が息を吹きかけながら垢を取る様子が、熱い大根を食べるさまに似ていることからとする説、風呂を焚くときに火に向かって息を吹き込むさまが、熱い大根を食べるさまに似ているからという説などがある。

例「けふも又同じ料理をせんとうのふろ吹大こんいつもあかなき」（狂歌・置みやげ）

ふわく【不惑】

四十歳の異称。心が惑わないこと。出典は『論語』「為政篇」の「吾十有五而志乎学（われ十有五にして学に志す）、三十而立（三十にして立つ）、四十而不惑（四十にして惑はず）」による。

例「不惑の齢を超すと間もなく死のうとして」（夏目漱石・思ひ出す事など・明治四三〜四四年）

ふんいき《ふんゐき》【雰囲気】

その場を満たしている気分や感じ。オランダ語 lucht（空気の意）の訳語として造られた和製漢語。「雰」はもやもやと立ちこめる意。「雰囲気」は、「地球をとりまく気体」の意味で造語された。明治になって、英語 atmosphere の訳語として一般化し、意味も次第に「その場の気分、空気」を表すようになっていった。

例「人は誰でも体の周囲に特殊な雰囲気を有している」（森鷗外・青年・明治四三〜四四年）

ぶんか《ぶんくわ》【文化】

精神活動によって生み出されるもの。英語 culture の訳語。「文化」という語は中国に典拠があり、「文徳により教化すること」を意味した。日本では幕末から「文明」や「開化」と同じような意味で使われた。早くから今日と同じような意味で使っていたのは西周で、*『百学連環』（明治三年頃成立）では「文化益々盛んにして学術大いに開けり」とある。*『哲学字彙』で「文化」が culture の訳語として載るのは三版（明治四五年）からである。

ぶんがく【文学】

詩・小説・戯曲など言葉による芸術作品。「文学」は中国古典に典拠があり、本来は「学問」の意味である。日本でも『懐風藻』に「招文学之士（文学の士を招く）」というように使われている。明治になって、英語 literature の訳語として、現在のような文芸の意味に使われるようになった。ロブシャイド*『英華字典』に、literature の訳語として「文学。文。文字」などが見られることから、恐らく中国語からの借用であろう。

例「此文学なるものは如何なることより始まり、如何なることに止まるといふを論ぜんには」（西周・百学連環・明治三年）

ぶんぎょう《ぶんげふ》【分業】

ふ

生産工程をいくつかに分けてそれぞれを分担して製品を完成すること。和製漢語。福沢諭吉は「分業」を、仕事を手分けしてすることの意で使った。その後、英語 division of labor の訳語として、近代的生産法としての「分業」の意味で使われるようになった。

例「唯分業の趣意に戻らざるのみ」(福沢諭吉・文明論之概略・明治八年)

ふんぎり【踏ん切り】

きっぱりとした決心。「ふみきり」の転。「ふみきり」は動詞「踏み切る」の連用形の名詞化。「踏み切る」には大地を強く蹴って飛び出すという意味があり、ここから決行することを表すようになった。

例「ふん切りの無いは女の川渡り」(雑俳・川柳評万句合・宝暦一三年)

ふんけいのとも【刎頸の友】

親友。「刎頸の交り」で結ばれた友。「刎頸の交り」はその友のためなら頸(くび)を刎(は)ねられてもかまわないという、強い友情で結ばれた関係を指す。これは『史記』の「廉頗藺相如伝」の次の故事に基づく。すなわち、出世で先を越されて恨んでいた廉頗(れんぱ)は藺相如(りんしょうじょ)の「国家のため私の恨みは二の次にしている」という言葉を伝え聞いて自分の非をさとり、荊(いばら)の鞭(むち)を負って謝罪し、二人は刎頸之交を為した、という。

ぶんこ【文庫】

書物を入れておく蔵。集められた蔵書。「ふみぐら(文庫)」を音読してできた和製漢語。「ふみぐら」の例は『宇津保物語』(延宝版)に「これはふみぐらならむ」(蔵開・上)などと見える。「文庫」と表記した例も次のように見られる。「江家文庫」(兵範記・仁平三年四月一五日)。これはゴウケブンコと音読したと思われる。近世には音読するのが普通になり、書物や書き付けなどを入れる小箱である「ぶんこう(文匣)」との混同を生じた(「文庫」の意味は今でも「手文庫」の形で残っている)。明治以降、叢書の名称として「帝国文庫」のような使われ方が行われ、また、叢書の発展形態として、出版社の名を冠した小型本「〜文庫」というような用法も生じた。

ぶんし【分子】

物質の固有の化学的性質を有している最小単位。「分子」は近世中国語では、分け前の意味で使われていた。日本では、オランダ語 molecule を意訳して「分子」とした(斉藤静・日本語に及ぼしたオランダ語の影響)。ロブシャイド*『英華字典』では、「微細之物」と訳している。

例「光線は此の水蒸気の分子を透して来り」(志賀重昂・日本風景論・明治二七年)

ふんぞりかえる ふんぞりかへる **【踏ん反り返る】**

ふ

いばる様子をする。「ふんぞりかえる」は、足を前に出し上体をそらせた姿勢で、この姿勢は尊大な感じを与える。動詞「ふんぞる」に「かえる」を付けて強めた語。「かえる」は「あきれかえる」のように強調に用いられることがある。「ふんぞる」は「ふみ(踏)そる(反)」の転。「ふんぞる」は*『日葡辞書』に「Axiuo funzotte iru(足を踏ん反つてゐる)」と見える。

例「それはいとやすき事なりとて、ふんぞりかへりて目口をひろげて」(咄本・一休咄・一・四)

ふんだん

たくさん。「ふだん(不断)」の変化した語。フダンがフンダンになる例は中世末から見られ、*『片言』に「不断といふべきを、ふんだんなどといふこと如何」と見える。また、*『志不可起』は次のようにいう。「ふんだん　もののたくさんなるを云ふは不断の字にて、たえず有の心なるべきを田舎などにふんだんとあやまりたるか」。「ふんだん」は、絶え間なく続くことから、たくさんある意味に転じて用いられるようになった語。

例「〈略〉とかいったたぐいの話はふんだんに持っていた」(水上滝太郎・大阪の宿・大正一四〜一五年)

ぶんちょう《ぶんてう》【文鳥】

カエデチョウ科の小鳥。南方の鳥で、日本には江戸時代もたらされた。『本朝食鑑』(六)は、その名の由来を「文鳥状似鶻〈略〉以形麗号文鳥(文鳥状鶻に似る〈略〉形の麗なるを以て文鳥と号す)」と説く。文鳥の「文」の字は模様、模様をほどこすの意味である。

ふんどし【褌】

男子の陰部を覆う細長い布。『大言海』によれば、「ふみとほし(踏通)」の音便で、「膚袴に両足を踏み通したる名の移りしなり」と説明する。「膚袴」は猿股のようなものである。また、一方、*『嬉遊笑覧』(二上)は「ふもだし也とぞ。〈略〉ふもだしはほだしと同言也。〈略〉馬をとどめ置く具にて、其さま似たるよりいひ出せしは賤しき名なり」という。

例「蓬莱の嶋へ渡ってきたりゃこそ ふんどしかいた鬼を見ました」(俳諧・西鶴大矢数・一八)

ふんどしかつぎ【褌担ぎ】

下っ端。「褌(ふんどし)担ぎ」は、相撲用語で序二段以下の力士の俗称。『大言海』に「関取の褌を担ぐより云ふ」とあるように、関取のまわし(褌)を持ち運びするところから言う。転じて、その部門で他の人のために働く最下級の者の称となった。

ぶんめい【文明】

世の中が開けてゆたかであること。「文明」は中国に典拠があり、『易経』には「見竜在田、天下文明(見竜田に在りて天下文明す)」とある。明治になって、英語 civilization の訳語として、「文明開化」の形で盛んに使われた。初めは

civilization の訳語には、『*哲学字彙』（明治一四年）にあるように「開化」を当てることもあったが、次第に「文明」が訳語として定着した。

例「少しずつでもすゝんで行く人が、則（すなわち）文明の人じゃ」（加藤祐一・文明開化・明治六〜七年）

へ

ベア

賃金の基準の引き上げ。「ベースアップ」を略した語。ベースアップは、英語 base と up を合成して造られた和製語。第二次世界大戦後、労働組合の賃上げ交渉が賃金ベースを基準にして行われるようになり、この語が使われるようになった。

へいこう【閉口】

いやになること。漢語としては「閉口、不言」（魏志・管寧伝・注）のように、口を閉じる意に使われた。日本では、返答に窮して口がきけなくなること、降参すること、という意味で使われることから、明治以降、困ったり、いやになったりすることを意味する用法が生じた。

例「ただ、すこしぼんやりしていると、まだ生れたての小さな蚋（ぶよ）が僕の足を襲ったり、毛虫が僕の帽子に落ちて来たりするので閉口です」（堀辰雄・美しい村・昭和八年）

べいごま【貝独楽】

独楽（こま）の一種。「ばいごま」の転じたもの。「ばい（貝・螺）」は巻き貝の一種。「ばいごま」の例は近世に見える。「陀螺と漢土に云ふも螺をまはしたるにこそ。今のばいこまは木にて作れり。寛延宝暦の頃までも介殻にてありしと見えてその頃の絵に見ゆ」（嬉遊笑覧・六下）。巻き貝のバイを独楽（こま）として遊ぶことは室町時代から行われていた。「Bai　バイ（貝）〈略〉子どもたちが独楽として使う、この貝または他の巻貝の殻。Baiuo vtçu, l, mauasu（貝を打つ、または、回す）」（日葡辞書）。各種の独楽の中でバイを回す独楽を「ばいごま」と言ったものだろう。なお、バイは「貝」の呉音。

例「米屋の小僧がバケツの上にゴザをのせてベイゴマを廻すのを側でみている」（一瀬直行・彼女とゴミ箱・昭和六年）

べいじゅ【米寿】

八八歳。また八八歳の祝い。和製漢語。「米」の字が八十八に分解できることから言われるようになった。古くは「米年（べいねん）」、「米（よね）」、「米（よね）の字の寿（ことぶき）」、「米（よね）の祝」とも言われた。現在は、「米の字の寿」「米（よね）の寿」を音読した「米寿（べいじゅ）」というのが一般的である。屋代弘賢の『諸国風俗問状答』「淡路国風俗問状答」に「八十八は

米寿又米賀と云ふ」とある。
例「米年　ヘイネン　曰八十八歳〔八十八歳トイフ〕」（運歩色葉集）

へいせい【平成】
日本の年号。昭和に続く元号。西暦一九八九年一月八日から施行された。『史記』「五帝本紀」にある「内平外成〔内平らかに外成る〕」、『書経』「大禹謨（だいうぼ）」にある「地平天成〔地平らかに天成る〕」を出典とする。

へいちゃら
少しも気にしないさま。平は「平気」、ちゃらは冗談・でたらめの意味だが、ここでは語調を整え、平気だという意味を強める働きをしている。昭和になってからの語のようである。
例「国賊などと呼ばれても平チャラで」（坂口安吾・青鬼の褌を洗ふ女・昭和二二年）

ぺけ
だめ。×印。語源は諸説あるが不明。『大言海』にも記されているように、中国語説とマレー語説がある。中国語説は「プコ不够(pu kou)」の転訛とする（村上直次郎説）。マレー語説はアストン(W.G.Aston)に代表される、マレー語 peggy（あっちへ行けの意味という）に由来するというものである。両説とも確証はない。（両説については重久篤太郎「横浜方言洋語考資料」（外来語研究・創刊号）が詳しい。）
例「かんじんの間にあはねえぢゃ、ぺけだといふだらうし」（滑稽本・滑稽道中膝車）

へこおび【兵児帯】
男や子供のしごき帯。もとは薩摩の兵児（へこ）（＝一五歳以上二五歳以下の男子）がしめたところから言う。
例「木綿の三絞の羽織に新調のメリンスの兵児帯」（田山花袋・田舎教師・明治四二年）

へこたれる 文語 へこたる
疲れ果ててくじける。へたばる。『大言海』は「凹（へこ）み垂（た）るの意」という。すなわち複合動詞「へこみたる」の「み」が省略されたもの。「へこたれる」は近世、しゃがみ込むような具体的な動作を表したが、その後へたばるの意味も生じた。「へこむ」には体力・気力が基準より減るという意味がある。「たれる」は接尾語的に用いられて、「あまったれる」などのように、悪い評価を添える語である。
例「峠にかかる半程で凹（へこ）たれて了ひました」（国木田独歩・女難・明治三六年）

へさき【舳先】
船の先端部。船首。古く「へ」だけで船首の意で使われた。「夕潮に船を浮けすゑ朝なぎに倍（へ）向け漕がむと」（万葉集・二〇・四三九八）と見える。「さき」は先端の意。「先」を添えることによって意味を確定した。その背後には、一音節語の

多音節化、同音語「へ(上・戸)」との区別、上代特殊仮名遣い(「竹」の項参照)における甲乙の別の喪失によって同音化した「へ(辺)」との区別などの事情が考えられる。

例「沖の方をへさきの方へ見やれば」(狭衣物語・一)

へそ【臍】

腹部の中央にある、臍(へそ)の緒のとれた跡。「ほぞ」の転。「ほぞ」の語源は不明。*『和訓栞』は、「俗に臍をへそといふはほその転ぜる也」とし、『大言海』もこの箇所をそのまま引用している。『日本書紀』(神代上・兼方本訓)に「臍(ほそ)の中(なか)に五(いつくさ)の穀(たなつもの)生(な)れり」とある。「ほそ」は後に「ほぞ」と濁音化し、現在でも「ほぞを噛む」(=後悔する)という慣用句に使われている。

例「我が行く時には、我が斉(へそ)に触れき」(小川本願経四分律・平安初期点)

べそ

子供の泣き顔。「べそ」は「へし口」(「べし口」とも)の「へし(べし)」の転と言われる。*『俚言集覧』は「(小松内大臣ガ)始めよりへシ口して之も笑はず」という例を引いて、「へし口」の説明を次のように述べる。「べシとは能の面ンに大圧(おほべし)あり。その面の口のやうに口を結びたるを云ふ。小児の泣かんとするときの面つきをベソを作ると云ふも是也」とある。これによれば子供の泣き顔を「べそ」というのは、能面の固く結ばれた口付きから出たということになるだろう。「へし口」の「へし」は押し付ける意の動詞「へす」の連用形で、「へす」は「押し合い、へし合い」のような形で今でも使っている。「へし口」は押し付けられたように固く結んだ口付きを表す。現在では「べそをかく」という言い方で使われる。

例「盗人が泣顔(べそ)作らする法の徳」(雑俳・一息・元禄六年)

へそがちゃをわかす【臍が茶を沸かす】

おかしくてたまらないときやばかばかしいときに使う言葉。「へそ」を使った笑いに関する慣用句は近世多数作られた。大笑いすると「腹を抱えて笑う」というように腹が揺れる。腹のまん中にへそがあるので、へそに注目して、「へそが笑う」「へそがくねる」「へそがよれる」などと言った。それらは笑いに連れて運動するへその動きでおかしさを表しているが、更に発展してへそがおかしなことを行うという形で、「へそが茶を沸かす」のように、おかしさやばかばかしさを強調するようになった。類語に「へそが西国する」「へそが入唐渡天する」「へそが宿替えする」などがある。

例「ハハハハコリャ臍が茶を沸かすわい」(浄瑠璃・前太平記古跡鑑・九)

へそくり【臍繰り】

内緒で少しずつ貯めた金。「へそくり金(がね)」の略。*『俚言集

覧』に「経麻（へそ）を繰りてためたる金也」とある。「へそ」は普通「綜麻」と書き、引いた麻糸、またつむいだ麻糸を巻きつけた糸巻きのこと。「へそくり」はその「へそ」を繰（く）ることで、糸を作ることである。「へそくり金」は、それを売って作った金の意味。「臍」は同音による当て字。

例「急ぎ吾が臍繰（へそくり）の巾著より、金三両取り出して」（人情本・恩愛二葉草・三・七）

へた【下手】

巧みでない。『和訓栞』*に「へた」は「澳（おき）の深きに対して浅き義也」とあるように、「へた」には端（はし）、海ぎわの意があり、沖のように奥深くないということから、浅い、拙劣だの意に転じたものだろう。この「へた」は「淡海（あふみ）の海（み）辺多（へた）は人知る沖つ波君をおきては知る人もなし」（万葉集・一二・三〇二七）などと古くから使われ、現在は「ほっぺた」「地べた」などの語の一部として残っている。なお、「へた」の「へ」には「端（はし）」の意があり、「た」は方向を示す。

例「取るまじき所を取り、捨つまじき所を捨つるはへた也」（連理秘抄）

べたいちめん【べた一面】

すきまなく表面全体に及んでいる様子。『大言海』は「べた」は「ひた（直）」の転とする。「ひた」には、「ひた黒」（=全体が黒い）のように、一面のという意味がある。「べた」は「べたべた」「べた塗り」「べたぼめ」などとも使われる。近世から用例がある。

例「ベタ一面痒い。蚊が余っ程刺したに相違ない」（夏目漱石・坊っちゃん・明治三九年）

へたのよこずき【下手の横好き】

下手であるにもかかわらず、それをするのが好きで熱心であること。「横好き」の「横」は、道理に合わないという意、「好き」は動詞「好く」の連用形の名詞化。下手だったら嫌いになってしまうはずなのに、なぜか好きなのは理屈に合わないというところから、「横好き」と言ったもの。

例「正身のへたのよこずきと云ふはあの人の事ぢゃ」（波形本狂言・縄綯）

へたばる

気力・体力が尽きて座り込む。つぶれる。擬態語「へたへた」から出た語であろう。『日葡辞書』*に「Fetafetato（ヘタヘタト）」と「fetato（ヘタト）」の二つが載せられており、その説明に「倒れるさま」とある。「へたへた」の「へた」をもとに「へたる」「へたりこむ」「へたばる」などが生じた。「ばる」は動詞を作る接尾語で、「ばる」の付いた語には他に「かさばる」「気ばる」などがあるが、その様子があらわになることを表す。

例「此度おれが思ひ附いた雪隠は、八兵衛のやうな汚い雪隠ではない。〈略〉こいつを出したら、八兵衛の雪隠は、へたばる

にちがひはない」(鳩翁道話・三・上)

べたぼめ【べた褒め】

やたらにほめること。『大言海』によれば「べた」は「ひた(直)」の転という。「ぼめ」は「ほめる」の語幹が連濁を起こした形。「べた惚れ」などは近世から見られるが、「べたぼめ」は新しい。

例「中国をベタぼめすることによって」(竹内好・中国問題の考え方・昭和二八年)

へちま【糸瓜】

ウリ科の蔓性一年草。熱帯アジア原産。室町末期渡来。語源不明。漢名の「糸瓜」を訓読した「いとうり」の上略「とうり」に由来するという、次のような通俗語源説が流布している。「とうりは糸瓜(いとうり)の上略なるべし。或る人曰く、へちまといふ名はとうりより出でたり。其の故はとうりのとの字はいろはのへの字とちの字の間なれば、へちの間といふ意にてへちまとなづくるとぞ」(物類称呼・三)。「とうり」の「と」を「へちの間」と言い換えて、この植物の名とした、という説である。『大言海』はこの語源を「牽強ならむ」としりぞけ、蛮語だろうとするが、どんな外国語に基づくのか記していない。

例「Fechima　ヘチマ(糸瓜)　胡瓜に似た、南瓜のある種属」(日葡辞書)

べっかんこう

指で下まぶたを引き下げて赤い部分を見せ、からかいや拒否を示すしぐさのこと。あかんべ。「べっかんこ」「べっかっこう」とも。「目赤う」が変化したとされる「めかこう」の変化したもの。ローマ字で書けば m と b との子音の交替で mekakou(めかこう)が bekakou(べかこう)となり、第一音節の後に促音、第二音節の後に撥音が加わり bekkankou(べっかんこう)となった。同類の語の「あかんべ」は「あかめ(赤目)」の転。

例「俗に云うべっかんこうを見事にやって退(の)けた」(夏目漱石・吾輩は猫である・明治三八〜三九年)

へっつい《へっつひ》【竈】

かまど。「へつい」が変化した語。「へつい」は「へ(竈)+つ+い(ひ)(霊)」と考えられ、「つ」は現代語の「の」に当たる。「へ」は上代竈(かまど)のことを言った。「へつい」は竈の神の意から、竈を言うようになった。「へつい」は「へつひ」の形でも見える。「竈神　ヘツヒ」(色葉字類抄)。

例「竈　ヘツイ」(文明本節用集)

へっぴりごし【屁っ放り腰】

及び腰。「へっぴり」は「へひり」(=へをすること)を強めた言い方。動詞「ひる」は屁(へ)をする意で四段に活用するが、くしゃみをするの意の上一段活用「嚏(ひ)る」と同源といわれる。「へっぴり腰」は、屁をするときの腰付きということで、上体を曲げ尻を後ろへ突き出すようなかっこうを表す。その不

安定さから自信のない態度をいう。

例「からくりをへっぴりごしでのぞいてる」（雑俳・柳多留・二二）

べっぴん【別嬪・別品】

極めて美しい女性。語源は「別品」で、特に優れた品や人を表した。次第に美しい女性を意味するようになり、その漢字表記も「別嬪」に変わっていった。「嬪」は婦人の美称、汎称である。「べっぴん」は幕末から用例が見られる。

例「昨夜は別品のお世界、大分おもてなされた御やうすでござりましたな」（歌舞伎・与話情浮名横櫛・序）

へっぽこ

わざの拙（つたな）い者をののしって言う語。語源不明。「ぽこ」は「ちゃらっぽこ」の「ぽこ」と同じもので、ののしりやからかいの気持ちを込めた語を作る造語成分と思われるが、「へ」は不明。あるいは、「へた」の語根か。用例は近世からある。

例「あのへっぽこめヱ、大かたそんなことをぬかすだらう」（滑稽本・浮世床・初・上）

ぺてん

だますこと。いかさま。『大言海』は、中国語「弸子」（Pêng-tzu）の訛かとする。また、杉本つとむ『語源海』は、人をだます意の「騙」を中国風にペテンと発音した和製中国語とする。ちなみに、中国語の「騙手」は詐欺師の意である。

例「まさか異人があんな偽造（ペテン）をしやあしめへと思って」（仮名垣魯文・総生寛・西洋道中膝栗毛・一二・上・明治六年）

へど【反吐】

飲食したものを吐くこと。語源不明。『大言海』は「反吐の音」とするが「反吐」という語は中国には見られない。「はんど」あるいは「へんど」からヘドに転じたものか。「反吐」は節用集などで「はんと」（文明本節用集）、「へど」（永禄一一年本節用集）などと読まれている。

例「青へどをつきての給ふ」（竹取物語）

へどろ

河口や沼などの底に堆積した泥。工場廃水や産業廃棄物などの汚染物質を含む泥。「へどろ」は俗称で、学術用語としては「腐泥（ふでい）」という。公害が社会問題となった昭和四〇年代（「公害対策基本法」の制定は昭和四二年）に一般化した語。この語は吐瀉物の意の「へど」と「どろ（泥）」を合体させたものか。用例は近世末から見られる。

例「此の落ちたる辺の水辺はヘドロ也ければ群集の人の勢にて橋梁を泥中へ踏み込みし也」（随筆・兎園小説余録・一）

へなちょこ

未熟者をあざけっていう語。『上方語源辞典』は「ヘナはヘナヘナ、チョコはチョコリで、弱小なるさまをいう語」とする。

擬態語「へなへな」「ちょこちょこ」に関連する語で、未熟者をへなへなし、ちょこちょこするとおとしめる気持ちから出た語と考えられる。

例「へなちょこの助平野郎、歴史を勉強したのか」（立原正秋・冬の旅・昭和四三～四四年）

へのかっぱ【屁の河童】

全く問題にならないこと。「へのかっぱ」の「へ」は屁（へ）のこと、「かっぱ」は河童で、川に住む想像上の動物。近世、「河童のへ」という成句があって、同じ意味に使われていた。これを倒置したのが、現在の言い方。倒置されたのは、「屁～」という言い方が、近世以降いろいろはやったので、それを手本に言い換えたものだろう。たとえば、「への中落ち」「へのこっぱ」「屁とも思わない」などなど。この倒置でおかしみが一層増している。河童は水中に住むものだから、水の中で屁をしても臭くも何ともないだろうというのが、「河童のへ」の理屈である。ただし、これには異説がある。『*俚言集覧』に「或る人いへらく、木っ端の火といふ事の訛也といへり」とある。↓河童の屁

へび【蛇】

爬虫類有鱗目ヘビ亜目に属する動物の総称。「へみ」の転。『仏足石歌』に「閇美（へみ）」と見える。「へみ」の語源は分からないが、『大言海』は「延虫（はへむし）の約」という。なお、「くちなわ」は平安時代以降用いられた異名。

例「大なる蛇はひ出て、重盛の右の膝の下にはい入りけり」（源平盛衰記・一四・小松大臣情事）

へびいちご【蛇苺】

バラ科の多年草。漢名も同じく「蛇苺」である。『本草綱目』に「蛇苺園野多有之、子赤色、極似苺子、而不堪啖、亦無以此為薬者（蛇苺園野多く之有り、子赤色、極めて苺子に似て、しかも啖（くら）ふに堪へず、また此を以て薬と為す者無し）」と見える。和名は、『*本草和名』に「蛇苺汁　和名倍美以知古」とあるようにヘミイチゴ、同じく平安時代の『枕草子』（一五三・名おそろしきもの）に「いきすだま、くちなはいちご、おにわらび」とあるようにクチナハイチゴとも呼ばれていた。ヘミ、クチナハともに蛇の古名である。人は食べないが、蛇が食べる苺というのが命名の由来だといわれる。別名「毒苺」とも言うが、毒はない。

へぼ

わざのまずいこと。『大言海』に「平凡（へいぼん）の略」とあるが、確かなことは分からない。

例「下手をへボと云ふ。〈略〉瓜のうら生（なり）をへぼ瓜といふ」（辞書・俚言集覧）

へや【部屋】

家の内部を区切った空間。『*色葉字類抄』（前田本）に「亭

子　ヘヤ　戸屋　同」と見える。漢語「亭子（ていし）」は休息などのために庭園内に設けた小屋（＝あずま屋）のことで、これに「へや」という訓を付けている。同じく「へや」と読みが付されている「戸屋」という表記からも独立した別の家屋の類を連想させる。『大言海』は「へや」を「隔屋の義」とする。このような離れた家屋の意から、家屋内の区切られた居住空間を「へや」と呼ぶようになったものであろう。このように見てくると、「へや」の「へ」は動詞「へだつ」や「へなる」（＝へだたる）などの「へ」と同源と考えられる。「や」は「屋」である。

例「くさむらの蛍を集め、冬は雪をつどへて、へやにつどへたること、年かさなりぬ」（宇津保物語・祭の使）

へらずぐち【減らず口】

負け惜しみを言うこと。「減らず口」の「ず」は打ち消しの助動詞「ず」の連用形。「口が減らぬ」という言い方が先にあって、語順を入れ替え、体言化したもの。「口がへらぬ」は、「減らず口」と同じ意味で、「口がへらぬぞ」（四河入海・二五・四）のように中世から用いられていた。「減る」には、「減らず」の形で、ひるまないという意味があり、「減らず口」の「減らず」もその意味である。「心を取り直し、減らぬ由にてもてなして申しけるは」（半井本保元物語・中・白河殿攻落す事）の「減らぬ」は負けないの意味である。

例「押しつめて物うき暮れの俳諧はただ続飯（そくいひ）のへらずぐちかな」（狂歌・後撰夷曲集・八）

べらぼう《べらばう》【箆棒】

ののしる言葉。語源不明。近世随筆『本朝世事談綺』「鄙萎（べらぼう）」（雑事門）に次のような語源説が載せられている。「寛文十二年の春、大阪道頓堀に異形の人を見す。其の貌醜き事たとふべきもなし。頭鋭く尖り、眼まんまるにあかく、頤（おとがひ）猿のごとし。〈略〉京師東武におよび、芝居をたてて諸人に見せける。これよりかしこからぬ者を、罵りはづかしむるのことばとなれり」。このほか、『大言海』は幾つかの語源説をあげている。比較的無理のない一説を引けば、「薄弱萎軟、堅立せぬ」さまを表す擬態語ヘラヘラ、ベラベラに由来するという。すなわち、ベラベラのベラに「ぼう（坊、または棒）」を付けて擬人化した、という説である。江戸っ子はこれに「め」を付けて「べらぼうめ」という形でも愛用した。「べらんめえ」はこれが変化したもの。

例「べらぼう、昼よしわらがあるものか」（咄本・座笑産・とびの者）

べんきょう《べんきやう》【勉強】

学習すること。「勉強」は中国古典では、無理に努力する、いやいやながら努力する、という意味で使われた。「或勉強而行之（或いは勉強して之を行ふ）」（中庸）。古く日本でも同じ意味で使われたこともあるが、現在では、もっぱら学習の意

味だけで使われる。「勉強　此の二字なりがたき事をしひてしとげるを云ふなり」（安斎随筆・一四）。商人が値引きする意味で使う例は明治以降に見られる。

例「ええ、勉強するわ、そうしてきっと偉くなるわ」（谷崎潤一郎・痴人の愛・大正一三〜一四年）

べんけいのなきどころ【弁慶の泣き所】

唯一の弱点。弁慶ほどの豪の者でも、蹴られれば痛がって泣く急所という意味で、向こう脛（ずね）を指し、そこから、ただ一つの弱点という意味を派生した。西洋にも、「アキレスの踵（腱）」「サムソンの髪」「ジークフリートの肩」など、同種の発想に基づく表現が見られる。

へんじ【返事】

問いに対する答え。同じ意味のことを古く「かへりごと」と言っていたが、その「かへりごと」の漢字表記「返事」を音読してできた和製漢語。ひのこと→火事→カジ、おおね→大根→ダイコン、はらをたつ→立腹→リップクなど、いずれも和語の漢字表記の音読によって造られた和製漢語である。

例「などかははかなきへんじをだに絶えてなき」（落窪物語・一）

べんし【弁士】

演説や講演などをする人。「弁士」は漢籍に典拠があり、もと、弁舌の巧みな人の意。中世の『史記抄』（五）に「天下第一の弁士ぢゃほどに」とあるように、日本でも古くから使われていた。明治になって、英語 speaker、orator の訳語として、大勢の人の前で演説や講話をする人の意で使われるようになった。また、無声映画の時代には、「弁士」は映画の内容を説明することを職業とする人を指した。

例「弁士の公衆に向かって政談を為すことを、禁止することも間々あり」（末広鉄腸・雪中梅・明治一九年）

へんてこ【変てこ】

変な様子。「へんてこ」の「へん」は「変」だが、「てこ」は「てき（的）」「ちき」の訛かという説（上方語源辞典）がある。いずれにしろ語調を整えるために添えたものだろう。近世、「変（へん）」のあとにいろいろの音を添えてはやしたてた。「変ちき」「変ちきりん」「変ちくりん」「変てこりん」など。用例は近世から見える。「おらアしばられてへんちきな目にあった」（滑稽本・東海道中膝栗毛・四・上）。

例「鮎太は天と地が変梃な方向で見えたと思った」（井上靖・あすなろ物語・昭和二九年）

べんとう《べんたう》【弁当】

外出先で食べるために携える手軽な食べ物。中国の南宋ごろの俗語である「便当」が語源。禅宗によって日本に伝えられ、中国における意味と同様に「便利な」という意味で使われた。中世の抄物においては、「便当」の他に「便道」・「弁

当」・「弁道」という表記も見られ、また意味も様々に派生した。*『日葡辞書』には bentō という二つの見出し語があり、一つの項目には「充足、豊富」の意が、もう一つには「文具箱に似た一種の箱であって、抽斗がついており、これに食物を入れて携行するもの」と記述されている。後者は「便利なこと（もの）」から「便利な入れ物」というように意味が変化したもの。江村専斎（永禄八～寛文四年）の話を筆録した『老人雑話』に「信長の時分は弁当と云ふ物なし、安土に出来し弁当と云ふ物あり、小芋程の内に諸道具をさまると云ふ」とあり、豊臣秀吉の頃にできたものと思われる。

例「義元は其をばしり給はずして、べんたうをつかはせ給ひて、ゆくゆくとして御（おはしまし）給ひし処に」（軍記・三河物語・二）

へんとうせん《へんたうせん》【扁桃腺】

のどの入り口の両側にあるリンパ組織。蘭学者が、オランダ語 amandelen klier の訳語として造った和製漢語。「扁桃」とはアーモンドのことで、この組織が楕円形でアーモンドに似ていることからいう。*『解体新書』には「巴旦杏核機里爾（はたんきょうかくキリイル）」と訳してある。「巴旦杏」はオランダ語 amandel（アーモンドのこと）を中国の漢方用語で訳したもので、のち別称の「扁桃」に改めた。「核」は実のこと。「機里爾」はリンパ組織を意味する klier の音訳である。「機里爾」は宇田川玄真により「腺」と訳された（西説医範提綱釈義）。なお、「腺」は国字である。

例「Hentōsen　ヘントウセン　扁豆腺」（和英語林集成・三版）

ぺんぺんぐさ【ぺんぺん草】

アブラナ科の二年草。春の七草の一つ。ナズナの異名。「なずな」は平安時代初期の*『新撰字鏡』に「薺　奈豆奈（なづな）」とあるように古くから使われていた名称である。一方、「ぺんぺん草」は、三味線の音をペンペンと書き表すようになった江戸時代後期以降に見られる比較的新しい語形である。果実の形が三味線の撥（ばち）に似ているところからペンペン草とも三味線草とも呼ばれる。三味線自体、室町時代末期に琉球から日本本土に渡来し改造されてでき上がったものであり、一般市民に三味線が普及するとともに、ぺんぺん草という呼称も広まった。↓なずな

例「ぺんぺん草は三味線を抱へ」（洒落本・神代相眛論）

ほ

ボイコット

原義は、団結してある人物を排斥すること。転じて、皆で相

談して、ある商品を買わないようにすること(＝不買同盟)。この語の由来は、一九世紀末に、アイルランドのボイコット(C.Boycott)という農場の管理人の仕打ちに憤慨した小作人達が、ボイコットの命令を聞かずに付き合いを絶った。そのためにボイコットは生活に困り小作人たちの要求を受け入れた、という話によると言われる。

例「叔父は親類頭として殆ど専制君主の勢力を振るって、僕の一家をボイコットしたのである」(徳富蘆花・思出の記・明治三三〜三四年)

ほうがんびいき《はうぐわん―》**【判官贔屓】**

弱者や不遇な人に同情し味方すること。「判官(ほうがん)」は源義経のこと。義経が兄頼朝に滅ぼされる運命に同情し、味方するということから、弱いものに肩入れすることをいうようになった。「ほうがん」は「判官(はんがん)」の変化した語。「判官」はもともとは中国の官名、日本では各官庁の第三位の官職。義経は検非違使(けびいし)の尉(じょう)であったが、「判官」はこの官の別称でもあった。義経のことを『天草版平家物語』(四・一六)では「こともかたじけなや、清和天皇の末fôguandono(判官殿)ぞ」と呼んでいる。

例「世や花に判官贔屓春の風」(俳諧・毛吹草・五)

ほうき《はうき》**【箒・帚】**

ほこりやごみなどを掃いて掃除する道具。古い語形は「ははき」。これは「羽掃き」、「葉掃き」などと解されている。古く呪術的な意味で、鳥の羽をもって掃くことが行われていたという。「ははき」の例として「庭はくとて、ははきをもちて、木したにたてるほどに」(蜻蛉日記・下・天禄三年)がある。ハハキから中古、ハワキとなり、中世ハウキを経て、ホーキになった。*『日葡辞書』は「Fŏqi(ハゥキ)」と記し、長音化している。

ぼうじゃくぶじん《ばうじやく―》**【傍若無人】**

人前であることにかまわず、勝手気儘なふるまいをする様子。中国古典に「旁若無人」(史記・刺客伝)などの例があり、これを「かたはらに人なきがごとし」と訓読せず、そのまま音読してできたのが、この語。平安末期から用例がある。

例「傍若無人の振舞せられたるも」(太平記・一〇・稲村崎成干潟事)

ぼうず《ばうず》**【坊主】**

仏教の僧侶。また、頭の毛を剃った状態。「坊」は四角に区画された土地を表し、寺院の中の一つの区画も指すようになった。「坊主」は寺院内の一区画の主の意味だったが、僧侶一般を指すようになった。次の例は僧房の主の意味である。「大夫公俊恵が坊に方たがへにまかりたりし夜、雨の降り侍りしに、坊主のもとよりいひつかはして侍りし」(頼政集・下)。さらに、僧侶のように頭を剃った状態も言うようになった。

近代には、男の子は一般に頭を剃ったことから、男の子の意にもなった。

ほうそう《はうそう》【放送】

電波を使って不特定多数の受信者へ音声や映像を送ること。和製漢語。「放送」は送りっ放(ぱな)しの意味で造語されたという。『日本放送史』(昭和二六年)によれば、「放送」という語を初めて使ったのは葛原(かつらはら)顕(当時三島丸の無線電信局長)だと言われる。大正六年、三島丸はドイツの仮装巡洋艦を警戒せよとの送信を受けたが、発信者が不明であったため、受信証は出せなかった。そこで、この警戒を呼びかける電信は送りっぱなしになったわけで、葛原はこの意味で通信日誌に記載するにあたり、この通信を「放送」と記したと言う。その後、「放送」は英語 broadcasting の訳語として使われてから一般化した。

例「横手の宏壮な屋敷から泄(も)れて来るラジオのニュースや天気予報の放送にも」(嘉村礒多・崖の下・昭和三年)

ほうたい《はうたい》【包帯・繃帯】

傷口などを巻く布。オランダ語 wendsel の訳語として造られた和製漢語。wendsel の wend は wenden(巻く意)に由来し、sel は名詞を造る成分で wendsel は「巻くもの」という意味。『*改正増補訳鍵』(安政四年)では「巻木綿(まきもめん)」と訳している。次いでこれに漢語らしい表記を当て、『蛮語箋』(寛政一〇年)では「繃帯〈マキモメン〉」と記している。これが音読されホウタイという漢語が成立した。現在では漢字制限の影響で「包帯」と書かれる。

例「繃帯〈マキモメン〉ウヰンドセル」(辞書・蛮語箋)

ほうだい《はうだい》【放題・傍題】

自由勝手にふるまうさま。「傍題(ぼうだい)」から転じた語(大言海)といわれる。因みに、「傍」は漢音ホウ〈ハウ〉、呉音ボウ〈バウ〉なので、「傍題」はホウダイとも読める。「傍題」は歌学用語で、題詠のとき主題以外のものを主として詠むことをいう。このように与えられたとおりにしないというところから、思うままにするというような意味用法が、中世に生じた。また、他の語に接尾語的に付いて、「食い放題」「勝手放題」「言いたい放題」などという用法が主流になった。

例「腹をはかってくいほうだいにして不依斗量非也〈斗量に依らざるは非なり〉」(抄物・六物図抄)

ほうちょう《はうちやう》【包丁】

料理に使う刃物の総称。「庖丁刀」の略。もともと「包」は「庖」で、台所・料理場のこと、「丁」は成人男子のこと。「庖丁」は料理人を指した。その料理人が使う料理用の刀が「庖丁刀」である。「庖丁」(=料理人の意)「庖丁刀」ともに中国古典に例がある。

例「彼の従者庖丁を取てたちむかはんとせしところを」(随

筆・折たく柴の記・上）

ほうとう《はうたう》【餺飥】
小麦粉を水で練ったものをひも状に切り、そのまま野菜などの具の入った味噌汁で煮た料理。山梨県の郷土料理として有名。「はくたく（餺飥）」が変化して「ほうとう」となった。中国で「餺飥」は、粉をこねて作ったもの全般をいう。これが日本に入り、形によってうどん、すいとんなどと呼び名が変った。日本での「餺飥」の例は中古から見え、一二世紀末ごろにハクタク・ホウトウの両形が見えるが*（『色葉字類抄』に「餺飥　ハクタク　ハウタウ」とある）、後にホウトウに定まっていった。

ぼうどう【暴動】
大勢のものが集まって乱暴を働き、世の中を乱すこと。幕末明治期に造られた和製漢語。同じ時期に「暴騰」「暴挙」など、「暴」を使った和製漢語が造られた。『新令字解』（明治元年）にこの時期に造られた和製漢語が見られる。
例「ますます暴動募りて術（すべ）よく米を渡さぬ家は打毀しなどする程に」（染崎延房・近世紀聞・八・明治八年）

ぼうにふる【棒《ばう》に振る】
それまでの努力や成果をすっかり無にしてしまう。語源不明。棒手振（ぼてふり）にして売り払う意からという説がある（『上方語源辞典』に『諺語大辞典』の説として紹介されている）。「棒手振」は天秤棒で商品を担ぎ売り歩くこと。そこから無になるの意がどのようにして生じたか不明。
例「金銀無ければ〈略〉終に家を棒にふりて」（仮名草子・浮世物語・一・六）

ぼうねんかい《ばうねんくわい》【忘年会】
年忘れの会。「忘年」は漢籍では、年の老いたのを忘れることやお互いの年齢の違いを気にしないことの意味で使われた。日本では、このほか江戸時代、一年の憂さを忘れる意味に使われるようになる。この意味用法が生じるにあたっては、和語の「年忘れ」が下敷になっていただろう。「年忘れ」は一五世紀から用例があり、「年忘れ」を漢文風に書けば「忘年」となるところから、「忘年」に和風の意味が加えられたものである。
例「うき一年を忘れはべらばやとてぞ、忘年会はすなりといふ」（随筆・古今物忘れ）

ぼうびき《ばうびき》【棒引】
金銭の貸し借りをなしにすること。帳消し。帳面の文字や数字に棒（線）を引いて消すことから言う。
例「罰として賃銀棒引き」（小林多喜二・蟹工船・昭和四年）

ほうぶつせん《はうぶつせん》【抛物線・放物線】
定点と定直線とから各々等しい距離にある点を連ねた曲線。数学用語で、英語 parabola の訳語として造られた語。

「抛」は放り投げるの意。「抛物線」は物を斜めに投げ上げた時、空中で描く線の意味。ロブシャイド*『英華字典』には登載されていないが、この辞書を日本で増補した井上哲次郎編による『訂増英華字典』（明治一七年）には「Parabola, n. 抛物線」と記載されている。「放」は「抛」の代用字。

例「『ガリレオ』より『トリセリアス』に至るまで、一として通暁せざるはなく、精密なる弾道は抛物線にあらざれば双曲線なる事」（夏目漱石・トリストラム・シヤンデー・明治三〇年）

ぼうふら【孑孒・孑孑】

蚊の幼虫。「棒振虫（ぼうふりむし）」の略転（大言海）。寛永一〇年（一六三三）刊の俳書『犬子集』に「沢水にぼうふり虫のあつまりて」とみえる。この「棒振虫」の名の由来について、『大言海』は「其の泳ぐとき、体を屈折すること、棒を振るが如し」という。この語源説に従えば「棒ふら」となり、歴史的仮名遣いは「ばうふら」となる。

例「支躰（づうてえ）相応な孑孑（ぼうふら）をおっかけてりゃアまだしも」（滑稽本・浮世風呂・前・下）

ほうべん《はうべん》【方便】

目的を果たすために利用する一時的・便宜的な手段。梵語 upāya の訳語。「接近する・到達する」という動詞 upa-i から派生した名詞で、原義は「目的に到達するための道すじ」。仏教語「方便」は衆生を悟りの道に導くための手段をいうが、「うそも方便」のように単なる「手立て」の意としても用いられる。

例「南山より盗出し奉らんと方便廻されけれ共」（太平記・三二・無剣璽即位無例事）

ほうほうのてい《はふはふ—》【這う這うの体】

さんざんな目にあい、あわてて逃げ出す様子。もと、「這（は）う這うの体」で、はうようなかっこうという意味。「はふはふ」は、もとは「足のなえたるものの、はふはふゐざりつつ水を汲みに行きけり」（唐物語・下）のように、這って進むさまを表した。

例「Fōfō nigueta. l, fōfōno teide nigueta（這ふ這ふ逃げた。または、這ふ這ふの体で逃げた）」（日葡辞書）

ほうむる《はうむる》【葬る】

死者を埋葬する。「はふる」の転。*『名言通』（下）に「葬 ハウフル ハフル也」と見える。「はふる」は捨て去るの意で、死体を山野に捨てることから、葬るの意味となった。古くハフル、ハブルの第二音節の清濁は決定しがたいが、ハブル→ハウブル→ハウムル→ホウムルという変化が考えられる。

例「我が師今朝にはかに命終り給ひぬれば、おのれひとりして葬りをさめたてまつらん事思ひやる方なくて侍るうへに」（発心集・五・勤操憐栄好事）

ぼうや《ばうや》【坊や】
男の子を親しみを持って呼ぶ呼称。近世には、幼児は頭を剃る習慣があったところから、幼い子供は男女とも「坊」と呼ばれていた。「坊はおとっさんにおんぶだからいいの」（滑稽本・浮世風呂・前・上）は女の子の例。「や」は本来名前の後に付く呼び掛けの言葉であったが、例のように、「坊」に付いて一語を構成している。
例「坊やのしやべるこゑで、おらあ目をさましたやつよ」（人情本・仮名文章娘節用・三・七）

ほうれんそう《はうれんさう》【菠薐草】
アカザ科の一、二年草。西南アジア原産。日本には中国から伝えられた。漢名は「菠薐」であり、この唐音であるホウレンに「草」を添えて菠薐草（ホウレンソウ）となった。漢名の古名として「波稜」があり、『嘉話録』には「波稜種、出自西域、有僧将其子来、云本是頗陵国之種、語訛為波稜耳（波稜の種、西域より出づ、僧有り、其子を将（もち）て来り、云はく本と是れ頗陵国の種にして、語訛りて波稜となすのみと）」とある。「波稜（はりょう）」は「頗陵（はりょう）国」（＝イランともネパールとも）からもたらされたことからの命名であり、後に草冠をつけて「菠薐」となった。日本では江戸時代初期から用例が見られる。『*毛吹草』（四）には肥前の名物として「鳳蓮草　ホウレンサウ　あへものに用之」とある。

ほおげた《ほほげた》【頰桁】
ほおぼね。頰骨を桁（けた）に見立てた言い方。古く『*日葡辞書』にも見える。「頰桁たたく」は、相手の言うことをののしって言う表現。
例「何を女郎め頰桁たたく、姉の跡つぎの乞食め」（樋口一葉・たけくらべ・明治二八～二九年）

ほおずき《ほほづき》【酸漿】
ナス科の多年草。『*俚言集覧』に「顔面を保々豆岐（ほほづき）といふが本にて、酸漿をも保々豆岐と云ふ也」とある。これによれば、ほおづきの「ほお」は頰であり、「ずき」は「つき」の連濁した形。この「つき」は顔付き、体付きなどの「つき」と同じで、様子の意味である。すなわち「ほおずき」は頰の様子で、ほおずきの実のふっくらしたさまを表したものであろう。なお、『大言海』は「頰突の義」とする。これについての説明はないがホオズキを口に入れて、ふくらませたりして遊ぶことによるものか。古名は「かがち」。「酸漿」は漢名。

ボールがみ【ボール紙】
わらなどを原料とした厚手の紙。「ボール」は英語 board（板、板紙の意）に由来する。明治期には、board を「ボールド」という形で日本語に取り入れたが、その最後の音ドが脱落したもの。明治期には「ボール」という形だけでも、厚紙を指した（今でも「段ボール」という語に残る）。

ほ

ボールペン
筆記用具の一種。英語 ball-point pen を、日本で中間部を省略して言った語。先端に小さな回転球（＝ボール（ball））があるところから言う。

ぼき【簿記】
会社、商店などの金銭の出し入れや取り引きなどを、一定の方式で帳簿に記入すること。漢籍に典拠のある語で、「簿」は帳簿、「記」は記入するという意。初めは、「警察官吏は常に其姓名を簿記し置くべし」（太政官達・第一二八号・明治七年）のように、文字通りの意味で使われたが、のち、英語 bookkeeping の訳語として、現在の意味で使われるようになった。
例「今日世の中にある簿記の書は」（福沢諭吉・福翁自伝・明治三一〜三二年）

ぼく【僕】
男性の一人称。「僕」は下男の意味で、自分を相手のしもべと称して、相手に敬意を表す言葉である。一人称としても中国古典に用例がある。日本でも、古くから漢文において用いられたが、「やつがれ」と訓読されるのが普通であった。近世、「僕曰（僕曰く）」（洒落本・猪の文章・序〈宝暦三年〉）の「僕」にボクと振り仮名されているような例が増え、訓読文でもボクと音読されたことが分かる。漢文の「僕」は謙譲語としての敬意がきわめて高かったが、漢文調戯文や、幇間医者を含む武家教養層の使用を経て、文久頃（一八六〇年代）には「君」と共用されるような、謙譲性の低い「僕」が使われるようになった。明治になっていわゆる書生などが愛用し、一般語になっていった。
例「あの時僕が君を連れて行ったのが誤りで、向こうのお嬢がぞっこん君に惚れ込んだ様子だ」（三遊亭円朝・怪談牡丹燈籠・明治一七年）

ぼくし【牧師】
キリスト教（新教）で、教会をつかさどる人。「牧師」は古く中国で、牧場をつかさどる役の者を指した。この語を英語 prastor の訳語として教会をつかさどる者の意で使ったのは中国が先で、英華辞典には prastor の訳語として、「牧者、牧童、牧師」などが記載されている。人々を羊に譬え、それを導く人を牧師と呼んだもの。日本では明治になって、中国語での訳語を借用して使用した。
例「牧師法教の官となれり」（中村正直訳・西国立志編・明治三〜四年）

ぼくしゅ【墨守】
頑固に守り通すこと。「墨（ぼく）」は、中国・戦国時代の思想家、墨子（ぼくし）のこと。墨子が城をかたく守り通した故事から、自分の意見や態度などをかたく守って改めないことを

「墨守」という。その故事は、『墨子』に見える。「公輸盤九設攻城之機変、子墨子九距之。公輸盤之攻械尽、子墨子之守圉有余（公輸盤九たび城を攻むるの機変を設けしも、子墨子九たび之を距（ふせ）ぐ。公輸盤の攻械尽き、子墨子の守圉（しゅぎょ）余り有り）」。宋の軍師、公輸盤（こうしゅはん）が雲に届く雲梯を用意して城を九回も攻めたが墨子はこれを防ぎ切ったという。

例「之を墨守して退くは之を活用して進むに若かず」（福沢諭吉・文明論之概略・明治八年）

ほくそえむ《ほくそゑむ》**【北叟笑む】**

一人悦に入って笑う。「ほくそ」は「ほくそう（北叟）」の短音化したもので、「塞翁（さいおう）が馬」の塞翁のこと。この翁は達観していて、どんな場合にも少ししか笑わない。そういう笑いを「北叟笑い」といったという説（妻鏡、壒嚢抄）がある。この説によると、「ほくそわらい」のもとの意味は、達観した人のかすかな笑いということになる。近世には、「ほくそわらい」という語も見える。

例「文覚ほくそ咲（ゑみ）て」（源平盛衰記・一九・文覚入定京上事）

ぼくたく【木鐸】

世人を覚醒させ、教え導く人。「鐸」は大きな鈴で、「木鐸」は鈴の舌が木でできているものをいう。昔、中国で文事についての法令などを人民に示す際にこれを振り鳴らした。教え導く人の意は『論語』「八佾」の「天将以夫子、為木鐸（天将に夫子を以て木鐸となさんとす）」による。

例「深く真理の確実なるを信じ以て吾が一身の君主と做し誠心之を推尊し木鐸となりて道を天下に主唱せり」（植村正久・真理一斑・明治一七年）

ほくろ【黒子】

皮膚の表面に見られる黒っぽい色素斑。『*十巻本和名抄』に「黒子、波々久曽（ははくそ）」とあり、「ほくろ」はこの「ははくそ」の転といわれる。『大言海』は「愚管抄に、ハハクロとあり、ハハクソの転、其の再転訛なり」とする。すなわち、ハハクソ→ハハクロ→ハワクロ→ハウクロ→ホウクロ→ホクロと転じたものか。「ははくそ」は「母くそ」と解され、母胎内で付けられたかすの意という（小学館古語大辞典）。

例「Focuro ホクロ（黒子）　顔にある黒い斑点」（日葡辞書）

ぼけ【木瓜】

バラ科の落葉低木。中国原産。古くから日本に渡来し、観賞用に庭に植えられている。『改訂増補牧野新日本植物図鑑』によると、本来の漢名は「貼梗海棠」であるが、古く日本では本種を漢名で「木瓜」（現在マボケと呼ばれる別の品種）と呼ばれるものと認識していた。この「木瓜」の字音「ボククヮ」がボケに転じたものである。

例「木瓜　ボケ」（文明本節用集）

ぼける【惚ける】 文語 ぼく

知覚がにぶくなる。『大言海』は「ぼく」は「ほく（惚・耄）」の訛で、「ほく」は「化（は）く」に通ずる、という。「ほく」は『*俚言集覧』によれば「耄」（=ぼけ）の義で、「惚（ほ）る」とは「音通へり」、すなわち動詞の「ほく」と「惚る」とは同根と考えられている。ボクという濁音化した語形は『*色葉字類抄』（前田本）に「耄　ホル　ボク」と見える。『*日葡辞書』にも「心の bogeta（ボケタ）人ぢゃ」という例があるが、今とは少し意味が違って「気持ちの穏やかな気だての良い人である」と説明されている。

ほけん【保険】

火災、死亡等による損害を補償するための制度。「保険」は、中国古典では要害の地を保つという意味で使われていたが、その後新しく英語 insurance の意味で使われ出した。ロブシャイド『*英華字典』の insurance の項に「買保険之事」とある。日本で、これを借用して security の訳語に当てたと思われる。

例「Security　保険」（哲学字彙・明治一四年）「せめて保険へでも這入って呉れると」（夏目漱石・吾輩は猫である・明治三八～三九年）

ほこ【鉾・矛】

敵を突き刺すための長柄の武器。神事や祭礼に用いる山車（だし）。語源としては、『*和訓栞』に「穂木（ほこ）にて木をもて本とするなるべし」とある。「ほ」は際立ったところを指す語で、この武器の鋭利な先端を表すものか。また、祭礼にこれを飾った山車を巡行させたので、山車を「ほこ」ともいった。

例「大臣の遺はせる群卿は従来（もとより）厳矛〈厳矛　此れをば伊箇之保虚（いかしほこ）と云ふ〉の中取りもてる事の如くにして奏請す人等なり」（日本書紀・舒明即位前）

ほご【反故・反古】

不用になった紙。「反故」は中国古典に用例があり、表を使用した紙を裏返すという意味であった。書き損じれば裏返したので、書き損じの意味となり、書き損じた紙、すなわち不用の紙となった。「反故」をホンゴと読むのは呉音に基づく読み方で、このほかにもホウグ、ホウゴ、ホグなどいろいろな形があった。『*日葡辞書』の「Fongo（ホンゴ）」の項には、「〔Fongo と〕書かれるけれども、Fôgu（ほうぐ）と発音される」とある。中世、ホウグという発音が有力であったことがうかがえる。「ほくどものかびくさきを」（源氏物語・橋姫）。「忝い御文章を反古（ほうぐ）にして」（浄瑠璃・新版歌祭文・油屋）。「反古」は日本での表記であるが、例は多い。

例「あの約速も、此の約速も、今ぢやアみんな反古（ほご）となり、そでねえ仕打をされて見りゃア」（洒落本・廓宇久為寿・

前）

ほこら【祠】
神をまつる小さな社。『箋注倭名抄』*に「宝倉〈略〉保久良（ほくら）後世転為叢祠之名（後世転じて叢祠の名となる）」とあり、「ほこら」は「ほくら」の転だと説かれている。「ほくら」は、同辞書によれば、「神庫」のことで、「神庫」は「其制高峻、秀於尋常府庫、故云保久良（尋常の府庫より秀づ、故に保久良と云ふ）」と説明されている。並の倉より作りが秀でているので、「秀（ほ）」を冠したというのである。「神庫」には神宝を蔵したので、神殿の意になっていったものだろう。
〔例〕「甲を脱ぎて叢祠（ほこら）の前に跪き」（太平記・九・高氏被籠願書於篠村八幡宮事）

ほころびる【綻びる】（文語）ほころぶ
縫い目がほどける。語源未詳。『大言海』は「ホグルと通ず」とする。一説によれば、「ほころ」は「ほき・ほけ（惚・耄）」の語根と「おろ（疎）」との複合で、「び」は接尾語か（岩波古語辞典補訂版）という。「花のほころびにける」（古今集・春上）、「人々皆ほころびて」（源氏物語・少女）のように、蕾が開く、笑うの意でも用いられた。
〔例〕「萎えたる直衣（なほし）・指貫（さしぬき）の、いみじうほころびたれば」（枕草子・二四八・細殿の遣戸を）

ほしいまま【恣・縦】
思い通りにふるまう様子。勝手気まま。「ほしきまま」の転。「ほしい」は欲する意。「まま」は、「そのまま」「わがまま」などの「まま」で、「まにまに」と同源で、そのとおりにする、などの意を添える。
〔例〕「山門嗷訴（がうそ）を恣（ほしいまま）にして猛威を振るふ」（太平記・一五・園城寺戒壇事）

ぽしゃる
計画などが途中でつぶれてだめになる。語源不明。「ぽしゃ」は帽子の意のフランス語 chapeau に由来する「シャッポ」の「シャ」と「ポ」を逆にしたものという説がある。「シャッポを脱ぐ」で降参するという意味があるため、だめになってもうお手上げの状態になるということを、「シャッポ」を変化させた語を用いて表現したものとするが、無理な説である。むしろ、擬音語の「ぽしゃ」と関係する可能性がある。計画などのついえるさまを、物が水に落ちる音で象徴したものではないかと考えられる。「る」は動詞を作る接尾語。
〔例〕「新宿座は一週間でポシャったのでした」（徳川夢声・夢声半代記・昭和四年）

ほしゅ【捕手】⇩とうしゅ

ほぞをかむ【臍を噛む】
後悔する。「ほぞ」は「へそ」の古形。『春秋左氏伝』「荘公六年」の「若不早図、後君噬斉（もし早くはからずんば、後に君

斉（ほぞ）を噬（か）まむ」から出た慣用句。「ほぞをかむ」が後悔するという意味になることについて、『大言海』は次のように説く。「臍は噛まむとすとも、口の及ばざるより起こり、事物の及ばずして後悔する意」。すなわち、できない、ということから後悔の意を生じたという。「ほぞ」は、古くは「ほそ」と言った。「膍臍〈略〉保曽（ほそ）俗云倍曽（へそ）」（十巻本和名抄）。

例「恐噛臍不及〔おそらくほぞを噛むとも及ばざらむ〕」（文徳実録・仁寿二年二月乙巳）

ぼだい【菩提】

死後の冥福。仏教語。梵語の bodhi の音訳で、「悟りの智慧」が原義。煩悩を断って悟りを開くことから、死後の冥福の意味に転じた。「菩提を弔う」などと使われる。

例「且は頭殿の御ぼだいをも誰かは弔ひ奉らん」（義経記・二・阿濃禅師に御対面の事）

ぼだいじゅ【菩提樹】

シナノキ科の落葉高木。中国原産で、語源は漢語の字音に依る。もともとは、釈迦がある木の下で悟りを開いた、その木を「菩提樹」と呼んだ。その木はインド原産のクワ科の植物であったが、中国には当初このクワ科の植物がなかったため、葉の形がよく似たシナノキ科の植物を「菩提樹」と呼んだ。本来のクワ科の「菩提樹」は現在「天竺菩提樹」と称されている。

ほだされる【絆される】 文語 **ほださる**

人情にからまれる。つなぎとめるという意味の動詞「ほだす」に受身の助動詞「る」がついたもの。「ほだす」は『*天治本新撰字鏡』に「瑣〈略〉久佐利（くさり）、又止良布（とらふ）、又保太須（ほだす）」とある。「この男にほだされて、とて泣きける」（伊勢物語・六五）は、身の自由を束縛されて、の意。人情にとらわれてしたくもないことをしてしまう状態を、つなぎ止められていると表現したもの。

例「よしなき女の色にほだされて〈略〉いたづらに月日を過して、心とうきめを見るわざ」（撰集抄・一・八）

ほたてがい ほたてがひ **【帆立貝】**

イタヤガイ科の二枚貝。肉は食用となる。名のいわれについて、『*和漢三才図会』（四七）は次のようにいう。「一殻如舟、一殻如帆乗風走、故名帆立蛤〔一の殻は舟の如く、一の殻は帆の如くにし風に乗じて走る、故に帆立蛤と名づく〕」。名のいわれは以上のようであるが、ホタテガイは、実際は殻を強く開閉した反動で進む。

例「帆立貝 ホタテカイ」（易林本節用集）

ぼたもち【牡丹餅】

もち米とうるち米とを炊いて丸め、あずき餡などをまぶしたもの。牡丹の花に似ているので「ぼたんもち」と称し、それが

略されたものという。しかし、ボタンの花とぼた餅のどこが似ているのだろうか。「牡丹のかたちに似たるにより、牡丹餅（ぼたもち）と名付く」（本朝世事談綺・一）。また、『大言海』は「牡丹の花の、にぎはしきに見立てたる名なり」という。ぼた餅は、ボタンの厚い花弁のように見えるから、という説もある。

例「ぼた餅は、むかしははなはだ賞翫せし物なれども、今はいやしき餅にして、杉折提重には詰めがたく、晴れなる客へは出しがたし」（随筆・本朝世事談綺・一）

ほたる【蛍】

甲虫目ホタル科の昆虫。語源について、「ほたる」の「ほ」が「火（ひ）」から来たことには異論がない。「ひ（火）」は他の語と結びつくとき、「ほのお（炎）（＝火ノ穂）」「ほや（火屋）」のように、「ほ」に替わることがある。問題は「たる」で、これを「垂（た）る」とする説と、「照（て）る」の転とみる説とがある。前者には*『日本釈名』などがあり、「ほは火也。たるは垂（たる）也。垂は下へさがりたるる也」（日本釈名）という。後者には*『俚言集覧』などがあり、「ホタルは火照（ひてる）の義ならん」（俚言集覧）という。「垂る」とする説は、音転を言わずにすむ点が「照る」よりもすぐれているが、ホタルの明かりが下へ垂れ下がって見えるとはいえない。

例「蛍火〈略〉和名保多留（ほたる）」（本草和名・一六）

ほたるぶくろ【蛍袋】

キキョウ科の多年草。『改訂増補牧野新日本植物図鑑』は「子供がこの花でほたるを包むので起こった」とする。この花は、江戸時代初期の*『毛吹草』（二）には「六月〈略〉つりかね草」という名で現れている。これは花の形が釣鐘に似ているからである。文献の上で「蛍袋」が現れるのは明治になってからであり、『日本植物名彙』（明治一七年）に「ホタルブクロ　山小菜」とある。「山小菜」はホタルブクロの漢名である。

ボタン

服の打ち合わせを留めるもの。ポルトガル語の botão に由来する。安土桃山時代に伝来。漢字で「鈕」「紐扣（子）」などと当てられた。

例「足踏（たび）は白綸子に紅（もみ）を付けボタン懸けにして」（浮世草子・好色一代男・四・六）

ボタン

押して機器を作動させる小さな突起物。英語 button に由来する。漢字で「釦」「扣鈕」などと当てられた。

ぼたんなべ【牡丹鍋】

イノシシの肉を用いた鍋料理。イノシシの肉を、白菜・春菊・ネギ・ゴボウ・セリ・椎茸・蒟蒻（こんにゃく）・豆腐などとともに味噌味で煮たもの。馬の桜肉に対して、イノシシを

牡丹という。近世に流行した取り合わせの「獅子に牡丹」の「しし」を「猪(しし)」にとりなして、「牡丹」を猪肉の異名とした。

ほっぺた【頬ぺた】

頬のあたり。「ほおべた(頬辺)」の変化した語。「ほおべた」は「ほおぺた」とも。「べた(ぺた)」は「尻っぺた」など、その「あたり」の意。「竹篦でぴしゃりと頬辺(ほおぺた)を叩かれた」(夏目漱石・虞美人草・明治四〇年)。

ほとけ【仏】

仏陀。梵語 Buddha の音訳「ふと(浮屠・浮図)」に由来する。「ほとけ」の「ほと」はこの「ふと」の変化とする説が有力であるが、末尾の「け」については諸説ある。一説によれば、「け」は「気」であって、「気」は霊妙の意を表すとしたり、目に見える形の意で、仏像を指す(日本国語大辞典二版)としたりする。また、信じがたいが次のような説も近世行われていた。「ほとけはほとほりけ也。欽明の朝仏のわが国へわたりける比、神国へ異教のわたりて神をけがすゆゑに、熱病流行して人多く死したり。依て火とほりけ(=熱病)の略也」(和訓栞)。

例「釈迦の御足跡石に写し置き敬いて後の保止気(ほとけ)に譲りまつらむ捧げまうさむ」(仏足石歌)

ほとけのざ【仏の座】

キク科の二年草。春の七草の一。タビラコとも。小さい苗のとき、地に張り付いていて仏の座る蓮華座に似ているところから名が付いた。これとは別の植物でシソ科の越年草をもホトケノザと呼ぶが、こちらは余り食用に適さない。

例「七種菜　薺(なづな)　蘩蔞(はこべ)　芹(せり)　菁(あをな)　御形(ごぎやう)　須須之呂(すずしろ)　仏座(ほとけのざ)」(拾芥抄・下・飲食部)

ほととぎす【杜鵑・不如帰・子規・時鳥】

ホトトギス科の鳥。ほととぎすの鳴き声は、今トッキョキョカキョクとかテッペンカケタカとかと表されることが多い。しかし、古くはホトトギ(ス)に近い音に聞きなされ、その鳴き声に基づいて、「ほととぎす」と名付けられた。語尾の「す」はうぐいす、からすなど鳥の名に多く見られる接尾語である。『万葉集』(一八・四〇八四)に「暁に名告(の)り鳴くなる保登等芸須(ほととぎす)いやめづらしく思ほゆるかも」とあるように、ほととぎすはホトトギ(ス)と自分の名を名乗って鳴いたのである。鳴き声説は『東雅』*など多くの書に見える。『東雅』には「ホト、ギスとは鸋鴂の啼く声也と十王経にみえたり」とある。異名が多く、また当てられる文字(多くは漢語)も多種である。

ほととぎす【杜鵑草・油点草】

ユリ科の多年草。高さ三〇～六〇センチで、夏から秋に白色

ほ

で濃い紫斑のある花を葉腋に咲かせる。『改訂増補牧野新日本植物図鑑』は「杜鵑草という意味で、花被片の斑点を鳥のホトトギスの胸にある斑点になぞらえて名がついた」とする。漢名は「油点草」。

例「郭公（ほととぎす）花せんやうなり。さらさの見事或はかの鳥のはねのごとし」（園芸・花壇地錦抄・四）

ほとばしる【迸る】

勢いよく飛び散る。「ほと」（「ほど」とも）に動詞「はしる（走）」がついた形。「ほと（ほど）」の用例は中古から見えるが、その語源は分からない。『*天治本新撰字鏡』に「心保波志留（ほとはしる）」という形で見えるが、この「ほとはしる」はとびはねるというような意味である。『*日葡辞書』に「Mizzu fodobaxiru（水ほどばしる）」という例が見えるように、ホドバシルのような形もあった。

ほとぼり【熱り】

余熱。古く「ほとほる」（＝熱気を発する）という動詞があって、その連用形の名詞化「ほとほり」から転じた語である。「ほとほる」の「ほ」は「ほのお（炎）」「ほくち（火口）」などの「ほ」で「火」と同源で、「火（ひ）」が複合語を作るときの形である。「とほる」は通るで、火が通るということから発熱の意になったものだろう。『*日葡辞書』には「Fotouori, u, otta（ホトヲリ、ル、ッタ）」という形で出て来る。これが「ほとぼり」と変化したのには、このあたりから用いられ出した「とぼす」（＝点灯する）の影響があったのではという（日本国語大辞典二版）。なお、「ほとほる」は「さるべきこともなきを、ほとほり出で給ふ」（枕草子・一六二・弘徽殿とは）などと用いられていた。この例の「ほとほり」は怒っての意。熱気を発することから転じたもの。

例「Hotobori ホトボリ n. Heat（熱）. Hets'i no hotobori（ヘッツイノホトボリ）」（和英語林集成・初版）

ほとんど【殆ど】

大方。あらかた。「ほとり（辺）」の「ほと」を重ねた「ほとほと」（＝大方の意）の変化した語。「辺や側を示す『ほとり』の語基『ほと』の畳語で、『境界をなす部分（周縁）において』を原義とする」という説（日本国語大辞典二版）がある。まぎわぎりぎりということから、もう少しでそうなる、大体そうだ、という意味に転じた。「ほとほと」は中古末「ほとほど」となり、室町時代以降「ほとんど」となったという。

例「既に十二三日と云ふは、殆（ほとんと）鎮西へ下向ござんなれ」（屋代本平家物語・二・成経朝臣備中妹尾流罪事）

ほのお【炎】 文語 **ほのほ**

赤く燃え立つ火。「火（ほ）の穂（ほ）」から。「火（ほ）」は「火（ひ）」が複合語を作るときの形で、「火屋（ほや）」「火中（ほなか）」などと用いられた。「穂」は「稲の穂」など、突き出しているもの、

目立つものを意味した。

例「大地(おほつち)を火穂(ほのほ)と踏みて」(万葉集・一三・三三四四)

ほのめかす【仄めかす】

(本心や真実を)態度や言葉のはしばしにそれとなく表す。「ほの」は「ほのか」の「ほの」で、はっきりしないが、わずかにそれとわかる様子。「めかす」は「～のように装う」という意味の接尾語。「冗談めかす」等のように用いる。

例「この思ふことをほのめかしいへど、つれなくのみ答へつつ」(宇津保物語・嵯峨院)

ほほえむ《ほほゑむ》**【頰笑む】**

かすかに笑う。声を立てずに少し笑うことを、「頰だけで笑う」の意味で、「頰笑む」と言ったものと思われる。「頰」は、中古から中世、ホヲ→ホーと発音を変えたが、「頰笑む」は複合語のためか「ホホ」の発音を残したらしい。『*易林本節用集』では、「頰　ホフ」「頰咲　ホヽヱム」と振り仮名されており、単独の「頰」はホー、「頰笑」の「頰」はホホと発音されていたと考えられる。

例「是を見奉りて、この国の司もほほゑみける」(竹取物語)

ほまれ【誉れ】

名誉。動詞「ほめる」の受身形「ほめらる」の連用形「ほめられ」から転じたもの。『*和訓栞』に「ほめられの義」とある。人にほめられれば光栄に感じるところから生じた語。

例「わづかに一字の跡を残して、はるかに万代のほまれをいたす」(古今著聞集・七・二八五)

ほめる【誉める】 文語 **ほむ**

賞賛する。『*和訓栞』に「秀(ほ)をはこらかしたる詞なり」とある。「秀」を活用させた言葉という意味である。『大言海』も「ほむ」は「秀を活用す」とする。「秀」は際立っている、すぐれているなどの意。このように、名詞に「む」を付けて動詞化した例には、このほか「とが(咎)む」「きは(際)む」などがある。

例「これは、ものによりてほむるにしもあらず」(土左日記・承平四年一二月二三日)

ほや【海鞘】

ホヤ目の原索動物の総称。『大言海』に「寄生(ほや)の根を託する所、其体、相似たれば名とすと云ふ」とある。この「寄生(ほや)」は宿木(やどりぎ)の古名で、その根のつきようがこの動物の岩に固着している姿に似ていることから言うというのである。

例「ほやのつまのいずし、すしあはび」(土左日記・承平五年一月一三日)

ぼや【小火】

小さな火事。『大言海』に「ぼやぼやと燃えあがる義か」とあるように「ぼやぼや」の略語と思われる。「ぼやぼや」について

は、『俚言集覧』*に「火炎の小なるを云ふ」とある。「ついぼやぼやと燃やして」（浄瑠璃・絵本太功記・一〇日）のような用例があるところから見ても、「ぼやぼや」の素姓は擬態語であろう。明治以降の語。

例「ぼやでも起った様に、仰山な声をして呼び立てる」（夏目漱石・永日小品・明治四二年）

ほら【法螺】

虚言。近世前期、「ほら」に意外な儲（もう）けをすることという意味があったが、この意外さ、不確実さから「うそ」の意味を生じたものであろう。「ほら」に思わぬ大儲けという意味が生じたのは、次のような俗信によるという。法螺貝（ほらがい）は深山幽谷の地中に住み、精気を得て地中を出て海に入る。その際、山が崩れ、洪水が起きる。法螺貝はこのような思いがけない大変事の原因になるので、意外な大儲けを「螺（ほら）なことぢや」（譬喩尽）といったのだという。「ほらを吹く」は法螺貝だから吹くといったわけだが、むろん「うそ吹く」も下敷きになっている。「祐筆になりたいの物書きになりたいのと、ほらばかりふいてゐるだ」（滑稽本・浮世床・初・下）。

ほらがとうげ《ほらがたうげ》**【洞ヶ峠】**

有利な方へつこうとして、自分の態度をはっきりさせずに形勢をうかがうこと。洞ヶ峠は京都府と大阪府の境にある峠の名。天正一〇年（一五八二）の山崎の合戦の際、筒井順慶が豊臣秀吉にも明智光秀にも加勢せず、有利な方に味方しようと洞ヶ峠に軍を留めて戦況を見ていたという言い伝えから。しかし、筒井順慶が洞ヶ峠に軍を置いたという記録はないという。

ぼる

法外な料金を取る。不当な利益をむさぼる。『大言海』は「むさぼる」の上略という。また、「羽織」の「り」を活用語尾と捉えて動詞「はおる」ができたように、「暴利」の「り」を動詞連用形の語尾に見立てて、終止形「ぼる」を作った、すなわち「暴利」を動詞化したという説（日本国語大辞典二版）もあって、決めがたい。この受身形が「ぼられる」で、暴利をとられるの意味になる。

例「飯場頭が極端にぼるので、ほとんど一銭も労働者の手には入らない」（江口渙・労働者誘拐・大正七年）

ほれる【惚れる】 文語 **ほる**

人を好きになる。「ほる（惚・耄）」は古く放心状態をいう語であったが、心を奪われるということから恋慕するの意に、室町時代転じたものという。「ほる」の語源は分からない。「ほうる〈はふる〉」と関連づける説があるが、不明。

例「あなけぶたや、けぶりはうばにやほれつらん」（御伽草子・福富長者物語）

ほろ【幌・母衣】

雨風や日の光を防ぐために乗り物にかける覆い。もともとは戦の時、鎧（よろい）の背に付けて流れ矢を防ぐ袋のようなものを「ほろ」と言った。「熊谷は〈略〉あか皮おどしの鎧きて紅のほろをかけ」（平家物語・九・一二之懸）。平安時代末の『本朝世紀』に「重成郎従甲冑之士、纏数幅之布。世俗号之保呂〔重成郎従甲冑の士、数幅の布を纏ふ。世俗これをほろと号す〕」（久安三年七月二一日）と見える。後には「母衣」という漢字表記が多く見られるようになる。この「ほろ」については、種々の語源説が出されているが未だ定説を見ない。この「ほろ」に形が似ていたため、明治以降、人力車や馬車にかける覆いのことも「ほろ」というようになった。

例「小雨降出たれど腕車（くるま）の母衣かけんとも思はず」（風俗画報・二六号・明治二四年）

ぼろ【襤褸】

着古して破れた服。擬態語「ぼろぼろ」から出た語（日本国語大辞典二版）。この「ぼろぼろ」は『*日葡辞書』に「Boroboroto（ボロボロト）」の形で載り、「着物がひどく裂け破れているさま」と説明されている。「襤褸」はその意味から当てられた漢字で、「破れた布」の意。

例「髪頭ばっかり作り立て、亭主にはぼろを下げさせるか」（滑稽本・浮世風呂・二・上）

ぼろい

楽で、もうけが多い。語源不明だが、『上方語源辞典』は文政・天保頃の流行語で歌舞伎楽屋通言の「ぼろい口」の転用という。「ぼろい」は「労せずして収穫のあったその安易さを、まるでボロ（襤褸）みたいなものだという発想で『ぼろ』といい」、更にそれを「形容詞化したものかと思われる」という。

例「なんと、ぼろい仕事ぢゃないかい」（歌舞伎・傾城三拍子・上）

ぼろくそ

とてもひどくけなしていうこと。くそみそ。「ぼろくそ」の「ぼろ（襤褸）」は破れた衣服で、価値のないもの、「くそ」は糞の意だが、「へたくそ」のように前の語を強める用法がある。

例「あのお方の事を〈略〉皆がぼろくそに言うて」（滑稽本・穴さがし心の内そと・二）

ほろぶ【滅ぶ・亡ぶ】

なくなる。語源不明。語根「ほろ」は、「ほろほろ」（＝ばらばらになる意）の「ほろ」と同じという説（岩波古語辞典補訂版）がある。「ぶ」は動詞を作る語尾で、「あらぶ（荒）」「まねぶ」「ゆるぶ（緩）」などと用いられる。

例「たけき者も遂にはほろびぬ」（平家物語・一・祇園精舎）

ほろよい《ほろよひ》【微酔い】

酒に少し酔うこと。「ほろ」は、名詞・形容詞などに冠して、

少し、何となくなどの意を表す接頭語である。現在、類例としては「ほろ苦い」が挙げられるくらいだが、古くは、「ほろ甘い」「ほろ旨《うま》い」「ほろ汚《ぎたな》い」などと用いられた。この「ほろ」の素性については、「ほろり」や古く用いられた「ほろく」(＝少しの意の副詞)などの「ほろ」と関係があると思われ、擬態語から出た可能性が考えられる。

例「目のふちが薄赤くなって、少しほろ酔《よひ》といふ顔色に見えるが」(滑稽本・浮世風呂・二・下)

ぼん【盆】

主に七月一五日頃に行われる先祖供養の仏事。「盂蘭盆《うらぼん》」の略。「盂蘭盆」は、梵語 ullambana の音訳で、「倒懸《とうけん》」(＝逆さにつるされること)の意。釈迦の弟子の目蓮が、地獄でさかさまに吊り下げられて苦しんでいる母親を見て、それを救うために釈迦の教えに従って衆僧に百の美食を供養した。それを施餓鬼《せがき》といった。この話に基づいて、先祖の霊を供養することを「盂蘭盆」と言うようになった。なお、「うらぼん」の語源については、イラン語起源説が有力になりつつあり、その中の一説によれば、ウルヴァン(urvan)は、死者の霊魂の意であるという。

ぽんかん【椪柑】

ミカン科の常緑低木。果実は紅橙色で果肉は甘く香り高い。インド原産で大正時代に中国・台湾を経て日本に渡来した。まず、インドから中国に伝わり、中国において、この木の原産地とされるインド西部の地名 Poona(プーナ)を音訳して「椪」(pèng)とし、これに柑橘類を表す「柑」(gān)を添え「椪柑」(pènggān)という語が作られた。これが日本に伝わり、中国音に近く「ポンカン」と呼ばれるようになった。

ぼんくら【盆暗】

愚かもの。もと賭博用語。「盆」は博打《ばくち》の賽《さい》を振り出すところ。『大言海』は「簺《さい》を伏せたる盆の中に、眼光とほらず。負目にのみ賭ける気の利かぬこと」と説く。そこから、物事の見通しのきかない人、能力のない人をばかにして言う語となった。

例「いかなるぼんくらに見せてもそれしゃのあがりとみえる姿」(洒落本・吉原楊枝)

ぽんこつ

老朽化した車。もと「ぽんこつ」は拳骨でなぐること。仮名垣魯文『安愚楽鍋』(明治四～五年)の牛のせりふに、「四つ足をくいへゆわいつけられて、ポンコツをきめられてヨ」とある。この語源は擬声語かと思われるが、問題もある。「ぽん」は普通軽く叩く音で、大きな衝撃力はない。「こつ」は擬態語か、「げんこつ」の「こつ」か決めがたい。また、『大言海』は、「ぽんこつ」は「洋人の、「げんこつ(拳骨)」を聞きあやまれるなるべし」と言うが信じがたい。現在の「ぽんこつ」はハンマーでポ

ンポンコツンコツン叩いて自動車を解体することからといわれ、中古車を解体する意味であり、更に老朽化した車そのものを指すようになったものである。昭和三四年の阿川弘之の新聞小説『ぽんこつ』によって広まったといわれる。
例「ポンコツの車を再び国道に向けて走らせました」（宮本輝・錦繍・昭和五七年）

ポンず【ポン酢】
橙（だいだい）や酢橘（すだち）の絞り汁。またそれを使った調味料。近世に伝わったオランダ語 pons（ポンス。柑橘類の果汁の意）に由来する。食前酒として飲まれたものであったが、日本では果汁の飲み物とされた。のち調味料として使われるようになり、「ス」に漢字「酢」を当てかつ濁音化して「ポンズ」と言うようになった。

ポンチえ《ゑ》【ポンチ絵】
明治時代の（西洋風の）諷刺画・漫画をいう。ポンチは英語 punch に由来する。「ポンチ絵」という名は、一九世紀イギリスの大衆週刊誌『Punch』に諷刺画や漫画がたくさん載っていたことからとも、イギリスの新聞特派員ワーグマンが文久二年（一八六二）に日本で発刊した雑誌『ザ・ジャパン・パンチ』からとも言われる。↓漫画

ほんとう【本当】
真実であること。「本当」は漢籍に見られず、日本では近世から用例の見える語である。語源について「本途の変化という」（新明解国語辞典六版）とする説がある。「本途」の例は漢代にあり（王符・潜夫論）、「正道」の意で用いられている。問題は、漢代の語がどのようにして近世の日本で用いられるようになったかである。考えられるのは近世中国語の影響である。近世中国語で日本に入ってきた漢語を集めた『小説字彙』を見ると、「本等　本業ナリ」とある。この「本等」が現在の「本当」に繋がっているのではないかと思われる。「実正」「真個」「本統」などとも表記された。
例「まだ渋いとてすて、ほんとうに色むまでには食いさしにしてすてる柿が」（談義本・山家一休・二）「Hon-tō ホンタウ、本当」（和英語林集成・初版）

ほんのう【本能】
生まれつきの性質や能力。明治期に造られた和製漢語。英語 instinct の訳語として「本来の能力」の意味で考え出されたもの。西周の『生性発蘊』（明治六年）に「英インスチンクト、法アンスタンク、爰に本能と訳す。鳥獣の自ら知らずして智巧あるの類を云ふ」とある。
例「生命を希（こいねが）う生物的本能が」（国木田独歩・死・明治三一年）

ぼんのくぼ【盆の窪】
うなじの中央のくぼんだところ。『大言海』は「坊（ぼん）の窪に

て、坊主頭より云ふかと云ふ」とする。この語の指す所は昔の髪形では見えないが、僧の坊主頭ではよく見える。そこで「坊のくぼ」と言うようになったものだろう。

例「ぼんのくぼに太刀はき袖くくりて」(古今著聞集・一六・五七二)

ぼんぼり【雪洞】

紙や絹でおおってある手燭。また、柄が長く台座のある小さい行灯(あんどん)。「ぼんぼり」は、ほんのりの意味の副詞として、「ぼんぼりとつくったぞ。遠山にうすう煙や霞のかかった如くなぞ」(玉塵抄・三五)などと用いられていた。覆(おお)いを通した灯火のさまがほのかであったので、「ぼんぼり」と名づけたものだろう。漢字表記「雪洞」は、木や竹のわくに白い紙をはって茶炉を覆ったものを「雪洞(せっとう)」または、「ぼんぼり」と言っていたことから、形の似たこの行灯に当てられたと思われる。『書言字考節用集』には「雪洞　ボンボリ　茶炉具」とある。

ほんまる【本丸】

城郭の中枢部で、城主のいる所。「本」は中心部を表す。「まる(丸)」は、城郭を構成する区画を言う語。その語源については、有職故実書『武家名目抄』に「城郭の体たる、一様ならずといへども、おほよそにいはば、みな円なるに出でず。故に丸といひ、また曲輪(くるわ)ともいふなり」とあるように、城郭の形態からの称である。「本丸」は、籠城戦において最終拠点となる部分であるところから、「保守勢力の本丸」のように、比喩的に、守備する側の拠り所となる場所を言う用法も生じた。

ほんめい【本命】

競馬や競輪などでの優勝候補。「本命」は漢籍に見える語で、呉音読みでホンミョウといい、生まれた年の干支を指していた。そこから現在の「ほんめい」の意味にどのように転じたのか、不明である。そのため別語として新たな語源を立てるものもある。例えば、「本当に命中の省」とする説(警察隠語類集・昭和三一年)もある。明治になって漢音読みが流行したことによって、ホンミョウからホンメイへと音の変化が生じた。「本命」が競馬で使用されるようになったのは、大正か昭和の初期かと思われる。この語は現在ではギャンブルだけでなく、一般社会における最有力候補を指すようになった。

例「私が無理に二度ばかり、本命の馬に賭けて、金の寿命をすこしひきのばしたのであったが」(阿部知二・冬の宿・昭和一一年)

ま

まいご《まひご》【迷子】

道に迷ったり親にはぐれたりした子供。「まよいご(迷子)」の略。「まよいご」は、室町末期に「いとど心の迷ひ子に、親と名乗らんは、余所の人目もいかならん」(大観本謡曲・水無瀬)などと用いられた。「まよいご」は動詞「まよう〈まよふ〉」の連用形に「子」が付いた形。↓まよう

例「新町を迷子呼んだり覗いたり」(雑俳・類字折句集)

まいたけ《まひたけ》【舞茸】

担子菌類サルノコシカケ科のキノコ。食用。キノコの形が舞う姿に似ているところからの命名である。古く『今昔物語集』巻二八第二八話に出て来る「舞茸」は、毒茸であるワライタケだといわれる。『今昔物語集』の舞茸にまつわる話というのは、京の木こりたちが、北山でキノコを食べたところ中毒して「心ならず」舞い出したので「其れより後、此の茸をば舞茸(まひたけ)と云ふ也けり」というもの。

まいる《まゐる》【参る】

「行く」の謙譲語で、「伺う」「参上する」の意を表す。この「まゐる」は四段活用の動詞だが、上代には連用形「まゐ」の例のみ知られる貴人の許へ参上する義の別語があった。四段活用の「まゐる」は、この連用形のみ残存する語に「入(い)る」が複合してできたもの、すなわち「まゐいる」が母音脱落を起こして mawiiru → mawiru のように縮まったものと考えられている。なお、連用形「まゐ」の形しかない語については、活用は上一段(終止形は「まゐる」)、上二段(終止形は「まう」)の両説があり、その語源は定まらない。一説によれば、「まゐる」の対義語「罷(まか)る」は「目離(まか)る」で、「まゐる」は「目居(まゐ)る」だという(日本国語大辞典二版)。

例「一日には千たび参入(まゐり)し東の大き御門を入りかてぬかも」(万葉集・二・一八六)

まえ《まへ》【前】

空間または時間の上での先方、また物の前面を指す。基本的な意味に関しては、上代から例があり、現代語に至るまで大きな変化はない。語源説には様々あるが、対義語「しりえ〈しりへ〉」(=後ろ)との対応から考えて、本居宣長が『*古事記伝』で述べているように、「ま」は「目」の複合語を作るときの形、「へ」は「方向」の意の語を構成する要素であるとするのが最も妥当である。すなわち、「まえ」の原義は「目の向いている方向」ということである。「へ」は他にも「ゆくへ(行く方)」「いにしへ(往にし方)」などに用いられ、上代語においては生産力の高い語構成要素であった。

例「針袋取り上げ麻敝(まへ)に置き反さばおのともおのや裏も継ぎたり」(万葉集・一八・四一二九)

まえがしら《まへがしら》【前頭】

相撲の番付で、三役の下、十両の上にある位の名前。前相撲の頭の意味。前相撲は番付外の相撲をいい、以前は幕の内には数えられなかった。

例「小結は役ずまふ取の小口の結なれば、ゆへにかくいふ。それより以下を前頭といふ。此称号のもの大勢あり。此の部に列するものを俗に幕の内といふ」(古今相撲大全)

まおとこ《まをとこ》【間男】

主のある女が他の男と密通すること。また、その相手の男。語源不明。『大言海』には「マはマテ(両手)のマの意」とあるが、それ以上の説明はない。両手を使って夫と愛人につながっている意だろうか。類語に「まぶ(間夫)」があるが、「まぶ」は近世以降の語である。「間男」という表記は『言海』による。近世までは余り見ない表記であるが『今昔物語集』には使われている。この「間男」という表記は女と夫の間という語源意識に基づくものと考えられる。

例「若き女主の法師の間男を持たりけるを」(今昔物語集・二六・二一)

まがいもの《まがひもの》【紛い物】

偽もの。動詞「紛(まが)う」の連用形「まがい」に「物」がついた言葉。「まがう」は「ま(目)」+「かふ(交)」がもととされ、見極めようとしても目がちらちらするほどまじりあって区別ができないの意。そこから、よく似ているの意も生じた。「まがい物」はよく似ているものの意から偽ものの意に転じた語。

例「明和の頃より安永天明の頃、八丈の変はりじま、上田八丈。紬八丈のまがひ物」(随筆・反古染)

まがき【籬】

竹・柴などを粗く編んで作った垣。*『和訓栞』は、「間垣(まがき)の義。透き間ある垣をいふなり」とする。このようにすき間の多い作り方に因む名称であろう。古く「ませ(籬)」ともいわれたが、この「ま」も「間(ま)」と考えられている(『大言海』は「間(ま)塞(せ)の義と云ふ」とする)。

例「荒れたるまがきの程、うとましくうちながめ給ふに」(源氏物語・末摘花)

まがたま【曲玉・勾玉】

翡翠(ひすい)、瑪瑙(めのう)、碧玉(へきぎょく)、琥珀(こはく)、水晶などを用いて作った古代の装身具の一種。「まがりたま」の変化した語。イノシシの牙などを模して作ったとされており、巴紋の一片のような曲がった形をしている。

例「八尺(やさか)の勾璁(まがたま)の五百津(いほつ)の美須麻流(みすまる)の珠を纏(ま)き持ちて」(古事記・上)

まかなう《まかなふ》【賄う】

食事を調えて出す。やりくりする。語源は確定できない。『大言海』は「設(まけ)を行ふ意か」とする。「まけ」は用意する意の動詞「設(ま)く」の連用形の名詞化したもの。これに「なう」が付いたものと考えることができる。「なう」は「おこなう」「つぐなう」「罪なう」などの「なう」と同じで、その行為をすることを表す。これに対して、「マカ(任)の義より出でたる語なるべきか」とする説(大島正健・国語の語根とその分類)がある。「まか(任)」は「任(まか)す」の語根で、相手の性質等に任せることを意味する。すなわち、「事を相手の性質や意向に合わせて差配し用意する」(岩波古語辞典補訂版)ことで、これが「まかなう」のもとの意味となる。

例「天香山(あめのかぐやま)の天(あめ)の波波迦(ははか)を取りて、うらなひ麻迦那波(まかなは)しめて」(古事記・上)

まかふしぎ【摩訶不思議】

非常に不思議なこと。「摩訶」は仏教語で、大きいという意味の梵語 mahā(マハー)の音訳語(漢訳すると「大・多・勝」となる)。「不思議」は「不可思議」の略語。「不可思議」も仏教語で、人間の思慮分別を超越していることを意味する梵語 acintya(アチンティヤ)の漢訳語である。「摩訶不思議」は、本来、人知を超えた悟りのすばらしさを指す語であった。

まがまがしい【禍々しい】 文語 **まがまがし**

不吉である。「まが(禍)」は、『和訓栞*』が「まがる義也」とするように、「曲がる」と同源。まっすぐで正しいことを表す「なほ(直)」に対して、曲がってよこしまであること、よくないこと、災禍をいう。この「まが」を重ねて形容詞を作る語尾「し」を付けたものが「まがまがし」である。

例「あな、まがまがし。なでふ尼にかなり給ふべき」(落窪物語・四)

まがる【曲がる】

屈曲する。ねじれる。『大言海』は、「まがる」は「禍(まが)の活用」と説く。「まが」は、曲がると禍の両義を持っていた。「まがたま」は曲がった玉のことである。また、『古事記』(上)で「八十禍津日神(やそまがつひのかみ)」について「訓禍云麻賀(禍を訓みてまがと云ふ)」と注していることからも、「まが」が禍の意を持っていたことが分かる。「まが(曲・禍)」は「なお(直)」の対で、まっすぐでないこと、よこしまであること、よくないこと、わざわいを意味した。このような「まが」に動詞を作る語尾「る」を付けたものが、「まがる」である。

例「青柳の細き眉ねを笑み麻我理(まがり)朝影見つつ」(万葉集・一九・四一九二)

まき【槇・真木】

スギやヒノキの総称。「ま(真)」は接頭語で、優れているの意。「真木(まき)」、すなわち優れた木の意である。スギやヒノキなどが木材として優れているのでいう。

例「真木(まき)の灰を瓠(ひさご)に納(い)れ」(古事記・中)

まき【薪】

燃料にする木切れや枝。たきぎ。『大言海』は、「爪木(つまき)の略」とする。「爪木」は「磯の上(へ)に爪木(つまぎ)折り焚き汝がためとわが潜(かづ)き来し沖つ白玉」(万葉集・七・一二〇三)のように古くから用例があり、爪先で折った小枝の意とも、木の端の意ともいわれる。これに対して、「かまきト云ノ略語也」とする『*志不可起』の説がある。「かま木」は、「竈木」で、かまで燃やす木のことである。これにも古くから用例があるが、「つまき」の方が広く使われたようで、語源としては「つまき」の方が有力であると考えられる。「爪木」の場合、「木」は清濁両形あった。『*日葡辞書』は「Tçumagui(ツマギ)」の形で載せている。

例「榧　小樹也」(天治本新撰字鏡)

まきえ《まきゑ》【蒔絵】

漆(うるし)を塗り、乾かないうちにその上に金銀粉などを蒔きつけて文様を描くという、奈良時代に始まった日本の代表的漆工芸。『大言海』は「末金絵(まつきんゑ)ならむ」という。末金絵は「末金鏤(まっきんる)」(=漆で描いた上に金の粉をちりばめる技法)で作った絵のことで、「末金鏤」は『正倉院文書』(天平勝宝八年東大寺献物帳・六月二一日)に例が見える。「蒔絵」と書くのは、金粉等をほどこすことを、「まく(蒔)」というからで、これをそのまま語源と見ることもできるだろう。「まく」は、「金してまかせ給へりし」(大鏡・三・伊尹)のような例がある。

例「うるはしき屋を作り給ひて、漆を塗り、まきゑして、かべし給ひて」(竹取物語)

まきなおし《まきなほし》【蒔き直し】

初めからやり直すこと。動詞「蒔きなおす」の連用形の名詞化。種をまくことは農作業の第一歩だから、種をまき直すということは初めからやり直すということになる。「気を揉むより、蒔き直して爰の内に」(歌舞伎・絵本合法衢)は、やり直す意での例。ただし、一説によれば、巻き物を見直すために巻きもどすことから出たという。しかし「巻き直す」では一からやり直すの意味が自然に出て来ない。

まきば【牧場】

牛馬を放し飼いにする所。漢語「牧場(ぼくじょう)」を訓読した表現で、「まき(牧)」と「ば(場)」との複合語。本来「まき」単独で「牧場」の意を表した。「まき」は、『*十巻本和名抄』に「牧〈略〉和名无万岐(むまき)」とある。その頭音脱落形がマキである。中世にはマキが普通となった。「むまき」の語源について、『*和字正濫鈔』は「馬城(むまき)の意歟(か)」とする。「馬」は、平安時代以後の仮名表記では、一般に「むま」と書かれることが多く、mmaと発音されるのが普通だった。「城

（き）」は本来、柵をめぐらして区切った一郭のことで、「柵」という漢字が当てられることもあった。したがって「むまき」は「柵を立てて区切った馬の放牧場」の意と考えられる。なお、*『和英語林集成』には、三版（明治一九年）になって初めて「Maki-ba」という見出しが現れる。「まきば」が一般化するのは、明治時代以降のことと推測される。

例「又若し秣草（まぐさ）を仕立て、牧場（まきば）となしたらば」（緒方正訳・西洋開拓新説・明治三年）

まぎれる【紛れる】 文語 まぎる

入り混じって区別がつかなくなる。語源については、*『和訓栞』に「目霧の義成べし」とある。「ま」は「目」が複合語を作るときの形。「きり」は霧がかかる意の動詞「きる」の連用形の名詞化。ただし、「霧（き）る」は四段活用なので連用形は「きり」であるが、この場合、「まぎれ」に転じている。この変化に応じて、「まぎれ」は下二段に活用することになった。

例「ある時には、来し方行末も知らず、海にまぎれんとしき」（竹取物語）

まくあき【幕開き】

物事の始まり。「開（あ）き」は「開（あ）く」（五段活用）の連用形の名詞化。「幕」は舞台の幕。もとは、芝居で、幕が開いて芝居が始まることを言ったが、転じて、物事の始まりをさすようになった。「幕開き」に対して、舞台の終わることを「幕切れ」という。「開（あ）く」「切れる」ともに自動詞で対をなしている。現在「幕開け」ともいうが、「開け」は「開ける」（下一段活用）の連用形で、これは他動詞である。「幕切れ」の対としては「幕開き」の方が整っているが、「幕開け」の例も近世から見える。

例「此幕明きに出るものは、三十あまりの男」（滑稽本・浮世風呂・前・上）

まくうち【幕内】

前頭以上の上位の力士を言う。「幕の内力士」の略。幕の内側にいることを許された力士の意。江戸時代将軍の相撲上覧の際に幔幕（まんまく）の内に入ることを許され、円座御免の待遇を受けた最もすぐれた数人の力士を呼んだことからという説（俚言集覧）が有力。「の」を介して「幕の内」とも言う。

まくぎれ【幕切れ】

物事の終わり。芝居で一段落つくと幕が下りるが、これを「幕が切れる」と言い、ここから「幕切れ」が生じた。「あの時の又雷様も、余程気が利いて居たョ、あれで幕切（まくぎれ）が大きによかったっけ」（人情本・娘太平記操早引・二・五）。転じて物事の終わりを意味するようになった。なお、「幕切り」という言い方もあるが、多くないようである。→幕開き

例「この不名誉な幕切れに一転化を与えた上で」（夏目漱石・明暗・大正五年）

まぐさ【馬草・秣】

飼葉（かいば）。「ま〔＝ウマ〕」のための「草（くさ）」が語源である。「ま」も「うま」も元来漢字「馬」の音読みであって、意味の上での差はない。「ま」は上代単独で用いられた。なお古くは連濁を起こさず「まくさ」と清音で読んだと考えられる。上代にも例があり、いわゆる「重箱読み」の語の古いものであるが、それだけ「ま」が早く日本語に馴染んだ字音語であったことを示すものであろう。例の「御（み）」は接頭語。→まきば

例「この岡に草刈る小子（わらは）然（しか）な刈りそね在りつつも君が来まさば御馬草（みまくさ）にせむ」（万葉集・七・一二九一）

まくのうち【幕の内】

「幕の内弁当」の略。芝居の幕が下りている間を「幕の内」といい、その間に食べる弁当を「幕の内弁当」といった。飯が俵形に結んであり、煮物、焼き物、香の物などのおかずが詰め合わせてある。現在は、芝居の弁当だけでなく、駅弁などにもある。

例「幕の内でも取りにつかはしませうか」（黄表紙・怪談筆始）

まくら【枕】

寝るときに頭の下に置いて、頭を支える道具。上代より用いられている語。上代語には「枕にして寝る」の意の動詞に「まく」、「まくらく」があり、これらと「まくら」との関係が指摘されている。動詞「まく」は「巻く」と同源で、寝るときに袖を腕に巻き付けて手枕としたことから生じた語とされる。「敷栲（しきたへ）の手枕末可（まか）ず紐解かずまろ寝をすれば」（万葉集・一八・四一一三）。語末の「ら」は接尾語。

例「直に逢はず在らくも多く敷栲（しきたへ）の麻久良（まくら）離（さ）らずて夢（いめ）にし見えむ」（万葉集・五・八〇九）

まくらぎ【枕木】

鉄道で、レールの下に敷かれている木材。レールの下に敷いてあてがうので、枕に見立てたもの。英語の sleeper（スリーパー）の訳語。スリーパーは建築用語としては横木、根太の意味。万延元年に徳川幕府の使節として渡米した村垣淡路守は、『村垣日記』に「鉄路とて、車道は薪を割たる如き木を横に並べ、其上へ太き延べ鉄を二条敷きて」と記している。この時はまだ「枕木」という語は使われていない。

まぐれ【紛れ】

良い結果を生むような偶然。動詞「まぐる（眩・紛）」の連用形「まぐれ」の名詞化。「まぐる」は「目（ま）昏（く）る」で、目がくらむ意。「或は焔（ほのほ）にまぐれてたちまちに死ぬ」（方丈記）は、炎に目がくらんで焼死するという意味である。「まぐれ」が紛れることを表すのは、目がくらめば、物事の区別がつかなくなるからである。近世、「まぐれ」は「まぐれ出る」「まぐれ幸（ざいわい）」「まぐれ当たり」など種々の複合語を作っ

たが、これらの中で現在でも使われるのは「まぐれ当たり」（一七世紀前半の例がある）で、それだけ広く使われた言い方であったのだろう。現在、「まぐれ」が幸運の場合に使われるのは、「まぐれ当たり」を経過したことの影響かと思われる。

まぐろ【鮪】

サバ科マグロ属の海魚。近世の方言書*『物類称呼』に「まぐろとはその眼の黒き也」とある。『大言海』は、この「眼黒」説と青黒い魚体の色による「真黒」説を併記している。「まぐろ」の一種、クロマグロはその名の通り魚体が黒い。*『守貞漫稿』は、まぐろについて「下卑の食として中以上及び饗応には之を用ゐず。又更に鮪（しび）作りみにせず」という。

例「まぐろの土手場まけをれまけませい」（雑俳・柳多留・一二九）

まくわうり《まくはうり》【真桑瓜】

ウリ科の蔓性一年草。インド原産。日本へは古く中国を経て渡来した。『万葉集』（五・八〇二）に「宇利（うり）食（は）めば子供思ほゆ　栗食めばまして偲はゆ」と歌われている。後世、美濃国真桑村（現岐阜県本巣市の一部）より産するものが最上とされたところから「真桑の瓜」として、この名がある。*『日葡辞書』にも「Macuuavri　マクワウリ（真桑瓜）　非常に上質の小さな瓜の一種で、主として美濃（Mino）の国にできるもの」とある。漢名は「甜瓜」。

まけずぎらい《―ぎらひ》【負けず嫌い】

負けまいと意地を張るさま。「まけずぎらい」の「ず」は打ち消しの助動詞「ず」の連用形。文字通りに解釈すると、負けないことが嫌いということで、実際の意味の反対になる。近世からある「まけぎらひ」を強調しようとした際、「負けじ魂」に引かれて、打ち消しを入れてしまったものか。「負け嫌い」は、一八世紀末の辞書『詞葉新雅』に「マケギライ　物ねたみする人」とあり、明治期にも使われている。「山嵐も〈略〉負け嫌な大きな声を出す」（夏目漱石・坊っちゃん・明治三九年）。

例「負けず嫌いの私とくやしがりのお薫ちゃんとのあいだには」（中勘助・銀の匙・大正二～四年）

まご【孫】

子の子。古くはウマコ（ゴ）やムマコ（ゴ）と表記されていた。これらの頭音を脱落させた形。ウマコは『日本霊異記』（中・一六）の訓釈（高野本）に「于万古」と見え、ムマコは「孫、音尊、和名无麻古」（十巻本和名抄）などと見える。「うまご」の語源については、「蕃息子（うまはりこ）」の意（大言海ほか）、「熟（うま）子」の意（新潮国語辞典）など諸説あるが、確定できない。

例「この御まごの君だちの、いとうつくしき宿直（とのゐ）姿どもにて」（源氏物語・若菜下）

まこと【誠・真・実】

ま

うそやいつわりでないこと。本当。「ま（真）＋こと（事・言）」の意。「ま」は完全であること、真実であること、すぐれていることなどを表す接頭語。「こと」は古代においては、言でもあり、事でもあった。

例「葛飾（かづしか）の真間（まま）の手児奈（てごな）を麻許登（まこと）かもわれに寄すとふ真間の手児奈を」（万葉集・一四・三三八四）「はかなきあだ事をも、まことの大事をも」（源氏物語・帚木）

まことしやか【真しやか】

いかにも本当らしいさま。名詞「まこと（真）」を形容詞化した「まことし（真）」（＝本当である、真実だ）に、さらに接尾語「やか」を付して形容動詞化した語。「まことし」は形容詞として「まことしき文者にて」（大鏡・四・道隆）のように用いられていた。また、「やか」は状態性の語に付いて、いかにもそのような感じを与えるさまであることを表す接尾語で、「華やか」「細やか」「晴れやか」などと使われている。

例「ぬしも身づからも、苦しかるまじと、まことしやかにこしらへければ」（曽我物語・二・橘の事）

まごのて【孫の手】

背中などの手の届かない所を掻くのに用いる道具。中国の伝説に「麻姑（まこ）」という、鳥の爪のように長い爪を持つ仙女がいて、その爪で背中を掻いてもらったところ、大変気持ちが良かったというところから、背中を掻く道具を「麻姑爪」「麻姑の手」などと呼んだ。「麻姑爪」は中国に例があるが、日本でも、「以桑木、作麻姑爪〔桑の木を以て、麻姑の爪を作る〕」（蔗軒日録・文明一八年）と見える。これが音の類似や先端が小さな手の形をしていることなどから、近世「孫の手」となり、自分の手の届かぬところを孫の手で掻いてもらいたいという気持ちをこめた。

例「思ふ所へ手をさしのべ、其のこころよき事、命も長かるべし。今世上にいふ、孫の手とは是なるべし」（浮世草子・西鶴諸国はなし・五・三）

まさか

そのようなことが起こるとは考えにくいという意を表す副詞。よもや。『大言海』は「目前（まさき）の転か」とするが、「マサは目の向く方向、カは所の意」（岩波古語辞典補訂版）とも考えられる。「ま」は「目（め）」で、「目（め）」は「まぶた」「まつげ」など複合語を作るとき「ま」となる。「さ」は方向を表す。「か」は「すみか」「おくか（奥処）」などの「か」で場所を表す。「まさか」の例は『万葉集』に見えるが、「今」「現在」の意味の名詞である。「将来（おく）をな兼ねそ麻左可（まさか）し善（よ）かば」（万葉集・一四・三四一〇）。この意味から、ありえないという意味を表す副詞にどのようにして変化したかは不明。

例「田圃（たんぼ）のへんなれば乞食が下駄はかす所なれども、

まさかそうもならぬ」(洒落本・蕩子筌枉解)

まさかり【鉞】

木を切ったり、削ったりするための刃幅の広い大型の斧(おの)。古くは、刑具や武具としても用いた。語源不明。『*日本釈名』は、「前さかりなり。其の形、柄(え)より前にさがれり。木を切る時も前さがりになる。一説、其の形、先広きゆゑ、前さかんなる也」という。『大言海』は、「眼前割(まさかわり)にて、真正面に振りかぶり打ちおろす意かと云ふ、或は云ふ、真割切(まさききり)の意かと」という。

例「手に鉄叉(まさかり)を執りて左右に待立す」(石山寺本金剛般若経集験記・平安初期点)

まさご【真砂】

細かい砂。「すな」の雅語的表現として用いられ、平安時代より用例が見える。「本当の」の意や美称の意の接頭語「ま」が、砂の意味の「いさご」に付いてできた「まいさご」が母音脱落を起こして「まさご」となったもの(大言海)。上代には「まさご」と同義の「まなご」があり、これは「真砂子(ますなご)」の略かと考えられる。

例「はまのまさごの、かずおほくつもりぬれば」(古今集・仮名序)

まざまざ

目の前に見えるように。『*和訓栞』は「正しくの義なり」という。これによれば、形容詞「正(まさ)し」の語幹を重ねたことになるが、「まさ」が「まざ」と濁音化する事情は不明である。なお、形容詞「正(まさ)し」は、平安時代から使用例がある。「鹿谷に寄り合ひたりし事は、まさしう見聞かれしかば」(平家物語・三・法印問答)。

例「まざまざといますがごとしたままつり」(俳諧・独琴)

まして【況して】

なおさら。いっそう。動詞「ます(増)」の連用形「まし」に接続助詞「て」が付いてできた連語「増して」が副詞化した語。

例「瓜食(は)めば子ども思ほゆ　栗食めば麻斯提(まして)偲(しぬ)はゆ」(万葉集・五・八〇二)

まじない《まじなひ》【呪い】

災いを取り除いたり、反対に災いをかけたりするために神仏などに祈禱すること。動詞「まじなふ」の連用形「まじなひ」の名詞化したもの。「まじなふ」の「まじ(蠱)」は呪術の意の語構成要素で、他に「まじもの」「まじわざ」(共に呪術の意)などの語を作る。「なふ」は動詞を作る接尾語で、「〜を行う」などの意を表す。「うらなふ」「いざなふ」などと同様である。

例「わらはやみにわづらひ給てよろづにまじなひ、加持など参らせ給へど」(源氏物語・若紫)

まじめ【真面目】

真剣なこと。「まじめ」は「まじまじとした目つき。まじろぐ

目」（近世上方語辞典）である。「まじろぐ」は瞬く意味。「まじまじ」も、古くは目をしばたたく動作を伴っていた。そこで、「まじめ」は目をしばたたかせる目であり、そのようにしてものを見極めようとする目であり、本気で見つめる目を表した。そこから真剣な態度を意味するようになったと考えられる。なお、「まじめ」と「まじまじ」の「まじ」が同源であることを近世において認めたのは*『俚言集覧』で、「マジメ　交睫をよめり。マジ〱も同じ」という。「交睫」は睫（まつげ）を交わす、すなわち目を閉じることである。

例「（恋煩イノ娘ニ対シテ）『してまた誰ぢゃえ』、娘まじめになり、『誰でもよい』」（咄本・鹿の子餅・恋病）

ましゃくにあわない《—あはない》【間尺に合わない】

割にあわない。損になる。「間尺」は「間（けん）と尺（しゃく）」で、建築に使う寸法を言ったが、物事の割合や計算を言うように転じた。すなわち、「間尺に合わない」は利害の計算が合わないことから損になるの意となった。「間尺に合う」という形でも使った。「琴だの、胡弓三弦だの、あんなやさしい事をしてゐる。あれで間尺に合ふものかネエ」（滑稽本・浮世風呂・二・下）。形の上では否定を伴わないが、反語的表現なので、実質的には合わないという意味になっている。

ます【桝・枡・升・斗】

液体や穀物などを量るための器。多く木製で方形である。語源不明。次第に容量が増加するところから動詞の「増す」、正しく四角であるところから「真隅」などを語源と見る説があるが、いずれも根拠に乏しい。後には、その形状の類似から転じて、芝居小屋や相撲小屋などで四角く区切った観客席のことを「桝」というようになった。「桝」「枡」は国字。

例「斗（ます）を以って此を量るに」（今昔物語集・一三・四〇）

まずい《まづい》【不味い】 ㊈文語 まづし

食べ物の味が悪い。『大言海』は形容詞「まづし（貧）」と通ずるか、という。この語源説で問題になるのは活用の相違である。語根は共通であるが、終止形が「まずしい」と「まずい」になるように、前者はシク活用、後者はク活用である。意味の上では味の薄いことを味が乏しいとして表現し、更に美味でないことを意味するようになったものと考えられる。なお、*『物類称呼』に、「あぢなし　食物の味はひうすき也　京江戸共に無味（あぢなし）と云ふ　但し江戸にてうまくないともいふ也　東国にてまづいと云ふ」と見える。これによれば、江戸の「まずい」は、東国語から移入した可能性がある。

例「その米がまづいの、やれ菜がまづいのと」（続歌舞妓年代記・三二）

ますらお《ますらを》【益荒男】

雄々しく強い男。立派な男子。雄々しく立派なことの意の名詞「ますら」と「を（男）」の複合語。「ますら」の語源について

は、現在一般に、勝（まさ）るの意の動詞「ます（増・益）」に状態を表す接尾語「ら」が下接したものと解されている。ただ、この接尾語「ら」は、「さかしら」「きよら」のように、形容詞・形容動詞語幹や状態性体言に下接して、そのような状態であるさまを表す名詞を作るのが普通の用法であり、「増す」のような動詞に下接するのは異例である。

例「麻須良乎（ますらを）の進み先立ち踏めるあとを見つつ偲はむ」（仏足石歌）

まだ【未だ】

一定の状態・段階・程度に至っていないさま。「まだ」は副詞「いまだ（未）」の頭音の脱落形。中古になって発生した。「まだ」が和文専用語であったのに対し、「いまだ」は漢文訓読専用語という文体的対立が存した。

例「二条の后のまだ帝にも仕うまつり給はで、ただ人にておはしましける時のこと也」（伊勢物語・三）

またたく【瞬く】

まばたきをする。また、光がかすかに点滅する。古くは「まだたく」とも言った。「ま」は「目（め）」の複合語を作るときの形で、「たたく」は「叩く」の意。上下の瞼（まぶた）を打ち合わせる動作を「またたく」と言ったもの。瞼の動きを「たたく」と表現することは他にも「しばたたく」の例がある。→まつげ

例「火はほのかにまたたきて、もやのきはにたてたる屛風のかみこ、かしこの」（源氏物語・夕顔）

またたび【木天蓼】

マタタビ科の蔓性落葉木本。語源不明。古名はワタタビか。一〇世紀初の*『本草和名』（一四）には「木天蓼〈略〉和名和多々比（わたたび）」とある。「木天蓼」は漢名。漢方ではこの果実を乾燥したものを中風やリウマチの薬として用いる。「猫にまたたび」という諺があるとおり、この植物は、茎・葉・実とも猫の大好物である。強精の効果があると言われ、歩き疲れた旅人が、この果実を食べると元気を回復し、また旅ができることからこの名が起こったという通俗語源説がかなり広まっている。

まだら【斑】

様々な色が入り交じっていること。上代から例があるが、この時代には専ら着物の柄（がら）を指して用いたようである。語源は不明。近世の語源説には梵語起源が多かった。*『日本釈名』は「梵語に雑色を曼陀羅といふ由〈略〉。まだらは梵語を用いて和語とする也」と言う。「雑色」は色のまじっていること。しかし、曼陀羅（＝梵語で円・全体の意）に雑色の意があるか、疑わしい。『大言海』は「間（マ）ハダラ（離）の略、間をおきて、散（はらら）なる義」とする。「はだら」は「ほどろ」と同源といわれ、「ほどく」「ほどこす」と「ほど」を共有し、広がり散る意という。

例「時じくに斑(まだら)の衣着欲しきか島の榛原(はりはら)時にあらねども」(万葉集・七・一二六〇)

まち【町・街】

人が集住する所。原義は田地や都城を道路などで区分した区画をいう。『*十巻本和名抄』に「町」は「田区也」とある。特に平城京・平安京では大路によって区切られた四〇丈四方の区画を指し、別に「坊(ぼう)」ともいう。平安末期以降、人口や商店の密集した所を表す用法が生じた。語源は未詳だが、次のような説が知られている。「まは間なり、ちは道也。田の間、市の間の道也」(日本釈名)。これを受けて、『大言海』も「間路(まち)の義」という。

まちがう《まちがふ》【間違う】

誤る。「まちがう」の「ま」は踊りや芝居の動作における緩急の呼吸・しおどきの意の「間(ま)」(金田一春彦『続日本古典語典』)だといわれるが、音曲の「間」に限定できるか、疑問である。「間」は様々な複合表現を生むが、たとえばその中の「間に合う」などの「間」と同義の「間」から生じたと見ることができる。「間に合う」の「間」は何かをすべき時を意味するが、その時を誤るのが、「まちがう」である、と考えられる。「間に合う」は『虎寛本狂言』に例があるので、遅くとも江戸初期から用いられたかと思われる。

例「今から遺言にして置かあ。若(もし)間違ふと幽霊になって取付かあ」(滑稽本・浮世床・初・上)

まちまち【区々】

それぞれ違っていること。「まち」とは、『*十巻本和名抄』に「町〈略〉和名末知(まち)〈略〉田区也」とあるように、田や土地の区画をいうのが原義であった。「区 マチ」(観智院本名義抄)のように、「区」の字を、古来マチと訓ずることがあるのはそのためである。したがって、「まちまち」とは、本来、区画の多いことを意味したが、そこから、「野を画(わか)つこと区分(まちまちたり)」(大唐西域記・長寛元年点・一)のように、それぞれ別々に区切ってあるさまを表すようになり、さらに転じて、それぞれに異なるさまをいう、現行の意を生じた。

例「評定有りけるに、異儀区々(まちまち)にして一定ならず」(太平記・一〇・新田義貞謀叛事)

まつ【松】

マツ科マツ属の常緑高木の総称。赤松・黒松・五葉松など、多数の種がある。語源について、門松を飾るように神を「待つ」ことからマツになったという説、葉がまつげに似ているところからという説など種々あるが、不明。

例「みわたせばまつの末(うれ)ごとにすむ鶴は」(土左日記・承平五年一月九日)

まつかさ【松毬】

松の果実。まつぼっくり。鱗状の殻の部分が笠のような形に

ま

開いて連なっていることから、言う。漢語表記は、「松笠」のように書くこともあるが、連なりの全体ではやや長い球状になっていることから、「松毬」のように、「毬（まり）」の字を当てることが多い。

まっかなうそ【真っ赤な嘘】

全くの嘘。「まっか」は「真っ赤」で、「まっ」は「赤」を強める。「あか」だけでも「赤はだか」「赤はじ」のように強調の意を添えることができる。「真っ赤な」は強調の場合、現在では「真っ赤な嘘」「真っ赤な偽物」など、マイナスの評価を持つ語を修飾するが、近世には、「真実も真実、真つ赤な真実なるべき」（随筆・独寝）のような用例も見られる。

例「まつかなうそをついてたきつける」（黄表紙・御存商売物・下）

まつげ【睫】

目の上下の周囲に生えている短い毛。「ま」は「め（目）」の複合語を作るときの形。「まぶた」「まなこ」「まなじり」の「ま」と同じ。「つ」は上代語の連体格を作る助詞で、「の」と同義。この「つ」は、上代語では「黄泉（よも）つ醜女」「沖つ白波」のように広く用いられたが、中古以降用法が固定化し、廃れた。それが複合語の中に化石的に残ったもの。「げ」は「け（毛）」の連濁を起こした形。したがって「まつげ」は「目の毛」の意味で、それが一語化したものである。

例「まことに、蚊のまつげの落つるをも、ききつけ給ひつべうこそありしか」（枕草子・二七五・大蔵卿ばかり）

まっこう《まっかう》**【真っ向】**

真正面。「まっこう」は「抹額（まっかく）」の転といわれる。「抹額（まっかく・まつがく）」は、冠の動揺を防ぐために、そのへりに巻いた紅の絹布製の鉢巻のことで、武官が威儀を正す時などに用いた。ここから額の正面の意を経て、真正面の意味になった。『曽我物語』（九・十番ぎりの事）に見える「臼杵八郎おしよせ、五郎にわたりあひ、まつかう（＝額ノ真ン中）わられて、うせにけり」の「まっこう」は額の正面の意。

例「紅（あけ）にそまはりたる友切、まつこうにさしかざし」（曽我物語・九・十番ぎりの事）

まっこうくじら《まつかうくぢら》**【抹香鯨】**

クジラの一種。ハクジラ類では最大で、雄は全長一八メートルにもなる。体は黒色、頭部は大きく方形をなしている。語源不明。『大言海』には「身の色、抹香に似たれば云ふ」とある。「抹香」は仏前で焼香のとき使う、沈香（じんこう）・栴檀（せんだん）・白檀（びゃくだん）などをついて作った香のこと。このクジラの大腸内にまれに形成されるワックス成分が古くから竜涎香（りゅうぜんこう）という香料として珍重されており、これを「抹香」とも言う（末広恭雄・魚の博物事典）。そこから抹香（竜涎香）の採れるクジラとして命名されたものという

説がある。

まっしぐら【驀地】

激しい勢いで目的に向かって進んで行くさま。語源不明。古い形は「ましくら」であった。『*俚言集覧』には、「真しくら　シクはスグ也、ラは助語也」とある。「四尺余の太刀、所々さびたるに血を付けて、ましくらにぞ上りたりける」（太平記・一七・山攻事）。明治一九年の『*和英語林集成』（三版）は「Masshikura ni　マッシクラニ　驀地」と立項し、『大言海』も「まっしくらに」で見出しとする。尾崎紅葉『多情多恨』（明治二九年）には「湯島切通しを驀地〈ましぐら〉に下りて」と「ましぐら」の形が見える。『辞林』（明治四〇年）は「まっしぐらに」で立項する。漢語「驀地（ばくち）」は、たちまち、まっしぐらの意。

まったく【全く】

完全に。完全だの意味の形容詞「またし」に、中世以降促音が添加されて「まったし」の語形を生じ、その連用形が副詞化したもの。「またし」の語源について『*和訓栞』には「真足（たり）しの義にや」という説があり、『大言海』もそれを承ける。

→まっとう

例「高雄の神護寺に庄一所よせられざらん程は、まったく文覚出づまじ」（平家物語・五・文覚被流）

まつたけ【松茸】

担子菌類キシメジ科のキノコ。「匂いマツタケ、味シメジ」と言われるように、香りのよいキノコである。「茸（たけ）」は、椎茸・平茸・舞茸のように、広くキノコの類を表す。秋、赤松や蝦夷（えぞ）松などの林に生えるキノコなので、松茸と呼ばれるようになった。平安末期から用例が見られる。

マッチ【燐寸】

摩擦で火をつける道具。英語 match に由来する。それまでは、火を移し替えるのに「付け木」というものを使っていた。『西洋道中膝栗毛』（二・上・明治三年）には「だれかメッチ〈付木〉を持たねえか」とあり、意味が分かるようにしてある。漢字表記はさまざまで、『米欧回覧実記』（明治一一年）には「引火奴〈マッチュ〉」と見える。「燐寸」という漢字表記が一般化したのは明治中期からである。「寸」は小さいという意味で、この場合小片の意。「燐寸」は「燐を塗った小さな木切れ」という意味である。

例「甘糟、焠児（マッチ）を持っているか」（尾崎紅葉・金色夜叉・明治三〇〜三五年）

まっとう《まったう》【全う】

まともなさま。形容詞「全（また）し」の変化した「まったし」（口語まったい）の連用形の転じたもの。すなわち、連用形の「まったく」のウ音便形「まっとう」が形容動詞やサ変動詞の語幹として用いられるようになったものである。「まったし」

は完全だの意で、そこから、まともだという意味に変化した。「まっとうだ」に褒める気持ちが込められているのはこのような語源のせいである。↓まったく

例「まっとうにすりや本店も見ては居ず」(雑俳・柳多留・八)「正直で律儀まっとうな人が能うございます」(滑稽本・浮世風呂・二・下)

まっぴら【真っ平】

全くいやだ。「まひら」の促音化したもの。「まひら」は、平らなさまをいう「ひら(平)」に、その状態が真正・完全である意を添える接頭語「ま(真)」が冠された語。「その草の葉の、蛙の上にかかりければ、蛙まひらにひしげて死にたりけり」(宇治拾遺物語・一一・三付)。「まひら」は全く平らの意味から、ひたすらの意味を派生させる。「まっぴら」は、「まっぴら御免」を経て、拒否する気持ちを表す語となった。「まっぴら御免」はひたすら謝ることで、たとえそうして謝ってでも、断るという気持ちを表すようになった。現在は「まっぴらだ」だけで拒否の意を表す。

例「また講釈か、真平(まっぴら)だぜ」(人情本・英対暖語・四・一〇)

まつぼっくり

松の果実。まつかさ。松の果実が、やや長い球状であるのを、「松ふぐり」(「ふぐり」は陰嚢の意)と呼んだ。「まつふぐり」は山崎宗鑑の『竹馬狂吟集』(四)に「見えすくや帷雪(かたびらゆき)のまつふぐり」と見える。この「まつふぐり」が「まつぼくり」を経て「まつぼっくり」に変化したもの。「松毬」「松陰嚢」などとも書く。

まつまえづけ まつまへづけ**【松前漬】**

細切りにした昆布・人参・するめなどに、数の子を加え、醤油やみりんなどの調味料で漬けこんだ食品。「松前」はもと北海道南西部の渡島(おしま)半島南端の地名だが、この地が昆布の名産地であったことから、昆布の俗称となった。ここから「松前漬」「松前煮」のように、昆布を用いた料理に「松前」を付けるようになったと言われる。

まつむし【松虫】

コオロギ科の昆虫。チンチロリンと鳴く。『大言海』には「其の声、松吹く風の音の如くなれば云ふか」とあるが、『大言海』自身断定を控えているように、確かではない。平安時代、松虫という言葉は今の鈴虫を指していたから、今と同じように聞きなしていたとするならば、リーンリーンという鳴き声を松吹く風の音と聞いて、松虫と命名したことになる。語源にはなお疑問が残るというべきだろう。↓鈴虫

例「秋の虫の声は、いづれとなき中に、松虫なむすぐれたる。心にまかせて、人きかぬ奥山・はるけき野の松原に声惜しまぬも、いとへだて心ある虫になむありける。鈴虫は心やすく、

今めいたるこそらうたけれ」（源氏物語・鈴虫）

まつりごと【政】

政治。「祭り事」の意。「まつりごと」は本来、神をまつること、すなわち祭祀（さいし）を意味した。上古は祭政一致で、宗教的行事の主宰者と政治の主催者とが一致していた。神託により示された神意に添うことがそのまま民や国を治めることであったことから、政治、政務の意を表すようになった。↓まつる

例「或いは王に務（まつりごと）を理（をさ）め、或いは太子と為り」（地蔵十輪経・元慶七年点・一一）

まつる【祭る】

神に捧げ物をしたりしてあがめる。語源不明。差し上げる意味の「たてまつる」の「まつる」と同源で、神や人に物を差し上げる、がもとの意味である。献上する意味の「まつる（奉）」は、「祭る」と区別するため、「たてまつる」に取って代わられ、中古以降用いられなくなった。「祭り」はこの語の連用形が名詞化したもので、神をあがめ、感謝する儀式であるが、それに伴う催し事も広く指した。現代では神を抜きにした催し事にも、「港祭り」などと使われる。「まつる」の上代の仮名書きの例は、献上するの意味で使われている。「砺波山手向けの神に幣（ぬさ）麻都理（まつり）」（万葉集・一七・四〇〇八）。「祭る」の意味では、『*観智院本名義抄』に「祭り　マツリ」、『万葉集』に「木綿（ゆふ）懸けて祭（まつる）三諸の神さびて」（万葉集・七・一三七七）などがある。

まてがい《まてがひ》【馬刀貝】

マテガイ科の二枚貝。マテガイという用例は『*日葡辞書』に「Mate　マテ（馬蛤・馬刀）　貝の一種。Mategai（馬蛤貝）」のように現れている。古くはマテとのみ言い、『*新撰字鏡』に「蟶　万天」と見える。語源については、マテガイの口が左右両方に付いているのを両手の意の「真手」に見立てて名付けたという説が『*名言通』や『大言海』に見える。「竹蟶　全（ま）手なり。〈略〉竹蟶　両方に口あり。故に云ふ」（名言通）。「全手（まて）」は「真手」とも書き、左右そろった手のことである。

まてんろう【摩天楼】

天高く聳える建物。「天を摩する〔＝こする〕ほど高い建物」の意。英語 skyscraper の訳語。scraper はこする道具の意。skyscraper を「摩天」と訳し、建物を意味する「楼」を加えたもの。

まと【的】

射撃練習の目標物。『*名語記』は「まろければ、まどかといふべきを略して、まととい へる也」という。「まどか」は古く「まとか」であった。「まと」は丸いこと。的は円形をしているので、「まと」と名付けられた。このほか「目処（まと）」とする説もある。「ま」は「目（め）」の複合語を作るときの形で、「まなこ」「ま

なざし」などの「ま」であり、「と」は「くま(隈)と」「こもり(隠)ど」などの「と」で、場所を意味する。

例「ある時、三尺五寸の的をたびて」(宇治拾遺物語・七・七)「Matouo iru(的を射る)」(日葡辞書)

まど【窓】

採光、通風などのため設けられた開口部。語源は確定しがたいが、「目所」と「間所」の二説が有力。「目所」は、窓を外を見るための設備とする考えで、*『名語記』のいう「人の出入りにはかなはず、目ばかりにみいだせば目戸をまどといへるなり」はこの説である。「間所」は主に換気のための開口部とする考えではないかと思われる。*『和句解』に「窓 まど。間所か」とあり、『大言海』もこの説である。東北や四国の農家では煙出しの天窓を「まど」というそうだが(佐藤喜代治・暮らしことばの辞典)、これなどは「間所」説の根拠になる。

例「窓(まど)越しに月おし照りてあしひきの嵐吹く夜は君をしそ思ふ」(万葉集・一一・二六七九)

まとめる【纏める】文語 まとむ

一つのものにする。円い意の「まどか」は中世まで「まとか」と清音であったので、「まとめる」と「まとか」の「まと」は同源である。「める」は「高める」「低める」などの「める」で、ある状態にすること。『大言海』は「まとめる」を「円(まどか)にする意」とする。「まとめる」は、丸めるということから、ばらばらになっているものを集め、一丸にするという意味になったものであろう。

例「何も角(か)も一所に団円(まとめる)といふ理屈にしたら何様(どう)だらう」(人情本・閑情末摘花・五・下)

まとも【正面】

まじめであること。『大言海』は「真之面(まつも)の転」とする。これに従えば、「まとも」は、「ま」(名詞「真」)+「つ」(連体助詞)+「も」(名詞「面」)と分析される。「真の方向」から、正面の意味となり、正面はきちんと整えられており、また表通りに面していることが多いので、おかしなところのないことを表すようになった。

例「まとも。まっすぐな事」(随筆・大坂繁花風土記・米方通言)「私は彼女の顔を、まだ一度もまともに眺めたことがなく」(堀辰雄・美しい村・昭和八年)

まどろむ【微睡む】

うとうとと居眠りする。「ま」は「め(目)」の複合語を作るときの形。「どろむ」は動詞「とろむ」の連濁を起こした形。*『名語記』は「目をばマとつかへり。目トロメク也」とする。しかし単独の「とろむ」の例は一九世紀半ばまでないのに対して、「まどろむ」の方は中古から例がある。このような問題は残るが、「まどろむ」は「目(ま)+とろむ」と分析されている。

例「寝ぬる夜の夢をはかなみまどろめばいやはかなにもなり

まさる哉」（古今集・恋二）

まないた【俎・俎板】
食材を包丁で切る際に下に置く板。「まな」は食用の魚の意味。「な」だけでも「魚」の意味を表すが、「な」は別に食用植物をも指したので、特に魚であることを明確にするときには「本当の、真の」の意味の接頭語を伴った「まな」という語を用いたとされる。したがって、「まないた」は魚をさばくための板、が原義である。
例「俎たてて、魚、鳥つくる」（宇津保物語・吹上・上）

まないたのこい ―こひ【俎板の鯉】
相手のなすがままの状態。まな板の上に載せられた鯉がなすすべもなく料理されるのを待つだけであることから、相手のなすがままの状態をたとえて言う。「俎上（そじょう）の魚（うお）」という表現が『将門記』（一〇世紀頃）に見え、この方が古い。「俎上之魚の海浦に帰るが若し」（将門記）。「俎」はまないたのこと。鯉が魚の代表になるに連れて、魚が鯉に変わった。鯉はまな板にのせられると動かなくなるといわれ、じたばたしない態度も意味するようになった。
例「好める酒の熟酔に、横にころりと俎板（まないた）の鯉の相伴一料理」（歌舞伎・都鳥廓白浪・三）

まながつお まながつを【真魚鰹】
スズキ目マナガツオ科の海魚。カツオの仲間でもなく、魚型も違うのに、マナガツオと呼ばれるのは、カツオ同様味がよいからといわれる（末広恭雄・魚の博物事典）。語頭の「ま」は「真（ま）」でほめたたえる意の接頭語。「な」は「菜」で副食物の意。「まな」で食用の魚を指す。この魚は主に関西で美味な魚として珍重されていたので、「まな」と称され、魚名であることを明らかにするためカツオを添えたもの。

まなこ【眼】
ひとみ。「ま」は「め（目）」の複合語を作るときの形。「まつげ」「まぶた」の「ま」と同じ。「な」は上代語助詞が化石的に残ったもので、連体修飾語を作る「の」と同じ働きをする。この「な」は、今でも「手な心（＝掌）」「水な門（＝港）」「水な元（＝源）」などに残っている。「まなこ」は「目の子」の義で、ひとみを目の子供と捉えた表現である。
例「御まなこなどもいときよらかにおはしましける」（大鏡・一・三条院）

まなじり【眦】
目の耳に近い側の端。めじり。「ま」は「め（目）」の複合語を作るときの形、「な」は「まなこ」などと同様、連体格の上代語助詞が化石的に残ったもの。「じり」は「しり（尻・後）」の連濁したもの。「まなじり」は「目の尻」の義になる。「尻」は、「剣（たち）の後（しり）」（万葉集・一〇・二三四五）、「筆の尻」（源氏物語・末摘花）のように物の端を指す。なお、古くは「しり」

が連濁せず、「まなしり」と発音されていたことが、*『天治本新撰字鏡』の「万奈志利」、*『十巻本和名抄』の「末奈之利」といった万葉仮名表記からうかがえる。

例「眸〈まなしり〉に寺の内見遣りたるに、地蔵菩薩立ち給へり」（今昔物語集・一七・二四）

まなぶ【学ぶ】

学習する。教えを受ける。古語では、まねをする、見習ってする、の意であった。そこから、口まねをする、が原義の「まねぶ」と同源と考えられている。この二語の同源であることは早く*『名語記』にも説かれている。しかし語源については「まなぶ」「まねぶ」両語とも不明である。両者とも、平安初期から用例があり、どちらが早いかも決めがたい。

例「五月に雨の声をまなぶらむも、あはれなり」（枕草子・四〇・花の木ならぬは）

まにあう《ふ》【間に合う】

その場の役に立つ。時刻や期限に遅れない。「間」は空間的・時間的な間隔を表す。「間に合う」という場合は、時間的な意味で用いていて、物事がなされる時刻・時期をいう。「間がいい」「間が悪い」などと同じく運や機会といった意味を表す。役に立つの意味はその折の必要に適合するということから生じたものだろう。

例「ハテ、今から縄をなふて間に合ふ物か」（虎寛本狂言・真奪）

まぬけ【間抜け】

気がきかないこと。「間が抜ける」を一語化したもの。「間が抜ける」は、音曲などで拍子が抜けることや調子がはずれることを言い、そこから抜かりのあることを意味するようになった。

例「かんにしてやりなせへ、みんなこっちが、まぬけだからよ」（滑稽本・東海道中膝栗毛・五・上）

まね【真似】

他のものに似せて、それと同じようにすること。『大言海』は「まねぶの語根」とする。「まねぶ」は「まなぶ」と同源の語であるが、まねすることがもとの意味であった。「鸚鵡いとあはれなり。ひとのいふらむことをまねぶらむよ」（枕草子・四一・鳥は）。「まね」「まねぶ」「まなぶ」ともに平安初期から用例がある。漢字表記形「真似」の例が現れるのは、中世以降で、それ以前は仮名書きが普通であった。

例「飲むまねにて、うちこぼしつれど」（宇津保物語・楼上・上）

まのあたり【目のあたり】

目の前。「ま」は「め（目）」の複合語を作るときの形、「の」は連体格の助詞、「あたり」は「辺り」。「目のあたり也。アタリは辺也。前也」（俚言集覧）。目の前の物事は、何物も介さずよ

く見え、見間違うことがないから、確実なこと、直接的なことなどの意を表す。例の「目のあたり」は、直接の意。

例「目のあたりならずとも、さるべからん雑事らはうけ給はらむ」（源氏物語・帚木）

まのび【間延び】

性格や行動にしまりがないこと。「間が延びる」を一語化したもの。「間」は音曲や踊りなどで音と音、動作と動作の間に置かれる休止の時間をいう。「間が延びる」はその休止の時間が定められた時間より長いことで、そのためしまりのない感じを与える。

例「いつも間延びのした面の皮一枚」（石川淳・普賢・昭和一一年）

まばたく【瞬く】

瞼（まぶた）をすばやく開け閉めする。また、星などの光が点滅する。「またたく」と語構成、意味とも近い語である。「ま」は「め（目）」の複合語を作るときの形、「ばたく」は動詞「はたく（叩）」の連濁したもので、上下の瞼をはたき合わせるという意味からできた語である。この語の成立は「またたく」に比べてずっと遅い。また「まばたく」よりも「まばたき」の形の方が早くから見られるようである。「Mabataki　マバタキ」（和英語林集成・三版）。

まばゆい【眩い】 文語 まばゆし

まぶしい。語源については諸説あるが、*『和訓栞』は「目映（まはゆ）き義なるべし」とする。「ま」は「め（目）」の複合語を作るときの形で「まつげ」「まなかい」「またたく」などの「ま」に同じ。「はゆし（映）」は、まぶしくて顔が向けられないような状態を表す形容詞で、「まばゆし」は、視覚的にまぶしく感じられて顔をそむけたいほどの状態をいったものである。

例「日のかげもあつく、車にさし入りたるもまばゆければ、扇してかくし、居直り」（枕草子・二二二・祭りのかえさ）

まばら【疎ら】

数が少なくてぱらぱらとあるさま。「まあら」の転とする説（名語記、大言海など）があるが、「ま（間）あばら（荒）」の略（小学館国語大辞典）かと思われる。「あばら（疎）」は、すき間の多いさまで、「あばら骨」「あばら屋」などと用いる。これに「間（ま）」が複合して「ま＋あばら」となり、更に語形の縮約が生じた結果、「まばら」となった。「杉の板をまばらにふける閨（ねや）の上に驚くばかり霰（あられ）ふるらし」（後拾遺集・冬）のように、透き間だらけのさまを意味した。そこから更に点在するの意味になった。

例「船より上がりし時は七百余騎とは見えしかども、わづか二百騎あまりに打ちなされ、沖へまばらにざっと引く」（幸若舞・屋島軍）

まぶしい【眩しい】 文語 まぶし

光があまりに強くて、じっと見ていられない。『大言海』は「まぼしの転」とする。「まぼしい」は方言書『＊物類称呼』（五）によれば「羞明（まばゆし）といふ事を、中国にて　まぼそしと云ふ、江戸にて　まぼしいと云ふ」のように用いられていた。「まぼしい」の語源について『大言海』は、「目（ま）映（ばゆ）しの転訛」と説くが、中国の方言「目細（まぼそ）い」から来たもの（暮らしのことば語源辞典）と思われる。『物類称呼』よりも早い『男重宝記』（元禄六年）にも「羞明（まばゆし）といふ事を中国にてまぼそいといへり」とある。意味的にも光が強くて目を細める訳で「まぶしい」に通じる。ただし、「目細い」はク活用なのに、「まぶしい」はシク活用だというような相違もあって、問題を残す。

例「Mabushikute me ga akerare nai（マブシクテメガアケラレナイ）」（和英語林集成・初版）

まぶた【瞼・目蓋】

目を閉じたときに眼球の表面を覆う皮膚。「ま」は「め（目）」の複合語を作るときの形、「ぶた」は「ふた（蓋）」の連濁したもの。「目の蓋」の意。

例「君がこぬ夜は、まぶたもあはぬ」（仮名草子・東海道名所記・三）

まぼろし【幻】

実在しないものの姿が、実在するかのように見えるもの。幻影。語源については、「目（ま）惚（ほる）る意か」とする『大言海』の説をはじめとして諸説あるが、未詳。「「目（ま）惚（ほ）ろし」の意」（小学館古語大辞典）というような説もあるが、「惚（ほ）ろし」についての説明がない。

例「心こそ世をば捨てしかまぼろしの姿も人に忘られにけり」（金葉集・雑上）

まほろば

すぐれたよい場所。立派な国土。上代の言葉で、同じ意の「まほらま」の変化した語。「まほらま」の「ま」は「ま玉」「ま葛」などにも見られるように、立派である・美しいなどの意を表す接頭語、「ほ」は高く抜きんでているものの意で「稲穂」などの「ほ」と同じ、「ら」は「ここら」「そこら」などのように、漠然と場所を表す接尾語。末尾の「ま」は、語調を整えるとも、場所を表すともいわれるが不明。「まほろば」と「まほらま」が同義であることは、例に挙げた『古事記』の歌謡が『日本書紀』では「摩倍邏摩（まほらま）」（景行一七年三月）となっていることからも明らかである。

例「大和は　国の麻本呂婆（まほろば）　畳なづく青垣　山籠（やまごも）れる　大和しうるはし」（古事記・中）

ままかり

岡山地方の呼称で、ニシン科の海魚のサッパを言う。また、この魚に塩をふり、そのあと酢に漬け込んだ料理のことも言

う。語源は、副食としてのこの酢漬けがあまりにもおいしいので、御飯が足らなくなり、隣の家から飯(まま)を借りてきたほどであることに由来すると言われる。「飯借」とも書かれる。

ままごと【飯事】
子供が家庭の日常生活をまねる遊び。「まま」は飯を意味する語で、「うまい」の語幹「うま」を重ねた「うまうま」が「まんま」を経て「まま」となったもの。「ごと」は「こと(事)」。すなわち、「ままごと」は「飯の事」で、日常生活を炊飯で代表させ、それをまねる遊びを意味した。用例は、近世から見られる。近世語に見られる幼児の「ごっこ遊び」には他に「鬼ごと」(=鬼ごっこ)、「雛ごと」(=人形あそび)、「お隣ごと」(=ままごと)などがある。
例「まま事のむかしを今に、はじきといふなどしてあそびぬ」(浮世草子・好色二代男・二・二)

ままはは【継母】
血のつながりのない母。「まま」は中古「まま父」「まま子」など親族名称について、血のつながらないことを表している。これらからして、「まま」は「間々」で、間柄が隔たっていることを表すと考えられる。
例「あこ君の許(もと)へ時々かよふを、ままははの北の方、うらやましとおぼしけれど」(宇津保物語・忠こそ)

まむし【蝮】
クサリヘビ科の毒蛇。首が細く頭は三角形で大きく、体は短く小さい。現在「むし(虫)」と言えば一般に昆虫を指すが、元来は人、獣、鳥、魚、貝など以外の小動物の総称で、ヘビ・トカゲの類もムシと言った。ヘビのことは長虫(ながむし)と言う。マムシの「ま」について、『大言海』は「真虫の義、真は害をなすこと甚しき故に、狼を真神と云ふが如しと云ふ」と記す。「真(ま)」が一般名の上に付いて特定のものを表す例は「槙(まき)」などがある。この「ま」は優れたの意で、「木」に冠せられたもの。
例「Mamuxini cuuaruru(蝮に食はるる)蝮に咬まれる」(日葡辞書)

まめ【豆】
マメ科の植物及びその種子。大豆、小豆、隠元などの類。語源については諸説あるが、決定しがたい。*『日本釈名』に「大豆(マメ)　まは、まるき也。めは実也」とあり、『大言海』は「円実(まろみ)の約転と云ふ」と記す。「まろみ」説に即して考えれば、各地の方言にマミという語形が見られることが参考になる。
例「陰(ほと)に麦及び大豆(まめ)・小豆(あつき)生れり」(日本書紀・神代上・兼方本訓)

まめ【実】
身体が丈夫であるさま。達者であるさま。語源未詳。*『名語

記』の「マメは真実也。マミをマメといひなせる也」という説をはじめ、語源についてては諸説あるが、いずれも確証を欠く。古くは、まじめで誠実なことを意味した。「まめなる所には、花すゝき、穂に出すべき事にもあらずなりにたり」（古今集・仮名序）。平安時代から使用され、「まめやか」「まめまめし」「まめだつ」などの派生語を生んだ他、接頭語として「まめ男」「まめ心」「まめ人」などというようにも用いられた。

例「ぢいとばばとの末迄もまめで添はんと契りしに」（浄瑠璃・心中天の網島・橋づくし）

まもる【守る】

防ぐ。保護する。「まもる」は古典語では、見つづける、じっと見まもるの意であった。「まもる」の「ま」は「め（目）」の複合語を作るときの形、「もる」は警固する意。動詞「もる」は、同じ場所を見続けている意が原義と言われている。「山守すゑ守《もる》とふ山に入らずは止まじ」（万葉集・六・九五〇）のように、見張る、番をするの意で用いられている。「まもる」は古くは実際に目で見るという動作を伴っていたが、次第に保護するだけの意味となり、平安時代以降「もる」に取って代わっていった。

例「しらぬひ筑紫の国は賊《あた》麻毛流《まもる》鎮《おさ》への城そと」（万葉集・二〇・四三三一）

まゆつば【眉唾】

そのまま信用していいかどうか疑わしいこと。「眉唾物」の略。眉につばをつけるとキツネやタヌキに化かされないという俗信による。「眉につばをつける」は近世に用例が見えるが、「眉唾物」の例は明治以降のようである。「こいつがまた眉唾物ですて」（島崎藤村・夜明け前・昭和四～一〇年）。

まゆみ【真弓・檀】

ニシキギ科の落葉低木または小高木。昔、この木で弓を作ったからという（改訂増補牧野新日本植物図鑑）。マユミのミも「ゆみ（弓）」のミも上代特殊仮名遣いで甲類に属する。「ま」は接頭語で、立派である、美しい、優れているなどの意を添える。それと同時に「弓」そのものとの区別も表していたと思われる。なお実が繭《まゆ》に似ているため「繭実」とする語源説があるが、上代特殊仮名遣いでは「実」は乙類であるため語源説としては難点がある。

例「渡瀬に立てる　梓弓　麻由美《まゆみ》」（古事記・中）

まよう まよふ【迷う】

目標や目的が分からなくなって途方に暮れる。語源不明。もとの意味は布の糸が弱って片寄ることであった。そこから乱れる、まごまごするなどの意を生じたが、その際「惑《まど》う」と混同されて、人の行動や心理にも使われるようになったといわれる。

例「いづかたの雲路に我もまよひなむ月の見るらむこともは

づかし」(源氏物語・須磨)

まら【魔羅】

陰茎。『*名言通』(上)に「マラはもと梵語魔羅なり」とあり、『大言海』もこの説である。梵語 māra は、人の生命を奪い、善法を妨げる邪悪な鬼神のことで、これを音訳したものが「まら(魔羅・摩羅)」である。善行の妨げの最たるものが陰茎であることから、「まら」が陰茎をさす僧の隠語となり、それが一般語化した、とする。これに対して、近世の方言書『*菊池俗言考』は、「まら　陰茎を云ふ名。尿(しし)麻留(まる)処なる故に麻留(まる)を転じて麻良(まら)と云ふか」という。「まる」は排泄する意。『時代別国語大辞典室町時代編』は「排泄する意の動詞マルに対する名詞形か」として、マル―マラの関係は、ナフ(綯)―ナハ(縄)、ツク(築)―ツカ(塚)、ヲス(食)―ヲサ(長)などの関係と同じ、と説く。この説には説得力がある。

例「己れがまらを切るよしをして、懐に持ちたる亀の首を投げ出したりけり」(古今著聞集・一六・五四七)

まり【鞠・毬】

中に弾力性のある素材や空気を入れるなどして弾むようにした遊戯用の球。「まり(鋺)」や動詞「まろかる」(=丸くかたまる)、形容詞「まろし」などの「まろ(丸・円)」と同源とする見方が一般的である。なお「まる(丸・円)」は室町時代以降になって見える語である。

例「遊びわざは、小弓。碁。さま悪しけれど、鞠もをかし」(枕草子・二一五・あそびわざは)

まるごし【丸腰】

武器を身に着けていないこと。もと武士が刀を腰に帯びていないことを言った。この「まる」は、「丸裸」などの「まる」と同じで、余計なものは着けていないことを表す。「まる」には完全なことを表す用法があり、そこからまじりけのないことという意味を生じ、更に余計なもののないことを表す用法も生じたものと思われる。

例「夜中にお使いに参るとても丸腰でござる」(虎寛本狂言・棒縛)

まるごと【丸ごと】

そのまま全部。「まる」には「丸裸」「まるまる」のように、完全、全部の意味がある。「ごと」は接尾語で、「骨ごと食べる」のように「と一緒に」「ぐるみ」という意味を表す。

例「人よく自ら全副(まるごと)の精神を以て、一時に一事を勉め為さば」(中村正直訳・西国立志編・明治三～四年)

まるで【丸で】

全く。「まる(丸・円)」に助詞「で」の付いた形が一語の副詞化したもの。「まる」は欠けるところがないので、全くの意味になった。次の例は「まる」が全体の意を表すが、「まるで」はまだ一語の副詞化はしていない。「うなぎを丸で貰ったもこ

まる物」（雑俳・柳筥・一）。このような例を経て、あたかも、すっかりの意の副詞となった。

例「今日はから不漁（しけ）よ。板舟が全然（まるで）干上がって居る」（人情本・藪の鶯・中）

まるのうち【丸の内】

ビジネス街として知られる東京都千代田区の地名。「丸の内」の「丸」とは、中世・近世の城郭の構成部分を指す。「丸の内」といえば特に江戸城の濠（ほり）の内側を言った。現在の丸の内は、もと江戸城の御曲輪（おくるわ）内の大名小路と呼ばれる大名屋敷用地であった。

まわた【真綿】

蚕の繭（まゆ）を引き延ばして作った綿。絹綿（きぬわた）。古くは、蚕の繭から製した「わた」しかなく、「わた」といえば絹綿のことであった。のちに、植物性の「わた」が普及してくると、古来のものを「まわた（真綿）」（「ま」は本物の意）、新来のものを「きわた（木綿）」（＝植物のわた）と称して区別するようになった。→わた

例「Mauata マワタ（真綿）　絹の綿」（日葡辞書）

まんが《まんぐわ》【漫画】

滑稽や諷刺を目的にした絵。また、絵に会話を加えて物語にしたもの。「漫畫（画）」は、中国では鷺（さぎ）の一種のヘラサギを指すので、絵画の一種としての「漫画」は和製漢語である。「漫」にはとりとめがない、勝手放題といった意味がある。『北斎漫画』といった場合の「漫画」はこの意味である。中国に古くから「漫筆」（＝思うままに書く）という語があり、それに倣ったものであろう。それが英語 caricature の訳語として、諷刺的な、滑稽な絵を指すようになった。幕末から明治にかけて、西洋風の諷刺的な絵はポンチ絵といっていた。

まんかんしょく【満艦飾】

すきなく飾り付けがなされている様子。着飾った婦人や、洗濯物がびっしりと干されている様子などの形容。もともとは、海軍の儀礼の一つで、停泊中の軍艦が、祝日などに、軍艦旗・信号旗などを船首から船尾まですきなく連ねて掲揚するもの。その飾り立てた様子から、着飾った婦人を揶揄するのに使われ、また、信号旗が綱に連なっている様子から、洗濯物が綱に干し渡されている様子の形容にもなった。

例「菊の垣満艦飾の見ゆる哉」（正岡子規・寒山落木・明治二七年）

まんげきょう《まんげきやう》【万華鏡】

色の付いた紙切れやセルロイドなどを筒の中に入れ、それが周りのガラスに映っていろいろな模様になるのを、覗いて楽しむ玩具。「たくさんの花が見える鏡」ということで名付けられたもの。マンゲは呉音。漢音でバンカキョウともいう。

例「Nishiki-megane　ニシキメガネ　万花鏡　n. A

kaleidoscope.」（和英語林集成・三版）

まんざい【万歳】
新年を言祝（ことほ）ぐ歌舞や、その歌舞を行う者をいう。「万歳」は万年の意。「万歳」はよろず世までも栄えるという祝意をこめた名称。烏帽子をつけ、鼓を打ちながら、賀詞を歌って舞い歩き、祝儀をもらった。近世、二人組になって、たしなめ役の太夫と滑稽なことを言う役の才蔵の掛け合いで見物を笑わせる芸能として発達し、後の漫才につながった。
例「山里は万歳遅し梅の花」（俳諧・笈日記）

まんざい【漫才】
滑稽な掛け合いで客を笑わせる寄席演芸。「万歳」から発展した演芸だが、昭和七年、大阪の吉本興業が漫談にならって、「漫才」と称したのが始まりという。↓漫談

まんさく【満作】
マンサク科の落葉小高木。一説によれば、春まっさきに咲くことからこの名があるという。先立って咲くからマズサクと言い、マンサクと変化したとする説である。これに対して、この植物が枝一杯に花を咲かせるため豊作の意の満作を名としたとする説もある（両説とも『改訂増補牧野新日本植物図鑑』に紹介されている）。松村任三『日本植物名彙』では漢名「金縷梅」の字を当てている。

まんざら【満更】
必ずしも。「満更でもない」の形で、悪くないの意。語源不明。『大言海』は「マザマザの転か」という。「まんざら」のもとの意味は「此の儀は満更徳善院と帯刀がしわざなれば」（玉露叢・二）のように「全く」の意味であった。「満更」は当て字。
例「まんざらあてのなき事にもあらず」（浮世草子・新色五巻書・三・二）

まんじ【卍】
寺院の標識・記号に用いるしるし。ヒンズー教のビシュヌ神の胸毛から起こった吉祥の相であり、仏教では、仏陀の手足などにもこのしるしがあるとされている。卍が中国にもたらされた際に、縁起の良いものとして「萬」の字に当てて用いたため、日本では萬字（まんじ）と読んだ。
例「卍を描いて花火の如く地に近く廻転した」（夏目漱石・虞美人草・明治四〇年）

まんじゅしゃげ【曼珠沙華】
彼岸花（ひがんばな）のこと。もともとは仏教語で、梵語の mañjūsaka の音訳。天界に咲く花の一種で、白く柔らかく、見る者を悪業（あくごう）から離れさせるという。↓彼岸花

まんじりともしない
少しも眠らないということを強調した表現。「まんじり」は、少し眠るさまを表す擬態語。浄瑠璃『傾城島原蛙合戦』に「寝ても夜の日をまんじりとも、明六つ五つ四つに過ぎれば」

と使われている。

例「胸は躍り、頭は冴へて、固よりまんじりともせず」（徳富蘆花・思出の記・明治三三～三四年）

まんだん【漫談】

大衆演芸の一つ。軽妙・滑稽な話芸。「漫談」という語は中国古典には例がないようだが、日本では、とりとめのない話という意味で、昭和初期から一般語として用いられていた。これを演芸の一種の名称としたのは、映画の弁士であった大辻司郎（明治二九～昭和二七）だと伝えられる。

まんねんひつ【万年筆】

ペン軸にインクを内蔵してあるペン。英語 fountain pen の訳語。fountain は泉、インク壺の意。「万年」は「いつまでも」の意で、何回でも使えるペンの意味である。近世に「万年」を冠した、矢立（やたて）の異名「万年筆（まんねんふで）」という語があり、最初は fountain pen を「まんねんふで」と言うことが多かったと言われる。「万年ふで」の例は貞享元年の浮世草子『好色二代男』に「打曇の短冊巻のべて、万年筆〈まんねんふで〉を染めもあへず」と見える。

例「電報用紙に万年筆で電文を認（したた）めて」（国木田独歩・疲労・明治四〇年）

まんびき【万引き】

客のふりをして店から商品を盗むこと。語源不明。『大言海』は「間引（まびき）の音便」とする。店頭の商品を引き盗むことを、野菜などを「間引く」行為にたとえたものである。この盗みに対してはもっと古く「万買ひ」という言い方があった。「万買ひ」の語源について、次のような説明がある。「買ひ」は近世上方の盗賊の隠語で盗むことの意で、「万」はチャンスの意だという。「万は当字で、間拍子または拍子まんの意で、チャンスをいう」（上方語源辞典）。「万買ひ」の例は、「夜盗、盗賊、昼鳶、自囉、万買の類族」（浄瑠璃・北条時頼記・一）のように見られる。

まんべんなく【満遍なく・万遍なく】

行き届かないところがないさま。形容詞「まんべん（満遍）ない」の連用形「まんべんなく」が副詞として固定化した語。形容詞「満遍ない」は、「満遍」に、形容詞を作る接尾語の「ない」（「せわしない」などの「ない」と同じ）が付いて成立した語である。「満遍」は、本来禅語で、平均、平等の意を表した。それが一般語化して、「はや雪消えて三月になりて、萱草（かんぞう）がまんべんに生えたぞ」（抄物・山谷詩集鈔・九）のように用いられた。近代に入っても、「まんべんなく」以外の活用形が用いられており、副詞としての「万遍なく」が確立するのは、大正以降になる。

例「菜（おかず）は婆さまが出てまんべんなく盛りわたす」（滑稽本・浮世風呂・前・上）

まんぼう
フグ目マンボウ科の海魚。マンボウザメともいう。語源不明の語（歴史的仮名遣いも不明）。『*和訓栞』は「形方なるをもて満方といふにや」といい、『大言海』は「まんばうざめ」を「円坊鮫の訛にもあるか」とする。貝原益軒の『*大和本草』（一三）に「まんぼう〈略〉奥州の海にあり。形方なり。長六尺、よこ三尺ばかり。大小あり。其肉潔白なり。油多く、味よし」とある。「翻車魚」（「翻車」は水車の意）という表記がある。

まんりょう まんりやう【万両】
ヤブコウジ科の常緑低木。センリョウ（千両）より見ばえがするということで名づけられた。マンリョウ（万両）とセンリョウはよく似ているが、花の構造が全く違い類縁は非常に遠いという。→千両

み

ミイラ【木乃伊】
腐敗せず原形を保っている死体。「没薬（もつやく）」の意のポルトガル語 mirra もしくはオランダ語 mirre に由来する。「ミイラ」はもとミイラを作る時使う薬品の名前だったが、ミイラそのものを意味するようになった。没薬は、アラビア半島南西部や北アフリカ東部原産のカンラン科小高木類の樹皮から浸出するゴム樹脂を集めたものをいい、古代エジプトなどでミイラ製造時に防腐剤として死体に詰めた。「木乃伊」という漢字表記形は、中国元代末の随筆『輟耕録（てっこうろく）』以来見られるが、ミイラの意のオランダ語 mummie を漢字音訳したものという（「木乃伊」の中国中世音は munaii と推定される）。なお、「ミイラ取りがミイラになる」という諺があるが、その初めの「ミイラ」は没薬の意、後の「ミイラ」は乾燥死体の意で、薬用にする没薬を探し求めに行った者が、乾燥死体になってしまうということであった。
例「次第に身いらのごとく成り、つひに眠れるやうに命おはりぬ」（浮世草子・本朝桜陰比事・二・九）

みえ【見栄・見得】
うわべを飾ること。動詞「見ゆ」の連用形「みえ」の名詞化したもの。この名詞形「みえ」は見えること、見えるさまなどの意味である。ここから外見、他人から見られた様子、それを気にして飾ることなどと転じていったものだろう。この「みえ」（多く「見栄」と書く）から「見栄っ張り」「見栄坊」「見栄を張る」などの言い方が派生した。一方、「みえ」は、歌舞伎独特の演技の一種を表すようになった。すなわち、高揚した感情を表現するために、大きな動作の後、一瞬動きを止め固定した姿勢をとる演技である。これも「みえ」の見えるさまか

ら転じていったものであるが、漢字では「見得」と書かれ、この「見得」からは「大見得」や「見得を切る」などの言い方が生じた。「見栄」も「見得」も近世後期にできた語であるが、今知られている用例によれば、「見栄」のほうが少し古い。

例「そんならもっと、身重(みへ)をして来ようものを」(洒落本・辰巳之園)「山車屋台に町々の見得をはりて」(樋口一葉・たけくらべ・明治二八～二九年)

みおつくし《みをつくし》**【澪標】**

水路を示す杭。「みお」は水路のこと。「つ」は「の」の意味で上代以前の格助詞が複合語中に残存したもの。「くし(串)」は、上代では物に刺し立てて目印にしたりした。「みお(澪)」の語源は「水緒(みを)にて、流れの筋の意か」(大言海)といわれる。なお「澪」の字は、本来、中国の河川名「澪水(れいすい)」を表した。

例「遠江(とほつあふみ)いなさ細江の水乎都久思(みをつくし)吾(あ)れを頼めてあさましものを」(万葉集・一四・三四二九)

みがきにしん【身欠き鰊】

鰊(にしん)の頭・尾・内臓を取り去り、二つに割いて干したもの。近世の本草書『重訂本草綱目啓蒙』に「脊肉のみ乾したるをミガキニシンと云ふ」とあるように、腹側の身を欠きとって、背肉の部分だけを食用としたところからの称。

みかく【味覚】

舌で味わう感覚。英語 taste の訳語として造られた和製漢語。早く蘭学者によって造られた「感覚」という語を基に、「触覚」「嗅覚」など、「―覚」という二字漢語が造られたが、「味覚」もその一つ。*『哲学字彙』に見られるのが早い例。

例「Taste 風味、雅趣、味覚」(哲学字彙・明治一四年)

みかた【味方】

自分の属する側。「かた(方)」に尊敬の接頭語「み(御)」の付いた「みかた(御方)」の意。「かた」は一方の側の意。尊敬の接頭語「み」は、本来、神・天皇など絶対者に属するものに対する畏敬の念を表すとされる語で、「みかた」も古くは、「太子(ひつぎのみこ)の御方(みかた)は、丸邇臣(わにのおみ)の祖、難波根子建振熊命(なにはねこたけふるくまのみこと)を将軍(いくさのきみ)と為(し)き」(古事記・中)のように、天皇方の軍勢、すなわち官軍の意を表した。ところが、自分側こそ「官軍」だという正当化の心理が働いた結果、自分の属する軍勢を「みかた」というようになった。「味方」は当て字。

例「敵は大勢、みかたは無勢(ぶせい)なり」(平家物語・六・祇園女御)

みかど【帝】

天皇の尊称。「門(かど)」に尊敬の接頭語「み」が付いたもの。「み」は本来、神、仏、天皇に関するものに付くといわれる。「みかど」は「大き御門を入りかてぬかも」(万葉集・二・一八六)

のように、もと門(もん)の尊敬語。転じて、「万代にいましたまひて天の下奏したまはね美加度(みかど)去らずて」(万葉集・五・八七九)のように、天皇の居所、また朝廷を指すようになり、やがて天皇の尊称となった。
例「宇多のみかどの御いましめあれば」(源氏物語・桐壺)

みからでたさび【身から出た錆】
自業自得。この諺では「身」に二つの意味がある。一つは「刀身」のことで、そこに生じた錆の結果、刀がだめになることを意味する。江戸のいろはカルタでは、武士が刀身を眺めている図柄が多いという(岩波ことわざ辞典)。一方、「身」には自分という意味もあり、「身から」でもって己自身に発する原因によって悪果がもたらされたことを示すようになった。

みかん【蜜柑】
ミカン科の常緑小高木。既にこの植物の類は柑子(かんし・こうじ)あるいは柑(かん)として中国から日本に伝えられ、甘い果物として珍重されていたが、室町時代に更に甘い品種が伝わったため、蜜のように甘い柑として、「蜜柑」と呼ばれるようになった。初めはミツカンと呼ばれていたが、次第に促音化しミッカンとなり、更に、促音のッが表記されずミカンと書かれる例が現れ、その後、促音が脱落したミカンという語形が一般化した。
例「蜜柑　ミツカン」(元和本下学集)「蜜柑　ミカン」(辞書・撮壌集)

みぎわ《みぎは》【汀】
陸地の、水に接する所。「み(水)きわ(際)」の意。「み」は「みず(水)」の複合語を作るときの形で、「みなそこ(水底)」「みなと(港)」などの「み」である。上代には「みぎわ」の例はなく、「みなきわ」が使われている。「舟競(ふなぎほ)ふ堀江の川の美奈伎波(みなきは)に来居つつ鳴くは都鳥かも」(万葉集・二〇・四四六二)。平安時代になると、「瀆〈略〉水支波(みづぎは)」(新撰字鏡)のように、「みずぎわ」という形も現れるようになる。
例「行く人もとまるも袖の涙川みぎはのみこそ濡れまさりけれ」(土左日記・承平五年一月七日)

みくだりはん【三行半】
妻への離縁状。「くだり(行)」は、文書の縦の行(ぎょう)の意。「くだり」は動詞「下る」の連用形「くだり」の名詞化したもので、上から下へ字を書いて行くから、「くだり」という。江戸時代、夫から妻に対する離縁状は、多く三行半に記す習慣があったことから、「みくだりはん(三行半)」がその通称となった。
例「その女房をも、三くだり半で埒(らち)をあけ」(仮名草子・他我身の上・三・一)

みぐるしい【見苦しい】 文語 みぐるし

みっともない。「みぐるしい」の「み」は動詞「見る」の連用形で、「ぐるしい」は「苦しい」の連濁形である。見ることが苦しい、見ていていやになるというところから、みっともないという状態表現を生じた。「月ごろ目をいみじう煩ひ給ひて、よろづ治し尽くさせ給ひけれど、なほいとみぐるしくて」（栄花物語・玉の村菊）のような例では、見るのがむずかしいという意味で、まだ、醜いといった意味にはなっていない。

例「たどたどしき真名に書きたらんも、いと見ぐるしと、思ひまはす程もなく」（枕草子・八二・頭の中将の）「Miguruxij sugata（見苦しい姿）」（日葡辞書）

みこ【巫女】

神に仕えて、神楽を舞ったり口寄せをしたりする者。語源については『*名言通』（上）に「ミコはかみこ（神子）の略なり」とあるが、「神子」という語の用例が見出しがたいこと、上代特殊仮名遣いで「神（かみ）」のミは乙類、「巫女（みこ）」のミは甲類であることにより、否定される。これに対して、『*名語記』は「御子（みこ）」の義とする。「巫女」と「御子」の上代特殊仮名遣いは一致しており（ミもコもともに甲類）、意味的にも、「巫女」は「神の御子」と考えられる。

例「金（かね）の御嶽（みたけ）にあるみこの、打つ鼓（つづみ）」（梁塵秘抄・二）

みこし【御輿・神輿】

おみこし。「み」は名詞に冠する敬称、「輿（こし）」は二本の長柄の上に屋形を置いて、人力で運ぶ乗物。「みこし」は、「輿」の敬称で、古くは、天皇や皇子など高貴な人の乗る輿をいった。平安中期、神幸の際に神霊を輿に乗せることが広く行われるようになり、民間では、神輿（しんよ）のことも「みこし」と呼ぶようになった。「みこし」は、次第に敬意が薄くなって、江戸時代後期以降、さらに「お」を冠して「おみこし」というようになった。「御みこしをふるがいやみの元祖也」（雑俳・柳多留拾遺・一三）。腰を上げる意の慣用句に「（お）みこしを上げる」があるが、これは、「輿」を「腰（こし）」にかけた洒落から出たものである。

みごと【見事・美事】

立派で素晴らしいこと。「みごと」は動詞「見る」の連用形「み」に名詞「こと」が付いて濁音化したもの。初めは「見るべきこと」という意であった。似たような語構成の語に、「仕事（＝すべき事）」や「忌み事（＝忌むべき事）」がある。「見ごと、いと遅し。そのほどは桟敷不用なり」（徒然草・一三七）では、「見るべきこと」「見もの」の意で用いられている。その後、見るに値することの意を生じ「或は見ことな馬かなと云て趙高におしねりしたがふ者もあり」（史記抄・四）の例のように用いられ、「美事」という当て字による漢字表記も見られるようになる。

例「霜、雪の如く朝日にきらめきて美事なり」（国木田独歩・武蔵野・明治三四年）

みことのり【詔・勅】

天皇のお言葉。『日本釈名』*は「詔（みことのり） 天子のおほせを云ふ。みことは御言（みこと）也。のりはつぐる意。宣の字をも、のるとよむ。のたまふ也」という。『大言海』も同じく「御言宣（みことのり）の義」とする。「み」は天皇や神に関する事物に付ける敬称。「のり」は、神や天皇が神聖なる意向を人民に対して表明する意の動詞「のる（宣）」の連用形「のり」が名詞化した語。「のりと（祝詞）」の「のり」も同じものである。

例「疑ひて有司（つかさ）に命（みことのり）して其の玉を所得（えし）由を推（かむが）へ問はしめたまふ」（日本書紀・仁徳四〇年是歳・前田本訓）

みごもる【身籠もる】

妊娠する。「みごもる」は、「み（身）」と「こもる（籠）」に分けられ、子供が胎内に入り込んでいるという状態を意味する。「みごもる」は近世以降の語のようで、それ以前は「はらごもる」と言った。室町時代の節用集類には「胎」を「はらごもり」と訓んだ例がある。

例「有身（みごも）れる事、実ならば」（読本・南総里見八犬伝・二・一二）

みさお《みさを》【操】

節操。貞操。語源不明。『大言海』は「真青（みさを）の義、松などの常葉の色に譬へて云ふ」とする。この「みさを」は「まさを（真青）」の転じたものと思われる。「みさお」は、古く「大倭の国宇太の郡漆部（ぬりべ）の里に風流（みさを）ある女有り。〈略〉その気調（みさを）恰（あたか）も天上の客の如し」（日本霊異記・上・一三）のように、世俗を超越して気品に富みみやびなことを表した。世俗に抵抗するという姿勢が、異性の誘惑に対する抵抗に限定され、節操・貞操の意になるのは近世以降のことである。

例「ひたすら吾が貞操（みさを）をうれしとおぼして」（読本・雨月物語・蛇性の婬）「女の操を守って」（浄瑠璃・平家女護島・一）

みさき【岬】

陸が海中や湖中に突き出たところ。「み」は接頭語「御（み）」、「さき」は「先」（＝突き出た先端）の意。「さき」だけでも、次のように岬を表した。「うち廻（み）る島の佐岐邪岐（さきざき）かき廻（み）る磯の佐岐（さき）落ちず」（古事記・上）。「さき」に接頭語「み」が冠されたのは、陸地の先には神がいると信じられていたからだといわれる。「み山」の「み」も同類。

例「ちはやぶる金（かね）の三埼（みさき）を過ぎぬともわれは忘れじ志賀の皇神（すめかみ）」（万葉集・七・一二三〇）

みじめ【惨め】

み

見ていられないほどあわれなさま。『大言海』に「不見目の義、見ジは見るに及ばず、見まいの意、目は憂目（うきめ）、辛き目、などの目にて、出遇ひたる境涯の意」とあるように、「見じ目」、すなわち、「み」（動詞「見る」の未然形）＋「じ」（打消意志の助動詞「じ」の連体形）＋「め」（「目」）と分析される。「負けじ魂」などと同じ語構成である。見まいとするような状態ということから、あわれなさまを表す語に転じたもの。

例「子（がき）が出来ちゃアみじめだぜ」（滑稽本・浮世風呂・前・上）「ベッドの上に横たえられた無残（みじめ）な自分の姿が」（夏目漱石・明暗・大正五年）

みじろぎ【身動ぎ】

身動き。動詞「みじろぐ」の名詞形。古くは、「みじろく」「みじろき」と、末音が清音だったかと言われる。「み」は「身」。「しろく」は「まじろぐ」「立ちしろぐ」などを構成する要素で、小さく動く意であるが、その語源は分からない。『大言海』は「みじろく」を「身退く、の約」とする。「しろく」は「退（しりぞ）く」の約となるが、意味の上でも音の変化の面でも結び付きにくい。

例「六人まで乗りたりければ、いと狭（せば）くてみじろきもせず」（落窪物語・二）

ミシン

縫い物のための機械。英語 sewing-machine の machine を基にしてできた語。英語 machine を幕末明治期にミシンという形で日本語に取り入れた。日本にもたらされた最初のミシンは、ペリーの二度目の来日の時（安政元年）、将軍家定夫人に献上されたものといわれる。

例「靴を造製するに工夫を凝らし、ミシンを以て（ミシンは西洋縫工の器械なり）縫ふことを」（京都新聞・五〇号・明治五年一一月）

みじん《みぢん》【微塵】

微細なもの。こまかいこと。本来は仏教語で、物質の最小の単位を極微（ごくみ）と言い、一つの極微を中心に上下四方の六方に極微が集まったものが「微塵」である。そこから「微塵」はきわめて小さいものを表すようになった。この細かいことの意から、下に否定の語を伴って「少しも」の意味で使われる。

例「みぢんも偽（うそ）はあらじ」（浮世草子・好色盛衰記・四・二）

みずあげ《みづあげ》【水揚げ】

芸妓などが初めて客に接すること。語源は不明だが、評判記＊『色道大鏡』（一）に次の説がある。「水上（みづあげ）　傾城の新艘（しんぞう）を仕立て、始めて売り出す事をいふ。買ひはじむる人を、水上の客といふ。此の名目、新艘の女郎を、船に比していひ出でたる詞也」とある。すなわち、女郎が初めて客

のもとにあがることを、船の進水にたとえて、それを水に上げると言ったということだろうか。また別に、船から積み荷を陸上に揚げ初めて問屋へ渡すことにたとえて「水揚げ」といったという説（上方語源辞典）もある。

例「水あげが済むとやり手もさまをつけ」（雑俳・柳多留拾遺・一四）

みずいらず《みづいらず》【水入らず】

うちわの者だけで他人をまじえないこと。*『俚言集覧』に、「親しき者の中に疏《うと》きものの間雑するを、油に水のまじりたる如しと云ひ、それにうち反して親しき者ばかり集会するをかく云ふ」とあるように、うちわの親しいものだけが会するさまを、油に水の入りまじらぬ状態にたとえたところから出た表現である。「油に水のまじるごとし」という慣用句は、「とと様は後連《のちづれ》、母様一人が本《ほん》の親、何所《どこ》やら油に水交じる」（浄瑠璃・傾城思升屋・中）などと用いられた。

例「池にこぞる鴨の親子や水いらず」（俳諧・崑山集・一三・冬）

みずかけろん《みづかけろん》【水掛け論】

争論に果てがないこと。「水掛け」は田に水を引くこと。「ろん」は議論のこと。「きのふ田へ見廻うて御ざれば、水が少しも御ざらぬに依て、随分沢山に水を掛けては御ざれども」（虎寛本狂言・水掛聟）。この「水を掛ける」は（田に）水を引くことである。「論」には「宗論」「水論」のように「～論」の形で、「～争い」を表す用法があった。「水掛け論」も当初、田に水を引くことに関する争いであった。この争いは決着がなかなかつかなかったので、果てのない争論のたとえとなった。狂言の「水掛聟」は舅《しゅうと》と聟《むこ》の水争いが水を掛け合う喧嘩になるという筋だが、「水掛け論」は水を掛け合う争いではなく、田に水を引くことに関する争いで、この場合「水を掛ける」が田に水を引くことであったから、水争いの意味になった。

例「いや、さう云うてはなるまい。それは水かけろんと云ふ物で、役にたたぬ」（天理本狂言・連尺）

みずがし《みづぐわし》【水菓子】

嗜好品としての果物《くだもの》を言う。「菓子」という名称はもとは果物・果実のことをいった。その菓子が生菓子・干菓子・洋菓子・和菓子のように、おやつなどに食べる食品一般を指すようになった。これら「～菓子」という言い方の一つとして、果物のことも「水菓子」と称して他と区別したものである。「水」というのはナシやミカンのように水分の多いものがある故である。「水菓子屋」は果物を売る店。現在では古風な言い方になっている。

例「髭籠に折ふしの水菓子」（浮世草子・世間胸算用・三・

み

一)「あの水菓子屋で桃を買ふ子がござんしよ」(樋口一葉・にごりえ・明治二八年)

みずから《みづから》【自ら】

自分自身。語頭の「み」は身、「づ」は連体助詞「つ」(「まつげ(目つ毛)」などの「つ」に同じ)の濁音化したもの、「から」はその物の本体・根幹の意を表す名詞「柄(から)」である。したがって、「みずから」は「我が身の本体、我が身それ自体」の意になる。「己(おの)ずから」「手ずから」「口ずから」なども、同様の語構成である。↓柄(がら)

例「万葉集に入らぬ古き歌、みづからのをも、奉らしめ給ひてなん」(古今集・仮名序)

みずき《みづき》【水木】

ミズキ科の落葉高木。樹液が多く、春先に枝を折ると水がしたたり落ちることから、水を多く含む木という意で名付けられた(改訂増補牧野新日本植物図鑑など)。漢名は「灯台木」。

みずぎわだつ《みづぎはだつ》【水際立つ】

鮮やかで目立つ。水際は波が打ち寄せて、白く目立つことが多い。このように境目が目立つことから、鮮やかの意が生じたものであろう。近世には「水際が立つ」という言い方もあった。これは水際が目立つということで、境目が目立つという解釈を助ける。「立つ」には横になっていたものが縦になる、という意味がある。縦になればよく目に付くわけで、はっきり分かるようになることを表す。「目立つ」の「立つ」がこの意味で、「きわだつ」の「たつ」も同類である。「水際が立つ」は、「水際がたつて候ふ御独吟」(俳諧・西鶴大句数・四)などと用いられた。

例「若水の水きは立つや花の春」(俳諧・毛吹草・五)

みずぐき《みづぐき》【水茎】

(特に「水茎の跡」という言い方で)筆跡。語源は諸説あって定めがたい。上代、「みづくきの」という枕詞があり、これはみずみずしい茎と解される。この茎または水中の茎を筆にたとえたという説がある。「筆をいふも水茎の義なるべし」(和訓栞)。この筆の意から手跡・手紙などの意味が派生したか。しかし、池の堤などから漏れ出た細い水の流れを「水漏(く)き」といい、その細く曲がりくねって流れるさまからの連想で、連綿体で書かれた文字の意に転じたとする説(角川古語大辞典)もある。また、古く手紙は梓(あずさ)の枝に付けて持たせたので、その梓のみずみずしい茎の意で、手紙を「みづくき」というようになったという説(大言海)もある。なお、古くは第三音節は清音。『日葡辞書』*に「Mizzuguqi(ミヅグキ)」とあることなどから、室町時代ごろ濁音化したらしい。

例「心の緒は玉づさの上に乱れ、涙の雨は水くきの本に流る」(観智院本三宝絵・上)

みずくさい《みづくさい》【水臭い】 文語 みづくさし

親しい間柄なのによそよそしい。「みずくさい」の「くさい」は、形容詞「臭い」が接尾語化したもので、この場合、「いんちきくさい」「素人くさい」などのように、体言に付いて、「いかにも～のように感じられる」意の形容詞を作る。「水くさい」は中世以降例を見るが、「胡地(こち)酒は、薄くて水くさいほどに、千盃ばかり飲むとも酔ふことはないぞ」(内閣文庫本三体詩抄・五)のように、室町時代までは、水分が多くて味が薄いという意味で用いられ、近世になると、心理的な意味に転用された。

例「あんな水くさい事言はしゃらうと」(浮世草子・傾城禁短気・五・四)

みずしょうばい《みづしやうばい》【水商売】

待合・料理屋・貸席・バー・キャバレーなど、客の人気・都合により収入が左右される商売。語源については諸説あるが、『大言海』には、「流水の如く、収入などの不確定なる商売の意か」とある。水をこのように不確実なもののたとえとして造語したものに、「水物」「水物商売」などがある。

例「流れに熟(な)れし水商売、なんでも乗りきる男芸者も磁石の針の方角を失ひ」(滑稽本・無飽三財図会・後)

みずすまし《みづすまし》【水澄】

甲虫目ミズスマシ科の昆虫。林甕臣『日本語原学』(昭和七年)には「豉虫　みづすまし、まびくむしは　水(みづ)澄(すま)為(し)の義」とある。水面をくるくると泳ぎ回った跡に波紋ができ、それが消えると水を澄ましたように思えることからの命名である。柳田国男は『蝸牛考』で「濁った器の水などを掻きまわして、その沈澱を待ち兼ねるような心持ちを、この小さな虫の挙動の中に見出した」と述べる。この虫は、江戸時代以来「豉　ミヅスマシ」(書言字考節用集)のように文献に現れる。

例「豉虫　まいまいむし　江戸にて、水すまし」(方言・物類称呼・二)

みずてん【不見転】

「不見転(みずてん)芸者」のこと。芸者が客を選ばず寝ること、またその芸者を「みずてん」と言った。もと花札の言葉でよく考えずに札を出すことを言ったといわれているが、そうだとすると、「みずてん」の「てん」が分からない。今知られている用例の中で古いものは、女郎について使われている。「ついぞつきあった事もねえに、おれをあいつが、何しるものだ。こいつもみずてんといふ女郎だ。ばさらうちとみえる」(洒落本・大通秘密論・今助六が説)。これは安永七年(一七七八)の作。もし相手かまわず売春する女をののしる言葉の方が早いとすれば、「みずてん」の「てん」は「転」のことで、ころぶこと、すなわち寝る意である。「みずてん」は相手を見ずに寝る

ということになる。

みずのあわ《みづ―》【水の泡】

努力や苦心などがむだになること。「水の泡」は、水面に出来る泡のことで、水に浮かんではかなく消え去るところから、「水のあわのきえでうき身といひながら流れて猶もたのまるる哉」（古今集・恋五）のように、物事のはかなく消え去ることのたとえとして用いられた。転じて、努力したことが、その甲斐もなく、消え去ってしまうことを言うようになった。

例「忰（せがれ）を守り立て人となし、父の名字をつがせんと思ひし事も水の泡」（談義本・根無草・後・四）

みずばしょう《みづばせう》【水芭蕉】

サトイモ科の多年草。湿原に群生する。葉は肉厚で、長さ八〇センチにもなり、芭蕉に似るのでこの名がある（改訂増補牧野新日本植物図鑑など）。

みずひき《みづひき》【水引】

細いこよりに水糊を引いて乾し固めた紐（ひも）。進物用品の包紙などを結ぶのに使う。語源は、諸説あって定めがたい。こよりを水に引きわたして染めたところからとする説（類聚名物考ほか）、こよりに糊水を引くところからとする説（貞丈雑記）、船・神輿・舞台などの側面に引き渡した横長の幕になぞらえて「水引」と呼ぶようになったとする説（和訓栞）などがある中で『*貞丈雑記』の説が無理がない。

例「Mizzufiqi ミヅヒキ（水引）」（日葡辞書）

みすぼらしい【身窄らしい】文語 みすぼらし

貧弱である。『*和訓栞』に「身のすぼるをいふ」とあるように、身が「すぼる」意である。動詞「すぼる（窄）」は中世から用例が見られる。『*日葡辞書』には「Subori（スボリ）」という見出しがあり、意味は「Subomi（スボミ）」と同じとあって、「すぼみ」の項には「閉じる、または縮みつぼまる」とある。「身すぼる」は身が縮まるという意味で、「みすぼらしい」はその形容詞化である。「らしい」は、名詞、形容詞・形容動詞語幹などに付いて形容詞を作る接尾語で、この場合、「すぼる」の語幹「すぼ」に付いたものと考えられる。

例「我と身をせめて、身すぼらしいやうなりがあるぞ」（抄物・史記抄・一二）

みずもの《みづもの》【水物】

不安定なもの。当てにならないもの。水は流転し、定形がないことから、成否が不安定なもの、当てにならないものを「水物」と言うようになった。

例「軍（いくさ）は勢の多少によらず、芝居は水物とは、昔から負け惜しみによく申す事なれども」（滑稽本・風来六々部集・飛花落葉・荒御霊新田神徳口上）

みずをあける《みづ―》【水をあける】

大差をつけて引き離す。競泳やボートレースなどで、一方が

先に抜け出て一身長または一艇身以上隔たりができるようになることをいうスポーツ用語から出た語。差をつけることを水上なので、「水をあける」と言ったもの。

みずをむける｜みづ【水を向ける】

誘う。もとは死者の供養のために、墓前に水を手向（たむ）けることであったが、巫女が口寄せをする際に亡者に語らせるため水を手向けることから、話し始めるようにうまく仕向ける意味になった。近世の「亡者のこわ色をきくには水をむけ」（雑俳・柳多留・二四）では、亡魂を呼び寄せて語らせるため水を手向けたことを詠んでいる。更に広く、何かするよう仕向けることも表すようになった。

例「疑はしき事もあれば、さまざま水を向ける」（洒落本・大通秘密論）

みせ【店】

商品などを陳列し販売する所。「見せ棚」の略。「見せ棚」は商品を客に見せる棚の意。山東京伝の随筆『骨董集』（下）に次のように見える。「いにしへは家の端に棚閣（たな）をまうけ、其上に万の売物をおきならべて売れるゆゑに、たなといふ名おこれり。その棚はうり物をすゑおき、往来の人に見せて売らんために、かまふ物なれば、中古（なかむかし）は見世棚（みせだな）ともいへり。後の世にはそれを下略して、見世（みせ）とのみもいひき」とある。

例「あたりの者出でて、いつものごとくみせへ罷（まか）り出、商売をいたさうと云て」（狂言六義・鏡男）

みせば【見せ場】

他人に見せる価値のある場面。「みせ」は動詞「見せる」の連用形、「ば」は場面。もともと歌舞伎の言葉で、劇中の最も重要な場面をいう。俳優からは芸の見せどころ、観客からは見どころとなる。

例「自分の見せ場が近づいて来た役者のやうな、得意と緊張とを感じた」（里見弴・今年竹・大正八～一五年）

みそ【味噌】

麦または米の麴（こうじ）に蒸した大豆・食塩・水を混ぜて発酵・熟成させたもの。醬油に比べて熟成度は十分でないところから、「未醬（みしょう）」という。これが転じて「みそ」になったといわれる（山田孝雄・国語の中に於ける漢語の研究）。*『日葡辞書』では「大豆、米、および塩をまぜ合わせた或る混合物で、日本の汁を調味するのに用いるもの」と紹介されている。昔は家庭で作られた。「手前味噌」という語にその名残が見られる。

例「醬　ミソ　ヒシヲ」（元和本下学集）

みぞう【未曽有】

まだ一度も起きたことがないこと。「みぞうう（未曽有）」の略。「未曽有」を訓読すれば、「未（いま）だ曽（かつ）て有らず」

み

となる。梵語 adbhuta の漢訳語。古くはミゾウウと読んだ。*『日葡辞書』にも「Mizôu(ミゾゥウ)」と表記されている。ミゾウと読むようになったのは幕末からで、*『和英語林集成』(初版)には「Mi-zō　ミゾウ、未曽有」とある。

例「日本未曽有の論文を制作中であり」(島田清次郎・地上・大正八年)

みぞおち【鳩尾】

胸骨の下、胸の中央にあるくぼんだ部分。心窩(しんか)。古くは「みづおち」といった。「Mizzuvochi(ミヅヲチ)。胃の入口」(日葡辞書)。*『和訓栞』が「水落の義なり」と説くように、飲んだ水が落ちる所の意である。「みぞおち」の確例は、明治時代になって現れる。漢字表記形「鳩尾」は、みぞおちを意味する漢語「鳩尾(きゅうび)」に由来する。漢方医書『十四経絡発揮諺解』(元禄六年)に「その骨、胸前より垂下して、鳩の尾先の状に似たるが故に、これを名づけて鳩尾といふなり」とある。

みそか【晦日・三十日】

月の三〇番目(最後)の日。「みそ」は「三十」。「そ」は「四十(よそ)」「八十(やそ)」のように一〇を表す。「か」は日の複数形とみる説が多いが、日本語の日数詞を統一的に説明するために、ウカが付いたと見る説もある(これについては、「ふつか」「みっか」など参照)。

例「ただ日の経(へ)ぬる数を、今日いくか、はつか、みそかと数ふれば」(土左日記・承平五年一月二〇日)

みそぎ【禊】

水に入ったり水を掛けたりして、身のけがれを浄める行法。動詞「みそぐ」の連用形の名詞化。「みそぐ」は「みそそぐ」の約(大言海など)といわれる。「みそそぎ」の「み」は身、「そそぎ」は水でよごれを落とすことである。異説としては「そき(滌)」という語を想定する説(角川古語大辞典)、あるいは「削(そき)」とする説などがある。

例「君により言(こと)の繁きを古郷の明日香の川に潔身(みそぎ)しに行く」(万葉集・四・六二六)

みそさざい【鷦鷯】

スズメ目ミソサザイ科の鳥。全長約一〇センチ。日本産の小鳥としては最小。山地の渓流近くを好むが、冬期は人里にも姿を現す。古名ササキ、サザキ、ササギ。「ささ」は小さいことを表すという説が多い。「さゞいとは、さゝやかなる意」(日本釈名)など。ただし、ササを鳴き声を表す擬声語と見る説(日本国語大辞典二版)もある。語末の「き」については*『東雅』は「キとは、古俗鳥を呼びし語」で、サギ(鷺)、シギ(鴫)、ツキ(鵇)などに現れるという。しかし「き」の正体は不詳である。ミソサザイのミソについては、溝(みぞ)と関係付ける説が多い。『大言海』は「水に居れば、溝の称あり」とする。しかし

み

ミズからミゾへの変化はそう簡単には起きないだろう。
例「鶚鶏　ミソササイ」（辞書・撮壌集）

みそじ《みそぢ》【三十路】
三〇歳。「みそぢ」の「みそ」は三〇の意。「み」は三。「そ」は一〇の意味を添える接尾語で、「よそ（四十）」「やそ（八十）」などと使われた。「ぢ」は、数の後に添える接尾語で、もとはチと清音であった。八世紀の『仏足石歌』には、「弥蘇知（みそち）余り二つの相（かたち）」と書かれている。右の例の「みそち」は三〇の意味で、古くは三〇という数も表していた。

みそっかす【味噌っ滓】
一人前の仲間には入れてもらえない子供。もとは「味噌滓（みそかす）」で、それを強調して言ったもの。「味噌滓」は味噌を漉（こ）したあとに残る滓のことで、つまらない、価値のないものの意として、貶（おとし）める悪口として使われた。「しやらくさいみそかすどのがまめごのみ」（雑俳・とはず口）。

みぞれ【霙】
雪が空中で溶けかけて雨まじりに降るもの。*『日本釈名』に「水あられ也。〈略〉雨とあられとまじるを云ふ」とある。『大言海』などもこれに従う。
例「ふるものは雪。あられ。みぞれはにくけれど、白き雪のまじりてふる、をかし」（枕草子・二五〇・降るものは）

みそをつける【味噌を付ける】
失敗して評判を落とす。『大言海』は「味噌の味噌臭きは下品なりと云ふに起れりと云ふ」とする。たしかに味噌の匂いにはそういう感じがあるが、「つける」という語に即した解釈もある。すなわち、味噌が器物に付着するのは見苦しくて嫌われることから、「しくじる、面目を失う」の意の慣用句となったもの（角川古語大辞典）という。これに従えば「味噌を塗る」も同様に説明できる。
例「続落窪物語という物を書かれて、味曽つけられた事よ」（随筆・胆大小心録・一二六）

みだしなみ【身嗜み】
容姿・服装・言葉遣い・態度など、身の回りに対する心がけ。*『日葡辞書』に見える「Miuo taxinamu（身を嗜む）」のような言い方からできた語。すなわち、「み」は「身」、「だしなみ」は「たしなむ」の連用形の名詞化した「たしなみ」が連濁を起こした形。なお、「身を嗜む」の『日葡辞書』の説明は「自分の身や服装、また、その清楚さなどに十分に心を配る」というものである。
例「上﨟（じやうらふ）衆も身だしなみを肝要でおぢゃる」（狂言記・吟聟）

みたらし【御手洗】
神社で参詣の際に手や口を洗い清める所。「みたらい」とも。語源は諸説あるが、疑問。『大言海』は「タラシは手洗水（てぁ

らひし)の約」とするが、「し」が水の意であるなど問題が多い。近世の山岡俊明『類聚名物考』は、以下のように二説挙げている。「山水などのとくとくと滝の如く垂(たり)落るによりて水垂(みたら)しとも、また神水なればあがめて御垂(みたら)させの意にていへるにや」。

例「実方は、御手洗に影の映りける所と侍れば」(徒然草・六七)

みたらしだんご【御手洗団子】

米粉で作った団子を五つ竹串に刺し、醤油でつけ焼きにしたもの。京都下鴨神社の名物。同社では、御手洗詣(みたらしまいり)と言って、御手洗川で身を清める行事が行われた。その折、境内で売られた団子を「みたらしだんご」と言ったことに由来する。

みだりに【妄りに・濫りに】

やたらに。わけもなく。形容動詞「みだりなり」(＝あるべき道理が失われ、節度・秩序のない状態)の連用形「みだりに」が副詞化したもの。「みだりなり」は四段活用動詞「みだる(乱)」の連用形「みだり」にナリ活用形容動詞語尾「なり」が付いてできた語。

例「人あまねく知らず。みだりに説くべからず」(無名抄)

みちくさ【道草】

途中で他の事に時間を費やすこと。「道草を食う」の下略表現。「道草を食う」は、馬が路傍の草を食って進行が遅くなることで、そこから、余分に時間を費やす意味を派生した。「道草を食う」は中世から用いられていた。「件(くだん)の両人鎮西(ちんぜい)に下向するの時、京に於て拝任せしむる事、駘馬(たいば)の道草を喰ふが如し」(吾妻鏡・元暦二年四月一五日)。

例「行く人の道草となる花野かな」(俳諧・毛吹草・六)

みちすう【未知数】

正体や値打ちが分かっていないこと。英語 an unknown quantity(number)をそのまま訳した和製語。数学用語で、方程式の中の、値の分かっていない数を意味した。のちに一般語化して、その真価や性状などが未だよく分かっていないものを指すようになった。

例「あとの三人が未知数なので、主人の苦の種は先ず此未知数の行末位なことに過ぎない」(国木田独歩・帰去来・明治三四年)

みちびく【導く】

案内する。教導する。『大言海』に「道引く、の義」とあるように、「道引く」が語源。したがって、「みちびく」の原義は、「諸(もろもろ)の大御神たち船舳(ふなのへ)に道引(みちびき)申し」(万葉集・五・八九四)のように、道案内するの意である。平安時代以降、教導する、手引きする、誘導するなどさまざまの転

義を派生した。

例「神仏こそは、さるべき方にも、みちびき知らせ奉り給はめ」（源氏物語・玉鬘）

みっか【三日】

月の第三番目の日。三個の日。古い形はミカ。通説によれば、日本語の日数詞（＝算日詞）は、「一日（ひとひ）」以外は数詞の語幹に助数詞「か」の付いたものといわれる。これに従えば、「みつ（三）」の語幹ミにカの付いた語ということになる。しかし、日本語の日数詞から共通に抽出される語構成要素は、カではなく、ウカであるという説が唱えられ、これによって日本語の日数詞の語構成は、一応規則的に説明できるという。このウカが、母音イで終わる一音節の語幹に付いた場合、ウが脱落する。この変化をローマ字で書けば、mi-uka → mika となる（ミは甲類）。日数詞「みか」が上代にも存在したことは「月立ちてただ三日月の眉根（まよね）掻き」（万葉集・六・九九三）のような歌によって推定されている。カ行の前に促音便が生ずるのは、鎌倉以降と言われている。↓ふつか・よっか～とおか・みっつ

例「同じ四月 micca（ミッカ）四国から早馬院の御所へ参る」（天草版平家物語・四・一九）

みっかてんか【三日天下】

きわめて短い期間しか地位や権力を保持できないこと。「三日」は「三日坊主」のように非常に短い期間をたとえた表現。明智光秀が織田信長を倒してからわずか一三日で豊臣秀吉に倒され、その天下が短かったことをこう称したことに由来するという。

みっかぼうず《みつかばうず》【三日坊主】

物事に飽きやすくて長続きしない人をあざけっていう語。「三日坊主」は三日で僧を止めることで、そこから飽きやすいことのたとえとなった。「三日」は短いことのたとえに使われる。「三日天下」「三日大名」「三日法度」など。

例「酒と一緒に髪を切り、金毘羅（こんぴら）様へ願掛けも、十日と持たぬ三日坊主」（歌舞伎・茲江戸小腕達引・中幕）

みつげつ【蜜月】

結婚して間もない、一ヵ月ほどの日々。英語 honey moon の訳語。古代ゲルマン人が結婚して一ヵ月のあいだ蜜酒を飲んだことによるという。ロブシャイド*『英華字典』には Honey-moon、Honey-month の二項目に「新婚月、蜜月」という訳が付けられていて、日本ではこれを借用した。広田栄太郎『近代訳語考』によれば、明治二四年、雑誌『都の花』に「志かま」という作者が小説「蛇いちご」を発表し、その中に「蜜月〈ハネームーン〉」という表記が見える例や、同二六年の『家庭雑誌』第九号に「ホネー、ムーン〈略〉これは蜜月と訳す」とある例などが古いものだという。それまでは「歓娯月」

（花柳春話・明治一一～一二年）、「新婚月」（新粧之佳人・明治二〇年）などと訳されていた。

みっつ【三つ】

数詞の三。古形は「みつ」。「つ」は数詞に付く接尾語。語源はよく分からない。白鳥庫吉は、「みつ」とその倍数関係にある「むつ」が共有するmは、「孫」や「増す」のmaと同語源で、三は「二より更に間（ma）ある義、又二より更に増す（ma-su）の義」という。「みっつ」の古形「みつ」の仮名書き例には次のようなものがある。「美都具理（みつぐり〔＝三ツ栗〕）の中つ枝の」（古事記・中）。現在用いられている「みっつ」という形が現れるのは、近世以降のようである。↓むっつ・ふたつ

例「蒲団が三（みっ）つ重ねてあるは」（滑稽本・浮世床・初・中）

みつど【密度】

一定の単位面積や体積の中に含まれる物の割合。漢籍に典拠があり、本来は「精密な尺度」の意味であった（『漢書』などに例がある）。明治になって、物理学で英語density の訳語として「単位容量に含まれる質量」の意味で用いるようになった。その後、質量だけでなく、「人口密度」のような言い方、更には「密度が濃い」などの用法が生じた。

みっともない【見っともない】

見た目が悪い。「見たくもなし」の変化した語。「見」は「見る」の連用形。「たく」は助動詞「たし」の連用形。「も」は係助詞。「みたくもなし」がウ音便を起こした語形「みたうもなし」または「みとうもない」、さらにそれが短縮された「みともない」を経て、促音を挿入した強調形「みっともない」ができた。意味の上では、「見たくもなし」は見る気にならないという情意的な意味であったが、そういう気持ちを起こさせる物事の様子という状態的意味に変わった。*『日葡辞書』には、「Mitomonai（ミトモナイ）」が見出しに立てられ、「見るのが嫌な（こと）、あるいは、何かほかの理由によって、見るに堪えない（こと）」という説明が付されている。促音を挿入した「みっともない」が用いられるのは近世に入ってからである。

例「旦那様、其のなりはみっともない。襌（はだのおび）をして行きなさい」（浮世草子・当世芝居気質・四・二）

みつまた【三椏・三叉】

ジンチョウゲ科の落葉低木。中国原産。樹皮の繊維は強く良質であることから和紙の原料として古来用いられている。この植物の枝は三本ずつに分かれて伸びるという性質があるため三つに分かれたものという意の「三股」がその名となった。江戸時代の*『大和本草』（一二）に「湍香（ちんちゃうけ）〈略〉三（ミツ）また、瑞香の類にて相似たり。枝に三椏（あ）あり」とあるのが古い方の例である。更に古い時代の呼び名は定かではないが、『古事記』（下）に現れる「三枝（さきくさ）」（＝一本の

木から三つの枝が出ていること）という語がミツマタ（三椏）を指したのではないかという説がある。

みてくれ【見て呉れ】

見かけ。外見。「これを見てくれ」と人に見せびらかす意から、外見の意に転じたもの。「漢文から歌にあそぶ人も、おのれうち誇りて、木に彫（ゑ）らせつつ、世に見てくれをなす人、その世にはいと多かりけり」（随筆・癇癖談・下）のように、世間に見てほしいという意味がまだ生きている例もある。このような用法を経て、外見を意味する現行の用法を派生した。

例「売薬などの招牌（かんばん）に書いた所、〈略〉見体（みてくれ）は立派だが世人（よのひと）に解せず」（滑稽本・浮世床・二・下）

みどり【緑】

色名。「みどり」は本来、新芽をいう語であったが、転じて、新芽の色もさすようになったといわれる（佐竹昭広・萬葉集抜書）。「みどり」が新芽の意味であったことは『*日葡辞書』に、「Midori ミドリ（緑）　木々の若枝、または、木々の新芽。また、野原の新緑」と記載されていることからも分かる。「みどり」の語源については諸説あるが不明である。中に、「みどり」を「みずみずし」と関係のある語とする説がある（新村出・東亜語源志）。出たばかりの生気あふれる新芽とみずみずしさとは、意味上自然に結びつく。→青

例「扇の骨は、朴（ほほ）。色は赤き。むらさき。みどり」（枕草子・二八五・扇の骨は）

みどりご【嬰児】

生まれたばかりの子供。赤ん坊。三歳くらいまでの子供。『正倉院文書』の大宝二年の戸籍に「緑児」「緑女」という漢字表記が見え、それぞれ、三歳以下の男児、女児を指している。これは大宝令制で三歳以下を「緑」と称していたからである。ミドリゴは、古くはミドリコと言われた。何故、「緑」が三歳以下の子供を指す語となったかについては、『*和訓栞』に「穉弱（ちじゃく）にして松の蕋（みどり）などの如きをいふなるべし」とある。つまり、幼さを松の若葉のような色に喩えて「緑（みどり）」と言ったと考える説で、『大言海』もこれを引用した後、「嫩葉の擬語」という。「みどりご」は幼児を若葉にたとえた語と見ている。「嬰児（えいじ）」は同義の漢語。

例「弥騰里児（みどりこ）の乳乞ふがごとく　天つ水仰ぎてそ待つ」（万葉集・一八・四一二二）

みなぎる【漲る】

力・意志などが満ちあふれている。語源について『大言海』などは、「水（み）激（たぎ）る、の転か」とする。「み」は「水」で、「みなと（湊）」「みなもと（源）」など複合語中に用いられる形。「たぎる（滾）」は川の水などが激しく流れ逆まく意を表した。一方、「みなぎる（漲）」ももともとは「実の大事はたけき河のみ

なぎり流るるが如し」（徒然草・一五五）のように、水がいっぱいになって激しく流れる意で、「たぎる」に通じる。しかし、ミタギル→ミナギルという語形変化には、なお問題が残る。「みなぎる」に、力・感情などがあふれるばかりに満ちる意が派生するのは、近世になってからである。

例「胸にみなぎる恋慕の熱湯」（浄瑠璃・用明天皇職人鑑・鐘入）

みなしご【孤児】

身寄りの無い子。*『和訓栞後編』は「身無子の義。身は親族をいふ」とする。ただし、「身（み）」に身寄りや親族の意味が生ずるのは中世以降のようであるが、「みなしご」は上代から例があるので、この点、若干問題として残る。『正倉院文書』（大宝二年・御野国本簀郡栗栖太里戸籍）に「巳奈志児（みなしご）」とある。

例「孤子〈略〉美奈之古（みなしこ）」（十巻本和名抄）

みなづき【水無月】

陰暦六月の別称。「みなつき」とも。水の月の義、とする説が一般的である。「水月の義なるべし。此の月は田ごとに水をたたへたるをもて名とせり」（和訓栞）。「みなづき」の「み」は「水」、「な」は「の」の意味で、「みなもと（源）」、「みなと（港）」などの「な」と同じ。「水無月」と書くのは、「な」を「無し」の語幹と誤解したためである。この誤解に基づく語源説は、中古から行われていた。一二世紀中頃の歌学書*『奥義抄』は、「一説には此の月俄にあつくしてことに水泉かれつきたる故にみづなし月と云ふをあやまれり」と説く。

例「六月（みなつき）の地（つち）さへ割けて照る日にも」（万葉集・一〇・一九九五）「みな月廿日あまりのころ」（金槐集・夏・詞書）

みなと【港・湊】

船が安全に停泊できるように整えた所。*『日本釈名』に「水門（みなと）也。舟の入る、水の戸也」とあるように、「水の門（戸）」の意。「み」は水で、「たるみ（垂水）」「みくさ（水草）」「みなそこ（水底）」などのように複合語を作るときに用いる。「な」は古い連体助詞で、「手（た）な心」「目（ま）な尻（じり）」「水（み）な底」など、複合語中に見える。「みなと」は元来、水の出入り口、すなわち河口・湾口・海峡などのことをいった。「射水川（いみづがは）　美奈刀（みなと）の洲鳥（すどり）　朝凪（な）ぎに　潟（かた）にあさりし」（万葉集・一七・三九九三）の「美奈刀（みなと）」は河口の意の例である。河口は船どまりに便利だったので、「みなと」は船どまりの意味に転じた。港のことを、古くは「つ（津）」や「とまり（泊）」といったが、中世以降もっぱら「みなと」が用いられるようになった。

例「七日になりぬ。おなじみなとにあり」（土左日記・承平五年一月七日）「湊〈略〉和名美奈度（みなと）」（十巻本和名抄）

みなみ【南】

「きた」の反対の方角。語源は諸説あるが不明。*『日本釈名』は「万物皆みゆる意。日の南にある時、あきらかにしてみな見ゆる也」と述べ、『大言海』も「皆見（みなみ）にて、日光明らかなる意」という。北の暗に対して、南の明という対比は分かるが、「皆見」説は、語呂あわせの感が強い。

例「美奈美（みなみ）の町なる奴」（正倉院文書・万葉仮名文）

みなもと【源】

水源。「水（み）＋な（連体助詞）＋本（もと）」で「水の本」の意。水の流れ出るもと、が原義である。転じて、「まことに愛着（あいぢゃく）の道、その根深く、源遠し」（徒然草・九）のように、物事の起源を比喩的に表す用法を生じた。

例「信筑（しづく）の川と謂ふ。源は筑波の山より出で、西より東に流れ」（常陸国風土記・茨城郡）

みにくい【醜い】 文語 みにくし

みっともない。動詞「見る」の連用形「み」に形容詞「にくい（憎）」が付いたものの一語化。「暗くてみにくい」の「みにくい」は見づらいの意味であるが、見づらいと思わせるような状態、すなわち嫌悪感を催させるような状態をも表すようになった。それが「醜い」である。

例「鏡を取りて顔をつくづくと見て、我がかたちの見にくく、浅ましき事をあまりに心憂（う）く覚えて」（徒然草・一三四）

みのけもよだつ【身の毛もよだつ】

恐怖や緊張のためぞっとして体の毛が立つ。「身の毛」は体に生えている毛のこと。「よだつ」は動詞「いよだつ（弥立）」の「い」が脱落したものとされる。「いよだつ」の「いよ」は「弥（いや）」の転で、ますますの意。古く「身の毛立つ」という表現があり、これを強調した表現として成立したものと考えられる。「身の毛立つ」は「持仏堂のあかり障子ごまの烟にふすぼりて、なにとなく身の毛だちておぼえけるに」（愚管抄・四）のように用いられた。

例「乱声を奏で身の毛もよだつほどに覚えければ」（康頼宝物集・中）

みぼうじん《みばうじん》【未亡人】

夫に先立たれた妻。漢籍に典拠があり、『春秋左氏伝』（荘公二八年）の楚の文夫人の話に例が見られる。「夫と共に死ぬべきであるのに、未だ死なざる人」の意で、己をへりくだる自称であったが、後には他人からの呼び方になった。「未亡人」は明治期には、漢音でビボウジンと読むことが多かった。「奥さんが未亡人〈びぼうじん〉だということを、この時純一は知った」（森鷗外・青年・明治四三～四四年）。現在のミボウジンという読み方は「亡」「人」を漢音で読み、「未」だけを呉音で読むという、やや標準にはずれる読み方である。

例「女主人（おんなあるじ）は陸軍少佐の未亡人」（国木田独歩・一家内の珍聞・明治三七年）

みほん【見本】
例として示すもの。サンプル。「見本」の「本（ほん）」は、よるべきところの意。「手本」が、手（＝字を書くこと）においてよるべきところの意であるのに倣って、造られた語。中世末期の抄物『古文真宝桂林抄』には「大工が見本」とある。この語は幕末明治期から英語 sample の訳語として用いられるようになった。『*英和対訳袖珍辞書』（文久二年）は sample の訳語として「手本、切れ、例」を挙げている（「見本」はない）。ヘボンの『*和英語林集成』（初版）の英和の部では sample の訳として tehon（手本）と mihon（見本）の二つをあげている。初めは「手本」という訳語が使われたが、次第に「見本」が優勢になった。
例「品物に見本を備へずして」（坪内逍遥・内地雑居未来之夢・明治一九年）

みみがくもん【耳学問】
聞きかじりの知識。耳だけでした学問ということ。漢語の「耳学（じがく）」（＝聞きかじった学問）から出た語。中国では「上学以神聴、中学以心聴、下学以耳聴〔上学は以て神に聴き、中学は以て心に聴き、下学は以て耳に聴く〕」（荀子・道徳）とあるように、耳で聞いただけの知識というのは最も程度が低いとされた。
例「素読も漸々論語をしまふと耳学問の学者詞」（談義本・世間万病回春・一）

みみず【蚯蚓】
貧毛綱の環形動物の総称。語源説は種々あるが、不明。『*日本釈名』は、「みは目也。相通ず。目のかたちあれどもみえず。故にみみずといふ」と説くが、こじつけの感じがする。「みみず」のミミをその鳴き声に結び付ける説もある。ミミズは鳴かないから、荒唐無稽の説のようだが、古くは「みみず鳴く」という成句があるように、地中のケラの鳴き声をミミズの鳴き声と聞いていたので、一概には否定できない。『大言海』は、この鳴き声説である。「ミミは鳴く声、スはきぎす、きりぎりす、もずなどのスと同趣」であるという。漢語「蚯蚓（きゅういん）」はミミズのこと。
例「力なき蝦（かへる）　力なき蝦　骨なき美々須（みみず）　骨なき美々須」（催馬楽・力なき蝦）

みみずく《みみづく》【木菟】
フクロウ科の中で耳羽（＝耳状の毛）の突起している鳥。「みみずく」の「みみ」は、頭部にあってよく目立つこの耳羽のことで、これを「耳」といったのである。つまり、「耳の目立つずく」ということである（和訓栞、大言海など）。「ずく」は古くは「つく」で、この鳥の古名である。「つく」は『日本書紀』（仁徳元年正月）に「初め天皇生（あ）れます日に、木菟（つく）、産殿（うぶどの）に入（とびい）れり」と使われている。この「つく」の語源

は不詳である。「つく」はミミズクだけでなく、*『新撰字鏡』によれば、ミソサザイ、ゴイサギをも指していたので、これらと区別するため、平安時代「みみつく」が生じたのであろう。

例「木兎〈略〉和名都久（つく）或曰美々都久（みみつく）」（二十巻本和名抄）

みみっちい

けちくさい。語源不明。柳田国男『国語の将来』は「たぶんはもとメメシイという語と一つであったのが、これを発音する時にわざと少しばかり口の動かし方をかえて、新たなる感じを添えた」ものとする。しかし、「めめしい」と「みみっちい」では、意味の上での関連が薄い。「耳」には、はじっこやはじの固い部分を指す用法があるが、この意味の「耳」の形容詞化「みみしい」の強調形が「みみっちい」ではないだろうか。この「耳」は本体に比べて価値の低いもので、そのようなつまらないものにこだわるさまからけちくさいの意味が生じた可能性が考えられる。ただし、「耳しい」という語は知られていない。

例「他（ひと）をうれしがらせるといふのが、日ごろ活業（しゃうばい）のみみッちいのだはな」（人情本・春色辰巳園・後・七下）

みみにたこができる【耳に胼胝が出来る】

同じことを何度も聞かされてうんざりしている。ここでの「たこ」は、繰り返される刺激のために皮膚の表面が厚く固くなったもの。同じことを繰り返し聞いてその刺激のために耳にたこができたと比喩的にいったもの。『柳多留』（二〇）に「みみにたこできいしたにと高尾いひ」という句が見える。↓胼胝（たこ）

みみより【耳寄り】

聞く値打ちがあること。語源不明。『大言海』は「耳寄の義か」とするが、それ以上の説明はない。よい情報なので聞きたくて耳がひとりでに寄っていくということだろうか。しかし、「よる」は動詞「撰（よ）る」とも考えられるだろう。雑音の中から有意の情報を識別することを耳で選ぶと捉え、「耳でよる」をつづめて「耳より」としたと見る可能性もあるのではないかと考えられる。中世から用例が見える。現在では多く「耳寄りな話」の形で使われる。

例「この得業（とくごふ）のことなどぞ、みみよりにか覚ゆるといふなれば」（あさぢが露）

みみをそろえる ─そろへる【耳を揃える】

金銭などを全額とり揃える。「耳」は大判、小判のふちを意味することがあり、そこからその枚数の意味にも使った。「耳を数える」「耳を読む」は大判、小判の枚数を数えることであった。「耳を揃える」は大判、小判の枚数を揃えるということから、金子（きんす）を不足なく準備することを表し、さらに必要なものをすべて整えて出すことを言うようになったもの。

例「耳を揃へて小判で百両」（歌舞伎・梅柳若葉加賀染・序）

みめ【見目】
顔かたち。『大言海』は「見目の義」とする。この「見目」の「目」は、「見た目が悪い」などの「目」で、様子の意味。「見目」は見える様子、すなわち外見のことである。次の例の「みめ」は外見の例。「鷺は、いとみめも見ぐるし」（枕草子・四一・鳥は）。ここから、特に、人の顔かたちをいう用法を派生した。
例「六代御前〈略〉みめかたち優におはしければ」（平家物語・一二・六代）

みもふたもない【身も蓋も無い】
露骨過ぎて味わいも含みもない。「身」はからだの意で、そこから本体という意味になり、蓋付きの器で「物を入れる部分」を指す。「身も蓋もない」は物を入れる器も、それにかぶせる蓋もないということで、中身がむき出しになっていることから、露骨すぎる、直接的であるという意味になる。「実も蓋もない」と書くこともある。
例「今更に切れて仕まへば実も蓋もなき世の人ともなりぬべし」（人情本・寝覚之繰言・一〇）

みや【宮】
神や天皇などの御殿、神社。*『名語記』に「みやは御屋也」とある。「み」は尊敬の接頭語で、「みかみ（御神）」「みほとけ（御仏）」などのように、霊威ある存在に対する畏敬の念を表した。「や（屋）」は家屋。「お宮」は「みや」の「み」の働きが忘れられたため、更に尊敬の「お」を付けたもの。「おみき（御神酒）」なども同様。
例「古へを思ほすらしもわご大君吉野の美夜（みや）をあり通ひ召す」（万葉集・一八・四〇九九）「Miya ミヤ（宮） 神の社」（日葡辞書）

みやげ【土産】
他の土地から持って来た贈り物。中世、ミヤゲとミアゲの両形があって、先後関係は微妙である。ミヤゲに立つ語源説として、*『日本釈名』は次のようにいう。「みやこより持ち来る笥（け）也。笥は食物など入るる器也。みやこのつとと云ふがごとし」。これによれば「みやげ」の「みや」は「みやこ（都）」に因み、都からの食物をもってこの種の贈り物の代表としたことになる。『大言海』は「（天皇ノ直轄地デアル）官倉（みやけ）より都へ持ちて上れる由にて云へるにか」という説も紹介している。これらに対して、「ミアゲの転」（岩波古語辞典補訂版）という説がある。ミアゲという形は*『日葡辞書』に「Miague ミアゲ（土産） 贈物」とある（Miyague はない）。これを「見上」と書いた例も知られている。「針一、耳掻一、南都見上として到る」（言継卿記・天文三年正月二日）。「見上げ」は「よく見、えらんで、人に差し上げる品物」の意であるという（岩波古語辞典補訂版）。なお、「土産」という漢字表記形は、その土地の産物・みやげ物の意の漢語「土産（とさ

ん・どさん)」に由来する。

例「金子三枚みやげに参らせられ候ひて」(北野天満宮目代日記・天正一二年九月二六日)

みやこ【都】

政治や文化の中心となる町。首都。『*日本釈名』は「宮どころ也」という。「こ」は「いづこ」「ここ」「そこ」など場所を表す語で、「みやこ」は「みや(宮)」のある場所の意となる。「みやこ」の「こ」に関しては、これが上代特殊仮名遣いで甲類のコであるのに対して、場所を表すコは乙類だという問題がある。この問題については一般に以下のように説明される。乙類のコは一語を構成するとき他の母音と組みにくく、ア列の音節とも共存しにくい。ミヤコという結合でも一語化するにつれてコ(乙類)はそのままではありえなくなり、コ(甲類)に変化した。上代特殊仮名遣いについては「たけ(竹)」参照。

例「あをによし寧良(なら)の京師(みやこ)は咲く花の匂ふがごとく今盛りなり」(万葉集・三・三二八)

みやこわすれ【都忘れ】

キク科の多年草。語源不明。承久の乱で敗れ佐渡に流された順徳上皇が、この花を見て慰められ都を忘れようとしたという言い伝えがある。しかし、これが語源だとは言えないだろう。文明年間(一四六九〜八七)に書かれた『皇陵記』に順徳上皇が「都忘と云ふ白菊を植ゑて愛でさせ玉ひしが」という記事があるという(深津正・植物和名の語源)。これら故事によって付会された説であろう。だれがという特定の人ではなく、都を忘れるほど美しいということから呼び名となったものと考えられる。

みやび【雅び】

上品で優雅なこと。動詞「雅(みや)ぶ」の連用形「みやび」の名詞化した語。動詞「雅ぶ」の「みや」については「みやはみやこなり」(日本釈名)のように「みやこ」と関連させる説がある。「ぶ」は「そのようにふるまう」意の動詞を作る接尾語である。「荒ぶ」「大人ぶ」などの「ぶ」も同じ。したがって、「雅ぶ」とは、都会風にふるまうことで、ここから、上品優美にふるまう、風雅であるなどの意を表すようになった。「雅(みや)ぶ」の対語は「ひな(鄙)ぶ」「さと(俚・里)ぶ」。

例「あしひきの山にし居れば風流(みやび)無(な)みわがする業(わざ)をとがめ給ふな」(万葉集・四・七二一)

みょうが めうが【茗荷】

ショウガ科の多年生植物。漢名は「蘘荷(じょうか)」。花や若芽を食用とする。語源については諸説あるが、不明。古くは「めが」。『正倉院文書』に「売我(めが)一石三斗三升」(天平一一年八月一一日・写経司解)とある。一説によれば「めが」から「みょうが」に転じたといわれる。また、近世の随筆『閑窓瑣談』(一・二)は「此の艸の状薑(せうが)に似て柔らかなる故に、

薑に対(なら)って蘘荷(めうが)とはいふなり。背(せ)は夫の倭語、女(め)は婦(をんな)の倭語にて剛柔を別ちて名づけたるものなり。せうが男、めうが女と云ふ心と知るべし」と述べる。ただし、「しょうが」の歴史的仮名遣いは「しゃうが」なので、近世的な解釈にとどまる。これらに対して「蘘荷」の呉音読みニャウガの転という説もある(暮らしのことば語源辞典)。

みょうじ みやうじ【名字】・めうじ【苗字】

家の名。「名字」は中国では、名と字(あざな)の意味で用いられていた。「名」は誕生時に付けられた本名を指し、「字(あざな)」は通称をいう。「名」をミョウと読むのは呉音。日本では現在の「名字」は平安末期、武士の間で生じたといわれ、武士が自分たちの領地である「名(みょう)」の地名を己の通称としたことに因むとされる。北条時政が「北条」と称したのは、その居住地の地名が北条だったからである。この点について、『*和訓栞』は次のように言う。「今家号を名字と呼ぶものは中古名田の字(あざな)をもて称する故也」。これによって考えれば、「名字」は「名田の字」、すなわち領地の地名と解される。なお、「苗字」という表記は中世から見られる(中国には見られない)。徳川幕府は「苗字帯刀」などのように、「苗字」を用い、明治政府もこれにならい、明治八年には「苗字必称令」が出されている。しかし現在の学校教育では「名字」を採用しているため、「苗字」は廃れた。

例「勅勘の人なれば、名字をばあらはされず〈略〉読み人しらずと入れられける」(平家物語・七・忠度都落)

みょうちきりん めうちきりん【妙ちきりん】

へんてこであること。この語は、「みょう(妙)+ちき+りん」と分けられる。「ちき」は、「高慢ちき」「こんこんちき」「とんちき」などの「ちき」で、「的(てき)」の変化したものといわれ、語調を整えて、ふざけたりあざけったりする語を作る。「りん」は、調子を整えるために添えられたもので、おそらく口三味線で用いられる「りん」(=三の糸をばちですくった音を表す語)の転用であろう。因みに、「～的」を使って俗語を作るのは「強的(ごうてき)」などの例がある。

例「成ほどこりゃア妙ちきりんだ」(仮名垣魯文・総生寛・西洋道中膝栗毛・一四・上・明治八年)

みょうりにつきる みやうり―【冥利に尽きる】

立場や状態などによる恩恵があまりにも多くてありがたいと思う。「冥利」とは、仏教語で、仏・菩薩から知らず知らずのうちに与えられる利益(りやく)のことをいった。「に尽きる」はそれ以上言うことはないの意を表す。「冥利に尽きる」は仏のおかげというよりほかにないというのがもとの意味。

例「町人の冥利に尽きて刀さす」(雑俳・卯の花かつら)

みりょく【魅力】

人の心を引きつけること。和製漢語。「魅」は、中国では多く

「魑魅（ちみ）」「狐魅」のように「―魅」の形で使用され、「化け物」「ばかす」の意であった。日本では江戸時代後期以降、「魅―」の形で動詞的な働きで使われるようになった。「魅力」は「魅する力」の一語化で、明治以降一般化したようである。「魅了」「魅惑」なども、和製の漢語である。このような熟語ができた背景には、「魅」が江戸時代からサ変動詞として使用されるようになったことが一つの原因といわれる。

例「其物たる固より飢ゑて食ふ可からず。寒くて衣る可からざるも一日無ければ忽ち飢ゑ且寒し。酒と色と亦之に依て其の魅力を発す」（阪谷素・狐説の広義・明六雑誌・二〇号・明治七年）

みりん【味醂】

焼酎に蒸したもち米とうるち米麹を混和し、熟成させた混成酒。古くは「味醂酎（みりんちゅう）」と言い、飲料として用いられた。『太閤記』に「上戸には、ちんた・ぶだう酒〈略〉みりんちう」と見える。「味醂」は、現在は調味料として用いられることが多い。語源は、漢語「蜜淋（みつりん）」（＝甘イ滴リ）からであろうといわれている。

みれん【未練】

あきらめきれないこと。一種の和製漢語。中国では「練」は、一周忌の小祥の祭に着る服を指し、「未練」は小祥の祭が終わらないことを意味する。しかし、日本では「未練」を物事に熟達していないことの意味で用いた。『源平盛衰記』には「船軍（ふないくさ）は未練なるべし」（四三・源平侍遠矢事）とある。「練」には習熟するという意味があるので、これに「未」を合して造語したものである。このような未熟の意味から、現在の意味に転じたものである。

例「おさん様もう遁れぬ、みれんな働き遊ばすな」（浄瑠璃・大経師昔暦・下）

みんげい【民芸】

民衆の生活の中から生まれ伝えられてきた郷土色の強い素朴で実用的な工芸。大正一四年一二月二八日に、木喰仏調査のために紀州を旅していた柳宗悦・河井寛次郎・浜田庄司が三重県の津に向かう車中で作り出した語と言われる。「民芸」とは、民衆の「民」と工芸の「芸」とを結びつけたもの。「民芸」から「民芸品」という語もできた。

みんけん【民権】

人々が持っている権利。「人民の有する権利」の意で造られた和製漢語。明治期には、「民」を人民の意で使った「民―」という漢語が、「民権」をはじめ「民選」「民会」など造られた。「民権」は「自由民権」の形で盛んに使われた。

例「王室の虚威を減少して民権を興起し」（福沢諭吉・文明論之概略・明治八年）

みんしゅ【民主】

国の主権が人民にあること。英語 democracy の訳語。「民主」は中国では「民の主」すなわち「君主」の意味で使われ、日本でも「民主の子孫相続して久しく君たりしが」(神皇正統記)と使われた。明治になって、欧米の「民に主権がある」という思想が伝えられ、西周は『*百学連環』(明治三年)で、democracy を「民主の治」と訳した。初めは、democracy と republic との区別が明確でなく、若松賤子は『小公子』(明治二三〜二五年)で democracy を「共和主義」と訳している。中国の、ロブシャイド『*英華字典』は「民政」と訳している。「民主」という訳語は明治の後半になって定着した。

例「故に此国の人は、みな民主の風に生長し」(久米邦武・米欧回覧実記・明治一一年)

む

むいか【六日】

月の第六番目の日。六個の日。平安時代の仮名書き例を見ると、「六日」はすべて「むゆか」と書かれている。これから見て、「六日(むいか)」の古形はムユカと考えられる。『大言海』は「むいか」を「六日(ムカ)をムウカとしたるの転」と説くが、肝心の「むか」や「むうか」の例がない。「むゆか」は、日数詞の語構成を体系的に捉えようとする立場からは、ムユに日数詞を構成する接辞ウカが接したものと分析される。問題は「むゆ」という形だが、『日本書紀』雄略天皇九年五月の条で「六口」(＝六人)に「ムユ」という訓を付けている本(前田本や図書寮本)があり、また、古い数の唱え方に「ひと・ふた・み・よ・いつ・むゆ・なな・や・ここの・たりや」(年中行事秘抄)など、「むゆ」の用例が指摘されている。平安時代の「むゆか」の仮名書き例には「ふむつきのむゆかのひ〔＝文月ノ六日ノ日〕」(高野切古今集・雑体・詞書)などがある。↓ふつか〜とおか

例「Itçuca(イツカ)。Muica(ムイカ)。Nanuca(ナヌカ)」(ロドリゲス日本大文典・三)

むかっぱら【向かっ腹】

わけもなく腹が立つこと。「むかばら」の転で、その促音介入強調形がムカッパラである。「むかばら」の「むか」は擬態語「むかむか」の「むか」であろう(上方語源辞典)。「生得正直者にて、むか腹(ばら)をたてども邪(よこしま)な心なく」(滑稽本・古朽木・一)。「むかつく」「むかっと」などの「むか」も同じ。

例「己(おら)ァこんなむかっ腹を立てる気象だが」(三遊亭円朝・真景累ケ淵・明治二一年頃)

むぎ【麦】

イネ科のオオムギ、コムギ、ライムギ、エンバク等の総称。諸説あるが、語源不明。「麦」の呉音ミャクから来たという説、

また朝鮮語 mil(麦)と同源(岩波古語辞典補訂版)という説などもある。

例「鼻に小豆生(な)り、陰(ほと)に麦(むぎ)生り」(古事記・上)

むくげ【木槿・槿】

アオイ科の落葉低木。中国、インド原産。漢名を「木槿」といい、この字音モクギンの変化したもの。花は、朝開いて夜しぼむことから、古くは「あさがお」と言われていた。

例「道のべの木槿は馬にくはれけり」(俳諧・野ざらし紀行)

むくどり【椋鳥】

ムクドリ科の鳥。全長約二五センチ。語源説はいろいろあるが、確かではない。『大言海』は「ムクみたる鳥の義か、又群来鳥(むれきどり)の略転か」という。しかし、支持が多いのは椋の木の実を好んで食べるからという説である(図説日本鳥名由来辞典、日本国語大辞典二版)。

例「Mucudori(ムクドリ)」(日葡辞書)

むくのき【椋の木】

ニレ科の落葉高木。「椋(むく)」ともいう。「むく」の語源は不明。『改訂増補牧野新日本植物図鑑』では、正解はないと断った上で「多分剝くの意味かもしれない、ざらざらした葉で物をみがきはがすからであろうか。あるいは茂(も)くで茂る樹の意味であろうか」と述べている。

例「牟久木(むくのき)の実と赤土とを取りて」(古事記・上)

むくろ【骸・軀・身】

なきがら。語源については「ムは身(み)の交替形。クロは幹(から)の意という」(時代別国語大辞典上代編)といわれる。上代、「身」は複合語を作るとき、「む」となることがあった。「むかはり(身代)」(=人質)、「むね(身根)」(=胸)など。「くろ」は「幹(から)」と同源といわれる。すなわち「むくろ」の原義は、「身」の「幹」、「軀幹、胴体」ということになる。「かしらは猿、むくろは狸、尾はくちなは、手足は虎の姿なり」(平家物語・四・鵼)は胴体の意。ここから「首を切り取られた体、首なし死体」となり、さらには「死骸」と、その意を転じていったものと思われる。江戸前期の方言辞典『*片言』には「死骸(しがい)を、もくろはわろし。むくろとはいふべし」とある。

むげに【無下に】

冷淡に。仏教語「無碍(礙)」に由来するという説と和製漢語とする説がある。仏教語としては、障碍を与えないこと、自由自在であることなどを意味した。この語は中古から用例が見られるが、『*色葉字類抄』(黒川本)に「無下」と書かれており、これからみると、下がないことで、最低とか程度の甚だしいこととかを表していたと考えられる。時代は少し下がるが、『徒然草』(一二六段)に「いかに殿ばら殊勝の事は、御覧じ咎めずや、无下(むげ)なり」とあり、この「无下なり」(「无」は「無」と同意)は最低だ、論外だの意味である。このあたり

む

から現在の意味が派生して来たと考えたほうが、仏教語由来と見るよりも、意味の変遷が自然に説明できる。

むこ【婿・壻・聟】

娘の夫。語源には動詞「むかふ(向・迎)」と関連させた説がいくつかある。『名言通』*(上)は「婿　ムコ　ムカフコ(迎子)也」という。あるいは、「ムコ(モコ)は向(む)く・向(むか)と同源か。ただし、娘にむかう者の意か、舅(しゅうと)にむかう者の意かは不明」(時代別国語大辞典上代編)という説もある。この説によれば、婿は娘(または舅)に向かい、対をなす人という意味であったと考えられる。なお、上代にはモコという形があって、「むこ」と同源であるとされており、この「もこ」には、婿のほか、仲間など自分と相対する人の意味でも使われた。「わが毛古(もこ)に来む」(古事記・中)。

例「我家(わいへ)は帷帳(とばりちゃう)も垂れたるを大君来(き)ませ无己(むこ)にせむ」(催馬楽・我家)

むごい【酷い・惨い】 文語 **むごし**

残酷だ。『大言海』は「古言、メグシ(愍然)の転」とする。「めぐし」は目苦しいの義で、見るに耐えない、痛々しいなどの意。

例「昨日今日まで等閑なうした者を、主命(しゅうめい)とて、今成敗する事むごい事なれども」(虎明本狂言・武悪)

むさくるしい【むさ苦しい】 文語 **むさくるし**

だらしがなく汚らしい。「むさくるしい」の「むさ」は、「むさい」(=卑しい・汚い)、「むさぼる」などの語幹と同じものであるが、その語源はよく分からない。仏教語の「むさ(無作)」から来たとする説(金田一京助・国語音韻論)があるが、意味の関連は薄い。「むさ」は「むさくさ」などの「むさ」とも同源と考えられる。「むさくさ」の「くさ」は「がたくさ」「しょぼくさ」「ぶつくさ」等擬態語に付くことが多いので、「むさくさ」の「むさ」も見苦しいさまを表す擬態語の可能性が考えられる。次に、「苦しい」が接尾語的に用いられる場合、普通、動詞の連用形に付き、～するのが不快だ、しにくいの意を添える。しかし、「むさくるしい」では形容詞語幹に付いて、そういう様子だという意味を添えて、強めている。このような用法は「～くるし(い)」には認めがたいが、「～くろし(い)」には、備わっている。「大人くろしき掛け烏帽子」(浄瑠璃・最明寺殿百人上臈・女勢揃へ)のように、形容詞語幹に付いて、らしいの意を添えている。文献上、確認はできないが、「むさくるし」はまず中世「むさくろし」の形で使われ出し、近世に入って優勢な「～くるしい」にとって代わられたのではないか。

例「アノ店借(たながり)の汚穢(むさくる)しい所へ大町さまの若旦那大三郎さまが」(人情本・珍説豹の巻・前・下)

むざむざ

何のなすところもなく。古くは「むさむさ」という形であった。

「Musamusato　ムサムサト〈略〉物事をいい加減にするさま、または、興味を持たず、熱心さもなく物事をするさま」（日葡辞書）。この「むさむさ」の語源は仏教語の「無作（むさ）」を重ねたものである。仏教語「無作」は「無為」（＝作為的なことはしないこと）の意味で、そこから何もしないの意味に転じた。

例「しわんぼ〔＝ケチン坊〕の裏でむざむざ散る桜」（雑俳・桜狩）

むしず むしづ【虫唾】

口に逆流する酸っぱい胃液。「むしづ」の「むし」は虫。古く、腹痛・吐き気などの症状・病気は、腹中にいる寄生虫がひき起こすと信じられていた。語末の「ず」については「酸（す）」と考えて、歴史的仮名遣いも「むしず」とする説もあるが、『*日葡辞書』に「Muxizzu（ムシヅ）」とあることなどから、当時は「むしづ」であったと見られる。この「づ」は「つ（唾）」の濁音化したもので（日本国語大辞典二版）、「むしづ」の語源は、「虫唾」である可能性が高い。そこで「むしづ」は虫のつばの意味となる。なお、「虫唾が走る」という表現は室町時代から見えるが、ひどく忌み嫌うたとえとして用いられるようになるのは、近世に入ってからである。

例「思ひだしてもむしづがはしる」（滑稽本・東海道中膝栗毛・初）

むじな【狢・貉】

アナグマの異名。また、タヌキの異名。『日本書紀』（垂仁八七年二月）に「是の犬、山の獣名を牟士那（むしな）といふを咋（く）ひて、殺しつ」、また、『日本書紀』（推古三五年二月）に「陸奥国に狢（うじな）有りて人に化（な）りて歌（うたうた）ふ」と見え、ウジナという言い方もあったようである。語源説は種々見られるが未詳。ちなみに『大言海』は「狢は茂（も）し穴（な）に棲み、熊は隈（くま）に棲むと云ふ、共に、棲む所より云ふ」とするが信じがたい。

むしのしらせ【虫の知らせ】

予感。近世、人間の感情や病気の原因を体内の虫のせいとする俗信があった。その虫の居所が悪ければ機嫌が悪くなると考えて、「虫の居所が悪い」と言い、その虫が納まるところに納まれば機嫌が直るので、「虫が納まる」と言った。理由が説明できないときは虫のせいにして、「虫が好かない」と言う。これと同じで、予感の根拠が示せないとき、虫が知らせてくれたと考えたのである。

例「氷川から来た子と名ざしようしたも、大かた虫のしらせだらう」（洒落本・真女意題）

むしばむ【蝕む】

少しずつ悪くする。元来は「虫食（ば）む」で、文字通り、虫が植物や食物などを少しずつ嚙み取っていくことである。『*日葡辞書』に「虫が何か物をかじる、または、くう」という説明

がある。なお、この「〜ばむ」は「食(はむ)」の連濁した形で、「ついばむ」などとも用いられるが、「気色ばむ」「汗ばむ」などの「ばむ」とは別である。

例「雨や風が蝕んでやがて土に帰ってしまう」(梶井基次郎・檸檬・大正一四年)

むしゃくしゃ

腹が立っていらいらするさま。「むさくさ」の転か。「〜くさ」は「がたくさ」「ごたくさ」「しょぼくさ」「ぶつくさ」など擬声擬態語につくことが多いので、「むさくさ」の「むさ」も擬態語の可能性がある。もじゃもじゃした髭を、中世「むさ髭」といっているが、このような擬態語として使われ始めた語ではないかと考えられる。「むさくさ」にも「むさくさとしたお髭」(浮世草子・男色大鑑・七・四)のような用例があった。ここから気持ちが乱れて晴れないさまを表すようになったものであろう。「さ」が「しゃ」に転じる類例は多い。これは今でも「しゃかん(左官)」「しゃけ(鮭)」などに見られる。↓むさくるしい

例「心の内はむしゃくしゃと、やみらみっちゃの皮袋」(浄瑠璃・曽根崎心中)

むじゅん【矛盾】

二つの事柄のつじつまがあわないこと。中国戦国時代の『韓非子』(難一)にある故事に由来する語。昔、楚の国に矛と盾(楯)を売る者がいて、この矛はどんな楯も突き破ることができ、この楯はどんな鋭い矛も防ぐことができると述べ立てた。それを聞いた者に、その矛でその楯を突いたらどうなるのかと言われて、返答に窮したことから、一方が成り立てばもう一方が成り立たないこと、二つのことのつじつまがあわないことをいうようになった。ただ、この意味で使うようになったのは明治以後で、古くは矛と盾を取ること、すなわち武器を取って争うこと、激しく敵対することを意味した。『菅家文草』(七・顕揚大戒論序)には「論者東西、互相矛楯(論者東西し、互ひに相矛楯す)」とある。*『日葡辞書』では「Mujunni voyobu(矛盾に及ぶ)」の意味として、「戦う、または、喧嘩する」を挙げている。

むしょうに《むしゃうに》【無性に】

むやみに。「無性」は仏教語で、本性を持たないことを意味し、仏典などに用いられていた。日本では一般の言葉となり、本性がないということから、道理に合わない、むちゃくちゃだなどの意味を派生した。古くは形容動詞として用いられたが、のちに「無性に」の形だけが残って、副詞として使われるようになった。

例「頂妙寺の鐘無性に撞き鳴らし、其の数は百八やら八十八夜の名残の霜」(浮世草子・男色大鑑・八・三)

むじんぞう《むじんざう》【無尽蔵】

む

財宝や資源が豊かにあって、尽きることがないこと。字義は尽きることのない蔵（くら）の意。本来は仏教語で、尽きることがない財宝を納めた蔵のことで、功徳が限りないことのたとえであった。室町の頃には、信者の寄進した財物を基にした、相互補助的な金融組織が生まれ、「無尽蔵」と呼ばれた。貧しい者の救済をしたり、急に金が要る者に貸し出したりした。

例「是天地鬼神の造化をなして無尽蔵なる道理なり」（漢学・集義和書・六）

むずかしい《むづかしい》【難しい】文語 むづかし

平易でない。室町時代あたりまで、ムツカシと発音されていた。『和訓栞』*は「憤（むつかる）より転じたる詞也」とする。「むつかし」と「むつかる」「むづかる」は同源の語であろう。「むつかる」は機嫌が悪くなるの意であるが、「むつかし」も古くは不快だという意味であった。両者は意味上でも類似しており、「むつ（か）」を語根として、一方は動詞化し、一方は形容詞化したものと考えられる。

例「イソポ、これを披見して、しばらく案じて申したは、これは、更に mutçucaxij（ムツカシイ）不審でもござない」（天草本伊曽保物語・イソポの生涯の事）

むすこ【息子】

親にとって、男の子供。『日本釈名』*は一説として「むすは生也、うめる子也」という説を掲げる。「むす」は今でも「苔むす」というように、苔や草が生えることで、古くから「山行かば草牟須（むす）屍（かばね）」（万葉集・一八・四〇九四）のように用いられていた。なお、「むすめ（娘）」も、「産（む）す女（め）」の意とされている。

例「殿上童（てんじゃうわらは）藤原の繁時阿波守弘蔭がむすこ」（寛平内裏菊合）「御むすこの君たち」（源氏物語・帚木）

むだ【無駄】

役に立たないこと。語源不明。「無駄」は当て字。『大言海』は「空（むな）、黙（もだ）の転」としている。中世の抄物『玉塵抄』（一二三）にも「素の字は、むなしいともよみ、もともよむぞ。むだともよむぞ。むだはむなしい心ぞ」とある。ただ「空（むな）」は、語構成の成分で、独立しては用いられない。

例「むだにはさせねえはさ」（滑稽本・浮世床・初・上）

むだん【無断】

断らないこと。相手に許しを得ないこと。「無断」は漢籍では、決断力に乏しい意味の語として『漢書』などで使われている。それとはかかわりなく、「断りが無い」ということを「無断」と漢語的に表して、日本で明治期に造られた語である（山田孝雄・国語の中に於ける漢語の研究）。

例「我無き留守に無断の外出」（樋口一葉・われから・明治二九年）

むちゃ【無茶】
道理にあわないこと。語源については、仏教語「無作（むさ）」によるとする説（金田一京助・国語音韻論）がある。『上方語源辞典』はこれを受けて「無作」の「自然にして作為なき意から無分別・軽率の意に転じ、再転して」乱暴道理に合わぬという意味になったという。しかし、無為の意から無分別には転じにくいように思われる。↓むちゃくちゃ

むちゃくちゃ【無茶苦茶】
まったく筋道の立たないこと。「むちゃ」に語調を整えるための「くちゃ」が付いたもの。「くちゃ」は「しわくちゃ」「めちゃくちゃ」などと使う。（「むちゃ」については「むちゃ」参照）。「むちゃ」と「むちゃくちゃ」のどちらが古いかは詳細には調べられていないが、わずかながら「むちゃくちゃ」の方が早い。「むちゃくちゃ」は先行する「むさくさ」を下敷きにして、近世新たに作られた可能性もある。↓むしゃくしゃ
例「むちゃくちゃな栄耀を照らす堀江の灯」（雑俳・折句袋）

むつき【睦月】
陰暦正月の別称。諸説あるが、語源不明。諸説ある中で、「むつき」の「むつ」を、「睦（むつ）び」（奥義抄）、「睦まじ」（和訓栞）などに関連させて説くものが多い。一二世紀中頃の歌学書*『奥義抄』は「高き卑しき往き来たるがゆゑ、むつびきづきといふをあやまれり」という。*『和訓栞』は「親（むつ）ましてふ月なればいふ」と説く。正月は互いに行き来して親しくするから、という意味であろう。月名はすべて稲作に関するという立場をとる『大言海』によれば、「実月（むつき）」の義、稲の実を、始めて水に浸す月なりと云ふ」となる。
例「武都紀（むつき）立ち春の来らばかくしこそ梅を招（を）きつつ楽しき終へめ」（万葉集・五・八一五）

むっつ【六つ】
数詞の六。古形は「むつ」。「つ」は数詞に付く接尾語。日本語の数詞には倍数法による造語が見られ、「み（三）」と「む（六）」の間にも、その関係が認められる。ローマ字で書けば分かるように（mi／mu）、m を共有し、母音の交替によって造語されている。ただし、この m の意味については定説がないが、白鳥庫吉の説については、「みっつ」の項で触れた。なお、白鳥によれば、六以上の数を数えるとき、上代の日本人は一から五までを数えるため開ききった五本の指を、再び折りかがめて数えることをせず、別の指を使って、たとえば六であれば両方の指を三本ずつ立て並べて数えたという。つまり、六は三の二並びと捉えられていた。この把握のもとに両数は語根 m を共有し、母音の交替によって区別されるようになった。なお、古形「むつ」は「そもそも、うたのさま、むつなり」（古今集・仮名序）のように用いられた。↓みっつ・ふたつ

例「六(むつ)ツむらさき、七(なな)ツ南天(なるてん)」(滑稽本・浮世床・二・下)

むてっぽう《むてっぱう》【無鉄砲】

向こう見ず。語源については諸説ある。『大言海』は表記に「無手法」を当てているので、ムテホウから転じたものと見ていると考えられる。その語釈にも「理非の分別なく、無手に人に襲ひかかること」とあって、「むてっぽう」を「無手で襲いかかるような無謀なやり方」と解していたといえよう。中世以降、「無手」には無謀の意味が生じていた。一方、「無点法」から出たとする説もある。「無点」は漢文に返り点の付いていないことで、無点の漢文はむずかしくて読めばむちゃくちゃになるというところから、中世以降「無点」だけでむちゃくちゃなことを表していた。このように両説の優劣は決めがたいが、「むてんぽ」という形が方言(岐阜県旧恵那郡など)に存在することは参考になるだろう。「鉄砲」は当て字。

例「むてつぱうとは、関東下世話にて今もいふ者あり。〈略〉されば当時(=元禄、宝永頃)無手八といふ角力ありて我より強きものもおそれず。これよりいでし詞なるべく思ひしがさにはあらず、元禄よりはるか古き冊子に無天罰者と書きたるがあり、むてつぱうは無天罰の訛り、天罰知らずといふに同じ」(随筆・柳亭記・上)

むとんちゃく【無頓着】

物事を気にかけないさま。「むとんじゃく」ともいう。「頓着(とんじゃく)」は、仏教語「貪着(とんじゃく)」から出た言葉で、物事にこだわったり執着したりすることをいう。「頓」と「貪」では意味が違うが、日本では発音が同じになってしまったので、通用したもの。「貪着」は日本でも古くから使われた。こだわりの無い状態をいう「無頓着」という言葉は「無頓着な色を帯びていたうちにも何処ともなく得々とした所が見透かされて」(二葉亭四迷訳・あひゞき・明治二一年)のように、明治になってから使われるようになった。

むなぐら【胸座・胸倉】

むなもと。和服の左右の襟の重なり合うあたり。語源については、「むなぐら」よりも古く「むながら」という語があったので、その転ということは考えられるが、「むながら」の語源は不明である。「むながらをつかむ也」(碧巌虎哉抄・一)。近世の語源説としては、『*和訓栞』に「胸楼(むねやぐら)の義、ねや反な也」があるが、これはムネヤグラがムナグラになったという説である。しかし、「むな」は「むね」が複合語を作るときの形で、「むなぐら」はやはりムナーグラと分析するのが自然である。語末の「グラ」を『大言海』は「座(くら)」(=すわる所・物を置く所など)とするが意味上しっくりしない。

例「都鳥問へば知れたる似せなまり　歌の師匠を取るやむなぐら」(俳諧・大坂独吟集・上)

むなしい【空しい・虚しい】(文語)むなし

形だけで中身がない。語源については諸説あるが、「み(身・実)無し」とする説が多い。たとえば「実(み)無し」(和訓栞)、「身(み)無し」(大島正健・国語の語根とその分類)など。「身」は複合語を作るとき「む」となることがある。「むかはり(=身代り)」、「むくろ(=身幹)」、「むざね(=身実)」など。「むなし」は「身(む)無し」と解される。すなわち中身がないということである。ただし、「無し」はク活用であるのに、「むなし」は上代にすでにシク活用であった。この活用の相違は「身無し」を語源とする場合の問題点として残る。

例「世の中は牟奈之伎(むなしき)ものと知る時しいよよますます悲しかりけり」(万葉集・五・七九三)

むなつきはっちょう《―はっちやう》【胸突き八丁】

物事の最も苦しい時。正念場。「胸突き(むねつき・むなつき)」はきわめて険しい坂道のこと。「丁」は昔の距離の単位で、一丁は六〇間(けん)で約一〇九メートル。富士山の頂上までの最後の八丁(=約八七二メートル)が最も険しく苦しいことから「胸突き八丁」という表現が生まれた。「むなつき」は「むなつく」という語があるので、この語の連用形の名詞化と考えられる。「むなつく」ははっとするという意味。「胸突き八丁」の「胸突き」は急坂で胸がどきどきすることを表す。「胸突き八丁」という表現は、やがて、富士山だけでなく一般の山についても使うようになり、さらに転じて、物事の一番苦しい時をたとえても言われるようになった。いずれも明治時代以降用例が見られる。

例「烏帽子岳は海抜約二千尺、途に胸突八丁と称する嶮坂あり」(万朝報・明治三七年二月四日)

むねん【無念】

残念。もとは仏教語で、無我の境地をいう。親鸞の『末燈鈔』に「無念といふは、かたちをこころにかけず、いろをこころにおもはずして、念(ねむ)もなきをいふなり」とある。この「無念」を「念無し」、つまり思慮の無いことととり、そこから残念の意味を生じたものかと思われる。

例「不見其芸者、無念由(其の芸者を見ざる者、無念の由)」(吾妻鏡・文治二年四月八日)

むべ【郁子】

アケビ科の蔓性常緑低木。果実は楕円形でアケビに似るが裂けず、茎・根は利尿剤として薬効がある。語源不明。古くは「うべ」ともいった。「郁核〈略〉和名宇倍(うべ)」(本草和名・一四)。『大言海』は語源などを示す欄に「苞苴(おほにへ)、おほんべ、うんべ、うべ(倭訓栞)」と記す。*『和訓栞』には「むべは御贄をおほむへとよめるの略也」とある。『和訓栞』を承けたとすれば、オホニヘ以下はこの語の変化を示すものと考えられる。すなわち、オホニヘ→オホンベ→ウンベ→ウベ(ムベ)

と転じたこととなる。「大贄」は朝廷へ貢ぎ物として奉る土地の産物のことであり、『日本書紀』(仁徳即位前)には「苞苴(おほにへ)」という例が見られる。

例「郁子　本草云郁子〈略〉一名棣〈略〉无倍(むべ)」(十巻本和名抄)

むべなるかな【宜なるかな】

もっともなことだなあ。「むべ」は、古く「うべ」という副詞で、当然の意を表す。「なる」は断定の意の助動詞「なり」の連体形。「かな」は感動を表す助詞。「うべ」の語源ははっきりしない。「う」は承諾の「う」と同じで、「べ」は「あへ(合)」の転という説(岩波古語辞典補訂版)がある。この「うべ」は、中古になると「むべ」と書かれることが多くなった。これは梅、馬を「うめ・むめ」、「うま・むま」と書くのと同じで、バ行、マ行の前の両唇鼻音の表記に揺れがあったためである。「むべ」という表記から、やがてムベという語が生じたことは、この語が『日葡辞書』*に「Mube」という形で掲出されていることなどからも分かる。なお、ウベは万葉仮名で「宇倍」(万葉集・六・一〇三七)と書かれている。

例「宜哉(むべなるかな)、不義にして富み、且つ貴きは、我において浮かべる雲のごとしといへる事」(太平記・一・資朝俊基関東下向事)

むやみ【無闇】

あとさきを考えずに一途にすること。「むやみ」は、江戸時代後半期になって見えはじめるが、江戸時代前半期には、同じ意味で、「恋も遠慮もむしやうやみに、見知りごしなる悪口」(浮世草子・好色一代男・五・二)のように、「むしょうやみ(無性闇)」という、「むやみ」に似た表現が行われていた。「むやみ」は、この「無性闇」の中略形として成立した可能性が考えられる。「無性闇」の「無性」は、「むしやうにふとる不破の関守」(俳諧・独吟一日千句・四)のように、やたらの意味であり、「闇(やみ)」を付けて強調したのが、「無性闇」である。

例「あんまりてへばむやみな仕方だ」(滑稽本・浮世風呂・三・上)

むらさき【紫】

赤と青との中間色。ムラサキ科の多年草「むらさき(紫)」の根を染料として染め出した色に由来すると言われる。古来、武蔵野の名草とされたムラサキは、根が乾くと紫色となり、紫色の染料となる。植物名ムラサキの語源について、『大言海』は「叢咲の義」とする。

例「紫(むらさき)の我が下紐の色に出でず恋ひかも痩せむ逢ふよしを無み」(万葉集・一二・二九七六)

むらさきしきぶ【紫式部】

クマツヅラ科の落葉低木。紫色の密集した果実を付ける。語源については、「優美な紫色の果実を才媛、紫式部の名を

かりて美化したもの」(改訂増補牧野新日本植物図鑑)という説のほか、ムラサキシキミから転じた、という説もある。ムラサキシキブという植物名は小野蘭山『大和本草批正』(文化七年頃)に「玉むらさき〈略〉紫式部とも云」と見えるが、これより早くムラサキシキミの名は*『大和本草』(宝永六年)の中に「玉むらさき〈略〉京にて、むらさきしきみといふ」と見える。このようにムラサキシキミの方が早いので、ムラサキシキブはその変化だと考えられる。江戸後期、ムラサキシキミは、音の類似から、もっと人に知られた紫式部に取って代わられたものだという(中村浩・植物名の由来)。また、ムラサキシキミのシキミは「重実(しげみ)」の意味で、実が枝に重(しげ)く付く意だ」とする。

むらさめ【村雨】

にわかに激しく降る雨。「むらさめ」は「むら」と「あめ」の複合した語であるが、「はるさめ」同様、その中間に子音sが挿入されている。このsの正体はよく分からない。「〜さめ」の部分に雨が含まれていることには異論がない。語頭の「むら」には二義がある。一つは「むらがる」などの「むら」で、「群れ」の意味である。この「むら」は「むらすずめ」「むらくも」など名詞の前に置かれるので、「むらさめ」の「むら」もこの類だろうと思われる。別に、「むら」には斑(まだら)、すなわち均等でないことを表す意味もある。『大言海』の語源説、「群雨(むらさめ)の義、又不等雨(むらさめ)の義と」は、「むら」の二義に相応じたものである。しかし、この二義は相通じるものであって、根は一つだろう。「むらがある」の「むら」は一箇所だけにある特徴が集中していると同時に、他にはその特徴がないことを示している。「むら」をどちらかと決めて語源を特定するより、むしろ「むら」を二義兼ね備えたものとして捉えたほうが分かりやすい。*『日本釈名』の次に示す語源はそのようなものとして理解できる。「暴雨(むらさめ) ゆふだち。所々にむら〳〵ふりて、ふらぬ所もあるゆゑなり」(日本釈名・上)。

例「Murasame ムラサメ(村雨) 激しく俄かに降って来る雨」(日葡辞書)

むらはちぶ【村八分】

仲間はずれにすること。もともと「村八分」は中世末期以降、村落で行われた制裁の一つで、村の秩序を乱した者やその家族に対して、村民全部が申し合わせて絶交することをいう。転じて、一般に仲間はずれにすることを言うようになった。なぜ「八分」と言うのかについては、葬儀と火事の二つを除いて交際を絶つからだという。すなわち全体のつきあいを一〇と見て、残りの八つ(=一〇分の八)の交際を絶つからである。

むりやり【無理遣り・無理矢理】

実現のむずかしいことや、相手の嫌がることを強引に行うさま。「むり」は漢語「無理」で、「竇嬰(とうえい)・灌夫二公は、

無理なる罪に逢うたぞ」(史記抄・一四)のように、理(ことわり)の無いさまを表した。転じて、強行するさまも表すようになった。「わたくしは参るまいと申したれども、ここな人が無理に連れて参られてござる」(虎明本狂言・連歌盗人)。「やり」は、動詞「遣(や)る」の連用形「遣り」とする説もあるが、動詞連用形が副詞的に使われることは少ない。「やり」は、「無理」の意を強めるために、語呂のよい語形として付加されたものであろう。「矢理」は当て字。

例「いまだ若盛りの女に、無理やりに髪をきらせ、心にもそまぬ仏の道をすすめ」(浮世草子・日本永代蔵・一・五)

むろん【無論】

もちろん。いうまでもなく。漢籍で用いられている「無論」、たとえば「乃不知有漢、無論魏晋(すなわち漢あるを知らず、魏、晋を論ずることなし)」(桃花源記)を、「論ずることなし」というように訓読せず、ムロンと音読して主に副詞的に使ったもの。論ずるまでもなくというところから、もちろんの意味になったものである。日本では近世になってから用いるようになった。明治二年刊の『増補新令字解』には「無論　イウマデモナシ」とある。↓もちろん

例「是等は兎やかう詮議せずと無論の方しかるべし。愚論なきにしもあらねど先爰にてはひすもの歟」(談義本・遊婦多数寄・二)

め

め

めいきゅう【迷宮】

通路が複雑なために中に入ると出口がわからなくなる宮殿。英語 labyrinth、フランス語 labyrinthe の訳語として作られた語。labyrinth は「迷路」とも訳された。ロブシャイド*『英華字典』には「迷路、迷楼」などの訳が付けられている。早く『輿地誌略』(文政九年)では「羅鼻林多(ラビリント)は〈略〉奇巧の迷園なり」などと訳されていたが、ギリシャ神話のクレタ島のミノス王の宮殿の迷路の話から、「迷宮」という訳が一般化した。初めは「迷宮」に「ラビリンス」「ラビラント」と振り仮名を付けて用いられ、読み方はその振り仮名に従って読まれていたと思われるが、次第に振り仮名なしで「めいきゅう」と音読されるようになった。転じて、物事が複雑で解決が困難な段階の意にも用いられる。

例「今や生活の大迷宮、人世の中心なる大都会に出て、歩み難き行路の難に陥り」(宮崎湖処子・帰省・明治二三年)

めいじ めいぢ【明治】

日本の年号。慶応四年(一八六八)九月八日から明治四五年(一九一二)七月三〇日まで。出典は『易経』「説卦」の「聖人

南面而聴天下、嚮明而治〔聖人は南面して天下に聴き、明に嚮（むか）ひて治む〕」による。当時の落首に「上からは明治だなどといふけれど治まるめいと下からは読む」とある。

めいそう めいさう【瞑想】

眼を閉じて静かに考えること。「瞑」は目を閉じること。英語 speculation の訳語として明治期に造られた和製漢語。*『哲学字彙』（明治一四年）に見られる。例「大津は独り机に向って瞑想に沈んでいた」（国木田独歩・忘れ得ぬ人々・明治三一年）

めいだい【命題】

判断の内容を言葉で表したもの。明治期に造られた和製漢語。「命」は名付けるという意。「命題」は、はじめ文字通り「題を付ける」という意味で使われた。「宜しく応分の新工夫を命題にもまた費すべし」（坪内逍遥・小説神髄・明治一八年）は、その例である。一方で、英語 proposition の訳語として論理学の分野で使われるようになる。

めいめい【銘々】

一人一人。各自。「面々（めんめん）」の変化した語。「めんめん」は同じ意味で使われていた和語「おもておもて」の表記「面々」を音読してできた語。平安時代には「かくおもておもてに、とさまかくさまにいひなさるれど」（蜻蛉日記・中・天禄二年）のように使われていた。中世になると、メンメンと音読されるようになった。「別れの涙をおさへて面々〈めんめん〉におもむかれけん心のうち、おしはかられて哀れなり」（平家物語・一二・平大納言被流）。「面（めん）」をメイと読む例は「面目」をメイボクと読む類例があり、また「冷泉（れいぜん）」をレイゼイと読むのと同じである。古くは撥音を表す仮名がなかったので「い」という仮名で表していたのを、ンと読まずにイと読んだことから生まれた読み方である。メイメイという形は中世末期から見られるようになる。例「Meimeini vocuri tamauaru（銘々に送り賜はる）」（日葡辞書）

メートルをあげる【メートルを上げる】

気炎を上げる。メートルはフランス語 métre による。同義のメーターは英語 meter に由来する。「メートル」「メーター」とも長さの単位を表すとともに、電気やガスなどの使用量や消費量を示す器械をも意味する。「メートルを上げる」の場合の「メートル」は量を測定する器械の意味。酒をたくさん飲んで気勢を上げることを、ガスや電気の使用量の増大につれてメーターの表示が上がることにたとえたもの。大正時代から使われるようになった。「メートルが上がる」ともいう。例「それから私は毎日の様に此の無抵抗主義を持ち出して、熱心にメートルを上げた」（生方敏郎・明治大正見聞史・大正一五年）

めおと《めをと》【夫婦】

ふうふ（夫婦）。「めをつと」の転じた語。「め」は妻。「をと」は「を（男）ひと（人）」の促音便「をっと」の転じたもので、「夫」の意。メヲットは「Meuotto」（日葡辞書）、「婦夫　メヲット」（運歩色葉集）のように辞書に現れる。「めおと」の語源を「めをつと」とする説は*『名語記』に「人のめをと如何。答、妻夫也、女男也」と見える。「夫婦」と書くのは、漢語「夫婦」を当てたもの。

めがない【目が無い】

大好きだ。この慣用句の「目」は正しく見たり判断したりする力のことで、「目がある」「目が利く」などの「目」と同じ。このような「目」が利かないほど好きだということ。なお、「目がない」には「目がある」の対義的な意味の場合もあり、この場合は「見る目がない」と同じ意味で、鑑識眼がないという意味になる。

例「いったい酒には目のない男ゆへ、酒といふと口を出すなり」（洒落本・傾城買杓子規）

めがね【眼鏡】

視力矯正などのために目にかける器具。「めがね」の「め」は目であるが、「かね」はよく分からない。『大言海』は「眼鑑の義か」とする。あるいは、目にかけるために金属を使ったためか。天文二〇年（一五五一）にフランシスコ・ザビエルが大内義隆に献上したのが、眼鏡の日本に伝えられた最初とされている。現物は残っていないが言葉としてはボドレイ文庫本*『日葡辞書』に「Megane」があり、oculos（目にかけるめがねの意）と訳されている。当初は鉄線で作られた「鼻めがね」であった。後に、耳にひもをかけて使用する「天狗眼鏡」が考案された。

例「眼鏡は鼻にはむる物ぞ」（俳諧・類船集・波）

めからうろこがおちる【目から鱗が落ちる】

何かがきっかけとなって、それまで分からなかったことが分かるようになったり、それまでの誤りに気付いて迷いからさめたりする意。『新約聖書』「使徒行伝」にある、失明したパウロの額にキリストの弟子のアナニアが手を置くと、目から鱗のような物が落ちて目が見えるようになった、という話に由来する。

めくじらをたてる【目くじらを立てる】

ささいなことを取り上げてとがめ立てをする。「目くじら」とは、目の端、目尻（じり）のこと。「目くじらを立てる」は、「目尻をつり上げる」ことで、鋭い目つきをすることである。なお、「目くじら」の語源は不明。同義の語に「目くじり」があるが、「目くじら」の方が古い。

例「一々目くじらを立て、悪事を見出す様にするときは」（政治・政談・三）

めくばせ【目配せ】
瞬きなどをして合図すること。古く平安時代には、「めくはせ」と言った。名詞「目」と動詞「食はす」が複合し、「目食はす」となり、この連用形「目食はせ」の名詞化したものが語源である。『大鏡』（二・師尹）に「大将の御方をあまたたびみやらせたまふに、めをくはせ給へば、御おもていとあかくなりて」のように、「目を食はす」という慣用句が見られる。「めくはす」という動詞は、『伊勢物語』（一〇四）に「世をうみのあまとし人を見るからにめくはせよともたのまるる哉」と見える。「めくはせ」という名詞が見られるのは『*色葉字類抄』の「眴　メクハス　メクハセ」が古い。現在のように「めくばせ」というようになったのは江戸時代以降であり、浄瑠璃『宇治の姫切』に「二人の物みるよりも、すわやときっとめくばせし」と見える。「めくばせ」という語形が定着してから、「目を配る」という意識が生じ、漢字表記に「目配せ」が用いられるようになった。

めぐむ【恵む】
困っている人を哀れみ、金品を与える。奈良時代から用例の見られる語。形容詞「めぐし」と同源で、「めぐし」は「目＋ぐし」と分析される。「ぐし」は「くるし（苦）」の意で、「心ぐし」のような類例がある。「目ぐし」は目で見て苦しい、痛々しいから可愛い意に転じた。「めぐむ」はその「めぐし」が動詞化したもの。「めぐし」の、見るに堪えない、かわいそうだという意から、いたわる、物を与えるの意に転じたもの。
例「道のなか国つ御神は旅行きもし知らぬ君を米具美（めぐみ）たまはな」（万葉集・一七・三九三〇）「もちてまいるくだものをさへめぐみたび」（大鏡・五・道長上）

めざし【目刺】
イワシなどに塩をふり、竹串や縄で数匹ずつ目を刺し連ねて干したもの。竹や縄で目を刺し通すことから「目刺し」という。文献では一五世紀後半から見える。『*毛吹草』（二）に「正月」の語として「白魚、目ざし、干鱈」とある。

めし【飯】
米を炊いたもの。御飯（ごはん）。動詞「召す」の連用形「めし」の名詞化。「召す」は飲食することの尊敬語で、貴人の食される物の意から転じた。古くは、蒸した強飯（こわいい）を「飯（いい）」といい、煮たものを「粥（かゆ）」と呼んだ。粥はその固さによって固粥と汁粥とに分かれる。その固粥が今日の飯（めし）にあたる。『*日葡辞書』には「Mexi　メシ（飯）　炊いた米」とある。

めじろ【目白】
スズメ目メジロ科の小鳥の総称。目の周囲に白い縁取りがあることからの命名。
例「Mejiro　メジロ（目白）　この名で呼ばれる小鳥」（日葡辞

書）

めじろおし【目白押し】

多くのものがすき間なく並ぶこと。『*和漢三才図会』（四三）の「眼白鳥（めじろどり）」の条に、「性能成群。好友在樊中、亦集一榤、相依互推。其中一双飛出抜群、則余又相推。又自中抜去而如初（性能く群を成す。友を好み樊（かご）の中に在るも、亦一榤（とまりぎ）に集まり、相依りて互ひに推す。其の中一双飛び出で群を抜けば、則ち余又相推す。又中より抜け去りて初めの如し）」とある。「目白押し」は、このような鳥のメジロの押し合いから生まれた言葉。「目白の押合い」という言い方もあった。「夫婦は小さい据風呂に目白の推合（おしあ）いのようにして入って」（田山花袋・田舎教師・明治四二年）。

例「鶯（うぐいす）や下戸花に酔ふ目白おし」（俳諧・いぬ桜）

めずらしい《めづらしい》**【珍しい】** 文語 めづらし

めったにない。まれだ。「賞美する、愛する」の意の下二段動詞「めづ」から派生した語。「めづらし」は「めづら」までが語幹で、これに形容詞化のための語尾「し」が付いたもの。「めづら」は「なり」「に」を付けて形容動詞としても使われた。動詞「めづ」の意に対応して、「賞美するに足るさまである」「愛すべきさまである」という意味を表した。「めづらし」は上代から見られ、「常に見れどもめづらし我が君」（万葉集・三・三七七）のように用いられた。賞美に値するものは少ないことから、まれであるの意味を生じたものであろう。

例「この獅子の立ちやう、いとめづらし」（徒然草・二三六）

めせん【目線】

目で見る方向。視線。映画、テレビ、演劇などで、演技者が目をつける方向という意味で使われていた語が、一般化したもの。「目線が合う」「目線を向ける」などと使う。戸板康二『楽屋のことば』（昭和六一年）には「役者が演技中に、月を見あげたり、山を眺めたりする時の、目のつけどころを『目線（めせん）』という。視線とはいわない」とある。

めだか【目高】

メダカ科の淡水魚。『大言海』に「目、大きくして高く出づ」とあるように、めだかは横から見ると、目が前頭上部に位置している。この特徴から「目高」と言ったものであろう。地方によって呼び名が違うことで有名。それだけ親しまれてきた魚であるが、最近は絶滅の危機にさらされている。

例「Medaca メダカ（目高）」（日葡辞書）

めちゃくちゃ【滅茶苦茶】

道理にあわないこと。「めちゃ」は「めた」の変化か。「くちゃ」は語調を整えるために添えたもの。「滅茶苦茶」は当て字。「めた」は「むちゃ」「むちゃくちゃ」などの類似表現の中で最も古く一七世紀後半から用例がある。『新撰大阪詞大全』に「めたとは、わけのないこと」とあり、むやみやたらなさまを表

す語である。「めた」は「めたに汲みほすいはれなし」(浄瑠璃・蒲冠者藤戸合戦・五)などと使われた。

例「滅茶苦茶にあるき廻る」(夏目漱石・吾輩は猫である・明治三八～三九年)

めっき【鍍金・滅金】

金属の上に、金、銀、クロムなどの薄い層をかぶせること。『大言海』は「メッキンの音便略」という。古くはめっきのことを「滅金」と書いた。「滅金」は金と水銀の合金のこと。「滅」は水銀と合金することで金をなくす意。めっきの際にはこの滅金を金属の上に薄く塗る。明治以後は普通「鍍金」と表記する。これは中国の表記を借りたもの。漢字「鍍」は金で物の表面を飾る意で、めっきを指す。「めっきがはがれる(はげる)」の形で、外面にかぶせていたものがとれて、地金(中味)が現れる、すなわち、本性が現れることをも言う。

例「滅金(めっき)かと見えし鎖は真鍮の」(仮名垣魯文・総生寛・西洋道中膝栗毛・一二・下・明治六年)

めっそうもない《めっさう―》【滅相もない】

とんでもない。「滅相」はもとは仏教語で、四相の一つ。現在のものを過去にし、物事を滅し去る原理をいう。このことから「いえいえ滅相な、あの様な書置は微塵もわたしゃ知らぬ知らぬ」(歌舞伎・幼稚子敵討・六)のように、「あるはずのないこと」「とんでもないこと」の意で用いられるようになった。「滅相もない」も「滅相」と同じ意味で、それを強調する言い方である。「莫大もない」の「ない」と同じ用法で、「ない」は否定の意味を持たない。「めっそうもありません」という言い方は、「ない」を否定の助動詞「ない」と受けとったための表現である。

例「めっそうもない、此子を地の中へ埋めるなどとは」(談義本・身体山吹色・一)

めった【滅多】

やたら。「めた」の変化した語で、「滅多」は当て字。「めた」は思慮分別のないさまを表す。↓めちゃくちゃ

例「一向文盲なる医者は、こはがってめったなる薬はもらず」(談義本・根無草・前・一)

めっぽう《めつぽふ》【滅法】

度が外れていること。法外に。本来は仏教語で、「無為法」ともいう。必ず変化して消滅する有為法に対して、因縁によって作られることのない不生不滅の生存を意味する。このように必ず消滅するという法に従わないということから、法外の意を生じ、途方もないことを表すようになった。

例「今朝はめっぽふ寒(さぶ)いなあ」(滑稽本・浮世風呂・前・上)

めて【馬手】

右手。右の方。メは「馬」の呉音。馬上で手綱を握るのが右手

であり、弓を持つのが左手であることから、右手を「めて（馬手）」、左手を「ゆんで（弓手）」と呼ぶ。

例「弓手のかひな、馬手に四寸のびて、矢づかを引く事世に越えたり」（保元物語・上・新院御所各門々固めの事）

めでたい【目出度い・芽出度い】文語 **めでたし**

喜び祝うに値するさま。賞賛する意の動詞「めづ（愛）」の連用形「めで」に形容詞「いたし（甚）」の付いた、「めでいたし」の転で、「ほめたたえる程度が甚だしい」の意が原義。平安時代には「かぐや姫、かたちの世に似ずめでたきことを、帝きこしめして」（竹取物語）のように、対象の美しさ、すばらしさを表現するのに用いられた。転じて、そのすばらしさを喜び祝いたいという気持ちから、慶賀の意にも用いられるようになった。「目出度い」「芽出度い」は当て字で、「目出度　メデタシ」（文明本節用集）のような例がある。

例「今度さしも目出たき御産に大赦は行はれたりといへ共」（平家物語・三・頼豪）

めど【目処】

目当て。見込み。植物の「著（めど）」から出た語か。植物メドの茎は易の占いに用いる「著木（めどき）」（＝筮竹（ぜいちく））の材となったので、占いを意味するようになった。「亀のうら、易のめどなどにて疑はしき事をかんがふべき也」（尚書抄・七）。占いの意から未来の推測、目当ての意へと転じたものであろう。この語源に立てば、「目処」と書くのは当て字になるが、『大言海』も一説として紹介するように、「め」は目であり、「ど」は「処（と）」であるとする語源もあり、この表記はこのような解釈に基づいて当てられたものと思われる。植物メドはメドハギとも言い、マメ科の（低木）多年草である。現代では多く「めどがつく」「めどが立つ」などと使う。

例「那方此方（あちこち）と駈廻ったが借り出すべき目途も着かずに」（小栗風葉・恋慕ながし・明治三二年）

めとる【娶る】

妻として迎える。「め（妻）＋取る」の意。「め」は「女」の意味で古く独立の用法を持っていたが、配偶者や妻の意味にもなった。「年ごろあひなれたるめ」（伊勢物語・一六）の「め」は配偶者の意である。

例「娶　メトル」（観智院本名義抄）「女子の皃（かほ）よきを娶りて」（読本・雨月物語・吉備津の釜）

めのこざん【目の子算】

概算。*『俚言集覧』には「女子算とは婦女子の物を数ふる如く一つ一つにするを云ふ」とあり、「めのこ算」は「女の子算」だと解されている。しかし、「めの子算」より古く「目算」という漢語が日本では用いられており、それを和風に柔らげた表現と見るべきだろう。たとえば『大言海』は「まなこ算」の転という。現在のおおまかな勘定という意味は、『俚言集覧』の

場合、婦女子の計算だから精密ではないという考えから出たことになり、「まなこ算」の場合は算盤や筆算に頼らない目算だから概算の意味を生じたということになる。「目の子算」は、「目の子勘定」、略して「目の子」とも言う。

めはながつく【目鼻が付く】

大体の見通しがつく。人形や似顔絵で、目と鼻をつけると、ほぼ顔つきが分かるところから、一般に物事の大体の見通しがつくことを言うようになった。

例「口論に理非の目鼻を付ける人」（俳諧・広原海・一八）

めばる【目張】

カサゴ目の海魚。目が大きく張り出していることから、この名がある。

例「Mebaru メバル（めばる）　ある魚」（日葡辞書）

めやす【目安】

おおよその見当。見苦しくない、感じがよい意の形容詞「目安し」の語幹が独立して名詞となったもの。したがって、本来は、「いとよう、住み馴(な)れ給ひにたれば、めやすのわざやと、見たてまつるものから」（源氏物語・早蕨）のように、見た目に感じのよいことを意味した。そこから、箇条書きのことも表すようになった。「大切の証文ども少々ぬきいだしまゐらせさふらひて、目安にして」（歎異抄・一八）。これは見易くするためにこのような書き方をしたからだと思われる。また、同じく見易くするために付けた目印のことも言うようになった。このあたりから、目あてにするもの、基準、というような現在の意味が生じたものであろう。

例「吾輩(わがはい)を目安にして考えれば、猫なで声ではない」（夏目漱石・吾輩は猫である・明治三八～三九年）

メリケンこ【メリケン粉】

小麦粉。メリケンはアメリカン（American）から。幕末明治初期には「米利堅」と漢字表記した。『航米日録』（万延元年）にはアメリカ合衆国のことを「米利堅国」と表記している。明治になってアメリカから精製された白い小麦粉が輸入され、従来の国産のうどん粉と区別して「メリケン粉」と名づけられた。

例「メリケン粉は〈略〉漸次下落の傾きありしかど」（東京日日新聞・明治二七年二月三日）

めりはり【減り張り】

調子や勢いの変化。「めり」は動詞「減(め)る」の連用形、「はり」は「張る」の連用形「はり」の名詞化したもの。「減る」はへること。「めりはり」はゆるみ強まることである。これが「狂言の仕内にめりはりといふ事有り」（古今役者大全・五）のように、舞台演技での強弱・伸縮や台詞(せりふ)の高低・抑揚をいう歌舞伎用語として用いられるようになり、更に、「めりはりのある話し方（文章）」などのように一般語に転じた。な

お、語源の異説として「めりかり」の転とする説(暮らしのことば新語源辞典)がある。「めりかり」は邦楽用語で、音の高低を表す。

メリヤス【莫大小】

綿糸や絹糸を伸縮自在に織ったもの。スペイン語 medias(靴下の意)に由来する。一六世紀に来日した宣教師たちによってもたらされた。「莫大小」という表記は、伸縮自在ということで、「大小莫(な)し」という意味をこめて当てたもの。

例「はきごころよきめりやすの足袋」(俳諧・猿蓑・五)

めんくらう《―くらふ》【面食らう】

驚きあわてる。語源について『大言海』は、とち(橡)の麺をこねるとちめん棒にて「撃(う)たるる事に、言ひ寄せて、略してメンクラフと云ふ」と説く。要するに、「とちめんぼうを食らう」の省略とする説である。「とちめんぼう」には、あわてる意味の「とちめく」を擬人化した「とちめく坊」をかけてある。「食らう」は、「パンチを食らう」などと同じく、好ましくないことを身に受ける意がある。方言には、うろたえあわてる意の慣用句として、「とちめんぼ(う)くう」(新潟県佐渡、愛知県東春日井、島根県出雲、福岡県三池)、「とちめんくう」(愛知県尾張、滋賀県甲賀)などがあると言われている。なお、「とちめんぼう」が「とちめく坊」の転という説は柳亭種彦の随筆『用捨箱』に見える。

例「此様(こんな)のが五六人も居ては眩暈(めんくら)っちまいます」(三代目三遊亭円遊・阿七・百花園・二巻二二号・明治二三年)

めんこ【面子】

こどもの遊び道具の一つ。江戸時代のこどもの玩具に「面形(めんがた)」というものがあった。大黒・鬼・お多福などの面をかたどった素焼きの銭型の玩具(嬉遊笑覧・六下)で、これを使った遊びを「めんちうち(面打)」とか「めんちょう(面打)」といった。明治になると円形や角形のボール紙に人物や絵を描いたものとなり、これを「めんこ(面子)」と呼んだ。「こ」は「かけっこ」「にらめっこ」などと同じ接尾語で、「こと」の転である。

例「今日又彼の駄菓子屋の前にめんことやら仕て居ながら」(斎藤緑雨・門三味線・明治二八年)

メンタイこ【明太子】

スケトウダラの卵巣を塩漬けし、赤く着色したものを「たらこ」と言い、「たらこ」を塩・唐辛子でさらに漬け込んだものを「めんたいこ」と呼ぶ。語源は中国語で「明太」あるいは「明太魚(mingtàiyú)」ということに由来するという。末尾の「こ」は「子」の意味である。朝鮮語ミョンテからの転という説もある。

メンチカツ

め

挽肉を材料に、小判形にまとめて油で揚げたカツ。略してメンチとも言う。和製語。メンチは英語 mince に由来するもので、挽肉の意。カツはカツレツの省略形。カツレツは英語 cutlet によるもので、肉の切り身に小麦粉・卵黄・パン粉を付けて焼いたり揚げたりしたもの。カツは単独でも使うが、とん(豚)カツ、カツどん(丼)などと、語構成の成分としてもよく使う。

メンツ【面子】

体面。面目。「面子」は古代中国語では顔・顔付きの意味で用いられたが、近世中国語になって「体面」という意味も表すようになった。その意味を現代中国語の発音(miànzi)に基づくメンツという読みで日本語に取り入れたものである。「メンツがある」「メンツがつぶれる」などと使われる。

例「軍国の少年には面子があった」(壺井栄・二十四の瞳・昭和二七年)

めんどう《めんだう》【面倒】

わずらわしい。「目だく(な)」の転といわれる。この説は『*嬉遊笑覧』に「『めんだう』は『眼だくな』なり」と見える。「目だく(な)」が、音便でメダウ(ナ)となり、強調のための撥音を挿入してメンダウ(ナ)となり、更にメンドウ(ナ)と転じたもの。「め」は見ることの意の「目」。「だく」は「だくな」やそのウ音便形「だうな」の形で用いられた接尾語で、むだに費やす意を表す。ただし、その語源は分からない。「めだう」は次のように、見苦しいという意味で用いられた。「さて積善寺の供養の日は、この入道殿のかみにさぶらはれしは、いとめだうなりしわざかな」(大鏡・四・道隆)。『*日葡辞書』には「Mendõna(メンダゥナ)」の形があり、「見るに値しない(もの)、出来の悪い(もの)、など」と説明されている。だがここから、現在の意味にどのようにして変わったかについては十分な説明がない。

例「面倒なら、その薬罐と粉の筒をここへ貸しやれ」(滑稽本・浮世風呂・前・下)

も

もうそうちく《まうそうちく》【孟宗竹】

イネ科の多年草。中国原産。タケノコを採るために各地で栽培されている。「孟宗竹」は中国名ではなく、冬に母親のためにタケノコを掘りに行った孟宗という孝行息子がいたという中国の故事にちなんで、日本で名付けられた名称。

例「孟宗竹　マウソウチク」(黒本本節用集)

もうちょう《まうちやう》【盲腸】

小腸と大腸の間にある部分。長さは五～六センチ。オランダ語 blind darm の訳語として造られた和製漢語。明和九年

刊の地誌『和蘭全軀内外分合図及験号』では「盲目腸」と訳されているが、『*解体新書』(安永三年)では「盲腸」と訳されている。

例「爼橋の手前の広い道を盲腸に譬えたものである」(森鷗外・雁・明治四四〜大正二年)

もうてん《まうてん》**【盲点】**

うっかりして気づかない事柄。英語 blind spot の訳語として造られた和製漢語。本来は、眼の網膜の一部で、視神経が集まって網膜に入りこむところにある乳頭状の突起のこと。この部分は物を見るための網膜でありながら、光が当たっても反応せず物を見るための働きをしない。そこから、普通は気づくはずなのにうっかり見落としてしまう事柄を比喩的にいう。

もうとう【毛頭】

(下に打ち消しの語を伴って)少しも。「毛頭」は漢籍にある語で、毛の生えた頭、転じて(有髪の)稚児という意味。日本でも使われていたが、室町時代頃から、「頭」を先端の意味にとり、毛の先端の意で用いた。毛の先がきわめて細いことから「毛の先ほども」「少しも」という意味で使われるようになった。

例「毛頭虚言なんど申す法師ではなきぞ」(地蔵菩薩霊験記・五・一四)

もうろく【耄碌】

おいぼれること。「耄」はおいぼれること、「ろく」は「宿六などと同趣にて」(大言海)、「宿六」「贅六(ぜいろく)」など人をののしる言葉を作る語。「六」という字を使うのは、人名の末尾には「嘉六」とか「孫六」とか「〜六」が来るからで、語源上は「陸(ろく)」である。「碌」は当て字。→ろくに

例「人も居所(ゐど)立所(たちど)にまごつき出しちゃアそっくりもうろくして仕舞ふのよ」(人情本・春色雪の梅・三・一四)

もえぎいろ【萌黄色・萌葱色】

やや黄色みを帯びた緑色。「もえ」は芽ぐむ意の動詞「もゆ(萌)」の連用形、「き」は葱(ねぎ)で、「もえぎいろ」は萌え出る葱の色の意。「き」はネギの古名で、『*二十巻本和名抄』に「葱　和名紀(き)」とある。今も「あさぎ(浅葱)」「あさつき(浅葱)」などと使われる。「もえぎ」だけで色を表したが、「黄色」などにならって、近世以降「色」をつけて色名であることを明らかにした。表記の「黄」は当て字。

例「もえぎ色と云ふは春の頃木の葉のもえ出づる時の色なり」(随筆・貞丈雑記・三)

もぐさ【艾】

灸(きゅう)に使う、ヨモギの葉を乾燥して綿(わた)状にしたもの。『*日本釈名』に「もえぐさ也。えを略す」とある。「もえ」は

「燃え」で、「ぐさ」は「くさ(草)」の連濁したもの。すなわち「燃える草」の意。灸ではヨモギの葉などを燃やすので、こういった。

もくてき【目的】

目指している物事。「めあて」の漢字表記「目的」を音読してつくられた語。「めあて」の漢字表記として「目当」「目的」などが併用されていたが、オランダ語 oogmerk の訳語として「目的(めあて)」が利用された。『*改正増補訳鍵』『*和蘭字彙』に oogmerk の訳語として「目的」が載っている。音読されてモクテキという漢語ができたことになる。明治に入り漢語「目的」の使用が多くなると、「めあて」の漢字表記は専ら「目当」が担うことになった。なお、この語は日本から移入して、中国でも使われている。

例「一書に夜陰の目的とあるも、また夜の見様とあるも、ともに同術なり」(測量・量地指南後編・三)

もくひょう《もくへう》【目標】

めあて。「めじるし」の漢字表記として、江戸時代には「目標」や「目印」が使われたが、明治になって「目標」を音読してモクヒョウという漢語が生まれた。この語が一般化するのは明治後期である。この語は中国でも使われている。

例「目標　モクヘウ　メジルシ」(音訓新聞字引・明治九年)

もぐら【土竜・鼹鼠】

土中に住む小動物。「もぐらもち」の下略。「もぐらもち」は「うごろもち・うころもち」から転じたもの。語頭の「うご」は動詞「うぐ」(=穿つ意。古くはウク)の転、「もち」は「持ち」で穿った土を持ち上げるというのが、その名の意味ではないかといわれる。「もち」が「持ち」であることは、『*名語記』が「もちはもちあぐる也」と指摘している。古く「うこ(ご)ろもち」といったことは、『*本草和名』(一五)に「鼹鼠〈略〉和名宇古呂毛知(うころもち)」とあることなどから分かる。その後、ウグロモチ、ムグロモチなどの形を生じ、中世末にはムグラという形も生じたと言われる。ムグラからモグラへの変化は、ウ段とオ段の交替によるものであるが、「潜(もぐ)る」との類推が働いたと考えられる(日本国語大辞典二版)。

例「うごろもち〈略〉西国にて　もぐら」(方言・物類称呼・二)

もくろみ【目論見】

計画。くわだて。動詞「もくろむ」の連用形が名詞化した語。「もくろむ」は漢語の「目論(もくろん)」を動詞化したものといわれる。ただし、中国語の「目論」にはたくらむの意味はない。これについては「『目論』は史記に見えて、自から見る事の浅くして他の是非を論ずるをいふなれど、本邦にて誤りて企画する意に用ゐしならむ」(山田孝雄・国語の中に於ける漢語の研究)と説明されている。漢語の語尾を活用語尾とし

て活用させる類例には、名詞「装束(しょうぞく)」を四段動詞に活用させた例や、「暴利」→「ぼる」(動詞)などがある。しかし一方、*『日葡辞書』には「もくろむ」の説明として「碁(Go)を打つ際に、どちらが勝つか負けるかを知るために、碁盤の目について十分に計算する。また、比喩。物事についてよく計算し、十分に考えめぐらす」とある。これによれば、「もく」は一目、二目などの「もく」となる。しかし「ろみ」の部分は説明がつかない。

例「我が宿の普請のもくろみ」(浮世草子・好色二代男・六・四)

もさ【猛者】

勇猛な者。『大言海』に「まうざ(猛者)の略転」とある。「猛者(もうざ)」は勇猛な人の意で、鎌倉時代から用いられた。「坂東のまうざなりせば、かくは致さざらまし」(続古事談)。「猛者」は漢籍に見られず、日本で猛(たけ)き者の意で造られた語と思われる。なお、「者」が「ざ」となることは、「験者(げんざ)」などにも見られる。

例「全広とやらんいふ猛者、南風原を攻めんとて、軍兵を出したるに」(読本・椿説弓張月・拾遺・五〇)

もしもし

人に呼びかけるときに用いる言葉。また、特に、電話口で相手に呼びかける言葉。「申(もう)し」の縮約形「もし」を重ねた語。「申し」は、「申し、こなたへ申したい事が御ざる」(虎明本狂言・釣針)のようにあなたに申し上げますという気持ちで話し掛けるのが、もとの意味。「モシ、静におつかいなさい」(滑稽本・浮世風呂・二・下)のように「もし」一つでも用いられらた。

例「moximoxi(モシモシ)これらを召し出だされ叡夢を開かれ申すべきやと奏聞申されければ」(サントスの御作業・二)

もず【百舌・百舌鳥・鵙】

モズ科の鳥。語源不明。『大言海』は、「モは鳴く声、スはうぐひす、からすなどのスと同じ」というが、モズの鳴く声をモで表すような音で聞きなせるか、疑問である。モズの鳴き声は、中西悟堂『定本野鳥記』によれば「キチキチキチキチキチの連続。キイ　キイ　キイの繰りかえし。チョッ　キョッ　キョッとゆっくり反復。チョッ(激しく)チチチチチチ(急速に)チョッ　チョッ(一音ずつゆるく)等。地鳴きはキョッ　キョッ　キョッ」であって、モには遠い。漢字表記「百舌(鳥)」は、上代から用いられているが、漢名としてみると、「百舌」は正体不明の鳥である(図説日本鳥名由来辞典)。『大言海』は、この表記について「百鳥の音を真似る故に、百舌と云ふ」としている。中西悟堂は「他鳥の擬声に巧みで、ウグイス、カシラダカ等の複雑な鳴き声を真似る」という。

例「鵙〈略〉毛受(もず)」(十巻本和名抄)

もずく もづく
褐藻類モズク科の海藻。ホンダワラやツルモ等の大形の海藻に着生する。古く『正倉院文書』に「母豆久（もづく） 六斗」（天平六年五月一日）のように現れている。大形の海藻に付くことから、藻（も）に付く、すなわちモヅクと名付けられたと思われる。

もち【餅】
蒸したもち米を臼でついた食品。「もち」は、古く「もちひ」と言った。「もちひ」は「もちいひ」の略。「いひ」は「飯」の義。「もち」には諸説あるが決めがたい。『日本釈名』*は「むし（蒸）」とする説と、「たもち也。久しくたもつ也」という両説を記している。また、「もち」は、粘り気のあるものを意味する語であるとする説もある。漢字「餅」は中国語では小麦粉製品を指す。例の「ボーロ」はポルトガル語で「菓子」の意味。
例「Mochi モチ（餅） 米で作った円いボーロ」（日葡辞書）

もちぐさ【餅草】
「よもぎ（蓬）」の異名。餅をつくときにこの草を入れて「草餅」を作ることから言う。

もちづき【望月】
陰暦一五日の月。満月。「満（み）ち月」の転とする説が多い。たとえば『日本釈名』*は「もちはみつ也」という。
例「春花の貴からむと望月（もちづき）のたたはしけむと」（万葉集・二一・二六七）

もちろん【勿論】
言うまでもなく。「勿論」という漢字連接は漢籍に見られる。「勿」は禁止の意味を表し、「～なかれ」と訓ずる。たとえば「前事勿論」（旧唐書）は「前事論ずるなかれ」と訓ずる。この「勿論」をモチロンと音読して用いたもの。「勿」は呉音でモチ・モツと読まれる。論じてはいけないの意から、その必要もない、言うまでもない、と転じた。中世から見られる。
例「これは霜のふれば霜月と尺しおけり この義勿論なるべし」（名語記）「Mochiron（モチロン）。即ち ronzuru coto nacare（論ずることなかれ）」（ロドリゲス日本大文典）

もつ
料理の材料となる鳥、牛、豚などの内臓のこと。内臓の意の「臓物（ぞうもつ）」の上略。モツは「物」の呉音。大正八年の服部嘉香・植原路郎『訂正増補新らしい言葉の字引』に「もつ 労働者用語。鳥の臓物のこと」とある。

もっけのさいわい ―さいはひ **【物怪の幸い】**
思いがけない幸い。「もっけ」は「もののけ」の転。室町時代になって「もっけ」は、死霊や生霊などが起こす「あやしいこと、不吉なこと」を表した。「牝は不鳴（鳴かぬ）ものぞ〈略〉鳴けばもつけで、家の尽くる兆ぞ」（史記抄・二）。更に「不思議なこと、思いがけないこと」の意味を持つようになった。→ものの

け

例「万々は腰が抜けてより、もつけのさいはひ、ものを入れて養生せんと思ひのほか」（黄表紙・莫切自根金生木・下）

もったいない【勿体無い】 文語 もったいなし

おそれ多い。ありがたい。また、惜しい。「もったい」は「物体」の呉音で、和製漢語。「勿」は「物」の略字といわれる。「もったい」はものものしい態度・有様という意味で中世から用いられた。今でも「もったいぶる」などと使う。しかし、この「もったい」の意味からどのようにして「おそれ多い、ありがたい」という現在の意味に転じて来たか不明である。中世末の*『日葡辞書』には「Mottainai（モッタイナイ）」を「堪えがたい（こと）、または不都合な（こと）」と説明している。ここから更に、過分な扱いに対して不都合であるということで、おそれ多い気持ちを表すようになったものだろうか。『源平盛衰記』（三六・平氏嫌手向事）に見える「帯紐解け広げて思ふ事なくおはする事勿体なし」は、戦のものものしさの無い様子を非難して言っている。

例「是は言語道断もったいなきお言葉かな」（虎明本狂言・右流左止）「茶沸かす事も勿体なし」（浮世草子・日本永代蔵・三・三）

もってのほか【以ての外】

とんでもないこと。語源不明。『大言海』は「以（おもひ）の外（ほか）の文字読」としている。漢字「以」には思うという意味があるので、「思いのほか」を「以外」と表記し、それを字に従って「もってのほか」と読んだというのである。

例「今にはじめずと申しながら今度は以外（もってのほか）に覚え候」（平家物語・二・西光被斬）

もどかしい 文語 もどかし

物事が思うように進まず、じれったい。「さからって非難する」意の動詞「擬（もど）く」の形容詞形。「非難すべき様子だ」の意が原義で、「もどかしきところなくひたみちに勤め給へ」（源氏物語・竹河）は原義通りの用法。そこから「気に入らない事態にいらだつ」の意が生じた。「我ながらさももどかしき心かな思はぬ人はなにか恋しき」（拾遺集・恋二）では、すでに現代語と同じ意味で用いられている。

もとのさやにおさまる ―をさまる **【元の鞘に収まる】**

一度仲たがいしたものが、再びもとの関係に戻る。「鞘」は刀身を納める筒のこと。一度抜いた刀を、他の鞘ではなく、その刀の鞘にもどせばすんなり収まることから、旧縁回復のたとえとしたもの。「元の鞘に収める」という言い方もある。いずれも近世から用例が見える。

もとのもくあみ【元の木阿弥】

一時よい状態になっていたものが、また、元のよくない状態にもどってしまうことのたとえ。語源については諸説あるが、い

も

ずれも俗説の域を出ない。一六世紀末の軍記『天正記』は次のような故事を伝えている。戦国時代、奈良の市中に木阿弥(もくあみ)という盲人がいた。戦国大名の筒井順昭は、臨終に際し、「嗣子(順慶)は幼い。木阿弥は、声が私に似ている。私が死んだら彼を寝所に置き、私であるかのように仕えて、それを外様(とざま)の者に見させよ」と言った。そこで木阿弥を召し、遺言どおりにしたが、順慶の長ずるに及んで、順昭の死を公にし、木阿弥はまた元の市人に戻ったという。

もともこもない【元も子も無い】

何もかもすっかり無くしてしまうこと。「もと」は元金、「こ(子)」はその利子であり、利益ばかりか元手まで失ってしまうことが原義。元金と利子という意での「元子」は、『甲陽軍鑑』(品三三)に「信州・甲州共に、其筋、諸代官衆へ、本子(もとこ)共に、進上申し候ふ」と見える。「元子を失う」「元も子も失う」という表現も「何もかもすっかり無くしてしまう」という意で用いられる。

例「もとも子もないやうにならにゃ目がさめぬ」(心学・松翁道話・三・下)

もなか【最中】

もち米の粉で薄く焼いた皮の中に餡(あん)を入れた和菓子。「最中(もなか)の月」の略。本来の皮は丸い形で、「最中の月」を連想させるところから名付けられた。「最中の月」とは陰暦十五夜の月(中秋の名月)のことで、源順の「水の面に照る月なみを数ふれば今宵ぞ秋のもなかなりける」(拾遺集・秋)によるという。「もなか」は、物の中央また最も盛んなときをいう。「もなか」の「も」には、「最寄り(の駅)」の「も」のような類例がある。

例「此の箱が最中、饅頭、かすてら」(人情本・祝井風呂時雨傘・七)

もぬけのから【蛻の殻】

目的のものが逃げ去ったあとの様子。「もぬけ」は蛇やセミが脱皮する意の動詞「もぬく」の連用形の名詞化で、脱皮した殻のこと。この「もぬけ」に同じ意味の「から(殻)」を付けて、空っぽであることを強調したのが「もぬけのから」である。なお、「もぬく」の語源は、『大言海』によれば「身脱(むぬ)く」の転であるが、「もぬけ」は「裳抜け」の意とする説(新明解国語辞典六版)もある。後者ならば音転を考えないですむ。

例「並べし床はもぬけの殻なり」(樋口一葉・別れ霜・明治二五年)

ものぐさ【物臭】

何かをするときに面倒がること。「もの」は形容詞「ものかなし」「ものうし」などの「もの」で、何となくという意味。古くは形容詞「ものぐさし」は何となくくさいという意味であった。現在の意味を派生した経緯は不明である。現在では形

容詞「ものぐさい」はほとんど使われず、「ものぐさ」という形容動詞用法が普通になっている。なお、古くは「ものぐさ」「ものぐさし」ともに、清音であった。

例「物くさながら出でたちて、やなぎのきぬに、くれなゐのうちき」(とはずがたり・二)

ものさし【物差】

物の長さをはかる道具。「さし」は物をはかる道具で、動詞「さす」の連用形の名詞化。「鯨尺を土産に貰ふて何にすると問へば、太夫さまに延びさんした客さん達の鼻毛をさす」(浮世草子・風流曲三味線・四・四)に出てくる「さす」は、はかるという意味である。

例「Monosaxi モノサシ〈略〉着物を裁断する際に、絹織物や綿布などを計るのに用いるもの」(日葡辞書)

もののけ【物の怪】

人にたたりをするといわれる、死霊や生き霊。「もの」は「鬼」「霊」など超自然的な存在の意、「け」は「気配」などの「気(け)」。「怪」は呉音が「ケ」なので、同意で「物の怪」とも書かれるようになった。

例「験者(けんざ)の、もののけ調ずとて」(枕草子・二五・すさまじきもの)

ものみゆさん【物見遊山】

あちこち見物して回ること。「物見」は『古今集』(恋一)の詞書に「ものみにいでたりける女のもとに」とあるように見物の意で、平安時代から見られる。これに仏教、特に禅宗由来の「遊(游)山」(=景勝の地を遊歴すること)が結びつき、一語となったもの。「ゆ」は「遊」の呉音読みである。

例「物見遊山のと申して、都は殊之外賑やかな事でござる」(虎寛本狂言・茫々頭)

ものもらい《ものもらひ》【物貰い】

伝染性の強い腫(は)れ物が、まぶたにできる麦粒腫(ばくりゅうしゅ)という病気の俗称。この病気を「物貰い」というようになったのは、よその家から物を貰うとこの病気が治るという俗信による。「目こじき」「目ぼいと」などの方言も同じ俗信に基づくものである。

例「人の目のふちへものもらひの出来たを」(洒落本・後編風俗通・属温風四相)

もみじ《もみぢ》【紅葉】

秋の終わりごろ、木の葉の色がが赤や黄などに変わること。動詞「もみつ」の連用形が名詞化したもので、奈良時代は「もみち」と清音だった。「秋山の毛美知(もみち)をかざしわが居れば」(万葉集・一五・三七〇七)。「もみつ」の語源は不明。近世以来、『大言海』なども「もみ出す」「もみ出づ」を語源と考えて来たが、古くモミツと清音なので、この説は成り立ちがたい。平安時代の辞書『観智院本名義抄』*の「黄葉」の項に

モミヂバと濁音で読むべき符号（声点）が付されており、このあたりですでにモミヂとなっていたことが分かる。

例「むめをかざすよりはじめて、ほととぎすをきき、もみぢををり」（古今集・仮名序）

もめん【木綿】

綿（わた）の種から取った繊維。漢語「木綿」の字音モクメンがモメンに転じた。『*和句解』に「木綿　もめん、もくめん。即ち文字のこゑ」とある。モンメン、モフメンなどの形でも使われた。モンメンの例として「もんめん者衣服類也」（大乗院寺社雑事記・応仁二年）がある。

例「Momen モメン（木綿）」（日葡辞書）

もも【桃】

バラ科の落葉小高木。語源不明。中国原産で、古く日本に渡来した。『日本書紀』に「時に道の底に大なる桃（もも）の樹（き）有り」（神代上・兼方本訓）と見える。『大言海』は「真実（まみ）の転」、「燃実（もえみ）の意か」、「百（もも）の義か」と三説並べている。

例「桃核〈略〉和名毛々（もも）」（本草和名・一七）

ももひき【股引】

細いズボン状の衣料。語源不明。近世の随筆『*貞丈雑記』は、「古（いにしえ）『きゃはん』の事を『はばき』とも云ふ。〈略〉股（もも）までかかるをば『ももはばき』と云ふなり。今『ももひき』と云ふは〈略〉『ももはばき』の略語なり」という。「ももはばき」は中世末の故実書『宗五大草紙』に「公方様御小者、ももはばき・脚半（きゃはん）は、十月五日内野の御経へ御成りより、三月三日まで用ゐられ候ふ」（公方様御成の様躰の事）のように使われていた。しかし、モモハバキ→モモヒキという語形変化には疑問が残る。別な説としては「股に牽（ひき）たる義」とする『*和訓栞』の説がある。これは「はばき」のように脛だけなく、股まで引き上げたものということだろうか。

例「御供之事〈略〉御走衆（おはしりしゅう）六人、きゃはん、ももひき」（大館常興日記・天文八年一二月三日）

もより【最寄り】

最も近い所。中世に「もよる」（＝いちばんの頼りとして近づく）という動詞があり、その名詞形と考えられる。「も」は「もなか（最中）」の「も」と同じで、「真（ま）」と同源かといわれる。「よる」は「寄る」で、「最も寄りついて近いところ」というのが、「もより」のもとの意味だと思われる。以下に「もよる」の例を掲げる。「ここは挑み戦ひて、と読うだがよいぞ。もよらいで、戦はうと云ふ心ぢゃほどにぞ」（抄物・漢書列伝景徐抄）。

例「追ひ追ひ、二編・三編と打ちつづき著述いたし候ふ間、もよりよろしき本屋にて、御もとめ下され」（滑稽本・浮世風呂・四・上）

もろこし【唐土・唐】

中国の呼称。語源について、『大言海』は「諸越（しょえつ）の地の字を文字読みにせる語」という。漢語「諸越」を「もろこし」と訓読した語とする説である。漢語「諸越」は、中国の「越（えつ）」のことで、「諸」は発語の辞。古く日本は諸越の地と交渉が盛んだったため、それが唐全土の呼称として用いられるようになったという。これに対して、「諸越」は中国南部の低文化地域を指す名で、中国の代表名となる可能性は低く、国語の「もろこし」には遠隔というニュアンスのうかがわれる例が多いように、中国を、もろもろの海山を越えた遠い異国として表した語とする説（小学館古語大辞典）がある。近世からある説であるが、『大言海』説より説得力がある。

例「もろこしに三度わたれる博士」（宇津保物語・俊蔭）

もろはのつるぎ【諸刃の剣・両刃の剣】

相手に打撃を与えるが、自分も傷つく恐れがあること。「もろ」は両方の意で、「諸手」「諸肌」などの「もろ」と同じ。「もろは」は刀の両側に刃を付けた剣のことで、相手を切ろうとして振り上げた時に、自分を傷付ける恐れがあることから、自分も相手も共に打撃を受ける恐れがあることを表すようになった。「剣（つるぎ）」はもともと両側に刃があるものであるから、「諸刃の剣」というのは、重複した言い方になるが、「諸刃」を強調していったものであろうか。この言い方は、*『日葡辞書』の「Morofa（モロハ）」の項に見られるのが早い例である。「Morofano catana, qen, &c.（諸刃の刀、剣、など）」とある。「両刃の剣」の例は近世から見える。

もろみ【醪・諸味】

まだ、かすをこしてない酒や醤油。「もろ」は「諸」で両方の意、「諸手」「諸肌」「諸刃」などの「諸」と同じである。「もろみ」は、汁とかす（糟）の両方が混じっているものを言う。「み」は、ここではかすの意味である（大言海）。「汁の実」の「実」が汁の中の野菜などを指すように、ここでは酒や醤油の中の米や麹を指す。

例「醪　毛呂美（もろみ）　汁滓酒也」（二十巻本和名抄）

もろもろ【諸々】

多くのもの。接頭語の「もろ」を重ねた語。「もろ」の語源が不明であるが、『大言海』は「羣（むら）」に通ず、朝鮮にてモラ」という。接頭語「もろ」は、二つでひと組になっているものの両方（「諸手」「諸刃」など）、全てのものや多くのもの（「諸人（もろひと）」「諸心（もろこころ）」など）、いっしょに動作する（「諸声（もろごえ）」「諸寝（もろね）」など）という意を表す。

例「この御足跡を　訊ね求めて　善き人の　坐す国には　我も参てむ　毛呂毛呂（もろもろ）を率ゐて」（仏足石歌）

もんきりがた【紋切り形】

型にはまったやり方。本来は染色のための紋の形（模様）を切り抜くための型のことであるが、そこから、決まりきったや

り方を指すようになった。近世から使われ出した語。決まりきったことということから、次第につまらないといったニュアンスを帯びるようになった。

例「外の江戸狂言はむかしからの紋切り形といふものがあつて、おなじ狂言、おなじ仕打ちをいつも見せて、それが家の芸になる」（滑稽本・客者評判記・中）

もんじゃやき【もんじゃ焼き】

小麦粉をゆるく溶いて味付けしたものの中に野菜や肉などの具を入れて、鉄板の上で混ぜながら焼いて食べるもの。「もんじやき（文字焼）」の変化とされる。「文字焼」の例は「炮烙で文字焼をして大困り」（雑俳・柳多留・一二四）などと見える。「文字焼」は鉄板で焼く時に、文字などを書いて遊んだことからの名だという。

もんぜんばらい《―ばらひ》【門前払い】

（応対もせず）全く相手にしないこと。「払う」は手などでごみのようなものを勢いよく除くことであるが、この場合は来訪者をすげなく追い帰すことで、もと家の中へ入れず門の前で客を帰すこと、すなわち、会うことを拒絶することである。もちろんこの意味で今も使う。多く「門前払いを食わす（食う）」の形で使われる。

もんどりうつ【翻筋斗打つ】

空中で一回転する。本来は「もどりをうつ」といった。「もどり」を強めて「もんどり」といったもので、「あまり」を「あんまり」、「ふわり」を「ふんわり」というのと同じである。「もどり」は「戻り」で、宙返りをして元に戻ること。「うつ」はこの際「する」を強めたもので「なだれをうつ」「芝居をうつ」などと使う。「もどりを打つ」の例は、一三世紀中頃の『古今著聞集』（一一・四一〇）に「山がらのもどりうつやうに飛びかへられたりける、凡夫のしわざにあらざりけり」とある。漢字で当てる漢語の「翻筋斗（ほんきんと）」は、宙返りの意。

例「鎌の上で二つ三つもんどりを打つたならば、其まま死ぬるで有らう」（虎寛本狂言・鎌腹）

もんぺ

農漁村の婦人の作業衣。袴形で足首のところがくびれている。第二次大戦中は、都会の女性も着用した。語源不明。「もんぺ」より「ももひき（股引）」という語の方が古いので、「もんぺ」が「ももひき」から派生した可能性はある。ただ、モモヒキからモンペへという変化がどのようにして起きたか分からない。「もっぺ」「もんぺい」という言い方もあった。なお、門兵衛という人が考案したという説（大言海）もあるが、人名による語源の説明にはこじつけが多い。

例「紺太布のモンペといふを着たり」（風俗画報・二六号・明治二四年）

や

やいと【灸】

お灸。「焼きと」の転。「と」は所の意。多く「あてど（当て所）」、「ふしど（伏所）」などのように濁音で使われるが、「せと（瀬戸）」「くまと（隅所）」のように清音でも現れる。「やいと」はお灸で焼くところ、灸点の意味から、灸そのものを指すようになったものである。ただし、この語源説には、若干疑問がある。すなわち、方言の分布や*『色葉字類抄』（黒川本）に「灸所　ヤイトウ」とあることなどから、「やいと」の古い形は「やいとう」であった、という（日本国語大辞典二版）。とすれば、ヤイトウ→ヤイトという変化が考えられるわけで、「やいとう」の「とう」の説明が必要になる。

例「灸　キウ　ヤイト」（易林本節用集）

やいば【刃】

刀。もともとは、焼きを入れた刃（は）のことで、「焼き刃」の転。→焼きを入れる

例「Yaibani cacaru（刃に懸かる）何か武器で殺される」（日葡辞書）

やえば《やへば》【八重歯】

添い歯。「やえば」の「やえ」は、「やえざくら」などのように、名詞と複合して、多く重なっているという意味を添える。この語も、普通に並んでいる歯に重なるように生えているさまを指して、「やえ」といったもの。八重歯を可愛いとする見方があるが、必ずしもこれは古くはない。

例「花嫁の重歯（やへば）隠すも一化粧」（俳諧・昼礫）

やおちょう《やほちやう》【八百長】

勝負などでのなれあい。『大言海』は、「もと、八百屋渡世の、通称、八百長と云ふもの、相撲協会の年寄某と、常に碁を囲み、優に勝つべき技倆あるに拘はらず、巧みにあしらひて、一勝一負に終はるを、事としたるに起こると云ふ」とし、「相撲にいふ語」だとする。ただし、現在最も古いかと思われる用例は、明治三九年の「ワザと決勝点間際で自分から落車し、暗々裏に此の勝負の八百長である事を示して」（万朝報・明治三九年四月五日）という自転車競走の記事のようである。『大言海』の語源説を裏付けする根拠はない。

やおもて【矢面】

非難・攻撃などをまともに受ける立場。「矢面」は、もともと敵の矢の飛んでくる方角に当たる面のことで、矢を正面から受ける危険な場所である。「一人当千のつはものども、我も我もと馬の頭を立て並べて、大将軍の矢面にふさがりければ」（平家物語・一一・嗣信最期）というのは、大将軍義経に

向かって射込まれる能登守の矢を防ぐために、弁慶等が馬首を並べて、矢を防ぐという場面である。その後、「矢面」は矢戦だけでなく、広く、争いなどの場で集中攻撃を受ける所を言うようになった。

例「ばからしくくだらない質問の矢面に立たせられた」（島崎藤村・夜明け前・昭和四～一〇年）

やおや《やほや》【八百屋】

野菜を専門に売る店。「やおや」の「やお（八百）」は、「やおよろず（八百万）」のように、数の多いことで、『大言海』が「雑物繁多の意」とするように、単品でなく、いろいろな物を扱ったから、「八百屋」と称したものと言われる。ただし、これに対して「青屋」の言いかえ（柳田国男・食料名彙）という説もある。「青屋」は「青物屋」の略だが、野菜を売る店という意味の「青屋」がどれほど用いられたのか不明である。↓やおよろず

例「八百屋にもうるやつるめせ弦いちご」（俳諧・桜川・夏一）

やおよろず《やほよろづ》【八百万】

数限りなく多いこと。「やほよろづ」の「やほ」は数の八百と同時に、数の多いことを表した。「や」は「八（や）」だが、「ほ」は百を表す語であった。実際の使用例として残っているのは、「いほ（五百）」と「やほ」だけだが、『*観智院本名義抄』に「三百　ミホ　六百　ムホ　九百　コ、ノホ」が挙げられている。「よろづ（万）」も数の多いことで、今でも「よろずの病は気から起きる」などと、使う。

例「八百万（やほよろづ）千年（ちとせ）をかねて定めけむ」（万葉集・六・一〇四七）

やおら《やをら》

おもむろに。語源は確定しがたい。「やを」は、「やうやく（漸）」の原形と考えられる「やをやく」の「やを」と同源と見る説（小学館古語大辞典）がある。「やうやく」には「やをら」と同じく、ゆっくりという意味があった。この「やを」について『*和訓栞』は、「弱き意也。やをとよわと通ぜり」という。『大言海』は「弱（よわら）の転と云ふ、されど、やはらと云ふも同語なるべければ、柔（やはら）なるべし」という。『大言海』によれば、ヤハラがヤワラを経てヤヲラに転じたことになる。

例「御後の方よりやをらすべり入るを」（宇津保物語・蔵開・下）

やかた【館・屋形】

貴人の屋敷。「やかた」は「や（屋）かた（形）」の意味で、家の形をしたものであり、仮に作った家屋を指した。『播磨国風土記』（餝磨郡）に見える「（大三間津日子命ガ）ここに屋形を造り座（ま）しし時」という「やかた」は仮の宿舎である。中世以降、「たち（館）」にかわって、邸宅を指すようになった。

また、そこの主をも意味するようになり、「おやかたさま」などの呼称も生じた。なお、「屋形船」は、家の形をした覆いをかぶせた船を言うが、中古からあった。

例「競（きおう）、やかたに帰って〈略〉とぞ申しける」（平家物語・四・競）

やがて

余り時間のたたないうちに。「頓　ヤガテ　ヤミガテ（止難）也」（名言通・下）など語源説はあるが、不明。この語はもともと「直ちに」とか「すなわち（即）」の意味であった。かぐや姫を失った竹取の翁は「薬もくはず、やがて（＝ソノママ）起きもあがらで病みふせり」（竹取物語）と描かれる。現代風の用法は、中世以降多くなるという。

例「閏四月廿五日后宣旨下り給ふ。御年三十九、やがてみかど産みたてまつり給ふ」（大鏡・一・村上天皇）

やかましい【喧しい】文語 やかまし

さわがしい。『俚言集覧』*は「弥喧（やかまし）の義」とする。語頭の「弥（や）」は「八（や）」と同源で、はなはだしいの義。多く「いや」の形で接頭語として使われる。「かまし」は、うるさいの意味で、「かま」は擬声語といわれる（大言海）。「し」は形容詞を作る語尾。「かまし」の仮名書きの例は上代にないが、『肥前国風土記』（神埼郡）の地名説話では、「囂」を「かまし」と訓んでいる。すなわち、「囂郷（かまのさと）」の地名の起源は、景行天皇がこの地に行幸し「蠅の声甚（あな）囂（かま）しとのりたまひき。よりて囂郷（かまのさと）といひき」と説かれている。

例「おのおのは何をやかましく申さるるぞ」（評判記・色道大鏡・五）

やから【輩】

ある種の（あまりよくない）傾向を持つ仲間。もと「一族」の意で、「や（家）から（族）」と分析されている。「やからとは一族の事也。やは家也。からは、ともがら也」（日本釈名）。「から」は「はらから」など、語の一部として使われ、血縁を意味した。『日本書紀』では「族」をヤカラと訓んでいるが、仮名書きの例としては、平安時代の辞書に「百族　毛々夜加良（ももやから）」（十巻本和名抄）と見える。血縁集団から構成員を拡大して、平安時代以降には「仲間」の意味で、必ずしも現代のような悪い評価を伴わずに、「きたなしや、かへせかへせといふやから多かりけれども」（平家物語・七・倶梨迦羅落）などと使われていた。

例「わが君をわびさせ奉る盗人のやからは」（宇津保物語・蔵開・中）

やかん【薬缶】・《やくわん》【薬鑵・薬罐】

金属性の湯沸かし。本来は薬を煮出すための容器、つまり「やく（薬）かん（鑵）」の意であったが、『日葡辞書』*には今は

湯を沸かすための深鍋として用いると記してある。「茶碗」が茶を飲む器の意味から、飯を盛る器の意味にも使われるようになったのと同じで、特殊な用途から他の用途にも用いられるようになった例といえる。中国では「薬罐子」と称した。

例「手近にあった薬鑵の白湯を茶碗に汲取りて」（二葉亭四迷・浮雲・明治二〇～二二年）

やぎ【山羊】

ウシ科の家畜。「羊」の朝鮮語音ヤングから来たとする説が有力（新村出・外来語の話、大言海など）。日本に渡来したのは新しく、近世かと言われる。橘南谿の随筆『西遊記』（寛政七年）に「長崎にたまたまやぎといふ獣あり」とある。

やきがまわる《―まはる》【焼きが回る】

年をとるなどして頭の働きや腕前などが鈍くなる。「やき」は動詞「焼く」の連用形の名詞化。ここでは、刀などの刃を火で焼き、強く熱を通してから水に入れて、急冷することで組成を変え堅くすることをいう。刃に熱を通す際に火が行き渡りすぎると、かえって切れ味が悪くなることを「焼きが回る」と言い、ここから腕がにぶるなどの意味を生じた。↓焼きを入れる

例「料理自慢の庖丁の焼（やき）がむねへまはり、鯔汁の仕ぞこなひ」（浮世草子・世間娘容気・五）

やきなおし《やきなほし》【焼き直し】

少し手直ししただけで変わりばえのしないものを新しく作ったもののように仕立てること。元来は、食物などについて、前に焼いたものを、あらためてもう一度焼いて温めることを言った。江戸時代すでに今のような手直しの意味で用いていた。

例「盗句焼直しなどを聞かせらるる胸の悪さ」（滑稽本・古朽木・一）

やきもち【焼き餅】

嫉妬。「焼き餅」には字義通りの焼いた餅の意味もあるが、この場合の「焼き」は嫉妬することである。「焼く」には燃えることのほか、心を悩ますの意味があって、ここから嫉妬するという意味が生じた。「焼き餅」の「餅」は焼くの縁で添えたしゃれである。俗に、嫉妬した女性のふくれっ面を「焼き餅」にたとえたとする説もある。

例「つまらんことにもすぐ焼餅を焼くのは、女の癖さ」（伊藤左千夫・野菊の墓・明治三九年）

やきゅう《やきう》【野球】

ベースボール。英語 baseball の訳語。第一高等学校校友会編『校友会雑誌号外―野球部―』（明治二八年二月）によれば、lawn tennis を庭球と訳し、それに対して、baseball を「野球」と訳したという。中馬庚らが案出したもの。『大正増

補英辞林』（明治四年）では、baseballを「玉遊び」と訳している。

やきをいれる【焼きを入れる】

制裁を加える。「入れる」は外部から力を加えることで、「活を入れる」などと似ている。「焼きを入れる」の場合は強い熱を加えることで、主に刀の刃を鍛えることであった。すなわち、鉄鋼を火で熱した後、急に水に入れて冷やし、質を堅くする作業を言う。今の意味は、制裁を加えることを、刀に焼きを入れることにたとえて正当化したもの。↓焼きが回る

例「監督は〈略〉一番働きの少いものに『焼き』を入れる事を貼紙した」（小林多喜二・蟹工船・昭和四年）

やくざ

暴力団員。宝暦六年（一七五六）刊の随筆『牛馬問』によれば、「是もと博徒の言葉」で、「物の悪きをやくざと云ふ事は、博奕（ばくえき）に三枚といふものをするに、八九の数を高目上々として十とつまるは数にならず。八九三なれば廿につまる故、益に立たず。それより彼輩（かのともがら）のうちにては、すべて物の悪き事の隠語を八九三（やくざ）八九三といひ始めたるとなり」とある。「三枚」というのは、「歌留多バクチで現今のカブのこと」（暉峻康隆・すらんぐ）。二枚または三枚の札の数を合わせて九点、または一九点を最高とするが、八・九・三の札が来ては二〇点になって、負けてしまう。そこで、役立たずということを「やくざ」と言った。最初は彼らの隠語であったが、一般に広がり、意味も、役に立たぬ物だけでなく、「彼輩」、すなわち博徒の類そのものをも指すようになった。

やくたい【益体】

役に立つこと。中世、日本で作られた語。語源不明。『大言海』は「やくたいもなし」に「無薬袋」の字を当て、「医にして薬袋なくては、療ずべからず、因りて、寄せて云ふと云ふ、いかが、或は、役立たぬの訛ならむ」という。表記は仮名書き、漢字表記などさまざまで、「薬帯」（多聞院日記・天正一四年一〇月二一日）、「益躰　ヤクタイ」（運歩色葉集）なども見える。この語は現代では「やくたいもない」という形で使われるが、この用法は中世末から見られる。「Yacutaimo naicoto ヤクタイモナイコト（益体もない事）順序もまとまりもない事、または何の役にもたたない事」（日葡辞書）。

例「荷を締めるやら何やら、やくたいの有る事か」（浄瑠璃・曽我会稽山・四）

やくみ【薬味】

刻みねぎ、ワサビ、ショウガなど、食べ物に少し添えて風味を増すもの。「薬味」は漢籍では薬の味や種類の意で用いられていた。それが香辛料の意味に転じたのは、薬が少量でもよく効き、特異な味とにおいを持つからだろう。

例「吸ひもの　やく味　ねぎ　ちんぴ」（料理早指南・三）

やぐら【櫓】

木材を組み合わせて作った物見の建物。「やぐら」は「や（矢）くら（倉）」の意で、もとは矢を射る座（くら）、または矢のような武器を収める倉であった。「くら（座）」は一段高く設けられた場で、そこに神を招じ祭った。更に「くら」は人や物を載せる台の意味になった。倉庫の意の「くら」も物を置くための高みの意である。奈良時代の『新訳華厳経音義私記』に「却敵　矢倉也」とあるのは、防御用の高い建物のことであろう。又、武器庫の用例としては、後世の訓であるが、「兵庫」を「やぐら」と訓ませ、そこに太刀、よろい、弓矢を収めあつめた、という記事（日本書紀・大化元年八月・北野本訓）が見える。

やぐるまそう《やぐるまさう》**【矢車草】**

ユキノシタ科の多年草。五枚出た葉の形が矢車に似ているから名づけられたもの。「矢車」とは、風車や鯉のぼりなどの竿の先に付けるもので、軸の周りに矢羽根を放射状に取り付けて回るようにしたもの。

やけ【焼け】

自暴自棄。動詞「焼ける」の連用形「やけ」の名詞化したもの。「焼く」には、「胸を焼く」のように、昔から思い乱れるという意味があった。この他動詞を「焼ける」という自動詞に変えて、自分ではどうにもならないという受動的な意味を表すようにしたもの。例は近世から見える。「さき程から物がいひたうて、胸がやける程にあったれど」（咄本・軽口露がはなし・三・九）。「やけくそ」は、この「やけ」に「くそ」を付けて口調をよくし、強めたもの。「やけのやんぱち」なども、やはり近世に発した言葉である。漢語「自棄」を当てて書くこともある。

例「是より心やけになりて、人口をも恐れず、貧窮をもいとはず」（評判記・色道大鏡・一八）「あっちらの大尽がやけをおこして」（黄表紙・江戸生艶気樺焼・中）

やけど【火傷】

高温による傷。「やけ（焼）ど（処）」の意。「ど」は、場所を意味する「と」が連濁で「ど」となったもので、「臥所（ふしど）」、「寝処（ねど）」（万葉集・一四・三四九九）などと用いられた。漢字表記は漢語「火傷（かしょう）」を当てたもの。

例「Yaqedoni vŏ ヤケドニワゥ（やけどに遭ふ）」（日葡辞書）

やけぼっくい《やけぼつくひ》**【焼け棒杭】**

「焼けぼっくいに火が付く」の形で、元に戻ることのたとえ。多く男女関係について言う。「ぼっくい」は棒杭（ぼうくい）の転。「焼けぼっくい」は燃えさしの杭。このような杭には、火が付きやすいので、このたとえができた。

例「山の神焼けぼっ杭の火伏せ也」（雑俳・柳多留・一〇九）

やさしい【易しい・優しい】（文語）やさし

かんたんだ。思いやりがある。「やさし」は動詞「痩（や）す」を形容詞化した語といわれる。「やさし」の古義、「肩身が狭い、恥ずかしい」は、人目が気になって痩せ細るようだという原義から転じたもので、「世の中を憂（う）しとやさしと思へども飛び立ちかねつ鳥にしあらねば」（万葉集・五・八九三）などと使われていた。さらに、このような、つつましい、繊細な心遣いをするさまを高く評価するところから、しとやかだ、優美だという意味を生じた。つつましい態度は相手の立場を考えるから生じるものであるゆえ、ここから思いやりのあるさまを言い表す形容詞にもなった。また、「かんたんだ」という意味は、この語の慎み深いという意味から派生したものとされる。慎み深い態度は、一面くみしやすいものであるからである。「平易、かんたんだ」の意の用例は近世末期から見える。

例「さればこそ、君の御事思ひ出でまゐらせて、楽こそ多けれ、この楽をひき給ひけるやさしさよ」（平家物語・六・小督）

やし【香具師】

縁日などで独特の口上を使って品物を売ったりする者。語源は、諸説あるが不明。*『守貞漫稿』は、「矢師は仮名にて本字野士也。字の如く野武士等飢渇を凌ぐ便りに売薬せしを始めとす」という。また、「やし」の「し」はサ変動詞「する」の連用形で、する人の意味だとする説（楳垣実・猫も杓子も）もある。しかし、問題は「や」のほうで、この説でも「や」を「野」と考えている。「香具師」と書くのは、これらの人が初め薬草や香具を扱う行商人だったからだろう、という。

やじ【野次・弥次】

話をしている人をからかうために発せられる言葉。「野次馬」の約といわれ、いずれも近世に生じた語である。なお、「やじる」は、「やじ」に「る」を付けて、「やじ」を動詞化した語である。↓野次馬

例「加ふるに両校は堅く弥次の喧囂を禁じ居れば」（毎日新聞・明治三七年六月二日）

やじうま《やぢうま》**【野次馬・弥次馬】**

関係のないことについて無責任に面白がり、騒ぎ立てること。語源説はいろいろあるが、決定的な説はない。「やぢうま」は「父馬」や「老馬」のことで、*『嬉遊笑覧』（四上）は「やぢ」について「俗に父をおやぢと云ふ。やぢは上略也」という。更に「老馬の役に立たぬ意より」転じたものとする。この説によれば、「やじ馬」は「おやぢ馬」の転で、もとの意味は役に立たないということになる。

例「ヱヱ又やじ馬が出るヨ」（滑稽本・八笑人・四・追加上）

やしゃご【玄孫】

曽孫の子。「やしはご」の転。「やしはご」は、「弥頻孫」(和訓栞)、あるいは「弥数子(やしばこ)」の義(大言海)だといわれる。「や」は「いや」でいよいよ、ますますの意味。「しば」は繰り返すさまを表す。しかし、「やしはご」が『大言海』のいうような意味か疑わしい。「やしはご」は『*十巻本和名抄』に「玄孫〈略〉和名夜之波古」と見える。

やしろ【社】

神社。「や(屋)しろ(代)」の義。「しろ」は、用地の意味で、「苗代」なども同義である。『*和訓栞』に「上古、地を払ひ、斎場を設けて神を祀(まつ)る。其の斎場を屋代とす」とあるように、「やしろ」は神を祭る場所であったが、そこに設けられた仮小屋が常設されるようになり、神のいます建物の方を指すようになった。

例「国々の夜之里(やしろ)の神にぬさまつりあがこひすなむ妹がかなしさ」(万葉集・二〇・四三九一)

やすい【安い】文語 やすし

値段が高くない。『*和訓栞』は「やすむより出でたる詞なるべし」というが、「やすし」と「やすむ」は「やす」を共有する、同根の語と見られている。「やす」は、不安のない状態を表すものと考えられる。動詞「やすむ」は、そういう状況で一息入れることであり、「やすし」は、そういう状態を表す形容詞である。次に挙げる「やすし」は、平穏だという意味のものである。「たまきはる現(うち)の限りは平らけく安久(やすく)もあらむを」(万葉集・五・八九七)。値段が高くないという意味は、古くからあるが、気楽だということからの転義であろう。

例「価ひ復(ま)た最も賤(やす)からむ」(蘇悉地羯羅経・延喜九年点)

やすり【鑢】

表面を平滑にするための道具。『*東雅』は、「ヤといふは弥精(くわ)しきの義」「スリはすなはち摩也」という。すなわち、「やすり」の「や」は弥(いや)の略、「すり」は「磨(す)る」の連用形の名詞化である。「やすり」を逐語的に説明すれば「イヤスリ也」(名言通・上)となる。

例「鑢〈略〉夜須利(やすり)」(十巻本和名抄)

やせぎす【痩せぎす】

痩せて骨張っていること。「やせぎす」と同じ意味の語に、近世「やせがます」のような語があった。「やせぎす」はこれと同じ発想によって作られたものとみられる。「やせがます」について、『*片言』は「痩せたる人を　やせがますといふことは鰔(かます)といへる魚のかたちのほそく長きに似たるより云ひ出でたるにや」という。『*譬喩尽』には、「痩幾寸(やせぎす)魚痩加末寸(やせがます)な人ぢや　皆従干魚喩出之語也(みな干魚より出でしたとへの語なり)」とある。すなわち、干したカマスやキスを痩せた人のたとえに使った表現と考えられて

いた。

例「やせぎすは乳母が自慢の亭主なり」(雑俳・柳多留・二)

やせっぽち【痩せっぽち】

痩せている人。「痩せ法師」の転じたものという。「痩せ法師」は、痩せている人を、あるいは痩せていることを擬人化したもので、「痩せ法師の酢好み」など諺にもあるように、近世よく使われていた。「その比(ころ)山城の国に、藪医師(やぶくすし)の竹斎とて、興がる痩法師一人あり」(仮名草子・竹斎・上)。「ほうし」が「ぽち」になった例は、ほかに「ひとりぽっち」がある。

例「おはねといふ廿一、二のやせっぽち」(滑稽本・浮世風呂・三・上)

やたいぼね【屋台骨】

家や組織を支えるもの。「屋台の骨組み」の意。「屋台」は神体を祭って練り歩く小さな家の形をした台のこと。このような屋台は小さいから、どのような柱や梁(はり)が支えているか一見して分かる。そこから「屋台骨」という言葉が生まれたのであろう。「悪くふざきやァがると、やてえぼにょをたたきこはして、合羽干場の地請にたつのだ」(滑稽本・東海道中膝栗毛・二・上)では、家屋を支える骨組みの意味で使われている。建物をしっかり支えるものということから転じて、比喩的に、家庭や家業などを支える根幹となるものを言うようになった。

例「あすこのやてえぼねは、大方あいつが、食らひつぶしてしまふだらう」(洒落本・通言総籬・二)

やたら【矢鱈】

むやみ。語源は諸説あるが不明。『大言海』は「弥足(いやたら)の義、又、弥当(やつあたり)に縁ある語か」という。確かに、いよいよの語義を持つ「弥(いや)」とは、なにかの関係がありそうだが、不明である。一方、雅楽の「やたら拍子」から来たという説がある。やたら拍子は大坂の天王寺楽人の秘法だったが、他の楽人が盗んで演奏したところ、めちゃめちゃになった。このことから、ただ強引に、ガムシャラにやることを、「やたら」というようになった、という(金田一春彦・芳賀綏『古典おもしろ語典』)。なお、「矢鱈」は当て字である。

例「ぶつきれる刀の鍛治の参内に　やたらにおこる奈良の町並」(俳諧・やつこはいかい)

やっかい《やくかい》【厄介】

めんどうなこと。「厄介」は漢籍には例が見られない。語源については諸説あるが、よく分からない。『大言海』は次の二説を挙げる。「厄会(やくくわい)(＝厄難会集ノ略)の訛か、〈略〉或は云ふ、家抱(やかかへ)の約転かと」。「厄会」は「わざわいのめぐりあわせ」の意味で、ここから世話するという意味にはなりにくい。「家抱(やかかへ)」の転とする説は近世の随筆『*松屋

や

筆記』に見えるといわれるが、家が抱えて面倒を見るということから、世話をする意に転じたことになる。このほか、「家(やか)居(ゐ)」から出たとする説(柳田国男・国語の将来)があるが、「やかゐ」という語の存在が確認できないので、判断がむずかしい。「やかゐ」が同居(人)の意味であれば、そこから世話をする、更にはめんどうの意味に転じたことになる。

例「Yaccaini naru, l, cacaru(厄介になる、または、かかる)」(日葡辞書)

やつがしら【八頭】

サトイモの栽培品種。やつがしら芋。種芋からほとんど同じ大きさの芋が八個くらい生じるため、これを頭になぞらえて「やつがしら(八頭)」と名付けられた。

やつぎばや【矢継ぎ早】

物事を続けざまに手ばやくすること。「矢つぎ」は矢のつるに次の矢をつがえることで、「矢つぎばや」は「矢つぎ」の早いこと。次の例は、源頼政の家来の競(きおう)が速射の手だれであることを述べたもの。「競はもとよりすぐれたるつよ弓せい兵、矢つぎばやの手きき、大ぢからの甲の物」(平家物語・四・競)。

例「行く年の矢つきはやなる師走哉」(俳諧・玉海集・四・冬)

やっこ【奴】

下僕。「やつこ」の転。「やつこ」は「家(や)つ子」の意味で、「つ」は連体修飾語を作る助詞(「の」の意味)。もとは、最下層の召使いを指していた。「やつこ」の例は、「夜都故(やつこ)」(万葉集・一八・四一三二)のように、上代からあるが、第二音節が促音化するのは、近世以降である。*『日葡辞書』に「Yatçuco(ヤツコ)」とあるように、中世末までは第二音節を促音化せず、発音していた。近世、供先に立ったりする、武家の下級奉公人を「やっこ」と言ったが、その独特の風俗から「奴凧」「奴豆腐」などの言葉を生じた。現代の「奴さん」「やつ」もこの語から出た言葉である。

例「Yakko, ヤツコ、奴」(和英語林集成・初版)

やっこどうふ【奴豆腐】

やっこに切った豆腐のこと。「やっこ」とは、豆腐を数センチメートルの正方形に切ったもの。江戸時代、武家の下級の従者を奴(やっこ)と言い、正方形に切った豆腐が奴の着物の紋所に似ているので、「奴豆腐」と呼ぶようになった。

やっさもっさ

大勢で騒ぎ立てること。もめごと。近世から見られる語。語源について、『大言海』は「やるさ、もどすさの略音便」とする。また新村出の『やっさもっさ考』では、平安時代の神楽歌『きりぎりす』の中に見られる「おっさまっさ」の転とする説、『栄花物語』の中で法成寺建立の際に用材を高い所へ引

き上げようと大工たちがあげた「えさまさ」という掛け声からとする説、「やるさもむさ」からとする説が挙げられている。いずれにせよ、何らかの掛け声に由来するものと考えられるが、それ以上に確かなことは分からない。なお、大勢でごったがえすさまを表す副詞用法は近代に入ってからの用法である。

例「出るの引くのと、やっさもっさがおこって家内中こねっ返すはな」（滑稽本・浮世風呂・二・下）

やつす【窶す・俏す】

故意にみすぼらしいなりをする。*『名言通』（下）は「やつす」は「ヤツレシム也」、すなわち自動詞「やつれる」（文語やつる）を他動詞化したものとする。自然と憔悴することから、わざと身なりなどを粗末にするの意になったもの。↓やつれる

例「御車もいたくやつし給へり」（源氏物語・夕顔）「船虫が瞽婦（ごぜ）に身をやつして」（芥川龍之介・戯作三昧・大正六年）

やっちゃば【やっちゃ場】

東京で、青物市場のこと。『大言海』は「やさいいちば（野菜市場）の転か」と言うが、「やっちゃ、やっちゃ」と掛け声を掛けて競（せ）るところから出たもの（日本国語大辞典二版）であろう。「やっちゃ」という掛け声は、「サアサア、この冬瓜いくらいくら、ヤッチャヤッチャア、ヤッチャヤッチャヤア」（滑稽本・続々膝栗毛・二・下）などと見える。

やっつ【八つ】

数詞の八。古形は「やつ」。「つ」は数詞に付く接尾語。日本語の六以上の数詞は、いわゆる倍数法で作られる。「み（三）」から「む（六）」（mi → mu）、が作られるように、「よ（四）」から「や（八）」が作られた。これもローマ字で書けば、yo → ya となり、y という語根を共有し、母音の交替で造語していることが分かる。なお、古形「やつ」は、「隠口（こもりく）の泊瀬の川の上つ瀬に鵜を八頭（やつ）潜（かづ）け」（万葉集・一三・三三三〇）のように使われている。↓よっつ・むっつ

例「八（やっ）つ八幡の八幡さあまよ」（滑稽本・浮世床・二・下）

やつで【八手】

ウコギ科の常緑低木。名は葉の掌状に七〜九裂している形状に由来する。葉を人の手に見立て、指に当たる部分が五本より多いため、数が多いことを表す「八」を付けたもの。「八手の木」とも言われる。

例「十月〈略〉八手の花」（俳諧・毛吹草・二）

やつめうなぎ【八目鰻】

円口類ヤツメウナギ目の魚類の総称。生涯川にすむスナヤツメと、ふだんは海にすみ産卵時に川を上るカワヤツメとがある。カワヤツメの体長は五〇〜六〇センチほどで、特に鳥目

（とりめ）の薬として有名である。名称にあるウナギとは別種の魚だが、形状が似ているのでウナギと称し、また七対のえら穴と目とを合わせて八目（やつめ）ウナギという。

やつれる【窶れる】 文語 やつる

憔悴する。*『名言通』（下）は「やつれる」は「ヤセツレルアル（癯連有）也」という。『大言海』も、「痩せ連（つ）るる義」だという。痩せ続けて外見が衰え、見栄えがしなくなることをいったもの。

例「君しのぶ草にやつるるふるさとは松虫の音ぞかなしかりける」（古今集・秋上）

やど【宿】

家。すみか。泊まるところ。語源について*『日本釈名』に「やは家也、とはところ也」と見え、『大言海』も踏襲するなど、有力な語源説である。「と」は古く「ありど（在処）」「たちど（立処）」（連濁でドとなることが多い）など、複合して多く用いられた。この説によれば、「やど」は家のある所の意から、家そのものの意味に転じた。しかし、「やど」を屋の戸と見る説（岩波古語辞典補訂版）もあり、これによれば、家の戸から家そのものに転じたことになる。なお、動詞「やどる（宿）」は「やどをはたらかしたる詞也」（和訓栞）という説もあるが、ヤドのドは甲類、ヤドルのドは乙類なので、別語と考えられ、「やどる」は「屋（や）取る」だろうと言われている。また、「やどや（宿屋）」は、「やど」に店屋などの「や（屋）」を付けたもの。「やどや」は、中世では宿泊所の意であったが、近世、営業的に客を泊める家の意になった。

例「君待つと吾が恋ひをれば我が屋戸（やど）の簾動かし秋の風吹く」（万葉集・八・一六〇六）「わがいほは鶯にやどかすあたりにて」（俳諧・冬の日）

やとう《やたう》【野党】

現在政権を担当していない政党。「在野党」の略語。「与党」の対義語。大正期に「与党」という語が使用されるようになり、「与党」が二字漢語であることから、それに合うように「在野党」も「野党」と略された。大正一二年の『近代語新辞典』に「野党　与党に対して云ふ言葉」とある。

やどりぎ【宿木・寄生木】

ヤドリギ科の常緑低木。エノキ・ケヤキ・サクラなどの樹上に寄生する。枝が叉状に分枝して全体が球形に茂る。他の木に寄生することを「宿る」と表現して付いた名。*『十巻本和名抄』に「寄生〈略〉夜度利岐（やどりき）」と見える。古く、最後の音節が清音だったことは*『日葡辞書』に「Yadoriqi（ヤドリキ）」とあることで分かる。

やどる【宿る】 ⇩やど（宿）

やどろく【宿六】

亭主を親しんで、あるいは卑しめて言う言葉。「やど」は「宿」

で、この場合、亭主の意味。亭主の意味の「やど」の方が「やどろく」よりも古い。「ろく」は、『大言海』が言うように、「甚六（じんろく）」「才六（さいろく）」「ずぶろく」（=酔っぱらい）、「表六（ひょうろく）」（=間抜け）などの「ろく」。すなわち、「宿六」は、「やど」に「ろく」を添えて人名らしく仕立てた語である。なお、この「ろく」は「ろくでなし」の意味で、「やどろく」は宿のろくでなしのことだという説もある（暉峻康隆・すらんぐ）。しかし、「宿六」は軽く卑しめるだけで、「ろくでなし」のように強くおとしめる気持ちは込められていない。

例「南総館（かずさや）の竈将軍（やどろく）がもとめに諾（やすうけやい）して」（咄本・室の梅・序）

やながわなべ《やながは―》**【柳川鍋】**

浅い土鍋に笹がきごぼうを敷き、その上に背開きにして骨、頭をとった泥鰌（どじょう）を菊花形にならべ、醤油、酒、砂糖などの割下を加えてよく煮込み、卵を流し込んでとじたもの。「柳川鍋」という名の由来は諸説あるが、*『守貞漫稿』に「（骨抜きどじょうの始めは文政頃だが、その後）天保初め比横山同朋町にて是も裡店住ひの四畳許の所を客席として売り始め、家号を柳川と云ふ」とあり、喜田川守貞は屋号から来たと考えていたようである。他にも、福岡県の柳川の土鍋を用いたから、あるいは笹がきごぼうが柳川の柳に似ているから、などの説がある。

例「鰌鍋（柳川鍋）また鰻屋の兼ぬるあり」（平出鏗二郎・東京風俗志・明治三二〜三五年）

やなぎ【柳・楊柳】

ヤナギ科ヤナギ属の木。ヤナギは「矢の木」、あるいは「楊（や）の木」の意といわれている（時代別国語大辞典上代編など）。「矢の木」はこの木で矢を製したからという。漢字「楊」はカワヤナギ、「柳」はシダレヤナギであるが、上代、両者を区別しなかったらしい。ヤナギの「な」は「の」の意。なお、「楊」の字音からヤナギに変化したという説もある（岩波古語辞典補訂版）。「楊」の字音 yang に母音 ï を添えて yanagï としたもので、末尾の gï は木（ぎ）と同音なので、奈良時代の人はヤナという名の木と意識していた、という。

例「小山田の池の堤に刺す楊奈疑（やなぎ）成りも成らずも汝（な）と二人はも」（万葉集・一四・三四九二）

やにさがる【脂下がる】

いい気になっている様子。「やに」は煙草（タバコ）のやにのこと。煙管（キセル）の雁首を高く上げ、吸い口を下げるようにして煙管をくわえて煙草を吸うと、やにが吸い口の方へ下がってくるというわけで、「やに下がる」と言った。「利殺鬼（きくさつき）といへる通り者、銀煙管（ぎんギセル）脂下がりにくはへ」（談義本・根無草・後・一）。この例では煙管を実際にくわえて煙草を吸っているが、このような吸い方は高慢な気取った態

度を表していた。やがて煙草から離れて、そういう態度だけを意味するようになった。

例「色女とやにさがってるようなところを」(宇野浩二・苦の世界・大正七～一〇年)

やにわに《やにはに》【矢庭に】

いきなり。突然。もとは、「すぐさまその時に」(日葡辞書)という意味であった。次の例の「やにはに」もこの意味である。「頼春が郎党箭(や)を放つ。やにはに射殺さるる者八人、疵を蒙る者十余人」(平家物語・一・願立)。この語の名詞の確例は見つけにくいが、本来「やには(矢庭)」は、矢を射る場、矢の飛び交う戦場を意味し、戦場において弓で射殺されるという文脈で用いられることが多かった。そこから、(戦場を去らず)その場で直ちに、という意味を生じたものであろう。現在の意味である「突然」は、「直ちに」から、近世転じたものである。

例「見つけしを幸いに、やにはに棒をふり上げ打ち殺さんとしけるを」(咄本・醒睡笑・四)

やのあさって

あさっての次の次の日。関東、東日本で、あさっての次の日。「やのあさて」の促音化した語。「やのあさて」の語源は、『大言海』がいうように、「弥(や)の明後日(あさて)の義」である。「や」はますますの意だから、「次のあさって」の意味である。この原義(=「あさって」の次の日)の用例は、すでに江戸語に見られる。しかし、現在都区内では、「あさって」の次の日には、「しあさって」を当て、「やのあさって」は一つずらして、「あさって」の次の次の日を指すようになっている。「しあさって」を「あさって」の次の日の意味に用いた例は鎌倉時代からあり、江戸語にも例がある。江戸語では、少なくとも一部には、「やのあさって」と「しあさって」を同義(=「あさって」の次の日)として使っていたようである。この用法は東京の下町に受け継がれたが、共通語としては、西日本の言い方から取り入れた「しあさって」を「あさって」の次の日とするようになった。

例「あすはゆうきのごぼう、あさってはのろまのたまご、やのあさってはありがたやまのいも」(黄表紙・京伝憂世之酔醒)

やばい

危険だ。「やば」を形容詞として用いた語と言われる。「やば」は、「俺が持ってゐるとやばなによって、景図の一巻、是をお前へ預けます」(歌舞伎・韓人漢文手管始・四)のように、あぶない、法に触れそうだといった意味で用いられていた。ただし、「やば」の語源は不明。『上方語源辞典』によれば、「やば」は牢屋の意味で「やくば(厄場)」から転じたもの、また「やくば」は、劇場、寄席の警官臨検席の意味であるという。

例「私と歩くのはヤバイからお止しなさいっていうんだ」(川

端康成・浅草紅団・昭和四〜五年）

やはり【矢張り】

結局。以前と同様。思ったとおり。この語は、「やわら〈やはら〉」と同源かと言われる。中世における「やはり」の意味は、そのままにしておくということで、「静かにしてやはりゐばよいぞ。頂上にゐて何事をもせうとせば、わるい事があらうぞ」（周易抄・三）などと静止状態を表していた。「やはら」は、ゆっくりという意味で、「やはり」も緩慢なことから静止状態を表す語となり、さらに、変わらないことから、前と同様、結局、の意味に転じてきたものである。語気を強めて、「やっぱり」ということもある。「矢張」は当て字。

例「『扨どこに付けて吸はするぞ』『やはり先祖のおほじの通り拇（おやゆび）のはらに付けて吸はせう』」（虎寛本狂言・膏薬煉）

やぶいしゃ【藪医者】

腕のよくない医者。『大言海』は「やぶ」は「野巫（やぶ）」（＝田舎の巫師。巫師は呪術で治療した医師の意）だとするが、「野巫」の用例は少なく、「やぶ連歌」（筑波問答）、「やぶ僧」などの「やぶ」の説明もしにくい。そこで「やぶ」は「野夫」、または「藪」ではないかと言われる（安斎随筆、宮武外骨・日本擬人名辞書、岩淵悦太郎・語源散策）。「野夫」はいなか者のこと、「藪」は草深いところ、すなわち田舎のたとえで、やぶ医者は田舎のへたな医者の意となる。「野夫」「藪」ならば、「やぶ〜」といった語をすべて説明できる。ただし、そのどちらかは決定しがたい。なお、「やぶいしゃ」の前に「藪薬師（やぶくすし）」の例が南北朝時代の『庭訓往来』に既に見えるので、「藪薬師」が先行し、「薬師」よりも「医者」という語が普通になるにつれて、「やぶ医者」となったものと考えられる。

例「今は昔、御うちにめしかかへられし野夫医者ありけるが」（仮名草子・浮世物語・四・四）

やぶいり【藪入り】

正月と盆の一六日頃に奉公人が主家から休暇をもらい実家に一時帰ること。宿下り。元禄時代、嫁が里帰りしたことに由来する習慣。語源について、『大言海』は次の三説を挙げる。「藪は草深き義、都より草深き田舎に帰る意なり〈略〉或ひは云ふ、孤独、又は遠郷の者は、藪林（寺）に入りて遊息したるに起こると、又大坂北辺にて陰暦五月五日、牛を野に放ちて遊ばしむるを牛のやぶいりと云ふと云ふ、是等語原なるべきか」。このうち第一の説が一般に認められている。この語源説は近世に見える。「やぶいり、藪入なり。宮づかへするものよりして、その里の方を藪とす」（名言通・下）。

例「家父（やぶ）入りの春秋をたのしみ、宿下りして」（浮世草子・好色一代女・四・三）

やぶからぼう《ーばう》【藪から棒】

突然。「藪から棒を突き出す」の略。「藪から棒を突き出す」は、「竹の子を盗まれじとてする警固藪から棒をつきだいてもて」（雄長老狂歌集）のように、中世末の用例がある。藪から棒を突き出されることは予測することができないから、「突然」の意味になったもの。

例「鶯は藪から棒の高音哉」（俳諧・生玉万句）

やぶく【破く】

紙などをやぶり、さく。「破（やぶ）る」と「裂（さ）く」が混交して、新しい語形を作り出したもの。「破る」と「裂く」は、似たような動作を表す語である。そのため、「やぶる」と言おうとして、途中から、「裂く」と言ってしまったため、すなわち「裂く」の影響を受けて、語尾が「く」になったものと考えられる。このような混交の例には、「あさぼらけ（あさびらき＋あけぼの）」、「しもやけ（しもばれ＋ゆきやけ）」などがある。「破る」は「石以（も）ちつつき破夫利（やぶり）」（万葉集・一六・三八〇〇）、「裂く」は「裂　佐久（さく）」（金光明最勝王経音義）のように古い例がある。これに対して「やぶく」は近世になって現れる。

例「（三味線ハ）客人がおやぶきなんしたから張替に遣しんしたが」（洒落本・穴可至子）

やぶさか【吝か】

現代では多く「～にやぶさかではない」の形で、そうすることにためらいがない、する努力を惜しまないことをいう。「やぶさ（やぶさ）」に接尾語「か」の付いた語。「やぶさか」単独では、けちなさま、ためらう様子を表していた。「たとひ驕り、且つ吝（やぶさか）ならば、其の余は観るに足らざらくのみ」（論語・建武四年点）。古く「惜しむ」という意味の古語に、「やひさし」（延暦一三年の『新訳華厳経音義私記』）や、「やふさし」（天長七年頃の『西大寺本金光明最勝王経』平安初期点）があって、「やぶさか」は、これらから出たと思われる。また、「やふさ」を語幹とする「やふさがる」という語もあった。『*文明本節用集』に「やぶさか」とあり、この頃第二音節は濁音化していた。

例「君を迎えるべく吝かではないであろう」（倉田百三・愛と認識との出発・大正一〇年）

やぶさめ【流鏑馬】

馬を走らせながら、弓を射る競技。『大言海』は「矢馳馬（やはせめ）の転か」という。「流鏑馬」の「鏑」はかぶら矢の意味で、この競技の時、この矢を用いる。

例「上皇於鳥羽殿馬場殿、御覧流鏑馬〔上皇、鳥羽殿馬場殿において、流鏑馬を御覧ず〕」（中右記・永長元年四月二九日）

やぶへび【藪蛇】

余計な事をして、災いを招くこと。「藪をつついて蛇を出す」という諺から出た語。この諺は、「藪をつつく」というしなく

てもよいことをして、「蛇を出す」という災いを誘い出したという意で、『*和英語林集成』(初版)に「Yabu wo tsztszite hebi wo dasz(ヤブヲツツイテヘビヲダス)」と見える。

例「下手なことを言い出せば反つて藪蛇だ」(島崎藤村・破戒・明治三九年)

やぶれかぶれ【破れかぶれ】
自暴自棄。すてばち。「やぶれ」は動詞「破れる」の連用形の名詞化で、破れること、だめになること、ぶち壊しなどの意。「かぶれ」は特に意味はなく、「やぶれ」の意を強調しまた語呂合せをしたもの。
例「破れかぶれ、手勢にておしよせて天ばち火にも水にもなれ」(御伽草子・鵜鷺合戦物語)

やぼ【野暮】
気が利かないこと。『*和訓栞後編』の言うように、「野夫(やぶ)の音転」であろう。当時、「野夫」は人情を解さないという通念があった。「やぼ」に、田舎者というニュアンスが強くあったことは、『*和英語林集成』(初版)の「Yabo」の説明に、「野父」の漢字を当て、「boor」(英和の部によれば、H'yak'shō; inaka-mono の意)と訳していることでも知れよう。なお、ブがボに変わることは、メシツブ(飯粒)→メシツボ(洒落本『郭中奇譚』などに見える)など、近世に例が多い。この語の近世の表記に「野夫」があることも、当時の語源意識を表したものと見なされる。ただし、当て字の「野暮」も近世からあり、併用されていた。
例「うきに浮世のあだなる波によるべさだめず流れ出てやぼのねむりざまし、すいのわらひ草」(評判記・役者評判蚰蜒・序)「Yabo, ヤボ、野父、 n. A boor〈略〉—na h'to」(和英語林集成・初版)

やぼてん【野暮天】
野暮な人。「野暮天」の「天」は「韋駄天(いだてん)」、「帝釈天」などの「天」で、野暮な人をからかって、仏教の守護神に見立てた言い方。↓野暮
例「やぼてんみるより、ころりさんせうみそ、恋になるなり」(浮世草子・好色通変歌占)

やまい《やまひ》【病】
病気。語源は不詳ながら、「やむ(病)」と関係ある語と考えられる。「病(やま)ふ」(四段活用)の連用形の名詞化という説もあるが、「病ふ」の用例が新しく、採れない。
例「おもほす事のならぬをのみ思ひ焦られ、臥し沈み、やまひになり」(宇津保物語・菊の宴)

やまいこうこうにいる《やまひかうくわう—》【病膏肓に入る】
治る見込みがないほどの重い病気になること。「膏」は心臓の下の部分、「肓」は横隔膜の上の部分で、ともに身体の奥深くで治療の施しようのない箇所を言い、そこに病根が入り込

や

むと治療がむずかしくなるという。『春秋左氏伝』の故事による。「膏肓」をコウモウと読むのは、「肓」が「盲」と似ているところから生じた誤り。病気が重くて治る見込みがないというところから、物事に熱中し、手がつけられなくなることを言うようになった。

やまかけ【山掛け】

「山の芋」をすり下ろして掛けた料理。すり下ろした山の芋を掛けるので言う。ぶつ切りの鮪(まぐろ)に掛けたものが代表的。

やまかん【山勘】

当てずっぽう。根拠ない判断。この語は明治以降に使われ出した語のようで、その頃の意味は「だますこと」だった。そこで『大言海』の「昔の軍略家、山本勘助の略称にして、他人を謀にかけてごまかす意」というような語源説が出て来た。しかし、安易に人名に付託する語源説は採りがたい。「山勘」の「山」は「山を当てる」「山を張る」などの「山」であって、もとは鉱山のことだろう。「山勘」は鉱山などを発見する特殊な直感を指していたと思われる。しかし、その直感はしばしば外れたので、だます、ペテンにかけるの意味になったものと考えられる。

やまし【山師】

投機的な仕事で大金を儲けようとする人。近世初頭、山林の伐採、買い付け、鉱山関係の仕事など、山で事業を営む人を「やまし」と言った。現在の「やまし」は、この系列の語と考えられる。すなわち、「山」にサ変動詞「する」の連用形「し」が付いた語で、「し」は「仕事師」などの「し」と同類である。山で事業をする中で、鉱山の発見、採掘などの仕事は、当時きわめて不確実であったので、投機的な金儲けを企む人をも意味するようになった。そういう危ない話に人を誘い込む、詐欺師まがいの「山師」の例も、近世には見られる。なお、鎌倉時代、「山伏」の略語の「やまし」という語があったが、それとの関係は明らかでない。また、『大言海』は、「かなやまし(鉱山師)」の略とするが、「山師」の例が近世初頭に見られるのに対し、「かなやまし」の用例がそれより前にあるかどうか不明である。

例「利を先へ積むは山師の口車」(雑俳・表若葉)

やましい【疾しい・疚しい】 文語 やまし

心にとがめるところがある。「病む」を形容詞にした語。『観*智院本名義抄』には「疚」「労」の字に「ヤマシ」の訓が付けられている。「疚」には、うれえる、やまいなどの意味がある。

例「君子の心に罪悪なき時は疾しき事なし」(抄物・成簣堂本論語抄・礼・顔淵)

やまと【大和・倭】

旧国名。現在の奈良県。語源については、古来諸説あるが不

や

明である。多く、「ヤマ（山）＋ト」と分析し、トをめぐってさまざまな解釈が提出されている。その中で最も有力なのは、契沖の唱えた「山もと」説で、これは山のあるところ、山のふもとなどと解される。このトは乙類のトで、「やまと」の万葉仮名表記「耶麻騰」「夜麻登」「野麻登」「夜摩苔」「耶魔等」などのト（乙類）と一致する。なお、「やまと」とは本来、郷名で、現在の奈良県天理市長柄（ながら）・海知（かいち）の一帯をいった。転じて、旧国名となり、この地に歴代の皇居があったことから、「日本、此（これ）をば耶麻騰（やまと）と云ふ」（日本書紀・神代上）のように、日本の称ともなった。

やまのかみ【山の神】

妻を恐れて指す語。妻の異称としての「やまのかみ」は、山の神様に由来する。本来の「山の神」は、古くから『日本書紀』*（景行四〇年是歳）に「山神」とあり、仮名書きの例では、『十巻本和名抄』に「山神、和名夜末乃賀美（やまのかみ）」などと見える。この山の神は、多く女性であったため、中世以降妻の異称となりえた。中世には、妻の敬称として「かみさま」が行われ、この「かみ（上）」を「神」ととりなして、「山の神を妻の異称にした」（金田一京助・国語学論考）という。山の神の持つ恐ろしい性格、若くて美しい農耕の神に対して年増で醜い山の神の容貌、山姥の子育て伝説などもからんで、この異称を普及させたと思われる。

例「やまのかみをよび出し隙（ひま）をこうてみばやと存ずる」（虎明本狂言・花子）

やまのて【山の手】

（江戸・東京で）高台にある住宅地。「山の手」の「手」は、「裏手」「行く手」などの「手」と同じく、方向・方面の意。したがって、「山の手」とは本来、「平地」に対して、山の方、山寄りの地域の意であった。「九郎義経こそ、三草（みくさ）の手を攻め落といて、すでに乱れ入り候ふなれ。山の手は大事に候ふ。おのおの向かはれ候へ」（平家物語・九・老馬）。近世になると、江戸において、東部・南部の低地である「下町」に対して、西部・北部の高台になっている地域を指すようになった。曲亭馬琴の随筆『玄同放言』に「今俗、日本橋以西、四ッ谷・青山・市ヶ谷、北は小石川・本郷をすべて山の手といふ」とある。江戸が東京に改まって以後も「山の手」の称は用いられるが、次第にその範囲は拡大し、旧市内を越えて西側にのびていっている。

例「贔屓（ひいき）の連中、山の手から下町はいふに及ばず」（談義本・根無草・後・一）

やまば【山場】

物事の最も重要な場面。歌舞伎などで、最も盛り上がる場面。「山」だけでも最も重要な所という意味が近世からあり、それに「場」を付けて「山」の他の意味から区別したもの。戦

前の辞書には載っていないことが多い。

例「春闘最大の山場となる二十七、八両日」（毎日新聞・昭和四七年四月二五日）

やまびこ【山彦】

山などで音声が反響すること。こだま。「山彦」は、元来、山の神・山霊を言った。声を出すと、向こうから、山の神である山彦が答えてくれると考えたものである。「彦」は「日子（ひこ）」の義で、「姫（ひめ）」に対する男子の美称。名前につけて尊称として用いられていた。

例「Yamabicoga cotayuru（山彦が答ゆる）山彦が返答する」（日葡辞書）

やまぶき【山吹】

バラ科の落葉低木。*『箋注倭名抄』に「万葉集多作山振蓋是草生山谷、其枝柔輭随風振揺故名山振、振字古訓布岐布久（万葉集多く山振に作る、蓋し是山谷に草生し、其の枝柔輭にして風に随ひて振揺す、故に山振と名づく、振の字古く布岐（ふき）布久（ふく）と訓む）」とある。これによればヤマブキは山谷において風に揺れ動く草の意となる。

例「鶯の来鳴く夜麻夫伎（やまぶき）うたがたも君が手触れず花散らめやも」（万葉集・一七・三九六八）「山振（やまぶき）の花」（万葉集・一〇・一八六〇）

やまぶし【山伏】

修験道の行者。山野に野宿して仏道修行をするので「山伏」という。「山伏し」は山に伏すことで、山野で野宿したり山中に隠棲することをいった。平安時代には山野で寝起きして仏道修行することをいうようになり、平安末期〜鎌倉時代頃から修験道の行者を指すようになった。

例「資朝も山ぶしのまねして、柿の衣にあやい笠といふ物きて」（増鏡・一四・春の別れ）

やまをかける【山をかける】

試験の出題箇所を推定する。予測をする。「山」は、鉱山を意味する。鉱脈を探し当てることはきわめて投機的な仕事であることから、鉱山の意から転じて、投機的な仕事やその対象となる物事をいう用法を生じた。「山をかける」はもとは万一の幸運をねらって事をすることであった。「山を張る」という言い方もあるが、「かける」や「張る」を用いるのは賭博への連想で、「かける」は「賭ける」である。「おなじ山をはるのならば、一かばちで大きな山をはって見んと」（咄本・諺臍の宿替・一一）。

やみうち【闇討ち】

不意を襲うこと。もと、「暗闇に乗じて人を襲って殺すこと」を言った。「闇打ち」は相手の不意を襲うので、不意打ちのことを意味するようになったが、不意打ちよりも卑怯な感じがするのは、「闇」という語のせいだろう。

例「忠盛を闇打ちにせむとぞ擬せられける」（平家物語・一・殿上闇討）

やみつき【病み付き】

くせになって止められなくなること。「やみつき」は動詞「やみつく」の連用形の名詞化で、元来の意味は病になること。「つき」は「きつねつき」などのように何かが離れないようになっていることを表す。何かをすること、特によくないことを止められなくなることを、病気にかかることにたとえた表現。

例「病み付きは花見戻りのよぶこどり」（雑俳・蝶番）

やむをえない【やむを得ない】

しかたがない。漢文の「不得已」を「やむを得ず」と訓読してできた言い方。「已」は「止む」の意。「やむ」は自動詞四段活用の連体形で、名詞と同じ資格となる準体法、「止むこと」の意味。全体で、とどまることができない、なりゆきまかせだの意味となる。そこから、しかたがないとなったもの。明治四年刊の『安愚楽鍋』（二）に「止むを不得（えず）」、「止むを得ぬ」の形が見える。これを口語的に言い変えたものが、「やむを得ない」である。なお、「やむことを得ず」の形は古くからあり、「やむを得ない」の普及に一役買ったことと思われる。

例「別に構いてがなかったから已を得んのである」（夏目漱石・吾輩は猫である・明治三八〜三九年）

やもたてもたまらない【矢も楯もたまらない】

ある事をしたくて、じっとしていられない。「矢たまらず」「楯たまらず」を重ねて作った慣用句。「矢たまらず」は矢が貫通すること。『古活字本保元物語』（中・白河殿攻め落す事）に「同じくは矢のたまらん所を、わが弓勢を敵に見せん」とある。「楯たまらず」も「彼等が射ける矢には、楯も物具もたまらざりければ」（太平記・一四・箱根竹下合戦事）のように矢を止められないという意味である。矢が貫通し、楯も防ぎ切れないように気持ちを抑えられないということである。

例「これほど面白い事を今までしらなんだが残念、などとつかひかけるから矢も楯もたまらぬテ」（滑稽本・浮世床・初・中）

やもめ【寡・寡婦・孀・鰥・鰥夫】

配偶者を失った者。『*箋注倭名抄』に「也毛乎、也毛米、屋守男、屋守女之義、謂独居守家也（やもを、やもめ、屋守男（やもりを）、屋守女（やもりめ）の義、独居して家を守るのいひなり）」とある。すなわち、「やもめ」は「やもりめ」から転じたものという説である。これに対して、「やもめ」「やもを」の「やも」は動詞「病む」の転で、「元来は孤独を気に病む寡婦の意」であったとする説（角川古語大辞典）もあるが、意味上のつながりが弱い。現在では、「やもめ」を男女両方に使うが、「やもめ」の「め」は女の義で、古くは「やもを（鰥・鰥夫）」が男の方に使われた。「やもめ」が男を指す例は平安時代に既に見ら

れる（伊勢物語の例）。

例「昔、男、やもめにてゐて」（伊勢物語・一一二）

やもり【守宮・家守】

ヤモリ科の爬虫類。家の中にすむところから「家（や）を守るもの」として命名された。↓いもり・とかげ

ややこしい 文語 ややこし

わずらわしい。こみいっている。『大言海』には「稚児（ややこ）しなり」とある。つまり、赤ん坊の意の「ややこ」という名詞を形容詞化した語である。赤ん坊はむずかるからわずらわしい、ということから、そういう意味を表す形容詞を派生させたわけである。「ややこ」の語源は不明だが、『大言海』は「漸漸子（やうやうこ）」の略という。「ややこ」の例は一六世紀からある。「ややこし」の例が見られるのは、幕末以降である。

例「どうで男といふものは、どこでも皆ややこしい事して来るでゑな」（滑稽本・穴さがし心の内そと・初）

やよい《やよひ》【弥生】

陰暦三月の別称。「やよい」は「いやおい」の義とする説が有力である。歌学書*『奥義抄』は「風雨あらたまりて草木いよ〳〵おふる故に、いやおひ月といふをあやまれり」という。

例「やよひのついたち」（古今集・恋三・詞書）

やりいか【槍烏賊】

イカの一種。胴長約四〇センチ。細長い円錐形で先が尖っている形が、槍に似ていることからの名称。

やりきれない【遣り切れない】

このままではいられない。がまんできない。「やりきれない」の「やり」は「する」の意の動詞「やる」の連用形、それに「切れる」が付いてできた複合語「遣り切れる」の未然形に否定の意味の助動詞「ない」が付いて、一語化したもの。元来は終わりまでできないという意味。その意味でも使うが、一方で、しとげるがまんがない、このまましんぼうしていられない、という意味も派生させてきた。

例「あれで一人前だと思って居るんだから遣り切れないじゃないか」（夏目漱石・吾輩は猫である・明治三八〜三九年）

やりだまにあげる【槍玉に上げる】

非難の対象として攻撃する。もとは、槍の先で突きあげる、槍で仕留めるという意味で、「小倉主膳を槍玉に挙げたるに、橋崩れ主膳は堀へ落ち入りけり」（会津陣物語・二一・越後一揆蜂起）などと使った。そこから現在の意味へ転じた。さかのぼって、「槍玉」とは何かとなると、よく分からない。古くあった「槍玉を取る」（＝槍を手玉に取るように自在に使う）は、「手玉に取る」を下敷にしてできた慣用句で、「槍玉」は「手玉」をまねて作られたものと考えられる。

例「鑓玉にあぐるや梅の花の露」（俳諧・口真似草・一・梅）

やりて【遣り手】

仕事をバリバリこなす人。現在では「やり手の営業マン」などと使う。「する」の意味の動詞「やる」の連用形「やり」に、何かの動作をする人を表す「手」が付いてできた語。「やりて」はただの「して」(=動作をする人)の意ではなく、特別の者を指した。たとえば、古くは「牛遣い」を指した例が『源平盛衰記』ほかに見える。近世になると、妓楼で遊女らの世話・監督から、客の上がる二階の諸事のとりさばきまで、まかされている女を「やりて」というようになった。この「やりて」は、先に記したような仕事をこなす人という意味で付けられたものと考えられている。何かをこなす人の意から有能な人に転じて、それが一般化するのは、明治以降であろう。明治一九年の『*和英語林集成』(三版)には、「やりて」という項目はあるが、有能な人の意味は載せられていない。「Yarite ヤリテ 遣手 n. The sender, or giver(送り手、又は与え手)」(和英語林集成・三版)。

やるせない【遣る瀬無い】(文語) **やるせなし**

せつない。「やるせない」の「や(遣)る」は送るの意味、「せ」は「川の瀬」のこと、「やるせ」は「(水を)遣る瀬」で、これがなければ水がたまってしまう。心の遣る瀬がなくなれば、感情がたまって苦しくなる。「やるせ」は気持ちのはけ口のことで、このような意味は、「やるかた」「遣り場」などにも、共通して見られる。「やるせ」は、中世から単独でも使われた。「人のうさ我がかなしさのとりどりにやるせいづくぞ恋の中川」(熊野千句・三)。

例「愁ひが胸中にみちみちてやるせなきままに」(抄物・三体詩素隠抄・一・三)

やろう《やらう》【野郎】

男をののしっていう言葉。『大言海』は「野郎」は人をののしる薩摩の言葉で、童(わらは)の音便「和郎(わらう)」の転じたもの、という。『*日葡辞書』にも「Yarŏ(ヤラゥ)」の説明として「薩摩(Satçuma)の兵士の中にいる、ある種の人々」とあり、薩摩と「野郎」のかかわりを示す。近世随筆『本朝世事談綺』の若衆歌舞伎の説明のところにも、「野郎は元と薩摩の国言葉也」とある。なお、近世「野郎」にはののしって言うのではなく、若い男を普通に指す用法もあった。「野良ばかりの酒盛も冴へぬではござらぬか」(歌舞伎・小袖曽我薊色縫・三立)。

例「うぬらがやうな野郎はナ」(洒落本・卯地臭意)

やわら《やはら》【柔】

柔術。「やわら」は「やわらか」の「やわら」。「やわ」は「やわやわ」の「やわ」で擬態語。「ら」は接尾語。この格闘技を「やわら」と称するいわれについて『大言海』は、「太刀打ちの強きを用ゐず、手にて闘ふ故の名なるべし」とするが、近年では、江戸時代初期の武術家が体術の本質的な理を「柔よく剛を

制す」という点に見出し、それに基づいて名付けたものとする説が行われている。↓やわらか

例「居合・やはら・兵法なんど幼きより手慣れさせ」（仮名草子・浮世物語・一・二）

やわらか《やはらか》**【柔らか】**

ふんわりしているさま。「やわやわ」のように用いられるところからみて、「やは」が語根であることが分かる。この「やは」は擬態語であるという（岩波古語辞典補訂版）。「らか」は状態を表す接尾語。「ほがらか」「きよらか」などの「らか」と同じ。

例「すべて女はやはらかに、心うつくしきなむよきこと」（源氏物語・宿木）

やんごとない【止ん事無い】 文語 **やんごとなし**

尊い。「止む事無し」が一語の形容詞になったもの。「止む」は自動詞四段活用の連体形。「止むことなし」は、物事が進行し、止まるところがない状態。そのような状態は放置できないということから、重視すべきだという意に転じていったものといわれる。次に挙げる例は、ほっておけない、大事なといった意味の例である。「二、三日侍りて、やんごとなきことによりてまかりのぼりにけり」（後撰集・春上）。さらにここから、尊い、高貴であるのような意味が生じた。

例「物思ひ侍りける頃、やんごとなき、高き所より問はせ給へりければ」（後撰集・雑二・詞書）

やんちゃ

わんぱく。近世、小児がだだをこねることを、「やに言ふ」と言ったり、「やにちゃ（坊）」と言ったりしているが、「やんちゃ」はこの「やにちゃ」の転であろう。*『嬉遊笑覧』によれば、「やに言ふ」とは、「脂（やに）のねばりてもてあつかひがたきにたとへて」機嫌のとりにくいことを表したもので、これを「やにちゃ」とも言った。また、「やにちゃ坊」とは「小児のヤニいふ」ことで、「やにちゃ今はやんちゃんといふ」と述べている（巻六下・児戯）。なお、「脂茶」に「やんちや」と振り仮名した例（雑俳・筑丈評万句合）もある。

例「幼心のわやくさに悪（いや）ぢや悪ぢやとやんちやいふ」（浮世草子・沖津白波・二・二）

やんぬるかな【已んぬる哉】

もうおしまいだわい。「やみぬるかな」の転。漢文訓読によって生じた慣用句。すなわち、終わる意の動詞「已」に詠嘆の助詞を加えた形「已矣」「已矣乎」「已矣哉」「已矣夫」（いずれも断念する気持や万事休すの思いを表現する語句）を、「やんぬるかな」と訓読したことから起こった言い回しである。この「やんぬるかな」の「やん」は動詞「やむ」の連用形「やみ」の撥音便形、「ぬる」はいわゆる完了の助動詞「ぬ」の連体形、「かな」は詠嘆の終助詞で、全体をそのまま口語訳す

れば「終わってしまったことよ」の意となる。

ゆ

ゆいのう《ゆひなふ》**【結納】** 婚約のしるしとして、家同士が互いに金品をとりかわす儀式。「角樽一荷に塩鯛一掛銀一枚、云入(いひいれ)の祝儀おくると見せけるに」(浮世草子・日本永代蔵・六・一)のように、申し込むの意の動詞「言ひ入る」の連用形「言ひ入れ」を「ユイイレ」と発音し、「結納」の字を当てて、これを湯桶読みにしたもの(俚言集覧)。「言い入れ」の「言い」がユイと発音されたことについて『*日葡辞書』は「Yui. yŭ(ユイ、ユゥ)」の項で、「話す。これは本来の正しい言い方ではない。Iy. yŭ の条を見よ」という。「結納」という語は一八世紀中頃から見える。

例「身にとつては過分の聟ゆへ、早速に同心して結納まで受けをさめた所に」(滑稽本・東海道中膝栗毛・発端)

ゆうがお《ゆふがほ》**【夕顔】** ウリ科の蔓性一年草。アフリカ、アジアの熱帯地方原産。果実から干瓢(かんぴょう)を作る。夏の夕方白色の花を開く。もともと「朝顔」と呼ばれていた植物があったので、これと対になる形で平安時代に「夕顔」と名付けられた。江戸時代には、昼に花が開く「昼顔」という名も、別の植物名として生じた。

例「夕がほは、花のかたちも朝顔に似て」(枕草子・六七・草の花は)

ゆうだち《ゆふだち》**【夕立】** 夏の夕方などに、急に激しく降る雨。多く雷を伴い、短時間で晴れわたる。「夕立ちの雨」の略。『万葉集』(一〇・二一六九)に「暮立之雨(ゆふだちのあめ)」があり、この形が先行したものと思われる。「夕立ち」は複合動詞「夕立つ」の連用形の名詞化。「夕立つ」の「立つ」は「月立つ」「秋立つ」などと同じで、自然現象がはっきり現れる意。「夕立つ」は夕方らしい現象が急に現れることである。

例「俄に夕立に値(あ)ひて」(今昔物語集・一九・二五)

ゆうびん《いうびん》**【郵便】** 手紙や小包を集配する制度。日本に郵便制度ができたのは、明治四年一月である。この時、前島密が「郵便」という漢語を造り出したと言われているが、「郵便」という語は、それ以前から使われていた。頼山陽の書簡にも見られ(佐藤喜代治・国語語彙の歴史的研究)、江戸後期の漢詩人、菊地五山の書簡にも出てくる(惣郷正明・飛田良文『明治のことば辞典』)。「郵」は「飛脚を中継ぎする宿駅」を意味し、「便」は

便りの意である。江戸時代には、「飛脚便」の意味で「郵便」が使われ、その「郵便」を明治になって英語の mail または post の訳語として採用したものと思われる。郵便制度を紹介する場合も、初めは「飛脚」という語を用いた。「郵便切手」も「西洋諸国にて飛脚の権は全く政府に属し〈略〉必ず政府の飛脚印を用ゆ」（福沢諭吉・西洋事情・慶応二年）とあるように、「飛脚印」と言っていた。

ゆうべ《ゆふべ》**【夕べ】**

昨夜。もとの意味は、日暮れ時。古い語形はユフへである。「ゆふ（夕）」は、古代の昼の区分、「あさ→ひる→ゆふ」の最後の時間帯を指す。「へ」は、そのあたりの意味で、今でも「いにしえ〈いにしへ〉」、「のべ（野辺）」のような形で残っている。「ゆうべ」は、「夕（ゆう）」に対して、夜の区分に用いられた。「ゆうべ→よい（宵）→よなか（夜中）→あかつき（暁）→あした（朝）」。このように「ゆうべ」は夜の始まりであった。その夜が終って、その夜の始めをふりかえれば、夕べは昨日のことになっているところから、中世以降「ゆうべ」は昨夜の意味に転じた。

例「夕（ゆふべ）も今朝も御熟米（じゅくべい）をだにも御覧じ入れさせ給はず」（源平盛衰記・一二・静憲鳥羽殿参事）

ゆうまぐれ《ゆふまぐれ》**【夕間暮れ】**

夕方の薄暗いころ。「まぐれ」は、目の前が暗くなる、目がくらむ意の動詞「まぐる（目昏）」（口語まぐれる）の連用形の名詞化した形である。

例「夕まぐれほのかに花の色を見てけさは霞の立ちぞわづらふ」（源氏物語・若紫）

ゆえん《ゆゑん》**【所以】**

理由。「故（ゆえ）なり」、あるいは「故になり」から、漢文訓読において中世に成立した語。漢文訓読では、「孝者所以事君也」（大学）のような漢文を「孝は君に事（つか）ふる所以（ゆゑん）なり」と訓んだが、この中の「所以」が独立したもの。この「ゆえん」が「故なり」から出たものとすれば、「なり」との間に撥音を挿入し、撥音を含む前半が独立したことになる。また「故になり」から出たとすれば、「に」が撥音化して生じた「ゆゑん」が独立したことになる。

例「人を学に勧むる所以なり」（高山寺本論語・嘉元点）

ゆかしい【床しい】 文語 **ゆかし**

上品で、心がひきつけられる感じだ。「ゆかし」は動詞「行く」の形容詞化で、心がひかれ、そこに行ってみたい、が原義。そこから、見たい、聞きたい、知りたいの意になった。「ねびゆかむさま、ゆかしき人かな」（源氏物語・若紫）は、見たいの意。中世には、なつかしい、慕わしい、の意に用いられるようになり、近世以降、上品・優美なさまをいうようになったと言われる。「むかしの名残もさすがゆかしくて、手なれし琴をひく

程に」（平家物語・六・小督）は、なつかしい、慕わしいの意で、この用法は今日でも「古式ゆかしい儀式」などの言い方に残っている。「床」は当て字。

ゆかた【浴衣】

木綿の夏の単物（ひとえもの）のこと。「湯かたびら」の略。入浴時、または入浴後の汗取りなどに着たものなので、「湯」を冠する。「かたびら（帷子）」は「あわせ（袷）のかたひら（片枚）」の意で、ひとえもののこと。すなわち、「ゆかた」「ゆかたびら」は入浴時（後）に用いるひとえもの、のことである。江戸時代は庶民の日常的な衣服になっていった。

例「Yucatabira. l, Yucata　ユカタビラ。または、ユカタ〈略〉後者は省略形。湯で体を洗う者が、自分の身体を拭くための帷子」（日葡辞書）

ゆきがけのだちん【行き掛けの駄賃】

ある事をするついでに他の事をすること。荷物を馬にのせて運ぶ職業の馬子（まご）が、問屋へ荷物を受け取りに行く途中、空の馬でよその荷物を運んで余分に得た賃金のことをいったことから。「駄賃」は、馬や人で荷物を運んでもらったとき払う賃金。

例「某（それがし）頃ひなれば、行がけの駄賃とやらん、下劣の事は是なり」（軍記・甲陽軍鑑・品二三）

ゆきのした【雪の下】

ユキノシタ科の半常緑多年草。語源は諸説ある。葉の上に白い花が咲くのを雪に喩え、その下に緑色の葉が見えるかたちを表現した命名とする説（改訂増補牧野新日本植物図鑑）、「虎耳草　ユキノシタ　雪の下なり。その質勁く雪下に在るを云ふ」（名言通・上）のように、雪の下の青々とした葉に注目した説などがある。

例「Yuqino xita　ユキノシタ（雪の下）　ある薬草」（日葡辞書）

ゆず【柚・柚子】

ミカン科の常緑小高木。中国原産。酸っぱいので「柚酸」からという説など、語源説は種々見られる。しかし、漢名の「柚子」の字音によるとするのが妥当。「子」には果実という意味があり、唐音でズと読む。「杏子（あんず）」などの類例も見られる。古くは、単に「柚」の呉音であるユやユウ（ユの変化した形）と呼ばれていた。ユズという形は、江戸時代になってからであり、俳諧の『手挑灯（てぢょうちん）』（延享二年）には「九月〈略〉柚　ゆ　ゆず」のように記されている。

ゆすらうめ【山桜桃】

バラ科の落葉低木。中国原産。日本へは江戸時代初期に渡来したという。もともとは単にユスラと呼ばれており、*『日葡辞書』に「Yusura（ユスラ）」と見える。実の形が梅に似ていることから後に「梅」を添えてユスラウメと呼ばれるように

なった。ユスラの語源は諸説あるが、不明。*『東雅』には次のような韓語説が見える。「そのユスラといふは、もと韓地の方言に出でし也。即今朝鮮の俗に移徙楽としるして、ユスラといふもの、これ也」。さらに一説によれば、朝鮮語のイサラットに由来するという(楳垣実『舶来語・古典辞典』)。『大言海』は「此の木は花の挙りて動(ゆす)るるより云ふとぞ」という。枝をゆさぶって実をとるからという説(改訂増補牧野新日本植物図鑑)もある。漢名は「英桃」。

ゆずりは《ゆづりは》【譲葉】

トウダイグサ科の常緑高木。古くはユズルハと言った。『万葉集』(一四・三五七二)に「由豆流波(ゆづるは)の含(ふふ)まる時に風吹かずかも」と見える。*『和句解』は、「杠　ゆづるは。此の葉の筋円くふとくて弓弦に似たり」(和句解)とする。すなわち「弓弦」に似ているからという説である。『延喜式』(延長五年(九二七))に「弓絃葉」という表記が見られることはこの説の参考になる。これに対して、ユヅルを「譲る」と考える説もある。新しい葉が付いた後も古い葉が散らず、新葉と旧葉の交代がよく目立つところから新旧交代して譲ると捉えるものである。「はる迄古葉有りて、ことしのわか葉おひとどのひて後古葉おつ。わか葉にゆづりておつるゆゑ名づく」(日本釈名)。『改訂増補牧野新日本植物図鑑』は後者の説を支持している。

例「ゆづり葉の、いみじうふさやかにつやめき、茎はいとあかくきらきらしく見えたるこそ」(枕草子・四〇・花の木ならぬは)

ゆだん【油断】

気を許して注意を怠ること。漢字表記「油断」は当て字。語源不明。一四世紀頃から使用される。語源説として*『松屋筆記』(八〇巻三五)は『涅槃経』に由来する仏教語とする。油鉢を持ち運ぶ臣が一滴でもこぼせば汝の命を断つと王が勅したという話から生じた語だという。しかし、「ゆだん」の「ゆ」の漢字表記は「油」のほか「遊」「由」「弓」などさまざまであって、「油」だけを特別扱いできないことから疑問視されている。またもう一つ、江戸時代末期の*『俗語考』(天保一二年)に見られる説で、『万葉集』にも使用されている、ゆったりの意味の語「ゆた(寛)に」の音便化とする説がある。しかし、この説も「ゆたに」の用例が中古にないことが難点となっている。

例「夜軍はよもあらじ、夜あけて後ぞ軍はあらむずらむとて、ゆだむしたりける所に」(延慶本平家物語・三末・新八幡宮願書事)

ゆたんぽ【湯湯婆】

中に湯を入れ寝床に入れて、足腰を暖める道具。タン、ポは「湯」、「婆」の唐音。「たんぽ(湯婆)」は中世に中国から伝わ

り、当時の日記にしばしば見られる。「たんぽ」の「たん」に湯の意味があるのを忘れて、前に「湯」を添えて言ったものと思われる。中国では「湯婆子」という（「子」は接尾辞）。

[例]「お湯と申せば御新造さま、湯タンポが出来ました」（河竹黙阿弥・水天宮利生深川・序幕・明治一八年）

ゆとうよみ【湯桶読み】

「湯桶（ゆとう）」のように、上の漢字を訓、下のを音で読むこと。このような読み方をする語は、「見本（みほん）」「切符（きっぷ）」「手製（てせい）」「雨具（あまぐ）」など他にもあるが、「湯桶」をもってその代表として、このような読み方の名称としたもの。なお、「湯桶」は湯を入れる器のこと。反対に、「重箱（じゅうばこ）」「団子（だんご）」「頭取（とうどり）」「両替（りょうがえ）」のように、上を音、下を訓で読むものを「重箱読み」と言う。「湯桶読み」という語の出現は『*書言字考節用集』の「湯桶読　ユタウヨミ」が早いとされる。

ゆば【湯葉】

豆乳を煮立て、表面にできる薄い膜をすくい上げて作った食品。中世から食されていた。「うば」の転。「うば」の語源は不明だが、山東京伝の『骨董集』（下・後一二）に次のような説がある。「俗説に、豆腐皮（とうふひ）をゆばといふは訛言なり。本名はうばなり。其のいろ黄にて皺あるが、姥（うば）の面皮に似たるゆゑの名なり、といへるは、みだりごとなり。異制庭訓往来に、豆腐上物（うはもの）とあるこそ本名なるべけれ。豆腐をつくるに、上にうかむ皮なれば、さはいへるならん。略（はぶ）きてとうふのうはといひ、音便に「は」もじを濁りて、うばといへるよりおこれる俗説なるべし」。ウバのウがユにかわることについて、『大言海』は「うだる→ゆだる」などの例を挙げる。

ゆびきりげんまん【指切り拳万】

約束を守るしるしとして、互いに小指をからませること。「指切り」は近世、遊女が小指を切断して客にその誠を誓ったことを言う。小指をからませるのは、それによって小指の切断を表した。「げんまん」の語源ははっきりしない。『東京語辞典』（大正六年刊）に、「万一偽（いつわ）り、または違約する時は、拳固（げんこ）を万回受くるの義なり」と説かれるように、「げん」は「拳固」「拳骨」の「拳」、「まん」は「万」だとする説がある。

ゆめ【夢】

睡眠中、何かを実際に経験しているように感じる現象。夢は上代には「いめ」と言った。ユメはその転。「いめ」は「寝（い）目（め）」の意。『*和字正濫鈔』（二）は「寝目（いめ）歟（か）。目（め）と見（み）と五音通ず。いとゆと通ずればゆめともいふ歟」という。これによれば、「夢」は寝ている間に見るものの義となる。「い（寝）」は上代から「いを寝（ぬ）」「いも寝ず」などと使

われ、睡眠を表していた。「いめ」は「真野の浦の淀の継橋（つぎはし）情（こころ）ゆも思へや妹が伊目（いめ）にし見ゆる」（万葉集・四・四九〇）などと使われていた。イとユの交替はイキ―ユキ（行）、イルカセ―ユルカセ（忽）などに見られる。

例「やどりして春の山辺に寝たる夜は夢の内にも花ぞ散りける」（古今集・春下）

ゆめうつつ【夢現】

夢かうつつか分からないほどぼんやりした状態。「夢」は非現実、「うつつ」は現実、すなわちこの語本来の用法では、夢か現実か、夢と現実の意味であった。「宿見れば寝てもさめても恋しくて夢うつつとも分かれざりけり」（後撰集・哀傷）の「夢うつつ」は、夢なのか現実なのか分けることができないという意味である。ところが、「夢うつつ」と使っているうちに、夢かうつつか分からない、はっきりしない状態を表すようになってしまった。

例「はや七日寝覚の床の夢うつつ」（俳諧・大坂独吟集・上）

ゆもじ【湯文字】

腰巻。「湯巻」の「湯」に「もじ（文字）」を付けてできた語。「湯巻」は、入浴時に腰に巻いた布なので、「湯」という。「もじ」は女房詞を作る「もじ」。「ゆもじ」は腰巻だけでなく、「湯かたびら」「ゆかしい」の女房詞になることもあった。「もじ」を付けたいわゆる文字詞には髪を意味する「かもじ」、杓子を意味する「しゃもじ」などがある。

例「女のゆもじといふ物は白木綿二布に規した物で、膝から下へ下る物ではない」（滑稽本・浮世風呂・三・上）

ゆゆしい【由々しい】 文語 ゆゆし

放置できない。「ゆゆしい」の「ゆ（斎）」は神聖なことを意味する語で、「ゆ庭」「ゆ鍬（くわ）」などと用いられた。この「ゆ」を重ねて、形容詞としたものが「ゆゆし」である。「ゆゆし」は手を触れたり、言葉に出して言ったりしてはいけないさまを表し、この禁忌を破れば災いを招くので、不吉なさま、また普通でない状態（程度の甚だしいさま）をも表すようになった。これを受けて、現代も軽々しく扱うと悪い事態に陥りそうな状態を意味する。

例「これはゆゆしき、おん一大事のことにて候ふ」（謡曲・安宅）

ゆり【百合】

ユリ科の多年草。『大言海』は「古名は佐韋（さゐ）にて、ゆりは韓語なるとも云ふ、或いは云ふ、花大きく茎細く、風に揺（ゆ）れば云ふかと」という。この二説のうち、韓語説は、すでに『東雅』*に「百合といひし事は〈略〉高麗、百済等の地方の呼びし所とみえけり」とある。現代朝鮮語で百合は nari という。古代も大きく変化していなかったとすれば、この形から、ユリに変わったことになる。もう一つの、「揺れる」由来説

も近世の語源書に見える。「ゆり　此の花房大にして下へ垂れ草の茎長細き故ゆら〱とするものなればゆると云ふ事か」（和句解）。この説によれば、「ゆり」は上代の振動する意の動詞「ゆる」（自他四段活用）の連用形が名詞化したものとなる。「百合」と書くことについては『＊名語記』に「前栽の草の名にゆり、如何。文字は百合とつくれり」とある。細片が多数重なり合った根を持つことによるという。

例「百合〈略〉和名由利（ゆり）」（本草和名・八）

ゆるがせ【忽せ】

いい加減にするさま。なおざり。イルカセ→ユルカセ→ユルガセと変化した語。「いるかせ」の語源は不明。「いるかせ」は漢文訓読文で用いられ、平安時代後期から見られる。「三蔵の梵本零落して忽諸（いるかせに）なりなむとす」（大慈恩寺三蔵法師伝・承徳三年点・七）。室町時代の『＊文明本節用集』では「イルカセ」「ユルカセ」の両形が見られ、後の『天草版平家物語』や『＊日葡辞書』などには「ゆるかせ」の形のみになっている。このことなどからみて、「ゆるかせ」は室町時代に一般化したものであろう。ユルガセの形は近代に入ってから見られる。

例「Yurucaxe　ユルカセ（緩せ）　不注意・なおざり」（日葡辞書）「親の子にゆるかせなるは家をみだすのもとひなり」（浮世草子・日本永代蔵・五・五）

よ

よ

よい《ひよ》【宵】

夜の初め頃。古代、夜を区分して、「ゆうべ（夕べ）→よい（宵）→よなか（夜中）→あかつき（暁）→あした（朝）」と分けた。この系列の「ゆうべ」や「よる」とは語頭の子音 y を共有しており、同根の語と考えられる（岩波古語辞典補訂版）。→ゆうべ

例「わが夫子（せこ）が来べき予臂（よひ）なり　ささがねの蜘蛛の行ひ　こよひ著（しる）しも」（日本書紀・允恭八年二月・歌謡）

よいしょ

おべっか。「よいしょ」は物を持ち上げるときの掛け声。物を持ち上げるように人を持ち上げることから、「お世辞」の意味になったものか。「よいしょ」は太鼓持ち（＝幇間（ほうかん））の異称にもなるが、これは幇間が座敷で坐るとき、いつもヨイショと言ったことから出たと言われる（上方語源辞典）。この幇間のようにお世辞を使うということから、おべっかの意味が生じたとも考えられる。

よいどれ《よひどれ》【酔いどれ】

酔っぱらい。語源については、「ゑひつぶれ（酔潰）の略転」（大言海）、「酔倒なりといへり」（俚言集覧）などの説がある。前者はヨイツブレ→ヨイドレ、後者はヨイダオレ→ヨイドレという音転を、それぞれ考えるものだが、後者の変化の方が自然である。

例「本性を、忘れぬ酔どれ手足をなやし、頤（おとがひ）つき出し」（浄瑠璃・源頼家源実朝鎌倉三代記・三）

ようか《やうか》【八日】

月の第八番目の日。八個の日。日数詞の語構成は、数詞の語幹に助数詞カが付くとするのが通説であるが、「八日」の場合、数詞ヤツの語幹ヤにカが付くとヤカという形になる。しかし、ヤカという語は存在しない。平安時代の仮名書きの例は、ヤウカである。「なぬかはかたふさがる。やうかの日、ひつじの時ばかりに」（蜻蛉日記・下・天禄三年）。ヤウカは日数詞の構成を体系的に捉えようとする立場からは、ヤツの語幹ヤにウカ（＝日本語日数詞から分析される共通語尾）の付いた語である。この語はやがて長音化し、「四日」のヨーカに近づくが、室町時代「四日」の方がヨッカと促音化して、同音衝突を避けた。→よっか

例「Nanuca（ナヌカ）。 Yŏca（ヨウカ）。 Coconoca（ココノカ）」（ロドリゲス日本大文典・三）

ようがく《やうがく》【洋学】

西洋に関する学問。近世の和製漢語。「西洋学」の「西」を略した語。漢学、和学に対する語で、主に江戸時代のものについていう。「洋服」「洋食」「洋風」「洋式」など「西洋の」という意味を持つ「洋―」という二字漢語は、幕末明治期に数多く造られた。安政二年（一八五五）には幕府によって洋学所も設置された。

例「都会の地には洋学というものは百年も前からありながら」（福沢諭吉・福翁自伝・明治三一〜三二年）

ようかん《やうかん》【羊羹】

餡に砂糖・寒天を加えて練り固めた「練り羊羹」と餡に砂糖・小麦粉・葛粉などを加えて蒸した「蒸し羊羹」の二種類がある。「ようかん」の「かん」は、『大言海』によれば、「羹」の唐音（ギャンまたはカウ）の転。羊羹は、元来は中国料理の一種で、羊肉の羹（あつもの）（＝熱い吸い物）であった。それが日本に伝わった時、仏教の禁忌のためか、植物性のものになり、さらに室町時代に蒸し羊羹となった。練り羊羹は天正一七年（一五八九）に京都で初めて作られたという。

例「Yŏcan ヤゥカン（羊羹） 豆に粗糖をまぜて、こねたもので作った食物」（日葡辞書）

ようじんぼう《ようじんばう》【用心棒】

護衛のために雇っておく者。「用心棒」は、もともとは警固のためや身を守るために備えておく四、五尺の「棒」、または、

心張り棒を言った。「僻者（くせもの）待てと言ひつつも、用心棒を打ち振り打ち振り、現れ出でたる両個（ふたり）の小僕（こもの）」（人情本・貞操婦女八賢誌・三・二二）という例が見られる。「用心棒」の「ぼう」は音が「坊」に通じることもあって、警固のための人を指すようになった。

例「博徒のもとに用心棒をしていた剣客」（芥川龍之介・伝吉の敵打ち・大正一三年）

ようそ《えうそ》【要素】
物事の成立に欠くことのできない成分。「素」はもとの意。「物事の成立に必要なもと」ということを表す。明治期に英語factor の訳語として造られた和製漢語。なお factor の訳語としては初めは「原素」「元素」という語も使われた。

例「色恋の道なんども此世の中には必要なる。一個（ひとつ）の要素でそろ盤外」（坪内逍遥・当世書生気質・明治一八〜一九年）

ようちあさがけ【夜討ち朝駆け】
現代では、新聞記者などが情報を得ようとして、夜遅くまたは朝早く相手の家を訪れることをいう。もと「夜討ち」は夜襲のこと。「『今夜夜討によすべきか、あすのいくさか』と宣へば」（平家物語・九・三草合戦）のような用例がある。「朝駆け」は早朝、不意をついて敵を襲うこと。「朝がけ　早朝に出づるを云ふ、元来、軍よりいでたる辞也」（俚言集覧）とあるように、近世には朝早くに出かける意にも用いられた。

よけい【余計】
十分以上にあること。「余慶」（＝功徳によって子孫にもたらされる吉事）の意味が変化してできた語。この語の語源は江戸初期の『*片言』に、「余慶といふべきをよけといふはくるしからざる歟。この詞は積善家在余慶〔積善の家に余慶あり〕といふことより出でたる成るべし。然るを今俗語に、物のおほきことにのみ云へるは如何」とある。このように余分にあることを意味する「よけ」なる語が「余慶」から出たと考えている（「よけ」は「よけい」の訛）。天草版『平家物語』『伊曽保物語』の「やわらげ」に「Yoqei. Amarusaiuai. l, Monono amatte arucoto.（ヨケイ。余ル幸イ。または、モノノ余ッテアルコト）」とあるが、ここでは「余慶」と「余計」が同一視され、「余慶」から「余計」が出たことが裏付けされている。

よこがみやぶり【横紙破り】
自分の意見を無理に押し通すこと、またそのような人。和紙は漉（す）き目が縦になっていて、横には破りにくいものなのに、それを無理に破ることから言う。この比喩表現は「入道相国のさしも横紙を破（や）られつるも、この人の直しなだめられつればこそ、世もおだしかりつれ」（平家物語・三・医師問答）のように、「横紙を破る」の形で中世から見える。名詞形「横紙破り」は江戸時代からのようである。

例「が、何分前にも申し上げました通り、横紙破りな男でございますから」（芥川龍之介・地獄変・大正七年）

よこぐるまをおす【横車を押す】

無理に事を行う。前後を「たて」と捉え、前後に動かすべき車を横に押すように、道理に合わぬことを無理に押し通す意。「横車」には「あれ見な、あんな横車をいふ」（洒落本・廓の癖）のような用法もあった。

例「また源様、常々あの客を堰（せ）かせらるれば、日比（ひごろ）のよこぐるまおさせ給ふは見えすいた事」（浮世草子・好色万金丹・二・二）

よこしま【邪】

道理に外れているさま。「横＋し＋ま」と分析される。「し」は「日向（ひむか）し」（＝東）などの「し」で、方向を表す。「逆（さか）しま」の「し」も同様。「ま」は「まほらま」などの「ま」で接尾語。「横しま」は横の方を表す語であったが、上代から既に「邪」の意味があった。縦を正とし横を不正とする意識があって、「よこしま」という語ができた。

例「横悪之神者、与古之万奈（よこしまな）あしきかみ」（日本書紀・神代下・日本紀私記乙本訓）

よこづな【横綱】

相撲力士の最高位。横綱とは、本来は階級名ではなく、江戸時代吉田司家（つかさけ）から、土俵入りの際に化粧まわしの上に白麻で編んだ注連縄（しめなわ）（＝横綱という）を締めることを許された力量抜群の大関の称であった。明治四二年「横綱申合規則」により、力士の最高位として大関の上に定められた。↓大関

よこやりがはいる【横槍が入る】

第三者が口を出して談話や交渉が妨げられる。「横槍」とは、両軍の合戦中に別の一隊が横合いから槍で攻めることで、「横鑓に突きかかり、難なくつきくづしける」（信長記・一五上）のように用いられた。そこから、近世以降今のような用法を生じた。

よし【葦・蘆・葭】

イネ科の多年草。アシのこと。奈良時代の『古事記』以来用例が見られるアシの発音が「悪（あ）し」に通じるところから、忌み嫌われ、平安時代末期になって反対語である「善（よ）し」に因んで名付けられた。↓あし

例「伊勢島には浜荻と名づくれど、難波わたりにはあしとのみいひ、あづまの方にはよしといふなるが如くに」（嘉応二年住吉社歌合）

よしきり【葦切】

ヒタキ科ウグイス亜科の鳥、オオヨシキリを指すことが多い。語源は不明であるが、漢名「剖葦（ほうい）」の翻訳という説が一番当たっているように思われる。しかし、ヨシキリには

葦をさいて虫を捕食するという習性はなく、それをするのはツリスガラだという(日本鳥名由来辞典)。だとすれば、ウグイス亜科のこの鳥を誤認して、葦(よし)を切る鳥と命名したことになる。ヨシキリの名は近世からあり、*『和漢三才図会』(四一)に「剖葦鳥」の俗称の一つとして「葭剖(よしきり)」が挙げられ、更に「好食葦中虫(好みて葦の中の虫を食す)」と注記されている。

例「よし切りや刀祢(とね)の河面何十里」(俳諧・蓼太句集・三・夏)

よしず【葦簀・葭簀】

葦の茎を編んで作ったすだれ。「よしず」の「ず」は、「す」が連濁でズとなったもの。「す」は「すだれ」の意。すなわち、「女の、ものやはらかに(琴ヲ)搔き鳴らして、簾(す)の内より聞こえたるも」(源氏物語・帚木)のように、「よしず」はヨシで編んだ簀(す)の意。江戸時代から用いられた。

例「葭簀の囲いをして、活花が陳列してある」(夏目漱石・坊っちゃん・明治三九年)

よしなに

よいように。適切に。語源については、形容詞「良し」に接尾語「な」と断定の助動詞「なり」の連用形「に」が付き一語化したものとする説(角川古語大辞典)があるが、「な」の素性が必ずしもはっきりしない。この「な」に関して、『大言海』は「ナは、あんな・こんなのナにて、様(やう)の意」と説くが、疑問である。

例「わづか名を得たる者十人をよしなに分く」(抄物・成簣堂本論語抄・先進)「先生よしなに、とは言い得ないで」(泉鏡花・婦系図・明治四〇年)

よせ【寄席】

落語・講談などの大衆芸能を興行する場所。「此の講席、新道、小路に数多ありて、俗に寄せ場、或はヨセと略しても云ふ」(式亭三馬・落話中興来由)とあるように、「よせ」は「寄せ場」の略である。「寄せ場」の「寄せ」は「寄せる」の連用形で、人を寄せ集める場所の意。「寄せ場」という語は一七世紀半ばごろからあるようで、一九世紀初めに「しつかいおれが内は喧嘩の寄せ場だ」(歌舞伎・四天王楓江戸粧・二)のような使われ方をしている。天保の改革の時点で昔から継続営業して来た最も古い「よせ」は延享二年(一七四五)のものであったという。

例「江戸にて軍書講釈及び昔噺、滑稽の落咄、あるいは浄瑠璃等を銭を募りて聞かすの席場を今俗に寄と云ふ。与世(よせ)と訓ず」(随筆・守貞漫稿)

よたもの【与太者】

ならず者。「与太郎」の「よた」と「者」の複合した語(暉峻康隆・すらんぐ)。「与太郎」の例は近世後期から見えるが、愚

か者の意味であった。愚か者からならず者への意味変化は、想像するしかない。役立たず、社会のくずという意味から転じたものか。なお、「与太郎」の「よた」は「よたを飛ばす」「よたばなし」「よたる」などとも使われた。次の例の「よたもの」は愚か者の意味。「旦那がたあ、あのよたものめが、ぐぜる(=シャベル)のにのせられたな」(滑稽本・続膝栗毛・七・上)。「ならず者」の例としては、『*和英語林集成』(三版)に「Yota」という項目があって、その例文として「Yotamono」があり、「a bad man」と訳されているのが早い。

よだれ【涎】

口の外に流れ出る唾液。「よだれ」は「よだり」の転。『*亨和本新撰字鏡』に「唌〈略〉与太利　又豆波志留」とあるように、「よだれ」は古くは「よだり」「つばしる(唾汁)」と言った。この「よだり」の「だり」は「垂(た)り」で、動詞「垂(た)る」は古く四段活用していた。「よだり」の「よ」の語源は不明。『大言海』は「よ」は「よよむ」(=よぼよぼになる)に因むと考えている。これによれば、「よだり」は「よよむ口より垂り出づるしづくの意」となる。「よだれ」の語形が見えるのは中世からである。なお『*観智院本名義抄』に「洟　ススハナ　ヨタリ　ナミタ」とあり、古くは鼻汁や涙も含め、「よだり」といったようである。

例「よだれとろとろ垂らして見入給へり」(源平盛衰記・一七・祇王祇女仏前事)

よっか【四日】

月の第四番目の日。四個の日。通説によればもとの形は、数詞「よつ」の語幹ヨに助数詞カの付いた語ヨカになるが、この語の古形が、ヨカなのか、疑わしい。「四日」には仮名書きの例が少ないので、古形の推定はむずかしい。「よか」の古い例は、次の一例のみ。すなわち、『日本書紀』(岩崎本)の「四五日」(皇極二年一一月)の「四」が、「ヨカ」(平安時代の加点)と訓まれている例である。もし、このヨカが古形だとすると、平安時代にヨカ→ヨーカの変化が起きたことになるが、これに対して、ヨウカを古形とする説がある。ただし、ヨウカという仮名書き例も多くはない。この形を古いとすれば、数詞の語幹にウカが接したことになり、他の数詞の語構成と同様に説ける(安田尚道「日数詞」・国語と国文学・三号・昭和四七年二月)。すなわち、ヨウカはヨ(=数詞の語幹)にウカ(=日数詞を構成する接辞)の付いた語となる。このヨウカはやがてヨーカとなるが、八日のヨーカとは、一応区別されていた。四日の方は、現在と同じオ列長音[oː]であり、八日の方は口の開きの大きいオ列長音[ɔː]であった。しかし、この区別は、近世消滅する。もしそのままであれば、四日と八日が同音になるわけで、この不都合を避けるため、四日(ヨーカ)が促音化して、ヨッカになったものであるという。↓ふつか～と

おか

[例]「平家も　yocca（ヨッカ）に大手、搦め手に分けてやられた」（天草版平家物語・四・六）

よっつ【四つ】

数詞の四。古形はヨツ。「つ」は数詞に付く接尾語。語源について定説はない。白鳥庫吉『日本語の系統』は、「よつ」の「よ」の原義は「衆多」で、「いや（弥）」の「や」と同源とする。この「いや」は「弥栄映（いやさかは）えに」（万葉集・一八・四一二一）、「弥（いや）継ぎ継ぎに」（万葉集・一・二九）などと用いられた。「い」は接頭語、「よつ」は、数の勘定が三までは一、二、三と個々に数え、それ以上を「よ」（衆多）とした時期に生じた語である、という。なお、「よつ」は「与都（よつ）の蛇五つの鬼（もの）の集まれるきたなき身をばいとひ捨つべし離れ捨つべし」（仏足石歌）などと用いられた。

よとう《よたう》【与党】

政権を担当している政党。もともとは、同調する仲間という意味であった。「与」にはくみするという意があり、「党」にはともがら（＝仲間）の意味がある。「党に与（くみ）する」ということを「与党」と書き、それを「ヨトウ」と音読して造られた和製漢語。奈良時代から使われ、中世の*『日葡辞書』には「Yotǒ　ヨタゥ（与党）　Cumisuru tomogara（与する党）」とある。明治になって政党政治が行われるようになり、はじめは政府側の政党は「政府党」または「内閣党」と言われていたが、やがて「与党」が使われるようになり、大正八年頃から新語辞典などに登載されるようになった。↓野党

[例]「与党二百何十人の上機嫌な顔がみえるようだった」（高田保・ブラリひょうたん・相手・昭和二五年）

よなきそば【夜鳴き蕎麦】

夕方から深夜まで屋台で販売される蕎麦。語源不明だが、「夜鳴き（そば・うどん）」などの「夜なき」について、ヨノアキナイ（＝夜の商い）の略転とする説（上方語源辞典）がある。「夜鳴き蕎麦」は上方の言い方で、江戸では「夜鷹（よたか）蕎麦」といった。「夜鷹」は、昼間は樹上で眠り夜になってから飛び回るヨタカ科の鳥をいう。

[例]「夜啼蕎麦　京にて云ふ。江戸にて夜鷹蕎麦と云ふ」（辞書・俚言集覧）

よなべ【夜なべ】

夜間に仕事をすること。また、その仕事。語源については、「夜並（よなべ）」の意とも、「夜延（よのべ）」の転とも、夜、鍋をかけて夜食をとりながら仕事をするところからとも言われるが、不明。「夜並」説は、『大言海』によれば「夜を日に並べてする義」である。*『日葡辞書』に「Yonabe. l, vonabe ヨナベ。または、ヲナベ〈略〉職人やその他の人々が夜する仕事、すなわち、夜業」とある。中世から用例が見える。

例「せうことなしに夜鍋をして居ると」（滑稽本・浮世風呂・三・下）

よばい《よばひ》【夜這い】

夜、男が妻以外の女のもとへ情交を目的に忍んで行くこと。動詞「呼ぶ」の未然形「呼ば」に、上代の反復・継続の助動詞「ふ」が付いた「呼ばふ」の連用形の名詞化。「楚（しもと）取る　里長が声は　寝屋戸まで　来立ち呼比（よばひ）ぬ」（万葉集・五・八九二）のように、何度も呼ぶの意が原義。そこから「昔、男、武蔵の国までまどひありきけり。さて、その国に在る女をよばひけり」（伊勢物語・一〇）のように、言い寄る、求婚するの意になった。婚姻形態が、男が求婚をし女の許に通う「通い婚」から、女が嫁ぐ「嫁入り婚」に変化するのに伴って、次第に不道徳なものとなっていった。なお、「夜這」と書くのは当て字。夜、這（は）うように忍んでゆくという気持ちである。

よびみず《よびみづ》【呼び水】

ある物事の起こるきっかけとなる事柄。ポンプの水が出ないとき、水を汲み上げられるようにポンプや吸い込み管に少量の水を注ぎ込む。本来はこのように目的の水をさそい出すための水のこと。そこから、物事のきっかけとなる事柄をいうようになった。

よみ【黄泉】

あの世。死者の国。『大言海』は「夜見（よみ）の義にて、暗き処の意」としている。「闇（やみ）」にも通じ、月を支配する月読命（つきよみのみこと）のヨミも同じとする。「黄泉国（よもつくに）」「黄泉醜女（よもつしこめ）」のヨモは、「よみ」の複合語を作る時の形。「雨傘」のアマと「雨」のアメとの関係と同じである。なお、古くは死者を山に葬ったので、ヤマとも関わりがあるのではないかという説（時代別国語大辞典上代編）もある。

例「逢ふべくあれや　ししくしろ　黄泉（よみ）に待たむと」（万葉集・九・一八〇九）「与美津枚坂（よみつひらさか）に至り」（延喜式・祝詞・鎮火祭）

よみがえる《よみがへる》【蘇る】

復活する。「よみ（黄泉）」から帰る、の意味。「黄泉」は死者の国。そこから帰るとは生き返ることで、さらに意味を広げ、復活することにも使われるようになった。

例「便ち蘇活（よみがへる）こと得たり」（天理本金剛般若経集験記・平安初期点）

よめな【嫁菜】

キク科の多年草。日本特産。古くはオハギ、ウハギと呼ばれた。ヨメナの名は江戸時代以降に見られる。『大言海』に「ヨメは、姫の如く小さき意」とある。この草に「よめ」を冠したいわれについては『改訂増補牧野新日本植物図鑑』は次のように言う。「嫁菜は若芽を食用とするこの類中で最も美味で

しかもやさしく美しいからであり、ムコナ（シラヤマギク）に対してついた名」。「な」は食用とする草の総称である。

よもぎ【蓬・艾】 …明。有名なのは「よく燃える木」と…和句解』は「よはよく也。もはもゆるなり。き…也」とし、『大言海』も「善燃草（よもぎ）の意」とする。「よ」を「いや（弥）」と見る説もあるが、いずれにせよ、燃えると関連させる。それは、この草からお灸のもぐさを作るからである。しかし、それぞれの音節と意味の対応に無理があり、お灸に使うというところから逆にこじつけていった説であろう。ヨモギは上代から用いられ、『万葉集』（一八・四一一六）に、「あやめぐさ、余母疑（よもぎ）かづらき」と歌われている。

よもすがら【夜もすがら・通夜】 一晩中。「よ（夜）」＋「も」（係助詞）＋「すがら」（接尾語）から構成される。「すがら」は、もと、すっかり過ぎてしまうまでの意を添える。その語源については、「ラは、状態をあらわす接尾語。スガは過グとの語源的な関係が推定され」るという（時代別国語大辞典上代編）。語末の「ら」は「賢（さか）しら」「清ら」などの「ら」で、状態を表す接尾語である。この「すがら」は後に接尾語化して、名詞に付き、「夜すがら」「身すがら」などと用いられた。

例「太子（ひつぎのみこ）の宮を焚（や）く。通夜（よもすから）、火滅（き）えず」（日本書紀・履中即位前・図書寮本訓）

よもやまばなし【四方山話】 世間話。「よもやま」は、四方八方の意の「よもやも（四面八面）」の転。「よもやま話」はあちらこちらの話ということから世間話の意になったもの。「よもやも」から「よもやま」への変化は、「や（ya）」の影響で「も（mo）」が「ま（ma）」になったもので、いわゆる順行同化と呼ばれる変化である。

例「日頃心安ければ見廻ったところ、在宿にて四方山咄し」（咄本・くだ巻・浪人）

よりをもどす【縒りを戻す】 こわれた男女の仲を元どおりにする。「より」は動詞「縒（よ）る」の連用形の名詞化で、ねじり合わせたものの意。したがって、「よりを戻す」とは、ねじり合わせたものを元の形に戻すこと。更に比喩的に、ねじれた物事を元どおりに戻す意を表すようになり、多く男女の仲についていうようになった。

例「今さら撚（より）を戻し、元の通りの女房などとは及ばぬ事で御座いますから」（人情本・花鳥風月・三・上）

よろい《よろひ》【鎧・甲】 昔着用した戦闘用の防具。動詞「よろう〈よろふ〉」の連用形「よろい」が名詞化した語とされる。しかし、名詞「よろい」は『日本書紀』に見え、上代すでに用いられていたと思われるのに対し、鎧（よろい）を着る意の動詞「よろう」の例が見えるの

は、次の『平治物語』の例のように、鎌倉時代になってからである。「世も鎮（しづか）に治まりて、甲冑をよろひ、弓箭を帯する者なかりき」（平治物語・上・三条殿へ発向）。動詞の「よろふ」は、むしろ「よろひ（鎧）」を活用させた語ではないかと考えられる。どちらが先であっても、それ以上語源を遡ることはできない。

例「其の所発（はな）つ箭は二重の甲（よろ）ひを穿（とほ）す」（日本書紀・雄略一八年八月・前田本訓）

よろめく【蹌踉めく】

足どりが定まらず、よろよろする。上代、「川の隈々よろぼひ行くかも」（日本書紀・仁徳三〇年一一月・歌謡）のように、「よろぼふ」という語があった。『源氏物語』（明石）にも「たちゐもあさましうよろぼふ」のように用いられている。あちこち寄る、よろよろするという意で使われている語で、その動詞の語幹「よろ」に接尾語「めく」を付けたものが「よろめく」である。「よろ」は「寄る」と関連があるとも、擬態語ともいわれる。「よろめく」は「酒に酔ひたる人、やせたる牛馬などのよろ…とよろめく」（名語記）のように、鎌倉時代から見える。…つける」…の語も用いられた。「蹌踉めく」…、さまの漢語「蹌踉（そうろう）」を当てたもの。

よろん【世論・輿論】

世間一般の人々に共通した意見。漢字「輿」は原義は「こし・かご」の意味で、そこから万物を載せている大地の意味になり、さらに大地の上にいる多くの人々の意で使われる。「輿論」（＝世上広く行われている議論）は漢籍に例があり、日本でも中世から用いられていた。明治になって、public opinion の訳語として使われた。public opinion の訳としては明治一八年の『明治新撰 和訳英辞林』では「衆意」という訳が付けられているが、明治一九年刊の『和英独 三対字彙大全』には「輿論」という訳が記載されている。なお、「輿論」は、昭和二一年告示の「当用漢字表」に「輿」の漢字がなかったために「世論」と表記されるようになった。一方、似たような意味で、セロン（セイロン）と読まれる「世論」（＝世間の人々の意見）は古くからある。そのため、「世論」は、従来からのセロンと読む読み方と、「輿論」を受け継ぐヨロンという読み方と、二つの読みが行われている。

例「空しく漁名家となってしまって、輿論の方針を左右すべき、学者の本分を誤るからサ」（坪内逍遥・当世書生気質・明治一八～一九年）

ら

ラーメン

中国風の麺料理の一つ。中国語「拉麺(lāmiàn)」を日本語風に発音した語。「拉麺」は麺の製法に基づく命名で、「拉」は「引っ張る」こと。捏(こ)ねた小麦粉を引っ張って作った麺をいう。需要の増大とともにこの製法では追いつかず、捏ねたものを日本の麺と同様に切って作るようになった。そうして作った麺は中国では「切麺」と呼ぶが、日本ではこの製法の麺も、言い慣れた「ラーメン」と呼んだ。明治期から大正期にかけては中国風のそばということから「支那そば」と呼ばれたが、『モダン辞典』(昭和五年)に「ラーメン　(食)支那そば」とあるように、昭和初期から「ラーメン」が新語として広まった。

ライスカレー

カレー料理の一種。ライス(英語 rice)とカレー(英語 curry)を結びつけた和製語。英語では curry and rice とか curried rice とか言う。初めはライスカレーと言っていたが、次第にカレーライスという言い方が多くなった(英語教育の影響によるか)。

例「其米を土缶にて炊き、漿汁(しょうじゅう)をそそぎ、手にて攪(ま)ぜ食ふ、西洋『ライスカレイ』の料理法の因てはじまる所なり」(久米邦武・米欧回覧実記・明治一一年)

らいちょう【雷鳥《らいてう》】

ライチョウ科の鳥。「雷(らい)の鳥」から「雷鳥(らいちょう)」と変化したもの。「雷の鳥」は、「しら山の松の木かげにかくろへてやすらにすめるらいのとりかな」(夫木集・二〇)と詠まれている。この鳥が何故「雷の鳥」と言われるのかについては、雷鳥は雷獣を捕らえて喰うという言い伝えがあり(佐藤成裕『飼籠鳥』(文化五年成立の養禽書))、「しら山の」の歌とこの鳥とを書いて、雷よけの守りとした(大言海)からであるという。

らくがき【落書き】

本来書くべきでない所に書いたいたずら書き。「落書(らくしょ)」を読みかえたもの。「落書」は、批判・告発・諷刺などの文書を人目に触れやすい所に落としておいたり、貼ったりしておいたことから、この名がある。「落書(らくしょ)」は「おとしぶみ」の漢字表記「落書」を音読みした語という説(日本国語大辞典二版)があるが、用例としてはラクショの方が古い。「呵我終為実落書〔我を呵して終に実の落書となす＝私ヲナジッテトウトウ落書ノ真犯人ダトシテシマッタ〕」(菅家文草)のように、平安初期から見える。「おとしぶみ」の確例は

平安末期になる。「らくがき」は室町中期以降に見える。

例「新たに張たる障子にも楽書(らくがき)する事おほかり」(評判記・色道大鏡・一八)

らくがん【落雁】

米・麦・大豆・小豆・粟などの粉に砂糖・水飴を加えて練り木型で固めた後、焙炉(ほいろ)で乾燥させた菓子。語源は諸説あるが、『俚言集覧』は次のように言う。「軟落甘といふ軟の字を略して落甘とよぶ」。「軟落甘」は中国の菓子。「落雁」と書かれるようになったのは、当初「らくがん」を製するとき黒胡麻を用いたので、その斑点を空から降下する雁にたとえたものという(大言海)。

らくご【落語】

話芸の一種。いわゆる「落ち」のある話が多いので、「落としばなし」と言われ、その表記に用いられた「落語」が音読されて生じた。「落語」は中国にもある漢語で、「結び、最後の言葉」の意味である。「落語」という表記は天明年間(一七八〇年代)から用いられたが、「おとしばなし」と読まれることが多く、ラクゴと読まれた例としては、例にあげた『狂言綺語』(文化元年(一八〇四))が古いと言われる。

例「一首の狂歌一篇の落語(らくご)をつくりて」(滑稽本・狂言綺語・上)

らくだい【落第】

試験や審査に合格しないこと。本来の意味は、中国で官吏登用試験である「科挙」に合格しないことであった。科挙は次第(=段階)を設けた試験であったので、これに合格することを「及第(登第)」といい、落ちることを「落第」といった。日本においては大学寮での試験に合格しないことをいった。平安時代の漢詩集『扶桑集』(九)に「被病無才頻落第、明時独自滞殷憂〔病を被りて無才頻りに落第し、明時独自滞りて殷憂たり〕」とある。

例「『ロンドン』に行きて吟味を受くるも、不幸にして落第すれば徒に家産を破るのみ」(福沢諭吉・文明論之概略・明治八年)

らしんばん【羅針盤】

船や航空機の進路を測る器具。和製漢語。中国では「羅盤」という。「羅」には「とらえる」という意味がある。ロブシャイド『英華字典』では、a mariner's compass の訳語として「羅盤」のほかに「指南針」も見える。箕作阮甫訳『玉石志林』では、「羅盤」「羅針盤」の両方が使われている。安政四年(一八五七)の翻訳書『颶風新話』には「尋常の船用羅針盤の上に」と見える。

らちがあく【埒が明く】

物事の決まりがつく。かたがつく。「埒(らち)」は、低い土の垣根の意。日本では、「埒　馬ノ垣也」(元和本下学集)、「Rachi

ラチ（埒）　柵・垣」（日葡辞書）などとあるように、馬場の周囲にめぐらす柵、あるいは一般に柵のことをいった。このような「埒」がとり除かれれば自由に通行できる。それを問題解決のたとえとしたものである。

例「あの儒者某、東の者にて、詞なまりて埒明かぬとて」（仮名草子・可笑記・四）

らっかせい《らくくわせい》**【落花生】**

マメ科の一年草。南アメリカ原産で、日本へは中国を経て江戸時代前期に渡来した。花が終わると子房の下の部分が長柄状に伸びて地中にもぐり、繭形の豆果を実らせる。このため中国で花を落として生ずるものとして「落花生」と名付けた。語源は、この漢名「落花生」の字音に依る。ラッカセイともラッカショウとも呼ばれた。中国を経て渡来したので「南京豆（なんきんまめ）」という名もある。

らっきょう【辣韭・辣韮】

ユリ科の多年草。中国原産。『大言海』は「辣韭（らっきう）の転」という。辛い意の「辣（らつ）」とニラの意の「韭（きゅう）」で「辣韭（らっきゅう）」、これが転じてラッキョウとなったとする。漢名は「薤」。

例「薤（らつきやう）漬る」（俳諧・季引席用集）

らっぱ【喇叭】

先が大きく開いた金管楽器の一種。オランダ語 roeper から、あるいは中国語「喇叭」の借用か（楳垣実・外来語辞典）といわれるが、中国語からの借用と考えられる。「喇叭」は明の字書『正字通』にすでに見える。日本では一七世紀後半から例があり、*『和漢三才図会』の「喇叭」の説明には、「唐音、俗に唐人笛と云ふ」と記してある。このように、近世ラッパは中国のものと意識されていた。

例「此夜の都、朝鮮人にも見せたし、らっぱ、ちゃるめら、万の物の音迄もゆたかに」（浮世草子・好色二代男・八・二）

ラムネ

清涼飲料の一種。レモネード（英語 lemonade に由来する）の変化した語。レモネードはレモンの果汁に砂糖・水などを加えたものであるが、ラムネは炭酸ガスを水に溶かしたものをレモン汁・砂糖で味付けしたもので、別の飲料となっている。しかも、ラムネはガラス玉で栓をしたビン入りのものを指す。「沸騰水」とか「ジンジンビヤ」とも言った。明治初年に横浜で作られたのが最初。

例「沸騰水（じんじんびや）則ちラムネは『ガラス』の口を飛ばして」（仮名垣魯文・胡瓜遣・明治五年）

らんがく【蘭学】

江戸時代、オランダ語の書物によって西洋の学問を研究しようとした学問。「和蘭学」の略。「和蘭」は、ワランともオランダとも読んだ。

例「蘭学とは、即ち和蘭の学と云ふことにて」（大槻玄沢・蘭学階梯・天明三年）

らんぐいば《らんぐひば》【乱杭歯・乱杙歯】

歯並びの特に悪い歯。「乱杙（らんぐひ）の如く不揃（ふぞろひ）なる歯」（大言海）の意。「らんぐい（乱杭・乱杙）」は、乱雑に打ち並べた杭の意。地上や水底に不規則に打ち込み、縄を張りめぐらして敵の障害物としたり、治水・護岸の目的で河岸や海岸の近くに乱立させたりする。次に「乱杭」の例を挙げておく。「宇治も勢田も橋をひき、水の底には乱ぐひ打って大綱はり、逆茂木（さかもぎ）つないで流しかけたり」（平家物語・九・宇治川先陣）。

例「口は耳の脇まで割（さ）けて、歯は乱杭歯」（滑稽本・浮世床・初・中）

らんしょう《らんしやう》【濫觴】

物事のはじまり。起源。「濫」はあふれる、「觴」はさかずきの意。『荀子』「子道」に見える孔子の言葉、「其始出也、其源可以濫觴［その始めて出づるや、その源は以って觴（さかづき）に濫（あふ）るべし］」より出た語。中国第一の長江（＝揚子江）のような大河でも、その源は、さかずきを満たしあふれるくらいの小さい流れにすぎないということから、物事のはじまりを指すようになった。一説に「濫」を浮かべる意とし、「さかづきを浮かぶるほどの水」（太平記聞書・一二）と解する考え方もある。

例「都に希代の合戦侍り。そのらんしゃうをたづぬるに鴉鷺（あろ）の確執とぞうけ給はる」（御伽草子・鴉鷺合戦物語）

ランドセル

小学生が学用品を入れて背負うかばん。オランダ語 ransel（ランセル）に由来する。高野長英は『三兵答古知幾』（嘉永三年）で、「担篚（ラントスル）」「革筐（ランセル）」といった形で取り入れている。初めは、軍人の背嚢（はいのう）（＝物を入れて背負うかばん）のことであった。小学生の使用は、明治一八年学習院に始まる。

例「英麿は外套の頭巾を被り、革袋（ランドセル）を後に背負って」（巌谷小波・当世少年気質・明治二五年）

り

りえん《りゑん》【梨園】

演劇界。特に、歌舞伎俳優の社会。唐の玄宗皇帝が宮女数百人を梨園（＝梨の植えてある庭園）に集めて音楽を教え、「梨園の弟子」と称した故事（唐書・礼楽志一二）から出た語。中国では「俳優が学ぶ所」の意で用いられる。

例「Riyen shitei（梨園子弟 n.）, play-actors.」（和英語林集

成・三版）

りきさく【力作】

力を込めて作った作品。本来の漢語としては「一生懸命働くこと」の意で、「力」はつとめることを、「作」は働くことを表す。日本では明治になってこの語をリョクサクと漢音で読んで使った。『西国立志編』（中村正直訳・明治三〜四年）には、「力作」に「ホネオリ」と仮名を振っている。「力」をリキと呉音で読み、「作」を作品の意味で使うようになったのは、大正の頃からである。リョクサクの形は現在使われない。

例「この二三年は憑かれたように力作を発表していた」（芝木好子・面影・昭和四四年）

りきし【力士】

相撲（すもう）取り。リキは「力」の呉音。漢籍にある語で、「趙盾之車右祁弥明者、国之力士也〔趙盾（ちょうとん）（＝晋ノ政治家）の車右（＝車ノ右側ニ乗ル護衛官）祁弥明（きびめい）といふ者は、国の力士なり〕」（春秋公羊伝・宣公六年）のように、力の強い男をいうのが本来の用法である。日本でも、「四十万の軍を発して、長者の家を囲む時に、長者の家を守る一人の力士有り」（今昔物語集・二・二三）のように用いられたが、近世、興行相撲の発達を背景に、相撲取りが「力士」と称されるようになった。古くは、『*日葡辞書』に「Riqiji リキジ（力士）〈略〉力のある者」とあるように、末音がリキジと濁音であった。なお、相撲取りのことは、平安時代以前は「すまひびと（相撲人）」と言い、中世になって「すもうとり（相撲取）」という言い方が現れる。『日葡辞書』に「Smŏtori スマゥトリ（相撲取り）」の項目がある。

りこう【利口】

賢いこと。「利口」は漢籍に見える語で、口が達者なことをいう。「利口」は、「利根（りこん）」と混用され、賢いという意味を持つようになったという。「利根」は仏教語で、修行する者の資質が優れていることを言った。ここから「利根」が賢いという意味を持つようになり、賢い人は口も上手だということから、語形の類似もあって、両者は中世の終わり頃から混用されるようになった。『*日葡辞書』の「Ricô（リコゥ）」の項には「話し方が明敏で賢いこと」と説明され、「利根」の意味が取り入れられている。なお「悧口」（「悧」は賢い意）との混同で「利口」が賢いの意味を持つようになったという説は、「俐（悧）口」という表記が少ないので、採れない。

例「さてさて利口なやつらぢや、これはだまされまい」（狂言記・長光）

りじ【理事】

法人や財団を代表して事務を処理する人。「理事」は中国古典にある語で、物事をさばきおさめる意味。日本では、明治以降、manager、director などの訳語として使われように

なった。ロブシャイド『*英華字典』に manager の訳語として「理事之人」とあることから、中国からの借用と思われる。

例「日本銀行は総裁一人副総裁一人理事四人を以て綜理する者とす」（太政官布告第三二号・明治一五年）

りす【栗鼠】

齧歯（げっし）目リス科の哺乳類。木登りのうまい小動物。「栗鼠」の字音「リッソ」が転じたもの。『弘治二年本節用集』には「リッソ」、『*下学集』などには「リッス」（元和本下学集）と振り仮名されている。「鼠」は漢音ショ、ソは呉音。

りせい【理性】

合理的に思考する力。「理性」は中国古典では本性とか、本性を治めることという意味で使われていた。現在の「理性」の意味は、英語 reason、ドイツ語 Vernunft の訳語として使用されたものにもとづく。西周『*致知啓蒙』（明治七年）に、「此の理性こそ天の吾人に与へたる霊智（intellect）の性にして」と見えるのが最初で、西による訳語である。『教育学字彙』（明治一九年）には「理性　Reason（道理力トモ訳ス）」とある。

りそう《りさう》【理想】

最も完全だと思われるもの。和製漢語。英語 ideal の訳語として、西周が造った語と思われる。「理性によって想像しうるもっとも完全なもの」という意である。

例「而為理想上極功（而して理想上の極功と為す）」（西周・利学・明治一〇年）

りちぎ【律儀】

実直で正直なこと。本来の「律儀（りつぎ）」は仏教語。梵語の saṃvara（サンバラ）の漢訳語で、悪行におちいらぬためのよい習慣的行為をいう。また「律儀」は悪行に落ちないための戒であり、在家、出家を問わず守るべき戒は多かった。これらを忠実に守ることから、実直の意を生じた。『*日葡辞書』には「Ritgui（リッギ）」「Rchigi（リチギ）」の両形が見られる。このように、中世「りつぎ」と「りちぎ」が併用されていたが、次第にリチギになっていった。

例「どんな男でも正直で律儀まっとうな人が能うございます」（滑稽本・浮世風呂・二・下）

りっしょく【立食】

宴会で、テーブルに飲食物を並べ、客が自由に食べるようにした形式。「たちぐい（立食）」の漢字を音読して造られた、明治初期の和製漢語。

例「新年宴会等に席貸に於いて芸妓を招くことを廃止し、洋風の立食に替へらるることになりし趣」（朝野新聞・明治一五年一二月一五日）

りっすいのよちもない【立錐の余地も無い】

人や物が密集していて少しのすき間もないさま。「立錐」は

錐(きり)を立てることで、「立錐の余地もない」は細い錐の先を突き立てるほどのすき間もないということ。漢籍に典拠があり、『史記』「留侯世家」の「秦滅六国後、使無立錐之地(秦六国を滅ぼしてのち、立錐之地もなからしむ)」による。錐を立てる場所もないほど何かが密集していることから、すき間のないさまをいうようになった。古くは『史記』にあるように「立錐の地もない」というのが普通で、「立錐の余地もない」という言い方は、比較的新しい。「演説会を聞きしに聴衆雲の如く会場立錐の地だも余さざりき」(福田英子・妾の半生涯・明治三七年)。

りっぱ【立派】

すぐれていること。みごとなこと。和製漢語。この語は漢字では「立派」「立破」などと書かれたが、古くはリュウハと読まれた。「立」は漢音・呉音ともリュウで「リッ」は慣用音である。語源説として、『*和訓栞後編』は「立派の音なるべし、一派を立てるといふに同じ意也」とする。『*俚言集覧』は増補の部分で、「立破の字音也。本は己を立て人を破る義なるが、一転して今の如く用ゐるなるべし」という。一派を立てることができるくらい、あるいは他人の説を論破できるくらい見事だということから今の意味に転じたことになるが、どちらを採るかは決めがたい。なお、『*書言字考節用集』には、「律発　リウハ　本朝俗語」とある。

例「芸で立派な身形(みなり)はできねへとサ」(人情本・春色梅児誉美・後・一二)

りっぷく【立腹】

腹を立てること。「腹立つ」を「立腹」と漢字で書き、それを音読したもの。「腹立つ」が「立腹」と書かれたのは、「腹立つ」を「腹を立つ」と考え、「書を読む」→「読書」などにならって、倒置して表記したもの。「立腹」は中世から用例がある。なお、中世近世に使われた「腹立(ふくりふ)」という漢語があるが、これは「腹立つ」の漢字をそのまま音読してできた語である。「且つは腹立(ふくりふ)し且つは落涙し給へば」(平家物語・三・法印問答)はその例。

例「立腹の人のおそろしきは、やがて息(や)むもやすし」(雑談集・四)

りふじん【理不尽】

道理に合わないこと。「理を尽くさず」を漢文流に「理不尽」と書いて音読した和製漢語。正格の漢文ならば「不尽理」とすべきである。用例は、中古の菅原道真編『類聚国史』に見られる。

例「理不尽に是を徹却せんと欲す」(太平記・一五・園城寺戒壇之事)

リヤカー

自転車の後ろに連結して荷物を運ぶための荷車。リヤ(英語

rear（後ろの意）とカー（英語　car（車））とを結び付けた和製語。リヤカーは大正時代初期に日本人が作った。リヤカーが出現するまでは、人力荷車として、近世、江戸では大八車が、大坂ではべか車が使われた。

例「小さい世帯道具は自身リヤカアで運び」（徳田秋声・縮図・昭和一六年）

りゅういんがさがる《りういん—》【溜飲が下がる】

不平・不満・恨みなどがなくなって気が晴れる。「りゅういん」とは、胃の消化作用が不十分で、胸やけがしたり口に酸っぱい液が出たりする症状、いわゆる胃酸過多症のこと。「下がる」で治ることを表す。不平、不満の解消を、胸焼けが治って楽になることで比喩的に表した。なお、「りゅういん」の漢字表記は、古く『医心方』に「留飲」が見られ、近世から「溜飲」が多くなる。「留飲」「溜飲」は和製漢語と思われる。

例「せっかく旦那の御意見も、何と脇を附けなさるかと、実は和尚も案じて居たが、これで溜飲が下がった」（歌舞伎・黒手組曲輪達引・二）

りゅうとした

身なりの立派なさま。語源不明。『大言海』は「りゅう」を「りん（凜）」の音便とする。あるいは「隆々（りゅうりゅう）」と関係があるか。「隆々」は中世から用いられ、「りゅうと」「りゅうとした」は近世から例がある。*『嬉遊笑覧』（六下）には「此ごろ富有なる人をいふに、りうとしてと云ふことはやれり」とある。「形がりうと極まって、諸事大様に」（滑稽本・狂言田舎操・下）。「りうと」と仮名書きのものが多い。

例「洋袴は何か乙な縞羅紗で、リウとした衣裳附」（二葉亭四迷・浮雲・明治二〇～二二年）

りょうざんぱく《りやうざんぱく》【梁山泊】

豪傑や野心家の集まる場所の意。梁山泊は、中国山東省の梁山の麓にあった湖沼地帯の名で、そこに宋江ら一〇八人の豪傑が集まったという『水滸伝』の話に基づく。

りょうしき《りやうしき》【良識】

健全な物の考え方。優れた見識。フランス語　bon sens　の訳語として大正時代に造られた和製漢語。「常識」は、英語　common sense　の訳語として明治時代から見られる。*『哲学字彙』（三版・明治四五年）では bon sens を「常識」と訳しているが、大正七～八年刊豊島与志雄訳『レ・ミゼラブル』では「これは良識（ボンサンス）だ。良識は決して人を誤るものではない」と訳している。

りょうしゅう《りやうしう》【領袖】

集団のかしら。『晋書』「魏舒伝」の「魏舒堂堂、人之領袖也（魏舒（ぎじょ）は堂堂として、人の領袖なり）」が出典とされる。『大言海』に「衣の領（えり）と袖とは、人の目に立つ所なれば、衆人の〈略〉頭目となるものに喩ふ」とあるように、衣服の

えりとそでがよく目に立つ重要な部分であることから、人の頭に立つ人を「領袖」というようになった。平安時代から用例がある。現代では「派閥の領袖」などと使われる。

りょうてんびん《りやうてんびん》【両天秤】

ふたまたをかけること。天秤は二つの皿を使って重さを計る道具。天秤で重さを計るときは二つの皿の平衡を保つ必要がある。このように二つのもののバランスを保つことから、二者択一を迫られた時、どちらにも偏らないようにすることを「両天秤を掛ける」と比喩的に言ったもの。

りょうとうづかい《りやうたうづかひ》【両刀遣い】

両立しがたいことや対照的なことを両方ともうまく使い分ける、あるいは、できること。「両刀遣い」は、二刀流やその剣士のことを言った。普通は片方だけなのに両方ともできるということを二刀を使う剣法にたとえた表現である。現代では多く、甘い物と酒の両方を好むことを言う。

例「貞次郎は両刀遣ひ、甘いものも行ける方だから持って行って遣(や)んな」(人情本・花鳥風月・四・中)

りょうり《れうり》【料理】

食品に手を加えて食べられるようにすること。「料理」の中国語本来の意味は、物事をうまく整えて処置する意であり、現代中国語でもこの意味でしか用いない。日本では、「料理」は、本来の意味の他に、平安時代以前から調理関係の意味で使用されていたようである。平安時代前期の貞観年間(八五九〜八七七)に編纂された『儀式』(三)に「内膳司諸氏伴造を率ゐ各其職に供し御膳を料理す」と見える。「料理」は院政期の*『色葉字類抄』では「飲食部」に載せられており、*『日葡辞書』の「Reôri(レゥリ)」の項には「食べ物をととのえ味をつけること」とある。なお、江戸時代になると、「りょうり(料理)」を動詞の連用形と見なした「料(りょう)る」という動詞が出現してくる。

りょけん【旅券】

パスポート。明治期に英語 passport の訳語として造られた和製漢語。「券」は手形、割符という意味。passport は初め、*『英和対訳袖珍辞書』『和訳英辞書』などで「往来切手」と訳されていた。「旅券」は「旅行券」の意で造られたと思われる。明治期には他に「金券」「債券」など、「―券」という語が造られた。

例「外人其本国の公使または領事を経て我外務省に請ふ時は之に旅券を付与するにあり」(島田三郎・条約改正論・明治二一年)

りんご【林檎】

バラ科の落葉高木。日本へは中国から渡来。語源は漢名「林檎」の呉音読みリンゴによる。このリンゴが転じてリンゴになった。平安時代の*『本草和名』(一七)に「林檎　一名黒

り

琴」のように現れる林檎は、和リンゴのこと。現在普通に食用としているものは西洋リンゴで、日本へは江戸末期に渡来した。

リンチ

私刑。アメリカのバージニア州の治安判事リンチ(C.W.Lynch)の名に由来する語という。アメリカの独立戦争の際、リンチが王党派に対して正規の手続きを経ずに残酷な刑を加えたことによる。

例「スパイの疑いのある学生にリンチを加えて」(伊藤整・氾濫・昭和三一～三三年)

りんどう《りんだう》【竜胆】

リンドウ科の多年草。漢名を「竜胆」といい、これの呉音読みであるリュウタンが、リンドウとなった。『古今和歌集』に「りうたんのはな」(物名)と見える。これが、同じく平安時代の『順集』(九八三年頃)には「りむだうも名のみなりけり秋の野の千草の花の香にはおとれり」と表記されている。これらの諸形を経て、「りんだう」「りんどう」に落ち着いた。

りんね《りんゐ》【輪廻】

迷いの世界の中で生と死を繰り返すこと。「輪廻」は仏教語で、流れるの意の梵語 saṃsāra(サンサーラ)の漢訳語である。「輪廻」の「廻」は呉音で「エ」と読み、「輪」の末尾音節と融合(=連声)してリンネとなった。車輪が回転を続けるように、命あるものがさまざまな形態の生を繰り返すことを意味している。なお、『言海』の初版は「りんゐ」、『*和英語林集成』三版(明治一九年)も「Rinye リンヱ 輪回」、『辞林』(明治四〇年)も「りんゐ」で掲出され、連声(れんじょう)の形は新しい。

る

るいけい【類型】

共通の型。個性のない平凡なもの。英語 type の訳語として、明治期に日本で造られた和製漢語。「類似した型」の意で、あるものの間にある共通する本質的な性質や型を表す。

例「クラシックの類型になりすまして居るようで」(永井荷風・ふらんす物語・明治四二年)

るす【留守】

外出して家にいないこと。「留守」は漢籍にある語で、中国では、天子が不在の間国都を守るという意味であった。日本でも同様に天皇行幸の時に都にとどまって執政することをいった。のちに、一般の人についても、その者が不在の間その家を守る意味で使われ、さらに、外出して不在となることの意味で使われるようになった。『*日葡辞書』では「Rusu(ル

ス）」の項の例文「Rusuo suru（留守をする）」に、不在時に家に残って番をすると説明している。「留守」は漢音ではリュウシュとよむが、日本ではルスで定着した。ルは「留」の呉音、スは「守」の呉音または慣用音である。

例「あるいは留守とて、たびたび足をはこびぬ」（浮世草子・日本永代蔵・五・二）

るつぼ【坩堝】

科学実験などで用いる耐熱性の容器。古くは「る」だけで、この意味を表していた。*『日葡辞書』の「Rv（ル）」の項に「銀その他の金属を入れて、溶融するためのある種の容器、あるいは、土製の鍋」とある。「る」だけでは語形として不安定なので「壺（つぼ）」を付加したもの。一八世紀前半の辞書*『書言字考節用集』に「坩堝　ルツボ　烹錬金銀器（金銀を烹（に）錬（ね）るの器）」と出てくる。「る」の語源は「炉（ろ）」の転と考えられる。*『和訓栞』は「炉壺（ろつぼ）の義なるべし」という。「るつぼ」は、現代では、熱く激しい気分に満ちている状態や、種々のものが入りまじった状態のたとえとしても使われる。

例「彼の心はその瞬間、嫉妬と憤怒と屈辱との煮え返っている坩堝であった」（芥川龍之介・素戔嗚尊・大正九年）

ルビ

振り仮名に用いる小活字。また、振り仮名。日本で使用していた五号活字の振り仮名として使用した七号活字の大きさが、イギリスにおける五・五ポイント活字である ruby とほぼ同じ大きさであることから、ルビと呼ばれるようになった。欧米の印刷業界では活字サイズの別称として、diamond（＝四・五ポイント活字）、pearl（＝五ポイント活字）などと、宝石名が用いられた。ruby もその一つ。

例「殊に難しい字には圏点をつけて、其傍に片仮名でルビを振って見せた」（田山花袋・田舎教師・明治四二年）

れ

れいせん【冷戦】

英語 cold war の訳語として造られた和製漢語。第二次世界大戦後の、ソビエト連邦を中心とする共産主義（社会主義）陣営とアメリカ合衆国を中心とする資本主義陣営との対立構造。直接の武力衝突はしなかったため、直接衝突を「熱い（hot）」戦争というのに対して、「冷たい」戦争と言われた。アメリカのコラムニスト、ウォルター・リップマンが一九四七年に出版した本のタイトルに使用したことから一般に流布したといわれる。政治用語であるが、直接の衝突のない個人的な人間関係を言い表すのにも「冷戦状態」などと用いられるようになった。

れっきとした【歴とした】
確かであるさま。「歴(れき)とした」を促音化して強めたもの。「歴」には「歴々」「歴然」などのように「明らか」の意があり、この「歴」をもととして作られた語。「歴とした」の「と」は「堂々と」「りんと」などの「と」と同じで、形容動詞の連用形語尾の性格を持つが、この語の場合はその他の活用形がほとんど使われていない。従って副詞を作る語尾である。語末の「した」の「し」はサ変動詞の連用形、「た」は助動詞である。意味としてみると、明らかな、ということから、素性の確かな、まちがいのない、などという意味になったものである。
例「あげくのはてには列(れっ)きとしたるもののふも扶持方棒に見はなされ」(洒落本・古今三通伝)

れっしゃ【列車】
鉄道路線を走る、連結された車両。漢籍では、車を並べ列(つら)ねること、また、その車を指す語。日本では明治になって英語 train の訳語として用いられた。
例「大森林を穿って列車は一直線に走るのである」(国木田独歩・空知川の岸辺・明治三五年)

レッテル
商品に張る、商標や商品内容を記した紙の札。オランダ語 letter に由来する。オランダ語 letter の原義は「文字」の意。商品に貼る札の意味では、第二次大戦後はラベル(英語 label)という語が一般的になり、レッテルは、「レッテルをはる」(=ある人や物に対する特定の評価や決めつけをする)という言い方に残る。

れんあい【恋愛】
異性を恋い慕うこと。英語 love の訳語。ロブシャイド『*英華字典』に見られることから、中国からの借用と思われる。love の訳語として日本では他に「愛恋」や「恋慕」も用いられたが、次第に「恋愛」が優勢になった。
例「村中の少女を見て、深く恋愛し」(中村正直訳・西国立志編・明治三〜四年)

れんぎょう《れんげう》【連翹】
モクセイ科の落葉小低木。中国原産。漢名を「黄寿丹」という。別の植物トモエソウ(オトギリソウ科の多年草)の漢名である「連翹(れんぎょう)」が、日本でモクセイ科のこの植物の名に用いられるようになった。何故このような混同が生じたのか未だ明らかになっていない。『改訂増補牧野新日本植物図鑑』では、モクセイ科の植物の方にはレンギョウウツギ(連翹空木)と新たに名前を付けて、漢名と和名の混同を収拾しようとしたが、一般にはあまり広がっていない。

れんげそう《れんげさう》【蓮華草】
マメ科の越年草。中国原産。和名は「げんげ」。「れんげばな」とも呼ばれる。「蓮華」というのは、花が輪状に並んでつく様

れ

子を「蓮（はす）の花」に見立てたものである（改訂増補牧野新日本植物図鑑）。漢名は「翹揺」「紫雲英」。
例「手にとるなやはり野におけ蓮華草」（俳諧・続俳家奇人談・中）

レントゲン ⇩エックスせん

ろ

ろうきょく《らうきよく》【浪曲】 ⇩なにわぶし

ろうどう《らうどう》【労働】
働くこと。「労動」という語は中国に典拠があり、体を動かすだけでなく、体を動かして働くという意味もあった。日本でも江戸時代の『養生訓』（正徳三年）に「身体は日々少しづつ労動すべし」とある。明治になって英語 labor の訳語として使われるようになったが、表記は「労動」と「労働」の両方が行われた。「身体を労動するの益」（中村正直訳・西国立志編・明治三～四年）。漢字「働」は国字で、*『明応本節用集』に見えるように、中世から用いられていた。働くとは人が動くことだという意識から、「動」より「イ（にんべん）」を持つ「働」の方がふさわしいと意識されて、現在の「労働」の形が普通になったと考えられる。
例「丑松は斯の労働の光景を眺めて居ると」（島崎藤村・破戒・明治三九年）

ろうにん《らうにん》【浪人】
進学や就職ができずに、次の機会を待っている人。「浪人」は漢籍では決まった住所を持たず流浪する人の意。唐代に「李赤、江湖浪人也」（柳宗元・李赤伝）のような例がある。そこから日本では浮浪人、特に律令国家において、調庸の税負担にたえかねて耕作を放棄し、本籍地から逃亡した農民を指すようになった。『日本霊異記』（下・一四）の訓釈（真福寺本）に「浮浪　宇加礼比止」とあり、「浮浪」に対応する和語として「うかれひと」が当てられている。中世になると、主家を失い禄を失った武士を指すようになり、「牢人」という表記も行われるようになった。「それより是非もなく、御池通りに牢人して」（浮世草子・好色一代女・五・三）。さらに、近世には失業者、失業中の奉公人、近代には、進学や就職に失敗し、次の機会を待ってその準備などをしている人を指すようになった。

ろうばい《らうばい》【狼狽】
あわてふためくこと。語源については、唐代の随筆『酉陽雑俎（ゆうようざっそ）』の次のような説が知られる。「狼」も「狽」も伝説上の野獣で、「狼」は後脚が短く「狽」は前脚が短い。「狽」はいつも「狼」の後部に乗るようにして一緒に歩き、離

ろ

れると動けないことから、物事がうまく行かないこと、あわてふためきうろたえることを「狼狽」という、というもの。これに対して現在では、「狼狽」は二語の意味の合成ではない「連綿語」(擬声擬態語)とするものが多くなっている(全訳漢辞海など)。

例「円転滑脱の鈴木君も一寸狼狽の気味に見える」(夏目漱石・吾輩は猫である・明治三八〜三九年)

ろうばしん《らうばしん》**【老婆心】**

度を越した親切心。「老婆心」は元来仏教語で、老婆が子や孫をいつくしむように、禅堂の師家(しいけ)が修行者をいつくしみ導く親身な心遣いのことを言う。たとえば、中国宋代の仏書『景徳伝燈録』に「師曰遮箇是老婆心(師曰く遮箇(しゃこ)(=コレ)は是れ老婆心なり)」という例がある。日常語として定着するのは、江戸時代以降である。

例「亦是作者の老婆心のみ」(読本・椿説弓張月・前・六)

ろくすっぽ

(下に打ち消しの語を伴って)物事を満足になしとげないさま。「ろくすっぽ」の「ろく」については、「ろくに」の項参照。「すっぽ」は「そっぽう」の形の方が古く、「ろくそっぽうなくらえ物も出さねえは」(洒落本・寸南破良意)などと用いられていた。これらの「すっぽ」「そっぽう」などの語源は不明だが、「あてずっぽ(う)」の「ずっぽう」と関係があると思われる。「あてずっぽう」については「当寸法」とする説がある(『上方語源辞典』によれば、明治四二年の『俗語辞海』にこの説がある)。

ろくでなし【陸でなし・碌でなし】

何の役にも立たない者。「ろく」は「ろくに」参照。「ろくでなし」は「ろく」でないこと、またはそういう人の意で、「酒を呑む者はろくでない」(滑稽本・浮世風呂・四・上)のような「ろくでない」という言い方が名詞化したものである。

例「直ならぬ人を、ろくでなし、と云ふ」(方言・物類称呼・五)

ろくに【陸に・碌に】

(下に打ち消しの語を伴って)満足に。「ろく」は「陸」の呉音で、土地が平坦であるの意。*『日葡辞書』の「Rocuna(ロクナ)」の項には「まっ直ぐな(こと)」という説明があるが、これは、平らででこぼこのないことから派生した意味だろう。そこから、正しい、完全なの意になった。「ろくに」はこの「ろく」を形容動詞に活用させた「ろくなり」の連用形。「物を直(すなほ)に置く事を、ろくに置くといひ」(物類称呼・五)は、原義に近い用法。のち、「彼の童子などの末、ろくに東西をも弁ぜざるものにも一字一句を説かずして」(仁和寺本無門関抄・成就)のように、打ち消しを伴って用いられるようになった。「碌」と書くのは当て字。「ろくろく」「ろくでなし」などは

わくせい【惑星】

地球、水星、土星など太陽のまわりを楕円軌道で運行する天体。この天体は恒星と異なり運行が不規則なところから、オランダ語でdwaalster（迷う星の意）と呼ばれていた。それを、蘭学者が「迷う」意の「惑」を用いて造った訳語である。

例「大地の人をして天の旋を惑はしむ、故に、和蘭これを惑星と名づく」（地理・和蘭通舶・一）

わくらば【病葉】

病害や虫食いなどのために枯れた葉。特に夏季、紅葉のように赤や黄白に変化した朽ち葉をいう。語源不明。この「わくらば」と同形で「人となることは難きを和久良婆尓（わくらばに）成れる我が身は」（万葉集・九・一七八五）などと形容動詞的に用いられている「わくらば（邂逅）」がある。この語の意味は「まれ」ということで、語義的に病葉の意の「わくらば」とは結び付きにくい。なお、「病葉」と書くのは同義の漢語を当てたもの。

例「わくら葉　夏山に紅葉のごとくあかき葉をいふ。病葉と書くなり」（匠材集・一）

わけぎ【分葱】

ユリ科ネギ属の一種。「わけぎ」の「ぎ」はネギの古名キの連濁したもので、ネギの「ぎ」と同じ。「わけ」については諸説ある。『大言海』に「実を結ばず、苗を分けて植う、故に名あり」とあるのが有力。

例「Vaqegui ワケギ（分葱）　ねぎ」（日葡辞書）

わこうど《わかうど》【若人】

若者。ワカヒト（ワカビト）→〔ウ音便化〕ワカウド→ワコウドと、音転した語。ただし、文献上、「わかひと・わかびと」の例は見出せない。ナカヒト→ナコウド（仲人）などの類例がある。

例「我いまは老いにたりとて、わかうど求めて」（蜻蛉日記・下・天禄三年）

わさび【山葵】

アブラナ科の多年草。語源説はあるが、信じられるものはない。＊『名言通』（上）は「悪障響（わるさはりひびく）」とし、『大言海』は「悪障疼（わるさはひびく）の略、辛き意」という。『大言海』を非として新しい語源を立てたものに、「ワサは早いことで、ビはひびくことである。辛さが早くひびくことからワサビと呼ばれた」（清水桂一・たべもの語源辞典）のような説もあるが、ビが響くことであるなど、無理がある。

例「山葵　龍珠　和名和佐比（わさび）」（本草和名・一八）

わざわい《わざはひ》【災い・禍】

災難。「わざはひ」の「わざ」は、もと神のおこないや神意を表す。「はひ」は「さきはひ」「にぎはひ」などの「はひ」で、動詞「はふ（延）」の連用形から転じたもの。「はふ」は広がる、進むな

どの意を添える接尾語であるから、「わざはひ」は神意の広がり、顕現を表すことになる。それが、悪い意味である災難だけにかたよっていったもの。

例「此の時に当りて妖気〈わさはひ〉稍（やうや）くに動きて叛（そむ）く者一二（ひとりふたり）、始めて起こる」（日本書紀・仁徳六七年是歳・前田本訓）

わし【私・儂】

一人称代名詞。「わたし」の略。現代では男性が用いる。近世上方では男女ともに用いた。江戸語では主に男性が用いた。明治以降やや尊大な語感を持つようになった。

例「薄雲はしほしほと涙ぐみ、わしはかやうに落ちぶれて」（浄瑠璃・当麻中将姫・三）

わすれぐさ【忘草・萱草】

萱草（かんぞう）の異名。カンゾウはユリ科ワスレグサ属の総称で、ニッコウキスゲなどが属する。名は、この花を着物のひもに付けておくと憂いを忘れる、と言われていたことから。

例「萱草（わすれぐさ）吾が紐に付く香具山の古（ふ）りにし里を忘れむがため」（万葉集・三・三三四）

わすれなぐさ【勿忘草】

ムラサキ科の多年草。ヨーロッパ原産で、春から夏にかけて青紫色の小花をつける。和名の語源は、「私を忘れないで」という意の英語名 forget-me-not に由来する。ドイツには、ドナウ川の岸辺で恋人のためにこの花を摘もうとした若者が川に落ち、「私を忘れないで」と言って流れに消えたという伝説があり、この伝説が名の由来という説がある。

わせ【早稲】

早く収穫できる稲の一種。「わせ」は他の語の上に付く場合、「わさ」となり、「わさ瓜」、「わさ萩」などと用いられた。「わせ」には稲だけでなく、種々のものの早熟の意味もあって、「わせ」「わさ」は「をそろ」の「をそ」（＝早熟の意）と同源と考えられている。すなわち、ワサ（wasa）の母音を交替すればヲソ（woso）となる。

例「稲〈略〉以祢（いね）、早稲和世（わせ）、晩稲比祢（ひね）」（十巻本和名抄）

わた【綿・棉】

真綿（まわた）・木綿（もめん）などの総称。語源は、諸説あるが、不明。「腸（わた）の義かと云ふ。内に籠（こも）れば云ふか」（大言海）、「『綿』という語は、印度語〔＝梵語〕の badara あるいは vadara の略音であると見なされている」（新村出・外来語の話）などをはじめ、多数の説が提出されている。なお「わた」は、古くは蚕の繭（まゆ）から製した真綿であったが、アオイ科の植物のワタが中世末から栽培されるようになってから木綿綿が使われるようになった。→真綿

例「しらぬひ筑紫の綿（わた）は身につけていまだは着ねど暖

……葉集・三・三二六）

……私】

……名詞。『大言海』の「我尽しの転かと云ふ」とする説……多数の語源説があるが、語源は不明。「わたくし」は、……代以来、「公」に対する個人を意味したが、中世以降になって一人称にも使われるようになった。公私の「公」を上とし、「私」を下とする、へりくだった気持ちから、これを自称としたものであろう。中世末の『ロドリゲス日本大文典』では、「第一人称に用ゐる原形代名詞」の一つとして挙げられている。

例「わたくしの硯一番に立てられて、御硯に召し替へらるべき由仰せありて」（春のみやまぢ・八月二日）

わだち【轍】

車が通ったあとに残る車輪の跡。*『和訓栞』に「輪立の義なるべし」とあるように、「輪立ち」が語源。「輪（わ）」は車輪のこと。「立ち」は動詞「立つ」の名詞形だが、この場合の「立つ」は、「春立つ」などのようにある現象が現れる、目に付くようになることを表す。なお、「わだち」の初期の例（鎌倉時代）を見ると、「輪だち」（新撰六帖・二）「輪立」（他阿上人法語・一）などのように書かれており、これはその語源意識が残っていたからだと思われる。

例「さっき通った牛車（ぎっしゃ）のわだちが長々とうねっているばかり」（芥川龍之介・偸盗・大正六年）

わたつみ【海神】

海の神。また、単に、海。語構成は「わた」（海）＋「つ」（連体助詞）＋「み」（神霊）と分析される。「わた」の語源については、いろいろな意見がある。「渡る義なり」（和訓栞）、「上古における海は、葬場の一つであり、その海の彼方を他界と考えた。ワタという語と、語源的に他界・遠処の意を表すヲト（ヲチの交替形）とは、母音交替によって成り立った二語か」（時代別国語大辞典上代編）など諸説ある。「つ」は古い連体助詞で、「の」の意味。「天（あま）つ空」「目（ま）つ毛」（＝睫毛）などの「つ」も同じものである。また、「み」については、「霊（ち）の転」（大言海）、「上代、カミ（神）のミとは別音で、直接の関係は認めがたい。後に接頭語として、神・天皇などに関するものごとに冠するミ（御）は、これの転用と思われる」（岩波古語辞典補訂版）とする説などがある。

例「渡津海（わたつみ）の豊旗雲に入日さし」（万葉集・一・一五）「海神（わたつみ）の手に巻かしたる玉襷懸けて偲（しの）ひつやまとしまねを」（万葉集・三・三六六）

わに【鰐】

ワニ目の爬虫類の総称。語源説は多数あるが、信じるに足るものはない。一例をあげれば、「割醜（われにくき）の義。其の口に云ふ」（大言海）など。爬虫類の鰐は日本には棲息せず、そ